Roxin/Schroth

Handbuch des Medizinstrafrechts

Handbuch des Medizinstrafrechts

Prof. Dr. Dr. h.c. mult. Claus Roxin
Prof. Dr. Ulrich Schroth (Hrsg.)

4., aktualisierte, überarbeitete und erweiterte Auflage, 2010

Mit Beiträgen von
Alban Braun, Gutachterstelle für Arzthaftungsfragen München / **Wiss. Ass. Dr. Karin Bruckmüller,** Universität Wien / **Wiss. Ass. Dr. Bijan Fateh-Moghadam,** Westfälische Wilhelms-Universität Münster / **Wiss. Mit. Nine Joost,** Ludwig-Maximilians-Universität München / **Prof. Dr. Peter König**, Richter am Bundesgerichtshof / **Prof. Dr. Reinhard Merkel,** Universität Hamburg / **Prof. Dr. Francisco Muñoz Conde,** Universidad Pablo de Olavide, Sevilla/Spanien / **Wiss. Ass. Katja Oswald,** Ludwig-Maximilians-Universität München / **Prof. Dr. Friedemann Pfäfflin,** Universität Ulm / **Prof. Dr. Dr. h. c. mult. Claus Roxin,** Ludwig-Maximilians-Universität München / **Dr. Imme Roxin,** Rechtsanwältin, München / **Prof. Dr. Heinz Schöch,** Ludwig-Maximilians-Universität München / **Prof. Dr. Ulrich Schroth,** Ludwig-Maximilians-Universität München / **Wiss. Mit. Stefan Schumann,** Karl-Franzens-Universität Graz / **Prof. Dr. Wilhelm Vossenkuhl,** Ludwig-Maximilians-Universität München / **Dr. Klaus Weber,** Präsident des Landgerichtes Traunstein a. D.

RICHARD BOORBERG VERLAG
STUTTGART · MÜNCHEN
HANNOVER · BERLIN · WEIMAR · DRESDEN

Bibliografische Information Der Deutschen Bibliothek

Die Deutsche Bibliothek verzeichnet diese Publikation in der Deutschen Nationalbibliografie; detaillierte bibliografische Daten sind im Internet über **http://dnb.ddb.de** abrufbar.

4. Auflage 2010

ISBN 978-3-415-04420-3

© Richard Boorberg Verlag GmbH & Co KG, 2000
Scharrstraße 2
70563 Stuttgart
www.boorberg.de

Das Werk einschließlich aller seiner Teile ist urheberrechtlich geschützt. Jede Verwertung, die nicht ausdrücklich vom Urheberrechtsgesetz zugelassen ist, bedarf der vorherigen Zustimmung des Verlages. Dies gilt insbesondere für Vervielfältigungen, Bearbeitungen, Übersetzungen, Mikroverfilmungen und die Einspeicherung und Verarbeitung in elektronischen Systemen.

Satz: www.schaefer-buchsatz.de
Druck und Verarbeitung: Thomas Müntzer GmbH, Neustädter Str. 1–4, 99947 Bad Langensalza

Vorwort zur vierten Auflage

In der 4. Auflage wurden sämtliche Beiträge aktualisiert und auf den neuesten Gesetzesstand gebracht. Gesetzesreformen haben teilweise eine grundlegende Überarbeitung gefordert. Neu aufgenommen wurden ein Beitrag von Frau Nine Joost zu „Schönheitsoperationen – Die Einwilligung in medizinisch nicht indizierte „wunscherfüllende" Eingriffe" (III.2.) sowie ein Beitrag von Herrn Dr. Bijan Fateh-Moghadam zur rechtlichen Bewertung der somatischen Gentherapie (III.7.). Beides sind Themen, die derzeit im Mittelpunkt der rechtlichen, medizinischen und ethischen Diskussion stehen.

Die vorliegende Neuauflage wurde von Frau Katja Oswald und Frau Nine Joost umsichtig und engagiert betreut. Frau Monika Askia hat wie gewohnt sehr aufmerksam und äußerst zuverlässig die redaktionelle Arbeit erledigt. Ihnen und dem gesamten Mitarbeiterinnen-Team, das zur Fertigstellung dieser Neuauflage durch vorzügliche Mithilfe beigetragen hat, gilt unser herzlicher Dank.

Claus Roxin *Ulrich Schroth*

Vorwort zur dritten Auflage

Ziel des Buches ist es, die wesentlichen Problemfelder des Medizinstrafrechts auf dem aktuellen Stand der Forschung darzustellen. Der Band wurde für die 3. Auflage vollständig neu konzipiert. Es ist ein völlig neues Buch – ein Handbuch des Medizinstrafrechts – entstanden. Die erhebliche Zunahme des Umfanges geht auf die Erweiterung des Themenspektrums und die Gewinnung neuer Autoren zurück. Diejenigen zentralen Beiträge, die aus der 2. Auflage übernommen wurden, sind für die Neuauflage grundlegend überarbeitet und aktualisiert worden. Hinsichtlich einiger der bereits in der Vorauflage behandelten Themen hat ein Autorenwechsel stattgefunden, die Beiträge wurden völlig neu bearbeitet. Zentrale Problemfelder sind neu hinzugekommen: *Der ärztliche Behandlungsfehler, die unterlassene Hilfeleistung, der Abrechnungsbetrug, die Präimplantationsdiagnostik, die Stammzellenforschung, die Transsexualität, der Heilversuch und das Humanexperiment, die Gesundheitsfürsorge und Zwangesbehandlung im Straf- und Maßregelvollzug, die Drittmittelforschung und Korruption.* Zudem wurde der Band durch eine rechtsvergleichende Perspektive ergänzt, die untersucht welcher Handlungsspielraum ärztlichem Handeln in anderen Rechtsordnungen eingeräumt wird (paradigmatisch wurden England, Spanien und Österreich ausgewählt). Neu aufgenommen und dem Band vorangestellt wurde schließlich ein Beitrag zu den ethischen Grundlagen ärztlichen Handelns.

Der erhebliche Autorenwechsel geht vor allen Dingen darauf zurück, dass sich einige Bearbeiter anderen beruflichen Aufgaben zugewandt haben. Für die Behandlung der zentralen Themen des Medizinstrafrechts konnten durchweg renommierte Autoren gewonnen werden, mit denen die Herausgeber seit längerer Zeit intensiv zusammenarbeiten.

Als die Umbruchkorrekturen erfolgten, hat der Bundestag im Juni 2007 das Gewebegesetz verabschiedet. Die dadurch bedingten Gesetzesänderungen sind soweit möglich noch in die Manuskripte eingearbeitet worden.

Die vorliegende Neuauflage hat insbesondere Karin Bruckmüller umfassend und umsichtig betreut. Ihr und allen unseren Mitarbeiterinnen und Mitarbeitern möchten wir an dieser Stelle unseren Dank aussprechen.

Claus Roxin *Ulrich Schroth*

Inhaltsverzeichnis

I. Grundlagen _1
  1. Ethische Grundlagen ärztlichen Handelns. Prinzipienkonflikte und deren Lösungen _3
     Wilhelm Vossenkuhl
  2. Ärztliches Handeln und strafrechtlicher Maßstab. Medizinische Eingriffe ohne und mit Einwilligung, ohne und mit Indikation _21
     Ulrich Schroth
  3. Die Aufklärungspflicht des Arztes und ihre Grenzen _51
     Heinz Schöch
  4. Zur strafrechtlichen Beurteilung der Sterbehilfe _75
     Claus Roxin

II. Der Arzt im strafrechtlichen Risiko _123
  1. Die strafrechtliche Verantwortlichkeit des Arztes bei Behandlungsfehlern _125
     Ulrich Schroth
  2. Unterlassene Hilfeleistung _161
     Heinz Schöch
  3. Strafbares Verhalten bei der ärztlichen Abrechnung _179
     Ulrich Schroth / Nine Joost
  4. Schweigepflicht in Arztpraxis und Krankenhaus _222
     Alban Braun
  5. Das Ausstellen unrichtiger Gesundheitszeugnisse und das Verfälschen einer echten Urkunde _253
     Ulrich Schroth
  6. Drittmitteleinwerbung und Korruption _262
     Imme Roxin

III. Besondere Handlungsfelder _293
  1. Der Schwangerschaftsabbruch _295
     Reinhard Merkel
  2. Schönheitsoperationen – Die Einwilligung in medizinisch nicht indizierte „wunscherfüllende" Eingriffe _383
     Nine Joost
  3. Die postmortale Organ- und Gewebespende _444
     Ulrich Schroth

4. Die strafrechtlichen Grenzen der Organ- und
    Gewebelebendspende _466
    Ulrich Schroth
 5. Das strafbewehrte Verbot des Organhandels _501
    Peter König
 6. Stammzellenforschung und Präimplantationsdiagnostik aus juristischer
    und ethischer Sicht _530
    Ulrich Schroth
 7. Die somatische Gentherapie _569
    Bijan Fateh-Moghadam
 8. An den Grenzen von Medizin, Ethik und Strafrecht: Die chirurgische
    Trennung sogenannter siamesischer Zwillinge _603
    Reinhard Merkel
 9. Geschlechtsumwandlung _640
    Friedemann Pfäfflin
 10. Heilversuch, Humanexperiment und Arzneimittelforschung. Eine systematische Einordnung humanmedizinischer Versuchsbehandlung aus strafrechtlicher Sicht _669
    Katja Oswald
 11. Suchtmittelsubstitution _729
    Klaus Weber
 12. Gesundheitsfürsorge im Straf- und Maßregelvollzug _778
    Heinz Schöch

IV. Der ärztliche Heileingriff in der Beurteilung anderer Rechtskulturen _811
 1. Die Heilbehandlung im österreichischen Strafrecht _813
    Karin Bruckmüller / Stefan Schumann
 2. Einige Fragen des ärztlichen Heileingriffs im spanischen Strafrecht _866
    Francisco Muñoz Conde
 3. Grundstrukturen des englischen Arztstrafrechts _888
    Bijan Fateh-Moghadam

Stichwortverzeichnis _931

Abkürzungsverzeichnis

Handbuch des Medizinstrafrechts, 4. Auflage 2010

a. A.	andere Ansicht
a. a. O.	am angegebenen Ort
a. E.	am Ende
a. F.	alte Fassung
ABGB	österreichisches Allgemeines Bürgerliches Gesetzbuch
abgedr.	abgedruckt
Abk.	Abkürzung
abl.	ablehnend
ABl.	Amtsblatt
Abs.	Absatz
Abschn.	Abschnitt
abw.	abweichend
AC	Appeals Court/Court of Appeals
ADA-Mangel	Adenosin-Desaminase-*Mangel*
AE	Alternativentwurf
AE-StB	Alternativ-Entwurf Sterbebegleitung
AE-StH	Alternativ-Entwurf eines Gesetzes über Sterbehilfe
AG	Amtsgericht
AG	Aktiengesellschaft
AIDP	internationale Strafrechtsgesellschaft
AK	Alternativkommentar
Am.	American
AMG	Gesetz über den Verkehr mit Arzneimitteln (Arzneimittelgesetz)
ÄndG	Änderungsgesetz
Anh.	Anhang
Anm.	Anmerkung
AnwBl.	Anwaltsblatt
ARSP	Archiv für Rechts- und Sozialphilosophie (Zeitschrift)
Art.	Artikel
Ärzte-ZV	Zulassungsverordnung für Vertragsärzte
ArztR	Arztrecht (Zeitschrift)
AT	Allgemeiner Teil
Aufl.	Auflage
ausf.	ausführlich
Az.	Aktenzeichen
BA	Blutalkohol
BÄBl.	Bundesärzteblatt
BÄK	Bundesärztekammer
BAnz	Bundesanzeiger
BÄO	Bundesärzteordnung
BAS	Bayerische Akademie für Suchtfragen
BayÄBl.	Bayerisches Ärzteblatt

BayHSchG	Bayerisches Hochschulgesetz
BayObLG/BayOLG	Bayerisches Oberlandesgericht
BayObLGSt	Entscheidung des Bayerischen Oberlandesgerichts in Strafsachen
BayVGH	Bayerischer Verwaltungsgerichtshof
BBG	Bundesbeamtengesetz
Bd./Bde.	Band/ Bände
Bek.	Bekanntgabe
BerlPsychKG	Berliner Gesetz für psychisch Kranke
bes.	besonders
Beschl.	Beschluss
BGB	Bürgerliches Gesetzbuch
BGBl.	Bundesgesetzblatt
BGH	Bundesgerichtshof
BGH-FG	50 Jahre Bundesgerichtshof – Festgabe aus der Wissenschaft
BGHR	BGH Report (Zeitschrift)
BGHSt	Entscheidung des Bundesgerichtshofs in Strafsachen
BGHZ	Entscheidung des Bundesgerichtshofs in Zivilsachen
BLAG „SG"	Bund-Länder-Arbeitsgruppe „Somatische Gentherapie"
BlgNR	Beilage Nummer
BMBF	Bundesministerium für Bildung und Forschung (Zeitschrift)
BMJ	British Medical Journal (Zeitschrift)
BMV-Ä	Bundesmantelvertrag Ärzte
BO	Berufsordnung
BR-Dr./BR-Drs.	Drucksache des Bundesrates
BRRG	Rahmengesetz zur Vereinheitlichung des Beamtenrechts (Beamtenrechtsrahmengesetz)
BSG	Bundessozialgericht
Bspr.	Besprechung
BT	Besonderer Teil
BT-Dr./BT-Drs.	Drucksache des Bundestags
BtMÄndV	Betäubungsmittelrechtsänderungsverordnung
BtMG	Gesetz über den Verkehr mit Betäubungsmitteln (Betäubungsmittelgesetz)
BtMVV	Verordnung über das Verschreiben, die Abgabe und den Nachweis des Verbleibs von Betäubungsmitteln (Betäubungsmittel-Verschreibungsverordnung)
BtPrax	Betreuungsrechtliche Praxis (Zeitschrift)
Buchst.	Buchstabe
BuGBl.	Bundesgesundheitsblatt
BVerfG	Bundesverfassungsgericht
BVerfGE	Entscheidung des Bundesverfassungsgerichts
BWNotZ	Zeitschrift für das Notariat in Baden-Württemberg
bzw.	beziehungsweise
ca.	circa
CDBI	Steering Commitee on Bioethics

CDU	Christlich Demokratische Union
Chirurg	Der Chirurg (Zeitschrift)
CGD	Chronic Granulomatous Disease (Septische Granulomatose)
civ	Civil Division
Crim LR	Criminal Law Review (Zeitschrift)
CSU	Christlich-Soziale Union
d. h.	das heißt
DÄBl.	Deutsches Ärzteblatt
ders.	derselbe
DFG	Deutsche Forschungsgemeinschaft
DGGG	Deutsche Gesellschaft für Gynäkologie und Geburtshilfe
DGPW	Deutsche Gesellschaft für Plastische und Wiederherstellungschirurgie e. V.
DHC	Dihydrocodein
DJT	Deutscher Juristentag
DM	Deutsche Mark
DMRL	Drittmittelrichtlinien
DPP	Director of Public Prosecutions (Generalstaatsanwalt)
DRG	Diagnosis Related Groups
DSM	Diagnostisches und Statistisches Manual
e. V.	eingetragener Verein
EBM	Einheitlicher Bewertungsmaßstab für ärztliche Leistungen
EBRV	erläuternde Bemerkungen zur Regierungsvorlage
ECHR	European Court of Human Rights
Ed(s).	Edition/Editor(s)
EEG	Elektroenzephalographie
EG	Europäische Gemeinschaften
EGMR	Europäischer Gerichtshof für Menschenrechte
ehem.	ehemalig
EHRLR	European Human Rights Law Review (Zeitschrift)
EHRR	European human rights report
Einl.	Einleitung
EMEA	Europäische Arzneimittelagentur (European Medicines Agency)
engl.	englisch
entspr.	entsprechend
ErbGesG	Gesetz zur Verhütung erbkranken Nachwuchses
Erl.	Erläuterung
ESchG	Gesetz zum Schutz von Embryonen (Embryonenschutzgesetz)
et al.	et alii/et aliae
etc.	et cetera
Ethik Med	Ethik in der Medizin (Zeitschrift)
EU	Europäische Union
EvBl.	Evidenzblatt

evtl.	eventuell
EWCA	England and Wales Court of Appeal
EWG	Europäische Wirtschaftsgemeinschaft
EWHC	High Court of England and Wales
f.	folgende
FamRZ	Zeitschrift für das Gesamte Familienrecht mit Betreuungsrecht
FASEB	Federation of the American Societies for Experimental Biology
FASZ	Frankfurter Allgemeine Sonntagszeitung
FAZ	Frankfurter Allgemeine Zeitung
ff.	fortfolgende
Fn.	Fußnote
FPG	österreichisches Fremdenpolizeigesetz
FPR	Familie Partnerschaft Recht (Zeitschrift)
FRH	Family and Reproductive Health (Zeitschrift)
FS	Festschrift
FuR	Familie und Recht (Zeitschrift)
g	Gramm
GA	Goltdammer's Archiv für Strafrecht (Zeitschrift)
GÄCD	Gesellschaft für Ästhetische Chirurgie Deutschland e. V.
GCP-VO	Verordnung über die Anwendung der Guten Klinischen Praxis bei der Durchführung von klinischen Prüfungen mit Arzneimitteln zur Anwendung am Menschen
GDVG	Gesundheitsdienst- und Verbraucherschutzgesetz
Geburtsh Frauenheilk	Geburtshilfe und Frauenheilkunde (Zeitschrift)
gem.	gemäß
GenTG	Gesetz zur Regelung der Gentechnik (Gentechnikgesetz)
GesmbH	Gesellschaft mit beschränkter Haftung (Österreich)
GesR	Gesundheitsrecht – Zeitschrift für Arztrecht, Krankenhausrecht, Apotheken- und Arzneimittelrecht
GG	Grundgesetz
ggf.	gegebenenfalls
GIRES	Gender Identity Research and Education Society
GmbH	Gesellschaft mit beschränkter Haftung
GOÄ	Gebührenordnung für Ärzte
GP	Gesetzgebungsperiode
grds.	grundsätzlich
GrS	Großer Senat
GS	Gedächtnisschrift
GSG	österreichisches Gewebesicherheitsgesetz
GVBl.	Gesetzes- und Verordnungsblatt
GVO	Gentechnisch veränderte Organismen
h. A.	herrschende Ansicht
h. L.	herrschende Lehre

h. M.	herrschende Meinung
HansOLG	Hanseatisches Oberlandesgericht
HBIGDA	Harry Benjamin International Gender Dysphoria Association, Inc.
HeilprG	Gesetz über die berufsmäßige Ausübung der Heilkunde ohne Bestallung (Heilpraktikergesetz)
HL	House of Lords
HRA	Human Rights Act
HRG	Hochschulrahmengesetz
HRRS	Onlinezeitschrift für Höchstrichterliche Rechtsprechung im Strafrecht
Hrsg./hrsg.	Herausgeber/herausgegeben
Hs.	Halbsatz
HT Act	Human Tissue Act
HVM	Honorarverteilungsmaßstab
HVV	Honorarverteilungsvertrag
i. e. S.	im engeren Sinne
i. R. d.	im Rahmen des/der
i. R. v.	im Rahmen von
i. S. d.	im Sinne des/der
i. S. e.	im Sinne eines/einer
i. S. v.	im Sinne von
i. V. m.	in Verbindung mit
i. w. S.	im weiteren Sinne
i. d. F.	in der Fassung
ICD-10	10. Ausgabe der internationalen Klassifikation von Krankheiten
IfSG	Gesetz zur Verhütung und Bekämpfung von Infektionskrankheiten beim Menschen (Infektionsschutzgesetz)
IGeL	individuelle Gesundheitsleistung
insb./insbes.	insbesondere
IVF	In-vitro-Fertilisation
J.	Journal
J. Ped. Surg.	Journal of Pediatric Surgery (Zeitschrift)
JA	Juristische Arbeitsblätter
JAMA	Journal of the American Medical Association (Zeitschrift)
JAP	Juristische Ausbildung und Praxisvorbereitung (Zeitschrift)
Jb. Wissensch. u. Ethik	Jahrbuch für Wissenschaft und Ethik
JBl.	Juristische Blätter (Zeitschrift)
Jg./Jahrg.	Jahrgang
JR	Juristische Rundschau (Zeitschrift)
JuS	Juristische Schulung (Zeitschrift)
JVA	Justizvollzugsanstalt
JVL	Juristen-Vereinigung Lebensrecht e. V.
JZ	Juristenzeitung (Zeitschrift)

KaKuG	österreichisches Kranken- und Kuranstaltengesetz
Kap.	Kapitel
KastG	Kastrationsgesetz
KG	Kammergericht
KHEntgG	Gesetz über die Entgelte für voll- und teilstationäre Krankenhausleistungen (Krankenhausentgeltgesetz)
KHG	Gesetz zur wirtschaftlichen Sicherung der Krankenhäuser und zur Regelung der Krankenhauspflegesätze (Krankenhausfinanzierungsgesetz)
KJ	Kritische Justiz (Zeitschrift)
KrimPäd	Kriminalpädagogische Praxis (Zeitschrift)
KritV	Kritische Vierteljahresschrift für Gesetzgebung und Rechtswissenschaft (Zeitschrift)
KV	Kassenärztliche Vereinigung
LFZG	Lohnfortzahlungsgesetz
LG	Landgericht
lit.	Buchstabe
LK	Leipziger Kommentar
LMU	Ludwig-Maximilians Universität
LS	Leitsatz
LSG	Landessozialgericht
LuftSiG	Luftsicherheitsgesetz
m. Anm.	mit Anmerkung
m. E.	meines Erachtens
m. (zahlr.) w. N.	mit (zahlreichen) weiteren Nachweisen
Mag.	Magister
MBO	Musterberufsordnung der deutschen Ärzte
MCA	Mental Capacity Act
MDK	Medizinischer Dienst der Krankenkassen
MDR	Monatsschrift für Deutsches Recht (Zeitschrift)
med.	medizinisch
MedR	Medizinrecht (Zeitschrift)
MK/MüKommStGB	Münchener Kommentar zum Strafgesetzbuch
MPG	Gesetz über Medizinprodukte (Medizinproduktegesetz)
Mrd.	Milliarden
MRK	Europäische Menschenrechtskonvention
MRRG	Melderechtsrahmengesetz
MusterBerufsO	Musterberufsordnung
n. F.	neue Fassung
NArchCrimR	Neues Archiv des Criminalrechts (Zeitschrift)
NHS	National Health Service
NJW	Neue Juristische Wochenschrift (Zeitschrift)
NJW-RR	NJW-Rechtsprechungs-Report (Zeitschrift)
NK	Nomos Kommentar zum Strafgesetzbuch
No.	Numero

Nr.	Nummer
NStZ	Neue Zeitschrift für Strafrecht
NStZ-RR	NStZ-Rechtsprechungs-Report (Zeitschrift)
NVwZ	Neue Zeitschrift für Verwaltungsrecht
NZV	Neue Zeitschrift für Verkehrsrecht
o. Ä.	oder Ähnliches
o. Univ.-Professor	ordentlicher Universitätsprofessor
OAP	Offences against the Person
ÖBIG	Österreichisches Bundesinstitut für Gesundheitswesen
obj.	objektiv
OGH	Österreichischer Oberster Gerichtshof
ÖJZ	Österreichische Juristenzeitung
OLG	Oberlandesgericht
OLGR	OLG Report (Zeitschrift)
OP	Operation/Operationssaal
OrgKG	Gesetz zur Bekämpfung des Rauschgifthandels und anderer Erscheinungsformen der Organisierten Kriminalität
öStGB	österreichisches Strafgesetzbuch
OVG	Oberverwaltungsgericht
OWi	Ordnungswidrigkeit
OWiG	Gesetz über Ordnungswidrigkeiten
ÖZStr	Österreichische Zeitschrift für Strafrecht
Parl. Beilage	*Beilage zu* Das Parlament (Zeitschrift)
PatR	PatientenRechte (Zeitschrift)
PatVG	österreichisches Patientenverfügungsgesetz
PersStdG/PStG	Personenstandsgesetz
PflR	PflegeRecht (Zeitschrift)
pharm.-tox.	pharmakologisch-toxikologisch
PharmR	Pharmarecht – Fachzeitschrift für das gesamte Arzneimittelrecht
PID	Präimplantationsdiagnostik
PlenProt	Plenarprotokoll
PND	Pränataldiagnostik
QB	Queen's Bench
R & P	Recht und Psychiatrie (Zeitschrift)
RDH	Revidierte Fassung der Deklaration von Helsinki
RdM	Recht der Medizin (Zeitschrift)
RE	Rechtsentscheid
RefE-StGB	Referentenentwurf zum „Sechsten Gesetz zur Reform des Strafrechts – 6. StrRG" vom 15. 7. 1996
revid. Fassg.	revidierte Fassung
RG	Reichsgericht
RGBl.	Reichsgesetzblatt

RGSt	Entscheidung des Reichsgerichts in Strafsachen
RL	Richtlinie
RLF	retrolentale Fibroplasie
RLV	arzt- und praxisbezogenes Regelleistungsvolumen
Rn.	Randnummer
RöV	Röntgenverordnung
RPG	Recht und Politik im Gesundheitswesen (Zeitschrift)
Rspr.	Rechtsprechung
RStGB	Reichsstrafgesetzbuch
RVO	Rechtsverordnung
Rz.	Randziffer
S.	Satz
S.	Seite
s.	siehe
s. o.	siehe oben
s. u.	siehe unten
SchKG	Schwangerschaftskonfliktgesetz
SbgK	Salzburger Kommentar zum Strafgesetzbuch
SFHÄndG	Schwangeren- und Familienhilfeänderungsgesetz
SFHG	Schwangeren- und Familienhilfegesetz
SGB	Sozialgesetzbuch
SK	Systematischer Kommentar zum Strafgesetzbuch
sog.	sogenannt
span.	spanisch
SPD	Sozialdemokratische Partei Deutschlands
SRS	sex reassignment surgery
StAZ	Zeitschrift für Standesamtswesen
StGB/ dStGB	Strafgesetzbuch
StPdG	Strafrechtliche Probleme der Gegenwart (Zeitschrift)
StPO	Strafprozessordnung
str.	strittig
StRG	Strafrechtsreformgesetz
StraFo	Strafverteidiger Forum (Zeitschrift)
StRÄG	Strafrechtsänderungsgesetz
StrlSchVO	Verordnung über den Schutz vor Schäden durch ionisierende Strahlen (Strahlenschutzverordnung)
st. Rspr.	ständige Rechtsprechung
StV	Strafverteidiger (Zeitschrift)
StVG	österreichisches Strafvollzugsgesetz
StVollzG	Gesetz über den Vollzug der Freiheitsstrafe und der freiheitsentziehenden Maßregeln der Besserung und Sicherung (Strafvollzugsgesetz)
StZG	Gesetz zur Sicherstellung des Embryonenschutzes im Zusammenhang mit Einfuhr und Verwendung menschlicher embryonaler Stammzellen (Stammzellengesetz)
StZGÄndG	Gesetz zur Änderung des Stammzellengesetzes
SZ	Süddeutsche Zeitung

Tab.	Tabelle
TierSchG	Tierschutzgesetz
TPG/ dTPG	Gesetz über die Spende, Entnahme und Übertragung von Organen und Geweben (Transplantationsgesetz)
TSG	Gesetz über die Änderung der Vornamen und die Feststellung der Geschlechtszugehörigkeit in besonderen Fällen (Transsexuellengesetz)
TSO	The Stationery Office
TSRRG	Transsexuellenrechtsreformgesetz
TTN	Münchener Institut Technik-Theologie-Naturwissenschaften
u. a.	und andere/unter anderem
u. Ä.	und Ähnliches
u. E.	unseres Erachtens
u. U.	unter Umständen
UbG	österreichisches Unterbringungsgesetz
UK	United Kingdom
UKHL	United Kingdom House of Lords (Entscheidungssammlung)
UOG	Ultrasound in Obstetrics and Gynecology (Zeitschrift)
umstr.	umstritten
unstr.	unstreitig
Univ.	Universität
Urt.	Urteil
v.	von/vom
v. a.	vor allem
v. Chr.	vor Christus
VDÄPC	Vereinigung der Deutschen Ästhetisch-Plastischen Chirurgen
Verf.	Verfasser
VersR	Versicherungsrecht – Juristische Rundschau für die Individualversicherung (Zeitschrift)
VG	Verwaltungsgericht
vgl.	vergleiche
VO	Verordnung
Vol.	Volume
Vorb.	Vorbemerkung
vs./v.	versus
VV	Verwaltungsvorschrift
VwVfG	Verwaltungsverfahrensgesetz
WHD	World Health Day
WHO	World Health Organization
WissR	Zeitschrift Wissenschaftsrecht
wistra	Zeitschrift für Wirtschafts- und Steuerstrafrecht
WK	Wiener Kommentar zum Strafgesetzbuch

WLR	Weekly Law Review (Zeitschrift)
WPATH	World Professional Association for Transgender Health
WS	Wintersemester
WsFPP	Zeitschrift Forensische Psychiatrie und Psychotherapie
X-SCID	Form der Immunschwächekrankheit SCID (Severe Combined Immunodeficiency)
z. B.	zum Beispiel
z. T.	zum Teil
Z. für ärztl. Fortbildung	Zeitschrift für ärztliche Fortbildung
ZfL	Zeitschrift für Lebensrecht
ZfmE	Zeitschrift für medizinische Ethik
ZfStrVo	Zeitschrift für Strafvollzug und Sträflingenhilfe
Ziff.	Ziffer
ZRP	Zeitschrift für Rechtspolitik
ZSchR	Zeitschrift für Schweizerisches Recht
ZStW	Zeitschrift für die gesamte Strafrechtswissenschaft
zust.	zustimmend
zutr.	zutreffend
zw.	zweifelnd, zweifelhaft

I. Grundlagen

I.1 Ethische Grundlagen ärztlichen Handelns
Prinzipienkonflikte und deren Lösungen*

Wilhelm Vossenkuhl

Inhaltsverzeichnis

A. Prinzipienkonflikte, situative Konflikte und Auslegungskonflikte _6
B. Grade der Geltung von Prinzipien _10
C. Echte und unechte Lösungen von Prinzipienkonflikten _15

Literaturverzeichnis

Alexy, R., Theorie der Grundrechte, 1986
Beauchamp, T.L./Childress, J.F., Principles of Biomedical Ethics, 5. Auflage 2001
Böckenförde, E.W., Recht, Staat, Freiheit. Studien zur Rechtsphilosophie, Staatstheorie und Verfassungsgeschichte, 1991, 2006 (erweiterte Ausgabe)
Faden, R.R./Beauchamp, T.L., A History and Theory of Informed Consent, 1986
Gowans, C.W., Moral Dilemmas, and Moral Responsibility, in: Mason, H.E. (Hrsg.), Moral Dilemmas and Moral Theory, 1996, S. 199
Hill, T.E., Moral Dilemmas, Gaps, and Residues: A Kantian Perspective, in: Mason H.E. (Hrsg.), Moral Dilemmas and Moral Theory, 1996, S. 167
Kant, E., Metaphysik der Sitten, Akademieausgabe, Bd.VI, 1907
Mason, H.E. (Hrsg.), Moral Dilemmas and Moral Theory, 1996
Mason, H.E., Responsibilities and Principles: Reflections on the Sources of Moral Dilemmas, in: Mason H.E. (Hrsg.), Moral Dilemmas and Moral Theory, 1996, S. 216
O'Neill, O., Autonomy and Trust in Bioethics, 3. Auflage 2005
von der Pfordten, D., Normativer Individualismus und das Recht, JZ 2005, 1069
Railton, P., The Diversity of Moral Dilemmas, in: Mason H.E. (Hrsg.), Moral Dilemmas and Moral Theory, 1996, S. 140
Rauprich, O./Steger, F. (Hrsg.), Prinzipien in der Biomedizin. Moralphilosophie und medizinische Praxis, 2005

---

* Für hilfreiche kritische Hinweise und kundige Beratung danke ich Herrn Dr. Bijan Fateh-Moghadam und Herrn Dr. Erasmus Mayr herzlich.

Rothman, D.J., Strangers at the Bedside. A History of How Law and Bioethics Transformed Medical Decision Making, 1991
Sellmaier, S., Ethik der Konflikte. Über den moralisch angemessenen Umgang mit ethischem Dissens und moralischen Dilemmata, 2007
Vossenkuhl, W., Die Möglichkeit des Guten, 2006

Dem ärztlichen Handeln, besonders dem Heileingriff, liegen prinzipielle normative Ansprüche zugrunde, die sich nach Herkunft und Reichweite unterscheiden. Drei Gruppen von Ansprüchen lassen sich unterscheiden, von denen zwei medizinethisch im Vordergrund, eine im Hintergrund stehen. Bei der ersten Gruppe handelt es sich um allgemeine ethische Prinzipien wie den Lebensschutz oder das weit gefasste Autonomieprinzip. Die Gruppe dieser Prinzipien gilt nicht nur im engeren Bereich der Medizinethik, sondern allgemein in allen Bereichen menschlichen Handelns. Dementsprechend ist sie in demokratischen, rechtsstaatlichen Gesellschaften auch gesetzlich normiert. Bei der zweiten Gruppe entsprechen die Ansprüche den sittlichen Forderungen der ärztlichen Standesethik, zu denen traditionell das Schädigungsverbot (nil nocere) und die Förderung des Heils des Kranken (salus aegroti) zählen.[1] Diese zweite Gruppe von Prinzipien gilt in einem eingeschränkten Sinn allgemein, nämlich nur für Ärzte[2] und Pflegepersonal, während die erste Gruppe von Prinzipien uneingeschränkt allgemein für Ärzte, Patienten und andere zurechnungsfähige Personen in einer Gesellschaft gilt, in der diese Prinzipien ethisch und rechtlich in Kraft sind. Dann gibt es eine dritte Gruppe von Ansprüchen, die wie das Autonomieprinzip doppeldeutig sind, weil sie sowohl standesethisch (voluntas aegroti, Patientenwille) als auch allgemein ethisch in dem eben angedeuteten weiten rechtsstaatlichen, gesellschaftlichen Rahmen, in dem Selbstbestimmung möglich und geschützt ist, verstanden werden können. Je nach ihrer sozialen, ethischen und rechtlichen Reichweite gelten solche Ansprüche dann eingeschränkt allgemein oder uneingeschränkt allgemein.

---

1 In der Medizinethik werden diese drei Prinzipien zusammen mit dem der Gerechtigkeit seit einiger Zeit angeregt durch *Beauchamp/Childress*, Principles of Biomedical Ethics, diskutiert. Ich weise auf Differenzen zu *Beauchamp* und *Childress* hin, gehe aber auf deren Verständnis dieser Prinzipien nicht näher ein. Letzteres tut u. a. in hilfreicher und sorgfältiger Weise der von *Rauprich/Steger* edierte Band: Prinzipien in der Biomedizin. Die erste Gruppe der von mir eben erwähnten Prinzipien wird von jenen vier Prinzipien nicht erfasst.
2 Die Bezeichnung „Ärzte" schließt künftig immer auch Ärztinnen mit ein, ebenso steht „Patient" immer auch für Patientinnen.

Prinzipien, die – wie die eben erwähnten – eine unterschiedliche Reichweite und gleiche oder unterschiedliche Grade von Allgemeinheit haben, gelten dennoch unter allen vergleichbaren Bedingungen, aber nicht in gleicher Weise.[3] Dies ist keineswegs, wie es zunächst scheint, ein Gemeinplatz. Denn die gestufte Geltung von Prinzipien mit unterschiedlicher Reichweite und verschiedenen Graden von Allgemeinheit verlangt nicht nur nach einer eigenen Begründung, sondern kann zu Konflikten führen; zumindest sind Konflikte zwischen Prinzipien nicht ausgeschlossen, wenn sie in unterschiedlichen Graden gelten. Ich werde zunächst auf die Konflikte eingehen und dann die gestuften Grade der Geltung der Prinzipien untersuchen. Wenn es zu Konflikten zwischen Prinzipien kommt, ist unklar, welches Prinzip gilt und auf welcher Grundlage wie gehandelt werden soll. Wir werden sehen, dass Konflikte selbst dann nicht ausgeschlossen sind, wenn den Prinzipien unterschiedliche Grade an Geltung zugemessen werden. Betrachten wir etwa die drei in der Medizinethik traditionell und seit langem allgemein anerkannten Prinzipien, die ich bereits erwähnte: das der Autonomie, das des Patientenwohls und das des Schädigungsverbots. Der Wille des Patienten, die Patientenautonomie, kann z. B. nach eingehender Aufklärung über die Ergebnisse einer Diagnose und entsprechenden Therapievorschlägen mit dem ärztlichen Verständnis des Schädigungsverbots oder des Patientenwohls konfligieren. Für das Vorliegen eines Konfliktes dieser Art reicht es aus, wenn der Patient mit den therapeutischen Empfehlungen des Arztes nicht einverstanden ist. Was die Reichweite oder Domäne dieser Prinzipien angeht, haben wir folgende Situation: die Patientenautonomie gilt für alle Patienten, für die sie behandelnden Ärzte und das Pflegepersonal; die Prinzipien des Schädigungsverbots und des Patientenwohls gelten für alle Ärzte und das Pflegepersonal. Der Konflikt rührt in diesem Fall daher, dass der Patientenwille auch dann zu respektieren ist, wenn er nicht mit dem, was nach ärztlichem Ermessen gut für den Patienten wäre, übereinstimmt. Die Patientenautonomie hat offenbar einen höheren Grad an Verbindlichkeit und einen höheren Grad an Allgemeinheit als die beiden anderen Prinzipien, denen das ärztliche Handeln unterliegt. Starker ärztlicher Paternalismus ist damit ausgeschlossen. Natürlich wäre auch dann ein Konflikt zwischen dem Patientenwillen und den Prinzipien des Schädigungsverbots und des Patientenwohls möglich, wenn diese drei Prinzipien den gleichen, und keinen abgestuften Grad an Verbind-

---

3 *Beauchamp/Childress*, Principles of Biomedical Ethics, sind dagegen der Ansicht, dass sie in gleicher Weise gelten.

lichkeit hätten. Der Konflikt löst sich lediglich in praktischer Hinsicht durch den höheren Grad an Verbindlichkeit des Patientenwillens auf, d. h. die Ärzte müssen sich diesem Willen zumindest in gewissem Maße beugen. In der Sache bleibt der Konflikt aber bestehen, da die Ärzte den Patientenwillen in einem solchen Fall für falsch, ja sogar schädlich für das Patientenwohl halten. Nur dann, wenn die Befolgung des Patientenwillens – etwa beim Wunsch, getötet zu werden – gegen geltende Gesetze (hier das Verbot der aktiven Sterbehilfe) verstoßen würde, verliert er seine prinzipielle Verbindlichkeit.

Die Patientenautonomie hat eine so hohe Verbindlichkeit, dass sie selbst mit dem allgemeinen Prinzip des Lebensschutzes in Konflikt geraten kann; wenn sich ein Patient z. B. aus religiösen Gründen einer Bluttransfusion widersetzt, die nach ärztlichem Ermessen für das Leben des Patienten unabdingbar notwendig wäre. Konflikte dieser Art sind weder selten noch überraschend. Die Frage ist, welcher Art sie sind; ob es sich um Konflikte zwischen Prinzipien (Prinzipienkonflikte), um Konflikte zwischen Auffassungen oder Auslegungen von Prinzipien (Auslegungskonflikte) oder um Konflikte handelt, die sich auf unterschiedliche Informationen, weltanschauliche Überzeugungen oder Perspektiven der jeweils Betroffenen oder Beteiligten zurückführen lassen (situative Konflikte). Gehen wir zunächst der Frage nach, welcher Art die Konflikte sind und klären dabei die Arten der Konflikte, um die es sich handeln kann.

A. Prinzipienkonflikte, situative Konflikte und Auslegungskonflikte

Viele, die sich mit ethischen Fragen beschäftigen, neigen dazu, Konflikte zwischen Prinzipien aus allgemeinen Erwägungen auszuschließen. Sie nehmen intuitiv an, dass sich gültige und in ihrer Verbindlichkeit gerechtfertigte Prinzipien schon aufgrund ihres Prinzipiencharakters nicht widersprechen können. Diese Intuition wird von der Tatsache gestützt, dass in den ethischen Traditionen etwa des Utilitarismus oder des Kantianismus Kollisionen zwischen Pflichten und prinzipiellen Verbindlichkeiten ausgeschlossen wurden.[4] Es gibt allerdings auch Intuitionen, die der eben erwähnten zuwiderlaufen. Pflichtenkollisionen sind nämlich nicht nur denkbar, sondern mittlerweile

---

4 *Kant* schließt eine Kollision von Pflichten ausdrücklich in der: Metaphysik der Sitten, S. 224 aus.

auch gut untersucht.⁵ Konflikte zwischen Prinzipien werden immer wieder ähnlich wie Konflikte zwischen Pflichten verstanden;⁶ dabei wird aber leicht ein Unterschied übersehen. Viele Pflichten gelten innerhalb bestimmter Zeitdimensionen nur für diejenigen Personen, die entsprechende Verpflichtungen eingegangen oder denen die Pflichten sonst zuschreibbar sind. Wenn sie erfüllt sind, entfallen sie. Prinzipien haben dagegen eine unbeschränkte Geltungsdauer. Einige Pflichten wie diejenigen gegen sich selbst haben zwar unter bestimmten Bedingungen einen ähnlichen Allgemeinheitscharakter wie Prinzipien und gelten dann jederzeit in vergleichbaren Situationen. Prinzipien sind aber, zumindest im Unterschied zu denjenigen Pflichten, die erst von dem Zeitpunkt an gelten, zu dem die Personen sie eingehen, immer und unabhängig von subjektiven Entscheidungen gültig. Ohne diesen wichtigen Unterschied in der zeitlichen Wirksamkeit der Geltung von Prinzipien und der meisten Pflichten aus dem Auge zu verlieren, können wir Prinzipien und Pflichten aber als *allgemein geltende Handlungsregeln* verstehen. Dies ist ihr gemeinsamer begrifflicher Nenner, den ich für die folgenden Überlegungen nutzen werde.

Versuchen wir zunächst zu verstehen, was Handlungsregeln mit unterschiedlicher Reichweite sind, und sehen wir uns dazu an, wie sich unterschiedliche Allgemeinheitsgrade von Handlungsregeln verhalten. Zwei oder mehrere allgemein geltende Handlungsregeln können, selbst wenn sie für eine identische Menge von Personen gelten, miteinander in Konflikt treten. Wir konnten das eben bei den drei Prinzipien sehen, die wir übrigens leicht als allgemeine Handlungsregeln formulieren können „folge dem Patientenwillen", „handle zum Wohl des Patienten" und „schade dem Patienten nicht". Diesen drei Regeln sieht man auf den ersten Blick nicht an, dass sie zu Konflikten führen können; denn keine der drei Regeln widerspricht in semantischer Hinsicht einer der beiden anderen. Konflikte werden erst denkbar, wenn wir den allgemeinen *Sachverhalt* in Betracht ziehen, dass der Patient sich mit dem, was er will oder nicht will, selbst schaden kann und dies auch, wenn er dabei anderen nicht schadet, darf. Dieser Sachverhalt trifft nicht nur auf den Patientenwillen, sondern allgemein auf den menschlichen Willen zu. Wenn wir diesen Sachverhalt in die allgemeinen Handlungsregeln integrieren, lautet die erste der drei Regeln: „folge dem Patientenwillen auch dann, wenn

---

5 Eine gute Übersicht über die Diskussion bietet *Mason* (Hrsg.), Moral Dilemmas and Moral Theory. Argumente für die Möglichkeit von Moralkonflikten bieten *Sellmaier*, Ethik der Konflikte und *Vossenkuhl*, Die Möglichkeit des Guten, Kap. 2.
6 *Beauchamp* und *Childress* tun dies z. B. (Principles of Biomedical Ethics, part I).

es nicht dem Wohl des Patienten dient, sondern ihm sogar schaden kann". Mit dieser Formulierung wird der Konflikt zwischen den als Handlungsregeln formulierten Prinzipien als Widerspruch auch in semantischer Hinsicht klar erkennbar. Der Arzt, der dieser Handlungsregel gegen seine bessere Überzeugung folgt, weiß, dass er dem Wohl des Patienten nicht dienen kann. Er schadet dem Patienten zwar nicht aktiv, kann aber die Möglichkeit, dass der Patient Schaden nimmt, auch nicht selbst abwenden.

Die eben beschriebenen Zusammenhänge zeigen, dass es sich bei dem erwähnten Konflikt um einen Prinzipienkonflikt und nicht um einen Auslegungskonflikt handelt. Die Möglichkeit des Konflikts hängt nämlich nicht davon ab, was Patienten oder Ärzte jeweils unter den drei Prinzipien verstehen und wie sie anwendbar sind. Ausschlaggebend für die Sichtbarkeit – nicht für die Möglichkeit – des Konflikts ist der kontingente Sachverhalt, der darin besteht, dass der Patient etwas Bestimmtes will oder nicht will, was immer Ärzte und Patienten unter den drei Prinzipien verstehen mögen. *Beauchamp* und *Childress* schlagen übrigens vor, Konflikte zwischen diesen Prinzipien durch eine begriffliche Spezifizierung so zu vermeiden oder aufzulösen, dass sie konfliktfrei gegeneinander abgegrenzt werden können.[7] Sie behandeln die Konflikte als Auslegungs- und nicht als Prinzipienkonflikte. Es ist aber unmöglich, den Patientenwillen, der einer Therapieempfehlung und damit dem Schädigungsverbot und dem Prinzip des Patientenwohls widerspricht, so zu spezifizieren, dass er diesen Prinzipien nicht mehr entgegensteht.

Der eine oder andere mag nun einwenden, dass ein Patient, der von einem Arzt auf bestmögliche Weise aufgeklärt wurde und Vertrauen[8] zu ihm fassen konnte, das, was seinem Wohl wirklich dient, erkennen und in die ihm angebotene Therapie einwilligen wird. Der Prinzipienkonflikt würde dann entfallen. Das mag immer wieder so sein. Entscheidend ist aber, dass der Konflikt nicht deshalb entfallen würde, weil die Auslegung der drei Prinzipien durch den Arzt oder den Patienten vor der Einwilligung falsch gewesen wäre und sich nun im Lichte der Aufklärung verändert hat. Nicht das Verständnis der Prinzipien, sondern die Beurteilung der Sachlage durch den Patienten hat sich verändert. Was sich aufgelöst hat, ist ein situativer Konflikt, der dadurch zustande kam, dass der Patient zunächst nicht verstand, dass die Therapie, die ihm von seinem Arzt vorgeschlagen wurde, tatsächlich seinem Wohl dient.

---

7 *Beauchamp/Childress*, Principles of Biomedical Ethics, S. 14 ff.
8 Auf die große Bedeutung des Vertrauens im Arzt-Patientenverhältnis weist *O'Neill*, Autonomy and Trust in Bioethics, hin.

Der eben behandelte Einwand zeigt, dass sich ein situativer Konflikt zwischen den Prinzipien durch optimale ärztliche Aufklärung auflösen kann, ohne dass dadurch infrage gestellt würde, dass zunächst ein Prinzipienkonflikt bestand. Der Einwand wirft darüber hinaus zusätzlich Licht auf die Tatsache, dass Prinzipienkonflikte zum einen durch kontingente Sachverhalte sichtbar werden und sich zum anderen durch ärztliche Aufklärung auflösen lassen, wenn es sich um situative Konflikte handelt. Prinzipienkonflikte können also gleichzeitig auch situative Konflikte sein. Dies ist aber nicht notwendig so. Ein Patient kann auch nach optimaler Aufklärung weiterhin daran zweifeln, dass die Therapie, die ihm von einem Arzt vorgeschlagen wurde, gut für ihn ist und seinem Wohl dient. Dann ist der Prinzipienkonflikt nicht gleichzeitig als situativer Konflikt zu verstehen.

Prinzipienkonflikte können leicht mit Moralkonflikten verwechselt werden; deshalb ist es sinnvoll, an dieser Stelle auf den Unterschied zwischen diesen Arten von Konflikten einzugehen. Moralkonflikte haben allgemein einen kontingenten Hintergrund, der etwa die gleichzeitige Geltung zweier oder mehrerer Verpflichtungen einschränkt, die sich ansonsten nicht widersprechen. Für eine Einschränkung der Geltung von Verpflichtungen können unterschiedliche Gründe sprechen, die aber allesamt ebenso kontingenter Natur sind wie der Wille oder die Entscheidung von Personen, bestimmte Verpflichtungen überhaupt zu einem bestimmten Zeitpunkt einzugehen. Häufig kann über das für die Darstellung dieser Konflikte unverzichtbare deontische Prinzip „Sollen schließt Können ein" gezeigt werden, dass den handelnden Personen das für die Geltung der Verpflichtung erforderliche Können nicht unterstellt oder abverlangt werden kann.[9]

Bei Prinzipienkonflikten erwarten wir aber, dass es primär die Prinzipien selbst, und nicht die kontingenten Bedingungen ihrer Geltung sind, die den Konflikt ermöglichen. Wenn nun aber davon die Rede ist, dass der Sachverhalt, dass der Patientenwille dem Wohl des Patienten widersprechen kann, den Prinzipienkonflikt sichtbar macht, kann der Eindruck entstehen, dass der Konflikt allein durch jenen Sachverhalt ermöglicht und letztlich kein Konflikt zwischen Prinzipien ist. Dieser Eindruck trügt, weil es zum einen die Prinzipien selbst sind, die den Konflikt erst möglich machen; sie eröffnen selbst generell einen Raum für Konflikte und machen sie so erst möglich. Zum anderen sind die Prinzipien nicht wie Verpflichtungen aufgrund kontin-

---

[9] Siehe dazu in dem von die Beiträge von *Railton*, *Hill*, *Gowans* und *Mason*, in: Mason (Hrsg.), Moral Dilemmas and Moral Theory.

genter subjektiver Entscheidungen zu bestimmten Zeiten in Kraft, sondern gelten auch im zeitlichen Sinn allgemein und dauerhaft. Aus diesen Gründen handelt es sich tatsächlich um Prinzipienkonflikte, auch wenn sie durch kontingente Sachverhalte erst sichtbar werden.

Auslegungskonflikte kann es unabhängig von Prinzipienkonflikten und situativen Konflikten etwa zwischen Ärzten geben, die sich z. B. nicht darüber einig sind, was dem Patientenwohl dient und was dem Patienten schaden kann. Dann haben sie zwar kein Problem, die Bedeutung und Verbindlichkeit der allgemeinen Handlungsregeln, dem Wohl des Patienten zu dienen und Schaden von ihm zu vermeiden, zu verstehen. Sie sind sich nur nicht darüber einig, wie diese Verpflichtungen jeweils realisiert werden können, weil sie unterschiedliche Folgerungen aus ihnen ziehen und den Nutzen und die Risiken bestimmter Therapien unterschiedlich beurteilen. Auslegungskonflikte können sich auch mit Prinzipienkonflikten mischen, wenn es z. B. darum geht, das Prinzip der Gerechtigkeit zu verstehen und ihm zu folgen. Die entsprechende allgemeine Handlungsregel für Ärzte könnte lauten: „Treffe therapeutische Entscheidungen, die gerecht sind". Die Frage ist allerdings, was hier „gerecht" bedeutet, ob es um den am Gleichheits- oder am Nutzenprinzip orientierten Gebrauch oder Einsatz der verfügbaren, knappen Mittel, um die gleiche und faire Berücksichtigung der Ansprüche der Patienten, um die Ansprüche aller Patienten mit vergleichbaren Erkrankungen oder um das, was in einer Gesellschaft und in einem Gesundheitswesen vertretbar und vernünftig ist, geht. Um welche Ansprüche es beim Prinzip der Gerechtigkeit geht, ist offensichtlich eine Frage der Auslegung. Je nach Auslegung ist etwas anderes zu tun. Das Prinzip der Gerechtigkeit ist ohne eingehende Auslegung gar nicht anwendbar und geht, was seine Reichweite anbelangt, weit über das Verhältnis zwischen Ärzten und Patienten hinaus. Konflikte zwischen unterschiedlichen Auslegungen dieses Prinzips sind unvermeidlich.

B. Grade der Geltung von Prinzipien

Konflikte zwischen ethischen Prinzipien sind nicht zuletzt deswegen ein Problem, weil sie keine kohärente ethische Rechtfertigung von Handlungen zulassen. Aus der Perspektive konfligierender Prinzipien wird ein und dieselbe Handlung einmal als gut und das andere Mal als schlecht beurteilt. Betrachten wir erneut die beiden potenziell konfligierenden Prinzipien des Schädigungsverbots und des Patientenwillens. Das erste dieser beiden Prinzipien kann, wie erwähnt, paternalistische therapeutische Entscheidungen rechtfertigen, die im Widerspruch zum Patientenwillen stehen.[10] Die Durchführung einer Therapie ist dann aus der einen Perspektive als gut und aus der anderen als schlecht zu beurteilen. Widersprüche dieser Art können weder theoretisch noch in der sittlichen und ethischen Praxis einfach hingenommen werden. Wir haben zunächst gesehen, wie Konflikte zwischen Prinzipien möglich sind und welche Unterschiede es zwischen solchen Konflikten gibt. Die unterschiedliche Reichweite und Allgemeinheit von Prinzipien ließ sich als eine der Bedingungen, unter denen z. B. der Prinzipienkonflikt zwischen der Patientenautonomie und dem Prinzip des Schädigungsverbots auftritt, identifizieren. Es ist aber bisher nicht klar, wie die unterschiedliche Reichweite der Prinzipien selbst begründet ist. Offensichtlich ist nicht nur die Reichweite der beiden ersten zu Beginn angesprochenen Gruppen von Prinzipien, von denen die erste allgemein-ethischer, die zweite standesethischer und damit sittlicher Natur ist, verschieden.[11] Auch innerhalb der Gruppe der standesethischen Prinzipien gibt es – so scheint es – eine gestufte Allgemeinheit, die darin zum Ausdruck kommt, dass die Patientenautonomie in bestimmten rechtlichen Grenzen einen Vorrang vor dem Prinzip des Schädigungsverbots genießt.

Betrachten wir das Verhältnis der Prinzipien einmal hypothetisch und ohne alle Vorbedingungen. Dann stellen wir fest, dass es prima facie keinen prinzipiellen Grund gibt, der Patientenautonomie einen Vorrang vor dem Prinzip des Schädigungsverbots einzuräumen. Warum sollte der Patientenwille – so können wir uns hypothetisch fragen – prinzipiell ein größeres Gewicht als der verantwortliche ärztliche Wille, einen Patienten zu heilen, haben? Tatsächlich ist es nun aber so, dass der Patientenwille – zumindest in rechtsstaatlichen, liberalen, demokratischen Gesellschaften – ein größeres Gewicht hat. Die in diesen Gesellschaften historisch und politisch erkennbare, in der zweiten Hälfte des letzten Jahrhunderts stark angewachsene Billigung individualistischer Ansprüche in Gestalt subjektiver Grundrechte kann als allgemeiner sittlicher Hintergrund jener Gewichtung gedeutet und rechts- und sozialwis-

---

10 Ähnliches gilt auch für den möglichen Widerspruch zwischen dem Prinzip des Patientenwohls und dem des Patientenwillens.
11 Sittliche Prinzipien sind im Unterschied zu ethischen eng an kulturelle Gepflogenheiten gebunden und haben schon deswegen eine geringere Reichweite. Auf den Unterschied zwischen Sitte und Ethik gehe ich ausführlich in: Die Möglichkeit des Guten (Kap. 1) ein.

senschaftlich nachgewiesen werden.[12] Die Frage ist aber, wie sich dieser Prozess ethisch im Blick auf die Prinzipien, die dem ärztlichen Handeln zugrunde liegen, interpretieren lässt. Offenbar nur so, dass der Patientenwille – wie bereits mit der dritten Gruppe von Prinzipien angedeutet – eine ethische und standesethische Doppelrolle spielt.

Einerseits ist der Patientenwille im standesethischen und sittlichen Sinn wörtlich zu nehmen; dann bezieht er sich auf das, was Patienten relativ zu den Optionen, die ihnen bei der Aufklärung über Diagnosen und Therapien angeboten werden, selbst wollen. Andererseits wird der Patientenwille im Sinn des weit gefassten Autonomieprinzips unabhängig von solchen Situationen verstanden; dann enthält dieses Prinzip die Ansprüche der Menschenwürde und schließt den Schutz der körperlichen und seelischen Integrität und das Verbot der Instrumentalisierung der Person ein. Unter diesem Prinzip wird nicht der relativ zu einer Therapieempfehlung gebildete konkrete Wille eines Patienten, sondern die Selbstbestimmung in Gestalt der allgemeinen Willensbildung einer Person im Rahmen geltender Gesetze geschützt. Es ist übrigens weder sinnvoll noch gut begründbar, den Patientenwillen und die allgemeinen Ansprüche der Autonomie voneinander zu trennen oder gar das eine gegen das andere auszuspielen.[13] Die Achtung des Patientenwillens ist im normativen Rahmen des Instrumentalisierungsverbots ein prinzipieller Anspruch und damit auch Teil des weit gefassten Autonomieanspruchs. Allein aufgrund der eben beschriebenen Doppelrolle und des Inklusionsverhältnisses kann der Patientenautonomie im ethischen Sinn ein größeres Gewicht beigemessen werden als dem Prinzip des Schädigungsverbots. Es wird an dieser Stelle nicht unbemerkt bleiben, dass auch dem Prinzip des Schädigungsverbots trotz seiner Herkunft aus der Standesethik der allgemeine Würdeschutz

---

12 Nach der Rechtsprechung des Bundesverfassungsgerichts wurzelt das Erfordernis der Einwilligung zu ärztlichen Eingriffen, welcher Art auch immer, in grundlegenden Verfassungsprinzipien, sodass ein von der Verfassung geforderter Kernbereich der Einwilligung der Disposition des einfachen Gesetzgebers entzogen ist (Grundlegend BVerfGE 52, 131 v. 25.07.1979 – Arzthaftung). Bereits im Jahre 1894 hatte das Reichsgericht Inhalt und Umfang der dem Arzte eingeräumten Befugnisse dem „Rechtswillen des Kranken" unterstellt (RGSt 25, 375 ff., 381; vgl. im Anschluss auch BGHSt 11, 111). Zur Theorie subjektiver Grundrechte allgemein: *Böckenförde*, Recht, Staat, Freiheit, insb. etwa: S. 58–66 (Das Bild vom Menschen in der Perspektive der heutigen Rechtsordnung); *Alexy*, Theorie der Grundrechte; *von der Pfordten*, JZ 2005, 1069–1080. Zur Entwicklung der Patientenautonomie zum bioethischen Leitprinzip am Beispiel der USA aus sozialwissenschaftlicher Sicht: *Faden/Beauchamp*, A History and Theory of Informed Consent; *Rothman*, Strangers at the Bedside.

13 *O'Neill*, Autonomy and Trust in Bioethics, relativiert den Patientenwillen und gibt dem allgemeinen Autonomieprinzip in einem an Kant angelehnten Sinn Vorrang.

der Person, zumindest im Hinblick auf das Verbot der Instrumentalisierung, immanent ist.[14]

Natürlich stellt sich nun unmittelbar die Frage, ob nur die allgemeinen Ansprüche der Selbstbestimmung von Patienten und nicht auch die entsprechenden Ansprüche von Ärzten geschützt werden. Tatsächlich werden auch deren Ansprüche auf Selbstbestimmung prinzipiell geschützt und wirken sich etwa in Gestalt der Therapiefreiheit unmittelbar auf das Verhältnis zu den Patienten aus. Kein Arzt *muss* tun, was ein Patient von ihm will. Selbst im Falle eines Suizidwunsches, der einem Patienten unter den nachprüfbar zwingenden Umständen einer unheilbar schweren Erkrankung nicht versagt werden kann, ist kein Arzt verpflichtet, die nötige Hilfe zu leisten. Der Patientenwille ist nicht generell und unter allen Umständen für den Arzt verpflichtend. Ärzte sollen sich ihrem eigenen Autonomieanspruch gemäß nicht von Patienten und deren Willen instrumentalisieren lassen. Es ist ihnen aus ethischen Erwägungen aber auch nicht zu verbieten, einen Eingriff vorzunehmen, für den sie wie im Falle einer Schönheitsoperation keine medizinische Begründung erkennen können. Die Forderungen des Prinzips des Schädigungsverbots müssen in solchen Fällen allerdings gewahrt bleiben.

Die allgemeinen Ansprüche der Selbstbestimmung verbinden sich einerseits nicht mit dem Prinzip des Schädigungsverbots und verändern deswegen aus ärztlicher Perspektive auch nicht die Reichweite dieses Prinzips. Die sittlichen, standesethischen Prinzipien, dem Wohl des Patienten zu dienen und ihn nicht zu schädigen, setzen der Selbstbestimmung des Arztes aber andererseits in Gestalt der Garantenstellung[15] sittliche Grenzen. Kein Arzt kann

---

14 Der ebenfalls im Würdeschutz enthaltene Anspruch auf körperliche Integrität kann dem Prinzip des Schädigungsverbots dagegen nicht immanent sein, da dieses Prinzip die Verletzung der körperlichen Integrität notgedrungen verletzt.
15 Die Notwendigkeit der Garantenstellung für die Unterlassensstrafbarkeit folgt allgemein aus § 13 StGB (Wer es unterlässt einen Erfolg abzuwenden, (...), ist (...) nur dann strafbar *wenn er rechtlich dafür einzustehen hat*, dass der Erfolg nicht eintritt (...). Die Voraussetzungen der Garantenstellung wurden im Einzelnen durch Rechtsprechung und Rechtslehre entwickelt. Danach besteht allerdings *keine* allgemeine Garantenpflicht des Arztes zur Übernahme der Behandlung, die über die allgemeine Hilfeleistungspflicht aus § 323 c StGB hinausgeht. Die Garantenpflicht des Arztes ergibt sich vielmehr erst *durch die Übernahme* der ärztlichen Behandlung, sodass der Arzt grundsätzlich nur für *seine* Patienten Garant ist. Besonderheiten ergeben sich insoweit für den Bereitschaftsarzt, den Notarzt etc. Kommt ein Arzt z. B. nur zufällig an eine Unfallstelle, trifft ihn zunächst nur die allgemeine Hilfeleistungspflicht, die jedermann trifft (Vgl. zum Ganzen den Beitrag zur unterlassenen Hilfeleistung von *Schöch*, S. 161 ff. in diesem Band).
Die Garantenstellung des Arztes für *seine* Patienten führt aber zu einem klassischen Problem, wenn sich der Patient frei verantwortlich das Leben nehmen möchte. Da die Beihilfe zur frei verantwort-

einem seiner Patienten unter Berufung auf das Prinzip der Autonomie seine Hilfe in einer akuten Notlage verweigern, wenn er seinen Beruf zu diesem Zeitpunkt ausübt. Das Autonomieprinzip deckt nur in gewissen gesetzlich bestimmten Grenzen die Einstellung, die sich auf die Formel „ich kann nicht und soll auch nicht, weil ich nicht will" bringen lässt. Auf diese oder eine ähnliche Formel kann sich eine Privatperson angesichts der Notlage eines anderen, aber kein Arzt in Ausübung seiner Profession berufen. Das allgemein-ethische Prinzip der Autonomie gilt zwar für alle Menschen in gleicher Weise. Die Wahrnehmung oder Berufung auf dieses Prinzip unterliegt im Einzelfall Einschränkungen, die sich aus allgemein geltenden Gesetzen ergeben. Einschränkende Bedingungen der Wahrnehmung des Autonomieprinzips gibt es für Ärzte, allgemein für Personen, die – wie z. B. Eltern, Erziehungsberechtigte, Aufsichtspersonen oder Pflegepersonal – anderen Personen gegenüber explizite Verpflichtungen haben. Es gibt solche einschränkenden Bedingungen in einem allgemein-ethischen Sinn aber auch für alle anderen Personen etwa in Gestalt der allgemein geltenden Verpflichtung, das eigene Leben und das Leben anderer zu schützen oder Menschen, die in Not sind, zu helfen.

Für die Geltung der drei unterschiedlichen zu Beginn dieser Untersuchung beschriebenen Gruppen von Prinzipien ergibt sich nun das Bild, dass die allgemein-ethischen Prinzipien aufgrund ihrer uneingeschränkten Geltung für alle Menschen auch allgemein gelten. Der Grad ihrer Geltung ist verglichen mit den sittlichen Prinzipien der ärztlichen Standesethik, den Prinzipien des Schädigungsverbots und des Patientenwohls, nicht eingeschränkt. Diese letzteren, sittlichen Prinzipien gelten selbstverständlich für Ärzte und Pflegepersonal, nicht aber für Patienten. Das sittliche Prinzip der Patientenautonomie

---

lichen Selbsttötung straflos ist, kann der Arzt den Patienten zwar beraten, ihm sogar helfen, in dem Moment, in dem der Patient handlungsunfähig wird, soll ihn aber nach der Rechtsprechung eine Garantenpflicht zur Hilfeleistung treffen: Der Arzt darf das tödliche Medikament zur Selbsteinnahme bereitstellen, muss dem Patienten aber anschließend den Magen auspumpen. Diese Rechtsauffassung wird nicht nur von gewichtigen Stimmen in der Strafrechtswissenschaft kritisiert (vgl. den Beitrag von *Roxin*, Zur strafrechtlichen Beurteilung der Sterbehilfe, S. 75 ff. in diesem Band) sondern auch aus palliativmedizinischer Perspektive als nicht akzeptabel angesehen, da sie u. a. dazu führt, dass die Kommunikation zwischen Ärzten und Patienten behindert wird, weil Patienten ihre Ärzte nicht in rechtliche Schwierigkeiten bringen wollen. Vgl. die 11. These der Antrittsvorlesung von *Borasio*: „Wie, wo und wann dürfen wir sterben?" Das ärztliche Menschenbild am Lebensende zwischen Autonomie und Fürsorge, gehalten am 28. November 2006, Ludwig-Maximilians-Universität München; zu finden unter: http://mitschau.edu.lmu.de/source/videoonline/vorlesungen/data/wise06/infos/eccehomo2811 handout.pdf (Stand Januar 2007).

genießt gegenüber den eben erwähnten sittlichen Prinzipien einen Geltungsvorrang, der sich aus der Verbindung dieses Prinzips mit dem Prinzip der Selbstbestimmung ergibt. Die Wahrnehmung allgemein-ethischer Prinzipien wie dem der Selbstbestimmung kann, wie das Beispiel der Verpflichtungen, die mit der Garantenstellung verbunden sind, zeigt, für bestimmte Personen eingeschränkt sein. Dies ist aber nicht überraschend, da die Wahrnehmung oder Berufung auf uneingeschränkt geltende ethische Prinzipien auch für alle anderen Personen in einer rechtsstaatlichen, demokratischen Gesellschaft von allgemein geltenden gesetzlichen Bestimmungen eingeschränkt wird.

C. Echte und unechte Lösungen von Prinzipienkonflikten

Die Lösung von Prinzipienkonflikten entspricht dem ethischen und praktischen Interesse, inkohärente Entscheidungen, Urteile oder Handlungsweisen zu vermeiden und stattdessen klare normative Orientierungen zu ermöglichen. Wir haben bisher zwei Typen von Lösungen kennengelernt. Prinzipienkonflikte, die gleichzeitig situative Konflikte sind, lassen sich durch hinreichende ärztliche Aufklärung und Vertrauensbildung zwischen Arzt und Patient lösen. Der zweite Typ von Lösungen ergibt sich aus der gestuften Geltung der Prinzipien. Die Patientenautonomie hat z. B. Vorrang vor dem Prinzip des Schädigungsverbots oder dem Prinzip des Patientenwohls. Der erste dieser beiden Lösungstypen führt zu echten Lösungen; d. h. der Konflikt löst sich im jeweiligen Fall aufgrund der Kommunikation zwischen Arzt und Patient gänzlich auf. Beim zweiten Lösungstyp ist dies nicht der Fall; er erlaubt lediglich unechte Lösungen, da der Konflikt in der Sache bestehen bleibt und sich lediglich der Patientenwille gegen das ärztliche Urteil durchsetzt. Auch die unechte Lösung des Prinzipienkonflikts setzt die Kommunikation zwischen Arzt und Patient voraus. Beide Typen von Lösungen sind aufgrund der Kommunikation zwischen Arzt und Patient, die den – implizit vom allgemein-ethischen Prinzip der Autonomie gestützten – Patientenwillen unmittelbar und unbezweifelbar evident macht, ethisch gerechtfertigt. Ein anderer Patientenwille als der erklärte kann nicht unterstellt werden. Die beiden eben beschriebenen Lösungen stehen aber nicht bei jedem Prinzipienkonflikt zur Verfügung.

Wenn die Kommunikation zwischen Arzt und Patient nicht möglich ist, weil der Patient vorübergehend oder dauerhaft ohne Bewusstsein oder geistig behindert ist, lässt sich der Prinzipienkonflikt weder als situativer Konflikt auflösen, noch entscheidet in jedem Fall der Vorrang der Patientenautonomie vor anderen Prinzipien. Es sind zwei Lösungen möglich, die beide in ethischer Hinsicht unecht sind. Im einen Fall, bei Vorliegen einer Patientenverfügung, gilt formal der Vorrang der Patientenautonomie, sofern dieser Vorrang nicht durch eine Intervention qualifizierter Dritter, z. B. von Angehörigen mit entsprechenden Vollmachten oder von gerichtlich bestellten Vertrauenspersonen, relativiert wird. Es kann auch medizinisch gesehen strittig sein, ob die Lage des Patienten den Voraussetzungen entspricht, unter denen die Patientenverfügung überhaupt anzuwenden ist. Der zusätzlich auftretende Auslegungskonflikt über die Anwendbarkeit der Patientenverfügung verändert den Prinzipienkonflikt aber nicht. Denn über deren Anwendbarkeit entscheiden in jedem Fall die Ärzte, und dies bedeutet, dass das Prinzip des Schädigungsverbots faktisch in einer solchen Situation den gleichen Rang wie die Patientenautonomie genießt. In beiden eben angesprochenen Situationen kann die Patientenautonomie nur formal und indirekt über die Patientenverfügung oder den stellvertretenden Willen Dritter Berücksichtigung finden. In beiden Situationen sind nur unechte Lösungen des Prinzipienkonflikts möglich, weil die Patientenautonomie ohne die Kommunikation zwischen Arzt und Patient nur formal und indirekt gilt und weil ihr faktisch nicht der Vorrang eingeräumt werden kann, den sie sonst vor anderen Prinzipien genießt. Der zusätzlich auftretende Auslegungskonflikt verändert dieses Verhältnis der Prinzipien nicht, weil dem Prinzip des Schädigungsverbots auch in einer solchen Situation dergestalt Rechnung getragen wird, dass der von den Ärzten angenommene mutmaßliche Wille des Patienten entscheidet. Der mutmaßliche Wille kann durchaus von dem abweichen, was in einer Patientenverfügung festgelegt wurde. Dann werden der eben angesprochene und der nun folgende Fall im Ergebnis ununterscheidbar.

Im zweiten Fall eines Prinzipienkonflikts ohne die Möglichkeit einer direkten Kommunikation zwischen Arzt und Patient liegt keine Patientenverfügung vor. Auch in diesem Fall ist in ethischer Hinsicht lediglich eine unechte Lösung des Konflikts möglich. In der alltäglichen Praxis kann der mutmaßliche, rationale Wille des Patienten aus gewohnheitsrechtlichen Gründen[16] unterstellt werden. Diesem mutmaßlichen Willen entsprechend können Ärzte dann auch auf rechtmäßige Weise therapeutische Entscheidun-

---

16 Der Rechtfertigungsgrund der mutmaßlichen Einwilligung ist nicht gesetzlich geregelt, aber gewohnheitsrechtlich anerkannt; vgl. hierzu den Beitrag von *Roxin*, Zur strafrechtlichen Beurteilung der Sterbehilfe, S. 75 ff. in diesem Band sowie den Beitrag von *Schroth*, Ärztliches Handeln und strafrechtlicher Maßstab, S. 21 ff. in diesem Band.

gen treffen. Faktisch wird auch in diesem Fall das Prinzip des Schädigungsverbots dem der Patientenautonomie gleichgestellt.

Sind diese unechten Lösungen von Prinzipienkonflikten ethisch zu rechtfertigen? Diese Frage nötigt uns, zwei weitere zu stellen; zum einen die Frage, wie sich die faktische Gleichstellung der Prinzipien der Patientenautonomie mit dem Prinzip des Schädigungsverbots rechtfertigen lässt. Zum anderen ist die Frage zu klären, ob es im ethischen Sinn einen Ersatz für den unmittelbar geäußerten Patientenwillen geben kann. Wir sahen oben, dass sich die Patientenautonomie aus dem sittlichen Anspruch des Patientenwillens und den allgemein-ethischen Ansprüchen der Autonomie zusammensetzt, und dass sich allein aus diesem Grund ein Vorrang der Patientenautonomie vor anderen sittlichen Prinzipien ethisch rechtfertigen lässt. Wenn nun aber in bestimmten Fällen faktisch das Prinzip der Patientenautonomie mit dem des Schädigungsverbots gleichgestellt wird, müssen wir prüfen, ob und wie dabei die beiden Typen von Ansprüchen, die in der Patientenautonomie enthalten sind, der sittliche und der allgemein-ethische, berücksichtigt werden können.

Wenn der sittliche Anspruch des Patientenwillens nur formal und indirekt berücksichtigt wird, weil der Patientenwille nicht zweifelsfrei und aktuell festgestellt werden kann, gibt es für ihn auch nur eine indirekte Evidenz. Zweifel an indirekten Evidenzen lassen sich aus epistemischen Gründen grundsätzlich nicht ausräumen, auch nicht durch rechtliche Regelungen. Deswegen kann der mutmaßliche oder in einer Verfügung festgehaltene Wille eines Patienten in ethischer Hinsicht auch nur ein Indiz für den mutmaßlichen Willen des Patienten sein und nicht die gleiche rechtfertigende Kraft haben wie dessen aktuell geäußerter Wille. Das Defizit an rechtfertigender Kraft verlangt nach einem Substitut. Die epistemisch nicht überwindbare Skepsis gegenüber einem indirekt geäußerten Patientenwillen kann in ethischer Hinsicht nur durch den allgemein-ethischen Anspruch der Autonomie ausgeglichen werden. Da dieser Anspruch in einer aktuellen Willensäußerung nicht explizit, sondern nur implizit enthalten ist, kann er überhaupt nur als rechtfertigendes Substitut infrage kommen.

Der allgemein-ethische Anspruch der Autonomie enthält, wie oben erwähnt, eine Reihe prinzipieller Ansprüche wie das Verbot der Instrumentalisierung und das Gebot der körperlichen und seelischen Integrität, die allesamt in der Menschenwürde verankert sind. Da diese Ansprüche für jede Person unabhängig davon gelten, ob sie von ihr geäußert oder bekräftigt werden, können sie z. B. ärztliche Entscheidungen, in denen sie volle Berücksichtigung finden, auch rechtfertigen. Wenn also ein Patient sich selbst nicht äußern kann, die Entscheidung, die für ihn von Ärzten oder autorisierten Dritten getroffen wird, dem allgemein-ethischen Prinzip der Autonomie und seinen eben erwähnten Implikaten entspricht, ist sie auch ethisch gerechtfertigt. Wenn nun aber faktisch in ärztlichen Therapieentscheidungen, z. B. für komatöse Patienten, die Patientenautonomie und das Prinzip des Schädigungsverbots einander gleichgestellt werden, stellt sich die Frage, ob die allgemein-ethischen Ansprüche der Autonomie substitutiv für den nur indirekt erkennbaren Patientenwillen im Prinzip des Schädigungsverbots enthalten sein können. Diese Frage können wir aber nicht generell und eindeutig bejahen, da das Gebot der körperlichen Integrität auch bei voller Übereinstimmung einer ärztlichen Entscheidung mit dem Prinzip des Schädigungsverbots verletzt werden kann. Denn eine Therapie, die diesem Prinzip entspricht und das Setzen von Spritzen einschließt, kann ohne die damit verbundene Verletzung der körperlichen Integrität nicht durchgeführt werden.

Wir haben nun einerseits die Frage geklärt, ob es ein Substitut für den nur unmittelbar geäußerten Patientenwillen gibt und die Frage bejaht. Es gibt ein einziges taugliches Substitut, nämlich der allgemein-ethische Anspruch der Autonomie. Zweifel blieben lediglich bei der Beantwortung der Frage, ob die Patientenautonomie und das Prinzip des Schädigungsverbots einander gleichgestellt werden können. Eine allgemeine Gleichrangigkeit der beiden Prinzipien ist nicht zu rechtfertigen, weil das Prinzip des Schädigungsverbots zumindest potenziell beim Einsatz bestimmter therapeutischer Mittel das Gebot der körperlichen Integrität verletzen kann. Diese prinzipielle Lücke zwischen der Patientenautonomie und dem Prinzip des Schädigungsverbots lässt sich nicht schließen. Sie könnte nur durch die unmittelbare Zustimmung zur Verletzung der eigenen körperlichen Integrität durch einen Patienten geschlossen werden.

Auch wenn es rechtlich legitim ist, den Patientenwillen durch dessen indirekte Präsenz in Gestalt einer Patientenverfügung oder durch den Willen einer gerichtlich autorisierten Vertrauensperson zu ersetzen, gibt es in ethischer Hinsicht ein offenes Problem. Es ist das Problem der Rechtfertigung der faktischen Gleichrangigkeit der Prinzipien der Autonomie und des Schädigungsverbots. Diese Gleichrangigkeit ist aufgrund einer nicht auszuschließenden partiellen Verletzung des allgemein-ethischen Anspruchs der Autonomie nicht zu begründen. In ethischer Hinsicht ist dies ein nicht lösbarer Prinzipienkonflikt, es sei denn, das allgemein-ethische Prinzip der Autonomie genießt Vorrang vor dem Prinzip des Schädigungsverbots, oder es bietet sich ein anderes Substitut für die Schließung der beschriebenen Lücke der

Rechtfertigung an. Betrachten wir zunächst den zweiten Fall. Ein Substitut, das für die Schließung der Rechtfertigungslücke infrage kommt, ist das Prinzip des Lebensschutzes. Damit ist zwar keine Gleichrangigkeit der Prinzipien der Patientenautonomie und des Schädigungsverbots herstellbar, aber die implizite Verletzung der körperlichen Integrität kann durch die Berufung auf den Lebensschutz prinzipiell geheilt werden. Denn das Leben eines Patienten kann unabhängig von seiner Einwilligung aus medizinischen Gründen manchmal nicht anders als durch eine Verletzung seiner körperlichen Integrität geschützt werden. Dieses Argument ist ethisch gültig, weil der Lebensschutz im Gegensatz etwa zu dem notorisch unklaren sittlichen Prinzip des Patientenwohls auf dem allgemein-ethischen Niveau der Ansprüche der Autonomie angesiedelt ist.

Wenn es unbedingt erforderlich wäre, ein Substitut für die Rechtfertigungslücke bei der Gleichstellung von Patientenautonomie und dem Prinzip des Schädigungsverbots zu finden und es kein anderes als den Lebensschutz gäbe, wäre eine ethische Rechtfertigung dafür, einen Patienten sterben zu lassen, nicht möglich. Diese Möglichkeit gibt es nur dann, wenn dem Prinzip der Autonomie und dem darin enthaltenen Würdeschutz Vorrang vor dem Prinzip des Schädigungsverbots eingeräumt wird. Dann kann auf die Anwendung dieses Prinzips zwar nicht verzichtet werden. Die rechtfertigbaren Maßnahmen orientieren sich aber nicht mehr am Prinzip des Lebensschutzes, sondern an der Frage, wie die Autonomie der Person am besten geschützt werden kann. Tatsächlich wird die körperliche und seelische Integrität eines Sterbenden geschützt, wenn ihm keine lebensverlängernden Maßnahmen zugemutet werden. Der Schutz der körperlichen und seelischen Integrität ist zwar keine hinreichende, aber eine notwendige Bedingung dafür, dass die Würde eines Sterbenden geachtet wird. Die Sterbebegleitung, die ihre Aufgabe im Schutz der Autonomie sieht, steht nicht im Gegensatz zum Prinzip des Schädigungsverbots, im Gegenteil. Die Linderung von Schmerzen kommt in der Regel nicht ohne eine Intubation oder die Injektion schmerzstillender Mittel aus. Für Therapien dieser Art ist das Prinzip des Schädigungsverbots uneingeschränkt gültig, auch wenn sie von Fall zu Fall mit einer indirekten Sterbehilfe gleichgesetzt werden können.

Lösungen für Auslegungskonflikte sittlicher und allgemein-ethischer Prinzipien wurden bisher nicht thematisiert. Sie können nur im Rahmen ärztlicher, ethischer und rechtlicher Diskurse erreicht werden. An diesen Diskursen sollten neben Ärzten, Rechtswissenschaftlern und Ethikern auch Patienten beteiligt werden. Wenn die Ergebnisse solcher Diskurse etwa über die gerechte Verteilung von knappen Gütern im Gesundheitswesen zu Ergebnissen führen, die im Konsens gewonnen wurden, sind die Lösungen echt. Unecht sind Lösungen von Auslegungskonflikten dann, wenn sich lediglich bestimmte Gruppen mit ihren Überzeugungen oder Forderungen durchsetzen.

Kehren wir noch einmal zurück zum Verhältnis zwischen dem allgemeinethischen Prinzip der Autonomie und dem sittlichen Prinzip des Schädigungsverbots bei der Behandlung von Patienten, die ohne Bewusstsein sind oder aus anderen Gründen nicht mit einem Arzt über therapeutische Optionen kommunizieren können. Die eben beschriebene Rechtfertigungslücke zwischen der Patientenautonomie und dem Prinzip des Schädigungsverbots kann, wie wir gesehen haben, entweder durch das Prinzip des Lebensschutzes geschlossen werden, oder der Autonomie und der mit ihr implizit geschützten Integrität der Person wird ein Vorrang vor dem Prinzip des Schädigungsverbots eingeräumt. Natürlich bedarf die Wahl einer dieser Alternativen in jedem Einzelfall einer Begründung. Eine prinzipielle Begründung ist aber nicht möglich. Es kommt allein auf die Aussichten des einzelnen Patienten an, ohne unzumutbare Schmerzen und Belastungen leben zu können. Eine Verpflichtung, dem Prinzip des Lebensschutzes zu folgen, kann es nur geben, wenn das Leiden des Patienten dadurch nicht unnötig verlängert wird. Wenn der Patient im Rahmen einer palliativen Sterbebegleitung in Würde sterben kann, ist es nicht gerechtfertigt, dem Prinzip des Lebensschutzes zu folgen. Da eine Entscheidung zwischen beiden Optionen unter Berufung auf andere Prinzipien nicht möglich ist, sind die behandelnden Ärzte zu einer Abwägung genötigt, die transparent sein und einer rechtlichen Prüfung standhalten sollte. Transparent und rechtlich überprüfbar kann eine Abwägung aber nur sein, wenn sie von einem Team von Ärzten verantwortet und die Begründung ihrer Entscheidung schriftlich festgehalten wird. Diese beiden Ansprüche an das Verfahren der Abwägung zwischen dem Lebensschutz und der Integrität des Patienten, zwischen der Erhaltung seines Lebens und dem in Würde Sterben Lassen, sind ihrerseits ethischen Forderungen. Das Abwägungsverfahren kann sich aber seinerseits nicht auf Prinzipien, sondern nur auf die Gründe stützen, die jeweils für die Erhaltung des Lebens oder das Sterben Lassen in Anspruch genommen werden. Zur transparenten Begründung in jedem einzelnen Fall gibt es keine Alternative.

1.2 Ärztliches Handeln und strafrechtlicher Maßstab
Medizinische Eingriffe ohne und mit Einwilligung, ohne und mit Indikation

Ulrich Schroth

Inhaltsverzeichnis

A. Einleitung _23
B. Der eigenmächtige Heileingriff – der ärztliche Eingriff mit Indikation aber ohne rechtswirksame Einwilligung _23
C. Die Heilbehandlung aufgrund rechtswirksamer Einwilligung mit Indikation _30
D. Operationserweiterung und mutmaßliche Einwilligung _38
E. Der ärztliche Eingriff mit Einwilligung, aber ohne Indikation – Die Möglichkeit wunscherfüllender Medizin _42

Literaturverzeichnis

Alexy, Robert, Theorie der Grundrechte, 5. Auflage 2006
Amelung, Knut, Irrtum und Täuschung als Grundlage von Willensmängeln bei der Einwilligung des Verletzten, 1998
Beauchamp, Tom L./Childress, James F., Principles of Biomedical Ethics, 5. Auflage 2001
Binding, Karl, Lehrbuch des Gemeinen Deutschen Strafrechts Besonderer Teil, Band 1, 2. Auflage 1902
Bockelmann, Paul, Strafrecht des Arztes, 1968
Duttge, Gunnar, Zum Unrechtsgehalt des kontraindizierten ärztlichen „Heileingriffs", MedR 2005, 706
Engisch, Karl, Die rechtliche Bedeutung der Operation, 1958
Fateh-Moghadam, Bijan, Die Einwilligung in die Lebendorganspende, 2008
Fischer, Thomas, Strafgesetzbuch und Nebengesetze, Kommentar, 56. Auflage 2009
Gutmann, Thomas/Schroth, Ulrich, Organlebendspende in Europa, 2002

Jähnke, Burkhard/Laufhütte, Heinrich W./Odersky, Walter (Hrsg.), Strafgesetzbuch, Leipziger Kommentar (LK), 11. Auflage 2001

Jakobs, Günther, Strafrecht Allgemeiner Teil, Studienausgabe, 2. Auflage 1991

Kargl, Walter, Körperverletzung durch Heilbehandlung, GA 2001, 538

Kindhäuser, Urs, Zur Unterscheidung von Einverständnis und Einwilligung, in: Rogall, Klaus/Puppe, Ingeborg/Stein, Ulrich et al. (Hrsg.), Festschrift für Hans-Joachim Rudolphi, 2004, S. 135

Kindhäuser, Urs, Strafgesetzbuch Besonderer Teil I, 3. Auflage 2007

Kindhäuser, Urs/Neumann, Ulfrid/Paeffgen, Hans-Ulrich (Hrsg.), Strafgesetzbuch, Nomos Kommentar (NK), 2. Auflage 2005

Küper, Wilfried, Strafrecht Besonderer Teil, 7. Auflage 2008

Lackner, Karl/Kühl, Kristian, Strafgesetzbuch, Kommentar, 26. Auflage 2007

Laufs, Adolf/Uhlenbruck, Wilhelm (Hrsg.), Handbuch des Arztrechts, 3. Auflage 2002

Laufs, Rainer/Laufs, Adolf, Aids und Arztrecht, NJW 1987, 2257

Maunz, Theodor/Dürig, Günter (Hrsg.), Grundgesetz, Kommentar, Loseblatt Ausgabe (Stand: 54. Ergänzungslieferung, Juni 2009)

Mezger, Edmund, Strafrecht, 3. Auflage 1949

Rönnau, Thomas, Willensmängel bei der Einwilligung im Strafrecht, 2001

Roxin, Claus, Strafrecht Allgemeiner Teil I, 4. Auflage 2006

Rudolphi, Hans-Joachim/Horn, Eckhard/Samson, Erich et al. (Hrsg.), Strafgesetzbuch, Systematischer Kommentar (SK), Loseblatt Ausgabe (Stand: 116. Ergänzungslieferung, November 2008)

Schmidt, Eberhard, Gutachten für den 44. Deutschen Juristentag, 1962

Schönke, Adolf/Schröder, Horst (Hrsg.), Strafgesetzbuch Kommentar, 27. Auflage 2006

Schreiber, Hans-Ludwig, Zur Reform des Arztstrafrechts, in: Weigend, Thomas/Küpper, Georg (Hrsg.), Festschrift für Hans Joachim Hirsch, 1999, S. 713

Schroth, Ulrich, Medizin-, Bioethik und Recht, in: Kaufmann, Arthur; Hassemer, Winfried; Neumann, Ulfrid (Hrsg.), Einführung in Rechtsphilosophie und Rechtstheorie der Gegenwart, 7. Auflage 2004, S. 458

Schroth, Ulrich, Die Einwilligung in eine nicht-indizierte Körperbeeinträchtigung zur Selbstverwirklichung – insbesondere die Einwilligung in Lebendspende, Schönheitsoperationen und Piercing, in: Hassemer, Winfried/Beukelmann, Stephan (Hrsg.), Festschrift für Klaus Volk zum 65. Geburtstag, 2009, S. 653

Schroth, Ulrich/König, Peter/Gutmann, Thomas et al. (Hrsg.), Transplantationsgesetz (TPG), Kommentar, 2005

Tag, Brigitte, Der Körperverletzungstatbestand im Spannungsfeld zwischen Patientenautonomie und lex artis, 2000

Ulsenheimer, Klaus, Anmerkung zu BGH, NStZ 1996, 34, NStZ 1996, 132
Ulsenheimer, Klaus, Arztstrafrecht in der Praxis, 4. Auflage 2008
Voll, Doris, Die Einwilligung im Arztrecht, 1996

A. Einleitung

Es versteht sich von selbst, dass ärztliche Eingriffe ohne Indikation und ohne Einwilligung des Patienten gegen grundsätzliche Regeln der Medizinethik verstoßen. Einerseits wird dann gegen das Schädigungsverbot verstoßen, andererseits wird die autonome Entscheidung des Patienten missachtet. Es werden aber nicht nur zentrale Regeln der Medizinethik, sondern auch Normen des Strafgesetzbuches verletzt. Je nachdem, ob vorsätzlich oder fahrlässig gehandelt wurde, kommt der Tatbestand des § 223 StGB oder der des § 229 StGB in Betracht. Soweit eine vorsätzliche Körperverletzung vorliegt, können auch die Qualifikationstatbestände § 224 StGB oder § 226 StGB einschlägig sein. Geht der Arzt von einer rechtmäßigen Einwilligung aus, ist § 229 StGB relevant. Vorsätzliches Handeln ist ausgeschlossen, wenn sich der Arzt eine Situation vorstellt, die, wenn sie wahr wäre, den ärztlichen Eingriff legitimieren würde.[1]

B. Der eigenmächtige Heileingriff – der ärztliche Eingriff mit Indikation aber ohne rechtswirksame Einwilligung

Wie der ärztliche Heileingriff zu bewerten ist, soweit er eigenmächtig durchgeführt wird, ist seit langer Zeit in der Strafrechtswissenschaft umstritten. Bevor auf diese Frage eingegangen wird, soll bestimmt werden, was unter einem eigenmächtigen Heileingriff zu verstehen ist.

Zunächst ist als *eigenmächtig* derjenige Heileingriff anzusehen, der ohne Einwilligung erfolgt, obwohl es möglich wäre, die Einwilligung einzuholen (fehlende Einwilligung). Unter den Begriff des eigenmächtigen Heileingriffs fallen aber auch solche therapeutischen Eingriffe, die zwar mit Zustimmung, aber ohne hinreichende Aufklärung erfolgen, wenn eine Aufklärung geboten ist (rechtsunwirksame Einwilligung).

---

1 Sog. Erlaubnistatbestandsirrtum; eine Vorsatztat scheidet aus, es kommt aber eine Fahrlässigkeitshaftung in Betracht, § 16 I StGB (evtl. analog).

Große Teile der Strafrechtswissenschaft behaupten, der *erfolgreiche*, wenn auch eigenmächtig durchgeführte Heileingriff dürfe nicht unter die Körperverletzungstatbestände subsumiert werden. Hierfür wird angeführt, dass beim erfolgreich durchgeführten Heileingriff keine Gesundheitsschädigung vorliege, jedenfalls wenn man den Heileingriff insgesamt betrachte.[2] Andere Teile der Lehre sind der Ansicht, in dem *kunstgerecht* durchgeführten Heileingriff liege keine Erfüllung des § 223 StGB, weil eine kunstgerecht durchgeführte ärztliche Handlung, die tendenziell auf Wiederherstellung des körperlichen Wohls angelegt ist, genau das Gegenteil einer Körperverletzung im Sinne einer Gesundheitsschädigung darstelle.[3] Es sei eine Gesamtbetrachtung anzustellen, bei der nicht die einzelne ärztliche Maßnahme entscheidend sein dürfe, sondern vielmehr der Gesamtakt, der auf Erhaltung des körperlichen Wohls angelegt ist. Wird die Heilbehandlung *lege artis* durchgeführt, so komme selbst bei einer Verschlechterung des Gesundheitszustandes wegen der vorzunehmenden Gesamtbetrachtung keine Körperverletzung in Betracht. Eine Heilbehandlung *lege artis* – so wird argumentiert – sei eben keine Handlung, die als Misshandlung oder als Gesundheitsschädigung angesehen werden könne. Zugespitzt hat *Binding* in diesem Sinne bereits im Jahre 1902 formuliert: „Von jeher hat das Wundenheilen den löblichen Gegensatz zum Wundenschlagen gebildet".[4]

Die deutsche Rechtsprechung sieht dies indes seit einer Entscheidung des Reichsgerichts aus dem Jahre 1894 anders: Jede ärztliche Behandlungsmaßnahme, auch die dringend notwendige, welche die Körperintegrität beeinträchtigt, verwirklicht zunächst einmal die Körperverletzungstatbestände.[5] Hiernach erfüllen daher auch Eingriffe wie die Verabreichung einer schmerzlindernden Spritze, die Gabe von Schmerzmitteln oder die Röntgenbestrahlung den Tatbestand des § 223 I StGB. Hintergrund dieser Rechtsprechung des Reichsgerichts war das Anliegen, die Patientenautonomie abzusichern.

---

2 *Bockelmann*, Strafrecht des Arztes, S. 67; vgl. dazu LK – *Lilie*, StGB, Vor §§ 223 ff. Rn. 3, § 223 Rn. 18 m. w. N.; einen Überblick zu den argumentativen Grundlinien der h. L. geben Schönke/Schröder – *Eser*, StGB, § 223 Rn. 30 und LPK – *Kindhäuser*, § 223 Rn. 7 ff.; Laufs/Uhlenbruck – *Laufs*, Handbuch des Arztrechts, § 130 Rn. 5 ff. sowie Tag, Körperverletzungstatbestand, S. 18 ff.
3 *Engisch*, Operation, S. 20; dazu: LK – *Lilie*, StGB, § 223 Rn. 5 m. w. N.; SK – *Horn/Wolters*, StGB, § 223 Rn. 35 ff., lehnen bei kunstgerecht durchgeführten Eingriffen die Annahme einer Gesundheitsschädigung ab, nicht aber die Annahme einer Misshandlung; vgl. dazu *Fischer*, StGB, § 223 Rn. 11 ff.
4 *Binding*, BT Bd. 1, S. 56.
5 RGSt 25, 345 ff.; in der Folge etwa BGHSt 11, 112; *Fischer*, StGB, § 223 Rn. 9 ff.; vgl. auch bei *Tag*, Körperverletzungstatbestand, S. 14 ff.; Laufs/Uhlenbruck – *Ulsenheimer*, Handbuch des Arztrechts, § 138 Rn. 1 ff.

Nur aus der autonomen Entscheidung des Patienten vermag der (Heil-)Eingriff in dessen Körper seine Legitimation zu erfahren. Soweit eine tatsächliche Entscheidung nicht einholbar ist, können selbstverständlich andere Rechtfertigungsgrundsätze – insbesondere das Institut der mutmaßlichen Einwilligung – den ärztlichen Heileingriff legitimieren.

Eberhart Schmidt hat dieser rechtlichen Bewertung des ärztlichen Heileingriffs nicht viel abgewinnen können. Er stellte die These auf, dass mit einer solchen Sichtweise das Arzt-Patientenverhältnis nicht angemessen gewürdigt werde, weil die Heilbehandlung des Arztes letztlich als kausales Wundenschlagen angesehen werde.[6]

Eine Auseinandersetzung mit diesen widerstreitenden Auffassungen bedarf der Klärung der Vorfrage, welches Rechtsgut die Körperverletzungsdelikte eigentlich schützen sollen.[7] Die Körperverletzungsdelikte schützen – folgt man der herrschenden Meinung – die körperliche Unversehrtheit eines jeden anderen. Sie schützen indes weder vor Selbstverletzungen noch schützen sie die Leibesfrucht.[8] Geschützt ist das Kind als „andere Person" i. S. d. §§ 223 ff. StGB erst ab dem Einsetzen der Eröffnungswehen bei der Mutter. Soweit die Leibesfrucht beeinträchtigt wird und gleichzeitig eine Verletzung der Mutter vorliegt, bieten die Körperverletzungsdelikte zwar Schutz, aber nur im Hinblick auf die Verletzung der werdenden Mutter.

Kargl sieht als Rechtsgut der Körperverletzungsdelikte nicht nur die körperliche Unversehrtheit an, sondern auch die körperliche Unberührtheit.[9]

Die Beeinträchtigungen, vor denen die Körperverletzungsdelikte die körperliche Unversehrtheit schützen sollen, unterteilt der Gesetzeswortlaut einerseits in Gesundheitsschädigungen und anderseits in körperliche Misshandlungen. Eine Gesundheitsschädigung ist jedes Hervorrufen oder Steigern eines vom Normalzustand der körperlichen Funktionen nachteilig abweichenden, pathologischen Zustandes, der einen Heilungs- oder Linderungsbedarf zur Folge hat. Gleichgültig ist, auf welche Weise er verursacht wird und ob das Opfer dabei Schmerzen empfindet. Freilich kann von einer Gesundheitsschädigung nur dann gesprochen werden, wenn sich in verobjektivierter Form nachweisen lässt, dass der Täter einen pathologischen Zustand verursacht oder jedenfalls mitverursacht bzw. intensiviert hat. Hierfür genügt

---

6 Vgl. *Schmidt*, Gutachten, S. 45; dazu auch sehr umfassend *Kargl*, GA 2001, 538 ff.
7 Vgl. ausführlich *Tag*, Körperverletzungstatbestand, S. 44 ff.
8 Vgl. etwa: Schönke/Schröder – *Eser*, StGB, § 223 Rn. 1 m. w. N.; *Lackner/Kühl*, StGB, § 223 Rn. 1; LK – *Lilie*, StGB, § 223 Rn. 1.
9 *Kargl*, GA 2001, 538, 552.

es, wenn die klar identifizierbare Ursache erheblicher Erkrankungen vom Täter gesetzt wird. Hat der Täter einen HI-Virus übertragen, so liegt darin bereits eine Gesundheitsschädigung. Nicht erforderlich ist, dass die Symptome, die häufig erst bei fortgeschrittenem Krankheitsverlauf klinisch erkennbar werden, beim Opfer zugleich wahrgenommen werden können.[10] Die These, wonach auch die Herstellung seelischer Beeinträchtigungen als Gesundheitsschädigung zu werten sei, wird zu Recht überwiegend abgelehnt.[11] Der Gesetzgeber hat die Körperverletzungsdelikte bewusst mit dem Titel „Straftaten gegen die körperliche Unversehrtheit"[12] überschrieben. Allerdings sind psychische Beeinträchtigungen dann als Gesundheitsschädigungen anzusehen, wenn sie ein pathologisches Ausmaß erreichen[13] und dieser pathologische Charakter sich in objektivierter Form feststellen lässt (Herbeiführung von Traumata, Angstschweiß etc.).[14]

Die Misshandlungs-Alternative innerhalb der Körperverletzungstatbestände hat die Funktion, unangemessene Behandlungen, auch wenn sie nicht zu einem pathologischen Zustand führen,[15] unter die Körperverletzungstatbestände subsumieren zu können. Dahinter steht die Idee des Gesetzgebers, den Rechtsgutsträger über den Schutz vor Krankheit hinaus in seiner körperlichen Unberührtheit zu schützen. Überwiegend wird die Misshandlung definiert als eine üble und unangemessene Behandlung des Körpers mit der Folge, dass sie das körperliche Wohlbefinden oder die körperliche Unversehrtheit, namentlich durch Substanzverletzungen, nicht nur unerheblich[16] beeinträchtigt.[17] Diese Definition erlaubt jedoch keine hinreichende Bestimmung des Begriffs der körperlichen Misshandlung. Sie hat, wie bereits von *Kargl* dargelegt, ihren Grund in der Tatsache, dass einerseits Substanzverletzungen erfasst werden sollen, die nicht zu pathologischen Zuständen führen, andererseits aber einer Ausuferung des Tatbestandes entgegengewirkt werden soll.[18] Die Definition ist jedoch insofern zu eng, als sie zwar das eigenmäch-

---

10 Vgl. Schönke/Schröder – *Eser*, StGB, § 223 Rn. 7 m. w. N.; LK – *Lilie*, StGB, Vor § 223 Rn. 10.
11 LK – *Lilie*, StGB, § 223 Rn. 15.
12 Dazu auch *Küper*, BT, S. 165.
13 Vgl. BGH, NStZ 1997, 123.
14 Zur Erforderlichkeit eines medizinisch bedeutsamen Krankheitswertes vgl. OLG Düsseldorf, NJW 2002, 2118.
15 *Fischer*, StGB, § 223 Rn. 3a.
16 Zum Kriterium der Erheblichkeit vgl. etwa NK – *Paeffgen*, StGB, § 223 Rn. 9 ff. und Schönke/Schröder – *Eser*, StGB, § 223 Rn. 4a.
17 LK – *Lilie*, StGB, § 223 Rn. 6.
18 *Kargl*, GA 2001, 538, 547 f.

tige Abschneiden von Haaren erfasst, nicht aber körperliche Berührungen, die für den Rechtsgutsträger ein Risiko bedeuten. Die Gabe von Medikamenten, die die Magenschleimhaut angreifen oder zu – wenn auch seltenen – allergischen Schocks führen können, die Bestrahlung des Körpers mit Gammastrahlen, chirurgische Eingriffe, das Setzen von Spritzen – all diese Therapieformen muss der Patient selbst bestimmen können, da der Körper durch sie in gravierender Weise beeinträchtigt wird bzw. werden kann.[19] Dies lässt sich der Tatsache entnehmen, dass das Grundgesetz in Art. 2 I (i. V. m. Art. 2 II[20]) dem Einzelnen ein Verfügungsrecht über seinen Körper einräumt. Dieses Verfügungsrecht ist Ausdruck des allgemeinen Persönlichkeitsrechts des Bürgers, aber auch seines Grundrechts auf körperliche Unversehrtheit.[21] Eingriffe in den Körper, die Folgen haben oder haben können, sind nur dann legitim, wenn diejenige Person, die das Risiko trägt, sich für den Eingriff entscheidet.[22] Soweit notwendige und angemessene Heileingriffe, die die Körperintegrität – zumindest – berühren, mit Nebenfolgen verbunden sein können, haben Patienten ein verfassungsrechtlich geschütztes Interesse daran, über die Vornahme des Heileingriffs selbst zu entscheiden.[23] Dieses Interesse ist zentral und muss über die Körperverletzungstatbestände geschützt werden.

Sieht man nun Wundenheilen als den löblichen Gegensatz zum Wundenschlagen an,[24] so steht man zwar in der hippokratischen Tradition, ohne dabei allerdings dem Prinzip des notwendigen Respekts vor dem grundrechtlich geschützten Selbstbestimmungsrecht des Patienten gerecht zu werden. Die Schadensvermeidung wird dann in die Kompetenz des Arztes gelegt und nicht im Selbstbestimmungsrecht des Patienten verankert. Der Arzt wird als derjenige angesehen, der das ursprüngliche Recht hat, die Interessen des Patienten zu verfolgen. Der Arzt muss fürsorglich sein und Schaden vermei-

---

19 Die Tatsache, dass ärztliche Eingriffe keine „unangemessenen" Behandlungen sind, ist irrelevant. Die Definition des Misshandlungsbegriffs muss ergänzt werden. Eine Misshandlung liegt auch vor, wenn über eine Behandlung die Körpersphäre berührt ist und dies mit Nebenwirkungen – auch kumulativ – verbunden sein kann.
20 S. hierzu ausführlich *Fateh-Mogahdam*, Einwilligung, S. 74 ff. und *Schroth*, in: Hassemer/Beukelmann, FS-Volk, S. 653, 654 ff.
21 Vgl. Maunz/Dürig – *Di Fabio*, GG, Art. 2 I Rn. 204 ff.
22 Zur Ratio des Einwilligungserfordernisses vgl. auch BGHZ 29, 46, 49; 29, 176, 180.
23 Aus Art. 2 Abs. 2 S. 1 (i. V. m. Abs. 1 und Art. 1 Abs. 1) GG, nach a. A. aus Art. 2 Abs. 1 i. V. m. Art. 1 Abs. 1 GG; vgl. zum Ganzen ausführlich *Fateh-Mogahdam*, Einwilligung, S. 74 ff. und *Schroth*, in: Hassemer/Beukelmann, FS-Volk, S. 653, 654 ff.
24 Siehe *Binding*, BT Bd. 1, S. 56.

den. Den Inhalt der Schadensvermeidungs- bzw. Fürsorgepflicht bestimmt er selbst, nicht der Patient. Die hippokratische Position lässt das Verfügungsrecht des Patienten über seinen Körper unberücksichtigt und verkennt, dass die ärztliche Heilbehandlung eine Handlung unter Risiko ist und gerade deshalb vom Respekt des Arztes vor der autonomen Entscheidung des Patienten getragen sein muss. Dessen erlebens- und wertbezogene Interessen müssen beachtet werden. Nur der Patient kann entscheiden, welche Risiken er einzugehen bereit ist.

Die Entscheidung des Patienten, welcher Heileingriff erfolgen soll, kann auf den Arzt übertragen werden. Es empfiehlt sich sicherlich häufig, dem Arzt die Wahrung der eigenen Interessen zu übertragen. Dieser versteht die Notwendigkeit einer medizinischen Maßnahme besser, da er spezifisch ausgebildet worden ist und der Patient in der Regel nicht die Möglichkeit hat, sich in alle fachlichen Grundlagen einzuarbeiten, die für seine Entscheidung wichtig sind. Die Übertragung der Entscheidungskompetenz auf den Arzt kann implizit erfolgen. Aber auch, wenn der Patient die Entscheidungsbefugnis auf den Arzt überträgt, ist und bleibt die letztendlich getroffene Entscheidung in Bezug auf die Behandlung die des Patienten und nicht die des Arztes.

Die Patientenautonomie muss als zentrales Gut mit Verfassungsrang[25] strafrechtlich abgesichert werden. Dies ist auch möglich, sobald der behandelnde Arzt die Körpersphäre in einer den Patienten beeinträchtigenden Weise berührt, weil dann von einem körperlichen Eingriff gesprochen werden kann. Das Analogieverbot ist nicht verletzt, da jedenfalls die körperliche Integrität, die die Körperverletzungsdelikte schützen, berührt ist. Über die Subsumtion dieses Eingriffs unter die Körperverletzungstatbestände wird das Verfügungsrecht des Patienten über seinen Körper angemessen abgesichert.

Nur die Körperverletzungsdelikte sind in der Lage, dem Rechtsgutsinhaber das Verfügungsrecht über den Körper zu sichern. Die §§ 239, 240 StGB erlauben keinen angemessenen und hinreichenden Schutz. Der eigenmächtige ärztliche Heileingriff ist dann unter den Begriff der Misshandlung zu subsumieren, wenn er unmittelbar in die Körpersphäre eingreift, das heißt, wenn er zumindest biochemische Prozesse auslöst, die mit Nebenwirkungen verbunden sind oder sein können. Dann ist die Körpersphäre zumindest berührt, die äußere Hülle des Körpers beeinträchtigt und das Rechtsgut des § 223 StGB verletzt, soweit nicht der Patient die Behandlung will bzw. möchte, dass der Arzt für ihn entscheidet.

---

25 Vgl. oben Fn. 23.

Die Tatsache, dass der Arzt helfend tätig ist, hindert die Anwendung der Körperverletzungsdelikte nicht. Zunächst einmal kann auch in diesen Fällen ein Körperverletzungsvorsatz gegeben sein. Dieser setzt nicht voraus, dass der Arzt schädigend tätig werden will. Soweit behauptet wird, nur der misslungene Heileingriff sei unter die Körperverletzungstatbestände zu subsumieren, da ansonsten keine Verletzung der körperlichen Integrität vorliege, ist dies nicht überzeugend.[26] Jeder ärztliche Heileingriff, der die Körpersphäre berührt, verletzt zunächst einmal die Körperintegrität des Patienten, auch wenn dies in wohlmeinender Absicht geschieht, und beeinträchtigt vor allem seine verfassungsrechtlich geschützte Verfügungsbefugnis über den eigenen Körper. Von einer „Misshandlung" lässt sich dann durchaus sprechen. Nicht nur die Amputation oder das Entfernen eines Geschwürs als solches sind Beeinträchtigungen der Körperintegrität, sondern jeder Eingriff, der die Körperintegrität nicht unwesentlich beeinträchtigt.

Die These, dass nur die nicht indizierten und nicht *lege artis* vorgenommenen Heilbehandlungen unter die §§ 223 ff. StGB fallen, vermag ebenso wenig zu überzeugen.[27] Einmal ist dieses Kriterium unscharf, da die Standards, die die nach dem Stand der medizinischen Wissenschaft durchgeführten Handlungen von nicht *lege artis* durchgeführten Handlungen abgrenzen, unbestimmt sind. Von der Grundstruktur sollte aber klar sein, ob die Körperverletzungstatbestände zur Anwendung kommen können. Für die These, alle Körperberührungen unter die Körperverletzungstatbestände zu subsumieren, soweit sie ohne Einwilligung vorgenommen werden, spricht vor allem, dass sich Heileingriffe und Nicht-Heileingriffe nicht hinreichend präzise trennen lassen. Etwa bei Schönheitsoperationen entstünde sonst eine völlig unübersichtliche Rechtslage: Welche Schönheitsoperationen sind medizinisch indiziert und welche nicht?[28] Und bei der Lebendtransplantation würde bei einer auf die medizinische Indikation abstellenden Differenzierung der notwendige Eingriff beim Empfänger nicht unter die Körperverletzungstatbestände fallen, anders wäre der Eingriff beim Spender zu werten. Dies wäre eine nicht konsistente Rechtssituation.

Die These, dass der eigenmächtige Heileingriff unter die Körperverletzungsdelikte zu subsumieren ist, wird durch eine weitere Überlegung gestützt. So war im 6. Strafrechtsreformgesetz ursprünglich eine Regelung zur

---

26 Zu den Vertretern dieser Auffassung siehe Fn. 2.
27 Zu den Vertretern dieser Auffassung siehe Fn. 3.
28 Vgl. hierzu Schönke/Schröder – *Eser*, StGB, § 223 Rn. 50b m. w. N.

eigenmächtigen Heilbehandlung vorgesehen.[29] Diese wurde jedoch schließlich verworfen, da sie einerseits die Strafwürdigkeitsgrenze zu weit zog und weil andererseits der Gesetzgeber zu der Überzeugung gelangt ist, dass das Selbstbestimmungsrecht über die Körperverletzungsdelikte bereits hinreichend geschützt sei.[30] Diese gesetzgeberische Entscheidung hat der Rechtsanwender hinzunehmen. Denn wenngleich der Gesetzgeber nicht die Befugnis hat, über die Auslegung von Gesetzen zu entscheiden, so ist seine indirekt geäußerte Auffassung, wonach der eigenmächtige Heileingriff unter die Körperverletzungsdelikte fällt, ein Indiz für seinen Willen bei der Verabschiedung des Gesetzes, der als solches Auslegungsrelevanz hat.

Die Subsumtion des Heileingriffs mit körperlicher Berührung unter die Körperverletzungstatbestände schützt die Verfügungsbefugnis des Patienten über den eigenen Körper angemessen. Dies ist nicht nur eine Rechtsprechung mit langer Tradition, vielmehr entspricht der so konkretisierte Schutz des körperbezogenen Selbstbestimmungsrechts auch dem Willen des (modernen) Gesetzgebers. Es bleibt darauf hinzuweisen, dass, soweit in anderen Rechtskulturen der eigenmächtige Heileingriff unter Strafe gestellt ist, die ärztliche Haftung beim eigenmächtigen Heileingriff weiter gefasst wird als sie über die Körperverletzungsdelikte erfolgt.[31]

C. Die Heilbehandlung aufgrund rechtswirksamer Einwilligung mit Indikation

Nun soll die Frage thematisiert werden, wie der Heileingriff zu bewerten ist, der aufgrund rechtswirksamer Einwilligung geschieht.

Kann von einer Körperverletzung gesprochen werden, wenn der Patient die Heilbehandlung, die mit einer Beeinträchtigung seines Körpers verbunden ist, in autonomer Weise will?

Werfen wir zur Beantwortung dieser Frage einen Blick auf die Funktion der Patientenautonomie. Diese ist das Bollwerk gegen eigenmächtige Heileingriffe. Wenn ein Patient einer Heilbehandlung nicht zustimmt, darf sie nicht durchgeführt werden. Dies gilt selbst dann, wenn die Nichtbehandlung

---

29 Vgl. §§ 229, 230 RefE-StGB vom 15.7.1996.
30 Vgl. hierzu *Schreiber*, in: FS für Hirsch, S. 713, 718.
31 Was gesetzgeberisch zu überlegen wäre, ist, ob bezüglich Handlungen, die als Heilbehandlungen zu bewerten sind, nicht ein besonderes Strafantragserfordernis sinnvoll wäre.

lebensgefährlich ist. Dem Patienten wird damit garantiert, dass eine Heilbehandlung, die einen Eingriff in seinen Körper bedeutet, nur dann stattfinden darf, wenn sie im weitesten Sinne mit seinem Einverständnis geschieht. Die Patientenautonomie hat aber noch eine weitere Funktion: Ihr kommt im weiteren Sinne die Bedeutung zu, körperbezogene Schutzvorschriften außer Kraft zu setzen. Individuelle Rechtsgüter sind Güter, die Personen zustehen, welche ihrerseits befugt sind, über diese Rechtsgüter zu disponieren. Personen haben einerseits erlebensbezogene Interessen wie das Interesse an Schmerzfreiheit, auf der anderen Seite haben sie wertbezogene Interessen. Wertbezogene Interessen sind solche, die auf die Frage gerichtet sind, was für ein Mensch man sein möchte und was für ein Risiko man eingehen möchte. Diese Interessen gründen im Selbstbestimmungsrecht, das gemäß Art. 2 I bzw. Art. 2 II 1 i. V. m. I und 1 I GG[32] verfassungsrechtlich geschützt ist.

Das Prinzip, wonach das Verfügungsrecht über den eigenen Körper dem Patienten zusteht, gebietet es, das Interesse an Selbstbestimmung[33] anzuerkennen. Es erfordert vor allem, den Menschen eine eigenständige Interpretation ihrer Interessen zu überlassen. Folgt man dem, so kann von einer Verletzung des Schutzguts körperliches Wohl und körperliche Unberührtheit nicht mehr gesprochen werden, wenn der Rechtsgutsträger die Beeinträchtigung seines körperlichen Wohls in autonomer Weise will. Der Friseur und der Arzt beeinträchtigen bei gewünschten Eingriffen in die Körperintegrität nicht die körperliche Unberührtheit ihres Patienten (bzw. Kunden), sondern sie helfen ihm bei seiner Selbstdarstellung. Beim ärztlichen Heileingriff liegt also keine Beeinträchtigung des Schutzguts der Körperverletzungsdelikte vor, wenn und soweit ein Patient die Beeinträchtigung seiner Körperintegrität will, um seinen Interessen nachzukommen. Von der Verletzung eines individuellen Rechtsguts sollte man nur dann ausgehen, wenn einerseits die äußere Sphäre des individuellen Rechtsguts beeinträchtigt und andererseits auch der autonome Wille des Rechtsgutsinhabers verletzt wird.[34] In einem strafrechtlich-normativen Sinne setzt die Verletzung des Rechtsguts Körperintegrität damit zum einen voraus, dass der Körper zumindest berührt wurde, und zum anderen, dass der Wille des Rechtsgutsträgers verletzt wurde. Eine solche Verletzung scheidet daher aus, wenn der Eingriffsakt ein Akt der Selbstdarstellung der „beeinträchtigten" Person ist.

---

32 Vgl. oben Fn. 23.
33 Vgl. *Fischer*, StGB, § 223 Rn. 9 ff.
34 So auch *Kindhäuser*, BT I, § 8 Rn. 1.

Die deutsche Strafrechtsdogmatik unterscheidet zwischen dem Einverständnis und der Einwilligung.[35] Ein Einverständnis kommt bei Straftatbeständen in Betracht, deren Verwirklichung eine Handlung gegen den Willen des Rechtsgutsinhabers voraussetzt. Von einer Einwilligung ist dagegen die Rede, wenn dem Willen des Rechtsgutsträgers nur rechtfertigende Wirkung zukommen soll. Nach dieser Differenzierung wirkt das rechtswirksame Einverständnis tatbestandsausschließend, die wirksame Einwilligung – an deren Vorliegen höhere Anforderungen geknüpft werden – rechtfertigend.[36]

In der neueren Diskussion trifft die soeben dargestellte Differenzierung zwischen Einwilligung und Einverständnis zunehmend auf Ablehnung.[37] Stattdessen soll jeder wirksamen Zustimmung des Rechtsgutsträgers in die Rechtsgutsverletzung tatbestandsausschließende Wirkung beigemessen werden. Die Frage, welche Anforderungen an die Wirksamkeit einer tatbestandsausschließenden Einwilligung zu stellen sind, hängt nach dieser Auffassung vom „telos" des jeweiligen Tatbestandes ab, sodass sich bei der Frage der Strafbarkeit oder Straflosigkeit im Ergebnis in den allermeisten Fällen keine Unterschiede zur traditionellen Auffassung ergeben.[38] Der Schutzzweck des konkret einschlägigen Tatbestandes bestimmt hiernach die Einwilligungsvoraussetzungen, die zur Absicherung der Autonomie erforderlich sind. Das zentrale Argument für eine derartige Konzeption liegt in einem liberalen Rechtsgutsverständnis.[39] Dieses geht davon aus, dass Individualrechtsgüter die Aufgabe haben, dem Einzelnen bei der Selbstverwirklichung zu helfen. Wenn Rechtsgüter dazu dienen, die freie Entfaltung des Einzelnen zu ermöglichen, so kann keine unrechtsbegründende Rechtsgutsverletzung vorliegen, solange der Eingriff in diese Rechtsgüter auf der autonomen Willensentscheidung des Rechtsgutsträgers beruht. Für die tatbestandsausschließende Kraft der Einwilligung spricht darüber hinaus der Umstand, dass diese im System der Rechtfertigungsgründe einen Fremdkörper darstellt. Rechtfertigungs-

---

35 *Roxin*, AT I, § 13 I 2 Rn. 2 m. w. N.
36 *Fischer*, StGB, Vor § 32 Rn. 3b, 3c; LPK – *Kindhäuser*, Vor § 13 Rn. 158 ff., 189 ff.
37 *Roxin*, AT I, § 13 I 4 Rn. 11 ff. m. w. N.; a. A. Schönke/Schröder – *Lenckner*, StGB, § 32 ff. Rn. 33a; ein Überblick über das Meinungsspektrum auch bei *Rönnau*, Willensmängel, S. 13 ff., 141 ff. und *Schroth*, in: Hassemer/Beukelmann, FS-Volk, S. 653, 655 ff.
38 *Roxin*, AT I, § 13 II 7 Rn. 30; zu den Anforderungen bei der Lebendspende ausführlich Schroth/König/Gutmann – *Schroth*, TPG, § 19 Rn. 44–144.
39 In der personalen Rechtsgutslehre sehe ich auch (wenngleich indirekt) das Plädoyer für ein liberales Rechtsgutsverständnis, d. h. ein Rechtsgutsverständnis, das davon ausgeht, dass individuelle Rechtsgüter mit der Idee der Ermöglichung der Selbstverwirklichung des Individuums verbunden sind. Vgl. auch NK – *Hassemer/Neumann*, StGB, Vor § 1 Rn. 126 ff.

gründe beruhen regelmäßig auf den Prinzipien der Interessenabwägung und der Erforderlichkeit. Bei der Einwilligung geht es hingegen weder um einen Interessenkonflikt noch um die Erforderlichkeit des Rechtsgutseingriffs. Vielmehr tritt bei der Einwilligung nach dem Prinzip des mangelnden Interesses der im Tatbestand (mit)geschützte Wille im Einzelfall zurück.[40] Schließlich spricht auch folgende Überlegung für die tatbestandsausschließende Wirkung der Einwilligung: Lindert der behandelnde Arzt nicht die Schmerzen eines Patienten, obwohl dieser das wünscht, so erfüllt er den Tatbestand des § 223 StGB durch Unterlassen, vorausgesetzt eine Schmerzminderung wäre möglich gewesen. Sieht man die Einwilligung als Rechtfertigungsgrund an, so erfüllt der Arzt aber selbst dann den Tatbestand des § 223 StGB, wenn er schmerzlindernd handelt, indem er beispielsweise eine schmerzstillende Spritze setzt – seine Tat ist dann allerdings ausnahmsweise gerechtfertigt. Man käme also zu dem wertungswidersprüchlichen Ergebnis, dass sowohl das Unterlassen einer gebotenen Handlung wie auch ihre Vornahme als tatbestandsmäßig anzusehen wäre.[41]

Nach alledem ist die Auffassung überzeugender, wonach der ärztliche Heileingriff, der aufgrund einer autonomen Entscheidung des Patienten stattfindet, ein Eingriff ist, der den Tatbestand der Körperverletzungsdelikte nicht erfüllt. Von Patienten gewünschte Handlungen, die der Verfolgung wertbezogener Interessen und der Selbstdarstellung des Patienten dienen, sind keine Verletzungen der Patienteninteressen in Bezug auf seine körperliche Integrität, also keine Körper*verletzungen*.[42]

Die Rechtswirksamkeit einer (tatbestandsausschließenden) Einwilligung in den ärztlichen Heileingriff hat nach derzeitiger Strafrechtsdogmatik folgende Voraussetzungen:[43]
- Die Einwilligung muss vor dem Eingriff ausdrücklich oder konkludent kundgegeben worden sein;[44]
- Der Patient muss einsichtsfähig sein (ab ca. 16 Jahre);[45]

---

40 Vgl. dazu *Mezger*, Strafrecht, § 27.
41 So richtig *Kindhäuser*, in: FS für Rudolphi, S. 135 ff.
42 Vgl. *Roxin*, AT I, § 13 Rn. 12 ff.; *Rönnau*, Willensmängel, S. 129 ff.; vgl. dazu auch *Schroth*, Verantwortlichkeit des Arztes bei Behandlungsfehlern, S. 125 ff. in diesem Band.
43 Vgl. zur Legitimität dieser Voraussetzungen *Schroth*, in: Hassemer/Beukelmann, Volk-FS, S. 653, 657 ff.
44 *Tag*, Körperverletzungstatbestand, S. 304.
45 Schönke/Schröder - *Lenckner*, StGB, Vor §§ 32 ff. Rn. 39 ff.

- Vor der Einwilligung muss der Patient wirksam aufgeklärt worden sein;
- Es dürfen keine Willensmängel über Täuschung, Drohung oder Zwang feststellbar sein.[46]

Zunächst ist festzuhalten, dass der Patient, soweit er die Bedeutung seiner Entscheidung einschätzen kann, seine *Kompetenz*, über den eigenen Körper zu verfügen, dem Arzt übertragen kann. Das heißt, er kann – was sicherlich häufig geschieht – dem Arzt das Recht einräumen, das zu tun, was dieser medizinisch für geboten hält. Der Arzt entscheidet dann für den Patienten. Der Patient kann auch wirksam auf Aufklärung verzichten, soweit ihm von der Bedeutung her klar ist, auf „was" er verzichtet.

Hinsichtlich der zeitlichen Dimension der rechtswirksamen Einwilligung muss diese *rechtzeitig* vor dem ärztlichen Eingriff erfolgen. Wie der Bundesgerichtshof zu Recht entschieden hat, ist beispielsweise eine Einwilligung auf dem Weg zum OP und unter dem Einfluss einer Beruhigungsspritze unwirksam.[47]

Die *Kundgabevoraussetzung* garantiert, dass die Einwilligung nicht nur ein Internum ist. Es ist hinreichend, wenn die Einwilligung konkludent erfolgt ist.

Das Vorliegen der *Einsichtsfähigkeit* ist vom Arzt zu prüfen. Generell spielt hierbei das Alter eine zentrale Rolle, aber auch die Befindlichkeit des Einwilligenden ist zu berücksichtigen. Klar ist, dass man mit der Vollendung des 18. Lebensjahres im Regelfall einsichtsfähig ist. In der Regel wird man wohl sagen müssen, dass bei Standardeingriffen (Blinddarmoperation) Einsichtsfähigkeit gegeben ist. Soweit die frühere Rechtsprechung dies mit 16 Jahren verneint hat, ist dies darauf zurückzuführen, dass zum Entscheidungszeitraum die Volljährigkeit 21 Jahre war. Auch bei Ovulationshemmern wird eine Einsichtsfähigkeit ab 16 Jahren zu bejahen sein.[48] Soweit bei der Verschreibung an Minderjährige eine Beihilfe zum sexuellen Missbrauch von Kindern gesehen wird, erscheint dies wenig überzeugend.

Alkohol- oder Drogenkonsum können die Einsichtsfähigkeit ausschließen.

---

46 *Fischer*, StGB, § 228 Rn. 7 und *Schroth*, in: Hassemer/Beukelmann, FS-Volk, S. 653, 662 ff.
47 BGH, MedR 1998, 516, 517.
48 Teilweise wird behauptet, der Sorgeberechtigte müsse zustimmen, was aber heute nicht mehr angemessen erscheint. Dies ist aber umstritten. Vgl. nur Schönke/Schröder – *Eser*, StGB, § 223 Rn. 38 m. w. N.

Der Umfang der *strafrechtlichen*[49] *Aufklärungspflicht* ist an anderer Stelle ausführlich dargetan.[50] Auf die Aufklärung kann verzichtet werden, wenn die Aufklärung eine besondere Belastung für den Patienten darstellt. Hieraus folgt aber nicht, dass über gravierende Indikationen nicht aufgeklärt werden muss. Auf die Aufklärung kann auch dann verzichtet werden, wenn der Patient nicht aufgeklärt werden will und versteht, was der Aufklärungsverzicht bedeutet. Der Patient kann quasi dem Arzt in Bezug auf den Eingriff sein generelles Vertrauen schenken. Eine Aufklärung ist weiterhin nicht notwendig, wenn der Patient bereits einen umfassenden Kenntnisstand in Hinblick auf den Heileingriff hat.[51]

Ist die erteilte Einwilligung mangels ausreichender Aufklärung unwirksam, so entfällt die Zurechnung des Erfolges jedoch bei Vorliegen einer sog. **hypothetischen Einwilligung**.[52]

Eine wirksame Einwilligung setzt neben der Aufklärung voraus, dass *kein Willensmangel* vorliegt.

Zunächst nahm man an, dass die Einwilligung im Strafrecht als Willenserklärung zu verstehen sei. Diese These hätte zur Konsequenz, dass Willensmängel nach Maßgabe der §§ 119 ff. BGB zu beurteilen wären. Nach richtiger Auffassung sind Einwilligungen indes keine Willenserklärungen.[53] Die überwiegende Auffassung in der Strafrechtswissenschaft geht dahin, dass die Rechtswirksamkeit der Einwilligung infrage gestellt wird, wenn der Rechtsgutsinhaber rechtsgutsbezogene Fehlvorstellungen entwickelt, also solche Fehlvorstellungen, bei denen der Einwilligende sich über Folgen, Bedeutung oder Tragweite der Entscheidung für das verletzte Rechtsgut nicht im Klaren ist. In der allgemeinen Strafrechtsdogmatik geht man danach davon aus, dass sich ein Willensmangel einerseits über die Täuschung und andererseits über die Drohung konstituiert.

Ein Willensmangel liegt zunächst einmal vor, wenn eine Nötigung im Sinne von § 240 StGB gegeben ist. Wird ein Patient durch Drohung mit einem empfindlichen Übel zu einer Einwilligung genötigt, so ist die Einwilligung

---

49 Für das Strafrecht dürfen nicht die überzogenen Maßstäbe des Zivilrechts gelten, vgl. hierzu *Schöch*, Aufklärungspflicht des Arztes, S. 51 ff. in diesem Band und *Schroth*, Verantwortlichkeit des Arztes bei Behandlungsfehlern, S. 125 ff. in diesem Band.
50 *Schöch*, Aufklärungspflicht des Arztes, S. 51 ff. in diesem Band.
51 Das ist etwa der Fall, wenn ein Arzt selbst von einem anderen Arzt behandelt wird.
52 BGH, StV 2004, 376; *Roxin*, AT I, § 13 I Rn. 123 ff.; *Fischer*, StGB, Vor § 32 Rn. 4.; vgl. ausführlicher *Schroth*, Verantwortlichkeit des Arztes bei Behandlungsfehlern, S. 125 ff. in diesem Band.
53 Vgl. Schroth/König/Gutmann – *Schroth*, TPG, § 19 Rn. 83 ff.

unwirksam. Im Arzt-Patientenverhältnis wird dies allerdings nur äußerst selten gegeben sein. Es muss für die Unwirksamkeit zumindest eine Nötigung gegeben sein, die jedenfalls den Tatbestand des § 240 StGB erfüllt. Es ist darauf hinzuweisen, dass auch erlaubtes Verhalten eine Nötigung im Sinne von § 240 I StGB sein kann.[54]

Eine Einwilligung ist weiter dann rechtsunwirksam, wenn der Patient rechtsgutsbezogen getäuscht wird. Wird in einem Vorgespräch, bei dem es um den Austausch von Brustimplantaten geht, wahrheitswidrig vom Arzt behauptet, es handele sich um einen Routineeingriff, bei dem er reichlich Erfahrung habe, und stimmt Letzteres nicht, so liegt in einer derart herbeigeführten Einwilligung eine Täuschung durch Erzeugung rechtsgutsbezogener Fehlvorstellungen. Beim Austausch von Brustimplantaten geht es nicht nur um einen reinen Routineeingriff.[55] Wird einem Patienten mitgeteilt, eine Blutentnahme sei notwendig, um eine richtige Diagnose zu stellen, ist tatsächlich aber beabsichtigt, einen heimlichen Aids-Test durchzuführen, so liegt auch hierin eine Täuschung, die die Wirksamkeit der Einwilligung infrage stellt. Dieselben Folgen zieht die Behauptung nach sich, für einen Eingriff läge eine Indikation vor, obwohl dies tatsächlich nicht der Fall ist.[56]

Roxin und *Jakobs*[57] haben deutlich gemacht, dass sich der Grundgedanke der Einwilligung, die zu einem wirksamen Rechtsgutsverzicht führen kann, nur daraus erschließt, dass das Geschehen als autonome Entscheidung des Rechtsgutsträgers, als Verwirklichung *seiner* Handlungsfreiheit angesehen werden kann. Fortzufahren ist dann damit, dass es Aufgabe des Rechts ist, die Verwirklichungsmöglichkeit der Handlungsfreiheit zu garantieren. Ist man bei dieser Auffassung angelangt, folgt daraus zwangsläufig, dass nicht nur rechtsgutsbezogene Irrtümer die Einwilligung infrage stellen. Auch bei der Täuschung über Handlungsziele ist davon auszugehen, dass die Handlungsfreiheit des Rechtsgutsinhabers, der über seine Rechtsgüter verfügt, infrage gestellt ist.

Amelung kritisiert nun, dass dieses Modell auf halber Strecke stehen bleibt.[58] Nach seiner Meinung ist ein Rechtsgutsverzicht nur dann frei von Willensmängeln und rechtswirksam, wenn der Einwilligende im Stande ist,

---

54 Ausführlich zur Begründung und zum Umfang mit weiteren Literaturnachweisen Schroth/König/ Gutmann – *Schroth*, TPG, § 19 Rn. 127 ff.
55 StA LG Düsseldorf, 810 Js 193/96.
56 *Laufs/Laufs*, NJW 1987, 2257, 2263 bzw. *Ulsenheimer*, Arztstrafrecht in der Praxis, Teil I, § 1 Rn. 59.
57 *Roxin*, AT I, § 13 II Rn. 12 ff.; *Jakobs*, AT, S. 434 f.
58 *Amelung*, Irrtum und Täuschung, Kapitel C, S. 29.

seine wertbezogenen Interessen aus seiner Sicht zu verfolgen. Die Konzeption *Amelungs* besticht, da sie mit der Autonomie des Rechtsgutsinhabers Ernst macht. Wie an anderer Stelle dargelegt wird jedoch nicht hinreichend berücksichtigt, dass gerade wegen der Idee der Rechtssicherheit nicht jedes Willensbildungsdefizit die Wirksamkeit der Einwilligung infrage stellen kann. Nur wenn es in die Zuständigkeit anderer Personen fällt, führt ein Willensbildungsdefizit zur Unwirksamkeit der Einwilligung. Das Modell *Amelungs* ist weiter insoweit kritikbedürftig, als es davon ausgeht, dass ein konsistentes Wertesystem jedes Individuums existiert, das zur Beurteilung seiner Einwilligungsentscheidung verwendet werden kann.[59] In Wirklichkeit existieren bei handelnden Personen nicht immer in sich schlüssige Wertesysteme. Vielmehr sind individuelle Wertesysteme vielfach nicht widerspruchsfrei. Sind diese Annahmen richtig, so muss davon ausgegangen werden, dass Willensentscheidungen, die Patienten kundtun, erst einmal als wirksam anzusehen sind. Jedoch stellen gravierende Irrtümer des Rechtsgutinhabers, für die die Zuständigkeit anderer Personen gegeben ist, die Wirksamkeit einer Einwilligung infrage. Über den Rechtsgutsirrtum hinaus müssen Fallgruppen herausgebildet werden, die charakterisieren, welche hervorgerufenen Fehlvorstellungen von Patienten eine Einwilligung bezweifeln lassen. Klar ist, dass nur *verallgemeinerungsfähige Erwartungen* von Patienten schutzwürdig sind und, falls Fehlvorstellungen diesbezüglich suggeriert werden, diese die Rechtsunwirksamkeit der Einwilligung zur Folge haben können: Das Täuschen über eine zeitliche Dringlichkeit des Eingriffs wird man als Täuschungshandlung klassifizieren müssen, die die Wirksamkeit der Einwilligung infrage stellt; das Gleiche gilt für die Vorspiegelung des Nichtbestehens einer (schonenderen) Handlungsalternative, obwohl diese gegeben ist.[60]

Die Konsequenz einer rechtsunwirksamen Einwilligung kann eine strafrechtliche Haftung sein. Willigt ein Patient in einen Eingriff in seine Körperintegrität ein und ist diese Einwilligung unwirksam, so liegt die Handlung des Arztes im Bereich der Körperverletzungsdelikte. In den Fällen, in denen eine rechtsunwirksame Einwilligung vorliegt, der Arzt aber glaubt, der Patient habe wirksam eingewilligt, wird vielfach ein Tatbestandsirrtum gegeben sein, denn er irrt – zumindest nach oben vertretener Auffassung zur Einordnung der Einwilligung als Tatbestandsausschlussgrund – über einen Umstand des

---

59 Vgl. dazu ausführlich mit weiteren Nachweisen Schroth/König/Gutmann – *Schroth*, TPG, § 19 Rn. 87 f.
60 Dazu Laufs/Uhlenbruck – *Ulsenheimer*, Handbuch des Arztrechts, § 139 Rn. 34 ff. Vgl. zum Ganzen Schroth/König/Gutmann – *Schroth*, TPG, § 19 Rn. 99, 101.

Tatbestandes. Der Tatbestandsirrtum schließt im Regelfall eine vorsätzliche Haftung über § 16 StGB aus.[61] Es ist dann zu prüfen, ob dem Arzt im Hinblick auf dessen Fehlvorstellung, es läge eine rechtswirksame Einwilligung vor, zumindest ein Fahrlässigkeitsvorwurf gemacht werden kann. Vielfach wird man diesen nicht erheben können. Nur in gravierenden Fällen einer rechtsunwirksamen Einwilligung wird die Rechtsunwirksamkeit der Einwilligung auch auf eine subjektive Erkennbarkeit und Erfüllbarkeit der objektiven Sorgfaltspflicht zurückgehen und der Erfolg auch subjektiv vorhersehbar sein. Liegt keine Einwilligung vor oder ist eine Einwilligung unwirksam, so kann eine Haftung wegen eines Fahrlässigkeitsdelikts dennoch ausgeschlossen sein, wenn der Patient auch bei Vorliegen der Voraussetzungen einer rechtswirksamen Einwilligung – insbesondere einer hinreichenden ärztlichen Aufklärung – dem Eingriff zugestimmt hätte.[62] Dann nämlich verwirklicht sich das unerlaubte Risiko nicht. Auch rechtmäßiges Verhalten hätte dann den Erfolg nicht ausgeschlossen. Ein Fahrlässigkeitsvorwurf kann nur erhoben werden, wenn sich das unerlaubte Risiko im Erfolg verwirklicht.

Ist eine Einwilligung des Patienten tatsächlich nicht einholbar, ist der Arzt berechtigt, den Eingriff vorzunehmen, wenn er dem mutmaßlichen Willen des Patienten entspricht (**mutmaßliche Einwilligung,** dazu sogleich).

In Ausnahmefällen kommt auch eine Legitimation über ein erlaubtes Risiko in Betracht. Handelt der Arzt am Unfallort zur Abwendung einer Lebensgefahr mit völlig unzureichenden Instrumenten, um das Unfallopfer zu retten, so kann er sich darauf berufen, dass er ein erlaubtes Risiko zur Lebensrettung eingegangen ist.[63]

D. Operationserweiterung und mutmaßliche Einwilligung

Es ist eine viel diskutierte Frage, wann eine Operationserweiterung zulässig ist.[64]

Bei jeder Operationserweiterung liegt *zunächst* eine wirksame Einwilligung in die Operation vor. Eingriffe nach auftretenden Komplikationen sind von

---

61 Zur Irrtumsproblematik ausführlich Laufs/Uhlenbruck – *Ulsenheimer,* Handbuch des Arztrechts, § 139 Rn. 59 ff. m. w. N.
62 Vgl. Laufs/Uhlenbruck – *Ulsenheimer,* Handbuch des Arztrechts, § 139 Rn. 59 f.
63 Zur Legitimationsmöglichkeit über § 34 StGB *Rechtfertigender Notstand,* vgl. Fn. 67.
64 Die gleiche Problematik stellt sich in der Fallkonstellation, in der ein Patient nicht ansprechbar ist und ein dringender Eingriff erforderlich ist bzw. scheint.

dieser Einwilligung gedeckt. Dies gilt jedenfalls, solange der Patient angemessen über das Risiko des Eintretens solcher Komplikationen und deren Behandlung aufgeklärt worden ist.

Von einer Operationserweiterung im hier verstandenen Sinne spricht man, wenn der operative Eingriff über das ursprüngliche Ziel der Operation hinaus ein neues Planziel erhält, ohne dass eingriffsbezogene Komplikationen aufgetreten wären. Dazu ein Fall aus jüngerer Rechtsprechung: Ein Gynäkologe hatte es übernommen, einer Frau bei der Entbindung zu helfen. Während des Geburtsverlaufs verhielt sich die Frau unkooperativ und verweigerte die aktive Mitwirkung bei der Geburt. Als durch falsche Atmung der werdenden Mutter die Gesundheit des Kindes in Gefahr geriet, entschloss sich der Gynäkologe zur Entbindung mittels Kaiserschnitt. Die Frau willigte hierin ein. Bevor sie narkotisiert wurde, lehnte sie es ab, sterilisiert zu werden. Während der Operation bildeten sich Risse in der Gebärmutter. Es kam zu Blutungen. Der Gynäkologe entschloss sich zu einer Sterilisation, da er der Meinung war, dass jede erneute Schwangerschaft lebensgefährliche Folgen für Mutter und Kind haben könnte.[65]

Fraglich ist, wann eine solche Operationserweiterung zulässig ist. Sie ist legitim, wenn sie sich auf die Regeln, die für die mutmaßliche Einwilligung gelten, berufen kann.[66]

---

[65] BGHSt 45, 219; weitere Fälle: Myomfall, BGH, NJW 1958, 267; Gesichtslähmungsfall, BGH, NJW 1977, 337; Kaiserschnittfall, BGHSt 35, 246.

[66] Vielfach wird zur Legitimation der Operationserweiterung auch § 34 StGB – der rechtfertigende Notstand – herangezogen (Schönke/Schröder – *Eser*, StGB, § 223 Rn. 52). M. E. ist dies jedoch nicht überzeugend, da § 34 StGB nicht interne Interessenkonflikte lösen will, d. h. solche, bei denen Rechtsgüter ein und derselben Person zueinander in Kollision stehen – hier das Selbstbestimmungsrecht des Patienten einerseits und sein Recht auf Leben andererseits. Besteht für einen Patienten eine Gefahr und soll ihm geholfen werden, so legitimiert das Institut der mutmaßlichen Einwilligung den Eingriff, wenn und soweit der Patient eine Einwilligung geben würde, die er nicht geben kann, weil er narkotisiert, bewusstlos oder Ähnliches ist. Die Idee der Legitimationsmöglichkeit derartiger Eingriffe über § 34 StGB hat, vom Rechtsgedanken her betrachtet, gleichwohl etwas Richtiges. Besteht nämlich die Gefahr, dass der Patient verstirbt, so verfolgt der Arzt bei der Vornahme der gefahrabwendenden Handlung ein überwiegendes Interesse. Gleichwohl ist es die mutmaßliche Einwilligung, die hier rechtfertigend wirkt, indem sie die wegen der internen Interessenkollision an sich erforderliche tatsächliche Einwilligung ersetzt. Geht es um existenzielle Fragen, so ist im Regelfall der mutmaßliche Wille identisch mit der Verfolgung des überwiegenden Interesses des Patienten. Das gilt selbst dann, wenn Eingriffe erforderlich sind, bei denen Indizien vorliegen, dass der Patient sie ablehnen würde. Denn in kritischen Situationen lässt sich niemals mit der erforderlichen Gewissheit entscheiden, ob der Patient diese ablehnende Haltung auch angesichts der Lebensgefahr beibehalten hätte. Der mutmaßliche Wille ist dann (fiktiv) der Wille, der auf eine vernünftige, d. h. lebenserhaltende Chance setzt. Es ist daher kein Zufall, dass einige Autoren den Gedanken des mutmaßlichen Willens auf den

Das Selbstbestimmungsrecht des Patienten gebietet es, grundsätzlich vorrangig seine tatsächliche Willensbekundung zu beachten. Die mutmaßliche Einwilligung legitimiert einen Eingriff in individuelle Rechtsgüter, wenn dieser dem *mutmaßlichen Willen des Rechtsgutsinhabers entspricht und wenn eine Einwilligung nicht einholbar ist*.[67] Der mutmaßliche Wille kommt deshalb als Legitimationsgrund *nur* dann in Betracht, wenn es in der konkreten Situation *nicht* möglich ist oder jedenfalls völlig unvernünftig wäre (bei Lebensgefahr etwa oder bei erheblicher drohender Gesundheitsgefahr), die tatsächliche Einwilligung des Patienten einzuholen.

Es muss darauf hingewiesen werden, dass *jedenfalls grundsätzlich* die Bestimmung des mutmaßlichen Willens aus dem *Präferenzsystem* eines Patienten aufgrund von dessen Wertvorstellungen bestimmt werden muss.[68] Das heißt negativ, dass der Arzt nicht einfach *seine* medizinische Auffassung an die Stelle der Vorstellung des Patienten setzen darf. Objektive Vernunftkriterien können zur Bestimmung des mutmaßlichen Willens nur dann eine Rolle spielen, wenn sich keine Anhaltspunkte für die individuellen Interessen und Wertvorstellungen des Patienten finden lassen.[69] Gleichwohl *entscheidet der Arzt*, wie sich der mutmaßliche Wille des Patienten, aus dessen Sicht betrachtet, bestimmt. Er muss nicht die Angehörigen befragen. Nach den genannten Grundsätzen versteht sich von selbst, dass medizinische Eingriffe, die auf eine mutmaßliche Einwilligung gestützt werden, immer eine Indikation voraussetzen.

Geht es wie in dem oben geschilderten Fall um die Verhinderung weiterer Schwangerschaften wegen eventueller *künftiger* Lebensgefahren, so kommt eine Verobjektivierung des hypothetischen Willens der Patientin nicht in Betracht.

---

rechtfertigenden Notstand zurückführen. In Ausnahmefällen kann der Arzt auch über ein erlaubtes Risiko legitimiert sein.

67 Die mutmaßliche Einwilligung kommt auch als Rechtfertigungsgrund des Arztes in Betracht, wenn dieser Bewusstlose dringend therapieren muss, um sie etwa aus Lebensgefahr zu retten oder auch bei Notlagen von Kindern, in denen der gesetzliche Vertreter nicht rechtzeitig erreicht werden kann, oder bei Notlagen von einwilligungsunfähigen Erwachsenen in Fällen, in denen ein Betreuer nicht rechtzeitig bestellt bzw. erreicht werden kann. Teilweise wird hierbei auch der Rechtfertigungsgrund des rechtfertigenden Notstandes als einschlägig angesehen. Beide Lösungen liegen dicht beieinander, was sich schon daran zeigt, dass die mutmaßliche Einwilligung in Teilen als Sonderfall des rechtfertigenden Notstandes angesehen wird.

68 *Fischer*, StGB, Vor § 32 Rn. 4.

69 Schönke/Schröder – *Lenckner*, StGB, Vor §§ 32 ff. Rn. 56 f.

Die Frage, ob die Fortpflanzungsfähigkeit angesichts der Lebensgefährlichkeit weiterer Schwangerschaften erhalten bleiben soll oder nicht, hängt ganz entscheidend von den Wertvorstellungen der betroffenen Frau ab.

Geht es bei der Operationserweiterung allerdings um die Verhinderung *unmittelbar* drohender irreparabler Schäden oder um die Verhinderung des Todes des Patienten, so ist es angemessen, eine Operationserweiterung schon dann für legitim zu halten, wenn objektivierte Kriterien dafür sprechen, dass die Entscheidung für die Operationserweiterung aus der Perspektive des Patienten betrachtet vernünftig erscheint.[70]

Auf den Rechtfertigungsgrund der mutmaßlichen Einwilligung kann der Arzt sich nicht mehr berufen, wenn er die Notwendigkeit der Operationserweiterung *vorausgesehen* und hierüber nicht aufgeklärt hat.[71] Es ist nicht Aufgabe des Rechtfertigungsgrundes *„mutmaßliche Einwilligung"*, Aufklärungsfehler zu korrigieren. Allerdings schließt die Tatsache, dass er die Operationserweiterung hätte voraussehen können, den Rechtfertigungsgrund der mutmaßlichen Einwilligung nicht aus.

Eine Operationserweiterung ist auch dann über eine mutmaßliche Einwilligung nicht legitimierbar, wenn der Patient vor Beginn des Eingriffs die Operationserweiterung bewusst abgelehnt hat.[72] Im geschilderten Fall schließt die selbstbestimmte, ausdrückliche Ablehnung der Sterilisation die Annahme einer mutmaßlichen Einwilligung in diesen Eingriff aus.

Hält ein Arzt im Interesse eines Patienten eine Operationserweiterung für geboten und geht er zu Unrecht davon aus, dass der Patient zustimmen würde, so ist ein Erlaubnistatbestandsirrtum anzunehmen.[73] Dies gilt aber nur, wenn er gleichzeitig von der Vorstellung getragen ist, dass es zumindest unvernünftig wäre, vor der Operationserweiterung die Einwilligung des Patienten einzuholen. Hat der Arzt sich vorwerfbar geirrt, so kommt eine Fahrlässigkeitshaftung in Betracht, § 16 I 2 StGB (analog).[74]

Ein regelmäßig vermeidbarer Erlaubnisirrtum i. S. d. § 17 StGB ist gegeben, wenn der Arzt sich unabhängig vom entgegenstehenden Patientenwillen

---

[70] Vgl. BGHSt 11, 115; 35, 246; 45, 219; Schönke/Schröder – *Eser*, StGB, § 223 Rn. 44; *Fischer*, StGB, § 223 Rn. 16.
[71] BGHSt 35, 246; Schönke/Schröder – *Lenckner*, StGB, Vor §§ 32 ff. Rn. 59.
[72] BGH, MedR 2000, 231 f.
[73] BGHSt 11, 114; 35, 250; *Fischer*, StGB, § 223 Rn. 16.
[74] Schönke/Schröder – *Eser*, StGB, § 223 Rn. 44.

schlechthin für befugt hält, bei Operationen immer das in seinen Augen Vernünftige zu tun.[75]

E. Der ärztliche Eingriff mit Einwilligung, aber ohne Indikation – Die Möglichkeit wunscherfüllender Medizin

Wir wollen uns nun mit der Frage beschäftigen, ob ein vom Patient *gewünschter* Eingriff, der aber ohne Indikation erfolgt, strafrechtlich ausgeschlossen ist.

Der bekannteste integrative Ansatz in der Medizinethik stammt von *Tom Beauchamp* und *James Childress*. In ihrem Werk „Principles of Biomedical Ethics"[76] haben sie vier Prinzipien formuliert, die für ärztliches Handeln zentral sein sollen:

- Die Respektierung der Autonomie des Patienten;
- Die Schadensvermeidung;
- Die Fürsorgepflicht;
- Die Gerechtigkeit.

Die Notwendigkeit der Respektierung der Patientenautonomie folgt unmittelbar aus der Verfassung,[77] aber auch aus einem sinnvollen Verständnis der Körperverletzungsdelikte, die auch vor risikoreichen körperlichen Berührungen schützen sollen.[78] Dass zum ärztlichen Handeln die Verpflichtung gehört, Schäden zu vermeiden, ergibt sich aus der Grundlage eines Rollenverständnisses, das vom Hippokratischen Eid geprägt ist. Die Fürsorgepflicht beim ärztlichen Handeln resultiert aus der Fürsorgebedürftigkeit und der Fürsorgeforderung der Patienten. Angesichts knapper Ressourcen und des subjektiven Rechts des Einzelnen auf Hilfe im Krankheitsfall besteht schließlich die Notwendigkeit, bei der Verteilung knapper Ressourcen gerecht zu verfahren.

Bei diesen Prinzipien handelt es sich um Optimierungsgebote.[79] Im Unterschied zu Regeln – die man erfüllt oder nicht – enthalten Sätze, die Prinzipien formulieren, das Gebot, etwas in möglichst hohem Maße zu realisieren, wobei der im Einzelfall gebotene Verwirklichungsgrad von den tatsächlichen Möglichkeiten und von ihrem Verhältnis zu anderen Prinzipien abhängt.[80] Wenn

---

75 *Fischer*, StGB, § 223 Rn. 16.
76 Siehe ausführlich: *Beauchamp/Childress*, Biomedical Ethics.
77 Vgl. Fn. 23; und *Voll*, Einwilligung, S. 47 ff.
78 Vgl. oben B.
79 Vgl. zum Ganzen *Schroth*, in: Kaufmann/Hassemer/Neumann (Hrsg.), Rechtsphilosophie, S. 458 ff.
80 Zum Unterschied zwischen Regeln und Prinzipien vgl. *Alexy*, Theorie der Grundrechte, S. 71 ff.

Prinzipien miteinander in Konflikt geraten, ist es möglich, dass ein Prinzip hinter einem anderen zurücktritt. Dieses Prinzip wird dadurch aber nicht ungültig, sondern kann in anderer Form wieder relevant werden. Generell ist das Schadensvermeidungsprinzip zentral für medizinisches Handeln. Einer der Kernsätze des Hippokratischen Eids lautet: „Der Arzt hat seine Kunst nach bestem Wissen und Können zum Heil des Kranken anzuwenden, dagegen nie zu seinem Verderben und Schaden". Verstünde man dieses Prinzip absolut, so wäre die Lebendspende von Organen unzulässig. Diese hat aber bereits eine positivrechtliche Regelung erfahren, welche jedenfalls von der grundsätzlichen Zulässigkeit der Lebendspende ausgeht.[81] Auch die Schönheitsoperation wird grundsätzlich als zulässig erachtet.[82]

Die entscheidende Frage, die sich jedoch stellt, betrifft das Verhältnis des Prinzips der Schadensvermeidung zu dem Prinzip des Respekts vor dem Selbstbestimmungsrecht des Patienten. In unserer Verfassung ist im allgemeinen Persönlichkeitsrecht grundsätzlich das Verfügungsrecht über den eigenen Körper enthalten.[83] Dies bedeutet, dass bei einem Patienten, der aufgrund der Definition seiner Interessen eine partielle vorübergehende Schädigung will, das Schadensvermeidungsprinzip hinter der Notwendigkeit der Beachtung des Patientenwillens zurücktreten muss. Folglich hat der Patient das Recht, die körperbezogenen Schutzvorschriften außer Kraft zu setzen. Allerdings darf nicht übersehen werden, dass die Einwilligung grundsätzlich als Einwilligung in eine medizinisch indizierte Behandlung *lege artis* gegeben wird. Eine Einwilligung in einen Eingriff, der nicht indiziert ist oder der nicht *lege artis* vorgenommen wird, bedarf deshalb einer besonderen Aufklärung.[84] Dem Patienten muss deutlich gemacht werden, dass der Eingriff nicht notwendig oder sogar kontraindiziert ist bzw. dass er nicht *lege artis* durchgeführt wird. Dem Patienten muss klar sein, dass das Schadensvermeidungsprinzip bei dem von ihm begehrten Eingriff beeinträchtigt wird. Er kann sich für die Schadensherbeiführung entscheiden, wenn und soweit er sich über diese im Klaren ist und ihm insbesondere jegliche Arten von Risiken, die mit der Entscheidung verbunden sind, bekannt sind. Eine dergestalt autonome Einwilligung in die Schädigung schließt die Körperverletzungstatbestände aus.

---

81 §§ 8 ff. TPG.
82 Vgl. *Fischer*, StGB, § 223 Rn. 9.
83 Vgl. Maunz/Dürig – *Di Fabio*, GG, Art. 2 I Rn. 204 ff.
84 Vgl. *Fischer*, StGB, § 223 Rn. 9.

Begrenzt wird die Dispositionsbefugnis des Patienten allerdings insofern, als eine Einwilligung in konkret lebensgefährliches Verhalten grundsätzlich nicht möglich ist. Der Bundesgerichtshof hat zu Recht die Einwilligung in konkret lebensgefährliches Verhalten als sittenwidrige Einwilligung i. S. d. § 228 StGB angesehen.[85] Insoweit leben das Schadensvermeidungsprinzip und das Prinzip der Notwendigkeit der Fürsorge für den Patienten wieder auf. In einer Strafrechtsordnung, die die Tötung auf Verlangen für strafbar erklärt, wäre es normativ inkonsequent, die Einwilligung in lebensgefährdende Behandlungen, die mit keinerlei Nutzen verbunden sind, zuzulassen.

Meines Erachtens gibt es auch eine zweite notwendige Einschränkung. Betrachten wir einen viel diskutierten Fall des Bundesgerichtshofs.[86] Dieser hatte zu beurteilen, ob einer über starke Kopfschmerzen klagenden Patientin auf deren beharrliches Verlangen hin sämtliche Zähne gezogen werden dürfen. Sie war darüber aufgeklärt, dass ihre Kopfschmerzen nichts mit ihren Zähnen zu tun haben konnten. Auch über sonstige Risiken war sie aufgeklärt. Der Bundesgerichtshof hat die Einwilligung für unwirksam erklärt.

Diese Entscheidung ist jedenfalls im Ergebnis richtig.

Die Patientin verlangte – um von ihren Kopfschmerzen befreit zu werden – das Ziehen sämtlicher Zähne. Ihr eigenes Entscheidungsermessen zugrunde gelegt, war ihr Wunsch, die Zähne gezogen zu bekommen, irrational, da das Ziehen der Zähne objektiv in keinerlei innerem Zusammenhang mit ihren Kopfschmerzen stand. Die Einwilligung war damit, von ihren eigenen Entscheidungsgrundlagen ausgehend, in sich widersprüchlich. Eine widersprüchliche Einwilligung hat jedenfalls keinen bestimmten Inhalt und kann deshalb nicht verbindlich sein. Hier lebt dann das Schadensvermeidungsprinzip wieder auf. Eine Einwilligung ist nur dann eine rechtsverbindliche Einwilligung, wenn die Entscheidungsgrundlagen auch so gegeben sind, wie sie sich der Einwilligende vorstellt. Die Entscheidung des Rechtsgutsträgers ist nicht objektiv dahingehend zu hinterfragen, ob sie „vernünftig" ist. Dies wäre ein harter, nicht begründbarer Paternalismus. Generell ist jeder zunächst einmal für sich selbst verantwortlich. Die Einwilligung ist aber – von den subjektiven Entscheidungsprämissen ausgehend, die der Rechtsgutsinhaber selbst aufstellt – kritisch zu prüfen.

Verlangt ein Patient, dass ihm die Zähne gezogen werden und ist er so informiert, dass er sich selbst bestimmen kann, so erfüllt der Arzt keine straf-

---

85 Vgl. hierzu BGH NJW 2004, 2458; BGH NJW 2004, 1059.
86 Sog. Zahnextraktions-Fall, BGH, NJW 1978, 1206.

rechtlichen Tatbestände, wenn der Patient, obwohl keine Indikation gegeben ist, dies autonom will. Er muss allerdings wissen, dass der Eingriff kontraindiziert ist.

Wenn diese Entscheidung des Patienten aber mit dem Wunsch verbunden ist, von Kopfschmerzen befreit zu werden und wenn gleichzeitig objektiv klar ist, dass das Zähneziehen nicht hilft, diesen Wunsch zu verwirklichen, so schafft die getroffene Entscheidung kein Recht auf das Ziehen der Zähne. Nur in sich (von der subjektiven Seite des Rechtsgutsträgers her betrachtet) konsistente Entscheidungen vermögen dieses Recht zu begründen.

Schönheitsoperationen sind im Regelfall – von Ausnahmefällen abgesehen – nicht indiziert: Wer aus rein ästhetischen Gründen den Busen vergrößern, die Zähne grundlos renovieren oder Lidkorrekturen vornehmen lässt, verlangt einen Eingriff, der medizinisch nicht indiziert ist. Derartige Eingriffe sind mit Risiken verbunden. Das geringste Risiko ist der Eintritt von Blutungen und Schwellungen. Eine Lidkorrektur kann beispielsweise zu einem Hohlauge führen, andere Komplikationen ließen sich anführen. Gleichwohl sind derartige Operationen, auch wenn sie nicht aufgrund eines krankhaften Befundes erfolgen, grundsätzlich legitim, wenn der Patient sie autonom will. Sie sind Ausdruck der wertbezogenen Interessen eines Patienten, des Interesses etwa, ein bestimmtes Aussehen nicht mehr haben zu wollen. Der Patient muss aber umfänglich über die Risiken aufgeklärt sein und die Schönheitsoperation trotzdem wollen.

Zusammenfassend lässt sich somit festhalten, dass die Einwilligung in ärztliche Heileingriffe, die nicht indiziert sind, zulässig ist. Sie erlaubt es, die körperbezogenen Schutzvorschriften außer Kraft zu setzen. Dies gilt jedoch nicht bei konkret lebensgefährlichen Eingriffen und bei Einwilligungen, die mit Blickauf die subjektiven Prämissen des Einwilligenden *in sich* wertungswidersprüchlich sind.

Duttge hat sich in diesem Zusammenhang rechtspolitisch dafür ausgesprochen, den grob pflichtwidrigen Eingriff zu kriminalisieren.[87] Er will hierfür einen besonderen Tatbestand („Patientenverrat") schaffen. Damit sollen Fälle offensichtlicher Kontraindikation, fehlende oder erheblich defizitäre Aufklärung und grobe Behandlungsfehler erfasst werden. Unklar bleibt, ob kontraindizierte Eingriffe und nicht indizierte Eingriffe denselben Sachverhalt beschreiben. Jedenfalls soll die Erfüllung des Grundtatbestandes nicht vom Eintritt eines körperlichen oder gesundheitlichen Nachteils abhängen. Als

---

87 *Duttge*, MedR 2005, 706 ff.

Grund für diesen Vorschlag der Neuschaffung eines Tatbestandes wird angeführt, dass es im Allgemeininteresse läge, dass die ärztliche Professionalität gewahrt wird. Zur Begründung wird weiter die Logik derjenigen zitiert, die die ärztliche Heilbehandlung, wenn sie eigenmächtig vorgenommen wird, nicht kriminalisieren wollen, soweit sie *lege artis* erfolgt. Wenn die *lege artis* Behandlung dazu führt, dass das Unrecht der Körperverletzungsdelikte nicht gegeben ist, auch wenn die Heilbehandlung eigenmächtig ist, so müsse es umgekehrt als Unrecht bewertet werden, wenn der Arzt gravierend pflichtwidrige Eingriffe vornähme. Als Rechtsgut dieses Straftatbestandes nennt *Duttge* „das Vertrauen in die Integrität der Ärzteschaft und in die Sicherung der professionellen Gesundheitsversorgung". Die (erwünschte) Folge eines solchen Universalrechtsgutes ist die diesbezügliche Indisponibilität für den Einzelnen. Beide Argumente überzeugen nicht. Einmal stellt sich die Frage, ob überhaupt ein Allgemeininteresse an der Wahrung ärztlicher Professionalität existiert, das strafrechtlich garantiert werden muss. Sieht man Rechtsgüter als – mittelbar oder unmittelbar – der Selbstverwirklichung des Individuums dienend an, so ist die ärztliche Professionalität bzw. Integrität kein Rechtsgut. Dieses Interesse dient dazu, den Einzelnen in seinem Verfügungsrecht über seinen Körper zu beschränken. Die Sicherung ärztlicher Professionalität ist auch deshalb keine Aufgabe des Strafrechts, da diese nur durch Ärzte selbst organisiert werden kann. Sie von außen zu erzwingen erscheint nicht überzeugend. Schließlich ist gegen einen Tatbestand, der den grob pflichtwidrigen Eingriff unter Strafe stellt, einzuwenden, dass er das verfassungsrechtliche Recht, über seinen Körper zu verfügen, einschränken würde. Die Patientenautonomie schützt den Einzelnen nicht nur, sondern gibt ihm auch eine Befugnis: die Befugnis, körperbezogene Schutzvorschriften außer Kraft zu setzen. Verhindert man ärztliche Heileingriffe, die grob pflichtwidrig sind, so garantiert man die objektive Rationalität des Patienten. Zu begründen wäre dann, dass es eine Aufgabe des Strafrechts ist, die Rationalität von Patientenentscheidungen zu sichern. Darauf hinzuweisen bleibt, dass spezifische nicht indizierte Eingriffe überaus sinnvoll sein können (Lebendspende[88]). Auch der Umkehrschluss von der (angeblich generellen) Tatbestandslosigkeit der *lege artis* Behandlung (ohne Berücksichtigung des Willens des Patienten) auf die unrechtsindizierende Bedeutung der kontraindizierten Behandlung ist aus zweierlei Gründen abzulehnen. Zum einen wurde bereits dargelegt, dass der althergebrachten Rechtsprechung, wonach der eigenmächtige Heileingriff

---

[88] Vgl. *Gutmann/Schroth*, Organlebendspende, S. 107 ff.

sehr wohl unter die Körperverletzungsdelikte fällt, entgegen mancher Stimmen in der Literatur, beizupflichten ist. Zum anderen ist nicht plausibel, weshalb aus der behaupteten Tatbestandslosigkeit der *lege artis* Behandlung zwingend folgen soll, dass die kontraindizierte Handlung als unrechtsindizierend angesehen werden muss. Logisch ist dieser Schluss jedenfalls nicht so evident, wie *Duttge* dies vertritt.

Im Folgenden soll ein Überblick über die strafrechtlichen Maßstäbe bei ärztlichen Eingriffen, insbesondere bei Spezialbereichen, gegeben werden:

Ärztliches Handeln und rechtlicher Maßstab (1)

Medizinisch indizierter Heileingriff	Medizinisch nicht indizierter Eingriff (vgl. *Joost,* Schönheitsoperationen, S. 383 ff. in diesem Band)
Einschlägige Regeln, wenn die Körperintegrität betroffen ist: § 223 StGB sowie § 229 StGB	**Einschlägige Regeln**: § 223 StGB sowie § 229 StGB; Grenze: § 228 StGB
Legitimiert ist der Heileingriff, wenn die Einwilligung nach einer *Selbstbestimmungsaufklärung* gegeben worden ist und ärztliches Handeln *lege artis* durchgeführt wurde. Mutmaßliche Einwilligung kommt in Betracht, wenn Einwilligung nicht einholbar ist. Letzteres gilt auch für Operationserweiterungen.	Der Eingriff ist **legitimiert,** wenn 1) die Einwilligung in „unvernünftigen Eingriff" gegeben worden ist und 2) umfänglichste Aufklärung vor dem Eingriff gegeben worden ist. Es muss auch Aufklärung darüber erfolgen, dass keine medizinische Indikation vorliegt.
Probleme: a) Wann liegt eine hinreichende Aufklärung vor? → Wenn das Individuum aufgrund von ausreichender Information zur Selbstbestimmung fähig ist. b) Wann liegt eine mutmaßliche Einwilligung vor? → Wenn es Anhaltspunkte gibt, die auf eine mögliche Einwilligung schließen lassen. Nur anwendbar, wenn Einwilligung nicht einholbar ist. c) Was ist, wenn bei nicht vorliegender Einwilligung diese gegeben worden wäre? → Zurechnung des Erfolgs ist ausgeschlossen (hypothetische Einwilligung). d) Ist der Irrtum über den notwendigen Umfang der Aufklärungspflicht ein Tatbestandsirrtum oder Verbotsirrtum? → Glaubt der Arzt, der Patient sei zur Selbstbestimmung fähig, liegt ein Tatbestandsirrtum vor.	**Problem:** Ist eine Einwilligung in nicht indizierte Eingriffe möglich? Nach der Rechtsprechung ist diese möglich, wenn die Einwilligung nach ausreichender Aufklärung gegeben wurde. → Grenze: Behandlungsfehler (vgl. z. B. Zahnextraktionsfall) und bei konkreter Lebensgefahr, § 228 StGB. → M. E. sollte die Grenze für eine wirksame Einwilligung neben den Fällen konkreter Lebensgefahr bei in sich subjektiv widersprüchlichen Einwilligungen gezogen werden.

Heilkundliches und rein wissenschaftliches Experiment mit Arzneimitteln
(vgl. *Oswald*, Heilversuch, Humanexperiment und Arzneimittelforschung, S. 670 ff. in diesem Band)

Einschlägige Regeln: §§ 223 ff. StGB, §§ 40–42 i. V. m. 96 Nr. 10, 11 AMG

Allgemeine Voraussetzungen (u. a.), § 40:
- Risiko-Nutzenabwägung, § 40 I 3 Nr. 2
- Einwilligung nach Aufklärung, § 40 I 3 Nr. 3
- Qualifizierter Prüfer, § 40 I 3 Nr. 5
- Vorangegangene pharmakologisch-toxikologische Prüfung, § 40 I 3 Nr. 6
- Versicherung, § 40 I 3 Nr. 8
- Zustimmende Bewertung der Ethikkommission und Genehmigung der Bundesoberbehörde, § 40 I 2 i. V. m. § 42

Bei Minderjährigen zusätzlich § 40 IV:
- Beschränkung auf Diagnostika und Prophylaktika
- (Co-)Einwilligung des gesetzlichen Vertreters
- Subsidiarität

Besondere Voraussetzungen für einschlägig erkrankte Personen, § 41:
- Unmittelbarer individueller Nutzen (möglich bei volljährigen, einwilligungsfähigen, § 41 I 1 Nr. 1, und einwilligungsunfähigen, § 41 III Nr. 1, Personen sowie Minderjährigen, § 41 II 1 Nr. 1)
- Direkter Gruppennutzen (zulässig bei volljährigen, einwilligungsfähigen Personen, § 41 I 1 Nr. 2, und Minderjährigen, § 41 II 1 Nr. 2; ausgenommen Minderjährige, auf die nach Erreichen der Volljährigkeit Absatz 3 Anwendung finden würde, § 41 II 2)

Sterbehilfe
(vgl. *Roxin*, Zur strafrechtlichen Beurteilung der Sterbehilfe, S. 75 ff. in diesem Band sowie *Schroth*, Sterbehilfe als strafrechtliches Problem, GA 2006, 549 ff.)

Einschlägige Regeln: § 216 StGB, eventuell §§ 211 ff. StGB

- *Aktive Sterbehilfe:* grundsätzlich strafbar. Ausnahme: medizinisch assistierter Suizid, der als Beihilfe zu einer Selbsttötungshandlung zu werten ist.

Weitere Ausnahme von der Strafbarkeit:
- *Indirekte Sterbehilfe* (Schmerztherapie mit eventueller Lebensverkürzung): Indirekte Sterbehilfe nach der Rspr. nur zugelassen bei infauster Prognose (Problem: Todesnähe erforderlich?)
- *Passive Sterbehilfe* (Sterbehilfe durch Nichtbehandlung, Nicht-Weiterbehandlung bzw. Behandlungsabbruch durch den Arzt): nicht strafbar, wenn und soweit der Patientenwille dahin geht, weitere Behandlungen abzulehnen. Soweit eine Einwilligung nicht einholbar ist, kann auch die mutmaßliche Einwilligung rechtfertigen. Passive Sterbehilfe ist ohne Beschränkung auf ein spezifisches Krankheitsstadium zulässig. Die Patientenverfügung ist in den § 1901a ff. BGB gesetzlich geregelt.
Der Ausdruck „passive Sterbehilfe" wird vor allen Dingen von Ärzten nicht immer als glücklich empfunden.
- *Reine Sterbehilfe* (Schmerzmittelhilfe und Grundversorgung ohne Lebenszeitverkürzung): Der Arzt hat den Patientenwillen zu beachten, ansonsten kommt § 223 StGB in Betracht.

Ärztliches Handeln und rechtlicher Maßstab (2)

Postmortale Transplantation
(vgl. *Schroth*, Die postmortale Organ- und Gewebespende, S. 445 ff. in diesem Band)

Einschlägige Regeln:
§ 19 II, IV, V i. V. m. §§ 3, 4, 4a TPG

Neben der Vollendung sind auch Versuch und Fahrlässigkeit strafbewehrt.

- **Strafbar** ist die nicht-korrekte Feststellung des Gesamthirntodes vor der Organentnahme.
- **Strafbar** ist die Organentnahme bei Widerspruch des Organspenders.
- **Strafbar** ist die Organentnahme, wenn keine Einwilligung des Spenders zu Lebzeiten vorliegt, bzw. wenn nicht zumindest der Zustimmungsberechtigte zugestimmt hat. Zustimmungsberechtigt ist der erreichbare, ranghöchste Angehörige oder Personen, die in besonderer persönlicher Verbundenheit dem Organspender offenkundig nahe stehen, oder der vom Organspender Bestimmte.
- **Strafbar** ist auch der Organhandel.

Lebendspende
(vgl. *Schroth*, Die strafrechtlichen Grenzen der Organ- und Gewebelebendspende, S. 467 ff. in diesem Band)

Einschlägige Regeln:
§ 19 I, IV i. V. m. § 8 TPG
Ausnahmsweise können auch Körperverletzungstatbestände einschlägig sein.

Voraussetzung der Lebendspende:
- Entnahme von Organen muss von einem Arzt vorgenommen werden.
- Wirksame Einwilligung eines Volljährigen bei Einsichtsfähigkeit.
- Es darf kein Organhandel stattgefunden haben.
- Bei sich nicht wieder bildenden Organen ist der Spenderkreis begrenzt.

Die **(versuchten) Verletzungen** dieser Voraussetzungen sind **strafbewehrt**.

Nicht strafbewehrt:
- Verletzung der Subsidiaritätsklausel,
- Nichteinholung von notwendigen Kommissionsentscheidungen,
- Begrenzung des Spenderrisikos (Ausnahme: § 216 StGB).

Abtreibung
(vgl. *Merkel*, Der Schwangerschaftsabbruch, S. 295 ff. in diesem Band)

Einschlägige Regeln:
§§ 218 ff. StGB (Schutz des Embryos *in vivo*)

Straflos sind Eingriffe, die die Nidation verhindern (die Leibesfrucht vor der Einnistung ist kein Tatobjekt).

Straflos ist die Abtreibung, wenn
- sie von der Schwangeren verlangt wird und
- spezifische Beratung erfolgt ist und
- die Abtreibung vom Arzt durchgeführt wird und
- seit der Empfängnis nicht mehr als 12 Wochen vergangen sind.

Straflos ist die Abtreibung bei **kriminologischer Indikation**, wenn
- sie von der Schwangeren verlangt wird und
- nicht mehr als 12 Wochen vergangen sind.

Straflos ist die Abtreibung zeitlich unbegrenzt, wenn eine mütterliche Indikation vorliegt und die Schwangere den Schwangerschaftsabbruch verlangt.

Die PND ist zulässig.

Auch die Schwangerschaft auf Probe ist **nicht verboten**.

Präimplantationsdiagnostik	Stammzellforschung mit embryonalen Stammzellen
(vgl. Schroth, Stammzellenforschung und Präimplantationsdiagnostik, S. 531 ff. in diesem Band)	(vgl. Schroth, Stammzellenforschung und Präimplantationsdiagnostik, S. 531 ff. in diesem Band)
Einschlägige Regeln: Die Regeln des Embryonenschutzgesetzes (ESchG) (Schutz des Embryos *in vitro*)	**Einschlägige Regeln**: Embryonenschutzgesetz (ESchG) und Stammzellgesetz (StZG)
Strafbarkeit bei Benutzung totipotenter Zellen (Verstoß gegen das Klonverbot). Die Rechtslage bei Benutzung pluripotenter Zellen ist **umstritten.** *Pro Strafbarkeit* wird behauptet, es läge ein Verstoß gegen § 1 I 2 ESchG vor. Argumente: • Die Embryonen werden auch hergestellt zum Zwecke der Untersuchung. • Befruchtung auf Probe kann nicht zulässig sein. *Gegenargumentation:* • Wer Embryonen herstellt, um sie zu übertragen, sie aber vorher untersuchen will, handelt zu dem strafbarkeitsausschließenden Zweck, eine Schwangerschaft herbeizuführen. Die objektive Bedingung, dass die PID einen negativen Befund ergibt, schließt die Absicht, eine Schwangerschaft herbeizuführen, nicht aus. • Wenn eine Schwangerschaft auf Probe zulässig ist, muss dies erst recht für die Befruchtung auf Probe gelten.	Die **Herstellung** von embryonalen Stammzellen verstößt gegen § 2 I ESchG. Die **Einfuhr** von embryonalen Stammzellen und die **Verwendung** embryonaler Stammzellen, die sich im Inland befinden, sind verboten und strafbar (§ 13 I StZG). **Keine Strafbarkeit** besteht bei Genehmigung, die aber nur unter engen Voraussetzungen zulässig ist (§§ 4, 6 StZG). Bisher machten sich Ärzte wegen § 9 II 2 StGB strafbar, die von Deutschland aus an ausländischen Projekten mitgearbeitet haben. Diese Strafbarkeit ist jetzt explizit aufgehoben worden. Der deutsche Forscher, der im Ausland forscht, macht sich genauso wenig strafbar, wie derjenige, der vom Inland aus mit Kollegen kommuniziert, die im Ausland erlaubt forschen.

I.3 Die Aufklärungspflicht des Arztes und ihre Grenzen

Heinz Schöch

Inhaltsverzeichnis

A. Grundlagen der Aufklärungspflicht und deren strafrechtliche Relevanz _53
B. Arten der Aufklärung _57
   I. Diagnoseaufklärung _57
   II. Verlaufsaufklärung _58
   III. Risikoaufklärung _59
   IV. Therapieaufklärung _61
C. Durchführung der Aufklärung _63
   I. Person des Aufklärungspflichtigen _63
   II. Adressat der Aufklärung _64
   III. Form der Aufklärung _64
   IV. Zeitpunkt der Aufklärung _66
   V. Umfang und Intensität der Aufklärung _66
D. Fehlende Aufklärungsbedürftigkeit _71
   I. Aufklärungsverzicht _71
   II. Vollständig vorinformierte Patienten _72
   III. Therapeutische Kontraindikation _72
   IV. Bewusstlosigkeit oder fehlende Urteilsfähigkeit des Patienten _74

Literaturverzeichnis

Andreas, Manfred/Debong, Bernhard/Bruns, Wolfgang, Handbuch Arztrecht in der Praxis, 2001
Bockelmann, Paul, Strafrecht des Arztes, 1968
Deutsch, Erwin, Das therapeutische Privileg des Arztes: Nichtaufklärung zugunsten des Patienten, NJW 1980, 1305
Deutsch, Erwin/Spickhoff, Andreas, Medizinrecht, 6. Auflage 2008
Fateh-Moghadam, Bijan, Die Einwilligung in die Lebendorganspende. Die Entfaltung des Paternalismusproblems im Horizont differenter Rechtsordnungen am Beispiel Deutschland und England, 2007

Fischer, Thomas, Strafgesetzbuch und Nebengesetze, Kommentar, 56. Auflage 2009
Geilen, Gerd, Einwilligung und ärztliche Aufklärungspflicht, 1963
Jähnke, Burkhard/Laufhütte, Heinrich W./Odersky, Walter (Hrsg.), Strafgesetzbuch, Leipziger Kommentar (LK), 11. Auflage 2005
Jordan, Adolf-Dietrich, Zur Strafbarkeit eines Arztes bei unzureichender Aufklärung des Patienten, Anmerkung zu BGH, 1995–06–29, 4 StR 760/94, JR 1997, 32
Kindhäuser, Urs/Neumann, Ulfrid/Paeffgen, Hans-Ulrich (Hrsg.), Strafgesetzbuch, Nomos Kommentar (NK), 2. Auflage 2005
Knauer, Christoph, Ärztlicher Heileingriff, Einwilligung und Aufklärung, in: Roxin, Claus/Schroth, Ulrich (Hrsg.), Medizinstrafrecht, 2. Auflage 2001, S. 11
Kuhlen, Lothar, Ausschluss der objektiven Erfolgszurechnung bei hypothetischer Einwilligung des Betroffenen, JR 2004, 227
Laufs, Adolf, Arztrecht, 5. Auflage 1993
Laufs, Adolf, Die Entwicklung des Arztrechts 1992/93, NJW 1993, 1497
Laufs, Adolf/Uhlenbruck, Wilhelm (Hrsg.), Handbuch des Arztrechts, 3. Auflage 2002
Rengier, Rudolf, Strafrecht Besonderer Teil I, 10. Auflage 2008
Rengier, Rudolf, Methodische Aspekte und Aufgaben des Bundesgerichtshofes im Lichte von Entscheidungen zum Besonderen Teil des Strafrechts, in: 50 Jahre Bundesgerichtshof, Festgabe aus der Wissenschaft, Band IV, S. 467
Rigizahn, Ernest F., Zum Umfang der ärztlichen Aufklärungspflicht bei Verwendung nicht zugelassener Arzneimittel – strafrechtliche Haftung, BGH vom 1995–06–29, 4 StR 760/94, JR 1996, 72
Roßner, Hans Jürgen, Verzicht des Patienten auf eine Aufklärung durch den Arzt, NJW 1990, 229
Roxin, Claus, Strafrecht Allgemeiner Teil I, 4. Auflage 2006
Roxin, Claus/Schroth, Ulrich, Medizinstrafrecht. Im Spannungsfeld von Medizin, Ethik und Strafrecht, 2. Auflage 2001
Schöch, Heinz/Verrel, Torsten, Alternativ-Entwurf Sterbebegleitung (AE-StB), GA 2005, 553
Schönke, Adolf/Schröder, Horst (Hrsg.), Strafgesetzbuch, Kommentar, 27. Auflage 2006
Schreiber, Hans-Ludwig, Strafrecht der Medizin, in: 50 Jahre Bundesgerichtshof, Festgabe aus der Wissenschaft, Band IV, S. 503
Schroth, Ulrich/König, Peter/Gutmann, Thomas/Oduncu. Fuat (Hrsg.), Transplantationsgesetz (TPG), Kommentar, 2005
Ulsenheimer, Klaus, Anmerkung zu BGH, NStZ 1996, 34, NStZ 1996, 132
Ulsenheimer, Klaus, Arztstrafrecht in der Praxis, 4. Auflage 2008

Wachsmuth, Werner/Schreiber, Hans-Ludwig, Die Stufenaufklärung – ein ärztlich und rechtlich verfehltes Modell, Chirurg 53 (1982), 594
Wachsmuth, Werner/Schreiber, Hans-Ludwig, Das Dilemma der ärztlichen Aufklärung, NJW 1981, 1985
Weissauer, Walther, Empfiehlt es sich, im Interesse der Patienten und Ärzte ergänzende Regelungen für das ärztliche Vertrags- (Standes-) und Haftungsrecht einzuführen? Referat beim 52. Deutschen Juristentag 1978, in: Verhandlungen des 52. DJT 1978, Band II – Sitzungsberichte, I 29
Wessels, Johannes/Beulke, Werner, Strafrecht Allgemeiner Teil, 39. Auflage 2009

A. Grundlagen der Aufklärungspflicht und deren strafrechtliche Relevanz

Obwohl Inhalt und Grenzen der Aufklärungspflicht des Arztes in den letzten Jahrzehnten vorwiegend von der zivilrechtlichen Rechtsprechung konkretisiert worden sind, hat sie auch im Strafrecht erhebliche Bedeutung. Da die Rechtsprechung jeden ärztlichen Eingriff in die körperliche Unversehrtheit – auch soweit er lege artis und erfolgreich verläuft – als tatbestandsmäßige Körperverletzung wertet, kann dieser nur durch rechtfertigende Einwilligung[1] oder durch tatbestandsausschließendes Einverständnis[2] strafrechtlich erlaubt sein. Folgt man der herrschenden Meinung in der medizinischen und juristischen Literatur, so ist die Einwilligung jedenfalls bei nicht der Diagnose oder Therapie, sondern anderen Zwecken dienenden Eingriffen erforderlich (zum Beispiel für die Entnahme von Blutspenden, für Organtransplantationen oder für Schönheitsoperationen). Solange es im deutschen Strafrecht aber keinen Straftatbestand der eigenmächtigen Heilbehandlung gibt, räumen auch Kritiker der Rechtsprechung ein, dass ein sachgerechter Schutz der Patientenautonomie nur über das Erfordernis der Einwilligung in die ärztliche Heilbehandlung zu erreichen ist.[3]

Die Einwilligung des Patienten ist nur wirksam, „wenn der Einwilligende über Art, Tragweite und solche Folgen der Behandlung aufgeklärt worden ist, die für die Entscheidung eines verständigen Menschen ins Gewicht fallen

---

1 BGHSt 11, 111; 43, 306, 308; zustimmend *Rengier,* BGH-FG, S. 467, 477; *Schreiber,* BGH-FG, S. 503.
2 So *Roxin,* AT I, § 13 Rn. 12 ff.; *Schroth,* Ärztliches Handeln und strafrechtlicher Maßstab, S. 21 ff. in diesem Band.
3 Schönke/Schröder – *Eser,* StGB, § 223 Rn. 31; *Roxin,* AT I, § 13 Rn. 27.

können."[4] Der Arzt muss deshalb „auf *die* Gefahren", d. h. auf die möglichen Folgen einer geplanten Behandlung hinweisen, die ein „*verständiger* Patient" in seiner Situation für seine „Entscheidung über die Einwilligung in die Behandlung" als bedeutsam ansehen würde.[5] Aufzuklären ist also nach ständiger Rechtsprechung über den Eingriff, seinen Verlauf, seine Erfolgsaussichten, seine Risiken und über mögliche Behandlungsalternativen.[6] Unterlässt der Arzt diese Aufklärung, so kann der Patient einem rechtsgutsbezogenen Irrtum unterliegen, der die Einwilligung unwirksam macht.[7] Die Aufklärungspflicht soll also eine inhaltlich irrtumsfreie und dementsprechend voraus informierte Einwilligung (informed consent) ermöglichen.[8] Das Gebot einer solchen „Selbstbestimmungsaufklärung"[9] ergibt sich aus der Patientenautonomie, die aus dem in Art. 2 Abs. 1 GG gewährleisteten Selbstbestimmungsrecht des Bürgers abzuleiten ist.[10] Es gibt also kein „therapeutisches Privileg" und keine „Vernunfthoheit des Arztes" über den kranken Menschen:[11] „voluntas non salus aegroti suprema lex!"[12]

Im Grunde ist die Aufklärung des Patienten durch den Arzt keine juristisch oktroyierte Obliegenheit, sondern ärztliche Berufspflicht (§ 8 Berufsordnung für die deutschen Ärztinnen und Ärzte), die als therapeutische Aufklärung für eine korrekte Behandlung von kranken Menschen unverzichtbar ist.[13] Allerdings sind die Anforderungen hierfür in den vergangenen 50 Jahren – vor allem durch die zivilrechtliche Rechtsprechung – immer differenzierter geworden,[14] was wegen des Gebotes der Rechtsklarheit und Bestimmtheit strafrechtlicher Tatbestände Probleme bereitet.

Um im Strafrecht zu sachgerechten Lösungen zu gelangen, ist es erforderlich, auf die Besonderheiten der zivilrechtlichen Aufklärungspflicht hinzuweisen. Diese dient mehr dem finanziellen Ausgleich materieller und imma-

---

4 Alternativentwurf (AE) Besonderer Teil, § 123 und Anmerkung hierzu S. 79 f.
5 BVerfGE 52, 131, 167; ständige Rechtsprechung seit RGSt 66, 181; RGZ 168, 206; BGHSt 11, 111; BGHZ 29, 46; Überblick bei *Schreiber*, BGH-FG, S. 503, 513 ff.
6 BGHSt 11, 11; 16, 308; 35, 246.
7 *Roxin*, AT I, § 13 Rn. 112.
8 BGHSt 11, 113 f.; Schönke/Schröder – *Eser*, StGB, § 223 Rn. 40a; *Knauer*, in: Roxin/Schroth, Medizinstrafrecht, 2. Aufl., S. 11, 12.
9 *Geilen*, Einwilligung und ärztliche Aufklärungspflicht, 1963, S. 80 ff.
10 Vgl. BVerfGE 52, 131, 168.
11 *Ulsenheimer*, Arztstrafrecht, § 1 Rn. 57.
12 *Bockelmann*, Strafrecht des Arztes, S. 58; *Knauer*, in: Roxin/Schroth, Medizinstrafrecht, 2. Aufl., S. 11, 13.
13 *Ulsenheimer*, Arztstrafrecht, § 1 Rn. 60; Schönke/Schröder – *Eser*, StGB, § 223 Rn. 40a.
14 *Schreiber*, BGH-FG, S. 513.

terieller Interessen des Geschädigten, und ihre Verletzung ist zu einem Ersatz für die oft fehlende Nachweisbarkeit eines Behandlungsfehlers zum Nachteil des Patienten geworden. Dadurch wird das typischerweise beim Patienten liegende Behandlungsrisiko de facto weitgehend auf den Arzt verlagert,[15] der im Zivilprozess die Beweislast für eine vollständige Erfüllung der Aufklärungspflicht hat.[16] Die aus Mitgefühl mit dem armen Patienten entstandene Überdehnung der Aufklärungspflichten,[17] die nicht nur von Medizinern, sondern auch von vielen Juristen beklagt wird, mag im Hinblick auf zivilrechtliche Ersatzansprüche, die in der Regel von den Haftpflichtversicherungen der Ärzte getragen werden, noch vertretbar sein. Im Strafrecht geht es aber um die sozialethische Missbilligung und Sanktionierung individuellen Fehlverhaltens, die nur bei subjektiver Vorwerfbarkeit, Vorhersehbarkeit und Zumutbarkeit erfolgen darf.[18] Eine Bestrafung ist deshalb nur bei klar erkennbaren und vermeidbaren Pflichtverletzungen legitim. Es ist daher verfehlt, dass in der Strafrechtspraxis häufig einfach die zivilrechtlichen Maßstäbe zu Grunde gelegt werden.[19] Eine erfreuliche Wende zu eigenständigen strafrechtlichen Maßstäben scheint sich in der neueren Rechtsprechung des Bundesgerichtshofs in Strafsachen abzuzeichnen.[20]

BGH, Urt. v. 29.6.1995 – 4 StR 760/94:[21]
Der Angeklagte führte als Chefarzt einer Universitätsklinik für Neorochirurgie HWSDisc-Ektomien in der Weise aus, dass er nach Entfernung der abgenutzten Halsbandscheibe als Abstandhalter einen aufbereiteten Rinderknochen („Surgibone"-Dübel) zwischen den angrenzenden Wirbelkörpern einsetzte. Üblicherweise wurden zu jener Zeit in Deutschland Abstandhalter aus eigenen Knochenteilen oder aus Kunststoff verwendet. Bei dem „Surgibone"-Dübel handelte es sich um ein nach deutschem Arzneimittelrecht zulassungspflichtiges, aber zur Tatzeit vom Bundesgesundheitsamt nicht zugelassenes Arzneimittel, das jedoch in anderen europäischen Ländern und in Kanada bereits erprobt worden war. Vor den Eingriffen waren die Patienten jeweils über Risiken der Operation – auch über die Möglichkeit ihrer Erfolglosigkeit – aufgeklärt worden. Von einer umfassenden Aufklärung über die unterschiedlichen Materialien der gebräuchlichen Interponate sowie ihre

---

15 *Ulsenheimer*, Arztstrafrecht, § 1 Rn. 60.
16 *Wachsmuth/Schreiber*, NJW 1981, 1985.
17 Kritisch hierzu auch *Knauer*, in: Roxin/Schroth, Medizinstrafrecht, 2. Aufl., S. 11, 23.
18 *Ulsenheimer*, Arztstrafrecht, § 1 Rn. 55a.
19 *Schreiber*, BGH-FG, S. 503, 513.
20 *Ulsenheimer*, Arztstrafrecht, § 1 Rn. 55a.
21 BGH, NStZ 1996, 34 f. mit zust. Anm. *Ulsenheimer*, NStZ 1996, 132.

spezifischen Vor- und Nachteile sah der Angeklagte ab, um die Patienten nicht zu verunsichern. Nach der Operation ergaben sich in einigen Fällen sog. Spankomplikationen (z. B. Dislokation, Ausstoßung oder Einbruch in die Wirbelkörper). In allen Fällen hätten die Patienten in die Operation durch den Angeklagten nicht oder zumindest nicht sofort eingewilligt, wenn sie über die Möglichkeit der Verwendung unterschiedlicher Materialien und deren spezifische Vor- und Nachteile aufgeklärt worden wären.
Der 4. Strafsenat des BGH hob die Verurteilung des Angeklagten wegen vorsätzlicher Körperverletzung in sechs Fällen auf, weil die Strafkammer die Anforderungen an die vom Arzt geschuldete Aufklärung möglicherweise überspannt habe. Der Arzt brauche die Patienten im Allgemeinen nicht ungefragt darüber aufzuklären, welche Behandlungsmethoden in Betracht kämen und was für und gegen die eine oder andere Methode spreche. Die Wahl der Behandlungsmethode sei primär Sache des Arztes. Die Aufklärung über Behandlungsalternativen könne allerdings erforderlich sein, wenn diese zu jeweils unterschiedlichen Belastungen des Patienten führten oder unterschiedliche Risiken und Erfolgschancen böten.
Eine objektive Pflichtverletzung durch unterlassene Aufklärung läge allerdings darin, dass die Patienten nicht darüber informiert worden seien, dass es sich um nicht zugelassene Arzneimittel im Sinne des Arzneimittelgesetzes gehandelt habe. Da der Angeklagte aber selbst nicht wusste, dass die aus der Klinikapotheke bezogenen „Surgibone"-Dübel vom Bundesgesundheitsamt nicht zugelassen waren, könne er allenfalls wegen fahrlässiger Körperverletzung verurteilt werden. In seinen Empfehlungen für die neue Hauptverhandlung vor einer anderen Strafkammer wies der BGH sogar auf die Möglichkeit hin, dass der Arzt unter dem Aspekt der „hypothetischen Einwilligung" straflos bleiben könne, wenn ihm nicht zweifelsfrei zu widerlegen sei, dass die Einwilligung der Patienten auch bei ordnungsgemäßer Aufklärung erteilt worden wäre. Außerdem könne die Strafbarkeit des Arztes unter dem Gesichtspunkt des Schutzzweckes der Norm entfallen, wenn sich der Aufklärungsmangel lediglich aus dem unterlassenen Hinweis auf Behandlungsalternativen ergebe, der Patient aber eine Grundaufklärung über die Art sowie den Schweregrad des Eingriffs erhalten habe und auch über die schwerstmögliche Beeinträchtigung informiert worden sei.

Die zunächst im Zivilrecht entwickelte Rechtsfigur der hypothetischen Einwilligung hat der BGH in weiteren Entscheidungen bekräftigt, in denen er darauf hinwies, dass der Arzt nicht strafbar sei, wenn der Patient bei ordnungsgemäßer Aufklärung in den Eingriff eingewilligt hätte.[22] Da im Zweifel zugunsten des Arztes davon ausgegangen werden müsse, dass die Einwilligung erteilt worden wäre,[23] wird die strafrechtliche Verantwortlichkeit des Arztes bei Aufklärungsmängeln durch diese neuere Rechtsprechung nicht unwesentlich eingeschränkt.

B. Arten der Aufklärung

In der Literatur findet sich keine einheitliche Terminologie zu den Arten der Aufklärung. Sachgerecht erscheint folgende Systematisierung: Der häufig verwendete Oberbegriff *„Selbstbestimmungsaufklärung"* bezieht sich auf den Rechtsgrund der Aufklärung, nämlich die Ermöglichung selbstbestimmter Entscheidungen des Patienten,[24] und umfasst Diagnose- Verlaufs- und Risikoaufklärung. Davon zu unterscheiden ist die therapeutische Aufklärung, die das therapierichtige Verhalten des Patienten betrifft *(„Sicherungsaufklärung")*. Die hier zugrunde gelegte Orientierung am Inhalt der Aufklärung ist am verständlichsten, da die so gefundenen Begriffe sachlich aussagekräftig und juristisch neutral sind.[25] Allerdings sind die Grenzen der Aufklärungsarten fließend.[26]

I. Diagnoseaufklärung

Am Anfang der Behandlung steht in der Regel die Diagnoseaufklärung, die der Information des Patienten über den ärztlichen Befund dient. Sie ist aus strafrechtlicher Sicht nur erforderlich, wenn ein ärztlicher Eingriff oder eine Therapie vorgenommen werden soll. Hierzu gehört auch die Aufklärung über Grund und Anlass einer Maßnahme.

---

22 BGH, NStZ-RR 2004, 16 mit Anm. *Kuhlen*, JR 2004, 227; BGH, NStZ 2004, 442; Einzelheiten bei *Schroth*, Ärztliches Handeln und strafrechtlicher Maßstab, S. 21 ff. in diesem Band.
23 Kritisch zur Anwendung des Zweifelsgrundsatzes *Roxin*, AT I, § 13 Rn. 123 ff. und *Kuhlen*, JR 2004, 227, 229 f., die in solchen Fällen wenigstens bedingt vorsätzliche versuchte Körperverletzung annehmen.
24 Schroth/König/Gutmann/Oduncu – *Schroth*, TPG, § 19 Rn. 64.
25 Vgl. *Deutsch/Spickhoff*, Medizinrecht, Rn. 266 ff. m. w. N.; eingehend zu den verschiedenen Arten der Aufklärung *Ulsenheimer*, Arztstrafrecht, § 1 Rn. 61 ff.
26 Laufs/Uhlenbruck – *Laufs*, Handbuch des Arztrechts, § 63 Rn. 12.

BGH, Urt. v. 20.1.2004 – 1 StR 319/03:[27]
Einem Chirurgen war bei einer Schulteroperation ein Bohrer abgebrochen mit der Folge, dass die ca. 2 cm lange Bohrerspitze im Knochen stecken geblieben war. Um diesen Fehler nicht offenbaren zu müssen, spiegelte der Arzt dem Patienten vor, zur Beseitigung einer Schulterinstabilität sei eine zweite Operation notwendig. Die nachträgliche Befragung des Patienten ergab, dass er zur Entfernung der abgebrochenen Bohrerspitze – jedenfalls bei diesem Arzt – keine Einwilligung gegeben hätte, weshalb die Annahme einer hypothetischen Einwilligung nicht in Betracht kam. Mit der Verschleierung des wahren Grundes für eine erneute Operation hatte der Arzt gegen das Gebot der Diagnoseaufklärung verstoßen.[28]

Teilt der Arzt in Fällen ohne nachfolgenden Eingriff die Diagnose nicht mit, so kann dies zwar vertragswidrig sein, nicht aber zur Strafbarkeit wegen Körperverletzung führen.[29] Anders ist es, wenn der Patient die Diagnose kennen muss, um dringende Maßnahmen gegen die Verschlechterung seiner Gesundheit zu treffen.

Im Spannungsfeld zwischen ärztlichem Heilauftrag und Selbstbestimmungsrecht bei tödlich verlaufenden Erkrankungen, bei denen der Patient die volle Wahrheit psychisch nur schwer verkraftet, verlangt die Rechtsprechung mit Recht volle Aufklärung in vorsichtiger und schonender Form, um die Entscheidungsfreiheit des Patienten über die weitere Behandlung zu gewährleisten. Auch „um den Heilungswillen aufzurufen", darf der Arzt dem Patienten „den Ernst seiner schweren Erkrankung nicht vorenthalten."[30] Die Aufklärung des Patienten darf auch nicht durch die Information der nächsten Angehörigen ersetzt werden. Nur in sehr seltenen Fällen darf der Arzt von der vollen Aufklärung absehen, wenn die Bekanntgabe ernstlich zu einer Lebensgefährdung oder nicht behebbaren Gesundheitsschädigung führen würde.[31]

II. Verlaufsaufklärung

Sie bezieht sich auf die voraussichtliche Weiterentwicklung des Gesundheitszustandes des Patienten in unbehandelter Form und bei erfolgreicher

---

27 BGH, NStZ 2004, 442.
28 *Fischer*, StGB, § 228 Rn. 13.
29 *Knauer*, in: Roxin/Schroth, Medizinstrafrecht, 2. Aufl., S. 11, 24.
30 BGHZ 29, 176, 184.
31 BGHZ 29, 176, 185; BGH, JR 1986, 65, 67; OLG Köln, NJW 1987, 2936; s. u. V.3.

Behandlung. Außerdem sollen hier mögliche Alternativen der Behandlung (sog. Methodenaufklärung[32]) angegeben werden,[33] zum Beispiel verschiedene nebeneinander bestehende Operationsmethoden[34] oder vergleichbar riskante operative und konservative Behandlungsmöglichkeiten.[35] Die Verlaufsaufklärung umfasst auch die sog. *Eingriffsaufklärung* über Art, Schwere, Umfang, Durchführung und Schmerzhaftigkeit des Eingriffs[36] sowie die sog. *Folgenaufklärung* über sichere Eingriffsfolgen (z. B. über Operationsnarben, Unfruchtbarkeit oder Dauerbelastungen einer Hämodialyse).[37] Besonders deutlich muss der Arzt auf das Risiko einer Nichtbehandlung hinweisen, wenn dadurch eine gravierende Verschlechterung des Gesundheitszustandes droht.[38]

III. Risikoaufklärung

Die Risikoaufklärung soll dem Patienten die Gefahren der in Aussicht genommenen Behandlung vor Augen führen. Dazu gehört das mögliche Fehlschlagen des Eingriffs ebenso wie sichere oder mögliche Folgen und Nebenwirkungen der geplanten ärztlichen Maßnahme, darüber hinaus auch Fragen der Kosten und des Versicherungsschutzes.[39] Dagegen besteht keine Verpflichtung, auf alle denkbaren nachteiligen Folgen aufmerksam zu machen, die möglicherweise bei einer Operation entstehen könnten. Der Patient ist also nur über die typischerweise mit einem Eingriff verbundenen Risiken aufzuklären, sowie über schwerwiegende Risiken, die mit einer Operation verbunden sind, auch wenn sie sich nur selten verwirklichen. Ein bestimmter Grad der Risikodichte ist nicht erforderlich.[40]

> **BGH, Urt. v. 2.11.1993 – VI ZR 245/92:**[41]
> Der Patient ließ wegen massiver Polypenbildung in Nase, Siebbeinlabyrinth und beiden Kieferhöhlen in einer HNO-Klinik eine endonasale Siebbeinoperation mit Kieferhöhlenfensterung beiderseits vornehmen. Diese führte infolge einer Verletzung der knöchernen Trennwand zur Augenhöhle zu

---

32 *Fischer*, StGB, § 228 Rn. 13.
33 *Deutsch/Spickhoff*, Medizinrecht, Rn. 268 ff.
34 OLG Dresden, VersR 2002, 440.
35 OLG Köln, VersR 1998, 1510 f.
36 *Ulsenheimer*, Arztstrafrecht, § 1 Rn. 64.
37 Laufs/Uhlenbruck – *Laufs*, Handbuch des Arztrechts, § 63 Rn. 18.
38 *Deutsch/Spickhoff*, Medizinrecht, Rn. 275.
39 *Ulsenheimer*, Arztstrafrecht, § 1 Rn. 65.
40 BGH, NJW 2007, 2771, 2772.
41 BGH, NJW 1994, 793 f.

einer Erblindung des rechten Auges. Der Patient hatte einige Monate vorher eine Einwilligungserklärung unterzeichnet, in der aber auf das Risiko einer Erblindung nicht hingewiesen worden war. Die Gefahr einer Verwirklichung dieses besonders schwerwiegenden Risikos lag nach den Feststellungen des Gerichts im Promille-Bereich.

Der BGH führte hierzu aus: „Nach der ständigen Rechtsprechung des erkennenden Senats ist für die ärztliche Hinweispflicht nicht entscheidend auf einen bestimmten Grad der Komplikationsdichte, sondern maßgeblich darauf abzustellen, ob das infrage stehende Risiko dem Eingriff spezifisch anhaftet und bei seiner Verwirklichung die Lebensführung des Patienten besonders belastet. Ist dies der Fall, dann sind zwar Art und Umfang der Aufklärung daran auszurichten, wie dringlich die beabsichtigte Operation ist; es ist jedoch regelmäßig nicht Sache des Arztes, sondern des Patienten, darüber zu entscheiden, ob das mit dem Eingriff verbundene Risiko eingegangen werden soll. ...

In dem vom Patienten unterzeichneten Formblatt sei nicht hinreichend auf die Gefährlichkeit eines Siebbeineingriffs für die Augenhöhle hingewiesen worden, sondern die höhere Dringlichkeit der Operation angesprochen und damit das Verständnis auf diejenige Gefahr gelenkt, die sich gerade bei einem *Unterbleiben* der Operation für die nahe gelegene Augenhöhle realisieren könnte. Die Verharmlosung schwerwiegender Risiken in einem Aufklärungsmerkblatt wird nicht dadurch ausgeglichen, dass dem Patienten die Möglichkeit eingeräumt wird, den Arzt zu befragen, wenn er etwas nicht verstanden habe oder Einzelheiten wissen möchte."

Empfohlen wird hierzu eine „erweiterte Grundaufklärung", in der neben den statistisch häufigsten Risiken (zum Beispiel Spritzenabszess bei intravenöser Injektion) die für den jeweiligen Patienten schwerstmöglichen Beeinträchtigungen zu nennen sind (z. B. mögliche Stimmbandverletzungen durch einen Eingriff in der Halsgegend bei einem Sänger oder Schauspieler).[42]

Eine Pflicht zur Risikoaufklärung besteht auch bei fremdnützigen Blutspenden, da der Blutspender während der Dauer der Blutspende als Patient anzusehen ist, auch wenn er sich im konkreten Fall keiner Heilbehandlung unterzogen hat. Dies ergibt sich daraus, dass der fremdnützige Spender insbesondere aufgrund seines Einsatzes für die Allgemeinheit nicht schlechter stehen kann als der Patient eines kosmetischen Eingriffs, für die der VI. Zivilsenat des Bundesgerichtshofs den Grundsatz aufgestellt hat, dass der Patient

---

[42] *Knauer*, in: Roxin/Schroth, Medizinstrafrecht, 2. Aufl., S. 11, 25.

um so ausführlicher über Erfolgsaussichten und Risiken zu informieren ist, je weniger dieser medizinisch geboten ist.[43]

IV. Therapieaufklärung

Die therapeutische Aufklärung soll den Patienten über notwendige Therapien und schadensvermeidendes Patientenverhalten informieren; sie wird deshalb häufig auch als *Sicherungsaufklärung* bezeichnet.[44] Der Arzt muss alles tun, um den Patienten vor vermeidbaren Gefahren zu schützen.[45] Er muss ihn deutlich auf die nach ärztlicher Erkenntnis gebotenen Maßnahmen und Behandlungen hinweisen, auch bezüglich weiterer Kontrollen und Untersuchungen sowie einer sachgerechten Nachbehandlung.

> **OLG Köln, Urt. v. 28.9.1995 – 5 U 174/94:**[46]
> Die durch Kaiserschnitt in der 27. Schwangerschaftswoche als zweite Zwillingsfrühgeburt geborene Patientin wurde zur Abklärung einer retrolentalen Fibroplasie (RLF) noch in der Klinik mehrfach augenärztlich untersucht, ohne dass eine abschließende Klärung möglich war. Bei der Entlassung aus dem Krankenhaus wurden die Eltern nicht darauf hingewiesen, dass eine weitere unverzügliche augenärztliche Untersuchung zur Abklärung einer RLF notwendig sei. Diese unterblieb deshalb. Zehn Wochen später war das Kind wegen einer RLF erblindet.
> Das OLG Köln sah es als einen schweren Behandlungsfehler an, wenn in einer Frühgeborenen-Abteilung einer Universitätsklinik nicht Sorge dafür getragen sei, dass Eltern von zu entlassenden Zwillingskindern schriftlich darauf hingewiesen würden, dass bei einem der Kinder unverzüglich eine augenärztliche Kontrolle auf Behandlung von retrolentaler Fibroplasie zur Verhinderung einer Erblindung stattfinden müsse.

Ähnlich wie bei der Verlaufsaufklärung ist der Arzt in erhöhtem Maß gefordert, wenn der Patient die Behandlung verweigert oder abbrechen möchte, etwa durch vorzeitige Beendigung des Klinikaufenthaltes oder bei Versäumung oder Verzögerung indizierter Eingriffe.[47]

Unter die Therapieaufklärung fallen auch Hinweise auf die Wirkung von Medikamenten (z. B. auf die Beeinträchtigung der Fahrsicherheit durch Ben-

---

43 BGH, NJW 2006, 2108.
44 *Ulsenheimer*, Arztstrafrecht, § 1 Rn. 61 f.; *Deutsch/Spickhoff*, Medizinrecht, Rn. 276.
45 BGH, MedR 1995, 25 f.
46 OLG Köln, MedR 1996, 564 ff.; vgl. auch OLG Stuttgart, MedR 1996, 83, 85.
47 *Ulsenheimer*, Arztstrafrecht, § 1 Rn. 62 m. w. N.

zodiazepine oder Neuroleptika) oder auf durchzuführende Diäten oder Behandlungsmaßnahmen (z. B. bei Diabetes).[48] Bei schwerwiegenden Nebenfolgen darf sich der Arzt nicht allein auf den Beipackzettel verlassen, sondern muss zusätzliche Hinweise geben.[49]

Im Mittelpunkt steht hier also nicht die Verwirklichung des Selbstbestimmungsrechts, sondern der Gedanke der Schadensabwehr. Unterlässt der Arzt die gebotene Aufklärung, so stellt dies kein Einwilligungsproblem dar, sondern einen Behandlungsfehler im Rahmen des Behandlungsvertrages, für dessen Folgen er wegen fahrlässiger Körperverletzung oder fahrlässiger Tötung strafrechtlich zur Verantwortung gezogen werden kann. Bei Amtsärzten stellt die unterlassene Aufklärung über Impfrisiken eine Amtspflichtverletzung dar.

BGH, Urt. v. 7.7.1994 – 3 ZR 52/93:[50]
Eine Impfärztin des Jugendgesundheitsdienstes hatte einen Säugling mit abgeschwächten Lebendviren gegen Kinderlähmung geimpft und es unterlassen, die Eltern des Kindes bei der Impfung über das für Kontaktpersonen bestehende Ansteckungsrisiko aufzuklären. Ein Freund der Familie wurde durch ausgeschiedene Viren angesteckt und erlitt eine Poliomyelitis, die zu einer langdauernden Behandlung und schließlich zur Lähmung der Gliedmaßen und des Zwerchfells führte. Der Infizierte war danach auf die Benutzung eines Rollstuhls angewiesen.

In der Entscheidung des BGH heißt es wörtlich:
„Die Belehrung über Risiken, die Kontaktpersonen des mit Lebendviren geimpften Säuglings erwachsen, und über Vorsichtsmaßnahmen, die zur Vermeidung einer Ansteckung getroffen werden können, gehört zur sogenannten therapeutischen Beratung, zur Sicherheitsaufklärung. Versäumnisse, die dem Arzt bei der therapeutischen Beratung des Patienten unterlaufen, sind als Behandlungsfehler zu werten.

Die Sicherheitsaufklärung bildet einen wesentlichen Teil des ärztlichen Gesundheitsdienstes. Soweit erforderlich, muss der Arzt seinen Patienten im Hinblick auf dessen künftiges Verhalten aufklären, ihn also unterrichten und unterweisen, er muss alles in seinen Kräften Stehende tun, um ihn vor Schaden zu bewahren ....

Bei der Beurteilung der Frage, ob die Impfärztin verpflichtet war, die Eltern des Säuglings auf die Ansteckungsgefahr für Dritte hinzuweisen, hätte das Berufungsgericht nicht entscheidend auf die von ihm zugrunde gelegte statis-

---

48 *Knauer*, in: Roxin/Schroth, Medizinstrafrecht, 2. Aufl., S. 11, 24.
49 BGH, NJW 2005, 1716 f.
50 BGH, NJW 1994, 3012 f.

tische Zwischenfallsdichte für sämtliche Kontaktpersonen von 1: 15,5 Millionen Impfungen abstellen dürfen. Auszugehen ist davon, dass Risikostatistiken für die Frage der Aufklärungspflicht grundsätzlich von nur geringem Wert sind. Bei der Unterrichtung über die Risiken eines beabsichtigten Eingriffs (Eingriffsaufklärung) ist auch über sehr seltene Risiken aufzuklären, wo sie, wenn sie sich verwirklichen, die Lebensführung schwer belasten und trotz ihrer Seltenheit für den Eingriff spezifisch, für den Laien aber überraschend sind. Dies muss in weit höherem Maße für die Sicherheitsaufklärung gelten."

Im Rahmen der sog. *posttherapeutischen Sicherungsaufklärung* muss der Arzt alles ihm Mögliche tun, um einen langfristigen Genesungserfolg, möglicherweise durch eine angeratene Nachbehandlung, sicherzustellen.[51] Außerdem sollen hier Versäumnisse bei der Aufklärung ausgeglichen werden, wenn diese vor der Behandlung, zum Beispiel wegen Bewusstlosigkeit eines Unfallopfers, unmöglich war. Die Rechtsprechung verlangt sogar, den Patienten nach einer Notoperation auf die Möglichkeit der HIV-Infizierung durch veränderte Bluttransfusionen hinzuweisen und zu einem diesbezüglichen Test zu raten, wenn vor der Operation keine Möglichkeit zur Aufklärung bestand.[52]

C. Durchführung der Aufklärung

I. Person des Aufklärungspflichtigen

Die Aufklärungspflicht obliegt grundsätzlich dem behandelnden Arzt. Dieser wird bei fehlender Aufklärung wegen Körperverletzung bestraft,[53] auch wenn der Eingriff von ärztlichem Hilfspersonal vorgenommen wurde. Möglich ist die Delegation an einen anderen Arzt, aber nicht an ärztliche Hilfspersonen. Wenn ein anderer Arzt den Eingriff vornimmt, so geht die Verantwortung auf diesen über; die gegenteilige Rechtsprechung, die den Hausarzt verpflichtet, den Patienten über Risiken einer Operation aufzuklären, ist abzulehnen.[54] Der behandelnde Arzt darf sich darauf verlassen, dass Ärzte anderer Fachrichtungen den Patienten über ihr Fachgebiet zutreffend aufklären, insbesondere auch bei Überweisungen an einen anderen Spezialisten.[55]

---

51 *Andreas/Debong/Bruns*, Handbuch Arztrecht in der Praxis, Rn. 641 f.
52 BGH, NJW 2005, 2614 ff.
53 *Knauer*, in: Roxin/Schroth, Medizinstrafrecht, 2. Aufl., S. 11, 26.
54 BGH, NJW 1980, 633; MedR 1995, 500; wie hier LK – *Hirsch*, StGB, § 228 Rn. 21.
55 BGH, MedR 1990, 264.

II. Adressat der Aufklärung

Aufklärungsadressat ist der Patient selbst oder – bei einem nicht einwilligungsfähigen Kind oder einem kranken Menschen – dessen gesetzlicher oder bevollmächtigter Vertreter, also Eltern, Betreuer oder Vorsorgebevollmächtigter. Es kommt hierbei auf die für die Einwilligung erforderliche natürliche Einsichts- und Urteilsfähigkeit an, die nicht mit der Geschäftsfähigkeit (§§ 104 ff. BGB) identisch ist, weshalb auch ein noch nicht achtzehnjähriger Jugendlicher einwilligungsfähig sein kann. Darüber hinaus kann minderjährigen Patienten im Falle nur relativ indizierter Eingriffe ein Vetorecht gegen die Einwilligung durch die gesetzlichen Vertreter zustehen, wenn möglicherweise erhebliche Folgen für ihr künftiges Leben drohen und sie über eine ausreichende Urteilsfähigkeit verfügen.[56]

Entgegen einem in der ärztlichen Praxis verbreiteten Irrtum[57] sind bei einwilligungsunfähigen kranken Erwachsenen (z. B. bei Demenz oder Wachkoma) nicht automatisch die nächsten Angehörigen zuständig, sondern nur die als Vorsorgebevollmächtigter vom Patienten gewählte oder die als Betreuer vom Vormundschaftsgericht bestellte Person. In den Fällen des § 1904 BGB (Untersuchung des Gesundheitszustandes, Heilbehandlung oder ärztlicher Eingriff mit Gefahr des Todes oder schwerer gesundheitlicher Schäden) bedarf die Einwilligung des Betreuers oder Vorsorgebevollmächtigten der Genehmigung durch das Vormundschaftsgericht.

Bei Personen, die sich auf Deutsch nicht verständigen können, ist die Beiziehung eines Dolmetschers erforderlich.[58]

III. Form der Aufklärung

Die Aufklärung des Patienten bedarf keiner bestimmten Form. Die verbreitete Verwendung von Aufklärungsformularen in der klinischen Praxis ist weder erforderlich noch in jedem Fall ausreichend. Unterschriebene Formulare dienen nur der Beweisvorsorge des Arztes, für die aber auch sorgfältige Aufzeichnungen des Arztes über das Aufklärungsgespräch im Krankenblatt genügen. Ein zu extensiver Gebrauch von umfassenden Aufklärungsformblättern kann den Patienten belasten und wurde zu Recht als „defensive Formularpraxis" kritisiert, die zu einer schweren Belastung des Arzt-Patienten-

---

[56] BGH, MedR 2008, 289 mit Anm. *Lipp*, MedR 2008, 292.
[57] *Knauer*, in: Roxin/Schroth, Medizinstrafrecht, 2. Aufl., S. 27.
[58] OLG Hamm, VersR 2002, 192; OLG Nürnberg, MedR 2003, 172.

Verhältnisses führen müsse.[59] Im Mittelpunkt steht das vertrauensvolle Gespräch zwischen Arzt und Patient, in dem der Patient in einer für ihn verständlichen Weise unter Berücksichtigung der individuellen Gegebenheiten des Einzelfalles aufgeklärt wird und Gelegenheit zur Klärung seiner Fragen erhält. Informationsblätter können das Gespräch vorbereiten oder unterstützen, die erforderliche „patientenbezogene Information"[60] aber niemals ersetzen.[61] Die formalen Anforderungen an die Aufklärung sind vorbildlich im folgenden Urteil des Bundesgerichtshofs in Zivilsachen zusammengefasst:

> BGH, Urt. v. 8.1.1985 – VI ZR 15/83:[62]
> Schriftliche Aufzeichnungen im Krankenblatt über die Durchführung des Aufklärungsgesprächs und seinen wesentlichen Inhalt sind nützlich und dringend zu empfehlen. Ihr Fehlen darf aber nicht dazu führen, dass der Arzt regelmäßig beweisfällig für die behauptete Aufklärung bleibt. Ein Rückzug des Arztes auf Formulare und Merkblätter, die er vom Patienten hat unterzeichnen lassen, kann andererseits nicht ausreichen und könnte zu dem Wesen und Sinn der Patientenaufklärung geradezu in Widerspruch geraten. Allein entscheidend bleiben muss das vertrauensvolle Gespräch zwischen Arzt und Patienten. Es soll möglichst von jedem bürokratischen Formalismus, zu dem auch das Beharren auf eine Unterschrift des Patienten gehören kann, frei bleiben. Deshalb muss auch der Arzt, der keine Formulare benutzt, und für den konkreten Einzelfall keine Zeugen zur Verfügung hat, eine faire und reale Chance haben, den ihm obliegenden Beweis für die Durchführung und den Inhalt des Aufklärungsgesprächs zu führen."

Aus den vorstehenden Überlegungen hat sich das empfehlenswerte Konzept der *Stufenaufklärung*[63] entwickelt, bei dem die schriftliche Grundinformation durch ein Merkblatt und die weitere Information in einem anschließenden mündlichen Aufklärungsgespräch erfolgt.[64] Der Arzt muss zwar im Strafrecht – im Gegensatz zum Zivilrecht – nicht selbst den Beweis dafür erbringen, dass er den Patienten aufgeklärt hat. Jedoch ist seine Situation im Strafverfahren in problematischen Grenzfällen günstiger, wenn die Aufklärung auch schriftlich

---

59 *Wachsmuth/Schreiber*, NJW 1981, 1985.
60 *Fateh-Moghadam*, Die Einwilligung in die Lebendorganspende, S. 250.
61 *Laufs*, Arztrecht, Rn. 248.
62 BGH, NJW 1985, 1399 ff.
63 *Weissauer*, 52. DJT 1978, I 29 ff.
64 *Ulsenheimer*, Arztstrafrecht, § 1 Rn. 121; kritisch *Wachsmuth/Schreiber*, Chirurg 53 (1982), 594.

erfolgt ist und zusätzlich die erfolgte Aufklärung im Krankenblatt dokumentiert wird.[65]

IV. Zeitpunkt der Aufklärung

Da die Einwilligung stets vor Behandlungsbeginn vorliegen muss, ist es erforderlich, dass die Aufklärung so frühzeitig erfolgt, dass der Patient das Für und Wider einer Operation oder einer anderen ärztlichen Behandlung in Ruhe überdenken kann.[66] Um sein Selbstbestimmungsrecht zu wahren, darf er nicht durch die unmittelbar bevorstehende Operation oder gar durch eine vorangegangene Medikation in seiner Entscheidungsfreiheit beeinträchtigt sein.[67] Nur bei akuter Lebensgefahr können u. U. Minuten oder gar Sekunden vor dem Eingriff genügen.[68] Bei weniger schweren Operationen und bezüglich der Narkoserisiken genügt nach der Rechtsprechung Aufklärung spätestens am Tag vor dem Eingriff; bei schwereren Operationen ist – falls zeitlich möglich – eine vorherige Aufklärung in einem besonderen Termin geboten.[69] Bei risikoarmen ambulanten Eingriffen kann die Aufklärung erst am Tag des Eingriffs ausreichen.[70]

Verspätete Aufklärung führt ausnahmsweise nicht zur Unwirksamkeit der Einwilligung, wenn der Patient – ähnlich wie bei der hypothetischen Einwilligung – auch bei rechtzeitiger Aufklärung in den Eingriff eingewilligt hätte.[71]

V. Umfang und Intensität der Aufklärung

Die Aufklärung soll den Patienten zu einer autonomen Entscheidung befähigen. Sie muss sich daher am Empfängerhorizont des konkreten Patienten orientieren und die Diagnose der Erkrankung, deren Verlauf mit und ohne Behandlung, Behandlungsalternativen und -risiken sowie therapeutische Hinweise umfassen.[72]

1. Bei der *Risikoaufklärung* muss bei leichteren Eingriffen in der Regel nicht auf ganz fern liegende Komplikationsmöglichkeiten hingewiesen wer-

---

65 *Knauer*, in: Roxin/Schroth, Medizinstrafrecht, 2. Aufl., S. 11, 28.
66 BGH, MedR 1985, 169.
67 BGH, MedR 1998, 516; *Knauer*, in: Roxin/Schroth, Medizinstrafrecht, 2. Aufl., S. 11, 27.
68 *Laufs*, Arztrecht, Rn. 247.
69 BGH, NJW 1992, 2351; *Ulsenheimer*, Arztstrafrecht, § 1 Rn. 117b, c, m. w. N.
70 BGH, NJW 1994, 3009; BGH, NJW 1995, 2410.
71 *Ulsenheimer*, Arztstrafrecht, § 1 Rn. 117f.; s. o. I.
72 *Deutsch/Spickhoff*, Medizinrecht, Rn. 282 ff.; s. o. II.

den, sondern nur auf die mit dem Eingriff typischerweise verbundenen Gefahren, die sich mit einer gewissen Wahrscheinlichkeit verwirklichen können.[73] Nach dem sachgerechten Konzept der *erweiterten Grundaufklärung* (s. o. B. III.) sind neben den statistisch häufigsten Risiken die eingriffsspezifischen Risiken[74] sowie die für den jeweiligen Patienten schwerstmöglichen Beeinträchtigungen zu nennen; hierbei kann es sich auch um statistisch seltene Risiken handeln, wie z. B. das im Promillebereich liegende Risiko einer Erblindung bei einer nasalen Siebbeinoperation[75] oder einer Querschnittslähmung bei einer Periduralanästhesie.[76]

BGH, Urt. v. 30.1.2001 – VI ZR 353/99:[77]
Wegen eines Bandscheibenvorfalls wurde bei dem Patienten eine Diskographie sowie eine Laser-Nervenwurzeldekompression durchgeführt, die zu einer Peronaeusparese (Fußheberschwäche) und zur Impotenz führte. Der Patient war nur über das Risiko einer Querschnittslähmung aufgeklärt worden, dagegen nicht über das Impotenzrisiko. Das Berufungsgericht hatte die Überzeugung gewonnen, dass sich der Patient bei Kenntnis dieses Risikos gegen den Eingriff entschieden hätte, zumal das breite Spektrum der konservativen Behandlung bei dem Patienten noch nicht ausgeschöpft gewesen sei. Der BGH bestätigte die Auffassung des Berufungsgerichts, dass bereits die Verletzung der Aufklärungspflicht bezüglich des Impotenzrisikos die Einwilligung des Patienten unwirksam mache und den Arzt zum Schadensersatz verpflichte, obwohl über das schwerstmögliche Risiko der Querschnittslähmung aufgeklärt worden sei.

2. Genauigkeit und Ausführlichkeit der Aufklärung hängen insgesamt vom *Zweck* und von der *Dringlichkeit des Eingriffs* ab. Je notwendiger und eilbedürftiger die ärztliche Maßnahme ist, desto geringer sind die Anforderungen an die Aufklärung, je weniger dringlich und notwendig der Eingriff ist, desto höher sind die Anforderungen der Rechtsprechung an die Intensität der Aufklärung.[78]

---

73 *Ulsenheimer*, Arztstrafrecht, § 1 Rn. 66; anders bei sehr schweren Risikofolgen BGH, NJW 1994, 3012 (s. o. II. 4.).
74 *Ulsenheimer*, Arztstrafrecht, § 1 Rn. 67.
75 BGH, MDR 1994, 557.
76 *Ulsenheimer*, Arztstrafrecht, § 1 Rn. 67 m. w. N.
77 BGH, MedR 2001, 421 f.; vgl. auch BGH, NJW 1989, 1533, 1535.
78 BGHSt 12, 379, 382 f.; vgl. auch BVerfG, NJW 1979, 1925, 1929; *Ulsenheimer*, Arztstrafrecht, § 1 Rn. 71, 72; kritisch zum ersten Teil der Formel *Fateh-Moghadam*, Die Einwilligung in die Lebendorganspende, S. 250.

BGH, Urt. v. 2.11.1976 – VI ZR 134/75:[79]
Der beklagte Arzt stellte bei einer Operation am Mittelohr nach Ablösung des Trommelfelles fest, dass ein tieferer Eingriff als ursprünglich beabsichtigt erforderlich war. Diesen führte er ohne weitere Aufklärung und Einwilligung des Patienten aus, wobei es zu einer Durchtrennung des Gesichtsnervs (nervus facialis) kam, die eine dauerhafte halbseitige Gesichtslähmung zur Folge hatte. Zunächst stellte der BGH fest, dass der Arzt, der während der Operation auf ein erhöhtes Operationsrisiko stoße, den Eingriff abbrechen müsse, wenn er für seine Fortsetzung mangels Aufklärung darüber keine wirksame Einwilligung des Patienten habe und die Operation ohne dessen Gefährdung unterbrochen oder abgebrochen werden könne, um die Einwilligung einzuholen.

Bei der erforderlichen Aufklärung des Patienten über mögliche Operationsrisiken stehe nicht das Zahlenverhältnis zwischen Komplikationsdichte und der ärztlichen Hinweispflicht im Vordergrund, sondern das Gewicht, das mögliche, nicht ganz außerhalb der Wahrscheinlichkeit liegende Risiken für den Entschluss des Patienten haben können, seine Einwilligung in die Operation zu erteilen. „Auch bei geringer Wahrscheinlichkeit schädlicher Folgen des Eingriffs („entfernt selten") kommt eine Aufklärung über diese Folgen um so eher in Betracht, je weniger der mit dem Eingriff bezweckte Erfolg einem verständigen Patienten dringlich und geboten erscheinen muss."

Am höchsten sind die Anforderungen bei *medizinisch nicht indizierten Eingriffen* im Bereich der plastischen und ästhetischen Chirurgie, insbesondere bei kosmetischen Operationen, bei denen auch auf entfernte Risiken hingewiesen werden muss.[80] Sonderfälle der medizinisch nicht indizierten Eingriffe stellen die Blutspende und die Lebendorganspende dar. Der *Blutspender* ist auch über seltene, mit der Blutspende spezifisch verbundene Gefahren aufzuklären, z. B. über eine durch den Einstich der Blutabnahmekanüle entstehende Traumatisierung des Hautnervs des linken Unterarmes und dadurch bedingte chronische neuropathische Schmerzen.[81] Für die *Lebendorganspende* verlangt § 8 II 1 TPG eine umfassende ärztliche Aufklärung des Organspenders „über die Art des Eingriffs, den Umfang und mögliche mittelbare Folgen und Spätfolgen der beabsichtigten Organentnahme für seine Gesundheit sowie über die zu erwartende Erfolgsaussicht der Organübertragung und sonstige Umstände, denen er erkennbar eine Bedeutung für die Organspende

---

[79] BGH, NJW 1977, 337 f.
[80] BGH, MedR 1991, 85 f.
[81] BGH, NJW 2006, 2108.

beimisst".[82] Hierbei handelt es sich um eine gesetzliche Konkretisierung der allgemeinen Einwilligungsdogmatik bezüglich fremdnütziger Eingriffe.[83]

Gesteigerte Anforderungen gelten auch für *diagnostische Eingriffe ohne therapeutischen Eigenwert*, die auch bei sehr kleinen Komplikationsraten einen Hinweis auf das schwerwiegendste Risiko erfordern, um eine eigenverantwortliche Entscheidung des Patienten zu ermöglichen.[84]

Etwas geringer, aber immer noch hoch, sind die Anforderungen bei nur *relativ indizierten, nicht zwingend notwendigen ärztlichen Maßnahmen*, wie z. B. die Entfernung des Uterus unter bestimmten Umständen oder Korrektureingriffe bei Fettleibigkeit.[85]

Deutlich geringer sind die Anforderungen bei *zwingend indizierten ärztlichen Maßnahmen*, die normalerweise ein verständiger Mensch nicht ablehnen würde,[86] doch muss auch in diesen Fällen der Patient so aufgeklärt werden, dass er selbst darüber entscheiden kann, ob er „auf die Behandlung wegen der möglicherweise mit ihr verbundenen schwerwiegenden Folgen... verzichten und dem Schicksal seinen Lauf lassen" will.[87]

Bei *unaufschiebbaren lebensrettenden ärztlichen Maßnahmen* kann sich die Aufklärung auf ein Minimum reduzieren, u. U. sogar ganz entfallen, da in solchen Fällen der Schutz des Lebens größeres Gewicht hat als das Selbstbestimmungsrecht,[88] das durch die gebotene Orientierung an den Kriterien der mutmaßlichen Einwilligung[89] angemessen respektiert wird.

3. Ein weiteres Kriterium für den Umfang der Aufklärung ist die *Schwere des Eingriffs*.[90] Je größer die Gefahr von Dauerschäden oder gar tödlichen Folgen ist, desto intensiver muss die Aufklärung – selbst bezüglich seltener Risiken – sein.[91]

---

82 Dazu *Schroth*, Die strafrechtlichen Grenzen der Lebendspende, S. 466 ff. in diesem Band.
83 *Fateh-Moghadam*, Die Einwilligung in die Lebendorganspende, S. 251.
84 BGH, VersR 1979, 720 f.; *Ulsenheimer*, Arztstrafrecht, § 1 Rn. 73.
85 *Ulsenheimer*, Arztstrafrecht, § 1 Rn. 74.
86 *Ulsenheimer*, Arztstrafrecht, § 1 Rn. 75.
87 BGH, NJW 1984, 1397 f.
88 *Ulsenheimer*, Arztstrafrecht, § 1 Rn. 76.
89 Dazu *Schroth*, Ärztliches Handeln und strafrechtlicher Maßstab, S. 21 ff. in diesem Band.
90 *Ulsenheimer*, Arztstrafrecht, § 1 Rn. 77.
91 Vgl. BGH, MDR 1996, 1015 f.

4. Bedeutsam sind schließlich *individuelle und fallbezogene Besonderheiten*.[92] So können vorhandene *Kenntnisse* oder der *Bildungsstand* des Patienten die Anforderungen an die Aufklärung reduzieren.[93] Eine verstärkte Pflicht zum Hinweis auf Risiken besteht bei *neuartigen Behandlungsmethoden*,[94] sog. *Außenseitermethoden*, bei denen die Patienten über die Risiken und die Gefahr des Misserfolgs der Behandlung hinaus auch darüber aufgeklärt werden müssen, dass der geplante Eingriff (noch) nicht medizinischer Standard ist und seine Wirksamkeit (noch) nicht statistisch abgesichert ist,[95] oder dass unbekannte Risiken derzeit nicht ausgeschlossen werden können.[96] Der selbe Maßstab gilt für die Verwendung nicht zugelassener und die Erprobung zugelassener Medikamente, bei deren Verschreibung die Patienten über die möglicherweise fehlende Zulassung sowie das Risiko eventuell noch unbekannter Nebenwirkungen aufgeklärt werden müssen,[97] was auch dann gilt, wenn zuvor mit anderen Medikamenten behandelt worden war, die ein ähnliches Risiko schwerwiegender Nebenwirkungen mit sich bringen.[98]

Wenn der Patient *eigene Fragen* zur Behandlung gestellt hat, müssen diese beantwortet werden, auch wenn sie üblicherweise nicht von der Aufklärungspflicht umfasst werden, da sie für diesen Patienten aufklärungserheblich sind.[99]

5. Wichtig kann auch das Aufzeigen von *Behandlungsalternativen* sein, insbesondere wenn diese gewisse Vorzüge gegenüber der avisierten Therapie aufweisen[100] oder wenn die gewählte Heilmethode umstritten bzw. bereits angefochten ist.[101] Entbehrlich ist das Aufzeigen von Alternativen aber, wenn es sich lediglich um Außenseitermethoden handelt,[102] wenn die andere Behandlungsmethode wegen sonstiger Verletzungen des Patienten ausschei-

---

92 BGHZ 29, 46, 53.
93 BGH, NJW 1976, 363; BGH, NJW 1980, 633.
94 LK – *Hirsch*, StGB, § 228 Rn. 27; Schönke/Schröder – *Eser*, StGB, § 223 Rn. 41.
95 BGH, NJW 2007, 2774, 2775; mit Anm. *Spickhoff*, MedR 2008, 87.
96 BGH, NJW 2006, 2477, 2478.
97 BGH, NJW 2007, 2767, 2770.
98 BGH, NJW 2007, 2771, 2772.
99 BGH, NJW 1963, 393; NK – *Paeffgen*, StGB, § 228 Rn. 82; LK – *Hirsch*, StGB, § 228 Rn. 20.
100 BGH, NJW 1988, 765f.; BGH, NJW 1992, 743 mit Anm. *Laufs*, NJW 1993, 1497, 1502; BGH, JR 1996, 69 mit Anm. *Rigizahn*, JR 1996, 72; BGH, NStZ 1996, 34 mit zust. Anm. *Ulsenheimer*, NStZ 1996, 132; BGH, JR 1997, 32 mit Anm. *Jordan*, JR 1997, 32.
101 BGH, NJW 1978, 587; BGH, NJW 1984, 1810; BGH, NJW 1988, 763.
102 BGH, NStZ 1996, 34.

det[103] oder keine wesentlichen Unterschiede zur avisierten Methode aufweist[104] oder wenn die Alternative sich noch am Anfang ihrer Erprobung befindet.[105]

6. Umstritten ist, ob es eine Pflicht zur *Qualitätsaufklärung* dergestalt gibt, dass der Arzt über qualitativ höherwertige Behandlungen informieren muss, die der aufgesuchte Arzt oder das entsprechende Krankenhaus nicht anbieten kann.[106] Eine solche Pflicht ist in der Regel zu verneinen, solange der Patient eine Therapie erhält, die dem medizinischen Standard entspricht.[107] Über die bessere apparative Ausstattung eines anderen Krankenhauses braucht der Arzt daher ebenso wenig aufzuklären wie über seinen Ausbildungs- und Wissensstand oder über die Zahl der von ihm durchgeführten einschlägigen Operationen.

D. Fehlende Aufklärungsbedürftigkeit

I. Aufklärungsverzicht

Es gehört zur Selbstbestimmung des Patienten, dass er auf Aufklärung ganz oder teilweise verzichtet, weil „er dem Arzt seines Vertrauens freie Hand geben darf, vielleicht in dem nicht unvernünftigen Bestreben, sich selbst die Beunruhigung durch Einzelheiten einer Gefahr zu ersparen, nachdem er sich bereits von der Notwendigkeit ihrer Inkaufnahme überzeugt hat."[108] Für den Aufklärungsverzicht gelten nicht die rechtsgeschäftlichen Regeln, sondern die Regeln der Einwilligung,[109] sodass es nicht auf Geschäftsfähigkeit, sondern auf die natürliche Einsichts- und Urteilsfähigkeit ankommt. Allerdings kann wegen der Tragweite einer solchen Entscheidung und aus Gründen der Rechtsklarheit der h. M. insoweit nicht gefolgt werden, als diese auch ein konkludentes Verhalten des Patienten für den Verzicht ausreichen lassen

---

103 BGH, NJW 1992, 2353.
104 BGH, NStZ 1986, 34; OLG Karlsruhe, MedR 2003, 229.
105 BGH, NJW 1984, 1810.
106 *Deutsch/Spickhoff*, Medizinrecht, Rn. 320 m. w. N.
107 *Ulsenheimer*, Arztstrafrecht, § 1 Rn. 86.
108 BGH, NJW 1973, 556, 558.
109 Laufs/Uhlenbruck – *Laufs*, Handbuch des Arztrechts, § 64 Rn. 18.

will.[110] Vielmehr ist eine ausdrückliche Verzichtserklärung zu verlangen,[111] die aus Beweisgründen auch schriftlich niedergelegt werden sollte.[112]

II. Vollständig vorinformierte Patienten

Wenn Patienten bereits die erforderlichen Informationen haben, brauchen sie nicht mehr aufgeklärt zu werden. Das kann bei eigener Sachkunde des Patienten gegeben sein[113] oder wenn dieser bereits früher durch den eingreifenden oder einen anderen Arzt aufgeklärt worden ist.[114] Hierüber muss sich der Arzt aber selbst vergewissern; die bloße Information durch einen Mitpatienten kann die Aufklärung nicht ersetzen.[115]

III. Therapeutische Kontraindikation

In sehr seltenen Fällen darf der Arzt von der vollen Aufklärung absehen, wenn die Bekanntgabe ernstlich zu einer Lebensgefährdung oder nicht behebbaren Gesundheitsschädigung des Patienten führen würde.[116] Dies kann bei psychisch labilen Patienten mit infauster Prognose der Fall sein. Die Grenze ist dort zu ziehen, wo die Aufklärung für den Patienten gefährlicher werden kann als der Eingriff selbst; allerdings genügen hierfür nicht vage Vermutungen, sondern es müssen objektive Anhaltspunkte vorliegen.[117] Der hierfür gelegentlich verwendetet Begriff „therapeutisches Privileg"[118] ist unglücklich, da es nicht um ein Vorrecht des Arztes geht, sondern um den Schutz des Patienten.[119]

Die Rechtsprechung ist hier strenger als Teile der Literatur[120] und lässt mit Recht bloße Störungen der psychischen Befindlichkeit nicht genügen, sondern verlangt ernste und nicht behebbare Gesundheitsschäden oder eine Gefährdung des Heilerfolgs.

---

110 BGHZ 29, 46, 54; *Roßner*, NJW 1990, 2291; LK – *Hirsch*, StGB, § 228 Rn. 20; *Deutsch/Spickhoff*, Medizinrecht, Rn. 247.
111 NK – *Paeffgen*, StGB, § 228 Rn. 81; *Knauer*, in: Roxin/Schroth, Medizinstrafrecht, 2. Aufl., S. 11, 26.
112 *Ulsenheimer*, Arztstrafrecht, § 1 Rn. 126.
113 BGH, NJW 1961, 261.
114 BGH, NStZ 1981, 351; BGH, NJW 1984, 1807.
115 OLG München, NJW 1983, 2642; *Knauer*, in: Roxin/Schroth, Medizinstrafrecht, 2. Aufl., S. 11, 26.
116 BGHZ 29, 176, 185; BGH, JR 1986, 65, 67; OLG Köln, NJW 1987, 2936; s. o. II.1.
117 *Knauer*, in: Roxin/Schroth, Medizinstrafrecht, 2. Aufl., S. 11, 26.
118 *Deutsch*, NJW 1980, 1305 ff.
119 Laufs/Uhlenbruck – *Laufs*, Handbuch des Arztrechts, § 61 Rn. 9.
120 Schönke/Schröder – *Eser*, StGB, § 223 Rn. 42; LK – *Hirsch*, StGB, § 228 Rn. 25.

BGH, Urt. v. 16.1.1959 – VI ZR 179/57:[121]
Bei einer 48-jährigen Patientin wurde Gebärmutterhalskrebs diagnostiziert, den ihr die behandelnden Ärzte nicht offenbarten, weil sie dies bei Krebserkrankungen aus medizinischen und aus menschlichen Gründen für unangebracht hielten und weil sie vermeiden wollten, die Gefahren der Behandlung durch die seelische Belastung der Patientin zu erhöhen. Stattdessen teilten sie ihr mit, sie habe eine Gebärmutterentzündung, die zu Krebs ausarten könne. Obwohl die Patientin mit der zunächst beabsichtigten Totaloperation einverstanden war, entschlossen sich die Ärzte zu einer Strahlentherapie mit Röntgentiefbestrahlungen und einer Radiumeinlage, ohne sie über die Gefahren der Strahlenbehandlung aufzuklären. Die Patientin erlitt durch die Bestrahlungen Schäden an der Blase und den Harnwegen, sodass schließlich beide Harnleiter in den Mastdarm umgeleitet werden mussten, eine typische und nicht ganz selten auftretende Folge der Strahlentherapie bei Gebärmutterhalskrebs. Die Patientin erklärte, dass sie auf der Durchführung der zunächst vorgesehenen Operation bestanden hätte, wenn sie zutreffend aufgeklärt worden wäre.

Der BGH stellte fest, dass die Ärzte ihre Aufklärungspflicht sowohl hinsichtlich der Krebsdiagnose als auch hinsichtlich der Folgen der Strahlentherapie verletzt und deshalb die Behandlung ohne wirksame Einwilligung rechtswidrig und schuldhaft durchgeführt hatten. Auf die Mitteilung der Krebsdiagnose hätte nicht verzichtet werden dürfen. Es habe keinerlei Anhaltspunkte dafür gegeben, dass die Aufklärung über die Krebsdiagnose eine ernste Gefährdung der Gesundheit oder des Lebens der Patientin zur Folge haben könnte. „Nur in dem seltenen Falle, dass die mit der Aufklärung verbundene Eröffnung der Natur des Leidens zu einer ernsthaften und nicht behebbaren Gesundheitsbeschädigung des Patienten führen würde, könnte ein Absehen von der Aufklärung gerechtfertigt sein."

Als Beispiel für eine unbestrittene Fallkonstellation des legitimen Aufklärungsverzichts wird in der Literatur das sog. Basedow-Syndrom genannt, bei dem schon geringste psychische Erregung tödlich wirken kann, weshalb auch jegliche Operationsvorbereitung zu verheimlichen ist.[122] Gerechtfertigt ist ein solcher Eingriff trotz unterlassener Aufklärung oder bloßer Teilaufklärung unter dem Gesichtspunkt der mutmaßlichen Einwilligung.[123]

---

121 BGHZ 29, 176, 183, 185; vgl. auch BGHZ 29, 46, 57; BGH, NJW 1972, 337; vgl. auch BGHSt 11, 111, 116.
122 Schönke/Schröder – *Eser*, StGB, § 223 Rn. 42.
123 BGHZ 29, 46, 56 f.; *Bockelmann*, Strafrecht des Arztes, S. 61 f.; LK – *Hirsch*, StGB, § 228 Rn. 25; *Deutsch/Spickhoff*, Medizinrecht, Rn. 319; kritisch; NK – *Paeffgen*, StGB, § 228 Rn. 79: selbstständige Rechtsfigur in enger Verwandtschaft zur mutmaßlichen Einwilligung.

IV. Bewusstlosigkeit oder fehlende Urteilsfähigkeit des Patienten

In unaufschiebbaren Fällen darf ein bewusstloser oder urteilsunfähiger Patient ohne vorherige Aufklärung behandelt werden, wenn vor dem ärztlichen Eingriff kein Vertreter oder Betreuer bestellt werden kann. Als gewohnheitsrechtlich anerkannter Rechtfertigungsgrund greift in solchen Fällen die mutmaßliche Einwilligung ein, wenn die Behandlung den individuellen Interessen, Bedürfnissen, Wünschen und Wertvorstellungen des Patienten entspricht, während objektive Kriterien und Wertvorstellungen (wie würde ein vernünftiger Patient entscheiden?) nur indizielle Bedeutung haben, wenn nicht genügend Anhaltspunkte für die individuellen Interessen und Wertvorstellungen vorliegen.[124] Nach der in höchstrichterlicher Rechtsprechung entwickelten Formel ist zu prüfen, ob im Falle eines Aufklärungsmangels der Patient auch bei ordnungsgemäßer Aufklärung in den tatsächlich durchgeführten ärztlichen Eingriff eingewilligt hätte.[125]

Die mutmaßliche Einwilligung wird daher u. a. in den Fällen der *Operationserweiterung* als Rechtfertigungsgrund herangezogen, wenn sich während einer Operation herausstellt, dass die medizinisch notwendige Erweiterung nicht von der ursprünglichen Aufklärung umfasst war.[126] Noch größere praktische Bedeutung hat sie bei der *Beendigung lebenserhaltender Maßnahmen* (sog. passive Sterbehilfe), wenn bei unheilbar Kranken und bewusstlosen Patienten die künstliche Ernährung oder Beatmung eingestellt werden soll,[127] obwohl keine entsprechende Patientenverfügung vorliegt.

---

124 *Schroth*, Ärztliches Handeln und strafrechtlicher Maßstab, S. 21 ff. in diesem Band; *Wessels/Beulke*, AT, Rn. 381; *Fischer*, StGB, Vor § 32 Rn. 4.
125 BGH, NStZ-RR 2007, 340 f.; kritisch *Sickor*, JR 2008, 179 ff.
126 BGHSt 35, 246, 249 (Kaiserschnitt-Fall); dazu *Schroth*, Ärztliches Handeln und strafrechtlicher Maßstab, S. 21 ff. in diesem Band; anders bei gefahrloser Unterbrechungsmöglichkeit der Operation; s. o. IV.5b und BGH, NJW 1977, 337.
127 BGHSt 40, 257 ff.; dazu *Roxin*, Die strafrechtliche Beurteilung der Sterbehilfe, S. 75 ff. in diesem Band; *Schöch/Verrel*, GA 2005, 553, 568 f., 584 (AE-Sterbebegleitung).

I.4 Zur strafrechtlichen Beurteilung der Sterbehilfe

Claus Roxin

Inhaltsverzeichnis

A. Einleitung _83
B. Die „reine Sterbehilfe" _85
   I. Die erwünschte Schmerzlinderung ohne Lebensverkürzung _85
   II. Schmerzlinderung gegen den Willen des Patienten _85
   III. Unterlassene Schmerzlinderung entgegen dem Willen des Patienten _85
C. Die „indirekte Sterbehilfe" _86
   I. Ihre grundsätzliche Zulässigkeit _86
   II. Tatbestandsausschluss oder rechtfertigender Notstand? _87
   III. Die zeitliche Dimension der indirekten Sterbehilfe _89
   IV. Nur Schmerzen oder auch schwere Leidenszustände als Voraussetzung der indirekten Sterbehilfe? _89
   V. Die Vorsatzform bei der indirekten Sterbehilfe _90
D. Die passive Sterbehilfe _92
   I. Die Nichtvornahme oder Einstellung lebensverlängernder Maßnahmen auf Wunsch des Patienten _92
      1. Der Grundsatz: Es entscheidet allein der Patient _92
      2. Gilt für Suizidpatienten eine Ausnahme? _93
      3. Der technische Behandlungsabbruch als Unterlassen _94
      4. Der technische Behandlungsabbruch durch einen Nichtarzt _95
   II. Die Unterlassung lebenserhaltender Maßnahmen entgegen dem Wunsch des Patienten _96
      1. Die grundsätzliche Pflicht zur Lebensverlängerung _96
      2. Die Grenze der ärztlichen Behandlungspflicht _96
   III. Die Unterlassung lebenserhaltender Maßnahmen bei einem im Entscheidungszeitpunkt erklärungsunfähigen Patienten _97
      1. Der Verzicht auf lebensverlängernde Maßnahmen während des Sterbevorganges _97
      2. Der Behandlungsabbruch bei noch nicht Sterbenden, vor allem in den Fällen des sog. apallischen Syndroms _98
         a) Die neueste Rechtsprechung und ihre Auswirkungen _98

b) Die gesetzliche Regelung der Patientenverfügung und ihre Vorgeschichte _100
E. Die aktive Sterbehilfe _104
  I. Die Straflosigkeit der Beihilfe zum Selbstmord _104
    1. Die Beschränkung der Straflosigkeit auf den verantwortlichen Selbstmord _105
    2. Die Abgrenzung von Suizidteilnahme und Tötung auf Verlangen _106
    3. Strafbarkeit wegen unterlassener Rettung des Suizidenten? _108
    4. Die ärztlich assistierte Selbsttötung _108
    5. Soll man Formen organisierter Beihilfe zur Selbsttötung unter Strafe stellen? _110
  II. Die Tötung auf Verlangen _111
    1. Die herrschende Meinung: ausnahmslose Strafbarkeit _111
    2. Strafbarkeitseinschränkungen und abweichende Gesetzesvorschläge in der Literatur _112
    3. Stellungnahme _115
F. Die Früheuthanasie _119
G. Die „Vernichtung lebensunwerten Lebens" _120
H. Schluss _120

Literaturverzeichnis

Albrecht, Andreas, Die Patientenverfügung – eine notarielle Aufgabe, in: Hager, Johannes (Hrsg.), Die Patientenverfügung, 2006, S. 51
Antoine, Jörg, Aktive Sterbehilfe in der Grundrechtsordnung, 2004
Baer-Henney, Juliane, Die Strafbarkeit aktiver Sterbehilfe – ein Beispiel für symbolisches Strafrecht? Eine Analyse der deutschen Rechtslage unter Bezugnahme auf die rechtliche Behandlung des assistierten Freitods in den USA, 2004
Baumann, Jürgen et al. (Hrsg.), Alternativ-Entwurf eines Gesetzes über Sterbehilfe, 1986
Beckmann, Rainer, Patientenverfügung – zwischen Autonomie und Fürsorge, ZfL 2008, 49
Binding, Karl/Hoche, Alfred, Die Freigabe der Vernichtung lebensunwerten Lebens, 1920
Bioethik-Kommission Rheinland/Pfalz, Sterbehilfe und Sterbebegleitung – Ethische, rechtliche und medizinische Bewertung des Spannungsverhältnisses zwischen ärztlicher Lebenserhaltungspflicht und Selbstbestimmung des Patienten, Bericht

vom 23.04.2004, auch zu finden unter: http://www.justiz.rlp.de/icc/justiz/nav/
634/634b8204-d698-11d4-a73d-0050045687ab&class=net.icteam.cms.utils.se
arch.attributeManager&class_uBasAttrDef=a001aaaa-aaaa-aaaa-eeee-
000000000054.htm (Stand: 19.10.2009)

Birkner, Stefan, Assistierter Suizid und aktive Sterbehilfe – Gesetzgeberischer Handlungsbedarf?, ZRP 2006, 52

Blandini, Mirjam, Betreuungsrechtliche Aspekte von Entscheidungen zwischen Leben und Tod, BWNotZ 2007, 129

Büchner, Bianca/Unfried, Vanessa, Die Patientenverfügung oder Freiheit ist Selbstbestimmung und Selbstbestimmung ist Freiheit, PatR 2007, 133

Byrd, B. Sharon/Hruschka, Joachim/Joerden, Jan C., Medizinethik und -recht, 2007

Coeppicus, Rolf, Aktive und passive Sterbehilfe – Abbruch von Behandlung und Ernährung aus vormundschaftsgerichtlicher Sicht, FPR 2007, 63

Conradi, Matthias, Der Arzt an den Grenzen seines Behandlungsauftrages, 2002

Czerner, Frank, Das Euthanasie-Tabu, Vom Sterbehilfe-Diskurs zur Novellierung des § 216 StGB, 2004

Deutsch, Erwin/Spickhoff, Andreas, Medizinrecht, 2008

Dölling, Dieter, Zur Strafbarkeit der Tötung auf Verlangen, in: Kern, Bernd-Rüdiger/Wadle, Elmar/Schroeder, Klaus-Peter (Hrsg.), Humaniora: Medizin – Recht – Geschichte, Festschrift für Adolf Laufs, 2005, S. 767

Dreier, Horst, Grenzen des Tötungsverbotes – Teil 1, JZ 2007, 261; Teil 2, JZ 2007, 317

Duttge, Gunnar, Preis der Freiheit, Zum Abschlussbericht der Arbeitsgruppe „Patientenautonomie am Lebensende", 2004

Duttge, Gunnar, Der Alternativ-Entwurf Sterbebegleitung (AE-StB) 2005, GA 2006, 573

Duttge, Gunnar, Einseitige („objektive") Begrenzung ärztlicher Lebenserhaltung?, NStZ 2006, 479

Duttge, Gunnar, Das österreichische Patientenverfügungsgesetz: Schreckensbild oder Vorbild?, Zeitschrift für Lebensrecht 2006, 81

Duttge, Gunnar, Bemerkenswertes Verfassungsrecht: Absoluter Lebensschutz und zugleich verfassungsrechtliche Pflicht zur begrenzten „Freigabe" der aktivdirekten Sterbehilfe? (Erwiderung auf Lindner, Josef F., JZ 2006, 373), JZ 2006, 899

Duttge, Gunnar, Perspektiven des Medizinrechts im 21. Jahrhundert, 2007

de Faria Costa, José, Das Ende des Lebens und das Strafrecht, GA 2007, 311

Fischer, Elena, Recht auf Sterben? Ein Beitrag zur Reformdiskussion der Sterbehilfe in Deutschland unter besonderer Berücksichtigung der Frage nach der Übertragbarkeit des holländischen Modells der Sterbehilfe in das deutsche Recht, 2004

Fischer, Thomas, Strafgesetzbuch und Nebengesetze, Kommentar, 56. Auflage 2009

Flaßpöhler, Svenja, Die Freitodhilfe – ein humaner Akt?, Parl. Beilage 2008, Nr. 4, 32

Frommel, Monika, Lebensschutz, Autonomie und die Grenzen des Rechts, NK 2007, 17

Geth, Christopher/Mona, Martino, Widersprüche bei der Regelung der Patientenverfügung im neuen Erwachsenenschutzrecht, ZSchR 2009, 157

Glöckner, Markus, Ärztliche Handlungen bei extrem unreifen Frühgeborenen, 2007

Goll, Ulrich/Saliger, Frank, Pro & Contra – Verbot organisierter Sterbehilfe?, ZRP 2008, 199

Große-Vehne, Vera, Tötung auf Verlangen (§ 216 StGB), „Euthanasie" und Sterbehilfe, Reformdiskussion und Gesetzgebung seit 1870, 2005

Grüber, Katrin/Nicklas-Faust, Jeanne, Ein würdiges Sterben nach den eigenen Vorstellungen, SuP 2008, 617

Grundmann, Antonia, Das niederländische Gesetz über die Prüfung von Lebensbeendigung auf Verlangen und Beihilfe zur Selbsttötung, 2004

Hanack, Ernst-Walter, Grenzen ärztlicher Behandlungspflicht bei schwerstgeschädigten Neugeborenen aus juristischer Sicht, MedR 1985, 33

Herzberg, Rolf D., Der Fall Hackethal. Strafbare Tötung auf Verlangen?, NJW 1986, 1635

Herzberg, Rolf D., Sterbehilfe als gerechtfertigte Tötung im Notstand?, NJW 1996, 3043

Heun, Werner, The Right to Die – Terry Schiavos Assisted Suicide und ihre Hintergründe in den USA, JZ 2006, 425

Hillgruber, Christian, Die Würde des Menschen am Ende seines Lebens – Verfassungsrechtliche Anmerkungen, ZfL 2006, 70

Hoerster, Norbert, Sterbehilfe im säkularen Staat, 1998

Hohmann, Ralf/König, Pia, Zur Begründung der strafrechtlichen Verantwortlichkeit in den Fällen der aktiven Suizidteilnahme, NStZ 1989, 304

Höfling, Wolfram, Forum: „Sterbehilfe" zwischen Selbstbestimmung und Integritätsschutz, JuS 2000, 111

Höfling, Wolfram, Gesetz zur Sicherung der Autonomie und Integrität von Patienten am Lebensende (Patientenautonomie- und Integritätsschutzgesetz), MedR 2006, 25

Höfling, Wolfram/Schäfer, Anne, Leben und Sterben in Richterhand?, 2006

Ingelfinger, Ralph, Grundlagen und Grenzbereiche des Tötungsverbots, 2004

Ingelfinger, Ralph, Patientenautonomie und Strafrecht bei der Sterbegeleitung, JZ 2006, 821
Jakobs, Günther, Tötung auf Verlangen, Euthanasie und Strafrechtssystem, 1998
Janes, Ingrid/Schick, Stefanie, Sterbehilfe – im Spiegel der Rechtstatsachenforschung, NStZ 2006, 484
Jens, Walter/Küng, Hans (Hrsg.), Menschenwürdig sterben, 1995
Kämpfer, Ulf, Die Selbstbestimmung Sterbewilliger. Sterbehilfe im deutschen und amerikanischen Verfassungsrecht, 2005
Kaufmann, Arthur, Zur ethischen und strafrechtlichen Beurteilung der sogenannten Früheuthanasie, JZ 1982, 481
Khorrami, Katharina, Die „Euthanasie-Gesetze" im Vergleich, Eine Darstellung der aktuellen Rechtslage in den Niederlanden und in Belgien, MedR 2003, 19
Kindhäuser, Urs/Neumann, Ulfrid/Paeffgen, Hans-Ullrich (Hrsg.), Nomos Kommentar (NK) Strafgesetzbuch, 2. Auflage 2005
Knieper, Judith, Vormundschaftsgerichtliche Genehmigung des Abbruchs lebenserhaltender Maßnahmen, Entscheidungsbesprechung zu OLG Frankfurt, 15.07.1998, 20 W 224/98, NJW 1998, 2720
Kuchenbauer, Konstantin, Recht auf Leben – Recht auf Selbsttötung?, ZfL 2007, 98
Kunz, Karl-Ludwig, Sterbehilfe: Der rechtliche Rahmen und seine begrenzte Dehnbarkeit, in: Donatsch, Andreas/Foster, Marc/Schwarzenegger, Christian (Hrsg.), Festschrift für Stefan Trechsel, 2002, S. 613
Kusch, Roger, Tabu Sterbehilfe, NJW 2006, 261
Kusch, Roger, In Würde sterben – nur im Ausland?, NStZ 2007, 436
Kutzer, Klaus, Rechtliche und rechtspolitische Aspekte einer verbesserten Schmerzbekämpfung in Deutschland, in: Eser, Albin (Hrsg.), Straf- und Strafverfahrensrecht, Recht und Verkehr, Recht und Medizin – Festschrift für Hanskarl Salger, 1995, S. 663
Kutzer, Klaus, Patientenautonomie am Lebensende, 2006
Kutzer, Klaus, Patientenautonomie und Strafrecht – aktive und passive Sterbehilfe, FPR 2007, 59
Leitner, Regina, Sterbehilfe im deutsch-spanischen Rechtsvergleich, 2006
Lindner, Josef F., Grundrechtsfragen aktiver Sterbehilfe, JZ 2006, 373
Lindner, Josef F., Schlusswort zu „Grundrechtsfragen aktiver Sterbehilfe", JZ 2006, 902
Lipp, Volker/Klein, Frederika C. A., Patientenautonomie und Sterbehilfe – Stand der aktuellen Debatte, FPR 2007, 56
Lorenz, Dieter, Aktuelle Verfassungsfragen der Euthanasie, JZ 2009, 57
Lüderssen, Klaus, Aktive Sterbehilfe – Rechte und Pflichten, JZ 2006, 689

Lüttig, Frank, Begleiteter Suizid durch Sterbehilfevereine: Die Notwendigkeit eines strafrechtlichen Verbots, ZRP 2008, 57

Von Luterotti, Markus, Sterbehilfe, Gebot der Menschlichkeit, 2002

Merkel, Christian, „Tod den Idioten" – Eugenik und Euthanasie in juristischer Rezeption vom Kaiserreich zur Hitlerzeit, 2006

Merkel, Reinhard, Teilnahme am Suizid – Tötung auf Verlangen – Euthanasie, Fragen an die Strafrechtsdokmatik, in: Hegselmann, Rainer/Merkel, Reinhard (Hrsg.), Zur Debatte über Euthanasie, 1991, S. 71

Merkel, Reinhard, Ärztliche Entscheidung über Leben und Tod in der Neonatalmedizin, JZ 1996, 1145

Merkel, Reinhard, „Früheuthanasie" – Rechtsethische und strafrechtliche Grundlagen ärztlicher Entscheidungen über Leben und Tod in der Neonatalmedizin, 1999

Merkel, Reinhard, Aktive Sterbehilfe – Anmerkungen zum Stand der Diskussion und zum Gesetzgebungsvorschlag des „Alternativ-Entwurfs Sterbebegleitung", in: Hoyer, Andreas/Müller, Henning E./Pawlik, Michael (Hrsg.), Festschrift für Friedrich-Christian Schroeder, 2006, S. 297

Nagel, Matthias, Passive Euthanasie – Probleme beim Behandlungsabbruch bei Patienten mit apallischem Syndrom, 2002

Nationaler Ethikrat, Selbstbestimmung und Fürsorge am Lebensende – Stellungnahme vom 15.07.2006, auch zu finden unter: http://www.ethikrat.org/stellung nahmen/pdf/Stellungnahme_Selbstbestimmung_und_Fuersor ge_am_Lebensende.pdf (Stand: 19.10.2009)

Neumann, Ulfrid/Saliger, Franz, Sterbehilfe zwischen Selbstbestimmung und Fremdbestimmung – Kritische Anmerkungen zur aktuellen Sterbehilfedebatte, HRRS 2006, 280

Niedermair, Harald, Körperverletzung mit Einwilligung und die Guten Sitten, 1999

Núñez Paz, Miguel Ángel, La Buena Muerte, El derecho a morir con dignidad, 2006

Oduncu, Fuat, Ärztliche Sterbehilfe im Spannungsfeld von Medizin, Ethik und Recht, Teil 1: Medizinische und rechtliche Aspekte, MedR 2005, 437; Teil 2: Palliativmedizinische und medizinethische Aspekte, MedR 2005, 516

Otto, Harro, Patientenautonomie und Strafrecht bei der Sterbebegleitung, NJW 2006, 2217

Popp, Andreas, Patientenverfügung, mutmaßliche Einwilligung und prozedurale Rechtfertigung, ZStW 118 (2006), 639

Renner, Thomas, Die Beschlüsse des 66. Deutschen Juristentages zur Patientenautonomie, FPR 2007, 85

Reuter, Birgit, Die gesetzliche Regelung der aktiven ärztlichen Sterbehilfe des Königsreichs der Niederlande, Ein Modell für die Bundesrepublik Deutschland?, 2002

Roxin, Claus, An der Grenze von Begehung und Unterlassung, in: Bockelmann, Paul/Kaufmann, Arthur/Klug, Ulrich (Hrsg.), Festschrift für Karl Engisch, 1969, S. 380

Roxin, Claus, Die Mitwirkung beim Suizid – ein Tötungsdelikt?, in: Jescheck, Hans-Heinrich/Lüttger, Hans (Hrsg.), Festschrift für Eduard Dreher, 1977, S. 331

Roxin, Claus, Die Sterbehilfe im Spannungsfeld von Suizidteilnahme, erlaubtem Behandlungsabbruch und Tötung auf Verlangen, NStZ 1987, 345

Roxin, Claus, Die Abgrenzung von strafloser Suizidteilnahme, strafbarem Tötungsdelikt und gerechtfertigter Euthanasie. Zu Reinhard Merkels „Fragen an die Strafrechtsdogmatik", in: Wolter, Jürgen (Hrsg.), 140 Jahre Goldammer's Archiv für Strafrecht, Eine Würdigung zum 70. Geburtstag von Paul-Günter Pötz, 1993, S. 177

Roxin, Claus, Die Mitwirkung am Suizid als Problem des Strafrechts, in: Pohlmeier, Hermann (Hrsg.), Selbstmordverhütung, 1998, S. 79

Roxin, Claus, Strafrecht Allgemeiner Teil II, 2003

Roxin, Claus, Tatbestandslose Tötung auf Verlangen?, in: Pawlik, Michael/Zaczyk, Rainer (Hrsg.), Festschrift für Günther Jakobs zum 70. Geburtstag am 26. Juli 2007, 2007, S. 571

Ruhs, Anna, Der Behandlungsabbruch beim Apalliker, 2006

Saati, Miriam I., Früheuthanasie, 2002

Schaffer, Wolfgang, Selbstbestimmung des Menschen am Lebensende, BtPrax 2007, 157

Scharnweber, Hans-Uwe, Darf § 218 StGB nur Tätern mit ausschließlich hehren Motiven zuerkannt werden?, Kriminalistik 2006, 549

Scharnweber, Hans-Uwe, § 218 StGB: „Ausdrückliches und ernstliches Verlangen" durch konkludentes Handeln?!, Kriminalistik 2008, 621

Schmaltz, Christiane, Sterbehilfe, Rechtsvergleich Deutschland – USA, 2001

Schmiedebach, Heinz P./Woellert, Katharina, Sterbehilfe, Patientenautonomie und Palliativmedizin, Bundesgesundhbl 2006, 1132

Schmidt-Recla, Adrian, Voluntas et vita – Tertium non datur, MedR 2008, 181

Schöch, Heinz, Die erste Entscheidung des BGH zur sog. indirekten Sterbehilfe, Anmerkung, 15.11.1996, 3 StR 79/96, NStZ 1997, 409

Schöch, Heinz, Offene Fragen zur Begrenzung lebensverlängernder Maßnahmen, in: Weigend, Thomas/Küpper, Georg (Hrsg.), Festschrift für Hans Joachim Hirsch, 1999, S. 693

Schöch, Heinz/Verrel, Torsten, Alternativ-Entwurf Sterbebegleitung (AE-StB) mit dem Entwurf eines Sterbebegleitungsgesetzes, GA 2005, 553

Schönke, Adolf/Schröder, Horst, Strafgesetzbuch, Kommentar, 27. Auflage 2006

Schreiber, Hans-Ludwig, Soll die Sterbehilfe nach dem Vorbild der Niederlande und Belgiens neu geregelt werden?, in: Rogall, Klaus/Puppe, Ingeborg/Stein, Ulrich et al. (Hrsg.), Festschrift für Hans-Joachim Rudolphi, 2004, S. 543

Schreiber, Hans-Ludwig, Das ungelöste Problem der Sterbehilfe, NStZ 2006, 473

Schroth, Ulrich, Sterbehilfe als strafrechtliches Problem, GA 2006, 556

Sternberg-Lieben, Detlev, Die objektiven Schranken der Einwilligung im Strafrecht, 1997

Sträßner, Heinz R., Das Recht der Leistungsverweigerung in der Pflege, PflR 2007, 3

Stratenwerth, Günter, Zum Behandlungsabbruch bei zerebral schwerst geschädigten Langzeitpatienten, in: Amelung, Knut/Beulke, Werner/Lilie, Hans et al. (Hrsg.), Strafrecht Biorecht Rechtsphilosphie, Festschrift für Hans-Ludwig Schreiber, 2003, S. 893

Süß, Birgit, „Sterbehilfe kontrovers", 2006

Thiele, Felix (Hrsg.), Aktive und passive Sterbehilfe. Medizinische, rechtswissenschaftliche und philosophische Aspekte, 2005

Tolmein, Oliver, „Keiner stirbt für sich allein", Sterbehilfe, Pflegenotstand und das Recht auf Selbstbestimmung, 2006

Verrel, Torsten, Selbstbestimmungsrecht contra Lebensschutz, JZ 1996, 224

Verrel, Torsten, Richter über Leben und Tod, JR 1999, 5

Verrel, Torsten, Mehr Fragen als Antworten – Besprechung der Entscheidung des XII. Zivilsenats des BGH, 17.03.2003, über die Einstellung lebenserhaltender Maßnahmen bei einwilligungsunfähigen Patienten, NStZ 2003, 449

Verrel, Torsten, Sterbebegleitung – eine Regelungsaufgabe des Strafrechts, NJW 2006, Beilage zu Heft 22, 14

Weimer, Tobias, Der tödliche Behandlungsabbruch beim Patienten im apallischen Syndrom, 2004

Wernstedt, Thela, Sterbehilfe in Europa, 2004

Woellert, Katharina/Schmiedebach, Heinz P., Sterbehilfe, 2008

Wolfslast, Gabriele, Rechtliche Neuordnung der Tötung auf Verlangen?, in: Amelung, Knut/Beulke, Werner/Lilie, Hans et al. (Hrsg.), Strafrecht Biorecht Rechtsphilosphie, Festschrift für Hans-Ludwig Schreiber, 2003, S. 913

Zuck, Rüdiger, Passive Sterbehilfe und die Initiative des Gesetzgebers, ZRP 2006, 173

A. Einleitung

Unter Sterbehilfe (Euthanasie) versteht man eine Hilfe, die einem schwer erkrankten Menschen auf seinen Wunsch oder doch mindestens im Hinblick auf seinen mutmaßlichen Willen geleistet wird, um ihm einen seinen Vorstellungen entsprechenden menschenwürdigen Tod zu ermöglichen.[1] Man kann dabei eine Sterbehilfe im engeren und im weiteren Sinne unterscheiden. Eine Sterbehilfe im engeren Sinne liegt vor, wenn die Hilfe geleistet wird, nachdem der Sterbevorgang schon begonnen hat, der Tod also mit oder ohne Hilfe nahe bevorsteht. Im weiteren Sinne lässt sich von Sterbehilfe aber auch dann sprechen, wenn jemand beim Tode eines Menschen mitwirkt, der zwar noch längere Zeit leben könnte, der aber – realiter oder mutmaßlich – seinem ihm infolge der Krankheit unerträglich erscheinenden Leben ein Ende setzen möchte. Beide Fälle sollen im Folgenden behandelt werden. Außerhalb der Sterbehilfe liegen Sachverhalte, bei denen ein kranker Mensch unabhängig von seinem Willen getötet oder durch Nicht- bzw. Nichtweiterbehandlung dem Tode überlassen wird. Sie sollen hier ebenfalls kurz erörtert werden, teils wegen des Sachzusammenhanges und der fließenden Übergänge zur Sterbehilfe, teils, weil sie in der Erscheinungsform der sog. Vernichtung lebensunwerten Lebens die Diskussion um die Sterbehilfe bis heute belasten.

Die Beurteilung der Sterbehilfe gehört zu den schwierigsten Problemen des Strafrechts. Das hat drei Gründe. Erstens fehlt eine sie ausdrücklich behandelnde gesetzliche Regelung. Die Mord- und Totschlagsparagraphen unseres StGB sind ersichtlich nicht auf die Sterbehilfe zugeschnitten, oder sie erfassen, wie die Tötung auf Verlangen (§ 216 StGB), nur einen Ausschnitt der Problematik in einer Weise, die viele Fragen offen lässt. Zweitens sind die existenziellen Probleme, um die es bei der Entscheidung über Leben und

---

1 Die „Grundsätze der Bundesärztekammer zur ärztlichen Sterbebegleitung" vom 11.9.1998 (aktualisiert im Jahre 2004; Deutsches Ärzteblatt vom 7.5.2004) vermeiden den vielfach emotional besetzten Ausdruck „Sterbehilfe" ebenso wie der 2005 veröffentlichte Alternativ-Entwurf Sterbebegleitung (GA 2005, 553 ff., Abk.: AE-StB). Doch verschleiert der Begriff der „Begleitung", dass dabei durchaus ein den Tod förderndes ärztliches Verhalten möglich ist. Da der Begriff „Sterbehilfe" bis heute in der öffentlichen Diskussion dominiert, wird er auch hier beibehalten. Auch die Verwendung des Begriffes „Euthanasie" ist nicht unumstritten. Einerseits ist der Ausdruck für manche durch das sog. Euthanasieprogramm der nationalsozialistischen Zeit, das die Tötung von Geisteskranken zum Ziel hatte (vgl. unten G, S. 120). diskreditiert. Andererseits wollen manche das Wort auf die sog. Hilfe beim Sterben, also den Fall einer Schmerzlinderung ohne lebensverkürzende Wirkung, beschränken. Es lohnt sich nicht, über solche terminologischen Fragen zu streiten. Hier wird der Begriff so gebraucht, wie es oben im Text angegeben ist.

Tod geht, rechtlich überhaupt kaum durch abstrakte Normen zu regeln; denn das Recht lebt von typisierbaren Alltagssituationen und kann der individuellen Einmaligkeit des Sterbevorganges durch seine notwendig verallgemeinernde Begrifflichkeit nicht immer gerecht werden. Drittens wird eine Einigung über das Erlaubte und Verbotene auch dadurch erschwert, dass die Sterbehilfe keine Domäne der Strafrechtler ist. In diesem Bereich beanspruchen – mit Recht – Mediziner[2], Philosophen[3], Theologen und Literaten[4] ein Mitspracherecht, dessen Ausübung zwar einerseits die Debatte bereichert, eine Einigung über die strafrechtliche Beurteilung aber durch viele außerrechtliche und im weiteren Bereich der Publizistik auch widerstreitende ideologische und weltanschauliche Prämissen kompliziert.

Gleichwohl hat die Diskussion der letzten 20 Jahre in vielen Fragen wenigstens zu einer „herrschenden Meinung", zu grundlegenden Entscheidungen des Bundesgerichtshofs und zu einer bedeutenden, diese Entwicklungen einbeziehenden Modernisierung der von der Bundesärztekammer zu diesem Thema verfassten „Grundsätze"[5], zu zahlreichen Reformvorschlägen und zu richtungweisenden Beschlüssen des Deutschen Juristentages 2006 geführt. Ich werde im Folgenden die sich daraus ergebenden, für die Praxis leitenden Maßstäbe in den Vordergrund stellen und die ggf. daran geübte oder zu übende Kritik anschließen. Dabei verfahre ich so, dass ich nacheinander die durchaus verschiedenen Sachverhalte behandele, um die es bei der Sterbehilfe und den mit ihr gemeinsam zu behandelnden Konstellationen geht.[6] Im Zusammenhang mit den Einzelfragen werden auch die wichtigsten Reformvorschläge erörtert.

---

2 Vgl. etwa die Fn. 1 genannten „Grundsätze der Bundesärztekammer".
3 Vgl. etwa *Hoerster*, Sterbehilfe im säkularen Staat.
4 Dazu *Jens/Küng*, Menschenwürdig sterben.
5 Vgl. dazu ausführlich Fn. 1.
6 Einen juristischen Gesamtüberblick gibt *Otto*, NJW 2006, 2217 ff. Fachübergreifende Darstellungen: *v. Luterotti*, Sterbehilfe. Gebot der Menschlichkeit?; *Thiele* (Hrsg.), Aktive und passive Sterbehilfe. Medizinische, rechtswissenschaftliche und philosophische Aspekte; über „Ärztliche Sterbehilfe im Spannungsfeld von Medizin, Ethik und Recht"; *Oduncu*, MedR 2005, 437 ff. (Teil 1), 516 ff. (Teil 2). Eine gründliche monographische Behandlung der Gesamtproblematik liefert die Habilitationsschrift von *Ingelfinger*, Grundlagen und Grenzbereiche des Tötungsverbots (bes. S. 165 ff.).

B. Die „reine Sterbehilfe"

I. Die erwünschte Schmerzlinderung ohne Lebensverkürzung

Als „reine Sterbehilfe" kann man den Fall bezeichnen, dass einem Sterbenden schmerzlindernde Mittel ohne lebensverkürzende Wirkung verabreicht werden. Das ist selbstverständlich straflos, wenn es auf Wunsch oder doch mit Zustimmung des Patienten geschieht. Es ist ebenso straflos, wenn der Sterbende keine oder keine verantwortliche Willenserklärung mehr abgeben kann, die Schmerzlinderung aber, wie es in der Regel anzunehmen ist, seinem mutmaßlichen Willen entspricht. Die Fallgruppe verdiente wegen der insoweit eindeutigen Ergebnisse kaum eine Erwähnung, wenn sich nicht in den Fällen der entgegen dem Wunsch des Patienten geleisteten oder nicht geleisteten reinen Euthanasie die Beurteilung änderte und eine Strafbarkeit in Betracht käme.

II. Schmerzlinderung gegen den Willen des Patienten

Das gilt zunächst für den sicher seltenen, aber immerhin vorkommenden Fall, dass der Kranke sich die Injektion schmerzlindernder oder beruhigender Mittel verbittet, weil er seinen Tod bei möglichst klarem Bewusstsein erleben und nicht in ein sanftes Hinüberschlummern verwandelt sehen möchte. Er kann dafür theologische oder philosophische Gründe haben oder in höchstpersönlicher Weise einfach tapfer sein, noch mit nahestehenden Menschen kommunizieren oder seine Nachlassangelegenheiten regeln wollen. Auf jeden Fall ist ein solcher Wunsch zu respektieren. Wird dem Sterbenden gleichwohl eine Injektion verabreicht, etwa weil der Arzt dessen Weigerung für unvernünftig hält, so ist das ein unerlaubter Eingriff in die Körperintegrität und damit nach § 223 StGB als Körperverletzung strafbar. Zwar wird bei Heileingriffen gegen den Willen des Patienten von einer verbreiteten Meinung, wenn auch nicht von der Rechtsprechung, der Tatbestand der Körperverletzung ausgeschlossen. Doch darum handelt es sich hier nicht, sodass die Strafbarkeit eindeutig ist.

III. Unterlassene Schmerzlinderung entgegen dem Willen des Patienten

Praktisch bedeutsamer ist der umgekehrte Fall, dass eine Schmerzlinderung unterlassen oder nur unzureichend gewährt wird, obwohl der Patient ausdrücklich darum bittet. Auch dieses Verhalten ist in der Regel eine strafbare Körperverletzung, und zwar durch Unterlassen. Denn die Garantenstellung des Arztes und naher Angehöriger (das Einstehenmüssen i. S. d. § 13 StGB) erstreckt sich auch darauf, dem Patienten unnötiges Leiden zu ersparen; und auch die Nichtbehebung oder Nichtverminderung von Schmerzen ist eine Misshandlung (§ 223 StGB). Fehlt im Einzelfall eine Garantenstellung, kommt immer noch eine unterlassene Hilfeleistung (§ 323c StGB) infrage. Dies alles bedarf der Betonung, weil die Schmerztherapie in Deutschland hinter dem internationalen Standard zurückgeblieben ist und manchmal mit nur schwer verständlicher Zurückhaltung betrieben wird.[7] Die Erkenntnis, dass die Schmerzlinderungspflicht durch eine Strafdrohung abgesichert ist, könnte hier zu einem Wandel beitragen.

C. Die „indirekte Sterbehilfe"

I. Ihre grundsätzliche Zulässigkeit

Von indirekter Sterbehilfe spricht man, wenn bei einem todkranken Menschen schmerzlindernde Maßnahmen vorgenommen werden, obwohl sie den Eintritt des Todes beschleunigen können.[8] Die Zulässigkeit einer solchen indirekten Sterbehilfe ist – unbeschadet mancher Streitfragen im Einzelnen – von der Literatur und auch von der ärztlichen Praxis seit langem anerkannt. Der Bundesgerichtshof hat erstmals im November 1996 in diesem Sinne entschieden. Es heißt im Leitsatz des Urteils (BGHSt 42, 301): „Eine ärztlich gebotene schmerzlindernde Medikation entsprechend dem erklärten oder mutmaßlichen Patientenwillen wird bei einem Sterbenden nicht dadurch unzulässig, dass sie als unbeabsichtigte, aber in Kauf genommene unvermeidbare Nebenfolge den Todeseintritt beschleunigen kann." Ähnlich äußern sich die „Grundsätze" der Bundesärztekammer:[9] „Bei Sterbenden kann die Linderung des Leidens so im Vordergrund stehen, dass eine möglicherweise

---

7 Dazu mit ausführlichen Nachweisen näher *Kutzer*, in: FS für Salger, S. 663 ff.; *Tolmein*, „Keiner stirbt für sich allein", Sterbehilfe, Pflegenotstand und das Recht auf Selbstbestimmung.
8 Der Nationale Ethikrat will in seiner „Stellungnahme" zu „Selbstbestimmung und Fürsorge am Lebensende" vom 15.7.2006, S. 28 f. auf den Begriff der „indirekten Sterbehilfe" verzichten und diese Fälle unter die „Therapien am Lebensende" einreihen. Jedoch hat der – an sich nicht glückliche – Begriff der indirekten Sterbehilfe durch seinen traditionellen Gebrauch eine präzise Bedeutung erlangt, während man unter „Therapien am Lebensende" sehr viel Verschiedenes verstehen kann.
9 Wie Fn. 1, I, Abs. 2, Satz 2.

unvermeidbare Lebensverkürzung hingenommen werden darf." Auch wenn über die prinzipielle Straflosigkeit der indirekten Sterbehilfe somit im Wesentlichen Einigkeit besteht, sind doch die Begründung dieses Ergebnisses und auch die Reichweite ihrer Zulässigkeit nach wie vor umstritten.

II. Tatbestandsausschluss oder rechtfertigender Notstand?

Die Begründung macht deshalb Schwierigkeiten, weil eine durch aktives Handeln herbeigeführte, vorsätzlich (nämlich mindestens mit dolus eventualis, bedingtem Vorsatz) bewirkte Lebensverkürzung in allen anderen Fällen als Totschlag (§ 212 StGB) oder Tötung auf Verlangen (§ 216 StGB) zu beurteilen ist. Warum soll es hier anders sein? Nach einer Meinung schließt die zulässige indirekte Sterbehilfe schon den Tatbestand der §§ 212, 216 StGB (also das Vorliegen einer Tötung) aus, weil sie sozialadäquat ist und daher ihrem Sinngehalt nach diesen Bestimmungen nicht unterfällt. Nach der anderen, heute überwiegenden Meinung liegt zwar eine Tötung vor, aber sie ist wegen Einwilligung, mutmaßlicher Einwilligung oder rechtfertigenden Notstandes straflos.

Der BGH[10] hat die Frage offengelassen. Sie sollte aber beantwortet werden. Denn nur wenn eine der beiden Lösungen als richtig erkannt wird, kann die dritte – und früher auch vertretene – Annahme, dass eine strafbare Tötung vorliegt, mit Sicherheit ausgeschlossen werden. Für zutreffend halte ich die Annahme eines rechtfertigenden Notstandes.[11] Denn die Sozialadäquanz, der Sinngehalt oder der Schutzzweck einer Norm sind zu vage Kriterien zur Begründung der Straflosigkeit von Tötungen, zumal da § 216 StGB, indem er die – doch häufig aufgrund von schmerzhaften Leiden – erbetene Tötung zunächst einmal unter Strafe stellt, für eine Straflosigkeit der indirekten Sterbehilfe unter dem Gesichtspunkt des Tatbestandes keine Anhaltspunkte bietet.

Wenn die indirekte Sterbehilfe straflos ist, so handelt es sich dabei um das nach dem Willen des Patienten zu bestimmende Ergebnis einer Abwägung, bei der die Pflicht zur längstmöglichen Lebenserhaltung ggf. hinter der Pflicht

---

10 BGHSt 42, 305 mit Belegen für die eine oder andere Meinung. *Herzberg*, NJW 1996, 3043, Fn. 1, liefert umfassende Nachweise zur Rechtfertigungslösung, während er selbst einen Tatbestandsausschluss bejaht. Weitere Nachweise zur Tatbestandslösung bei *Fischer*, StGB, Vor § 211 Rn. 17. Weitere Begründungsansätze in der Begründung des AE-StB, GA 2005, 573 f.
11 Diese Lösung hatte *R. Merkel*, schon in JZ 1996, 1145, 1147 ff. ausführlich begründet und in FS für Schroeder, 297 ff. noch einmal überzeugend dargelegt.

zur Leidensminderung zurücktritt. Ein etwas kürzeres Leben ohne schwere Schmerzen kann wertvoller sein als ein nicht sehr viel längeres, das von kaum erträglichen Schmerzen begleitet wird.[12] Kann der Patient seinen Willen noch äußern, so ist dieser maßgebend, sodass insoweit also Einwilligungselemente in die Notstandsrechtfertigung einfließen. § 216 StGB steht dem nicht entgegen, weil der Strafgrund dieser Vorschrift (Schutz vor Kurzschlusshandlungen des Sterbewilligen, Tabuinteressen der Allgemeinheit) das ärztlich begleitete Sterben nicht erfasst.[13] Kann der Patient keine verantwortliche Entscheidung mehr kundgeben, kommt es auf seinen mutmaßlichen Willen an. Bei dessen Bestimmung sind nicht nur seine etwaigen früheren Äußerungen, sondern auch der Grad der Todesnähe, die Wahrscheinlichkeit und das Ausmaß der etwaigen Lebensverkürzung und die Schwere der zu erduldenden Leiden in die Überlegungen einzubeziehen.

Herzberg,[14] der sich neuerdings doch wieder für die Ablehnung einer Tötung in solchen Fällen eingesetzt hat, stützt sich auf die Annahme, es fehle eine Interessenkollision, wie sie für Rechtfertigungsgründe erforderlich sei. An einer längeren Lebenserhaltung bestehe in solchen Fällen kein „Lebensinteresse des Betroffenen" und kein „Taburespektierungsinteresse anderer Menschen". Jedoch ist auch ein unter Schmerzen sich dem Ende näherndes Leben immer noch ein Rechtsgut und nicht etwa wertlos. Auch der Betroffene steht in einer Abwägungssituation, bei der das Ergebnis keineswegs von vornherein feststehen muss.

Es bleiben noch drei Streitfragen über die Reichweite einer zulässigen indirekten Sterbehilfe. Sie haben den 66. Deutschen Juristentag (19.–22.9.2006) veranlasst, mit großer Mehrheit eine gesetzliche Regelung des Problems zu fordern.[15]

---

12 Zust. *Ingelfinger*, Grundlagen und Grenzbereiche des Tötungsverbots, S. 272, der aber trotzdem zum Tatbestandsausschluss kommt: Es liege „trotz der formalen Kürzung der Lebensdauer keine Verletzung des Rechtsguts Leben" vor.
13 Vgl. dazu *Verrel*, JZ 1996, 224, 226 f.; *Sternberg-Lieben*, Die objektiven Schranken der Einwilligung, S. 104, Fn. 132; *Niedermair*, Körperverletzung mit Einwilligung und die Guten Sitten, S. 139, bei und in Fn. 531.
14 *Herzberg*, NJW 1996, 3043, 3048.
15 Beschlüsse der Abteilung Strafrecht, III, 1, a. Die Beschlüsse sind durch das Gutachten von *Verrel* zum Juristentag über „Patientenautonomie und Strafrecht bei der Sterbebegleitung" und die von *Verrel* federführend mitverfassten beiden Sterbebegleitungsentwürfe, GA 2005, 553 ff. maßgeblich beeinflusst worden. Diese Entwürfe sind gemeinsam mit den Alternativ-Professoren (darunter auch dem Verfasser dieses Beitrages) erarbeitet worden. Zum Alternativ-Entwurf vgl. auch *Schreiber*, NStZ 2006, 473 ff., der selbst zu den Mitverfassern gehört. Differenzierend, aber tendenziell sehr positiv

III. Die zeitliche Dimension der indirekten Sterbehilfe

Die erste betrifft ihre zeitliche Dimension. Der Bundesgerichtshof und die Grundsätze der Bundesärztekammer sprechen nur von einem „Sterbenden". Das scheint mir zu eng. Denn z. B. bei unheilbaren Krebserkrankungen können unzumutbare Schmerzen auch Wochen und Monate vor dem Tode auftreten, also zu einem Zeitpunkt, in dem der Erkrankte noch nicht im Sterben liegt. Wirksame Schmerzmittel müssen solchen Kranken auch dann verabreicht werden können, wenn sie eine gewisse Gefahr der Todesbeschleunigung mit sich bringen und der Patient dies in Kauf nimmt.

Der – von Juristen und Ärzten gemeinsam verfasste – Alternativ-Entwurf Sterbehilfe[16] hatte deshalb die indirekte Euthanasie nicht auf Sterbende beschränkt, sondern auf „tödlich Kranke" schlechthin erstreckt, wobei unter einer tödlichen Krankheit eine solche verstanden wurde, „in deren tödlichen Verlauf ärztliches Handeln nicht mehr entscheidend eingreifen kann". Diese auch von der christlichen Ethik befürwortete Lösung kann über den Standpunkt der Rechtsprechung und der Bundesärztekammer hinaus auch schon dem geltenden Recht zugrunde gelegt werden. Auch der Deutsche Juristentag 2006 will eine indirekte Sterbehilfe „nicht nur bei Sterbenden, sondern auch bei tödlich Kranken" zulassen.[17]

IV. Nur Schmerzen oder auch schwere Leidenszustände als Voraussetzung der indirekten Sterbehilfe?

Das zweite Problem betrifft die Frage, ob die zulässige indirekte Sterbehilfe notwendig schwere Schmerzzustände bei Patienten voraussetzt. Denn auch Erstickungsangst auslösende Atemnot und ähnliche Zustände können unerträglich werden und ein unter Umständen nicht risikoloses ärztliches Eingreifen erforderlich machen. Man wird daher besser anstatt von Schmerzen, die freilich den Regelfall darstellen, von „schweren, anders nicht zu behebenden Leidenszuständen" ausgehen, wie es der Alternativ-Entwurf tut.[18] Auch die Grundsätze der Bundesärztekammer sprechen zutreffend nur von einer „Lin-

---

zum AE-StB äußert sich *Duttge*, GA 2006, 573 ff. Auch *Neumann/Saliger*, HRRS 2006, 280, 281 zollen „bei aller Kritik ... Anerkennung und Respekt".
16 *Baumann et al.* (Hrsg.), Alternativ-Entwurf eines Gesetzes über Sterbehilfe (Abk.: AE-StH), § 214a Anm. 4. Der AE-StB von 2005, GA 2005, 575 hat das bekräftigt; auch die Bioethik-Kommission Rheinland/Pfalz, in ihrem Bericht über Sterbehilfe und Sterbebegleitung, S. 68 stimmt dem zu.
17 Beschlüsse der Abteilung Strafrecht, III, 1, b, aa.
18 Wie Fn. 16, § 214a Anm. 2; AE-StB, GA 2005, 575.

derung des Leidens"; auch der Deutsche Juristentag 2006 spricht von „Leidenslinderung".[19]

V. Die Vorsatzform bei der indirekten Sterbehilfe

Drittens schließlich ist auch die für die indirekte Sterbehilfe erforderliche Vorsatzform unklar und im Streit. Nach älterer Auffassung kann nur ein dolus eventualis gerechtfertigt werden, der Fall also, dass eine Lebensverkürzung infolge der Schmerzbehandlung möglich, aber nicht sicher ist. In diesem Sinne sprechen auch noch die neuen Grundsätze der Bundesärztekammer davon, „dass eine möglicherweise unvermeidbare Lebensverkürzung gegebenenfalls hingenommen werden darf".

Demgegenüber hat der Alternativ-Entwurf Sterbehilfe auch den Fall von vornherein feststehender Lebensverkürzung in den Bereich erlaubter indirekter Sterbehilfe einbezogen.[20]

Die Auffassung des BGH zu dieser Frage ist nicht ganz deutlich. Er spricht davon,[21] dass eine „unbeabsichtigte, aber in Kauf genommene unvermeidbare Nebenfolge den Todeseintritt beschleunigen kann". Das Wort „kann" spricht für eine Beschränkung auf den dolus eventualis,[22] das Wort „unvermeidbar" statt „möglicherweise unvermeidbar" eher für die Einbeziehung des dolus directus. Eine solche Einbeziehung liegt auch nach dem Sachverhalt des Falles näher, wonach die Angeklagten beschlossen, die Patientin „nicht mehr in ein Krankenhaus zu bringen und sie mit einer schnell verabreichten Überdosis Dolantin zu töten".

Die praktische Bedeutung der Streitfrage ist nicht mehr groß, weil die Schmerztherapie heute medizinisch so weit entwickelt ist, dass sie nur noch selten mit Sicherheit (und selten auch überhaupt) zur Lebensverkürzung führt.[23] Es wird also schon aus diesem Grunde in der Regel nur ein dolus eventualis vorliegen. Wenn aber doch einmal eine Lebensverkürzung sicher ist, sollte daran die Schmerztherapie nicht scheitern dürfen. Denn wenn die Beschleunigung des Todes ggf. in Kauf genommen wird, sollte es keinen

---

19 Beschlüsse der Abteilung Strafrecht, III.
20 *Baumann et al.* (Hrsg.), AE-StH, § 214a Anm. 3.
21 BGHSt 42, 301, 305.
22 So versteht *Schöch*, NStZ 1997, 409, 411 den BGH, wenngleich auch er im Urteil die „letzte Klarheit" vermisst.
23 Vgl. Schönke/Schröder – *Eser*, StGB, Vor § 211 Rn. 26; *Schöch*, NStZ 1997, 409, 410f.

Unterschied machen, ob das Gegebensein dieses Falles von vornherein feststeht oder sich erst nachträglich zeigt.[24]

Strafbar bleibt nach bisher absolut herrschender Meinung die „Sterbehilfe" dagegen, wenn sie mit Tötungsabsicht vorgenommen wird, wenn also das Motiv nicht die Leidensminderung, sondern die Tötung ist. In solchen Fällen liegt auch bei ausdrücklichem Wunsch des Sterbenden eine Tötung auf Verlangen vor.[25] Das Motiv, das Opfer von seinen Leiden zu erlösen, rechtfertigt also nicht. Im Einzelfall kann sogar ein Mord vorliegen, wenn, wie in dem vom BGH entschiedenen Fall, ein Täter das leidende Opfer tötet, um es „durch einen schnellen Tod ... mittels eines gefälschten Testaments beerben zu können".[26]

Die prinzipiell heute unbestrittene Zulässigkeit der indirekten Sterbehilfe birgt allerdings die Gefahr des Missbrauchs in sich. Denn es können strafbare absichtliche Tötungen (sei es mit, sei es ohne Verlangen des Getöteten) in manchmal schwer widerlegbarer Weise als Fälle indirekter, der Schmerzlinderung dienender Sterbehilfe ausgegeben werden.[27] Der AE-StB hat deshalb, um eine aktive Sterbehilfe unter dem Deckmantel der Schmerztherapie auszuschließen, die Befugnis zur indirekten Sterbehilfe auf Ärzte oder mit ärztlicher Ermächtigung handelnde Personen begrenzt und auch bei ihnen nur leidensmindernde Maßnahmen zugelassen, die „den Regeln der medizinischen Wissenschaft" entsprechen (§ 214a AE-StB).[28] In einem ergänzenden „Sterbebegleitungsgesetz" (§ 1)[29] wird eine Dokumentationspflicht für den Verlauf der Schmerzbehandlung bei der indirekten Sterbehilfe vorgesehen. Ein Verstoß gegen diese Pflicht soll als Ordnungswidrigkeit geahndet werden (§ 3 Abs. 1 Sterbebegleitungsgesetz). Eine solche Regelung wäre de lege

---

24 Für die Beschränkung der Rechtfertigung auf den dolus eventualis *Schöch*, NStZ 1997, 409, 411. Für die Einbeziehung des sicheren Wissens aber nunmehr der AE-StB, GA 2005, 575 f., der von *Schöch* federführend mitverfasst worden ist. Ebenso hält der Deutsche Juristentag 2006 eine „Leidenslinderung bei Gefahr der Lebensverkürzung" für zulässig „auch dann, wenn die Lebensverkürzung zwar nicht beabsichtigt, aber als sichere Folge vorhergesehen wird" (Beschlüsse der Abteilung Strafrecht, III, 1, b, bb).
25 Zu den damit verbundenen Grenz- und Streitfragen siehe unten S. 111 ff.
26 Für die Einbeziehung der „Absicht" tritt *R. Merkel*, in: FS für Schroeder, S. 297 ff. mit bedenkenswerten Gründen ein. Doch läuft eine solche Auffassung auf eine weitgehende Freigabe der Tötung auf Verlangen im Bereich der Leidens- und Schmerzbekämpfung hinaus. Diese ist aus den unten (E, S. 115 ff.) angegebenen Gründen nicht wünschenswert und auch nicht nötig. Eine absichtliche Tötung lässt sich nicht mehr als leidensmindernde Therapie verstehen.
27 Näher dazu AE-StB, GA 2005, 576 ff.
28 GA 2005, 585.
29 GA 2005, 586.

ferenda wünschenswert. Der Deutsche Juristentag 2006 hat sich dieser Forderung angeschlossen: „Um den Missbrauchsgefahren bei leidenslindernden Medikationen entgegenzuwirken, ist eine bußgeldbewehrte Verpflichtung des Arztes zur Dokumentation des Behandlungsverlaufs einzuführen."[30]

D. Die passive Sterbehilfe

Von passiver Sterbehilfe spricht man, wenn eine Betreuungsperson – in der Regel der Arzt und seine Gehilfen, aber auch etwa ein Angehöriger – es unterlässt, ein dem Ende sich zuneigendes Leben zu verlängern.[31] Es wird etwa auf eine Operation oder eine Intensivbehandlung, die dem Patienten noch ein etwas längeres Leben ermöglicht hätten, verzichtet. Dabei gibt es drei juristisch verschieden zu behandelnde Möglichkeiten: Das Unterlassen lebensverlängernder Maßnahmen kann entweder auf Wunsch des Patienten oder gegen seinen Willen geschehen; der dritte Fall ist der, dass der Patient nicht mehr in der Lage ist, sich zu äußern.

I. Die Nichtvornahme oder Einstellung lebensverlängernder Maßnahmen auf Wunsch des Patienten

1. Der Grundsatz: Es entscheidet allein der Patient

In solchen Situationen ist die Rechtslage prinzipiell klar. Es tritt Straflosigkeit ein, weil es unzulässig ist, einen Patienten gegen seinen Willen zu behandeln. Wenn also jemand anlässlich einer Krebserkrankung eine lebensverlängernde Operation verweigert (wie z. B. im viel diskutierten und literarisch dokumentierten Fall des Strafrechtslehrers Peter Noll),[32] muss sie unterbleiben. Häufig kommt es vor, dass alte, kranke und vor dem Tode stehende Menschen eine Behandlung auf der Intensivstation, die den Tod noch ein wenig hinauszögern würde, ablehnen. Das muss respektiert werden. Der Wille des Patienten ist

---

30 Beschlüsse der Abteilung Strafrecht, III, 2.
31 Der Ausdruck „passive Sterbehilfe", der in der überlieferten Terminologie absolut herrschend ist, ist nicht in allen Fällen zutreffend, weil er auch den technischen Behandlungsabbruch durch aktives Tun umfasst (vgl. dazu D. I. 3.). Der Nationale Ethikrat in seiner „Stellungnahme" S. 27, 29 will deshalb den Begriff des „Sterbenlassens" verwenden, während der Deutsche Juristentag 2006 (Beschlüsse der Abteilung Strafrecht, III, 1) von „Behandlungsbegrenzung" spricht. Es bleibt abzuwarten, ob sich einer dieser neuen terminologischen Vorschläge durchsetzt.
32 Vgl. dazu *Jens*, in: Jens/Küng (Hrsg.), Menschenwürdig sterben, S. 111 ff.

selbst dann entscheidend, wenn er nach objektivem Urteil falsch und vom Standpunkt mancher Beurteiler aus sogar unverantwortlich ist. Auch wenn also eine Mutter von vier Kindern aus religiösen Gründen den Ärzten verbietet, bei ihr eine lebensrettende Bluttransfusion vorzunehmen – der Fall ist wirklich vorgekommen[33] –, müssen die Ärzte sich dem beugen und die Frau sterben lassen. § 214 I Nr. 1 AE-StH und AE-StB stellen dies durch die Formulierung klar, dass die Unterlassung oder Beendigung lebenserhaltender Maßnahmen nicht rechtswidrig sei, wenn „der Betroffene dies ausdrücklich und ernstlich verlangt".[34]

2. Gilt für Suizidpatienten eine Ausnahme?

Die einzige Ausnahme hat der Bundesgerichtshof bei Suizidpatienten gemacht. In dem 1984 entschiedenen berühmten Fall Wittig hatte eine 76-jährige schwerkranke und nach dem Tode ihres Mannes lebensmüde Frau ihrem Leben durch eine Überdosis Morphium und Schlaftabletten ein Ende setzen wollen. Sie hinterließ neben anderen Texten von gleichem Sinngehalt ein Schriftstück, in dem es hieß: „Im Vollbesitz meiner Sinne bitte ich meinen Arzt keine Einweisung in ein Krankenhaus oder Pflegeheim, keine Intensivstation und keine Anwendung lebensverlängernder Medikamente. Ich möchte einen würdigen Tod sterben." Der Hausarzt kam hinzu, als sie schon bewusstlos war, aber noch lebte. Er unterließ eine Einweisung ins Krankenhaus und wartete in der Wohnung, bis der Tod der alten Frau eintrat. Der BGH hat den Arzt (Wittig) zwar im Ergebnis freigesprochen; aber nur deshalb, weil die Patientin im Falle ihrer Rettung schwer und irreversibel geschädigt geblieben wäre und in einem solchen Falle die ärztliche Gewissensentscheidung, von der Einweisung in eine Intensivstation abzusehen, vertretbar sei. Im Regelfall sei es aber für den Arzt „grundsätzlich unzulässig", sich dem „Todeswunsch des Suizidenten" zu beugen.[35]

Die Begründung des Urteils hat in der Literatur weitgehende Ablehnung gefunden[36] und dies mit Recht. Wenn der BGH darauf hinweist, dass Suizidenten oft nicht in verantwortlichem Zustand handeln und ihr Tun im Falle

---

33 BVerfGE 32, 98 ff.
34 Wörtlich ebenso jetzt die Beschlüsse des deutschen Juristentages, 2006, Abteilung Strafrecht, II, 1, b. Der Sache nach äußert sich im selben Sinne auch der Nationale Ethikrat in seiner „Stellungnahme", S. 42 f.
35 BGHSt 32, 367 ff., 368, 380 f.
36 Vgl. dazu nur mit umfassenden Schrifttumsnachweisen Schönke/Schröder – *Eser*, StGB, Vor § 211 Rn. 41–43; AE-StB, GA 2005, 580.

einer Rettung in wieder normaler Gemütsverfassung nicht selten bereuen, so wird man freilich, wenn eine psychische Störung erkennbar ist, eine Rettungs- und Behandlungspflicht bejahen müssen. Ist dies aber nicht der Fall oder gar, wie beim Sachverhalt unseres Urteils, mit Sicherheit auszuschließen, gibt es keinen rationalen Grund, die autonome Willensentscheidung des Patienten nicht auch beim Suizid zu respektieren. Die sittliche, meist aus religiösen Vorgaben hergeleitete Missbilligung des Freitodes, aus der der BGH ursprünglich die Unbeachtlichkeit jedes Selbstmordentschlusses hergeleitet hatte,[37] kann eine solche Folgerung in einer Rechtsordnung, die keinen Glaubens- und Gewissenszwang kennt, nicht tragen.

Im Übrigen kann ein Patient natürlich auch den unabhängig von jedem Suizid gefassten Entschluss, eine Behandlung zu verweigern, zu einem Zeitpunkt bereuen, an dem es für eine Rettung zu spät ist. Wenn das an der Straflosigkeit der passiven Euthanasie nichts ändert, kann dasselbe Argument beim Suizid vernünftigerweise nicht zum entgegengesetzten Ergebnis führen. Es gibt Anzeichen dafür, dass auch die Rechtsprechung sich dieser Ansicht mit der Zeit anschließen wird.[38]

Geschieht dies nicht, wäre eine gesetzliche Regelung wünschenswert, wie sie § 215 I AE-StB enthält: „Wer es unterlässt, die Selbsttötung eines anderen zu hindern oder einen anderen nach einem Selbsttötungsversuch zu retten, handelt nicht rechtswidrig, wenn die Selbsttötung auf einer freiverantwortlichen und ernstlichen, ausdrücklich erklärten oder aus den Umständen erkennbaren Entscheidung beruht." Einen entsprechenden Beschluss hat auch der Deutsche Juristentag 2006 gefasst.[39] Der Nationale Ethikrat[40] will jedenfalls „nahestehende Personen von jeder moralischen und rechtlichen Verpflichtung entbinden, rettend einzugreifen"; eine Einigung darüber, ob und inwieweit das auch für Ärzte gelten soll, konnte nicht erzielt werden.

3. Der technische Behandlungsabbruch als Unterlassen

Man wird also die dem verantwortlichen Willen des Patienten entsprechende passive Euthanasie in jedem Falle zulassen müssen. Ein Fall dieser Art, und

---

[37] BGHSt 6, 147 ff. (Großer Senat). Auch BGHSt 32, 375 f. lässt immerhin „dahinstehen", „ob die gegebene Begründung heute noch in vollem Umfang anerkannt werden kann".
[38] In NStZ 1988, 127 sagt der 2. Strafsenat des BGH, dass er „dazu neigt, einem ernsthaften, freiverantwortlich gefassten Selbsttötungsentschluss eine stärkere rechtliche Bedeutung beizumessen", als dies in BGHSt 32, 367 ff. geschehen sei.
[39] Abteilung Strafrecht IV, 1.
[40] Nationaler Ethikrat in seiner „Stellungnahme", S. 46.

damit komme ich zu einem weiteren viel diskutierten Problem, liegt auch dann vor, wenn das auf eine Unterlassung weiterer Behandlung gerichtete Verhalten mit einem aktiven Tun verknüpft ist. Der klassische Fall ist der, dass ein Beatmungsgerät auf Wunsch des Patienten abgeschaltet wird. Der Druck auf den Schaltknopf ist ein Tun. Trotzdem handelt es sich dabei nicht um eine grundsätzlich als Tötung auf Verlangen (§ 216 StGB) strafbare aktive Euthanasie. Denn nach seiner sozialen Bedeutung stellt sich der Vorgang als eine Einstellung der Behandlung und damit als ein Unterlassen weiterer Tätigkeit dar. Die Grenze zwischen strafbarer aktiver und strafloser passiver Euthanasie ist also nicht naturalistisch nach der Vornahme oder Nichtvornahme von Körperbewegungen zu ziehen. Vielmehr kommt es normativ darauf an, ob ein Tun als Behandlungseinstellung zu deuten ist. Dann liegt im juristischen Sinn ein Unterlassen vor, das, wenn es auf dem Willen des Patienten beruht, straflos ist.

Die Meinung, die den sog. technischen Behandlungsabbruch als Unterlassen beurteilt, ist heute herrschend.[41] Aber auch die Autoren, die darin ein Begehungsverhalten sehen, kommen durchweg zum Ergebnis der Straflosigkeit, indem sie mit verschiedenen Begründungen annehmen, dass ein solches Verhalten dem Schutzzweck der Tötungstatbestände nicht unterfalle.[42] Mit Recht sagt *Eser*,[43] es könne jedenfalls im Ergebnis kein Zweifel sein, „dass dort, wo ein medikamentös-therapeutischer Behandlungsabbruch zulässig wäre, auch der technische Behandlungsabbruch zulässig sein muss". In der Sache besteht also weitgehend Einigkeit. Diese Einigkeit zeigt sich auch in den oben (Fn. 31) erwähnten Bemühungen, den Begriff der passiven Euthanasie durch den des „Sterbenlassens" oder der „Behandlungsbegrenzung" zu ersetzen.

4. Der technische Behandlungsabbruch durch einen Nichtarzt

Die Zulässigkeit eines technischen Behandlungsabbruchs ist in der Regel auf den behandelnden Arzt beschränkt, weil nur dieser deren Voraussetzungen sachverständig beurteilen kann und weil er die Verantwortung für eine sachgemäße Behandlung trägt. Wenn daher die Putzfrau oder ein Besucher das

---

41 Zur näheren Begründung *Roxin*, in: FS für Engisch, S. 380, 395 ff.; ders., Strafrecht, AT, Bd. II, § 31 Rn. 115 ff. m. w. N.
42 Näher *Roxin*, NStZ 1987, 345, 349.
43 Schönke/Schröder – *Eser*, StGB, Vor § 211 Rn. 32.

Beatmungsgerät eigenmächtig abstellen, sind sie wegen Totschlages strafbar, auch wenn der Arzt die Behandlung zulässigerweise hätte abbrechen dürfen. Etwas anderes gilt nur dann, wenn der Patient, wie es im Sachverhalt der Entscheidung LG Ravensburg[44] der Fall war, bei klarem Bewusstsein wegen seines unerträglichen Leidens um die Abschaltung des Gerätes bittet. Denn bei einem ausdrücklich geäußerten und verantwortlichen Willen des Patienten entscheidet über die Behandlungseinstellung allein dieser und nicht die Beurteilung des Arztes.

II. Die Unterlassung lebenserhaltender Maßnahmen entgegen dem Wunsch des Patienten

1. Die grundsätzliche Pflicht zur Lebensverlängerung

Im umgekehrten Fall, dass eine Behandlung oder Weiterbehandlung unterbleibt, obwohl der Patient sie wünscht, liegt eine Tötung durch Unterlassen vor, wenn die Untätigkeit zum Tode oder zu früherem Tode des Patienten geführt hat und der Unterlassende eine Garantenstellung einnimmt, wie es bei Ärzten und nahen Angehörigen in der Regel der Fall ist. Fehlt es an einer Garantenstellung, kommt immer noch eine Strafbarkeit wegen unterlassener Hilfeleistung (§ 323c StGB) infrage.

Der Patient muss also z. B. auf die Intensivstation gebracht werden, wenn er dies wünscht und dadurch zwar keine Besserung, aber doch eine Lebensverlängerung erreicht werden kann. Ob der Arzt das letztlich im Interesse des Patienten für sinnvoll hält oder nicht, kann nicht entscheidend sein. Dagegen darf er sich Wünschen verweigern, deren Erfüllung nicht zur Lebensverlängerung beiträgt und auch sonst das Los des Patienten – etwa durch Schmerzlinderung – nicht verbessern kann. Denn eine sinnlose Geschäftigkeit kann vom Arzt nicht verlangt werden und würde ihn von seinen eigentlichen Aufgaben abziehen.

2. Die Grenze der ärztlichen Behandlungspflicht

Abgesehen davon muss es aber für die künstliche Lebensverlängerung irgendwo eine Grenze geben, jenseits derer auch der – meist in einem früheren Stadium der Erkrankung geäußerte – Wille des Patienten nicht mehr entscheidend sein kann. Denn die technischen und auch die finanziellen Ressour-

---

44 NStZ 1987, 229 mit Aufsatz *Roxin*, NStZ 1987, 345, 348.

cen unseres Gesundheitswesens sind nicht unerschöpflich. Vor allem entspricht es auch nicht unseren Vorstellungen von einem menschenwürdigen Tod, den unaufhaltsamen Sterbevorgang mit Hilfe der modernen Apparatemedizin immer weiter hinauszuziehen.

Als Leitlinie kann ein Diktum des Bundesgerichtshofs (BGHSt 32, 379f.) gelten, wonach es „keine Rechtsverpflichtung zur Erhaltung eines erlöschenden Lebens um jeden Preis gibt. Maßnahmen zur Lebensverlängerung sind nicht schon deswegen unerlässlich, weil sie technisch möglich sind. Angesichts des bisherige Grenzen überschreitenden Fortschritts medizinischer Technologie bestimmt nicht die Effizienz der Apparatur, sondern die an der Achtung des Lebens und der Menschenwürde ausgerichtete Einzelfallentscheidung die Grenze ärztlicher Behandlungspflicht." Das lässt einen gewissen Spielraum, der durch generalisierende Regeln nicht auszufüllen ist. Immerhin wird sich sagen lassen, dass nicht ökonomische Gesichtspunkte im Vordergrund stehen sollten, sondern die Überlegung, ob eine Verlängerung der Agonie bei objektiver Beurteilung für den Patienten noch irgendeinen Sinn haben kann. § 214 I Nr. 4 AE-StH und AE-StB haben dies in ihrem Gesetzesvorschlag so formuliert, dass lebenserhaltende Maßnahmen beendet, begrenzt oder unterlassen werden können, wenn „bei nahe bevorstehendem Tod im Hinblick auf den Leidenszustand des Betroffenen und die Aussichtslosigkeit einer Heilbehandlung die Aufnahme oder Fortführung lebenserhaltender Maßnahmen nach ärztlicher Erkenntnis nicht mehr angezeigt ist".[45] Dem hat sich der Deutsche Juristentag 2006[46] angeschlossen, „wenn für solche Maßnahmen keine medizinische Indikation (mehr) besteht".

III. Die Unterlassung lebenserhaltender Maßnahmen bei einem im Entscheidungszeitpunkt erklärungsunfähigen Patienten

I. Der Verzicht auf lebensverlängernde Maßnahmen während des Sterbevorganges

Die Fälle entscheidungsunfähiger Patienten bilden den schwierigsten und umstrittensten Bereich im Rahmen der passiven Sterbehilfe. Allerdings liegt das Problem nicht auf dem Feld der Sterbehilfe im engeren Sinne, bei der der Sterbevorgang schon eingesetzt hat, der Tod also nahe bevorsteht. Hier gestattet der BGH, jedenfalls wenn der Patient dauernd entscheidungsunfähig

---

[45] Eindringlich zur „einseitigen Begrenzung ärztlicher Lebenserhaltung" *Duttge*, NStZ 2006, 479.
[46] Beschlüsse der Abteilung Strafrecht, II, 1, a.

geworden ist, einen Verzicht auf lebensverlängernde Maßnahmen wie Beatmung, Bluttransfusion oder künstliche Ernährung.[47] Das steht in Übereinstimmung mit dem, was über eine Behandlungseinstellung während des Sterbevorganges selbst gegen den vorher erklärten Willen des Patienten schon ausgeführt wurde.

2. Der Behandlungsabbruch bei noch nicht Sterbenden, vor allem in den Fällen des sog. apallischen Syndroms

a) Die neueste Rechtsprechung und ihre Auswirkungen
Ungelöste Streitfragen ergeben sich erst, wenn die Behandlung eingestellt wird, obwohl der schwerkranke Patient noch nicht im Sterben liegt, sondern noch Monate oder Jahre leben könnte, aber nicht mehr erklärungsfähig ist.[48] Der klassische Fall ist der, dass der schwerkranke Patient das Bewusstsein irreversibel verloren hat. Man spricht hier von einem apallischen Syndrom (oder auch Wachkoma), bei dem die Großhirnrinde, das Pallium, bei erhaltener Funktion des Stammhirns endgültig ausfällt.

Für die Beurteilung solcher Fälle in der Praxis maßgebend ist eine Entscheidung des Bundesgerichtshofs vom September 1994[49], die durch eine zivilrechtliche Entscheidung des OLG Frankfurt vom Juli 1998[50] im Wesentlichen bestätigt worden ist. In dem vom BGH entschiedenen Fall ging es um eine „schwerst cerebral geschädigte" alte Frau, die seit Ende 1990 nicht mehr ansprechbar, geh- und stehunfähig war, künstlich ernährt werden musste und auf optische, akustische und Druckreize nur mit Gesichtszuckungen oder Knurren reagierte; Anzeichen für Schmerzempfinden bestanden nicht. Anfang 1993 wiesen der behandelnde Arzt und der zum Pfleger (Betreuer) bestellte Sohn das Pflegepersonal an, die künstliche Ernährung ab 15.3. auf Tee umzustellen, was mangels Nahrungszufuhr zum baldigen Tode der Patientin geführt hätte. Der Pflegedienstleiter hatte Bedenken gegen dieses

---

47 BGHSt 40, 257, 260.
48 Klärend zu den hier notwendigen Differenzierungen der medizinischen Situation *Stratenwerth*, in: FS für Schreiber, S. 893 ff., der letztlich die Entscheidung „einem auf Konsens gerichteten Prozess der Verständigung zwischen allen Beteiligten – Ärzten, Pflegepersonal und Angehörigen –" überantworten will. Monographien: *Conradi*, Der Arzt an den Grenzen seines Behandlungsauftrages; *Nagel*, Passive Euthanasie. Ausführlich zur passiven Euthanasie *Ingelfinger*, Grundlagen und Grenzbereiche des Tötungsverbots, S. 275–334. Ferner: *Weimer*, Der tödliche Behandlungsabbruch beim Patienten im apallischen Syndrom; *Ruhs*, Der Behandlungsabbruch beim Apalliker.
49 BGHSt 40, 257.
50 NJW 1998, 2749 mit Anm. *Knieper*, NJW 1998, 2720; sowie *Verrel*, JR 1999, 5.

Verfahren und wandte sich an das Vormundschaftsgericht, das die Einstellung der künstlichen Ernährung untersagte. Die Patientin starb dann neun Monate später an einem Lungenödem.

Das hier interessierende Rechtsproblem ist, ob die beiden Hintermänner (Arzt und Sohn) aufgrund ihres Verhaltens wegen versuchten Totschlages zu bestrafen sind. Der BGH würdigt die Einstellung der Ernährung mit Recht als Unterlassen. Eine Garantenstellung von Arzt und Sohn ist zu bejahen. Eine Sterbehilfe im engeren Sinne liege nicht vor, sodass die für diesen Fall genannten Grundsätze (vgl. D. II. 2.) keine Straffreiheit begründen könnten. Doch sei auch vor dem Einsetzen des Sterbevorganges das Selbstbestimmungsrecht des Patienten zu achten. Ein Behandlungsabbruch sei deshalb dann, aber auch nur dann zulässig, wenn er dem mutmaßlichen Willen des entscheidungsunfähigen Patienten entspreche. Von dem zum Pfleger bestellten Sohn verlangt der BGH außerdem noch in entsprechender Anwendung des § 1904 BGB, der unmittelbar nur von riskanten Untersuchungen und Behandlungen spricht, die Genehmigung des Vormundschaftsgerichts einzuholen. Da auch das Gericht nach dem mutmaßlichen Willen entscheiden muss, bleibt aber auch insoweit die materielle Rechtfertigung von diesem Kriterium abhängig.

Bei der Festlegung des mutmaßlichen Willens legt der BGH strenge Maßstäbe an. Es seien frühere mündliche oder schriftliche Äußerungen des Kranken ebenso zu berücksichtigen wie seine religiöse Überzeugung, seine sonstigen persönlichen Wertvorstellungen, seine altersbedingte Lebenserwartung oder das Erleiden von Schmerzen. Im Zweifel habe der Schutz des menschlichen Lebens Vorrang vor den persönlichen Überlegungen des Arztes oder der Angehörigen. Der Umstand, dass die Patientin acht oder zehn Jahre vorher unter dem Eindruck einer Fernsehsendung, in der ein ähnlicher Fall behandelt worden war, gesagt hatte, „so wolle sie nicht enden", erschien dem BGH nicht als tragfähige Grundlage für einen Behandlungsabbruch. Es hätte danach nahegelegen, dass die beiden Angeklagten in der unteren Instanz, an die der Fall zurückverwiesen wurde, verurteilt worden wären. Doch ist das LG Kempten zu einem Freispruch gekommen, weil es weitere tatsächliche Anhaltspunkte für einen mutmaßlichen Sterbewillen der Komapatientin gefunden hat.[51]

Auf derselben Linie liegt die erwähnte zivilrechtliche Entscheidung des OLG Frankfurt vom Juli 1998. Sie hat mit dem umstrittenen Analogieschluss

---

51 Vgl. *Verrel*, JZ 1996, 224, 229, Fn. 63; *Schöch*, in: FS für Hirsch, S. 693, 697.

aus § 1904 BGB die Entscheidung grundsätzlich dem Vormundschaftsgericht zugewiesen, das den mutmaßlichen Willen zu erforschen und dementsprechend zu bestimmen hat, ob die Behandlung fortgesetzt werden soll oder nicht.

Im Jahre 2003 hat der 12. Zivilsenat des BGH[52] ebenfalls dem Vormundschaftsgericht die Entscheidungszuständigkeit zugesprochen, diese aber nicht aus einer analogen Anwendung des § 1904 BGB, sondern „aus einem unabweisbaren Bedürfnis des Betreuungsrechts" abgeleitet. Der Beschluss entwickelt die bisherige Rechtsprechung auch dadurch fort, dass er „den irreversiblen tödlichen Verlauf" eines Grundleidens verlangt, wozu der BGH auch den Fall des Wachkomas rechnet. Ferner wird nunmehr eine Patientenverfügung nicht mehr als bloßes Indiz für den mutmaßlichen Willen des Patienten, sondern als „eigenständige Legitimationsgrundlage"[53] für Behandlungsbegrenzungen angesehen. Bei einem einwilligungsunfähigen Patienten „müssen lebenserhaltende oder -verlängernde Maßnahmen unterbleiben, wenn dies seinem zuvor – etwa in Form einer sog. Patientenverfügung – geäußerten Willen entspricht. Dies folgt aus der Würde des Menschen ..." (Leitsatz).

Die Entwicklung der Rechtsprechung hat also dahin geführt, dass die Patientenverfügung heute zwischen erklärtem Behandlungsverzicht und mutmaßlicher Einwilligung einen dritten Fall notwendiger Behandlungseinstellung abgibt. Das hat eine sechsjährige Diskussion über eine gesetzliche Regelung der Patientenverfügung ausgelöst, die nach langem Hin und Her am 18. Juni 2009 in ein vom Bundestag erlassenes Gesetz eingemündet ist.

b) Die gesetzliche Regelung der Patientenverfügung und ihre Vorgeschichte
In der rechtspolitischen Diskussion der letzten Jahre hatte sich überwiegend die Ansicht durchgesetzt, dass für eine verbindliche Patientenverfügung die Schriftform zu verlangen sei. Denn bei nur mündlichen Äußerungen sind nach Jahr und Tag in der Regel weder ihre Ernsthaftigkeit noch ihr exakter Wortlaut eindeutig feststellbar. Auch muss die schriftliche Verfügung eine eindeutige und auf die konkrete Entscheidungssituation zutreffende Willenserklärung enthalten.[54] Frühere mündliche Äußerungen können daher beim

---

52 BGHZ 154, 205.
53 *Verrel*, NStZ 2003, 449, 450.
54 AE-StB, GA 2005, 567.

Fehlen einer schriftlichen Patientenverfügung nur als Indizien für den mutmaßlichen Willen des Erkrankten in Betracht gezogen werden.
Die meisten übrigen Fragen waren strittig geblieben. Trotz der inzwischen erfolgten und unten dargestellten gesetzlichen Lösung soll zu den bis zum Frühjahr 2009 streitenden Meinungen wegen ihrer großen rechtspolitischen Bedeutung nachstehend noch einmal Stellung genommen werden.

Richtigerweise sollte die Wirksamkeit einer Patientenverfügung entgegen manchen Stimmen in der Literatur nicht an weitere einschränkende Wirksamkeitsvoraussetzungen gebunden sein. Das Verlangen einer notariellen Beurkundung[55] geht zu weit. Denn die Kosten und Umstände einer solchen Prozedur würden besonders alte und kranke Menschen abschrecken und damit die Patientenverfügungen, die im Interesse der Persönlichkeitsautonomie zu fördern sind, beträchtlich reduzieren. Auch geht es nicht um die Gewährleistung rechtlicher Korrektheit, für die der Notar sonst von der Rechtsordnung eingesetzt wird.[56]

Auch eine ärztliche Aufklärung und Beratung sollte nicht zu einer Wirksamkeitsvoraussetzung für die Patientenverfügung gemacht werden.[57] Sie ist freilich wünschenswert. Da aber ein Patient, der bei klarem Bewusstsein ist, sich eine weitere Behandlung ohne jede ärztliche Beratung verbitten kann, kann konsequenterweise beim Verfasser einer Patientenverfügung nicht anders entschieden werden. Zudem gibt es keinen vernünftigen Grund, den Willen eines Patienten zu missachten, der auf eine ärztliche Beratung verzichten will, weil er längst mit sich im Reinen ist.[58]

Ferner ist eine zeitliche Begrenzung der Gültigkeit von Patientenverfügungen (etwa auf zwei Jahre[59]) abzulehnen. Da der Patient seine Verfügung jederzeit widerrufen kann und die Möglichkeit eines Widerrufs auch nicht einmal an die Schriftform gebunden sein sollte, ist in Ermangelung eines Widerrufs davon auszugehen, dass er die einmal getroffene Verfügung aufrechterhält. Würde man trotzdem die Patientenverfügung nach einer bestimmten Zeit für ungültig erklären, so würde man die Entscheidung des Kranken einer ärztlichen Kontrolle unterwerfen, die der Patientenautonomie widerspricht.[60]

---

55 *Albrecht*, in: Hager (Hrsg.), Patientenverfügung, S. 51, 57; *Duttge*, Preis der Freiheit, S. 19.
56 Treffend zu alledem *Schroth*, GA 2006, 556.
57 So aber die Bioethik-Kommission Rheinland/Pfalz, S. 41; *Duttge*, Preis der Freiheit, S. 17. Wie hier der Deutsche Juristentag 2006, Abteilung Strafrecht, II, 7, f, g.
58 Ebenso AE-StB, GA 2005, 567; *Schroth*, GA 2006, 556.
59 So *Höfling*, MedR 2006, 25 ff., § 1 II 1 Nr. 2, Wie hier der Deutsche Juristentag 2006, II, 7, h.
60 Vgl. *Schroth*, GA 2006, 556 f.

Schließlich sollte die Wirksamkeit einer Patientenverfügung auch nicht auf bestimmte Krankheitsverläufe beschränkt werden. So will die Enquete-Kommission „Ethik und Recht der modernen Medizin" des Deutschen Bundestages eine die weitere Behandlung verbietende Patientenverfügung nur anerkennen bei „Fallkonstellationen..., in denen das Grundleiden irreversibel ist und trotz medizinischer Behandlung nach ärztlicher Erkenntnis zum Tode führen wird"[61]. Damit sollen nach der ausdrücklichen Bekundung der Kommission Patientenverfügungen bei Wachkomapatienten und im Spätstadium von Demenzerkrankungen keine Verbindlichkeit haben, weil der Zeitpunkt des Todeseintritts noch unbestimmt ist. Damit würden aber Patientenverfügungen gerade dort unverbindlich, wo sie einen Hauptanwendungsbereich haben können; viele alte Menschen wollen gerade den durch diese Krankheitsbilder bezeichneten Zuständen ein Ende setzen. Ihnen dies zu verbieten, widerspricht der Persönlichkeitsautonomie. Auch im Übrigen muss in einer Patientenverfügung frei darüber entschieden werden können, unter welchen Voraussetzungen der Kranke eine Weiterbehandlung wünscht.[62]

Außer an die verlässliche Dokumentation sollte die Wirksamkeit einer Patientenverfügung, wie der Deutsche Juristentag 2006[63] mit Recht gefordert hat, nur noch an eine einzige weitere Einschränkung gebunden werden: Ihre Verbindlichkeit sollte entfallen, „wenn der Patient bei der Abfassung spätere medizinische Entwicklungen, vor allem neue therapeutische Möglichkeiten, nicht berücksichtigen konnte, bei deren Kenntnis er nach sorgfältiger Ermittlung seines mutmaßlichen Willens eine andere Entscheidung getroffen hätte".

Nach mehrjährigen parlamentarischen Bemühungen standen sich im Frühjahr 2009 vier verschiedene Positionen gegenüber:

Am meisten Abgeordnete konnte ein Gesetzentwurf auf sich vereinigen, der von der Justizministerin *Zypries* und dem SPD-Abgeordneten *Stünker*[64] eingebracht wurde. Dieser Entwurf regelt die „Patientenverfügung" in § 1901a BGB Abs. 1 folgendermaßen: „Hat ein einwilligungsfähiger Volljähriger für den Fall seiner Einwilligungsunfähigkeit schriftlich festgelegt, ob er in bestimmte, zum Zeitpunkt der Festlegung noch nicht unmittelbar bevorstehende Untersuchungen seines Gesundheitszustandes, Heilbehandlungen oder ärztliche Eingriffe einwilligt oder sie untersagt (Patientenverfügung), prüft der Betreuer, ob diese Festlegungen auf die aktuelle Lebens- und Be-

---

61 BGHZ 154, 205, worauf sich die Enquete-Kommission beruft (BT-Drs. 15/3700 vom 13.9.2004).
62 Ebenso AE-StB, GA 2005, 568; *Schroth*, GA 2006, 556, 557.
63 Abteilung Strafrecht, II, 8.
64 *Stünker et al.*, Entwurf, BT-Drs. 16/8442, 2008.

handlungssituation zutreffen. Ist dies der Fall, hat der Betreuer dem Willen des Betreuten Ausdruck und Geltung zu verschaffen. Eine Patientenverfügung kann jederzeit formlos widerrufen werden." Abs. 3 legt die Geltung dieser Vorschrift „unabhängig von Art und Stadium einer Erkrankung" fest. Das entspricht im Wesentlichen der hier vorgeschlagenen Regelung.

Einen ähnlichen Vorschlag hatte eine Gruppe um den CSU-Abgeordneten *Zöller* vorgelegt.[65] Sie sah die schriftliche Abfassung nur als Sollvorschrift vor; die Erklärung „soll in regelmäßigen Abständen bestätigt werden" (§§ 1901b, 1901c BGB).

Die restriktivste Regelung enthielt ein Vorschlag, dessen Initiator der CDU-Abgeordnete *Bosbach* ist.[66] Die komplizierten Vorschriften sind in der Begründung des Entwurfs so zusammengefasst, dass „Festlegungen, die den Abbruch lebenserhaltender medizinischer Maßnahmen anordnen, nur in einer notariell beurkundeten Patientenverfügung mit dokumentierter ärztlicher Beratung (§ 1901b Abs. 2, § 1904a Abs. 1 BGB) und in Fällen mit infauster Prognose (§ 1901b Abs. 3, § 1904a Abs. 2 BGB) verbindlich" sind. „In Fällen, in denen keine unheilbare, tödlich verlaufende Krankheit vorliegt..., wiegt die Schutzpflicht des Staates für das Leben schwerer als dort, wo es um das Sterbenlassen von Sterbenden geht. Ohne infauste Prognose ist daher für einen Behandlungsabbruch immer die Genehmigung des Vormundschaftsgerichts erforderlich" (§ 1904 Abs. 2 BGB).

Eine Reihe von CDU-Parlamentariern um den Abgeordneten *Hüppe* wollte schließlich auf jede gesetzliche Festlegung verzichten.[67]

Bei der Abstimmung im Bundestag am 18. Juni 2009 hat sich der Entwurf *Stünker* durchgesetzt.[68] Damit ist eine Regelung geschaffen worden, die Rechtssicherheit verspricht und dem Willen des Patienten zur Durchsetzung verhilft. Die Absätze 1 und 3 des neuen § 1901a entsprechen wörtlich der oben zitierten Regelung des Vorschlages *Stünker*.

Beim Fehlen einer Patientenverfügung oder in dem Fall, dass diese die konkrete Situation nicht trifft, stellt § 1901a Abs. 2 mit Recht auf eine hypothetische Einwilligung ab: „Liegt keine Patientenverfügung vor oder treffen die Festlegungen einer Patientenverfügung nicht auf die aktuelle Lebens- und Behandlungssituation zu, hat der Betreuer die Behandlungswünsche oder den mutmaßlichen Willen des Betreuten festzustellen und auf dieser Grund-

---

65 *Zöller et al.*, Entwurf, BT-Drs. 16/11493, 2008.
66 *Bosbach et al.*, Entwurf, BT-Drs. 16/11360, 2008.
67 *Hüppe et al.*, Antrag, BT-Drs. 16/13262, 2009.
68 BGBl. I 2009, S. 2286 vom 29.7.2009, Geltung ab 1.9.2009.

lage zu entscheiden, ob er in eine ärztliche Maßnahme nach Abs. 1 einwilligt oder sie untersagt. Der mutmaßliche Wille ist aufgrund konkreter Anhaltspunkte zu ermitteln. Zu ermitteln sind insbesondere frühere mündliche oder schriftliche Äußerungen, ethische oder religiöse Überzeugungen oder sonstige persönliche Wertvorstellungen des Betreuten."

§ 1901b BGB trifft dann noch die ergänzende Bestimmung, dass der Arzt die von ihm für indiziert gehaltenen Maßnahmen zu prüfen und mit dem Betreuer „unter Berücksichtigung des Patientenwillens als Grundlage für die nach § 1901a zu treffende Entscheidung" zu erörtern hat (Abs. 1). Auch „soll nahen Angehörigen und sonstigen Vertrauenspersonen des Betreuten Gelegenheit zur Äußerung gegeben werden, sofern dies ohne erhebliche Verzögerung möglich ist" (Abs. 2).

Die Konzeption des Gesetzes überzeugt. Seine Bewährung in der Praxis bleibt abzuwarten.

E. Die aktive Sterbehilfe

Es entspricht der durchaus überwiegenden, wenngleich *de lege lata* und *de lege ferenda* nicht unumstrittenen Meinung (vgl. näher E. II.), dass die aktive Sterbehilfe im Sinne einer Tötung Sterbender oder Schwerkranker nach geltendem Recht unzulässig und strafbar ist. Das wird aus § 216 StGB abgeleitet, der die Tötung auf Verlangen unter – freilich gemilderte – Strafe stellt. Doch sollte man sich von vornherein klarmachen, dass dieser Grundsatz nur mit drei Einschränkungen gilt, von denen zwei schon erörtert worden sind. Die erste Einschränkung liegt in der Zulässigkeit der indirekten Sterbehilfe (oben C.), die eine aktive Tötung im Rahmen einer Schmerztherapie darstellt. Die zweite liegt beim technischen Behandlungsabbruch vor, wenn dieser bestimmte aktive Handlungen voraussetzt (oben D. I. 3.), auch wenn das Gesamtgeschehen als Unterlassung gewürdigt wird. Die dritte und einschneidendste Einschränkung liegt darin, dass eine aktive Sterbehilfe straflos ist, wenn sie sich als Beihilfe zum Selbstmord darstellt. Dieser Fall bedarf zunächst näherer Erörterung.

I. Die Straflosigkeit der Beihilfe zum Selbstmord

Nach deutschem Recht ist – anders als nach vielen anderen Rechtsordnungen – die Beihilfe zum Selbstmord straflos. Jede Beihilfe setzt die rechtswidrige Haupttat eines Täters voraus. Da der Selbstmord nicht unter den Tatbestand der Tötungsdelikte fällt, die die Tötung eines anderen voraussetzen,[69] gibt es auch keine Beihilfe zu diesem nicht existierenden Delikt. Wer also einem schwer leidenden Menschen, der aus dem Leben scheiden will, den Freitod ermöglicht, indem er ihm Gift oder eine Pistole zur Verfügung stellt, kann strafrechtlich nicht belangt werden. Der anschaulichste Fall aus der Rechtsprechung ist der des Arztes Hackethal, der im Jahre 1984 einer „schwerstkranken", an einem auf das Gehirn übergreifenden unheilbaren Gesichtskrebs leidenden Frau ein Gift (Kaliumcyanid) gegeben hatte. Die Patientin hatte dieses Gift mit Wasser vermischt getrunken und war daraufhin nach kurzer Zeit ohne erkennbaren Todeskampf sanft entschlafen. Die von der Staatsanwaltschaft betriebene Anklage wegen strafbarer Tötung auf Verlangen (§ 216 StGB) ist vom LG Traunstein wie auch vom OLG München zurückgewiesen worden.[70]

Allerdings wirft die Abgrenzung der straflosen Suizidteilnahme von der strafbaren Tötung zahlreiche Streitfragen auf, von denen hier nur die drei wichtigsten in knapper Form behandelt werden können (1–3).[71] Die Stellungnahme zu zwei Reformproblemen wird sich anschließen (4–5).

1. Die Beschränkung der Straflosigkeit auf den verantwortlichen Selbstmord

Unstrittig ist zunächst, dass eine Straflosigkeit des Außenstehenden nur bei einem „verantwortlichen" Selbstmord eintritt. Wer also einem aufgrund einer Psychose selbstmordgefährdeten Menschen zur Selbsttötung verhilft, ist stets als Täter eines Totschlages (§ 212 StGB) oder ggf. sogar Mordes (§ 211 StGB) zu bestrafen.

Umstritten ist aber, unter welchen Voraussetzungen man noch von einem verantwortlichen Selbstmord sprechen kann.[72] Während die eine Partei auf die strafrechtlichen Regeln der Schuldunfähigkeit verweist, stellt die andere auf die Grundsätze ab, die für die Wirksamkeit einer Einwilligung oder eines ernstlichen Verlangens im Sinne des § 216 StGB gelten. Sie hält den Selbstmord schon dann nicht mehr für verantwortlich, wenn er übereilt, unüberlegt

---

69 Das wird in der Literatur nur ganz vereinzelt und unter fast allgemeiner Ablehnung bestritten. Näher dazu *Roxin*, in: FS für Dreher, S. 331 ff.
70 Vgl. dazu das lesenswerte Urteil des OLG München, NJW 1987, 2940, das durch einen Aufsatz von *Herzberg*, NJW 1986, 1635 ff. maßgeblich beeinflusst worden ist.
71 Eine nähere Darstellung findet sich bei *Roxin*, NStZ 1987, 345 ff.; *ders.*, in: Pohlmeier (Hrsg.), Selbstmordverhütung, S. 79, 85 ff.; *ders.*, in: 140 Jahre Goltdammer's Archiv für Strafrecht, 177 ff.
72 Näher dazu *Roxin*, in: 140 Jahre Goltdammer's Archiv für Strafrecht, 177, 178 f.

oder aus einer momentanen Verstimmung heraus begangen wird. Das führt zu einer sehr viel weitergehenden Strafbarkeit der Beteiligten.

Ich habe immer die strengere, auf die Regeln der Zurechnungsfähigkeit abstellende Meinung vertreten, weil ein Rekurs auf Einsicht und Besonnenheit des Suizidenten eine Rechtsunsicherheit schafft, die im Grenzbereich von Tötungsstrafbarkeit und Straflosigkeit unerträglich ist. Diese Auffassung hat die Unterstützung des Deutschen Juristentages 2006[73] gefunden, der beschlossen hat: „Die Freiverantwortlichkeit des Suizids ist nach den Maßstäben der §§ 20, 21 StGB zu bestimmen." Allerdings reduziert sich die Bedeutung des Streits wesentlich bei unserem Thema, bei dem es um die Mitwirkung am Suizid schwerkranker und sterbewilliger Menschen geht. Denn wenn ein solcher Mensch aus dem Leben scheiden will, handelt er nicht in zurechnungsunfähigem Zustand, sondern unter voller Einsicht in seine Situation und unter sorgfältiger Abwägung aller für ihn maßgeblichen Umstände. So wird es jedenfalls in der Regel sein. Im Falle Hackethal z. B. stand die Verantwortlichkeit des Suizids nach allen dazu vertretenen Lehren außer Zweifel.

2. Die Abgrenzung von Suizidteilnahme und Tötung auf Verlangen

Nicht unangefochten ist auch die Abgrenzung von Suizidteilnahme und Tötung auf Verlangen. Sie richtet sich nach überwiegender Meinung danach, wer die Herrschaft über den letzten, unwiderruflich zum Tode führenden Akt innehat. Liegt sie beim Suizidenten, kann die Mitwirkung eines Außenstehenden nur straflose Teilnahme sein; liegt sie beim Außenstehenden, handelt es sich um eine strafbare Tötung auf Verlangen. Straflos ist also, wer das Gift mischt oder den Revolver lädt, mit dem das Opfer sich selbst tötet. Dagegen ist nach § 216 StGB strafbar, wer einen schwerkranken und sterbewilligen Menschen auf dessen Verlangen durch eine Injektion oder durch einen Revolverschuss tötet.

Es wird oft bezweifelt, ob diese Abgrenzung sinnvoll und praktisch durchführbar sei. Das ist im Prinzip zu bejahen, auch wenn Grenzfälle, wie überall im Recht, Schwierigkeiten bereiten können.[74] Ihre sachliche Berechtigung findet sie in der Annahme, dass dem Gesetzgeber die Autonomie des suizidalen Aktes gegen mögliche Fremdbestimmung nur gesichert erscheint, wenn der Sterbewillige den Selbstmord höchstpersönlich begeht, d. h. die „Herrschaft

---

[73] Abteilung Strafrecht, IV, 2, a.
[74] Eine Auseinandersetzung mit solchen schwierigen Grenzfällen findet sich bei *Roxin*, in: 140 Jahre Goltdammer's Archiv für Strafrecht, 177, 183–186.

über den todbringenden Moment" in der Hand behält. Wer sich mit eigener Hand erschießt, hat den letzten Entschluss durchgestanden und muss seinen Tod selbst verantworten. Wer sich erschießen lässt, überlässt einem anderen den Akt unwiderruflicher Entscheidung, vor dessen Vollzug er selbst vielleicht noch zurückgeschreckt wäre. Hier trägt der Außenstehende die letzte Verantwortung für den Tod des Opfers und macht sich nach § 216 StGB strafbar.

Ein Sonderproblem tritt auf, wenn eigenhändige Tötungsakte des Suizidenten und eines Außenstehenden zeitlich aufeinanderfolgen. Ein Beispiel dafür bietet der vom BGH entschiedene Scophedal-Fall.[75] Ein alter, kranker und bettlägeriger Arzt hatte bei voller geistiger Verantwortlichkeit den Entschluss gefasst, sich durch Einspritzung von Scophedal (eines Narkoanalgeticums) zu töten. Da er befürchtete, ihn könnten dabei die Kräfte verlassen, bat er seinen Neffen, ihm dabei erforderlichenfalls zu helfen. Einige Tage später setzte er den Plan in die Tat um und fiel sofort in tiefen Schlaf. Der hinzukommende Neffe befürchtete, der Selbstmordversuch werde möglicherweise misslingen und gab dem Onkel noch eine weitere Spritze. Dieser starb eine Stunde später. Möglicherweise wäre der Arzt aber auch schon an der selbst applizierten Injektion gestorben. Mit Sicherheit ließ sich nur feststellen, dass er ohne das Eingreifen des Neffen mindestens eine Stunde länger gelebt hätte.

Der BGH hat mit Zustimmung der h. M. den Neffen ohne Weiteres wegen Tötung auf Verlangen bestraft. Dafür lässt sich geltend machen, dass er durch eine gezielte, aktive, durch keine weitere Tätigkeit des Arztes vermittelte Tötungshandlung dessen Leben um mindestens eine Stunde verkürzt hat und dass auch eine so geringfügige Lebensverkürzung nach den allgemeinen Regeln von Kausalität und Zurechnung schon eine Tötungshandlung ist. Mir scheint es aber näher zu liegen, bei Betrachtung des Gesamtvorganges nur eine straflose Beihilfe zum Suizid anzunehmen. Denn der Arzt hatte ja schon mit eigener Hand seinen Tod in einer für ihn nicht mehr reversiblen Weise ins Werk gesetzt, im Verhältnis zu der das Nachhelfen des Neffen nur als eine den Geschehensablauf geringfügig modifizierende Förderung und damit als Beihilfe erscheint. Immerhin gewinnt diese Minderheitsauffassung in zunehmendem Maße Anhänger.[76]

---

75 NStZ 1987, 365 mit Aufsatz *Roxin*, NStZ 1987, 345.
76 *Hohmann/König*, NStZ 1989, 304 ff. (mit eingehender Begründung); NK – *Neumann*, StGB, Vor § 211 Rn. 92; *Schroth*, GA 2006, 556, 567, Fn. 87: „Sieht man den Schutzzweck des § 216 StGB darin, dass vor übereilten Entscheidungen bzw. Willensmängeln geschützt werden soll, so erfordern diese Schutzzwecke keine Bestrafung.".

3. Strafbarkeit wegen unterlassener Rettung des Suizidenten?

Schließlich wird die Straflosigkeit der Teilnahme am Selbstmord der Sache nach durch die Rechtsprechung wieder dadurch reduziert, dass sie den Außenstehenden bei Vorliegen der Tätervoraussetzungen im Falle einer Garantenstellung wegen Totschlags durch Unterlassen und im Übrigen wegen unterlassener Hilfeleistung (§ 323c StGB) bestraft, wenn er den handlungsunfähig gewordenen Suizidenten nicht durch Verbringung ins Krankenhaus oder andere geeignete Maßnahmen rettet. Auf diese Rechtsprechung ist bereits bei Behandlung der passiven Sterbehilfe aus Anlass des Falles Wittig (oben D. I. 2.) hingewiesen worden. Sie ist aus den dort genannten Gründen abzulehnen. Sie steht zudem mit der Straflosigkeit der aktiven Selbstmordteilnahme im Widerspruch, indem sie auf dem Umweg einer Unterlassungskonstruktion diese doch bestraft. Ungerecht ist das auch deswegen, weil ein Selbstmordgehilfe der Straflosigkeit ohne Weiteres dadurch entgehen kann, dass der Suizid unter Umständen vollzogen wird, die eine nachträgliche Rettung ausschließen. So hatte z. B. Hackethal in dem geschilderten Fall (oben E. I.) ein Mittel gewählt, das nach der Einnahme in kurzer Zeit tödlich wirkte und keine Hilfe mehr zuließ. Zum Vorschlag einer gesetzlichen Klarstellung der Straflosigkeit in solchen Fällen vgl. schon oben D. I. 2.

4. Die ärztlich assistierte Selbsttötung

Obwohl die Beihilfe zum Suizid generell und, wie der Fall Hackethal zeigt (oben E. I.), auch die Beihilfe von Seiten eines Arztes straflos ist, wird sie von den meisten Ärzten ebenso wie in den Grundsätzen der Bundesärztekammer[77] abgelehnt. Danach „widerspricht die Mitwirkung des Arztes bei der Selbsttötung dem ärztlichen Ethos und kann strafbar sein" (wobei der Hinweis auf die Möglichkeit einer Strafbarkeit sich nur auf die Fälle einer nicht verantwortlichen Selbsttötung beziehen kann; dazu oben E. I. 1.). Auch im Nationalen Ethikrat[78] bestehen „nach überwiegend vertretener Auffassung... grundlegende Bedenken gegen jede Form der organisierten Vermittlung von Suizidbeihilfe". Ob eine solche ärztliche Verweigerung bei unheilbaren und unerträglichen Leidenszuständen allemal richtig ist, hat schon die Bioethik-Kommission des Landes Rheinland-Pfalz in ihrem Bericht über Sterbehilfe und Sterbebegleitung[79] mit Recht bezweifelt. Denn wenn der

---

77 BÄK-Grundsätze, NJW 1998, 3406.
78 Wie nationaler Ethikrat, „Stellungnahme", S. 49.
79 http://www.justiz.rep.de.

Sterbewillige in aussichtslosen Situationen keine ärztliche Hilfe erhalten kann, muss er versuchen, den Suizid auf dilettantische Weise selbst in die Wege zu leiten, was zu erhöhten Qualen und in vielen Fällen (beim Sturz aus einem hoch gelegenen Fenster oder bei dem Versuch, sich vor Bahnen oder Kraftfahrzeuge zu werfen) auch zur Gefährdung Unbeteiligter führen kann. Auch ist angesichts der internationalen Entwicklung der Sterbehilfe-Diskussion (dazu S. 112 ff.) zu bedenken, dass die unbeschränkte Strafbarkeit der Tötung auf Verlangen, die in Deutschland ganz überwiegend befürwortet wird, auf die Dauer nur aufrechtzuerhalten sein wird, wenn auch standesrechtlich klargestellt wird, dass in ausweglosen Fällen die ärztliche Assistenz bei einer Selbsttötung zulässig ist.

Der AE-StB 2005[80], hat in § 4 des Entwurfs eines Sterbebegleitungsgesetzes folgende Regelung vorgeschlagen:

> (1) Ein Arzt darf auf ausdrückliches und ernstliches Verlangen eines tödlich Kranken nach Ausschöpfung aller therapeutischen Möglichkeiten zur Abwendung eines unerträglichen und unheilbaren Leidens Beihilfe zur Selbsttötung leisten.
>
> (2) Ein Arzt ist zu einer solchen Hilfe nicht verpflichtet, soll jedoch auf ausdrücklichen Wunsch des Patienten nach Möglichkeit an einen anderen Arzt verweisen, der hierzu bereit ist.

Eine solche Regelung, die mit den nachstehend geschilderten Einschränkungen für die „organisierte" Beihilfe zum Suizid Zustimmung verdient,[81] hat auch den Beifall des Deutschen Juristentages 2006[82] gefunden. Dieser erklärt: „Die ausnahmslose standesrechtliche Missbilligung des ärztlich assistierten Suizids sollte einer differenzierten Beurteilung weichen, welche die Mitwirkung des Arztes an dem Suizid eines Patienten mit unerträglichem, unheilbarem und mit palliativmedizinischen Mitteln nicht ausreichend zu lindernden Leiden als eine nicht nur strafrechtlich zulässige, sondern auch ethisch vertretbare Form der Sterbebegleitung toleriert." Freilich sollte eine ärztliche Dokumentationspflicht vorgesehen werden, wie sie der AE-StB und der Deutsche Juristentag 2006 für den Fall der möglicherweise lebensverkürzenden Leidenslinderung schon vorsehen.

---

80 GA 2005, 553 ff.
81 Ebenso *Schroth*, GA 2006, 556, 571.
82 Abteilung Strafrecht IV, 5, 1. Variante.

5. Soll man Formen organisierter Beihilfe zur Selbsttötung unter Strafe stellen?

Wie groß das Bedürfnis nach der Anerkennung einer fachkundig assistierten, unter humanen Bedingungen ermöglichten Selbsttötung schwer leidender, unheilbar Kranker ist, zeigt sich nicht zuletzt daran, dass sich in Deutschland inzwischen ein „Sterbetourismus" entwickelt hat. Kranke, die hier keine Möglichkeit für eine „würdige" Lebensbeendigung finden, fahren in die Schweiz, um sich dort von Mitarbeitern der Organisation „Dignitas" beim Suizid helfen zu lassen.

Als Reaktion darauf haben die Bundesländer Saarland, Thüringen und Hessen einen Gesetzesentwurf vorgelegt, der die geschäftsmäßige Beihilfe zum Suizid unter Strafe stellt:[83] „Wer in der Absicht, die Selbsttötung eines anderen zu fördern, diesem hierzu geschäftsmäßig die Gelegenheit vermittelt oder verschafft, wird ... bestraft."

Eine solche Vorschrift ist aus doppeltem Grunde abzulehnen. Erstens kann die Geschäftsmäßigkeit eines an sich erlaubten Verhaltens als solche schlechterdings keinen Bestrafungsgrund abgeben. Denn es ist nicht ersichtlich, welches Rechtsgut durch ein solches Verhalten verletzt sein sollte. Und zweitens würde der ärztlich assistierte Suizid, dessen Anerkennung gefördert werden sollte (dazu C. IV.), auf diese Weise praktisch unmöglich gemacht, weil ein Arzt, der helfend tätig würde, schon bei der zweiten Assistenz wegen „Geschäftsmäßigkeit" in die Strafbarkeitszone geriete und unter solchen Umständen von einem solchen Verhalten in der Regel überhaupt Abstand nehmen würde.

Ein tragfähiges Motiv für eine Bestrafung ergibt sich erst dann, wenn jemand den hilflos Leidenden in seiner Not durch überhöhte Geldforderungen ausbeutet. Der AE-StB hat, um dem vorzubeugen, einen neuen § 215a StGB vorgeschlagen: „Wer die Selbsttötung eines anderen aus Gewinnsucht unterstützt, wird mit Freiheitsstrafe bis zu fünf Jahren oder mit Geldstrafe bestraft." *Schroth*[84] hält den Begriff der Gewinnsucht für zu vage und will stattdessen sagen:

> (1) Wer einen anderen, um sich oder einen Dritten zu bereichern, unter Ausbeutung von dessen Zwangslage Beihilfe zur Selbsttötung leistet, oder einer solchen Handlung durch seine Vermittlung Vorschub leistet, wird ... bestraft.
> (2) Wer die Tat gewerbsmäßig begeht, wird ... bestraft.

---

83 BR-Drs. 230/06 v. 27.3.2006.
84 *Schroth*, GA 2006, 556, 570.

Der Deutsche Juristentag 2006[85] hat beide Vorschläge kombiniert, indem er empfiehlt, die „Förderung der Selbsttötung" sowohl „bei Handeln aus Gewinnsucht" als auch „bei Ausbeutung einer Zwangslage in Bereicherungsabsicht" unter Strafe zu stellen. Über die Formulierungen kann man streiten. Der Sache nach sollte die Strafvorschrift alle Fälle erfassen, in denen über Kosten, Auslagen und ein normales Arzthonorar hinaus weitere Geldzahlungen verlangt werden.

II. Die Tötung auf Verlangen

1. Die herrschende Meinung: ausnahmslose Strafbarkeit

Demgegenüber ist die Tötung auf Verlangen, soweit sie in einer auf Lebensverkürzung abzielenden, die Herrschaft über den unmittelbar todbringenden Akt einschließenden Begehungstat besteht, nach herrschender Meinung unter allen Umständen strafbar.[86] Mag der Patient also auch noch so große Qualen leiden, dem Tode noch so nahe sein und die erlösende Spritze noch so flehentlich erbitten: Wer sie ihm injiziert, ist auf jeden Fall nach § 216 StGB zu bestrafen. Auch die neuesten Grundsätze der Bundesärztekammer sagen (I, Abs. 2, Satz 3): „Eine gezielte Lebensverkürzung durch Maßnahmen, die den Tod herbeiführen oder das Sterben beschleunigen sollen, ist unzulässig und mit Strafe bedroht." Auch sämtliche Mitglieder des Nationalen Ethikrates[87] tragen, wenn auch aus unterschiedlichen Gründen, „die Empfehlung mit, dass in das deutsche Strafrecht gegenwärtig keine Ausnahmetatbestände eingefügt werden sollen, die die Tötung auf Verlangen unheilbar Kranker ausdrücklich zulassen". Ebenso hat der Deutsche Juristentag 2006[88] – in Übereinstimmung mit dem AE-StB 2005 – beschlossen: „Eine auch nur partielle Legalisierung der Tötung auf Verlangen – etwa nach niederländischem Vorbild – ist abzulehnen."

---

85 Strafrechtliche Abteilung, IV, 3, b, c.
86 Um die Klärung der damit verbundenen verfassungsrechtlichen Fragen bemühen sich: *Antoine*, Aktive Sterbehilfe in der Grundrechtsordnung; *Kämpfer*, Selbstbestimmung Sterbewilliger; *Lindner*, JZ 2006, 373 ff., mit Erwiderung *Duttge*, JZ 2006, 899 ff. und Schlusswort *Lindner*, JZ 2006, 902.
87 Wie Nationaler Ethikrat, „Stellungnahme", S. 51.
88 Abteilung Strafrecht, V, 1.

2. Strafbarkeitseinschränkungen und abweichende Gesetzesvorschläge in der Literatur

Diese Lösung ist keineswegs selbstverständlich und auch nicht unbestritten. Das niederländische und das belgische Recht lassen eine aktive Sterbehilfe unter bestimmten verfahrensrechtlichen Sicherungen zu.[89] Diese Regelungen haben in Deutschland manche Anhänger gefunden. Eigenständige, aber ähnliche Gesetzesvorschläge verschiedener Autoren treten hinzu.

In den Niederlanden wird die Tötung auf Verlangen nach Art. 293 II von Strafe freigestellt, wenn sie von einem Arzt begangen wird, der dabei bestimmte Sorgfaltskriterien erfüllt. Diese Kriterien sind in Art. 2 eines Gesetzes über die Überprüfung von Lebensbeendigung enthalten. Danach muss der Arzt zu der Überzeugung gelangt sein, dass der Patient freiwillig und nach reiflicher Überlegung um Sterbehilfe gebeten hat und dass dessen Zustand aussichtslos und unerträglich ist. Der Arzt muss mit dem Patienten über dessen Zustand und Aussichten gesprochen und einen zweiten unabhängigen Arzt hinzugezogen haben, der den Patienten gesehen und ein schriftliches Urteil über das Vorliegen der Sorgfaltskriterien abgegeben hat. Die aktive Lebensbeendigung ist in einem auszufüllenden Formular dem kommunalen Leichenbeschauer zu melden, der den Vorgang einer Kontrollkommission mitteilt, die die Einhaltung der Sorgfaltskriterien überprüft. Eine ganz ähnliche Regelung hat Belgien im Jahre 2002 eingeführt.[90]

Auch in Deutschland wird von manchen Autoren teils schon *de lege lata*, teils *de lege ferenda* für eine begrenzte Freigabe der aktiven Tötung auf Verlangen plädiert. Ich beschränke mich dabei auf neuere Stellungnahmen.

---

89 *Reuter*, Die gesetzliche Regelung der aktiven ärztlichen Sterbehilfe des Königsreichs der Niederlande; *Grundmann*, Das niederländische Gesetz; *Fischer*, Recht auf Sterben?; *Khorrami*, MedR 2003, 19, 22 ff. Ferner rechtsvergleichend: *Wernstedt*, Sterbehilfe in Europa; *Leitner*, Sterbehilfe im deutsch-spanischen Rechtsvergleich; *Schmaltz*, Sterbehilfe. Rechtsvergleich Deutschland – USA; *Baer-Henney*, Die Strafbarkeit aktiver Sterbehilfe – ein Beispiel für symbolisches Strafrecht? Eine Analyse der deutschen Rechtslage auf die Bezugnahme des assistierten Freitods in den USA; *Kämpfer*, Selbstbestimmung Sterbewilliger; *Heun*, The Right to Die – Terry Schiavo Assisted Suicide und ihre Hintergründe in den USA, JZ 2006, 425. Speziell zum spanischen Recht: *Núñez Paz*, La Buena Muerte. El derecho a morir con dignidad. Zur Situation der Schweiz instruktiv *Kunz*, in: FS für Trechsel, S. 613 ff. Rechtsgeschichtlich: *Große-Vehme*, Tötung auf Verlangen (§ 216 StGB), „Euthanasie" und Sterbehilfe.; *C. Merkel*, „Tod den Idioten". Über „Sterbehilfe – im Spiegel der Rechtstatsachenforschung" unterrichten *Janes/Schick*, NStZ 2006, 484 ff.

90 Eine kurz gefasste, aber genaue Darstellung der Rechtslage in den Niederlanden und in Belgien liefert *Schreiber*, in: FS für Rudolphi, S. 543, 546–549.

Jakobs[91] will § 216 StGB einschränkend so auslegen, dass er nur unvernünftige Tötungen erfasst. Wenn der Todeswunsch des Sterbewilligen vernünftig sei, so sei sein Selbstbestimmungsrecht genauso zu respektieren wie bei der indirekten und bei der passiven Euthanasie. Praktisch läuft das bei kranken und leidenden alten Leuten auf eine weitgehende Freigabe der aktiven Euthanasie hinaus. Denn deren Sterbewunsch wird von *Jakobs* als vernünftig anerkannt.

Herzberg[92] und *Merkel*[93] sehen zwar bei einer direkten Tötung auf Wunsch des schwer leidenden Kranken den Tatbestand des § 216 StGB als erfüllt an, wollen dem Täter aber ggf. einen rechtfertigenden Notstand nach § 34 StGB zugute halten. Sie erweitern also das Modell der indirekten auf die direkte aktive Euthanasie und sehen ggf. auch in ihr ohne weitere Schmerztherapie eine Form der Leidensbeseitigung. *Herzberg* geht dabei zurückhaltend vor, indem er mit Hilfe des § 34 StGB hauptsächlich Fälle rechtfertigt, die von der heute h. M. ohnehin als Beihilfe zum Suizid gewürdigt werden. Bei der erbetenen tödlichen Injektion zögert er mit einer grundsätzlichen Ablehnung des § 34 StGB, vermeidet aber eine „Festlegung in dieser brisanten Frage"[94].
R. Merkel geht weiter, indem er generell sagt:[95] „Auch die gezielte aktive Tötung auf Verlangen ist in Fällen, in denen das (bekundete) Interesse eines Menschen an der Beendigung seines Leidens sein Lebensinteresse eindeutig überwiegt, nach § 34 StGB als Notstandshandlung gerechtfertigt ..." Bei der Abwägung im Einzelnen legt auch er sich nicht fest, sondern betont: „Die genauen Kriterien einer solchen Abwägung sind gewiss schwierig und kaum ohne ausdifferenzierte Kasuistik zu ermitteln." In seiner neuesten Veröffentlichung zum Thema[96] äußert er sich zurückhaltender, weil er die meisten einschlägigen Fälle über die indirekte Sterbehilfe löst.

Es gibt auch mannigfache Vorschläge *de lege ferenda*, von denen einige viel diskutierte angeführt seien. *Hoerster*[97] plädiert für einen neuen § 216a StGB mit folgendem Wortlaut:

---

91 *Jakobs*, Tötung auf Verlangen, Euthanasie und Strafrechtssystem, S. 25 f., 29 ff. Dazu näher *Roxin*, in: FS für Jakobs, S. 571 ff.
92 *Herzberg*, NJW 1986, 1635, 1638 ff.
93 *R. Merkel*, in: Hegselmann/Merkel (Hrsg.), Zur Debatte über Euthanasie, S. 71 ff.
94 *Herzberg*, NJW 1986, 1635, 1640.
95 *R. Merkel*, in: Hegselmann/Merkel (Hrsg.), Zur Debatte über Euthanasie, S. 71, 97.
96 *R. Merkel*, in: FS für Schroeder, S. 297, 320 f.
97 *Hoerster*, Sterbehilfe im säkularen Staat, S. 169 f.

(1) Ein Arzt, der einen schwer und unheilbar leidenden Menschen tötet, handelt nicht rechtswidrig, wenn der Betroffene die Tötungshandlung aufgrund freier und reiflicher Überlegung, die er in einem urteilsfähigen und über seine Situation aufgeklärten Zustand durchgeführt hat, ausdrücklich wünscht oder wenn, sofern der Betroffene zu solcher Überlegung nicht imstande ist, die Annahme berechtigt ist, dass er die Tötungshandlung aufgrund solcher Überlegung für den gegebenen Fall ausdrücklich wünschen würde.
(2) Das Vorliegen der in Abs. 1 genannten Voraussetzungen führt nur dann zum Ausschluss der Rechtswidrigkeit, wenn es von dem Arzt, der die Tötungshandlung vornimmt, sowie von einem weiteren Arzt in begründeter Form schriftlich dokumentiert worden ist.

Wolfslast[98] will bei aktiver Sterbehilfe unter vier Voraussetzungen einen Strafausschließungsgrund annehmen: Es muss sich um einen objektiv aussichtslos Kranken handeln, der subjektiv unerträglich leidet (1). Es muss ein ausdrückliches Verlangen des Patienten vorliegen (2). Der Patient muss aktuell einsichtsfähig sein, sodass also aktive Sterbehilfe aufgrund einer Patientenverfügung nicht in Betracht kommt (3). Der Arzt müsste sich die Tötung auf Verlangen durch eine interdisziplinär besetzte Ethikkommission genehmigen lassen.

Czerner[99] schlägt einen neuen § 216 I 2 StGB vor, wonach eine Tötung auf Verlangen unter sechs gründlich umschriebenen, hier verkürzt wiedergegebenen Voraussetzungen straflos sein soll. Der Patient muss an einer unheilbaren Krankheit ohne Aussicht auf Besserung leiden (1). Er muss unerträgliche, nicht hinreichend linderungsfähige Schmerzen oder Leiden erdulden (2). Er muss seinen Sterbewunsch freiverantwortlich und ausdrücklich geäußert haben (3). Er muss seinen Wunsch innerhalb von vier Wochen in drei Gesprächen mit jeweils zwei Ärzten, einem Sozialarbeiter oder Psychologen und möglichst auch mit einer Vertrauensperson besprochen haben (4). Die Ärzte müssen ihn über alle medizinischen Fragen umfassend aufgeklärt und die Aufklärung sorgfältig dokumentiert haben (5). Der Sterbewunsch muss vom Vormundschaftsgericht in der Besetzung mit drei Richtern im Hinblick auf die vorgenannten fünf Voraussetzungen überprüft und einstimmig genehmigt werden (6).

---

98 *Wolfslast*, in: FS für Schreiber, S. 913, 924 ff.
99 *Czerner*, Das Euthanasie-Tabu. Vom Sterbehilfe-Diskurs zur Novellierung des § 216 StGB, S. 11.

Kusch[100] will in einem neu zu schaffenden § 217 StGB den Tatbestand des § 216 StGB unter vier Voraussetzungen als nicht erfüllt ansehen. Danach muss die Tötung durch einen Arzt erfolgen und der Beendigung schwerster, unerträglicher, nicht hinreichend zu lindernder Leiden dienen (1). Der Betroffene muss mindestens 18 Jahre alt sein (2). Ein Arzt muss in einem schriftlich zu dokumentierenden Beratungsgespräch zu der Überzeugung gelangt sein, dass der Kranke seinen Wunsch freiwillig und in einsichtsfähigem Zustand geäußert hat (3). Das Verlangen muss notariell beurkundet sein (4).

Lüderssen[101] will den heutigen § 216 als Abs. 1 seines Gesetzesvorschlages aufrechterhalten, aber einen Abs. 2 anfügen, wonach in solchen Fällen „kein Unrecht" vorliegt, „wenn die von einem Arzt vorgenommene Tötung der Beendigung eines schwersten, vom Betroffenen nicht mehr zu ertragenden Leidenszustandes dient, der nicht durch andere Maßnahmen behoben werden kann, und der behandelnde Arzt deshalb mit der Ablehnung des Verlangens seine ärztliche Beistandspflicht gegenüber dem Verlangenden verletzen würde". Diese Voraussetzungen sollen „von zwei weiteren Ärzten, von denen einer nicht an der unmittelbaren Behandlung des Patienten beteiligt sein darf, in Schriftform bestätigt" werden. Eine Verletzung der „Beistandspflicht" durch Unterlassung der Tötung soll nicht bestraft werden.

Die zitierten Vorschläge dürften den Rahmen, innerhalb dessen heute über die Zulassung einer aktiven Sterbehilfe ernsthaft diskutiert werden kann, ziemlich vollständig abdecken. Sie verlangen übereinstimmend schwerste und unheilbare körperliche Leiden des Sterbewilligen, unterscheiden sich aber in der rechtlichen Konstruktion (Tatbestandsausschluss, Rechtfertigungsgrund oder bloßer Strafausschluss) und in den prozeduralen Voraussetzungen (Dokumentation durch zwei oder drei Ärzte, vorherige Einschaltung einer Ethik-Kommission oder nachträgliche Vorlage an eine Kontrollkommission, drei Beratungsgespräche und Zustimmung des Vormundschaftsgerichts, ärztliches Beratungsgespräch und notarielle Beurkundung des Sterbeverlangens).

3. Stellungnahme

Alle diese Vorschläge sind von sittlichem Ernst und dem ehrlichen Willen getragen, sterbenskranken Menschen unter Respektierung ihrer persönlichen Autonomie zu helfen. Sie lassen sich daher gegen ethische oder religiös moti-

---

100 *Kusch*, NJW 2006, 261, 262 f.
101 *Lüderssen*, JZ 2006, 689, 695.

vierte Kritik mit guten Gründen verteidigen. Denn da man, wie schon die Zulässigkeit der passiven Euthanasie und die Straflosigkeit der Beihilfe zum Suizid zeigen, den Sterbewillen eines schwer Leidenden respektieren muss oder darf, kann ein frei gewählter Tod gegen keine zentralen ethischen Grundsätze verstoßen. Außerdem könnte die ethische Problematik eines Verhaltens auch keine Strafe begründen, solange die Autonomie des Betroffenen gewahrt bleibt. Auch von einem Verstoß gegen die Menschenwürde kann nicht die Rede sein. Es wäre zynisch zu behaupten, dass der Sterbewillige durch den Wunsch, sein unerträgliches Leiden zu beenden, seine Menschenwürde preisgebe. Zudem würde ein Verstoß gegen die eigene Menschenwürde noch keinen Bestrafungsgrund (auch nicht für Außenstehende) abgeben. Auch dem Arzt könnte man keinen Menschenwürdeverstoß vorwerfen. Denn er instrumentalisiert niemanden für fremde Zwecke. Auch theologische Argumente haben in diesem Zusammenhang keinen Raum. Abgesehen davon, dass sie in einem laizistischen Staat ohnehin zur Strafbegründung untauglich sind, kann man nicht annehmen, dass Gott einem kranken Menschen unerträgliche Qualen zumuten will. Mit Recht sagt *Schreiber*:[102] „Gott kann ich mir nicht anders vorstellen, als dass er dafür Verständnis haben wird, wenn ich ihm das mir gegebene Leben in hoffnungsloser Leidenssituation vorzeitig zurückgebe, mich zu ihm flüchte, wenn meine Krankheit unerträglich wird."

Dennoch sprechen bei Abwägung aller Gesichtspunkte die besseren Gründe dafür, mit der in Deutschland auch heute noch durchaus herrschenden Meinung die Strafbarkeit der aktiven Tötung auf Verlangen uneingeschränkt beizubehalten.[103] Dafür sind vor allem vier zentrale, ineinandergreifende Erwägungen maßgeblich.

Erstens würde, wenn die wunschgemäße Tötung alter und kranker Menschen staatlich gebilligt und in rechtlichen Formen vollzogen würde, der bisher bestehende umfassende Schutz des menschlichen Lebens in bedenklicher Weise gefährdet. Es könnte sich die Meinung durchsetzen, die Tötung alter und hinfälliger Menschen sei etwas Normales, und das Verlangen nach einer solchen Tötung sei gesellschaftlich üblich oder geradezu erwartet. Wenn eine solche Ansicht herrschend wird, kann auch die Einschaltung von weiteren Ärzten und Kontrollinstanzen an einer solchen Entwicklung nichts ändern,

---

102 *Schreiber*, in: FS für Rudolphi, S. 543, 550.
103 Vgl. dazu nur – im Ergebnis und auch in vielen Argumenten weitgehend übereinstimmend – die sorgfältigen Auseinandersetzungen bei *Schreiber*, in: FS für Rudolphi, S. 543 ff.; *Dölling*, in: FS für Laufs, S. 767 ff.; *Schroth*, GA 2006, 556, 559 ff.; *Ingelfinger*, Grundlagen und Grenzbereiche des Tötungsverbots, S. 165–239.

da dem Todeswunsch nicht widersprochen werden und er womöglich durch ärztliche und familiäre Fragen erst hervorgerufen wird. Man halte das nicht für eine übertriebene Dramatisierung! Da durchschnittlich drei Viertel der lebenslang entstehenden Gesundheitskosten auf das letzte halbe Lebensjahr entfallen,[104] könnten wirtschaftliche Erwägungen eine solche Tendenz durchaus begünstigen.

Hinzu kommt, dass die Zulassung der Tötung auf Verlangen die Bemühungen um eine effiziente Schmerztherapie und um menschliche Zuwendung für Sterbenskranke lähmen könnte. Schmerzlinderung und persönliche Anteilnahme lassen den Todeswunsch hoffnungslos Kranker, die sich verlassen fühlen, meist verschwinden und tragen dazu bei, ihnen ihre letzte Lebensphase wieder sinnvoll zu machen. Es wäre bedauerlich, wenn alle diese Bemühungen verkümmerten, weil es eine „einfachere" Lösung gibt, und wenn die dadurch hervorgerufene Vereinsamung Sterbenskranker sogar noch zu einem weiteren Anstieg der Todeswünsche führte.

Zweitens wird man auch die existenzielle Ernsthaftigkeit und Freiwilligkeit eines Todeswunsches nur durch den eigenhändigen Vollzug als definitiv bewiesen ansehen können. Der Wunsch, sterben zu wollen, ist bei schwerer Krankheit im Alter leicht ausgesprochen. Das gilt besonders dann, wenn man eine – sei es auch nur vermutete – Erwartung der Umwelt, die seelische Labilität und die wechselnde Befindlichkeit eines tödlich Erkrankten in Rechnung zieht. Ein solches Verlangen kann ein Hilferuf, ein Flehen um Zuwendung, sein, wie dies von den meisten Suizidversuchen her bekannt ist. Man mag noch so viele Kontrollen und Gespräche einbauen, bei denen übrigens eine Ablehnung des Todeswunsches schwer vorstellbar ist: Mit letzter Sicherheit wird – gerade auf dem Hintergrund des ersten von mir angeführten Argumentes – ein unwiderruflicher Sterbewille nur dann angenommen werden können, wenn der Kranke selbst Hand an sich legt. Darin liegt der eigentliche Sinn der oft zu Unrecht als widersprüchlich oder formalistisch getadelten Regelung, dass zwar die Beihilfe zum Suizid straflos, die Tötung auf Verlangen aber strafbar ist.

Drittens ist zu bedenken, dass eine Missbrauchs- und Falschbeurteilungsgefahr nicht gering ist, auch wenn die Vorschläge für eine Zulassung der aktiven Sterbehilfe dagegen Vorkehrungen zu treffen suchen. Es ist belegt, dass die niederländische Praxis einer solchen Gefahr keineswegs immer entgangen

---

104 *Höfling*, JuS 2000, 111 ff.

ist.[105] Die Gefahr von Unkorrektheiten liegt auch insofern nahe, als die in den einzelnen Vorschlägen geforderten Zulassungsvoraussetzungen sich einer exakten Nachprüfung vielfach entziehen und von subjektiven Eindrücken abhängen, sodass es zu unwillentlichen Fehleinschätzungen kommen kann.[106] Auch lässt sich vorhersehen, dass einzelne Zulässigkeitsvoraussetzungen leicht als bloße Formalitäten abgetan und vernachlässigt werden können, wenn die Tötung auf Verlangen der Sache nach zugelassen wird.

Viertens schließlich spricht gegen eine Straffreistellung der Tötung auf Verlangen, dass für sie auch bei schwersten Leidenszuständen kein Bedürfnis besteht, wenn man, wie es vom AE-StB und auch hier vorgeschlagen wird, in Fällen, bei denen eine andere Hilfe nicht möglich ist, eine ärztlich assistierte Selbsttötung zulässt. Insofern stellt die hier befürwortete Regelung einen Kompromiss dar, der es unerträglich und hoffnungslos leidenden Menschen ermöglicht, aus dem Leben zu scheiden, ohne sich den Risiken und Problemen auszusetzen, die mit einer Tötung auf Verlangen verbunden sind.

Der AE-Sterbehilfe 1986 hatte für Extremfälle gleichwohl die Möglichkeit vorgesehen, bei einer Tötung auf Verlangen von Strafe abzusehen. Der Juristentag 1986 hatte sich diesem Vorschlag angeschlossen.[107] Doch ist nicht ersichtlich, wo eine solche Regelung, die eine nicht unerhebliche Rechtsunsicherheit schaffen würde, ein praktisches Anwendungsgebiet finden könnte. Gedacht war vor allem an Extremfälle, die außerhalb des ärztlichen Einwirkungsbereiches liegen: z. B. an Situationen wie die, dass ein Fahrer in einem brennenden LKW unrettbar eingeklemmt ist und zur Vermeidung eines qualvollen Verbrennungstodes um seine Erschießung bittet. Ob solche Konstellationen in der Praxis je vorkommen, stehe dahin. Jedenfalls wird man in derartigen Fällen einen übergesetzlichen Schuldausschluss annehmen können, der eine gesetzliche Regelung überflüssig macht. Auch der AE-StB 2005 hat die Vorschrift nicht wieder aufgenommen.[108]

---

105 Vgl. dazu im Einzelnen *Reuter*, Die gesetzliche Regelung der aktiven ärztlichen Sterbehilfe des Königreichs der Niederlande; *Schroth*, GA 2006, 556, 562, bei und in Fn. 70; *Dölling*, in: FS für Laufs, S. 767, 776 ff.; alle m. w. N.
106 Näher dazu *Dölling*, in: FS für Laufs, S. 767, 774 ff.
107 Vgl. NJW 1986, 3065 ff., 3073 f.
108 Für eine solche Regelung tritt freilich die *Bioethik-Kommission des Landes Rheinland-Pfalz* ein, S. 70 ff.

F. Die Früheuthanasie

Ein wenig geklärtes Sonderproblem betrifft das Sterbenlassen von schwer missgebildeten Neugeborenen.[109] Um einen eigentlichen Fall individueller Sterbehilfe handelt es sich dabei nicht, weil das neugeborene Kind keinen Willen hat und auch ein mutmaßlicher Wille nicht eruierbar ist. Es bleibt nur die Möglichkeit, eine Behandlungseinstellung im Wege des rechtfertigenden Notstandes zuzulassen, wenn ein schwerstgeschädigter neugeborener Mensch entweder ein Bewusstsein niemals erlangen wird[110] oder wenn nach objektivem Urteil die Schmerzen und Behinderungen, denen ein solcher Mensch unterworfen ist, sein kreatürliches Lebensinteresse deutlich überwiegen. Ein solcher Maßstab hat den Vorteil, rein eugenische Ziele aus diesem Bereich fernzuhalten.[111] Stattdessen soll es darauf ankommen, was nach bestem Wissen und Gewissen dem Interesse des Neugeborenen am ehesten entspricht. Bei dieser Abwägung wird auch die Einstellung der Eltern einzubeziehen sein. Außerdem muss man sich darüber klar sein, dass eine Entscheidung für die Aufrechterhaltung des Lebens schwerstbehinderter Neugeborener nur in dem Maße möglich ist, wie die Allgemeinheit bereit ist, die daraus entstehenden Lasten mitzutragen und dadurch den Eltern solcher Kinder ein Leben zu ermöglichen, an dem sie nicht zerbrechen.[112]

Die konkreten Aussagen, die in den neuen Grundsätzen der Bundesärztekammer formuliert werden, scheinen mir mit diesen Grundsätzen vereinbar zu sein. Es heißt dort (II, Abs. 2): „Bei Neugeborenen mit schwersten Fehlbildungen oder schweren Stoffwechselstörungen, bei denen keine Aussicht auf Heilung oder Besserung besteht, kann nach hinreichender Diagnostik und im Einvernehmen mit den Eltern eine lebenserhaltende Behandlung, die ausgefallene oder ungenügende Vitalfunktion ersetzt, unterlassen oder nicht weitergeführt werden. Gleiches gilt für extrem unreife Kinder, deren unausweichliches Sterben abzusehen ist, und für Neugeborene, die schwerste Zer-

---

109 Aus dem älteren Schrifttum sind besonders wichtig die Arbeiten von *A. Kaufmann*, JZ 1982, 481 ff. und *Hanack*, MedR 1985, 33 ff. Monographische Arbeiten liefern *R. Merkel*, Früheuthanasie und *Saati*, Früheuthanasie.
110 Auf diesen Gesichtspunkt stellt der AE-Sterbehilfe 1985 (*Baumann et al.* (Hrsg.), AE-StH, § 214 I Nr. 2, Begründung S. 20) ab.
111 Vgl. aber Schönke/Schröder – *Eser*, StGB, Vor § 211 Rn. 32a: „Klar sollte sein, dass es sich bei solcher „Früheuthanasie" schon nicht mehr um individuelle Sterbehilfe, sondern um gesellschaftsnützliche Eugenik handelt.".
112 Vgl. dazu Schönke/Schröder – *Eser*, StGB, Vor § 211 Rn. 32a.

störungen des Gehirns erlitten haben. Eine weniger schwere Schädigung ist kein Grund zur Vorenthaltung oder zum Abbruch lebenserhaltender Maßnahmen, auch dann nicht, wenn Eltern dies fordern."

G. Die „Vernichtung lebensunwerten Lebens"

Ganz außerhalb jeder erwägenswerten Form von Sterbehilfe liegt die sog. Vernichtung lebensunwerten Lebens.[113] Es geht dabei um die Tötung unheilbarer, aber lebensfähiger und -williger Geisteskranker im Interesse der Allgemeinheit. Die Diskussion darüber war angestoßen worden durch die bis heute unrühmlich bekannte Schrift von *Binding/Hoche*[114] aus dem Jahre 1920: „Die Freigabe der Vernichtung lebensunwerten Lebens". Ihre Vorschläge sind vor 1933 überwiegend auf Ablehnung gestoßen und später von den Nationalsozialisten aufgegriffen worden. Eine gesetzliche Zulassung derartiger Tötungen ist aber auch in den Jahren 1933–1945 nicht erfolgt. Das sog. Euthanasieprogramm des nationalsozialistischen Staates, das in der Praxis über alle von einzelnen Autoren je geäußerten Vorschläge erheblich hinausging, beruhte auf einem Geheimerlass Hitlers, der auf den 1. September 1939 zurückdatiert worden war. Er musste schon im August 1941 wegen der Unruhe und Empörung weiter Bevölkerungskreise über die inzwischen bekannt gewordene Praxis wieder abgebrochen werden.

Nach geltendem Recht wäre ein auf derartige Tötungen abzielendes Gesetz wegen Verstoßes gegen die Lebensschutzgarantie des Art. 2 Abs. 2 GG verfassungswidrig und nichtig und wird selbstverständlich auch nirgends gefordert.

H. Schluss

Die vorstehende Übersicht mag gezeigt haben, auf welch außerordentlich komplizierten und umstrittenen Terrain wir uns bei der strafrechtlichen Beurteilung der Sterbehilfe bewegen. Eine „befriedigende Regelung", die wir Juristen in anderen Bereichen, und manchmal auch mit Erfolg, anstreben,

---

113 Nähere historische Darstellungen liefern *Große-Vehme*, Tötung auf Verlangen (§ 216 StGB), „Euthanasie" und Sterbehilfe.; *C. Merkel*, „Tod den Idioten".
114 Die Schrift ist 2006 mit einer Einführung von *Naucke* neu herausgegeben worden.

kann es hier nicht geben; denn das qualvolle Sterben eines Menschen bleibt immer schrecklich. Aber man kann doch versuchen, das Recht so einzurichten, dass es im Rahmen des Möglichen Hilfe gestattet und gebietet oder ggf. wenigstens nur das geringere Übel toleriert. Ich habe versucht, dies zu zeigen, und es hat sich dabei ergeben, dass die vorgeschlagenen Lösungen zum größeren Teil schon durch eine Auslegung des geltenden Rechts erzielt werden können. Aber der Leser wird auch bemerkt haben, dass das Netzwerk von Konstellationen und Regeln verwickelt, zum Teil umstritten und selbst für einen Fachmann nicht leicht zu durchschauen ist. Die Rechtsprechung der letzten Jahre und die internationale Reformdiskussion haben gezeigt, dass eine gesetzliche Regelung der zentralen Probleme unerlässlich ist. Ich habe mich daher in der vorliegenden Darstellung nicht mit der Schilderung des geltenden Rechts begnügt, sondern die Problematik auch de lege ferenda diskutiert. Der Alternativ-Entwurf Sterbebegleitung 2005, der diesem beigegebenen Entwurf eines Sterbebegleitungsgesetzes, das Gutachten von *Verrel* zum Juristentag 2006 und die im Text angeführten Beschlüsse dieses Juristentages könnten für eine künftige gesetzliche Regelung eine wertvolle Hilfe sein.

II. Der Arzt im strafrechtlichen Risiko

II.1 Die strafrechtliche Verantwortlichkeit des Arztes bei Behandlungsfehlern

Ulrich Schroth

Inhaltsverzeichnis

A. Einleitung – Ein Behandlungsfehler und seine drastischen Folgen _127
B. Die Behandlungsfehler im Einzelnen _129
    I. Behandlungsfehler im engeren Sinn _129
    II. Behandlungsfehler im weiteren Sinn _131
        1. Aufklärungspflichtverletzungen _131
        2. Strafrechtliche Haftung bei Arbeitsteilung und wegen Organisationsfehlern _133
C. Voraussetzungen der Annahme eines Fahrlässigkeitsdeliktes _141
    I. Grundlegendes _141
    II. Tun und Unterlassen _142
    III. Exkurs: Unterlassene Hilfeleistung, § 323c StGB _144
    IV. Die unerlaubte Handlung _145
    V. Der relevante Zeitpunkt _147
    VI. Die Methodenfreiheit des Arztes _148
    VII. Die Verbindlichkeit der Standards _148
    VIII. Unerlaubtes Verhalten durch Übernahme spezifischer Tätigkeiten _149
    IX. Der Maßstab für unerlaubtes Verhalten _150
    X. Fazit _152
D. Übersicht: Fallgruppen von Behandlungsfehlern in der Rechtsprechung _152
E. Anhang: Prüfungsschema bei fahrlässigen Delikten gem. § 222 oder § 229 StGB _159

Literaturverzeichnis

Böcker, Philipp, Die „hypothetische Einwilligung" im Zivil- und Strafrecht, JZ 2005, 925
Deutsch, Erwin, Zur Überwachungspflicht des Chefarztes gegenüber Assistenzärzten sowie zum Einsatz medizinischer Spezialkenntnisse zugunsten des Patienten

im Rahmen des Arzthaftungsrechts, Anmerkung zu BGH, 10.02.1987, VI ZR 68/86, NJW 1987, 1480

Fischer, Thomas, Strafgesetzbuch und Nebengesetze, Kommentar, 56. Auflage 2009

Giesen, Dieter, Zum Umfang der Risikoaufklärung durch den Arzt speziell bei mehreren Behandlungsalternativen und bei nicht abgeschlossener wissenschaftlicher Diskussion über mögliche Risiken einer bestimmten Behandlungsform, Anmerkung zu BGH, 21.11.1995, VI ZR 329/94, JZ 1996, 519

Kamps, Hans, Ärztliche Arbeitsteilung und strafrechtliches Fahrlässigkeitsdelikt, 1981

Kindhäuser, Urs/ Neumann, Ulfrid/ Paeffgen, Hans-Ulrich (Hrsg.), Strafrecht, Nomos Kommentar (NK), 2. Auflage 2005

Kuhlen, Lothar, Ausschluss der objektiven Erfolgszurechnung bei hypothetischer Einwilligung des Betroffenen, JR 2004, 227

Kuhlen, Lothar, Hypothetische Einwilligung und „Erfolgsrechtfertigung", JZ 2005, 713

Laufs, Adolf/ Uhlenbruck, Wilhelm (Hrsg.), Handbuch des Arztrechts, 3. Auflage 2002

Mitsch, Wolfgang, Die „hypothetische Einwilligung" im Arztstrafrecht, JZ 2005, 279

Otto, Harro, Einwilligung, mutmaßliche, gemutmaßte und hypothetische Einwilligung, Jura 2004, 679

Peter, Anne-Marie, Arbeitsteilung im Krankenhaus aus strafrechtlicher Sicht. Voraussetzungen und Grenzen des Vertrauensgrundsatzes, 1992

Puppe, Ingeborg, Die strafrechtliche Verantwortung des Arztes bei mangelnder Aufklärung über eine Behandlungsalternative. Zugleich Besprechung von BGH, 03.03.1994 und 29.06.1995, GA 2003, 764

Rengier, Rudolf, Strafrecht Besonderer Teil II, Delikte gegen die Person und die Allgemeinheit, 9. Auflage, 2008

Rigizahn, Ernest F., Zum Umfang der ärztlichen Aufklärungspflicht bei Verwendung nicht zugelassener Arzneimittel – strafrechtliche Haftung, BGH vom 1995–06–29, 4 StR 760/94, JR 1996, 72

Roxin, Claus, Strafrecht Allgemeiner Teil II, 2003

Roxin, Claus, Strafrecht Allgemeiner Teil I, 4. Auflage 2006

Schönke, Adolf/ Schröder, Horst (Hrsg.), Strafgesetzbuch, Kommentar, 27. Auflage 2006

Schroth, Ulrich, Der Begriff des „Begriffes" dolus eventualis – Eine Auseinandersetzung mit der Vorsatzkonzeption von Lothar Philipps, in: Schünemann Bernd/ Tinnefeld, Marie T./ Wittmann Roland (Hrsg.), Festschrift für Lothar Philipps, 2005, S. 467

Sickor, Jens Andreas, Logische Unstimmigkeiten in der höchstrichterlichen Prüfungsformel zur hypothetische Einwilligung, JR 2008, 179
Stratenwerth, Günther/ Kuhlen, Lothar, Strafrecht Allgemeiner Teil I, Die Straftat, 5. Auflage 2004
Ulsenheimer, Klaus, Zur Strafbarkeit eines Arztes wegen unzureichender Aufklärung des Patienten über die Risiken eines Heileingriffs, Anmerkung zu BGH, 29.06.1995, 4 StR 760/94, NStZ 1996, 132
Ulsenheimer, Klaus, Arztstrafrecht in der Praxis, 4. Auflage 2008

A. Einleitung – Ein Behandlungsfehler und seine drastischen Folgen

Am Vormittag des 23.09.19… hatte der Eigentümer und alleinige Chefarzt A einer Klinik in S bei Frau O eine medizinisch nicht indizierte Ballonerweiterung der rechten Herzkranzgefäße vorgenommen. Dies geschah gegen den Rat seines Assistenzarztes. Frau O hätte dem Eingriff nicht zugestimmt, wenn sie gewusst hätte, dass ihr der Eingriff nicht helfen würde. Bei dem Eingriff wurde ihre Nierenarterie verletzt, was nicht auf Fahrlässigkeit des A beruhte, sondern eine dem Eingriff immanente Komplikation war.

Wegen heftiger innerer Blutungen wölbte sich der Bauch der Frau O etwa 2 bis 3 Stunden nach der Operation nach vorne. A diagnostizierte spätestens um 13 Uhr die Verletzung der Bauchaorta. In den nachfolgenden Stunden beschränkte sich der A auf den Versuch, den Kreislauf der O mit Medikamenten zu stabilisieren. Statt eine aus medizinischer Sicht unbedingt und sofort erforderliche Stabilisierung durch chirurgische Sanierung der Blutungsquelle vorzunehmen, kümmerte sich A erst nach einigen Stunden darum, dass O weiterbehandelt wurde.

Statt den Transport in die gefäßchirurgische Abteilung einer nur wenige Minuten entfernt gelegenen Klinik über die Rettungsleitstelle in S zu veranlassen, bestellte er ein Transportfahrzeug im 50 km entfernten Ort R. Dieses lässt sich auf erhebliche Spannungen zwischen der Rettungsleitstelle und dem Chefarzt A zurückführen, da A der Rettungsleitstelle vorwirft, Patienten in eine andere nahe gelegene Klinik zu verschleppen. Bei der Anforderung des Fahrzugs im Ort R um 17.50 Uhr erwähnte er nicht, dass es sich um einen Notfall handelte. Das Fahrzeug war deshalb erst um 18.40 Uhr in der Klinik. Nur weil sich die Sanitäter, die die Notfallsituation sofort erfassten, weigerten, ohne ärztliche Begleitung zu fahren, fuhr schließlich der Assistenzarzt mit. Der Chefarzt hatte dies nicht vorgesehen. Auch ein Arztbrief wurde den Sanitätern von dem Arzt nicht mitgegeben. Trotz zweier sofort durchgeführter Notoperationen in der Nachbarklinik konnte das Leben der O nicht gerettet werden. Diese verstarb in den Morgenstunden des darauf folgenden Tages.[1]

Im beschriebenen Fall sind Behandlungsfehler in mehreren Bereichen festzustellen. Eine Ballonerweiterung der rechten Herzkranzgefäße, die medizinisch nicht indiziert ist, verstößt gegen die Regeln der medizinischen Kunst. Sie ist eine Körperverletzung. Gerechtfertigt kann sie nur dann sein, wenn der Patient auch über das Faktum der Nichtindikation aufgeklärt wurde[2] und trotzdem die Ballonerweiterung will. Ein Behandlungsfehler ist es weiter, dass der Arzt nicht sofort dafür sorgte, dass eine sachgemäße gefäßchirurgische Behandlung erfolgen konnte, obwohl eine Verletzung der Bauchaorta vorlag.

In einer derartigen absoluten Ausnahmesituation versteht es sich, dass der Arzt beim Tod der Patientin wegen eines Tötungsdeliktes von der Justiz zur Verantwortung gezogen wird. Von einer Strafkammer eines Landgerichts wurde der Arzt wegen fahrlässiger Tötung verurteilt. Die Staatsanwaltschaft hatte in diesem Fall Revision eingelegt, da sich der Arzt nach ihrer Auffassung sogar wegen einer vorsätzlichen Tötung strafbar gemacht hatte.[3] Ob in diesen Fällen Tötungsvorsatz angenommen werden kann, bedarf sicherlich einer differenzierten Analyse.[4] Ein Tötungsvorsatz kommt nach der Rechtsprechung nur dann in Betracht, wenn davon ausgegangen werden muss, dass der Chefarzt die Möglichkeit des Eintritts des Todes erkannt hatte und damit einverstanden war.

Dieser authentische Sachverhalt macht aber deutlich, dass die strafrechtlichen Konsequenzen drastisch sein können, wenn auf Behandlungsfehler nicht angemessen reagiert wird.

Im Normalfall wird bei Heileingriffen, bei denen ein ärztlicher Behandlungsfehler festgestellt wird und der Patient stirbt, nicht von einem Tötungsvorsatz ausgegangen werden können, sondern nur von einem fahrlässigen Verhalten des Arztes. Gleichwohl muss ein Rechtsanwalt, der die Verteidigung des Arztes übernommen hat, dafür Sorge tragen, dass auch gewürdigt wird, dass der Arzt als Helfender tätig ist und nicht wegen eines Vorsatzdeliktes in

---

1 Sachverhalt nach BGH, NStZ 2004, 35 ff.
2 Schönke/Schröder – *Eser*, StGB, § 223 Rn. 39.
3 BGH, NStZ 2004, 35 ff.
4 *Schroth*, in: FS für Philipps, S. 467 ff.

Anspruch genommen wird. Denn im Regelfall handeln Ärzte unter Beachtung des Schädigungsverbots, wollen dem Patienten helfen und stehen dem Tod des Patienten keinesfalls gleichgültig und schon gar nicht billigend gegenüber. Der Versuch der Staatsanwaltschaft, den Arzt in diesem Fall dennoch wegen einer vorsätzlichen Tötung haftbar zu machen, hatte seine besonderen Gründe darin, dass dieser versucht hatte, Behandlungsfehler zu verdecken, dass sein Verhalten von Konkurrenzneid gegenüber der Nachbarklinik geprägt war und dass er dabei seiner Verpflichtung, nicht zu schädigen und nach fahrlässigen Schädigungen den Schaden zu begrenzen, nicht nachgekommen ist.

Im Folgenden soll zentral auf die Frage eingegangen werden, wann eine ärztliche Sorgfaltspflichtverletzung bzw. eine unerlaubte Handlung von Ärzten und somit ein Fahrlässigkeitsdelikt vorliegt. Vorab sollen die strafrechtlich relevanten Behandlungsfehler charakterisiert werden.

B. Die Behandlungsfehler im Einzelnen

Bei der ärztlichen Behandlung lassen sich drei typische Fehlerquellen unterscheiden, die man als Behandlungsfehler im weiteren Sinne einordnet. Ärztliche Sorgfaltspflichtverstöße tauchen auf bei der Krankenbehandlung selbst (sog. Behandlungsfehler im engeren Sinn), bei der Aufklärung (sog. Aufklärungsfehler[5]) und im Rahmen des arbeitsteiligen Zusammenwirkens von Ärzten (sog. Organisationsfehler).

I. Behandlungsfehler im engeren Sinn

Behandlungsfehler im engeren Sinn sind Fehler, die dem Arzt bei der Behandlung des Patienten unterlaufen, also bei der Voruntersuchung, der Anamnese, der Diagnose und Indikationsstellung, der Medikation, der Wahl der konkreten Art der ärztlichen Maßnahme und der Durchführung des Eingriffs.

In Anbetracht der Vielfalt der möglichen Fehler kann eine abschließende Darstellung nicht aufgeführt werden, sondern nur eine Einteilung in typische Fallgruppen vorgenommen werden; eine detaillierte Aufstellung findet sich unten (D.). Exemplarisch seien einige wichtige Fallgruppen kurz dargestellt:

---

5 Zur Begründung eines Behandlungsfehlers über die Verletzung von Aufklärungspflichten im Rahmen der sog. therapeutischen oder Sicherungsaufklärung vgl. sogleich.

- Unerlaubtes Verhalten kann sich aus *fehlender oder unzulänglicher Voruntersuchung* ergeben, etwa daraus, dass eine Behandlung ohne hinreichende Befunderhebung erfolgt. Beispiele aus der Rechtsprechung sind etwa, dass eine Patientin nach einem Motorradunfall über starke Schmerzen in der Hüfte klagt und der Arzt von einer Röntgenaufnahme absieht[6] oder dass sich der Arzt bei der Diagnose alleine auf die Angaben des Patienten verlässt.[7]
- Eine Verletzung der Pflicht zur *therapeutischen Aufklärung*, auch *Sicherungsaufklärung* genannt, die den Patienten vor oder nach dem Eingriff oder während einer Behandlung über schadensvermeidendes Patientenverhalten informieren soll, stellt ebenfalls einen Behandlungsfehler dar, der eine strafrechtliche Arzthaftung begründen kann. Anders als die Verletzung der Pflicht zur Selbstbestimmungsaufklärung (dazu sogleich) führt die Verletzung der Pflicht zur Sicherungsaufklärung nicht zur Unwirksamkeit der Einwilligung in den ärztlichen Eingriff.[8] Die Sicherungsaufklärung hat weniger den Zweck der Information zur Selbstbestimmung als vielmehr den der Schadensabwehr, indem sie es dem Patienten mittels Hinweisen, Ratschlägen und Empfehlungen ermöglichen soll, eine ungestörten und positiven Therapieverlauf sicherzustellen und unbewusste Selbstgefährdungen zu vermeiden[9], zum Beispiel mit dem Hinweis durch den Arzt, dass der Patient nüchtern zu einer Operation erscheinen muss.
- Unerlaubtes ärztliches Verhalten sind Fehler *bei der Behandlung* des Patienten selbst. Am deutlichsten wird dies bei der Nichtdurchführung einer medizinisch gebotenen Vorgehensweise, zum Beispiel wenn ein Arzt eine Ultraschalluntersuchung bei Verdacht auf eine Schwangerschaft unterlässt, woraufhin diese unerkannt bleibt.[10]
- Ein unerlaubtes Verhalten kann weiter darin bestehen, dass *Fremdkörper bei Operationen im Körper des Patienten zurückgelassen* werden.[11] Es obliegt den Ärzten, effektive Maßnahmen zu treffen, die ein Zurückbleiben

---

6 BGHZ 159, 48.
7 BGHSt 3, 91.
8 Hierzu auch *Schöch*, Aufklärungspflicht des Arztes, S. 51 ff. in diesem Band; vgl. auch *Schroth*, Ärztliches Handeln und strafrechtlicher Maßstab, S. 21 ff. in diesem Band.
9 *Ulsenheimer*, Arztstrafrecht in der Praxis, Teil I, § 1 Rn. 62.
10 Vgl. dazu unten D.
11 BGHZ 4, 138; teilweise wird von Versicherungsgesellschaften geschätzt, dass bei einer von 1 500 Operationen an Material zurückbleibt (vgl. FAZ vom 07.02.2007 N 2). Selbst wenn dies maßlos übertrieben sein sollte, ist doch zu konstatieren, dass ab und zu Fremdkörper bei Operationen zurückbleiben. Die Frage, die sich stellt, ist, wer hierfür strafrechtlich verantwortlich ist.

von Fremdkörpern verhindern. Zentral ist im Regelfall eine Zählkontrolle: Die Anzahl der gereichten Teile muss mit der Anzahl der zurückgereichten Teile übereinstimmen. Findet keine Kontrolle statt, ist von einer unerlaubten Handlung auszugehen. Auch die Operationsschwester muss sich von der Vollständigkeit der Instrumente, der Bauchtücher und der Kompressen überzeugen.[12] Noch nicht unerlaubt ist es jedoch, wenn beim Zählen der Wattetupfer Fehler unterlaufen.[13] Sicher liegt aber dann eine unerlaubte Handlung vor, wenn das Zählen völlig unsorgfältig erfolgt ist.

– Unerlaubtes Verhalten liegt auch bei *fehlerhafter Medikation* vor, so zum Beispiel wenn der Arzt Medikamente, mit denen er keine Erfahrung hat, verabreicht, ohne den Beipackzettel zu lesen und diese sodann überdosiert.[14] Unerlaubt ist es sicherlich auch, wenn in der Transplantationsmedizin – einer hochsensiblen Medizin, die dafür Sorge zu tragen hat, dass Organe nicht abgestoßen werden – nicht sorgfältig Immunsuppressiva verschrieben werden, die alleine das Abstoßen eines Organs verhindern können. Gerade bei Immunsuppressiva liegen Wirkung und Nebenwirkung dicht beieinander. Die nicht angemessene Dosierung wirkt toxisch und führt zur Abstoßung des Organs.[15]

– Ein Verstoß gegen *Hygienebestimmungen* ist ebenso ein Behandlungsfehler.[16]

II. Behandlungsfehler im weiteren Sinn

1. Aufklärungspflichtverletzungen

Eine weitere Fehlerquelle bei der ärztlichen Behandlung sind Mängel bei der Aufklärung des Patienten. Auf die Voraussetzungen der rechtswirksamen ärztlichen Aufklärung wird im Einzelnen an anderer Stelle in diesem Band eingegangen; diese sind im deutschen Medizinstrafrecht nicht grundlegend gesetzlich festgeschrieben, sondern im Wesentlichen von der Rechtsprechung entwickelt worden.[17] Bei einer Verletzung von Aufklärungspflichten, die sich

---

12 Hierzu ausführlich *Kamps*, Ärztliche Arbeitsteilung, S. 196.
13 Siehe dazu *Kamps*, Ärztliche Arbeitsteilung, S. 198 f.
14 BGH, Beschluss vom 6.10.93 – 3 StR 270/93.
15 Häufig wird allerdings die Kausalität nicht zu bejahen sein, da sich nicht nachweisen lässt, dass eine richtige Verordnung der Medikamente nicht zur Organabstoßung geführt hätte.
16 BGH, NStZ 2001, 188.
17 *Schöch*, Aufklärungspflicht des Arztes, S. 51 ff. in diesem Band; vgl. auch *Schroth*, Ärztliches Handeln und strafrechtlicher Maßstab, S. 21 ff. in diesem Band.

aus dem Selbstbestimmungsrecht des Patienten ergeben (sog. Selbstbestimmungsaufklärung in Form der Diagnose-, Verlaufs- und Risikoaufklärung) kann sich auch eine strafrechtliche Haftung ergeben, da dann die Einwilligung, die den ärztlichen Heileingriff legitimiert, unwirksam ist.

Vor überzogenen Aufklärungspflichten muss gerade im Strafrecht gewarnt werden. Im Zivilrecht sind teilweise äußerst weitgehende Aufklärungspflichten begründet worden, weil man Patienten Schadensersatzansprüche gewähren wollte, und in der Praxis oft nicht beweisbar ist, ob tatsächlich ein Kunstfehler gegeben ist. Ob diese Methode zivilrechtlich angemessen ist, mag dahinstehen. Es ist jedenfalls unangemessen, mit überzogenen Aufklärungspflichten Ärzte einer strafrechtlichen Haftung auszusetzen.

In der Regel wird auch bei einer unzureichenden Selbstbestimmungsaufklärung nur ein Fahrlässigkeitsdelikt in Betracht kommen. Der Arzt wird im Allgemeinen annehmen, dass er im erforderlichen Umfang aufgeklärt habe und damit durch die wirksame Einwilligung des Patienten legitimiert sei. Der Irrtum über die Wirksamkeit der Einwilligung führt zum Fahrlässigkeitsdelikt, § 16 I 2 StGB (analog).

Ist die vom Patienten erteilte Einwilligung mangels ausreichender Aufklärung unwirksam, so entfällt die Zurechnung des Erfolgs (und damit auch die Haftung wegen eines Fahrlässigkeitsdelikts[18]) jedoch bei Vorliegen einer sog. **hypothetischen Einwilligung:**[19] Erklärt der Patient, dass er auch bei hinreichender Kenntnis des Sachverhalts eingewilligt hätte, so verwirklicht sich die unerlaubte Risikosetzung im Erfolg nicht. Rechtmäßiges Verhalten hätte dann ebenso zum Erfolg geführt. Ein Beispiel: Wird jemand, der am grauen Star erkrankt ist, nicht hinreichend über die Risiken der Operation aufgeklärt und hätte er der Operation auch nach hinreichender Aufklärung zugestimmt, so haftet der Arzt nicht, auch wenn er an sich wegen der fahrlässigen Nicht-Aufklärung ein Fahrlässigkeitsdelikt begangen hätte.[20] Zu Recht hat der Bundesgerichtshof jetzt klar gestellt, dass die hypothetische Einwilligung jedoch nicht legitimierend wirkt, soweit diese sich auf einen nicht kunstgerecht

---

18 Bei einem Vorsatzdelikt kommt nur eine Versuchsstrafbarkeit in Betracht.
19 *Fischer*, StGB, Vor § 32 Rn. 4.
20 Vgl. BGH, StV 2004, 376; *Roxin* stimmt dieser Rechtsprechung zu, hält es aber für unangemessen zu verlangen, dem Arzt nachzuweisen, dass der Patient bei ordnungsgemäßer Aufklärung seine Zustimmung verweigert hätte, vgl. *Roxin*, AT I, § 13 I Rn. 123 ff.; soweit man Anhänger der Risikoerhöhungslehre ist, ist dies konsequent. Die BGH-Rechtsprechung ist dann richtig, wenn man auch sonst verlangt, dass dem Fahrlässigkeitstäter nachgewiesen werden muss, dass rechtmäßiges Verhalten den Erfolg verhindert hätte. Auf die Diskussion soll hier nicht weiter eingegangen werden.

durchgeführten Eingriff bezieht.[21] Die exakte dogmatische Einordnung dieser noch jungen strafrechtlichen Rechtsfigur der hypothetischen Einwilligung wird im Schrifttum lebhaft diskutiert.[22]

Vor allem bei Operationserweiterungen wird die Rechtsfigur der **mutmaßlichen Einwilligung** relevant. Die mutmaßliche Einwilligung wirkt nicht rechtfertigend, wenn die Operationserweiterung in der Situation nicht unbedingt notwendig war (die mutmaßliche Einwilligung setzt immer voraus, dass die tatsächliche Einwilligung auf Grund einer Notlage nicht einholbar war[23]) oder wenn der Patient vor Beginn des Eingriffs die Operationserweiterung bewusst abgelehnt hat.[24] Auf diesen Rechtfertigungsgrund kann der Arzt sich auch dann nicht berufen, wenn er die Notwendigkeit der Operationserweiterung *vorausgesehen hat* und hierüber nicht aufgeklärt hat.[25] Es ist nicht Aufgabe des Rechtfertigungsgrundes der mutmaßlichen Einwilligung, Aufklärungsfehler zu korrigieren. Allerdings schließt die Tatsache, dass der Arzt die Operationserweiterung hätte voraussehen können, den Rechtfertigungsgrund der mutmaßlichen Einwilligung nicht grundsätzlich aus.

2. Strafrechtliche Haftung bei Arbeitsteilung und wegen Organisationsfehlern

Ärztliches Handeln findet aus unterschiedlichen Gründen arbeitsteilig statt. Einmal schließen sich Arztpraxen zusammen, um Kompetenzen zu bündeln. Zum anderen muss Therapie vielfach im Krankenhaus erfolgen, wenn Patienten der Überwachung oder einer medizinischen Technik bedürfen, die nur in Krankenhäusern zur Verfügung steht. Krankenhäuser müssen als Institutionen ein hohes Patientenaufkommen effektiv bewältigen. Arbeitsteiliges Ver-

---

21 BGH, NStZ-RR 2007, 340.
22 Die Kennzeichnung der hypothetischen Einwilligung als Rechtfertigung erscheint mir nicht angemessen. Die Erfolgszurechnung kann aber durch eine hypothetische Einwilligung ausgeschlossen sein, da die Erfolgszurechnung die Verwirklichung des unerlaubten Risikos voraussetzt. Grundlegend: BGH, NStZ 1996, 34, 35 m. Anm. *Ulsenheimer*, NStZ 1996, 132; *Rigizahn*, JR 1996, 72. Vorausgegangen war schon die Entscheidung BGHR StGB § 223 I Heileingriff 2; gegen diese Figur sprechen sich *Puppe*, GA 2003, 764, 772; *Otto*, Jura 2004, 679, 682f. aus; für diese Figur: *Kuhlen*, JR 2004, 227, 228; vgl. auch *Fischer*, StGB, § 223 Rn. 16a m. w. N.; *Böcker*, JZ 2005, 925ff.; *Kuhlen*, JZ 2005, 713ff.; *Mitsch*, JZ 2005, 279ff.; *Sickor*, JR 2008, 179ff.; *Rengier*, BT II, § 13 Rn. 18, S. 91f. m. w. N.
23 Entfällt die mutmaßliche Einwilligung als Rechtfertigungsgrund, so kann die Erfolgszurechnung jedoch über die hypothetische Einwilligung entfallen (umstr., nach der Rspr. jedenfalls dann nicht mehr, wenn kein Handeln lege artis gegeben ist).
24 BGH, MedR 2000, 231 f.
25 BGHSt 35, 246; Schönke/Schröder – *Lenckner*, StGB, Vor §§ 32ff. Rn. 59. Vgl. auch *Schroth*, Ärztliches Handeln und strafrechtlicher Maßstab, S. 21 ff. in diesem Band.

halten erlaubt es, viele Patienten zu versorgen. Kompetenzen können auch hier gebündelt werden und die Synergieeffekte sind erheblich. Arbeitsteiliges Verhalten eröffnet aber auch Gefahren. Arbeiten mehrere Ärzte und Mitarbeiter zusammen, so besteht die Gefahr, dass nicht alle hinreichend kompetent sind. Organisationsfehler können auftauchen, wenn sich etwa niemand für eine bestimmte Aufgabe zuständig fühlt;[26] Kommunikationsmängel können die Heilbehandlung beeinträchtigen; ein Mitarbeiter versteht den anderen falsch etc.[27]

Man unterscheidet bei ärztlicher Zusammenarbeit zwischen horizontaler und vertikaler Arbeitsteilung. Bei der horizontalen Arbeitsteilung arbeiten Ärzte partnerschaftlich zusammen, ohne weisungsgebunden zu sein, etwa der Anästhesist mit dem Chirurgen, der Facharzt mit dem Arzt für Allgemeinmedizin, der niedergelassene Arzt mit dem Krankenhausarzt, der Arzt für Allgemeinmedizin mit dem Konsiliarius.[28] Hiervon zu unterscheiden ist die vertikale Arbeitsteilung. Im Krankenhaus findet z. B. Teamarbeit zwischen dem leitenden Arzt und den nachgeordneten Ärzten in der gleichen Abteilung, zwischen dem leitenden Oberarzt und den nachgeordneten Ärzten und zwischen Ärzten und nichtärztlichem Personal statt.[29]

Wegen eines Fahrlässigkeitsdeliktes (fahrlässige Körperverletzung, fahrlässige Tötung) kann zunächst einmal jeder zur Verantwortung gezogen werden, der mitursächlich für die Herbeiführung eines Erfolgs ist, soweit sorgfaltswidriges (unerlaubtes) Verhalten den Erfolg verursacht hat.

Arbeitsteiliges Verhalten wäre ineffizient, wenn jeder für die Fehler des anderen haften würde. Der Einzelne im arbeitsteiligen Verhalten könnte sich dann nicht allein auf seine Aufgabe konzentrieren, sondern müsste immer auch seine Aufmerksamkeit auf die Mitarbeiter lenken. Wenn diese Ineffizienz verhindert werden soll, gibt es keine Alternative dazu, die Haftung bei Fahrlässigkeitsdelikten zu begrenzen. Anerkannt ist inzwischen, dass bei arbeitsteiligem Verhalten jeder in seinem Zuständigkeitsbereich in eigener Verantwortung (*Selbstverantwortungsprinzip*) tätig wird. Der *Vertrauens-*

---

[26] Zur Erforderlichkeit der sorgfaltsgemäßen Abgrenzung der Verantwortungsbereiche siehe *Peter*, Arbeitsteilung im Krankenhaus, S. 43 ff.
[27] Zu Arbeitsteilung und Vertrauensgrundsatz siehe Laufs/Uhlenbruck – *Ulsenheimer*, Handbuch des Arztrechts, § 140 Rn. 19 ff.
[28] Zum Verhältnis von Arzt und Arztkollegen ausführlich *Kamps*, Ärztliche Arbeitsteilung, S. 212 ff.
[29] Vgl. zu dieser Unterscheidung auch *Ulsenheimer*, Arztstrafrecht in der Praxis, Teil I, § 1 Rn. 167.

grundsatz[30] begrenzt zunächst einmal die fahrlässige Haftung. Jeder Arzt darf im medizinisch arbeitsteiligen Verhalten darauf vertrauen, dass der mitarbeitende Kollege sich *lege artis* verhält. Dies folgt aus dem Wertgesichtspunkt, dass auch bei arbeitsteiligem Verhalten jeder zunächst einmal für seine eigenen Handlungen verantwortlich ist. Nur eine Begrenzung der Haftung kann garantieren, dass im arbeitsteiligen Verhalten Synergieeffekte entstehen. Jeder muss sich auf seine Aufgabe konzentrieren können.

Der Vertrauensgrundsatz bei arbeitsteiligem Verhalten hat jedoch Grenzen.[31] Die Tatbestände der fahrlässigen Körperverletzung und fahrlässigen Tötung sollen natürlich verhindern, dass Patienten unangemessen beeinträchtigt werden: Unerlaubt wird das Verhalten eines Arztes beim arbeitsteiligen Verhalten dann, wenn der Arzt Fehler des Mitarbeitenden erkennt und diese nicht abstellt, soweit ihm dies möglich ist. Von dem Eingreifen eines haftungsbegrenzenden Vertrauensprinzips kann dann nicht mehr ausgegangen werden. Bei dem Arzt, der Fehler des Kollegen erkennt, liegt kein Vertrauen mehr dahingehend vor, dass der Kollege seine Aufgabe ordnungsgemäß erfüllt.[32]

Die Frage ist, ob der Vertrauensgrundsatz auch dann nicht mehr gilt, wenn Fehler des Kollegen hätten erkannt werden können. Der Effektivität bei arbeitsteiligem Verhalten ist es generell betrachtet sicherlich zuträglich, wenn der Vertrauensgrundsatz auch dann nicht zur Haftungsbegrenzung führt, wenn ein Fehler erkannt werden *könnte*. Der Patient erwartet sicherlich, dass solche Fehler vermieden werden. Gleichwohl sollte man nur in Ausnahmefällen den Vertrauensgrundsatz insoweit einschränken. Eine zu weit gehende Einschränkung des Vertrauensgrundsatzes hat einen Effektivitätsverlust dadurch zur Folge, dass jeder das Verhalten des Kooperationspartners noch mit beobachten muss, wenn er nicht in eine strafrechtliche Haftung schlittern will.[33] Dies verhindert die Konzentration auf die eigene Aufgabe. Angemessen ist eine Einschränkung des Vertrauensgrundsatzes bei Sachverhalten, die es nahe liegend erscheinen lassen, dass der andere nicht mehr *lege artis* handelt, erst dann, wenn der mitbehandelnde Arzt diese Sachverhalte

---

30 *Roxin*, Strafrecht AT I, § 24 Rn. 3; *Peter*, Arbeitsteilung im Krankenhaus, S. 12; Laufs/Uhlenbruck – *Ulsenheimer*, Handbuch des Arztrechts, § 140 Rn. 20.
31 Zu den Grenzen des Vertrauensgrundsatzes vgl. *Peter*, Arbeitsteilung im Krankenhaus, S. 29.
32 Kein Vertrauensgrundsatz bei konkreten Anhaltspunkten: Laufs/Uhlenbruck – *Ulsenheimer*, Handbuch des Arztrechts, § 140 Rn. 20.
33 Es besteht keine gegenseitige Überwachungspflicht: Laufs/Uhlenbruck – *Ulsenheimer*, Handbuch des Arztrechts, § 140 Rn. 20.

erkennt.[34] Der mitbehandelnde Arzt hat dann eine Verpflichtung zum Eingreifen.

Bei der ärztlichen, horizontalen Zusammenarbeit zwischen unterschiedlichen Disziplinen, zwischen Chirurg und Anästhesisten etwa, kann der Chirurg grundsätzlich darauf vertrauen, dass der Anästhesist *lege artis* handelt. Nur ausnahmsweise, wenn er einen Fehler erkennt oder sieht, dass dieser völlig erschöpft seinen Dienst ausübt, gilt dies nicht mehr.[35] Das heißt, im Prinzip haftet der Chirurg nicht für Fehler des Anästhesisten; etwas anderes gilt allerdings, wenn er Fehler erkennt bzw. Sachverhalte einen Fehler nahe legen. Diese Regeln gelten natürlich auch umgekehrt.

Was die Zusammenarbeit zwischen Chirurgen und Anästhesisten angeht, muss auch geklärt sein, wer für was zuständig ist. Die Rechtsprechung geht dahin, die präoperative Versorgung in die Verantwortung des Anästhesisten zu stellen. Dieser hat etwa auch die Aufgabe, sich von der Nüchternheit des Patienten vor der Operation zu überzeugen. Macht er dies nicht, so kann er, wenn der Patient wegen einer Aspirationspneumonie stirbt, wegen fahrlässiger Tötung verantwortlich sein. Diese Aufgabe fällt nicht in den Verantwortungsbereich des Chirurgen. Für die postoperative Überwachung bedarf es, wie die Rechtsprechung festgestellt hat, einer Abklärung der Zuständigkeiten. Fehlt diese, liegt es im Verantwortungsbereich des Anästhesisten, sich bis zu dem Zeitpunkt, in dem die Vitalfunktionen wieder hergestellt sind, um die Überwachung zu kümmern.[36] Für alle Risiken, die sich aus dem Betäubungsverfahren ergeben, trägt der Anästhesist die Verantwortung – für die Risiken aus der Operation der Chirurg.[37]

In der Zusammenarbeit zwischen Facharzt und Arzt für Allgemeinmedizin gilt der Vertrauensgrundsatz ebenso. Das heißt, der Facharzt darf auf die Richtigkeit der Diagnose vertrauen, welche der Arzt für Allgemeinmedizin gestellt hat. Dies gilt allerdings nicht mehr, wenn er einen Fehler für nahe liegend hält oder wenn er weiß, dass für ein bestimmtes Krankheitsbild der Arzt für Allgemeinmedizin keine hinreichenden Diagnosemöglichkeiten hat. Ist ein derartiger Fall gegeben, hat der Facharzt Kontrollpflichten. Er handelt

---

34 *Ulsenheimer*, Arztstrafrecht in der Praxis, Teil I, § 1 Rn. 144 f.
35 Ausführlich zu den Grenzen des Vertrauensgrundsatzes im horizontalen Bereich: *Peter*, Arbeitsteilung im Krankenhaus, S. 29 ff.
36 Siehe zu diesem Problemfeld *Peter*, Arbeitsteilung im Krankenhaus, S. 62 f.
37 *Ulsenheimer*, Arztstrafrecht in der Praxis, Teil I, § 1 Rn. 147 ff., sowie *Kamps*, Ärztliche Arbeitsteilung, S. 218.

unerlaubt, wenn er die Diagnose nicht überprüft. Dasselbe gilt für die Zusammenarbeit zwischen niedergelassenem Arzt und Krankenhausarzt.[38]

Wie *Ulsenheimer* zu Recht ausführt, bedarf der Vertrauensgrundsatz über die oben genannten Grenzen hinaus noch einer weiteren Grenze. Wenn ein zusätzliches Risiko aus dem Zusammenwirken zweier verschiedener Fachrichtungen und der Unverträglichkeit der von ihnen verwendeten Methoden oder Instrumente resultiert, darf grundsätzlich nicht mehr auf das ordnungsgemäße Verhalten des anderen vertraut werden. Eine Abstimmung der Methoden ist dann geboten. Geschieht dies nicht, so wird unerlaubt gehandelt.[39]

Im Rahmen der hierarchischen Arbeitsteilung gelten gewisse Zurechnungsregeln. Zunächst hat der in der Hierarchie leitende Arzt für eine angemessene Organisation des arbeitsteiligen Verhaltens bei der ärztlichen Heilbehandlung zu sorgen. Geschieht dies nicht und resultieren hieraus Fehler, so kann er hierfür strafrechtlich verantwortlich sein.[40] Er ist verantwortlich für spezifische Therapien, die er eingeführt hat, bzw. die er nach Übernahme einer leitenden Funktion geändert hat.[41] Weiter muss der leitende Arzt für eine angemessene Auswahl seiner Mitarbeiter sorgen und insbesondere bei neuen Mitarbeitern darauf achten, dass diese hinreichend eingearbeitet werden. Darüber hinaus hat er die Pflicht, seine Mitarbeiter stichprobenartig zu überwachen.[42] Der leitende Arzt muss auch für eine Organisation bei Heilbehandlungen sorgen, die spezifische Gefahren für Patienten minimiert; dazu gehört auch eine klare Aufgabenabgrenzung.

Ein Beispiel: In medizinischen Fachkreisen besteht Konsens dahingehend, dass nach Beendigung des Betäubungsverfahrens eine lückenlose, intensive Überwachung des betäubten Patienten stattfinden muss. Dies geschieht deshalb, weil der betäubte Patient in seinen Vitalfunktionen beeinträchtigt ist. Der leitende Arzt muss eine lückenlose Überwachung möglich machen und

---

38 Vgl. zu diesem Komplex *Ulsenheimer*, Arztstrafrecht in der Praxis, Teil I, § 1 Rn. 159 ff.; weitere Beispiele nennt ausführlich Laufs/Uhlenbruck – *Ulsenheimer*, Handbuch des Arztrechts, § 140 Rn. 24.
39 *Ulsenheimer*, Arztstrafrecht in der Praxis, Teil I, § 1 Rn. 145a.
40 Zum Organisationsverschulden: *Peter*, Arbeitsteilung im Krankenhaus, S. 75 f.
41 Er kann für die von ihm eingeführte Therapie nur dann verantwortlich gemacht werden, wenn hieraus eine Intensivierung des Leidens oder der Tod eines Patienten resultiert und ein Behandlungsfehler nach Kenntnissen der Wissenschaft zum Zeitpunkt der Behandlung anzunehmen ist. Vgl. hierzu *BGH*, Urt. v. 13.12.2006, Az. 5 StR 211/06. Der leitende Arzt ist auch nicht verantwortlich, wenn die ihm hierarchisch nachfolgenden Ärzte in eigenständiger Weise Behandlungsfehler gemacht haben, soweit er ihnen vertrauen durfte.
42 Laufs/Uhlenbruck – *Ulsenheimer*, Handbuch des Arztrechts, § 140 Rn. 23.

garantieren. Ob diese in einem speziellen Aufwachraum, in der Intensivstation oder durch Sitzwache geschieht, ist gleichgültig. Zentral verantwortlich hierfür ist der leitende Arzt. Der Anästhesist, der das Betäubungsverfahren durchführt, ist verantwortlich, dass eine derartige ununterbrochene, intensive Überwachung des konkreten Patienten gewährleistet ist.[43]

Eine Gefährdung des Patienten kann auch dadurch auftreten, dass der Anästhesist überlastet ist. Hat ein Anästhesist mehrere Narkoseverfahren durchzuführen, so kann schnell eine Überforderung eintreten. Parallelnarkosen sind nur dann zulässig, wenn hinreichend erfahrene Pflegekräfte zur Überwachung zur Verfügung stehen; es dürfen auch nicht mehr als zwei Narkoseverfahren parallel durchgeführt werden.[44] Weiter müssen die Operationstische in nächster Nähe sein, sodass beide für den Anästhesisten erreichbar sind. Unerlaubt ist es danach etwa, wenn ein Anästhesist drei Parallelnarkoseverfahren durchführt. Verantwortlich ist aber nicht nur der Anästhesist, sondern auch der verantwortliche leitende Arzt, der dies weiß bzw. eventuell sogar fordert. In Notfällen, wenn und soweit Operationen dringend erforderlich sind und die Ressourcen nicht reichen, kann allerdings die Vorwerfbarkeit entfallen.

Bei arbeitsteiligem Verhalten in hierarchischen Verhältnissen dürfen Ärzte bei interdisziplinärer Zusammenarbeit auch auf ordnungsgemäßes Verhalten des anderen vertrauen, wenn und soweit keine Fehler erkennbar sind und auch keine Sachverhalte auftreten, die Fehler nahe legen.[45]

Überträgt der zuständige Oberarzt eine Aufgabe auf den Stationsarzt, so ist dieser verantwortlich, wenn und soweit dieser sich bisher als kompetent erwiesen hat. Der Oberarzt kann dann auf ein *lege-artis*-Handeln des Stationsarztes vertrauen.[46] Ruft dieser ihn aber, da er überfordert ist, so geht die Verantwortung ab diesem Zeitpunkt auf den Oberarzt über, da davon auszugehen ist, dass der Oberarzt einen Wissensvorsprung hat. Ob dies auch für den nicht zuständigen Oberarzt gilt, ist unklar; der BGH hat dies nicht angenommen.[47]

---

43 Hierzu ausführlich *Peter*, Arbeitsteilung im Krankenhaus, S. 62 f.
44 Hierzu ausführlich *Ulsenheimer*, Arztstrafrecht in der Praxis, Teil I, § 1 Rn. 199 ff.
45 Zur vertikalen Arbeitsteilung, insbes. Delegation von Aufgaben siehe Laufs/Uhlenbruck – *Ulsenheimer*, Handbuch des Arztrechts, § 140 Rn. 23 f.
46 Bei zuverlässigem und qualifiziertem Personal bedarf es lediglich einer stichprobenartigen Überwachung: Laufs/Uhlenbruck – *Ulsenheimer*; Handbuch des Arztrechts, § 140 Rn. 23 m. w. N.
47 LG Marburg, 8 Ns 6 Js 9756/92 Urteil vom 5.11.1996, nachgewiesen bei *Ulsenheimer*, Arztstrafrecht in der Praxis, Teil I, § 1 Rn. 177.

Strafrechtlich verantwortlich kann aber auch derjenige sein, der für eine fehlerhafte Organisationsstruktur die Verantwortung trägt, wenn und soweit die fehlerhafte Organisationsstruktur Bedingung der Beeinträchtigung der Körperintegrität ist. Verantwortlich kann der leitende Arzt auch dafür gemacht werden, dass er die Mitarbeiter nicht gewissenhaft auswählt, etwa unqualifizierte Mitarbeiter einstellt. Allerdings wird sich hier vielfach ein strafrechtlicher Schuldvorwurf nicht erheben lassen, da die fehlerhafte Auswahl möglicherweise subjektiv nicht erkennbar war. Auch für die Verletzung von Überwachungspflichten kann ein leitender Arzt dann verantwortlich sein, wenn er bei stichprobenartiger Überprüfung hätte feststellen können, dass ein Mitarbeiter Alkoholiker, psychisch krank oder Ähnliches ist und deshalb seinen Dienst nicht angemessen versehen kann.

Der Vertrauensgrundsatz gilt bei der Teamarbeit zwischen Arzt und nichtärztlichem Personal, soweit das nichtärztliche Personal sorgfältig ausgewählt worden ist.[48] In der Zusammenarbeit zwischen Arzt und nichtärztlichem Personal muss aber dafür Sorge getragen werden, dass keine Missverständnisse, keine Informationslücken und keine Qualifikationsmängel auftauchen. Hat der Arzt Zweifel daran, dass er richtig verstanden worden ist, so muss er nachfragen. Erkennt der Arzt die Möglichkeit eines Missverständnisses, so muss er sich vergewissern, dass kein solches gegeben ist.[49]

Eine strafrechtliche Haftung kann sich auch daraus ergeben, dass dem nichtärztlichen Personal Aufgaben übertragen werden, mit denen es überfordert ist.[50] Beispielsweise kann einer Hebamme die Leitung einer Geburt übertragen werden. Macht die Hebamme bei der Geburt Fehler, so kann dies dem diensthabenden Arzt grundsätzlich nicht vorgeworfen werden. Er darf auf ordnungsgemäßes Verhalten vertrauen. Dies gilt aber nicht, wenn die Fehler für ihn zumindest erkennbar sind. Treten bei der Geburt Komplikationen auf, so erfordert dies das Eingreifen eines Arztes. Der leitende Arzt muss dafür Sorge tragen, dass bei Komplikationen ein Arzt erreichbar ist (Rufbereitschaft). Ist dies nicht der Fall, so ist dieses Unterlassen des leitenden Arztes ein Organisationsfehler, aus dem sich eine strafrechtliche Haftung ergeben kann.[51] Ist der zuständige Arzt nicht erreichbar, obwohl er es nach der Organisation der Abteilung sein müsste, so ist dieser verantwortlich und nicht der

---

48 Z. B. Nachweis ihrer Kenntnisse und Erfahrungen durch Prüfungszeugnisse einholen: Laufs/Uhlenbruck – *Ulsenheimer*, Handbuch des Arztrechts, § 140 Rn. 23.
49 Ausführungen und Beispiele zu Missverständnissen in *Kamps*, Ärztliche Arbeitsteilung, S. 233 f.
50 Siehe dazu *Peter*, Arbeitsteilung im Krankenhaus, S. 137.
51 Hierzu ausführlich *Ulsenheimer*, Arztstrafrecht in der Praxis, Teil I, § 1 Rn. 185.

leitende Arzt. Er ist auch verantwortlich, wenn er sich trotz der Komplikationen weigert, die Geburtsleitung zu übernehmen. Die Hebamme ist strafrechtlich dann in der Verantwortung, wenn sie, obwohl sie die Komplikationen erkennt, den zuständigen Arzt nicht informiert. Eine Hebamme darf sich umgekehrt auf die Anordnung des Arztes verlassen. Insoweit gilt der haftungsbegrenzende Vertrauensgrundsatz. Dies gilt dann nicht mehr, wenn sie als erfahrene Hebamme den Fehler erkennt.

Im Bereich der vertikalen Arbeitsteilung zwischen Arzt und nichtärztlichem Personal ist eine Delegation auf nichtärztliches Personal verboten, wenn die Aufgabe eine originär ärztliche Aufgabe ist.[52]

Aus einer unzulässigen Delegation kann sich eine strafrechtliche Haftung ergeben. Der Vertrauensgrundsatz gilt hier jedenfalls nicht mehr. Er gilt nur, soweit die Aufgabe von der betreffenden Person durchgeführt werden darf. Die Blutübertragung beispielsweise ist eine originär ärztliche Aufgabe und im Gegensatz zur Blutabnahme nicht auf Pflegepersonal übertragbar. Ein Narkoseverfahren etwa darf einem „Noch-Nicht-Arzt"[53] nicht übertragen werden. Dieser darf nur unter Anleitung und Verantwortung eines Anästhesisten eine Narkose durchführen.[54]

Inwieweit der zuständige Verantwortliche eines Krankenhausträgers wegen eines Fahrlässigkeitsdeliktes zur Verantwortung gezogen werden kann, ist bisher ungeklärt. Klar dürfte sein, dass er strafrechtlich haftbar ist, wenn er sorgfaltswidrige Anordnungen bzw. Dienstanweisungen zu verantworten hat. Ob er auch dafür verantwortlich ist, dass keine ausreichende personelle bzw. apparative Ausstattung gegeben ist, ist offen. Es spricht allerdings alles dafür, dass die Rechtsprechung eine derartige Verantwortlichkeit nicht annehmen würde.

---

52 Zur Delegation von originär ärztlichen Tätigkeiten Laufs/Uhlenbruck – *Ulsenheimer*, Handbuch des Arztrechts, § 140 Rn. 24, weitere Erläuterungen und Definitionen in Laufs/Uhlenbruck – *Ulsenheimer*, Handbuch des Arztrechts, § 101 Rn. 11 ff.
53 Zu diesem Komplex ausführlich: *Peter*, Arbeitsteilung im Krankenhaus, S. 99 ff.
54 Zu den originär ärztlichen Tätigkeiten: *Ulsenheimer*, Arztstrafrecht in der Praxis, Teil I, § 1 Rn. 196.

C. Voraussetzungen der Annahme eines Fahrlässigkeitsdeliktes

I. Grundlegendes

Im Regelfall ist beim Vorliegen eines ärztlichen Behandlungsfehlers/Kunstfehlers nur ein Fahrlässigkeitsdelikt gegeben.[55] Verstirbt der Patient, kommt fahrlässige Tötung gem. § 222 StGB in Betracht; wird dessen körperliche Integrität beeinträchtigt, fahrlässige Körperverletzung gem. § 229 StGB.[56]

Eine Fahrlässigkeitstat setzt zunächst voraus, dass durch den Heileingriff der Tod oder die Körperverletzung des Patienten verursacht wurde und der Arzt dabei sorgfaltswidrig (oder besser ausgedrückt *unerlaubt*) gehandelt hat.[57]

Weitere Voraussetzung für ein Fahrlässigkeitsdelikt ist, dass der eingetretene Erfolg auf die unerlaubte Handlung bzw. Sorgfaltspflichtverletzung zurückgeführt werden kann, es ist also zu prüfen, ob die unangemessene Therapie überhaupt den Eintritt des Todes beschleunigt oder eine Intensivierung der Körperverletzung bewirkt hat. Dies ist nicht anzunehmen, wenn der Erfolg auch bei pflichtgemäßem Verhalten des Arztes eingetreten wäre.[58] Entfällt die Zurechnung des Erfolgs, ist der Arzt nicht strafrechtlich haftbar, da eine Versuchsstrafbarkeit nicht existiert.

Des Weiteren ist ein fahrlässiges Delikt, also fahrlässige Tötung oder fahrlässige Körperverletzung, nur dann gegeben, wenn der Erfolg innerhalb des Schutzzwecks des jeweiligen Fahrlässigkeitstatbestandes liegt.[59] Außerdem dürfen, wenn eine Bestrafung erfolgen soll, keine Rechtfertigungsgründe vorliegen. Auf der Ebene der Schuld muss das unerlaubte Verhalten für den konkreten Arzt in der konkreten Situation erkennbar gewesen sein. Er muss zu einem erlaubten Verhalten fähig und der Erfolg muss für ihn subjektiv

---

55 Die Aufgabe jedes Strafverteidigers bei Verteidigung von Ärzten ist es deshalb sicherlich, darauf hinzuwirken, dass ein Arzt nicht wegen einer Vorsatztat verurteilt wird. Im Regelfall ist es auch unangemessen, Ärzte wegen einer Vorsatztat in Anspruch zu nehmen. Denn Ärzte sind in aller Regel von dem Grundsatz geleitet, nicht gegen das Schädigungsverbot zu verstoßen.
56 Auch die Abstoßung eines Organs ist als Körperverletzung zu werten, wenn sie auf ungenügende Behandlung mit Immunsuppressiva zurückzuführen ist.
57 Zur Fahrlässigkeitsdogmatik vgl. *Roxin*, AT I, § 24 m. w. N.; Laufs/Uhlenbruck – *Ulsenheimer*, Handbuch des Arztrechts, § 139 Rn. 18; zur Übersicht über die Voraussetzungen der Prüfung des Fahrlässigkeitsdelikts siehe Anhang.
58 *Ulsenheimer*, Arztstrafrecht in der Praxis, Teil I, § 1 Rn. 12.
59 *Ulsenheimer*, Arztstrafrecht in der Praxis, Teil I, § 1 Rn. 13.

voraussehbar gewesen sein.⁶⁰ Es wird in der Fahrlässigkeitsdogmatik darüber gestritten, ob sich die unerlaubte Handlung daran bemisst, was der Einzelne zu leisten vermag, oder ob gewisse Standardisierungen angebracht sind. Zu Recht wird überwiegend angenommen, dass auf eine Standardisierung nicht verzichtet werden kann. Was Standard ist und was nicht, bemisst sich aber auch an der Ausbildung und der Rolle, die der einzelne Mediziner im Medizinsystem hat.

Im Folgenden soll zentral auf die Frage eingegangen werden, wann eine Sorgfaltspflichtverletzung bzw. unerlaubte Handlung von Ärzten vorliegt.

II. Tun und Unterlassen

Unerlaubtes Verhalten kann sich einerseits aus einem *positiven Tun*, andererseits aus einem *Unterlassen* ergeben.⁶¹ Ein positives Tun liegt vor, wenn der Kunstfehler durch aktives Handeln eintritt: Operation der falschen Leistenbruchseite, Amputation des gesunden statt des tumorbefallenen Organteils etc.⁶² Von einem Unterlassen spricht man, wenn bestimmte Maßnahmen nicht vorgenommen werden: Etwa die Nichtvornahme einer rechtzeitigen Einweisung in ein Krankenhaus mit gefäßchirurgischer Abteilung, Nichtvornahme einer Röntgenaufnahme, Nichtinformation des zuständigen Arztes durch eine Hebamme, obwohl dies erforderlich ist.⁶³

Die Haftung wegen einer fahrlässigen Körperverletzung bzw. fahrlässigen Tötung durch Unterlassen ist in mehrfacher Hinsicht enger, als wenn ein aktives Tun zugerechnet werden soll.⁶⁴ Denn eine Strafbarkeit wegen fahrlässiger Tötung oder Körperverletzung durch ein Unterlassen kommt nur in Betracht, wenn eine Garantenstellung i. S. d. § 13 StGB gegeben ist. Garantenstellungen begründen sich einerseits durch einen rechtsgültigen *Behandlungsvertrag*, andererseits aber auch durch die *faktische Übernahme* der Behandlung.⁶⁵ Die Garantenstellung endet, wenn ein Patient eine bestimmte Maßnahme

---

60 Vgl. zu den Elementen der Fahrlässigkeit *Roxin*, AT I, § 24 Rn. 8 ff.; *Fischer*, StGB, § 15 Rn. 14 ff.
61 Zu den Verantwortlichkeiten bei positivem Tun und Unterlassen vgl. *Peter*, Arbeitsteilung im Krankenhaus, S. 119 ff.
62 Weitere Beispiele bei *Ulsenheimer*, Arztstrafrecht in der Praxis, Teil I, § 1 Rn. 31.
63 Siehe Laufs/Uhlenbruck – *Ulsenheimer*, Handbuch des Arztrechts, § 139 Rn. 18.
64 Verteidiger von Ärzten werden deshalb auch versuchen, ein ärztliches Fehlverhalten dahingehend zu deuten, dass es nur als Unterlassen betrachtet werden kann.
65 Vgl. hierzu *Kamps*, Ärztliche Arbeitsteilung, S. 99 ff.

ablehnt.[66] Der herbeigerufene Pädiater/Kinderarzt hat nach der Geburt eine Garantenstellung gegenüber dem Neugeborenen. Auch wenn der Arzt pflichtwidrig gehandelt hat, wie z. B. im Eingangsfall, kann sich eine Verpflichtung aus *Ingerenz* ergeben, für eine angemessene Versorgung zu sorgen. Dagegen löst § 323c StGB – dies ist eine Selbstverständlichkeit – keine Garantenstellung aus.[67]

Die Haftung für pflichtwidriges Verhalten durch Unterlassen ist zum einen insoweit eingeschränkt, als immer auch nachgewiesen werden muss, dass es eine Möglichkeit gegeben hätte, die Verletzung der Körperintegrität bzw. den Tod des Patienten zu verhindern. Zum anderen muss der Nachweis erbracht werden, dass gebotenes Verhalten des Arztes in der konkreten Situation den konkreten Erfolg verhindert hätte. Hierfür sind *irreale Konditionalsätze* erforderlich (Sätze die begründen, dass das gebotene Verhalten den Erfolg verhindert hätte). Solche Konditionalsätze sind schwer zu verifizieren. Auch für Gutachter ist es schwierig, hier „wahre" Aussagen zu treffen. Die Annahme von vorsätzlichem Handeln setzt zusätzlich voraus, dass der Arzt um das Ausbleiben des Erfolges mit großer Wahrscheinlichkeit bei Durchführung der gebotenen Maßnahme weiß. Weiter ist auch immer der Nachweis zu führen, dass das gebotene Verhalten zumutbar ist.

Ob der ärztliche Behandlungsfehler auf ein positives Tun oder auf ein Unterlassen zurückzuführen ist, ist durch Bewertung zu ermitteln. Der BGH fordert, nach dem Schwerpunkt der Vorwerfbarkeit zu entscheiden.[68] Klar sollte sein, dass, soweit ein Energieaufwand fehlt, die Erfolgsherbeiführung durch Nichtvornahme einer Diagnostik, einer Nichtüberwachung oder Nichtbehandlung nur als Unterlassensvorwurf gewertet werden darf. Die Erfolgszurechnung kommt nur dann in Betracht, wenn die Vornahme einer Handlung den Erfolg mit großer Wahrscheinlichkeit hätte entfallen lassen und eine Garantenstellung gegeben ist. Sowohl die Nichtvornahme einer Behandlung oder Diagnostik als auch die vorwerfbare Nichtüberwachung einer Krankenschwester etwa (beides Verhaltensweisen, die die Praxis immer

---

66 Der BGH hat dies im Fall „Dr. Wittig" allerdings nicht so gesehen, BGHSt 32, 367, 377 ff. Dies lässt sich m. E. aber kaum rechtfertigen. Wird eine Behandlung ernsthaft und endgültig abgelehnt, darf angesichts des verfassungsrechtlich abgesicherten Verbots der Zwangsbehandlung keine Behandlung mehr erfolgen.
67 *Ulsenheimer*, Arztstrafrecht in der Praxis, Teil I, § 1 Rn. 34c.
68 BGH, NStZ 2003, 657; NK – *Wohlers*, StGB, § 13 Rn. 4 ff.; vgl. auch *Roxin*, AT II, § 31 Rn. 69 ff. und die Abhandlung in *Ulsenheimer*, Arztstrafrecht in der Praxis, Teil I, § 1 Rn. 36 ff.

wieder beschäftigen) sind eindeutig unerlaubte Handlungen, die als Unterlassen zu bewerten sind.[69]

III. Exkurs: Unterlassene Hilfeleistung, § 323c StGB

In der Praxis stellt sich manchmal die Frage, ob Sachverhalte, in denen eine *Kausalität des Unterlassens* für eine Erfolgsherbeiführung bezüglich der §§ 229, 222 StGB nicht festgestellt werden kann (es lässt sich schlicht nicht nachweisen, ob das gebotene Verhalten des Arztes etwa den Tod des Patienten verhindert hätte), eine Bestrafung wegen unterlassener Hilfeleistung auslösen können.[70] Dies ist strafrechtlich nur legitim, wenn die Voraussetzungen des § 323c StGB vorliegen.[71]

Die Anwendung des § 323c StGB setzt voraus, dass bei einem *Unglücksfall* der Arzt eine *tatsächlich erforderliche* und *zumutbare* Hilfe nicht erfüllt. Ein Unglücksfall ist ein *plötzlich eintretendes Ereignis*, das eine erhebliche Gefahr für Personen oder Sachen mit sich bringt. Eine Haftung des Arztes nach § 323c StGB kommt daher nur in Betracht, wenn eine Krankheit sich überraschend akut verschlimmert oder plötzlich unkalkulierbar geworden ist. Vielfach fehlt es an diesen Voraussetzungen.

Auch kann eine Haftung nur dann gegeben sein, wenn der Arzt *vorsätzlich* bei einem Unglücksfall eine akute Hilfe nicht leistet. Er muss also mindestens erkannt haben, dass sich eine Krankheit akut verschlimmert oder eine Wendung zum Unkalkulierbaren eingetreten ist, also mindestens mit dolus eventualis handeln.

Völlig unangemessen ist es, § 323c StGB als Auffangtatbestand für nicht zurechenbare Behandlungsfehler heranzuziehen.[72] Dies heißt natürlich nicht, dass Ärzte sich nicht ausnahmsweise nach § 323c StGB strafbar machen können: Beispiel ist etwa die Nichthilfeleistung nach einer plötzlich eintretenden, schweren Atemnot.[73] Wird bei einem unkalkulierbaren Zustand nach einer Leberzirrhose nicht Hilfe geleistet, wird man § 323c StGB anwenden können,

---

69 Von Gerichten werden sie immer wieder als aktives Tun bewertet, um weniger Schwierigkeiten bei der Zurechnung zu haben.
70 Diese Frage kann zentral werden, da die Strafbarkeit wegen eines Fahrlässigkeitsdelikts entfällt, wenn auch ordnungsgemäßes Verhalten den Erfolg nicht sicher verhindert hätte. Die Risikoerhöhungslehre wird überwiegend hier nicht angewendet.
71 Vgl. zu § 323c StGB ausführlich *Schöch*, Unterlassene Hilfeleistung, S. 161 ff. in diesem Band.
72 *Ulsenheimer*, Arztstrafrecht in der Praxis, Teil I, § 2 Rn. 249 schildert Fälle des Missbrauchs des § 323c StGB.
73 OLG Düsseldorf, NJW 1995, 799.

wenn und soweit nicht sicher festgestellt werden kann, ob rechtmäßiges Verhalten den Erfolg hätte verhindern können. Die Ärzte müssen aber, damit ihnen der Erfolgseintritt im Rahmen des § 323c StGB zugerechnet werden kann, erkennen, dass ein Krankheitsverlauf sich **akut** verschlimmert hat oder unkalkulierbar geworden ist.[74]

IV. Die unerlaubte Handlung

Vielfach wird die – für die Fahrlässigkeitsdelikte erforderliche – unerlaubte Handlung als Sorgfaltspflichtverletzung bezeichnet. *Roxin* hält dies mit Recht für normlogisch unangemessen.[75] Mit einer derartigen Formulierung wird der Eindruck erweckt, das Unrecht eines fahrlässigen Begehungsdeliktes bestehe in der Unterlassung der gebotenen Sorgfalt. Jedoch wird dem Täter nicht ein spezifisches Unterlassen vorgeworfen, sondern, dass er ein unerlaubtes Risiko verursacht und dieses den Erfolg herbeigeführt hat.[76]

In einigen Lebensbereichen hat der Gesetzgeber geregelt, was eine unerlaubte Gefahrschaffung ist. Hierzu gehört beispielsweise der Straßenverkehr. Es wird geregelt, welche Risiken zulässig und welche es nicht mehr sind. Diese Regeln bedürfen aber in vielerlei Hinsicht der Ergänzung. In anderen Bereichen – hierzu gehört der ärztliche Heileingriff – gibt es derartige gesetzliche Regeln nicht. Hier kommt man nicht umhin, Regeln zu entwickeln, die es erlauben, zulässiges und nicht mehr zulässiges Verhalten voneinander abzugrenzen. Geht man davon aus, dass ärztliches Verhalten Risiken schafft, so geht es darum, Gefährdungspotenziale auszuschließen. Gefährlich kann sowohl eine falsche Behandlung als auch eine Behandlung ohne angemessene und hinreichende Diagnosefeststellung sowie eine nicht auf den Patienten abgestimmte Behandlung sein. Es ist wichtig, Standards zu entwickeln, an denen sich ärztliches Handeln zu orientieren hat. Man kann sich auf den Standpunkt stellen, dass der Gesetzgeber nicht darauf verzichten kann, im Bereich des ärztlichen Heileingriffs – ähnlich wie im Straßenverkehr – Regeln zu schaffen, die es ermöglichen, erlaubtes und unerlaubtes Verhalten voneinander abzugrenzen.[77] Dies lässt sich mit dem Argument begründen, dass

---

74 *Ulsenheimer*, Arztstrafrecht in der Praxis, Teil I, § 2 Rn. 253.
75 *Roxin*, AT I, § 24 Rn. 12.
76 Zum Prinzip der Risikoerhöhung im Kontext der ärztlichen Heilbehandlung siehe *Kamps*, Ärztliche Arbeitsteilung, S. 121 ff.
77 Zur im Verkehr erforderlichen Sorgfalt bei Ärzten ausführlich Laufs/Uhlenbruck – *Ulsenheimer*, Handbuch des Arztrechts, § 139 Rn. 18 ff.

sonst das Bestimmtheitsgebot, das über Art. 103 II GG garantiert wird, verletzt wäre. Für diese Auffassung spricht einiges. Jedoch wird sie der Wirklichkeit des ärztlichen Heileingriffs nicht gerecht. Das, was ein angemessener ärztlicher Heileingriff ist, ändert sich ständig. Neue Methoden werden entwickelt, neue Diagnoseverfahren finden Eingang in die Wissenschaft, neue Risiken von Behandlungsmethoden werden bekannt. In einem derartigen System ist es angemessen, das, was als Standard gilt, von dem System selbst entwickeln zu lassen.

Unerlaubtes Verhalten ist ein Verhalten, das gegen die Standards verstößt, die sich in dem System Gesundheitsfürsorge entwickelt haben. Standards sind geronnene Erfahrungen ärztlicher Praxis, die durch die medizinische Wissenschaft korrigiert, ergänzt und erweitert werden.

Sie legitimieren sich durch drei Elemente:
- durch wissenschaftliche Erkenntnisse, wie ärztliches Verhalten – um ein konkretes Therapieziel zu erreichen – erfolgen muss bzw. nicht erfolgen darf;
- oder/und durch praktische Erfahrung, wie ärztliches Handeln Schaden vermeidet bzw. wie Schaden minimiert werden kann sowie Risiken vermindert werden können;
- oder/und durch akzeptierte Methoden innerhalb der Profession der Ärzte bezüglich des „Wie" der Diagnose und der Behandlung.

Standards formulieren Erwartungen an Ärzte, die strafrechtlich garantiert werden. Die drei oben genannten Säulen begründen diese Standards. Soziologisch betrachtet dienen sie dazu, Unsicherheiten bei der Frage, wie richtiges ärztliches Verhalten auszusehen hat, zu reduzieren (ärztliches Handeln ist immer Handeln unter Risiko).

Standards gelten nicht mehr, wenn sie durch wissenschaftliche Erkenntnisse überholt werden oder wenn sie die Anerkennung in der Profession der Ärzte verloren haben. Neue medizinische Erkenntnisse/Erfahrungen (zukünftige Standards) gelten noch nicht, wenn sie innerhalb der Profession noch keine Anerkennung gefunden haben. Der Arzt darf nach angemessener Aufklärung, wenn und soweit eine Methode noch nicht allgemein, aber weitgehend anerkannt ist, von den Standards abweichen, wenn die von ihm verwandte Heilmethode erfolgversprechend erscheint.

Richtlinien, die von Fachgesellschaften aufgestellt werden, binden den Arzt stärker. Sie dokumentieren geronnene Erfahrung. Der Arzt darf von Richtlinien nur dann abweichen, wenn er hierfür gute Gründe hat, die es angemessen erscheinen lassen, sich nicht an den Richtlinien zu orientieren. Richtlinienverstöße sind häufig Anzeichen für unerlaubte Handlungen. Sie können als Anzeichen einer unerlaubten Handlung nur dadurch entkräftet werden, dass gezeigt werden kann, dass neue Erkenntnisse gegeben sind, die die Richtlinienabweichung begründen können, bzw. gesagt werden kann, dass in anderen Kulturen völlig andere Richtlinien existieren, die die Handlungsweise des Arztes rechtfertigen können.

Manchmal wird zwischen Richtlinien und Leitlinien unterschieden. Von einem Richtlinienverstoß wird dann gesprochen, wenn Maßstäbe im Regelfall eingehalten werden müssen und dies nicht geschehen ist. Bei Leitlinien muss der Arzt den Maßstab nicht einhalten. Hier wird ihm ein Beurteilungsspielraum eingeräumt. Unklar bei dieser Differenzierung ist allerdings die Beantwortung der Vorfrage, wann eine Richtlinie und wann nur eine Leitlinie gegeben ist.[78] Hierfür gibt es kein allgemeines Kriterium.

V. Der relevante Zeitpunkt

Unerlaubtes Handeln bestimmt sich zunächst aus der *ex ante*-Sicht des behandelnden Arztes.[79] Was heute ärztlicher Standard ist, kann innerhalb einer kurzen Zeit überholt sein.[80] Die Medizin ist eine Wissenschaft, die sich weiterentwickelt, die eine dynamische Komponente hat. Was erlaubt oder unerlaubt ist, darf nicht aus einer *ex post*-Sicht beurteilt werden, sondern muss aus der Sicht eines besonnenen Arztes zum Zeitpunkt der Therapie beurteilt werden. Ein Fahrlässigkeitsvorwurf kann nicht aus einer nachträglichen Sicht gemacht werden. Strafrechtliche Tatbestände enthalten Imperative, die den Bürger zu einem Verhalten motivieren wollen. Dann muss aber im Handlungszeitpunkt feststehen, was erlaubt und was unerlaubt ist. Von den jeweils Handelnden kann auch nur ein Wissen verlangt werden, das zum Zeitpunkt des ärztlichen Heileingriffes richtig war.[81]

---

[78] Zum Begriff des Standards sowie zur Kritik an der Abgrenzung Standards – Leitlinien vgl. auch *Ulsenheimer*, Arztstrafrecht in der Praxis, Teil I, § 1 Rn. 18 ff.
[79] Laufs/Uhlenbruck – *Ulsenheimer*, Handbuch des Arztrechts, § 139 Rn. 18.
[80] Als Beispiel vgl. die Entscheidung des BGH, Urt. v. 13.12.2006, Az. 5 StR 211/06, veröffentlicht auf der Homepage des BGH (http://www.bundesgerichtshof.de), bei der sehr deutlich geworden ist, dass sich innerhalb weniger Zeit das, was als Behandlungsfehler zu sehen ist und was nicht, ändern kann.
[81] Hierzu ausführlich *Ulsenheimer*, Arztstrafrecht in der Praxis, Teil I, § 1 Rn. 19a.

VI. Die Methodenfreiheit des Arztes

Bei der Beurteilung der Frage, ob ein Behandlungsfehler vorliegt oder nicht, ist auch die Methodenfreiheit des Arztes zu beachten. Gibt es mehrere medizinisch anerkannte Heilmethoden und haben sich noch keine Standardbehandlungsregeln entwickelt, so ist der Arzt frei in seiner Methodenwahl.[82] Der Arzt darf nach pflichtgemäßem und gewissenhaftem Beurteilungsermessen entscheiden.

Ist allerdings eine Behandlungsmethode als besonders wirksam anerkannt, so kann die Therapiefreiheit nicht mehr gegen die Annahme eines Behandlungsfehlers angeführt werden, wenn gegen eine solche Behandlungsmethode verstoßen wurde.[83] Das Gleiche gilt für anerkannte, wissenschaftliche Erkenntnisse.

VII. Die Verbindlichkeit der Standards

Generell ist der Arzt verpflichtet, den für Fachärzte geltenden Standard einzuhalten. In Ausnahmefällen kann eine anerkannte Methode als Behandlungsmethode unangebracht sein, wenn bei Anwendung dieser Methode spezifische Gefahren für einen Kranken zu befürchten sind.[84] Die Anbindung ärztlichen Verhaltens an den Facharztstandard bedeutet nicht, dass der Arzt formell Facharzt sein muss, sondern nur, dass er einen bestimmten Wissens- und Erfahrungsstand haben muss.[85] Dieser spezifische Wissens- und Erfahrungsstand wird als Facharztstandard bezeichnet.

Der Maßstab für das *Erlaubte* und *nicht mehr Erlaubte* hat auch eine situationsspezifische Seite. Nicht in jeder Situation hat ein Arzt – etwa bei dringend erforderlichen Eingriffen (Beispiel: Unglücksfall im Grünen) – die Alternativen und therapeutischen Mittel, die zu wünschen wären. Ist ein Eingriff dringend, so kann es sein, dass das an sich Gebotene nicht realisiert werden kann. Erlaubtes Verhalten misst sich dann an den personellen und sachlichen Möglichkeiten.

---

82 Zur Therapiefreiheit und deren Grenzen Laufs/Uhlenbruck – *Ulsenheimer,* Handbuch des Arztrechts, § 139 Rn. 18b, 43.
83 Hierzu ausführlich *Ulsenheimer,* Arztstrafrecht in der Praxis, Teil I, § 1 Rn. 19c.
84 Vgl. die Erläuterungen in Laufs/Uhlenbruck – *Ulsenheimer,* Handbuch des Arztrechts, § 139 Rn. 18a, 18b zur absoluten Priorität von Schutz und Sicherheit des Patienten.
85 Vgl. *Ulsenheimer,* Arztstrafrecht in der Praxis, Teil I, § 1 Rn. 20.

Auch ökonomische Zwänge können dazu führen, dass die Sorgfaltsanforderungen heruntergefahren werden müssen.[86] Eine medizinisch mögliche, aber unbezahlbare Maximaldiagnostik und -therapie ist im Strafrecht nicht der angemessene Maßstab, um erlaubtes und nicht erlaubtes Verhalten voneinander abzugrenzen. Es muss weiter bei der Annahme bzw. bei der Ablehnung eines Behandlungsfehlers berücksichtigt werden, dass normale Krankenhäuser nicht die Möglichkeiten von Universitätskliniken und Spezialkrankenhäusern haben.[87]

VIII. Unerlaubtes Verhalten durch Übernahme spezifischer Tätigkeiten

Unerlaubt handelt auch derjenige Arzt, der eine Tätigkeit, der er nicht gewachsen ist oder die er aus anderen Gründen (Übermüdung, Trunkenheit etc.) nicht erfüllen kann, übernimmt.[88] Von dem, der eine Leberteiltransplantation durchführt, kann erwartet werden, dass er mit Leberoperationen Erfahrung hat oder dass er zumindest bei entsprechenden Operationen assistiert und hinreichend Erfahrung gesammelt hat. Wer sich zu einer ärztlichen Behandlung anschickt, die er noch nicht durchgeführt hat, hat eine Erkundigungspflicht. Ist eine Erkundigung nicht Erfolg versprechend, muss ein Arzt von einer Behandlung Abstand nehmen, wenn dies ohne Not möglich ist. Ärztliches Verhalten ist Risikoverhalten und setzt Wissen, Geschicklichkeit und vielfache Übung voraus. Wer weiß, dass er wegen seines Alters, wegen Krankheit oder wegen Sehschwäche den Anforderungen einer komplizierten Operation nicht mehr gewachsen ist, darf diese konkrete Behandlung nicht mehr übernehmen.[89] Dies gilt auch, wenn der Arzt unter einer ansteckenden Krankheit leidet und hierdurch den Patienten eventuell infiziert.

Die Übernahme einer Behandlung, zu der man nicht fähig oder geeignet ist, begründet ein unerlaubtes Verhalten, wenn und soweit dies erkannt werden kann. Wer weiß, dass er eventuell bei einer Operation an seine Grenzen stößt, muss Spezialisten hinzuziehen. Der Arzt, der nicht selbst über die fachlichen Fähigkeiten verfügt, muss sich anderer Hilfe vergewissern oder an einen Spe-

---

[86] Ob ökonomische Zwänge dazu führen dürfen, dass Sorgfaltsanforderungen heruntergeschraubt werden dürfen, ist von der Rechtsprechung aus betrachtet nicht ganz klar.
[87] Vgl. *Ulsenheimer*, Arztstrafrecht in der Praxis, Teil I, § 1 Rn. 20a.
[88] Vgl. Laufs/Uhlenbruck – *Ulsenheimer*, Handbuch des Arztrechts, § 139 Rn. 20.
[89] Weitere Fallkonstellationen ausführlich in Laufs/Uhlenbruck – *Ulsenheimer*, Handbuch des Arztrechts, § 139 Rn. 20.

zialisten überweisen. Er muss auch eventuell einen Konsiliarius hinzuziehen.[90]

Aus der Tatsache, dass der Arzt kein Risikohandeln übernehmen darf, wenn er nicht hinreichend fachkundig ist, ergibt sich die *Pflicht zur Fortbildung*. Der Arzt darf sich neuen wissenschaftlichen Erkenntnissen nicht verschließen. Der Patient muss darauf vertrauen können, dass der ihn behandelnde Arzt an der Entwicklung seines Fachgebiets teilnimmt.[91] Der Arzt hat deshalb auch die Verpflichtung, Fachzeitschriften zu lesen, wenngleich nicht – wie *Ulsenheimer* zu Recht sagt – „ausländische Fachliteratur".[92] Für Spezialisten, etwa Transplanteure, die Teillebertransplantationen durchführen, kann sich aber in Ausnahmefällen auch eine solche Verpflichtung ergeben. Die Behandlung, die dazu dient, die Abstoßung von Organen zu verhindern, darf nur durch erfahrene Transplantationschirurgen bzw. Immunologen erfolgen, die hinreichende Kenntnisse über Immunsuppressiva haben. Nicht von ungefähr hat das Transplantationsgesetz festgeschrieben, dass die Nachbetreuung zunächst in Transplantationszentren zu erfolgen hat.

Wenn in einem Krankenhaus keine angemessene Möglichkeit der Behandlung gegeben ist und die Zeit für eine Verlegung ausreicht, kann in der Übernahme der Behandlung eine unerlaubte Handlung liegen. Eine Bestrafung wegen Fahrlässigkeit ist bei der Übernahme aber nur dann möglich, wenn den die Behandlung übernehmenden Arzt ein Übernahmeverschulden trifft. Ein solches Verschulden trifft den Arzt nur dann, wenn er selbst erkennen konnte, dass ihm die Fähigkeiten fehlten, eine konkrete Behandlung durchzuführen.

IX. Der Maßstab für unerlaubtes Verhalten

Die bisher genannte Methode zur Bestimmung von unerlaubtem Verhalten ist von objektiven Maßstäben ausgegangen und hat den Regelfall thematisiert, dass die individuellen Fähigkeiten des Arztes es ihm ermöglichen, den Standards zu genügen. Es kann aber nun sein, dass konkrete Ärzte über geringere bzw. höhere Fähigkeiten verfügen. Wenn auf der objektiven Seite der Fahrlässigkeitstat die Abweichung von Standards festgestellt ist, muss also weiter

---

90 Vgl. *Ulsenheimer*, Arztstrafrecht in der Praxis, Teil I, § 1 Rn. 52.
91 Vgl. *Ulsenheimer*, Arztstrafrecht in der Praxis, Teil I, § 1 Rn. 22; sowie Laufs/Uhlenbruck – *Ulsenheimer*, Handbuch des Arztrechts, § 139 Rn. 20 mit Verweis auf BGH, MedR 1996, 271; *Giesen*, JZ 1996, 519, 520; RGSt 67, 12, 23.; sowie *Kamps*, Ärztliche Arbeitsteilung, S. 147.
92 Vgl. *Ulsenheimer*, Arztstrafrecht in der Praxis, Teil I, § 1 Rn. 22a.

im Rahmen der Schuld geprüft werden, ob der Arzt nach seiner Ausbildung und seiner Geschicklichkeit in der Lage war, diese Standards zu erfüllen.

Von einigen Autoren wird die Auffassung vertreten, dass die Erfüllung des Fahrlässigkeitstatbestandes von den jeweiligen individuellen Fähigkeiten des Täters abhängt. Wer kompetenter ist, handle unerlaubt, wenn er seine Kompetenzen nicht ausschöpfe;[93] wer weniger kompetent ist, müsse nur seinen geringeren Kompetenzen genügen. Auch nach herrschender, richtiger Auffassung ist der Täter, der geringe Fähigkeiten hat, nicht strafbar, wenn seine Kompetenz nicht ausreicht (Ausnahme ist die oben behandelte Übernahmefahrlässigkeit[94]). Allerdings handelt der Täter nach dieser letzteren Auffassung durchaus rechtswidrig; seine Strafbarkeit entfällt erst auf Grund seiner fehlenden individuellen Schuld.

Problematischer ist die Frage, ob ein Arzt auch strafrechtlich haftet, wenn er überdurchschnittliche Fähigkeiten hat, soweit er diese überdurchschnittlichen Fähigkeiten nicht umsetzt. Meines Erachtens hat das Strafrecht nicht die Aufgabe, überdurchschnittliche Fähigkeiten zu garantieren. Sicherlich ist es „moralisch" angemessen, von Spitzenchirurgen zu fordern, dass sie ihre besten Leistungen erbringen. Mit den Mitteln des Strafrechts kann aber nur die Leistung gesichert werden, die üblicherweise in spezifischen Kontexten von Ärzten zu erwarten ist.[95] Es gilt aber für medizinische Kompetenzen kein ganz einheitlicher Maßstab. Vielmehr ist der Ausdifferenzierung von ärztlichen Kompetenzen Rechnung zu tragen. Von Herzchirurgen kann die Fähigkeit erwartet werden, die üblicherweise Herzchirurgen haben. Von Allgemeinchirurgen kann die Fähigkeit erwartet werden, die üblicherweise Allgemeinchirurgen haben. Von Nierentransplanteuren kann die Fähigkeit erwartet werden, die üblicherweise Transplantationschirurgen haben. Leberteiltransplanteure müssen die Fähigkeiten eines guten Lebertransplanteurs haben bzw. einige Male bei Lebertransplantationen assistiert haben.

---

93 Stratenwerth/Kuhlen, AT I, S. 372; Schönke/Schröder – Cramer/Sternberg-Lieben, StGB, § 15 Rn. 139.
94 Zum Übernahmeverschulden ausführlich Laufs/Uhlenbruck – Ulsenheimer, Handbuch des Arztrechts, § 139 Rn. 20.
95 Eine andere Auffassung legt hierzu Laufs/Uhlenbruck – Ulsenheimer, Handbuch des Arztrechts, § 139 Rn. 19 m. w. N. dar: Demzufolge muss, wo größeres individuelles Leistungsvermögen vorhanden ist, dieses auch eingesetzt werden. Der besonders befähigte Arzt muss sich daher an seinen Fähigkeiten messen lassen, und darf sich nicht auf das Erbringen durchschnittlicher Leistungen beschränken; so auch: Schönke/Schröder – Cramer/Sternberg-Lieben, StGB, § 15 Rn. 139; Stratenwerth/Kuhlen, AT I, 372; BGH, NJW 1987, 1479, mit Anm. Deutsch, NJW 1987, 1480.

X. Fazit

Zusammenfassend ist also davon auszugehen, dass ein unerlaubtes Verhalten vorliegt, wenn gegen die medizinischen Standards, die zum Zeitpunkt des Heileingriffs galten, verstoßen wird. Die Abweichung von derartigen Standards begründet einen Behandlungsfehler. Kein Behandlungsfehler liegt vor, wenn der vermeintliche Standard nicht wissenschaftlichen Erkenntnissen entspricht bzw. keinerlei Akzeptanz in der Profession hat. Dann gibt es keine entsprechenden Regeln, die es möglich machen, erlaubtes und unerlaubtes Verhalten zu trennen. In diesem Fall gilt der Grundsatz der Therapiefreiheit. Eine Abweichung von einem Standard, die durch Richtlinien dokumentiert ist, stellt im Regelfall einen Behandlungsfehler dar. Dies gilt dann nicht, wenn die medizinischen Richtlinien durch neue Erkenntnisse infrage gestellt werden. Eine Abweichung von einem Standard begründet dann keinen Behandlungsfehler, wenn eine individuelle Abweichung erforderlich ist, da die klassische Behandlungsmethode ein erhebliches Risiko für den konkreten Patienten bedeuten würde. Dies gilt schließlich auch, wenn die Dringlichkeit eines Eingriffs und die fehlenden Ressourcen in der Situation es nicht erlauben, eine Therapie nach Standard durchzuführen. Kein Behandlungsfehler ist auch dann anzunehmen, wenn der Patient explizit eine bestimmte Behandlung ablehnt, obwohl er vorher darüber aufgeklärt worden ist, dass die gewählte Methode keine Standardmethode ist und er mit der Ablehnung der Standardmethode ein zusätzliches Risiko eingeht.

D. Übersicht: Fallgruppen von Behandlungsfehlern in der Rechtsprechung

Fehlende oder unzulängliche Voruntersuchung bzw. Anamnese
BGHSt 12, 379:
Das Auftreten von Komplikationen bei der Entfernung eines Blinddarms wäre bei entsprechender Anamnese oder Voruntersuchung des operierenden Arztes absehbar und abwendbar gewesen.

Nichterhebung von Befunden
BGHZ 138, 1:
Die Unterlassung einer aus medizinischer Sicht gebotenen Befunderhebung, hier durch den Augenarzt, stellt einen groben ärztlichen Fehler dar; in diesem

Fall sind dann auch Beweiserleichterungen für den Ursachenzusammenhang mit dem Gesundheitsschaden gegeben.

BGHZ 159, 48:
Die Patientin klagt nach einem Motorradunfall über starke Schmerzen in der Hüfte und der Arzt sieht von einer Röntgenaufnahme ab.

Behandlung ohne vorheriges Stellen einer eigenen Diagnose
BGHSt 3, 91:
Die Diagnose des Arztes beruht allein auf den Angaben des Patienten.

BGH, MedR 1995, 70:
Zweifelsfrei gebotene Befunde werden nicht erhoben und gesichert.

OLG Koblenz, MedR 2006, 61:
Der behandelnde Arzt im Krankenhaus übernahm die Diagnose des Hausarztes.

Diagnoseirrtum
BGHR Zivilsachen, Arzthaftung 151:
Vorraussetzungen eines Diagnosefehlers.

BGHSt 7, 211:
Der Arzt, der den ärztlichen Bereitschaftsdienst übernommen hat, lehnt einen Hausbesuch ab und stellt „aus der Ferne" eine Diagnose, die sich als falsch erweist.

Hypothetische Einwilligung bei Aufklärungsmangel
BGH, NStZ-RR 2004, 16:
Die Oberärztin operiert versehentlich den kleinen Bandscheibenvorfall einer Patientin und nicht den schweren im Bandscheibenfach L 4/L 5. Die Patientin bekommt Lähmungserscheinungen. Der Chefarzt rät daraufhin der Oberärztin, die Patientin falsch aufzuklären, um mit deren Einwilligung eine zweite Operation vornehmen zu können.

Eingriff ohne Einwilligung des Patienten
BGHSt 45, 219:
Über die mutmaßliche Einwilligung in eine Sterilisation beim Kaiserschnitt.

BGHSt 35, 246:
Über die Operationserweiterung; über die Sterilisation beim Kaiserschnitt ohne Einwilligung der Patientin.

Verweigerung der Behandlung
BGHSt 7, 211:
Der Arzt, der den ärztlichen Bereitschaftsdienst übernommen hat, lehnt einen zumutbaren Hausbesuch ab.

Durchführung einer medizinisch nicht indizierten Behandlung
BGHSt 43, 346:
Die Durchführung medizinisch nicht indizierter Röntgenaufnahmen verwirklicht nicht den Tatbestand des § 311d StGB (Freisetzen ionisierender Strahlen); es kann aber eine Strafbarkeit wegen gefährlicher Körperverletzung begründet werden.

BGHSt 12, 379:
Eingriffe, die der Arzt nicht als erforderlich, sondern nur als „gegeben" ansieht, verpflichten ihn zu besonders sorgfältiger Prüfung. Hier: Die Entfernung des Blinddarms ohne das Vorliegen einer akuten Entzündung.

Nichtdurchführung einer medizinisch gebotenen Vorgehensweise
BGHZ 142, 126:
Der Arzt unterlässt eine Ultraschalluntersuchung bei Verdacht auf eine Schwangerschaft, woraufhin diese unerkannt bleibt.

BGH, NJW 2003, 2311:
Der Arzt benutzt kein Hysteroskop (Gerät zur endoskopischen Untersuchung der Gebärmutter), weil er im Umgang damit unerfahren ist, obwohl dies zum medizinischen Standard gehört.

BGH, NStZ 2001, 188:
Die Garantenstellung des Arztes bei unsachgemäßem Umgang mit therapeutischen Mitteln, sprich: bakterielle Kontaminierung von Blutkonserven durch „Abquetschen".

BGH, VersR 1998, 634:
Über die Anfängerbehandlung: Die Fehlerhaftigkeit der Einteilung eines Arztes in die Weiterbildung.

BGH, NStZ 2004, 35:
Trotz Instabilität des Kreislaufs wegen intraabdomineller Blutung sieht der Arzt von einem Transport in eine Klinik mit dem erforderlichen Equipment – aus persönlichen und finanziellen Gründen (Boykott der Rettungsleitstelle) – ab.

BGHZ 8, 138:
Die Patientin verschluckt eine nicht gesicherte Nervnadel bei der Wurzelbehandlung: Das Unterlassen der erforderlichen Sicherungsmaßnahmen begründet eine Haftung aufgrund fahrlässigen Verhaltens, auch wenn die Maßnahmen mit Unbequemlichkeiten oder Zeitverlust verbunden sind und daher in der Praxis üblicherweise nicht angewendet werden.

Alternative Behandlung, Absehen von der Schulmedizin
BGHZ 113, 297:
Die Anwendung einer von der Schulmedizin nicht allgemein anerkannten Therapie durch einen Heilpraktiker ist nicht von vorneherein als Behandlungsfehler zu werten.

BGHZ 113, 297: (s. o.)
Im selben Urteil: Ein Heilpraktiker hat insoweit die gleichen Sorgfaltspflichten zu erfüllen – auch bezüglich seiner Fortbildung im Hinblick auf Nutzen und Risiken invasiver Therapiearten – wie ein Arzt für Allgemeinmedizin, der sich solcher Methoden bedient.

Fehlerhafte Medikation bzw. fehlerhafte Vornahme der Medikation
BGHR Strafsachen, Strafzumessung 1:
Der Arzt verabreicht ein Medikament mit dem er keine Erfahrung hat, ohne den Beipackzettel zu lesen, und überdosiert beträchtlich.

Übernahmeverschulden
BGH, NJW 1994, 3008:
Auch der in der Weiterbildung zum Gynäkologen stehende Arzt ist, wenn er eine Geburt eigenverantwortlich übernimmt, dafür verantwortlich, dass für die Geburt der Behandlungsstandard gewährleistet ist, auf den Mutter und Kind einen Anspruch haben. Im vorliegenden Fall nahm ein Assistenzarzt trotz Komplikationen bei der Geburt keine Intubation vor.

Verstoß gegen Hygienebestimmungen
BGH, NStZ 2001, 188:
Eine bakterielle Kontaminierung von Blutkonserven.

Zurücklassen von Fremdkörpern bei Operationen
BGHZ 4, 138:
Das Zurücklassen eines Fremdkörpers bei Operationen kann, nach Prüfung der besonderen Umstände des Einzelfalls, einen Behandlungsfehler darstellen.

Kontroll- und Überwachungsfehler
BGH, NJW 1991, 1539:
Schon in der präoperativen Phase hat der Anästhesist die Pflicht zur Überwachung und Aufrechterhaltung der vitalen Funktionen und hat gegebenenfalls auf diese medikamentös einzuwirken.

BGH, NJW 1994, 794:
Die Sorgfaltspflichten gegenüber suizidgefährdeten Patienten beinhalten die Überwachung und Sicherung der Patienten in einem psychiatrischen Krankenhaus, auch vor krankheitsbedingten Selbstschädigungen.

Mangelnde Überwachung von Hilfskräften / Haftung für den hinzugezogenen Arzt
BGHSt 3, 91:
Der Arzt ordnet einer Krankenschwester die Gabe von Medikamenten an, ohne die Ausführung zu überwachen.

BGHSt 6, 282:
Der Arzt ordnet einer Krankenschwester die Gabe von Medikamenten an, ohne die Ausführung zu überwachen. Die Krankenschwester ist grundsätzlich nicht verpflichtet, von sich aus eine ärztliche Anordnung zur Vorbereitung einer Spritze auf ihre Richtigkeit hin zu überprüfen.

BGHZ 142, 126:
Beauftragt der behandelnde Arzt einen weiteren Arzt, so bedient er sich dessen nicht zur Erfüllung seiner gegenüber dem Patienten bestehenden ärztlichen Pflichten, d. h. er haftet auch nicht i. R. d. § 278 BGB für dessen Verschulden.

Zu späte oder unterlassene Hinzuziehung eines Konsiliarius
BGHSt 12, 379:
Die Todesfolge tritt bei der Patientin ein, nachdem sich der behandelnde Arzt geweigert hat, einen weiteren Arzt hinzuzuziehen, obwohl er nicht mehr weiter wusste.

Fehler bei der horizontalen Arbeitsteilung
BGHZ 140, 309:
Beim Zusammenwirken mehrerer Ärzte in horizontaler Arbeitsteilung bedarf es zum Schutz des Patienten einer Koordination der beabsichtigten Maßnahmen aus unterschiedlichen Fachrichtungen, um Risiken auszuschließen, die sich aus einer unverträglichen Kombination ergeben könnten.

OLG Hamm, MedR 2005, 471:
Die Überweisung einer Patientin zur Durchführung einer bestimmten Untersuchung – Pflicht zur Kontrolle des überweisenden Arztes durch den Überweisungsempfänger?

BGH, NJW 1991, 1539:
Zur Abgrenzung der Verantwortung von Operateur und Anästhesist in der prä-, intra- und postoperativen Phase bei horizontaler Arbeitsteilung.

Fehlerhafte Operations- bzw. Reanimationstechnik
OLG Köln, NJW-RR 2003, 458:
Die Patientin wird nicht bereits im Koloskopieraum defibrilliert, sondern erst nach fünf Minuten auf die Intensivstation verlegt.

Therapeutische Beratungs- und Hinweisfehler
BGHZ 90, 103:
Es besteht eine Verpflichtung zur Aufklärung des Patienten über die mit der Behandlung verbundenen Risiken, auch wenn die Therapie vital indiziert, das Risiko selten ist und bei Nicht-Therapieren der Schaden höchstwahrscheinlich auch eingetreten wäre.

BGHZ 89, 95:
Die falsche oder unvollständige Beratung der Mutter in der Frühschwangerschaft über Möglichkeiten zur Früherkennung von Schädigungen, die den Wunsch auf einen Abbruch gerechtfertigt hätten, kann einen Anspruch der Eltern gegen den Arzt auf Ersatz von Unterhaltsaufwendungen für das behinderte Kind begründen.

BGHZ 106, 391:
Der Patient ist grundsätzlich auch auf seltene Gefahren eines Eingriffs hinzuweisen, aber nicht auf fern liegende Risiken.
Fehlt es an einer ausreichenden Aufklärung, verwirklicht sich aber nur ein nicht-aufklärungspflichtiges Risiko, kann der Zurechnungszusammenhang nur dann entfallen, wenn das nicht-aufklärungspflichtige Risiko mit dem

mitzuteilenden nicht vergleichbar ist und wenn der Patient wenigstens über den allgemeinen Schweregrad des Eingriffs informiert war.

Nichterkennen einer Komplikation
BGHZ 7, 198:
Das Nichterkennen der Verletzung einer Arterie durch schuldhaft regelwidrige Handhabung der Instrumente: Bei schuldhafter Herbeiführung einer Lebensgefahr ist der eingetretene Tod auch dann eine adäquate Folge dieser Gefahr, wenn noch eine mehr oder weniger große Möglichkeit der Rettung bestanden hätte.

Lagerungsfehler
BGH, NJW 1991, 1540:
Das Verschulden einer Pflegekraft beim Krankentransport: Der Patient verliert im Krankenhaus bei Bewegungs- und Transportmaßnahmen aus ungeklärten Gründen das Gleichgewicht und stürzt.

BGH, NJW 1988, 762:
Zur Feststellung von Versäumnissen bei der Decubitus-Prophylaxe und Behandlung bei einem Risiko-Patienten: Es besteht eine Verpflichtung, das Auftreten von Durchliegegeschwüren durch intensive Pflegemaßnahmen zu vermeiden bzw. das Risiko zu minimieren, etwa indem durch wechselnde Lagerung eine Druckentlastung herbeigeführt wird.

Fehler beim Einsatz medizinisch-technischer Geräte
OLG Stuttgart, Az. 14 U 83/2001, OLGR Stuttgart 2002, 443:
Die extreme Überbeatmung eines asphyktischen Neugeborenen führt zu hypoxischer Hirnschädigung.

Haftung für angestellte Ärzte
BGHZ 160, 216:
Über die Haftung für einen Behandlungsfehler eines Notarztes im Rettungsdiensteinsatz: Die Passivlegitimation für einen Amtshaftungsanspruch hat in diesen Fällen der Rettungszweckverband.

Haftung des Arztes für fehlerhafte Erste Hilfe am Unfallort
OLG München, MedR 2006, 478:
Mit einem zufällig am Unglücksort anwesenden Arzt, welcher Erste Hilfe leistet, kommt kein Behandlungsvertrag zustande. Das Haftungsprivileg kommt dem Arzt zugute. Man wird wohl auch davon ausgehen können, dass

der Arzt keine Garantenpflicht hat. Allerdings kommt bei nicht hinreichender Erstversorgung eine Haftung aus § 323c StGB in Betracht.

E. Anhang: Prüfungsschema bei fahrlässigen Delikten gem. § 222 oder § 229 StGB

I. Tatbestandsmäßigkeit:

1. **Eintritt des tatbestandsmäßigen Erfolges** (Tod oder Körperverletzung)

2. **Kausalität des Verhaltens für den Erfolg**
   a) Bei *aktivem Tun*: Die Handlung (z. B. Operation) darf nicht hinweggedacht werden können, ohne dass der Erfolg in seiner konkreten Gestalt entfiele.
   b) Bei *Unterlassung*: Die hinzugedachte gebotene Handlung muss den Erfolg mit hoher Wahrscheinlichkeit entfallen lassen.
   Bei unechten Unterlassungsdelikten ist weiter zu prüfen, ob eine *Garantenstellung* gegeben ist. Nur eine Garantenstellung erlaubt die Zurechnung: Behandlungsübernahme (auch telefonisch möglich; Garantenstellung nicht mehr gegeben, wenn Behandlung beendet war); Garantenstellung auch aus Sonderstellung als Bereitschaftsarzt möglich; Ingerenz (wird nicht sehr häufig eingreifen); Garantenstellung nicht begründbar aus § 323c StGB.
   Die *Abgrenzung* Tun und Unterlassen richtet sich nach der Schwere der Vorwerfbarkeit. Eine Nicht-Vornahme der Diagnose und eine Nicht-Behandlung ist nach richtiger Auffassung ein Unterlassen, kein Tun. Wichtig: Unterlassenszurechnung ist deutlich enger als Zurechnung wegen positiven Tuns.

3. **Unerlaubte Handlung (Obj. Sorgfaltspflichtverletzung)**
   Z. B. Abweichung vom Facharztstandard, Übernahme einer Tätigkeit, die der Arzt nicht erfüllen kann.
   – Bei arbeitsteiligem Verhalten gilt grundsätzlich das Selbstverantwortungsprinzip. Haftung eingegrenzt über das Prinzip, dass im Normalfall jeder auf das normgerechte Verhalten des anderen vertrauen darf (Vertrauensgrundsatz, Einschränkung: Einer erkennt Fehler des anderen).
   – Eine unerlaubte Handlung kann auch dadurch entstehen, dass der Arzt nicht hinreichend aufgeklärt hat. Zivilrechtliche Aufklärungspflichten können nicht immer unverändert auf das Strafrecht übertragen werden.

4. **Zurechenbarkeit des Erfolges**
   a) Ein Pflichtwidrigkeitszusammenhang muss gegeben sein (entfällt, wenn die rechtmäßige Handlung den Erfolg nicht verhindert hätte).
   b) Die Zurechenbarkeit wird ausgeschlossen durch die autonome Selbstgefährdung des Opfers (z. B. Verweigerung der Bluttransfusion).
   c) Die Zurechenbarkeit des Erfolges ist dann nicht mehr gegeben, wenn der Erfolgseintritt nicht mehr im Schutzzweck der verletzten Regel liegt.
   e) Hypothetische Einwilligung schließt die Erfolgszurechnung aus (BGH).
   d) *Vorhersehbarkeit* des Erfolgseintritts für den objektiven Beobachter.

5. Einwilligung in nicht indizierte Eingriffe
kann bei hinreichender Aufklärung, die ggf. auch die Tatsache, dass keine *lege artis* Behandlung vorliegt bzw. der Eingriff nicht medizinisch indiziert ist, sowie die besonderen Risiken umfasst, tatbestandsausschließend (nach der Rechtsprechung rechtfertigend) wirken.

II. Rechtswidrigkeit:
Rechtfertigungsgründe (z. B. mutmaßliche Einwilligung) können die Rechtswidrigkeit ausschließen.

III. Schuld:
1. Schuldfähigkeit
2. *Subjektive* Erkennbarkeit und Erfüllbarkeit der Sorgfaltspflichten und *subjektive* Voraussehbarkeit des Erfolges
3. Potenzielles Unrechtsbewusstsein
4. Nicht-Vorliegen von Schuldausschließungsgründen
5. Zumutbarkeit normgemäßen Verhaltens
   (Strittig ist, ob, über die Schuldausschließungsgründe hinaus, die Unzumutbarkeit eines Verhaltens die Schuld bei den Fahrlässigkeitsdelikten ausschließt.)

II.2 Unterlassene Hilfeleistung

Heinz Schöch

Inhaltsverzeichnis

A. Deliktsnatur und Bedeutung für ärztliches Handeln _162
   I. Tatbestand und Schutzzweck _162
   II. Allgemeine Hilfspflicht und Garantenpflicht _162
   III. Keine erweiterte Berufspflicht für Ärzte _166
B. Objektiver Tatbestand _167
   I. Unglücksfall _167
   II. Erforderlichkeit der Hilfeleistung _169
   III. Möglichkeit der Hilfeleistung _172
   IV. Zumutbarkeit der Hilfeleistung _172
   V. Weigerung oder Verzicht _174
   VI. Hilfspflicht bei Suizidversuchen _175
C. Subjektiver Tatbestand und Irrtümer _177
D. Subsidiarität des § 323c StGB _178

Literaturverzeichnis

Dölling, Dieter, Suizid und unterlassene Hilfeleistung, NJW 1986, 1011
Fischer, Thomas, Strafgesetzbuch und Nebengesetze, Kommentar, 56. Auflage 2009
Geiger, Michael, Anmerkung zum Urteil des BGH vom 26.10.1982 – 1 StR 413/82 –
   JZ 1983, 153
Kreuzer, Arthur, Anmerkung zum Urteil des BGH vom 26.10.1982 – 1 StR 413/82 –
   JR 1984, 294
Lackner, Karl/Kühl, Kristian, Strafgesetzbuch, Kommentar, 26. Auflage 2007
Laufs, Adolf/Uhlenbruck, Wilhelm (Hrsg.), Handbuch des Arztrechts, 3. Auflage 2002
Lilie, Hans, Anmerkung zum Urteil des BGH vom 26.10.1982 – 1 StR 413/82 –
   NStZ 1983, 314
Rengier, Rudolf, Strafrecht Besonderer Teil II, 9. Auflage 2008
Roxin, Claus, Strafrecht Allgemeiner Teil II, 2003
Schmidt, Eberhard, Die Besuchspflicht des Arztes unter strafrechtlichen Gesichtspunkten, 1949

Schöch, Heinz/Verrel, Torsten, Alternativ-Entwurf Sterbebegleitung, GA 2005, 553
Schöch, Heinz, Kommentierung zu § 323 c StGB, in: Satzger/Schmitt/Widmaier (Hrsg.), StGB Kommentar 1. Aufl. 2009, (zitiert: SSW-StGB/*Schöch*)
Schönke, Adolf/Schröder, Horst (Hrsg.), Strafgesetzbuch, Kommentar, 27. Auflage 2006
Schroth, Ulrich, Sterbehilfe als strafrechtliches Problem, GA 2006, 549
Ulrich, Hans-Joachim, Anmerkung zum Urteil des BGH vom 26.10.1982 – 1 StR 413/82 – MedR 1983, 137
Ulsenheimer, Klaus, Arztstrafrecht in der Praxis, 4. Auflage 2008
Wessels, Johannes/Hettinger, Michael, Strafrecht Besonderer Teil/1, 33. Auflage 2009

A. Deliktsnatur und Bedeutung für ärztliches Handeln

I. Tatbestand und Schutzzweck

Nach § 323 c StGB wird bestraft, wer bei Unglücksfällen oder gemeiner Gefahr oder Not nicht Hilfe leistet, obwohl dies erforderlich und ihm den Umständen nach zuzumuten ist. Schutzzweck dieses Straftatbestandes ist die Wahrung der mitmenschlichen Solidarität in akuten Notlagen, die aus der sozialen Verantwortlichkeit des Einzelnen als Glied der Gemeinschaft erwächst und von ihm ein gewisses Mindestmaß an Hilfsbereitschaft verlangt.[1] Geschützt werden die Individualrechtsgüter des in Not Geratenen, weshalb der Geschützte grundsätzlich auf Hilfe verzichten kann.[2]

II. Allgemeine Hilfspflicht und Garantenpflicht

§ 323 c StGB ist ein echtes Unterlassungsdelikt, das von jedermann begangen werden kann, also auch von Ärzten. Wenn Hilfe dringend geboten ist und der hinzukommende oder angerufene Arzt in der konkreten Situation besser und rascher helfen kann als andere, ist ein Untätigbleiben nach § 323 c StGB strafbar.[3] Für Ärzte, welche die Behandlung eines Patienten übernommen haben, besteht darüber hinaus – wie bei nahen Verwandten – eine besondere Hilfeleistungspflicht (Garantenpflicht), die eine vorsätzliche oder fahrlässige Täterschaft bezüglich eines Tötungs- oder Körperverletzungsdelikts begrün-

---

1 *Wessels/Hettinger*, BT/1, Rn. 1042; SSW-StGB § 323c Rn. 3.
2 *Rengier*, BT II, § 42 Rn. 1.
3 *Roxin*, AT II, § 32 Rn. 71.

det (sog. unechtes Unterlassungsdelikt). Die strafrechtlichen Folgen sind also verschieden, „je nachdem, ob der Arzt einen Krankheitsfall bereits übernommen hat oder ob er ihn... erst übernehmen soll."[4]

Die Garantenstellung kraft Übernahme einer Schutzfunktion beginnt mit der Begründung des Patientenstatus. Sobald sich der Patient beim Arzt angemeldet und dieser tatsächlich oder auch nur durch eine verbale Zusage die Behandlung übernommen hat, treffen ihn alle Garantenpflichten.[5] Wenn der Arzt dagegen einen Patienten zurückweist, entsteht – außer beim Bereitschaftsarzt – keine Garantenstellung, wobei es auf die Gründe für die Zurückweisung nicht ankommt.

Die ärztliche Garantenstellung endet mit dem Abschluss der Behandlung, aber auch mit dem einseitigen Verzicht des Patienten auf weitere Behandlung, selbst wenn ein solcher Abbruch aus ärztlicher Sicht unvernünftig ist. So muss zum Beispiel der Arzt die Ablehnung einer lebensrettenden Bluttransfusion durch den Patienten aus religiösen Gründen respektieren.[6] Eine Ausnahme von der Beachtlichkeit des Patientenwillens hat die Rechtsprechung beim Suizidversuch gemacht, bei dem ein hinzukommender Arzt zur Hilfe verpflichtet sein soll, selbst wenn der Suizident eine Rettung durch den Arzt ausdrücklich ablehnt (dazu unten II.6.).[7]

Nach der Rechtsprechung ist auch der *Bereitschaftsarzt* Garant und muss deshalb für pflichtwidriges Unterlassen ebenso einstehen wie für tätiges Handeln.

BGH, Urt. v. 1.3.1955 – 5 StR 583/54:[8]
Der angeklagte Arzt hatte in der Nacht vom 4.12.zum 5.12.1953 Bereitschaftsdienst, den Ärzte auf freiwilliger Grundlage gegenüber der Vereinigung der Sozialversicherungsärzte übernommen haben. Gegen 1.30 Uhr kam der Ehemann einer kranken Frau zu dem Angeklagten und bat ihn, zu seiner Frau zu kommen, weil diese starke Schmerzen in der rechten Leibseite habe, außerdem Brechreiz, Durchfall und eine Untertemperatur von 34,1° C. Auf Befragen des Arztes erzählte der Ehemann, dass seine Frau am 1. und 4.12.in der Sprechstunde ihrer behandelnden Ärztin gewesen sei, ohne dass auffällige Befunde festgestellt worden seien. In dem Glauben, es handle sich um einen einfachen Magen- und Darmkatarrh, lehnte der Angeklagte den erbetenen

---

4 *Schmidt*, Besuchspflicht, S. 3.
5 *Roxin*, AT II, § 32 Rn. 70.
6 BVerfGE 32, 98; vgl. auch BGHSt 11, 114.
7 BGHSt 32, 367, 377.
8 BGHSt 7, 211, 212.

Hausbesuch ab. Er riet dem Ehemann, seiner Frau Beruhigungsmittel zu geben und Umschläge zu machen. Er solle wiederkommen, wenn es seiner Frau schlechter ginge. Der Ehemann machte zunächst Umschläge und begab sich dann um 5.15 Uhr zu einem anderen Arzt, der aber, unter Berufung auf die Verpflichtung des Bereitschaftsarztes, ebenfalls nicht kam. Die kranke Ehefrau starb gegen 9.15 Uhr wegen innerlicher Verblutung infolge des Platzens einer Eileiterschwangerschaft.

Der BGH bestätigte die Verurteilung des angeklagten Arztes wegen fahrlässiger Tötung und wies darauf hin, dass der Bereitschaftsarzt eine strafrechtlich geschützte Rechtspflicht nicht nur gegenüber der kassenärztlichen Einrichtung, sondern gegenüber der Bevölkerung habe, in dringenden Erkrankungsfällen einzugreifen. „Das ergibt sich ... aus dem Wesen des Bereitschaftsdienstes und dem überragenden Interesse der Bevölkerung, nicht zuletzt der Ärzteschaft selbst, an seiner geordneten Durchführung. Wer als Bereitschaftsarzt den Schutz der Bevölkerung gegenüber gesundheitlichen Gefahren übernimmt, muss schon deshalb für pflichtwidriges Unterlassen ebenso einstehen wie für tätiges Handeln, weil die Pflichten anderer Ärzte gegenüber ihren Patienten für die Dauer des Bereitschaftsdienstes mindestens erheblich eingeschränkt werden.

Im vorliegenden Fall kam noch hinzu, dass der Arzt durch das Gespräch mit dem Ehemann die ärztliche Behandlung bereits aufgenommen hatte, sodass seine Pflichten sogar noch weiter gehen als diejenigen eines Bereitschaftsarztes. Diese begonnene Behandlung habe der Angeklagte aber pflichtwidrig nicht durchgeführt, indem er es ablehnte, sofort den erbetenen Hausbesuch zu machen.

Damit dehnt die Rechtsprechung die Garantenpflichten des Bereitschaftsarztes erheblich aus und schränkt den Anwendungsbereich der unterlassenen Hilfeleistung ein. Richtigerweise wird man eine Garantenstellung nur bejahen können, wenn der Patient – wie im vorliegenden Fall – bei einem anderen Arzt bereits in Behandlung ist, weil nur in diesen Fällen der Bereitschaftsarzt dessen Schutzfunktion übernimmt. Wendet sich dagegen ein bisher noch nicht behandelter Patient an den Bereitschaftsarzt, so kann dessen Ablehnung – wie bei sonstigen Ärzten – gegebenenfalls nur zu einer Strafbarkeit nach § 323 c StGB führen.[9]

In der Regel besteht keine Garantenstellung für konsiliarisch hinzugezogene Fachärzte, die sich bei der Beratung des Kollegen also nur nach § 323 c StGB strafbar machen.[10] Dasselbe gilt für die Übernahme der ärztlichen Bera-

---

9 *Roxin*, AT II, § 32 Rn. 75.
10 Laufs/Uhlenbruck – *Ulsenheimer*, Handbuch des Arztrechts, § 141 Rn. 2.

tung nach § 219 StGB, da sich diese „in der Aufklärung der Schwangeren über alle Gesichtspunkte erschöpft, die aus ärztlicher Sicht für das Austragen oder Abbrechen der Schwangerschaft von Bedeutung sind."[11] Überweist ein praktischer Arzt den Verunglückten aufgrund nur behelfsmäßig möglicher Untersuchung dem Krankenhaus, so ist er im Rahmen der weiteren Behandlung weder als Garant noch nach § 323 c StGB hilfspflichtig. Die Hilfspflicht geht in diesen Fällen auf den als Facharzt zuständigen Krankenhauschirurgen über.

BGH, Urt. v. 22.3.1966 – 1 StR 567/65:[12]
Eine 59 Jahre alte, teilweise gelähmte Frau war an einem Samstag in ihrem Zimmer zu Boden gestürzt. Der herbeigerufene praktische Arzt stellte die Verdachtsdiagnose auf Schenkelhalsbruch, da das linke Bein der Gestürzten nach auswärts rotiert war. Die notwendige ärztliche Hilfe konnte er nach den gegebenen Umständen nicht selbst leisten. Daher veranlasste er, dass die von Schmerzen Gequälte sogleich mit dem Sanitätskraftwagen in das Kreiskrankenhaus überführt wurde. Der angeklagte Chefarzt und Facharzt für Chirurgie wurde um 18.45 Uhr in seiner Wohnung verständigt. Er teilte der anrufenden Schwester mit, er werde am nächsten Tag kommen und erteilte die fernmündliche Anweisung, die Patientin ruhig zu lagern und ihr eine schmerzstillende Spritze zu geben. Am Sonntag Vormittag sah er sich bei der Arztvisite das verletzte Bein nur kurz an, ohne eine eigentliche Untersuchung vorzunehmen und erklärte, dass er sich das Bein am nächsten Tag anschauen werde. Erst am Montag Vormittag wurden dann Röntgenaufnahmen gemacht. Am Montag Nachmittag teilte er der Patientin mit, dass es sich tatsächlich um einen Schenkelhalsbruch handle, man „könne da nichts machen". Auch in der Folgezeit erhielt die Patientin nur Spritzen; ihr Bein wurde zwischen Spreusäcken gelagert und einmal wurden Alkoholumschläge gemacht. Die Strafkammer konnte aufgrund der atypischen Bruchstelle keinen Kunstfehler des Chirurgen feststellen und verurteilte ihn deshalb nicht wegen Körperverletzung durch Unterlassen, wohl aber wegen unterlassener Hilfeleistung. Der BGH bestätigte dies. Der praktische Arzt habe die erforderliche, sachgemäße ärztliche Hilfe als Nicht-Facharzt nicht leisten können. „Diese Hilfspflicht erwuchs vielmehr nun dem Angeklagten als Spezialisten und Chirurgen des Krankenhauses aufgrund der ihm von der Schwester erstatteten fernmündlichen Meldung. Er war ... angesichts der ihm mitgeteilten Tatsachen verpflichtet, sofort zur persönlichen fachärztlichen Untersuchung der verunglückten Frau in das nahe gelegene Krankenhaus zu kommen und sich – erforderlichenfalls durch eine von ihm veranlasste Rönt-

---

11 BGH, NJW 1983, 350.
12 BGHSt 21, 50, 53 f.

genaufnahme – Gewissheit darüber zu verschaffen, ob alsbaldige chirurgische Eingriffe oder sonstige gefahrabwendende Maßnahmen geboten waren ... Es genügt nicht, dass der Pflichtige irgend etwas tut. Er muss vielmehr die ihm zumutbare bestmögliche Hilfe leisten. Bei den ... fernmündlichen Weisungen handelte es sich um Scheinmaßnahmen eines in Wirklichkeit zur Hilfeleistung nicht Bereiten."

III. Keine erweiterte Berufspflicht für Ärzte

Für Ärzte ergibt sich aus § 323 c StGB keine erweiterte Berufspflicht.[13] Sie haben die allgemeine Beistandspflicht, wenn die konkreten Umstände des Unglücksfalles ein Handeln gerade für sie als notwendig und zumutbar erscheinen lassen.[14] Allerdings wird ein Arzt bei Unfällen meist am ehesten zur Hilfeleistung geeignet sein, weshalb das Vorhandensein ärztlicher Sachkunde sowohl für die Entstehung der Hilfspflicht als auch für Art und Umfang der Hilfeleistung von Bedeutung sein kann.[15] Ein Arzt, der zufällig an einer Unfallstelle vorbeikommt oder von dort aus angerufen wird und der sich weigert, tätig zu werden, obwohl er wirkungsvoller als die umstehenden Laien hätte eingreifen können, macht sich wegen unterlassener Hilfeleistung strafbar.[16]

BGH, Urt. v. 22.4.1952 – 1 StR 516/51:[17]
Ein Arzt, Leiter des Städtischen Krankenhauses, hatte sich in seinem Kraftwagen zum Fischen an einen Bach begeben. Als er eine Stunde gefischt hatte, kam ein Bauer, der den Arzt nicht kannte, jedoch seinen PKW hatte stehen sehen, von seinem Felde zu ihm und fragte ihn, ob er einen verunglückten Jungen zum Arzt bringen könne. Der Junge sei unter seinen Wagen gekommen und blute stark. Der Arzt lehnte das Ansinnen ab. Der Junge musste infolge dessen mindestens 1¼ Stunden im nassen Grase frierend liegen, bis ein zu Hilfe gerufener anderer Arzt ihn in seinem PKW in das Krankenhaus brachte. Dort wurden mehrere Kopfschwartenplatzwunden, eine tiefe Risswunde am Jochbeinbogen und eine Schnittwunde am rechten Oberlid festgestellt; außerdem hatte der Junge eine starke Gehirnerschütterung erlitten. Er blieb einen Monat im Krankenhaus.
Der BGH bestätigte die Verurteilung des Arztes wegen unterlassener Hilfeleistung. „Hilfspflichtig nach § 323 c StGB ist jeder, der nach seinen Fähig-

---

[13] BGHSt 2, 296; 21, 52.
[14] Schönke/Schröder – *Cramer/Sternberg-Lieben*, StGB, § 323 c Rn. 25a.
[15] *Wessels/Hettinger*, BT/1, Rn. 1047; SSW-StGB/*Schöch*, § 323 c Rn. 15; BGHSt 2, 296; 21, 50.
[16] *Roxin*, AT II, § 32 Rn. 71.
[17] BGHSt 2, 296 ff.

keiten und Hilfsmitteln ohne eigene Gefahr oder anderweite Pflichtverletzung wirksamer und rascher helfen kann – wenn auch nur vorläufig – als ein anderer. Dass auch noch andere in der Nähe befindliche Personen hilfspflichtig waren, schließt die Bestrafung des Arztes nach § 323 c StGB nicht aus, da sie nur diejenige Hilfe leisteten, die sie nach ihren Fähigkeiten und nach ihrer Vorstellung leisten konnten. Die besondere persönliche Eignung zur Hilfeleistung ist schon für die Frage der Hilfspflicht, nicht erst für die weitere des Umfangs der Hilfeleistung" bedeutsam. „Wo es gerade auf ärztliche Sachkunde ankommt, kann diese also schon bei der Frage der Hilfspflicht mitsprechen, freilich nur, wenn der unter solchen Voraussetzungen um Hilfe angegangene, nicht unmittelbar beteiligte Arzt wirksamere und frühere Hilfe leisten kann als andere Personen. Mit dieser Einschränkung trifft es zu, dass § 323 c StGB, was die Hilfspflicht angeht, keine ärztliche Sonderpflicht aufstellt, sondern den Arzt an sich jedermann gleichstellt (RGSt 75, 72). Diese Einschränkung betrifft im Übrigen keineswegs nur Ärzte. Vielmehr ist jeder hilfspflichtig, der nach seinen Fähigkeiten und Hilfsmitteln bei Unglücksfällen oder einer Gemeingefahr ohne erhebliche eigene Gefahr und ohne Verletzung wichtiger Pflichten rascher und wirksamer Hilfe leisten kann als irgend jemand anderes."

Allerdings ist zu beachten, dass § 323 c StGB kein Auffangtatbestand für fahrlässig versäumte ärztliche Maßnahmen ist.[18] Verkennt ein Notarzt bei einem Hausbesuch, dass ein Schlafmittelabusus das Ausmaß einer tödlichen Suizidhandlung hat, so mag dies pflichtwidrig sein, eine Bestrafung nach § 323 c StGB scheidet jedoch mangels Vorsatzes aus.[19]

B. Objektiver Tatbestand

I. Unglücksfall

Während die Tatbestandsmerkmale gemeine Gefahr oder Not kaum spezifische arztrechtliche Bezüge aufweisen – es geht um Überschwemmungen, Naturkatastrophen, Brände u. Ä. –, ist das Tatbestandsmerkmal Unglücksfall von zentraler Bedeutung auch für ärztliches Handeln. Unglücksfall wird definiert als „ein plötzlich eintretendes Ereignis, das erhebliche Gefahren für Personen oder bedeutende Sachwerte mit sich bringt".[20] Nicht jede Krankheit ist

---

18 *Ulsenheimer*, Arztstrafrecht in der Praxis, § 2 Rn. 249 ff.
19 Beispiel nach *Ulsenheimer*, Arztstrafrecht in der Praxis, Rn. 249.
20 BGHSt 6, 147, 152; OLG Düsseldorf, NJW 1991, 2979.

ein Unglücksfall, da dieser ein „plötzliches" Ereignis voraussetzt. Wenn der Verlauf der Erkrankung aber eine plötzliche und sich rasch verschlimmernde Wendung nimmt, so liegt ein Unglücksfall vor.[21]

In der Rechtsprechung wurden zum Beispiel als Unglücksfall angesehen:[22] schwere Atembeschwerden und Schmerzen in der Brust, Eileiterschwangerschaft mit der Gefahr der Ruptur des Eileiters und der Folge des alsbaldigen Verblutens, akute Gastroenterokolitis, drohender Herzinfarkt. Ob ein Unglücksfall im Sinne des § 323 c StGB vorgelegen hat, bestimmt die herrschende Meinung ex post aus der Perspektive eines objektiven Beobachters.[23]

Umstritten ist, ob und gegebenenfalls ab welchem Zeitpunkt ein *Suizidversuch* als Unglücksfall zu qualifizieren ist. Die überwiegende Ansicht in der Literatur bezeichnet nur den nicht freiverantwortlichen Suizid als Unglücksfall, also Selbsttötungen von Geisteskranken oder einwilligungsunfähigen Personen, dagegen nicht den freiverantwortlichen Selbsttötungsversuch.[24] Demgegenüber bezeichnet die Rechtsprechung und ein beachtlicher Teil der Literatur jeden Selbsttötungsversuch als Unglücksfall, der gemäß § 323 c StGB ab dem Eintritt der Bewusstlosigkeit oder Hilfsbedürftigkeit des Suizidenten zur Hilfe verpflichtet.[25] Begründet wird dies damit, dass aus der ex ante-Sicht des zur Hilfe Aufgerufenen bei einem Selbsttötungsversuch meist nicht zu erkennen sei, ob der Suizident kraft freier Entschließung oder nicht frei verantwortlich gehandelt hat und dass es sich in den meisten Fällen nur um Appellsuizide handele, die als Hilferuf ans Umfeld des Suizidenten zu deuten seien.

Einige Autoren und in Ansätzen auch die Rechtsprechung korrigieren diese weite Hilfspflicht im Rahmen der Zumutbarkeit bei klaren Bilanzsuiziden, z. B. wenn der Suizident bei klarem Bewusstsein Hilfe untersagt oder wenn ein Arzt aufgrund einer ärztlichen Gewissensentscheidung das Selbstbestimmungsrecht des eigenverantwortlich handelnden Patienten respektiert.[26]

Überzeugender ist die Lösung des Alternativ-Entwurfs Sterbebegleitung, den freiverantwortlichen Suizid nicht als Unglücksfall zu bezeichnen, dafür

---

21 BGH, NJW 1983, 350f.; BGH, NStZ 1985, 409; OLG Düsseldorf, NJW 1995, 799.
22 *Ulsenheimer*, Arztstrafrecht in der Praxis, § 2 Rn. 253 m. w. N.
23 *Wessels/Hettinger*, BT/1, Rn. 1044 m. w. N.; differenzierend SSW-StGB/*Schöch*, § 323 c Rn. 5.
24 *Lackner/Kühl*, StGB, § 323 c Rn. 2; Schönke/Schröder – *Cramer/Sternberg-Lieben*, StGB, § 323 c Rn. 7 jeweils m. w. N.
25 BGHSt 6, 147, 149; 32, 367, 376; *Dölling*, NJW 1986, 1011, 1012ff.; *Wessels/Hettinger*, BT/1, Rn. 60; *Rengier*, BT II, § 8 Rn. 19.
26 BGHSt 32, 367, 381; BGH, NStZ 1983, 117f.; *Rengier*, BT II, § 8 Rn. 20; *Wessels/Hettinger*, BT/1, Rn. 61.

aber die Voraussetzungen für die Freiverantwortlichkeit – und die daraus folgende Straflosigkeit der Nichthinderung oder unterlassenen Rettung – so zu präzisieren, dass sie nur in eindeutigen Fällen angenommen werden kann (vgl. § 215 AE-STB).[27]

Die Formulierung „bei" Unglücksfällen bezieht sich nicht nur auf unmittelbar anwesende Personen, sondern auf alle, die in eine „räumliche und zeitliche Beziehung zu dem betreffenden Geschehen" gelangen.[28] Dies kann z. B. auch durch fernmündliche Verständigung des Arztes erreicht werden.[29]

II. Erforderlichkeit der Hilfeleistung

Die Erforderlichkeit der Hilfeleistung ist nach dem ex-ante-Urteil eines verständigen Beobachters im Zeitpunkt der Hilfsnotwendigkeit zu beurteilen. Da sich die Gefahr für Leben und Gesundheit bei Unglücksopfern mit jeder zeitlichen Verzögerung erhöht und auch „die Vermehrung und Verlängerung von Schmerzen berücksichtigt werden" muss,[30] verletzt jedes Zögern das Gebot des § 323 c StGB. Der Arzt muss also stets „die zur Abwehr jener Schäden wirksamste, also möglichst sofortige Hilfe leisten."[31]

Die Erforderlichkeit entfällt, wenn die notwendige Hilfe schon von einer anderen Person geleistet wird, es sei denn, der Täter könnte als Arzt wirksamer oder rascher helfen als ein anderer.[32] Sie entfällt auch, wenn der Tod eines vergifteten Bewusstlosen unabwendbar ist[33] oder wenn bereits der Tod des Verunglückten eingetreten ist.[34]

Ein *Hausbesuch* gehört nicht unbedingt zu den erforderlichen Maßnahmen, vor allem wenn der Arzt den betreffenden Patienten und die Natur seiner Erkrankung kennt.[35] Allerdings sind Ferndiagnosen nur selten möglich, weshalb der Arzt jedenfalls bei schwereren Krankheitssymptomen zu einem Hausbesuch verpflichtet ist.[36] Kommt ein Hausbesuch nicht in Betracht, so

---

27 Dazu unten II. 6 sowie *Schöch/Verrel*, GA 2005, 553, 579f., 585; zust. *Schroth*, GA 2006, 549, 568f.
28 BGHSt 21, 50, 53.
29 BGHSt 17, 166; 21, 53.
30 BGHSt 14, 213, 216.
31 BGHSt 14, 213, 216; *Ulsenheimer*, Arztstrafrecht in der Praxis, Rn. 255.
32 BGHSt 2, 296; BGH, NStZ 1997, 127.
33 BGHSt 46, 279, 283, 290.
34 BGH, NStZ 2000, 414, 415; *Rengier*, BT II, § 42 Rn. 10 verneint in solchen Fällen bereits den Unglücksfall.
35 BGHSt 7, 211, 212.
36 *Ulsenheimer*, Arztstrafrecht in der Praxis, § 2 Rn. 259.

muss der Arzt gegebenenfalls nachdrücklich darauf hinweisen, dass der Patient unverzüglich – unter Notarztbegleitung – ins Krankenhaus gebracht werden muss.

BGH, Urt. v. 3.4.1985 – 2 StR 63/85:[37]

Die Tochter einer schwer herzkranken Patientin rief gegen 0.30 Uhr den angeklagten Arzt an, der am Wochenende Bereitschaftsdienst hatte, und bat um einen sofortigen Hausbesuch, da ihre Mutter über Herzschmerzen und allgemeines Unwohlsein klage. Der Arzt lehnte einen Hausbesuch ab und erklärte, man solle die Patientin in seine Praxis oder – nötigenfalls mit einem Taxi – ins Krankenhaus bringen. Weitere Anweisungen, insbesondere über die dringende Notwendigkeit einer sofortigen Überführung ihrer Mutter in ein Krankenhaus, erteilte er nicht. Kurz nach dem Telefongespräch erlitt die Patientin einen Schwächeanfall. Der daraufhin verständigte Notarzt veranlasste die sofortige Überführung ins Krankenhaus, wo die Patientin am folgenden Tag starb.

Der BGH bestätigte die Verurteilung des angeklagten Bereitschaftsarztes zu einer Gesamtgeldstrafe von 150 Tagessätzen wegen unterlassener Hilfeleistung und führte aus, dass dieser nicht die erforderliche Hilfe geleistet habe. Aufgrund der telefonischen Unterrichtung durch die Zeugin hätte er diese eindringlich darüber informieren müssen, „dass die unverzügliche Beförderung der Patientin durch einen Notarzt-Transportwagen ins Krankenhaus die einzig gebotene Maßnahme war. Hierüber hätte er die Zeugin eindeutig aufklären müssen. Bei seinen „Ratschlägen" handelte es sich um Scheinmaßnahmen eines in Wirklichkeit zur Hilfeleistung nicht Bereiten."

Im Rahmen des Erforderlichen genügt es, wenn der Arzt einem erwachsenen, voll einsichtsfähigen Patienten, der lebensgefährlich erkrankt ist, die Situation unmissverständlich und eindringlich klar macht, ihm die nötigen ärztlichen Maßnahmen empfiehlt und auf die Gefahr für sein Leben hinweist, falls er sich nicht daran hält. Deshalb wird das folgende Urteil des BGH in der Literatur mit Recht fast durchweg abgelehnt:[38]

BGH, Urt. v. 26.10.1982 – 1 StR 413/82:[39]

Eine 21-jährige Patientin, die bereits ein nichteheliches Kind hatte, war in der 8. bis 9. Woche schwanger. Als sie die Schwangerschaft abbrechen wollte, überwies sie ihr Hausarzt an den angeklagten Gynäkologen zur Beratung

---

37 BGH, NStZ 1985, 409.
38 *Ulsenheimer*, Arztstrafrecht in der Praxis, § 2 Rn. 260; *Ulrich*, MedR 1983, 137 f.; *Geiger*, JZ 1983, 153 f.; *Kreuzer*, JR 1984, 294 ff.; teilweise zust. *Lilie*, NStZ 1983, 314 f.
39 BGH, NJW 1983, 350.

nach § 218 b StGB. Dieser hielt das Vorliegen einer Eileiterschwangerschaft für möglich bzw. wahrscheinlich und erklärte der Patientin, sie müsse sofort in eine Klinik, da sie sich in akuter Lebensgefahr befinde. Die Patientin lehnte dies ab, worauf der Angeklagte die vor der Praxis wartende Mutter informieren wollte. Auf die flehentliche Bitte der Patientin nahm er davon Abstand, weil die Mutter von der Schwangerschaft nichts erfahren dürfe. Er wies sie noch einmal auf die Notwendigkeit einer sofortigen Operation im Krankenhaus hin. Sie befolgte seinen Ratschlag jedoch nicht. In den Morgenstunden des nächsten Tages trat eine Ruptur des Eileiters ein, an deren Folgen die Patientin innerhalb kurzer Zeit verstarb.

Der BGH bestätigte die Verurteilung des Gynäkologen gemäß § 323 c StGB mit folgender Begründung: Der Angeklagte konnte zwar selbst die eigentliche und entscheidende Hilfe nicht erbringen, jedoch hätte er ihre Verwirklichung durch eigene Maßnahmen fördern und vorbereiten können. Dies genüge für die Anwendung des § 323 c StGB. Er hätte mit größerer Aussicht auf Erfolg auf den nächsten Angehörigen einwirken und den Hausarzt der Kranken direkt informieren müssen. Der entgegenstehende Wille der Kranken sei unbeachtlich, weil ihr Leben bedroht gewesen sei und sie hierüber nicht verfügen konnte. Auch die ärztliche Schweigepflicht hätte dem nicht entgegen gestanden, da eine Schweigepflicht gegenüber dem überweisenden Arzt ohnehin nicht bestehe und deren Verletzung gegenüber der Mutter nach § 34 StGB gerechtfertigt gewesen wäre.

Richtigerweise ist in solchen Fällen die Strafbarkeit gemäß § 323 c StGB zu verneinen. Der Gedanke des Zurechnungsausschlusses bei eigenverantwortlicher Selbstgefährdung[40] schließt auch in § 323 c StGB die Verantwortlichkeit des hilfspflichtigen Arztes aus. Nachdem sich die Patientin geweigert hat, die angebotene Hilfe oder Empfehlung anzunehmen, entfällt die Hilfspflicht, soweit über das betroffene Rechtsgut verfügt werden kann.[41] Auf die aus ärztlicher Sicht gebotene Heilbehandlung darf ein Patient aber verzichten, ohne dass sich daraus strafrechtliche Konsequenzen für den Arzt ergeben. Es geht hier nicht um die vom BGH vermutlich gemeinte Unbeachtlichkeit des Suizidwunsches,[42] sondern um die Ablehnung der Behandlung durch eine lebensgefährlich erkrankte Patientin.[43] Selbst wenn man die Befugnis zur Offenbarung der Schwangerschaft gegenüber der Mutter gemäß § 34 StGB

---

40 *Roxin*, AT I, § 11 Rn. 106 ff., 118.
41 *Wessels/Hettinger*, BT/1, Rn. 1046; Schönke/Schröder – *Cramer/Sternberg-Lieben*, StGB, § 323 c Rn. 26.
42 Vgl. dazu BGHSt 6, 147, 153.
43 *Kreuzer*, JR 1984, 294, 296; *Ulrich*, MedR 1983, 137, 138.

bejaht, ergibt sich daraus jedenfalls *keine Offenbarungspflicht* des Arztes.[44] Zumindest wäre dem Gynäkologen zugute zu halten, dass er die Erfüllung der Hilfeleistungspflicht für rechtlich unmöglich hielt, ein Irrtum, der im Ergebnis zum Ausschluss des Vorsatzes nach § 16 StGB führt.[45]

Nach der Rechtsprechung genügt es nicht, dass der Arzt irgendetwas tut, er muss vielmehr die ihm zumutbare bestmögliche Hilfe leisten.[46] So wie andere die ihnen zur Verfügung stehenden besonderen Hilfsmittel einsetzen müssen (z. B. Auto für den Krankentransport, Telefon zur Benachrichtigung des Rettungsdienstes), so muss der Arzt gegebenenfalls seine besondere Sachkunde bei einem Unglücksfall zur Verfügung stellen.[47] Die erforderliche Hilfe leistet nur derjenige, der unverzüglich tätig wird.[48]

III. Möglichkeit der Hilfeleistung

Das zur Hilfeleistung Erforderliche wird begrenzt durch die Mittel, die dem konkret Hilfspflichtigen zur Verfügung stehen. Die Möglichkeit der Hilfeleistung ist also ungeschriebenes Tatbestandsmerkmal des § 323 c StGB als Unterlassungsdelikt.[49] Hat der Arzt in einer Notsituation das zur Rettung erforderliche Medikament nicht bei sich oder kann er eine notwendige Blutübertragung wegen fehlender Instrumente vor Ort nicht durchführen, so verletzt er seine Hilfspflicht nicht, ebenso wenig, wenn er wegen räumlicher Entfernung trotz sofortigen Aufbruchs nicht rechtzeitig am Unglücksort eintrifft.

IV. Zumutbarkeit der Hilfeleistung

Die Hilfe muss nach den konkreten Umständen für den Täter zumutbar sein. Nach herrschender Meinung ist die Zumutbarkeit der Hilfeleistung bei § 323 c StGB ein Tatbestandsmerkmal[50] und nicht etwa ein Schuldmerkmal. Hierbei handelt es sich um ein normatives Korrektiv, das es ermöglichen soll, die Belastungsgrenze bei Hilfspflichten, die für jedermann gelten, nicht zu

---

44 *Geiger*, JZ 1983, 153; *Lilie*, NStZ 1983, 314; *Ulrich*, MedR 1983, 137, 138.
45 *Ulsenheimer*, Arztstrafrecht in der Praxis, § 2 Rn. 268.
46 BGHSt 21, 50, 54.
47 *Rengier*, BT II, § 42 Rn. 11.
48 BGHSt 14, 213, 216.
49 Schönke/Schröder – *Cramer/Sternberg-Lieben*, StGB, § 323 c Rn. 1.
50 BGHSt 17, 166, 170; *Lackner/Kühl*, StGB, § 323 c Rn. 7 m. w. N.; SSW-StGB/*Schöch*, § 323 c Rn. 17.

hoch anzusetzen.[51] Die Gefahr einer Strafverfolgung wegen möglicher schuldhafter (Mit-)Verursachung des Unglücksfalls (z. B. bei einem Verkehrsunfall oder nach einem ärztlichen Kunstfehler) befreit nach herrschender Meinung grundsätzlich nicht von der Verpflichtung zu helfen,[52] vor allem nicht, wenn der Täter den Unglücksfall fahrlässig verschuldet hat.[53]

Die Hilfeleistung muss ohne erhebliche eigene Gefährdung möglich sein. Riskante Autofahrten oder Rettungsmanöver zur See oder in den Bergen sind unzumutbar, wenn der Arzt dadurch sein eigenes Leben oder seine Gesundheit gefährdet.[54] Auch eine Verletzung anderer wichtiger Pflichten, wie etwa die Versorgung anderer hilfsbedürftiger Patienten, kann nicht verlangt werden.[55]

Einen wichtigen Anwendungsfall für die Unzumutbarkeit der Hilfeleistung stellt die Respektierung eines eindeutig freiverantwortlichen Suizids dar, sofern man diesen mit der Rechtsprechung als Unglücksfall ansieht (s. u. II.6.). Weitere Gründe können die Inanspruchnahme in der eigenen Praxis oder Hintergrunddienst im Krankenhaus sein, wenn der Arzt für die Rettung selbst zum Unfallort fahren müsste und dadurch andere Patienten beeinträchtigt würden.[56] In Betracht kommen aber auch Übermüdung oder Erschöpfung, wenn für anderweitige Hilfe gesorgt wird.

LG Kreuznach, Urt. v. 30.11.1983, JS 157/82 Ls Ns:[57]
Ein Patient wurde mit einem „unklaren Abdomen" in ein Krankenhaus eingeliefert. Nachdem Röntgen- und Laboruntersuchungen durchgeführt waren und der Chefarzt diese Diagnose mit dem Zusatz „möglicher Verdacht der gedeckten Perforation eines Appendix" bestätigt hatte, teilte er dem Patienten mit, er müsse verlegt werden, da die Ärzte hier den ganzen Tag operiert hätten und völlig übermüdet seien. Im Anschluss daran sorgte er telefonisch für die Aufnahme in ein anderes Krankenhaus, damit der transportfähige Patient dorthin verbracht und die notwendige Operation rechtzeitig durchgeführt werden konnte. Sie verlief ebenso wie der anschließende Heilungsprozess komplikationslos.

---

51 *Wessels/Hettinger*, BT/1, Rn. 1048.
52 BGHSt 11, 353; 39, 166; SSW-StGB/*Schöch*, § 323 c Rn. 18.
53 BGHSt 1, 269; 14, 286; 19, 167.
54 *Lackner/Kühl*, StGB, § 323 c Rn. 7 m. w. N.
55 Schönke/Schröder – *Cramer/Sternberg-Lieben*, StGB, § 323 c Rn. 21.
56 *Ulsenheimer*, Arztstrafrecht in der Praxis, § 2 Rn. 262 mit Fallbeispiel zum Hintergrunddienst im Krankenhaus.
57 Dargestellt bei *Ulsenheimer*, Arztstrafrecht in der Praxis, § 2 Rn. 251 f., 264.

Anders als das Amtsgericht hat das LG Kreuznach hier zutreffend eine Strafbarkeit gemäß § 323 c StGB verneint, weil der Chefarzt die Nothilfepflicht objektiv erfüllt habe. Zwar müsse dem Hilfspflichtigen um so mehr an Einsatz und Opfer zugemutet werden, je größer die Gefahr sei.[58] Vorliegend müsse aber berücksichtigt werden, dass der Angeklagte und sein Oberarzt sich wegen arbeitsbedingter Übermüdung zu einer Operation – mit möglichen Komplikationen – nicht mehr in der Lage fühlten, nachdem sie am gleichen Tag u. a. eine mehrstündige größere Gefäßoperation durchgeführt hatten. Da der Angeklagte sich entschieden hatte, den Patienten zu verlegen und da dies gefahrlos möglich gewesen sei, habe er das getan, was ihm unter Beachtung seiner sonstigen Pflichten als Nothilfe zuzumuten war.

V. Weigerung oder Verzicht

Weigert sich der Gefährdete, die Hilfe anzunehmen, oder verzichtet er auf die Weiterführung eines Hilfsversuchs, so entfällt die Hilfspflicht, soweit er über das bedrohte Rechtsgut verfügen kann[59] und sich nicht in einer psychischen Ausnahmeverfassung von Krankheitswert erklärt hat.[60] Die Verfügungsbefugnis über das Rechtsgut fehlt zum Beispiel beim Eigentümer eines brennenden Wohnhauses, der nicht über das – durch das abstrakte Gefährdungsdelikt des § 306 a StGB geschützte – Rechtsgut Leben und Gesundheit der Bewohner disponieren kann, während ein Unfallverletzter durchaus auf Hilfe verzichten darf.[61] Die oben (II.2) zitierte Entscheidung des BGH v. 26.10.1982, nach der ein Arzt verpflichtet sein soll, eine lebensgefährlich erkrankte, aber voll verantwortliche und erwachsene Patientin gegen deren Willen in ein Krankenhaus zu bringen oder deren Eltern zu benachrichtigen, ist daher auch aus diesem Grund abzulehnen. Sie ist möglicherweise mit beeinflusst von der falschen Einschätzung, die Patientin befinde sich damit in einer suizidalen Situation.

Ein Eingreifen gegen den Willen des Verunglückten kann Nötigung oder Freiheitsberaubung sein, jedoch geht der Helfende in der Regel davon aus, dass die tatsächlichen Voraussetzungen des § 323 c StGB vorliegen, weshalb die Bestrafung wegen vorsatzausschließenden Irrtums ausscheidet.[62]

---

58 BGHSt 11, 137.
59 *Lackner/Kühl*, StGB, § 323 c Rn. 5.
60 *Fischer*, StGB, § 323 c Rn. 6; SSW-StGB/*Schöch*, § 323 c Rn. 16.
61 Schönke/Schröder – *Cramer/Sternberg-Lieben*, StGB, § 323 c Rn. 26.
62 *Fischer*, StGB, § 323 c Rn. 6.

VI. Hilfspflicht bei Suizidversuchen

Folgt man der bisherigen Rechtsprechung, deren weiterer Fortbestand jedoch ungewiss ist (s. o. II.1), so ist nicht nur der unfreie, sondern auch der freiverantwortliche Suizidversuch ab dem Eintritt der Bewusstlosigkeit oder Hilfsbedürftigkeit des Suizidenten ein Unglücksfall. In diesen Fällen versucht die Rechtsprechung aber mit Recht, über die Zumutbarkeit unbefriedigende Ergebnisse zu vermeiden, auch wenn deren Begründung und dogmatische Einordnung nicht ganz klar ist.

BGH Urt. v. 4.7.1984 – 3 StR 96/84 (Fall Dr. Wittig):[63]
Eine 76-jährige Witwe, die an hochgradiger Verkalkung der Herzkranzgefäße und an Gehbeschwerden litt, sah nach dem Tod ihres Ehemannes in ihrem Leben keinen Sinn mehr. Sie nahm eine Überdosis Morphium und Schlafmittel in Selbsttötungsabsicht zu sich. Der Hausarzt, der sie wiederholt von Selbsttötungsabsichten abzubringen versucht hatte, kam am Abend zu einem verabredeten Hausbesuch in die Wohnung der Patientin. Diese lag bewusstlos auf der Couch. Unter ihren gefalteten Händen befand sich ein Zettel, auf dem sie handschriftlich vermerkt hatte: „An meinen Arzt – bitte kein Krankenhaus – Erlösung! – 28.11.1981 – Unterschrift". Auf einen anderen in der Wohnung befindlichen Zettel hatte sie geschrieben: „Ich will zu meinem Peterle" (ihrem verstorbenen Mann). Der Hausarzt erkannte, dass ihr Leben jedenfalls nicht ohne schwere Dauerschäden zu retten sei. Das Wissen um den immer wieder geäußerten Selbsttötungswillen und die vorgefundene Situation veranlassten ihn schließlich, nichts zu ihrer Rettung zu unternehmen. Er blieb in der Wohnung, bis er am nächsten Morgen gegen 7 Uhr den Tod feststellen konnte. Es hatte sich nicht klären lassen, ob das Leben der Patientin bei sofortiger Verbringung in die Intensivstation eines Krankenhauses oder durch andere Rettungsmaßnahmen hätte verlängert oder gerettet werden können.

Das Landgericht Krefeld sprach den Hausarzt vom Vorwurf der versuchten Tötung auf Verlangen frei, und der 3. Senat des BGH bestätigte dieses freisprechende Urteil. Da der Hausarzt als Garant handlungspflichtig sein konnte, betraf die Entscheidung zwar primär das (versuchte) Tötungsdelikt, jedoch beziehen sich die Ausführungen des BGH ausdrücklich auch auf die allgemeine Hilfeleistungspflicht nach § 323 c StGB, die bereits vor Übergang der Tatherrschaft auf den obhutspflichtigen Garanten für jedermann, also auch für den Arzt eingreife. Im Anschluss an die Entscheidung des Großen

---

63 BGHSt 32, 367.

Senats für Strafsachen[64] sei der Wille des Selbstmörders grundsätzlich für unbeachtlich zu erklären. „Denn wenn § 323 c StGB seine dem solidarischen Lebensschutz dienende Funktion auch in Selbstmordfällen erfüllen soll, kann die jedermann treffende allgemeine Hilfspflicht nicht davon abhängig gemacht werden, ob im konkreten Einzelfall der Selbstmörder aufgrund eines freiverantwortlich gefassten oder eines auf Willensmängeln beruhenden Tatentschlusses handelt oder gehandelt hat ...".

Ein Schuldspruch komme jedoch hier wegen der besonderen Umstände des Falles nicht in Betracht. „Der Angeklagte ging davon aus, dass die 76-jährige hochgradig herzkranke Patientin im Falle einer Rettung schwere Dauerschäden erleiden werde. ... Die von ihm erkannte suizidale Situation einer letalen Arzneimittelvergiftung brachte ihn daher in einen Konflikt zwischen dem Auftrag, jede Chance zur Rettung des Lebens seiner Patientin zu nutzen, und dem Gebot, ihr Selbstbestimmungsrecht zu achten. Welche Verpflichtung im Kollisionsfall den Vorrang hat, unterliegt pflichtgemäßer ärztlicher Entscheidung." Obwohl es gerade auch für Ärzte eine Pflicht zur Hilfe bei Suizidversuchen gebe, dürfe der Arzt andererseits berücksichtigen, „dass es keine Rechtsverpflichtung zur Erhaltung eines erlöschenden Lebens um jeden Preis" gebe. „Die den Angeklagten entlastende besondere Lage besteht ... darin, dass er wegen des weit fortgeschrittenen, von ihm als tödlich aufgefassten Vergiftungszustands davon überzeugt war, das Leben der Patientin allenfalls noch mittels von ihr stets verabscheuter Maßnahmen der Intensivmedizin und auch dann nur unter Inkaufnahme irreparabler schwerer Schäden verlängern zu können ...." Wenn der Angeklagte in dieser Grenzsituation den Konflikt zwischen der Verpflichtung zum Lebensschutz und der Achtung des Selbstbestimmungsrechts der nach seiner Vorstellung bereits schwer und irreversibel geschädigten Patientin dadurch zu lösen suchte, dass er nicht den bequemeren Weg der Einweisung in eine Intensivstation wählte, sondern in Respekt vor der Persönlichkeit der Sterbenden bis zum endgültigen Eintritt des Todes bei ihr ausharrte, so kann seine ärztliche Gewissensentscheidung nicht von Rechts wegen als unvertretbar angesehen werden. Das Landgericht habe im Ergebnis zutreffend auch eine Strafbarkeit wegen unterlassener Hilfeleistung nach § 323 c StGB verneint. „Allerdings lag... ein Unglücksfall im Sinne dieser Vorschrift vor ... Davon unabhängig bedarf jedoch die Zumutbarkeit der Hilfeleistung gerade in „äußersten Grenzlagen" besonderer Prüfung. Der Angeklagte befand sich in einer solchen Grenzlage. Da die Unterlassung von Rettungsversuchen auf seiner hier von der Rechtsordnung hingenommenen ärztlichen Gewissensentscheidung beruht, war

---

64 BGHSt 6, 147, 153.

ihm die als Hilfe allein in Betracht kommende Überweisung in eine Intensivstation nicht zumutbar. Damit entfällt eine Bestrafung nach § 323 c StGB."

Die im Ergebnis zutreffende Entscheidung macht deutlich, dass die bisherige Rechtsprechung mit erheblichen strafrechtlichen Risiken für den Arzt verbunden ist. Die Korrektur über die Zumutbarkeit ist zu unbestimmt und einzelfallabhängig. Da die Rechtsprechung – vermutlich auch mangels geeigneter Fälle[65] – keinen klaren Ausweg aus der von ihr zuletzt vor über 20 Jahren statuierten Rettungspflicht findet, ist eine gesetzliche Klarstellung im Sinne des § 215 Abs. 1 AE-STB dringend geboten:[66]

> § 215 Nichthinderung einer Selbsttötung
> (1) Wer es unterlässt, die Selbsttötung eines anderen zu hindern oder einen anderen nach einem Selbsttötungsversuch zu retten, handelt nicht rechtswidrig, wenn die Selbsttötung auf einer freiverantwortlichen und ernstlichen, ausdrücklich erklärten oder aus den Umständen erkennbaren Entscheidung beruht.
> (2) Von einer solchen Entscheidung darf insbesondere nicht ausgegangen werden, wenn der andere noch nicht 18 Jahre alt ist oder wenn seine freie Willensbestimmung entsprechend den §§ 20, 21 des Strafgesetzbuches beeinträchtigt ist.
> (3) Sofern die Ausschlussgründe des Absatzes 2 nicht vorliegen, ist auch bei einem tödlich Kranken eine freiverantwortliche Selbsttötung nicht ausgeschlossen.[67]

C. Subjektiver Tatbestand und Irrtümer

Für den subjektiven Tatbestand ist Vorsatz erforderlich. Bedingter Vorsatz genügt,[68] zum Beispiel wenn der Täter mit der Möglichkeit rechnet, dass der Verunglückte noch am Leben ist und daher der Hilfe bedarf. Der Vorsatz muss sich auf die Gefahrenlage beziehen sowie auf die Kenntnis der Umstände, welche die Hilfspflicht begründen. Irrt der Täter über die Erforderlichkeit

---

[65] Vgl. die Bemerkung des 2. Senats in BGH, NJW 1988, 1532, er neige dazu, einem ernsthaften freiverantwortlichen Tötungsentschluss eine stärkere rechtliche Bedeutung beizumessen als der 3. Senat in BGHSt 32, 367 ff.
[66] So auch mit überwältigender Mehrheit die Beschlüsse des 66. DJT 2006, NJW 2006, Heft 42, S. XXXIV; SSW-StGB/*Schöch*, § 323 c Rn. 8.
[67] *Schöch/Verrel*, GA 2005, 553, 585.
[68] BGHSt 5, 126.

seiner Hilfeleistung, so entfällt der Vorsatz,[69] ebenso bei der irrigen Annahme, das zur Gefahrenabwehr Erforderliche bereits getan zu haben.[70] Da es sich bei der Zumutbarkeit in § 323 c StGB um ein Tatbestandsmerkmal handelt, schließt auch die irrige Annahme des Täters, die Hilfeleistung sei ihm nicht zumutbar, den Vorsatz aus.[71] Ein vorsatzausschließender Irrtum über die Zumutbarkeit liegt zum Beispiel vor, wenn der Täter irrtümlich glaubt, sich durch sein Eingreifen selbst zu gefährden.[72]

D. Subsidiarität des § 323c StGB

Die Strafbarkeit wegen unterlassener Hilfeleistung ist subsidiär gegenüber einer Tötung oder Körperverletzung durch Unterlassen (§§ 222, 229, 13 StGB), wenn ein Arzt seine Hilfspflicht verletzt, obwohl er die Behandlung des Patienten übernommen hatte und daher als Garant für den Tod oder die Körperverletzung einzustehen hat. § 323 c StGB ist gegenüber der Tötung oder Körperverletzung durch Unterlassen kein aliud, sondern ein minus.[73]

---

69 AG Saalfeld, NStZ-RR 2005, 143.
70 BGH, MDR 1993, 722.
71 *Fischer*, StGB, § 323 c Rn. 9; die abweichende Auffassung von BGHSt 6, 57, insoweit liege nur ein Verbotsirrtum vor, dürfte überholt sein.
72 Schönke/Schröder – *Cramer/Sternberg-Lieben*, StGB, § 323 c Rn. 29.
73 Schönke/Schröder – *Cramer/Sternberg-Lieben*, StGB, § 323 c Rn. 1; *Ulsenheimer*, Arztstrafrecht in der Praxis, § 2 Rn. 269.

II.3 Strafbares Verhalten bei der ärztlichen Abrechnung

Ulrich Schroth / Nine Joost

Inhaltsverzeichnis

A. Praktische Relevanz der Thematik _181
B. Abrechnungsbetrug, Untreue und Korruption bei der Abrechnung im Rahmen der gesetzlichen Krankenversicherung _182
  I. Abrechnungsbetrug des Vertragsarztes _182
    1. Die Rechtsbeziehungen _183
    2. Erscheinungsformen unzulässigen Abrechnungsverhaltens im vertragsärztlichen Bereich _187
    3. Der Betrugstatbestand _189
    4. Besonderheiten bei der Anwendung des Betrugstatbestandes auf Abrechnungsmanipulationen _190
  II. Vertragsarztuntreue _200
  III. Bestechungsdelikte im vertragsärztlichen Bereich _204
  IV. Abrechnungsbetrug durch Krankenhäuser im Rahmen der gesetzlichen Krankenversicherung _208
    1. Die Rechtsbeziehungen _209
    2. Erscheinungsformen unzulässigen Abrechnungsverhaltens in Krankenhäusern _209
    3. Besonderheiten bei der Anwendung des Betrugstatbestands _212
C. Der Abrechnungsbetrug bei Selbstzahlern und Privatversicherten _214
  I. Die Rechtsbeziehungen _214
  II. Erscheinungsformen unzulässigen Abrechnungsverhaltens im privaten Liquidationsbereich _215
  III. Besonderheiten bei der Anwendung des Betrugstatbestandes _216
D. Strafrechtliche, berufsrechtliche, disziplinarrechtliche und sozialrechtliche Konsequenzen für den Arzt _218
E. Besonderheiten im strafprozessualen Verfahren _220

Literaturverzeichnis

Arzt, Gunther, Zwischen Nötigung und Wucher, in: Küper, Wilfried/Puppe, Ingeborg/Tenckhoff, Jörg (Hrsg.), Festschrift für Karl Lackner, 1987, S. 641
Cramer, Peter/ Cramer, Steffen (Hrsg.), Anwaltshandbuch Strafrecht, 2002
Deutsch, Erwin/Spickhoff, Andreas, Medizinrecht, 6. Auflage 2008
Ellbogen, Klaus/Wichmann, Richard, Zu Problemen des ärztlichen Abrechnungsbetruges, insbesondere der Schadensberechnung, MedR 2007, 10
Fischer, Thomas, Strafgesetzbuch und Nebengesetze, Kommentar, 56. Auflage 2009
Freitag, Daniela, Ärztlicher und zahnärztlicher Abrechnungsbetrug im deutschen Gesundheitswesen, 2009
Gutmann, Thomas, Freiwilligkeit als Rechtsbegriff, 2001
Haft, Fritjof, Reformbedarf beim System der gesetzlichen Sozialversicherung, ZRP 2002, 457
Hancok, Heike, Abrechnungsbetrug durch Vertragsärzte, 2006
Hellmann, Uwe/Herffs, Harro, Der ärztliche Abrechnungsbetrug, 2006
Herffs, Harro, Der Abrechnungsbetrug des Vertragsarztes, 2002
Horn, Eckhard, Die Drohung mit einem erlaubten Übel – Nötigung?, NStZ 1983, 497
Jähnke, Burkhard/Laufhütte, Heinrich W./Odersky, Walter (Hrsg.), Strafgesetzbuch, Leipziger Kommentar (LK), 11. Auflage 2005
Jakobs, Günther, Nötigung durch Drohung als Freiheitsdelikt, in: Baumann, Jürgen/ Tiedemann, Klaus (Hrsg.), Festschrift für Karl Peters, 1974, S. 69
Kindhäuser, Urs/Neumann, Ulfrid/Paeffgen, Hans-Ullrich (Hrsg.), Strafgesetzbuch, Nomos Kommentar (NK), 2. Auflage 2005
Kölbel, Ralf, Abrechnungsbetrug im Krankenhaus, NStZ 2009, 312
Kölbel, Ralf, Die Einweisungsvergütung – eine neue Form von Unternehmensdelinquenz im Gesundheitssystem?, wistra 2009, 129
Lackner, Karl/Kühl, Kristian, Strafgesetzbuch, Kommentar, 26. Auflage 2007
Laufs, Adolf/Uhlenbruck, Wilhelm (Hrsg.), Handbuch des Arztrechts, 3. Auflage 2002
Pawlik, Michael, Das unerlaubte Verhalten beim Betrug, 2006
Pragal, Oliver, Das Pharma-Marketing um die niedergelassenen Kassenärzte: Beauftragtenbestechung gemäß § 299 StGB!, NStZ 2005, 133
Quaas, Michael/Zuck, Rüdiger (Hrsg.), Medizinrecht, 2. Auflage 2008
Ratzel, Rudolf/Luxenburger, Bernd (Hrsg.), Handbuch Medizinrecht, 2008
Schönke, Adolf/Schröder, Horst (Hrsg.), Strafgesetzbuch, Kommentar, 27. Auflage 2006

Schroth, Ulrich, Das Äußerungsverstehen des historischen Gesetzgebers als Auslegungsgrenze im Strafrecht, in: Conrad, Isabell (Hrsg.), Festschrift für Jochen Schneider, 2008, S. 14
ders., Strafrecht Besonderer Teil, 4. Auflage 2006
Schroth, Ulrich/König, Peter/Gutmann, Thomas/Oduncu, Fuat, Transplantationsgesetz, Kommentar, 2005
von Staudinger, Julius, Kommentar zum Bürgerlichen Gesetzbuch mit Einführungsgesetzen und Nebengesetzen, Buch 1, Allgemeiner Teil, §§ 164–240 (Allgemeiner Teil 5), 2004
Stein, Ulrich, Betrug durch vertragsärztliche Tätigkeit in unzulässigem Beschäftigungsverhältnis?, MedR 2001, 124
Steinhilper, Gernot, Arzt und Abrechnungsbetrug, 1988
Ulsenheimer, Klaus, Der Vertragsarzt als Sachwalter der Vermögensinteressen der gesetzlichen Krankenkassen?, MedR 2005, 622
Ulsenheimer, Klaus, Arztstrafrecht in der Praxis, 4. Auflage 2008
Volk, Klaus, Zum Schaden beim Abrechnungsbetrug, NJW 2000, 3385
Wessels, Johannes/Beulke, Werner, Strafrecht, Allgemeiner Teil, 37. Auflage 2008
Widmaier, Günter (Hrsg.), Strafverteidigung, 2006

A. Praktische Relevanz der Thematik

Der sog. Abrechnungsbetrug ist ein Phänomen, das nach seinem Auftauchen in den frühen 80er Jahren in den letzten drei Jahrzehnten erheblich an Bedeutung gewonnen hat.[1] Die Staatsanwaltschaft hat seitdem in Tausenden von Verfahren gegen Ärzte ermittelt.[2] Neben der statistischen Häufigkeit ist das Delikt auch deshalb von besonderer Bedeutung, weil den Ärzten im Falle einer Verurteilung existenzgefährdende Folgen drohen, bis hin zum Verlust der kassenärztlichen Zulassung und der Approbation. Auch im Vorfeld können schädigende Begleitumstände, wie eine Durchsuchung der Praxisräume und Beschlagnahme der Patientenakten durch die Staatsanwaltschaft, das Ansehen des Arztes schwer belasten.

Honorarfalschabrechnungen treten vor allem im niedergelassenen Bereich bei der Abrechnung von vertragsärztlichen Leistungen auf. In den letzten Jah-

---

1 Ratzel/Luxenburger – *Schmidt*, § 14 Rn. 147; Widmaier – *Erlinger*, § 49 Rn. 121.
2 Laufs/Uhlenbruck – *Ulsenheimer*, Handbuch des Arztrechts, § 151 Rn. 1 m. w. N.; statistische Erhebungen bei *Hancok,* Abrechnungsbetrug, S. 25 ff. und bei *Steinhilper,* Abrechnungsbetrug, S. 71.

ren haben sich Manipulationen auch vermehrt im Rahmen der Abrechnung von angeblich persönlich erbrachten Leistungen liquidationsberechtigter Klinikärzte in Krankenhäusern gezeigt.[3] Als „neue Form" des Abrechnungsbetrugs wird neuerdings auch illegales Abrechnungsverhalten von Kliniken erkannt, die als Kollektiv manipulativ erlösmaximierend abrechnen.[4]

Es gibt eine Vielfalt verschiedener und typischer Fallkonstellationen des Abrechnungsbetrugs, die materielle Rechtslage ist daher sehr komplex.[5] Gerade dem überaus komplizierten vertragsärztlichen Abrechnungssystem sind Fehlabrechnungen systemimmanent. Abrechnungsbetrug und Untreue setzen aber Vorsatz voraus. Fahrlässige Fehlabrechnungen und rechtliche Fehlbewertungen, die angesichts des diffizilen Abrechnungssystems sehr häufig auftauchen, sind daher keine Straftaten und aus dem Bereich von Abrechnungsbetrug und Untreue auszusondern.

B. Abrechnungsbetrug, Untreue und Korruption bei der Abrechnung im Rahmen der gesetzlichen Krankenversicherung

I. Abrechnungsbetrug des Vertragsarztes

Im vertragsärztlichen Bereich werden Abrechnungsmanipulationen insbesondere durch das kassenärztliche Vergütungsverfahren[6], das ständigen Änderungen unterworfen und für Ärzte oft intransparent und schwierig zu überschauen ist, bedingt und erleichtert. Das dabei geltende budgetierte Vergütungsprinzip ist ebenfalls ein Einflussfaktor, der Ärzte dazu bewegt, innerhalb der festgelegten Mengenbegrenzungen den Leistungs- und Abrechnungsrahmen mit manipulierten Abrechnungen voll auszuschöpfen. Falschabrechnungen sind deshalb leicht möglich, weil der Vertragsarzt die Erstbewertung seiner Leistung anhand des „Einheitlichen Bewertungsmaßstabes für ärztliche Leistungen" (EBM) ohne jegliche Fremdkontrolle vornimmt, indem er seine Leistungen EBM-Leistungsziffern zuteilt.[7]

---

3 BayÄBl 2000, 509; *Ulsenheimer*, Arztstrafrecht, S. 531, 556.
4 Ausführlich *Kölbel*, NStZ 2009, 312 ff.
5 Vgl. Fallgruppen bei *Herffs*, Abrechnungsbetrug, S. 43 ff.
6 Zur am 01.01.2009 in Kraft getretenen Reform der Honorarverteilung für Vertragsärzte vgl. unten.
7 Vgl. ausführlich zu den Begünstigungsfaktoren für Abrechnungsmanipulationen, auch zu den Auswirkungen der Praxisgebühr, des Einsatzes von Krankenversicherungs-Chipkarten und der EDV-gestützten Abrechnung: *Hancok*, Abrechnungsbetrug, S. 119 ff.

I. Die Rechtsbeziehungen

Schaubild:[8]

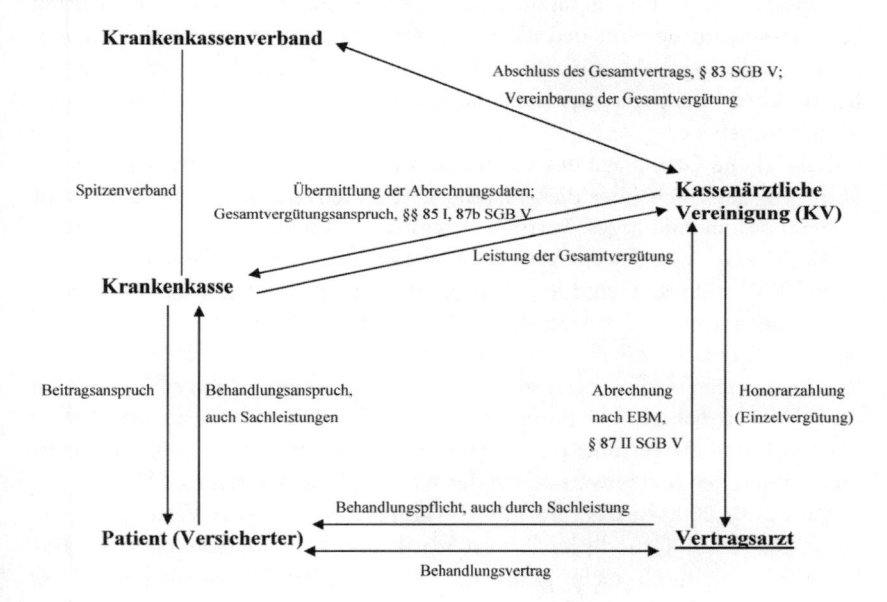

```
Krankenkassenverband ◄─────────────────────────────
                        Abschluss des Gesamtvertrags, § 83 SGB V;
                        Vereinbarung der Gesamtvergütung
                                                              │
                                                              │
Spitzenverband      Übermittlung der Abrechnungsdaten;    Kassenärztliche
                    Gesamtvergütungsanspruch, §§ 85 I, 87b SGB V   Vereinigung (KV)
                                                              ▲
                              Leistung der Gesamtvergütung   │
Krankenkasse ◄──────────────────────────────────────
     ▲
     │
Beitragsanspruch   Behandlungsanspruch,         Abrechnung      Honorarzahlung
                   auch Sachleistungen          nach EBM,       (Einzelvergütung)
                                                § 87 II SGB V

                          Behandlungspflicht, auch durch Sachleistung
Patient (Versicherter) ◄─────────────────────────────────► Vertragsarzt
                                Behandlungsvertrag
```

Werfen wir zunächst einen Blick auf die Rechtsverhältnisse zwischen Vertragsarzt[9], Kassenärztlicher Vereinigung[10], gesetzlicher Krankenkasse[11] und versicherten[12] Patienten.[13] Diese bestimmen sich grundlegend nach §§ 82 ff. Sozialgesetzbuch V (SGB V).

Die Tätigkeit des Vertragsarztes ist freiberuflich; er ist allerdings in ein öffentliches System eingebunden.[14] Die vertragsärztliche Rechtsbeziehung ist

---

[8] Vgl. bei *Herffs*, Abrechnungsbetrug, S. 14, und bei *Hancok*, Abrechnungsbetrug, S. 126.
[9] Ausführlich *Hancok*, Abrechnungsbetrug, S. 66 ff.
[10] Derzeit gibt es in Deutschland 17 regionale kassenärztliche Vereinigungen, eine in jedem Bundesland und zwei in Nordrhein-Westfalen. Ausführlich *Hancok*, Abrechnungsbetrug, S. 75 ff.
[11] Ausführlich *Hancok*, Abrechnungsbetrug, S. 73 ff.
[12] Ausführlich *Hancok*, Abrechnungsbetrug, S. 70 ff.
[13] Zum Ganzen *Hancok*, Abrechnungsbetrug, S. 66 ff. und ganz neu erschienen: *Freitag*, Abrechnungsbetrug.
[14] Vgl. *Hellmann/Herffs*, Abrechnungsbetrug, Rn. 1 und Laufs/Uhlenbruck – *Krauskopf*, Handbuch des Arztrechts, § 25 Rn. 5 ff.; zur Strafverteidigung in Fällen der fehlerhaften Abrechnung Widmaier – *Erlinger*, § 49 Rn. 121 ff.

im Vergleich zur Rechtsbeziehung zwischen Arzt und Privatpatienten durch eine komplexe Rechtslage gekennzeichnet.[15]

Zwischen Arzt und gesetzlich versichertem Patienten wird ein Vertrag geschlossen, aus dem für den die Versicherungskarte vorweisenden Patienten keine Zahlungspflicht entsteht.[16] Wesentliches Merkmal des vertragsärztlichen Abrechnungssystems ist damit die Entkoppelung von Leistungs- und Vergütungsebene.

Gesetzliche Grundlage des vertragsärztlichen Vergütungssystems sind das SGB V – das Buch über die gesetzliche Krankenversicherung –, ein darauf basierendes mehrstufiges Vertragssystem aus Bundesmantelverträgen nach §§ 82, 87 SGB V und weitere Gesamtverträge[17] auf Landesebene nach §§ 82, 83 SGB V. Im SGB V sind lediglich die Rahmenbedingungen für das Honorarsystem normiert, die dann durch die verschiedenen Kollektivverträge auf wesentlich flexiblere Weise ausgestaltet werden.[18] Der EBM, Bestandteil des Bundesmantelvertrags, regelt den Inhalt der abrechnungsfähigen Leistungen und ihr wertmäßiges, in Punkten ausgedrücktes Verhältnis zueinander; er wird von den Bewertungsausschüssen der Kassenärztlichen Bundesvereinigungen und den Spitzenverbänden der Krankenkassen vereinbart.[19]

Zum 01.01.2009 ist das reformierte Vergütungssystem für Vertragsärzte in Kraft getreten.[20] Grundlegende Systematik und Leistungslegende des EBM haben sich dadurch nicht geändert. Der erweiterte Bewertungsausschuss beschloss eine Erhöhung der ärztlichen Gesamtvergütung um 2,7 Mrd. €. Das Einzelhonorar des Vertragsarztes berechnet sich nun aber nicht mehr nach dem sog. „floatenden Punktwert", der bisher im Wege der Teilung des Gesamthonorars aller Ärzte durch die abgerechnete Gesamtpunktzahl aller Ärzte ermittelt wurde, sodass ein Vertragsarzt seine Einnahmen erst nach abgeschlossener Quartalsabrechnung einschätzen konnte.[21] Fortan gilt eine Art geldwerte Pauschale in Gestalt eines Orientierungspunktwerts von 3,5001 Cent. Zudem wurden im Rahmen der Leistungssteuerung Neuerungen bei

---

15 Ausführlich zur historischen Entwicklung des Abrechnungssystems im Vertragsarztrecht *Hancok*, Abrechnungsbetrug, S. 35, und zur aktuellen Rechtslage, S. 57 ff.
16 Laufs/Uhlenbruck – *Uhlenbruck/Laufs*, Handbuch des Arztrechts, § 40 Rn. 31.
17 Hierzu ausführlich *Hancok*, Abrechnungsbetrug, S. 64 ff.
18 Ausführlich *Hancok*, Abrechnungsbetrug, S. 57 ff.
19 Zur am 01.01.2009 in Kraft getretenen Reform der Honorarverteilung für Vertragsärzte vgl. unten. *Hancok*, Abrechnungsbetrug, S. 120.
20 FAZ, 17. März 2009, S. 2 und SZ, 24. März 2009, S. 3 berichteten umfänglich über die dabei aufgetretenen Probleme.
21 Vgl. zum floatenden Punktwert *Hancok*, Abrechnungsbetrug, S. 120.

den arzt- und praxisbezogenen Regelleistungsvolumina (RLV) eingeführt, vgl. § 87b Abs. 2 SGB V. Bei einem RLV handelt es sich um die in einem bestimmten Zeitraum abrechnungsfähige Leistungsmenge eines Vertragsarztes bzw. einer Praxis, die morbiditätsgewichtet und nach Arztgruppen differenziert ist und in EBM-Euro-Preisen abgerechnet wird. Wird sie vom abrechnenden Arzt überschritten, werden die weiteren Leistungen nur noch mit abgestaffelten Preisen vergütet.

Die Vergütung sämtlicher ärztlicher Leistungen für ein Quartal erfolgt als Gesamtvergütung der jeweiligen Krankenkasse an die zuständige Kassenärztliche Vereinigung,[22] bei der der Vertragsarzt Zwangsmitglied ist.[23] Die Errechnung kann gemäß § 85 Abs. 2 S. 2 ff. SGB V auf Grundlage des EBM nach verschiedenen Methoden erfolgen (Einzelleistung, Festbetrag, Kopfpauschale, Fallpauschale oder nach einem System, das diese Berechnungsarten verbindet).[24] Dabei erfolgt eine Abrechnung am Quartalsende für jeweils ein Quartal. Eine Falschabrechnung kann aber im System der Gesetzlichen Krankenkassen darüber hinaus in andere Quartale hineinwirken, wenn die Abrechnung in den sog. Ausgangszeitraum fällt, anhand dessen die Höhe einer zukünftigen Gesamtvergütung oder anteiligen Einzelvergütung errechnet wird; dies ist möglich bei der Berechnungsform des Festbetrags und bei kombinierten Abrechnungssystemen.[25]

Die Kassenärztliche Vereinigung rechnet ihrerseits nach einem Honorarverteilungsmaßstab (HVM/HVV) – der inzwischen[26] von den jeweiligen Kassenärztlichen Vereinigungen mit den Landesverbänden der Kassen vereinbart worden ist – mit den Ärzten ab.[27] Die Abrechnung des Arztes inklusive der Unterlagen wird am Quartalsende bei der Kassenärztlichen Vereinigung eingereicht. Der Arzt, der abrechnet, versichert jeweils die sachliche Richtigkeit und Vollständigkeit der Unterlagen. Die dem Arzt zustehende Vergütung gemäß dem Honorarverteilungsmaßstab, der in den Verträgen festgelegt ist,

---

22 *Hancok*, Abrechnungsbetrug, S. 58; *Herffs*, Abrechnungsbetrug, S. 13 f., 22.
23 *Herffs*, Abrechnungsbetrug, S. 19.
24 *Hancok*, Abrechnungsbetrug, S. 79 ff.; *Herffs*, Abrechnungsbetrug, S. 22 ff.; *Hellmann/Herffs*, Abrechnungsbetrug, Rn. 44 ff.
25 Vgl. *Herffs*, Abrechnungsbetrug, S. 22 ff.
26 Zunächst war der HVM als Satzung von der jeweiligen KV geregelt; seit dem 01.07.2004 wird er zwischen der jeweiligen KV und den Landesverbänden der Kassen sowie den Verbänden der Ersatzkassen als Vertrag vereinbart, weshalb man seitdem auch vom HVV spricht.
27 Vgl. *Haft*, ZRP 2002, 457, 459 f.

wird von der Kassenärztlichen Vereinigung gem. § 85 Abs. 4 SGB V ausbezahlt.[28] Die Abrechnung wird unterschiedlichen Prüfungen unterzogen. Der Patient hat gegenüber der Krankenkasse einen Anspruch auf Behandlung in Form von Sach- und Dienstleistung.[29] Die Kasse ist Schuldnerin der notwendigen ärztlichen Krankenbehandlung, für deren Erfüllung sie sich der Vertragsärzte bedient.[30]

Zwischen Vertragsarzt und Patient besteht ein ärztlicher Behandlungsvertrag, dessen Rechtsnatur umstritten ist.[31]

Der Vertragsarzt hat nun folgende Pflichten: Grundsätzlich schuldet er eine persönliche Leistungserbringung.[32] Daneben ist aber auch die durch einen Assistenten erbrachte Leistung, soweit diese durch einen qualifizierten, aber weisungsunterworfenen, nichtärztlichen Mitarbeiter erfolgt, Leistungserbringung im Sinne der vertragsärztlichen Pflichten.[33] Die zu gewährleistende Versorgung hat wirtschaftlich ausreichend und zweckmäßig zu sein.[34] Sie darf nicht übermäßig sein.[35]

Wer als Vertragsarzt abrechnungsberechtigt ist, richtet sich auch nach der Praxisform. Grundsätzlich kann ein Arzt eine Leistung gem. §§ 15 Abs. 1, 28 Abs. 1 SGB V, § 20 Zulassungsverordnung für Ärzte (Ärzte-ZV) und § 15 Abs. 1 Bundesmantelvertrag Ärzte (BMV-Ä) nur abrechnen, wenn er sie in eigener Person, eigenverantwortlich und selbstständig erbracht hat. Hat ein zugelassener Vertragsarzt einen *Assistenzarzt im Angestelltenverhältnis* bei sich beschäftigt, kann der angestellte Arzt daher nicht selbstständig abrechnen. *Gemeinschaftspraxen* von Vertragsärzten gleicher oder unterschiedlicher Fachrichtungen, bei denen die einzelnen Ärzte echte Gesellschafter in Form

---

28 Abhängig von der im HVV vereinbarten Berechnungsform; auch bei der Aufteilung der Gesamtvergütung auf die einzelnen Ärzte kann wieder auf dieselben Prinzipien – Einzelleistung, Festbetrag, Kopfpauschale, Fallpauschale oder eine Mischform – zurückgegriffen werden; vgl. *Hellmann/Herffs*, Abrechnungsbetrug, Rn. 2; Laufs/Uhlenbruck – *Krauskopf*, Handbuch des Arztrechts, § 25 Rn. 15.
29 *Haft*, ZRP 2002, 457, 458.
30 *Hellmann/Herffs*, Abrechnungsbetrug, Rn. 4.
31 Laufs/Uhlenbruck – *Krauskopf*, Handbuch des Arztrechts, § 25 Rn. 5 f.: Im Zivilrecht geht man überwiegend von der Vertragskonzeption aus, wonach ein Dienstvertrag gem. §§ 611 ff. BGB zwischen Patient und Vertragsarzt besteht, bei dem lediglich Vergütungs- und Leistungsebene entkoppelt sind; im Sozialrecht wird dies mit der sog. Versorgungskonzeption abgelehnt.
32 *Herffs*, Abrechnungsbetrug, S. 16.
33 *Hellmann/Herffs*, Abrechnungsbetrug, Rn. 20 f.; Laufs/Uhlenbruck – *Uhlenbruck/Laufs*, Handbuch des Arztrechts, § 47 Rn. 1 ff.
34 *Hellmann/Herffs*, Abrechnungsbetrug, Rn. 22 ff.; Laufs/Uhlenbruck – *Uhlenbruck/Laufs*, Handbuch des Arztrechts, § 44 Rn. 2 ff.
35 §§ 12 Abs. 1, 70 Abs. 1 SGB V.

einer GbR oder einer Partnerschaftsgesellschaft sind, sind gem. § 33 Abs. 2 Ärzte-ZV möglich. Die in Gemeinschaftspraxen zusammengeschlossenen Ärzte rechnen dann insgesamt als einheitliche Praxis gegenüber der Kassenärztlichen Vereinigung ab. Bei *Praxisgemeinschaften*, § 33 Abs. 1 Ärzte-ZV, werden nur Personal und Apparaturen geteilt, die Berufsausübung bleibt jedoch getrennt; daher rechnet jeder Arzt selbstständig seine eigenen Leistungen ab. In einer *Apparategemeinschaft*, in der gem. § 105 Abs. 2 SGB V nur angeschaffte Geräte gemeinschaftlich genutzt werden, darf der behandelnde Arzt die Leistung als eigene abrechnen, wenn irgendein Arzt dieser Apparategemeinschaft das Gerät eingesetzt hat; eine Kostenverrechnung erfolgt dann intern.[36]

Die Kassenärztlichen Vereinigungen bilden zusammen die Kassenärztliche Bundesvereinigung. Sie vertritt die Interessen der Vertragsärzte, sichert die vertragsärztliche Versorgung und wirkt mit den Krankenkassen zusammen.[37]

2. Erscheinungsformen unzulässigen Abrechnungsverhaltens im vertragsärztlichen Bereich

Die potenziellen Erscheinungsformen von Abrechnungsmanipulationen sind außerordentlich vielgestaltig und können mit Blick auf das komplizierte vertragsärztliche Abrechnungssystem nicht enumerativ und abschließend aufgezählt werden. Im Folgenden soll aber ein Überblick über die typischen und häufigsten Fallgestaltungen in diesem Bereich gegeben werden.[38]

Rechtswidrig ist insbesondere die Abrechnung tatsächlich nicht erbrachter, *fingierter Leistungen*, sog. „Luftleistungen".[39] Hierunter fällt die Abrechnung von Leistungen, die vom abrechnenden Arzt überhaupt nicht, nicht vollständig oder in einem anderen Abrechnungszeitraum erbracht wurden.[40] Solche bewusste Abrechnungen nicht erbrachter Leistungen kann man als Grundfall des Abrechnungsbetrugs bezeichnen. Fingierte Leistungen sind weiter das Hinzufügen von EBM-Leistungsziffern, die Abrechnung von Leistungen, für die der Arzt gar nicht die nötige Praxisausstattung hat, die überhöhte Sachkostenabrechnung sowie die Abrechnung nicht erbrachter Leistungen für bereits verstorbene oder mittlerweile bei einer anderen Krankenkasse versicherte

---

36 Vgl. zum Ganzen *Herffs*, Abrechnungsbetrug, S. 11 ff.
37 *Hellmann/Herffs*, Abrechnungsbetrug, Rn. 33; Laufs/Uhlenbruck – *Krauskopf*, Handbuch des Arztrechts, § 25 Rn. 1 ff., § 26 Rn. 1 ff.
38 Vgl. *Ellbogen/Wichmann*, MedR 2007, 10.
39 *Hancok*, Abrechnungsbetrug, S. 131; *Herffs*, Abrechnungsbetrug, S. 43 ff.
40 Vgl. *Hellmann/Herffs*, Abrechnungsbetrug, Rn. 113; *Quaas/Zuck*, Medizinrecht, § 74 Rn. 2.

Patienten.[41] Zu unterscheiden ist bei tatsächlich nicht erbrachten Leistungen (hinsichtlich der Kausalität des Irrtums und des Eintritts eines Vermögensschadens) weiter danach, ob sie zu einer Erhöhung der von der Kasse an die Kassenärztliche Vereinigung gezahlten Gesamtvergütung führen oder nicht.[42]

Bei Falschabrechnungen in einem Quartal ist für die Prüfung des Betrugstatbestands auch danach zu unterscheiden, ob die Abrechnung nur Auswirkungen auf das konkrete Quartal hat oder ob sie die Höhe einer zukünftigen Gesamtvergütung beeinflusst.[43] Trifft Letzteres zu, ist eine Strafbarkeit auch in den nachfolgenden Quartalen denkbar, selbst wenn der Arzt seine Leistungen in den Folgequartalen richtig abgerechnet hat, da er hierfür eine höhere Vergütung erhält, als es ohne die ursprüngliche Falschabrechnung der Fall gewesen wäre. Denkbar ist auch eine Auswirkung auf die zukünftige Einzelhonorarverteilung im HVV.[44]

Falsch ist eine Abrechnung auch dann, wenn sie für Leistungen erfolgt, die der Arzt *nicht persönlich*, sondern die ein anderer für ihn erbracht hat, obwohl diese Leistungen gar nicht bzw. so *nicht delegiert werden durften*.[45]

Den Betrugstatbestand erfüllt auch die bewusste *Falschbewertung einer Leistung* bei der Abrechnung, also die gewollt falsche Zuordnung erbrachter Leistungen zu einzelnen EBM-Leistungsziffern. Hierzu gehört das sog. *Leistungssplitting*. Bei diesem werden nach dem EBM nicht gesondert berechenbare Leistungen mit der Behauptung einer fiktiven zeitlichen Zäsur einzeln in Rechnung gestellt. Die Wahl einer *höher bewerteten Ziffer* für eine erbrachte geringwertigere Leistung ist hier ebenfalls anzuführen. Unerlaubt ist auch die Abrechnung mit einer zwar punktemäßig gleichwertigen, aber eine *andere Leistung betreffenden EBM-Ziffer*, um so die Prüfstatistik zu verfälschen.[46]

Der Arzt, der als Angestellter tätig ist, darf nicht gegenüber der Kassenärztlichen Vereinigung abrechnen. Ist ein Arzt also weisungsgebunden, ist es ihm verboten, selbstständig abzurechnen. Das Vorspiegeln einer *Scheingesellschafterstellung* bei der Abrechnung ist daher unzulässig. Eine Scheinselbstständig-

---

41 Vgl. *Ulsenheimer*, Arztstrafrecht, S. 539.
42 *Herffs*, Abrechnungsbetrug, S. 46.
43 *Herffs*, Abrechnungsbetrug, S. 47 f.
44 *Herffs*, Abrechnungsbetrug, S. 50.
45 *Ulsenheimer*, Arztstrafrecht, S. 540 und BGH, NStZ 1995, 85: Arzt delegiert mit General- statt mit Einzelanordnung.
46 Zum Ganzen *Ulsenheimer*, Arztstrafrecht, S. 540.

keit ist gegeben, wenn der abrechnende Arzt etwa Lohnfortzahlung im Krankheitsfall erhält oder feste Urlaubsvereinbarungen zu treffen hat.[47]

Ein rechtswidriges Abrechnungsverhalten ist ebenfalls gegeben, wenn zwei Vertragsärzte ordnungsgemäße medizinische Leistungen erbringen, nach außen hin unabhängig und getrennt abrechnen, im Innenverhältnis aber nur eine Praxis besteht.[48] Ein nach dem Betrugstatbestand strafbares Verhalten kann sich auch daraus ergeben, dass der Arzt einen nicht genehmigten Assistenten oder *Strohmann* in der Praxis beschäftigt, dessen Leistungen abgerechnet werden, auch wenn die Patienten von diesem fachlich qualifiziert behandelt wurden.[49]

Auch die Nichtberücksichtigung von tatsächlich erhaltenen *Rabatten, Boni oder sonstigen Vergünstigungen* (sog. Kickback-Modelle) ist eine betrügerische Manipulation der Abrechnung. Abrechenbar sind nämlich nur die tatsächlich angefallenen Kosten für Sachleistungen. Erhält der Arzt beispielsweise von einer Herstellerfirma Nachlässe für eine Bestellung oder werden Sonderleistungen im Rahmen einer Laboruntersuchung gewährt, muss der Arzt dies bei seiner Abrechnung angeben.[50]

Als unzulässig wird weiter gewertet, wenn *unwirtschaftliche* Leistungen oder *medizinisch nicht notwendige Leistungen* erbracht werden.[51] Unwirtschaftlich ist eine Behandlung dann, wenn der Arzt anstelle einer medizinisch ausreichenden Behandlung eine höher bepunktete Maßnahme vornimmt, die medizinisch nicht indiziert ist. Unzulässig ist auch die Abrechnung medizinisch gänzlich nicht angezeigter Leistungen.

Unstatthaft ist außerdem die Täuschung der Kostenträger durch die Ausstellung *fingierter Rezepte* im Zusammenwirken von Arzt und Apotheker.[52]

3. Der Betrugstatbestand

Für die anschließende Subsumtion der Manipulationskonstellationen unter den Betrugstatbestand sollen die Grundlagen der Anwendung des Betrugstat-

---

47 *Volk*, NJW 2000, 3385; *Stein*, MedR 2001, 124, 130; *Hellmann/Herffs*, Abrechnungsbetrug, Rn. 123 ff.; *Hancok*, Abrechnungsbetrug, S. 131.
48 Sog. Strohmann-Konstellation, vgl. *Ulsenheimer*, Arztstrafrecht, S. 541 und *Hellmann/Herffs*, Abrechnungsbetrug, Rn. 258.
49 *Ulsenheimer*, Arztstrafrecht, S. 541.
50 So der Sachverhalt des Urteils vom OLG Hamm, NStZ-RR 2006, 13.
51 *Ulsenheimer*, Arztstrafrecht, S. 540; *Hancok*, Abrechnungsbetrug, S. 132; *Hellmann/Herffs*, Abrechnungsbetrug, Rn. 276 ff.
52 BGH, NStZ 2004, 265 ff.; auch in *Ulsenheimer*, Arztstrafrecht, S. 541.

bestandes dargestellt werden, die beim ärztlichen Abrechnungsbetrug relevant werden.

Zunächst muss der Arzt über Tatsachen täuschen.[53] Eine Täuschung über Werturteile reicht für die Annahme des Betrugstatbestandes nicht aus. Die Täuschung über Tatsachen muss kausal für einen Irrtum sein, zumindest für seine Aufrechterhaltung. Der Irrtum wiederum muss kausal sein für eine Vermögensverfügung, die freiwillig und unmittelbar zu einer Vermögensverminderung führt, wobei diese aber nicht notwendig beim Verfügenden selbst eintreten muss.[54] Soweit nicht der Verfügende selbst, sondern ein Dritter von der Vermögensminderung betroffen ist, muss ein Näheverhältnis zwischen Verfügendem und Geschädigtem bestehen.[55] Die Vermögensverfügung muss schließlich zu einem Vermögensschaden führen. In subjektiver Hinsicht muss zum einen Vorsatz im Hinblick auf alle soeben genannten objektiven Tatbestandsmerkmale bestehen, zum anderen bedarf es der Absicht, sich oder einem Dritten rechtswidrig einen Vermögensvorteil zu verschaffen, der stoffgleich mit dem Schaden ist. In einem Akt der Parallelwertung in der Laiensphäre muss der Arzt auch verstanden haben, wodurch er getäuscht hat und warum er einen Schaden verursacht hat.[56]

4. Besonderheiten bei der Anwendung des Betrugstatbestandes auf Abrechnungsmanipulationen

Im Folgenden sollen ausgewählte, spezifische Tatbestandsprobleme des § 263 Abs. 1 StGB bei Abrechnungsmanipulationen durch Vertragsärzte thematisiert werden.

a) Für die Annahme des Betrugstatbestands muss eine **Täuschung über Tatsachen** vorliegen.

Anerkannt ist zunächst, dass eine Täuschung über Tatsachen einerseits explizit, andererseits aber auch konkludent erfolgen kann. Ein Arzt, der durch die Einreichung seiner Quartalsabrechnungsunterlagen einschließlich der Sammelerklärung[57] eine Forderung stellt, behauptet in der Regel zugleich

---

[53] Vgl. als Überblick *Schroth*, BT, S. 188 ff.; umfassend: Schönke/Schröder – *Cramer/Perron*, StGB, § 263 Rn. 13 ff. m. w. N.; NK – *Kindhäuser*, StGB, § 263 Rn. 25 ff.
[54] *Schroth*, BT, S. 194 und Schönke/Schröder – *Cramer/Perron*, StGB, § 263 Rn. 65 ff. m. w. N.
[55] *Fischer*, StGB, § 263 Rn. 10 ff. m. w. N.
[56] *Ulsenheimer*, Arztstrafrecht, S. 544.
[57] Muster bei *Hancok*, Abrechnungsbetrug, Anhang B.

durch schlüssiges Verhalten, dass er sich nach seiner Vorstellung innerhalb des honorarrechtlichen Rahmens bewegt.[58]

Es stellt sich die Frage, ob in der Geltendmachung einer nicht legitimierten Forderung aus dem Arzt-Patienten-Verhältnis – also der Abrechnung einer tatsächlich oder persönlich nicht erbrachten Leistung, einer an einem anderen Datum oder für einen anderen Patienten erbrachten Leistung oder einer bewusst einer falschen EBM-Ziffer zugeordneten Leistung – eine falsche *Sachverhaltsbehauptung* des Vertragsarztes gegenüber der Kassenärztlichen Vereinigung liegt, die als Täuschung über Tatsachen im Sinne des Betrugstatbestandes gewertet werden kann. Denn vielfach wird angenommen, dass die Geltendmachung einer Forderung nicht die Behauptung einer Tatsache, sondern einer Rechtsansicht sei.[59] Träfe dies hier so zu, dann läge in der Geltendmachung nicht legitimierter vertragsärztlicher Forderungen kein Betrug.[60]

Ein falscher Sachverhalt ist vom unangemessenen Werturteil abzugrenzen. Ein Werturteil ist im Gegensatz zu einer Tatsachenbehauptung nicht dem Beweis zugänglich: Es kann nicht wahr oder unwahr sein.[61] Eine unangemessene Meinungskundgabe unterscheidet sich daher nach herrschender und richtiger Auffassung von einer falschen Tatsachenbehauptung und kann den Betrugstatbestand somit nicht begründen.[62] Grundsätzlich *kann* in der Forderung des Arztes eine Täuschung über Tatsachen im Sinne des § 263 StGB liegen.[63] Denn in jeder Geltendmachung einer Forderung liegt auch die konkludente Behauptung des Sachverhaltes, der die Forderung trägt. Wird mit der Einreichung der Abrechnungsunterlagen ein Anspruch erhoben, so ist der den Anspruch tragende Sachverhalt eine Tatsachenbehauptung, weil sie wahr oder falsch sein kann.

Sind Sachverhalte nur vermeintlich Fakten, treffen sie also nur vermeintlich zu, so liegt eine falsche „Tatsachen"-Behauptung vor, wenn diese dennoch als real vorgegeben werden. Sind die Fakten aber richtig und wird lediglich eine falsche Rechtsansicht vertreten, so ist das Vertreten der unzutreffenden Rechtsansicht in der Regel „nur" als Meinungskundgabe zu qualifizieren.[64]

---

58 *Hellmann/Herffs*, Abrechnungsbetrug, Rn. 279.
59 So *Ulsenheimer*, Arztstrafrecht, S. 545 m. w. N.
60 *Ulsenheimer*, Arztstrafrecht, S. 542.
61 *Fischer*, StGB, § 263 Rn. 6, 8.
62 *Lackner/Kühl*, StGB, § 263 Rn. 5.
63 NK – *Kindhäuser*, StGB, § 263 Rn. 89.
64 *Ulsenheimer*, Arztstrafrecht, S. 545 ff.

Eine fehlerhafte Rechtsansicht bei der Anspruchsstellung im Rahmen der vertragsärztlichen Abrechnung ist deshalb grundsätzlich keine falsche Tatsachenbehauptung.[65] Etwas anderes gilt allerdings dann, wenn die vorgetragene Rechtsauffassung eine bewussten Missachtung völlig eindeutiger Regelungen ist, z. B. einzelner Ziffern des EBM, die sich auf eindeutige vertragsärztliche Leistungen beziehen. In diesem Fall wird über eine institutionelle Tatsache getäuscht, was für den Betrugstatbestand ausreichend ist.[66]

Die Einordnung der bewussten Missachtung eines klaren Rechtstextes als „falsche Sachverhaltsbehauptung", also als falsche Tatsachenbehauptung im Sinne des Betrugstatbestandes, beruht auf zwei Gründen. Zum einen sind klare Rechtstexte als sog. institutionelle Tatsachen anerkannt. Zum anderen wird in dieser Konstellation regelmäßig über innere Tatsachen getäuscht – namentlich über die subjektive Überzeugung des Anspruchsstellers von der Berechtigung seiner Forderung im Sinne des vertragsärztlichen Abrechnungssystems. Eine Täuschung über Tatsachen ist deshalb in dieser Konstellation gegeben.

b) Fraglich ist die strafrechtliche Bewertung der Situation, in der der Vertragsarzt zunächst *unbewusst falsch abrechnet*, seinen Fehler also anfänglich nicht erkennt, ihn dann jedoch *nach einiger Zeit bemerkt* und gleichwohl untätig bleibt.

Zurechenbar wäre eine solche **Unterlassung** nur, wenn eine *Garantenpflicht* des Arztes bestünde. Die Frage ist also, ob er in diesem Fall eine rechtlich fundierte Offenbarungspflicht gegenüber der Kassenärztlichen Vereinigung hat. Nach richtiger Literaturauffassung hat der Kassenarzt keine Aufklärungspflicht gegenüber der Kassenärztlichen Vereinigung hinsichtlich etwaiger nachträglicher Zweifel an der materiellen Richtigkeit seiner Abrechungsforderungen.[67]

Der Arzt ist nicht Beschützer der Kassenärztlichen Vereinigung, er ist auch nicht Abrechnungsgarant. Dies lässt sich allerdings mit dem Argument bestreiten, dass er als Leistungsempfänger auch eine Verpflichtung gegenüber der Kassenärztlichen Vereinigung habe. Jedoch ist er Zwangsmitglied in der Kassenärztlichen Vereinigung. Würde ihm eine Aufklärungspflicht auferlegt, so wäre der Grundsatz von Treu und Glauben im Rechtsverkehr über § 263 StGB geschützt; geschütztes Rechtsgut des § 263 StGB ist indes nach einhel-

---

65 *Lackner/Kühl*, StGB, § 263 Rn. 62; *Ulsenheimer*, Arztstrafrecht, S. 545 m. w. N.
66 *Fischer*, StGB, § 263 Rn. 8b, 21; so auch *Ulsenheimer*, Arztstrafrecht, S. 546, m. w. N.; unproblematisch angenommen bei *Ellbogen/Wichmann*, MedR 2007, 11.
67 So *Ulsenheimer*, Arztstrafrecht, S. 546 f.

liger Literaturauffassung nicht der Treu- und Glaubensgrundsatz, sondern das Individualvermögen in seiner Gesamtheit.[68] Der Arzt hat gegenüber der Kassenärztlichen Vereinigung auch dann keine Aufklärungspflicht, wenn er von Anfang an Zweifel an der Richtigkeit einer Abrechnungsforderung hat. Ein Hinweis oder Vorbehalt bei Abgabe seiner Abrechnungserklärung ist nicht erforderlich.[69]

c) Bei der Prüfung des täuschungsbedingten **Irrtums** ist die Frage nach dem generell notwendigen *Grad der Überzeugung* problematisch, mit dem die Sachbearbeiter der Kassenärztlichen Vereinigung von der Richtigkeit der vertragsärztlichen Abrechnung ausgehen müssen.

Mit der Rechtsprechung ist davon auszugehen, dass ein Irrtum wegen der Besonderheiten des vertragsärztlichen Abrechnungssystems nicht voraussetzt, dass der jeweilige Mitarbeiter der Kassenärztlichen Vereinigung hinsichtlich jeder einzeln geltend gemachten Position die positive Vorstellung haben muss, sie sei der Höhe nach berechtigt. Es genügt die stillschweigende Annahme, die vorliegende Abrechnung sei insgesamt in Ordnung.[70]

Problematisch sind bei der Prüfung eines täuschungsbedingten Irrtums weiter solche Konstellationen, in denen das Täuschungsopfer an den vom Arzt falsch vorgegebenen Tatsachen konkrete *Zweifel* hegt. Das Vorliegen des Betrugstatbestands scheint daher fraglich, wenn der Arzt zu Unrecht auf falschen Sachverhalten basierende Forderungen geltend macht und der zuständige Sachbearbeiter der Kassenärztlichen Vereinigung als Täuschungsopfer im Rahmen seiner Prüfungsmaßnahmen Zweifel an der Richtigkeit der behaupteten Tatsachen hat, die Auszahlung an den Vertragsarzt im Rahmen der Einzelvergütung aber trotzdem vornimmt.[71] Nach herrschender Auffassung lässt dies einen betrugsrelevanten Irrtum nicht entfallen, solange der Sachbearbeiter der Kassenärztlichen Vereinigung die Wahrheit der behaupteten, aber falschen Sachverhalte noch für möglich hält.[72] In diesen Fällen kommt eine Bestrafung wegen Betrugs in Betracht.[73]

---

68 Schönke/Schröder – *Cramer/Perron*, StGB, § 263 Rn. 1/2.
69 *Ulsenheimer*, Arztstrafrecht, S. 546.
70 BGH, GesR 2007, 77 ff.; BGHSt 2, 325, 326; BGHSt 24, 386, 389; so auch *Ulsenheimer*, Arztstrafrecht, S. 543.
71 Zum Ganzen *Hancok*, Abrechnungsbetrug, S. 144 ff.; *Ulsenheimer*, Arztstrafrecht, S. 547 ff.
72 *Ulsenheimer*, Arztstrafrecht, S. 547 ff.; vgl. *Pawlik*, Das unerlaubte Verhalten beim Betrug, S. 248; BGH, NJW 2003, 1198 ff.
73 *Fischer*, StGB, § 263 Rn. 33a; ausführlich bei *Hancok*, Abrechnungsbetrug, S. 144 ff. und *Herffs*, Abrechnungsbetrug, S. 68 ff.; BGH, NJW 2003, 1198 ff.; *Ulsenheimer*, Arztstrafrecht, S. 547 ff.; *Ellbogen/Wichmann*, MedR 2007, 12.

Der BGH hat die Auffassung, wonach der Betrugstatbestand bei zweifelnden Opfern nicht anwendbar sei, weil diese nicht schutzbedürftig seien, völlig zu Recht abgelehnt.[74] Im konkreten Fall ging es um einen nicht zugelassenen Zahnarzt, der dennoch Kassenpatienten behandelte. Er beschäftigte einen nur teilweise selbst behandelnden Vertragsarzt als Strohmann und ließ diesen bei der Kassenärztlichen Vereinigung abrechnen, behielt die von der Kassenärztlichen Vereinigung ausgezahlte Vergütung aber größtenteils selbst ein. Aufgrund der diesbezüglichen Ermittlungen der Staatsanwaltschaft hatten die zuständigen Sachbearbeiter bei der Kassenärztlichen Vereinigung Zweifel, zahlten die Vergütung aber dennoch aus. Der BGH hat sich hier dahingehend eingelassen, dass Zweifel des Opfers solange nicht das Tatbestandsmerkmal Irrtum infrage stellen, solange das Opfer es noch für möglich hält, dass der Täter die Wahrheit sagt. Dem in Teilen der Literatur vertretenen viktimodogmatischen Lösungsansatz, wonach ein Irrtum bei Zweifeln des Opfers ausgeschlossen sei, weil es diesem dann möglich und zumutbar sei, sich selbst zu schützen, hat der BGH zu Recht entgegengehalten, dass dem Strafrecht der Gedanke des Mitverschuldens fremd ist.[75]

Hält das Opfer die Wahrheit dagegen für nahezu nicht mehr möglich bzw. nahezu ausgeschlossen, so kann kein Irrtum des Verfügenden mehr angenommen werden. Betrug ist dann ausgeschlossen.[76]

d) Fraglich ist, worin in den Fällen der Falschabrechnung die für den Betrugstatbestand erforderliche **Vermögensverfügung** zu sehen ist.

Zunächst ist festzuhalten, dass der Mitarbeiter der Krankenkasse, der die Auszahlung an die Kassenärztliche Vereinigung veranlasst, keine irrtumsbedingte Vermögensverfügung trifft, denn die Höhe der pauschalierten Gesamtvergütung, die die Kasse der Kassenärztlichen Vereinigung zur Vergütung aller abrechnenden Vertragsärzte auszahlt, ändert sich im Regelfall durch die Falschabrechnung nicht.[77]

Allerdings verfügt die Kassenärztliche Vereinigung mit der Feststellung und Verteilung der Gesamtvergütung über das Vermögen ihrer ordnungsgemäß abrechnenden Mitglieder, der Vertragsärzte.

Die ordnungsgemäß abrechnenden Vertragsärzte erleiden dann aufgrund der Verminderung ihres jeweiligen Honoraranspruchs einen **Vermögensscha-**

---

74 BGH, NJW 2003, 1198 ff.
75 BGH, NJW 2003, 1198 f.; vgl. *Ellbogen/Wichmann*, MedR 2007, 12.
76 BGH, NJW 2003, 1199.
77 *Ulsenheimer*, Arztstrafrecht, S. 543.

den.[78] Es handelt sich also um die Konstellation des sog. *Dreiecksbetrugs*,[79] wobei das für eine Zurechnung der Vermögensverfügung erforderliche Näheverhältnis zwischen Kassenärztlicher Vereinigung und Vertragsärzten aufgrund der Mitgliedschaft der Ärzte in der Kassenärztlichen Vereinigung eindeutig vorliegt.

Wenngleich mit der Vorlage der unrichtigen Abrechnung eine Vermögensgefährdung in Betracht kommt, fehlt es zu diesem Zeitpunkt noch an einer Vermögensverfügung.

e) Streitig ist, ob die Verwirklichung des Betrugstatbestands auch bei korrekter, fachlich qualifizierter ärztlicher Behandlung in Betracht kommt, wenn dem Arzt lediglich eine *Berufsordnungswidrigkeit* vorzuwerfen ist. Diese Problematik betrifft alle Konstellationen, in denen der Patient eine medizinisch indizierte, lege artis ausgeführte Behandlung erhalten hat, bei deren Durchführung aber formale Vorschriften des Vertragsarztrechts missachtet worden sind.[80] Wird die ärztliche Leistung durch den Scheingesellschafter einer Arztpraxis vorgenommen, der in Wirklichkeit kein selbstständiger Vertragsarzt, sondern im Angestelltenverhältnis tätig ist, führt ein nicht genehmigter Assistent oder Strohmann die Behandlung durch oder rechnet ein nicht approbierter bzw. nicht qualifizierter Arzt eine ansonsten ordnungsgemäße Leistung ab, so sind die formalen Vorschriften des Sozialversicherungsrechts verletzt. Auch in dem Fall,[81] in dem ein Radiologe und Nuklearmediziner Injektionen, Infusionen und Blutentnahmen von seinem Praxispersonal auf Grundlage einer generellen Anweisung durchführen lässt, sind die Bestimmungen des vertragsärztlichen Honorarsystems verletzt, da eine solche Leistung nur nach einer einzelfallbezogenen Anweisung abrechnungsfähig ist. Aus strafrechtlicher Sicht ist in diesen Fällen im Hinblick auf eine mögliche Kompensation durch die medizinisch einwandfreie Leistung die Annahme eines **Vermögensschadens** aber überaus fraglich.

Dazu folgendes Beispiel zum Arzt im verdeckten Angestelltenverhältnis, über das das OLG Koblenz zu entscheiden hatte:[82]

---

78 *Hellmann/Herffs*, Abrechnungsbetrug, Rn. 164 ff.; *Stein*, MedR 2001, 124, 130; *Ulsenheimer*, Arztstrafrecht, S. 543.
79 Vgl. *Fischer*, StGB, § 263 Rn. 47 ff.
80 Zum Ganzen *Ulsenheimer*, Arztstrafrecht, S. 549 ff.; *Herffs*, Abrechnungsbetrug, S. 116 ff.; *Ellbogen/Wichmann*, MedR 2007, 13 ff.
81 Beispiel bei *Ellbogen/Wichmann*, MedR 2007, 11.
82 OLG Koblenz, MedR 2001, 144 ff.

Ein Arzt, der seinen Beruf *de facto* angestelltenähnlich ausübt, rechnete mit der Kassenärztlichen Vereinigung ab. Seine Zulassung als Kassenarzt hatte er sich durch Vorlage von Scheinverträgen erschlichen, welche fingierten, dass er Freiberufler in einer Gemeinschaftspraxis sei. Die Frage, die sich stellt, ist, ob ein Betrug in Betracht kommt, wenn und soweit er medizinisch indizierte und fachgerecht erbrachte Leistungen abrechnet.

Klar ist, dass hier eine Täuschungshandlung gegeben ist, die auch zu einer Irrtumserregung führt. Unklar ist, worin hier die Vermögensverfügung[83] zu sehen ist. Sie kann einerseits in der Erschleichung der Zulassung und andererseits in den Leistungen liegen, die er von der Kassenärztlichen Vereinigung erhält. Die zentrale Frage ist aber, ob in derartigen Fällen ein Vermögensschaden angenommen werden kann. Das OLG Koblenz ging hier unter Bezugnahme auf die Rechtsprechung des BGH[84] von einem Vermögensschaden der Kassenärztlichen Vereinigung aus und begründete seine Entscheidung mit der Auffassung, im Bereich des *Sozialversicherungsrechts* gelte eine *streng formale Betrachtungsweise*. Unerheblich ist nach Meinung des OLG Koblenz daher, ob die Leistung des Arztes ihr Geld wert ist. Entscheidend soll vielmehr sein, dass aufgrund der vertragsärztlichen Rechtslage kein Honoraranspruch entstanden wäre und dass die Kassenärztliche Vereinigung aufgrund der erschlichenen Zulassung nicht hätte zahlen müssen.[85]

Diese Auffassung würde allerdings bedeuten, dass der Betrug die berufsordnungspolitischen Zwecke schützt, die mit den Voraussetzungen der Zulassung verbunden werden.[86] Dass Vertragsärzte ihre Tätigkeit in freier Praxis ausüben müssen, ist möglicherweise begründet, kann aber nicht durch den strafrechtlichen Betrugstatbestand geschützt werden. Ein Schaden im Sinne von § 263 StGB ist dann nicht mehr gegeben, wenn eine Leistung durch eine Gegenleistung voll ausgeglichen wird; die Gegenmeinung bedeutet eine Rückkehr zum überholten juristischen Vermögensbegriff.[87] Richtigerweise fehlt es daher normativ an einem Schaden, wenn auf die ärztliche Leistung eine adäquate Gegenleistung erfolgt, jedenfalls soweit das Abrechnungssystem diese zulässt. Denn die betroffene Krankenkasse erhält für ihre Gesamtvergütungs-Zahlung an die Kassenärztliche Vereinigung durch die vorgenommene fachgerechte Behandlung einen adäquaten Gegenwert. Sie wird gegenüber dem Patienten

---

83 Hierzu ausführlich und überzeugend: *Stein*, MedR 2001, 124 ff.
84 BGH, NStZ 1995, 85 f.; zweifelnd allerdings dann BGH, GesR 2003, 90.
85 OLG Koblenz, MedR 2001, 144, 145.
86 *Stein*, MedR 2001, 124, 130.
87 Vgl. *Ulsenheimer*, Arztstrafrecht, S. 550 f.

von ihrer Verpflichtung zu einer – erneuten – Behandlung befreit und erspart sich Aufwendungen, die ihr bei Inanspruchnahme eines anderen Arztes für die Behandlung des Patienten entstanden wären.[88]

Volk hat instruktiv folgende Fälle einander gegenüber gestellt:[89] Rechnet ein Arzt Leistungen ab, welche er *nicht* oder *nicht in vollem Umfang* erbracht hat, so liegt ein Schaden vor.[90] Wird eine bestimmte ärztliche Leistung zu einer höherwertigen Leistung umfunktioniert, ist ebenfalls ein Schaden gegeben.[91] Diese Fälle sind so selbstverständlich, dass eine Begründung überflüssig ist. Es handelt sich um klassische Fälle des Erfüllungsbetruges, bei dem die Leistung nicht der Gegenleistung entspricht. Ein Arzt, der Vergünstigungen, Rabatte oder Kick-backs[92] seiner Lieferanten bei der Abrechnung nicht weitergibt, führt ebenfalls einen Schaden herbei. Er darf nämlich nur die bei ihm angefallenen Kosten für Sachleistungen berechnen. Dies gilt im Übrigen für alle Verträge, die derartiges vorsehen.[93] Mit der Kassenärztlichen Vereinigung darf der Arzt gem. §§ 12 Abs. 1, 70 Abs. 1 SGB V nur Leistungen abrechnen, die notwendig, zweckmäßig und wirtschaftlich sind. Leistungen, die diese Eigenschaft nicht haben, sind nicht abrechenbar. Ein Arzt, der eine andere Leistung abrechnet als er erbracht hat, weil die erbrachte Leistung wegen Unwirtschaftlichkeit nicht abrechenbar ist, führt bei der Krankenkasse einen Schaden herbei,[94] da kassenärztliche Leistungen standardisiert sind.

Ärzte, die aber scheinselbstständig sind und eine Leistung abrechnen, die sie lege artis nach medizinischen Standards erbracht haben und die sie im Sinne der Gebührenordnung für Ärzte (GOÄ) abrechnen dürften, wenn sie selbstständig wären, schädigen niemand. Diese Ärzte haben eine medizinische Leistung erbracht und erhalten den dafür vorgesehenen Gegenwert. Die Tatsache, dass sie aus berufsrechtlichen Gründen nicht abrechnen dürfen, ändert hieran nichts. Stellt man die Gegenthese auf, so wird berufsordnungswidriges Verhalten mit dem Betrugstatbestand gesichert. Die Berufsordnungswidrigkeit, nicht mehr der strafrechtliche Vermögensschutz, würde dann unter Verstoß gegen Art. 103 Abs. 2 GG Schutzgut des Betrugstatbestands. Denn

---

88 Wie hier auch *Ulsenheimer*, Arztstrafrecht, S. 550; *Stein*, MedR 2001, 131; Schönke/Schröder-Cramer/Perron, StGB, § 263 Rn. 112; *Ellbogen/Wichmann*, MedR 2007, 14; *Volk*, NJW 2000, 3385, 3388.
89 *Volk*, NJW 2000, 3385, 3386.
90 BGHSt 36, 320; *Volk*, NJW 2000, 3385, 3386.
91 BGH, NStZ 1992, 436; *Volk*, NJW 2000, 3385, 3386.
92 Vgl. BGH, MedR 2004, 613 ff. mit Bespr. *Ulsenheimer*, MedR 2005, 622 ff.
93 *Volk*, NJW 2000, 3385, 3387.
94 *Volk*, NJW 2000, 3385, 3387; BGH, NStZ 1993, 388.

einerseits kann man in diesen Fällen nicht mehr von einem Schaden im Sinne des Wortlauts des § 263 StGB sprechen; zum anderen hat der Gesetzgeber den Betrug eindeutig als Vermögensdelikt konzipiert und nicht als Delikt gegen Berufsordnungswidrigkeiten bzw. gegen Treu und Glauben im Rechtsverkehr.[95]

Auch der BGH äußert in einer neueren Entscheidung nun Zweifel über die formalisierende Schadensbegründung nach Sozialversicherungsrecht.[96] Es bleibt abzuwarten, wie sich die Rechtsprechung in diesem Bereich entwickeln wird.

Anders sind nach Auffassung des BGH die Fälle zu entscheiden, in denen ein Nicht-Kassenarzt von ihm erbrachte Leistungen über einen Kassenarzt abrechnet. Hier zahlt die gesetzliche Krankenkasse für Leistungen, die sie nicht erbringen muss. Sie erspart sich zwar Aufwendungen, „die ihr durch die Behandlung durch einen anderen bei der Kasse zugelassenen Arzt entstanden wären".[97] Eine solche Kompensation bleibt aber bei der Schadensermittlung unberücksichtigt.[98]

f) Ein weiteres Problem bei der Anwendung des § 263 StGB ist die Ermittlung der **Höhe des Vermögensschadens**.[99] Eine genaue Ermittlung ist wegen der Komplexität von Abrechnungssystem und Tatmodalitäten und wegen der hohen Zahl von Patienten und Fehlabrechnungen oft nur schwer und mit außerordentlichem Aufwand durchführbar. Zur Berechnung der Schadenshöhe hat der BGH deshalb unter bestimmten Voraussetzungen die *Hochrechnung* auf einen längeren Zeitraum, ausgehend von einem exakt ermittelten Quartal, gebilligt.[100] Die Schadenshöhe wird dabei für ein Quartal genau berechnet; auf der Basis der dabei ermittelten durchschnittlichen Zuvielforderung pro Patient bzw. Krankenschein im Quartal (sog. Beanstandungsquote, also das Verhältnis zwischen fehlerhaft abgerechneten und insgesamt abgerechneten Leistungen des Vertragsarztes) wird dann der zu viel ausgezahlte Betrag für den gesamten Tatzeitraum durch Multiplikation ermittelt.[101] Dabei weist der BGH aber nachdrücklich darauf hin, dass diese Hochrechnungen

---

95 Zur Auslegung vgl. *Schroth*, Schneider-FS, S. 14 ff.
96 BGH, NJW 2003, 1198 ff.
97 BGH, NJW 2003, 1198 ff.
98 BGH, NStZ 1995, 85 ff.
99 Vgl. zum Schadensbegriff *Volk*, NJW 2000, 3385, 3387; ausführlich zu der Problematik *Hancok*, Abrechnungsbetrug, S. 186 ff.
100 BGH, NStZ 1990, 197, 198 = BGHSt 36, 320 ff.
101 Genaue Darstellung der mathematisch-statistischen Berechnungsmethode bei *Hancok*, Abrechnungsbetrug, S. 187.

nur bei typisierten Verhaltensmustern in Betracht kommen, wenn also dargelegt werden kann, dass die Abrechnungsquartale sich nicht maßgeblich unterscheiden und der Arzt eine Art systematisches, gleichförmiges Abrechnungsverhalten praktiziert hat.[102] Nur in diesen Fällen genügt eine Hochrechnung den Mindestanforderungen an die Feststellung der Schadenshöhe. An den Beweis der Verhaltenskonformität werden daher auch hohe Anforderungen gestellt. Zeigen sich auffällige Abweichungen hinsichtlich der Häufigkeit oder Unterbrechungen der Handlungsreihen bei der Falschabrechnung, muss die Schadenshöhe nach den allgemeinen strafprozessualen Grundsätzen für den gesamten Tatzeitraum genau nachgerechnet werden, da gem. §§ 244 Abs. 2, 261 StPO zur Bestimmung des Schuldumfangs die Überzeugung des Tatrichters nach der Beweisaufnahme von allen strafbarkeitsbegründenden Merkmalen erforderlich ist.

g) Nach allgemeinen Grundsätzen ist die **Vollendung** des Betrugsdelikts anzunehmen, wenn die Voraussetzungen des § 263 StGB tatbestandlich-formell erfüllt sind, wenn also neben den anderen Tatbestandsmerkmalen auch wenigstens teilweise ein Vermögensschaden oder eine konkrete Gefährdung des Vermögens eingetreten ist.[103] In der Einreichung der manipulierten Behandlungsausweise und der darauf basierenden erhöhten Gesamtvergütungsforderung durch die Kassenärztliche Vereinigung gegenüber der Krankenkasse liegt zwar schon eine Vermögensgefährdung, doch fehlt es noch an einer Vermögensverfügung und damit auch an der Vollendung.[104] Diese tritt mit der Minderung der Einzelvergütungsansprüche der ordnungsgemäß abrechnenden Ärzte durch die Kassenärztliche Vereinigung ein.[105]

---

102 Dabei müssen die Überschreitungen des Praxisbudgets unberücksichtigt bleiben, die dem Arzt überhaupt nicht vergütet werden können. Diese können dann auch nicht zu einem Schaden im strafrechtlichen Sinne führen; vgl. dazu *Ulsenheimer*, Arztstrafrecht, S. 554; BGH, NStZ 1990, 197 = BGHSt 36, 320 ff.
103 *Fischer*, StGB, § 263 Rn. 114; *Wessels/Beulke*, Strafrecht AT, Rn. 591.
104 *Deutsch/Spickhoff*, Medizinrecht, Rn. 488, halten schon die Vorlage der falschen Abrechnungsunterlagen durch den Arzt bei der KV für einen vollendeten Betrug, *sofern* eine konkrete Vermögensgefährdung besteht; Laufs/Uhlenbruck – *Ulsenheimer*, Handbuch des Arztrechts, § 151 Rn. 14, sieht den Betrug mit der Vorlage der falschen Unterlagen und der darauf basierenden überhöhten Gesamtvergütungsforderung durch die KV bei der Krankenkasse als vollendet an.
105 So auch *Ulsenheimer*, Arztstrafrecht, S. 543 f. in Abgrenzung zu seiner Kommentierung in Laufs/ Uhlenbruck – *Ulsenheimer*, Handbuch des Arztrechts, § 151 Rn. 14, vgl. Fn. 103.; *Herffs*, Abrechnungsbetrug, S. 86 ff., 88.

II. Vertragsarztuntreue

Der in seiner Anwendung schwierige Untreuetatbestand des § 266 StGB ist vom BGH in den letzten Jahren auch zur strafrechtlichen Bewertung falschen vertragsärztlichen Abrechnungsverhaltens herangezogen worden.

a) Schwierigkeiten bereitet die Anwendung des Untreuetatbestandes und die strafrechtliche Erfassung solcher Sachverhalte, bei denen der Arzt medizinisch nicht indizierte Medikamente verschreibt, die vom Patienten anderweitig, etwa im Rahmen eines Medikamentenmissbrauchs, verwendet werden.[106] Hier kommen nämlich sowohl Betrug als auch Untreue in Betracht. Im Rahmen des Betrugstatbestands ist aber schon zweifelhaft, ob durch das missbräuchliche Verschreiben von medizinisch nicht notwendigen Medikamenten überhaupt eine *betrugsrelevante Täuschung über Tatsachen* gegenüber Apotheker oder Krankenkasse stattfindet.

Die strafrechtliche Bewertung des Falls hängt zentral von der Berücksichtigung der rechtlichen Besonderheiten des kassenärztlichen Abrechnungssystems ab. Nach § 27 Abs. 1 S. 1, S. 2 Nr. 3, § 31 S. 1 SGB V haben die Versicherten in der gesetzlichen Krankenversicherung einen *Anspruch auf Krankenbehandlung*. Bestandteil dieses Anspruchs sind Arzneimittel als zu erbringende Sachleistungen.[107] Ein derartiger Anspruch kann nur dadurch begründet werden, dass ein Vertragsarzt das Arzneimittel auf Kassenrezept verordnet und damit die Verantwortung übernimmt. Dies erschließt sich folgerichtig aus dem Grundsatz, dass aus dem SGB V keine unmittelbar durchsetzbaren Ansprüche auf Versorgung mit Arzneimitteln begründet werden können, solange diese nicht dem Patienten als ärztliche Behandlungsmaßnahme vom Vertragsarzt als einem „beliehenen Verwaltungsträger" verschrieben wurden.[108]

Bei der Verordnung einer solchen Sachleistung handelt der Vertragsarzt kraft seiner ihm durch das Kassenarztrecht verliehenen Kompetenz als *Vertreter der Krankenkasse*; er gibt mit Wirkung für und gegen die Krankenkasse eine Erklärung ab, wenn er Arzneimittel verordnet.[109]

Der Apotheker prüft bei der Vorlage des Rezeptes, ob die vorgelegte ärztliche Verordnung den gesetzlichen Anforderungen entspricht, ob das Arznei-

---

106 BGH, NStZ 2004, 266 ff.; ausführlich hierzu *Ulsenheimer*, Arztstrafrecht, S. 547, 574 f., 577 f. und *Hellmann/Herffs*, Abrechnungsbetrug, Rn. 428 ff.
107 BGH, NStZ 2004, 266, 267; vgl. Schaubild.
108 BSG 73, 271, 278 ff.
109 BGH, NStZ 2004, 266, 267; a. A. *Ulsenheimer*, Arztstrafrecht, S. 577.

mittel von der Versorgung gesetzlich ausgeschlossen ist und ob einem Arzneimittelmissbrauch entgegengetreten werden muss. Er prüft jedoch *nicht*, ob eine *Indikation für die Medikamentengabe* vorliegt.[110]

Die Frage, ob mit der Vorlage eines Rezeptes dem Apotheker konkludent vorgespiegelt wird,[111] dass es sich um eine notwendige Verschreibung handelt, ist deshalb zu verneinen. Der Apotheker ist weder Obergutachter noch Aufsichtsbehörde des Arztes. Für den Apotheker ist es gerade nicht von Bedeutung, ob die Medikamentenmenge das Maß des Notwendigen überschreitet. Es fehlt insoweit an einer Prüfungspflicht, sodass von einer sog. *ignorantia facti* auszugehen ist.[112] Ein Betrug durch Täuschung des Apothekers kommt damit keinesfalls in Betracht, da es an einem Irrtum des Apothekers fehlt.[113]

Aber auch ein Betrug zu Lasten der Krankenkasse durch Täuschung des Patienten kommt nicht in Betracht. Die Vermögensverfügung, die den Vorteil des Patienten bewirkt hat, hat der Arzt durch Ausstellung der die Krankenkasse zur Leistung verpflichtenden Arzneimittelverordnung *im Bewusstsein der den Mangel begründenden Umstände* getroffen.[114]

In der mit Wissen des Patienten erfolgten Weiterleitung an die Krankenkasse durch den gutgläubigen Apotheker liegt keine Täuschung, die die Krankenkasse zu einer ihr nicht vorteilhaften Vermögensverfügung veranlasst hätte. Die Kasse prüft nicht die inhaltliche Richtigkeit von Verordnungen. Überdies setzt der Betrug Stoffgleichheit zwischen Bereicherungsabsicht und Schädigung voraus. Zwischen der Nicht-Geltendmachung von Regressansprüchen und dem, was Patienten erstreben, besteht keine Stoffgleichheit.[115] Der BGH hat deshalb zu Recht die Anwendung des Betrugstatbestands abgelehnt.

Der BGH hat jedoch eine **Untreue** des Arztes in der Form des Missbrauchstatbestandes gem. § 266 Abs. 1 Alt. 1 StGB angenommen. Tathandlung ist eine im Außenverhältnis wirksame, aber im Verhältnis zum Geschäftsherrn bestimmungswidrige Ausübung der Befugnis zur Verpflichtung eines anderen, die zu einer Schädigung des zu betreuenden Vermögens geführt haben muss.

---

110 BGH, NStZ 2004, 266, 267.
111 Hierzu NK – *Kindhäuser*, StGB, § 263 Rn. 109 ff., 113 ff.
112 NK – *Kindhäuser*, StGB, § 263 Rn. 163 ff.
113 Vgl. *Ulsenheimer*, MedR 2005, 622; Ratzel/Luxenburger – *Schmidt*, § 14 Rn. 154.
114 Vgl. BGH, NStZ 2004, 266, 267; vgl. auch NK – *Kindhäuser*, StGB, § 263 Rn. 61; *Fischer*, StGB, § 263 Rn. 6.
115 BGH, NStZ 2004, 266, 267; vgl. hierzu NK – *Kindhäuser*, StGB, § 263 Rn. 259 ff.

Nach den Prinzipien des kassenärztlichen Abrechnungssystems handelt der Vertragsarzt als Vertreter der Kasse. Indem der Arzt außerhalb des materiellen Rahmens der kassenärztlichen Versorgung und damit im Innenverhältnis rechtswidrig handelt, weil er nur notwendige Arzneimittel verschreiben darf, führt er einen Vermögensschaden herbei. Untreue liegt damit nach der Rechtsprechung des BGH vor, wenn Leistungen verordnet werden, die nicht notwendig, nicht ausreichend oder unzweckmäßig sind.[116]

Hiergegen hat *Ulsenheimer* eingewendet, diese Auffassung könne nicht richtig sein, weil der Arzt mangels wirksamer Vertretung im Außenverhältnis nicht seine Rechtsmacht missbrauche.[117] Sieht man den Arzt indes als Vertreter an – und dies ist die richtige Auffassung der Rechtsprechung von Bundessozialgericht und Bundesgerichtshof – so missbraucht der Arzt durchaus seine Vertretungsmacht.[118] Die Rechtsfolgen des Vollmachtmissbrauchs bestimmen sich nach den Regeln des Stellvertretungsrechts im Innenverhältnis zwischen Arzt und Krankenkasse und lassen die Wirksamkeit des rechtsgeschäftlichen Handelns im Außenverhältnis grundsätzlich unberührt.[119] Sollte in Ausnahmefällen Nichtigkeit des rechtsgeschäftlichen Handelns im Außenverhältnis aufgrund eines kollusiven Zusammenwirkens von Arzt und Patient vorliegen, so würde der Rückgriff auf den subsidiären Treubruchstatbestand des § 266 Abs. 1 Alt. 2 StGB keine nennenswerten Schwierigkeiten bereiten, da auch dessen Voraussetzungen gegeben sind. Wegen des Treubruchtatbestandes macht sich derjenige strafbar, der eine Vermögensbetreuungspflicht verletzt, die ihm durch Gesetz, behördlichen Auftrag oder Rechtsgeschäft eingeräumt ist, wenn die Vermögensbetreuungspflicht Hauptpflicht ist. Ein Vermögensschaden muss eingetreten sein.

Als weiteres Argument wird von *Ulsenheimer* angeführt, dass es jedenfalls an einer hervorgehobenen Vermögensbetreuungspflicht des Arztes fehle.[120] Auch dieser Einwand vermag nicht zu überzeugen. Denn wenn ein Arzt Vertreter der Krankenkasse im Hinblick auf die zu erbringende Sachleistung ist, der die Notwendigkeit, Wirtschaftlichkeit und Zweckmäßigkeit der Sachleistungen selbstständig und autonom zu prüfen hat, so muss ihn auch eine hervorgehobene Vermögensbetreuungspflicht gegenüber den Krankenkassen treffen.

---

116 BGH, NStZ 2004, 266, 268.
117 *Ulsenheimer*, MedR 2005, 622, 626 f.; *ders.*, Arztstrafrecht, S. 577 f.
118 BSG 77, 194, 204 f.
119 Staudinger – *Schilken*, BGB, § 167 Rn. 105.
120 *Ulsenheimer*, MedR 2005, 622, 626; *ders.*, Arztstrafrecht, S. 577 f.

b) Die Rechtsprechung war weiter mit dem Problem befasst, wie es zu beurteilen ist, wenn ein Arzt für seine urologische Praxis Röntgenkontrastmittel als Sprechstundenbedarf bei einer Firma bestellt hat, ohne der Krankenkasse mitzuteilen, dass er im Gegenzug von der Firma als Vergünstigung die kostenlose Entsorgung medizinischen Sondermülls erhalten hat. Die Tatsacheninstanz hatte zunächst Betrug mangels Täuschungshandlung des Arztes abgelehnt, da nicht der Arzt selbst, sondern die Firma mit der Krankenkasse abgerechnet hatte. Eine mittelbare Täterschaft des Arztes wurde abgelehnt, da die handelnden Personen der Firma insoweit keine Befehlsempfänger des Arztes waren, sodass diesbezüglich eine „Werkzeug-Qualität" nicht infrage kam. Auch sonstige Willensdefizite, welche eine mittelbare Täterschaft begründen können, konnten nicht festgestellt werden. Eine Täuschung durch Unterlassen wurde erstinstanzlich mit dem Argument abgelehnt, dass der Arzt im Hinblick auf den Sprechstundenbedarf keine Aufklärungspflicht gegenüber der Krankenkasse hat.

Das OLG Hamm[121] sah in diesem Verhalten jedoch zu Recht eine **Untreue**. Ein Arzt wird bei der Verordnung von Arzneimitteln als Vertreter der Krankenkasse tätig. Immer wenn er als Vertreter tätig wird und die Krankenkasse zur Zahlung überhöhter Rechnungsbeträge verpflichtet, erfüllt er den Missbrauchstatbestand des § 266 StGB. Ein Vermögensschaden tritt bei der Krankenkasse jedenfalls in Form einer konkreten Vermögensgefährdung ein.

Nach Meinung des OLG Hamm kommt darüber hinaus eine Strafbarkeit wegen Betrugs durch Unterlassen in Betracht. Aus dem im SGB V gesetzlich normierten Wirtschaftlichkeitsgebot im Kooperationsverhältnis zwischen Ärzten und Krankenkassen folge eine Handlungspflicht dahingehend, etwaige Vorteilsgewährungen und Schmiergelder – hier in Form einer Kostenersparnis hinsichtlich der Sondermüllentsorgung – der abrechnenden Krankenkasse gegenüber offenzulegen. Eine Garantenstellung könne sich außerdem aus einem pflichtwidrigen Vorverhalten des Arztes ergeben, weil es Kassenärzten untersagt ist, eine Vergütung von Händlern zu fordern oder anzunehmen. Geschieht dies gleichwohl, so bestehe eine Aufklärungspflicht des Arztes.

---

[121] OLG Hamm, MedR 2005, 236 ff.

III. Bestechungsdelikte im vertragsärztlichen Bereich

Im Bereich der den Vertragsärzten zuarbeitenden Anbieter von gesundheitlichen Leistungen beobachtet man (ebenso wie im unten noch darzustellenden Klinikbereich[122]) derzeit die Zunahme von Prämienzahlungen an niedergelassene Ärzte für die Vermittlung von Patienten. Bei diesen strafrechtlich noch wenig geklärten, zuletzt äußerst stark in Erscheinung getretenen Prämien, die auch als „Motivationsprämien", „Fangprämien" oder „Kopfgeld-Praxis" bezeichnet wurden, schließen etwa Sanitätshäuser, Augenoptiker oder Hörgeräteakustiker Vereinbarungen mit niedergelassenen Ärzten bzw. Ärztegruppen, mit denen die Weiterempfehlung oder Vermittlung von Patienten mehr oder weniger verdeckt honoriert wird. Die Anbieter gesundheitlicher Leistungen zahlen auf der Grundlage der Vereinbarungen dann Prämien für diese Vermittlung von Patienten durch den kooperierenden Arzt.[123] Gegenwärtig scheint sich dieses Phänomen ganz erheblich auszuweiten bzw. ein bisher nicht vermutetes Dunkelfeld zu Tage zu treten. Diese Korruptionsfälle im Gesundheitswesen sind in den Mittelpunkt der medialen und gesellschaftlichen Aufmerksamkeit getreten. Die Debatte über Prämienzahlungen an Ärzte ist in großer Breite entfacht und wirft die Frage nach strafrechtlichen Ahndungsmöglichkeiten auf.

Aus medizinischer Sicht ist die Praxis zu beanstanden, weil sie zu einer Vermittlung der Patienten unter rein finanziellen Gesichtspunkten und nicht aus medizinischen Erwägungen herausführt. Ein *strafbares* Verhalten liegt dagegen *nicht* vor.

Die Korruptionsdelikte des Strafgesetzbuchs vermögen diese Konstellation nicht zu erfassen.

Die §§ 331, 332 StGB als Bestechungsdelikte im Amt sind jedenfalls im Hinblick auf niedergelassene Vertragsärzte nicht einschlägig, weil diese keine Amtsträger sind. Zwar kommen als Amtsträger im Sinne der §§ 331 ff. StGB nicht nur Ärzte im Beamtenstatus (§ 11 Abs. 1 Nr. 2a StGB) in Betracht, sondern als „für den öffentlichen Dienst besonders Verpflichtete" auch alle in Universitätskliniken, und öffentlichen Krankenhäusern (Kreis-, Bezirks- und Städtischen Krankenhäusern) angestellten Ärzte. Der niedergelassene Arzt scheidet als Ausübender eines freien Berufes dagegen als tauglicher Täter aus.

---

122 Dazu unten B. IV. 2.
123 Bzgl. der Höhe der Prämien bewegen sich die Schätzungen zwischen 80 und 1000 Euro pro Patient.

Auch eine Bestechlichkeit im geschäftlichen Verkehr liegt nicht vor. Zwar fallen unter den geschäftlichen Betrieb gem. § 299 Abs. 1 StGB auch alle freien Berufe und damit prinzipiell niedergelassene Ärzte.[124] Problematisch ist die strafrechtliche Erfassung dieser Konstellation aber wegen der weiteren Formulierung des § 299 Abs. 1 StGB, die ausdrücklich nur Tathandlungen von Angestellten oder Beauftragten eines geschäftlichen Betriebes erfasst. Ausgenommen ist damit explizit der Geschäftsinhaber, bezogen auf den vertragsärztlichen Bereich also der Praxisinhaber.[125] Ärzte können auch nicht – so auch die derzeit gängige Rechtspraxis – als Beauftragte der Krankenkassen angesehen werden, auch wenn Stimmen in der Literatur unter Berufung auf einen Beschluss des BGH[126] das befürwortet haben. Denn sie sind weder rechtlich in einem Anstellungsverhältnis mit den Krankenkassen verbunden, noch werden sie geschäftlich für sie tätig.[127] Niedergelassene Ärzte fallen deshalb nicht unter dieses Tatbestandsmerkmal.

Prinzipiell kann die dargestellte Konstellation der Kopfprämien also derzeit nicht strafrechtlich, sondern nur standesrechtlich sanktioniert werden. Berufsrechtlich ist Ärzten die Bestechlichkeit untersagt, wie dies die Muster-Berufsordnung für Ärzte in §§ 31 ff. MBO-Ä zum Ausdruck bringt. In § 31 MBO-Ä heißt es, „Ärztinnen und Ärzten ist es nicht gestattet, für die Zuweisung von Patientinnen und Patienten oder Untersuchungsmaterial ein Entgelt oder andere Vorteile sich versprechen oder gewähren zu lassen oder selbst zu versprechen oder zu gewähren." Es obliegt insbesondere den Ärztekammern, auf Verstöße gegen diese Verhaltensregel mit der Einleitung eines berufsgerichtlichen Verfahrens zu reagieren.[128]

Exkurs – Als Anschlussproblem ergibt sich eine Konstellation, über die zuletzt ebenfalls in den Medien berichtet worden ist. Aufgedeckt wurden Fälle, in denen Anbieter gesundheitlicher Leistungen mit Ärzten in einer Art fortdauernder „Geschäftsbeziehung" stehen: Der Arzt vermittelt seine Patienten an den Optiker bzw. Akustiker, der dafür wiederum eine Prämie an den Arzt für jeden vermittelten Patienten zahlt. Wenn nun der Optiker bzw. Akustiker dem Arzt die Prämienzahlung verweigern möchte und der Vertragsarzt daraufhin androht, in diesem Fall gar keine Empfehlungen mehr

---

[124] *Fischer*, StGB, § 299 Rn. 4.
[125] *Ulsenheimer*, Arztstrafrecht, S. 521.
[126] *Pragal*, NStZ 2005, 134 f., unter Berufung auf BGHSt 49, 17, 19; *Fischer*, StGB, § 299 Rn. 10a m. w. N.
[127] *Ulsenheimer*, Arztstrafrecht, S. 521.
[128] Vgl. z. B. Art. 77 I BayHKaG.

auszusprechen bzw. keine Patienten mehr zu vermitteln, steht eine Erpressung im Raum. Ob in dieser Konstellation eine Erpressung gem. § 253 StGB vorliegt, ist sehr zweifelhaft, kann aber abhängig von den Umständen des Einzelfalls anzunehmen sein.

Die Frage ist, ob einerseits im genannten Verhalten ein empfindliches Übel im Sinne des Erpressungstatbestandes liegt und ob dieses nach der Dogmatik des Erpressungstatbestandes als verwerflich zu beurteilen ist. Die Problemkomplexität ist deshalb hoch, weil es keine Verpflichtung für einen Arzt gibt, Patienten an einen bestimmten Optiker, Hörgeräteakustiker oder Sanitätshaus etc. zu vermitteln. Die vorliegende Konstellation ist eine *Drohung mit dem Unterlassen eines rechtlich nicht gebotenen Verhaltens*. Die Frage ist dabei, inwieweit hierin die Androhung eines empfindlichen Übels liegen kann.[129]

Teile der Strafrechtswissenschaft vertreten die Auffassung, dass ein erlaubtes Verhalten weder den Nötigungs- noch den Erpressungstatbestand erfüllt. Begründet wird diese Auffassung damit, dass das Recht Freiheitssphären voneinander abgrenze und dass die Freiheit des einen und die Unfreiheit des anderen zwei Seiten einer Medaille seien; was rechtlich erlaubt sei, könne nicht in einem Freiheitsdelikt plötzlich als verboten angesehen werden.[130] Diese These, dass Recht Freiheiten wechselseitig und fugenlos voneinander abgrenzt, ist jedoch fragwürdig. Auch muss gegen dieses Argument angeführt werden, dass Rechte missbraucht werden können. Die Tatsache, dass ein Arzt einen Anbieter gesundheitlicher Leistungen seinen Patienten nicht empfehlen muss, bedeutet nicht zugleich, dass der Arzt berechtigt wäre, Empfehlungen nur gegen Geldzahlung auszusprechen. Die Rechtsordnung kennt nicht nur die Einräumung von Rechten, sondern auch den Missbrauch eingeräumter Rechte.[131] Weiter wird vorgetragen, dass Nötigung und Wucher strukturell zwei unterschiedliche Tatbestände seien und dass die Drohung mit einem erlaubten Verhalten mehr den Charakter einer Bewucherung habe.[132] Auch diese Argumentation vermag nicht darzulegen, dass nicht auch in einem Missbrauch eines erlaubten Verhaltens in Ausnahmefällen eine Nötigung oder eine Erpressung liegen kann. Richtig ist es deshalb davon auszugehen, dass die Geldforderung eines Arztes, verbunden mit der Drohung, keine Patienten

---

129 Vgl. zum Ganzen auch Schroth/König/Gutmann/Oduncu – *Schroth*, TPG, § 19 Rn. 127 ff.
130 *Jakobs*, Peters-FS, S. 69 ff.; *Gutmann*, Freiwilligkeit, S. 272 f.; *Horn*, NStZ 1983, 497 ff.
131 Vgl. Schroth/König/Gutmann/Oduncu – *Schroth*, TPG, § 19 Rn. 127 ff.
132 *Arzt*, Lackner-FS, S. 641 ff.

mehr zu vermitteln, ein Missbrauch eines rechtlichen erlaubten Verhaltens ist, das an sich den Tatbestand der Erpressung erfüllen kann.[133]

Ein Übel ist jeder Nachteil, auch wenn er von Rechts wegen hingenommen werden muss,[134] und liegt für den Optiker/Akustiker etc. in dem vom Arzt in Aussicht gestellten Abbruch der geschäftlichen Beziehung. Eine verwerfliche Drohung mit einem empfindlichen Übel[135] ist nach der Rechtsprechung allerdings nur anzunehmen, wenn es geeignet ist, den Bedrohten zum gewollten Verhalten zu motivieren und vom Erpressungsopfer in seiner Lage nicht erwartet werden kann, der Drohung in besonnener Selbstbehauptung standzuhalten.[136] Die Rechtsprechung hat damit zu Recht die §§ 240, 253 StGB nur dann als verwirklicht angesehen, wenn das Opfer in eine Zwangslage gebracht wird, die seine Entscheidungsfreiheit in einem echten Sinne einschränkt. Geht man davon aus, dass der Optiker/Akustiker etc. mit dem Arzt in einer laufenden Geschäftsbeziehung stand (unabhängig von einzelnen bestehenden Verträgen) und einen nicht unerheblichen Anteil seiner Kunden über den Arzt vermittelt bekommen hat, so hat er zunächst zwar keinen Anspruch auf ein Fortbestehen dieser Beziehungen. Jedoch hat der BGH zur Drohung mit dem Abbruch geschäftlicher Beziehungen zur Erlangung von Schmiergeldzahlungen entschieden, dass eine Erpressung vorliegen kann, wenn der Adressat der Drohung ohne den Geschäftsabschluss in existenzielle wirtschaftliche Nöte geraten würde und von der Fortdauer der Geschäftsbeziehungen wirtschaftlich existenziell abhängig ist, und der Täter eben diese Notlage zur Durchsetzung der Forderung ausnutzt.[137] Die Rechtswidrigkeit des Nötigungselements ist jedenfalls gegeben, wenn die Koppelung der Ankündigung mit dem angestrebten Zweck als Mittel-Zweck-Relation verwerflich ist. Der hier verfolgte Zweck der entgeltlichen Patientenvermittlung ist für den Arzt standesrechtlich verboten, wie § 31 MBO-Ä zum Ausdruck bringt. Daher verlangt der Arzt etwas, was er nicht zu beanspruchen hat, und kann damit rechtswidrig im Sinne des Erpressungstatbestands handeln.

---

133 So auch der BGH, vgl. BGHSt 31, 195 ff.; BGHSt 44, 251 ff., und die h. M., vgl. NK – *Kindhäuser*, StGB, § 253 Rn. 9 m. w. N.
134 *Fischer*, StGB, § 240 Rn. 32.
135 Zum Teil wird dieser Prüfungspunkt in der Empfindlichkeit, zum Teil in der Verwerflichkeitsprüfung auf Rechtswidrigkeitsebenen verortet, vgl. *Fischer*, StGB, § 253 Rn. 7a, bzw. LK – *Herdegen*, § 253 Rn. 4.
136 BGHSt 31, 195, 201; BGH NStZ 1992, 278.
137 BGHSt 44, 251, 252.

Je nach konkreter Sachlage kann also im vorgestellten Fall eine Erpressung liegen. § 253 StGB scheidet demnach aus, wenn gar keine gewachsene Geschäftsbeziehung vorlag, sondern der Arzt eine solche, als schlichte Verbesserung einer Situation, in Aussicht stellt; diesem Ansinnen muss der Optiker/Akustiker in besonnener Selbstbehauptung standhalten.[138] Ein Sachverhalt ist aber dann als Erpressung zu beurteilen, wenn der Optiker oder Akustiker, was dessen Kundschaft anbelangt, bisher nahezu ausschließlich von diesem einen Arzt abhängt. Genauso läge die Sache im Ergebnis, wenn der Arzt dem Anbieter gesundheitlicher Leistungen androht, auch seine Ärzte-Kollegen von einer Empfehlung bzw. der Vermittlung von Patienten abzuhalten. Eine solche Drohung – mit einem Tun – dahingehend, nur noch bei Geldzahlungen Empfehlungen auszusprechen und alle Ärztekollegen ebenfalls entsprechend zu motivieren, ist als eine verwerfliche Drohung mit einem empfindlichen Übel anzusehen. Denn nach dem oben Gesagten liegt in der Drohung, die existenzielle Grundlage der Akustiker bzw. Optiker mit erlaubten Mitteln sicher und erheblich zu beeinträchtigen, sodass diese sich in seiner wirtschaftlichen Existenz bedroht sehen müssen, sicherlich eine Drohung mit einem empfindlichen Übel. – *Exkurs Ende.*

IV. Abrechnungsbetrug durch Krankenhäuser im Rahmen der gesetzlichen Krankenversicherung

In letzter Zeit gibt es Anhaltspunkte für eine Verbreitung manipulativer Abrechnungsformen im Klinikbereich. Über Falschabrechnungen der Klinik als Kollektiv wird zum Teil versucht, ein erlösmaximierendes Einkommen des Hauses zu erzielen. Für diese „neue Form" des Abrechnungsbetrugs ist die empirische und strafrechtliche Klärung von Erscheinungsformen, Fallvorkommen und rechtlicher Bewertung allerdings erst am Anfang, da sich die Ermittlungen sowohl der strafprozessualen Behörden wie auch der Krankenkassen derzeit fast ausschließlich gegen individuelle Leistungserbringer richten.[139]

---

138 Vgl. zu dieser Konstellation, in der dem Opfer lediglich etwas „entgeht" und das Autonomieprinzip daher nicht beeinträchtigt ist, *Roxin*, JR 1983, 336, Anm. zu BGH, JR 1983, 331.
139 In den Standardwerken des Medizinrechts werden diese Fallkonstellationen derzeit noch nicht behandelt. Innerhalb des ärztlichen Berufsstandes ist die Existenz eines Dunkelfeldes aber sehr wohl bekannt und schon thematisiert worden. Vgl. *Kölbel*, NStZ 2009, 312, 314 m. w. N. Die Aufdeckung illegalen Abrechnungsverhaltens wird v. a. dadurch erheblich erschwert, dass die Rechnungsprüfung ausschließlich bei der Krankenkasse liegt und die Abrechnungsunterlagen in keine anderen Hände gelangen. Bleiben dem zuständigen Sachbearbeiter Unregelmäßigkeiten verborgen,

1. Die Rechtsbeziehungen

Der gesetzlich versicherte Patient hat gegenüber seiner Krankenkasse gem. § 39 SGB V einen Anspruch auf Behandlung, für deren Erbringung sich die Kassen nach §§ 108, 109 SGB V vertraglich zugelassener Krankenhäuser bedienen. Das Krankenhaus schuldet der Krankenkasse, wie alle medizinischen Leistungserbringer gem. §§ 12 Abs. 1, 70 Abs. 1 SGB V, eine medizinisch und wirtschaftlich notwendige und sinnvolle Leistung; die Kasse schuldet dem Krankenhaus dafür ein gesetzlich reglementiertes Entgelt, § 109 Abs. 4 S. 2, 3 SGB V. Die Abrechnung der Kliniken gegenüber der Kasse erfolgt gem. § 17b Krankenhausfinanzierungsgesetz (KHG). Das geschieht auf der Basis sog. „Diagnosis Related Groups" (DRG), eine Zusammenfassung der real vorkommenden Behandlungsformen zu medizinisch und kostenrechtlich ähnlichen Gruppen, die sich aus dem Krankenhausentgeltgesetz (KHEntgG) und dem Fallpauschalen-Katalog der Deutschen Kodierrichtlinien für die Verschlüsselung von Krankheiten und Prozeduren für das Entgeltsystem im Krankenhaus ergibt. Die Entgelthöhe hängt also nicht mehr wie früher von der Anzahl der Behandlungstage ab, sondern weitgehend von der Art der Erkrankung.

2. Erscheinungsformen unzulässigen Abrechnungsverhaltens in Krankenhäusern

Bei Abrechnungsmanipulationen durch Krankenhäuser zeichnen sich im Wesentlichen zwei Grundformen ab: die Falschkodierung erbrachter Leistungen und die Abrechnung unbegründeter, also medizinisch oder wirtschaftlich nicht indizierter Leistungen.[140]

Die Manipulationsform der *Falschkodierung* ist erst mit dem neuen Abrechnungssystem bedeutsam geworden. Das Entgelt der Kliniken ist von den DRGs abhängig, die in Rechnung gestellt werden können. Durch Falschverschlüsselungen, also Abbuchen einer höherwertigen DRG („upcoding"), oder einer niedrigeren, aber insgesamt zusammen mit Nebenleistungen besser berücksichtigungsfähigen DRG („downcoding") kann entgeltmaximierend abgerechnet werden.

---

werden sie also in der Regel gar nicht mehr bemerkt. Selbst wenn dem Sachbearbeiter Ungereimtheiten auffallen, führt das aber auch nur selten zu einer Strafanzeige, da es den Krankenkassen in erster Linie um die Erhaltung ihrer eigenen Finanzkraft geht, weshalb die Rechnungsprüfung mehr eine Fehler- denn eine strafrechtliche Kontrolle ist.

140 Vgl. zum Ganzen ausführlich *Kölbel*, NStZ 2009, 313 f.

Eine *Abrechnung unbegründeter Leistungen* ist es, wenn Krankenhäuser sog. Fehlbelegungen, also medizinisch nicht notwendige und oft versehentlich veranlasste Krankenhausaufenthalte, als korrekte notwendige Behandlung ausgeben, um den Ausfall der Entgelterstattung zu umgehen. Auch das sog. Fallsplitting ist eine missbräuchliche Abrechnungsmethode: hier werden neue, abrechnungsfähige Vergütungsposten erzielt, indem beispielsweise medizinisch nicht notwendige Zwischenentlassungen angeordnet oder Verlegungen zwischen kooperierenden Krankenhäusern veranlasst werden.

Keine *betrugs*relevante Konstellation ist aus der Perspektive des Krankenhauses dagegen die noch wenig untersuchte Zahlung einer Einweisungsvergütung von Krankenhäusern an niedergelassene Ärzte für die Überweisung von Patienten im Rahmen einer Vereinbarung.[141] Man spricht derzeit von einem bundesweiten „Bestechungsskandal", der auch zu Ermittlungen innerhalb der Krankenkassen geführt hat.[142] Diese in den letzten Jahren in Erscheinung getretenen Zuweisungsprämien (sog. „Fangprämien" oder „Kopfgeld-Praxis"; zu den Ausmaßen des sog. Bestechungsskandals vgl. auch oben, B.III.) folgen aus Kooperationsverträgen, die Krankenhäuser mit regional niedergelassenen Ärzten bzw. Ärztegruppen abschließen, über die die Vermittlung von Patienten mehr oder weniger versteckt honoriert wird.[143] Zum Teil sind die Kopfprämien in den regulären Verträgen, zum Beispiel in Verträgen zwischen Klinik und niedergelassenem Arzt zur integrierten Versorgung bzw. zur Nachsorge der Patienten durch die niedergelassenen Ärzte, verdeckt geregelt.

Aus medizinischer Sicht ist die Praxis sehr problematisch, weil sie dazu führen kann, dass einem Patienten aufgrund der vorvereinbarten Überweisung nicht in dem für ihn medizinisch besten, sondern aus finanziellen Grün-

---

141 Ausführlich bei *Kölbel*, wistra 2009, 129 ff.
142 Der Spiegel, Heft 45/2007 vom 05.11.2007, „Kopfgeld für Kranke", S. 130. Die Berichterstattung verdichtete sich stark v. a. im September 2009, als der Bestechungsskandal in seiner ganzen Bedeutung erstmals durch die Kaufmännische Krankenkasse (KKH) aufgedeckt und öffentlich gemacht wurde. Vgl. nur http://www.ad-hoc-news.de/bestechung-kkh-will-gegen-bestechliche-aerzte-vor gehen-/de/Politik/20487154, und http://www.tagesschau.de/inland/arztbestechung108.html, jeweils aufgerufen am 15. September 2009.
143 Bekannt geworden sind nicht nur Fälle, in denen Kliniken den Ärzten geldwerte Prämien bezahlten, sondern auch solche, in denen die Gehälter der Arzthelferin oder Leasingraten für ein Kfz übernommen wurden, oder die Klinik sich verpflichtete, die Patienten zur Nachbehandlung zurückzuüberweisen.

den in einem weniger geeigneten Krankenhaus geholfen wird;[144] aus rechtlicher Sicht liegt dagegen kein als Betrug strafbares Verhalten der Klinik vor. Diese Konstellation hängt strafrechtlich im weiten Sinne mit den dargestellten[145] Kickback-Modellen bei Vertragsärzten zusammen, in denen real erhaltene Rabatte, Boni oder sonstige Sondervergütungen der Kassenärztlichen Vereinigung von den abrechnenden Vertragsärzten nicht mitgeteilt werden. Dennoch ist bei einer Einweisungsvergütung der Tatbestand des § 263 StGB durch die *Klinik* nicht erfüllt. Selbst wenn die Prämienzahlung der Klinik bei der Abrechnung des niedergelassenen Arztes gegenüber der Kassenärztlichen Vereinigung verschleiert würde, entsteht nämlich *kein Vermögensschaden*.[146] Denn wenn der Patient der Behandlung bedurfte und daher aufgrund einer medizinischen Notwendigkeit von (einem) Krankenhaus aufgenommen wurde, entstehen der Krankenkasse lediglich Kosten, für die sie gem. § 109 Abs. 4 S. 2, 3, § 39 SGB V ohnehin einzustehen hat. § 263 StGB ist allenfalls denkbar, wenn die kollusive Einweisung medizinisch gar nicht erforderlich war und das Krankenhaus bzw. dessen abrechnender Mitarbeiter diesen Fehlbelegungscharakter bei der Abrechnung verbirgt oder wenn zur Finanzierung der Bestechungsgelder nicht erbrachte Leistungen durch die Klinik bei der Krankenkasse abgerechnet werden.[147]

Bei dem Versuch, die beschriebene Fangprämien-Praxis anderweitig strafrechtlich zu erfassen, ergeben sich aber auch im Weiteren erhebliche Schwierigkeiten. Auch die *Korruptionsdelikte* helfen *nicht* weiter. Die Bestechungsdelikte im Amt, §§ 331 ff. StGB, kommen wie oben dargestellt[148] mangels der Amtsträgereigenschaft des kooperierenden Arztes nicht zur Anwendung, sodass die Annahme von Vorteilsgewährung bzw. Bestechung durch das Krankenhaus gem. §§ 333, 334 StGB ausscheidet. Auch eine Bestechung im geschäftlichen Verkehr gem. § 299 Abs. 2 StGB kann aus schon genannten Gründen[149] nicht angenommen werden, denn zwar sind auch freie Berufe

---

144 Vgl. die drastische, zu weitgehende und von der Ärzteschaft vehement bestrittene Darstellung des SPD-Politikers *Lauterbach*, der vor „tödlichen Risiken" für die Patienten bei Einweisungen in ungeeignete Kliniken warnte. „Im Einzelfall kann das sogar den Tod des Patienten zur Folge haben." Vgl. http://www.stuttgarter-zeitung.de/stz/page/2185059_0_9223_-affaere-um-aerzte-bestechung-praemien-und-kopfpauschalen.html, aufgerufen am 16. September 2009.
145 Vgl. oben B.I.2.
146 Der Vermögensschaden träte bei den anderen abrechnenden Vertragsärzten und nicht etwa bei der Krankenkasse ein, wie von *Kölbel* angenommen, vgl. oben B.I.3.d.
147 So auch *Kölbel*, wistra 2009, 131.
148 Vgl. oben B. III.
149 Vgl. oben B. III.

von diesem Straftatbestand erfasst, doch ist der niedergelassene Arzt als Praxisinhaber bzw. „Geschäftsinhaber" von der Strafandrohung ausgenommen und auch nicht als Beauftragter der Krankenkassen zu verstehen. Die strafrechtliche Erfassung des Phänomens ist daher derzeit nicht möglich; aus diesem Grund gibt es auch Diskussionen um Gesetzesänderungen oder außerstrafrechtliche Konsequenzen.[150] Auch im Klinikbereich kommt aber das ärztliche Berufsrecht zum Tragen, das die Korruption standesrechtlich untersagt, §§ 31 ff. MBO-Ä. Ahndungen über berufsrechtliche Konsequenzen sind daher möglich.

3. Besonderheiten bei der Anwendung des Betrugstatbestands

a) Prinzipiell liegt die Anwendbarkeit des Betrugstatbestands gerade bei Falschkodierungen durch Krankenhäuser auf der Hand. Die falsch verschlüsselte Abrechnung ist eine Täuschung über Tatsachen, infolge derer beim zuständigen Sachbearbeiter der Krankenkasse ein Irrtum erregt wird, und der zu einer Vermögensverfügung der Kasse an das betreffende Krankenhaus führt. Der Mitarbeiter des Krankenhauses beabsichtigt einen Vermögensvorteil für sein Haus, handelt also mit Bereicherungsabsicht. Der Vermögensvorteil ist rechtswidrig, da das dem Krankenhaus ausgezahlte Entgelt sozialrechtlich überhöht ist.

b) Dogmatische Schwierigkeiten in der Prüfung des Betrugstatbestands wirft aber der scheinbar korporative Charakter des **Täters**, also die Tatsache auf, dass es sich bei den dargestellten Fallkonstellationen eigentlich um ein nach dem deutschen Strafrecht als solches nicht sanktionierbares Delikt einer arbeitsteiligen Organisation handelt. Nach deutschem Strafrecht können gem. § 263 StGB nur Abrechnungsmanipulationen von Individuen sanktioniert werden. Bei der Abrechnung durch Kliniken sind die Zuständigen im Regelfall aber tatsächlich nachvollziehbar, also von welchem ärztlichen Personal bzw. spezialisierten Mitarbeiter wie etwa Medizincontrollern die Abrechnung

---

150 Diskutiert wurden für die nicht §§ 263, 266 StGB unterfallenden Konstellationen bisher nur berufsrechtliche Konsequenzen, was sich nun ändert. *Kölbel* spricht sich in wistra 2009, 133, für andere Instrumente aus und optiert für ein Modell, das einen der Kollusionspartner durch das Angebot einer hinreichend attraktiven Amnestieleistung einen Anreiz für die Enthüllung des rechtswidrigen Vorgehens bietet. Der SPD-Politiker *Lauterbach* hat in diesem Zusammenhang eine Meldepflicht für korrupte Ärzte gefordert, vgl. http://www.tagesschau.de/inland/arztbestechung108.html, aufgerufen am 15. September 2009.

stammt. Diese Person muss dann für eine vorsätzliche Manipulation strafrechtlich einstehen.[151] Mittelbare Täterschaft kommt in Betracht, wenn die unmittelbar Handelnden als Werkzeug eingesetzt werden. Die Frage ist dann aber weiter, inwieweit mittelbare Täterschaft auch noch in Betracht kommt, wenn das Werkzeug seinerseits vorsätzlich handelt.[152]

Sehr problematisch sind u. E. dagegen bekannt gewordene Fälle, in denen Krankenhäuser ihrem Kodierpersonal, also den Ärzten oder speziell für die Abrechnung Zuständigen, eine Abrechnungssoftware zur Verfügung stellen, die programmgemäß Maximierungsvorschläge generiert. Sollten diese Vorschläge nicht als solche erkennbar sein, kann hier eine eindeutige Zuordnung der Falschabrechnung zum zuständigen Kodierpersonal nicht ohne Weiteres vorgenommen werden.[153]

c) Auch beim Abrechnungsbetrug durch Krankenhäuser bewirken Zweifel des zuständigen Sachbearbeiters der Krankenkasse, wie oben für die anderen Konstellationen ausführlich dargestellt, nach der allgemeinen Dogmatik nicht den Ausschluss eines **Irrtums**. Angesichts der standardisierten Massenerledigung von Rechnungsprüfungen genügt nach dem BGH die stillschweigende Annahme des Sachbearbeiters, mit der Abrechnung sei „alles in Ordnung".[154]

d) Der **Vermögensschaden** liegt im Bereich der Manipulation durch Kliniken, anders als beim Betrug durch Vertragsärzte, bei der Krankenkasse selbst. Jede Klinik handelt mit den Krankenkassen gem. § 4 KHEntgG ein Erlösbudget aus, das ihre jährliche Gesamtvergütung ausmacht. In der Entgeltzahlung der Krankenkasse liegt aber deswegen dennoch eine irrtumsbedingte Vermögensverfügung mit einem folgenden Vermögensschaden, weil sie entweder die überhöhten Budgetanteile vor Fälligkeit auszahlt oder aber weil bei einem vom Erlösbudget abweichenden Gesamtrechnungsbetrag gem. § 4 Abs. 9 KHEntgG ein Teilausgleich stattfindet.

Insgesamt bleibt festzustellen, dass im Bereich der Abrechnungsmanipulationen durch Krankenhäuser ein noch erheblicher Klärungsbedarf besteht. Auch die Frage nach strafrechtspolitischen Konsequenzen im Wege neuer Norminstrumente ist aufgeworfen worden und bedarf der weiteren Prüfung.[155]

---

151 So auch *Kölbel*, NStZ 2009, 315.
152 Umstritten, vgl. Schönke/Schröder – *Cramer/Heine*, StGB, § 25 Rn. 15.
153 A. A. offenbar *Kölbel*, NStZ 2009, 317.
154 BGH, GesR 2007, 77 ff.
155 *Kölbel*, NStZ 2009, 317 f., erwägt eine privatisierte Form der Strafverfolgung in Anlehnung an das qui tam-Verfahren des US-amerikanischen Rechtskreises, hält es aber für schwer verträglich mit der

C. Der Abrechnungsbetrug bei Selbstzahlern und Privatversicherten

In den letzten Jahren sind zunehmend auch Falschabrechnungen durch Ärzte im privaten Liquidationsbereich ins Blickfeld geraten. Die Zahl der Abrechnungsmanipulationen durch liquidationsberechtigte Chefärzte, leitende Ärzte und ärztliche Direktoren in Krankenhäusern ist zwar wesentlich geringer als im Bereich der gesetzlichen Krankenversicherung, doch sind auch hier zahlreiche Ermittlungsverfahren der Staatsanwaltschaft geführt worden.[156] Im Regelungsbereich der Gebührenordnung für Ärzte (GOÄ) geht es dabei nicht so sehr um tatsächlich nicht erbrachte Leistungen, als vor allem um persönlich abgerechnete Leistungen, die nicht vom liquidationsberechtigten Arzt selbst, sondern durch nicht vertretungsberechtigte ärztliche und nicht-ärztliche Mitarbeiter des abrechnenden Arztes erbracht worden sind.

I. Die Rechtsbeziehungen

Patient und Arzt sind ebenfalls durch einen Behandlungsvertrag verbunden, der im privaten Liquidationsbereich als Dienstvertrag gem. § 611 BGB eingeordnet wird.[157] Allerdings stehen sich Arzt und Patient hier autonom gegenüber, d. h. der Patient ist selbst zahlungsverpflichtet gegenüber dem Arzt.[158] Bei der Abrechnung im privatärztlichen Bereich ist der Patient daher Schuldner der Liquidation, und zwar sowohl bei einer ambulanten wie auch bei einer stationären Behandlung. Das stellt den wesentlichen Unterschied zur vertragsärztlichen Vergütung dar, bei der Leistungs- und Vergütungsebene entkoppelt sind und bei der die ambulante Behandlung über die Kassenärztliche Vereinigung, die stationäre Behandlung über das Krankenhaus mit der Krankenkasse abgerechnet wird. In den meisten Fällen ist der Patient bei der Privatliquidation aber kein Selbstzahler im eigentlichen Sinne, da er im Regelfall seine private Krankenversicherung bzw. die Beihilfestelle als Kostenträger im Hintergrund hat, die ihm die für die ärztliche Behandlung entstandenen

---

deutschen Rechtskultur und plädiert stattdessen für eine Regulierung auf der Kostenebene zwischen Krankenhaus und Krankenkasse, indem beispielsweise festgestellte Falschabrechnungen mit Vergütungsabzügen durch die Krankenkassen geahndet werden.

156 *Ulsenheimer*, Arztstrafrecht, S. 531, 556.
157 Laufs/Uhlenbruck – *Krauskopf*, Handbuch des Arztrechts, § 25 Rn. 5 f. und – *Uhlenbruck/Laufs*, § 39 Rn. 10 f.
158 *Hellmann/Herffs*, Abrechnungsbetrug, Rn. 94.

Kosten ersetzt. Kostenerstattung ist also im Bereich der privaten Krankenkasse die Regel, während sie in der gesetzlichen Krankenversicherung die Ausnahme bildet.

Die Abrechnung des Arztes gegenüber dem Patienten richtet sich nach der Gebührenordnung für Ärzte (GOÄ). Nach § 1 Abs. 1 GOÄ gilt die GOÄ bei Fehlen abweichender bundesgesetzlicher Bestimmungen zwingend für alle Privatkrankenversicherten und Beihilfeberechtigten, während sie gegenüber den gesetzlich Krankenversicherten nur bei Abschluss einer entsprechenden privaten Zusatzversicherung anwendbar ist, bzw. gem. § 18 Abs. 8 Nr. 1–3 BMV-Ä, wenn die Versicherungskarte nicht vorgelegt wird oder wenn vor Behandlungsbeginn gegenüber dem Arzt schriftlich die Behandlung auf eigene Kosten gewählt wird.[159] Das kann vor allem bei den sog. IGeL-Leistungen (individuelle Gesundheitsleistungen) der Fall sein, die der gesetzlich versicherte Patient nachfragen kann und privat bezahlen muss, da sie nicht zum Leistungsumfang des EBM gehören.

Anders als im Bereich der gesetzlichen Krankenkassen ist das der privatärztlichen Abrechnung zugrunde liegende Regelungssystem weitaus weniger komplex. Der Patient erhält vom Arzt nach Abschluss der Behandlung eine Rechnung gem. § 12 Abs. 2 Nr. 1–5 GOÄ, in der unter anderem die vom Arzt erbrachte Leistung und die entsprechenden Gebührenziffern aus dem Gebührenverzeichnis der Anlage der GOÄ aufgeführt sind. Wesentliche Unterschiede zum Abrechnungssystem der Vertragsärzte sind dabei das Fehlen einer Budgetierung in Form einer Leistungs- oder Mengenbeschränkung und die Möglichkeit, den Gebührensatz gem. § 5 Abs. 2 GOÄ der Schwierigkeit und dem Zeitaufwand der Leistung im einzelnen Fall anzupassen.[160]

II. Erscheinungsformen unzulässigen Abrechnungsverhaltens im privaten Liquidationsbereich

Unzulässig ist die Abrechnung von *nicht persönlich* vom Arzt erbrachten Leistungen, sowie derjenigen Leistungen, die *von Mitarbeitern erbracht wurden, ohne Reduzierung* der Gebühr gemäß § 5 Abs. 2 GOÄ.

Auch die Abrechnung *überhöhter Gebühren* entgegen § 5 Abs. 1 GOÄ, ohne dass vorher eine Honorarvereinbarung gemäß § 2 Abs. 2 GOÄ geschlossen wurde, ist unzulässig.

---

159 *Hellmann/Herffs*, Abrechnungsbetrug, Rn. 95.
160 *Hellmann/Herffs*, Abrechnungsbetrug, Rn. 105.

Der Betrugstatbestand ist auch erfüllt, wenn der Arzt Leistungen in Kenntnis eines *fehlenden Behandlungsvertrags* in Rechnung stellt.[161]

Das Abrechnen *von nicht indizierten medizinischen Leistungen*, die dem Patienten als notwendig vorgespiegelt wurden, ist ebenfalls nicht zulässig.

Unzulässig ist auch das Geltendmachen eines Entgelts für *Leistungen des Vertreters* in Kenntnis einer Unwirksamkeit der Vertretungsvereinbarung.[162]

III. Besonderheiten bei der Anwendung des Betrugstatbestandes

a) In der Abrechnung nicht persönlich erbrachter Leistungen als persönlich erbrachte kann eine **Täuschung über Tatsachen** im Sinne des Betrugstatbestandes liegen. Allerdings ist § 263 StGB nicht einschlägig, wenn der ständige ärztliche Vertreter des Arztes gehandelt hat, soweit bei dem Arzt eine unvorhersehbare Verhinderung gegeben war.[163] Wenn und soweit ein Vertreter des Arztes unter Aufsicht desjenigen, der die Leistung persönlich zu erbringen hat, gehandelt hat, so ist dies als persönlich erbrachte Leistung zu werten. Die Abrechung als persönlich erbrachte Leistung ist dann nicht falsch; sie kann den Betrugstatbestand nicht erfüllen.

b) Sind Leistungen ausschließlich von Mitarbeitern erbracht worden und findet keine Reduzierung der Gebühr statt, so liegt hierin eine **Täuschung über Tatsachen**. In der Rechnungsstellung ohne Gebührenreduzierung liegt in der Regel die konkludente Behauptung des Abrechnungsberechtigten, er habe die Leistung selbst erbracht.[164] Wird hingegen explizit kundgetan, dass die Leistung ausschließlich von Mitarbeitern erbracht worden ist, ohne aber die Gebühren zu reduzieren, so wird – je nach Fallgestaltung – zumeist konkludent vorgespiegelt, das Gebührenrecht lasse eine derartige Abrechnung zu. Soweit der Patient nicht bezahlt, kommt kein vollendeter, sondern nur ein versuchter Betrug in Betracht.

c) Die Abrechnung überhöhter Gebühren bei fehlender Honorarvereinbarung stellt eine **konkludente Täuschung über Tatsachen** dar. In jeder Abrechnung liegt die konkludente Behauptung, der Arzt habe sich an das Gebührensystem der GOÄ gehalten. In der Erhebung erhöhter Gebühren

---

161 *Ulsenheimer*, Arztstrafrecht, S. 541.
162 *Ulsenheimer*, Arztstrafrecht, S. 541.
163 *Ulsenheimer*, Arztstrafrecht, S. 541.
164 Vgl. oben B. I 4 a).

wird somit im Regelfall konkludent vorgespiegelt, die Abrechnung sei legitim, entweder nach der GOÄ oder qua einer Honorarvereinbarung.[165]

Darüber hinaus liegt eine Täuschung über eine innere Tatsache vor, weil der Arzt mit jeder Rechnungsstellung behauptet, er sei zur Forderung berechtigt. Überhöhte Gebühren dürfen aber nur in Rechnung gestellt werden, wenn eine Honorarvereinbarung, die die Gebühr enthält, wirksam zustande gekommen ist. Dies wird im Regelfall von Ärzten auch gewusst. Erheben sie daher ohne Honorarvereinbarung überhöhte Gebühren, so täuschen sie über die innere Tatsache der eigenen Überzeugung von der Berechtigung zu der entsprechenden Forderung.

d) Wird eine Indikation von dem behandelnden Arzt **mit Wissen des Patienten** vorgespiegelt, so liegt in der Rechnungsstellung durch den Arzt keine Täuschung des Patienten, weil es bei diesem an einem betrugsrelevanten Irrtum fehlt.

Reicht der Patient aber die Rechnung bei der Privatkrankenkasse oder Beihilfestelle ein, so liegt ein Betrug *des Patienten* zu Lasten des Kostenträgers vor. Konkludent wird bei der Einreichung der Rechnung an den Kostenträger die Behauptung aufgestellt, die Therapie, die abgerechnet wird, hätte stattgefunden bzw. die Indikation, die behauptet wird, hätte vorgelegen. Der Arzt, der eine vermeintliche Indikation oder eine Therapie vorspiegelt und weiß bzw. es für möglich hält und zugleich billigend in Kauf nimmt, dass der Patient die Rechnung einreicht, begeht eine strafbare Beihilfehandlung zum Betrug des Patienten. Eine mittelbare Täterschaft des Arztes kommt nicht in Betracht, da er wegen der Bösgläubigkeit des Patienten keine Tatherrschaft über das Geschehen hat. Solange die Versicherung noch nicht bezahlt hat, liegt allerdings nur ein versuchter Betrug vor.

Wenn dem Patienten eine Indikation vorgespiegelt und für die nicht erforderliche Therapie eine Rechnung gestellt wird, so liegt, sobald die Rechnung bezahlt ist, vollendeter Betrug zu Lasten desjenigen vor, der den Schaden trägt. Soweit Beihilfestelle bzw. Privatversicherung die Kostenträger sind, werden auch diese durch die Rechnungsstellung getäuscht. Der Patient ist dann Werkzeug des Arztes und dieser damit mittelbarer Täter kraft Irrtumsherrschaft.

Solange die Rechnung nicht bezahlt wird, ist allerdings nur ein strafbarer versuchter Betrug gegeben.

---

165 *Ulsenheimer*, Arztstrafrecht, S. 541; vgl. oben B. I 4 a).

Wenn dem Patienten eine Indikation vorgespiegelt wird, die nicht gegeben ist, und Eingriffe in den Körper des Patienten erfolgen, so ist die Einwilligung in die Therapie rechtsunwirksam. Neben dem Betrug kommt dann auch die Anwendung der Körperverletzungstatbestände in Betracht.

e) Wird ein Behandlungsvertrag vorgespiegelt, der nicht existiert, und wird auf Grund des vermeintlichen Behandlungsvertrages eine Rechnung gestellt, so kommt ebenfalls Betrug in Betracht. Die Rechnungsstellung ist dann die konkludente Behauptung, es läge zwischen Arzt und Patient ein wirksamer Vertrag vor. Es fehlt allerdings am Irrtum, der für die Betrugsbestrafung notwendig ist, wenn dem Patienten klar ist, dass kein Behandlungsvertrag gegeben ist, der die Forderung legitimieren könnte.

f) Fraglich ist, wie die Sachverhalte zu beurteilen sind, in denen ein Wahlarzt eine Rechnung stellt, der Patient aber von einem Vertreter des Wahlarztes behandelt wurde.

Ein Betrug scheidet bei Wahlarztverträgen aus, wenn ein Zusatzvertrag vorliegt, der vorsieht, dass eine Vertretung zulässig ist.[166]

Wenn der Patient auf die Abwesenheit eines liquidationsberechtigten Arztes hingewiesen wurde und sich damit einverstanden erklärt hat, dass etwa der Oberarzt und nicht der Chefarzt die Behandlung durchführt, so scheidet Betrug ebenfalls aus. Der Patient unterliegt hier keinem Irrtum.[167] Selbst wenn die strengen Anforderungen an eine wirksame Individualvereinbarung für eine Stellvertreterbehandlung nicht erfüllt wurden, scheidet die Anwendung des Betrugstatbestandes aus, da es an einem Irrtum des Patienten fehlt. Die Rechnungsstellung des liquidationsberechtigten Chefarztes führt nicht zu einem Irrtum im Sinne des Betrugstatbestandes.

Vielfach wird in diesen Fällen auch gar kein Schädigungsvorsatz des Rechnungsstellers gegeben sein. Der Arzt wird im Regelfall auch nicht die Absicht haben, sich oder einen Dritten *rechtswidrig* zu bereichern.

D. Strafrechtliche, berufsrechtliche, disziplinarrechtliche und sozialrechtliche Konsequenzen für den Arzt

Die Bedeutung des Abrechnungsbetrugs ergibt sich nicht nur aus seiner statistischen Häufigkeit, sondern auch aus den gravierenden Konsequenzen, die

---

166 Vgl. *Ulsenheimer*, Arztstrafrecht, S. 556 ff.
167 So richtig *Ulsenheimer*, Arztstrafrecht, S. 556 ff.

den Arzt treffen können. Es drohen strafrechtliche, berufsrechtliche und arbeitsrechtliche, approbationsrechtliche und zulassungsrechtliche Folgeverfahren, die von der Verurteilung bis hin zum Verlust der kassenärztlichen Zulassung und der ärztlichen Approbation führen können.

Im Strafverfahren führt eine Verurteilung des Arztes auf der Grundlage des § 263 StGB zur Verhängung einer Freiheits- oder (/und, § 41 StGB) Geldstrafe, § 38 ff. StGB. Für die Strafzumessung gem. § 46 StGB und damit für Art und Höhe der Strafe sind dabei vor allem das Ausmaß der aufgewendeten kriminellen Energie und des Vertrauensbruchs, die Höhe des Schadens, die Dauer des Abrechnungsbetrugs,[168] aber auch das Fehlen von Vorstrafen, die Reue und ein Geständnis des Arztes[169] von Bedeutung. Das Vorliegen eines besonders schweren Falles i. S. d. § 263 Abs. 3 StGB kann v. a. anzunehmen sein, wenn die Betrugshandlung des Arztes durch wiederholte falsche Quartalsabrechnungen als gewerbsmäßig gem. § 263 Abs. 3 S. 2 Nr. 1 StGB einzuordnen ist.[170] Nach Rechtsprechung des BGH ist bei einer sich über mehrere Quartale erstreckenden Abrechnungsmanipulation in aller Regel auf eine Freiheitsstrafe zu erkennen; nur bei Vorliegen von außergewöhnlichen Umständen wird hier noch eine Geldstrafe in Betracht kommen.[171] Aber auch die Höhe des verursachten Schadens ist zu beachten; gem. § 263 Abs. 3 S. 2 Nr. 2 StGB kommt ein schwerer Fall bei einem Vermögensverlust großen Ausmaßes in Betracht, was etwa ab 50 000 € anzunehmen sein wird.[172]

Insbesondere kann der Strafrichter neben der Strafe ein Berufsverbot gem. § 70 StGB als Maßregel aussprechen, das in der Regel auf bis zu fünf Jahre befristet ist, aber auch lebenslang gelten kann. Voraussetzung für eine solche Anordnung des Gerichts ist zum einen die Begehung der Betrugshandlung nicht nur „gelegentlich" bei der Tätigkeit als Arzt, sondern unter missbräuchlicher Ausübung des Berufs oder unter grober Verletzung der mit ihm verbundenen Pflichten, und zum anderen die Gefahr der Begehung erheblicher ähnlicher Straftaten.[173]

Weil Art. 103 Abs. 2 GG zwar eine Doppelbestrafung verbietet, nicht aber der Verhängung einer zusätzlichen nicht-strafrechtlichen Sanktion wegen derselben Tat entgegensteht, sieht sich der Arzt dem Risiko ausgesetzt, von einem

---

168 Cramer/Cramer – *Krause/Caspary*, E. Rz. 164.
169 LG Bochum, Urteil vom 21.12.2007, 2 KLs 35 Js 158/07, Leitsatz und Rn. 58.
170 LG Bochum, Urteil vom 21.12.2007, 2 KLs 35 Js 158/07, Leitsatz und Rn. 56.
171 BGH, wistra 1992, 296.
172 *Ellbogen/Wichmann*, MedR 2007, 16 m. w. N.
173 *Hellmann/Herffs*, Abrechnungsbetrug, Rn. 639.

Berufsgericht eine weitere Strafe zu erhalten.[174] Nach dem Verhältnismäßigkeitsgrundsatz kommt es aber in der Regel nur dann zu einer weiteren Ahndung, wenn die Kriminalstrafe noch nicht ausreicht, um Ansehen der Ärzteschaft zu wahren und den Arzt zur Berufspflichterfüllung anzuhalten.[175] Das ist anzunehmen, wenn ein sog. berufsrechtlicher Überhang besteht.[176] Voraussetzung ist, dass der Arzt die ihm obliegenden Berufspflichten schuldhaft verletzt hat und sich der begangene Betrug als berufsunwürdige Handlung darstellt. Mögliche Sanktionen sind dann Verwarnung, Verweis oder Geldbuße. In manchen Bundesländern kann sogar die Berufsunwürdigkeit festgestellt werden, mit Konsequenzen für die Approbation des Arztes. Wenn die Betrugshandlung den Arzt als unzuverlässig und unwürdig im Sinne der Bundesärzteordnung, in der die Berufspflichten festgeschrieben sind, erscheinen lässt, kann die zuständige Verwaltungsbehörde die Approbation nicht erteilen, ruhen lassen, zurücknehmen oder widerrufen, u. U. auch mit sofortiger Wirkung, vgl. §§ 3, 5 BÄO.

Aus sozialrechtlicher Sicht können zuletzt kassenarztrechtliche Folgen auf den Arzt zukommen. Die Kassenärztliche Vereinigung kann das infolge der Betrugshandlung ausbezahlte Ärztehonorar gem. §§ 45 Abs. 1, 50 Abs. 1 SGB X zurückfordern.[177] Im Rahmen eines Disziplinarverfahrens gem. § 81 Abs. 5 SGB V kann ein Ausschuss gegen den Arzt Sanktionen verhängen, für die wiederum Verwarnung, Verweis, Geldbuße und Ruhen der Kassenzulassung in Betracht kommen. Als ultima ratio kann der sog. Zulassungsausschuss zur Wahrung des kassenvertragsärztlichen Versorgungssystems dem Arzt die Kassenzulassung gem. § 95 VI SGB V und der Zulassungsordnung ganz entziehen.[178]

E. Besonderheiten im strafprozessualen Verfahren

Das Strafverfahren wegen Abrechnungsbetrugs und Untreue richtet sich nach den Regeln des allgemeinen Strafprozessrechts. Für die materielle Strafbarkeit des Arztes kommt es dabei aber maßgeblich auf die Abrechnungsvorschriften des (kassen-)ärztlichen Vergütungssystems an, die bei der Subsumtion des

---

174 *Hellmann/Herffs*, Abrechnungsbetrug, Rn. 635.
175 Laufs/Uhlenbruck – *Ulsenheimer*, Handbuch des Arztrechts, § 151 Rn. 31.
176 *Hellmann/Herffs*, Abrechnungsbetrug, Rn. 642.
177 Laufs/Uhlenbruck – *Ulsenheimer*, Handbuch des Arztrechts, § 151 Rn. 37.
178 Cramer/Cramer – *Krause/Caspary*, E. Rz. 161.

§ 263 StGB zu beachten sind, weshalb sich für die Verteidigung während des ganzen Strafverfahrens die Heranziehung spezialisierter und mit dem kassenärztlichen Honorarsystem vertrauter Arztstrafrechtler empfiehlt.

Die Staatsanwaltschaft nimmt das Ermittlungsverfahren auf, wenn gem. § 152 Abs. 2 StPO aufgrund zureichender tatsächlicher Anhaltspunkte ein Anfangsverdacht für eine verfolgbare Straftat besteht. Dafür müssen konkrete, durch Tatsachen substantiierte Anhaltspunkte für den objektiven wie den subjektiven Tatbestand von Betrug oder Untreue vorliegen; das Vorhandensein einer objektiv fehlerhaften ärztlichen Honorarabrechnung alleine genügt nicht. Weil Abrechnungsbetrug und Untreue Vorsatztaten sind, muss die Staatsanwaltschaft deshalb innerhalb ihres Beurteilungsspielraums auch Anhaltspunkte dafür haben, dass der Arzt vorsätzlich falsch abgerechnet hat.

Nachdem die fortgesetzte Tat durch höchstrichterliche Rechtsprechung de facto aufgegeben worden ist, stellt jede Falschabrechnung im Rahmen der Konkurrenzen keine rechtliche Handlungseinheit, sondern eine eigenständige Tat dar.[179]

Problematisch ist die genaue Schadensermittlung,[180] weil wie oben dargestellt die Sachverhalte nach Tatmodalitäten und Anzahl der Honorarmanipulationen oft nur schwer und mit außerordentlichem Aufwand feststellbar sind.[181] Daher ist es zum Teil möglich, sich im Strafverfahren auf sog. Mindestfeststellungen zu beschränken; der BGH hat unter den oben dargestellten Voraussetzungen eine Schadensberechnung durch eine Hochrechnung, ausgehend von einem exakt ermittelten Quartal, gebilligt.[182]

Der Einsatz strafprozessualer Zwangsmittel, insb. Durchsuchung von Praxisräumen und Beschlagnahme von Patientenkarteien und Krankenakten, ist gegen Ärzte zulässig, wenn ein hinreichender Tatverdacht vorliegt, §§ 94 ff., §§ 102 ff. StPO. Weil der Arzt dann nicht als Zeuge, sondern als Beschuldigter Beteiligter des Verfahrens ist, steht dem insofern auch seine ärztliche Schweigepflicht nicht entgegen.

---

[179] BGHSt GrS 40, 138.
[180] Vgl. dazu oben B.I.4.f.
[181] BGH, NStZ 1990, 197.
[182] BGH, NStZ 1990, 198.

II.4 Schweigepflicht in Arztpraxis und Krankenhaus

Alban Braun

Inhaltsverzeichnis

A. Allgemeines zur ärztlichen Schweigepflicht _224
B. Rechtsfolgen _226
C. Tatsubsubjekte; zur Verschwiegenheit verpflichtete Personen _227
D. Tatobjekt; das Geheimnis _230
E. Rechtsgutsträger; Fremdheit des Geheimnisses _234
F. Berufsspezifischer Konnex; „als" Arzt anvertraut oder sonst bekannt geworden _236
G. Tathandlung; Offenbaren eines Geheimnisses _239
H. Subjektiver Tatbestand _240
I. Rechtswidrigkeit; Rechtfertigungsgründe für das Offenbaren eines Geheimnisses _241
   I. Einwilligung _242
   II. Mutmaßliche Einwilligung _245
   III. Rechtfertigender Notstand; § 34 StGB _247
   IV. Wahrung berechtigter Interessen _248
   V. Gesetzliche Melde- und Offenbarungspflichten/-rechte _249

Literaturverzeichnis

Bender, Albrecht, Das Verhältnis von ärztlicher Schweigepflicht und Informationsanspruch bei der Behandlung von Minderjährigen, MedR 1997, 7

Bender, Albrecht, Zur Rechtfertigung des Bruches der ärztlichen Schweigepflicht gegenüber der Lebenspartnerin eines aidsinfizierten Patienten, VersR 2000, 322

Bockelmann, Paul, Strafrecht des Arztes, 1968

Burkhard, Jähnke/Laufhütte, Heinrich W./Odersky, Walter (Hrsg.), Leipziger Kommentar (LK), Strafgesetzbuch, 11. Auflage 2000 (10. Auflage 1988)

Eser, Albin, Medizin und Strafrecht, ZStW 97 (1985), 1

Fischer, Thomas, Strafgesetzbuch mit Nebengesetzen, Kommentar, 56. Auflage 2009

Joecks, Wolfgang/Miebach, Klaus (Hrsg.), Münchener Kommentar zum Strafgesetzbuch, 2003

Kindhäuser, Urs/Neumann, Ulfried/Paeffgen, Hans-Ulrich (Hrsg.), Strafgesetzbuch, Nomos Kommentar, 2. Auflage 2005

Kohlhaas, Max, Strafrechtliche Schweigepflicht und prozessuales Schweigerecht, GA 1958, 68

Kühne, Hans-Heiner, Innerbehördliche Schweigepflicht von Psychologen, NJW 1977, 1478

Kühne, Hans-Heiner, Die begrenzte Aussagepflicht des ärztlichen Sachverständigen vor Gericht nach §§ 53 I Nr. 3 StPO, 203 I Nr. 1 StGB, JZ 1981, 648

Lackner, Karl/Kühl, Kristian, Strafgesetzbuch, Kommentar, 26. Auflage 2007

Laufs, Adolf, Krankenpapiere und Persönlichkeitsschutz, NJW 1975, 1473

Laufs, Adolf, Arztrecht, 5. Auflage 1993

Laufs, Adolf/Uhlenbruck, Wilhelm, Handbuch des Arztrechtes, 3. Auflage 2003

Michalowski, Sabine, Schutz der Vertraulichkeit strafrechtlicher Patienteninformationen, ZStW 109 (1997), 522

Ponsold, Albert, Lehrbuch der gerichtlichen Medizin einschließlich der ärztlichen Rechtskunde und der Versicherungsmedizin, 2. Auflage 1957

Ratzel, Rudolf/Lippert, Hans-Dieter (Hrsg.), Kommentar zur Musterberufsordnung der deutschen Ärzte (MBO), 4. Auflage 2006

Rieger, Hans-Jürgen, Lexikon des Arztrechtes, 1984

Rieger, Hans-Jürgen (Hrsg.), Lexikon des Arztrechts, Loseblatt Ausgabe (Stand Dezember 2002)

Rogall, Klaus, Die Verletzung von Privatgeheimnissen (§ 203 StGB), NStZ 1983, 414

Schmidt, Eberhard, Brennende Fragen des ärztlichen Berufsgeheimnisses, 1951

Schmidt, Gerhard, Zur Problematik des Indiskretionsdeliktes, ZStW 79 (1967), 741

Schmitz, Roland, Die Verletzung von (Privat-)Geheimnissen – Der Tatbestand des § 203 StGB, JA 1996, 772

Schönke, Adolf/Schröder, Horst (Hrsg.), Strafgesetzbuch, Kommentar, 27. Auflage 2006

Schünemann, Bernd, Der Strafrechtliche Schutz von Privatgeheimnissen, ZStW 90 (1978), 11

Ulsenheimer, Wilhelm, Arztstrafrecht in der Praxis, 4. Auflage 2007

A. Allgemeines zur ärztlichen Schweigepflicht

Die Ausübung der Heilkunde gilt seit Alters her als *ars muta*, deren Wurzeln auf den Eid des Hippokrates etwa auf das Jahr 400 v. Chr. zurückgeführt werden können[1]:

„*Was immer ich sehe und höre bei der Behandlung oder außerhalb der Behandlung im Leben der Menschen, so werde ich von dem, was niemals nach draußen ausgeplaudert werden soll, schweigen, indem ich alles Derartige als solches betrachte, das nicht ausgesprochen werden darf.*"

Die ärztliche Schweigepflicht ist nicht Selbstzweck, sondern notwendiger Bestandteil eines auf Vertrauen basierenden „Arzt-Patienten-Verhältnis", dem bei der ärztlichen Therapie ein hoher Stellenwert beizumessen ist.[2] Ohne dieses Vertrauensverhältnis droht, dass dem Arzt von seinem Patienten notwendige Informationen zur Behandlung vorenthalten werden oder aber der Patient aus Angst vor Indiskretion ganz von der Inanspruchnahme eines Arztes absieht.[3]

Diese ursprünglich nur vom ärztlichen Selbstverständnis geforderte Verpflichtung zur Verschwiegenheit gegenüber dem Patienten wandelte sich im 19. Jahrhundert zu einer in Medizinalordnungen und Strafgesetzen kodifizierten Rechtspflicht.[4]

In der aktuellen Fassung des Strafgesetzbuches ist die ärztliche Schweigepflicht in § 203 StGB verankert. Die Verpflichtung zur Verschwiegenheit betrifft nach dieser Norm nicht nur den Arzt, sondern auch andere, in einem abschließenden Täterkatalog in den Abs. 1 bis 2 aufgeführte Berufsgruppen. Abs. 3 stellt weitere Personen den in Abs. 1 Nr. 1 bis Nr. 6 genannten Berufsgruppen gleich.

Strafbar ist die unbefugte Offenbarung eines fremden Privatgeheimnisses, das dem Heilkundeausübenden als Arzt oder aber als Angehöriger eines Heilberufs[5] anvertraut oder sonst bekannt wurde.

Dieses strafrechtliche Gebot zur Verschwiegenheit verwirklicht den Schutz des in der Verfassung verankerten Rechts auf informationelle Selbstbestim-

---

1 § 9 (Muster) Berufsordnung der deutschen Ärzte.
2 Vgl. BÄBl Ausgabe Mai (5), 2004, 269.
3 *Bockelmann*, Strafrecht des Arztes, S. 34.
4 Ausführlich hierzu Laufs/Uhlenbruck – *Schlund*, Handbuch des Arztrechtes, § 69 Rn. 1 ff.
5 … der für die Berufsausübung oder die Führung der Berufsbezeichnung eine staatlich geregelte Ausbildung erfordert, …

mung.⁶ Nach *Schünemann* stellt es im Kern insoweit konkretisiertes Verfassungsrecht dar, als dieser strafrechtliche Schutz (ausnahmsweise) verfassungsrechtlich geboten ist.⁷

Breiten Raum nimmt sowohl in der juristischen Literatur sowie der Rechtsprechung die Diskussion ein, was als von § 203 StGB geschütztes Rechtsgut anzusehen ist. Verkürzt dargestellt wird der Meinungsstreit darüber geführt, ob durch die in § 203 StGB kodifizierte ärztliche Schweigepflicht das Individualinteresse des Einzelnen an der Wahrung seiner Privat- und Intimsphäre bzw. das überindividuelle Interesse der Allgemeinheit an einer funktionierenden Gesundheitspflege geschützt wird.⁸

Für die Individualschutzlehre wird unter anderem die Einordnung des § 203 StGB in den Abschnitt „Verletzung des persönlichen Lebens- und Geheimbereichs" sowie die in § 205 StGB normierte (absolute) Antragsbefugnis ins Feld geführt⁹; für die Gemeinschaftsschutzlehre insbesondere die Beschränkung des Täterkreises auf bestimmte Berufsgruppen. Diese Beschränkung auf Berufe, denen ein „Sozialwert überindividuellen Charakters"¹⁰ zukommt, mache deutlich, dass Rechtsgut das allgemeine Vertrauen in die Verschwiegenheit bestimmter Berufe sei, die gesellschaftlich wichtige Aufgaben erfüllen und auch nur erfüllen können, wenn dieses Vertrauen gegeben ist.¹¹

Aufgrund der historischen Entwicklung¹² der Norm, in der verschiedene Entwicklungsstränge zusammenlaufen, ist es fraglich, ob sich aus § 203 StGB überhaupt ein „alleinrichtiger" Gesetzeszweck im Sinne eines „Entweder-oder" herausdestillieren lässt. Insoweit dürfte es richtig sein, gerade im Hinblick auf das durch die Verfassung gesicherte Recht auf informationelle Selbstbestimmung als geschütztes Rechtsgut, primär das Interesse des Einzelnen an der Wahrung seiner Privat- und Intimsphäre anzusehen. In zweiter Linie wird aber durch die Norm auch das allgemeine Vertrauen in die Verschwiegenheit der Angehörigen bestimmter Berufe geschützt.¹³

---

6 BVerfG, NJW 1972, 1123.
7 LK – *Schünemann*, StGB, § 203 Rn. 4 mit Verweis auf *Kühne*, NJW 1977, 1478, 1481.
8 Vgl. MK – *Cierniak*, StGB, § 203 Rn. 2 m. w. N.
9 *Schünemann*, ZStW 90, 11, 14; *Michalowski*, ZStW 109, 519, 520.
10 *Schmidt*, Ärztliches Berufsgeheimnis, S. 17 ff.
11 *Eser*, ZStW 97, 1, 41; Schönke/Schröder – *Lenckner*, StGB, § 203 Rn. 3.
12 Vgl. MK – *Cierniak*, StGB, § 203 Rn. 8.
13 BGHZ 115, 123; BGHZ 122, 115; BayObLG, NJW 1987, 1492, 1493; *Michalowski*, ZStW 109, 519, 522.

B. Rechtsfolgen

Verhängt wird bei einem Geheimnisbruch eine Freiheitsstrafe bis zu einem Jahr oder alternativ eine Geldstrafe. Sofern der Bruch der ärztlichen Schweigepflicht gegen Entgelt oder in Bereicherungsabsicht erfolgt, erhöht sich die Freiheitsstrafe auf bis zu zwei Jahren.[14]

In der Praxis der Strafverfolgungsbehörden kommt es selten zu Verurteilungen. *Ulsenheimer* macht hierfür zwei Gründe aus.[15] Der Tatbestand des § 203 StGB kann nur vorsätzlich verwirklicht werden[16] und ein bewusster und gewollter Geheimnisbruch ist regelmäßig schwer nachzuweisen. Darüber hinaus ist § 203 StGB, wie sich aus § 205 StGB ergibt, ein (absolutes) Antragsdelikt. Strafanträge werden regelmäßig nicht gestellt. *Schünemann* sieht die Ursache für diese Zurückhaltung in dem Strafverfahren selbst. Das, was geheim gehalten werden soll, wird in der (öffentlichen) Verhandlung einem weiteren Kreis von Personen bekannt, mit der fatalen Folge, dass die Privat- und Intimsphäre nach der vom Täter begangenen Indiskretion faktisch erneut verletzt wird.[17]

Hieraus herzuleiten, der ärztlichen Schweigepflicht komme im Alltag des Arztes eine nachrangige Rolle zu, wäre jedoch falsch. Sie entfaltet ihre Wirkung in der ärztlichen Praxis vielmehr auf dem Gebiet des Zivilrechts – etwa beim Praxisverkauf[18], der Insolvenz[19], der Einschaltung einer gewerblichen Abrechnungsstelle[20], einer Forderungsabtretung[21] oder aber bei der Krankenhausorganisation.[22]

Neben einer strafrechtlichen Sanktion muss der Arzt auch mit einer Ahndung durch das ärztliche Standesrecht rechnen.[23] Der Bruch der Schweigepflicht stellt für den Arzt eine berufsunwürdige Handlung dar, die im Falle eines berufsgerichtlichen Verfahrens mit Geldstrafe geahndet werden kann. Allerdings kommt eine berufsrechtliche Sanktion wegen des Grundsatzes „ne bis in idem" nur dann in Betracht, wenn ein „berufsrechtlicher Über-

---

14 § 203 Abs. 5 StGB.
15 *Ulsenheimer*, Arztstrafrecht in der Praxis, § 8 I Rn. 360.
16 RGSt 56, 148; *Fischer*, StGB, § 203 Rn. 48.
17 *Schünemann*, ZStW 90, 11, 45.
18 Z. B. BGHZ 53, 152, 157.
19 Z. B. BGH, Beschluss vom 05.02.2009, IX ZB 85/9.
20 Z. B. BGH, NJW 1991, 2957.
21 Z. B. BGH, Urteil vom 01.03.2007, IX ZR 189/05; OLG Hamm Urteil vom 27.01.2008, 27 U 115/07.
22 *Ulsenheimer*, Arztstrafrecht in der Praxis, § 8 I Rn. 373b ff.
23 § 9 (Muster-)Berufsordnung der deutschen Ärzte.

hang" besteht.[24] In der Praxis ist damit eine berufsrechtliche Sanktion zur „Wahrung des Ansehens der Ärzteschaft" nur dann zu erwarten, wenn kein oder nicht rechtzeitig Strafantrag gestellt wurde.

C. Tatsubsubjekte; zur Verschwiegenheit verpflichtete Personen

§ 203 StGB ist ein echtes Sonderdelikt mit einem abschließenden Katalog an Tatsubjekten.

Vom Wortlaut erfasst werden alle Ärzte, unabhängig welcher Facharztrichtung. Von der Anwendung des § 203 Abs. 1 Nr. 1 StGB Fachärzte auszuschließen, die nicht unmittelbar am Patienten tätig werden, wie dies z. B. bei Pathologen oder Laborärzten der Fall ist, verbietet sich. Zwar kennt der Patient regelmäßig den Pathologen oder den Laborarzt nicht, aber auch in diesen Fällen muss der Patient darauf vertrauen können, dass Erkenntnisse, die aus dieser ärztlichen Tätigkeit herrühren, nicht preisgegeben werden.

Der Kreis der möglichen Täter ist auch nicht auf Personen zu beschränken, die „aus objektiver Sicht" berechtigt sind die Berufsbezeichnung „Arzt" zu führen (§ 2 Abs. 5 BÄO). Es reicht aus, wenn der Patient aufgrund des Verhaltens des vermeintlichen Arztes diesen „subjektiv" für einen solchen hält.[25] Täter kann damit auch derjenige „Arzt" sein, der trotz Entzug der Approbation weiterpraktiziert, sowie der Hochstapler, der nie eine Approbation besaß, sich aber den Anschein gibt, als sei er Arzt. Diese Auslegung ist vom Normzweck des § 203 StGB geboten und (noch) mit dem Wortlaut des § 203 StGB vereinbar. Der getäuschte Patient gewährt dem Hochstapler im Hinblick auf das Vertrauen, das er ihm „als" Arzt entgegenbringt, Einblick in seine Privat- und Intimsphäre. Diese Auslegung ist jedoch nicht unumstritten. Nach einer Gegenansicht, die das objektive Vorliegen einer Approbation verlangt, liegt ein (strafloser) Versuch eines untauglichen Subjektes vor.[26] In dieser Fallkonstellation einen Versuch anzunehmen, erscheint aber nicht zutreffend. Auch der Hochstapler erlangt, wie der approbierte Arzt, tatsächlich ein Geheimnis.[27]

---

24 Ratzel/Lippert – *Lippert*, Kommentar zur Musterberufsordnung, § 2 Rn. 30.
25 Schönke/Schröder – *Lenckner*, StGB, § 203 Rn. 13; MK – *Cierniak*, StGB, § 203 Rn. 28.
26 LK[10] – *Vogler*, StGB, § 22 Rn. 153 ff.
27 LK[10] – *Jähnke*, StGB, § 203 Rn. 101.

Durch Abs. 3 Satz 2 wird die Verpflichtung zur Verschwiegenheit auch auf die „berufsmäßigen Gehilfen" des Arztes ausgedehnt und damit ein umfassender (strafrechtlicher) Schutz gewährleistet. Dem Patienten nützt es nichts, wenn nur die Indiskretion des Arztes strafbar ist, nicht jedoch die der Mitarbeiterin, die z. B. dem Arzt bei einer ambulanten Operation assistiert und die genauso wie der Arzt selbst durch ihre Tätigkeit Informationen über die Privat- und Intimsphäre des Patienten erhält.

Der „klassische" Gehilfe des Arztes ist die medizinische Fachangestellte oder die Medizinisch-Technische Assistentin (Medizinisch-technischer Assistent für Funktionsdiagnostik, Medizinisch-technischer Laboratoriumsassistent, Medizinisch-technischer Assistent für Radiologie). Der Gehilfe definiert sich allerdings anders als der Täterkreis des Abs. 1 Nr. 1 nicht über eine berufliche Qualifikation oder die geführte Berufsbezeichnung.

Kennzeichen eines Gehilfen ist seine Weisungsgebundenheit im Rahmen der arbeitsteiligen Behandlung eines Patienten. Dies macht aber nicht jeden in einem Abhängigkeitsverhältnis stehenden Erbringer von medizinischen Leistungen notwendigerweise zu einem Gehilfen.[28] Der Gehilfe muss vielmehr eine Tätigkeit ausüben, der eine andere, nachrangige Qualität bezogen auf die ärztliche Tätigkeit zukommt und sich als unterstützende (Hilfs-)Funktion kennzeichnen lässt. An dieser Hilfsfunktion fehlt es z. B. bei der Tätigkeit eines (Weiterbildungs-)Assistenzarztes in einem Krankenhaus. Dieser erbringt zwar (Teil-)Leistungen, die in das Gesamtbehandlungskonzept unter der Verantwortung des Ober- oder Chefarztes eingebettet sind, seine Tätigkeit geht aber über die reine Hilfstätigkeit hinaus.

Inhaltlich muss die Hilfstätigkeit in direktem „inneren Zusammenhang" mit der Ausübung der Heilkunde stehen. Bei abnehmender Intensität des Bezugs zur ärztlichen Tätigkeit reicht das Kriterium des „inneren Zusammenhanges" allein nicht mehr für die Identifikation einer Gehilfentätigkeit aus. Als Beispiel mag die Arztsekretärin dienen. An der Behandlung der Patienten des Arztes ist sie nicht beteiligt, wohl unterstützt sie aber den Arzt in seiner Praxis. Hilfe bringt ein weiteres (negatives) Abgrenzungskriterium. Die ausgeübte Tätigkeit darf nicht lediglich dazu dienen, die äußeren Rahmenbedingungen für die eigentliche ärztliche Tätigkeit zu schaffen.[29] Unter Zuhilfenahme dieses negativen Abgrenzungskriteriums ergibt sich die Qualifikation der Arztsekretärin als Gehilfe. Zum Arztberuf gehört neben der Ausübung

---

28 LK – *Schünemann*, StGB, § 203 Rn. 81.
29 NK – *Kargl*, StGB, § 203 Rn. 38; Schönke/Schröder – *Lenckner*, StGB, § 203 Rn. 64.

der Heilkunde auch die Anfertigung von Arztbriefen und schriftlichen Befunden, bei deren Erledigung die Arztsekretärin den Arzt unterstützt.

Zum Kreise der „berufsmäßigen Gehilfen" kann im Krankenhaus auch das Verwaltungspersonal[30] gehören, sofern ihnen Tätigkeiten, wie die Abrechnung von ärztlichen Leistungen übertragen wurden. Zweifel sind angebracht, ob auch das an der Pforte tätige Personal eines Krankenhauses zu den ärztlichen Gehilfen gerechnet werden kann. Für diese Annahme wird ins Feld geführt, dass es auch deren Aufgabe sei, in Notfällen Informationen (an diensthabende Ärzte) rasch weiterzugeben.[31] Ob diese Tätigkeit in (vereinzelten) Notfällen ausreicht, den inneren Bezug zur Ausübung der Heilkunde herzustellen, darf hinterfragt werden. Nur der Schaffung der äußeren Rahmenbedingungen dient die Tätigkeit des Reinigungs- oder Küchenpersonals einer Arztpraxis. Sie scheiden damit als Gehilfen des Arztes aus.[32]

Die Hilfstätigkeit muss „berufsmäßig" erfolgen. Dies erfordert keinen wirksamen Arbeitsvertrag zwischen Gehilfen und Arzt. Die faktische Berufsausübung reicht aus.[33] Diese muss auch mit dem Ziel erfolgen, sich seinen Lebensunterhalt zu verdienen. Der juristische Sprachgebrauch des Begriffes „berufsmäßig" wird jedoch überdehnt, wenn diese Hilfstätigkeit nicht mit einer gewissen Regelmäßigkeit erfolgt.[34] Damit scheidet eine aushelfende Arztehefrau als (berufsmäßiger) Gehilfe ihres Mannes aus, wenn sie nur gelegentlich in der Praxis tätig wird.

Nicht der Verschwiegenheit unterliegt der Heilpraktiker. Er ist weder „berufsmäßiger Gehilfe" des Arztes, noch fällt dieser unter § 203 Abs. 1 Nr. 1 StGB. Die Berufsausübung oder die Führung der Berufsbezeichnung „Heilpraktiker" erfordert keine staatlich geregelte Ausbildung.

Satz 2 von Abs. 3 bezieht neben den berufsmäßigen Gehilfen auch ärztliche Mitarbeiter mit ein, die bei einem Arzt „zur Vorbereitung auf den Beruf tätig" sind. Aus der Formulierung „zur Vorbereitung auf den Beruf" ergibt sich nicht, dass der Beruf des Arztes angestrebt werden muss. Die ausgeübte Tätigkeit muss auch nicht zwingender, wohl aber sinnvoller Bestandteil der Ausbildung für den angestrebten Beruf sein.[35] Als Beispiele für Mitarbeiter,

---

30 OLG Oldenburg, NJW 1982, 2615.
31 Laufs/Uhlenbruck – *Ulsenheimer*, Handbuch des Arztrechtes, § 73 Rn. 2.
32 *Bockelmann*, in: Ponsold (Hrsg.), Lehrbuch der gerichtlichen Medizin, S. 12.
33 *Schmitz*, JA 1996, 772; *Lackner/Kühl*, StGB, § 203 Rn. 11b.
34 NK – *Kargl*, StGB, § 203 Rn. 38.
35 NK – *Kargl*, StGB, § 203 Rn. 39.

die „zur Vorbereitung auf den Beruf tätig" sind, können die auszubildende Arzthelferin bzw. Schwesternschülerin genannt werden. Nachdem die Norm ein „Tätigwerden" zur Voraussetzung macht, können Medizinstudenten, denen Patienten im Rahmen einer Vorlesung vorgestellt werden, nicht Tatsubjekte sein.[36] Dies gilt aus den gleichen Gründen für einen Operationsgast oder einen Schüler, der an einem Berufsfindungspraktikum teilnimmt.[37]

D. Tatobjekt; das Geheimnis

Einigkeit besteht, dass nur solche Tatsachen geheim sind, die einem beschränkten Personenkreis bekannt sind.[38]

Umstritten ist, ob die Definition des Geheimnisses neben diesem faktischen Element um ein voluntatives und/oder ein objektiv-normatives Element zu ergänzen ist.[39] Die wohl überwiegende Meinung in Rechtsprechung und Literatur kombiniert diese Elemente zu einem dreigliedrigen Geheimnisbegriff, der neben dem faktischen Element Geheimsein, Geheimhaltungswille und Geheimhaltungsinteresse umfasst.[40]

Gemäß diesem dreigliedrigen Geheimnisbegriff ist die obige Definition um den Zusatz zu ergänzen, dass der Geheimnisgeschützte an der Geheimhaltung dieser Tatsachen ein subjektives (Geheimhaltungswille) und nach seiner persönlichen Lebenssituation auch ein sachlich begründetes Interesse (Geheimhaltungsinteresse) haben muss.

Nachdem nur Tatsachen Geheimnisse sein können, scheiden Unwahrheiten sowie Werturteile[41] als Gegenstand eines Geheimnisses aus. Diese werden vom Rechtsgut der Norm nicht erfasst. In der ärztlichen Praxis dürfte diese Unterscheidung allerdings keine große Bedeutung zukommen, da der Umstand, wer eine Meinung äußert bzw. Unwahrheiten verbreitet, eine Tatsache darstellt, die regelmäßig geheimhaltungspflichtig ist.[42]

---

36 Schönke/Schröder – *Lenckner*, StGB, § 203 Rn. 64; MK – *Cierniak*, StGB, § 203 Rn. 120; a. A. *Laufs*, Arztrecht, Rn. 424; *Rieger*, Lexikon des Arztrechtes[1], Rn. 1621.
37 *Rieger*, Lexikon des Arztrechtes[1], Rn. 1621.
38 Z. B. Schönke/Schröder – *Lenckner*, StGB, § 203 Rn. 4.
39 Vgl. NK – *Kargl*, StGB, § 203 Rn. 5 m. w. N.
40 BGHZ 64, 325, 329; MK – *Cierniak*, StGB, § 203 Rn. 17; LK – *Schünemann*, StGB, § 203 Rn. 19.
41 LK – *Schünemann*, StGB, § 203 Rn. 20; a. A. *Schmidt*, ZStW 79, 741, 804.
42 LK – *Schünemann*, StGB, § 203 Rn. 20.

Ohne Bedeutung ist, welchem Lebensbereich die Tatsachen zuzuordnen sind. Die in § 203 Abs. 1 StGB genannten Bereiche sind, wie bereits die Formulierung „namentlich" zeigt, lediglich beispielhaft.

Konkret umfasst die ärztliche Schweigepflicht alle Erkenntnisse aus der ärztlichen Behandlung wie Anamnese, Diagnostik und (Verdachts-)Diagnose, eingeleitete Therapiemaßnahmen und ärztliche Prognosen sowie die gesamte ärztliche Dokumentation, bestehend aus Röntgenbildern, Untersuchungsbefunden und -materialen. Sie bezieht sich weiter auch auf alle sonstigen Umstände, die der Arzt im Rahmen der ärztlichen Behandlung in Erfahrung gebracht hat wie z. B. der berufliche Werdegang, sexuelle Vorlieben, die wirtschaftlichen Verhältnisse und die Wohn- und Lebenssituation.[43]

Entschieden sind von der Rechtsprechung unter anderem folgende Fälle[44]: ärztliche Behandlung[45], Defloration[46], Drogenkonsum[47], Geschlechtskrankheiten[48], Inhalt ärztlicher Atteste[49], Patientenname[50], Sterilisation[51], Testierfähigkeit[52], Umstände der Klinikaufnahme.[53]

Eine Tatsache ist dann geheim, wenn sie nur einer beschränkten Anzahl von Personen bekannt ist. Der Personenkreis muss noch ohne Weiteres überschaubar sein. Eine Abgrenzung zwischen „geheim" und „nicht geheim" allein aufgrund der Anzahl der Personen vorzunehmen, die Kenntnis über eine Tatsache haben, wird der Sache jedoch nicht gerecht. Ausschlaggebend ist nicht in erster Linie die Anzahl der Mitwisser, sondern vielmehr, ob dieser Personenkreis bestimmt oder nach Kriterien bestimmbar ist.[54] So verlieren Krankheitssymptome eines Patienten nicht den Charakter eines Geheimnisses, weil dieser Patient in seinem großen Freundeskreis gern und oft über seine Krankheit berichtet. Die größere Zahl der Mitwisser ist hier unerheblich, da es möglich ist den Personenkreis durch das Kriterium „freundschaftliches Verhältnis" ausreichend zu bestimmen.

---

43 Laufs/Uhlenbruck – *Ulsenheimer*, Handbuch des Arztrechtes, § 70 Rn. 1.
44 Vgl. LK – *Schünemann*, StGB, § 203 Rn. 29.
45 OLG Bremen, MedR 1984, 112.
46 BGHZ 40, 288.
47 LG Karlsruhe, StV 1983, 144.
48 RGSt 38, 62.
49 BGHZ 40, 288.
50 OLG Bremen, MedR 1984,122; OLG Schleswig, NJW 1982, 2615.
51 OLG Celle, NJW 1963, 406.
52 BGHZ 91, 392.
53 BGHZ 33, 148.
54 RGSt 38, 108; RGSt 74, 110; BGHSt 10, 108; LK – *Schünemann*, StGB, § 203 Rn. 22.

Wann die Anzahl von Mitwissern die Grenze überschreitet, bei der die Tatsache nicht mehr geheim ist, ist nur bei einer Würdigung der Umstände des Einzelfalls zu ermitteln. In einer kleinen Dorfgemeinschaft ist diese Anzahl z. B. geringer anzusetzen als in einer Großstadt. Die Grenze ist kaum scharf zu ziehen und der Problematik letztlich in einem nicht zu unterschätzenden Graubereich auch nicht mit den Kriterien der „Bestimmtheit" oder „Bestimmbarkeit" des Personenkreises beizukommen.[55] Hier kann folgende „Faustformel" helfen: Nicht geheim ist eine Tatsache, wenn bereits so viele Personen von der Tatsache Kenntnis haben, dass es dem Patienten nicht mehr darauf ankommt, wenn noch eine weitere Person hiervon Kenntnis nimmt.[56]

Ebenfalls nicht geheim sind Tatsachen, die jedermann kennt oder wahrnehmen kann und damit für jeden offenkundig sind. Wurde einem Patienten der rechte Unterschenkel amputiert, ist das Fehlen des Unterschenkels kein Geheimnis, und zwar unabhängig davon, wie viele Personen tatsächlich das Fehlen des Unterschenkels wahrgenommen haben. Allerdings bleibt die medizinische Indikation, die die Amputation notwendig machte, grundsätzlich eine geheimhaltungspflichtige Tatsache.[57] Sind Tatsachen nur gerüchteweise (allgemein) bekannt, behalten sie den Charakter eines Geheimnisses, denn ein Verdacht ist nicht gleichzusetzen mit dem für die Bekanntheit erforderlichen Wissen.[58]

Tatsachen, die sich in der Öffentlichkeit abgespielt haben, sind ebenfalls nicht geheim. Nachdem Gerichtsverhandlungen grundsätzlich öffentlich sind, ist auch alles, was z. B. im Rahmen eines Arzthaftungsprozesses vorgetragen wird, ab diesem Zeitpunkt öffentlich. Dies gilt selbst dann, wenn an den Verhandlungstagen tatsächlich keine Zuhörer anwesend waren.[59]

Der Geheimnisgeschützte muss darüber hinaus den Willen haben, eine Tatsache geheim zu halten. Aus Sicht der Individualschutzlehre drängt sich dies auf. Die Offenbarung einer (geheimen) Tatsache zu poenalisieren, an deren Geheimhaltung der Geheimnisgeschützte nicht interessiert ist, ist verfehlt. Ansonsten würde unsere Rechtsordnung dem Geheimnisgeschützten aufzwingen, was er vor anderen geheim halten will.[60]

---

55 Vgl. Schönke/Schröder – *Lenckner*, StGB, § 203 Rn. 6.
56 *Bockelmann*, in: Ponsold (Hrsg.), Lehrbuch der gerichtlichen Medizin, S. 176.
57 *Kohlhaas*, GA 1958, 68.
58 MK – *Cierniak*, StGB, § 203 Rn. 16.
59 BGHZ 122, 115, 118; OLG Köln, NJW 2000, 3656.
60 BGHZ 64, 325, 329; MK – *Cierniak*, StGB, § 203 Rn. 17; LK – *Schünemann*, StGB, § 203 Rn. 19.

Dieser Geheimhaltungswille muss (im Zeitpunkt der Tat) vorhanden sein, muss allerdings nicht gegenüber dem Arzt geäußert werden. Es reicht nach dem Wortlaut aus, wenn dem zur Geheimhaltung Verpflichteten das Geheimnis „bekannt geworden ist". Ein Mitteilen des Geheimnisses „unter dem Siegel der Verschwiegenheit", wie dies der Begriff „anvertrauen" intendiert, ist damit nicht erforderlich. Er muss auch für den zur Geheimhaltung Verpflichteten nicht „intersubjektiv" feststellbar sein.[61] Überdies setzt er keine Rechtsgeschäftsfähigkeit voraus, sodass auch Minderjährigen oder psychisch Kranken dieser grundsätzlich nicht abgesprochen werden kann.[62] Fehlt es bei Kleinkindern und/oder Schwerstgeschädigten auch an dem natürlichen Willen zur Geheimhaltung, ist auf den Willen des gesetzlichen Vertreters zurückzugreifen.

Kennt der Patient beispielsweise einen von seinem Arzt erhobenen Befund nicht, kann sich sein Wille nicht auf die Geheimhaltung dieser Tatsachen beziehen. Trotzdem ist diesem Befund nicht der Charakter eines Geheimnisses abzusprechen. Hier reicht es aus, wenn nach dem mutmaßlichen Willen des Geheimnisgeschützten Befunde geheim gehalten werden sollen. Geschlossen werden kann auf diesen mutmaßlichen Geheimhaltungswillen aus dem erkennbaren Interesse an der Geheimhaltung dieser Tatsache.[63]

Durch das letzte Element des Begriffes Geheimnis, dem Geheimhaltungsinteresse, werden Tatsachen (bereits auf der Tatbestandsebene) aus dem Kreis der Geheimnisse ausgeschlossen, die sich als Lappalien oder Belanglosigkeiten darstellen. Auf dieses Korrektiv soll nicht verzichtet werden können, da es dem Ultima-Ratio-Prinzip des Strafrechts widerspräche, wenn der Schutzbereich des § 203 StGB allein von dem subjektiven „Dafürhalten" des Geheimnisgeschützten abhinge.[64] Dem Geheimhaltungsinteresse wird dabei die Rolle eines negativen Abgrenzungskriteriums gegenüber reiner Willkür oder Launenhaftigkeit des Geheimnisgeschützten zugewiesen.[65]

Regelmäßig wird der Geheimnisgeschützte an der Geheimhaltung solcher „banalen" Tatsachen auch keinen Geheimhaltungswillen haben, sodass der Geheimhaltungswille und das Geheimhaltungsinteresse zu den gleichen Ergebnissen führen werden. Trotzdem sind diese zwei Kriterien voneinander zu unterscheiden. Das Vorliegen des Geheimhaltungsinteresses ist aus einer

---

61 MK – *Cierniak*, StGB, § 203 Rn. 17; a. A. NK – *Kargl*, StGB, § 203 Rn. 8.
62 BGHSt 23, 1, 3.
63 MK – *Cierniak*, StGB, § 203 Rn. 17.
64 MK – *Cierniak*, StGB, § 203 Rn. 20; kritisch hierzu NK – *Kargl*, StGB, § 203 Rn. 5.
65 Schönke/Schröder – *Lenckner*, StGB, § 203 Rn. 7.

objektiv-normativen Betrachtung zu ermitteln.[66] Allerdings ist für den Arzt Vorsicht geboten, denn diese normative Betrachtung erfolgt aus der Interessenlage des Geheimnisgeschützten. Nicht jede Tatsache, die der Arzt für belanglos hält, ist dies auch für den Geheimnisgeschützten. In der Literatur werden als Beispiel für „banale" Tatsachen das Lieblingsessen oder die Farbe der Kleidung des Patienten bei seinem letzten Arztbesuch aufgeführt.[67] Mangelndes Geheimhaltungsinteresse besteht jedoch nicht an der Tatsache, dass ein Patient überhaupt einen Arzt aufgesucht hat.[68] Dies leuchtet ein, denn durch einen Arztbesuch z. B. bei einem Psychiater können Rückschlüsse auf die Art der Erkrankung gezogen werden.

Das Geheimhaltungsinteresse erfordert auch nicht, dass die nach dem Willen des Patienten geheim zu haltenden Tatsachen sittlich hoch stehend oder rechtlich billigenswert sind. Somit kann auch ein strafrechtlich relevanter Tatbestand wie z. B. der ungeschützte Geschlechtsverkehr eines Aids-Infizierten mit dem Lebenspartner ein Geheimnis sein, dem ein Geheimhaltungsinteresse nicht entgegensteht.[69] Solche Tatsachen aus dem Gesichtspunkt des fehlenden Geheimhaltungsinteresses bereits auf der Tatbestandsebene auszuschließen, ist aus dogmatischen Gesichtspunkten verfehlt, da die rechtliche Missbilligung dieser Handlung erst bei der Frage zu prüfen ist, ob dem Arzt eine Offenbarungsbefugnis zusteht.

E. Rechtsgutsträger; Fremdheit des Geheimnisses

Geschützt werden durch § 203 StGB „fremde" Geheimnisse. Dies sind alle Tatsachen, die aus einer Sphäre einer anderen Person als der des Arztes stammen.[70] Eine Ausnahme bilden nur den Arzt betreffende geheime Tatsachen, die mit dem Geheimnis eines Dritten untrennbar verwoben und damit zwangsläufig auch der Sphäre eines Dritten zuzuordnen sind.

Durch die Norm in ihrer Privat- und Intimsphäre geschützten Personen können damit alle mit Ausnahme des zur Verschwiegenheit Verpflichteten selbst sein. Regelmäßig ist dies der Patient des Arztes. Infrage kommen kann aber auch jede beliebige andere Person. Beispielsweise kann der Arzt im Rah-

---

66 *Ulsenheimer*, Arztstrafrecht in der Praxis, § 8 I Rn. 363.
67 LK – *Schünemann*, StGB, § 203 Rn. 27.
68 OLG Oldenburg, NJW 1982, 2615; 1992, 758; OLG Bremen, MedR 1984, 112.
69 Vgl. OLG Frankfurt, NJW 2000, 875.
70 LK – *Schünemann*, StGB, § 203 Rn. 30; Schönke/Schröder – *Lenckner*, StGB, § 203 Rn. 8.

men eines Hausbesuches zufällig von der Trunksucht eines Angehörigen Kenntnis erlangen. Rechtsgutsträger dieser geheimen Tatsache ist der Angehörige. Es können, wenn es sich um ein gemeinsames Geheimnis handelt, auch mehrere Personen gemeinsam sein. Kein Rechtsgutsträger ist der Nasciturus. Geheimnisse, die ausschließlich diesen betreffen, sind nicht geschützt. Dies gilt auch dann, wenn die Auswirkungen der Indiskretion erst nach der Geburt auftreten.[71] Meistens sind diese Geheimnisse jedoch über die Eltern des ungeborenen Kindes geschützt. Ein beim nasciturus diagnostiziertes „Down-Syndrom" lässt z. B. Rückschlüsse auf die genetische Veranlagung der Eltern zu. Es verbleibt aber eine, wenn auch in der Praxis nicht bedeutsame, Strafbarkeitslücke.[72]

Grundsätzlich nicht fremd, sondern „herrenlos" sind Geheimnisse eines verstorbenen Patienten.[73] Dass die Verpflichtung zur Verschwiegenheit mit dem Tod des Rechtsgutsträgers nicht endet, ist direkt aus § 203 Abs. 4 StGB zu entnehmen. Für die Rechtspraxis ist damit an dieser Stelle ohne Bedeutung, ob Abs. 4 ein deklaratorischer oder konstitutiver Charakter zukommt.[74] Diese Frage wird jedoch relevant, wenn es zu beurteilen gilt, ob auch nach dem Tode des Rechtsgutsträgers durch eine Leichenschau in Erfahrung gebrachte Tatsachen durch § 203 StGB geschützt sind. Hält man Abs. 4 für konstitutiv, entfällt der Schutz. Im anderen Fall ist es wohl richtig, auch Tatsachen, die z. B. ein Pathologe im Rahmen einer Sektion über den Verstorbenen erfährt, unter den Schutz des § 203 StGB zu stellen.[75] Dem Schutzzweck würde es widersprechen, wenn nur der Internist, der vor dem Tod des Patienten eine infauste Diagnose stellt, zur Verschwiegenheit verpflichtet wäre, nicht jedoch der Pathologe, der bei einer Sektion die Richtigkeit der Diagnose bestätigt.

Am Umfang bzw. Inhalt der Schweigepflicht ändert sich durch den Tod des Rechtsgutsträgers nichts. Dies ist freilich umstritten.[76] Der Umfang des Geheimnisschutzes soll eine vom schwindenden (objektiven) Geheimhaltungsinteresse abhängige Minderung erfahren. Analog § 189 StGB soll er sich auf Verunglimpfungen oder auf Tatsachen, welche geeignet sind, das soziale

---

71 NK – *Kargl*, StGB, § 203 Rn. 9.
72 NK – *Kargl*, StGB, § 203 Rn. 9.
73 NK – *Kargl*, StGB, § 203 Rn. 10.
74 Vgl. LK – *Schünemann*, StGB, § 203 Rn. 54 m. w. N.
75 Vgl. Schönke/Schröder – *Lenckner*, StGB, § 203 Rn. 70.
76 So wie hier Schönke/Schröder – *Lenckner*, StGB, § 203 Rn. 70; Laufs/Uhlenbruck – *Laufs*, Handbuch des Arztrechtes, § 70 Rn. 10; a. A. LK – *Schünemann*, StGB, § 203 Rn. 56.

Ansehen des Verstorbenen in der Gesellschaft zu beeinträchtigen reduzieren.[77] Dies ist jedoch abzulehnen. Inhalt und Umfang des Geheimnisschutzes wird grundsätzlich nicht von einem objektivierten Geheimhaltungsinteresse, sondern von dem Geheimhaltungswillen bestimmt. Dieser wirkt über den Tod des Geheimnisgeschützten fort und ist zu beachten. Wo es an einem solchen geäußerten Willen fehlt, wird sein vermuteter Wille zum Maßstab für Inhalt und Umfang des nachwirkenden Geheimnisschutzes.[78]

Die ärztliche Schweigepflicht soll nach einer Rechtsmeinung auch durch Zeitablauf enden. Zur Begründung wird hier auf das (objektive) Geheimhaltungsinteresse zurückgegriffen. Mit fortschreitender Zeit soll das Geheimhaltungsinteresse immer weiter abnehmen, bis es zu einem (schwer bestimmbaren) Zeitpunkt endgültig erlischt. Dies soll allerdings bei Persönlichkeiten des Zeitgeschehens, deren „Erscheinen die Zeit überdauert", wegen ihrer besonderen Stellung in der Gesellschaft nicht oder nur eingeschränkt gelten.[79] Richtigerweise ist aber auch hier nicht auf das Geheimhaltungsinteresse, sondern auf den Geheimhaltungswillen abzustellen. Dies bedeutet jedoch nicht, dass der Geheimnisschutz damit „versteinert". Die Lösung ist auf der Rechtfertigungsebene (§ 34 StGB) zu finden. Zum Beispiel kann bei Persönlichkeiten des Zeitgeschehens – ein entgegenstehender vermuteter Willen unterstellt – eine Offenbarung zulässig sein, wenn die Interessen der historischen Forschung an einer Offenbarung die Interessen des Verstorbenen an der Geheimhaltung überwiegen.[80] Bestehen z. B. bei einer Privatperson keine solchen höherwertigen Interessen an der Offenbarung, verbleibt es vollumfänglich bei der Verpflichtung zur Verschwiegenheit.

F. Berufsspezifischer Konnex; „als" Arzt anvertraut oder sonst bekannt geworden

Tatbestandlich handeln kann nur derjenige, der ein Geheimnis in seiner Berufseigenschaft „als" Arzt etc. erfahren hat. Es muss ein „innerer Zusammenhang" zu der Tätigkeit des Arztes[81] bestehen (berufsspezifischer Konnex), das sich als „Arzt-Patienten-Verhältnis" im weiten Sinne beschreiben

---

77 OLG Düsseldorf, NJW 1959, 821; LG Augsburg, NJW 1964, 1186.
78 BGHZ, 91, 392, 398; BGH, NJW 1983, 2627.
79 Vgl. LK – *Schünemann*, StGB, § 203 Rn. 55.
80 NK – *Kargl*, StGB, § 203 Rn. 11.
81 MK – *Cierniak*, StGB, § 203 Rn. 39.

lässt. Hieran fehlt es, wenn der Arzt außerhalb eines „Arzt-Patienten-Verhältnisses" dem Dritten (nur) als Privatmann gegenüber tritt. Dies gilt auch dann, wenn er die von ihm gemachte Beobachtung (z. B. die Verdachtsdiagnose einer Schizophrenie) nur aufgrund seiner fachlichen Qualifikation als Arzt treffen konnte.

Macht ein Arzt durch seine Berufsausübung bedingt, z. B. anlässlich eines Hausbesuches, zufällige Beobachtungen, liegt ein „innerer Zusammenhang" vor. Anders verhält es sich, wenn der Arzt – nur anlässlich einer ärztlichen Behandlung – „bei Gelegenheit" gegen den Willen seines Patienten in die Privatsphäre eindringt.[82] Als Beispiel wäre ein Arzt zu nennen, der einen von ihm durchgeführten Hausbesuch zum Anlass nimmt, in einem Sekretär verwahrte Briefe ohne Einverständnis des Geheimnisgeschützten zu lesen. Diese Fallkonstellation unterscheidet sich von der vorherigen dadurch, dass der Arzt aus einer privaten Motivation heraus (als Privatmann) von dem Brief Kenntnis erlangt hat. Nach dem Normzweck des § 203 StGB wird der Rechtsgutsträger nicht vor Indiskretionen geschützt, die ihre Ursache in einem unerlaubten Eindringen in seine Privat- und Intimsphäre haben, sondern nur von solchen die zwangsläufig durch eine Inanspruchnahme eines Arztes bedingt sind.

Für das Vorliegen des „inneren Zusammenhanges" ist weiter kein wirksamer Behandlungsvertrag zwischen Geheimnisgeschütztem und Arzt erforderlich.[83] Denn auch durch „Gelegenheitskonsultationen" auf der Straße oder anlässlich einer privaten Feier kann sich der Patient seinem Gegenüber als Arzt anvertrauen.[84] Auch eine generelle, thematische Eingrenzung auf Sachverhalte mit direkten Bezug zur ärztlichen Tätigkeit verbietet sich grundsätzlich, denn auch familiäre, berufliche oder finanzielle Belange können dem zur Verschwiegenheit Verpflichteten nur aus diesem Grund eröffnet werden, dass er Arzt ist.[85]

Ob ein (ärztlicher) Behandlungsvertrag geschlossen wurde und/oder die bekannt gewordenen Tatsachen einen direkten Bezug zur beruflichen Tätigkeit des Arztes aufweisen, kann allerdings als „Orientierungshilfe" dienen. Liegen beide Kriterien vor, ist regelmäßig von dem geforderten „inneren Zusammenhang" zur ärztlichen Tätigkeit auszugehen.

---

[82] Schönke/Schröder – *Lenckner*, StGB, § 203 Rn. 15.
[83] MK – *Cierniak*, StGB, § 203 Rn. 39.
[84] *Bockelmann*, in: Ponsold (Hrsg.), Lehrbuch der gerichtlichen Medizin, S. 12.
[85] MK – *Cierniak*, StGB, § 203 Rn. 40; *Laufs*, NJW 1975, 1473, 1474.

Sicher (da nicht notwendige Voraussetzung für die Annahme des „inneren Zusammenhanges") sind diese Kriterien freilich nicht. Letztlich kann dieser „innere Zusammenhang" nur unter Berücksichtigung der Umstände des Einzelfalles und des Normzweckes ermittelt werden.

Das geschützte Geheimnis muss dem Tatsubjekt als Arzt etc. „anvertraut" oder „sonst bekannt geworden sein". Die Formulierung „sonst bekannt geworden" bildet dabei einen Auffangtatbestand und stellt klar, dass es unerheblich ist, in welcher Art und Weise der Arzt von einem Geheimnis erfährt. Er kann entweder auf ausdrückliche Nachfrage das Geheimnis vom Patienten oder einem Angehörigen erfahren, unaufgefordert erzählt bekommen oder selbst beobachtet haben.

Bei schriftlich fixierten Tatsachen wie einem Arztbrief ist dem Arzt das Geheimnis bereits dann „bekannt geworden", wenn ihm das Schriftstück zugegangen ist. Er muss dies nicht notwendigerweise auch gelesen haben.[86]

„Anvertrauen" setzt begrifflich eine auf persönliches Vertrauen gestützte Sonderbeziehung voraus.[87] Ob eine solche qualifizierte Sonderbeziehung auch in der Fallkonstellation erforderlich ist, wenn dem Arzt Geheimnisse „sonst bekannt geworden" sind, ist umstritten. Bedeutung erlangt diese Diskussion unter anderem bei der Frage, ob auch bei einem erzwungenen Kontakt mit einem Arzt, z. B. mit einem Polizeiarzt oder einem Gerichtssachverständigen, eine Geheimniserlangung im Sinne des § 203 StGB vorliegt. Der juristische Sprachgebrauch des Begriffes „sonst bekannt geworden" erfordert eine solche qualifizierte Sonderbeziehung nicht. Dieses Erfordernis wird teilweise aus dem Normzweck hergeleitet.[88] Der Normzweck erfordert aber eine derartige restriktive Bestimmung der Geheimniserlangung gerade nicht.[89] Der Betreffende muss in diesen Fällen kein persönliches Vertrauen in die Person des Polizeiarztes oder Gerichtssachverständigen fassen. Es reicht aus, dass er auf die korrekte Nutzung der in Erfahrung gebrachten Tatsachen im Rahmen des konkreten Auftrages vertraut.[90] Hieraus ergibt sich aber auch, dass z. B. der Gerichtssachverständige, der gegen den Willen des Betreffenden ein psychiatrisch psychologisches Gutachten erstellt, nicht tatbestandlich handelt,

---

86 Schönke/Schröder – *Lenckner*, StGB, § 203 Rn. 17.
87 Vgl. RGSt 13, 62; RGSt 66, 274; OLG Köln, NJW 2000, 3657.
88 LK – *Schünemann*, StGB, § 203 Rn. 39.
89 MK – *Cierniak*, StGB, § 203 Rn. 39; *Kühne*, JZ 1981, 648, 650; a. A. Schönke/Schröder – *Lenckner*, StGB, § 203 Rn. 15; *Schmitz*, JA 1996, 772, 776.
90 OLG Köln, NJW 2000, 3657.

wenn er aufgabengemäß über den Patienten berichtet.[91] Ansonsten unterliegt er vollumfänglich der ärztlichen Schweigepflicht.

G. Tathandlung; Offenbaren eines Geheimnisses

Die Tathandlung, der Bruch der ärztlichen Schweigepflicht, besteht in dem Offenbaren des Geheimnisses. Dies heißt: Bekanntgabe an eine Person, die nicht zum „Kreis der Wissenden" gehört und für die die mitgeteilte Tatsache neu ist.[92] Die Tathandlung muss inhaltlich so weit konkretisiert sein, dass sich zumindest aus den Umständen heraus das Offenbarte einer bestimmten Person zuordnen lässt.[93] Die anonymisierte Weitergabe von medizinischen Daten stellt kein „Offenbaren" im Sinne des § 203 StGB dar.

Genauso wie es unerheblich ist, wie der Arzt von dem Geheimnis erfahren hat, ist es auch ohne Belang, wie der Arzt dieses Geheimnis anderen zugänglich macht. Hierzu gehört die mündliche Mitteilung genauso wie die schriftliche Auskunftserteilung, z. B. in Form eines Arztbriefes oder Befundberichtes. Bei mündlichen Äußerungen ist der Geheimnisbruch begangen, wenn der andere das Geheimnis vernommen hat. Bei schriftlichen Mitteilungen liegt dieser bereits dann vor, wenn der andere die Möglichkeit der Kenntnisnahme hatte, d. h. wenn etwa der Befundbericht in den Briefkasten eingeworfen wurde.

Ein Offenbaren kann auch in einem Unterlassen liegen, wenn z. B. ein Arztbrief offen auf der Patientenanmeldung einer Praxis liegen gelassen wird. Die Möglichkeit der Kenntnisnahme durch Dritte reicht auch hier aus.[94]

Kein Offenbaren liegt vor, wenn der Arzt das Geheimnis einer Person mitteilt, die zum „Kreis der Wissenden" berufen ist. Hierzu gehören zunächst die berufsmäßigen Gehilfen des Arztes, aber darüber hinaus auch weitere Personen, die notwendigerweise in die Behandlung und Pflege des Patienten einbezogen sind. In ärztlich geleiteten Einrichtungen und medizinischen Versorgungszentren sowie in Krankenhäusern zählen hierzu alle Ärzte und Pflegekräfte, auch anderer Abteilungen, die mit der Behandlung und Betreuung des Kranken befasst sind, nicht jedoch diejenigen Ärzte, die nicht in die

---

91 *Ulsenheimer*, Arztstrafrecht in der Praxis, Rn. 366.
92 BGH, NJW 1995, 2915; BayObLG, NJW 1995, 1623.
93 NK – *Kargl*, StGB, § 203 Rn. 19.
94 Laufs/Uhlenbruck – *Laufs*, Handbuch des Arztrechtes, § 70 Rn. 9; a. A. Schönke/Schröder – *Lenckner*, StGB, § 203 Rn. 20.

Behandlung mit eingebunden sind. Zum „Kreis der Wissenden" gehört beim niedergelassenen Arzt die Arzthelferin, nicht jedoch andere Ärzte (einer anderen Arztpraxis), auch wenn es sich um weiter-, mit- oder nachbehandelnde Ärzte handelt.[95] Im Unterschied zum Krankenhaus sind diese Arztpraxen – auch wenn sie arbeitsteilig den Patienten behandeln – nicht zu einer Organisationseinheit verbunden, bei der fachübergreifende medizinische Leistungen angeboten werden.

Zum „Kreis der Wissenden" gehören in Krankenhäusern darüber hinaus auch Personen, die nicht unmittelbar in die medizinische Behandlung und Pflege des Patienten eingebunden sind, die aber aufgrund der organisatorischen Arbeitsteilung einer modernen Gesellschaft notwendigerweise am Behandlungsgeschehen beteiligt werden müssen wie z. B. Verwaltungspersonal, soweit es mit der Abrechnung der ärztlichen Behandlung betraut ist, sowie die Arztsekretärin, die für den Arzt die Fertigung des ärztlichen Schriftverkehrs übernimmt.

Um einen effektiven Schutz der Privat- und Intimsphäre des Patienten zu erreichen, dürfen diese jedoch nur insoweit miteinbezogen werden, wie es zur Erledigung ihrer Aufgaben erforderlich ist.[96] Die Wahrung der ärztlichen Schweigepflicht gebietet, dass bei der Abwicklung des Schriftverkehrs und der Regelung des Posteingangs die ärztliche Korrespondenz nicht durch eine zentrale Poststelle geöffnet wird, sowie Telefaxe mit ärztlichem Inhalt nicht bei einem zentralen Telefaxgerät eingehen.[97]

Nicht zum „Kreis der der Wissenden" gehören spezialisierte Dienstleistungsunternehmen, die bestimmte, aus der Organisationseinheit „Krankenhaus" oder „Arztpraxis" herausgelöste Tätigkeiten übernehmen, wie privatärztliche Verrechnungsstellen oder (externe) Schreibbüros.[98]

H. Subjektiver Tatbestand

Der subjektive Tatbestand des § 203 StGB verlangt Vorsatz und kann demnach nicht durch leichtfertigen Umgang mit der ärztlichen Schweigepflicht

---

95 Vgl. *Kiesecker*, in: Rieger (Hrsg.), Lexikon des Arztrechtes², Rn. 5; a. A. *Ulsenheimer*, Arztstrafrecht in der Praxis, § 8 I Rn. 370.
96 *Bockelmann*, in: Ponsold (Hrsg.), Lehrbuch der gerichtlichen Medizin, S. 14.
97 *Kiesecker*, in: Rieger (Hrsg.), Lexikon des Arztrechtes², Rn. 26.
98 *Kiesecker*, in: Rieger (Hrsg.), Lexikon des Arztrechtes², Rn. 29.

verwirklicht werden. Allerdings reicht bedingter Vorsatz aus.[99] Dieser Vorsatz muss sich auf alle Elemente des objektiven Tatbestandes beziehen. So muss der Arzt Kenntnis davon haben, dass es sich bei den Tatsachen, die er offenbart, um ein Geheimnis im Sinne des § 203 StGB handelt, sowie, dass er dieses Geheimnis in seiner Eigenschaft als Arzt in Erfahrung gebracht hat.

Die Einordnung des § 203 StGB als Vorsatzdelikt hat darüber hinaus zur Folge, dass jeder Tatbestandsirrtum nach § 16 StGB zwangsläufig zu einer Straflosigkeit des Arztes führt. Glaubt also der Arzt irrtümlich, dass eine Tatsache nicht mehr geheim sei, wird ein Bruch der ärztlichen Schweigepflicht nicht strafrechtlich geahndet. Nachdem die herrschende Lehre einen Irrtum über einen Rechtfertigungsgrund durch entsprechende Anwendung des § 16 StGB ebenfalls als Tatbestandsirrtum behandelt, ist der Arzt ebenfalls straflos, wenn er sich zum Beispiel über das Vorliegen einer Einwilligung des Patienten in die Weitergabe von Patientenunterlagen irrt.

I. Rechtswidrigkeit; Rechtfertigungsgründe für das Offenbaren eines Geheimnisses

Der Wortlaut des § 203 StGB macht bereits deutlich, dass ein Informationsaustausch zwischen Arzt und anderen Leistungserbringern im Gesundheitswesen über medizinische Patientendaten oder Einrichtungen möglich ist. Nur der „unbefugten" Weitergabe eines Geheimnisses kommt ein Unrechtsgehalt zu. Ob dabei der befugten Weitergabe oder der Verpflichtung zum Offenbaren (auch) eine tatbestandsausschließende oder (nur) die Funktion eines Rechtfertigungsgrundes zukommt, ist umstritten[100], allerdings für die ärztliche Praxis von untergeordneter Bedeutung. Bei der folgenden Darstellung wird die Einwilligung des Patienten den Rechtfertigungsgründen zugeordnet, ohne damit dem Merkmal „unbefugt" den Doppelcharakter als Rechtfertigungsgrund und tatbestandsausschließendes Merkmal absprechen zu wollen.

Konstellationen, in denen eine Weitergabe eines Arztgeheimnisses möglich oder sogar durch Gesetz geboten ist, lassen sich grob in fünf Fallgruppen untergliedern:

---

99 *Fischer*, StGB, § 203 Rn. 48; LK – *Schünemann*, StGB, § 203 Rn. 87.
100 Vgl. Schönke/Schröder – *Lenckner*, StGB, § 203 Rn. 21 m. w. N.

I. Einwilligung
II. Mutmaßliche Einwilligung
III. Rechtfertigender Notstand, § 34 StGB
IV. Wahrung berechtigter Interessen
V. Gesetzliche Offenbarungspflichten und -rechte

I. Einwilligung

Nachdem die ärztliche Schweigepflicht (auch) dem Schutz der Privat- und Intimsphäre dient, muss die Strafbarkeit entfallen, wenn auf diesen Schutz verzichtet wird.

Einigkeit besteht, dass derjenige, aus dessen Sphäre ein Geheimnis stammt, verfügungsberechtigt ist, den Arzt von seiner Schweigepflicht zu entbinden (Eigengeheimnis).[101] Betreffen die Geheimnisse den Patienten, ist dieser verfügungsberechtigt, auch wenn der Arzt als zur Verschwiegenheit Verpflichteter dieses Geheimnis nicht vom Patienten, sondern zum Beispiel von einem besorgten Angehörigen erfahren hat. Hieran ändert sich auch nichts, wenn ein Dritter ein berechtigtes Interesse an der Preisgabe des Geheimnisses hat. Ein Kind hat demnach keinen Anspruch zu erfahren, ob seine Eltern die genetische Präposition für eine Erbkrankheit in sich tragen.

Geht es darum, einen Arzt von der postmortalen Schweigepflicht zu entbinden, ist zu differenzieren. Geheimnisse, die zum persönlichen Lebensbereich des Verstorbenen gehören, gehen nicht auf den Erben über. Damit sind diese auch nicht verfügungsberechtigt und eine Einbindung von der ärztlichen Schweigepflicht ist nicht mehr möglich.[102] Handelt es sich jedoch um Geheimnisse mit vermögenswertem Bezug, gehen diese mit dem Erbfall auf die Erben über, mit der Folge, dass die Erben auch über diese verfügen können.[103] Als Beispiel zu nennen wäre der Gesundheitszustand des Verstorbenen bei Abschluss einer Lebensversicherung. Diesem kommt ein vermögenswerter Charakter zu, sofern die Versicherung ihre Leistungspflicht wegen einer angeblichen oder tatsächlichen Täuschung des Verstorbenen (über dessen Gesundheitszustand) infrage stellt.

Differenziert wird diskutiert, wenn die Person, aus dessen Sphäre das Geheimnis stammt, und die Person des Patienten nicht identisch sind (Dritt-

---

101 MK – *Cierniak*, StGB, § 203 Rn. 78; Schönke/Schröder – *Lenckner*, StGB, § 203 Rn. 23; *Fischer*, StGB, § 203 Rn. 32; *Rogall*, NStZ 83, 414.
102 RGSt 71, 21; LK – *Schünemann*, StGB, § 203 Rn. 117; BGHZ 91, 392.
103 OLG Hamburg, NJW 1962, 91; BayObLG, NJW 1987, 1492.

geheimnisse). Ein Arzt kann etwa durch den Patienten bei der Erhebung einer Fremdanamnese von der Diabeteserkrankung eines nahen Angehörigen erfahren. Kein Drittgeheimnis, sondern ein Eigengeheimnis liegt vor, wenn ein Dritter dem Arzt ein aus seiner Sphäre stammendes Geheimnis anvertraut, dass dieser für die Behandlung des Patienten als bedeutend erachtet. Dass der Arzt die hier gemachten Angaben auf der Kartei seines Patienten vermerkt, macht dies nicht zu einem Drittgeheimnis.

Eine vertretene Meinung geht bei einem Drittgeheimnis von einem selbstständigen Rechtsgutsobjekt aus, in dessen Preisgabe nur derjenige einwilligen kann, aus dessen Sphäre das Geheimnis stammt.[104] Nach anderer Meinung wird auch der Patient als berechtigt angesehen, den Arzt von seiner Schweigepflicht zu entbinden. Dem ist zuzustimmen; es begründet sich aus dem Schutzzweck der Norm. *Lenckner*, der von der Gemeinschaftsschutzlehre her argumentiert, sieht bei einer Entbindung von der Schweigepflicht durch den Patienten das allgemeine Vertrauen in die Verschwiegenheit des Arztberufes als nicht tangiert an.[105] *Schünemann* kommt aufgrund des von ihm vertretenen viktimodogmatischen Ansatzes zu demselben Ergebnis. Wenn schon der Anvertrauende das Geheimnis nach seinem Gutdünken anderen (straflos) mitteilen kann, so kann er auch „durch mittelbare Ausplauderung" andere ermächtigen dies zu tun.[106] Dagegen wird eingewandt, dass aus der eigenen Möglichkeit, etwas straflos tun zu können, nicht die Befugnis erwachsen könne, andere straffrei zu stellen.[107] Diese Bedenken greifen jedoch nicht durch. Im Falle einer erteilten Einwilligung des Patienten fehlt es an der sich aus dem Normzweck ergebenden Sozialschädlichkeit der Offenbarung und damit auch an dem sich in der Tathandlung verwirklichten Unrecht.

Eine besondere Betrachtung verdienen Geheimnisse, bei denen der Geheimnisgeschützte geschäftsunfähig oder beschränkt geschäftsfähig ist. Genauso wie bei der Einwilligung in einen ärztlichen Eingriff kommt es auch bei der Einwilligungsfähigkeit in die Weitergabe eines Geheimnisses grundsätzlich nicht auf die Rechtsgeschäftsfähigkeit an. Die natürliche Einsichts- und Urteilsfähigkeit reicht aus, sodass z. B. auch der Minderjährige bei entsprechender geistiger Entwicklung eine wirksame Einwilligung abgeben kann.[108]

---

104 MK – *Cierniak*, StGB, § 203 Rn. 76 m. w. N.
105 Schönke/Schröder – *Lenckner*, § 203 Rn. 23.
106 LK – *Schünemann*, StGB, § 203 Rn. 99; a. A. MK – *Cierniak*, StGB, § 203 Rn. 77.
107 NK – *Kargl*, StGB, § 203 Rn. 55.
108 BVerfGE 59, 387; BGHSt 4, 90; Schönke/Schröder – *Lenckner*, StGB, § 203 Rn. 24.

Eine Ausnahme dieses Grundsatzes bildet die Gruppe von Geheimnissen, denen ein vermögenswerter Charakter zukommt. Bei fehlender Geschäftsfähigkeit ist dann der Vermögenssorgeberechtigte verfügungsbefugt.[109]

Ist der Minderjährige einwilligungsfähig, obliegt die Entscheidung, ob der Arzt ein Geheimnis preisgeben kann, allein diesem und nicht etwa, aus der Personensorge oder dem ärztlichen Behandlungsvertrag hergeleitet, (auch) den gesetzlichen Vertretern.[110]

Nachdem zutreffend die Anforderungen für die Einwilligung in einen ärztlichen Eingriff nicht Hand in Hand mit den Anforderungen der Einwilligung für die Entbindung der ärztlichen Schweigepflicht gehen[111], kann das den Eltern zustehende Informationsrecht an der ärztlichen Schweigepflicht „scheitern". Konkret gemeint ist die Situation, dass die Eltern eines minderjährigen Patienten vor einem notwendigen ärztlichen Eingriff durch den Mediziner aufgeklärt werden müssen. Zur Aufklärung ist jedoch notwendig, dass der Arzt die Eltern über die Diagnose informiert, womit der Minderjährige nicht einverstanden ist.

Dieses Problem ist nicht über Einschränkung der Verfügungsbefugnis des Minderjährigen zu lösen, sondern vielmehr über den rechtfertigenden Notstand. Bei einer dringend gebotenen Operation wird im Rahmen der Güterabwägung die Gesundheit des Minderjährigen über sein Recht auf Privat- und Intimsphäre zu stellen sein.

Die Einwilligung kann nur vor der Tat erklärt werden und muss nach außen erkennbar geworden sein. Sie kann damit ausdrücklich oder konkludent erklärt werden. Ob eine Einwilligung stillschweigend durch ein konkretes Verhalten erteilt wurde, erfordert eine Betrachtung der konkreten Umstände. Dabei darf die Interpretation des Lebenssachverhaltes nicht durch eine am Ergebnis orientierte Betrachtungsweise mit dem Ziel, die ärztliche Schweigepflicht in der Praxis leichter „handhabbar" zu machen, überfrachtet werden. Die Umstände, aus denen eine konkludente Einwilligung abgeleitet wird, bedürfen einer gewissen Eindeutigkeit, um zu verhindern, dass dem Geheimnisgeschützten die faktische Obliegenheit aufgebürdet wird, der Weitergabe eines Geheimnisses an Dritte zu widersprechen.

Fehlt es an dieser Eindeutigkeit, ist es Sache des zur Verschwiegenheit Verpflichteten, die ausdrückliche Zustimmung in die Weitergabe einzuholen.[112]

---

109 NK – *Kargl*, StGB, § 203 Rn. 53.
110 *Bender*, MedR 1997, 7.
111 *Laufs*, Arztrecht, Rn. 362.
112 BGHZ 115, 128.

Keine Bedenken gegen die Annahme einer konkludent erteilten Einwilligung bestehen, wenn die Mitteilung an einen Dritten gerade dem Zweck der Inanspruchnahme des schweigepflichtigen Arztes entspricht.[113] Unterzieht sich z. B. ein Bewerber einer Arbeitsstelle einer ärztlichen Einstellungsuntersuchung, erklärt er durch seine Bereitschaft, sich untersuchen zu lassen, sein Einverständnis in die Weitergabe der von seinem zukünftigen Arbeitgeber benötigten Informationen.

Weiter kann eine konkludente Einwilligung dann angenommen werden, wenn dem Patienten bewusst ist, dass die ärztliche Leistungserbringung in einem arbeitsteiligen Zusammenwirken erfolgt, wie dies zum Beispiel in einem Krankenhaus üblich ist. Dabei ist es nicht erforderlich, dass der Patient jeden an der ärztlichen Behandlung beteiligten Arzt persönlich oder zumindest namentlich kennt.[114] Es reicht aus, wenn der Patient weiß, dass etwa Untersuchungsmaterial an den Laborarzt übergeben wird.

Die Schriftform ist nach § 203 StGB nicht notwendig. Eine Strafbarkeit nach § 203 StGB entfällt damit bei einer mündlichen Einwilligung, selbst wenn andere Rechtsvorschriften die Schriftform vorsehen.[115] Die Einwilligungserklärung muss auch nicht gegenüber dem zur Verschwiegenheit verpflichteten Arzt abgegeben werden. Es reicht, wenn diese zum Zeitpunkt der Preisgabe des Geheimnisses vorliegt.

II. Mutmaßliche Einwilligung

Die mutmaßliche Einwilligung bildet einen eigenständigen Rechtfertigungsgrund und ist nicht als Unterfall des rechtfertigenden Notstandes zu qualifizieren.[116]

Bei der konkludenten Einwilligung „erklärt" der Patient durch sein konkretes Verhalten sein Einverständnis in die Weitergabe eines Geheimnisses. Die mutmaßliche Einwilligung kommt dann zum Tragen, wenn es überhaupt an einer (wirksamen) Erklärung fehlt[117], weil der Patient seinen Willen nicht bilden oder äußern kann, wenn es sich etwa um einen Bewusstlosen oder einen Patienten handelt, der aufgrund seiner schweren Erkrankung (gegenwärtig) die notwendige Einsichts- und Urteilsfähigkeit nicht mehr besitzt. In

---

113 Schönke/Schröder – *Lenckner*, StGB, § 203 Rn. 24 b.
114 *Kiesecker*, in: Rieger (Hrsg.), Lexikon des Arztrechtes², Rn. 57.
115 Z. B. § 67 SGB X; § 73 Abs. 1b Satz 2 SGB V; § 4 Abs. 2 Satz 2 BDSG.
116 BGH, MDR 1988, 248.
117 LK – *Schünemann*, StGB, § 203 Rn. 130.

diesen Fällen hat sich der Arzt die Frage zu stellen, wie der Patient entscheiden würde, wenn dieser eine wirksame Erklärung abgeben könnte. Er hat nach Anhaltspunkten zu forschen, die Schlüsse auf den tatsächlichen Willen seines Patienten zulassen.[118]

Nicht ausreichend für eine mutmaßliche Einwilligung ist es, wenn die Preisgabe eines Geheimnisses lediglich im „wohl verstandenen Interesse" des Berechtigten ist.[119] Hierfür wäre die Weitergabe eines Arztberichtes durch Krankenhausärzte an den einweisenden Arzt als Beispiel vorstellbar.[120] In diesem Fall wäre es verfehlt, die mutmaßliche Einwilligung des Geheimnisgeschützten zu unterstellen.

Ob eine mutmaßliche Einwilligung angenommen werden kann, ist letztlich durch eine Abwägung der Umstände des Einzelfalls zu entscheiden. Ein typischer Fall aus der ärztlichen Praxis ist der Angehörige, der sich unmittelbar nach einer durchgeführten Operation nach dem aktuellen Gesundheitszustand des noch nicht ansprechbaren Patienten erkundigt. War der Angehörige in der Vergangenheit häufig bei Gesprächen des Arztes mit seinem Patienten anwesend, spricht dies dafür, dass der Patient auch jetzt der Weitergabe der Information an diesen zustimmen würde. Auch ein besonders gutes persönliches Verhältnis eines nahen Angehörigen zum Patienten ist ein Indiz dafür, dass der Patient mit der Weitergabe einverstanden wäre.

Könnte eine ausdrückliche Einwilligung in die Weitergabe von Geheimnissen eingeholt werden, ist dies grundsätzlich zu machen. Das gilt jedoch nicht, wenn der Patient offensichtlich kein Interesse an der Einhaltung der Schweigepflicht gegenüber bestimmten Personengruppen hat.[121] Die Einholung der Einwilligung wäre in diesem Fall „Förmelei". Besteht überhaupt kein Interesse an der Geheimhaltung, liegt bereits tatbestandlich mangels Geheimhaltungswillen kein Geheimnis vor.

Eine weitere Ausnahme, bei der trotz vorhandener Möglichkeit keine ausdrückliche Einwilligung des Patienten eingeholt werden muss, sind Fälle der so genannten „therapeutischen Lüge". Als Ausnahme zum Grundsatz ist bei der Anwendung Zurückhaltung angebracht. Der Arzt muss sich ausreichend vergewissern, dass keine Hinweise vorliegen, aus denen sich ergibt, dass der Patient diese Personen von der Information ausgeschlossen haben will.[122]

---

118 BGHSt 35, 248, 249.
119 Vgl. BGHZ 56, 360.
120 OLG München, OLG-Report 1993, 49.
121 BGHZ 115, 126; BGHZ 122, 120.
122 LK – *Schünemann*, StGB, § 203 Rn. 130.

III. Rechtfertigender Notstand; § 34 StGB

Ein weiteres Recht zum Offenbaren des Patientengeheimnisses ergibt sich aus § 34 StGB. Liegen die Voraussetzungen dieser Vorschrift vor, entfällt die Rechtswidrigkeit des Geheimnisbruches und damit auch die Strafbarkeit.

Das Recht, die „ärztliche Schweigepflicht" zu brechen, ergibt sich dann, wenn für ein anderes höherwertigeres Rechtsgut die gegenwärtige Gefahr besteht, dass dieses ohne Bruch der ärztlichen Schweigepflicht verletzt würde. Das geschützte Rechtsgut (z. B. die Gesundheit oder das Leben eines anderen Menschen) muss im Verhältnis zum beeinträchtigten Rechtsgut der „ärztlichen Schweigepflicht" höherrangig sein. Dies erfordert eine Bewertung der betroffenen Rechtsgüter und eine anschließende Abwägung des Arztes, ob im konkreten Einzelfall die Interessen des Patienten an der Wahrung oder aber die Interessen des Dritten an der Offenbarung des Geheimnisses überwiegen (Güterabwägungsprinzip).[123]

Der Bruch der ärztlichen Schweigepflicht muss geeignet sein, die Verletzung des bedrohten, anderen Rechtsgutes zu verhindern. Stehen dem Arzt andere Möglichkeiten zur Verfügung, auch ohne den Geheimnisbruch das bedrohte Rechtsgut vor einer Verletzung zu bewahren, d. h. ist die Gefahr „anderweitig abwendbar", muss er diesen Weg beschreiten.

In der Praxis empfiehlt sich für den Arzt folgendes abgestufte Verhalten, an dessen Ende erst der Bruch der ärztlichen Schweigepflicht steht:

Zunächst hat der Arzt den Patienten über die Folgen seines konkreten Verhaltens für andere zu informieren und ihn zu einem sozialadäquaten Verhalten anzuhalten. Sofern dies nach Art der vom Patienten ausgehenden Gefahr möglich ist, sollte ihm eine Frist gesetzt werden, sich zu besinnen. Zeigt der Patient sich uneinsichtig, hat der Arzt die Abwägung anzustellen, welche Konsequenzen sein Schweigen für andere haben könnte und sich dann für eine Offenbarung oder aber für die Wahrung der ärztlichen Schweigepflicht zu entscheiden.

Klassisches Beispiel ist die Mitteilung des Arztes an die zuständige Verwaltungsbehörde, dass ein alkoholabhängiger Patient trotz erheblichen Alkoholabusus' als Kraftfahrer am Straßenverkehr teilnimmt[124], sowie die Information an die Polizei oder das Jugendamt, dass der Verdacht einer Misshandlung eines minderjährigen Kindes besteht.[125] Die Weitergabe durch

---

123 RGSt 61, 254; BGHSt 3, 12.
124 BGH, NJW 1968, 2288.
125 Laufs/Uhlenbruck – *Ulsenheimer*, Handbuch des Arztrechtes, § 71 Rn. 11.

den Arzt ist jedoch nur dann gerechtfertigt, wenn Wiederholungsgefahr gegeben ist. Die allgemeinen Interessen an der Strafverfolgung überwiegen außerhalb der Grenzen des § 138 StGB die Interessen des Geheimnisgeschützten an der Wahrung der ärztlichen Schweigepflicht nicht.[126] Liegt eine Wiederholungsgefahr vor, ist die Offenbarung eben nicht durch das Strafverfolgungsinteresse gerechtfertigt, sondern durch das (immer) noch bedrohte Recht auf „körperliche Unversehrtheit" des Kindes.

Durch § 34 StGB wird der Arzt zum Bruch der ärztlichen Schweigepflicht freilich nicht verpflichtet. Diese Verpflichtung kann sich jedoch aus anderweitigen Vorschriften wie z. B. § 138 StGB oder aus einer Garantenstellung (etwa aus einem bestehenden Arzt-Patienten-Verhältnis) gegenüber der Person ergeben, deren Rechtsgüter gefährdet sind. Sowohl instruktiv als auch umstritten ist diesbezüglich eine Entscheidung des OLG Frankfurt, das den Arzt als verpflichtet angesehen hat, die Lebenspartnerin seines Patienten über dessen Aidserkrankung zu informieren.[127]

IV. Wahrung berechtigter Interessen

In bestimmten Fallkonstellationen wird unter dem Schlagwort „Wahrung berechtigter Interessen" dem Arzt zugestanden, Geheimnisse zu offenbaren. Anerkannte Fälle sind unter anderem eine zivilrechtliche Klage, wenn ein Patient dem Arzt das Honorar schuldig bleibt[128], und die Abwehr eines auf einen vermeintlichen oder tatsächlichen Behandlungsfehler gestützten Schadensersatzanspruches.[129]

Dabei ist der Arzt berechtigt, alle – aber auch nur diese – Tatsachen vorzutragen, die erforderlich sind, um einen ihm zustehenden Honoraranspruch durchzusetzen oder eine gegen ihn gerichtete Schadensersatzklage abzuwehren. Zur Durchsetzung oder Abwehr von Ansprüchen ist der Arzt auch berechtigt, einen Rechtsanwalt einzuschalten. Aus prozesstaktischen Gründen eine Honorarforderung abzutreten, um als Zeuge aussagen zu können, wird jedoch für unzulässig erachtet.[130] Das Gleiche soll für Tatsachen gelten, die zur schlüssigen Begründung eines Honoraranspruches nicht, wohl aber

---

126 NK – *Kargl*, StGB, § 203 Rn. 66 m. w. N.; a. A. Laufs/Uhlenbruck – *Ulsenheimer*, Handbuch des Arztrechtes, § 71 Rn. 11.
127 OLG Frankfurt, NJW 2000, 875 mit Anm. *Bender*, VersR 2000, 322.
128 BGH, NJW 1991, 2955.
129 MK – *Cierniak*, StGB, § 203 Rn. 86.
130 Schönke/Schröder – *Lenckner*, StGB, § 203 Rn. 33.

zur Substanziierung eines Arrestgrundes im Sinne der §§ 715, 719 ZPO erforderlich sind.[131]

Zur Begründung der Rechtmäßigkeit kann in vorliegenden Fällen nicht auf § 193 StGB zurückgegriffen werden. Der Vorschrift soll nach einer vertretenen Meinung der allgemeine Grundsatz entnommen werden können, dass durch eine Abwägung der widerstreitenden Güter und Interessen die Rechtfertigung einer tatbestandlichen Handlung ermittelt werden kann.[132] Diese die Grenzen des § 34 StGB überschreitende Güterabwägung ist jedenfalls auf die ärztliche Schweigepflicht nicht anwendbar.[133] Gerade das Vermögen ist im Verhältnis zu den Interessen des Patienten an der Wahrung seiner Privat- und Intimsphäre nicht höherwertig. Die bei der direkten oder analogen Anwendung des § 193 StGB vorzunehmende Güterabwägung müsste demnach zu Gunsten der Privat- und Intimsphäre des Patienten und damit zu Ungunsten der Interessen des Arztes ausfallen.[134] Die Rechtmäßigkeit dieser Fallgruppen ergibt sich vielmehr aus dem Gedanken der Rechtsschutzgewährung, der § 288 BGB zu entnehmen ist.[135] Die unter dem Schlagwort „Wahrung berechtigter Interessen" zusammengefassten Fälle lassen sich damit über den rechtfertigenden Notstand durch eine Abwägung der Interessen des Arztes an der Rechtsschutzgewährung und der Interessen des Patienten an der Wahrung seiner Privat- und Intimsphäre lösen.[136]

V. Gesetzliche Melde- und Offenbarungspflichten/-rechte

Zwischen den Interessen des Geheimnisgeschützten an der Wahrung seiner Privat- und Intimsphäre und der Notwendigkeit des Informationsaustausches in immer komplexer organisierten Strukturen der ärztlichen Leistungserbringung muss ein sachgerechter Interessenausgleich gefunden werden. Allein die Einbindung des Arztes in ein umfassendes Sozialsystem erfordert notgedrungen eine Lockerung der in ihrem Umfang weiten ärztlichen Schweigepflicht. In einer frühen Entscheidung des BSG wird diesbezüglich ausgeführt: „Patientendaten innerhalb des kassenärztlichen Versorgungssystems (sind) insoweit zu offenbaren, als ärztliche Behandlung in Anspruch genommen wird

---

131 KG, NJW 1994, 462.
132 BGHSt 1, 366; OLG Karlsruhe, NJW 1984, 676; OLG Köln, NJW 2000, 3657.
133 MK – *Cierniak*, StGB, § 203 Rn. 84.
134 Vgl. NK – *Kargl*, StGB, § 203 Rn. 70.
135 BGH, NJW 1993, 1638; OLG Stuttgart, OLGR 1998, 428; NK – *Kargl*, StGB, § 203 Rn. 70.
136 Vgl. MK – *Cierniak*, StGB, § 203 Rn. 86.

und die an der Leistungserbringung Beteiligten für ihren Leistungsbeitrag auf die Information angewiesen sind. Ohne diese beschränkte Offenbarungsbefugnis wäre das kassenärztliche Versorgungssystem, so wie es gesetzlich ausgestaltet ist, nicht funktionsfähig."[137]
Sichtbar wird dies in zahlreichen Vorschriften, die den Arzt verpflichten, auch personenbezogene Daten an Dritte weiterzuleiten. Dem Geheimnisgeschützten sind diese regelmäßig nicht bekannt. Eine gesonderte Hinweispflicht besteht allerdings nicht. Die gesetzlichen Melde- und Offenbarungspflichten finden sich in verschiedenen (Spezial-)Gesetzen verstreut, auf die nur auszugsweise eingegangen werden soll.

§§ 138, 139 Abs. 3 StGB
§ 138 StGB normiert bezüglich bestimmter bevorstehender Straftaten von besonderem Gewicht eine Anzeigepflicht für den Arzt sowie seinen berufsmäßigen Gehilfen. In § 139 Abs. 3 Satz 2 und Satz 3 StGB ist ein Wahlrecht vorgesehen, sofern ihnen das Geheimnis anvertraut wurde.

§§ 6 bis 15 IfSG (Infektionsschutzgesetz)
Bei bestimmten ansteckenden Krankheiten verpflichtet das Infektionsschutzgesetz den Arzt dazu, den Krankheitsfall zu melden. Je nachdem um welche Infektionen es sich handelt, erfolgt entweder eine namentliche oder eine anonymisierte Meldung. Die namentliche Meldung enthält neben der konkreten Krankheit als Mindestangaben den Namen, die Anschrift, das Alter sowie das Geschlecht des Patienten.

§§ 16 Abs. 3, 17 Abs. 4 Röntgenverordnung (RöV)
Die RöV verlangt keine namentliche Meldung eines Patienten. Allerdings sind zum Schutz des Patienten vor unnötigen Strahlenbelastungen nach §§ 16 Abs. 3, 17 Abs. 4 RöV den ärztlichen Stellen bei den Landesärztekammern Originalröntgenaufnahmen zur Prüfung vorzulegen. Hintergrund für die Vorlagepflicht von Originalen ist, dass bisher noch keine Kopierverfahren entwickelt wurden, die eine Duplizierung ohne Qualitätsverlust ermöglichen. Auf Röntgenbildern ist der Name des Patienten untrennbar zu integrieren (vgl. DIN 6827 Teil 4 im Abschnitt 4), sodass die ärztlichen Stellen neben der in der Aufnahme verkörperten Diagnose auch vom Namen des Patienten Kenntnis erlangen.

---

137 BSG, NJW 1986, 1574.

§§ 17 Abs. 1 S. 1 Nr. 3, 18 Personenstandsgesetz (PerStdG)
Der bei einer Geburt anwesende Arzt ist in einer bestimmten Rangreihenfolge neben anderen verpflichtet, die Geburt eines Kindes beim Standesbeamten mündlich anzuzeigen, §§ 17 Abs. 1 Nr. 3, 19 PerStdG. Mitteilungspflichtige Tatsachen sind Namen, Beruf, Wohnort und Staatsangehörigkeit der Eltern, die Zeit der Geburt und der Name sowie das Geschlecht des Kindes.

§ 16 Melderechtsrahmengesetz (MRRG)
§ 16 MRRG verpflichtet die Leiter eines Krankenhauses oder deren Beauftragte Angaben über die Identität der von ihnen aufgenommenen Personen zu machen. Diese Angaben sind in ein Verzeichnis aufzunehmen und soweit verlangt – aber auch nur dann – der nach Landesrecht zuständigen Behörde mitzuteilen. Voraussetzung ist, dass diese Auskunft zur Abwehr einer erheblichen und gegenwärtigen Gefahr, zur Verfolgung von Straftaten oder zur Aufklärung des Schicksals von Vermissten und Unfallopfern im konkreten Fall notwendig und erforderlich ist. Verweigert eine in das Krankenhaus aufgenommene Person Auskünfte über ihre Identität, sind Sachauskünfte nur dann zulässig, wenn sich eine Anfrage der Polizei eindeutig auf diese Person bezieht.

Offenbarungspflichten nach dem Sozialgesetzbuch (SGB)
Die in den einzelnen Sozialgesetzbüchern verankerten Offenbarungspflichten richten sich nur an den (Vertrags-)Arzt, Ärzte im Krankenhaus und Angehörige anderer Heilberufe (vgl. § 203 Abs. 1 Nr. 1 StGB), die medizinische Leistungen für gesetzlich versicherte Patienten erbringen. Ausgangsnorm bildet § 100 SGB X, der allerdings für sich keinen Anspruch eines Sozialversicherungsträgers auf Offenbarung von Patientendaten gibt. Ohne Einwilligung des Patienten besteht nur dann eine Offenbarungspflicht, wenn ein bezogen auf den Einzelfall konkretisiertes Auskunftsersuchen eines Leistungsträgers in der gesetzlichen Sozialversicherung vorliegt. Die erbetene Auskunft muss zur Aufgabenerfüllung des Leistungsträgers erforderlich und gesetzlich zugelassen sein. Einen Einblick soll folgende kurze Darstellung geben:
– Übermittlung an die Kassenärztliche Vereinigung gemäß §§ 294 ff. SBG V Abrechnung, § 295 Abs. 1 Nr. 2 und 3 SGB i. V. m. § 291 Abs. 2 Nr. 1 bis 10 SGB V, Wirtschaftlichkeitsprüfung, §§ 296 ff. SGB V
– Übermittlung an eine gesetzliche Krankenkasse gemäß §§ 294 ff. SGB V Mitteilung von Krankheitsursachen und drittverursachten Gesundheitsschäden, §§ 294 a SGB V; Arbeitsunfähigkeitsbescheinigung, § 295 Abs. 1 Nr. 1 SGB V; zur Durchführung eines Prüfverfahrens der ärztlichen Behandlungs- und Vorgehensweise, § 298 SGB V

- Übermittlung an den Medizinischen Dienst der Krankenkassen (MDK) gemäß §§ 275 ff. SGB V i. V. m. § 45; § 62 Bundesmantelvertrag-Ärzte bzw. § 19 Bundesmantelvertrag Ärzte/Ersatzkassen, zur Erfüllung der Pflichten des MDK in Bezug auf Begutachtung und Beratung.
- Übermittlung an die Berufsgenossenschaft gemäß §§ 201, 203 SGB VII bei Vorliegen einer Berufskrankheit.

II.5 Das Ausstellen unrichtiger Gesundheitszeugnisse und das Verfälschen einer echten Urkunde

Ulrich Schroth

Inhaltsverzeichnis

A. Das Ausstellen unrichtiger Gesundheitszeugnisse, § 278 StGB _254
   I. Rechtsgut _254
   II. Sonderdelikt _254
   III. Begriff des Gesundheitszeugnisses _255
   IV. Tathandlung _256
   V. Subjektiver Tatbestand _258
   VI. Sonstiges _260
B. Zur Verfälschung einer echten Urkunde nach § 267 StGB _260

Literaturverzeichnis

Fischer, Thomas, Strafgesetzbuch und Nebengesetze, Kommentar, 56. Auflage, 2009
Gercke, Björn, Das Ausstellen unrichtiger Gesundheitszeugnisse nach § 278 StGB, MedR 2008, 592
Jähnke, Burkhard/Laufhütte, Heinrich Wilhelm/Odersky, Walter (Hrsg.), Strafgesetzbuch, Leipziger Kommentar, Band 7, 11. Auflage 2005
Joecks, Wolfgang/Miebach, Klaus (Hrsg.), Münchener Kommentar zum Strafgesetzbuch, Band 4, 2006
Kindhäuser, Urs/Neumann, Ulfrid/Paeffgen, Hans Ulrich (Hrsg.), Nomos Kommentar zum Strafgesetzbuch, 2. Auflage 2005
Lackner, Karl/Kühl, Kristian, Strafgesetzbuch, Kommentar, 26. Auflage 2007
Rigizahn, Ernest F., Anmerkung zu OLG Koblenz 19.9.1994, 2 Ss 123/94, MedR 1995, 32
Schönke, Adolf/Schröder, Horst (Hrsg.), Strafgesetzbuch, Kommentar, 27. Auflage 2006
Schroth, Ulrich, Strafrecht Besonderer Teil, 4. Auflage 2006
Ulsenheimer, Klaus, Arztstrafrecht in der Praxis, 4. Auflage 2008

Dass Ärzte aus den unterschiedlichsten Gründen Gesundheitszeugnisse für ihre Patienten erstellen, ist ein ganz alltäglicher und häufiger Vorgang. Der Straftatbestand des § 278 StGB spielt dennoch in der Rechtspraxis eine nur untergeordnete Rolle. Im Strafverfahren beschränkt sich die Bedeutung dieses Delikts meist auf das Stadium des staatsanwaltschaftlichen Ermittlungsverfahrens und wird im Anschluss regelmäßig eingestellt. In der Polizeilichen Kriminalstatistik taucht der Tatbestand nicht einmal gesondert auf.[1] Diesem quantitativ geringen Hellfeld dürfte gleichwohl ein weitaus größeres Dunkelfeld an tatsächlich begangenen Taten gegenüberstehen. Gerade im heutigen „stressigen" Ausbildungs- und Arbeitsleben sind „Gefälligkeitsatteste" wohl keine Seltenheit.[2]

A. Das Ausstellen unrichtiger Gesundheitszeugnisse, § 278 StGB

I. Rechtsgut

Rechtsgut des § 278 StGB ist das Vertrauen in die Wahrheit und Echtheit ärztlicher Gesundheitszeugnisse.[3] Dieser Straftatbestand pönalisiert, im Gegensatz zu den meisten Urkundsdelikten, ausnahmsweise die schriftliche Lüge.[4] Das Rechtsgut ist aber nur insoweit geschützt, als die Gesundheitszeugnisse gegenüber Behörden und Versicherungsgesellschaften[5] benutzt werden sollen.[6]

II. Sonderdelikt

In § 278 StGB ist festgelegt, dass eine Strafbarkeit von Ärzten[7] und anderen approbierten Medizinalpersonen[8] gegeben ist, wenn sie wider besseres Wissen

---

1 *Gercke*, MedR 2008, 592.
2 *Ulsenheimer*, Arztstrafrecht in der Praxis, Rn. 386; *Gercke*, MedR 2008, 592.
3 NK – *Puppe*, StGB, § 278 Rn. 2.
4 *Gercke*, MedR 2008, 592.
5 Ausführlich zu den Begriffen der Behörde und der Versicherungsgesellschaft *Gercke*, MedR 2008, 594.
6 *Schroth*, BT, S. 244.
7 Vgl. §§ 2, 10, 13, 14 BÄO.
8 Auflistung bei MüKoStGB – *Erb*, StGB, § 278 Rn. 3.

ein unrichtiges Zeugnis über den Gesundheitszustand eines anderen[9] Menschen ausstellen. Dieser Tatbestand ist damit ein Sonderdelikt, das nicht von jedermann, sondern nur von Ärzten einerseits und von anderen approbierten Medizinalpersonen andererseits begangen werden kann. Auch diese Personen kommen aber nur als Täter in Betracht, soweit sie in eben dieser Rolle handeln. Sie sind nicht mehr Täter, wenn sie außerhalb ihrer Eigenschaft als Arzt oder als andere approbierte Medizinalperson handeln, etwa als Vater ihrem schulpflichtigen Kind ein unrichtiges Zeugnis ausstellen.[10]

Der Kreis der Täter beschränkt sich auf alle in Heilberufen Tätige, deren Ausbildung gesetzlich geregelt ist und mit einem Staatsexamen beendet wird. Ärzte kommen als Täter nur in Betracht, wenn sie approbiert sind (§ 13 BÄO). Approbiert ist zu verstehen als amtlich zugelassen. Das Gleiche gilt für Krankenpfleger, Masseure, Medizinisch-technische Assistenten und Hebammen.[11] Heilpraktiker kommen als Täter nicht in Betracht, da sie kein Staatsexamen absolvieren und nicht approbiert sind, sondern lediglich eine behördliche Erlaubnis nach § 1 Abs. 1 HeilprG benötigen.[12]

Die Täterqualifikation ist ein strafbegründendes persönliches Merkmal im Sinne von § 28 Abs. 1 StGB.[13] D. h., beteiligt sich ein Teilnehmer an der Straftat, der dieses besondere persönliche Merkmal nicht aufweist, muss die Strafe deswegen gem. § 28 Abs. 1 i. V. m. § 49 Abs. 1 StGB gemildert werden.

III. Begriff des Gesundheitszeugnisses

Gesundheitszeugnisse im Sinne des § 278 StGB sind Erklärungen, die Auskunft über den Gesundheitszustand eines Menschen geben, sowohl über aktuelle, als auch über vergangene oder voraussichtliche Befindlichkeiten eines Menschen.[14]

---

9 Das Gesundheitszeugnis muss sich auf einen anderen Menschen als den Aussteller beziehen. Zwar ließe der Wortlaut des § 278 auch eine andere Auslegung zu, die Beschränkung des § 278 auf andere Menschen lässt sich aber durch den abweichenden Wortlaut des § 277 begründen, der ausdrücklich zwischen beiden Fällen unterscheidet. Zudem ist der Aussteller im Rahmen von § 278 ohne Weiteres erkennbar, sodass es eines Schutzes vor den Gefahren einer Selbstbegutachtung des Arztes, im Unterschied zu § 277, nicht bedarf.
10 NK – *Puppe*, StGB, § 278 Rn. 5.
11 *Ulsenheimer*, Arztstrafrecht in der Praxis, Rn. 387.
12 *Fischer*, StGB, § 203 Rn. 12.
13 *Ulsenheimer*, Arztstrafrecht in der Praxis, Rn 387.
14 *Lackner/Kühl*, StGB, § 277 Rn. 1.

Typische Gesundheitszeugnisse sind etwa Krankenscheine, Impfscheine, gutachterliche Äußerungen von Ärzten, Arbeitsunfähigkeitsbescheinigungen, ärztliche Bescheinigungen (z. B. zur Erlangung von Arbeitszeitverlängerungen in Examina) mit und ohne Darstellung der Krankengeschichte. Zu den Gesundheitszeugnissen zählen auch die Ergebnisse von gerichtsmedizinischen Blutalkoholuntersuchungen.[15]

Abbildungen, seien es Röntgenbilder, Ultraschallbilder oder Computertomogramme, sind nach richtiger Auffassung *keine* Gesundheitszeugnisse.[16] Der BGH hat dies indes bisher offengelassen.[17] Voraussetzung der Annahme eines Gesundheitszeugnisses ist es, dass sich aus diesem ein klarer Inhalt ergibt. Ein Bild hat keinen eindeutigen Inhalt, sondern ist ein interpretierbarer Gegenstand.[18] Ein klarer Inhalt ergibt sich erst nach der Interpretation. Das Bild an sich genießt somit noch kein Vertrauen.

Kein Gesundheitszeugnis ist auch der Totenschein[19], da hier keine Angaben über den Gesundheitszustand, sondern über die Todesursache gemacht werden. Eine unrichtige Ausstellung wird sich vielfach als Strafvereitelung, § 258 StGB, oder als mittelbare Falschbeurkundung, § 271 StGB, erfassen lassen.[20]

Ist in dem Zeugnis nur der Gesundheitszustand von Tieren dokumentiert, so liegt hierin ebenso *kein* Gesundheitszeugnis im Sinne des § 278 StGB.

IV. Tathandlung

Die Tathandlung ist das Ausstellen eines *unrichtigen Zeugnisses*. Die Unrichtigkeit eines Zeugnisses sollte nach den gleichen Maßstäben bemessen werden wie die falsche Aussage.[21] Zur Frage, wann ein Gesundheitszeugnis falsch ist, existieren unterschiedliche Ansichten. Einerseits wird die Auffassung vertreten, dass dies anzunehmen ist, wenn die Aussage nicht mit der Wirklichkeit übereinstimmt (sog. objektive Theorie). Andererseits wird gesagt, ein Gesundheitszeugnis sei falsch, wenn es nicht mit der Überzeugung des Arztes übereinstimmt (sog. subjektive Theorie). Und schließlich wird argumentiert, eine Aussage in einem Gesundheitszeugnis sei falsch, wenn sie nicht das Wis-

---

15 *Ulsenheimer*, Arztstrafrecht in der Praxis, Rn. 388.
16 A. A. *Ulsenheimer*, Arztstrafrecht in der Praxis, Rn. 388.
17 Vgl. BGHSt 43, 346 ff.
18 NK – *Puppe*, StGB, § 278 Rn. 3.
19 *Ulsenheimer*, Arztstrafrecht in der Praxis, Rn. 389.
20 Vielfach greifen auch landesrechtliche Bußvorschriften, vgl. *Ulsenheimer*, Arztstrafrecht in der Praxis, Rn. 389.
21 Zu den Auffassungen, die hierzu vertreten werden, vgl. *Schroth*, BT, S. 328 m. w. N.

sen wiedergibt, das der Arzt hätte erlangen können, wenn er etwa die Untersuchung sorgfältig durchgeführt hätte.

Letztere Auffassung ist sicherlich unrichtig, da in diesen Fällen die fahrlässige Falschausstellung unter Strafe gestellt werden würde, was § 278 StGB aber nicht vorsieht. Die subjektive Theorie ist ebenfalls nicht angemessen, da ein Gesundheitszeugnis dann schon richtig wäre, wenn es der Überzeugung oder auch nur der Intuition des Arztes entspricht. Angemessen ist jedenfalls von der Grundstruktur her die *objektive Theorie*. Ein Gesundheitszeugnis ist unrichtig, wenn über Sachverhalte, die wahr oder falsch sein können, falsche Aussagen getroffen werden[22], wenn es also inhaltlich unrichtig ist.

Beispiele hierfür sind:
- Einzelbehauptungen oder Einzelsachverhalte werden wahrheitswidrig angegeben[23].
- Es werden Diagnosen behauptet, die falsch sind.
- Es werden Untersuchungen behauptet, die nicht stattgefunden haben.[24]

Eine *Prognose* ist falsch, wenn sie nach seriösem Stand der Wissenschaft in einer bestimmten Situation nicht hätte getroffen werden dürfen. Wird beispielsweise von einem Arzt vorausgesagt, dass ein Examensprüfling nach ca. 50 Minuten nicht mehr in der Lage sein wird, manuell zu schreiben, so ist diese Prognose falsch, wenn es keinerlei inhaltliche Anhaltspunkte für diese Aussage gibt.[25]

Weiter sind Zeugnisse unrichtig, in denen *Gesamtbeurteilungen* ohne jegliche Tatsachengrundlage abgegeben werden oder die nach den Standards der medizinischen Wissenschaft völlig unangemessen sind. So wird jedenfalls die Seriosität eines Gesundheitszeugnisses unter Schutz gestellt.

Die Nichtvornahme einer Untersuchung, die nach dem Stand der medizinischen Wissenschaft für eine Diagnose notwendig gewesen wäre, macht ein Gesundheitszeugnis nicht unrichtig, wenn der Arzt sich im Ergebnis eine tragfähige Bewertungsgrundlage verschafft hat, auch wenn diese vom Umfang her hinter den an sich gegebenen Untersuchungsmöglichkeiten zurückbleibt.[26]

---

22 Vgl. zum Problem das analoge Problem im Rahmen der Aussagedelikte. Einen Überblick über den Meinungsstreit gibt *Schroth*, BT, S. 139.
23 *Ulsenheimer*, Arztstrafrecht in der Praxis, Rn. 389a.
24 Schönke/Schröder – *Cramer/Heine*, StGB, § 278 Rn. 2.
25 So wurde dies zur Begründung der Notwendigkeit, dass ein Student die Berechtigung haben müsse, einer Person seine Klausuren zu diktieren, in einem ärztlichen Attest behauptet.
26 MüKoStGB – *Erb*, StGB, § 278 Rn. 4.

Allerdings ist die Behauptung, man habe eine Untersuchung vorgenommen, die tatsächlich nicht vorgenommen wurde, hinreichend, um von dem Ausstellen eines unrichtigen Gesundheitszeugnisses auszugehen. Der Arzt hat allerdings die Möglichkeit, auch ohne Untersuchung des Patienten auf Grund von sonstigen Informationen (z. B. Schilderung der Symptome durch einen anderen Arzt oder am Telefon) ein Gesundheitszeugnis auszustellen. Er muss dann aber im Gesundheitszeugnis offenlegen, auf welcher Beurteilungsgrundlage das Zeugnis beruht und dass eine körperliche Untersuchung nicht stattgefunden hat.[27]

Folgebescheinigungen, die blind erstellt werden, sind falsch. Zwar wird es nicht immer notwendig sein, für diese eine genaue Diagnose aufzustellen, mit einer Folgebescheinigung wird aber konkludent behauptet, dass sie auf angemessener Tatsachengrundlage erstellt ist. Dies ist bei einer blinden Verlängerung der Bescheinigung nicht mehr gegeben.

V. Subjektiver Tatbestand

Das Ausstellen unrichtiger Gesundheitszeugnisse ist nur dann strafbar, wenn die Ausstellung zum Gebrauch bei einer Behörde oder Versicherungsgesellschaft erfolgt.[28] Die Ausstellung zum Gebrauch muss vorsätzlich sein. Der Behördenbegriff ist in § 11 Nr. 7 StGB angesprochen, aber nicht definiert. Behörde ist eine von der Person unabhängige, mit bestimmten Mitteln für eine gewisse Dauer ausgestattete Einrichtung, die hoheitliche Staatsgeschäfte erfüllt.[29] Behörden sind beispielsweise Dienststellen von Gemeinden[30], Landratsämter oder Ministerien, Verwaltungen von Sparkassen[31], gesetzliche Krankenkassen[32], Schulen und Fakultäten von Universitäten[33], Konsulate in Deutschland, Versicherungsgesellschaften, gleich welcher Rechtsform, insbesondere Haftpflichtversicherungsunternehmen, Lebens- und (private) Krankenversicherungsunternehmen.[34] Der Gesundheitszustand muss für Vertragsabschluss oder Leistungspflicht eine Rolle spielen. Eine Absicht zum Gebrauch ist nicht erforderlich, dolus eventualis ist hinreichend. Soll das

---

27 MüKoStGB – *Erb*, StGB, § 278 Rn. 4.
28 *Schroth*, BT S. 244.
29 So etwa *Fischer*, StGB § 11, Rn. 29; RG 33, 383; 54, 150; hierzu auch § 1 Abs. 4 VwVfG.
30 RG 40, 161.
31 RG 62, 247.
32 RG 74, 267.
33 RG 75, 112.
34 *Fischer*, StGB, § 277 Rn. 4; hierzu ausführlich *Gercke*, MedR 2008, 594.

Gesundheitszeugnis lediglich den Sinn haben, der Evaluation von Behandlungsmethoden oder der Qualitätssicherung zu dienen, so liegt kein Vorsatz zum Gebrauch bei einer Behörde vor.

Der Umstand, dass der ausstellende Arzt gegebenenfalls bei der Behörde angestellt ist, der das Zeugnis vorgelegt werden soll, steht einer Anwendung von § 278 nicht entgegen.[35]

Das Benutzen des Gesundheitszeugnisses selbst gehört nicht zum Tatbestand, ebenso wenig das Herausgeben des Zeugnisses.[36]

Bezüglich der Unrichtigkeit des Zeugnisses verlangt der Tatbestand ein Handeln „wider besseres Wissen". Erforderlich ist deshalb mindestens dolus directus zweiten Grades. Der Vorsatz des Täters muss auch den Verwendungszweck des Gesundheitszeugnisses – die Vorlage bei einer Behörde oder Versicherung – umfassen; insoweit ist es aber ausreichend, dass der Täter mit dolus eventualis gehandelt hat.[37]

Der Arzt muss demnach wissen, dass sein Zeugnis unrichtig ist.[38] Geht der das Gesundheitszeugnis ausstellende Arzt von der Richtigkeit des erstellten Gesundheitszeugnisses aus, so liegt ein Tatbestandsirrtum vor. Dieser schließt gemäß § 16 Abs. 1 StGB den Vorsatz aus und lässt somit den Tatbestand entfallen. Fahrlässiges Handeln ist nicht unter Strafe gestellt. Irrt der Arzt über den Umfang der Strafbarkeit des Ausstellens unrichtiger Gesundheitszeugnisse (stellt er sich etwa vor, nur das Gebrauchmachen bei Behörden sei strafbar, nicht jedoch das bei Versicherungsgesellschaften), so kommt, wenn das Gesundheitszeugnis Versicherungsgesellschaften vorgelegt werden soll und der Arzt dies weiß, nur ein Verbotsirrtum in Betracht.[39] Ein Täter muss nicht den Umfang eines Tatbestandes richtig kennen, es ist hinreichend, wenn er den Sachverhalt, der eine Strafrechtsnorm begründen kann, und dessen Bedeutung kennt (Parallelwertung in der Laiensphäre).

Wenn der Arzt einen zutreffenden Befund, von dem er glaubt, dass er richtig ist, den er aber nicht selbst diagnostiziert hat, bescheinigt und gleichzeitig in der ärztlichen Bescheinigung nicht nur den Befund mitteilt, sondern auch, dass er diesen festgestellt habe, so liegt hierin das vorsätzliche Ausstellen eines unrichtigen Gesundheitszeugnisses. Der Arzt, der die Vornahme einer Diag-

---

35 LK – *Gribbohm*, StGB, § 278 Rn. 2.
36 *Fischer*, StGB, § 278 Rn. 3.
37 *Gercke*, MedR 2008, 594.
38 *Ulsenheimer*, Arztstrafrecht in der Praxis, Rn. 390.
39 Anders wohl OLG Frankfurt, NJW 1977, 2029.

nose vorspiegelt, die er nicht getroffen hat, stellt ein unrichtiges Gesundheitszeugnis aus, auch wenn dies – intuitiv – vom Ergebnis her richtig war.

§ 278 StGB ist auch anwendbar, wenn der Arzt keinen Vorteil erreichen und auch niemanden benachteiligen will. Zum Vorsatz gehört es auch nicht, dass der Arzt ungerechtfertigte Maßnahmen erstrebt.[40]

VI. Sonstiges

Die Schuld des Arztes ist nur dann ausgeschlossen, wenn ein unvermeidbarer Verbotsirrtum, was in der Regel nicht der Fall sein dürfte, anzunehmen ist.

Darauf hinzuweisen ist, dass der Versuch, da § 278 StGB ein Vergehen ist, nicht strafbar ist.

Soweit ein Amtsarzt handelt, wird § 278 StGB von § 348 StGB im Wege der Gesetzeskonkurrenz verdrängt.[41]

B. Zur Verfälschung einer echten Urkunde nach § 267 StGB

Soweit Ärzte die schriftliche Einwilligungserklärung in einen operativen Eingriff verändern, liegt hierin ein *Verfälschen einer echten Urkunde* gem. § 267 StGB. Urkunden sind verkörperte Gedankenerklärungen, die geeignet und bestimmt sind, im Rechtsverkehr Beweis zu erbringen und ihren Aussteller erkennen lassen.[42] Dies ist selbstverständlich bei schriftlichen Einwilligungserklärungen anzunehmen.

Auch in einer Klinik geführte Krankenakten sind Urkunden. Soweit die Krankenakte aus mehreren Blättern besteht, kommt eine Gesamturkunde in Betracht.[43] Generell haben die Aussteller von Urkunden eine Dispositionsbefugnis über den Inhalt der Urkunde. Die Richtigkeit einer Urkunde wird nicht über § 267 StGB gesichert. Die Dispositionsbefugnis gilt jedoch nicht für die Krankenakte. Wie *Ulsenheimer* zu Recht sagt, endet die Dispositionsbefugnis der Ärzte und damit das Recht des jeweiligen Arztes zur nachträglichen Änderung der Eintragungen in den Krankenakten in dem Moment, in dem die „während der Behandlung eines Patienten erhobenen Befunde voll-

---

40 BGHSt 10, 157.
41 Schönke/Schröder – *Cramer/Heine*, StGB, § 278, Rn. 7.
42 *Fischer*, StGB, § 267 Rn. 2.
43 *Ulsenheimer*, Arztstrafrecht in der Praxis, Rn. 391a.

ständig schriftlich dokumentiert und in die Krankenakte eingelegt sind".[44] In diesen Fällen sind die Krankenunterlagen dem zulässigen Einflussbereich des Arztes entzogen. Dies bedeutet, dass ein Arzt, der eine Eintragung eines Assistenzarztes für falsch hält, diese, wenn die Eintragung in der Krankenakte steht, nur insofern berichtigen darf, als er den Eintrag stehen lässt, aber durch die eigene Auffassung ergänzt.[45] Insofern hat der Tatbestand der Urkundenfälschung den Sinn, die Rechenschaftspflicht gegenüber Patienten zu sichern. Wie weit die Sicherung im Einzelnen geht, ist umstritten. Nach Rechtsprechung des OLG Koblenz dürfen etwa Blutwerte eines Patienten, die vom Laborpersonal ermittelt worden sind und in die Krankenakte eingetragen wurden, nicht nachträglich verändert werden.[46] Diese Rechtsprechung ist sicherlich richtig, wenn man die Eintragungen des Laborpersonals als Einzelurkunden wertet, für die das Laborpersonal als Aussteller verantwortlich ist.[47]

Gesamturkunden – und das sind die Krankenakten – sind fälschbar im Sinne von § 267 StGB, wenn Einzelurkunden gefälscht (bzw. unechte hergestellt) sowie Teile der Gesamturkunde entfernt werden.

---

44 *Ulsenheimer*, Arztstrafrecht in der Praxis, Rn. 391b.
45 So völlig richtig *Ulsenheimer*, Arztstrafrecht in der Praxis, Rn. 391b.
46 Vgl. OLG Koblenz, NJW 1995, 1624f. mit ablehnender Anm. *Rigizahn*, MedR 1995, 32. *Rigizahns* Ausführungen überzeugen insoweit, als erkennbar sein muss, dass das Laborpersonal Aussteller ist. Wenn implizit deutlich wird, dass das Laborpersonal Aussteller ist, so liegt sicherlich eine Einzelurkunde vor.
47 So zu Recht LK – *Gribbohm*, StGB, § 267 Rn. 209.

II.6 Drittmitteleinwerbung und Korruption

Imme Roxin

Inhaltsverzeichnis

A. Die Bestechungstatbestände _265
B. Die Problematik _265
C. Der Tatbestand der Bestechungsdelikte _267
  I. Rechtsprechungsbeispiele _267
  II. Der Täterkreis in §§ 331/332 StGB _270
  III. Der Vorteilsbegriff _271
  IV. Die „Dienstausübung" in § 331 StGB _276
  V. Die Unrechtsvereinbarung _277
  VI. Tatbestandseinschränkung durch den BGH – Anzeige und Genehmigung _280
  VII. Der Tatbestand des § 332 StGB (Bestechlichkeit) im Zusammenhang mit der Drittmitteleinwerbung _282
  VIII. Die BGH-Entscheidungen zur Drittmitteleinwerbung in der Literatur _284
  IX. Die vom Bundesgerichtshof für die Einwerbung von Drittmitteln geforderte Anzeige- und Genehmigungspflicht _288
D. Ergebnis _292

Literaturverzeichnis

Ambos, Kai, Zur Strafbarkeit der Drittmittelakquisition, JZ 2003, 345
Bernsmann, Klaus, Die Korruptionsdelikte (§§ 331 ff. StGB) – eine Zwischenbilanz, StV 2003, 521
Bruns, Wolfgang, Sponsoring in Krankenhäusern, ArztR 2003, 260
Cramer, Peter, Zum Vorteilsbegriff bei den Bestechungsdelikten, in: Schünemann, Bernd/Achenbach, Hans/Bottke, Wilfried et al. (Hrsg.), Festschrift für Claus Roxin, 2001, S. 945
Dauster, Manfred, Private Spenden zur Förderung von Forschung und Lehre: Teleologische Entschärfung des strafrechtlichen Vorteilsbegriffs nach § 331 StGB und Rechtfertigungsfragen, NStZ 1999, 63

Dieners, Peter/Taschke, Jürgen, Die Kooperation der medizinischen Industrie mit Ärzten und Krankenhäusern, PharmR 2000, 309

Diettrich, Stefanie/Schatz, Holger, Drittmittelforschung: Überlegungen zur Minimierung des strafrechtlichen Risikos, MedR 2001, 614

Erlinger, Rainer, Drittmittelforschung unter Korruptionsverdacht?, MedR 2002, 60

Fischer, Thomas, Strafgesetzbuch und Nebengesetze, Kommentar, 56. Auflage 2009

Greeve, Gina, Korruptionsdelikte in der Praxis, 2005

Göben, Jens, Die Auswirkungen des Gesetzes zur Bekämpfung der Korruption auf die Forschungstätigkeit von Hochschulangehörigen, MedR 1999, 345

Günter, Hans Helmut, Unbegründete Ängste der Klinikärzte und der pharmazeutischen Industrie vor den Änderungen der Antikorruptionsgesetze, MedR 2001, 457

Haeser, Petra A., Erfahrungen mit der neuen Rechtslage im Korruptionsstrafrecht und Drittmittelrecht, MedR 2002, 55

Heinrich, Bernd, Rechtsprechungsüberblick zu den Bestechungsdelikten (§§ 331 – 335 StGB) (1998–2003) – 1. Teil, NStZ 2005, 197, 2. Teil, NStZ 2005, 256

Kindhäuser, Urs/Goy, Barbara, Zur Strafbarkeit ungenehmigter Drittmitteleinwerbung, NStZ 2003, 291

Kindhäuser, Urs/Neumann, Ulfrid/Paeffgen, Hans-Ullrich (Hrsg.), Nomos Kommentar (NK), Strafgesetzbuch, 2. Auflage 2005

Knauer, Christoph/Kaspar, Johannes, Restriktives Normverständnis nach dem Korruptionsbekämpfungsgesetz, GA 2005, 385

Korte, Matthias, Bekämpfung der Korruption und Schutz des freien Wettbewerbs mit den Mitteln des Strafrechts, NStZ 1997, 513

Korte, Matthias, Anmerkung zu BGH, 23.05.2003, NStZ 2003, 156

Kuhlen, Lothar, Untreue, Vorteilsannahme und Bestechlichkeit bei Einwerbung universitärer Drittmittel, JR 2003, 231

Lackner, Karl/Kühl, Kristian, Strafgesetzbuch Kommentar, 26. Auflage 2007

Laufs, Adolf, Ärzte und Sponsoren, NJW 2002, 1770

Lüderssen, Klaus, Antikorruptions-Gesetze und Drittmittelforschung, JZ 1997, 112

Lüderssen, Klaus, Drosselung des Medizinischen Fortschritts durch Kriminalisierung der Drittmittelförderung – Selbstregulierung der Betroffenen als Ausweg, PharmR 2001, 82

Mansdörfer, Marco, Strafrechtliche Haftung für Drittmitteleinwerbung an staatlichen Hochschulen, wistra 2003, 211

Michalke, Regina, Drittmittel und Strafrecht – Licht am Ende des Tunnels?, NJW 2002, 3381

Michalke, Regina, Konfusion als System – Die Genehmigung bei Vorteilsannahme und Vorteilsgewährung (§ 331 Abs. 3 und § 333 Abs. 3 StGB), in: Hanack, Ernst-Walter/Mehle, Volker/Hilge, Hans (Hrsg.), Festschrift für Riess, 2002, S. 771

Pfeiffer, Gerd, Von der Freiheit der klinischen Forschung zum strafrechtlichen Unrecht?, NJW 1997, 782

Rönnau, Thomas, Untreue und Vorteilsnahme durch Einwerbung von Drittmitteln?, JuS 2003, 232

Rudolphi, Hans-Joachim/Horn, Eckard/Samson, Erich, Systematischer Kommentar (SK), Strafgesetzbuch, 6. Auflage 2003

Runge, Matthias, Korruptionsvorwürfe: Reaktionen und Konzepte der Industrie, PharmR 2001, 86

Sanchez-Hermosilla, Fernando, Korruptionsstrafrecht und Drittmitteleinwerbung, Kriminalistik 2002, 506

Satzger, Helmut, Bestechungsdelikte und Sponsoring, ZStW 2003, 469

Schmidt, Andreas/Güntner, Michael, Drittmitteleinwerbung und Korruptionsstrafbarkeit – Rechtliche Prämissen und rechtspolitische Konsequenzen, NJW 2004, 471

Schönke, Adolf/Schröder, Horst, Strafgesetzbuch, Kommentar, 27. Auflage 2006

Schroth, Ulrich, Strafrecht Besonderer Teil, 4. Auflage 2006

Tag, Brigitte, Drittmitteleinwerbung – strafbare Dienstpflicht? – Überlegungen zur Novellierung des Straftatbestandes der Vorteilsannahme, JR 2004, 50

Taschke, Jürgen, Drittmittelforschung und Strafrecht – Zugleich eine Besprechung der Urteile des Bundesgerichtshofs vom 23.05.2002 (1 StR 372/01) und vom 23.10.2002 (1 StR 541/01), PharmR 2002, 417

Tholl, Frank, Zur Strafbarkeit wegen Untreue und Vorteilsannahme bei der Drittmitteleinwerbung an Universitätskliniken, wistra 2003, 181

Verrel, Torsten, Überkriminalisierung oder Übertreibung?, MedR 2003, 319

Wienke, Albrecht/Lippert, Hans-Dieter, Kommentar zu den 9. Einbecker Empfehlungen der Deutschen Gesellschaft für Medizinrecht, WissR 2002, 233

Zieschang, Frank, Die Auswirkungen des Gesetzes zur Bekämpfung der Korruption auf den Forschungsbereich, WissR 1999, 111

Zieschang, Frank, Anmerkung zu HansOLG Hamburg, 14.01.2000 – 2 Ws 243/99, OLG Hamburg, 11.07.2000 – 2 Ws 129/00, OLG Karlsruhe, 30.03.2000 – 2 Ws 181/99, Strafverteidiger 2001, 277, 284, 288, StV 2001, 290

A. Die Bestechungstatbestände

Ein Amtsträger oder ein für den öffentlichen Dienst besonders Verpflichteter wird wegen Vorteilsannahme mit Freiheitsstrafe bis zu drei Jahren oder Geldstrafe bestraft, wenn er für die Dienstausübung einen Vorteil für sich oder einen Dritten fordert, sich versprechen lässt oder annimmt (Vorteilsannahme – § 331 StGB). Eine erhöhte Freiheitsstrafe von sechs Monaten bis zu fünf Jahren ist in § 332 StGB für den Fall angedroht, dass die Vorteilsannahme als Gegenleistung für eine pflichtwidrige Diensthandlung gefordert, angenommen oder versprochen wird (Bestechlichkeit). Es wird also nicht etwa die bloße Vorteilsannahme als solche bestraft. Erforderlich ist vielmehr auch nach der Neufassung der §§ 331, 332 StGB weiterhin eine Unrechtsvereinbarung.[1] Die Beteiligten müssen wenigstens stillschweigend dahingehend übereingekommen sein, dass der Amtsträger die Zuwendung für irgendeine vorgenommene oder vorzunehmende dienstliche Tätigkeit erhält.[2]

B. Die Problematik

Angesichts knapper staatlicher Mittel sind die Hochschulen und andere öffentliche Forschungseinrichtungen insbesondere in der kostenintensiven medizinischen Forschung auf Drittmittel angewiesen. § 25 HRG sieht die Einwerbung von Drittmitteln ausdrücklich vor. Art. 7 Abs. 7 BayHSchG statuiert eine Pflicht der Hochschulen, zur Finanzierung der ihnen übertragenen Aufgaben durch Einwerbung von Mitteln Dritter beizutragen.[3] Manche Hochschulgesetze machen die Höhe der Mittelzuweisung für Lehre und Forschung für eine Klinik oder Klinikabteilung u. a. von der Summe der eingeworbenen Drittmittel abhängig (z. B. Art. 7 Abs. 1 Satz 4 BayHSchG).

Drittmittel sind Zuwendungen für Forschung und Lehre sowie Aufträge Dritter[4] (z. B. Zulassungsstudien, Anwendungsbeobachtungen). Unter den Begriff fallen nicht nur Geldleistungen, sondern auch die Förderung durch Sachmittel (s. unten C I. Fälle 3 und 6).[5]

---

1 Vgl. *Ambos*, JZ 2003, 345, 349; *Knauer/Kaspar*, GA 2005, 385, 392.
2 SK – *Rudolphi/Stein*, StGB, § 331 Rn. 29; *Fischer*, StGB, § 331 Rn. 23.
3 Ähnliche Regelungen enthalten andere Länderhochschulgesetze.
4 Vgl. Art. 7 Abs. 7 BayHSchG.
5 *Göben*, MedR 1999, 345.

Verurteilungen im Zusammenhang mit der Drittmitteleinwerbung wegen korrupten Verhaltens betreffen, soweit ersichtlich, ausschließlich den medizinischen Bereich. Drittmittelgeber ist vor allem die Medizinprodukte- und Pharmaindustrie, die verständlicherweise am Absatz ihrer Produkte interessiert ist, „nichts zu verschenken hat und auf Gewinnerzielung angelegt ist".[6] Es ist aber nicht nur diese Verflechtung zwischen Verkäufer/Drittmittelgeber einerseits und den Hochschulen als Käufer und Drittmittelempfänger andererseits, die unter dem Gesichtspunkt der Bestechungsdelikte problematisch sein kann. Die betreffende Industrie ist im Rahmen der Zulassungsverfahren ihrer Produkte auf klinische Prüfungs- und Anwendungsbeobachtungen angewiesen (§§ 17 ff. Medizinproduktegesetz u. §§ 40 ff. Arzneimittelgesetz). Eine Zusammenarbeit beider Industriezweige mit Krankenhäusern und Ärzten ist damit zwingend vorgegeben.[7] Entsprechende entgeltliche Verträge mit Klinikärzten stehen zwar genauso wenig wie Beschaffungsentscheidungen *per se* unter einem pauschalen Korruptionsverdacht. Dennoch hat sich in der Rechtsprechung gezeigt, dass auch in diesem Bereich Korruptionsvorwürfe nicht selten sind.

Zwar ist die grundsätzliche Anwendbarkeit der §§ 331/332 StGB im Bereich der Drittmitteleinwerbung nicht mehr streitig.[8] In der Literatur wird aber von einem widersprüchlichen Verhalten des Staates gesprochen.[9] Es könne nicht eine Pflicht zur Einwerbung von Drittmitteln bestehen, und dann der Einwerbende der Strafverfolgung wegen Vorteilsannahme bzw. Bestechlichkeit ausgesetzt werden.[10] Andererseits müssen aber die Lauterkeit des öffentlichen Dienstes und das Vertrauen der Allgemeinheit in die Sachgerechtigkeit und Nichtkäuflichkeit staatlicher Entscheidungen (Rechtsgut der §§ 331/332 StGB) unbedingt gewahrt werden.[11] Die sich aus diesem Beziehungsgeflecht im Zusammenhang mit den Bestechungstatbeständen ergebenden Probleme sollen nachfolgend anhand von Rechtsprechungsbeispielen erörtert werden.

---

6 *Haeser*, MedR 2002, 55; ebenso *Verrel*, MedR 2003, 319, 321; a. A. NK – *Kuhlen*, StGB, § 331 Rn. 90, der meint, Drittmittel würden vielfach nur für Forschung und Lehre gewährt.
7 *Pfeiffer*, NJW 1997, 782, 783; vgl. auch *Fischer* StGB. § 331 Rn. 27 b.
8 *Fischer*, StGB, § 331 Rn. 27.
9 *Dieners/Taschke*, PharmR 2000, 309, 319; siehe auch LG Bonn, StV 2001, 292, 294.
10 *Lüderssen*, PharmR 2001, 82, 84.
11 BGHSt 47, 295, 308.

C. Der Tatbestand der Bestechungsdelikte

I. Rechtsprechungsbeispiele

Gerichtsentscheidungen zu korruptem Verhalten bei der Drittmitteleinwerbung sind ganz überwiegend zu §§ 331/332 a. F. StGB ergangen. Sie können aber als Beispielsfälle für die zu erörternden Probleme auch für die seit dem 13.08.1997 geltende Fassung der §§ 331/332 StGB dienen. Da die Korruptionstatbestände durch das Korruptionsbekämpfungsgesetz vom 13.08.1997 verschärft worden sind, wäre in den Beispielsfällen eine Verurteilung auf der Grundlage der neuen Fassung der Bestechungsdelikte noch leichter möglich gewesen.[12] Nach geltendem Recht muss der Vorteil in § 331 StGB nicht mehr als Gegenleistung für eine bestimmte Diensthandlung gefordert, angenommen oder versprochen werden, sondern nur noch allgemein für die Dienstausübung. Auch genügt es jetzt, wenn der Vorteil einem Dritten zufließt und nicht dem Fordernden oder Annehmenden. Die Fragen, wann im Rahmen der Drittmitteleinwerbung der einwerbende Amtsträger einen Vorteil erlangt und wann die sowohl nach altem wie nach neuem Recht erforderliche Unrechtsvereinbarung vorliegt, stellen sich also nach der alten wie nach der neuen Fassung der Bestechungstatbestände gleichermaßen.

Fall 1: BGH, Urteil vom 19.10.1999[13]
Der Angeklagte war als Oberarzt eines Krankenhauses für die Bestellung von Herzschrittmachern zuständig. Für 26 Bestellungen erhielt er persönlich 11 Geldzahlungen von der italienischen Lieferfirma, insgesamt 184 000,00 DM, ausbezahlt, ziemlich genau 15 % der Bestellsumme. Außerdem wurden er und seine Ehefrau in 13 Fällen von der Lieferfirma in Gourmet-Restaurants eingeladen. Das Ehepaar unternahm zudem auf Kosten der Firma zwei mehrtägige Reisen an den Sitz der Lieferfirma.

Fall 2: OLG Hamburg, Beschluss vom 14.01.2000[14]
Ein Oberarzt eines Universitätskrankenhauses, der faktisch die Entscheidungsbefugnis über die Bestellung von Medizinprodukten innehatte, erhielt von einem Lieferanten von Herzschrittmachern Kongressteilnahmen finanziert, außerdem Honorare für die Durchführung von Fortbildungsveranstaltungen und die Erstellung von Untersuchungsprotokollen sowie für einen

---

12 OLG Köln, NStZ 2002, 35, 38; *Verrel*, MedR 2003, 319, 325.
13 NStZ 2000, 90 f.
14 StV 2001, 277 ff.

Beratervertrag. Bei der Annahme war dem Oberarzt bewusst, dass die Lieferfirma an die Zuwendungen die Erwartung knüpfte, er werde die Zuwendungen bei der weiteren Entscheidung über Bestellungen berücksichtigen.

Fall 3: OLG Karlsruhe, Beschluss vom 30.03.2000[15]
Der Angeklagte, ein Hochschulprofessor, war ärztlicher Direktor einer Abteilung der Universitätsklinik. Er nahm als Gegenleistung für Bestellungen von Herzklappenprothesen, Herzschrittmachern und Defibrillatoren aufgrund von Vereinbarungen mit Lieferfirmen die kostenlose Überlassung hochwertiger medizintechnischer und sonstiger Geräte zu Forschungszwecken sowie die Reparaturkosten für ein solches Gerät für seine Abteilung an.

Fall 4: OLG Köln, Beschluss vom 21.09.2001[16]
Der Angeklagte, ein Hochschulprofessor, war Direktor der Klinik für Nuklearmedizin einer Universität. Mit verschiedenen Lieferantenfirmen vereinbarte er umsatzabhängige Zahlungen für Bestellungen von Medizinprodukten. Die Zahlungen flossen auf ein Drittmittelkonto, das allein der Disposition des Angeklagten unterlag. Die auf dem Konto vorhandenen Gelder wurden ganz überwiegend nicht für die Forschung verwandt, sondern zur Aufrechterhaltung des allgemeinen Klinikbetriebes (Personalausstattung, Anschaffung medizinischer Geräte), wovon auch 10 % Privatpatienten des Angeklagten betroffen waren.
Außerdem erhielt der Angeklagte von der Firma die Erstattung von Reisekosten zu Kongressen, Kosten für Essen mit Gastprofessoren und für von ihm als Einladendem veranstaltete Weihnachtsfeiern seiner Abteilung.

Fall 5: BGH, Urteil vom 23.05.2002[17]
Der Angeklagte, ein ordentlicher Universitätsprofessor, war ärztlicher Direktor der Abteilung Herzchirurgie des Universitätsklinikums. Er war verantwortlich für die Auswahl und den Einsatz der implantierten Herzklappen und Herzschrittmacher. Die eigentliche Bestellung und Aushandelung der Konditionen mit den Lieferfirmen oblag der Materialverwaltung der Universität. Aufgrund einer Vereinbarung zwischen dem Angeklagten und Mitarbeitern der das Klinikum beliefernden Medizintechnikfirma wurden dem Angeklagten umsatzabhängige „Boni" gutgeschrieben, die nach Auffassung der Firma der Forschung zugutekommen sollten. Die „Boni" hatten keine Preiserhöhung für die Produkte zur Folge. Vielmehr reduzierten sie die Provisionen der für die Firma agierenden Handelsvertreter. Die Auszahlung

---

15 StV 2001, 288 ff.
16 NStZ 2002, 35 ff.
17 BGHSt 47, 295 ff.

der Gelder erfolgte auf das Konto eines auf Initiative des Angeklagten gegründeten Fördervereins für seine Abteilung. Mit diesen Mitteln wurden entsprechend dem Vereinszweck Mitarbeitern der Herzchirurgie Kongressreisen finanziert, die Beschaffung und Wartung von Büro- und medizintechnischen Geräten bezahlt, Probanden in verschiedenen Studien sowie Aushilfslöhne für geringfügig Beschäftigte bei diversen Forschungsprojekten honoriert.

Fall 6: BGH, Urteil vom 23.10.2002[18]

Der Angeklagte, ein Universitätsprofessor und Leiter der Abteilung für Herzchirurgie eines Universitätsklinikums, erhielt von Firmen, die seine Abteilung mit medizintechnischen Produkten belieferten, Zuwendungen und Leistungen. Die Firmen übernahmen die Kosten für Kongressreisen sowie für Betriebs- und Weihnachtsfeiern, zu denen der Angeklagte einlud. Im Gegenzug zu Beschaffungsentscheidungen wurde seiner Abteilung ein medizintechnisches Gerät als Dauerleihgerät überlassen.

Fall 7: BGH, Urteil vom 25.02.2003[19]

Der Angeklagte, ein Universitätsprofessor, war in der Abteilung für Thorax-, Herz- und Gefäßchirurgie maßgeblich verantwortlich für die Auswahl der den einzelnen Patienten implantierten Herzschrittmacher. Er erhielt Geldzuwendungen von einem Unternehmen, das u. a. Herzschrittmacher herstellte. Die Firma verband mit diesen Zuwendungen die Erwartung, der Angeklagte werde ihre Produkte bevorzugen. Es handelte sich um Zahlungen für vom Angeklagten veranlasste medizinische Forschungsarbeiten, die teils über das von dem Universitätskrankenhaus für den Angeklagten eingerichtete Drittmittelkonto flossen, um Honorarzahlungen und Nebenkostenerstattungen für Fachvorträge und deren Vorbereitung, um die Bezahlung der Organisation von Fortbildungsveranstaltungen oder der Teilnahme des Angeklagten als Referent hieran, sowie um Zahlungen für Arbeitsessen.

Die Sachverhalte betreffen, wie leicht erkennbar, nur teilweise Leistungen, die unter den Drittmittelbegriff fallen. Die anderen Zuwendungen sind ohne Einschränkungen unter die Bestechungstatbestände zu subsumieren (z. B. Zuwendungen für Gourmetessen, Privatreisen, Betriebsfeiern). Überhaupt machen Drittmittelzuwendungen im Vergleich zur „normalen" Bestechung im Rahmen der Bestechungsdelikte nur einen geringen Teil der Fälle aus.

In allen geschilderten Fällen mit Ausnahme des Falles 7 haben die Gerichte eine Strafbarkeit nach §§ 331/332 StGB angenommen. Im Fall 7 war ein Zu-

---

18 NStZ 2003, 158.
19 NStZ-RR 2003, 171.

sammenhang zwischen Vorteilsannahme und der Bestellung von Medizinprodukten nicht nachweisbar.

II. Der Täterkreis in §§ 331/332 StGB

Täter einer Vorteilsannahme oder Bestechlichkeit gem. §§ 331/332 StGB kann nur ein Amtsträger oder ein für den öffentlichen Dienst besonders Verpflichteter sein.

Amtsträger ist nach § 11 Abs. 1 Nr. 2 StGB u. a., wer nach deutschem Recht Beamter ist oder in einem sonstigen öffentlich-rechtlichen Amtsverhältnis steht, sowie derjenige, der dazu bestellt ist, Aufgaben öffentlicher Verwaltung wahrzunehmen. Entscheidend ist die Art der Aufgabe, nicht in welcher juristischen Form sie wahrgenommen wird. Amtsträger sind daher auch Bedienstete einer privatrechtlichen juristischen Person (z. B. einer Krankenhaus-GmbH oder -AG), der die Wahrnehmung öffentlicher Aufgaben vertraglich oder satzungsmäßig übertragen ist.[20] Dies ist durch das Korruptionsbekämpfungsgesetz mit dem Zusatz *„unbeschadet der zur Aufgabenerfüllung gewählten Organisationsform"* in § 11 Abs. 1 Nr. 2 c) StGB ausdrücklich klargestellt worden.[21]

Die strafrechtlichen Verurteilungen wegen Vorteilsannahme und Bestechlichkeit im Zusammenhang mit der Drittmitteleinwerbung betrafen medizinische Hochschulprofessoren und den Oberarzt eines Kreiskrankenhauses, Personen also, die unter den obigen Amtsträgerbegriff eingeordnet werden können. In allen bekannten Entscheidungen ist denn auch die Amtsträgereigenschaft von den Gerichten problemlos bejaht worden.[22]

Ärzte und andere Mitarbeiter medizinischer Einrichtungen, die keine öffentlichen Aufgaben wahrnehmen, sind hingegen keine Amtsträger oder für den öffentlichen Dienst besonders Verpflichtete. Dies gilt insbesondere für Ärzte in kirchlichen oder privaten Krankenhäusern.[23] Diese können sich ggf. aber nach § 299 StGB wegen Bestechlichkeit im geschäftlichen Verkehr strafbar machen, wenn sie einen Vorteil für sich oder einen Dritten als Gegenleistung dafür fordern, sich versprechen lassen oder annehmen, dass sie einen anderen beim Bezug von Waren oder gewerblichen Leistungen im Wett-

---

20 *Fischer*, StGB, § 331 Rn. 4a, b; *Runge*, PharmR 2001, 86, 88.
21 Schönke/Schröder – *Eser*, StGB, § 11 Rn. 22.
22 Vgl. *Dieners/Taschke*, PharmR 2000, 309, 312.
23 *Heinrich*, NStZ 2005, 197, 201; *Bruns*, ArztR 2003, 260, 261 ff., 262 f.; *Erlinger*, MedR 2002, 60.

bewerb in unlauterer Weise bevorzugen.[24] § 299 StGB hat bislang in der Drittmittelproblematik nur eine untergeordnete Rolle gespielt,[25] weil ein anderes Rechtsgut als in den §§ 331/332 StGB, nämlich das Allgemeininteresse an einem freien Wettbewerb,[26] betroffen ist.

III. Der Vorteilsbegriff

Vorteil im Sinne der §§ 331/332 StGB ist jede Leistung, die den Amtsträger oder einen Dritten wirtschaftlich, rechtlich oder auch nur persönlich objektiv besser stellt und auf die er keinen Anspruch hat.[27] Der Vorteil kann sowohl materieller wie immaterieller Art sein. Soweit im Hinblick auf die berufliche Stellung ein immaterieller Vorteil in Betracht kommt, muss dieser einen objektiv messbaren Inhalt haben und den Amtsträger in irgendeiner Weise tatsächlich besser stellen.[28] In allen oben dargestellten Entscheidungen haben die Gerichte das Vorliegen eines Vorteils für den Amtsträger bejaht.

Eine wirtschaftliche Besserstellung ergab sich selbstverständlich in den Fällen, in denen der Amtsträger persönlich Gelder erhielt, ohne dafür seinerseits eine Leistung erbringen zu müssen (Fall 1). Einen wirtschaftlichen Vorteil hatten aber auch die Amtsträger, die Einladungen in Gourmetrestaurants erhielten (Fall 1), denen Privat- oder Kongressreisen (Fälle 1, 2, 4, 6, 7) sowie Essenseinladungen für Gastprofessoren (Fall 4), Arbeitsessen (Fall 7) und Weihnachts- bzw. Betriebsfeiern (Fälle 4, 6) finanziert wurden. Die Amtsträger hätten selber zahlen müssen, wenn die Firmen sie nicht unterstützt hätten.[29]

Nach den §§ 331/332 a. F. StGB war der Vorteil in den Fällen schwieriger zu begründen, in denen Firmen Geldzahlungen auf von der Universität eingerichtete Drittmittelkonten der Amtsträger leisteten (Fall 4), an einen Förderverein für eine Klinikabteilung zahlten (Fall 5), oder der Klinik oder einer ihrer Abteilungen kostenlos hochwertige medizinische Geräte überließen (Fälle 3, 6). Da nach den §§ 331/332 a. F. StGB eine Vorteilsannahme bzw. Bestechlichkeit nur vorlag, wenn der Vorteil dem Amtsträger selbst zufloss,[30]

---

24 Vgl. *Dieners/Taschke*, PharmR 2000, 309, 317; *Bruns*, ArztR 2003, 260, 262 f.
25 *Bruns*, ArztR 2003, 260, 262 f.
26 *Lackner/Kühl*, StGB, § 299 Rn. 1.
27 *Fischer*, StGB, § 331 Rn. 11.
28 BGHSt 47, 295, 304.
29 BGH, NStZ 2003, 158; vgl. auch *Laufs*, NJW 2002, 1770.
30 *Fischer*, StGB, § 331 Rn. 13.

konnten in diesen Fällen die §§ 331/332 a. F. StGB nur bejaht werden, wenn aus diesen Zuwendungen an Dritte mittelbar dem Amtsträger selbst ein Vorteil erwuchs.[31] Tatsächlich ist in den obigen Fällen ein derartiger mittelbarer Vorteil bejaht worden. Es wurde auf die objektiv messbare Verbesserung der persönlichen Wirkungsmöglichkeiten des Amtsträgers[32] oder auf die Verbesserung auch seiner Arbeits- und Forschungsmöglichkeiten abgestellt.[33] Die in der Rechtsprechung teilweise vertretene Auffassung, schon die Befriedigung des Ehrgeizes oder die Erhaltung oder Verbesserung von Karrierechancen sei ein derartiger mittelbarer Vorteil,[34] hat der BGH in seinem Urteil vom 23.05.2002 nicht bestätigt. *„Es erscheint dem Senat eher fernliegend, Ansehensmehrung und Steigerung der wissenschaftlichen Reputation ... als Vorteil zu begreifen."* Damit würde man dem Amtsträger letztlich anlasten, *„dass er seine forschungs- und klinikbezogenen Aufgaben möglichst gut zu erfüllen versuchte*[35]*"*.

Wie bereits oben ausgeführt bedarf es nach der Neufassung der §§ 331/332 StGB des Umweges über einen mittelbaren Vorteil nicht mehr, weil seit dem 13.08.1997 ein eigennütziges Verhalten des Amtsträgers nicht erforderlich ist, sondern die §§ 331/332 StGB auch dann erfüllt sind, wenn die Zuwendung an einen Dritten fließt.[36] Sowohl der Förderverein (Fall 5) als auch die Anstellungskörperschaft (Fall 7) sind in diesem Sinne als Dritte anzusehen.[37] Dritter ist jeder, der nicht an der Unrechtsvereinbarung beteiligt ist.[38]

Speziell mit Blick auf die Problematik der Pflicht zur Drittmitteleinwerbung einerseits und der Strafverfolgung wegen Vorteilsannahme andererseits wird in Literatur und Rechtsprechung zwischen privat- und staatsnützigen Vorteilen unterschieden. Staatsnützige Vorteile sollen nicht unter die §§ 331/332 n. F. StGB fallen.[39] *„Zuwendungen Dritter an einen universitären*

---

31 *Lackner/Kühl*, StGB, § 331 Rn. 6.
32 BGH, NStZ 2003, 160.
33 BGHSt 47, 295, 305; OLG Karlsruhe, StV 2001, 288, 289; OLG Köln, NStZ 2002, 35.
34 OLG Karlsruhe, StV 2001, 288, 289; OLG Hamburg, StV 2001, 284, 285; OLG Hamburg StV 2001, 277, 279; s. auch *Haeser*, MedR 2002, 55, 57.
35 BGHSt 47, 295, 304.
36 SK – *Rudolphi/Stein*, StGB, § 331 Rn. 23a; *Bernsmann*, StV 2003, 521, 526.
37 *Fischer*, StGB, § 331 Rn. 14; SK – *Rudolphi/Stein*, StGB, § 331 Rn. 23a; *Greeve*, Korruptionsdelikte, Rn. 250; *Dieners/Taschke*, PharmR 2000, 309, 316; a. A. *Wienke/Lippert*, WissR 2002, 233, 239; *Bruns*, ArztR 2003, 260, 264; LG Bonn, StV 2001, 292, 293.
38 NK – *Kuhlen*, StGB § 331 Rn. 45.
39 LG Bonn, StV 2001, 292; ähnlich *Dauster*, NStZ 1999, 63, 66, der zwischen privat- und eigennützig und Staats- und Forschungssphärennützigkeit unterscheidet; zustimmend auch *Michalke*, FS für Riess, 2002, S. 771, 779 f.; siehe auch *Wienke/Lippert*, WissR 2002, 233, 239.

Forschungsträger sind vom weiten Vorteilsbegriff der §§ 331 ff. StGB auszunehmen, wenn sich die Wirkungen dieser Zuwendungen objektiv messbar, d. h. in geldwerten Daten greifbar, nur im dienstlichen Forschungsbereich des universitären Amtsträgers niederschlagen." „Ausscheiden müssen die Fälle", so *Dauster*, „*wo sich der betreffende Uni-Angehörige nicht persönlich bereichert.*"[40] Zu Recht hat das OLG Köln diese Unterscheidung als nicht durchführbar abgelehnt.[41] Hinter jeder staatsnützigen Zuwendung stecken in aller Regel, wenn auch nur mittelbare, Vorteile Privater.[42] Die Unterscheidung widerspricht zudem der Intention des Korruptionsbekämpfungsgesetzes, mit der Neufassung der §§ 331/332 StGB auch Drittvorteile zu erfassen.[43]

Da ein Vorteil nach der eingangs gegebenen Definition ausscheidet, wenn der Amtsträger auf die Zuwendung einen rechtswirksamen Anspruch hat, liegt es nahe, Zahlungen der Industrie für Fortbildungsveranstaltungen, Zulassungsstudien, Anwendungsbeobachtungen, Beraterverträge oder Fachvorträge jedenfalls dann nicht als Vorteil im Sinne der §§ 331/332 StGB zu begreifen, wenn die Leistungen des Amtsträgers ein angemessenes Äquivalent für das gewährte Honorar darstellen.[44] In der Literatur wird dieser Gesichtspunkt insbesondere für den Fall der gesetzlich vorgeschriebenen Zulassungsstudien und Anwendungsbeobachtungen vertreten.[45] Nach der Auffassung der Rechtsprechung kann ein Vorteil in diesen Fällen aber bereits im Abschluss des Vertrages liegen, auf den der Amtsträger keinen Anspruch hat.[46] Denn bereits durch die Begründung des Rechtsanspruches wird der Amtsträger in aller Regel besser gestellt. Dies gilt auch, soweit Rechtsnormen eine Pflicht zur Durchführung von klinischen Studien bestimmen (vgl. §§ 17 ff. Medizinproduktegesetz u. §§ 40 ff. Arzneimittelgesetz). Denn auch

---

40 *Dauster*, NStZ 1999, 63, 67.
41 OLG Köln, NStZ 2002, 35; abl. auch *Knauer/Kaspar*, GA 2005, 385, 392.
42 *Satzger*, ZStW 2003, 469, 477.
43 So auch *Verrel*, MedR 2003, 319, 323; *Haeser*, MedR 2002, 55 spricht polemisch von „der passenden Hinbiegung der strafrechtlichen Normen".
44 Vgl. *Zieschang*, StV 2001, 290, 291; *ders.*, WissR 1999, 111, 119; *Lüderssen*, JZ 1997, 112, 114; *Sanchez-Hermosilla*, Kriminalistik 2002, 506, 511; *Verrel*, MedR 2003, 319, 322; *Taschke*, PharmR 2002, 417, 425; *Günter*, MedR 2001, 457, 458; *Bruns*, ArztR 2003, 260, 264; a. A. *Rönnau*, JuS 2003, 232, 235; *Fischer*, StGB, § 331 Rn. 12.
45 *Runge*, PharmR 2001, 86, 88 f.; *Diettrich/Schatz*, MedR 2001, 614, 615; *Verrel*, MedR 2003, 319, 322; *Zieschang*, StV 2001, 290, 292; nach *Haeser*, MedR 2002, 55, 56 entfällt in diesen Fällen die Unrechtsvereinbarung.
46 BGHSt 31, 264, 280; ebenso SK – *Rudolphi/Stein*, StGB, § 331 Rn. 22a; *Fischer*, StGB, § 331 Rn. 12; Schönke/Schröder – *Heine*, StGB, § 331 Rn. 18; *Lackner/Kühl*, StGB, § 331 Rn. 4; NK – *Kuhlen*, StGB, § 331 Rn. 52 ff.; *Ambos*, JZ 2003, 345, 351; *Knauer/Kaspar*, GA 2005, 385, 392.

in diesen Fällen hat der einzelne Arzt keinen Anspruch darauf, mit der Durchführung der Studien beauftragt zu werden.[47] Diese Rechtsprechung hat der BGH unlängst für Nebentätigkeiten des Amtsträgers bestätigt. Der Vorteil könne gerade in der Übertragung der Nebentätigkeiten liegen,[48] und zwar unabhängig von der Angemessenheit des Entgelts.[49]

Vonseiten der Wissenschaft hat es bei den Beratungen zum Korruptionsbekämpfungsgesetz Versuche gegeben, im Bereich der Drittmitteleinwerbung wirtschaftlich ausgewogene Leistungsverhältnisse bis zur Grenze der §§ 134, 138 BGB ganz aus dem Anwendungsbereich des § 331 StGB herauszunehmen. In den Tatbestand sei, so *Pfeiffer*,[50] entsprechend dem geplanten § 299 (Angestelltenbestechung), der Begriff der Bevorzugung „in unlauterer Weise" einzufügen oder der Begriff des Vorteils sei auf „unangemessene Vorteile" zu beschränken.[51]

Solche Vorschläge sind nicht Gesetz geworden.[52] Es ist bei dem weiten Vorteilsbegriff geblieben. In Anbetracht dieser Tatsache kommt auch die vielfach nach Inkrafttreten der §§ 331/332 n. F. StGB vertretene teleologische Reduktion des Vorteilsbegriffes auf unangemessene Vorteile nicht in Betracht.[53] Die Angemessenheit des Austauschverhältnisses bedeutet nicht, dass der Amtsträger seine Beschaffungsentscheidungen unbeeinflusst von einer solchen Verdienstmöglichkeit fällt.[54] So hält der BGH in seiner Leitentscheidung vom 23.05.2002 denn auch ausdrücklich fest, dass Drittmittel ein Vorteil i. S. d. §§ 331, 332 StGB sind.[55]

Die Annahme der Drittmittel durch den Amtsträger kann weder aufgrund der *Forschungsfreiheit des Art. 5 Abs. 3 Satz 1 GG*,[56] noch wegen *Sozialadäquanz* als tatbestandslos angesehen werden.

---

47 OLG Hamburg, StV 2001, 277, 279; Schönke/Schröder – *Heine*, StGB, § 331 Rn. 18.
48 BGH, NStZ-RR 2003, 171; s. auch OLG Hamburg, StV 2001, 277, 279.
49 BGH, NStZ 2008, 216, 217.
50 NJW 1997, 782; s. auch *Lüderssen*, JZ 1997, 112, 117.
51 *Lüderssen*, JZ 1997, 112, 114.
52 Ablehnend auch SK – *Rudolphi/Stein*, StGB, § 331 Rn. 27a.
53 Dafür aber *Zieschang*, WissR 1999, 111, 119; *ders*. StV 2001, 290, 291; *Sanchez-Hermosilla*, Kriminalistik 2002, 506, 511; *Verrel*, MedR 2003, 319, 322; *Günter*, MedR 2001, 457, 458; *Tag*, JR 2004, 50, 57 plädiert für eine Ergänzung von § 331 dergestalt, dass die Vorschrift nicht vorliegen soll, wenn der Vorteil dienst- oder hochschulrechtlich erlaubt ist.
54 SK – *Rudolphi/Stein*, StGB, § 331 Rn. 22a.
55 BGHSt 47, 295, 308; s. auch *Ambos*, JZ 2003, 345, 351; *Göben*, MedR 1999, 345, 348.
56 OLG Karlsruhe, StV 2001, 288; OLG Hamburg, StV 2001, 284, 288; BGHSt 47, 295, 307; *Rönnau*, JuS 2003, 232, 236; *Ambos* JZ 2003, 345, 352; a. A. *Cramer*, in: FS für Roxin, S. 945, 948; vgl. auch *Dauster*, NStZ 1999, 63, 67.

Aus der Forschungsfreiheit folgt nicht automatisch die Straffreiheit bei jeder Einwerbung von Mitteln zur Durchführung der Forschung.[57] Zwar verlangt der hohe Rang der Wissenschafts- und Forschungsfreiheit Beachtung. Auf der anderen Seite ist aber die besondere Pflichtenstellung des Amtsträgers zu berücksichtigen, die sich ebenfalls aus der Verfassung ergibt (Art. 33 Abs. 5 GG). Bei einer Abwägung muss die Wissenschafts- und Forschungsfreiheit jedenfalls dann zurücktreten, wenn sich der Amtsträger die Mittel für die Forschung entgegen vorhandenen Vorschriften ohne Offenlegung gegenüber den zuständigen Stellen verschafft hat.[58] Die Heimlichkeit der Vorgehensweise ist ein Indikator für die strafbare Vorteilsannahme.[59] Zudem würde ein derartig eingeschränktes Verständnis des Tatbestandes im Bereich von Wissenschaft und Forschung zu einer Art Drittmittel-Schattenwirtschaft führen, was dem Rechtsgut der Korruptionsdelikte zuwiderliefe.[60]

Nach der Lehre von der Sozialadäquanz sind relativ geringfügige Aufmerksamkeiten oder übliche, von der Allgemeinheit gebilligte und daher in strafrechtlicher Hinsicht im sozialen Leben gänzlich unverdächtige Handlungen nicht tatbestandsmäßig.[61] Von geringfügigen Aufmerksamkeiten wird schon bei baren Zuwendungen in Höhe von 50,00 € nicht mehr gesprochen,[62] so dass dieser Gesichtspunkt bei der Drittmitteleinwerbung keine Rolle spielen kann. In der Literatur werden teilweise Drittmittel insgesamt als sozialadäquat angesehen, wenn das vorgesehene Verfahren eingehalten wird.[63] So müsse z. B. bei der Finanzierung von anerkannten Kongressreisen durch die Industrie von einer sozialadäquaten Zuwendung ausgegangen werden. Dies sei von jeher allgemein üblich gewesen.[64] Auch jenseits des traditionell Üblichen sei z. B. die Honorierung gesetzlich vorgesehener medizinischer Zulassungsstudien zulässig.[65] Solange derartige Zuwendungen unabhängig von Auswahl- und Beschaffungsentscheidungen erfolgen, sind sie in der Tat tat-

---

57 Vgl. *Fischer*, StGB, § 331 Rn. 26a; *Rönnau*, JuS 2003, 232, 236; *Ambos*, JZ 2003, 345, 352.
58 OLG Hamburg StV 2001, 284, 288.
59 Schönke/Schröder – *Heine*, StGB, § 331 Rn. 29b; *Knauer/Kaspar*, GA 2005, 385, 396; BGH, NStZ-RR 2003, 171, 172.
60 BGHSt 47, 295, 311.
61 BGHSt 23, 226, 228 lässt offen, ob nicht nur die Rechtswidrigkeit entfällt.
62 *Greeve*, Korruptionsdelikte, Rn. 271.
63 *Schroth*; BT, S. 322.
64 *Schroth*; BT, S. 322; vgl. auch LG Hamburg, StraFo 2001, 27, 30, das in seiner Entscheidung einen Zeugen zitiert mit der Aussage, die Universität erwarte geradezu, dass Kongressreisen von der Industrie finanziert würden.
65 NK – *Kuhlen*, § 331 Rn. 89.

bestandslos, weil die Unrechtsvereinbarung fehlt (siehe unten 6.). Sobald aber im Zusammenhang mit der Finanzierung der Kongressreisen auch nur theoretisch Bestellungen durch den Amtsträger im Raum stehen können, handelt es sich nicht mehr um gänzlich unverdächtige Handlungen im Sinne der Sozialadäquanz. Die oben geschilderten Entscheidungen haben gezeigt, dass dies keineswegs selten der Fall ist.

IV. Die „Dienstausübung" in § 331 StGB

Die Vorteilsannahme muss sich auf die Dienstausübung beziehen, d. h. auf Handlungen, die zu den dienstlichen Obliegenheiten gehören und in amtlicher Eigenschaft vorgenommen werden.[66] In allen referierten Entscheidungen wurde als Dienstausübung bzw. Diensthandlung nach § 331 a. F. StGB die Bestellung von Medizinprodukten angesehen. Dabei hat die Rechtsprechung es genügen lassen, dass der Amtsträger nicht für die abschließende Entscheidung zuständig war, sondern nur eine vorbereitende oder die Entscheidung eines anderen Amtsträgers unterstützende Handlung vornahm (Fall 2).[67] Diese Rechtsprechung muss für § 331 n. F., in dem nur noch eine Beziehung zur Dienstausübung gefordert wird, erst recht gelten. Die konkrete therapeutische Entscheidung des Krankenhausarztes, welches Medizinprodukt bei welchem Patienten verwendet werden soll, ist hingegen keine amtliche Tätigkeit, sondern erfolgt ausschließlich nach medizinischen Gesichtspunkten.[68] Auch Handlungen im Rahmen von Nebentätigkeiten sind keine Dienstausübung, weil es sich nicht um amtliche Tätigkeiten handelt.[69] Amtliche Tätigkeiten sind nur die im Hauptamt vorgenommenen Handlungen. Hauptamt und Nebentätigkeit schließen sich gegenseitig aus.[70] Nebentätigkeiten sind nach der Rechtsprechung des BGH selbst dann keine Dienstausübung, sondern Privathandlungen, wenn dienstlich erworbene Kenntnisse und Fähigkeiten bestimmend für ihre Ausübung sind.[71] Nebentätigkeiten sind z. B. die Mitwirkung an Fortbildungsveranstaltungen einschließlich der Forschungsarbeiten zu ihrer Vorbereitung[72] und Beratertätigkeiten.[73] Bei Beratungen

---

66 *Fischer*, StGB, § 331 Rn. 6.
67 OLG Hamburg, StV 2001, 277, 278.
68 LG Hamburg, StraFo 2001, 27, 28.
69 *Fischer*, StGB, § 331 Rn. 7.
70 *Göben*, MedR 1999, 345, 347; s. auch § 2 Bayer. NebentätigkeitsVO.
71 BGH, NStZ-RR 2003, 171; NK – *Kuhlen*, § 331 Rn. 64.; BGH, NStZ-RR 2007, 309, 310.
72 BGH, NStZ-RR 2003, 171.
73 *Göben*, MedR 1999, 345, 347.

wird teilweise eine Dienstausübung dann angenommen, wenn die Beratung verknüpft ist mit einer Einflussnahme auf eine behördliche Entscheidung, die den Gegenstand der Beratung bildet.[74] Diese differenzierende Auffassung von *Kuhlen* dürfte bei der Drittmittelproblematik aber keine Rolle spielen, weil der Gegenstand der Beratung nicht die Bestellung der Medizinprodukte oder Medikamente betrifft, sondern ihre Fortentwicklung. Trotz der Qualifizierung der Nebentätigkeit als Privathandlung kann der Abschluss eines Nebentätigkeitsvertrages unter §§ 331, 333 StGB fallen, da schon der Vertragsschluss als solcher nach der Rechtsprechung des BGH als Vorteil angesehen wird, der die eigentliche Dienstausübung des Amtsträgers beeinflussen oder honorieren kann. Ob dies der Fall ist, hängt vom Vorliegen einer Unrechtsvereinbarung ab.

V. Die Unrechtsvereinbarung

Bis zum Inkrafttreten des Korruptionsbekämpfungsgesetzes musste der Vorteil als Gegenleistung für eine Diensthandlung gefordert oder angenommen werden. Nach der geltenden Fassung des § 331 StGB muss sich der Vorteil nicht mehr auf eine Diensthandlung beziehen, sondern nur noch allgemein auf die Dienstausübung. Mit dieser Neufassung wurde auf die Unrechtsvereinbarung aber nicht verzichtet. Der Zuwendende und der Vorteilsempfänger müssen sich vielmehr mindestens stillschweigend darüber einig sein, dass Ziel der Vorteilszuwendung ist, auf die künftige Dienstausübung Einfluss zu nehmen und/oder die vergangene Dienstausübung zu honorieren.[75] Mit dieser weiten Fassung des § 331 StGB soll bereits dem „bösen Anschein" der Käuflichkeit entgegengewirkt werden.[76]

Die Drittmittelzuwendung als solche genügt den Anforderungen einer Unrechtsvereinbarung nicht. Zwar erfolgt die Vorteilsgewährung für die Forschung, wenn es sich sachlich um Drittmittel handelt. Die Forschung ist auch eine amtliche Tätigkeit, also eine Dienstausübung (siehe z. B. Art. 2 Abs. 2, 52 Abs. 6, 52 a Abs. 3 BayHSchG).[77] Es fehlt aber, wenn man die Tätigkeit für sich betrachtet, an dem erforderlichen *unrechten* Beziehungsverhältnis, das

---

74 NK – *Kuhlen*, § 331 Rn. 65.
75 BGH, StV 2009, 28, 30, Rn. 30; ähnlich *Fischer*, StGB, § 331 Rn. 23.
76 BGHSt 49, 275, 281; NStZ 2005, 334, 335.
77 *Zieschang*, WissR 1999, 111, 115; *Kindhäuser/Goy*, NStZ 2003, 291, 294; *Göben*, MedR 1999, 345, 346; *Kuhlen*, JR 2003, 231, 232.

die Unrechtsvereinbarung ausmacht.[78] Denn die geschilderte Tätigkeit des Amtsträgers, die Forschung, stellt keine spezifische Leistung für den Drittmittelgeber dar.[79] Das Rechtsgut der §§ 331, 332 StGB, die Lauterkeit der staatlichen Verwaltung und das darauf gerichtete Vertrauen der Allgemeinheit, werden durch die Tätigkeit als solche nicht tangiert. Ein unerlaubtes Risiko für das Rechtsgut wird nur geschaffen, wenn das Beziehungsverhältnis zwischen Vorteil und Dienstausübung regelwidrig ist.[80] Es genügt dafür nicht, dass nur die Mittel für die Dienstausübung zur Verfügung gestellt werden.[81] Wenn kein Zusammenhang mit Umsatzgeschäften und individuellen Interessen der Amtsträger besteht, wird man eine regelwidrige Äquivalenzbeziehung verneinen müssen.[82] In den oben geschilderten Rechtsprechungsbeispielen ist das unrechte Beziehungsverhältnis denn auch in den vonseiten des Arztes gegenüber der Klinikleitung nicht offengelegten klinischen Beschaffungsentscheidungen als Gegenleistung für die Vorteilsgewährung gesehen worden.

Nach geltendem Recht – Vorteilsgewährung für die Dienstausübung – sollen allerdings schon Anbahnungszuwendungen (sog. „Anfüttern") ebenso erfasst werden wie die Klimapflege zur Schaffung allgemeinen Wohlwollens.[83] Andererseits genügt es nicht, dass die Zuwendungen an den Amtsträger nur „im Zusammenhang mit seinem Amt" erfolgen.[84] Der Gesetzgeber hat sich bewusst gegen diese vom Bundesrat vorgeschlagene Wendung entschieden.[85] Es stellt sich daher die Frage, wann in diesen Fällen eine Regelwidrigkeit des Beziehungsverhältnisses vorliegt. Allein die Zuwendung der Drittmittel kann, wie oben ausgeführt, nicht genügen. Auch die Anbahnungszuwendungen werden nur erfasst, wenn sie für die Dienstausübung erfolgen. Sie müssen auf eine vielleicht irgendwann einmal notwendig werdende Fachentscheidung gerichtet sein.[86] Der die Zuwendung empfangende Amtsträger muss also min-

---

78 NK – *Kuhlen*, § 331 Rn. 77, 86; BGHSt 47, 295, 307, BGH, NStZ 2003, 158, 159; *Ambos*, JZ 2003, 345, 350; *Zieschang*, Anm. zu OLG Karlsruhe StV 2001, 292 meint, es entfalle bereits der Vorteil.
79 *Kuhlen*, JR 2003, 231, 234; vgl. auch *Ambos*, JZ 2003, 345, 352; *Korte*, NStZ 1997, 513, 515.
80 *Kindhäuser/Goy*, NStZ 2003, 291, 294; Schönke/Schröder – *Heine*, StGB § 331 Rn. 29; *Satzger*, ZStW 2005, 469, 481; vgl. auch *Zieschang*, WissR 1999, 111, 115; *Rönnau*, JuS 2003, 232, 235; *Knauer/Kaspar*, GA 2005, 285, 393.
81 *Zieschang*, WissR 1999, 111, 118.
82 *Ambos*, JZ 2003, 345, 352.
83 *Fischer*, StGB, § 331 Rn. 24; *Lackner/Kühl*, StGB, § 331 Rn. 10a; vgl. auch *Haeser*, MedR 2002, 55, 57; BGH, StV 2009, 28, 30 Rn. 27.
84 Vgl. *Kuhlen*, JR 2003, 231, 234; *Zieschang*, WissR 1999, 111, 126.
85 Vgl. *Kuhlen*, JR 2003, 231, 234.
86 *Ambos*, JZ 2003, 345, 349f.; BGH, StV 2009, 28, 30 Rn. 30.

destens faktisch für die Auswahl bzw. Bestellung von Produkten der den Vorteil gewährenden Medizinprodukte- oder Pharmafirmen zuständig sein. Denn schon dann kann der Anschein der Käuflichkeit entstehen. Einer konkreten Auswahl- bzw. Bestellentscheidung bedarf es dafür nicht. § 331 StGB ist ein abstraktes Gefährdungsdelikt geworden.[87] So hält auch der BGH in seiner neuesten Drittmittelentscheidung ausdrücklich fest „*... künftig wird Amtsträgern vor der Annahme jeglicher Vorteile, die in Zusammenhang mit ihrer Dienstausübung gebracht werden können, die strikte Absicherung von Transparenz im Wege von Anzeigen und Einholungen von Genehmigungen auf hochschulrechtlicher Grundlage abzuverlangen sein*".[88] Auch bei der Frage, ob der Abschluss eines Nebentätigkeitsvertrages die für §§ 331, 333 StGB erforderliche Unrechtsvereinbarung enthält, sieht der BGH in der Verheimlichung der Nebentätigkeit ein wichtiges Indiz für das Vorliegen einer Unrechtsvereinbarung.[89] Es sei, so der BGH, eine Gesamtschau aller Umstände notwendig. Wichtige Indizien seien außer der Heimlichkeit der Vorgehensweise die Stellung des Amtsträgers, die Beziehung des Vorteilsgebers zu dessen dienstlichen Aufgaben (dienstliche Berührungspunkte) und ob eine andere Zielsetzung plausibel sei.[90]

Zu Recht wird in der Literatur darauf hingewiesen, dass mit der Lockerung der Unrechtsvereinbarung die Abgrenzung zwischen straflosem und strafbarem Verhalten wesentlich schwieriger geworden ist, als sie es nach altem Recht war, bei dem die Zuwendung einer bestimmten Diensthandlung zugeordnet werden musste.[91] Bei dieser Rechtslage liegt es auf der Hand, dass die Drittmitteleinwerbung im Hinblick auf eine Strafbarkeit wegen Vorteilsannahme noch riskanter geworden ist. Was nach der alten Fassung von § 331 StGB eindeutig war, hat infolge des Korruptionsbekämpfungsgesetzes an Trennschärfe verloren.[92] Hinzu kommt für den Bereich der Drittmitteleinwerbung, dass sich die Verantwortung für die Auswahl und Beschaffung medizintechnischer Produkte und von Medikamenten einerseits sowie die Verantwortung für die Einwerbung von Forschungsmitteln Dritter personell oft nicht trennen lassen.[93]

---

87 *Ambos*, JZ 2003, 345, 349; *Fischer*, StGB, § 331 Rn. 3; *Lüderssen*, JZ 1997, 112, 115.
88 BGH, NStZ-RR 2003, 171, 172.
89 BGH, NStZ-RR 2007, 309; BGH, NStZ 2008, 216.
90 BGH, StV 2009, 28 ff.
91 *Fischer*, StGB, § 331 Rn. 24, 26.
92 Schönke/Schröder – *Heine*, StGB, § 331 Rn. 28.
93 BGHSt 47, 295, 309 f.; vgl. auch *Dietrich/Schatz*, MedR 2001, 614; *Korte*, NStZ 2003, 156, 157; *Lüderssen*, PharmR 2001, 82, 84; *Fischer* StGB, § 331 Rn. 27b.

VI. Tatbestandseinschränkung durch den BGH – Anzeige und Genehmigung

Nachdem der Gesetzgeber eine Einschränkung des Vorteilsbegriffs auf „in unlauterer Weise" erworbene oder „unangemessene" Vorteile ersichtlich nicht beabsichtigte (siehe oben III.), hat der BGH in der Entscheidung vom 23.05.2002 eine Einschränkung des Tatbestandes der Vorteilsannahme *bei der Unrechtsvereinbarung* vorgenommen. Unter der Voraussetzung, dass es sich bei den einzuwerbenden Drittmitteln nicht nur der Sache nach um Fördermittel für Forschung und Lehre handelt, sondern dass diese auch dem im Drittmittelrecht vorgeschriebenen Verfahren unterworfen werden (Anzeige und Genehmigung), sei der Tatbestand der Vorteilsannahme nicht gegeben.[94] *„Im Vordergrund steht nach Maßgabe der spezifischen gesetzgeberischen Wertung für diesen Bereich dann nicht, dass die Fördermittel ‚als Gegenleistung' für die Dienstausübung gewährt werden, sondern dass sie zur Förderung von Forschung und Lehre eingeworben, angenommen und eingesetzt werden."*[95]

Anders als vorhandene Drittmittelkodizes,[96] die vier Prinzipien für die Drittmitteleinwerbung enthalten – Trennungs-, Transparenz-, Dokumentations-, Äquivalenzprinzip –, hat der BGH in seiner Leitentscheidung vom 23.05.2002 nur das Transparenz- und Dokumentationsprinzip erwähnt. Es kam ihm entscheidend auf die Offenlegung des Geldzuflusses sowie auf die Gewährleistung von Kontrollmöglichkeiten durch die Aufsichtsinstanzen an, die durch eine Dokumentation der Umstände des Geldflusses erreicht wird. Auf das Trennungsprinzip hat der BGH in seiner Entscheidung nicht abgestellt. Der BGH definiert das Trennungsprinzip dahingehend, dass die Verantwortung für die Einwerbung von Drittmitteln von der Zuständigkeit für die Auftragsvergabe zu trennen ist.[97] Überwiegend wird es als Trennung zwischen Drittmittelgewährung und Auswahl- bzw. Beschaffungsentscheidung bezeichnet.[98] Aus dieser Definition wird teilweise gefolgert, dass zwar eine

---

94 BGHSt 47, 295, 308.
95 BGHSt 47, 295, 309.
96 Verhaltensregeln des Bundesfachverbandes der Medizinprodukteindustrie e. V. und der Spitzenverbände der gesetzlichen Krankenkassen für alle am Gesundheitsmarkt Beteiligten, Mai 1997 NJW 1997 H. S. XX.; gemeinsamer Standpunkt zur strafrechtlichen Bewertung der Zusammenarbeit zwischen Industrie, medizinischen Einrichtungen und deren Mitarbeitern, Stand 11.04.2001.
97 Ebenso *Bernsman*, StV 2003, 521.
98 *Dieners/Taschke*, PharmR 2000, 309, 317; *Knauer/Kaspar*, GA 2005, 396, 403; *Verrel*, MedR 2003, 319, 325; *Rönnau*, JuS 2003, 232, 236; NK – *Kuhlen*, StGB, § 331 Rn. 94.

umsatzabhängige Drittmittelgewährung verboten ist, nicht aber der Ausschluss der sachverständigen Ärzte von der Beschaffungsentscheidung.[99] Der BGH bezweifelt in seiner Entscheidung vom 23.05.2002[100], dass die Verantwortung für Auswahl und Beschaffung von Medizinprodukten und Medikamenten und die Verantwortung für die Einwerbung von Forschungsmitteln Dritter im Bereich der von Amtsträgern ausgeübten medizinischen Forschung und der von ihnen wahrgenommenen klinischen Versorgung überhaupt zu trennen ist.[101] Nach der Rechtsprechung des BGH spricht es also nicht von vornherein für ein unrechtes Beziehungsverhältnis zwischen Amtsträger und Industrie, wenn eine Kopplung zwischen der Einwerbung von Drittmitteln und Beschaffungsentscheidungen vorliegt. Eine Trennung von Zuwendung und Umsatzgeschäft bei der Drittmitteleinwerbung ist nicht zwingend erforderlich,[102] vorausgesetzt, das Geschäft ist der zuständigen Stelle angezeigt und von dieser genehmigt worden.

Entgegen der Auffassung des BGH wird in der Literatur eine strikte Einhaltung des Trennungsprinzips gefordert.[103] Praktisch sei jede Kopplung zwischen Beschaffungsentscheidung und Zuwendung eines Vorteils suspekt und müsse das Vertrauen der Bevölkerung in die Lauterkeit des Amtsträgers und dessen unbeeinflusste Entscheidungen erschüttern. Eine Genehmigungsfähigkeit eines derartigen Geschäftes sei kaum denkbar.[104] Dieser Kritik kann man entgegenhalten, dass durchaus sachgerechte, ausschließlich am Wohl des Patienten orientierte Beschaffungsentscheidungen auch dann möglich sind, wenn von der den Zuschlag erhaltenden Firma eine Drittmittelzuwendung erfolgt. Dies zeigt das Urteil des BGH vom 25.02.2003 (Fall 7).[105]

Das vierte, in der Literatur für die Drittmitteleinwerbung geforderte Prinzip, das Äquivalenzprinzip, spielt im Strafrecht keine entscheidende Rolle, da auch äquivalente Leistungsverhältnisse als Vorteil im Sinne der §§ 331/332 StGB angesehen werden (siehe oben III.).

---

99 NK – *Kuhlen*, StGB, § 331 Rn. 94; *Rönnau*, JuS 2003, 232, 236; *Verrel*, MedR 2003, 319, 325.
100 BGHSt 47, 295 ff.
101 Ebenso *Korte*, NStZ 2003, 156, 157; vgl. auch *Lüderssen*, PharmR 2001, 82, 84; *Kuhlen* JR 2003, 231, 235; *Fischer*, StGB, § 331 Rn. 27b.
102 Schönke/Schröder – *Heine*, StGB, § 331 Rn. 29b; *Kuhlen*, JR 2003, 231, 235; vgl. auch *Fischer*, StGB, § 331 Rn. 27b; a. A. *Mansdörfer*, wistra 2003, 211, 214.
103 *Satzger*, ZStW 2003, 469, 498; *Wienke/Lippert*, WissR 2002, 233, 340; *Laufs*, Ärzte und Sponsoren NJW 2002, 1770; vgl. auch *Mansdörfer*, wistra 2003, 211, 212, 214: „Anzeige und Genehmigung reicht nicht"; *Taschke*, PharmR 2002, 417, 421; *Ambos*, JZ 2003, 345, 352; *Bernsmann*, StV 2003, 521.
104 *Satzger*, ZStW 2003, 469, 499.
105 BGH, NStZ-RR 2003, 171.

Es sind nach der Auffassung des BGH also zwei Prinzipien, das Transparenz- und das Dokumentationsprinzip, die bei der Drittmitteleinwerbung zu beachten sind und durch das hochschulrechtliche Verfahren – Anzeige und Genehmigung – gewährleistet werden.

VII. Der Tatbestand des § 332 StGB (Bestechlichkeit) im Zusammenhang mit der Drittmitteleinwerbung

§ 332 Abs. 1 StGB setzt voraus, dass der Vorteil als Gegenleistung für eine pflichtwidrige Diensthandlung gefordert, versprochen oder angenommen wird. Anders als für § 331 StGB ist es hier also auch nach Inkrafttreten des Korruptionsbekämpfungsgesetzes dabei geblieben, dass der Vorteil einer bestimmten Diensthandlung muss zugeordnet werden können. An die Bestimmtheit der Diensthandlung werden von der Rechtsprechung allerdings keine sehr hohen Anforderungen gestellt. Die Diensthandlung muss nur ihrem sachlichen Gehalt nach in groben Umrissen erkennbar und festgelegt sein.[106]

Eine Dienstpflichtverletzung liegt vor, wenn die Diensthandlung gegen ein Gesetz, eine Rechtsverordnung, eine Verwaltungsvorschrift oder eine allgemeine oder konkrete dienstliche Weisung verstößt.[107]

Wie die obigen Rechtsprechungsbeispiele zeigen, kommt als Diensthandlung für die Zuwendung von Drittmitteln nur eine Auswahl- bzw. Bestellentscheidung hinsichtlich von Medizinprodukten oder Arzneimitteln durch die verantwortlichen Ärzte in Betracht. Insoweit handeln die Ärzte als sog. Ermessens-Amtsträger. Denn in aller Regel hat der Amtsträger die Wahl zwischen mehreren Produkten und Medikamenten. Welches er auswählt, ist seinem pflichtgemäßen Ermessen überlassen.[108] Bei Ermessensentscheidungen handelt der Amtsträger pflichtwidrig, wenn er sachwidrig entscheidet oder sich nicht ausschließlich von sachlichen Gesichtspunkten leiten, sondern durch den Vorteil beeinflussen lässt, diesen also mit in die Waagschale legt.[109]

Bezieht sich die Vereinbarung mit dem Vorteilsgeber auf eine zukünftige Ermessens-Diensthandlung, so ist gem. § 332 Abs. 3 Nr. 2 StGB für die Pflichtwidrigkeit erforderlich, dass der Amtsträger sich ausdrücklich, durch

---

106 Schönke/Schröder – *Heine*, StGB, § 331 Rn. 27 m. w. N.
107 BGH, NStZ 2003, 158, 159; der BGH bezeichnet diese Entscheidung als Fortführung seiner Entscheidung vom 23.05.2002 – BGHSt 47, 295 ff.
108 OLG Hamburg, StV 2001, 277, 281.
109 BGH, NStZ 2003, 158, 159 m. w. N.

schlüssiges Verhalten oder stillschweigend bereit zeigt, sich bei der Ausübung seines Ermessens von dem Vorteil beeinflussen zu lassen. Ob er sich insgeheim vorbehält, unbeeinflusst zu entscheiden, ist nicht von Belang.[110] Das Merkmal des vorsätzlichen Sichbereitzeigens zur Beeinflussung verlangt nach der Rechtsprechung des BGH den Nachweis eines entsprechenden Sachverhalts.[111] Allein die Annahme eines Vorteils reicht nicht. Vielmehr muss sich die Vorteilsannahme auf eine schon an sich pflichtwidrige Diensthandlung beziehen.[112] Als Beispiel für einen solchen Sachverhalt führt der BGH den Fall an, dass dem Vorteil jeglicher dienstlicher Verwendungsbezug fehlt (vgl. Fall 1). In dem vom BGH entschiedenen Fall 6 war in allen Fällen ein dienstlicher Bezug vorhanden (Finanzierung von Kongressreisen, Betriebs- und Weihnachtsfeiern der Abteilung des Amtsträgers, zur Verfügungstellung eines medizinischen Gerätes). In einem solchen Fall des dienstlichen Bezuges des angenommenen Vorteils kommt es auf die Würdigung aller Umstände an. Dass der Zuwendende mit dem Ziel der Beeinflussung handelt, der Beamte dies erkennt und trotzdem den Vorteil annimmt, ist nicht ausreichend.[113] Es müssen noch weitere Begleitumstände hinzukommen, aus denen auf ein „Sichbereitzeigen" zu schließen ist.[114] Diese weiteren Umstände hat der BGH im Fall 6 in der Zusage der Kopplung zwischen Vorteil und Beschaffungsentscheidung gesehen. Der Amtsträger hatte sich die Dauerleihe eines medizinischen Geräts für seine Klinikabteilung versprechen lassen, so dass es sich nicht um Drittmittel für die Forschung handelte und eine teleologische Reduktion entsprechend der BGH-Rechtsprechung nicht in Betracht kam. Im Gegenzug hatte er die Bestellung von mindestens 300 Optima Oxygenatoren jährlich auf die Dauer von drei Jahren zugesagt. Das Sichbereitzeigen ergab sich zudem aus dem tatsächlichen Vollzug der zugesagten Bestellungen.[115]

Der BGH weist auch in dieser Entscheidung darauf hin, dass eine Offenlegung der Kopplungsvereinbarung gegenüber der die Bestellungen vornehmenden Abteilung Materialwirtschaft den Tatbestand des § 332 StGB hätte entfallen lassen. Bei dem Aushandeln günstiger Konditionen, die auch in Form einer Art Draufgabe erfolgen könnten, ergäbe sich der Vorteil aus der

---

110 BGH, NStZ 2003, 158, 159.
111 BGH, NStZ 2003, 158, 159.
112 BGH, NStZ 2003, 158, 159 m. w. N.
113 BGH, NStZ 2003, 158, 159.
114 BGH, a. a. O.
115 BGH, NStZ 2003, 158, 160.

Bestellung selbst, wenn die Kopplungsvereinbarung zum Gegenstand der bewirkten Bestellung gemacht und nicht verheimlicht werde. Es zeigt sich also, dass der Lösungsvorschlag des BGH für die Einwerbung von Drittmitteln – Entfallen der Unrechtsvereinbarung bei Einhalten des hochschulrechtlichen Anzeige- und Genehmigungsverfahrens – grundsätzlich auch im Rahmen des § 332 StGB Anwendung finden kann.[116] Freilich werden pflichtwidrige Diensthandlungen in der Regel nicht genehmigungsfähig sein. Etwas Anderes gilt aber für den Bereich der Ermessenshandlungen. Liegt die Pflichtwidrigkeit in der Sachwidrigkeit der Ermessensentscheidung, so scheidet eine Genehmigungsfähigkeit allerdings ebenfalls aus. Ist die Entscheidung des Amtsträgers hingegen grundsätzlich sachgerecht, zeigt er sich aber bereit, den Vorteil zu berücksichtigen, ihn mit in die Waagschale zu legen, ist die Rechtslage eine andere. In diesen Fällen liegt die Pflichtwidrigkeit letztlich in der fehlenden Transparenz der Vorgehensweise. Bei Offenlegung des Sachverhalts gegenüber der zuständigen Stelle, der Genehmigung durch sie und der entsprechenden Bestellung hätte sich der Vorteil aus der Bestellung ergeben und wäre nicht aufgrund einer pflichtwidrigen Diensthandlung erlangt worden.

VIII. Die BGH-Entscheidungen zur Drittmitteleinwerbung in der Literatur

Die den Tatbestand der Bestechungsdelikte im Zusammenhang mit dem Einwerben von Drittmitteln einschränkende Rechtsprechung des BGH ist allgemein begrüßt worden. Es ist von größerer Rechtssicherheit sowie einem praktikablen Ansatz die Rede[117] und einem mutigen Lösungsweg.[118] Auch die Lokalisierung des Problems beim Tatbestand und dort in der Unrechtsvereinbarung hat Zustimmung gefunden.[119] Tatsächlich hat es, soweit ersichtlich, keinen Fall der Drittmitteleinwerbung mehr gegeben, der zu einer Verurteilung wegen Vorteilsannahme oder Bestechlichkeit geführt hätte. Dies spricht dafür, dass die Lösung des BGH in der Praxis handhabbar ist.

---

116 Vgl. *Taschke*, PharmR 2002, 417, 426; a. A. Schönke/Schröder – *Heine*, StGB, § 331 Rn. 41.
117 NK – *Kuhlen*, StGB, § 331 Rn. 93 m. w. N.; s. auch *Verrel*, StGB, MedR 2003, 319, 320; *Rönnau*, JuS 2003, 232; *Bernsmann* StV 2003, 521, 522; *Korte*, NStZ 2003, 156, 157; *Taschke*, PharmR 2002, 417, 423; SK – *Rudolphi/Stein*, StGB, § 331 Rn. 29a.
118 *Satzger*, ZStW 2003, 469, 497.
119 *Ambos*, JZ 2003, 345, 351 f.; *Verrel*, MedR 2003, 319, 324; *Rönnau*, JuS 2002, 232, 236; *Kuhlen*, JR 2003, 231, 233; *Tholl*, wistra 2003, 181, 182; a. A. *Mansdörfer*, wistra 2003, 212, 213; *Bernsmann*, StV 2003, 521, 522.

Im Einzelnen wurde aber auch Kritik an den Entscheidungen des BGH geübt, die sich auf folgende Punkte bezieht:
- Nicht in allen Ländern existiere ein hochschulrechtliches Verfahren über die Einwerbung von Drittmitteln mit entsprechenden Verwaltungsrichtlinien (1.).[120]
- Auch außerhalb der Hochschulen werde Forschung betrieben. Durch die Entscheidungen des BGH bliebe die Kooperation zwischen Industrie und außeruniversitären Forschungseinrichtungen ausgespart (2.).[121]
- Problematisch sei, dass ein bloßer Verfahrensverstoß (Nichtanzeige und fehlende Genehmigung) strafbegründende Wirkung entfalte.[122] Der BGH stelle eine Art Verwaltungsakzessorietät her, die praktisch *contra legem* sei.[123] Letztlich werde den Universitätsverwaltungen und Wissenschaftsministerien die Bestimmung der Strafbarkeitsgrenzen überantwortet mit der Gefahr regional unterschiedlichen Drittmittelstrafrechts.[124] Es sei deshalb ein spezielles Drittmittelgesetz erforderlich.[125] Es wird auch die Einfügung einer Forschungsklausel in § 331 StGB gefordert, mit deren Hilfe gezielt die Voraussetzungen einer nicht strafbaren Drittmitteleinwerbung normiert werden sollen (3.).[126]
- Es bestehe die Gefahr eines forschungsfeindlichen Bürokratismus (4.).[127]
- Es sei offengeblieben, wie im Drittmittelbereich mit den Bestechenden zu verfahren sei (5.).[128]

1. Ob diese Behauptung tatsächlich zutrifft, konnte nicht abschließend geklärt werden. Zahlreiche Bundesländer haben aber auf die Verschärfung der Korruptionsvorschriften und insbesondere auf die Strafverfahren im Zusammenhang mit dem sog. Herzklappenskandal Mitte der 90er Jahre und wohl auch auf die BGH-Entscheidungen reagiert und haben in ihren Hochschulgesetzen das Verfahren über die Drittmitteleinwerbung festgelegt. In aller Regel sind von den zuständigen Ministerien außerdem ausführliche Drittmittelricht-

---

120 *Greeve*, Korruptionsdelikte, Rn. 280; *Kindhäuser/Goy*, NStZ 2003, 291, 294.
121 *Michalke*, NJW 2002, 3381, 3382; *Rönnau*, JuS 2003, 232, 236; *Greeve*, Korruptionsdelikte, Rn. 287; *Taschke*, PharmR 2002, 424, 426.
122 *Heinrich*, NStZ 2005, 256, 257; *Dauster*, NStZ 1999, 68.
123 *Rönnau*, JuS 2003, 232, 237.
124 *Verrel*, MedR 2003, 319, 325.
125 *Ambos*, JZ 2003, 345, 354; *Dietrich/Schatz*, MedR 2001, 614, 627 f.; *Korte*, NStZ 2003, 156, 158; *Rönnau*, JuS 2003, 232, 237.
126 *Greeve*, Korruptionsdelikte, Rn. 291.
127 *Verrel*, MedR 2003, 319, 325; *Bruns*, ArztR 2003, 260, 265.
128 *Greeve*, Korruptionsdelikte, Rn. 287.

linien erlassen worden. In einigen Ländern ist dies auch durch Universitätssatzungen geschehen. Es gibt bereits Formblätter zur Anzeige von Zuwendungen und Forschungsaufträgen Dritter.[129]

In Bayern besteht eine Anzeigepflicht gegenüber der Hochschulleitung bzw. im Bereich der Klinika dem Klinikumsvorstand. Die Annahme der Mittel wird durch diese Stellen erklärt. Eine Vertretung durch das einwerbende Hochschulmitglied ist untersagt. Die Annahme der Erklärung umfasst zugleich die Zustimmung zur Entgegennahme des Vorteils durch die beteiligten Hochschulmitglieder (Art. 7 Abs. 7 BayHochschG). Ergänzend heißt es in 3.1. der Drittmittelrichtlinien, die Verwaltung der Drittmittel solle durch die Hochschule erfolgen. Auf besonders zu begründenden Antrag hin kann auch der Einwerbende selbst die Verwaltung der Drittmittel übernehmen (s. auch § 25 Abs. 4 HRG).

Sollten in einzelnen Bundesländern keine Drittmittel-Regelungen existieren, muss es für die Straflosigkeit des Drittmittel einwerbenden Amtsträgers ausreichen, dass er der Hochschulleitung bzw. dem Klinikumsvorstand den Sachverhalt mitteilt und diese der Annahme der Mittel zustimmen.

2. Es ist zutreffend, dass die BGH-Rechtsprechung die teleologische Reduktion der §§ 331/332 StGB auf die Hochschulen beschränkt. Die BGH-Entscheidungen betrafen mit einer Ausnahme (Fall 1) den Hochschulbereich. In der Ausnahme ging es um einen Oberarzt eines kommunalen Krankenhauses, der sich in erheblichem Maße persönlich bereichert hatte. Es standen also schon der Sache nach nicht Drittmittel zur Diskussion, sodass der BGH keine Veranlassung hatte, zur Einwerbung von Drittmitteln im außeruniversitären Forschungsbereich Stellung zu nehmen.

Die Kritik kann nur den schmalen Bereich betreffen, in dem Amtsträger außerhalb der Hochschulen forschen und für diese Forschung Drittmittel einwerben. Auch für diese Amtsträger muss die teleologische Reduktion des § 331 StGB gelten. Auch hier sollte eine Orientierung an der BGH-Rechtsprechung stattfinden. Wenn die Geldquellen offengelegt werden und für Transparenz bei der Verwaltung der Gelder gesorgt wird, muss das Strafrecht zurücktreten.[130] Sollten diesen Bereich ausdrücklich regelnde Vorschriften vorhanden sein, liegen die Bestechungstatbestände nicht vor, wenn der Amtsträger die Regularien eingehalten hat.[131]

---

129 So z. B. von der Universität Konstanz mit Bezug auf §§ 8, 59 des Baden-Württ. Universitätsgesetzes.
130 *Michalke*, NJW 2002, 3381, 3382; *Taschke*, PharmR 2002, 417, 426.
131 *Knauer/Kaspar*, GA 2005, 385, 403; *Greeve*, Korruptionsdelikte, Rn. 289; *Taschke*, PharmR 2002, 417, 426.

Fälle aus dem großen Bereich, in dem von Nicht-Amtsträgern Forschung betrieben wird und Drittmittel eingeworben werden, können nicht unter die §§ 331/332 StGB subsumiert werden. Es fehlt am Tatbestandsmerkmal des Amtsträgers.[132] Insoweit kommt allenfalls eine Strafbarkeit wegen § 299 StGB in Betracht (siehe oben II.). Dies ist aber keine Folge der BGH-Rechtsprechung, sondern vom Gesetzgeber so vorgesehen.

3. Dieser Kritikpunkt ist so nicht nachvollziehbar. Strafbar ist das Verhalten des Amtsträgers, weil es ggf. gegen §§ 331/332 StGB verstößt. Diese Vorschriften wirken strafbegründend. Mithilfe der vom BGH entsprechend dem Hochschulrecht statuierten Anzeige- und Genehmigungspflicht wird die Strafbarkeit der Drittmitteleinwerbung aus dem Tatbestand der Bestechungsdelikte herausgenommen, die Strafbarkeit wird eingeschränkt. Dass die Einhaltung von Verfahrensregeln gegebenenfalls tatbestandsausschließende Wirkung haben kann, ist dem Strafrecht nicht fremd.[133] Eine teleologische Reduktion, wie der BGH sie vorgenommen hat, bedarf keines Gesetzes. Außerdem ist vom BGH hinsichtlich der vorgenommenen Einschränkung der Strafbarkeit ausdrücklich auf das Hochschulrecht Bezug genommen worden.[134] Wie schon unter 1. dargelegt gibt es bereits entsprechende Regelungen hinsichtlich der Anzeige- und Genehmigungspflicht in den Hochschulgesetzen zumindest einiger Bundesländer. Man kann also nicht davon ausgehen, dass letztlich den Universitätsverwaltungen und Wissenschaftsministerien die Bestimmung der Strafbarkeitsgrenzen überantwortet wird. Der Erlass eines Drittmittelgesetzes, der Ländersache wäre, steht noch aus.

4. Dieser Einwand ist zweifellos zutreffend. Man wird den erhöhten Verwaltungsaufwand auch nicht dadurch vermeiden können, dass man allgemeine Genehmigungen im Bereich der Drittmitteleinwerbung für ausreichend hält.[135] Da entsprechend dem Rechtsgut der §§ 331, 332 StGB bereits der Anschein der Käuflichkeit vermieden werden soll, ist es notwendig, dass das die Drittmittel einwerbende Hochschulmitglied den Sachverhalt im Einzelnen offenlegt.[136] Nur so kann die notwendige Transparenz gewahrt bleiben und können die Aufsichtsbehörden eine Genehmigung der Drittmittelannahme in Kenntnis des wahren Sachverhalts erteilen.

---

132 So auch *Bruns*, ArztR 2003, 103, 104.
133 *Bernsmann*, StV 2003, 521, 522.
134 S. auch *Schmidt/Güntner*, NJW 2004, 471, 474.
135 A. A. *Bruns*, ArztR 2003, 266, 267.
136 OLG Hamburg, StV 2001, 277, 283.

5. Die drittmittelgebende Industrie wird ihre Mitarbeiter dahingehend sensibilisieren müssen, dass sie ihrerseits auf strikte Einhaltung der im Medizinproduktekodex niedergelegten Prinzipien achten. Man kann diese Mitarbeiter allerdings nicht als Kontrollorgane der Amtsträger ansehen. Wenn keine besonderen Auffälligkeiten zur Vorsicht mahnen, wie z. B. die Vereinbarung von persönlichen Vorteilen, lässt ihre Annahme, der Amtsträger habe das Anzeige- und Genehmigungsverfahren beachtet, die auch für §§ 333, 334 StGB erforderliche Unrechtsvereinbarung entfallen, die Vorteilsgewährung ist nicht tatbestandsmäßig. In den Drittmittelkodizes der entsprechenden Industrie ist darüber hinausgehend teilweise sogar vorgesehen, dass die Mitarbeiter sich die schriftlichen Genehmigungen von den Amtsträgern vorlegen lassen sollen, wenn der Amtsträger selbst und nicht die Klinik Vertragspartner ist.[137]

IX. Die vom Bundesgerichtshof für die Einwerbung von Drittmitteln geforderte Anzeige- und Genehmigungspflicht

1. Wie bereits unter VI. dargelegt muss das die Drittmittel einwerbende Hochschulmitglied dem zuständigen Hochschulorgan die Einwerbung und den ihr zu Grunde liegenden Sachverhalt anzeigen. Der dargelegte Sachverhalt sollte insbesondere Angaben über die Art und Höhe der Zuwendung, die Beziehungen des Drittmittelgebers zur Hochschule und dem einwerbenden Hochschulmitglied sowie den Verwendungszweck der Zuwendung enthalten.[138]

2. Das vom BGH statuierte Genehmigungserfordernis ist zu unterscheiden von der in § 331 Abs. 3 StGB vorgesehenen Genehmigung und von der Nebentätigkeitsgenehmigung.

2.1. § 331 Abs. 3 StGB kann schon deshalb nicht herangezogen werden, weil die darin festgelegte Genehmigung auch generell für eine Vielzahl von Fällen einer bestimmten Art oder stillschweigend erteilt werden kann.[139] Die Drittmitteleinwerbung kann demgegenüber aber nur dann genehmigt werden, wenn der dem jeweiligen Fall zu Grunde liegende spezielle Sachverhalt mit-

---

137 Gemeinsamer Standpunkt zur strafrechtlichen Bewertung der Zusammenarbeit zwischen Industrie und deren Mitarbeitern, Stand 11.04.2001, B I 1.2.
138 Vgl. Drittmittel-Richtlinien für Mecklenburg-Vorpommern vom 12.04.2005, 2. Abschnitt 2.2.3.
139 *Fischer*, StGB, § 331 Rn. 32; Schönke/Schröder – *Heine*, StGB, § 331 Rn. 52; *Lackner/Kühl*, StGB, § 331 Rn. 16.

geteilt worden ist.[140] Eine allgemeine oder gar stillschweigende Genehmigung ist ausgeschlossen.[141] Dies ergibt sich bereits aus der Anzeigepflicht, die den speziellen Sachverhalt umfasst.[142]

§ 331 Abs. 3 StGB ist nach herrschender Lehre jedenfalls, soweit es um die Genehmigung vor Annahme des Vorteils geht, ein Rechtfertigungsgrund.[143] Nach Auffassung des BGH ist aber der Wertungsausgleich zwischen der hochschulrechtlichen Aufgabe der Einwerbung von Drittmitteln und der Strafvorschrift der Vorteilsannahme nicht auf der Rechtfertigungs-, sondern auf der Tatbestandsebene zu suchen.[144]

§ 331 Abs. 3 StGB greift zudem nicht ein, wenn der Vorteil vom Amtsträger gefordert worden ist. In den Drittmittelfällen geht es aber vielfach um geforderte Vorteile.[145] „Einwerbung von Mitteln Dritter", so die einschlägige Vorschrift in den Hochschulgesetzen der Länder,[146] deutet schon von der Wortwahl her auf eine aktive Tätigkeit hin. Wenn man auch im Drittmittelbereich auf § 331 Abs. 3 StGB abstellen würde, wäre ein großer Teil der einwerbenden Amtsträger strafbar, weil ihre Vorteilsannahme nicht genehmigungsfähig wäre.[147] Eine aktive Einwerbung müsste unterbleiben. *Satzger,* der der Auffassung ist, der Aspekt der Einhaltung bestehender Verwaltungsverfahren sei im Tatbestand falsch verortet, es sei § 331 Abs. 3 StGB heranzuziehen, will denn auch geforderte Vorteile einer Genehmigung entziehen.[148] Er unterscheidet zwischen dem Fall, *„dass lediglich die Initiative zur Drittmittelförderung von den Forschern ausgeht, die Verknüpfung mit der Dienstausübung hingegen von der Industrie ins Spiel gebracht wird"* und dem Fall, dass Drittmittel von vornherein vom Amtsträger als Gegenleistung für die Dienstausübung gefordert werden. Die Letzteren sollen der Genehmigung

---

140 *Wienke/Lippert*, WissR 2002, 233, 240; *Haeser*, MedR 2002, 55, 57; *Ambos*, JZ 2003, 345, 353; *Mansdörfer*, wistra 2003, 212, 214.
141 A. A. OLG Hamburg, StV 2001, 284, 287, eine generelle Genehmigung könne sich aus einer Drittmittelsatzung der Hochschule ergeben.
142 Vgl. DMRL Bad.-Württemberg vom 21.03.2001, 2. Abschnitt 2.2.3; DMRL Bay vom 21.10.2002, 2.2.2; DMRL Mecklenburg-Vorpommern vom 12.04.2005, 2. Abschnitt 2.2.3.
143 BGHSt 47, 295, 309; *Fischer*, StGB, § 331 Rn. 32; NK – *Kuhlen*, StGB, § 331 Rn. 11; *Lackner/Kühl*, StGB, § 331 Rn. 14; Schönke/Schröder – *Heine*, StGB, § 331 Rn. 46; a. A. – Strafausschließungsgrund – *Haeser*, MedR 2003, 55, 58.
144 BGHSt 47, 295, 309.
145 *Verrel*, MedR 2003, 319, 325; *Ambos*, JZ 2003, 345, 353; *Knauer/Kaspar*, GA 2005, 395, 404.
146 Z. B. Art. 7 Abs. 7 BayHSchG.
147 A. A. SK – *Rudolphi/Stein*, StGB, § 331 Rn. 36, der insoweit nennenswerte praktische Auswirkungen bezweifelt.
148 *Satzger*, ZStW 2003, 469, 498, 499.

entzogen sein. Im ersten Fall soll die Genehmigung rechtfertigen.[149] Die Straflosigkeit hängt damit vom Verhandlungsgeschick und der Wortwahl des Amtsträgers ab. Das kann nicht richtig sein.

Die Lösung des BGH ist auch deshalb vorzugswürdig, weil sie durch die Verknüpfung der Vorteilsannahme mit dem hochschulrechtlichen Verwaltungsverfahren ein weiteres Problem des § 331 Abs. 3 StGB umgeht. Diese Vorschrift stimmt mit den entsprechenden dienstrechtlichen Bestimmungen nicht überein. Die dienstrechtliche Genehmigungsfähigkeit der Vorteilsannahme richtet sich nach §§ 43 BRRG, 70 BBG. Sowohl nach § 43 BRRG als auch nach § 70 BBG können auch *geforderte* Vorteile genehmigt werden. Voraussetzung für ein disziplinarrechtlich ordnungsgemäßes Verhalten des Amtsträgers ist aber, dass die Genehmigung *vor* Annahme des Vorteils erteilt worden ist. §§ 43 BRRG, 70 BBG sprechen von der Zustimmung des Dienstherrn. Eine nachträgliche Genehmigung, wie § 331 Abs. 3 StGB sie vorsieht, ist nach dem Dienstrecht nicht möglich.

Diese widersprüchliche gesetzliche Regelung wird in der Literatur unterschiedlich kommentiert. Teils wird angenommen, § 331 Abs. 3 StGB sei im Verhältnis zum Dienstrecht eine Spezialvorschrift. Sie schließe die in Abs. 3 nicht genannten Fälle von der Genehmigungsfähigkeit aus. Geforderte Vorteile könnten also nicht genehmigt werden.[150] Eine andere Meinung steht auf dem Standpunkt, dass § 331 Abs. 3 StGB und die dienstrechtlichen Vorschriften einander ergänzen.[151] Dies würde bedeuten, dass geforderte Vorteile genehmigungsfähig und eine nachträgliche Genehmigung zulässig wäre.[152] Für die Genehmigungsfähigkeit wird auf den Zeitpunkt der Vorteilsannahme abgestellt.[153] Ob die Genehmigung später tatsächlich erteilt werde, sei irrelevant.[154] Ein gewichtiges Gegenargument gegen eine solche Lösung liegt darin, dass gerade die Transparenz der Vorteilsannahme, auf die sowohl in den Drittmittelkodizes und den Drittmittel-Richtlinien als auch vom BGH ent-

---

149 *Satzger*, ZStW 2003, 469, 499.
150 SK – *Rudolphi/Stein*, StGB, § 331 Rn. 36.
151 *Taschke*, PharmR 2002, 417, 425.
152 *Fischer*, StGB, § 331 Rn. 33; ebenso *Michalke*, in: FS für Riess, S. 774, 775 f.
153 *Michalke*, in: FS für Riess, S. 774, 776; s. auch Schönke/Schröder – *Heine*, StGB, § 331 Rn. 49; NK – *Kuhlen*, StGB, § 331 Rn. 110, die über die Grundsätze der mutmaßlichen Einwilligung zu demselben Ergebnis gelangen.
154 *Michalke*, in: FS für Riess, S. 775.

scheidend abgestellt wird, im Zeitpunkt der Zuwendung nicht gewährleistet ist. Rechtsprechung zu dieser Frage gibt es bislang nicht.[155]

2.2. Genehmigungsfreie oder genehmigte *Nebentätigkeiten* erfüllen nicht den Tatbestand des § 331 StGB, weil es sich nicht um eine hauptamtliche Tätigkeit handelt (siehe oben IV.). Da aber gerade in der Übertragung einer Nebentätigkeit ein Vorteil im Sinne des § 331 StGB liegen kann,[156] ist dann, wenn die Übertragung der Nebentätigkeit in Zusammenhang mit der Dienstausübung gebracht werden kann, ebenfalls das Anzeige- und Genehmigungsverfahren durchzuführen.[157]

In einer Nebentätigkeitsgenehmigung nach dem Nebentätigkeitsrecht kann grundsätzlich nicht die Genehmigung zur Annahme eines Vorteils im Sinne von § 331 StGB gesehen werden.[158] Die Genehmigung der Vorteilsannahme ist funktionell verschieden von einer Nebentätigkeitsgenehmigung.[159] Es wird nur die Nebentätigkeit als solche genehmigt.[160] Oft ist nicht ohne Weiteres erkennbar, ob die Übertragung der Nebentätigkeit auch noch als Vorteil im Sinne des § 331 StGB in Betracht kommt. Könnte die Übertragung der Nebentätigkeit in Zusammenhang gebracht werden mit der Dienstausübung, sind deshalb sämtliche Tatsachen, die für das nach den §§ 331/332 StGB geschützte Rechtsgut erforderliche Prüfungsprogramm bedeutsam sind, zu unterbreiten.[161] Insbesondere müssen der genehmigenden Behörde die Zusammenhänge von in Aussicht gestellten Vorteilen und zu erwartenden Diensthandlungen offengelegt werden.[162] Nur dann kann die Nebentätigkeitsgenehmigung die stillschweigende Genehmigung des Vorteils mit einschließen.

---

155 Schönke/Schröder – *Heine*, StGB, § 331 Rn. 49 weist darauf hin, dass diese Frage praktisch nur dann eine Rolle spielt, wenn eine vorherige Genehmigung nicht in zumutbarer Weise eingeholt werden kann, z. B. bei verbrauchbaren Vorteilen (spontanen Essenseinladungen). Dies dürfte in Drittmittelfällen kaum vorkommen.
156 BGH, NStZ-RR 2003, 171.
157 BGH, NStZ-RR 2003, 171.
158 *Greeve*, Korruptionsdelikte, Rn. 88; Dies gilt erst recht für die Genehmigung eines Urlaubs- oder Dienstreiseantrags – vgl. *Fischer*, StGB, § 331 Rn. 34; Schönke/Schröder – *Heine*, StGB, § 331 Rn. 48; NK – *Kuhlen*, StGB, § 331 Rn. 106; SK – *Rudolphi/Stein*, StGB, § 331 Rn. 35.
159 OLG Hamburg, StV 2001, 284, 287.
160 *Greeve*, Korruptionsdelikte, Rn. 88.
161 OLG Hamburg, StV 2001, 277, 283.
162 OLG Hamburg StV 2001, 277, 283.

D. Ergebnis

1. Drittmittel sind Zuwendungen für Forschung und Lehre sowie Aufträge Dritter.
   Eingeworbene persönliche Vorteile (Fall 1) und Vorteile für den allgemeinen Klinikbetrieb (Fall 4) sind keine Drittmittel.[163]
2. Drittmittel sind ein Vorteil im Sinne der §§ 331/332 StGB.
3. Die Bestechungstatbestände sind nur anwendbar, wenn eine hauptamtliche Dienstausübung in Zusammenhang gebracht werden kann mit der Annahme von Drittmitteln.
   Hauptamtliche Dienstausübungen sind z. B. Tätigkeiten im Zusammenhang mit Auswahl- bzw. Beschaffungsentscheidungen betreffend Medizinprodukte oder Arzneimittel.
4. Genehmigte bzw. genehmigungsfreie Nebentätigkeiten fallen nicht unter §§ 331/332 StGB.
5. Die Übertragung einer Nebentätigkeit kann unter §§ 331/332 StGB fallen, wenn der Amtsträger keinen Anspruch auf sie hat und sie in Zusammenhang gebracht werden kann mit einer hauptamtlichen Dienstausübung.
6. Der Tatbestand des § 331 StGB entfällt mangels Unrechtsvereinbarung, wenn der Amtsträger bei der Einwerbung von Drittmitteln das hochschulrechtliche Verfahren – Anzeige und Genehmigung – eingehalten hat.
7. Es liegt keine Bestechlichkeit gem. § 332 StGB vor, wenn der Amtsträger bei zukünftigen Ermessensentscheidungen einen ggf. vorhandenen Zusammenhang zwischen der Einwerbung von Drittmitteln und der Diensthandlung offenlegt und der Vorgang genehmigungsfähig ist.

---

[163] BGH, NStZ 2003, 158; *Taschke*, PharmR 2002, 417, 422; OLG Köln NStZ 2002, 35.

III. Besondere Handlungsfelder

III.1 Der Schwangerschaftsabbruch
Reinhard Merkel

Inhaltsverzeichnis

A. Rechtsgeschichte; Rechtspolitik; Entwicklung des geltenden Rechts _303
   I. Allgemeines _303
   II. Das Reichsstrafgesetzbuch _304
   III. Die Entwicklung nach 1945 _305
B. Systematischer Überblick über die geltende Regelung _307
C. § 218 als (angeblich) grundsätzliches Verbot: Probleme des Tatbestands _309
   I. Struktur und Systematik der Norm _309
   II. Das geschützte Rechtsgut _311
      1. Pränatales Leben _311
      2. Abs. 1 Satz 2: nur intrauterine Schwangerschaften _314
      3. Ende der Schwangerschaft: Geburt; die Abgrenzung „Ungeborenes" – „Mensch" _315
   III. Die Tathandlung: „Abbrechen der Schwangerschaft"; Abgrenzung zu den allgemeinen Tötungsdelikten _324
      1. „Abbruch"; Tun und Unterlassen; Garantenpflichten _324
      2. Spätabbruch mit nachfolgender Lebendgeburt _328
      3. Zusammentreffen von Abtreibungs- und Tötungsdelikten; Konkurrenzen _335
D. § 218 a: Tatbestandsausschluss; Rechtfertigung _337
   I. Allgemeines; systematische Struktur _337
   II. Gemeinsame Voraussetzungen aller Straffreistellungen _337
      1. Der Arztvorbehalt _338
      2. Die Einwilligung der Schwangeren _340
   III. Absatz 1: Ausschluss des Tatbestands _350
      1. Systematik; Folgen für die subjektiven Voraussetzungen des § 218 _350
      2. Besondere Voraussetzungen des Abs. 1 _352
      3. Kritik der Grundlagen der Norm: das „2. Fristenlösungs-Urteil" des BVerfG und die angebliche Rechtswidrigkeit „beratener Abbrüche" nach Abs. 1 _354

IV. Absatz 2: die sog. medizinisch-soziale Indikation _360
1. Allgemeines _360
2. Die besonderen Voraussetzungen des Absatzes 2: gegenwärtige oder künftige Gefahren für Leben oder Gesundheit _361
3. „Angezeigtsein" des Abbruchs „nach ärztlicher Erkenntnis" _368
4. Subjektive Voraussetzungen der Rechtfertigung _370
5. Sonderformen: Reduktion höhergradiger Mehrlinge; selektiver Fetozid _371
V. Absatz 3: die sog. kriminologische Indikation und ihre Voraussetzungen _375
E. Das Weigerungsrecht des Arztes und seine Grenzen _380

Literaturverzeichnis

Albayram, Ferah/Hamper, Ulrike, First-Trimester Obstetric Emergencies: Spectrum of Sonographic Findings, J. of Clinical Ultrasound 30 (2002), 161
Alexy, Robert, Begriff und Geltung des Rechts, 1992
Amelung, Knut, Über die Einwilligungsfähigkeit, ZStW 104 (1992), 525, 821
Anonymus, In wie fern unterliegen Fehler in der ärztlichen Behandlung einer criminellen Untersuchung?, NArchCrimR 1 (1817), 513
Arndt, Claus/Erhard, Benno/Funcke, Liselotte (Hrsg.), Der § 218 vor dem Bundesverfassungsgericht (Dokumentation), 1979
Arzt, Gunther, Willensmängel bei der Einwilligung, 1970
Arzt, Gunther/Weber, Ulrich, Strafrecht, Besonderer Teil, 2. Auflage 2009
Baumann, Jürgen/Weber, Ulrich/Mitsch, Wolfgang, Strafrecht, Allgemeiner Teil, 11. Auflage 2003
Beckmann, Rainer, Die Behandlung hirntoter Schwangerer im Licht des Strafrechts, MedR 1993, 121
Beckmann, Rainer, Der „Wegfall" der embryopathischen Indikation, MedR 1998, 155
Beckmann, Rainer, Zu den Kompetenzen gemäß dem GG zwischen Bund und Ländern, MedR 1999, 138
Belling, Claus, Die Rechtfertigungsproblematik beim Schwangerschaftsabbruch nach dem 2. Fristenlösungsurteil des BVerfG, MedR 1995, 184
Belling, Detlev/Eberl, Christina, Der Schwangerschaftsabbruch bei Minderjährigen, FuR 1995, 287

Beulke, Werner, Zur Reform des Schwangerschaftsabbruchs durch das 15. Strafrechtsänderungsgesetz, FamRZ 1976, 596

Binding, Karl, Die Normen und ihre Übertretung – Eine Untersuchung über die rechtmäßige Handlung und die Arten des Delikts, Bd. II/2, 2. Auflage 1916

Bindt, Carola, Das Wunschkind als Sorgenkind? Mehrlingsentwicklung nach assistierter Reproduktion, Reproduktionsmedizin 2001, 20

Boulot, Pierre/Vignal, Jacques/Vergnes, Christine/Dechaud, Hervé/Faure, Jean-Michel/Hedon, Bernard, Multifetal reduction of triplets to twins: a prospective comparison of pregnancy outcome, Human Reproduction 15 (2000), 1619

Büchner, Bernward, Abtreibung und Berufsfreiheit, NJW 1999, 833

Büchner, Bernward, Zwanzig Jahre JVL – Abtreibung damals und heute, ZfL 2004, 48

Chasen, Stephen/Chervenak, Frank/McCullough, Laurence, The role of cephalocentesis in modern obstetrics, Am. J. of Obstetrics and Gynecology 2001, 734

Chervenak, Frank/McCullough, Laurence/Skupski, Daniel, Ethical Issues in the Management of Pregnancies Complicated by Feta Anomalies, Obstetrical and Gynecological Survey 58 (2003), 473

Coester-Waltjen, Dagmar, Der Schwangerschaftsabbruch und die Rolle des künftigen Vaters, NJW 1985, 2175

Denninger, Erhard/Hassemer, Winfried, Zum Verfahren zu §§ 218 ff. StGB vor dem Bundesverfassungsgericht (1992), KritV 1993, 78

Deutsche Gesellschaft für Gynäkologie und Geburtshilfe, Schwangerschaftsabbruch nach Pränataldiagnostik, Positionspapier, 2003, abrufbar unter http://www.dggg.de/publikationen/dokumentationen/praenataldiagnostik-und-schwangerschaftsabbruch (zuletzt aufgerufen am 25.09.2009)

Dubinsky, Theodore J./Guerra, Francisco/Gormaz, Gustavo/Maklad, Nabil, Fetal survival in abdominal pregnancy, J. of Clinical Ultrasound 24 (1996), 513

Dudenhausen, Joachim W./Pschyrembel, Willibald, Praktische Geburtshilfe, 19. Auflage 2001

Dumler, E. A./Kolben, M./Schneider, K. T. M., Intracardiac fibrin adhesive for selective fetocide in twin pregnancy: report of three cases, Ultrasound Obstet. Gynecol. 7 (1996), 213

Eberbach, Wolfram H., Pränatale Diagnostik, JR 1989, 265

Eser, Albin/Koch, Hans-Georg (Hrsg.), Schwangerschaftsabbruch im internationalen Vergleich, Teil 3: Rechtsvergleich, 1999

Evans, M. I./Littmann, L./Tapin, C./Johnson, M. P., Multifetal pregnancy reduction and selective termination, in: James, David K./Steer, Philip J./Weiner, Carl P./Gonik, Bernard (Hrsg.), High Risk Pregnancy, 3. Auflage 2005, S. 243

Fassbender, Kurt, Präimplantationsdiagnostik und Grundgesetz, NJW 2001, 2745

Feige, Axel/Rempen, Andreas/Würfel, Wolfgang/Jawny, Johannes/Caffier, Hans, Frauenheilkunde, 3. Auflage 2005

Feuerbach, Paul Johann Anselm von, Lehrbuch des gemeinen in Deutschland gültigen peinlichen Rechts, hrsg. von Mittermaier, 14. Auflage 1847

Fischer, Thomas, Strafgesetzbuch und Nebengesetze, Kommentar, 57. Auflage 2010

Frank, Reinhard, StGB, Kommentar, 11.–14. Auflage 1915

Gössel, Karl-Heinz, Abtreibung als Verwaltungsunrecht?, JR 1976, 1

Gross, Michael L., After Feticide: Coping with Late-Term Abortion in Israel, Western Europe, and the United States, Cambridge Quarterly of Healthcare Ethics 1999, 449

Hälschner, Hugo, Das gemeine deutsche Strafrecht, Bd. 2/1, 1884

Hanack, Ernst-Walter, Zum Schwangerschaftsabbruch aus sog. kindlicher Indikation als Grenzproblem, in: Hauser, Robert/Rehberg, Jörg/Stratenwerth, Günter (Hrsg.), Gedächtnisschrift für Peter Noll, 1984, S. 197

Hansmann, Manfred, Fetozid bei Mehrlingsgravidität, Z. für ärztl. Fortbildung 87 (1993), 839

Hassemer, Winfried, Prozedurale Rechtfertigungen, in: Däubler-Gmelin, Herta/Kinkel, Klaus/Meyer, Hans et al. (Hrsg.) Gegenrede. Aufklärung – Kritik – Öffentlichkeit, Festschrift für Ernst Gottfried Mahrenholz, 1994, S. 731

Heimberger, Joseph, Die Grenze zwischen Frucht- und Menschenleben, ÖZStr 1910, 163

Hermes, Georg/Walther, Susanne, Schwangerschaftsabbruch zwischen Recht und Unrecht – Das zweite Abtreibungsurteil des BVerfG und seine Folgen, NJW 1993, 2337

Herzberg, Rolf Dietrich, Der Anfang der Geburt als Ende der „Schwangerschaft" – das „Ungeborene" als Mensch und Person?, in: Bernsmann, Klaus (Hrsg.), Bochumer Beiträge zu aktuellen Strafrechtsthemen, Vorträge anlässlich des Symposiums zum 70. Geburtstag von Gerd Geilen am 12./13.10.2001, 2003, S. 39

Herzberg, Rolf Dietrich/Herzberg, Annika, Der Beginn des Menschseins im Strafrecht: Die Vollendung der Geburt, JZ 2001, 1106

Hilgendorf, Eric, Forum – Zwischen Humanexperiment und Rettung des ungeborenen Lebens – Der Erlanger Schwangerschaftsfall, JuS 1993, 97

Hillenkamp, Thomas, Probleme aus dem Strafrecht, Allgemeiner Teil, 12. Auflage 2006

Hillgruber, Christian, Die Rechtsstellung des Arztes beim Schwangerschaftsabbruch – freie berufliche Betätigung oder Erfüllung einer staatlichen Schutzaufgabe?, ZfL 2000, 46

Hirsch, Hans-Joachim, Zur Menschwerdung und zur Strafbarkeit bei fahrlässiger Abtötung der Leibesfrucht, Anm. zu BGH (St. 32, 194), JR 1985, 336

Hirsch, Hans-Joachim, Rechtfertigungsfragen und Judikatur des Bundesgerichtshofs, in: Canaris, Claus-Wilhelm/Heldrich, Andreas/Hopt, Klaus/Roxin, Claus et al. (Hrsg.), 50 Jahre Bundesgerichtshof, Festgabe aus der Wissenschaft, 2000, S. 199

Hirsch, Hans-Joachim, Die Grenze zwischen Schwangerschaftsabbruch und allgemeinen Tötungsdelikten nach der Streichung des Privilegierungstatbestandes der Kindestötung (§ 217 StGB a. F.) in: Arnold, Jörg/Burkhardt, Björn/Gropp, Walter et al. (Hrsg.), Festschrift für Albin Eser, 2005, S. 309

Hoerster, Norbert, Abtreibung im säkularen Staat, 1991

Hoerster, Norbert, Forum – Das „Recht auf Leben" der menschlichen Leibesfrucht – Rechtswirklichkeit oder Verfassungslyrik?, JuS 1995, 192

v. Holtzendorff, Franz, Abtreibung der Leibesfrucht, in: ders. (Hrsg.), Handbuch des deutschen Strafrechts, Bd. 3, 1874, S. 455

Hülsmann, Christoph, Fetozid: Bemerkungen aus strafrechtlicher Sicht, NJW 1992, 2331

Hülsmann, Christoph, Produktion und Reduktion von Mehrlingen, 1992

Ipsen, Jörn, Der verfassungsrechtliche Status des Embryos in vitro, JZ 2001, 989

Isemer, Franz-Eckart/Lilie, Hans, Rechtsprobleme bei Anencephalen, MedR 1988, 66

Jakobs, Günther, Strafrecht, Allgemeiner Teil, 2. Auflage 1991

Jakobs, Günther, Humangenetik in der Pränataldiagnostik. Die normative Funktion des Krankheits- und Behinderungsbegriffs: Rechtliche Aspekte, Jb. Wissensch. u. Ethik 1 (1996), 111

Jakobs, Günther, Lebensschutz durch Pflichtberatung?, JVL 17 (2000), 17

Jakobs, Günther, Rechtmäßige Abtreibung von Personen?, JR 2000, 404

Jakobs, Günther, Personalität und Exklusion im Strafrecht, in: Courakis, Nestor (Hrsg.), Festschrift für Dionysios Spinellis zum 70. Geburtstag, 2001, S. 447

James, David K./Steer, Philip J./Weiner, Carl P., Gonik, Bernard (Hrsg.), High Risk Pregnancy, 3. Auflage 2005

Jähnke, Burkhard/Laufhütte, Heinrich W./Odersky, Walter (Hrsg.), Strafgesetzbuch, Leipziger Kommentar (LK), 11. Auflage 2005

Jerouschek, Günter, Lebensschutz und Lebensbeginn. Kulturgeschichte des Abtreibungsverbots, 1988

Jescheck, Hans-Heinrich/Weigend, Thomas, Lehrbuch des Strafrechts, Allgemeiner Teil, 5. Auflage 1996

Joecks, Wolfgang/Miebach, Klaus (Hrsg.), Münchener Kommentar zum Strafgesetzbuch, 2003

Kaufmann, Arthur (Hrsg.), Gustav Radbruch Gesamtausgabe, Rechtsvergleichende Schriften, Bd. 15, Einzelbandherausgeber: Scholler, Heinrich, 1999

Kelsen, Hans, Reine Rechtslehre, 2. Auflage 1960

Kiesecker, Regine, Die Schwangerschaft einer Toten, 1996

Kindhäuser, Urs/Neumann, Ulfried/Paeffgen, Hans-Ulrich (Hrsg.), Strafgesetzbuch, Nomos Kommentar (NK), 3. Auflage 2010

Kluth, Winfried, Der rechtswidrige Schwangerschaftsabbruch als erlaubte Handlung. Anmerkung zum zweiten Fristenurteil des Bundesverfassungsgerichts, FamRZ 1993, 1381

Köhler, Michael, Personensorge und Abtreibungsverbot, GA 1988, 435

Koller, Peter, Theorie des Rechts, 2. Auflage 1997

Kühl, Kristian, Strafrecht Allgemeiner Teil, 6. Auflage 2008

Kuhlen, Lothar, Objektive Zurechnung bei Rechtfertigungsgründen, in: Schünemann, Bernd/Bottke, Wilfried/Achenbach, Hans et al. (Hrsg.), Festschrift für Claus Roxin zum 70. Geburtstag am 15. Mai 2001, 2001, S. 331

Kuhlen, Lothar, Ausschluß der objektiven Zurechnung bei Mängeln der wirklichen und der mutmaßlichen Einwilligung, in: Britz, Guido/Jung, Heike/Koriath, Heinz et al. (Hrsg.), Festschrift für Heinz Müller-Dietz zum 70. Geburtstag, 2001, S. 431.

Kuhlen, Lothar, Ausschluss der objektiven Erfolgszurechnung bei hypothetischer Einwilligung des Betroffenen, JR 2004, 227

Küper, Wilfried, Mensch oder Embryo? Der Anfang des „Menschseins" nach neuem Strafrecht, GA 2001, 515

Lackner, Karl/Kühl, Kristian (Hrsg.), Strafgesetzbuch, Kommentar, 26. Auflage 2007

Lange M./Bühling, K. J./Henrich, W./Dudenhausen, J. W., Diskussion des Fetozids bei Geminigravidität – Zwei Kasuistiken und Literaturübersicht, Geburtsh Frauenheilk 2001, 303

Langer, Winrich, Strafgesetzlicher Tatbestandsausschluß gem. § 218 a Abs. 1 StGB, ZfL 1999, 47

Laufhütte, Heinrich/Wilkitzki, Peter, Zur Reform der Strafvorschriften über den Schwangerschaftsabbruch, JZ 1976, 329

Lenckner, Theodor, Einwilligung in Schwangerschaftsabbruch und Sterilisation, in: Eser, Albin/Hirsch, Hans (Hrsg.), Sterilisation und Schwangerschaftsabbruch, 1980, S. 173

Lesch, Heiko Hartmut, Notwehrrecht und Beratungsschutz, 2000

Liszt, Eduard von, Die kriminelle Fruchtabtreibung, 2 Bde. 1910, 1911

Liszt, Franz von, Lehrbuch des deutschen Strafrechts, 2. Auflage 1884

Liszt, Franz von/Schmidt, Eberhard, Lehrbuch des deutschen Strafrechts, 25. Auflage 1927
Lüttger, Hans, Der Beginn der Geburt und das Strafrecht, JR 1971, 133
Lüttger, Hans, Geburtshilfe und Menschwerdung, in: Lüttger, Hans/Blei, Hermann/Hanau, Peter (Hrsg.), Festschrift für Ernst Heinitz zum 70. Geburtstag, 1972, S. 359
Lüttger, Hans, Geburtsbeginn und pränatale Einwirkungen mit postnatalen Folgen, NStZ 1983, 481
Maurach, Reinhart/Schroeder, Friedrich-Christian/Maiwald, Manfred, Strafrecht Besonderer Teil – Ein Lehrbuch Band 1, 10. Auflage 2009
McCullough, Laurence/Chervenak, Frank, Ethics in Obstetrics and Gynecology, 1994
Medical Task Force on Anencephaly, New England Journal of Medicine 322 (1990), 666
Merkel, Reinhard, „Früheuthanasie" – Rechtsethische und strafrechtliche Grundlagen ärztlicher Entscheidungen über Leben und Tod in der Neonatalmedizin, 1999
Merkel, Reinhard, Forschungsobjekt Embryo, 2002
Mittermaier, Karl, Ueber die Gränzen und Bedingungen der Straflosigkeit der Perforation, NArchCrimR 8 (1826), 596
Opitz, J. M./Zanni, G./Reynolds J. F. jr. et al., Defects of Blastogenesis, Am. J. of Medical Genetics 115 (2002), 269
Otto, Harro, Die soziale Indikation und ihre rechtliche Qualität, JR 1990, 342
Otto, Harro, Anm. zu BGH (1 StR 120/90), JR 1992, 210
Otto, Harro, Die strafrechtliche Neuregelung des Schwangerschaftsabbruchs, Jura 1996, 135
Otto, Harro, Vom medizinisch indizierten Schwangerschaftsabbruch zur Kindestötung, ZfL 1999, 55
Palandt, Otto/Bassenge, Peter (Hrsg.), Bürgerliches Gesetzbuch, 67. Auflage 2008
Pawlik, Michael, Der rechtfertigende Notstand, 2002
Puppe, Ingeborg, Die strafrechtliche Verantwortlichkeit des Arztes bei mangelnder Aufklärung über eine Behandlungsalternative – Zugleich Besprechung von BGH, Urteile vom 3–3–1994 und 29–6–1995, GA 2003, 764
Puppe, Ingeborg, Strafrecht Allgemeiner Teil im Spiegel der Rechtsprechung, Bd. 1, 2002, Bd. 2, 2005
Quintero, R./Morales, W., Percutaneous Fetoscopically Guided Intervention, in: Harrison, Michael/Evans, Mark/Adzick, Scott et al. (Hrsg.), The Unborn Patient, 3. Auflage 2001, S. 199

Radbruch, Gustav, Abtreibung (§§ 218–220 StGB), in: Birkmeyer, Karl et al. (Hrsg.), Vergleichende Darstellung des deutschen und ausländischen Strafrechts, Besonderer Teil V, 1905, S. 160

Renzikowski, Joachim, Notstand und Notwehr, 1994

Roche Lexikon Medizin, hrsg. von *Reiche, Dagmar,* Sonderausgabe, 5. Auflage 2009

Röhl, Klaus, Allgemeine Rechtslehre, 2. Auflage 2001

Rönnau, Thomas, Willensmängel bei der Einwilligung im Strafrecht, 2001

Roxin, Claus, Probleme beim strafrechtlichen Schutz des werdenden Lebens, JA 1981, 542

Roxin, Claus, Der durch Menschen ausgelöste Defensivnotstand, in: Vogler, Theo (Hrsg.), Festschrift für Hans-Heinrich Jescheck zum 70. Geburtstag, Bd. 1, 1985, 475

Roxin, Claus, Strafrecht, Allgemeiner Teil, Bd. 1, 4. Auflage 2006

Rudolphi, Hans-Joachim/Horn, Eckard/Samson, Erich et al. (Hrsg.), Strafgesetzbuch, Systematischer Kommentar (SK), 41. Lieferung 2005

Saerbeck, Klaus, Beginn und Ende des Lebens als Rechtsbegriffe, 1974

Satzger, Helmut, Der Schutz des ungeborenen Lebens durch Rettungshandlungen Dritter, JuS 1997, 800

Scherer, Inge, Schwangerschaftsabbruch bei Minderjährigen und elterliche Zustimmung, FamRZ 1997, 589

Schmidt-Matthiesen, Heinrich/Hepp, Hermann, Gynäkologie und Geburtshilfe, 10. Auflage 2005

Schönke, Adolf/Schröder, Horst (Hrsg.), Strafgesetzbuch Kommentar, 27. Auflage 2006

Schröder, A. K./Schroers, U./Katalinic, A./Diedrich, K./Ludwig, M., Mehrlinge nach assistierter Reproduktion – Einschätzung des Risikos durch Betroffene und Nichtbetroffene, Geburtsh Frauenheilk 2003, 356

Schroeder, Friedrich-Christian, Die Unaufrichtigkeit des Gesetzes, ZRP 1992, 409

Schroth, Ulrich, Juristischer Kommentar zum Fallbericht, ZfmE 2003, 211

Sprang, Leroy/Neerhof, Mark, Rationale for banning abortions late in Pregnancy, J. of American Medical Association (JAMA) 1998, 744

Sternberg-Lieben, Detlev, Die objektiven Schranken der Einwilligung im Strafrecht, 1997

Surbek, Daniel/Holzgreve, Wolfgang, Pathologie der Frühschwangerschaft, in: Diedrich, Klaus (Hrsg.), Gynäkologie und Geburtshilfe, 2000, 365

Tröndle, Herbert, „Soziale Indikation" – Rechtfertigungsgrund?, Jura 1987, 66

Tröndle, Herbert, Das Schwangeren- und Familienhilfeänderungsgesetz, NJW 1995, 3009

United Nations Population Division/Dept. of Economic and Social Affairs, Abortion Policies. A Global Review, 2002 (abrufbar unter: http://www.un.org/esa/popula tion/publications/abortion/index.htm; zuletzt aufgerufen am 25.09.2009)
Valenzano, Mario et al., Five-Year Follow-up of Placental Involution After Abdominal Pregnancy, J. of Clinical Ultrasound 31 (2003), 39
Welzel, Hans, Das deutsche Strafrecht, 11. Auflage 1969
Wessels, Johannes/Hettinger, Michael, Strafrecht Besonderer Teil, Band 1, 33. Auflage 2009

A. Rechtsgeschichte; Rechtspolitik; Entwicklung des geltenden Rechts

I. Allgemeines

Das Problem des Schwangerschaftsabbruchs ist ein Ewigkeitsthema der Menschheit – ihrer Kulturgeschichte im Allgemeinen wie ihrer Kriminalgeschichte im Besonderen.[1] Das praktische Phänomen selbst scheint jedenfalls so alt zu sein wie die frühesten Aufzeichnungen rechtlicher oder rechtsähnlicher Normen. „Rechtsgeschichte und Rechtsvergleichung", schreibt *Eser*, „lassen keinen Zweifel an der Tatsache, dass es Eingriffe zur Beendigung einer ungewollten Schwangerschaft auf diese oder jene Weise schon immer und überall gegeben hat".[2] Kaum weniger zweifelsfrei ist, dass dies auf absehbare Zeit so bleibt und dass deshalb der Streit über die ethische Zulässigkeit der Abtreibung ebenfalls nicht verschwinden wird. Der Grund dafür liegt zuletzt in einer profunden Ungewissheit über den moralischen Status des ungeborenen menschlichen Lebens. Auch die Unsicherheit über eine angemessene *rechtliche* Lösung des Konflikts zwischen dem Selbstbestimmungsinteresse der Schwangeren und den Schutzbelangen des Ungeborenen hat, unbeschadet aller sachlichen und funktionalen Unterschiede zwischen Recht und Ethik, hier ihren tieferen Ursprung.[3]

---

[1] Zur Strafrechtsgeschichte v. a. *Ed. von Liszt*, Kriminelle Fruchtabtreibung, 2 Bde. (1910, 1911); s. auch die §§ 392 ff. bei *Feuerbach*, Lehrbuch, S. 626 ff., und die dort vom Hrsg. *Mittermaier* umfangreich nachgewiesene ältere Lit. Aus neuerer Zeit v. a. *Jerouschek*, Lebensschutz und Lebensbeginn; *Eser/Koch* (Hrsg.), Schwangerschaftsabbruch im internationalen Vergleich, S. 61 ff.

[2] *Eser*, in: Eser/Koch (Hrsg.), Schwangerschaftsabbruch im internationalen Vergleich, S. 519.

[3] Zur Ethik des Embryonenschutzes *Merkel*, Forschungsobjekt Embryo, S. 117 ff. – Auf diese prinzipielle Unsicherheit deutet auch der Umstand, dass jedes Jahr weltweit rund 50 Millionen Schwangerschaften abgebrochen werden, davon geschätzte 40 % illegal; s. *United Nations Population Division/*

II. Das Reichsstrafgesetzbuch

Das RStGB von 1871 bedrohte in § 218 Abs. 1 die sog. Selbstabtreibung durch die Schwangere und in Abs. 3 die Fremdabtreibung durch Dritte jeweils als Verbrechen mit bis zu fünfjähriger Zuchthausstrafe. Als Qualifikation war die entgeltliche Beteiligung Dritter durch Verschaffen oder Anwenden eines Abtreibungsmittels von § 219 mit der (überzogenen) Strafdrohung von bis zu zehn Jahren Zuchthaus belegt. § 220 schließlich qualifizierte in Abs. 1 Abbrüche gegen den Willen oder ohne Wissen der Schwangeren und in Abs. 2 die Abtreibung mit Todesfolge für die Schwangere. Die Vorschriften wurden 1926 im reformierten § 218 I–IV zusammengefasst.

Das RStGB hat die Abtreibung nicht, wie manchmal behauptet wird, als Verletzung eines „bevölkerungspolitischen Interesses" mit Strafe bedroht.[4] Schon die Systematik des Gesetzes, das die Tat den Tötungsdelikten zuordnete, spricht dagegen. Wohl wurde vereinzelt die Auffassung vertreten, die §§ 218 ff. schützten ein „populationistisches Interesse" und damit ein „Rechtsgut der Gesamtheit".[5] Die schon damals ganz h. M. verwarf diese Deutung jedoch. Sie sah das primäre Rechtsgut der §§ 218 ff. im individuellen Leben der Frucht, neben das als sekundäres Schutzgut die Gesundheitsbelange der Schwangeren gestellt wurden.[6]

Über Indikationen für eine gerechtfertigte Abtreibung schwieg das RStGB. Die Rechtslehre postulierte freilich von Anfang an Möglichkeiten einer Rechtfertigung nach allgemeinen Lehren. Unstreitig waren echte vitale Indikationen zur Rettung des Lebens der Mutter. Zu ihnen zählte insbesondere der Fall der sog. Perforation des kindlichen Kopfes in der Geburt.[7] Aber auch die aus sonstigen medizinischen Gründen vorgenommene Abtreibung zum Schutz der mütterlichen Gesundheit hielt man überwiegend für gerecht-

---

Dept. of Economic and Social Affairs, Abortion Policies, S. 7 (http://www.un.org/esa/population/publications/abortion/index.htm).

4 So aber MK – *Gropp*, StGB, Vor § 218 ff. Rn. 14.

5 So insbesondere *Radbruch*, in: VD, BT V, 160, wieder abgedr. in *ders.*, Rechtsvergleichende Schriften, Gesamtausgabe (hrsg. von *Kaufmann*), Bd. 15 (hrsg. von *Scholler*), 1999, 102, 104; ähnlich *F. von Liszt/Schmidt*, Lehrbuch des deutschen Strafrechts, S. 497 f.

6 *Holtzendorff*, Abtreibung, in: ders. (Hrsg.), Handbuch des deutschen Strafrechts, S. 457; *Ed. von Liszt*, Kriminelle Fruchtabtreibung, Bd. 1, S. 131; *F. von Liszt*, Lehrbuch², S. 312; *Binding*, Normen, Bd. II/2, S. 994 f.; RGSt 61, 242, 252.

7 Das noch im Mutterleib steckende Kind wurde damals auch nach Beginn der Eröffnungswehen überwiegend (und anders als von der heute h. L.) noch als Leibesfrucht beurteilt, seine Tötung mittels Perforation daher dem § 218, nicht dem § 212 unterstellt; zum Problem unten, sub III.2.c) (2.).

fertigt. Andere erkannten sie nur als schuld- oder als straflos an. Umstritten waren Anzahl, jeweilige Reichweite und systematisches Fundament der möglichen Rechtfertigungs-, Entschuldigungs- oder Strafausschließungsgründe.[8] Die Judikatur folgte schließlich der wissenschaftlichen Diskussion. Das RG beurteilte die medizinische Indikation zugunsten von Leben oder Gesundheit der Mutter zunächst als übergesetzlich entschuldigenden (RGSt 36, 334; 57, 268), und später, in einer berühmten Entscheidung aus dem Jahr 1927, als rechtfertigenden Notstand (RGSt 61, 242). 1933 akzeptierte der Gesetzgeber dies gleichsam stillschweigend: Abs. 2 des damals in neuer Fassung wieder eingefügten § 219 setzte die Möglichkeit einer „ärztlich gebotenen Unterbrechung der Schwangerschaft" ohne Weiteres voraus (RGBl. 1933, 295).

III. Die Entwicklung nach 1945

Die Gesetzgebungsgeschichte nach dem Ende des Zweiten Weltkriegs wurde maßgeblich bestimmt von den beiden Entscheidungen des BVerfG zur sog. Fristenregelung.[9] Zwei Regierungsentwürfe aus den Jahren 1962 und 1969 hatten sich für die Beibehaltung der alten Rechtslage ausgesprochen. Ihnen widersprach 1979 der „Alternativentwurf" einer Gruppe liberaler Strafrechtsprofessoren, die mehrheitlich für ein Fristenlösungsmodell mit einer Pflicht zur umfassenden Beratung votierten. Vier Jahre später wurde in einer Neufassung des § 218 a eine solche Fristenlösung als 5. StrRG verabschiedet. Im Februar 1975 erklärte das BVerfG diese Regelung für verfassungswidrig (E 39, 1).[10] Der Leitsatz Nr. 1 und die Gründe der Entscheidung hoben als verbindliche Auslegung der Art. 1 Abs. 1 und 2 Abs. 2 GG erstmals deutlich den subjektivrechtlichen Grundrechtsstatus des Embryos hervor: Jedes ungeborene menschliche Individuum sei, nicht anders als jedes geborene, Inhaber der Menschenwürde und des Grundrechts auf Leben.

Der anschließend von der Regierungskoalition vorgelegte Entwurf einer Indikationenregelung nutzte den vom BVerfG markierten legislativen Spielraum bis an seine äußersten Grenzen und war deshalb erneut heftig umstritten. Er trat als 15. StrÄG am 21.6.1976 in Kraft. Formelle Primärnorm blieb das grundsätzliche Verbot des § 218. Ihm wurde in § 218 a I Nr. 2 als Grund-

---

8 *Holtzendorff*, Abtreibung, in: ders., Handbuch des deutschen Strafrechts, S. 460 f.; *Hälschner*, Das gemeine deutsche Strafrecht, Bd. 2/1, S. 68, m. w. N.
9 BVerfGE 39, 1; 88, 203.
10 Mit abweichenden Votum der Richterin *Rupp von Brünneck* und des Richters *Simon*. Zum Verfahren vor dem BVerfG die Dokumentation von *Arndt/Erhard/Funcke* (Hrsg.), Der § 218 vor dem Bundesverfassungsgericht.

prinzip der Rechtfertigung eine weit gefasste „medizinisch-soziale Indikation" beigegeben. Deren Legitimationswirkung wurde von Abs. 2 auf drei weitere Indikationen erstreckt: eine embryopathische (Nr. 1), eine kriminologische (Nr. 2) sowie schließlich eine allgemeine Notlagenindikation (Nr. 3). Die ebenfalls neu gefassten §§ 218 b – 219 c regelten das Verfahren der Beratung und der Indikationsfeststellung; außerdem enthielten sie zusätzliche Strafdrohungen gegen Vorfeld- und Begleittaten.

Der „Einigungsvertrag" von 1990 forderte in seinem Art. 31 Abs. 4 eine einheitliche Neuregelung des Abtreibungsrechts für das wiedervereinigte Deutschland. Sie wurde zunächst 1992 mit dem Schwangeren- und Familienhilfegesetz (SFHG) vorgelegt. Sein neu gefasster § 218 a erklärte Abbrüche während der ersten 12 Wochen der Schwangerschaft unter bestimmten Voraussetzungen für rechtmäßig (Abs. 1). Daneben erkannte das Gesetz zwei der früheren Indikationen, die embryopathische und die medizinische, weiterhin als Rechtfertigungsgründe an (Abs. 2 und 3). Eine „kriminologische" und eine Notlagenindikation hielt man angesichts der neuen Fristenregelung nicht mehr für erforderlich.

Mit Urteil vom 28. Mai 1993 erklärte das BVerfG die §§ 218 a I und 219 i. d. F. des SFHG für verfassungswidrig (E 88, 203). In ihren zentralen Aussagen knüpft die Entscheidung an das erste Fristenregelungsurteil an: Jedes einzelne ungeborene menschliche Leben genieße den Schutz der Grundrechte aus Art. 1 Abs. 1 und 2 Abs. 2 GG. Deshalb müsse der Abbruch „für die ganze Dauer der Schwangerschaft grundsätzlich als Unrecht angesehen, also rechtlich verboten sein".[11] Nicht verwehrt sei es dem Gesetzgeber aber, „zu einem Konzept für den Schutz des ungeborenen Lebens überzugehen, das in der Frühphase der Schwangerschaft den Schwerpunkt auf die Beratung der schwangeren Frau" lege und dabei auf eine „Strafdrohung und die Feststellung von Indikationstatbeständen" durch Dritte verzichte (LS 11). Doch dürften solche nicht indizierten und damit einer freien Letztentscheidung der Schwangeren überlassenen Abbrüche nicht für rechtmäßig erklärt werden (LS 15). In der dem Urteil beigegebenen Vollstreckungsanordnung formulierte das Gericht detaillierte Maßgaben für Inhalt und Ausmaß der vor einem straflosen (und „rechtswidrigen") Abbruch gebotenen Beratung. Diese Regelungen übernahm der Gesetzgeber später großenteils wörtlich in § 219 StGB sowie in die §§ 5 ff. des Schwangerschaftskonfliktgesetzes (SchKG).[12]

---

11 Leitsätze 1 und 4 sowie S. 251 f., 255.
12 Zur Kritik der BVerfG-Entscheidung unten, sub IV.3.c).

Das Parlament verabschiedete nach weiteren kontroversen Debatten am 21.8.1995 schließlich das Schwangeren- und Familienhilfeänderungsgesetz (SFHÄndG). Es trat zum 1.10.1995 in Kraft. Sein Art. 8 enthielt die heute geltenden §§ 218 – 219b StGB.

B. Systematischer Überblick über die geltende Regelung

Das geltende Recht unterscheidet im Hinblick auf den Schutz des Ungeborenen drei zeitliche Phasen der Schwangerschaft:
(1) Von der Fertilisierung der Eizelle bis zur Implantation (Nidation) des Embryos in der Uterus-Schleimhaut (etwa am 14. Tag nach der Befruchtung) bleibt das pränatale Leben bemerkenswerterweise ohne jeden rechtlichen Schutz (§ 218 I Satz 2).
(2) Von der Nidation bis zum Abschluss der 12. Schwangerschaftswoche sind Abbrüche ohne Indikation nur unter den Voraussetzungen des § 218 a I straffrei; und nur bis zu diesem Zeitpunkt sind sie unter den Voraussetzungen der „kriminologischen" Indikation gerechtfertigt (§ 218 a III).
(3) Nach der 12. Woche kommt ein rechtmäßiger Abbruch nur noch unter den Bedingungen der medizinisch-sozialen Indikation infrage, dann allerdings ohne zeitliche Begrenzung, also ggf. bis kurz vor der natürlichen Geburt (§ 218 a II).[13] Eine selbstständige embryopathische Indikation, wie sie in § 218 a II Nr. 1 a. F. geregelt war, kennt das geltende Recht nicht mehr.

Systematisch ist § 218 als Grundtatbestand ausgestaltet, der eine prinzipielle Strafbarkeit des Schwangerschaftsabbruchs anordnet. Abs. 2 normiert Regelbeispiele für besonders schwere Fälle, Abs. 3 enthält eine Privilegierung für die Schwangere selbst, Abs. 4 bedroht den Versuch mit Strafe und privilegiert ebenfalls die Schwangere, deren Versuch straflos bleibt.

Angesichts der leichten rechtlichen Verfügbarkeit strafloser Abbrüche ist die praktische und forensische Bedeutung des § 218 verschwindend gering. Rechtlich wie für die klinische Praxis von großer Wichtigkeit ist dagegen § 218 a. Sein Abs. 1 formuliert in seinen Ziff. 1–3 vier Voraussetzungen, die zum Ausschluss des Tatbestands des § 218 führen. Er enthält damit ein Bündel *negativer* (eben tatbestandsausschließender) Merkmale des § 218, gehört

---

[13] Näher zu den besonderen Problemen solcher Spätabtreibungen unten, sub III.3.b).

also systematisch zu dessen tatbestandlichem Regelungsbereich selber. Seine Abs. 2 und 3 normieren dagegen Rechtfertigungsgründe. Abs. 4 schließlich privilegiert die Schwangere mit obligatorischen bzw. fakultativen Strafbefreiungsgründen für bestimmte Fälle rechtswidriger Abbrüche.

Die §§ 218 b bis 219 regeln die Einzelheiten des Verfahrens, das (mit jeweiligen Besonderheiten) vor jedem zulässigen bzw. straffreien Abbruch zu durchlaufen ist. Ihre Strafdrohungen richten sich insbesondere gegen Ärzte, die unter Missachtung der prozeduralen Regeln eine Schwangerschaft abbrechen. Nichtärzte sind, unbeschadet möglicherweise gegebener Indikationsgründe, ohnehin grundsätzlich strafbar, allerdings sind in besonderen, wenngleich seltenen Fällen Notstandsausnahmen denkbar.[14] § 219 enthält keinen Straftatbestand; er beschreibt vielmehr im Zusammenspiel mit den §§ 5 ff. des SchwangerschaftskonfliktG (SchKG) Ziele und Einzelheiten der sog. Konfliktberatung, die Voraussetzung einer Straflosigkeit nicht indizierter Abbrüche nach § 218 a I ist. Die §§ 219 a und 219 b schließlich normieren Tatbestände, die abstrakt-gefährliche Teilnahmehandlungen bereits im Vorfeld von Schwangerschaftsabbrüchen erfassen: bestimmte Formen kommerzieller oder anstößiger Werbung für jederlei Abbruch, also auch für den rechtmäßigen (§ 219 a), sowie das Inverkehrbringen von Mitteln zur Förderung rechtswidriger Abtreibungen (§ 219 b).

Die nachfolgende Darstellung beschränkt sich auf die beiden Zentralnormen des Abtreibungsrechts, § 218 und § 218 a. Die §§ 218 b bis 219 b werden nicht im Einzelnen erörtert. Sie sind, soweit sie das Verfahren regeln bzw. die Missachtung seiner Formalien mit Strafe bedrohen (§ 218 b und c, § 219 i. V. m. dem SchKG), überwiegend technischer Art, soweit sie Vorfeldtaten pönalisieren, rechtspraktisch so gut wie bedeutungslos.

---

14 Das betrifft die Frage, ob neben den Rechtfertigungsgründen des § 218 a II und III auch die allgemeinen Regeln strafrechtlicher Rechtfertigung Anwendung finden können. Entgegen der h. M. ist das grds. möglich. Man muss hierbei unterscheiden: Die abbruchslegitimierenden Voraussetzungen bestimmen sich *allein* nach § 218 a II und III; diese sind spezielle Ausprägungen des Notstands und dürfen daher nicht durch Berufung auf die allgemeine Notstandsnorm des § 34 StGB unterlaufen werden. Doch fordern beide Vorschriften noch weitere Rechtfertigungsvoraussetzungen: den Arztvorbehalt, die 12-Wochen-Frist des § 218 a III sowie die ärztliche Bescheinigung nach § 218b I über die Voraussetzungen einer Indikation. Deren Fehlen kann in besonderen Notlagen über § 34 gerechtfertigt werden; zum Ganzen ausführlich NK – *Merkel*, StGB, § 218 Rn. 136 ff.

C. § 218 als (angeblich) grundsätzliches Verbot: Probleme des Tatbestands

I. Struktur und Systematik der Norm

§ 218 I Satz 1 erfasst dem äußeren Anschein nach, nämlich nach seiner Stellung und seinem Wortlaut, den Normalfall des Schwangerschaftsabbruchs als strafrechtlich prinzipiell missbilligtes Verhalten. Dagegen wird der Ausschluss dieses Tatbestandes trotz Vorliegens seiner Merkmale unter bestimmten weiteren Voraussetzungen von § 218 a I geregelt, werden also dort – wieder dem Anschein nach – die Ausnahmefälle des straffreien Schwangerschaftsabbruchs normiert. Diese gesetzliche Form von Grundtatbestand und Ausnahmen hat freilich mit der sozialen Wirklichkeit der Abtreibung in Deutschland wenig zu tun. Schwangerschaftsabbrüche, die unter den in § 218 a I genannten Voraussetzungen erfolgen und somit *de lege* tatbestandslos sind, machen vielmehr mit einem Anteil von 97 % den weitaus überwiegenden Teil aller Abbrüche und daher deren alltäglichen Normalfall aus.[15] Das gesetzliche Regelungskonzept ist in Wahrheit nicht das eines Verbots mit Ausnahmen der Straffreiheit, wie es die äußere Form der §§ 218 und 218 a suggeriert. Es ist vielmehr das einer grundsätzlichen Fristenregelung mit Beratungspflicht; sie wird für einige relativ seltene Fallkonstellationen in § 218 a II und III um die Normierung besonderer Indikationen als Rechtfertigungsgründe ergänzt.[16]

Sieht man mit der geläufigen Auffassung die Funktion des gesetzlichen Tatbestands darin, „Verhaltensweisen möglichst vollständig [zu] beschreiben, die in aller Regel verboten sind", dann kann man schwerlich widersprechen, wenn § 218 I ein „Beispiel unaufrichtiger Gesetzgebung" genannt wird.[17] Zusammen mit den in § 218 II genannten Regelbeispielen für besonders schwere Fälle täuscht das Gesetz tatsächlich ein „markiges Verbot des Schwangerschaftsabbruchs" vor, das in Wahrheit nicht existiert.[18] Die wirkliche Reichweite des straftatbestandlichen Verbots ergibt sich vielmehr erst

---

15 S. z. B. Antrag der CDU-Fraktion im Bundestag vom 13.7.2001, BT-Drs. 14/6635, 2.
16 SK – *Rudolphi*, StGB; § 218 Rn. 37; Vor § 218; *Fischer*, StGB, Vor § 218 Rn. 10; *Tröndle*, NJW 1995, 3009, 3010 („umetikettierte Fristenregelung"); *Kluth*, FamRZ 1993, 1381, 1382; *Otto*, Jura 1996, 135, 138; ohne echten Dissens in der Sache, aber terminologisch anders Schönke/Schröder – *Eser*, StGB, § 218 a Rn. 1: „kombiniert abgestufte Beratungs- und Indikationsregelung"; dazu krit. *Fischer*, StGB, Vor § 218 Rn. 14 b m. w. N.
17 Das erste Zitat NK – *Puppe*, StGB, 1. Aufl., Vor § 13 Rn. 13 (in der 2. Aufl. ist die zitierte Bemerkung nicht mehr enthalten); das zweite Zitat *Schroeder*, ZRP 1992, 409 f.
18 *Schroeder*, ZRP 1992, 409, 419; ebenso *Otto*, Jura 1996, 135, 138.

aus dem Zusammenspiel von § 218 I und § 218 a I: Der abstrakt-grundsätzlichen Strafandrohung in § 218 I Satz 1 folgt ihre weitgehende Rücknahme in § 218 a I. Da die Bedingungen dieser Rücknahme für abbruchwillige Schwangere und Ärzte leicht verfügbar sind, verschwindet das formell grundsätzliche Verbot hinter der gesetzlich regulierten Praxis seiner Umgehung bis nahe an die Grenze der Irrelevanz.

Vier solcher Bedingungen fordert § 218 a I kumulativ als Voraussetzungen einer „Ausnahme" zu § 218 Abs. 1: (1.) Abbruchverlangen der Schwangeren: Ziff. 1; (2.) Beratungsbescheinigung: Ziff. 1; (3.) Abbruch durch einen Arzt: Ziff. 2; (4.) Einhalten der 12-Wochen-Frist: Ziff. 3. Sind alle vier Bedingungen erfüllt, so ordnet § 218 a I an, dass ein Schwangerschaftsabbruch trotz Erfüllung sämtlicher Merkmale des § 218 I diesen Tatbestand „nicht verwirklicht". Die logische wie systematische Funktion der vier Bedingungen ist somit die eines Bündels von negativen Tatbestandsmerkmalen des § 218 I selbst. Genauer (da sie nur in ihrer Gesamtheit den Tatbestandausschluss bewirken): Alle vier sind Elemente *eines* komplexen negativen Tatbestandsmerkmals des § 218 I. Bedeutsam ist das für dessen subjektiven Tatbestand. Er verlangt Vorsatz nicht nur hinsichtlich der in § 218 I bezeichneten, sondern auch hinsichtlich der in jenem gebündelten Tatbestandsmerkmal des § 218 a I erfassten negativen Tatumstände, also Kenntnis (§ 16 I) des Fehlens mindestens eines seiner vier Elemente.

§ 218 I Satz 2 markiert für den Beginn des strafrechtlichen Lebensschutzes *in vivo* eine (unsichere) zeitliche und für dessen Objekt eine (sichere) örtliche Grenze: die der beendeten „Einnistung" (Nidation, Implantation) des Embryos im Uterus. Die Abs. 2 und 3 enthalten besondere Regelungen zur Strafzumessung: zwei Regelbeispiele für besonders schwere Fälle in Abs. 2; eine Privilegierung der Selbstabtreibung durch die Schwangere in Abs. 3.[19] Abs. 4 ordnet für den Fremdabbruch die Strafbarkeit des Versuchs an (S. 1) und schließt sie für den Selbstabbruch durch die Schwangere aus (S. 2).

---

19 Und zwar nicht nur, wie der Wortlaut suggerieren mag, die buchstäblich selbst durchgeführte, sondern auch die in mittäterschaftlichem Zusammenwirken mit einem „fremdabtreibenden" Dritten begangene. Ergänzt wird Abs. 3 im Übrigen durch die Möglichkeit eines gänzlichen Absehens von Strafe, die § 218 a IV S. 2 für die Selbstabtreibung unter bestimmten Voraussetzungen eröffnet.

II. Das geschützte Rechtsgut

1. Pränatales Leben

Rechtsgut der §§ 218 ff. ist – heute unstreitig – das pränatale menschliche Leben. Das impliziert, entgegen verbreiteter Auffassung, keineswegs dessen Status als Grundrechtssubjekt.[20] Strafrechtsgüter müssen nicht grundrechtsgeschützte Güter sein. Vom geschützten Rechtsgut zu unterscheiden ist das jeweilige Tat- oder Angriffsobjekt konkreter Abbruchshandlungen. Dies ist, nach dem Gesetz, „das Ungeborene" (§ 291 I): die lebende, *in utero* implantierte Leibesfrucht bis zum Zeitpunkt ihrer strafrechtlichen „Mensch"-Werdung mit der Geburt. Ob § 218 als weitere Rechtsgüter neben dem pränatalen Leben auch Gesundheit und Leben der Schwangeren schützt, ist umstritten. Die terminologische Frage als solche ist wenig bedeutsam. Die unter ihrer Überschrift erörterten Sachprobleme spielen allerdings eine gewisse Rolle für die Auslegung der beiden Regelbeispiele in Abs. 2, und vor allem für die Frage, ob das in § 218 a I benannte Bündel tatbestandsausschließender (negativer) Merkmale um ein unbenanntes Element ergänzt werden muss (s. dazu den nächsten Absatz). Doch hängt von ihrer begrifflichen Einkleidung als „Rechtsguts"-Fragen für die jeweiligen Antworten wenig ab. Nicht zu bestreiten ist jedenfalls, dass § 218 II primär dem Schutz der Schwangeren dient. Deren Belange als zumindest in diesem Absatz (mit)geschütztes Rechtsgut oder als „weiteres Schutzgut" zu bezeichnen, ist daher unverfänglich.

Freilich darf man aus solchen Etiketten nicht kurzerhand Lösungen für Sachprobleme deduzieren. Unrichtig ist es etwa, wenn die h. M. aus dem Umstand, dass Gesundheitsbelange der Schwangeren ebenfalls zu den in § 218 geschützten Rechtsgütern gehören sollen, den Schluss zieht, ein Abbruch nach § 218 a I könne nur dann tatbestandslos und einer nach § 218 a II oder III nur dann rechtmäßig sein, wenn er nicht bloß den dort genannten tatbestandsauschließenden Voraussetzungen genüge, sondern außerdem *lege artis*, also unter gebührender Wahrung eben jener Schutzbelange der Schwangeren erfolge.[21] Selbstverständlich ist die Gesundheit der Schwangeren auch

---

20 So aber LK – *Kröger*, StGB, Vor § 218 Rn. 26 mit Fn. 31. – Zur Kritik der Behauptung, das pränatale Leben genieße denselben Grundrechtsstatus wie der geborene Mensch, s. unten, sub IV.3.c).
21 So schon zum früheren Recht: BGHSt 1, 331; 2, 115; 14, 2; in der Lit. v. a. Schönke/Schröder – *Eser*, Rn. 59; SK – *Rudolphi*, StGB, Rn. 22; MK – *Gropp*, StGB, Rn. 26 (nur bei Vorsatz); ebenso LK – *Kröger*, StGB, Rn. 19; *Fischer*, StGB, Rn. 9 (alle zu § 218 a); *Maurach/Schroeder/Maiwald*, BT/1, § 6 Rn. 31.

bei einem rechtmäßigen Schwangerschaftsabbruch gegen pflichtwidrige Verletzungen durch den abbrechenden Arzt stets strafrechtlich geschützt – aber nicht von § 218, sondern allein von den §§ 223 ff., 229 StGB.[22] Die h. M. führt dagegen zu dem sachwidrigen Ergebnis, dass ein Arzt, der eine nach § 218 a II oder III erlaubte Abtreibung unsachgemäß durchführt und deshalb die Schwangere mehr als erforderlich körperlich beeinträchtigt, nicht nur nach § 229 (ggf. § 223), sondern auch noch nach § 218 haftet. Dies bedeutet aber, ihn für die Tötung von A (Fötus) allein deshalb für strafbar zu erklären, weil er B (die Schwangere) verletzt hat. Das ist nicht nur systematisch verfehlt, sondern illegitim.[23]

Nur die *lebende* Leibesfrucht ist geschützt. Sog. Blasenmolen („Abortiveier"), in denen die Embryonalanlage gänzlich fehlt oder nur in entwicklungsunfähigen Kümmerformen erhalten ist, scheiden als Scheinschwangerschaften aus dem tatbestandlichen Schutzbereich aus. Ebenfalls kein taugliches Tatobjekt ist der zunächst regulär entwickelte, dann aber schon vor der Abbruchshandlung intrauterin abgestorbene Embryo/Fötus. Nimmt der Täter einen solchen intrauterinen Fruchttod bloß irrig an, während die Frucht tatsächlich noch lebt, so handelt er vorsatz- und damit straflos, da die fahrlässige Abtreibung nicht mit Strafe bedroht ist (§ 16 I). Setzt er umgekehrt irrig eine vitale Frucht voraus, so begeht er einen Versuch. Für die Schwangere selbst ist dieser straflos.

Wann genau eine Leibesfrucht tot ist bzw. was als lebens- oder todesdefinierendes Kriterium bei Embryonen und Feten zu gelten hat, und ob es überhaupt ein gemeinsames für alle Phasen der pränatalen menschlichen Existenz gibt, ist freilich zweifelhaft. Ungeeignet ist jedenfalls in der frühen Phase der Schwangerschaft das Kriterium des Hirntods.[24] Das gilt schon deshalb, weil

---

22 So zutr. *Lackner/Kühl*, StGB, § 218 Rn. 2a; *Arzt/Weber*, BT, § 6 Rn. 66; NK – *Merkel*, StGB, § 218 a Rn. 9 ff.

23 Die h. M. begründet ihre irrige Auffassung mit dem Verweis auf Prinzipien des Notstandsrechts (dessen Spezialfall die Rechtfertigungen nach § 218 a II und III sind): Im Notstand würden nur „mildestmögliche" Eingriffe gerechtfertigt, unsachgemäß belastende also nicht. Das Argument ist freilich verfehlt. Die gebotene „Mildestmöglichkeit" des Eingriffs gilt allein für das Eingriffsopfer (ist nur im Hinblick auf dieses Rechtfertigungsbedingung des Eingriffs), nicht dagegen für den Begünstigten einer Notstandstat. Die Schwangere, die den Abbruch verlangt hat, ist aber nicht dessen „Opfer"; sondern die davon Begünstigte. Wird sie unsachgemäß (nicht „mildestmöglich") behandelt, so ändert das an der Rechtfertigung des Eingriffs gegen den Embryo nichts. Nur wenn *dieser* nicht mit dem mildesten verfügbaren Mittel (sondern etwa auf eine ihn quälende Weise) getötet wird, kann die Rechtfertigung des Abbruchs verneint werden (eingehend NK – *Merkel*, StGB, § 218 a Rn. 9 ff.).

24 Das etwa von MK – *Gropp*, StGB, § 218 Rn. 6, postuliert wird.

bei frühen Embryonen, die nach der Implantation ohne Zweifel taugliche Angriffsobjekte sind, noch kein Gehirn, ja noch nicht die geringste anatomische Spur davon vorhanden ist. Pränatalmediziner und Embryologen verstehen als lebensdefinierende Bedingung denn auch nicht die Hirn-, sondern grundsätzlich die embryonale Herztätigkeit. Deshalb gilt: „Fehlen der Herztätigkeit bedeutet embryonalen Tod."[25] Freilich ist auch die Herzanlage nicht schon mit der Implantation vorhanden; doch bildet sie sich bereits in der 4. Schwangerschaftswoche und unterhält von da an eine funktionierende Zirkulation. Bis zu deren klinischer Verifizierbarkeit kann eine Vitalitätsbestätigung nur über kurzfristig aufeinanderfolgende Ultraschallkontrollen des embryonalen Wachstums und ergänzend über bestimmte Hormonspiegelkontrollen bei der Schwangeren erfolgen.[26]

Lebende Leibesfrucht und damit taugliches Angriffsobjekt einer Abbruchshandlung i. S. d. § 218 I ist nach allem Ausgeführten der sog. Anencephalus.[27] Anencephalie ist eine schwere Fehlbildung des zentralen Nervensystems, gekennzeichnet durch das „vollständige oder weitgehende Fehlen der Großhirnhemisphären, der Neurohypophyse und des Zwischenhirns sowie des Schädeldaches".[28] Ob man in solchen Fällen stets eine „medizinisch-soziale Indikation" zum Abbruch nach § 218 a II bejahen kann, ist eine andere (erst später zu behandelnde) Frage; vom Tatbestand des § 218 I erfasst und prinzipiell geschützt ist der Anencephalus jedenfalls.

Keine lebende Frucht ist dagegen ein sog. Acardius. Das ist eine schwere Missbildung, die als Irregularität ausschließlich bei monozygoten Zwillingen und dort in ungefähr einem von hundert Fällen auftritt.[29] Sie entsteht im frühen Stadium der Schwangerschaft durch bestimmte dysfunktionale arterielle Verbindungen der Blutkreisläufe beider Zwillinge. Dadurch geraten beide Zirkulationen in eine destruktive Kontroverse: Übersteigt der arterielle Druck in einem der Zwillinge den im anderen Zwilling, so kommt es in die-

---

25 *Albayram/Hamper*, J. of Clinical Ultrasound (2002), 161, 165.
26 *Feige/Rempen/Würfel et al.*, Frauenheilkunde, S. 290.
27 Inzwischen allgemeine Meinung, vgl. LK – *Kröger*, StGB, § 218 Rn. 4; SK – *Rudolphi*, StGB, § 218 Rn. 7; *Isemer/Lilie*, MedR 1988, 66; anders noch *Hanack*, in: GS für Noll, S. 197, 204; LK – *Jähnke*, StGB, 10. Aufl., § 218 Rn. 4, aufgegeben in LK, 11. Aufl., Vor § 211 Rn. 6.
28 Roche Lexikon Medizin, Stichwort „Anencephalie". Der Defekt wird allgemein als „unvereinbar" mit einem postnatalen Überleben bezeichnet, eine Charakterisierung, die so und in ihrer pauschalen Vagheit nicht haltbar ist (s. *Merkel*, Frühbeuthanasie, S. 66 ff., 621 ff.). Angaben zu Inzidenz, Symptomatik und klinischen Folgen *Medical Task Force on Anencephaly*, New England Journal of Medicine 322 (1990), 666.
29 *James/Steer/Weiner/Gonik*. (eds.), High Risk Pregnancy, S. 132.

sem zu einer Umkehr des Blutflusses. Er wird zum Rezipienten („perfused twin") des anderen Zwillings („pump twin"), der ihn mit arteriellem, also sauerstoffarmem Blut perfundiert.[30] Das führt bei dem Rezipienten regelmäßig zum Verschwinden der gesamten Herzanlage (daher „Acardius") und zieht ein weites Spektrum sonstiger Fehlbildungen nach sich.[31] Die Möglichkeiten der äußeren Gestalt eines Acardius reichen von einer nahezu normalen Rumpfanlage mit normal geformten Extremitäten und einem rudimentär vorhandenen Kopf bis zur völlig amorphen Masse ohne Kopf („Acardius-Acranius") und ohne unterscheidbare Gliedmaßen.

Da Acardii keine eigene Zirkulation (mehr) haben und nur an der ihres Zwillings hängen, werden sie in der Pränatalmedizin oft als „parasitäre" oder „passive Gewebekultur" bezeichnet, eher einem Tumor denn einem Embryo vergleichbar.[32] Ihre Lebendgeburt ist ausgeschlossen. Gleichwohl entwickeln sie sich, von ihrem Zwilling auf die geschilderte Weise mitversorgt, intrauterin insofern weiter, als sie einfach an physischer Masse zunehmen. Lebende, individuelle „Ungeborene" (§ 219 I) und damit grundsätzlich in den Schutzbereich des § 218 I einbezogen, sind sie aber nicht. Da sie zudem regelmäßig für das Überleben des anderen Zwillings eine erhebliche Bedrohung darstellen, ist ihre Abtötung durch bestimmte Verfahren der Trennung beider Zirkulationen ohne Weiteres zulässig. Sie erfüllt schon den Tatbestand des § 218 I nicht und bedarf weder eines vorherigen Beratungsverfahrens nach § 218 a I, noch einer Indikationsfeststellung nach § 218 a II noch auch einer Rechtfertigung nach allgemeinen Grundsätzen des Defensivnotstands im Verhältnis der Zwillinge zueinander.

2. Abs. I Satz 2: nur intrauterine Schwangerschaften

Als Beginn des pränatalen Lebensschutzes nach § 218 I Satz 1 legt dessen Satz 2 den Abschluss der Nidation „in der Gebärmutter" fest. Mit diesem Erfordernis ist nicht nur der Zeitpunkt definiert, ab welchem der Embryo frühestens, sondern auch der Ort, an dem allein er zum tatbestandlich geschützten Angriffsobjekt werden kann. Abbrüche extrauteriner Schwangerschaften erfasst der Tatbestand daher nicht: Das Leben sog. „ektopischer"

---

30 Sog. „TRAP-Sequence", für „twin reversed arterial perfusion".
31 *Quintero/Morales*, in: Harrison/Evans/Adzick et al. (Hrsg.), The Unborn Patient, S. 203 f.
32 S. *Opitz/Zanni/Reynolds.*, Am. J. of Medical Genetics 115 (2002), 269, 278 ff.

Embryonen *in vivo* wird von § 218 nicht geschützt, und damit vom deutschen Recht überhaupt nicht.[33]

Das ist immerhin bemerkenswert. Denn in seltenen Ausnahmefällen können auch Bauchhöhlenschwangerschaften voll ausgetragen und die Kinder lebend zur Welt gebracht werden.[34] Italienische Ärzte haben vor wenigen Jahren von einer Bauchhöhlenschwangerschaft berichtet, die in der 30. Woche *post menstruationem* mit der operativen Entnahme eines 1000 g schweren lebenden Mädchens beendet worden ist.[35] Gewiss würde in einem solchen Fall auch hierzulande das Kind nach Möglichkeit gerettet. *De lege* wäre es aber vor der Schnittentbindung gänzlich schutzlos und dürfte – jedenfalls ohne strafrechtliches Veto – frei getötet werden. Die gängigen Therapiemaximen in der klinischen Literatur, die in Fällen extrauteriner Schwangerschaften allein Gesundheitsbelange der Schwangeren betonen, zeigen freilich, dass solche „ektopischen Graviditäten" zumeist ein Risiko ernsthafter Komplikationen für die Schwangere darstellen.[36] Sie dürften deshalb regelmäßig zugleich eine Indikation für ihren sofortigen Abbruch begründen, und zwar unabhängig von den Voraussetzungen der §§ 218 a–219 (da § 218 eben schon tatbestandlich nicht einschlägig ist). Das mag erklären, warum auch in den Diskussionen zum früheren Recht des RStGB und des StGB bis 1976, das seinem Wortlaut nach ektopische Schwangerschaften genauso schützte wie intrauterine, das Problem gleichwohl selten erwähnt und dann regelmäßig mit einer apodiktischen Verneinung der Anwendbarkeit des § 218 gelöst wurde.[37]

3. Ende der Schwangerschaft: Geburt; die Abgrenzung „Ungeborenes" – „Mensch"

Das Ende der Schwangerschaft und damit des strafrechtlichen Schutzes nach § 218 tritt nicht nur mit einem „Abbruch" oder einem natürlichen Fruchttod

---

33 Ein Schutz nach dem ESchG scheidet aus; dessen (allenfalls einschlägiger) § 2 erstreckt seinen Schutzbereich allein auf extrakorporale Embryonen.
34 1996 haben chilenische Pränatalmediziner von insgesamt 11 Lebendgeburten nach Bauchhöhlenschwangerschaften berichtet, die man zwischen 1981 und 1993 an zwei Universitätskliniken behandelt habe. Die Autoren vermuten, dass die mögliche Überlebensrate bei Abdominalschwangerschaften höher sei als bislang angenommen; s. *Dubinsky/Guerra/Gormaz.*, J. of Clinical Ultrasound 24 (1996), 513, 517.
35 *Valenzano et al.*, J. of Clinical Ultrasound 31 (2003), 39 ff.
36 *Surbek/Holzgreve*, in: Diedrich (Hrsg.), Gynäkologie und Geburtshilfe, S. 377 ff.
37 Ein methodisch eher zweifelhaftes Verfahren, dass man heute wohl „teleologische Reduktion" nennen würde; vgl. etwa *Holtzendorff*, Abtreibung, in: ders. (Hrsg.), Handbuch des deutschen Strafrechts, S. 457 f.

ein, sondern auch mit der Geburt eines lebenden Kindes. Damit verbunden ist – jedenfalls strafrechtlich – ein fundamentaler Statuswechsel des Schutzobjekts: vom „Ungeborenen" zum „Menschen", und ein Wechsel der für Tötungen einschlägigen Tatbestände: von § 218 zu den §§ 211 ff. und 222. „Die Geburt" ist freilich – unbeschadet der Frage, womit sie beginnt und womit sie endet – in jedem Fall ein länger dauernder Vorgang. Das wirft das Problem auf, wo genau die rechtlich bedeutsame Trennlinie jenes Status- und Tatbestandswechsels verläuft. Mit dieser Frage verbunden ist die weitere, ob jene Trennlinie eine überschneidungsfreie Abgrenzung von Schwangerschaftsabbrüchen und Totschlagshandlungen gewährleisten soll und ggf. kann.

Unbestritten ist zunächst, dass zu jedem Zeitpunkt des perinatalen Geschehens jedenfalls der jeweilige Status des Opfers als entweder „Mensch" oder „Ungeborenes" („Leibesfrucht") eindeutig und ohne Überschneidungen bestimmt sein muss. Ein getöteter Mensch i. S. d. §§ 211 ff. kann im Moment seines Todes (und in jedem davor) nicht zugleich Leibesfrucht gewesen sein, und vice versa („exkludierende Abgrenzung"[38]). Damit ist nicht gesagt, dass die ihn bzw. sie tötende Handlung nicht zugleich ein Schwangerschaftsabbruch *und* ein Totschlag gewesen sein könnte. Denn nicht nur die Geburt, sondern auch der Gesamtvorgang einer Tötung kann, da sie (mindestens) aus Handlung, tödlichem Erfolg und Kausalnexus zwischen beiden besteht, lange dauern. Den Einzelelementen des Tatvorgangs – Handlung, „Einwirken" auf das Opfer, schließlich dessen Tod – mag daher zur Zeit ihres jeweiligen Geschehens ein jeweils unterschiedlicher Status des Opfers als Mensch oder als Leibesfrucht gegenüber gestanden haben. Gegenstand der Zurechnung ist aber der gesamte Tatvorgang; daher mag er durchaus sowohl die Zurechnung eines Schwangerschaftsabbruchs als auch die eines Totschlags begründen.

Die entscheidende Zäsur zwischen „Leibesfrucht" und „Mensch" ist nach fast einhelliger Auffassung in Rspr. und Literatur der Beginn des Geburtsvorgangs. Dieses Kriterium wurde bis zur Aufhebung des § 217 a. F. (1998) positivrechtlich aus dessen Handlungsmerkmal „töten in oder gleich nach der Geburt" abgeleitet: Wenn die Tötung „*in* der Geburt" bereits Kindestötung und nicht mehr Schwangerschaftsabbruch sei, dann müsse die Zäsur, so das geläufige Argument, „notwendig beim Beginn der Geburt" liegen.[39] War somit der „Mensch"-Beginn als Beginn der Geburt bestimmt, so blieb zu klä-

---

38 Begriff von R. *Herzberg*, in: FS für Geilen, S. 39, 44; dort eingehend zur systematischen Begründung.
39 BGHSt 32, 195; ebenso bereits RGSt 9, 131; 26, 178; BGHSt 10, 5; 31, 348; im Übrigen fast allgemeine Auffassung; statt aller *Lüttger*, JR 1971, 133; *ders.*, NStZ 1983, 481; *Küper*, GA 2001, 515, 517 Fn. 14 (m. w. N.).

ren, was *deren* Beginn ausmachte. Nahezu ebenso einhellig wird seit rund einem Jahrhundert der Beginn der sog. Eröffnungswehen als Geburtsbeginn angesehen.[40] Das stehe nicht nur in „Gleichklang mit den medizinischen Anschauungen"[41], sondern sei auch normativ, nämlich unter Gesichtspunkten des Rechtsgüterschutzes, angemessen. Mit Beginn des Geburtsvorgangs komme der Nasciturus regelmäßig in die Reichweite geburtshilflicher Überwachungsmaßnahmen. Diese müssen sorgfältig durchgeführt werden, da sie ein hohes Schädigungspotenzial aufweisen. Weil aber § 218 die Leibesfrucht weder gegen fahrlässige Tötung noch gegen Körperverletzungen schützt, könne in diesem Stadium der Geburt, nämlich des beginnenden Zugriffs von außen, ein sachgemäßer Strafrechtsschutz nur mit der Anerkennung des nun eingetretenen „Menschen"-Status i. S. d. §§ 211 ff. und 223 ff. gewährleistet werden.[42] Daran habe die Streichung des § 217 nichts geändert. Der Gesetzgeber habe nur ein unzeitgemäßes Privileg für nichteheliche Mütter aufheben, nicht aber die Grenze zwischen „Leibesfrucht" und „Mensch" verschieben wollen.

Doch sprechen gegen diese Grenzziehung schwer wiegende Bedenken. Entgegen der geläufigen Auffassung wurde sie schon vor Streichung des § 217 von dessen Wortlaut keineswegs erzwungen.[43] Eher umgekehrt wird man sagen müssen, dass es schon mit dem Wortsinn schwer zu vereinbaren ist, angesichts der exklusiven Alternative „Mensch" *oder* „Ungeborenes" einen noch vollständig im Mutterleib befindlichen Fötus nicht dieser, sondern jener Kategorie zuzuordnen. Da diese Zuordnung teils strafbegründend (v. a. nach §§ 222, 223 ff.), teils gravierend strafschärfend wirkt, berührt sie jedenfalls „die strafbegrenzende Funktion des Wortlauts der Straftatbestände" und damit

---

40 RGSt 9, 131; BGHSt 32, 194; anders noch RGSt 1, 446 sowie auch nach RGSt 9, 131 erhebliche Teile des Schrifttums: teilweiser oder vollständiger Austritt aus dem Mutterleib; s. die entspr. Nachweise bei *Frank*, StGB, 11.–14. Aufl. 1915, Vorb. I zu § 211; ebenso noch LK – *Lange*, StGB, 9. Aufl., Vorb. 2 vor § 211; für die heute ganz h. M. statt aller *Küper*, GA 2001, 515, 517 m. w. N.; a. A. aber *Saerbeck*, Beginn und Ende des Lebens; S. 94 ff.; *Welzel*, Strafrecht, S. 280; NK – *Neumann*, StGB, Vor § 211 Rn. 9: Beginn der (späteren) Press-/Austreibungswehen.
41 BGHSt 32, 196.
42 RGSt 9, 131; *Lüttger*, JR 1971, 133; Schönke/Schröder – *Eser*, StGB, Vor § 211 Rn. 13; *Maurach/Schroeder/Maiwald*, BT/1, § 1 Rn. 8.
43 Das haben *R. Herzberg/A. Herzberg*, JZ 2001, 1106, schlüssig gezeigt; vertiefend *R. Herzberg*, in: FS für Geilen, S. 39: Die Formulierung „*in der Geburt*" im alten § 217 StGB bedeutete weder „während des *gesamten* Geburtsvorgangs", noch besagte das Wort „Kind", dass damit nur ein „Mensch", nicht aber ein Ungeborenes gemeint sein konnte. Im Gegenteil: § 219 I S. 3 widerlegt die letztere Annahme deutlich, indem er ausdrücklich „Kind" und „Ungeborenes" synonymisiert.

Art. 103 II GG.[44] Entscheidend gegen die h. M. spricht aber, dass sie äußerst kontraintuitive Konsequenzen hat und einige unlösbare Probleme schafft.[45] Zwei Beispiele sollen das belegen:

(1) Zu früh begonnene, den möglicherweise noch sehr unreifen Fötus mit erheblicher Schädigung bedrohende Eröffnungswehen können mittels einer sog. tokolytischen Behandlung zum Stillstand gebracht werden, um die Geburt auf einen (manchmal Wochen) späteren, unproblematischeren Zeitpunkt zu verschieben.[46] War aber der Fötus mit dem Wehenbeginn bereits „Mensch" geworden, wie die h. M. behauptet, dann muss er dies bis zu seinem Tod bleiben. Denn es ist nicht zu sehen, wie ihm ohne Bruch mit fundamentalen Rechtsprinzipien dieser Rechtsstatus einfach mit einer klinischen Manipulation wieder entzogen werden könnte. Damit gerät man in seltsame Konsequenzen. Würde die nun völlig wehenfreie, möglicherweise noch Wochen vom Geburtstermin entfernte Schwangere jetzt fahrlässig verletzt und ihr Fötus dabei getötet, so wäre das Letztere als fahrlässige Tötung zu bestrafen – ein deutlicher Wertungswiderspruch zur Regelung des § 218 I.[47]

(2.) Seit beinahe 200 Jahren erörtert die Strafrechtswissenschaft unter dem Stichwort „Perforation" die Problematik der Tötung eines Kindes unter der Geburt, weil es sich – meist wegen eines übergroßen Hydrocephalus – nicht anders aus dem Mutterleib entfernen lässt und weil deshalb eine für Mutter wie Kind unmittelbar tödliche Gefahr entsteht.[48] Juristen glauben oft, dieses Problem sei heute wegen der Möglichkeiten der modernen Perinatalmedizin praktisch obsolet und „nur noch von theoretischer Bedeutung".[49] Das ist aber nicht richtig. Kaum noch praktiziert wird zwar die frühere Methode des Durchbohrens („Trepanation") und gänzlichen Entleerens des kindlichen

---

44 NK – *Neumann*, StGB, Vor § 211 Rn. 8; *R. Herzberg*, in: FS für Geilen, S. 48.
45 Darauf hat schon hat schon vor fast 100 Jahren *Heimberger* (ÖZStR 1910, 163, 166) mit dem keineswegs lebensfernen Fall hingewiesen, dass ein Nasciturus nach Beginn der Eröffnungswehen vom Geburtshelfer aus einer gefährlichen Steißlage gedreht und dabei fahrlässig verletzt wird, danach aber ohne Verschulden des Arztes in der sich hinziehenden Geburt stirbt und tot zur Welt kommt. Die Konsequenz „fahrlässige Körperverletzung" eines Menschen, „der nie das Licht der Welt erblickt hat", nennt *Heimberger* mit Recht „absonderlich".
46 Dazu *Dudenhausen/Pschyrembel*, Praktische Geburtshilfe, S. 85 ff.
47 Diese Fallkonstellation haben *R. Herzberg/A. Herzberg*, JZ 2001, 1106, 1111 f., in die Diskussion gebracht.
48 Vgl. dazu schon *Anonymus*, NArchCrimR 1 (1817), 513; *Mittermaier*, NArchCrimR 8 (1826), 596 ff.
49 MK – *Gropp*, StGB, Vor § 218 Rn. 56; *R. Herzberg/A. Herzberg*, JZ 2001, 1106, 1111, Fn. 23. – Gewiss bedarf es, da ein (regelmäßig unproblematischer) Kaiserschnitt eine solche Gefahr verhindern kann, für deren Entstehen einer konkreten Kaiserschnittintoleranz (oder auch einer Einwilligungsverweigerung) der Schwangeren; solche Fälle kommen aber durchaus vor.

Kopfes.⁵⁰ Sie ist aber lediglich der weniger rabiaten Methode der sog. Cephalocentese gewichen: einer unter Ultraschall vorgenommenen Punktion des kindlichen Kopfes, mit der genügend Flüssigkeit entfernt wird, um den Kopf für eine anschließende natürliche Entbindung hinreichend zu verkleinern. Weil aber das neonatale Gehirn extrem empfindlich und die Dekompression des kindlichen Schädels kaum kontrollierbar ist, führt das Verfahren in über 90 % der Fälle zum Tod.⁵¹ In dieser neuen Gestalt ist daher das Problem der Perforation nicht bloß ein theoretischer Test auf die Haltbarkeit des herrschenden Abgrenzungskriteriums, sondern von durchaus praktischer Bedeutung.⁵²

Den damit verbundenen Rechtsgutskonflikt löst die h. M. seit Langem über die Annahme eines Defensivnotstands zu Gunsten der Mutter und gegen ihr Kind.⁵³ Diese Lösung ist aber unter der Prämisse der h. M., wonach der Nasciturus mit Geburtsbeginn den gleichen rechtlichen („Mensch"-)Status erlange wie die Gebärende, nicht haltbar. Die Behauptung, die Gefahr gehe im Verhältnis zwischen Mutter und Kind von dem Letzteren aus, ist nicht richtig. Vielmehr werden Kind wie Mutter in einer solchen Situation füreinander und gegenseitig zur tödlichen Gefahr – salopp: das Kind, weil es aus dem Körper der Mutter nicht herausgeht, diese, weil ihr Körper das Kind nicht herauslässt.

Hiergegen ist zur Verteidigung der h. M. von *Hirsch* das Folgende eingewandt worden: Da das Kind „geburtsreif" sei, entwickle es sich „durch seinen Verbleib zu einem bedrohlichen ‚Fremdkörper'" für die Mutter, egal in wessen Körpersphäre die Ursache dafür liege.⁵⁴ Das ist kein plausibler Einwand. *Hirsch* formuliert ersichtlich einfach den klärungsbedürftigen Sachverhalt noch einmal – freilich nur zur Hälfte, und diese gibt er kurzerhand als Lösung aus: *Dass* das Kind hier zum „bedrohlichen Fremdkörper" für die Mutter

---

50 Wenngleich sich deren Darstellung nach wie vor in geburtshilflichen Handbüchern findet; vgl. *Dudenhausen/Pschyrembel*, Praktische Geburtshilfe, S. 536 ff.
51 *McCullough/Chervenak*, Ethics in Obstetrics and Gynecology (1994), S. 219 f. sprechen von 95 %.
52 Zur Unvermeidlichkeit der Cephalocentese in bestimmten Fällen *Chasen/Cervenak/McCullough*, Am J. of Obstetrics and Gynecology 2001, 734; *Chervenak/McCullough/Skupski*, Obstetrical and Gynecological Survey 2003, 473.
53 *Roxin*, in: FS für Jescheck, 475 ff.; *ders.*, AT I, § 16 Rn. 79; *Maurach/Schroeder/Maiwald*, BT/1, § 6 Rn. 24; LK – *Jähnke*, StGB, § 212 Rn. 10; *Hirsch*, in: FS für Eser, S. 309, 320; *Renzikowski*, Notstand und Notwehr, S. 268; dagegen aber *Merkel*, Frühethanasie, S. 612 ff.; *Pawlik*, Der rechtfertigende Notstand, S. 327 ff.; wieder anders SK – *Horn*, StGB, § 212 Rn. 24, sowie SK – *Rudolphi*, StGB, Vor § 218 Rn. 15 („übergesetzlicher Entschuldigungsgrund").
54 *Hirsch*, in: FS für Eser, S. 309, 320; zust. *Roxin*, AT I, § 16 Rn. 79.

wird, ist ja ganz unbestritten und unbestreitbar – genauso freilich wie die körperliche Bedrohung, zu der die Mutter nun umgekehrt auch für das Kind wird. Damit ist das *Problem* formuliert, und es ist ersichtlich nicht so zu lösen, dass man einfach seinen ersten Teil betont und den zweiten streicht. Worauf es ankommt ist der *Grund* dieser wechselseitig füreinander erzeugten Gefahr, der von *Hirsch* beiläufig apostrophierte „Verbleib" des Kindes im Mutterleib, und somit darauf, wer von beiden für diesen Verbleib, für dessen Nichtaufhören, zuständig ist. Und das sind in einer Geburtssituation, in der der kindliche Kopf zu groß und der mütterliche Geburtskanal zu eng für eine Entbindung ist, eben ganz offensichtlich beide in gleichem Maße.[55]

Nun liegt freilich ein anderes Kriterium zur Entscheidung der Zuständigkeitsfrage auf der Hand: Für die Entstehung der gesamten Risikosituation, die zu der Gefahr geführt hat, nämlich für die Schwangerschaft als ganze, ist der Fötus schlechterdings unzuständig, die Schwangere dagegen keineswegs. Er ist in die Situation, in der er zur Gefahr für seine Mutter wird, sozusagen zwangsinvolviert worden, sie hat (im Normalfall) in den Sexualkontakt mitsamt dem (bekannten) Folgerisiko einer Schwangerschaft eingewilligt.[56] Wenn man also sub specie defensiver Notstand die Zuständigkeit für die Gefahr der Perforation zwischen Fötus und Mutter verteilen will oder muss – und die h. M. ist aufgrund ihrer Prämisse der Gleichrangigkeit der kollidierenden Rechtsgüter dazu gezwungen –, dann ist dies das einzig verfügbare Kriterium einer fairen Zuordnung.[57]

Hirsch hält diese Überlegung freilich für „offensichtlich abwegig". Nämlich deshalb: „Die Empfängnis ist Voraussetzung dafür, dass jetzt ein Subjekt existiert, dessen Lebensinteresse dem der Mutter gegenübersteht"; daher dürfe diese „Empfängnis" bei der Lösung des Konflikts nicht zulasten der Mutter berücksichtigt werden.[58] Das ist eine erstaunliche Behauptung. Allgemein formuliert: Wenn jemand eine Gefahr für einen Anderen schafft und dadurch

---

55 *Hirsch*, in: FS für Eser, S. 309, 320; und der zustimmenden h. M. mag etwas vorschweben wie dies: Schließlich sei es ja der Fötus, der durch sein ständiges Wachstum physiologisch zur Gefahr werde (als winziger Embryo war er's nicht), während Uterus und Geburtskanal der Mutter sich nicht veränderten (nicht kleiner würden). Aber das Argument wäre verfehlt. Schließlich liegen die Ursachen des fetalen Wachstums ausschließlich im Organismus der Mutter; sie „ernährt" organisch den Fötus; allein deshalb wächst dieser. Gewiss, sie „kann nichts dafür", aber er auch nicht.
56 Das gilt ersichtlich nicht für *aufgezwungene* Schwangerschaften nach Vergewaltigungen; sie führen denn auch folgerichtig zu einem „beratungsfreien" *Recht* der Schwangeren auf Abtreibung: § 218 a III. In der Sache ist das nichts Anderes als ein speziell geregelter Fall des defensiven Notstands.
57 *Merkel*, Früheuthanasie, S. 613; zust. R. Herzberg/A. Herzberg, JZ 2001, 1106, 1111.
58 *Hirsch*, in: FS für Eser, S. 309, 320; auch insoweit zust. *Roxin*, AT I, § 16 Rn. 79.

in einen Interessenkonflikt mit diesem gerät, dann sei für eine Lösung des Konflikts jene Gefahrschaffung außer Betracht zu lassen, falls sie zugleich (*uno actu*) auch die Ursache dafür gewesen ist, dass der andere überhaupt als „ein Subjekt existiert". Das ist gewiss nicht richtig. Ein Akt der Gefahrschaffung für ein Subjekt X mag zugleich die Bedingung des Am-Leben-Seins von X sein: An der Gefahrschaffung ändert das nichts; und selbstverständlich auch nichts daran, dass hieraus Zuständigkeiten und Pflichten gerade gegenüber dem Gefährdeten (und dadurch ins Leben Geholten) entstehen. Beispielhaft: Wer auf offener See ein fremdes Kind unter eigener Lebensgefahr (also ohne Pflicht dazu) vor Haifischen in sein Boot rettet, auf dem sein bissiger Pitbull mitfährt, muss gleichwohl den Hund vom Beißen abhalten, erforderlichenfalls sogar, indem er ihn über Bord wirft. Tut er das nicht, so haftet er wegen gefährlicher Körperverletzung durch Unterlassen.[59] Der Umstand, dass der Akt, der die Gefahr für das Kind begründet hat, zugleich die Bedingung von dessen (Noch-)Am-Leben-Sein gewesen ist, ändert daran nicht das Mindeste. Und für diese Zuständigkeit macht es selbstverständlich keinen Unterschied, ob der Gefahr schaffende Akt das Leben des Gefährdeten erst erzeugt oder aber erhält. In beiden Fällen ist er gleichermaßen Bedingung dafür, dass überhaupt (in *Hirschs* Worten) „jetzt ein Subjekt existiert, dessen Lebensinteresse dem [des Handelnden] gegenübersteht". Die Irrelevanz dieses Unterschieds lässt sich unschwer auch an einem sachnahen Fall demonstrieren: Der im Geburtsvorgang zur Lebensgefahr gewordene Fötus sei nicht auf „natürlichem" Weg, sondern „*in vitro*" erzeugt und dann erst der Schwangeren auf ihren eigenen Wunsch implantiert worden. Hier war der Gefahr begründende Akt (Implantation) gerade nicht der Existenz begründende; und eine Pflicht zur Implantation hatte die Frau nach unbestrittener Auffassung nicht. Soll das an der Notstandszuständigkeit für die Perforation etwas ändern? Dürfte nun für das Kind die Mutter getötet werden?

Auch andere Regeln rechtlicher Zuordnung zeigen übrigens deutlich, dass die von *Hirsch* und der h. M. verfochtene Sicht der Dinge irrig ist. Woraus sollte sonst die vom BVerfG nachdrücklich betonte „grundsätzliche Pflicht

---

[59] Und nicht nur aus § 323c. Diese Garantenpflicht entsteht keineswegs (nur) aus der Überwacherzuständigkeit für den Hund, sondern auch und zu gleichen Teilen daraus, dass der Retter das gerettete Kind in die gefährliche Nähe des Hundes bringt. Das wird evident, wenn man den Fall so abwandelt, dass der Hund nicht der des Retters und dieser nicht für die Überwachung des Tieres zuständig ist. Dennoch haftet er als Garant für die Abwendung der Gefahr, in die er das Kind allein dadurch bringt, dass er ihm das Leben rettet.

zur Austragung einer Schwangerschaft"[60] entstehen, wenn nicht allein aus der willentlichen Beteiligung am Zeugungsakt? „Austragungspflicht" heißt mehr als bloß „Tötungsverbot", nämlich: „Körpergewährungspflicht", die Pflicht also, den eigenen Körper für das Überleben eines anderen Menschen zur Verfügung zu stellen. Ein anderes zuständigkeitsbegründendes Handeln seitens der Schwangeren als den Zeugungsakt gibt es dafür nicht. Wäre dieser, wie *Hirsch* behauptet, als pflichtbegründender Umstand gegenüber dem Embryo zu streichen, weil er zugleich lebensbegründend ist, so wäre *jede* unerwünschte Schwangerschaft ein eindeutiger Fall des Defensivnotstands. Denn grds. muss niemand seinen Körper für das Überleben eines anderen hergeben. Eine Austragungspflicht widerspräche also fundamentalen rechtlichen Prinzipien, wäre sie nicht gerade aus dem Umstand abzuleiten, dass die Schwangere die Entstehung und die „(Fremd-)Körperbedürftigkeit" ihres Fötus eben selbst zurechenbar herbeigeführt hat. War sie dagegen am Zeugungsakt *nicht* willentlich beteiligt, etwa weil dieser in einer Vergewaltigung bestand, dann gibt es eine solche Pflicht für sie auch keineswegs (§ 218 a III). Im Übrigen: woraus sonst entstünde denn die (nahezu unbestrittene) Garantenpflicht auch des Erzeugers schon gegenüber dem Embryo,[61] wenn nicht allein aus dem Akt der Zeugung, der zugleich existenzbegründend gewesen ist? Man sieht: die Auffassung, ein lebenserzeugender Akt könne nicht zugleich Pflichten gegenüber dem Erzeugten begründen, ist verfehlt. Für Duldungspflichten, etwa aus defensivem Notstand, gilt das *a fortiori*.

Damit ist aber das Defensivnotstandsargument der h. M. für das Perforationsproblem rundum gescheitert. Weder ist es richtig, dass allein das Ungeborene zur Gefahr für die Mutter wird (und nicht diese genauso für das Ungeborene), noch darf der Zeugungsakt für die Bestimmung der Gefahrenzuständigkeit einfach ignoriert werden. Freilich scheint das nun ein bizarres Ergebnis zu erzwingen: Hält man an der Voraussetzung fest, der Nasciturus sei bereits „Mensch" i. S. d. §§ 211 ff., dann ist im Perforationsfall seine Tötung nach grundlegenden Rechtsprinzipien überhaupt nicht zu legitimieren.[62] Sollte dann aber im Extremfall sogar umgekehrt die Tötung der

---

60 BVerfGE 39, 1, 44: „Der Staat muss grundsätzlich von einer Pflicht zur Austragung der Schwangerschaft ausgehen ..."; in der Sache mehrfach bekräftigt in BVerfGE 88, 203 (s. dort insbes. Leitsatz 4).
61 Nachweise bei NK – *Merkel*, StGB, § 218 Rn. 95 ff., 100.
62 Und deshalb auch nicht über eine spezialgesetzliche Regelung, die solche Tötungen ausnahmsweise gestattete (gefordert noch in *Merkel*, Früheuthanasie, S. 617 f.; dagegen zutr. R. *Herzberg*, in: FS für Geilen, S. 39, 52 f.).

Schwangeren (etwa durch einen konkret lebensbedrohlichen Kaiserschnitt) zum Zweck der Rettung des Fötus gerechtfertigt sein? Die Antwort lautet: nein. Aber zu ihr darf man nicht, wie die h. M., durch Verbiegung strafrechtlicher Prinzipien gelangen. Der wirkliche Grund dafür, dass im Perforationskonflikt Leben und Gesundheit der Mutter in *jedem* denkbaren Fall Vorrang vor dem fetalen Leben haben, liegt in dem Umstand, dass der Fötus auch „in der Geburt" eben noch Fötus ist und nicht ein fertiger „Mensch". Das begründet nach Grundprinzipien einer säkularisierten Ethik einen unterschiedlichen Schutzstatus.[63] Eben dies ist auch der tiefere Grund dafür, warum niemand, selbst der strengste Abtreibungsgegner nicht, für den Schwangerschaftsabbruch die gleiche Bestrafung wie für einen Totschlag fordert. Auch strafrechtlich gesprochen liegt die Perforation als Tötung eines noch im Mutterleib befindlichen Fötus offensichtlich weitaus näher an einem Schwangerschaftsabbruch als an einem Totschlag. Allein die Umdefinition des tatsächlich noch Ungeborenen zum geborenen „Menschen", die die h. M. mit Beginn der Eröffnungswehen vornimmt, erzeugt über die fingierte rechtliche Gleichsetzung von Fötus und Mutter unser Problem.

Alles spricht dafür, diese Umdefinition endlich aufzugeben. § 217, der sie in Wahrheit ohnehin nie erzwang, existiert nicht mehr. Dem sprachlichen Sinn der Begriffe „Ungeborenes" und „Mensch" würde nicht mehr Gewalt angetan. Und der gesteigerten Schutzbedürftigkeit des Fötus in der Geburtsphase wäre ohne Schwierigkeiten anderweitig Rechnung zu tragen: durch eine gesonderte Regelung, die in § 218 einen neuen Absatz einfügte, der die fahrlässige Tötung sowie fahrlässige und vorsätzliche Körperverletzungen des Fötus nach begonnener, aber noch nicht beendeter Geburt mit Strafe bedrohte. „Mensch" i. S. d. §§ 211 ff. würde das Ungeborene dann erst mit der Vollendung der Geburt. Und dies genau muss deshalb die (auch hier nachdrücklich erhobene) rechtspolitische Forderung an den Gesetzgeber sein.[64] Die Lösung des Problems der Perforation ergibt sich dann von selbst: Sie ist nicht als (angeblicher) Totschlag über die (angeblich anwendbaren) Regeln des

---

63 Zur Begründung eingehend *Merkel*, Forschungsobjekt Embryo, S. 117 ff. In Kürze: Dieser unterschiedliche moralische Schutzstatus hat v. a. zu tun mit der im Verhältnis zur Mutter weitaus geringeren *subjektiven* Verletzbarkeit des seiner selbst noch gänzlich unbewussten Fötus im Hinblick auf seinen eigenen Tod. Gewiss, an dieser Differenz ändert auch die vollzogene Geburt noch nichts. Doch wird nun aus vielerlei Gründen, insbesondere des Normen- und Gesellschaftsschutzes, der geborene Mensch *normativ* (rechtlich wie moralisch) als ein Gleicher (und durch Tötung gleich Verletzbarer) behandelt, wiewohl er es *empirisch* noch nicht ist.
64 Ebenso *R. Herzberg/A. Herzberg*, JZ 2001, 1106, 1113; NK – *Merkel*, StGB, § 218 Rn. 41.

Defensivnotstands, vielmehr ist sie als Schwangerschaftsabbruch nach § 218 a II StGB gerechtfertigt.

III. Die Tathandlung: „Abbrechen der Schwangerschaft"; Abgrenzung zu den allgemeinen Tötungsdelikten

1. „Abbruch"; Tun und Unterlassen; Garantenpflichten

Das Gesetz formuliert undeutlich[65]: „Abbrechen der Schwangerschaft" ist nicht etwa, wie der Alltagssprachgebrauch vermuten ließe, synonym mit „Beenden des Zustands der Gravidität"; das Letztere kann ja auch durch eine medizinisch indizierte und künstlich eingeleitete Frühgeburt geschehen. Vielmehr bedeutet es: Herbeiführen des Todes eines Ungeborenen. Eine Schwangerschaft ist beendet und damit ggf. abgebrochen worden, wenn von den beiden an ihr Beteiligten der Embryo tot ist. Umgekehrt, also beim Tod der Schwangeren, gilt dies übrigens nicht zwingend.[66] Auf welche Weise der Tod herbeigeführt wird, ist unerheblich; auch durch Tötung der Schwangeren, sogar durch deren Selbsttötung kann das geschehen. Kausalität und objektive Zurechnung von Tathandlung und Erfolg folgen grds. den allgemeinen Regeln.

Die Tat kann in Alleintäterschaft ebenso wie in sämtlichen Formen der Beteiligung begangen, veranlasst oder unterstützt werden: eigenhändig, mittäterschaftlich, mittelbar täterschaftlich sowie in allen logisch möglichen Kombinationen dieser Täterschaftsformen. Die Formen einer möglichen Teilnahme weisen keine Besonderheit gegenüber den allgemeinen Regeln auf. Die Privilegierung des Selbstabbruchs nach Abs. 3 ist ein persönlicher Strafmilderungsgrund, die Schwangerschaft also ein besonderes persönliches Merkmal (§ 28 II); auf fremdbeteiligte Anstifter oder Gehilfen ist er daher nicht anwendbar.

Als echtes Erfolgsdelikt kann der Schwangerschaftsabbruch auch durch Unterlassen begangen werden. Das gilt für den Selbst- wie für den Fremdabbruch. Der Tatbestand wird dann erfüllt durch die Nichtabwendung des Todes eines Ungeborenen trotz zumutbarer Möglichkeit dieser Abwendung

---

65 Manche sagen (nicht ganz zu unrecht) „unehrlich"; s. etwa *Tröndle*, Jura 1987, 66, 69 („Wortschwindelei").

66 Nämlich in Fällen hirntoter Schwangerer mit (zur Lebenserhaltung des Fötus) maschinell stabilisierten organischen Funktionen. Berühmt wurde in Deutschland der Fall des sog. „Erlanger Babys". Entgegen einer seinerzeit verbreiteten heftigen Kritik ist ein solches Verfahren zur Rettung des Ungeborenen weder rechtlich noch ethisch zu beanstanden; eingehend NK – *Merkel*, StGB, § 218 Rn. 118 ff.

und rechtlicher Einstandspflicht dafür (§ 13). Kausalitäts- (oder „Quasikausalitäts"-) und andere Zurechnungsfragen sind die bei sog. unechten Unterlassungsdelikten auch sonst geläufigen. Kein bloßes Unterlassen ist es, wenn die Schwangere den von ihr veranlassten oder mit ihrem Einverständnis vorgenommenen Aborteingriff durch einen Dritten kooperativ geschehen lässt. Vielmehr begehen hier beide Beteiligte den Abbruch gemeinschaftlich (§ 25 II) im Modus des positiven Tuns.

Im Sinne des § 13 „einstands-" oder „garantenpflichtig" ist sowohl die Schwangere als auch der Erzeuger des Ungeborenen.[67] Ebenfalls Garant ist der die Schwangere behandelnde Arzt. Er übernimmt mit der Behandlung der Schwangeren grundsätzlich auch die des Nasciturus.[68] Von der zivilrechtlichen Wirksamkeit eines Vertragsschlusses hängt das nicht ab. Daher entsteht eine Garantenpflicht zum Schutz des Ungeborenen auch dann, wenn die Schwangere bewusstlos oder sogar schon hirntot in die ärztliche Obhut kommt. Verstirbt sie während der Behandlung, so wird das Garantenverhältnis zum Nasciturus dadurch grundsätzlich nicht unterbrochen.[69] Die Durchführung einer Konfliktberatung nach § 219 ist keine Behandlungsübernahme und begründet keine Garantenpflicht.[70]

Die Garantenpflicht der Schwangeren kann sich, entgegen einer verbreiteten Auffassung, auch darauf erstrecken, einen (sie selber gering belastenden) medizinischen Eingriff zu Gunsten ihres Ungeborenen zu dulden.[71] Freilich muss dabei zweierlei bedacht werden: Erstens kann diese prinzipielle Pflicht im konkreten Einzelfall schon tatbestandlich durch Gegenrechte der Schwangeren (Schutz ihrer Körperintegrität) aufgehoben werden.[72] Und zweitens

---

67 Beide werden nach richtiger Auffassung nicht wegen „natürlicher Verbundenheit", sondern kraft „institutioneller Zuordnung" obhutsgarantenpflichtig, darüber hinaus aber auch wegen der willentlichen Durchführung des Zeugungsakts „überwachergarantenpflichtig"(geläufig: Ingerenz). Dass der Zeugungsakt selbstverständlich nicht pflichtwidrig ist, ändert daran nichts; näher NK – *Merkel*, StGB, § 218 Rn. 96 ff.
68 Garantenstellung aus „tatsächlicher Schutzübernahme"; ganz h. M., vgl. nur LK – *Kröger*, StGB, § 218 Rn. 38; MK – *Gropp*, StGB, § 218 Rn. 50; *Lüttger*, in: FS für Heinitz, S. 359, 368 Fn. 24; *Beckmann*, MedR 1993, 121, 124; etwas anders *Hilgendorf*, JuS 1993, 97, 99 Fn. 46: Pflicht aus der drittschützenden Wirkung des Vertrags.
69 *Kiesecker*, Die Schwangerschaft einer Toten, S. 243; in solchen Fällen besteht die „Schwangerschaft" fort, kann also bis zum Tod oder zur Geburt des Fötus i. S. d. § 218 noch „abgebrochen" werden.
70 BGH, JZ 1983, 152.
71 Anders MK – *Gropp*, StGB, Rn. 54; LK – *Kröger*, StGB, Rn. 21; SK – *Rudolph*, StGB, Rn. 18 (alle zu § 218); zur Kritik dieser Position eingehend NK – *Merkel*, StGB, § 218 Rn. 104 ff.
72 Deshalb kommen nur physisch sehr gering belastende Eingriffe in Betracht. Beispiel: die (völlig ungefährliche) Einnahme des Gerinnungshemmers „Heparin" zur Abwendung des sehr hohen Abort-

darf selbst dann, wenn dies nicht der Fall ist, wenn sich also das Unterlassen der Schwangeren als rechtswidriger Angriff auf das Leben ihres Ungeborenen darstellt, jene Pflicht grds. nicht von Dritten gewaltsam erzwungen werden. Die Nothilfe zu Gunsten des Embryos/Fötus endet normativ am Merkmal der „Gebotenseins" in § 32 I StGB. Angesichts der gesetzlichen Wertungen in den § 218 ff., die dem ungeborenen Leben einen schwachen, vielfach begrenzten und höchst lückenhaften Schutz gewähren, kann es nicht „geboten" sein, eine Schwangere zu einem invasiven Körpereingriff gewaltsam zu nötigen, selbst wenn sie ihre Einwilligung dazu rechtswidrig verweigert. Freilich darf daraus nicht geschlossen werden, dass auch die Garantenpflicht der Schwangeren selbst nur so weit reicht wie die Erzwingungsmacht Dritter. Denn damit würde die Pflicht von der Bereitschaft der Schwangeren abhängig gemacht, sie zu erfüllen. Schon mit dem Begriff einer Rechtspflicht ist das nicht vereinbar. Dass Dritte nicht nötigen dürfen, heißt nicht, dass es das Recht nicht darf. An die Verletzung der Garantenpflicht knüpfen sich somit zwar keine Erzwingungsmöglichkeiten Dritter, wohl aber die üblichen strafrechtlichen Konsequenzen.[73]

Die ärztliche Garantenpflicht bezieht sich grundsätzlich nur auf die Abwendung von Natur-, also Gesundheitsrisiken für das Ungeborene, nicht dagegen auf die Abwehr von Gefahren, die aus dem Handeln Dritter, einschließlich der Schwangeren selbst entstehen. Das ergibt sich aus der Grundlage der Garantenpflicht: der Übernahme einer ärztlichen Betreuung. Sie erstreckt sich nicht auf die Abwehr von Gefahren jenseits der spezifisch medizinischen Zuständigkeit. Auch ein eindeutig rechtswidriger, außerhalb der Voraussetzungen des § 218 a I vorgenommener aktiver Versuch eines Abbruchs, sei es durch die Schwangere selbst, sei es durch einen Dritten, verpflichtet den Arzt daher nicht als Garanten zum Einschreiten – so wenig wie etwa ein Pädiater, der direkt nach der Behandlung eines kindlichen Patienten dessen Misshandlung durch die Mutter vor der ärztlichen Praxis beobachtet, bei Strafe des § 223 I zur Intervention verpflichtet ist. Die Grenze zwischen medizinischer Zuständigkeit und bloß allgemein staatsbürgerlicher Hilfspflicht mag freilich nicht immer leicht zu ziehen sein. Die Schwangere, die ahnungslos eine ihre Leibesfrucht bedrohende Handlung – etwa die Einnahme eines anderweitig verschriebenen Medikaments – vornehmen will,

---

Risikos bei einer „APC-Resistenz (Typ Leiden)" der Schwangeren (näher NK – *Merkel*, StGB, § 218 Rn. 107).
73 Eingehend zum Ganzen NK – *Merkel*, StGB, § 218 Rn. 104 ff.

muss von ihrem behandelnden Gynäkologen gewarnt werden. Mehr allerdings nicht; nimmt sie nach der Warnung das Medikament gleichwohl und nun mit Abbruchsvorsatz ein, so gebietet die ärztliche Garantenpflicht hiergegen kein weiteres Handeln. Nicht zum Einschreiten, nicht einmal zum Abraten ist auch der Arzt verpflichtet, der wahrnimmt, dass die von ihm bislang betreute Schwangere ihre ursprünglichen Pläne geändert und sich zum (rechtswidrigen) Abbruch bei einem anderen Arzt entschlossen hat.

Die Garantenpflicht des Erzeugers endet grundsätzlich an der physischen Grenze des Körpers der Schwangeren: an deren selbstbestimmter Weigerung, in eine lebenserhaltende Behandlung des Embryos einzuwilligen. An dieser Grenze endet auch das Recht auf Nothilfe zu Gunsten des Ungeborenen, selbst wenn jene Weigerung der Schwangeren auf eine rechtswidrige Abtreibung durch Unterlassen hinausläuft. Der Erzeuger darf so wenig wie der Arzt die Schwangere gewaltsam nötigen, einen invasiven medizinischen Eingriff zugunsten des Embryos oder Fötus zu dulden.

Im Übrigen reichen die Garantenpflichten des Erzeugers aber in zweierlei Hinsicht weiter als die des Arztes. Zum einen sind sie nicht, wie bei diesem, auf einen vorgängig berufsrechtlich definierten Aufgabenbereich (die medizinische Behandlung) begrenzt. Sie gebieten daher grds. auch die Abwehr solcher Gefahren, die dem Embryo durch das aktive und zweifelsfrei rechtswidrige (nämlich außerhalb auch des § 218 a I gelegene) Tötungsverhalten Dritter oder der Schwangeren selbst drohen.[74] Und zum anderen bedeutet gerade der Umstand, dass sich das Handeln des Erzeugers nicht in die normativen Grenzen einer ganzen Berufspraxis einfügen muss, eine im Vergleich zum behandelnden Arzt erweiterte Befugnis zur Nötigung und damit ggf. einer Garantenpflicht dazu.[75] Das betrifft vor allem mögliche Drohungen mit empfindlichen Übeln, wobei etwa die Drohung mit einer Strafanzeige zur Abwehr eines rechtswidrigen Abbruchs selbstverständlich auch dem Arzt erlaubt, wenngleich (anders als dem Erzeuger) nicht geboten ist. Es betrifft jedoch durchaus auch die Möglichkeit gewaltsamer, aber nicht körperinvasiver Nötigungen, etwa ein Einsperren oder ein sonstiges gewaltsames In-den-Arm-Fallen, sofern es zur Abwehr eines unmittelbar bevorstehenden rechtswidrigen Abbruchs seitens der Schwangeren oder eines Dritten erforderlich

---

74 *Schönke/Schröder – Eser*, StGB, § 218 Rn. 38; zu zivilrechtlichen Abwehrmöglichkeiten *Coester-Waltjen*, NJW 1985, 2175 ff.
75 Insofern zutr. *Lesch*, Notwehrrecht und Beratungsschutz, S. 72, der freilich zu Unrecht – aber konsequent – die Pflicht des Erzeugers auch auf Abbrüche nach § 218 a I erstreckt, weil er diese – ebenfalls zu Unrecht – mit der h. M. für rechtswidrig hält (dazu unten, sub IV. 3. c).

ist. Ein eigenes Notwehrrecht im engeren Sinne zur Verteidigung höchstpersönlicher Interessen an der Fortsetzung einer Schwangerschaft (Wunsch nach einem Erben o. Ä.) hat der Erzeuger nach h. M. gegenüber der Schwangeren nicht; deren Selbstbestimmungsrecht soll hier trotz der Rechtswidrigkeit ihres Verhaltens vorgehen.[76] Auch dies ist als Verneinung des „Gebotenseins" einer solchen Notwehr akzeptabel.

2. Spätabbruch mit nachfolgender Lebendgeburt

Schwierige Sonderprobleme können bei Abbrüchen im Spätstadium der Schwangerschaft entstehen, wenn sich zwar die Tathandlung direkt gegen das Ungeborene richtet, ihr tödlicher Erfolg jedoch erst an dem anschließend lebend geborenen Kind eintritt. Nach einhelliger Auffassung schließt das die Anwendbarkeit des § 218 nicht aus. Doch öffnet sich damit ein problematischer Interferenzbereich zwischen Schwangerschaftsabbruch und allgemeinen Tötungsdelikten. Einerseits werden Kausalitäts- und allgemeine Zurechnungsbeziehungen zwischen Täter, Tathandlung und Erfolg von der Geburt nicht berührt, laufen gewissermaßen durch diese hindurch und legen deshalb eine tatbestandlich homogene Zurechnung nahe. Damit bliebe freilich zunächst offen, ob § 218 oder die §§ 212 bzw. 222 einschlägig wären. Andererseits wandelt sich der rechtliche Status des Opfers während des Tatgeschehens substanziell und mit drastisch unterschiedlichen Rechtsfolgen; das scheint eher eine tatbestandlich heterogene Zurechnung zu fordern. Danach kämen § 218 und die §§ 212, 222 nebeneinander in Betracht.

In der klinischen Praxis haben diese Fragen mit der starken Zunahme später Abtreibungen nach der 22. Woche *post conceptionem*, die von § 218 a II seit 1995 ermöglicht werden, große Bedeutung erlangt. Denn späte Abbrüche erzeugen, sofern sie nicht mittels intrauterinen Fetozids durchgeführt werden, das erhebliche Risiko von Lebendgeburten. Bei Abbrüchen nach der 24. Woche *post conceptionem* liegt es deutlich über 50 %.[77] Im Jahr 2002 wurden in Deutschland 188 Abbrüche nach der 23. Woche offiziell gemeldet; dass die wirkliche Zahl deutlich höher ist, steht außer Zweifel.[78] Da der postnatale

---

[76] LK – *Spendel*, StGB, § 32 Rn. 171 m. w. N.; „rechtspolitisch" zweifelnd Schönke/Schröder – *Eser*, StGB, § 218 Rn. 38.
[77] *Sprang/Neerhof*, J. of the American Medical Association (JAMA) 1998, 744, 745.
[78] Vgl. *Dt. Gesellsch. für Gynäkologie und Geburtshilfe*, Schwangerschaftsabbruch nach Pränataldiagnostik, S. 38. Seriöse Schätzungen sprechen von über 500 Spätabbrüchen mit rund 100 Lebendgeburten pro Jahr in Deutschland, der Präsident des „Marburger Bundes" sogar von „bis zu 800" („Die Welt", 18.4.2000, S. 16).

Tod des Kindes in den Begriffen der einschlägigen Tatbestände des StGB der Tod eines „Menschen", nicht der eines „Ungeborenen" ist, und da er – angesichts seiner relativ hohen Wahrscheinlichkeit bei späten Abbrüchen – nach allgemeinen Regeln jedenfalls objektiv als ein solcher „Menschentod" auch zurechenbar ist,[79] stellt sich die Frage, ob er nicht nach den *dafür* zuständigen Tatbeständen beurteilt werden muss, also nach § 222, ggf. sogar § 212, nicht mehr nach § 218.

Dazu formuliert die h. M. zunächst (freilich meist apodiktisch[80]) den folgenden Grundsatz: Entscheidend sei, wann die tödliche Handlung auf den Körper des Opfers *„einwirke"*: Geschehe dies pränatal (bzw. intrauterin), also zu einem Zeitpunkt, an dem das Opfer noch kein „Mensch" im strafrechtlichen Sinne ist, dann komme grds. nur § 218 infrage; werde dagegen erst postnatal tödlich auf das Kind eingewirkt, so liege ein Totschlag oder eine fahrlässige Tötung vor. Der Schwangerschaftsabbruch sei dann lediglich versucht worden (und gescheitert); dieser Versuch, grds. strafbar nur für den Arzt, trete auf der Ebene der Konkurrenzen zurück.

Damit wird für die Fälle, in denen die pränatale tödliche Handlung erst postnatal zum Erfolg führt, eine tatbestandliche „Sperrwirkung" des § 218 gegenüber den §§ 212, 222 postuliert. Auf dieser Grundlage löst die h. L. dann auch die weiteren Konstellationen, die hier auftreten können: Im Falle aktiven todesbeschleunigenden Handelns nach der Geburt hafte der Täter auch dann nach § 212 (oder § 222), wenn das Kind infolge der Abtreibungshandlung nicht hätte überleben können, also nicht „lebensfähig" war. Trete der postnatale Tod dagegen als Folge des bloßen Unterlassens einer lebenserhaltenden Versorgung ein, so sei zu unterscheiden: Eine Haftung nach den §§ 212 (222), 13 komme nur dann in Betracht, wenn das lebendgeborene Kind auch „lebensfähig" war, also zu retten gewesen wäre. Dann sei der Abtreibungsversuch gescheitert, der Tod allein als Erfolg des postnatalen Unterlassens zu beurteilen. Komme dagegen das Kind zwar lebend, aber „nicht lebensfähig" zur Welt und sterbe alsbald unversorgt, so hafte der Abbrechende wieder nur wegen vollendeter Abtreibung. Daneben komme bei entsprechendem Vorsatz (v. a. Nichtkenntnis der Lebensunfähigkeit) auch eine Haftung wegen Totschlagsversuchs durch Unterlassen infrage.

---

79 Bei sehr späten Abbrüchen (ohne Fetozid) wohl regelmäßig auch subjektiv zum Vorsatz des Abbrechenden.
80 Begründungen geben aber BGHSt 31, 352; *Lüttger*, NStZ 1983, 481, 483; *Hirsch*, JR 1985, 336, 337; *Küper*, GA 2001, 515, 519; zu den Schwächen aller formulierten Gründe NK – *Merkel*, StGB, § 218 Rn. 54 ff.

Fundament der Lehre von der tatbestandlichen Sperrwirkung des § 218 ist die Überzeugung, es sei „klar, dass der ‚verspätete' Erfolg ... den Schwangerschaftsabbruch nicht in ein (anderweitiges Tötungsdelikt verwandeln kann".[81] Aber so ohne Weiteres ist das keineswegs klar. Es legt sofort die Gegenfrage nahe, wie denn die „verfrühte" Einwirkung auf das Opfer den daraus resultierenden Verlauf eines Totschlags oder einer fahrlässigen Tötung in den einer Abtreibung soll „verwandeln" können, zumal diese Einwirkung nach dem Tatbestand des § 212 in Wahrheit gar nicht „verfrüht" ist, sondern dessen Handlungsmerkmal unter den Gesichtspunkten Kausalität und objektive Zurechnung ganz gewiss verwirklicht. Je weiter vom Ereignis der Geburt entfernt man sich diesen pränatal verursachten postnatalen Tod denkt, desto prekärer erscheint denn auch die These der h. M. Zur Illustration: Ein Arzt infiziert bei einem intrauterinen therapeutischen Eingriff am Fötus das Ungeborene absichtlich und aus niedrigem Beweggrund mit dem HIV-Virus; er rechnet damit, dass das Kind im Alter von etwa vier Jahren an Aids sterben wird, und so kommt es auch. Das naheliegende Ergebnis, hier sei ein Mord begangen worden, muss die h. A. ablehnen. Denn wenn der postnatale Tod nach pränataler „Einwirkung" den objektiven Tatbestand (nur) des § 218 erfüllen kann, dann ändert daran die genau auf diesen postnatalen Erfolg gerichtete böse Absicht des Täters natürlich nichts. Nun wäre die Annahme eines vollendeten Schwangerschaftsabbruchs statt eines Mordes in unserem Fall befremdlich genug. Doch verneint die h. M. hier nicht nur den Mord, sondern (und *dies* zutreffend) auch eine Abtreibung. Denn mit der Geburt eines „lebensfähigen" Kindes – und vier Jahre Lebenserwartung genügen diesem Begriff ganz gewiss – ist der Abtreibungsversuch endgültig gescheitert.[82] Das führt nun aber zu dem noch weitaus befremdlicheren Ergebnis der völligen Straflosigkeit des Arztes: Da er sich keinen Tatererfolg im Sinne des § 218 I

---

[81] *Küper*, GA 2001, 515, 519.
[82] RGSt 4, 380; BGHSt 10, 5; 13, 24; LK – *Kröger*, StGB, Rn. 15; *Lackner/Kühl*, StGB, Rn. 4; *Arzt/Weber*, BT, § 5/28; *Roxin*, JA 1981, 542, 546. Anders aber Schönke/Schröder – *Eser*, StGB, Rn. 23; SK – *Rudolphi*, StGB, Rn. 12; MK – *Gropp*, StGB, Rn. 20 (alle zu § 218), die einen von der Abbruchshandlung verursachten, aber erst lange nach der Geburt eintretenden Tod immer noch als Abtreibungserfolg beurteilen und daher wegen vollendeten § 218 bestrafen wollen. Andererseits nehmen alle drei Autoren an, dass die Abtreibung bei Geburt eines „lebensfähigen" Kindes gescheitert (und bloß versucht) sei. Das ist widersprüchlich. Es steht nicht ernstlich in Zweifel, dass ein mehrere Jahre überlebendes Kind „lebensfähig" gewesen ist; es unter das Hand als „lebensunfähig" zu beurteilen, kollidierte mit Grundprinzipien des Lebensschutzes. Wer würde einen tödlich Erkrankten, der noch Jahre leben kann, als „nicht (mehr) lebensfähig" bezeichnen und ihm so etwa den Schutz gegen Tötungen durch Unterlassen nehmen?

zu verwirklichen vorstellt, vielmehr das Sterben eines zuvor *lebensfähigen Kindes*, aber auch keinen i. S. d. § 212, vielmehr einen Tod infolge *pränataler* „Einwirkung", begeht er in beiderlei Hinsichten auch keinen Versuch. (Und § 223 scheidet aus, da das Kind schon verletzt, nämlich infiziert, zur Welt kommt.) Dass dieses Ergebnis nicht richtig sein kann, liegt auf der Hand.

Andererseits wäre es ebenso ungereimt, ja im Ergebnis schwer erträglich, jede Spätabtreibung, als deren mögliche Folge der Täter die Geburt eines lebenden Kindes und dessen anschließenden Tod in Betracht zieht, zugleich als (mindestens versuchtes) Totschlagsdelikt zu beurteilen. Jedenfalls bei Abbrüchen nach der 24. Schwangerschaftswoche dürfte ein solches In-Betracht-Ziehen bei kundigen Ärzten den Normalfall darstellen. Ganz inakzeptabel wird die Annahme eines Totschlagdelikts aber mit Blick auf § 218 a II: Denn er stellt für solche Spätabbrüche eine Rechtfertigung bereit, die primär auf der Unzumutbarkeit des prospektiven Kindes für die Schwangere beruht. Ein solcher Grund vermöchte aber keinesfalls einen Totschlag oder Totschlagsversuch zu rechtfertigen.

Damit ist zunächst ein Dilemma bezeichnet. Zu seiner Lösung ist das apodiktische Dogma der h. M., § 218 entfalte eben eine „Sperrwirkung", wenig hilfreich.[83] Wie und warum kann er das? Wenn „nach der rechtlichen Rangordnung der Werte ... die Verursachung eines Menschentodes schlimmer [ist] als die eines Fötustodes"[84] – und dafür spricht prima facie viel –, dann ist dieses Dogma sogar höchst unplausibel. Stützt man also die im Vergleich zum Totschlag geringere Strafwürdigkeit der Abtreibung prinzipiell auf deren geringeren *Erfolgsunwert* („Embryo-" bzw. „Fötustod"), dann ist jene Sperrwirkung in unseren Fällen des postnatalen („Menschen"-)Todes nicht begründbar. Aber auch wer die geringere Strafwürdigkeit allein in einem gegenüber dem Totschlag minderen *Verhaltensunwert* sehen möchte, begegnet schwer lösbaren Erklärungsproblemen. Als Grund für diese Sicht käme die oft betonte „Konfliktlage" der Schwangeren in Betracht.[85] Rechtlich konkretisiert sie sich als eine Frage der Zumutbarkeit der damit verbundenen Beeinträchtigungen. Das macht sie nicht notwendig zu einem Problem der

---

83 Dass es hier eine seit langem „etablierte Auffassung" gebe (MK – *Gropp*, StGB, Vor § 218 Rn. 55), ist richtig, enthält aber so wenig ein überzeugendes Argument wie diese etablierte Auffassung selbst.
84 R. Herzberg/A. Herzberg, JZ 2001, 1106, 1109.
85 Unter Betonung des „gleichen rechtlichen Werts" von Embryo und „Mensch" hervorgehoben z. B. von BVerfGE 39, 47 f. und passim; 88, 255 ff.; Schönke/Schröder – *Eser*, StGB, 25. Aufl., Vor § 218 Rn. 5 m. zahlr. w. N.; anders aber jetzt Schönke/Schröder – *Eser*, StGB, 27. Aufl., Vor § 218 Rn. 9, sowie in *Eser/Koch* (Hrsg.), Schwangerschaftsabbruch im internationalen Vergleich, S. 577 ff.

Schuld. Abstrakt-typisierbare (in der entsprechenden Lage schlechthin geltende) Zumutbarkeitsschranken können als Pflichtbegrenzungen durchaus bereits den Tatbestand ausschließen. Das gilt insbesondere für die Begrenzung positiver Pflichten, auch solcher aus Garantieverhältnissen.[86] Die erhebliche Zumutung an eine ungewollt Schwangere, für neun Monate ihren Körper einem nicht erwünschten anderen zur Verfügung stellen zu sollen, mag daher grds. als der tiefere Grund für die Minderung des Handlungsunwerts einer Abtreibung betrachtet werden.

Das Gesetz unterscheidet jedoch nicht zwischen „Konfliktabtreibungen" und anderen, behandelt vielmehr alle ohne Ausnahme gleich: weitaus milder als einen Totschlag. Das gilt für Spätabbrüche mit anschließender Lebendgeburt ganz genauso. Beispiel: Wer gegen den Willen einer Schwangeren eine Spätabtreibung durchführt und dadurch die Lebendgeburt eines dann alsbald versterbenden Kindes verursacht, wird zwar nach § 218 II Ziff. 1 wegen eines besonders schweren Falles, aber eben nur wegen Abtreibung, nicht dagegen wegen Totschlags bestraft. Das gilt auch dann, wenn er den erst postnatalen Tod des Kindes sehr wohl für möglich, ja für wahrscheinlich gehalten hat. Handelt er fahrlässig, so bleibt er straflos. Wer beim Skilauf als Pistenraser eine Frau trotz offensichtlicher Zeichen ihrer späten Schwangerschaft mit einem riskanten Manöver schwer zu Fall bringt und dadurch die Frühgeburt eines lebenden, aber unter den konkreten Umständen rettungslos verlorenen Kindes herbeiführt, wird für diese Tötung nicht bestraft, wiewohl er fahrlässig den Tod eines „Menschen" verursacht und mit der pränatalen „Einwirkung" keinerlei Konflikt gelöst, vielmehr schweres Leid verursacht hat. Denn der fahrlässige Schwangerschaftsabbruch ist in *keinem* Fall strafbedroht. Das Gesetz fordert nicht, dass der Täter zur Lösung eines Konflikts der Schwangeren gehandelt, also einen minderen Handlungsunwert verwirklicht hat, wenn es ihm die Wohltat der milderen Strafe nach § 218 (oder sogar der Straffreiheit) gewährt.

Daher lässt sich eine grundsätzliche „Sperrwirkung" des § 218 gegenüber den §§ 212 und 222 bei pränataler „Einwirkung" und postnatalem Tod weder über die Behauptung eines verminderten Erfolgs- noch über die eines verminderten Handlungsunwerts begründen. Widerspruchsfrei möglich ist dies vielmehr nur dann, wenn man dreierlei eingesteht: *Erstens*, dass das pränatale

---

86 Für die allgemeinen staatsbürgerlichen Solidaritätspflichten ist das offensichtlich, und zwar nicht etwa nur, weil es in § 323c StGB so (also tatbestandsausschließend) geregelt ist; vielmehr ist es dort so geregelt, weil es (auch in verfassungsrechtlicher Hinsicht) offensichtlich und nur so legitimierbar ist.

Leben rechtlich mit dem geborenen Leben nicht gleich bewertet wird.[87] *Zweitens*, dass ihm diese Ungleichbewertung sogar bei seinem möglichen Übergang in ein kurzes postnatales Leben gleichsam rechtlich „mitgegeben" wird, sofern es nur bereits als pränatales attackiert worden ist. Und *drittens*, dass man vor allem diese rechtliche Ungleichgewichtigkeit sogar geborenen Lebens ebenfalls erklären muss, will man die „Sperrwirkung" des § 218 plausibel machen und dem „Einwirkungskriterium" der h. M. nicht weiterhin die Funktion der bloßen Problemverdeckung zuweisen.

Allen drei Einsichten verschließt sich die Strafrechtsdogmatik bislang. Sie sind aber sowohl verfassungsrechtlich als auch rechtsethisch gut begründbar.[88] Nur wenn man sie akzeptiert, erscheint die „Einwirkung" auf das Tatobjekt als Kriterium der Abgrenzung von Schwangerschaftsabbruch und allgemeinen Tötungsdelikten plausibel. Und nur damit lässt sich eine grundsätzliche tatbestandliche Sperrwirkung des § 218 I schlüssig legitimieren. Freilich muss man dafür die oben skizzierte normative Grundlage anerkennen und offenlegen. Ein so entscheidend wichtiges Abgrenzungskriterium darf nicht, wie es in der strafrechtlichen Diskussion derzeit meist geschieht, als *deus ex machina* aus dem normativen Nichts bezogen und ohne tragfähige Begründung einfach behauptet werden.

Das bedeutet: Nur wenn der postnatale Tod normativ noch der pränatalen tödlichen „Einwirkung" zurechenbar ist, also noch als Verwirklichung des für eine *Leibesfrucht* geschaffenen Todesrisikos beurteilt werden kann, ist es auch akzeptabel, die rechtliche Geringerbewertung des pränatalen Lebens bis zu diesem postnatalen Tod reichen zu lassen, auch ihn noch als Abschluss nur eines pränatalen Lebens zu beurteilen. Diese objektive Zurechnungsbrücke zwischen pränatalem Leben und postnatalem Tod wird aber gebrochen, wenn zwischen beide die vollständige Existenz einer lebensfähigen geborenen Person tritt: Deren Tod kann nicht mehr als Verwirklichung des Todesrisikos für ein *ungeborenes* Leben beurteilt werden. Anders gewendet: Der postnatale Tod wird zur Biografie des geborenen Menschen gezogen, wenn er eine nachgeburtliche Lebensspanne beendet, die als eigene, ganze „Menschen"-Existenz – eben als Ausdruck der Lebensfähigkeit – gedeutet werden kann. Dagegen wird er zum Dasein nur des Ungeborenen gerechnet, wenn er

---

87 Das schließt zugleich einen Grundrechtsstatus des Ungeborenen aus: Es gibt keine Grundrechte zweiter Klasse; näher dazu unten IV. 3. c).
88 Zur Begründung ausführlich *Merkel*, Forschungsobjekt Embryo, S. 64 ff., 128 ff.

eine postnatale Existenz beendet, deren Dauer es noch nicht erlaubt, sie als Beleg der Lebensfähigkeit, als eigene, ganze Menschenexistenz zu beurteilen. Auch diese Begründung lässt die zentrale Frage noch ungelöst: *Wie lange* muss ein nach einer Abtreibunghandlung lebend geborenes Kind am Leben bleiben (können), um als „lebensfähig" zu gelten und somit den Abbruch zum Scheitern zu bringen? Die wissenschaftliche Literatur ignoriert dieses Problem bislang fast gänzlich.[89] Schwerlich bestreitbar ist, dass ein jahrelanges Überleben nach einem Abbruchsversuch auch dann das Scheitern dieses Versuchs bedeutet, wenn das Kind schließlich doch an den Folgen der Abbruchshandlung versterben sollte. Denn ein so langes postnatales Überleben schließt es aus, den dann eintretenden Tod noch zur Abtreibung zu rechnen, also in der Sache als Tod eines Fötus, statt als Ende einer „Menschen"-Existenz i. S. d. StGB zu behandeln. Daher ist hier die h. M. im Recht, die für eine Anwendung der §§ 218 ff. ein „alsbaldiges Versterben" des lebendgeborenen Kindes verlangt.[90] Unklar ist freilich, was das genau besagt. Ich habe anderswo vorgeschlagen, die Höchstgrenze dieses „Alsbald" bei einem postnatalen Alter von drei Monaten zu ziehen.[91] Ein längeres Überleben nicht als Leben eines „Menschen", sondern immer noch als postnatales Sterben eines abgetriebenen Fötus zu behandeln, erscheint schon auf den ersten Blick seltsam. Vor allem aber schafft es unlösbare Wertungswidersprüche zu fundamentalen Prinzipien des Lebensschutzes nach den §§ 211 ff. StGB. Bei Strafe des Totschlags dürfte kein anderer todkranker Mensch mit einer noch derart langen Lebenserwartung in irgendeiner bedeutsamen Hinsicht als „nicht lebensfähig" behandelt werden. Zwingend ist diese Dreimonatsgrenze freilich nicht; sie ist ein individueller, wenngleich rechtsethisch begründeter Vorschlag. Angesichts der hohen und wachsenden Zahl von Spätabbrüchen und der damit verbundenen steigenden Zahl nachfolgender Lebendgeburten wäre es Aufgabe des Gesetzgebers, diese Frage selber zu regeln. Dabei sollte er außerdem den Mut aufbringen, die rechtsethischen Grundlagen der Zulässigkeit später Abtreibungen ehrlich und offen zu klären und deren vom geltenden Recht zu großzügig gewährte Möglichkeit deutlich zu beschneiden.

---

89 S. aber die Erörterung in NK – *Merkel*, StGB, § 218 Rn. 75 ff.; unter Verweis darauf merkt *Wessels/Hettinger*, BT/1, Rn. 240, nun an, dass der „Begriff der Lebensfähigkeit noch näherer Klärung" bedarf.
90 Die Gegenauffassung ist logisch widersprüchlich (s. dazu Anm. 82).
91 NK – *Merkel*, StGB, § 218 Rn. 82; dort auch zur rechtsethischen Begründung.

3. Zusammentreffen von Abtreibungs- und Tötungsdelikten; Konkurrenzen

Die grundsätzliche Sperrwirkung des § 218 schließt gleichwohl nicht aus, dass neben einem vollendeten Schwangerschaftsabbruch auch allgemeine Tötungsdelikte verwirklicht werden. Denn die Sperrwirkung bezieht sich nur auf solche postnatalen Todeserfolge, die nach den oben entwickelten Argumenten noch als Abschluss einer fötalen (und noch nicht einer „Menschen"-)Existenz zu beurteilen sind – und *allein* als solche. Darüber hinaus gibt es aber eine ganze Reihe von Möglichkeiten, wie ein postnataler Tod nach pränataler Einwirkung – entsprechend den allgemeinen Regeln strafrechtlicher Zurechnung – auch mit dem Totschlagtatbestand oder dem der fahrlässigen Tötung in einer die Zurechnung begründenden Verbindung stehen kann. Die h. L. versteht dagegen die Sperrwirkungsthese als starres Schema. Damit missachtet sie aber, durchaus sachwidrig, jene allgemeinen Zurechnungslehren. Im Ganzen gelten für die wichtigsten Konkurrenzfragen die folgenden Regeln:

(1) Stirbt das abgetriebene Kind ohne weitere postnatale Intervention „alsbald" nach der Geburt, so ist der Tod allein zu § 218 zu rechnen; es liegt nur ein Schwangerschaftsabbruch vor.

(2) Stirbt es erst nach der hierfür allenfalls noch angemessenen Zeitspanne (nach dem hier vertretenen Vorschlag: höchstens drei Monate) an den Folgen des Abbruchs, so ist dieser von dem Kind „überlebt" worden, also endgültig gescheitert und im Versuch stecken geblieben. Wegen der erkennbaren Gefahr eines solchen Verlaufs bei späten Abbrüchen kann aber außerdem – und unbeschadet der schon pränatal erfolgten „Einwirkung" auf die Leibesfrucht – regelmäßig eine fahrlässige, ggf. und je nach Tätervorstellung sogar eine vorsätzliche Tötung vorliegen [dazu nachfolgend (3)–(5)]. Sie steht zum Versuch des Schwangerschaftsabbruchs in Idealkonkurrenz.[92]

(3) Wird das lebend geborene Kind von dem Abtreibungstäter postnatal alsbald aktiv und rechtswidrig getötet,[93] so ist dies, unbeschadet der Frage „lebensunfähig oder nicht", jedenfalls ein vorsätzlicher Tot-

---

[92] Anders die h. L., die insofern eine „Exklusivitätsthese" vertritt; zur Kritik daran NK – *Merkel*, StGB, § 218 Rn. 83.

[93] Zu den extrem seltenen, aber möglichen Fällen einer nach § 34 StGB gerechtfertigten (selbst aktiven) Tötung nach der Geburt s. NK – *Merkel*, StGB, § 218 Rn. 83, sowie *ders.*, Früheuthanasie, S. 578 ff. War der vorangegangene Abbruch rechtswidrig, so ist der Täter aus dem *vollendeten* § 218 zu bestrafen (neben dem, je nach Tätervorstellung, immerhin ein versuchter Totschlag möglich ist). Die h. L. käme mit ihrer These der *tatbestandlichen* Exklusivität dagegen sachwidrig nur zur Strafbarkeit wegen versuchten Schwangerschaftsabbruchs.

schlag. Daneben kann aber, je nach Tätervorstellung beim Ansetzen zum Abbruch, tatbestandlich zugleich eine vollendete Abtreibung verwirklicht sein: dann nämlich, wenn der Täter bereits bei diesem Ansetzen eine mögliche Lebendgeburt und für diesen Fall auch den anschließenden Totschlag ins Auge gefasst hat.[94] Denn dann verwirklicht sich in diesem zugleich das von der Abbruchshandlung geschaffene Risiko eines solchen Verlaufs. Allerdings darf der (nur einmal eingetretene) Tod, wiewohl zwei objektiven Tatbeständen zurechenbar, bei der Bestrafung nicht doppelt verwertet werden. Daher wird der vollendete Schwangerschaftsabbruch von § 212 gesetzeskonkurrierend verdrängt. Übrig bleibt die selbstständige Versuchshandlung des § 218, die mit dem vollendeten Totschlag in Idealkonkurrenz steht. Vertretbar ist auch die Annahme einer Realkonkurrenz; doch erscheint sie sie wegen des einheitlichen Vorsatzzusammenhangs weniger plausibel.

(4) Das Gleiche gilt, wenn der Täter das am Leben erhaltbare, also „lebensfähig" geborene Kind alsbald nach der Geburt an den Folgen des Abbruchs rechtswidrig sterben lässt. Hier ist die tatbestandliche Doppelzugehörigkeit des Todes sowohl zu § 218 als auch zu §§ 212, 13 entgegen der herrschenden Exklusivitätslehre sogar offensichtlich: Das Kind stirbt direkt und nur an den Folgen der aktiv begangenen Abtreibung; eine weitere Tötungshandlung ist nicht im Spiel. Die Zurechnung des Todes zu dieser Abbruchshandlung ist daher geboten. Im nachfolgenden Unterlassen liegt eine eigene, weitere Tatbestandserfüllung. Nicht das aktive Herbeiführen des Todes, sondern ein Nichtstun ist nun Objekt der tatbestandlichen Zurechnung. Freilich darf im Ergebnis, also auf der Ebene der Konkurrenzen, auch hier der nur einmal geschehene Todeserfolg nicht doppelt verwertet werden. Der Täter ist daher strafbar wegen vollendeten Totschlags (durch Unterlassen) in Tateinheit mit versuchtem Schwangerschaftsabbruch.

(5) Wäre das Kind in einem solchen Fall *nicht* mehr zu retten gewesen, oder kann dies nicht mit an Sicherheit grenzender Wahrscheinlichkeit ausgeschlossen werden, so kommt (bei Vorsatz des Täters) nur der Versuch einer Unterlassungstötung infrage, der dann allerdings mit dem tatbestandlich jedenfalls vollendeten Schwangerschaftsabbruch in Idealkonkurrenz steht.

---

94 Anders wieder die herrschende „Exklusivitätsthese"; zur Kritik NK – *Merkel*, StGB, § 218 Rn. 84.

D. § 218 a: Tatbestandsausschluss; Rechtfertigung

I. Allgemeines; systematische Struktur

Die Vorschrift ist die praktisch mit Abstand wichtigste Norm zum Schwangerschaftsabbruch – freilich nicht, was ihre strafgerichtliche Anwendung angeht, sondern im Gegenteil: Weil sie die Zuständigkeit der Strafjustiz fast vollständig ausschließt. Dieser immensen negativen Bedeutung des Paragrafen für die Justiz dürfte seine positive Bedeutung für die soziale und klinische Wirklichkeit der Abtreibung inzwischen weit gehend entsprechen. Jedenfalls wird man annehmen dürfen, dass die Dunkelziffer strafbarer, also gänzlich außerhalb seiner Reichweite stattfindender Abtreibungen in Deutschland seit der Erleichterung der straflosen Abbrüche durch § 218 a substantiell zurückgegangen ist.[95]

§ 218 a enthält keinen Straftatbestand; allerdings gehört sein Abs. 1 als negative (ausschließende) Ergänzung zum Tatbestand des § 218, ist also in diesem Sinne dessen Bestandteil. Im Übrigen regelt § 218 a vier systematisch unterschiedliche Straffreistellungsgründe:

(1) Unter den in Abs. 1 genannten Voraussetzungen verwirklicht ein Abbruch nicht den Tatbestand des § 218;
(2) die in Abs. 2 und Abs. 3 genannten Umstände rechtfertigen ihn;
(3) Abs. 4 Satz 1 ordnet für die eigene Beteiligung der Schwangeren (Selbstabbruch) an einem grundsätzlich strafbaren Fremdabbruch unter bestimmten Bedingungen einen persönlichen Strafausschließungsgrund an;
(4) Abs. 4 Satz 2 schließlich erlaubt dem Gericht ein Absehen von der Bestrafung der Schwangeren, sofern der Abbruch außerhalb aller vorgenannten Möglichkeiten des § 218 a, also strafbar geschehen ist.

II. Gemeinsame Voraussetzungen aller Straffreistellungen

Die besonderen Voraussetzungen der Abs. 1 bis 4 sind die tragenden materiellen Gründe für die dort jeweils angeordnete Straflosigkeit. Doch verlangen alle vier Regelungen darüber hinaus die Erfüllung von Randbedingungen sachlicher, personaler und prozeduraler Art. Zwei davon werden in sämtli-

---

[95] Zu weiteren kriminologischen Aspekten MK – *Gropp*, StGB, Vor § 218 Rn. 84 ff.

chen Absätzen vorausgesetzt: der Arztvorbehalt und die Einwilligung der Schwangeren.

I. Der Arztvorbehalt

Er besagt, dass jeder Abbruch strafbar ist, der nicht von einem Arzt durchgeführt wird, selbst wenn er im Übrigen den Rechtfertigungsvoraussetzungen der Indikationen oder den Tatbestandsausschluss-Kriterien des Abs. 1 genügt.[96] Die Regelung dient ersichtlich dem vernünftigen Zweck, die gesundheitlichen Risiken eines Abbruchs für die Schwangere möglichst gering zu halten.[97] Arzt ist, wer eine nach deutschem Recht gültige (nicht unbedingt deutsche) Approbation für Humanmedizin besitzt. Dazu gehören auch Psychiater und ärztlich approbierte Psychologen, nicht aber Heilpraktiker, Zahnärzte und Veterinäre. Der Versuch Bayerns, weiterreichende persönliche Voraussetzungen und Beschränkungen landesrechtlich einzuführen, wurde vom BVerfG weit gehend verworfen.[98] Als vereinbar mit Art. 12 I GG und mit der Regelungskompetenz des Bundes ist lediglich die („schonende") Einführung eines Facharztvorbehalts akzeptiert worden. Dass Schwangerschaftsabbrüche nur von Ärzten durchgeführt werden sollten, die dafür die erforderliche spezielle Kompetenz haben, also grds. nur von Gynäkologen und Pränatalmedizinern, liegt wie bei jeder anderen ärztlichen Tätigkeit auf der Hand. Strafrechtlich gefordert wird es in § 218 a jedoch nicht.[99]

Dem Arztvorbehalt unterstellt sind alle Tätigkeiten im Zusammenhang mit dem Abbruchsgeschehen, einschließlich der den Eingriff unmittelbar vorbereitenden Untersuchung. Einbezogen ist kraft eigener gesetzlicher Regelung (§ 218c) auch ein vorangehendes Gespräch, das dem abbrechenden Arzt

---

96 In seltenen Ausnahmefällen kommt für die Missachtung des Arztvorbehalts eine Rechtfertigung nach § 34 StGB in Betracht; s. dazu schon oben Anm. 14; eingehend NK – *Merkel*, StGB, § 218 Rn. 136 ff.

97 Vgl. BVerfGE 88, 203, 314; ebenso schon BGHSt 1, 331; 2, 115 f.; 2, 244, für die vor 1974 allein mögliche Rechtfertigung aus übergesetzlichem Notstand. Ob man deshalb die Gesundheitsbelange der Schwangeren als „mitgeschütztes Rechtsgut" in das Verbot des Schwangerschaftsabbruchs hineinlesen sollte, ist freilich eine andere Frage. Zu den Risiken von Fehlschlüssen daraus s. oben bei und in Anm. 23.

98 BVerfGE 98, 265, 305 ff. (zum Bay. SchwangerenhilfeergänzungsG vom 9.8.1996). Scharf kritisch das Sondervotum der Richter *Papier*, *Graßhof* und *Haas*, BVerfGE 88, 203, 329 ff.; ebenfalls abl. *Fischer*, StGB, Vor § 218 Rn. 10 ff.; *Beckmann*, MedR 1999, 138; *Büchner*, NJW 1999, 833; *Hillgruber*, ZfL 2000, 46, 47.

99 Doch gibt es eine „qualitätssichernde" Vereinbarung der Verbände der Krankenkassen, wonach Schwangerschaftsabbrüche grds. nur von Gynäkologen abgerechnet werden können (s. MK – *Gropp*, StGB, § 218 a Rn. 23).

die gesondert strafbewehrte Pflicht aufgibt, die Schwangere medizinisch aufzuklären und zu beraten, ihr Gelegenheit zur Darlegung der Gründe für ihren Abbruchswunsch zu geben und sich selbst der Abbruchsvoraussetzungen zu vergewissern. Zulässig im auch sonst üblichen Rahmen ist die Delegation untergeordneter Aufgaben an medizinisches Hilfspersonal. Nicht zu den Tätigkeiten, die dem Arztvorbehalt unterliegen, gehört die medizinisch notwendige Nachbehandlung der Schwangeren. Zwar wird auch sie von § 12 I SchKG der Arztpflicht unterstellt, doch macht sie das nicht zu einem Teil der Abbruchshandlung i. S. d. §§ 218, 218 a. Auch das Unterlassen der Vorsorge für eine geeignete Nachbehandlung bedeutet nicht, wie einige behaupten, als Missachtung der ärztlichen lex artis bereits beim Abbruch zugleich eine Verletzung des Arztvorbehalts in § 218 a.[100] Wohl kann dieses Unterlassen, sollte sich gerade seinetwegen ein durch den Abbruch entstehendes Gesundheits- oder Lebensrisiko der Schwangeren nachträglich nicht mehr abwenden lassen, zur Strafbarkeit des Arztes aus den §§ 222, 229, 13 führen. Doch kann es nicht den ansonsten korrekt durchgeführten Abbruch nach § 218 strafbar machen.

Dem Arztvorbehalt wird auch genügt, wenn der Abbruch im Ausland von einem dort approbierten Arzt durchgeführt wird.[101] Darüber hinaus wird man – jedenfalls im Rahmen der ärztlichen Niederlassungsfreiheit innerhalb der EU – auch bei einer im Inland von einem ausländisch approbierten Arzt vorgenommenen Abtreibung weder deren Tatbestandslosigkeit nach § 218 a Abs. 1 noch ihre Rechtmäßigkeit nach Abs. 2 oder 3 verneinen dürfen, wenn die jeweiligen weiteren Voraussetzungen erfüllt sind. Sollten anderweitige gesetzliche Vorschriften über die Zulassung bzw. die Anerkennung ausländischer Approbationen verletzt werden, so mag dies die jeweils dafür vorgesehenen Sanktionen auslösen, kann aber nicht das strafbare Unrecht einer Abtreibung begründen.

Streitig ist, ob es dem Arztvorbehalt genügt, wenn die Schwangere selbst Ärztin ist und den Abbruch eigenhändig an sich selber vornimmt (sog. Ärztinnenprivileg). Die Frage ist seit der Einführung des oralen Abortivums „Mifegyne" durchaus von praktischer Bedeutung. Sie wird mit Recht über-

---

100 S. oben, bei und in Anm. 21 – 23.
101 Str.; wie hier SK – *Rudolphi*, StGB, Rn. 21; MK – *Gropp*, StGB, Rn. 23; *Fischer*, StGB, Rn. 8 (alle zu § 218 a); a. A. Schönke/Schröder – *Eser*, StGB, § 218 a Rn. 58; zur Kritik dieser Position NK – *Merkel*, StGB, § 218 a Rn. 6 f.

wiegend bejaht.[102] Hiergegen wird eingewandt, die dem abbrechenden Arzt aufgegebene Pflicht, Voraussetzungen und Risiken des Abbruchs eingehend zu prüfen (vgl. § 218c), um eine „verantwortliche Entscheidung" treffen zu können, müsse eine Personenidentität von Abbrechendem und Schwangerer ausschließen, auch wenn diese selbst Ärztin sei; denn von ihr sei die gewissenhafte Erfüllung jener Pflicht „nicht unbedingt zu erwarten".[103] Mit solchen vagen Vermutungen kann man aber nicht den Bestimmtheitsgrundsatz des Art. 103 II GG umgehen, dem das „Arzt"-Merkmal sowohl als echtes (negatives) Tatbestands- (Abs. 1) als auch als Rechtfertigungsmerkmal (Abs. 2 und 3) genügen muss. Dass eine selbstabbrechende Ärztin das ist, was das Gesetz verlangt, nämlich „Ärztin", ist nicht gut bestreitbar. Auch auf eine Beachtung der lex artis kommt es für ihre Straflosigkeit, entgegen der h. M., so wenig an wie sonst. Das wird hier sogar besonders deutlich. Denn eine möglicherweise „kunstwidrige" Selbstverletzung der Schwangeren beim Abbruch ist als solche straflos; schon deshalb kann sie die ansonsten ebenfalls straflose Abtreibung nicht strafbar machen. Freilich muss die (nur für § 218 a erforderliche) „Konfliktberatung" gem. § 219 von einem anderen Arzt vorgenommen werden.

2. Die Einwilligung der Schwangeren

Die Abs. 1 – 3 setzen jeweils eine Einwilligung der Schwangeren in den Abbruch voraus. Ein Einwilligungserfordernis in Abs. 4, der nur das Verhalten der Schwangeren selbst betrifft, hätte dagegen keinen Sinn und fehlt deshalb dort. Abs. 1 Ziff. 1 spricht weitergehend von einem „Verlangen" der Schwangeren, doch schließt dieses die Einwilligung als begriffliches Minus ein. Die Einwilligung manifestiert und schützt, wie bei jedem anderen medizinischen Eingriff, zunächst und vor allem die rechtlich garantierte Selbstbestimmung der Frau über ihren Körper. Doch hat sie im Rahmen des § 218 a noch eine weitere Funktion: Sie definiert zugleich mit verbindlicher Wirkung nach außen das interne Verhältnis der Schwangeren zu ihrer Leibesfrucht. Zwar kann die Einwilligung für sich allein die Tötung des selbstständig und unabhängig geschützten Ungeborenen nicht rechtfertigen. Erst sie legt aber für Außenstehende fest, dass die konkrete Schwangerschaft von der zuständigen Person als (notstandsähnlicher) Konflikt bestimmt wird. Und damit erst ist

---

102 Schönke/Schröder – *Eser*, StGB, Rn. 58; MK – *Gropp*, StGB, Rn. 24; *Lackner/Kühl*, StGB, Rn. 2 (alle zu § 218 a); *Gössel*, JR 1976, 1, 2; *Laufhütte/Wilkitzki*, JZ 1976, 329, 332 Fn. 44.
103 LK – *Kröger*, StGB, § 218 a Rn. 16.

die Grundvoraussetzung gegeben, unter der die Möglichkeiten des § 218 a zur Lösung dieses Konflikts mit strafbefreiender Wirkung auch für Dritte in Betracht kommen kann.[104] Denn auch die Indikationen der Abs. 2 und 3, die der Schwangeren den Abbruch erlauben, gebieten ihn selbstverständlich nicht. Die Entscheidung, von dieser Erlaubnis Gebrauch zu machen oder nicht, ist allein die der Schwangeren. Deshalb ist eine mit ihrer Einwilligung und unter den weiteren Voraussetzungen des § 218 a I, II oder III vorgenommene Abtreibung auch dann rechtmäßig bzw. tatbestandslos, wenn sie gegen den Willen des Erzeugers geschieht; und umgekehrt kann dessen Einwilligung die fehlende der Schwangeren nicht ersetzen.

Die rechtlichen Voraussetzungen einer wirksamen Einwilligung sind für § 218 a nicht speziell geregelt; sie bestimmen sich deshalb nach den allgemeinen, in vielerlei Hinsicht umstrittenen Grundsätzen. Ohne Bedeutung ist im Rahmen des § 218 a allerdings der Streit um die grundsätzliche Rechtsnatur der Einwilligung als eines Rechtfertigungsgrundes oder eines bereits den Tatbestand ausschließenden Rechtsinstituts.[105] Denn hier legt das Gesetz selbst den Kontext der geforderten Einwilligung als entweder rechtfertigenden (Abs. 2 und 3) oder – für das „Verlangen" – tatbestandsausschließenden (Abs. 1) fest. Zwar bedeutet „nicht rechtswidrig" (Abs. 2 und 3) nicht unbedingt „gerechtfertigt, aber tatbestandsmäßig"; denn auch ein tatbestandsloses Handeln ist „nicht (straf)rechtswidrig" (§ 11 I Ziff. 5). Doch könnte hier die Einwilligung der Schwangeren für sich allein den Tatbestand des § 218 keinesfalls ausschließen. Denn dieser schützt nicht die Schwangere und ist daher für sie nicht disponibel. Der Rechtswidrigkeitsausschluss, den die Abs. 2 und 3 anordnen, beruht maßgeblich auf den dort genannten weiteren Voraussetzungen; die Erfüllung des Tatbestands des § 218 setzt er, auch bei Vorliegen einer Einwilligung, zwingend voraus.

Die Wirksamkeit der Einwilligung erfordert, dass diese (1.) von der Schwangeren für den konkreten Abbruch erklärt worden und zur Zeit seiner Vornahme noch gültig ist; dass (2.) die Schwangere bei der Erklärung einwilligungsfähig gewesen ist und (3.) die Einwilligung selbst nicht auf relevanten Willensmängeln beruht, die ihren Charakter als autonome Zustimmung zum Abbruch aufheben müssten. Ausnahmsweise kommt aber (4.) auch eine mutmaßliche Einwilligung, also der Verzicht sowohl auf das Erfordernis der Erklärung als auch auf das der aktuellen Einwilligungsfähigkeit in Betracht.

---

104 *Lenckner*, in: Eser/Hirsch (Hrsg.), Sterilisation und Schwangerschaftsabbruch, S. 174.
105 Dazu v. a. *Roxin*, AT I, § 13 Rn. 11 ff.; MK – *Schlehofer*, StGB, Vor § 32 Rn. 102 ff.

Die Erklärung ist regelmäßig unproblematisch. Sie bedarf keiner besonderen, nicht einmal der sprachlichen Form. Auch durch schlüssiges Verhalten kann sie erteilt werden. Dagegen gehören die Voraussetzungen der Einwilligungsfähigkeit schon generell zu den schwierigen und umstrittenen Problemen des Allgemeinen Teils. Beim Schwangerschaftsabbruch werden sie zusätzlich dadurch kompliziert, dass die Handlung, in die eingewilligt wird, neben der Einwilligenden und dem handelnden Arzt stets zugleich das Leben des Ungeborenen als ein drittes und unabhängiges Rechtsgut betrifft. Die Einwilligung ist keine rechtsgeschäftliche Willenserklärung, sondern eine Gestattung tatsächlicher Eingriffe Dritter in den geschützten eigenen Rechtskreis. Für ihre Wirksamkeit kommt es nicht auf die zivilrechtliche Geschäftsfähigkeit (§§ 104 ff. BGB) an. Auch eine entsprechende Anwendung der §§ 104 ff. BGB ist normativ unangemessen und scheidet deshalb aus.[106] Der primäre Grund für diese Analogieuntauglichkeit der §§ 104 ff. liegt darin, dass sich Einwilligung und rechtsgeschäftliche Willenserklärung auf verschiedenartige Normtypen beziehen, die unterschiedliche Funktionen haben und daher unterschiedlichen Regeln folgen.[107] Auch die zivilgerichtliche Rspr. und die Lit. setzen diese Differenzierung ganz überwiegend voraus und lehnen die analoge Anwendung der §§ 104 ff. BGB ab.[108]

Einwilligungsfähig ist die Schwangere hiernach dann, wenn sie die für eine angemessene Beurteilung des Schwangerschaftsabbruchs und seiner Folgen notwendige Einsichts- und Urteilsfähigkeit sowie außerdem die grundsätzliche Befähigung zur einsichtsgemäßen Selbstbestimmung hat.[109] Diese Fähigkeiten müssen in *beiden* Hinsichten bestehen, in denen die Einwilligung in

---

106 Im Strafrecht ganz h. M., vgl. bereits RGSt 41, 396 f.; BGHSt 4, 90 f.; zur Rspr. *Hirsch*, in: FS für BGH, S. 199, 215; *Lackner/Kühl*, StGB, § Vor § 32 Rn. 16; *Jescheck/Weigend*, AT, § 34, IV.1.; *Baumann/Weber/Mitsch*, AT, § 17 Rn. 103; differenz. nach der Art der gestatteten Eingriffe, aber für die im Kontext des § 218 a relevanten ebenso, Schönke/Schröder – *Lenckner*, StGB, Vor § 32 Rn. 40 ff. m. w. N.

107 Grdl. *Amelung*, ZStW 1992, 525, 527 ff.: Willenserklärung bezogen auf „konstitutive" = die Formen der Interaktion mehrerer Beteiligter erzeugende Normen; Einwilligung dagegen bezogen auf „regulative" (besser vielleicht distinctive) = einzelne Rechtskreise gegeneinander abgrenzende und schützende Normen.

108 BGHZ 29, 36 f.; LG München, FamRZ 1979, 850; AG Schlüchtern, NJW 1998, 832; *Belling/Eberl*, FuR 1995, 287, 290 ff., m. w. N.; a. A. aber MK – *Gitter*, BGB, Vor § 104 Rn. 88 f.; neben Einwilligung der Minderjährigen stets auch Zustimmung des Sorgeberechtigten fordernd *Palandt/Diedrichsen*, BGB, § 1626 Rn. 16.

109 *Amelung*, ZStW 104, 525, 544 ff.; s. auch *Sternberg-Lieben*, Die objektiven Schranken der Einwilligung im Strafrecht, S. 45 ff., 249 ff; *Rönnau*, Willensmängel bei der Einwilligung im Strafrecht, S. 185 ff.

einen Schwangerschaftsabbruch rechtliche Wirkung entfaltet: bezüglich der Selbstbestimmung der Schwangeren und bezüglich der Konflikt-Definition ihres Verhältnisses zu dem Ungeborenen. Sie muss also zunächst in der Lage sein zu verstehen, welche Wirkungen der Eingriff auf ihre eigene höchstpersönliche Sphäre hat, welche aktuellen und künftigen Risiken für ihr körperliches und seelisches Befinden aus ihm – und freilich auch aus seinem Unterbleiben – entstehen können. (Ihr solche Einsichten zu vermitteln, ist die Primäraufgabe der ärztlichen Aufklärung nach § 218c I Nr. 2.) Sie muss aber außerdem verstehen können, (1.) dass durch die Entscheidung für einen Abort die Existenz des Ungeborenen als etwas ihren eigenen Interessen Zuwiderlaufendes definiert wird; dass dies (2.) angemessen nur als Konflikt mit einem anderen, genetisch selbstständigen Individuum – und nicht als eine bloß interne Angelegenheit ihrer eigenen körperlichen Sphäre – zu kennzeichnen ist; und schließlich (3.), was es heißt, einen Konflikt für die eine und gegen die andere Seite zu entscheiden.

Nicht zu den Voraussetzungen ihrer Einwilligungsfähigkeit gehört dagegen, dass die Schwangere eine bestimmte inhaltliche Orientierung ihrer eigenen Werte demonstriert, etwa eine, die den Wertungen der Rechtsordnung oder verbreiteten Moralauffassungen zum Schwangerschaftsabbruch einigermaßen entspricht. Sie muss nur überhaupt in der Lage sein zu verstehen, dass es um Wertungen geht, und was das bedeutet. Wie ihre eigene Wertung konkret ausfällt, ist keine Frage ihrer „Urteils"-, also ihrer Einwilligungsfähigkeit. Die Wertentscheidung, zu der sie prinzipiell in der Lage sein muss, kann eine gänzlich subjektive sein. Denn die Einwilligung ist ein Akt rechtlich garantierter Selbstbestimmung; sie darf sich daher auch an einer individuell selbstbestimmten Werteordnung orientieren. Beispielhaft: Ist die Schwangere etwa außerstande, die Behauptung einzusehen, es gehe bei der Abtreibung um die Tötung eines „Menschen wie sie selbst", also um einen Konflikt annähernd gleichrangiger Güter und Werte, beurteilt sie den Status jedenfalls des frühen Embryos vielmehr als etwas, das noch weit entfernt von der Schutzwürdigkeit eines geborenen Menschen sei und das daher in jedem ernsthaften Konflikt mit ihren eigenen Interessen hinter diesen zurückzustehen habe, so wäre es verfehlt, hieraus irgendeinen Zweifel an ihrer zureichenden Urteils- und damit Einwilligungsfähigkeit abzuleiten.[110]

---

110 In diesem Fall freilich schon deshalb, weil eine solche Sicht der Dinge, wenngleich im Gegensatz zu BVerfGE 39, 1 und E 88, 203 sowie zur h. M. im Strafrecht, der Auffassung einer weltweit deutlichen Mehrheit der Moralphilosophen recht genau entspricht (s. *Merkel*, Forschungsobjekt Embryo, S. 128 ff.).

Bei volljährigen Schwangeren, die nicht unter vormundschaftgerichtlich angeordneter Betreuung (§§ 1896 ff. BGB) stehen, ist eine solche Fähigkeit zur Einsicht, zum Urteil und zur einsichtsgemäßen Selbststeuerung regelmäßig ohne Weiteres vorauszusetzen. Dem Arzt obliegt in diesem Fall daher nicht eine positive Feststellung der Einwilligungsfähigkeit, und zwar auch dann nicht, wenn das Verhalten der Schwangeren ungewöhnlich, auffällig oder exzentrisch erscheint. Erst bei gravierenden und nicht behebbaren Zweifeln an der Einwilligungsfähigkeit im oben skizzierten Sinn hat er den Abbruch abzulehnen und ggf. eine Betreuungsregelung zu veranlassen.

Minderjährige Schwangere können grds. ebenfalls zur wirksamen Einwilligung in einen Abbruch befähigt sein.[111] Auch hier ist eine hinreichende rationale, normative und Selbststeuerungskompetenz, also die Fähigkeit zur Einsicht, zum Urteil und zur einsichtsgemäßen Selbstbestimmung erforderlich. Insofern gibt es keinen Unterschied zur Einwilligungsfähigkeit bei Volljährigen. Allerdings unterliegt die konkrete Entscheidung darüber im Fall einer minderjährigen Schwangeren anderen Normprinzipien. Denn anders als bei Erwachsenen setzt das Recht eine Fähigkeit Minderjähriger zur autonomen Daseinsgestaltung gerade nicht voraus. Vielmehr zeigt Art. 6 Abs. 2 GG, dass die Verfassung grundsätzlich von der Erziehungsbedürftigkeit Minderjähriger ausgeht und sie zum Gegenstand von Recht und Pflicht der Eltern macht. Neben die eigenen Belange der Schwangeren und neben die ihrer Leibesfrucht tritt daher hier als dritte normative Begrenzung der Einwilligungsfähigkeit das Erziehungsrecht der Eltern. Es umfasst auch und gerade das Recht zur Vorgabe bestimmter Wertorientierungen. Die Einwilligungsfähigkeit einer minderjährigen Schwangeren wird daher regelmäßig schon dann zu verneinen sein, wenn ihre Entscheidung sich auf Gründe stützt, hinsichtlich deren sich ihr eigenes Einsichts- und Urteilsvermögen noch der legitimen Fremdbestimmung, nämlich der Erziehungskompetenz der Eltern (oder sonst Sorgeberechtigten) zu beugen und deren Vorrang bei grundlegenden biografischen Weichenstellungen hinzunehmen hat. Sind in einem solchen Fall beide Elternteile sorgeberechtigt, so muss die Einwilligung grds. von beiden einvernehmlich erklärt werden.[112]

Divergierende Entscheidungen über einen Schwangerschaftsabbruch zwischen Eltern und minderjähriger Schwangerer können in verschiedenen

---

111 Ganz h. M. im Straf- und überwiegende Ansicht auch im Zivilrecht; a. A. MK – *Gitter*, BGB, Vor § 104 Rn. 88 f.; *Scherer*, FamRZ 1997, 589: § 104 BGB analog.
112 BGHZ 105, 47 f.

Konfliktvarianten auftreten.[113] Dem potenziell abbrechenden Arzt ist bei Unsicherheiten über die Einwilligungs(un)fähigkeit der schwangeren Minderjährigen dringend die Veranlassung einer justiziellen Klärung zu empfehlen. Zuständig dafür ist das Familiengericht. Verneint es einerseits die eigene Einwilligungsfähigkeit der Minderjährigen und beurteilt es andererseits die elterliche Entscheidung als Missbrauch des Sorgerechts, so kann es selbst gebotene Maßnahmen und Anordnungen treffen (§§ 1626, 1666 BGB), ggf. eine verweigerte Einwilligung auch selbst ersetzen (§ 1666 I und III). In *beiden* möglichen Fällen eines Konflikts zwischen der Entscheidung der Schwangeren und der ihrer Sorgeberechtigten sollte eine gerichtliche Klärung veranlasst werden: nicht bloß, wenn nur die Eltern ihre Einwilligung verweigern, sondern auch, wenn dies allein die Minderjährige tut. Mit der Annäherung der jugendlichen Schwangeren an das Volljährigkeitsalter verschiebt sich die Grenze zwischen Erziehungsrecht und Selbstbestimmung immer stärker zu Gunsten der Letzteren. Die in der strafrechtlichen Literatur vorgeschlagene Faustregel, wonach Einwilligungsfähigkeit bei minderjährigen Schwangeren unter 16 Jahren regelmäßig zu verneinen, bei solchen über 16 regelmäßig zu bejahen sei, bietet zwar nur eine erste und unverbindliche Orientierung, dies aber immerhin.[114] Zivilgerichtliche Entscheidungen, die die Möglichkeit einer eigenen Einwilligung der Schwangeren bis zur Volljährigkeit gänzlich ausschließen, sind abzulehnen. Eine derart pauschale Verneinung der Einwilligungsfähigkeit Minderjähriger erzeugt mit hoher Wahrscheinlichkeit den Effekt, einen Teil der hilfesuchenden jugendlichen Schwangeren in eine für sie besonders gefährliche Illegalität abzudrängen.[115]

Ausgeschlossen wird die Wirksamkeit einer Einwilligung auch durch relevante Willensmängel. Vor allem die hier auftretenden Probleme sind im Grundsätzlichen wie auch in zahlreichen Einzelheiten umstritten. Für § 218 a gilt im Wesentlichen Folgendes:

Täuschungsbedingte Irrtümer machen die Einwilligung der Schwangeren in einen Abbruch nur dann unwirksam, wenn sie „rechtsgutsbezogen" sind, also der Einwilligenden „das Ob und das Maß des Eingriffs" bzw. dessen „Bedeu-

---

113 Zu den Grundstrukturen mit erläuternden Beispielen NK – *Merkel*, StGB, § 218 a Rn. 29 f.
114 Schönke/Schröder – *Eser*, StGB, Rn. 61; LK – *Kröger*, StGB, Rn. 6; MK – *Gropp*, StGB, Rn. 19 (alle zu § 218 a).
115 *Beulke*, FamRZ 1976, 596, 597. Nachweise zur Kritik an dieser Judikatur bei NK – *Merkel*, StGB, § 218 a Rn. 29, Fn. 22.

tung, Tragweite und Auswirkungen" verschleiern.[116] Kennt die Schwangere solche Umstände oder Folgen des Eingriffs nicht, so weiß sie insoweit nicht, wohinein sie einwilligt, willigt also in die Handlung, die gerade diese Folgen (möglicherweise) herbeiführt, in Wahrheit gar nicht ein. Da das Einwilligungserfordernis in § 218 a aufseiten der Schwangeren zwei Rechtspositionen schützt – Selbstbestimmung und Definitionskompetenz hinsichtlich des Konflikts mit dem Ungeborenen – ist ein „rechtsgutsbezogener" Irrtum stets in beiden Hinsichten möglich. In beiden muss die Schwangere deshalb auch über „Bedeutung, Tragweite und Auswirkungen" eines Abbruchs hinreichend aufgeklärt werden. § 218c Abs. 1 Ziff. 2 gibt dafür einige generelle Leitlinien vor.

Auch substanzielle Mängel der ärztlichen Aufklärung können, wie damit bereits angedeutet, zur Unwirksamkeit der Einwilligung führen, wenn sie rechtgutsbezogene Fehlvorstellungen bei der Schwangeren erzeugen oder vorhandene nicht beheben. Im allgemeinen Recht des ärztlichen Eingriffs ist neuerdings umstritten, ob zwischen dem Aufklärungsfehler des Arztes und der anschließend gegebenen Einwilligung ein Kausalitäts- bzw. ein Pflichtwidrigkeitszusammenhang bestehen muss, ob also jeweils festzustellen ist, dass die Einwilligung bei pflichtgemäßer Aufklärung verweigert worden wäre, bzw. ob im gegenteiligen Fall mangels objektiver Zurechenbarkeit des Eingriffs „zur Rechtswidrigkeit" eben diese verneint werden muss.[117] Für den letzteren Fall bereits geläufig ist die Bezeichnung „hypothetische Einwilligung". Auch für § 218 a stellt sich, unbeschadet einiger Besonderheiten, die grundsätzliche Frage, ob diese Rechtsfigur und die mit ihr postulierten Regeln des Zurechnungsausschlusses plausibel sind.

Allerdings werden diese Regeln dabei nicht, wie üblich, auf tatbestandsmäßige Pflichtverstöße angewandt, sondern auf solche, die die Bedingungen eines Rechtfertigungsgrundes, eben einer wirksamen Einwilligung, verhindern. Doch ist diese Ausdehnung des Kausalitäts- bzw. Pflichtwidrigkeitserfordernisses in bestimmten Grenzen plausibel. Das zeigt sich gerade an § 218 a: Der die Einwilligung unwirksam machende Fehler wirkt in Abs. 1 tatbestandsbegründend, in Abs. 2 und 3 dagegen als Ausschluss der Rechtfertigung. Wollte man nur in Abs. 1 nach den allgemeinen Regeln einen Pflicht-

---

116 Formulierungen von *Jakobs*, AT, 7/116; ebenso *Kühl*, AT, § 9 Rn. 37; sehr str.; grdl. *Arzt*, Willensmängel bei der Einwilligung, S. 19ff.; ausf. zum Streit *Hillenkamp*, AT-Probleme, 7. Problem, m. zahlr. w. N.
117 S. insbes. *Kuhlen*, in: FS für Müller-Dietz, S. 431; *ders.*, in: FS für Roxin, S. 331; *ders.*, JR 2004, 227; dagegen v. a. *Puppe*, GA 2003, 764, 768 f.; ausführlich nun *Roxin*, AT I, § 13 Rn. 119 ff. m. w. N.

widrigkeitszusammenhang dieses Fehlers verlangen, nicht aber in Abs. 2 und 3, so wäre der abbrechende Arzt im Hinblick auf die Zurechenbarkeit der fehlerhaften Einwilligung (und damit auch des Abtreibungserfolges) deutlich bessergestellt, wenn er eine Abtreibung nach Abs. 1, als wenn er eine nach den Abs. 2 oder 3 vornähme, obwohl das Gesetz gerade bei diesen den Abbruch grundsätzlich gutheißt, bei jenem aber nicht.

Doch ist die Behauptung, es müsse *stets* ein Kausalitäts- bzw. Pflichtwidrigkeitszusammenhang zwischen Aufklärungsmangel und Einwilligung (und somit auch dem Abbruch) geprüft werden, in dieser Allgemeinheit nicht richtig. Sie ignoriert die Besonderheit des Rechtfertigungsgrundes Einwilligung. Er garantiert den Schutz der Autonomie und bezieht seine Legitimationskraft deshalb nicht aus objektiven Umständen der Welt, sondern aus dem subjektiven Willen des Einwilligenden. Daher wird, sofern eine zur Rechtfertigung erforderliche Einwilligung gänzlich fehlt, der herbeigeführte Erfolg immer als rechtswidriger zugerechnet, auch wenn sich nachweisen lässt, dass die Einwilligung gegeben worden wäre, hätte der Täter sie nur zuvor erbeten. Denn Anknüpfungspunkt hierfür ist nicht das Unterlassen des Einholens einer Einwilligung, ggf. mit der anschließenden Frage nach dem Zurechnungszusammenhang dieses Unterlassens mit dem Erfolg, sondern einfach dessen aktives Herbeiführen ohne Rechtfertigung. Beispiel: Schneidet der bekannte Star-Coiffeur C der auf der Liegewiese des Schwimmbads schlafenden Frau F für eine Fernsehaktion heimlich den Zopf ab und stellt sich anschließend heraus, dass Frau F direkt nach dem Badbesuch zu ihrem Friseur wollte, um sich den Zopf abschneiden zu lassen, und versichert sie nun außerdem (dankbar für Zeit- und Geldersparnis), sie hätte dem C sofort eine Einwilligung zu seiner Aktion gegeben, wenn er sie gefragt hätte, dann hat C gleichwohl eine vollendete und nicht etwa eine mangels Pflichtwidrigkeitszusammenhangs nur versuchte Körperverletzung begangen.[118]

Es empfiehlt sich daher die folgende Unterscheidung[119]: Wenn der Aufklärungsmangel der Schwangeren die Einsicht vorenthält, was während des Eingriffs mit ihrem Körper und mit dem Ungeborenen tatsächlich geschieht, ihr also das unmittelbare „Ob" einer konkret verletzenden Handlung nicht vorher deutlich macht, dann ist ein solcher Eingriffsakt nicht etwa bloß Gegenstand einer mangelhaften, sondern überhaupt nicht Gegenstand der erteilten

---

118 Damit korrespondiert das bekannte Erfordernis der Subsidiarität der *mutmaßlichen* Einwilligung. Auch hier kann sich der Täter, der eine Einwilligung bloß mutmaßt, wiewohl er problemlos eine wirkliche einholen könnte, nicht darauf berufen, diese wäre nachweislich gegeben worden.
119 Eingehend NK – *Merkel*, StGB, § 218 a Rn. 38 ff.

Einwilligung. In seine Vornahme hat die Schwangere daher nicht eingewilligt. Die Frage nach einem Kausalitäts- bzw. Pflichtwidrigkeitszusammenhang stellt sich hier so wenig wie im obigen „Zopf"-Fall. Der Arzt hat jedenfalls eine vollendete Abtreibung begangen. Beispiel: Entdeckt der Arzt bei einem fetalchirurgischen Eingriff, mit dem eine sog. Rhachischisis (Spaltbildung am Rücken) des Ungeborenen behoben werden soll, nach Eröffnung des Uterus, dass der Defekt erheblich größer ist als erwartet und zur Schwerstbehinderung führen müsste, und bricht er daraufhin die Schwangerschaft durch Entnahme des noch nicht lebensfähigen Feten ab, wiewohl über eine solche Möglichkeit zuvor nicht mit der Schwangeren gesprochen wurde, so begeht er in jedem Fall einen vollendeten, rechtswidrigen Schwangerschaftsabbruch. Das gilt auch dann, wenn wegen des fetalen Defekts eine Indikation nach § 218 a II zu bejahen gewesen wäre und die Schwangere nach dem Eingriff sich gänzlich einverstanden zeigt und bekundet, sie hätte, wäre sie vor dem Eingriff auch über diese Möglichkeit aufgeklärt worden, jedenfalls in den Abbruch eingewilligt.

Anders verhält es sich, wenn die Schwangere über alle unmittelbaren Eingriffshandlungen umfassend aufgeklärt worden ist, nicht aber über bestimmte mögliche Folgen, z. B. – und eindeutig „rechtsgutsbezogen" – über ein gewisses Risiko der Infertilität nach dem Abbruch. In diesem Fall deckt die Einwilligung gleichwohl das gesamte Abbruchsgeschehen. Zwar ist sie rechtsgutsbezogen fehlerhaft, aber sie ist jedenfalls für alle konkreten Eingriffsakte tatsächlich erteilt worden. Ein solcher Aufklärungsmangel, der nicht die Existenz, sondern nur die Qualität der Einwilligung berührt, darf nicht schlechthin zu deren Unwirksamkeit führen. Vielmehr ist hier ein Zusammenhang gerade des pflichtwidrigen Unterlassens mit der dann erteilten Einwilligung (und deshalb auch mit der Abtreibung) zu fordern; fehlt er, so ist die Einwilligung wirksam. Ein zugespitztes Beispiel: Klärt der Arzt nach ordnungsgemäßem Ablauf des Beratungsverfahrens (§ 219) bei der Verschreibung des oralen Abortivmittels Mifegyne die Schwangere pflichtwidrig nicht darüber auf, dass die Einnahme möglicherweise auch mehrtägige Magen-Darm-Beschwerden verursacht (rechtsgutsbezogen!), so wäre es einigermaßen abwegig, ihn wegen vollendeter Abtreibung zu bestrafen, wenn die Schwangere nachträglich bekundet, auch diese Information hätte sie ganz gewiss nicht von der Einnahme des Mittels zum Zweck des Abbruchs abgehalten.

Die Trennlinie zwischen den im dargestellten Sinn *einwilligungsvernichtenden* und den lediglich *einwilligungshemmenden* Aufklärungsfehlern verläuft also zwischen den Pflichten zur Aufklärung über Verletzungsbestandteile und zu der über Risikofolgen und nicht verletzende Nebenumstände der Abtreibung. Bei Mängeln hinsichtlich der Ersteren fehlt es stets an einer wirksamen Einwilligung; bei solchen hinsichtlich der beiden Letzteren ist dagegen die Feststellung eines Kausalzusammenhangs zwischen dem Unterlassen der gebotenen Information und der erteilten Einwilligung erforderlich. Fehlt es an diesem Zusammenhang, weil die Einwilligung jedenfalls erteilt worden wäre, so ist die wirklich erteilte wirksam, der Abbruch objektiv rechtmäßig bzw. tatbestandslos.

Stets unwirksam sind gewaltsam erzwungene Einwilligungen. Drohungen haben diese Folge dagegen nur dann, wenn die von ihnen veranlasste Einwilligung nach allgemeinen rechtlichen Regeln nicht mehr der Schwangeren, sondern dem Drohenden zuzurechnen ist. Das ist nicht erst der Fall, wenn die Drohung für die Schwangere eine Notstandslage nach § 35 herbeiführt, sondern schon dann, wenn sie den Tatbestand des § 240 erfüllt.[120] Ob eine rechtswidrige Nötigung vorliegt, ist freilich nicht einfach eine Frage des konkreten Drucks, den die Drohung für die Schwangere erzeugt, sondern stets auch eine Frage der rechtlich garantierten Freiheitssphären, also der Zurechenbarkeit der unter Druck getroffenen Entscheidung. Deshalb ist es nicht richtig, im Fall einer Drohung des Erzeugers, er werde das Liebesverhältnis beenden, wenn die Schwangere nicht in einen Abbruch einwillige, danach zu differenzieren, ob das faktisch-psychologische Gewicht dieser Drohung ausreiche, um die Unfreiheit der daraufhin erklärten Einwilligung zu bejahen, was dann infrage komme, wenn die Schwangere „von dem Mann abhängig" sei.[121] Eine solche Drohung macht die von ihr bewirkte Einwilligung in den Abbruch niemals unwirksam. Denn sie gehört zur legitimen, verfassungsrechtlich geschützten Handlungsfreiheit des Drohenden. Nichts Anderes gilt für die Drohung des Erzeugers mit Selbstmord.[122] Auch hier käme selbst ein wirklich und unangedroht versuchter Suizid, der die Schwangere so in Schreck versetzt, dass sie nun in den Abbruch einwilligt, nicht als Grund für die Unfreiheit und Unwirksamkeit ihrer Einwilligung in Betracht und somit auch nicht für die Strafbarkeit des Erzeugers nach § 218. Droht dagegen ein Ehemann seiner schwangeren Frau Gewalt an, falls sie die Schwangerschaft nicht abbrechen lasse, so ist dies eine i. S. d. § 240 II verwerfliche Nötigung. Die allein deshalb erklärte Einwilligung ist unwirksam, der Nötiger wegen

---

120 H. M.; statt aller *Roxin*, AT I, § 13 Rn. 113 (m. w. N. auch zur abweichenden Auffassung); für § 218 a LK – *Kröger*, StGB, Rn. 11.
121 So LK – *Kröger*, StGB, § 218 a Rn. 11.
122 A. A. LK – *Kröger*, StGB, § 218 a Rn. 11; OLG Hamm, NStZ 1995, 548.

einer in (doppelter) mittelbarer Täterschaft begangenen Abtreibung strafbar. Auch das Regelbeispiel des § 218 II Ziff. 1 ist hier typischerweise erfüllt. Kennt der Arzt die Nötigung im Hintergrund nicht, so verwirklicht er nicht das Vorsatzunrecht einer Abtreibung. Systematisch muss man unterscheiden: Im Fall eines Abbruchs nach Abs. 1 unterliegt er einem vorsatzausschließenden Tatumstandsirrtum. Er glaubt irrig, der *negative* Tatumstand „Einwilligung" liege vor; damit kennt er den Tatumstand „Fehlen des negativen (= ausschließenden) Umstands Einwilligung" nicht (§ 16 I). Im Fall einer nach Abs. 2 oder 3 indizierten Abtreibung handelt er dagegen in einem sog. Erlaubnistatumstandsirrtum. Auch dieser schließt das Handlungs- (genauer: das „Vorstellungs-")Unrecht der Vorsatztat aus.

III. Absatz I: Ausschluss des Tatbestands

Abs. 1 ist die auch praktisch weitaus wichtigste unter den Neuregelungen, mit denen der Gesetzgeber auf die Verwerfung seines ursprünglichen Konzepts durch das „2. Fristenlösungsurteil" des BVerfG reagiert hat: eine „nicht rechtfertigende Fristenlösung mit Beratungspflicht".[123] Das Gericht hatte die ausdrückliche Rechtfertigung, mit der die Fristenregelung des Schwangeren- und FamilienhilfeG (SFHG) versehen worden war, als verfassungswidrig beanstandet. Erlaubt sei dem Gesetzgeber aber ein Wechsel im Schutzkonzept für das erste Drittel der Schwangerschaft: vom Modell der „indikationsbestimmten Strafdrohung" zu einem „Beratungsmodell" mit „Letztverantwortung" für die Abbruchsentscheidung allein bei der Schwangeren.[124] Für rechtmäßig erklärt werden dürften solche Abbrüche jedoch nicht. § 218 a Abs. 1 ist das Ergebnis des gesetzgeberischen Bemühens, diese verfassungsgerichtlichen Vorgaben umzusetzen: die Tatbestandslosigkeit „beratener", nichtindizierter Abbrüche.

I. Systematik; Folgen für die subjektiven Voraussetzungen des § 218

Nach der vom BVerfG vorgegebenen herrschenden Lesart ist der „beratene Abbruch" nach § 218 a I trotz seiner Tatbestandslosigkeit aus verfassungsrechtlichen Gründen rechtswidrig. Deliktssystematisch ist das nicht ohne gra-

---

123 SK – *Rudolphi*, StGB, § 218 a Rn. 2.
124 BVerfGE 88, 203, LS 11 sowie S. 264 ff.

vierende Friktionen in die Strafrechtsdogmatik einzuordnen.[125] Das betrifft vornehmlich zwei Probleme: einerseits die damit grds. eröffnete Nothilfe- bzw. Notstandshilfebefugnis zu Gunsten des Ungeborenen und andererseits das Fehlen eines tatbestandlichen Anknüpfungspunktes für eine mögliche Rechtfertigung, die ggf. auch bei Abbrüchen nach § 218 a I in Betracht kommt, sofern zwar nicht die formellen, wohl aber die materiellen Voraussetzungen einer Indikation nach Abs. 2 oder 3 vorliegen.

Was die letztere Frage angeht, so ist sie dogmatisch schlecht und recht zu bewältigen. Die mögliche Rechtfertigung muss dabei anknüpfen an ein Verhalten, das zwar kraft gesetzlicher Anordnung in § 218 a Abs. 1 tatbestandslos ist, gleichwohl aber im Tatbestand des § 218 als Schwangerschaftsabbruch abstrakt typisiert wird.[126] Was das Problem der Nothilfe betrifft, so hat der Gesetzgeber ihren expliziten Ausschluss, wie ihn das BVerfG verlangt hatte (BVerfGE 88, S. 279), in der irrigen Überzeugung unterlassen, der Tatbestandsausschluss schließe zugleich auch eine strafrechtsrelevante Rechtswidrigkeit des Abbruchs i. S. e. Angriffshandlung gem. § 32 aus.[127] Der erwünschte Nothilfeausschluss ist damit nicht erreicht worden, da die Rechtswidrigkeit eines notwehrfähigen Angriffs keine strafrechtswidrige sein muss.[128] Im Ergebnis abhelfen lässt sich der unerwünschten Eröffnung von Notrechtsbefugnissen nur durch deren Blockade über die gesetzlich vorgesehenen normativen Einschränkungen („sozialethischen Schranken") der Notwehr und des Notstands. Das ist dogmatisch-konstruktiv möglich; und da es im Sinne des eindeutigen gesetzgeberischen und verfassungsgerichtlichen Willens liegt, wohl auch geboten.[129]

Da Abs. 1 unter den dort genannten Voraussetzungen den Tatbestand des § 218 ausschließt, ist er kein eigener Straftatbestand, sondern formuliert in der

---

125 Ganz h. M.; eingehend (statt aller) Schönke/Schröder – *Eser*, StGB, § 218 a Rn. 13 ff. m. w. N.
126 Ebenso MK – *Gropp*, StGB, § 218 a Rn.11.So mögen sich die Einwände *Böckenfördes* in seiner „abweichenden Meinung" in BVerfGE 88, 203, 361 entkräften lassen, wonach eine sachgemäße Differenzierung von rechtmäßigen und unrechtmäßigen „beratenen" Abbrüchen wegen der „unscheidbaren Gesamtheit", zu der sie in § 218 a I zusammengefasst würden, nicht zu erreichen sei; ähnlich *Hermes/Walther*, NJW 1995, 2337, 2342 f.
127 S. die entsprechende „Beschlussempfehlung" in BT-Drs. 13/1850, 25.
128 Unbestritten. Zur Kritik dieses gesetzgeberischen Irrtums Schönke/Schröder – *Eser*, StGB, § 218 a Rn. 14; *Otto*, Jura 1996, 135, 139; *Satzger*, JuS 1997, 800, 802; *Langer*, ZfL 1999, 47, 49.
129 So *Otto*, JR 1990, 342, 344; *ders.*, Jura 1996, 135, 140; *Satzger*, JuS 1997, 800, 802; Schönke/Schröder – *Eser*, StGB, § 218 a Rn. 14; krit. aber *Tröndle*, NJW 1995, 3009, 3011; *Hoerster*, JuS 1995, 192, 196; *Belling*, MedR 1995, 184, 188. Das ist freilich ein erster Hinweis darauf, dass die „beratene" Abtreibung nach § 218 a I nicht rechtswidrig *ist*, sondern nur so genannt wird. Würde dies anerkannt, so käme Nothilfe schon deshalb nicht infrage; genauer unten sub c).

Gesamtheit seiner Voraussetzungen ein Bündel negativer Merkmale des § 218 selbst. Das spielt eine Rolle für die systematisch korrekte Einordnung der subjektiven Voraussetzungen des § 218 a I. Sie sind nichts anderes als ein Bestandteil des Vorsatzes zu § 218, nicht dagegen ein irgend- (oder nirgend-)woher geholtes Analogon zu den sog. subjektiven Rechtfertigungselementen. Deshalb ist die in der Literatur gängige, meist ohne Hinweis auf § 218 verwendete Formulierung, der Arzt müsse „in Kenntnis der Voraussetzungen des Abs. 1 gehandelt haben"[130], systematisch nicht richtig. Sie zäumt sozusagen das Pferd der subjektiven Tatseite (der Abtreibung!) von der falschen Seite her auf. Denn das Strafrecht regelt allein, welche Kenntnis ein möglicher Täter, nicht welche ein Nichttäter haben muss (§ 16 I). Der Täter einer Abtreibung muss aber gerade nicht „in Kenntnis der Voraussetzungen des § 218 a Abs. 1 gehandelt haben"; denn hat er das, so ist er kein Täter, sondern – ausweislich des § 218 a I – ein tatbestandslos Handelnder.

Das ist ein kleiner, aber bedeutsamer Unterschied. „Der Täter" muss keineswegs „in Kenntnis der Voraussetzungen des § 218 a I gehandelt haben", sondern im Gegenteil: in Kenntnis des Umstands, dass mindestens eine von ihnen fehlt. Dagegen erfüllt, wer unter den objektiven Voraussetzungen des § 218 a I handelt, ausweislich der dort angeordneten Rechtsfolge keinen Tatbestand. Um *keinen* Tatbestand zu erfüllen, braucht man überhaupt nichts zu kennen. Freilich ist bei den Voraussetzungen des § 218 a I eine solche Unkenntnis nur im Hinblick auf dessen Ziff. 3 denkbar, die Zwölfwochenfrist „seit der Empfängnis". Denn dass der Abbrechende selber Arzt ist (Ziff. 2) gehört, auch ohne dass er ausdrücklich daran denkt, zu seinem permanent gegenwärtigen Weltwissen (oft „sachgedankliches Mitbewusstsein" genannt). Und dass die Schwangere von ihm den Abbruch „verlangt" und ihm die nach § 219 erforderliche Beratung per Bescheinigung nachgewiesen haben muss (Ziff. 1), erzwingt sein Wissen jedenfalls *darüber*. Hinsichtlich der Ziff. 3 kann es dagegen vollständig fehlen, etwa wenn er sich über die Zwölfwochenfrist keinerlei Gedanken macht. Das ändert, entgegen der Behauptung der h. M., am Tatbestandsausschluss nichts.

2. Besondere Voraussetzungen des Abs. I

Das Gesetz fordert in Abs. 1 Nr. 1 ein Abbruchverlangen der Schwangeren. Das ist mehr als eine bloße Einwilligung, wie sie für die Abs. 2 und 3 genügt.

---

130 So LK – *Kröger*, StGB, Rn. 29; Schönke/Schröder – *Eser*, StGB, Rn. 63; MK – *Gropp*, StGB, Rn. 27 (alle zu § 218 a).

Damit soll sichergestellt werden, dass sich die Schwangere den Abbruch nicht nur hat aufdrängen lassen oder ihn bloß hinnimmt, sondern ihn aufgrund eigener Überlegung wünscht. Wie bei § 216 setzt das „Verlangen" nicht voraus, dass die Initiative zum Schwangerschaftsabbruch von der Schwangeren selbst ausgeht.[131] Die Anregung zum Abbruch kann durchaus von einem Dritten kommen. Unterhalb der Nötigungsschwelle kann dieser, etwa der Erzeuger, die Schwangere sogar zum Abbruch gedrängt und überredet haben, ohne dass dies an der Wirksamkeit ihres Verlangens etwas änderte. Auf welchen persönlichen Gründen und externen Einflüssen das Verlangen beruht, ist irrelevant und unüberprüfbar, solange es der Schwangeren nach rechtlichen Kriterien als eigenes zurechenbar ist.

Für Willensmängel der Verlangenden gilt das oben zur Einwilligung Gesagte entsprechend. Allerdings kann das Verlangen einer Einwilligungsunfähigen nicht durch eine gesetzlich vertretungsberechtigte Person ersetzt werden. Auch und gerade insofern reicht es begrifflich über die bloße Einwilligung hinaus. Bei dieser geht es primär um den Schutz persönlicher Rechtsgüter; sie muss deshalb, wenn es dieser Schutz erfordert, durch einen gesetzlichen Vertreter ersetzt werden können. Die Voraussetzung eines Verlangens bedeutet dagegen die Zubilligung eines darüber hinausgehenden Bereichs der gänzlich unüberprüfbaren individuellen Willkür. Deren logische Kehrseite ist die ebenfalls gänzliche Unvertretbarkeit der entsprechenden Entscheidung.[132] Das schließt aber, etwa bei einer einwilligungsunfähigen Minderjährigen, einen Abbruch nach § 218 a nicht aus: Der Einwilligungsbestandteil des Verlangens (bezogen auf den Körpereingriff bei der Schwangeren) kann von den Erziehungsberechtigten erteilt, der darüber hinaus erforderliche *de-facto*-Bestandteil des Verlangens (bezogen v. a. auf die Tötung des Ungeborenen) kann von der Minderjährigen hinzugefügt werden. Beide Erklärungen zusammen ergeben ein hinreichendes „Verlangen" nach Abs. 1.

Erforderlich ist außerdem der schriftliche Nachweis einer Beratung nach § 219, die mindestens drei Tage vor dem Abbruch stattgefunden hat. Den Ablauf des Beratungs- und Scheinerteilungsverfahrens regeln die §§ 5 ff. des SchKG. Schließlich darf der Abbruch nicht später als 12 Wochen *post conceptionem* durchgeführt werden, um ohne Indikation tatbestandslos zu sein. Die Feststellung des Empfängnis-Zeitpunkts muss nach den Methoden der ärzt-

---

131 So aber LK – *Kröger*, StGB, § 218 a Rn. 26; anders die h. M. zu § 216; s. NK – *Neumann*, StGB, § 216 Rn. 10 (m. w. N.).
132 Näher NK – *Merkel*, StGB, § 218 a Rn. 72.

lichen Erkenntnis erfolgen, die zur Berechnung der Schwangerschaftsdauer allerdings nicht an die Empfängnis, sondern an den 1. Tag der letzten Regelblutung anknüpft.[133] Der Zeitpunkt der Empfängnis ist zwei Wochen später anzusetzen. Abgebrochen werden kann die Schwangerschaft nach Abs. 1 also bis zum Ablauf der 14. Woche nach der letzten Regelblutung. Überzeugt sich der Arzt nicht vom Alter der Schwangerschaft, so wird er, jedenfalls wenn es keine deutlichen Anzeichen für ein Unterschreiten der Fristgrenze gibt, nicht selten mit bedingtem Vorsatz hinsichtlich ihres Überschreitens handeln. Zwingend ist das freilich keineswegs. Die Kenntnis des Arztes von der Einhaltung der Frist ist, wie oben (sub a) bereits angemerkt, keine Voraussetzung des Tatbestandsausschlusses nach Abs. 1.

3. Kritik der Grundlagen der Norm: das „2. Fristenlösungs-Urteil" des BVerfG und die angebliche Rechtswidrigkeit „beratener Abbrüche" nach Abs. I

Anders als es das BVerfG behauptet und die h. M. annimmt, sind Abbrüche nach § 218 a I nicht tatbestandslos und rechtswidrig. Vielmehr sind sie rechtens. Das ergibt sich zwingend aus den folgenden Überlegungen:

Nach der Feststellung der Rechtswidrigkeit bloß „beratener Abbrüche" erkennt das Gericht die verfassungsrechtliche Zulässigkeit eines einfachgesetzlichen Schutz- und Regelungskonzepts an, das die Letztentscheidung über die „rechtlich verbotene" Tötung des Ungeborenen allein einer Privatperson überträgt: der Schwangeren selbst. Das BVerfG fordert eine solche Letztentscheidungszuständigkeit zur Sicherung des Beratungskonzepts sogar mit Nachdruck. Die „Letztverantwortung" für den Schwangerschaftsabbruch müsse bei der Schwangeren liegen.[134] Damit wird diese als die über den Abbruch „letztlich tatsächlich Bestimmende"[135] auch zur letzten und einzigen Instanz, vor der sie ihn rechtlich zu verantworten hat. Eine Norm, vor der sie das zu tun hätte und über die sie anschließend zur Verantwortung gezogen werden könnte, gibt es nicht mehr. Und dies genau ist zum Inhalt der gesetzlichen Beratungsregelung gemacht worden. Sie überträgt der Schwangeren die Kompetenz zur Letztentscheidung über den Abbruch. Diese Entscheidung muss nach der gesetzlichen Anordnung in § 218 a I nicht

---

133 *Schmidt-Matthiesen/Hepp*, Gynäkologie und Geburtshilfe, S. 190.
134 So die mehrfach verwendete Formulierung, s. BVerfGE 88, 268, 270, 297, 318; zust. aufgegriffen auch in den beiden abweichenden Voten, S. 339, 342 ff., 348 (*Mahrenholz, Sommer*), sowie S. 363 (*Böckenförde*).
135 BVerfGE 88, 270.

nur von jeder Sanktionsdrohung freigehalten werden, sondern muss darüber hinaus nach den Regelungen des SchwKG (1.) rechtlich unkontrollierbar, unkorrigierbar und in ihren Motiven ggf. unaufklärbar bleiben und darf (2.) in ihrer Verwirklichung durch das Verfahren der Beratung nicht gefährdet werden; schließlich muss (3.) die Möglichkeit dieser Verwirklichung (der Abbruch) durch staatliche Hilfen sichergestellt werden.[136]

Die einer Privatperson von Gesetzes wegen übertragene und mehrfach abgesicherte „Letztverantwortung" über die Vornahme einer Handlung ist mit dem Verdikt der Rechtswidrigkeit dieser Handlung schlechterdings nicht zu vereinbaren. Doch geht das Gericht über diese Inkonsistenz noch weit hinaus. Es stellt insgesamt klar und verlangt diese Klarstellung auch vom Gesetzgeber, dass der „rechtswidrig" genannte Abbruch nach § 218 a I in der gesamten Rechtsordnung *als rechtmäßig behandelt* wird. Dies geschieht mit den folgenden verbindlichen Maßgaben an den Gesetzgeber:

(1) Die Wirksamkeit des Vertrages zwischen Schwangerer und Arzt über den rechtswidrigen Abbruch sei entgegen den §§ 134, 138 BGB zu garantieren (BVerfGE 88, 295).

(2) Dass „Nothilfe zugunsten des Ungeborenen nicht geleistet werden kann", müsse in der strafgesetzlichen Regelung „sichergestellt sein" (S. 279).

(3) Die Lohnfortzahlung an die Schwangere für ihre durch den (rechtswidrigen!) Abbruch bedingte Fehlzeit am Arbeitsplatz (§ 1 Abs. 2 LFZG analog) widerspreche nicht dem Schutz des ungeborenen Lebens, sondern sei für die Wirksamkeit des Beratungskonzepts erforderlich (S. 324 f.); Sozialhilfeleistungen zur Finanzierung eines rechtswidrigen Abbruchs seien verfassungsgemäß (S. 321 f.); lediglich aus der gesetzlichen Krankenversicherung dürften keine Zahlungen für „rechtswidrige" Abbrüche geleistet werden (S. 314 ff.).

(4) Die staatliche Pflicht, „ein ausreichendes und flächendeckendes Angebot sowohl ambulanter als auch stationärer Einrichtungen zur Vornahme von Schwangerschaftsabbrüchen" (nach den Leitsatzprämissen: von „rechtswidrigen Tötungen grundrechtsgeschützter Personen") „sicherzustellen", die der Gesetzgeber in § 13 II SchKG normiert hat, sei materiell verfassungsgemäß und damit gesetzlich als legitime „Staatsaufgabe" begründet (S. 328, 333 f.), wenngleich hauptsächlich Ländersache (S. 329 ff.).

---

[136] S. zu (1.): § 5 II Ziff. 1 und § 6 II; zu (2.): § 7 III; zu (3.): § 13 II SchKG.

(5) Fünf Jahre später unterstellt der 1. Senat im Urteil vom 27.10.1998 die ärztliche Tätigkeit des „beratenen" Schwangerschaftsabbruchs (nach den Leitsätzen des 2. Senats: des rechtswidrigen Tötens grundrechtsgeschützter Personen) ausdrücklich dem Grundrechtsschutz der Berufsfreiheit aus Art. 12 I GG (BVerfGE 98, 265).

Alle diese Regelungen sind für sich genommen vernünftig. Keine davon ist aber mit der Behauptung zu vereinbaren, der „beratene" Schwangerschaftsabbruch nach § 218 a I sei rechtswidrig.[137] Zwingend selbstdestruktiv ist der Widerspruch des Rechtswidrigkeitsverdikts zu der oben unter (4.) zitierten „Staatsaufgabe", ein „flächendeckendes Angebot" von Abtreibungseinrichtungen sicherzustellen. Das bedeutet nichts Anderes als eine Rechtspflicht zur Unrechtsteilnahme – soweit darüber hinaus beratene Abbrüche auch in Kliniken mit kommunaler Trägerschaft stattfinden, was das BVerfG ausdrücklich zulässt (S. 329), sogar zur täterschaftlichen Unrechtsbegehung – als „Staatsaufgabe". Eine staatliche Pflicht zur Bereitstellung „flächendeckender" Möglichkeiten zur massenhaften rechtswidrigen Tötung grundrechtsgeschützter Personen mit den Fundamentalbedingungen des Rechtsstaats zu vereinbaren, ist ersichtlich ausgeschlossen. Eine solche „Staatsaufgabe" läuft, nimmt man das Rechtswidrigkeitsverdikt über ihren Inhalt ernst, auf die normenlogische Unmöglichkeit hinaus, dass der Staat von Rechts wegen zum Unrecht verpflichtet sei.

Ein so offensichtlicher Widerspruch *kann* keinen Bestand haben, und deshalb können es nicht beide Normierungen zugleich, die ihn enthalten. Das ist keine Frage, über die das BVerfG (oder irgendwer sonst) entscheiden könnte; es ist vielmehr eine Frage der Logik. Daher muss eine der beiden Normierungen – rechtliche Staatsaufgabe oder Unrecht – ungültig sein. Die Frage ist allein welche. Die Antwort ergibt sich aus den Kriterien, die als notwendige Bedingungen rechtlicher Geltung über die Existenz oder Nichtexistenz rechtlicher Normen entscheiden. Diese Kriterien gehören zum Begriff des Rechts selbst. Sie sind daher für das BVerfG wie für den Gesetzgeber so wenig verfügbar wie die Regeln der Logik. Beispielhaft: Wohl kann man regeln, wie viel Mathematik an Schulen gelehrt wird und ob überhaupt; aber dass zweimal zwei fünf ist, kann man dabei nicht wirksam (gültig) verfügen.

---

137 So auch Schönke/Schröder – *Eser*, StGB, § 218 a Rn. 14; LK – *Kröger*, StGB, § 218 a Rn. 23; *Fischer*, StGB, Vor § 218 Rn. 10 ff.; SK – *Rudolphi*, StGB, Vor § 218 Rn. 38, 40; *Hermes/Walther*, NJW 1993, 2337, 2341; eindringlich *Jakobs*, Schriftenreihe JVL 17, 2000, 34 ff., 37: „gewaltiger Selbstwiderspruch".

Die Geltung einer Rechtsnorm setzt neben den Erfordernissen ihres ordnungsgemäßen Gesetztseins und ihres Nicht-extrem-verwerflich-Seins[138], außerdem voraus, dass die Norm wenigstens ein Minimum an tatsächlicher Wirksamkeit entfaltet. Das steht in der Rechtstheorie inzwischen weit gehend außer Streit.[139] Die Wirksamkeit einer Verhaltensnorm kann sich entweder in deren tatsächlicher Befolgung durch die Rechtsunterworfenen oder in der rechtlichen Sanktion ihres Bruchs zeigen. Gewiss gibt es auch rechtliche Verhaltensnormen, die ohne jede Sanktion auskommen, etwa Befugnis- oder Erlaubnisnormen. Aber eine Verbotsnorm gilt nur dann, wenn ihr rechtlicher Bestand auch und gerade für den Fall ihres Bruchs vom Recht garantiert wird. Denn darin allein liegt der Sinn eines Verbots: diesen Bruch entweder zu verhindern oder sich, falls das misslingt, als Norm kontrafaktisch gegen ihn zu behaupten, ihn auch ex post als Normbruch zu kennzeichnen. Das kann eine Norm nur, wenn sie nach dem normverletzenden Handeln, d. h. nachdem ihr Verhaltensappell ohne Wirkung geblieben ist, ihre Geltung gleichwohl sichert – mittels einer Reaktion (Sanktion), die selbstverständlich nicht Strafe zu sein braucht, aber jedenfalls mehr sein muss als eine bloß verbale *protestatio facto contraria*. Rechtsnorm ist ein solches Verbot somit nur dann, wenn seine Missachtung jedenfalls *de lege* irgendeine Folge wirklich rechtlicher, also nicht nur verbaler Missbilligung nach sich zieht. Das ist es, was Verbote von Empfehlungen, Bitten, Appellen oder Ähnlichem unterscheidet. Eine Verbotsnorm, deren Bruch nicht nur *de facto* reaktionslos bleibt (wie der vieler Bagatelldelikte), sondern kraft ausdrücklicher gesetzlicher Anordnung bleiben muss, ja nach dem Gesetz sogar Anspruch auf staatliche Beihilfe begründet, und zwar jährlich über zweihunderttausendmal, eine solche Norm wird rechtlich nicht mehr als Verbotsnorm garantiert, sondern als solche preisgegeben.

Durchaus fortbestehen kann dabei der vorherige Normappell. Wird aber die Letztentscheidung über seine Missachtung ausdrücklich in die „Letztverantwortung" der Privatperson gestellt, wird er also *de lege* von jeder möglichen Folge abgekoppelt, so bleibt er eben isoliert für sich: nur noch als (moralischer) Appell, nicht mehr als rechtliches Verbot. Zwar wird ihm im Fall des § 218 a I mittels eines zwangsrechtlichen Verfahrens *Gehör* verschafft, aber nicht die Geltung als Verbot. Ob dennoch weiterhin von „Verbotensein"

---

[138] Diese zweite Bedingung ist bekanntlich schon seit der Antike zwischen Rechtspositivisten und „Naturrechtlern" umstritten; das muss hier auf sich beruhen.
[139] Grundlegend *Kelsen*, Reine Rechtslehre, S. 215 ff.; s. auch *Alexy*, Begriff und Geltung des Rechts, S. 137 ff; *Koller*, Theorie des Rechts, S. 109 ff.; *Röhl*, Allgemeine Rechtslehre, S. 280 ff.; *Merkel*, Forschungsobjekt Embryo, S. 77 ff.

(Rechtswidrigkeit) *gesprochen* wird, ist dafür belanglos. Das wird deutlich, wenn man sich die allgemeine Form eines solchen angeblichen Verbots klarmacht; salopp: „Das ist verboten, das darfst du nicht tun, es sei denn, du willst es tun." Ein rechtliches „Verbot", das sich selbst ausdrücklich abhängig macht von der Bereitschaft seiner Adressaten, es zu befolgen, ist keines.

In genau diesem Sinn ist das angebliche Verbot der Abtreibung, das trotz § 218 a I weiter gelten soll, ohne jede rechtliche Wirksamkeit. Denn in *jedem* einzelnen Fall, wo es als Verbot zu wirken hätte: immer dann, wenn entschieden worden ist, es zu brechen, wird sein Verbotscharakter vom Gesetz vollständig zurückgenommen. Was übrig bleibt, ist der vorherige und nun allein noch moralische Appell. Das schließt selbstverständlich nicht aus, dass die Beratung in zahlreichen Fällen Erfolg hat und geplante Abbrüche verhindert. In solchen Fällen folgen die Frauen einem moralischen Ruf, sei es ihres eigenen Gewissens, sei es des in §§ 218 a I, 219 rechtlich angeordneten Verfahrens. Einem rechtlichen Verbot, diesen Appell zu missachten, unterliegen jedoch auch sie dabei in keiner Weise. Das würde sofort evident, wenn sie sich doch dazu entschlössen. Daher existiert rechtlich allein jener moralische Appell, sonst nichts.

Aus allem Dargelegten folgt, dass der Schwangerschaftsabbruch nach § 218 a I de lege lata nicht tatbestandslos und rechtswidrig, dass er vielmehr rechtmäßig ist.[140] Schlagend deutlich machen dies neuere zivilgerichtliche Entscheidungen, die es Abtreibungsgegnern verbieten, Schwangerschaftsabbrüche von Ärzten, die sich dabei exakt an die rechtlichen Normen halten, als „rechtswidrig" und damit die Ärzte selbst als Rechtsbrecher zu bezeichnen.[141] Es liegt auf der Hand, dass der Staat solche Ärzte nicht einerseits zur Erfüllung einer „Staatsaufgabe" heranziehen und sie andererseits durch die Brandmarkung als Rechtsbrecher beruflich wie persönlich diskreditieren lassen kann. Nicht übersehen werden sollte auch, dass der Staat weit über 90 % aller (angeblich rechtswidrigen) Abbrüche nach Abs. 1 aus Steuermitteln bezahlt.[142]

---

140 Ebenso *Jakobs*, JR 2000, 404, 406 f.; kritisch gegen diese Rechtslage, aber in der Sache übereinstimmend *Kluth*, FamRZ 1993, 1381 („erlaubte Handlung"); im Ergebnis, wenngleich mit abweichenden Begründungen, ebenso *Hassemer*, in: FS für Marenholz, S. 731; *Denninger/Hassemer*, KritV 1993, 78, 99; *Hermes/Walther*, NJW 1993, 2337, 2341; nahestehend SK – *Rudolphi*, StGB, § 219 Rn. 2; Schönke/Schröder – *Eser*, StGB, § 218 a Rn. 14 f., 18.
141 LG Heilbronn, ZfL 2002, 20; OLG Stgt., ZfL 2002, 54; BGH, NJW 2003, 2029.
142 S. die Antwort der Bundesregierung vom 19.9.03 auf die Kleine Anfrage des Abgeordneten *Hüppe*, BT-Drs. 15/1556; dazu *Büchner*, ZfL 2004, 48, 51 f.

Nichts an dieser objektiven Rechtslage ändert die Behauptung, eine Rechtmäßigkeit des Abbruchs sei von Verfassungs wegen ausgeschlossen, da der Embryo Grundrechtsträger sei und die eventuelle Nichtexistenz eines einfachgesetzlichen Verbots nicht auf die höherrangige Ebene der Verfassung destruktiv durchschlagen könne. Denn die Bedingung des Wirksamkeitsminimums für die Geltung (Existenz) einer Rechtsnorm gilt als begriffliche Voraussetzung selbstverständlich auch für Verfassungsnormen. Was auf die Verfassung „durchschlägt", ist also nicht das niederrangige Recht; vielmehr sind es die für alle Rechtsnormen zwingenden Voraussetzungen rechtlicher Geltung. Die Frage, ob das GG tatsächlich eine Grundrechtssubjektivität des Embryos statuiert, kann daher durchaus offenbleiben.[143] Im Abtreibungsrecht jedenfalls kommt ihr keine rechtliche Wirksamkeit zu, und deshalb freilich auch nirgendwo sonst. Denn schon begrifflich gibt es keine „halben", „zweitklassigen" oder nur gelegentlich wirksamen Grundrechte. Der anderweitig, vor allem im ESchG, gewährleistete und unstreitig gebotene Schutz des Embryos ist daher allein einfachgesetzlicher Provenienz; auf einer Grundrechtsnorm beruht er nicht.

Wenigstens Juristen sollten den geläufigen, aber unehrlichen, irreführenden und einer falschen Gewissensberuhigung dienenden Sprachgebrauch im Abtreibungsrecht nicht mehr unterstützen. An der objektiven Rechtslage würde sich dadurch nichts ändern. Der „beratene" Schwangerschaftsabbruch wird „rechtswidrig" nur genannt; er ist es aber nicht, also sollte er so auch nicht mehr genannt werden. Es ist auch ethisch irrig, die lediglich verbale, aber rechtlich folgenlose Behauptung eines Grundrechtsstatus des Embryos für eine moralisch höherwertige Position zu halten. Im Gegenteil: Eine Regelung, die vermeintlich großzügig Grundrechte zuschreibt und dann zahlreiche Hintertüren öffnet, um selbst die geringsten der gebotenen Konsequenzen zu vermeiden, desavouiert zuletzt die fundamentalen Grundrechte selber. Es ist eines Rechtsstaats nicht würdig, eine Handlung durchgängig und mit gesetzlicher Garantie als rechtmäßig zu behandeln, zugleich aber ihre Bezeichnung als „rechtswidrig" zu verlangen und mit der Behauptung, allein deshalb sei sie dies auch, das soziale Gewissen zu beruhigen, oder doch wohl eher zu täuschen.

---

143 Das ist im Übrigen höchst zweifelhaft; aus dem Wortlaut der Art. 1 I und 2 II folgt es jedenfalls nicht. Näher dazu, insbes. auch zu den maßgeblichen Beratungen und Beschlüssen des Parlamentarischen Rates, *Merkel*, Forschungsobjekt Embryo, S. 26 ff.

IV. Absatz 2: die sog. medizinisch-soziale Indikation

1. Allgemeines

Die Abbruchsindikation des Abs. 2 ist wie die des Abs. 3 seit der Neuregelung 1995 kraft gesetzlicher Anordnung und mit verfassungsgerichtlicher Billigung (BVerfGE 88, 256 f.) ein Rechtfertigungsgrund. Der frühere Streit um die Rechtsnatur der Indikationen ist damit obsolet. Beide Indikationen werden von der h. M. als Spezialfälle des rechtfertigenden Aggressivnotstands aufgefasst.[144] Das ist in der Sache nur für Abs. 2, nicht aber für Abs. 3 richtig (genauer dazu unten, sub IV.5.). Nach fundamentalen Prinzipien begründbar ist es aber auch für Abs. 2 nur, wenn man dem Embryo *nicht* den Status eines Grundrechtssubjekts zuschreibt. Tut man dagegen, wie die h. M., genau dies, so ist jene Deutung unhaltbar.[145] Auch Konfliktlagen wie die in Abs. 2 umschriebene könnten die Tötung eines Grundrechtssubjekts, das keinerlei Anteil an ihrem Zustandekommen hat, grds. nicht rechtfertigen. Duldungspflichten im aggressiven Notstand sind solidarische Pflichten zur Hinnahme von Eingriffen, mit denen Gefahren für Dritte auf Kosten des dafür an sich unzuständigen Eingriffsadressaten beseitigt werden. Als Rechtspflichten legitimierbar sind sie nur, wenn sie mehr als die Aufopferung ersetzbarer oder bagatellarischer Lebensgüter nicht verlangen (vgl. § 34 StGB). Dass es jedenfalls eine rechtliche *Lebensopferungspflicht* aus Solidarität schlechterdings nicht geben kann, ist unbestrittener Konsens in der Notstandslehre und gehört zu den Fundamenten jeder grundrechtsorientierten Rechtsordnung.

Damit demonstriert die Indikation des Abs. 2 ein weiteres Mal die Unhaltbarkeit eines Postulats, das dem Embryo verbal einen Rechtsstatus zuschreibt, der in keinem ernsthaften Konflikt mit wirklichen Grundrechtsträgern von der Rechtsordnung bestätigt wird. Ein „Grundrecht" auf Leben, das seinen Inhaber nicht davor bewahrt, in einem Konflikt, für den er schlechterdings nichts kann, zu Gunsten eines Dritten getötet zu werden, der seinerseits für die Konfliktentstehung zuständig ist, „verdiente diesen Namen nicht".[146]

---

144 BGHSt 38, 158; Schönke/Schröder – *Eser*, StGB, § 218 a Rn. 22; SK – *Rudolphi*, StGB, § 218 a Rn. 10; LK – *Kröger*, StGB, Vor § 218 Rn. 38, alle m. w. N.
145 Zutr. *Jakobs*, in: FS für Spinellis, S. 447, 459; ausf. *Merkel*, Forschungsobjekt Embryo, S. 93 ff.; auch *Köhler*, GA 1988, 425, 443 f., der freilich seinerseits – irrig – durchgängig defensiven Notstand annimmt; ebenso *Hoerster*, Abtreibung in den säkularen Staat, S. 29. Gegen Grundrechtssubjektivität zutr. *Ipsen*, JZ 2001, 989, 992; *Faßbender*, NJW 2001, 2745, 2750.
146 *Ipsen*, JZ 2001, 989, 992.

Schwangerschaftsabbrüche auf der Grundlage einer Indikation nach § 218 a II machen nur etwa 2,5 % aller in Deutschland durchgeführten Abtreibungen aus; rund 2/3 dieser Abbrüche erfolgen nach der 12. Schwangerschaftswoche.[147] Die Norm erweitert die genuin medizinische Indikation zur Abwendung von Lebens- oder Leibesgefahren, die unmittelbar aus dem Zustand des Schwangerseins entstehen, um eine sog. soziale Komponente. Diese erlaubt neben der Berücksichtigung körperlicher auch die seelischer und sozialer Gefahren für die Schwangere, und zwar nicht nur solcher, die aus deren gegenwärtigem Zustand (Schwangerschaft) entstehen, sondern auch solcher, die ihre „zukünftigen Lebensverhältnisse" belasten können. Das eröffnet die Möglichkeit, eine Indikation nach Abs. 2 nicht unmittelbar aus dem Schwangerschaftskonflikt, sondern aus dem antizipierten Konflikt der Mutter mit ihrem prospektiven geborenen Kind abzuleiten. Die pränatale Tötung des Fötus zielt dann allein auf die Verhinderung seiner postnatalen Existenz. Sie ist nicht mehr, wie bei der genuin medizinischen Indikation, unerwünschte Nebenfolge der Rettung der Schwangeren, sondern unmittelbarer Zweck des Abbruchs.[148] Überlebt das Kind, so sind Grund und Ziel der Abtreibung verfehlt worden, der gesamte Eingriff misslungen. Bei der rein medizinischen Indikation bedeutet das Überleben des Kindes neben der Rettung der Mutter dagegen einen zusätzlichen und höchst erwünschten Erfolg des Eingriffs. In diesem Sinne vereinigt die „medizinisch-soziale" Indikation zwei normativ heterogene Elemente. Beide sind zwar einheitlich dem Wohl der Schwangeren, doch sind sie im Hinblick auf das ungeborene Leben radikal gegensätzlichen Maximen verpflichtet.

2. **Die besonderen Voraussetzungen des Absatzes 2: gegenwärtige oder künftige Gefahren für Leben oder Gesundheit**

Der Abbruch muss „angezeigt" (indiziert) sein, um eine Gefahr für Leben oder Gesundheit der Schwangeren abzuwenden. Dabei muss es sich schon nach dem Gesetzeswortlaut um eine „konkrete Gefahr" handeln.[149] Das besagt für den Grad des erforderlichen Risikos nicht viel. Einige Maximen für dessen Konkretisierung im Einzelfall lassen sich aber angeben. Sachlich unangemessen ist es zunächst, den Gefahrbegriff in stillschweigender Paral-

---

147 *Dt. Ges. f. Gynäkol. u. Geburtshilfe*, Schwangerschaftsabbruch nach Pränataldiagnostik, S. 4.
148 Falsch daher die Auskunft der Bundesregierung, Ziel des Abbruchs nach § 218 a II dürfe „nicht die Tötung des Kindes sein", BT-Drs. 13/5364, 13.
149 Unstr.; statt aller Schönke/Schröder – *Eser*, StGB, § 218 a Rn. 31 (m. w. N.).

lele zu dem der konkreten Gefährdungsdelikte zu bestimmen und deshalb eine „naheliegende" oder „erhebliche" Wahrscheinlichkeit des Eintritts eines schädigenden Ereignisses zu verlangen.[150] In den Tatbeständen der konkreten Gefährdungsdelikte ist das Gefahrmerkmal unrechts- und strafbegründend. Es markiert, ab wann ein gefährdendes Verhalten verboten ist, und muss deshalb entsprechend eng ausgelegt werden. In § 218 a II hat es dagegen – wie in § 34 – eine rechtfertigende Funktion. Es legt fest, ab wann ein Gefahr abwendendes Verhalten erlaubt ist. Dafür ist eine „erhebliche Gefahr" nicht zu verlangen. Entscheidend ist vielmehr, ab welchem Grad der Risikoentwicklung sich eine zum Schutz bzw. zur Rettung tätig werdende „besonnene Person" zum Eingreifen veranlasst sehen darf.[151] Das bestimmt sich einerseits nach den näheren gesetzlichen Vorgaben für die Eingriffserlaubnis und andererseits nach dem Ausmaß des drohenden Schadens.

Abs. 2 macht zur Bedingung des gerechtfertigten Abbruchs neben einer Lebens- oder Gesundheitsgefahr außerdem deren Nichtabwendbarkeit auf „zumutbare" andere Weise. Daraus ergibt sich, dass die Schwangere auch keine höhere als eine zumutbare Gefahr aus der Schwangerschaft selbst hinzunehmen hat. Wenn die Schwangere auf unzumutbare Alternativen zum Abbruch nicht verwiesen werden darf, dann auch und erst recht nicht auf die unzumutbare Gefahr des Nichtabbruchs. Daher ist die Indikation mit der saloppen (meist polemisch verwendeten) Formel, sie gründe in der Unzumutbarkeit eines Kindes, sachlich durchaus zureffend erfasst. Wie auch sonst im rechtfertigenden Notstand darf der Grad der Wahrscheinlichkeit eines Schadenseintritts umso niedriger sein, je gravierender der Schaden wäre, dessen Eintritt verhindert werden soll. Droht der Schwangeren durch das Austragen der Leibesfrucht möglicherweise der Tod, so braucht dieses Risiko nur gering zu sein; signifikant höher als das allgemeine, statistisch minimale Todesrisiko, das auch jede normale Schwangerschaft mit sich bringt, muss es allerdings immer noch sein.[152]

Ob die Gefahr gegenwärtig sein muss oder auch eine künftige sein kann, ist streitig, aber wohl nur ein Streit um Worte.[153] Da Gefahr schon begrifflich ein prognostisches Element enthält, ist jede künftige Gefahr, die jetzt schon

---

150 Das tut jedoch LK – *Kröger*, StGB, § 218 a Rn. 33 unter Berufung auf BGHSt 18, 272 und 26, 179 (beides Entscheidungen zu konkreten Gefährdungsdelikten).
151 NK – *Neumann*, StGB, § 34 Rn. 39, m. w. N.
152 So das Votum des Bundesrats zu dieser Indikation, BR-Drs. 58/72, 21.
153 Für ersteres LK – *Kröger*, StGB, § 218 a Rn. 33; *Fischer*, StGB, § 218 a Rn. 24; für Letzteres Schönke/Schröder – *Eser*, StGB, § 218 a Rn. 31; SK – *Rudolphi*, StGB, § 218 a Rn. 30.

absehbar ist, nichts Anderes als die gegenwärtige Gefahr einer künftigen Gefahr, also eine gegenwärtige Gefahr zweiter Stufe mit zeitlich verzögerter Möglichkeit des Schadenseintritts. Ob man sie „gegenwärtig" oder „künftig" nennen will, ist sachlich nicht von Belang. Entscheidend ist vielmehr, ob die zu ihrer Abwehr erforderliche Handlung gegenwärtig vorgenommen werden, also ein Schwangerschaftsabbruch sein muss, um erfolgreich zu sein. Das hängt ersichtlich allein davon ab, ob die Verhinderung der künftigen Gefahrzuspitzung nur durch die Verhinderung der Geburt des Kindes abgewendet werden kann. Diese Situation erkennt § 218 a II mit der Wendung „unter Berücksichtigung der zukünftigen Lebensverhältnisse" als Indikation nunmehr ausdrücklich an.

Die ganz h. M. subsumiert unter das Rechtfertigungsmerkmal „Gefahr für das Leben" auch einen durch eine allfällige Austragungspflicht drohenden Suizid der Schwangeren.[154] Das kann schwerlich richtig sein. Wie der von einer Person begehrte Eingriff in ein geschütztes fremdes Rechtsgut allein dadurch legitim werden könnte, dass er mit dem Nötigungsdruck einer angedrohten Selbstschädigung versehen wird, ist nach allgemeinen Rechtsprinzipien schlechterdings unerfindlich. Selbst für ein Begehren gänzlich trivialer Eingriffe liegt das auf der Hand. Beispiel: Der unsterblich in die Filmdiva F verliebte V, der glaubhaft androht, er werde sich das Leben nehmen, wenn er sie nicht wenigstens einmal küssen dürfe, darf dies gegen Fs Willen dennoch nicht. Versucht er es, so hat sie jederlei Notwehrbefugnis; und sie haftet selbstverständlich weder für eine gewaltsame Abwehr noch (aus § 323 c) für den Fall, dass V sich anschließend tatsächlich das Leben nimmt. Eine Notstandsrechtfertigung des V scheitert hier keineswegs erst an der Interessensabwägung (wie auch: Kussaversion gewichtiger als Leben?) oder am Merkmal des „angemessenen Mittels". Vielmehr kann ein Schaden, den eine zurechnungsfähige Person sich selbst anzutun droht, schon prinzipiell nicht als „Gefahr" anerkannt werden, die eine Fremdverletzung zulässig machen könnte. Das gehört zu den Grundlagen des Rechts als einer Ordnung der geschützten Abgrenzung personaler Sphären. Auch bei noch so glaubhafter Suizidankündigung erhält daher im obigen Beispiel der V keine andere rechtliche Auskunft als die, eine solche Gefahr sei allein dadurch abwendbar, dass er sich nicht das Leben nehme.

---

154 So bereits RGSt 61, 242 (258); BGHSt 2, 115; 3, 9; s. auch LK – *Kröger*, StGB, Rn. 36; Schönke/Schröder – *Eser*, Rn. 28; MK – *Gropp*, StGB, Rn. 43; *Lackner/Kühl*, StGB, Rn. 12; SK – *Rudolphi*, StGB, Rn. 26 (alle zu § 218 a).

Dass dies im Fall eines (glaubhaft) angedrohten Suizids der Schwangeren anders sein soll, ist (einmal mehr) nur damit erklärbar, dass die verbal behauptete grundrechtliche Gleichwertigkeit von Schwangerer und Embryo von ihren Verfechtern in keinem Konfliktfall auch nur ansatzweise ernst genommen wird. Richtig ist, dass eine wirkliche Suizidgefahr sehr wohl eine Indikation nach § 218 a II darstellt. Doch gründet diese nicht in der unmittelbaren Lebensgefahr, für deren Kontrolle allein die Schwangere zuständig bleibt, sondern mittelbar in einer drohenden „schwerwiegenden Beeinträchtigung des ... seelischen Gesundheitszustandes der Schwangeren" (§ 218 a II). Denn deren – ernsthafte! – suizidale Neigung bezeugt einen Grad des Leidens an der Schwangerschaft (bzw. des antizipierten Leidens an dem prospektiven Kind), der die von § 218 a II gezogene Zumutbarkeitsgrenze eindeutig übersteigt. Freilich ist hier erneut der Hinweis unerlässlich, dass auch eine solche Indikation mit einer echten Grundrechtssubjektivität des Embryos nicht zu vereinbaren wäre und nur einmal mehr belegt, dass es diese de lege lata nicht gibt.

Im Übrigen hat das Merkmal der „schwerwiegenden Beeinträchtigung des körperlichen oder seelischen Gesundheitszustandes" im Kontext des Absatzes 2 kaum objektiv fassbare Konturen. Das liegt daran, dass die Indikation im Ganzen in einem für Rechtfertigungsgründe ansonsten kaum denkbaren Maß subjektiviert und allein auf die persönlichen Umstände der Schwangeren zugeschnitten ist. Wohl muss objektiv eine „Beeinträchtigung des Gesundheitszustandes" drohen, die „schwerwiegend" ist. Doch ist diese objektive Prognose allein am Maßstab der persönlichen „Lebensverhältnisse der Schwangeren" und vor allem des ihr individuell „Zumutbaren" zu bestimmen. Was der einzelnen Schwangeren zumutbar, was also für sie privat von welchem Gewicht ist, „lässt sich nicht öffentlich vorschreiben".[155] Das gilt vor allem für Beeinträchtigungen des seelischen Gesundheitszustands. Diese machen freilich den weitaus überwiegenden Teil, nämlich über 90 % der Abbruchsindikationen nach Abs. 2 aus.[156] Hier entscheidet nach der unmissverständlichen Gesetzesfassung über die Indikation nicht, was als drohende Gesundheitsbeeinträchtigung nach einem allgemeinen Maßstab „schwerwiegend" wäre, sondern was der individuellen Schwangeren an *subjektiv empfundener* Schwere unzumutbar ist. Was sie subjektiv (möglicherweise) nicht ohne gravierende Beeinträchtigungen ertragen könnte, ist *für sie* objektiv

---

155 *Jakobs*, Jb. Wissenschaft und Ethik, Bd. 1, 1996, S. 113.
156 S. die Nachw. bei LK – *Kröger*, StGB, § 218 a Rn. 40; genaue ausländische Zahlen (Israel und Dänemark), die ebenfalls deutlich über 90 % liegen, bei *Gross*, Cambridge Quarterly of Healthcare Ethics 1999, 449, 455, Fn. 13.

schwerwiegend. Seelische Belastungen die eine „normal" stabile Schwangere ohne Weiteres auf sich nähme, mögen für die hypersensible, in einer „nichtsupportiven" Umwelt lebende Schwangere zur schweren Bedrohung ihres seelischen Gesundheitszustands werden. Dann rechtfertigen sie nach Abs. 2 den Abbruch. Denn nur, ob das Austragen des Kindes für sie, nicht, ob es für irgendwen sonst nach objektiv-vernünftigem Urteil unzumutbar wäre, ist entscheidend.[157]

Zur Illustration ein Beispiel, das in ähnlicher Form 1997 in den Niederlanden für Diskussionen sorgte: Die ausländische Ehefrau, die zum vierten Mal mit einer (gesunden) Tochter schwanger ist und nach deren Geburt mit schweren Repressalien des Ehemanns rechnen muss (der entsprechend den gesellschaftlichen Werten seines Kulturkreises einen sog. Stammhalter fordert), mit dem „Verstoßenwerden" durch ihren Mann und ihre Angehörigen, und daher mit einer für sie nicht zu meisternden Bedrohung ihres und ihrer Töchter Leben, hat einen gesetzlich eindeutig validierten Grund für den Abbruch.[158] Man mag ein Gesetz, das dies ermöglicht, tadeln oder für verfassungswidrig halten – leugnen lässt es sich nicht. Korrigieren darf es der Rechtsanwender ebenfalls nicht, denn das BVerfG hatte gegen die so formulierte Indikation keine Bedenken.[159] Hält man es mit dem Gesetzgeber – und freilich wenig überzeugend – für ein Gebot der Ethik, *allein* die mütterlichen Belange über eine Indikation nach Abs. 2 entscheiden zu lassen,[160] so hat die ausländische Schwangere des obigen Beispiels im Übrigen sehr wohl auch sachlich einen Abbruchgrund, der an Gewicht hinter anderen, die allgemein akzeptiert werden, nicht zurücksteht. Das würde augenblicklich evident (und wäre dann auch in Deutschland unbestritten), wenn sie unter exakt denselben Umständen wegen der finsteren Zukunftsaussichten erkennbar suizidale Neigungen entwickelte. Kurz: Nicht der Anlass für den Wunsch nach einem Abbruch ist maßgebend, sondern die gravierenden Folgen, die dessen Unterbleiben für die Schwangere hätte.

Die sog. embryopathische Indikation des alten Rechts (§ 218 a II Nr. 1), die allerdings in Wahrheit ebenfalls bereits eine „maternale", an der Unzumut-

---

[157] Konsequent daher OLG Düsseldorf, NJW 1987, 2306 f.: Allein weil die Schwangere sich vor der Belastung mit einem geschädigten Kind (irrational) „ängstigte", könne die medizinische Indikation (§ 218 a I Nr. 2 a. F., mit der heutigen Fassung nach Abs. 2 identisch) bejaht werden, wiewohl objektiv keinerlei erhöhtes Risiko einer solchen Schädigung bestand.
[158] Zur Diskussion des holländischen Falles *Beckmann*, MedR 1998, 155, 157.
[159] Vgl. BVerfGE 88, 257; krit. hierzu *Tröndle*, NJW 1995, 3009, 3015.
[160] Vgl. BT-PlenProt. 13/47, 3782.

barkeit für die Schwangere ausgerichtete Indikation war, gibt es der Form nach nicht mehr. In der Sache ist sie genau so weit von dem neu gefassten Abs. 2 absorbiert worden, wie sich gerade aus der Schädigung des Ungeborenen die Prognose einer möglichen schwerwiegenden Beeinträchtigungen der seelischen Gesundheit der Schwangeren ableiten lässt. Der Gesetzgeber wollte zwar die direkte Verknüpfung von fetaler Schädigung und Abbruchserlaubnis lösen, weil sie das Missverständnis gefördert habe, „eine zu erwartende Behinderung des Kindes sei ein rechtfertigender Grund für einen Abbruch". Doch sollte im Übrigen die embryopathische Indikation praktisch vollständig von der medizinisch-sozialen „aufgefangen" werden.[161] Voraussetzung ist auch nach der Neuregelung des Abs. 2 eine „nicht behebbare Schädigung" des Ungeborenen (so die Formulierung in § 218 a II Ziff. 1 a. F.).

Führt die Schwangere die Indikationslage – etwa durch eine alkohol- oder drogenverursachte schwere Schädigung des Fötus – zurechenbar selbst herbei, so schließt das die Unzumutbarkeit der Schwangerschaftsfortsetzung und damit die Indikation nicht aus. Die gesetzgeberische Entscheidung, pränatale Körperverletzungen generell straflos zu lassen, zeigt, dass die (jede) privatautonome Lebensgestaltung der Schwangeren Vorrang vor den Schutzbelangen des Embryos hat. Damit sind solche Schädigungen im Hinblick auf den später durch sie ermöglichten Abbruch regelmäßig nicht pflichtwidrig, und zwar selbst als bedingt vorsätzliche nicht. Verfassungsrechtlich gehören sie zur geschützten elementaren Handlungsfreiheit (Art. 2 II GG). Strafrechtlich sind sie Folgen eines erlaubten Risikos, in manchen Fällen sogar erlaubte Verletzungshandlungen (denn die fetale Schädigung wird oft, etwa in Fällen schweren Drogenmissbrauchs, nicht bloß „riskiert", sondern so gut wie sicher herbeigeführt). Das mag man erneut beklagen, und es ist in Grenzfällen einer moralisch hochgradig verwerflichen Fetalschädigung durch „harte" Drogen oder exzessiven Alkoholmissbrauch gewiss ein *privilegium odiosum*. Rechtlich ist es dennoch nicht zweifelhaft. Den Bereich der „Zumutbarkeit" der Belastungen für eine solche Schwangere wegen der verschuldeten pränatalen Schädigung des Kindes auszudehnen, kommt nicht in Betracht. Das

---

[161] BT-Drs. 13/1850, 26; s. auch PlenProt 13/47, 3762. – Diese Neufassung einer unverändert gewollten Gesetzeslage ist kritisiert worden als „Akt gesetzgeberischer Verhüllungskunst", der nur verdecken solle, dass er ein Recht gewähre, ein Kind „allein wegen seiner (unzumutbaren) Behinderung töten zu lassen", und der daher als „evidente Benachteiligung Behinderter" gegen Art. 3 III S. 2 GG verstoße (*Fischer*, StGB, § 218 a Rn. 9a; *Beckmann*, MedR 1998, 155, 159 f.; *Otto*, ZfL 1999, 55 ff.). Doch sind die hierfür vorgetragenen Argumente überwiegend irrig; dazu eingehend NK – *Merkel*, StGB, § 218 a Rn. 97 f.

wäre eine Einschränkung ihrer Rechte und eine Erweiterung der Strafdrohung des § 218 ohne gesetzliches Fundament und allein auf der Grundlage eines (berechtigten) moralischen Tadels. Auch eine nur mittelbare gesetzliche Kontrolle des persönlichen Lebens der Schwangeren im Hinblick auf die Gesundheit des Ungeborenen gibt es nicht. Eine Indikation, die als vorhersehbare oder sogar vorhergesehene Nebenfolge der persönlichen Lebensführung entstanden ist, rechtfertigt nach § 218 a II den Schwangerschaftsabbruch daher genauso wie eine schicksalhafte.

Anders verhält sich das bei absichtlicher Herbeiführung einer schweren Schädigung zum Zweck des Schaffens einer Indikation nach Absatz 2 (falls so etwas vorkommen sollte). Auch hier ist freilich die Indikation selber ggf. zu bejahen. Doch ist der Schwangeren wegen der absichtlichen Herbeiführung der Indikationslage der Abbruch gleichwohl als rechtswidriger Erfolg zuzurechnen: geläufig „actio illicita in causa". Überwiegend wird diese Form der Zurechnung rundweg abgelehnt.[162] Das ist nach den allgemeinen Regeln objektiver Zurechnung zwar für die absichtlich provozierte Notwehrlage richtig, aber für einen absichtlich herbeigeführten Notstand (wie den des § 218 a II) nicht überzeugend. Denn hier tritt zwischen das pflichtwidrige Verhalten (Schädigung des Feten zur Ermöglichung seiner Abtreibung) und den Abbruchserfolg kein rechtswidriges und deshalb zurechnungsblockierendes (Angriffs-)Verhalten eines Dritten. Daher steht einer objektiven Zurechnung des Abbruchs zum vorherigen, die Indikationslage herbeiführenden Verhalten der Schwangeren nichts im Wege.[163] Die unmittelbar den Todeserfolg herbeiführende Abbruchshandlung (sowohl des Arztes als auch der Schwangeren) ist nicht die unrechtskonstituierende Handlung. Sie ist vielmehr nur ein Kausalfaktor zwischen dem Todeserfolg und der vorangegangenen Schädigung des Feten. Letztere ist daher selbst die tatbestandsmäßige Abtreibungshandlung. Ein allgemeines Regressverbot, das ein Zurückverfolgen des Zurechnungszusammenhangs hinter den unmittelbar gerechtfertigten Abbruch untersagte, ist nicht begründbar. Die Frage, ob mit dem absichtlichen Herbeiführen der Indikationslage die zeitliche Anfangsgrenze des Vor-

---

162 *Roxin*, AT I, § 15 Rn. 68 ff.; § 16 Rn. 64, m. w. N.; BGH, NJW 1983, 2267.
163 Hiergegen wird eingewandt, ein und derselbe Erfolg könne nicht zugleich als rechtmäßig und als rechtswidrig herbeigeführt beurteilt werden (*Roxin*, AT I, § 15 Rn. 68). Das ist aber sehr wohl möglich, und es ist nicht einmal ungewöhnlich, wenn etwa der Erfolg von zwei Personen herbeigeführt wird, deren eine rechtmäßig, die andere aber rechtswidrig handelt. Im Fall nur einer Person, die zweimal erfolgskausal handelt (*in casu*: erst den Fötus schädigt, dann abtreibt), kann sich das ganz genauso verhalten (zutr. *Puppe*, AT I, § 28 Rn. 7).

satzdelikts aus § 218 bereits überschritten ist, also bereits ein „unmittelbares Ansetzen" (§ 22) zur Tatbestandsverwirklichung vorliegt, ist zu bejahen.[164] Einer besonderen dogmatischen Zurechnungsfigur der *actio illicita in causa* bedarf es dafür nicht.

In solchen Fällen bricht somit der Arzt die Schwangerschaft gem. § 218 a II rechtmäßig ab; dagegen begeht die Schwangere, sofern sie zuvor im Hinblick auf den nachfolgenden Abbruch absichtlich gehandelt hat, eine rechtswidrige Abtreibung. Gleichwohl bleibt sie straflos, wenn sie sich zuvor gem. § 219 ordnungsgemäß hat beraten lassen und der Abbruch innerhalb von 22 Wochen *post conceptionem* stattfindet (§ 218 a IV Satz 1).

3. „Angezeigtsein" des Abbruchs „nach ärztlicher Erkenntnis"

„Nach ärztlicher Erkenntnis" müssen die Voraussetzungen der Indikation gegeben sein. Gemeint ist damit die Erkenntnis des abbrechenden Arztes. Das Vorliegen des nach § 218b I Satz 1 erforderlichen Attests eines *anderen* Arztes ist für den abbrechenden Arzt nur ein Indiz, das ihm die eigene Klärung der Indikationsvoraussetzungen nicht abnimmt. Auf die Richtigkeit dieses (zumeist fachärztlichen) Attests als Grundlage der eigenen Urteilsbildung darf er sich aber, und insofern ohne eigene Überprüfung, grds. verlassen. „Ärztlicher Erkenntnis" unterliegen nach dem Gesetz die tatsächlichen Umstände des Sachverhalts, die Diagnose einer gegenwärtigen bzw. die Prognose einer künftigen Lebens- oder Gesundheitsgefahr (hinreichenden Gewichts) für die Schwangere sowie die Möglichkeiten einer zumutbaren anderweitigen Gefahrbeseitigung. Auch die Feststellung der Schwangerschaftsdauer dürfte hierher gehören. Sie wird zwar für Abbrüche nach § 218 a II – anders als für solche nach den Abs. 1 oder 3 (vgl. § 218c I Ziff. 3) – nicht formell gesetzlich verlangt, dürfte aber zu einer sorgfältigen Klärung insbesondere der zumutbaren Alternativen des Abbruchs gehören. Denn mit fortschreitender Dauer der Schwangerschaft wird dieser zunehmend moralisch problematisch und macht deshalb alternative Wege der Gefahrbeseitigung auch in weiterem Umfang zumutbar.[165]

Die in Abs. 2 geforderte „Erkenntnis" ist nicht schon deshalb eine „ärztliche", weil der, der sie sich verschafft, Arzt ist.[166] Nicht auf sein subjektives

---

[164] Die einzelnen konstruktiven Schritte zur Begründung mögen hier offenbleiben; sie werden mustergültig und überzeugend entwickelt in MK – *R. Herzberg*, StGB, § 23 Rn. 143 ff.
[165] Zur Begründung NK – *Merkel*, StGB, § 218 a Rn. 107 ff.
[166] BGHSt 38, 152.

Dafürhalten kommt es an, sondern auf die Einsichten, die nach dem objektivierbaren Stand ärztlicher Erkenntnismöglichkeiten und der medizinischen Wissenschaft mit den zur Verfügung stehenden Methoden der Ermittlung erlangbar sind.[167] Die persönlichen Lebensumstände der Schwangeren, auf deren gegenwärtige Beurteilung und künftige Entwicklung mehr als 90 % der Abbrüche nach Abs. 2 gestützt werden, sind in der Sache freilich überhaupt nicht Gegenstand irgendeiner ärztlich oder sonst fachlich geschulten Erkenntnis.[168] Für ihre Ermittlung ist der Arzt auf die Angaben der Schwangeren, und für ihre künftige Prognose auf seinen Menschenverstand angewiesen. Auch die Feststellung der subjektiv-persönlichen Belastbarkeit der Schwangeren – etwa im Hinblick auf ein zu erwartendes schwergeschädigtes Kind – ist keine Frage ärztlicher, nicht einmal psychologischer Kompetenz. Allenfalls ist sie eine des scharfen Blicks für Wahrheit und Unwahrheit dessen, was die Schwangere selbst dazu ausführt. Jenseits von Nachfrage und Antwort muss der Arzt keine eigenen, quasi kriminalistischen Ermittlungen dazu anstellen, könnte dies nicht einmal, muss sich also weder an Angehörige der Schwangeren noch an irgendwelche öffentlichen Stellen wenden und um Auskunft nachsuchen.[169] Seine Erkenntnisquellen können daher keine anderen sein als Auge, Ohr und Verstand für das, was die Schwangere ihm sagt.[170] Das korrespondiert plausibel mit der prinzipiellen Subjektivierung der Rechtfertigungsvoraussetzungen nach Abs. 2, die oben dargelegt worden ist.

Überhaupt keine Frage tatsächlicher „Erkenntnis", sondern eine des Rechts ist dagegen die Entscheidung, ob auf der vom Arzt ermittelten Beurteilungsgrundlage ein Abbruch nach Abs. 2 indiziert, nämlich rechtmäßig ist. Systematisch genauer: erstens eine der Auslegung des Merkmals „angezeigt", und zweitens der Subsumtion der Indikation, die sich dem ermittelten „Gefahr"-Befund allenfalls entnehmen lässt, unter diesen Gesetzesbegriff. Dennoch ist es zunächst der Arzt selbst, der als juristischer Laie den Schluss vom Befund auf die Indikation ziehen und darüber entscheiden muss, ob er ihn als „Angezeigtsein" eines Abbruchs beurteilt.

Die umstrittene Frage, in welchem Umfang diese Entscheidung gerichtlich nachprüfbar ist bzw. ob dem Arzt ein unüberprüfbarer Beurteilungsspielraum

---

167 BGHSt 38, 152; *Lackner/Kühl*, StGB, § 218 a Rn. 10; *Arzt/Weber*, BT, § 5 Rn. 68; *Otto*, JR 1992, 210. Dagegen auf die subjektiv-persönliche Einschätzung abstellend BGHZ 95, 206.
168 Zutr. *Otto*, JR 1992, 210.
169 BGHSt 38, 155.
170 Ähnlich BayObLG, JR 1990, 339.

einzuräumen ist, ist so zu beantworten[171]: Da es um Rechtsanwendung geht, muss die ärztliche Entscheidung jedenfalls überprüfbar sein; und da § 218 a II kein Ermessen einräumt, muss sie dies auch in vollem Umfang, nämlich genau so weit, wie die Merkmale der Norm das ärztliche Verhalten als erlaubt oder verboten regeln. Fraglich kann daher nur die jeweilige begriffliche Reichweite der einschlägigen gesetzlichen Merkmale selbst sein. Ob der Arzt bei seiner Ermittlung der tatsächlichen Umstände, die er zur Grundlage der Gefahrprognose genommen hat, also bei Klärung der erforderlichen klinischen Diagnosen, nach den Regeln der ärztlichen *lex artis* verfahren ist, ist in vollem Umfang nachprüfbar. Doch ist dabei selbstverständlich der oft weite Spielraum zu berücksichtigen, den die lex-artis-Regeln individuellem ärztlichem Handeln und Entscheiden regelmäßig belassen. Was die ggf. erforderliche Prognose der künftigen Gefahr einer „schwerwiegenden" seelischen Beeinträchtigung der Schwangeren angeht, so kann wegen der notwendigen Unsicherheit komplexer prognostischer Urteile und wegen der hier damit verbundenen Undeutlichkeit dessen, was „schwerwiegend" im Einzelfall bedeutet, auch eine vollständige Nachprüfung nichts anderes fordern als die Beachtung prinzipieller Regeln des vernünftigen Urteilens. Dabei ist diese Vernünftigkeit in der *ex-ante-Perspektive* des entscheidenden Arztes zu klären. Ob man das als Zubilligen eines unüberprüfbaren Beurteilungsspielraums bezeichnet[172] oder aber als vollständige Überprüfung des Verbleibens der Abbruchsentscheidung in einem weiten und unscharf begrenzten begrifflichen Raum des Vernünftigen, macht keinen sachlichen Unterschied.

4. Subjektive Voraussetzungen der Rechtfertigung

Wie für alle Rechtfertigungsgründe gilt auch für § 218 a II, dass er nur dann vollständig vorliegt, wenn neben dem tatbestandlichen Erfolgs- auch der Handlungsunwert bzw. (für das Vorsatzdelikt) dessen spezifischer „Vorstellungsunwert" rechtfertigend kompensiert wird. Das Letztere ist der Fall, wenn der Täter oder die selbstabbrechende Täterin die tatsächlichen Umstände des Erlaubnistatbestands kennt. Handelt der Täter ohne Kenntnis der objektiv gegebenen Rechtfertigungslage, so begeht er/sie einen Versuch, der für die Schwangere selbst (sofern er bei dieser *de facto* vorstellbar ist) straflos bleibt. Einen sog. „Rettungswillen", also eine dem objektiven Sinn der Norm entsprechende Motivation zur Hilfe für die Schwangere, muss er daneben

---

171 Zum Streit eingehend LK – *Kröger*, StGB, § 218 a Rn. 47.
172 So BGHSt 38, 154; BGHZ 95, 206.

nicht haben. Seine persönlichen Motive sind für die Rechtfertigung des Abbruchs gleichgültig, sie mögen so schäbig oder abseitig sein, wie man will. Wer objektiv rechtens handelt und dies auch weiß, dessen Motive gehen die Moral, nicht aber das Strafrecht etwas an.

Zweifel des abbrechenden Arztes am Vorliegen der Rechtfertigungsvoraussetzungen bedeuten noch nicht ein Fehlen der zur vollständigen Rechtfertigung erforderlichen „Kenntnis". Sie begründen also nicht schon eo ipso eine Strafbarkeit – sei es wegen Versuchs, falls die Rechtfertigungsvoraussetzungen tatsächlich vorliegen, sei es wegen Vollendung, falls sie fehlen. Ab einem bestimmten Grad des Zweifels kann freilich nicht mehr von „Kenntnis" der objektiven Rechtfertigungsvoraussetzungen gesprochen werden. Ab dann ist also zumindest subjektives Vorsatz-, nämlich Versuchsunrecht zu bejahen. Die Grenzlinie lässt sich nicht in einer Parallele zur dolus-eventualis-Bestimmung im subjektiven Tatbestand ziehen; denn vom unrechtsbegründenden Tatbestandsvorsatz ist die Kenntnis rechtfertigungsbegründender Umstände strikt zu unterscheiden. Es geht darum, wann auf der Ebene des Unrechtsausschlusses eine Kompensation des subjektiv-tatbestandlichen Handlungs- („Vorstellungs-")Unwerts durch gegenläufige Rechtfertigungskenntnis nicht (mehr) angenommen werden kann. Zu fragen ist daher: Ab welchem Grad von Unsicherheit der objektiven Voraussetzungen des § 218 a II durfte nach vernünftigem Urteil nicht mehr auf deren tatsächliches Gegebensein vertraut werden; und, zweitens, kannte und verstand der Arzt diese unsicherheitsbegründenden Umstände. Im ersteren Fall verwirklicht er *fahrlässiges* Handlungs-, im Letzteren auch Vorsatzhandlungs-, nämlich „Vorstellungs"-Unrecht. Ersteres ist auch dann straflos, wenn die Rechtfertigungsvoraussetzungen objektiv fehlen (Erlaubnistatbestandsirrtum und Straflosigkeit des fahrlässigen Schwangerschaftsabbruchs), Letzteres auch dann strafbar, wenn sie objektiv vorliegen („umgekehrter" Erlaubnistatumstandsirrtum und Strafbarkeit des Versuchs).

5. Sonderformen: Reduktion höhergradiger Mehrlinge; selektiver Fetozid

Höhergradige Mehrlingsschwangerschaften haben in den vergangenen drei Jahrzehnten weltweit dramatisch zugenommen. Grund dafür sind die oft übereffizienten Methoden der modernen Reproduktionsmedizin, vor allem die hormonelle ovariale Stimulation, aber auch die In-vitro-Fertilisierung mit anschließendem intrauterinen Embryonentransfer. 1993 war für Zentraleuropa eine gegenüber dem natürlichen Vorkommen „annähernd verhundertfachte" Inzidenz von Vierlingen festzustellen.[173] Solche Schwangerschaften können, wenn in ihren natürlichen Verlauf nicht eingegriffen wird, im vorgerückten Stadium zu erheblichen Gesundheits- und sogar Lebensgefahren für die Schwangere führen.[174] In diesen Fällen besteht eine echte und genuin medizinische Indikation zur Reduktion der Mehrlinge, also zum partiellen Abbruch der Schwangerschaft. Die Zulässigkeit des Eingriffs beurteilt sich daher grds. nach § 218 a II. Zwar wird die Reduktion hochgradiger Mehrlingsgraviditäten meist vor Ablauf der 12. Schwangerschaftswoche durchgeführt. Doch liegt hier regelmäßig der zweifelsfreie Rechtfertigungsgrund des § 218 a II vor, so dass ein Rückgriff auf die (angeblich rechtswidrige) „Tatbestandslösung" nach Abs. 1 mitsamt der dort geforderten Beratung nach § 219 verfehlt wäre. Ziel des Eingriffs ist nicht die Beendigung einer unerwünschten, sondern die Rettung einer meist dringend gewünschten, durch ihre schiere Quantität aber insgesamt bedrohten Schwangerschaft. Bei Sechslingen oder noch höhergradigen Mehrlingen ist, von der Gesundheits- und Lebensgefahr für die Schwangere abgesehen, im natürlichen Verlauf der Dinge auch ein Überleben der Mehrlinge selbst so gut wie ausgeschlossen.[175]

Schwieriger als die Frage des „Ob" der Indikation ist die Frage des „Wieviel". Wegen der Höchstpersönlichkeit der geschützten Rechtsgüter (wobei nach der hier vertretenen Auffassung Embryonen keine Rechtspersonalität im eigentlichen Sinn zukommt) ist die Abtötung jedes einzelnen Embryos tatbestandlich ein vollendeter Schwangerschaftsabbruch. Er muss also jeweils für sich nach Abs. 2 gerechtfertigt und darf nicht etwa als Element eines insgesamt und nur einmal zu rechtfertigenden „Gesamtabbruchs" aufgefasst werden.[176] Fraglich ist daher, wie weit die Zahl der Mehrlinge reduziert werden darf. Sofern es allein um eine quantitative Verringerung geht, ist weltweit offenbar die Reduktion auf Zwillinge üblich.[177]

Die Zulässigkeit einer so weit gehenden Reduktion beurteilt sich nicht mehr, wie die ihres „Ob" überhaupt, in der Perspektive der strikt medizinischen, sondern in der einer medizinisch-sozialen Indikation. Da bei einer

---

173 *Hansmann*, Z. für ärztl. Fortbildung 1993, 839; zu neueren, nicht wesentlich gesenkten Zahlen s. *Schröder/Schroers/Katalinic et al.*, Geburtsh Frauenheilk 2003, S. 356, 363, m. w. N.; *Boulot/Vignal/Vergnes et al.*, Human Reproduction 15 (2000), 1619.
174 *Hansmann*, Z. für ärztl. Fortbildung 1993, 839, 843; *Bindt*, Reproduktionsmedizin, S. 21.
175 *Evans/Littmann/Tapin et al.*, Multifetal pregnancy reduction and selective termination, in: James/Steer/Weiner/Gonik (eds.), High Risk Pregnancy, S. 243.
176 *Hülsmann*, NJW 1992, 2331, 2333 ff.; ausf. *ders.*, Produktion und Reduktion von Mehrlingen.
177 S. die entsprechende Empfehlung in *Evans/Littmann/Tapin et al.*, Multifetal pregnancy reduction and selective termination, in: James/Steer/Weiner/Gonik (eds.), High Risk Pregnancy, S. 245.

Reduktion auf Drillinge regelmäßig keine unmittelbar physiologische Bedrohung der Mutter mehr besteht, kann eine weitere Reduktion nur mit der Gefahr begründet werden, die eine Geburt von Drillingen für ihren seelischen Gesundheitszustand mit sich brächte. Solche Gefahren einer gravierend gesundheitsgefährdenden Überforderung bestehen nach neueren Forschungen aber in hohem Grad. Eine international vergleichende Studie jüngeren Datums ergab dazu Folgendes: Die Versorgung von Drillingen verursacht eine ungleich höhere physische wie psychische Belastung als die von drei Kindern verschiedenen Alters. Die Inzidenz zerebraler Schädigungen der Kinder ist bei Drillingen 47-fach erhöht. Viele Mütter von Drillingen bereuen nachträglich, sich auf das Risiko einer solchen Mehrlingsschwangerschaft eingelassen zu haben; praktisch alle geben an, sie hätten die Belastungen bei Weitem unterschätzt. Bei den meisten von ihnen werden Symptome wie Depressivität, erhebliche körperliche Erschöpfung, Angst, Hilflosigkeit, Schuldgefühle wegen der Unmöglichkeit gleicher emotionaler Zuwendung zu allen drei Kindern beschrieben. Schließlich sind „gravierende Partnerschaftskrisen und eine um das Dreifache erhöhte Trennungsrate" als Folge solcher Mehrlingsgeburten ermittelt worden.[178]

Solche Gefahren sind keiner Schwangeren zuzumuten, die sie nicht selbst tragen zu können glaubt. Eine Reduktion höhergradiger Mehrlinge auf Zwillinge auf Wunsch der Schwangeren ist daher *immer* von § 218 a II gedeckt. Ob darüber hinaus die Reduktion auf eine Einlingsschwangerschaft oder sogar der (nach künstlich induzierter Gravidität regelmäßig höchst unerwünschte) vollständige Abbruch gerechtfertigt ist, beurteilt sich nach den oben entwickelten Kriterien in ihrer Anwendung auf den individuellen Fall. Nicht mehr richtig ist aber die im strafrechtlichen Schrifttum seit 15 Jahren ungeprüft wiederholte Behauptung, wegen des „noch experimentellen Charakters des Verfahrens" sei der Schwangeren eine Mehrlingsreduktion „nicht zumutbar", weswegen stets auch ein Totalabbruch von § 218 a II gedeckt sei.[179] Vielmehr ist die Mehrlingsreduktion in pränatalmedizinischen Zentren heute ein weit gehend sicheres und gut beherrschtes Verfahren.[180]

---

178 *Bindt*, Reproduktionsmedizin, S. 20 ff., m. zahlr. w. N.
179 LK – *Kröger*, StGB, Rn. 57; Schönke/Schröder – *Eser*, StGB, Rn. 34; MK – *Gropp*, StGB, Rn. 49 (alle zu § 218 a); ebenso – damals noch erheblich plausibler – *Eberbach*, JR 1989, 265, 271, und *Hülsmann*, NJW 1992, 2331, 2334.
180 Vgl. *Evans/Littmann/Tapin et al.*, Multifetal pregnancy reduction and selective termination, in: James/Steer/Weiner/Gonik (eds.), High Risk Pregnancy, S. 245, die sogar eine „technische Erfolgs-

Welche der Embryonen er zum partiellen Abbruch auswählt, darf der Arzt allein nach klinischen und operationspraktischen Kriterien entscheiden. Denn der hier zu lösende Konflikt hat nicht die Struktur des sog. „Lebensnotstands in einer Gefahrengemeinschaft", in dem bei gleicher Bedrohung Aller eine rechtmäßige Tötung Einzelner zur Rettung der Anderen in Betracht kommt (und freilich grds. unzulässig ist). Die Rechtfertigung des Teilabbruchs kann nicht darauf gestützt werden, dass man zur Rettung wenigstens einiger die anderen opfern müsse.[181] Denn § 218 a II erkennt allein die Bedrohung der Schwangeren als Rechtfertigungsgrund an. Deshalb darf jeder der Embryonen frei ausgewählt werden, solange das Reduktionsziel „zwei" noch nicht erreicht ist. Denn so lange bedroht auch er die Gesundheit der Mutter sozusagen anteilig mit. Wer freilich die Rechtssubjektivität von Embryonen voraussetzt, hat durchaus Gründe, die Fairness einer solchen gesetzlichen Regelung zu bezweifeln.

Ebenfalls zulässig ist die Selektion der abzutötenden Mehrlinge nach klinischen oder genetischen Kriterien ihrer Gesundheit bzw. Krankheit. Ein solches Aussuchen der geschädigten Embryonen für den reduzierenden Abbruch unter Berufung auf das Diskriminierungsverbot des Art. 3 III Satz 2 GG ausschließen zu wollen, wäre verfehlt. Das gilt unbeschadet der streitigen (richtigerweise zu verneinenden) Frage, ob Art. 3 III Satz 2 auf Embryonen Anwendung findet. Denn gesetzliches Kriterium für die Zulässigkeit eines Abbruchs ist allein die unzumutbare Gesundheitsgefahr für die Mutter. Damit ist deren höhere Belastung (Gefährdung) durch ein potenziell behindertes Kind ein vom Gesetz selbst vorgegebenes sachliches Differenzierungskriterium, auch wenn man Art. 3 GG bereits auf den Embryo anwenden wollte. Im Übrigen würden viele Schwangere die gesamte Schwangerschaft abbrechen, wenn ihnen gesagt würde, von ihren (z. B.) Sechslingen seien zwar drei genetisch schwer geschädigt, doch werde man die zur Reduktion bestimmten nicht nach diesem Kriterium, sondern durch ein gleichheitssatzgemäßes Losverfahren auswählen (ganz abgesehen davon, dass sich Pränatalmediziner nach verlässlicher Auskunft weigern würden, ein solches Verfahren und nachfolgend solche „Blindabbrüche" durchzuführen).

Damit ist auch die Frage des sog. selektiven Fetozids berührt. Hierbei geht es von Anfang an nicht um eine Gefahr der „schieren Anzahl", sondern allein

---

rate" von 100 % für möglich erklären; s. auch *Boulot/Vignal/Vergnes et al.*, Human Reproduction 15 (2000), 1619, 1622f.
181 Zutr. *Schroth*, ZfmE 2003, 211, 212.

um eine Bedrohung, die der Schwangeren aus der konkreten Schädigung eines einzelnen Embryos/Fetus innerhalb einer Mehrlings-, regelmäßig einer Zwillingsschwangerschaft erwächst. Die Prozedur wird meist durch eine direkte Kaliumchlorid-Injektion in das Herz des Feten vorgenommen.[182] Solche Abbrüche erfolgen typischerweise erst im zweiten oder im dritten Schwangerschaftstrimester, weil die ihnen zu Grunde liegenden fetalen Schädigungen regelmäßig erst dann mit hinreichender Sicherheit festgestellt werden können. Daher kommt als Erlaubnisnorm grds. nur § 218 a II in Betracht. Die Zulässigkeit des selektiven Fetozids bestimmt sich somit ebenfalls ausschließlich nach dem Kriterium der unzumutbaren Gefährdung des (seelischen) Gesundheitszustands der Schwangeren. Auch hier wäre die Annahme verfehlt, das Diskriminierungsverbot des Art. 3 III Satz 2 GG verbiete es, § 218 a II zur Rechtfertigung einer solchen Selektion heranzuziehen. Ist es gerade die Schädigung des einen Zwillings, die für die Schwangere eine unzumutbare Gefährdung bedeutet – und wäre es auch erst in Verbindung mit den Normalbelastungen, die durch den anderen, gesunden Zwilling außerdem entstehen –, so ist nach § 218 a II eben diese Schädigung ein gesetzlich anerkannter sachlicher Grund zur Differenzierung zwischen dem kranken und dem gesunden Fetus.[183]

V. Absatz 3: die sog. kriminologische Indikation und ihre Voraussetzungen

Nur etwa 0,5 % aller in Deutschland jährlich abgebrochenen Schwangerschaften werden aufgrund der sog. kriminologischen Indikation beendet.[184] Voraussetzung dafür ist eine an der Schwangeren begangene rechtswidrige Tat nach den §§ 176–179. Da das Gesetz unter dieser Bedingung zugleich die Voraussetzungen nach Abs. 2 als erfüllt „gelten" lässt, macht es die kriminologische Indikation der äußeren Form nach zum Unterfall der „medizinisch-sozialen".

---

[182] Kontraindiziert ist sie allerdings bei eineiigen Zwillingen, die dieselbe Chorionhöhle teilen; s. *Lange/Bühling/Henrich et al.*, Geburtsh Frauenheilk 2001, 303, 306; *Evans/Littmann/Tapin et al.*, Multifetal pregnancy reduction and selective termination, in: James/Steer/Weiner/Gonik (eds.), High Risk Pregnancy, S. 247.

[183] S. etwa die (Münchener) Fallschilderungen bei *Dumler/Kolben/Schneider*, Ultrasound, Obstet. Gynecol. 7 (1996), 213.

[184] BT-Drs. 14/6635, 2. – Traditioneller- und seltsamerweise wird die Indikation auch „ethische" genannt.

Sachlich ist das keine angemessene Systematisierung.[185] Nicht bloß lassen sich keineswegs in allen Fällen des Abs. 3 zugleich die Voraussetzungen der medizinisch-sozialen Indikation auch nur halbwegs plausibel behaupten. Abs. 3 gründet auch auf einem ganz anderen normativen Legitimationsfundament als Abs. 2. Zwar lösen beide Normen den Konflikt einer unerwünschten Schwangerschaft zu Gunsten der Schwangeren, zum Nachteil des vorgeburtlichen Lebens und unter Verweis auf die Unzumutbarkeit des Austragens der Schwangerschaft. Doch haben die jeweils vorausgesetzten Konflikte unterschiedliche Entstehungsgründe, und diese beruhen auf unterschiedlichen Normfundamenten. Abbrüche nach Abs. 2 sind nur nach dem Prinzip des Aggressivnotstands legitimierbar (und deswegen mit einem gleichen Grundrechtsstatus von Embryo und Schwangerer nicht kompatibel). Dagegen weisen Indikationen nach Abs. 3 regelmäßig die Struktur des defensiven Notstands auf. Hier ist die Schwangerschaft der Frau typischerweise aufgezwungen worden. Diese ist daher für die Entstehung des Konflikts genauso wenig zuständig wie das Ungeborene. Nach allgemeinen Notstandsprinzipien muss aber niemand seinen Körper für die Erhaltung eines Anderen zur Verfügung stellen, wenn er für die Situation, in der der Andere dieses Körpers zum Überleben unbedingt bedarf, weder kausal gewesen ist noch in irgendeiner sonstigen Weise zuständig gemacht werden kann.[186]

Eine rechtswidrige Tat i. S. d. §§ 176 bis 179 muss an der Schwangeren begangen worden sein. Der Katalog möglicher Vortaten ist abschließend; andere Sexualdelikte, etwa die Missbrauchstatbestände der §§ 174 – 174c, kommen als Indikationsgrundlage nach Abs. 3 nicht in Betracht. Dass sie im Einzelfall eine Indikation nach Abs. 2 begründen können, ist selbstverständlich, kann sich aber ebenso selbstverständlich nur aus den dort genannten Voraussetzungen ergeben. Nach der Neufassung des Vergewaltigungstat-

---

185 So aber *Arzt/Weber*, BT, § 5 Rn. 78; MK – *Gropp*, StGB, § 218 a Rn. 33; Schönke/Schröder – *Eser*, StGB, § 218 a Rn. 23; zutr. kritisch dagegen SK – *Rudolphi*, StGB, § 218 a Rn. 12; LK – *Kröger*, StGB, § 218 a Rn. 58.

186 Unrichtig *Hoerster*, Abtreibung im säkularen Staat, S. 29 ff., der zunächst – irrig – alle Schwangerschaftskonflikte als Defensivnotstandsfälle für die Schwangeren auffasst und dann gleichwohl aufgrund des völlig abstrakten Übergewichts der Interessen des Embryos (Leben) über die der Frau (körperliche Integrität) eine Austragungspflicht der Letzteren behauptet, falls man dem Embryo den gleichen Rechtsstatus zubillige wie ihr. Es ist aber verfehlt, jemanden für rechtlich verpflichtet zu halten, seinen Körper einem unerwünschten Anderen, für dessen Bedürftigkeit er nichts kann, zur Verfügung zu stellen, damit dieser überlebe. Und eine Garantenpflicht der Schwangeren sogar gegenüber dem ihr *aufgezwungenen* Ungeborenen allein wegen ihrer biologischen („natürlichen") Verbundenheit ist – entgegen einer floskelhaft geläufigen Redeweise – unbegründbar.

bestandes in § 177 II ist nun auch der Abbruch solcher Schwangerschaften indiziert, die durch Vergewaltigung in der Ehe entstanden sind.

§ 11 I Nr. 5 definiert „rechtswidrige Tat" als eine, die „den Tatbestand eines Strafgesetzes verwirklicht". Deshalb kann das Problem auftauchen, ob ein Vorsatz ausschließender Tatumstandsirrtum des Sexualtäters (§ 16 I) auch die Indikation nach § 218 a III ausschließt, weil er nach der heute anerkannten Vorsatzsystematik den subjektiven Tatbestand des vorgängigen Sexualdelikts entfallen lässt, also verhindert, dass dessen Tatbestand *als ganzer* verwirklicht wird.[187] Beispiel: A schwängert die 13-jährige B, glaubt aber, sie sei schon 16. Da es ersichtlich sachwidrig wäre, die Indikation ggf. von subjektiven Fehlvorstellungen des Sexualtäters statt allein vom objektiven Vorgang der Sexualtat abhängen zu lassen, ist man sich einig, dass es für die kriminologische Indikation nur auf den objektiven Unrechtserfolg, nicht aber auf die vorsätzliche Begehung der Vortat ankomme.[188] Dem ist im Ergebnis zuzustimmen. Sauber in die Systematik des Strafrechts einzuordnen ist es aber nicht. Der Vorsatz wird aus guten, ja zwingenden Sachgründen heute zum Tatbestand gerechnet. Dann fehlt es aber an einer „rechtswidrigen Tat" i. S. d. § 11 I Nr. 5, wenn der Vortäter der Sexualtat vorsatzlos gehandelt hat.[189] Der Gesetzgeber ist aufgerufen, diese Misslichkeit endlich zu bereinigen. Mehr als der sprichwörtliche gesetzliche Federstrich, etwa die Einfügung eines *„wenigstens objektiv tatbestandsmäßige"* vor „rechtswidrige Tat", ist dafür ja ersichtlich nicht erforderlich.

„Dringende Gründe" müssen dafür sprechen, dass die Schwangerschaft auf der rechtswidrigen Vortat beruht. Das ist dann der Fall, wenn sowohl für eine vorgängige Katalogtat nach Abs. 3 als auch für deren Ursächlichkeit für die konkrete Schwangerschaft ein solcher Grad an Wahrscheinlichkeit spricht, dass mit diesem Kausalzusammenhang ernsthaft zu rechnen ist.[190] Nimmt

---

187 Die §§ 176 – 179 StGB sind ausnahmslos Vorsatzdelikte.
188 LK – *Kröger*, StGB, Rn. 59; Schönke/Schröder – *Eser*, StGB, Rn. 48; *Lackner/Kühl*, StGB, Rn. 19; SK – *Rudolphi*, StGB, Rn. 42 (alle zu § 218 a).
189 Man kann zur Not die rein objektiv rechtswidrige Vortat noch unter das Merkmal „den Tatbestand eines Strafgesetz verwirklichend" des § 11 I Nr. 5 subsumieren, freilich muss man dabei die gängige (und richtige) systematische Einordnung des Vorsatzes *ad hoc* ignorieren; zwingend ausgeschlossen ist das nicht und für den gebotenen Zweck des § 218 a III wohl unerlässlich; unerfreulich ist es gleichwohl; s. NK – *Merkel*, § 218 a Rn. 150.
190 SK – *Rudolphi*, StGB, Rn. 43; *Lackner/Kühl*, StGB, Rn. 19; enger LK – *Kröger*, StGB, Rn. 59: „hoher Wahrscheinlichkeitsgrad"; ebenso MK – *Gropp*, StGB, Rn. 74 (alle zu § 218 a); Dass darüber hinaus auf Seiten des abbrechenden Arztes „subjektive Gewissheit" erforderlich sei (so LK – *Kröger*, StGB, § 218 a Rn. 59), ist gänzlich grundlos und abzulehnen.

der Arzt irrig eine Vortat i. S. d. Abs. 3 oder deren Ursächlichkeit für die Schwangerschaft an bzw. hält er irrig die Wahrscheinlichkeit einer solchen Annahme für hinreichend groß, so befindet er sich in einem Erlaubnistatumstandsirrtum, der nach der richtigen h. A. das Unrecht der Vorsatztat ausschließt. Hält er eine von ihm selbst erkannte geringe Wahrscheinlichkeit gleichwohl schon für einen „dringenden Grund" zu dieser Annahme, so ist das ein sog. Subsumtions- bzw. Definitionsirrtum, der den Vorsatz unberührt lässt. Der daraus resultierende Verbotsirrtum ist grds. vermeidbar.

„Nach ärztlicher Erkenntnis" müssen sämtliche Voraussetzungen des Abs. 3 gegeben sein. Noch weniger, als oben für Abs. 2 dargelegt, ist in den Fällen des Abs. 3 ersichtlich, welchen Beitrag gerade die *ärztliche* Erkenntnis" zur Ermittlung der erforderlichen Voraussetzungen leisten könnte. Liegt (wie regelmäßig) die von der Schwangeren behauptete Sexualstraftat bereits länger zurück, so hat der Arzt keinerlei medizinische Möglichkeiten, den deliktischen Sachverhalt zu verifizieren. Wird er dagegen direkt nach der Tat konsultiert, so kann er zwar oft die Tatbegehung feststellen, aber zugleich die Nidation des dabei möglicherweise gezeugten Embryos durch entsprechende Medikamente und damit die gesamte Schwangerschaft verhindern.

Eingehende Nachforschungen, z. B. durch Erkundigungen bei der Polizei oder bei Personen, die der Schwangeren nahestehen, muss der Arzt zur Verifizierung der Sexualstraftat dennoch nicht anstellen; andere als die in seiner Berufspraxis allgemein gebräuchlichen Erkenntnismittel braucht er nicht heranzuziehen.[191] Seine wesentliche, meist wohl einzige Erkenntnisquelle sind daher die Auskünfte der Schwangeren. Dass wegen der Vortat Strafanzeige erstattet worden ist, ist keine Voraussetzung eines Abbruchs nach Abs. 3. Für den Fall, dass ein Ermittlungsverfahren läuft, hat das BVerfG darauf hingewiesen, der Arzt könne „mit Einwilligung der Frau eine Auskunft der Staatsanwaltschaft einholen und etwa vorhandene Ermittlungsakten einsehen".[192] Das ist eine Anregung von zweifelhaftem Wert. Jedenfalls gehören etwa erlangbare staatsanwaltliche Ermittlungsergebnisse nicht zur „ärztlichen Erkenntnis". Diese allein fordert das Gesetz und erklärt sie für ausreichend.

Zulässig ist ein Abbruch nach Absatz 3 nur bis zum Ende der 12. Schwangerschaftswoche. Diese Frist ist sachlich verfehlt und mit den in Abs. 3 zum Ausdruck kommenden Wertungen nicht konsistent zu vereinbaren. Das Ge-

---

191 BT-Drs. 13/1850, 26; Schönke/Schröder – *Eser*, StGB, § 218 a Rn. 50.
192 BVerfGE 88, 213.

setz beurteilt die Indikation nach Abs. 3 ersichtlich als gravierenderen Abbruchsgrund als die nach Abs. 2; denn dort wird die Schwangere auf zumutbare Alternativen verwiesen, während Abs. 3 den Abbruch einschränkungslos erlaubt.[193] Dessen Befristung ist wohl nur damit zu erklären, dass der Gesetzgeber die Überlegungsfrist von zwölf Wochen nach einem Sexualdelikt offenbar für ausreichend hält, eine Entscheidung über Fortsetzung oder Beendigung der daraus resultierenden Schwangerschaft zu treffen. Dagegen ist in den Fällen des Abs. 2 der sachliche Grund für den Abbruch (meist eine schwere Schädigung des Fetus) regelmäßig erst nach Ablauf der 12. Woche mit ausreichender Gewissheit diagnostizierbar.

Doch trifft die Annahme, nach Sexualdelikten gem. §§ 176–179 sei der Abbruchsgrund für eine verantwortliche Entscheidung mit Ablauf der 12. Woche stets lange genug bekannt gewesen, vielleicht für den Standardfall der vergewaltigten erwachsenen Frau zu, nicht aber für viele Fällen der anderen in Abs. 3 genannten Katalogtaten. Missbrauchte Kinder oder Geisteskranke verheimlichen die Schwangerschaft oder verdrängen sie auch vor sich selbst oft bis lange nach Ablauf der 12. Woche. Daher sind – unter den insgesamt relativ wenigen Abtreibungen nach einem Sexualdelikt – die Fälle keineswegs ganz selten, in denen bei Kindern oder geisteskranken Frauen die Schwangerschaft den Sorgeberechtigten erst deutlich nach Ablauf der Frist des Abs. 3 bekannt wird.[194] Dass nun die Indikation vollständig entfällt, während zuvor ihr sachlicher Grund kraft unwiderleglicher gesetzlicher Vermutung als unzumutbar bewertet worden wäre und eine Abtreibung unbesehen ermöglicht hätte, mutet angesichts des Umstands, dass dieser unzumutbare Grund ganz unverändert fortbesteht, wie blanke Willkür an. Für die Praxis mag es dann naheliegen, die Schwangere auf die Indikation nach Abs. 2 zu verweisen. Doch hat dieser andere normative Grundlagen und andere sachliche Voraussetzungen. Seine Mobilisierung als Notlösung fördert nur (einmal mehr) die Unehrlichkeit, die – nicht ohne erhebliches Verschulden des Gesetzgebers – inzwischen das gesamte Recht des Schwangerschaftsabbruchs kennzeichnet und belastet.

---

193 Rechtsprinzipiell ist diese Differenz im Gewicht der Indikationen mit den oben dargelegten Erwägungen zum Defensivnotstand bei Abs. 3 und zum bloßen Aggressivnotstand bei Abs. 2 wohl begründet.
194 Persönliche Auskunft des Pränatalmediziners *Prof. Dr. Hackelöer*, Hamburg.

E. Das Weigerungsrecht des Arztes und seine Grenzen

§ 12 SchKG statuiert ein prinzipielles Recht für jedermann, seine Mitwirkung an einem Schwangerschaftsabbruch zu verweigern. Im Wortlaut:

(1) Niemand ist verpflichtet, an einem Schwangerschaftsabbruch mitzuwirken.

(2) Absatz 1 gilt nicht, wenn die Mitwirkung notwendig ist, um von der Frau eine anders nicht abwendbare Gefahr des Todes oder einer schweren Gesundheitsbeschädigung abzuwenden.

Abs. 1 bekräftigt (deklaratorisch) eine Selbstverständlichkeit. Es gibt grundsätzlich keinen Anspruch der Schwangeren auf Abtreibung gegen eine konkrete andere Person. Das Weigerungsrecht steht allen zu, die im Rahmen ihrer regulären Berufstätigkeit im weitesten Sinn zur Organisation und Durchführung von Abtreibungen Beiträge leisten könnten. Dazu gehören die Anästhesie- und Operationsschwestern sowie die sonstigen Pflegekräfte in einer Klinik, aber auch deren Verwaltungs- bzw. Leitungspersonal. Nicht verweigert werden darf aber die medizinisch gebotene Nachbehandlung einer Frau nach einem Abbruch.

Die Grenze des Prinzips wird in Abs. 2 von einer Lebens- oder schweren Gesundheitsgefahr für die Schwangere markiert. Das Merkmal der „schweren Gesundheitsschädigung" ist wesentlich enger als das nur äußerlich ähnliche der „schwerwiegenden Beeinträchtigung des ... Gesundheitszustandes" in § 218 a II. Insbesondere die oben dargelegte gänzliche Subjektivierung der „medizinisch-sozialen" Indikation durch die Berücksichtigung auch „seelischer" Gefahren sowie der „zukünftigen Lebensverhältnisse" der Schwangeren in § 218 a II darf nicht auf § 12 II SchKG übertragen werden, dessen Wortlaut solche Formulierungen nicht enthält. Vielmehr muss es sich dort um akut drohende schwere Gesundheitsgefahren handeln, die grds. unmittelbar physischer Natur sein müssen. Dabei ist ohne euphemistische Verbrämung zu bedenken, dass in den meisten „medizinisch-sozial" indizierten Abbruchsfällen nach § 218 a II die drohende „Gesundheitsgefahr" einer vagen und eher metaphorisch formulierten Prognose entspricht. Weit über 90 % dieser Fälle beruhen auf drohenden künftigen Gefahren für den seelischen Gesundheitszustand, und hiervon wiederum die große Mehrzahl allein auf einer erkannten Schädigung des Fetus. Eine zwangsrechtliche Pflicht für Ärzte, die etwa prinzipielle Abtreibungsgegner sind, auch bei solchen „embryopathisch" motivierten Abbrüchen mitzuwirken, wäre eine nach allgemeinen

Prinzipien unrechtmäßige und wohl auch verfassungswidrige Nötigung. So darf § 12 II SchKG nicht verstanden werden.

Auch in den Fällen wirklicher Todes- oder Gesundheitsgefahr entsteht freilich nicht etwa ein Anspruch der Schwangeren gegen jedermann auf Vornahme einer Abtreibung oder auf Mitwirkung dabei. Vielmehr gelten dann – und nun ohne Einschränkung durch § 12 I SchKG – die allgemeinen rechtlichen Pflichten zur Hilfe. Strafrechtlich haften Personen, die nicht garantenpflichtig sind, z. B. privat praktizierende Ärzte, die um Hilfe gebeten werden, nur im Rahmen des § 323c, also in den Grenzen des ihnen Zumutbaren. Garantenpflichtige, etwa bereits behandelnde oder im Notfalldienst tätige Ärzte sind unter den Voraussetzungen des Abs. 2 grds. zum Abbruch bzw. zur erforderlichen Mithilfe dabei verpflichtet. Weigern sie sich oder bleiben sonst untätig, so haften sie bei Vorsatz aus den §§ 223 ff., 13 oder §§ 212, 13, wenn der drohende Todes- oder Verletzungserfolg eintritt, andernfalls wegen Versuchs.

Bedeutsamer als die strafrechtlichen sind die zivilrechtlichen Konsequenzen des Weigerungsrechts. Weder arbeits- noch vertragsrechtlich dürfen dem sich Weigernden negative Folgen aus seiner Weigerung erwachsen. Auch eine bereits eingegangene vertragliche Verpflichtung zum Schwangerschaftsabbruch steht unter dem Vorbehalt des § 12 I SchKG. Das gilt für eine konkrete Abbruchvereinbarung mit der Schwangeren ebenso wie für eine allgemeine arbeitsvertraglich erklärte Bereitschaft, an Abtreibungen mitzuwirken. Die gesetzliche Regelung ist jedenfalls ihrer vorausgesetzten Idee nach eine Ausprägung der grundrechtlich geschützten Gewissensfreiheit.[195] Deshalb kann das Weigerungsrecht so wenig vertraglich abbedungen wie durch eine frühere Mitwirkung an Abtreibungen „verwirkt" werden. Verweigert der Arzt die Erfüllung einer vertraglichen Verabredung zum Schwangerschaftsabbruch, so mag er sich ggf. wegen des bereits schuldhaften Abschlusses des Vertrags schadensersatzpflichtig machen, nicht aber wegen der Weigerung, ihn durch Vornahme eines Abbruchs zu erfüllen.

Eine Begründung für die jeweilige Weigerung verlangt § 12 I SchKG nicht. Wohl ist der Schutz der Gewissensfreiheit Zweck und Grund der Regelung.[196] Dass aber der einzelne Arzt seine Mitwirkung tatsächlich aus Gewissensgründen verweigert, kann nicht nur nicht überprüft, es kann auch nicht gefordert

---

[195] Dass dies im Wortlaut keinen Ausdruck gefunden hat, liegt an der prinzipiellen Unüberprüfbarkeit von Gewissensentscheidungen und damit der Sinnlosigkeit, Gewissensmotive als gesetzliche Merkmale zu fixieren.

[196] S. BT-Drs. 7/1981, 18.

werden. Der Gewissensschutz ist zwar legislatives Motiv des Gesetzes gewesen, aber nicht zu dessen Inhalt geworden. Daher ist kein Raum für die Begrenzung des Weigerungsrechts durch Missbrauchserwägungen oder Willkürverbote.[197] Das Gesetz stellt dem sich Weigernden die Motive dafür frei. Auch der Arzt, der sich bereiterklärt, einen Abbruch gegen erhöhtes Entgelt durchzuführen, darf diesen verweigern, wenn ihm nur der „Normaltarif" geboten wird. Nicht richtig ist es daher, dass jemand, der seine Bereitschaft demonstriert, gegen überhöhtes Entgelt abzutreiben, nun verpflichtet wäre, es „nach Tarif" zu tun.[198] Diese moralische Einschränkung des Gesetzes gegen seinen klaren Wortlaut ist unzulässig. Gegenüber Ärzten, die nicht garantenpflichtig sind, ist sie schon deshalb verfehlt, weil sie hier auf einen Kontrahierungszwang hinausliefe. Warum jemand, der (diesseits des § 323c) eine Behandlung von Magen- oder Rücken- oder sonstigen Beschwerden aus Gründen seiner blanken Willkür oder Geldgier ablehnen darf, dies ausgerechnet bei Abtreibungen nicht sollte tun dürfen, ist unerfindlich. Wer aber aus jederlei Motiv ablehnen darf, darf es auch aus dem schäbigsten. Das vermeintliche „Willkürverbot" führt in der Sache eine ungesetzliche Motivzensur für sämtliche Fälle ein, in denen das Motiv offensichtlich wird. Es ist aber nicht einzusehen, warum der Arzt A, der die Mitwirkung an einer Abtreibung ablehnt und dabei innerlich zu sich selbst sagt: „Wenn man mir das Doppelte an Bezahlung böte, würde ich's gerne machen", ein unbestrittenes Weigerungsrecht hat, während sein Kollege B, der denselben Satz laut sagt, keines mehr haben und daher (ausgerechnet) zur Abtreibung verpflichtet sein sollte.

---

197 So aber MK – *Gropp*, StGB, Rn. 99 f.; LK – *Kröger*, StGB, Rn. 81; Schönke/Schröder – *Eser*, StGB, Rn. 84 (alle zu § 218 a).
198 So die in der vorigen Anm. Genannten.

III.2 Schönheitsoperationen – die Einwilligung in medizinisch nicht indizierte „wunscherfüllende" Eingriffe[*]

Nine Joost

Inhaltsverzeichnis

A. Einleitung _389
B. Indizierte und nicht indizierte ärztliche Eingriffe – Grundlagen _393
   I. Begrifflichkeiten _393
   II. Ethische Grundpositionen _398
   III. Verfassungsrecht _401
   IV. Rechtsgut der Körperverletzungsdelikte _403
C. Die Bedeutung des Merkmals der medizinischen Indikation in der arztstrafrechtlichen Deliktsystematik _406
   I. Medizinische Indikation als selbstständige Zurechnungskategorie im Strafrecht? _407
      1. Objektiver Tatbestand des § 223 StGB _408
      2. Rechtswidrigkeit _410
      3. Ergebnis _413
   II. Medizinische Indikation als unselbstständige Zurechnungskategorie im Strafrecht _414
      1. Indikation als Gegenstand der Einwilligung _414
      2. Indikation und Einwilligungsfähigkeit _415
      3. Indikation und ärztliche Aufklärung _417
      4. Indikation und Willensmängel im Übrigen _420
      5. Ergebnis _422
D. Schönheitsoperation *de lege lata* _422
   I. Tatbestandsmäßigkeit der Schönheitsoperation _423
   II. Rechtfertigung: *informed consent* _424
      1. Schönheitsoperation und Einwilligungsfähigkeit _424
      2. Schönheitsoperation und Aufklärung _426

---

[*] Mein Dank gilt der Hanns-Seidel-Stiftung für die Förderung durch ein Promotionsstipendium aus Mitteln des Bundesministeriums für Bildung und Forschung. Dr. Bijan Fateh-Moghadam und Katja Oswald danke ich sehr herzlich für zahlreiche wertvolle Diskussionen.

3. Schönheitsoperation und § 228 StGB _428
E. Diskussion unterbreiteter Vorschläge zur Schönheitsoperation *de lege ferenda* _429
   I. Schönheitsoperation und ärztliche Aufklärung – *behavioral law und economics* und das Paternalismusproblem _430
   II. Schönheitsoperation und Einwilligung Minderjähriger: Plädoyer für Altersgrenzen und Ausschluss der Stellvertretung bei der Einwilligung in bedeutende kosmetische Eingriffe _436
F. Fazit _443

Literaturverzeichnis

Aaken, Anne van, Begrenzte Rationalität und Paternalismusgefahr: Das Prinzip des schonendsten Paternalismus, in: Anderheiden, Michael/Bürkli, Peter/Heinig, Hans Michael/Kirste, Stephan/Seelmann, Kurt (Hrsg.), Paternalismus und Recht, 2006, S. 109

Aaken, Anne van, Das deliberative Element juristischer Verfahren als Instrument zur Überwindung nachteiliger Verhaltensanomalien. Ein Plädoyer für die Einbeziehung diskursiver Elemente in die Verhaltensökonomik des Rechts, in: Engel, Christoph/Englerth, Markus/Lüdemann, Jörn/Spiecker genannt Döhmann, Indra (Hrsg.), Recht und Verhalten, 2007, S. 189

Alexy, Robert, Theorie der Grundrechte, 1985

Amelung, Knut, Über die Einwilligungsfähigkeit (Teil II), ZStW 104 (1992), 525

Amelung, Knut, Über die Einwilligungsfähigkeit (Teil II), ZStW 104 (1992), 821

Amelung, Knut, Irrtum und Täuschung als Grundlage von Willensmängeln bei der Einwilligung des Verletzten, 1998

Anschütz, Felix, Aspekte der klinischen Indikation, in: Toellner, Richard/Sadegh-Zadeh, Kazem (Hrsg.), Anamnese, Diagnose und Therapie, 1983, S. 139

Anschütz, Felix, Ärztliches Handeln. Grundlagen, Möglichkeiten, Grenzen, Widersprüche, 1988

Antoine, Jörg, Aktive Sterbehilfe in der Grundrechtsordnung, 2004

Beauchamp, Tom L./Childress, James F., Principles of Biomedical Ethics, 5. Auflage 2001

Beck, Susanne, Enhancement – die fehlende rechtliche Debatte einer gesellschaftlichen Entwicklung, MedR 2006, 95

Bockelmann, Paul, Rechtliche Grundlagen und rechtliche Grenzen der ärztlichen Aufklärungspflicht, NJW 1961, 945

Bockelmann, Paul, Strafrecht des Arztes, 1968
Böckenförde, Ernst-Wolfgang, Grundrechtstheorie und Grundrechtsinterpretation, NJW 1974, 1529
Damm, Reinhard, Persönlichkeitsschutz und medizintechnische Entwicklung, JZ 1998, 926
Damm, Reinhard/Schulte in den Bäumen, Tobias, Indikation und informed consent. Indikatoren eines Gestaltwandels von Medizin und Medizinrecht, KritV 2005, 101
Deutsch, Erwin/Lippert, Hans-Dieter (Hrsg.), Kommentar zum Arzneimittelgesetz (AMG), 2. Auflage 2007
Deutsch, Erwin/Spickhoff, Andreas, Medizinrecht. Arztrecht, Arzneimittelrecht, Medizinprodukterecht und Transfusionsrecht, 6. Auflage 2008
Dreier, Horst (Hrsg.), Grundgesetz, Kommentar, 2. Auflage 2008
Duttge, Gunnar, Der BGH auf rechtsphilosophischen Abwegen – Einwilligung in Körperverletzung und „gute Sitten", NJW 2005, 260
Duttge, Gunnar, Zum Unrechtsgehalt des kontraindizierten ärztlichen „Heileingriffs", MedR 2005, 706
Eberbach, Wolfram H., Die Verbesserung des Menschen. Tatsächliche und rechtliche Aspekte der wunscherfüllenden Medizin, MedR 2008, 325
Ehlers, Alexander P. F., Die ärztliche Aufklärung vor ärztlichen Eingriffen. Bestandsaufnahme und Kritik, 1987
Engisch, Karl, Ärztlicher Eingriff zu Heilzwecken und Einwilligung, ZStW 58 (1939), 1
Englerth, Markus, Behavioral Law and Economics – eine kritische Einführung, in: Engel, Christoph/Englerth, Markus/Lüdemann, Jörn/Spiecker genannt Döhmann, Indra (Hrsg.), Recht und Verhalten, 2007, S. 60
Englerth, Markus, Vom Wert des Rauchens und der Rückkehr der Idioten – Paternalismus als Antwort auf beschränkte Rationalität?, in: Engel, Christoph/Englerth, Markus/Lüdemann, Jörn/Spiecker genannt Döhmann, Indra(Hrsg.), Recht und Verhalten, 2007, S. 231
Eser, Albin/von Lutterotti, Markus/Sporken, Paul, Lexikon Medizin, Ethik, Recht, 1989
Fateh-Moghadam, Bijan, Die Einwilligung in die Lebendorganspende. Die Entfaltung des Paternalismusproblems im Horizont differenter Rechtsordnungen am Beispiel Deutschlands und Englands, 2008
Fateh-Moghadam, Bijan, Grenzen des weichen Paternalismus. Blinde Flecken der liberalen Paternalismuskritik, in: Fateh-Moghadam, Bijan/Sellmaier, Stephan/Vossenkuhl, Wilhelm (Hrsg.), Grenzen des Paternalismus, 2010

Feinberg, Joel, The Moral Limits of The Criminal Law, Volume Three, Harm to self, 1986

First, Michael, Desire for amputation of a limb: paraphilia, psychosis, or a new type of identity disorder, in: Psychological Medicine, 2005, 35, S. 919

Fischer, Thomas, Strafgesetzbuch und Nebengesetze, 56. Auflage 2009

Geilen, Gerd, Einwilligung und ärztliche Aufklärungspflicht, 1963

Gilman, Sander L., Making the body beautiful. A cultural history of aesthetic surgery, 1999

Göbel, Alfred A., Die Einwilligung im Strafrecht als Ausprägung des Selbstbestimmungsrechts, 1992

Günther, Hans-Ludwig, Voluntas aegroti suprema lex – Juristische Erwägungen, in: Koslowski, Leo (Hrsg.), Maximen in der Medizin, 1992, S. 124

Gutmann, Thomas, Zur philosophischen Kritik des Rechtspaternalismus, in: Schroth, Ulrich/Schneewind, Klaus A./Gutmann, Thomas/Fateh-Moghadam, Bijan (Hrsg.), Patientenautonomie am Beispiel der Lebendorganspende, 2006, S. 189

Hermes, Georg, Das Grundrecht auf Schutz von Leben und Gesundheit. Schutzpflicht und Schutzanspruch aus Art. 2 Abs. 2 Satz 1 GG, 1987

Hollenbach, Axel, Grundrechtsschutz im Arzt-Patienten-Verhältnis. Eine Untersuchung zur Umsetzung verfassungsrechtlicher Vorgaben im einfachen Recht, 2003

Jarass, Hans D./Pieroth, Bodo, Grundgesetz für die Bundesrepublik Deutschland. Kommentar, 10. Auflage 2009

Joost, Nine, Begrenzte Rationalität und ärztliche Aufklärungspflichten. Soll das Recht defizitären Patientenentscheidungen entgegenwirken?, in: Fateh-Moghadam, Bijan/Sellmaier, Stephan/Vossenkuhl, Wilhelm (Hrsg.), Grenzen des Paternalismus, 2010, S. 126

Jung, Eberhard, Das Recht auf Gesundheit. Versuch einer Grundlegung des Gesundheitsrechts der Bundesrepublik Deutschland, 1982

Kargl, Walter, Körperverletzung durch Heilbehandlung, GA 2001, 538

Katzenmeier, Christian, Arzthaftung, 2002

Kern, Bernd-Rüdiger, Selbstbestimmung bei der Einwilligung in ärztliche Eingriffe, NJW 1994, 753

Kern, Bernd-Rüdiger/Laufs, Adolf, Die ärztliche Aufklärungspflicht, 1983

Korff, Wilhelm/Beck, Lutwin/Mikat, Paul, Lexikon der Bioethik, 2000

Lackner, Karl/Kühl, Kristian, Strafgesetzbuch. Kommentar, 26. Auflage 2007
Lanzerath, Dirk, Was ist medizinische Indikation? Eine medizinethische Überlegung, in: Charbonnier, Ralf; Dörner, Klaus; Simon, Steffen (Hrsg.), Medizinische Indikation und Patientenwille, 2007, S. 35
Laufs, Adolf, Arztrecht, 5. Auflage 1993
Laufs, Adolf/Uhlenbruck, Wilhelm (Hrsg.), Handbuch des Arztrechts, 3. Auflage 2002
(LK) *Laufhütte, Heinrich Wilhelm/Rissing-van Saan, Ruth/Tiedemann, Klaus* (Hrsg.), Strafgesetzbuch, Leipziger Kommentar, Band 2, §§ 32 – 55, 12. Auflage 2006
(LK) *Jähnke, Burkhard/Laufhütte, Heinrich Wilhelm/Odersky, Walter* (Hrsg.), Strafgesetzbuch, Leipziger Kommentar, Band 6, §§ 223 – 263a, 11. Auflage 2005
Lorz, Sigrid, Arzthaftung bei Schönheitsoperationen, 2007
Maunz, Theodor/Dürig, Günter, Grundgesetz. Loseblatt-Kommentar, 55. Auflage 2009
(MK) *Joecks, Wolfgang/Miebach, Klaus* (Hrsg.), Münchener Kommentar zum StGB, Band 3, §§ 185 – 262, 2003
Möller, Kai, Paternalismus und Persönlichkeitsrecht, 2005
Murmann, Uwe, Die Selbstverantwortung des Opfers im Strafrecht, 2005
Neitzke, Gerald, Unterscheidung zwischen medizinischer und ärztlicher Indikation. Eine ethische Analyse der Indikationsstellung, in: Charbonnier, Ralf/Dörner, Klaus/Simon, Steffen (Hrsg.), Medizinische Indikation und Patientenwille, 2007, S. 53
Neyen, Werner, Die Einwilligungsfähigkeit im Strafrecht, 1991
Niedermair, Harald, Körperverletzung mit Einwilligung und die guten Sitten. Zum Funktionsverlust einer Generalklausel, 1999
(NK) *Kindhäuser, Urs/Neumann, Ulfrid/Paeffgen, Hans-Ulrich* (Hrsg.), Strafgesetzbuch, Nomos Kommentar, Band 2, §§ 146 – 358, 2. Auflage 2005
Noll, Peter, Übergesetzliche Rechtfertigungsgründe – im besondern die Einwilligung des Verletzten, 1955
Odenwald, Steffen, Die Einwilligungsfähigkeit im Strafrecht unter besonderer Hervorhebung ärztlichen Handelns, 2004
Otto, Harro, Grundkurs Strafrecht. Die einzelnen Delikte, 7. Auflage 2005
Pieroth, Bodo/Schlink, Bernhard, Grundrechte, Staatsrecht II, 24. Auflage 2008
Pschyrembel, Willibald, Klinisches Wörterbuch, 261. Auflage 2007
Rehmann, Wolfgang A. (Hrsg.), Arzneimittelgesetz. Kommentar, 3. Auflage 2008
Reipschläger, Christiane, Die Einwilligung Minderjähriger in ärztliche Heileingriffe und die elterliche Personensorge, 2004
Rengier, Rudolf, Strafrecht Besonderer Teil II. Delikte gegen die Person und die Allgemeinheit, 9. Auflage 2008

Rönnau, Thomas, Willensmängel bei der Einwilligung im Strafrecht, 2001
Roxin, Claus, Strafrecht Allgemeiner Teil Band I. Grundlagen – Der Aufbau der Verbrechenslehre, 4. Auflage 2006
Rudolphi, Hans-Joachim, Literaturbericht zu Arzt, Gunther: Willensmängel bei der Einwilligung, ZStW 86 (1974), 82
Sachs, Michael, Grundgesetz, Kommentar, 5. Auflage 2009
Schöne-Seifert, Bettina, Medizinethik, in: Nida-Rümelin, Julian (Hrsg.), Angewandte Ethik, 1996, S. 552
Schönke, Adolf/Schröder, Horst (Hrsg.), Strafgesetzbuch, Kommentar, 27. Auflage 2006
Schreiber, Hans-Ludwig, Recht und Ethik – am Beispiel des Arztrechts, in: Hanack, Ernst-Walter/Rieß, Peter/Wendisch, Günter (Hrsg.), Festschrift für Hanns Dünnebier, 1982, S. 642
Schreiber, Hans-Ludwig, Strafrecht der Medizin, in: Roxin, Claus/Widmaier, Gunter (Hrsg.), 50 Jahre Bundesgerichtshof, Festgabe aus der Wissenschaft, Band IV, 2000, S. 503
Schroth, Ulrich, Medizin-, Bioethik und Recht, in: Kaufmann, Arthur/Hassemer, Winfried/Neumann, Ulfrid (Hrsg.), Einführung in Rechtsphilosophie und Rechtstheorie der Gegenwart, 7. Auflage 2004, S. 458
Schroth, Ulrich, Strafrecht, Besonderer Teil. Ein Repetitorium, 4. Auflage 2006
Schroth, Ulrich, Die rechtliche Absicherung der autonomen Entscheidung des Lebendspenders, in: Schroth, Ulrich/Schneewind, Klaus A./Gutmann, Thomas/Fateh-Moghadam, Bijan (Hrsg.), Patientenautonomie am Beispiel der Lebendorganspende, 2006, S. 79
Schroth, Ulrich, Ärztliches Handeln und strafrechtlicher Maßstab. Medizinische Eingriffe ohne und mit Einwilligung, ohne und mit Indikation, in: Roxin, Claus/Schroth, Ulrich (Hrsg.), Handbuch des Medizinstrafrechts, 3. Auflage 2007, S. 21
Schroth, Ulrich, Das Rechtsgut der Körperverletzungsdelikte und seine Verletzung. Zugleich ein Beitrag zur strafrechtlichen Bewertung des ärztlichen Heileingriffs, in: Neumann, Ulfrid/Prittwitz, Cornelius (Hrsg.), „Personale Rechtsgutslehre" und „Opferorientierung im Strafrecht", 2007, S. 113
Schroth, Ulrich, Die Einwilligung in eine nicht-indizierte Körperbeeinträchtigung zur Selbstverwirklichung – insbesondere die Einwilligung in Lebendspende, Schönheitsoperation und Piercing, in: Hassemer, Winfried/Kempf, Eberhard/Moccia, Sergio (Hrsg.), In dubio pro libertate, Festschrift für Klaus Volk zum 65. Geburtstag, 2009, S. 719
Schroth, Ulrich/König, Peter/Gutmann, Thomas/Oduncu, Fuat (Hrsg.), Transplantationsgesetz (TPG), Kommentar, 2005

Seelmann, Kurt, Paternalismus und Solidarität bei der Forschung am Menschen, in: Amelung, Knut/Beulke/Werner/Lilie, Hans et al. (Hrsg.), Festschrift für Hans-Ludwig Schreiber, 2003, S. 853

(SK) Rudolphi, Hans-Joachim; Horn, Eckhard; Günther, Hans Ludwig (Hrsg.), Systematischer Kommentar zum Strafgesetzbuch, Besonderer Teil §§ 201 – 266b, Stand 117. Lieferung 2009

Sternberg-Lieben, Detlev, Die objektiven Schranken der Einwilligung im Strafrecht, 1997

Sunstein, Cass R., Gesetze der Angst. Jenseits des Vorsorgeprinzips, 2007

Tag, Brigitte, Der Körperverletzungstatbestand im Spannungsfeld zwischen Patientenautonomie und Lex artis. Eine arztstrafrechtliche Untersuchung, 2000

Taschen, Angelika, Schönheitschirurgie, 2005

Ulsenheimer, Klaus, Ist ein Eingriff ohne medizinische Indikation eine Körperverletzung? Wunschsectio – aus rechtlicher Sicht, Geburtshilfe und Frauenheilkunde 2000, S. M61

Ulsenheimer, Klaus, Arztstrafrecht in der Praxis, 4. Auflage 2008

Voll, Doris, Die Einwilligung im Arztrecht. Eine Untersuchung zu den straf-, zivil- und verfassungsrechtlichen Grundlagen, insbesondere bei Sterilisation und Transplantation unter Berücksichtigung des Betreuungsgesetzes, 1996

Vossenkuhl, Wilhelm, Ethische Grundlagen ärztlichen Handelns. Prinzipienkonflikte und deren Lösungen, in: Roxin, Claus/Schroth, Ulrich (Hrsg.), Handbuch des Medizinstrafrechts, 3. Auflage 2007, S. 3

Wenzel, Frank, Handbuch des Fachanwalts Medizinrecht, 2. Auflage 2009

Wessels, Johannes/Hettinger, Michael, Strafrecht Besonderer Teil 1. Straftaten gegen Persönlichkeits- und Gemeinschaftswerte, 32. Auflage 2008

Wessels, Johannes/Beulke, Werner, Strafrecht Allgemeiner Teil. Die Straftat und ihr Aufbau, 38. Auflage 2008

A. Einleitung

Die traditionelle, indikationsgebundene Medizin früherer Tage hat sich nachhaltig gewandelt. Eine in der medizinischen Praxis zu beobachtende Tendenz bewegt sich heute weg von der herkömmlichen Aufgabe des Arztes, Gesundheit wiederherzustellen und zu erhalten, hin zu einer medizintechnisch ermöglichten, gesellschaftlich gewollten und akzeptierten Wunschmedizin. Ärztliches Handeln ohne medizinische Indikation gewinnt dabei immer größere Bedeutung. Schönheitsoperationen, Wunschsectio[1], Schwangerschaftsabbrüche aus nichtmedizinischen Gründen, Gefälligkeitssterilisationen, Organlebendspenden, klinische Arzneimittelprüfungen und Humanforschung, Doping, gewollte Amputationen[2], Fortpflanzungsmedizin und genetische Diagnostik sind heute praktizierte und diskutierte Eingriffe und Gegenstand der rechtlichen und rechtspolitischen Debatte.[3] Der Überblick über diese Felder der modernen Medizin zeigt, dass es eine große Vielfalt von Medizinbereichen mit „Indikationsproblemen" gibt. In all diesen Bereichen „wunscherfüllender", nicht-therapeutischer Medizin sind ärztliche Eingriffe medizinisch nicht notwendig, zeichnen sich also durch einen Indikationsmangel aus.

Diese Eingriffe sind rechtssoziologisch betrachtet Phänomene ärztlichen Handelns, die in der neu diskutierten Kategorie des *enhancement* erfassbar sind. Die Begriffe *enhancement* oder wunscherfüllende Medizin stehen für eine gesellschaftliche Entwicklung, nach der sich Menschen nach ihren eigenen Vorstellungen selbst gestalten, verbessern und optimieren. Die wunscherfüllende Medizin ist dabei ein Teilbereich des *enhancement*, welches alle entsprechenden Maßnahmen umfasst, auch solche ohne ärztliche Mitwirkung wie etwa Piercings und Tätowierungen.[4] Die Ethik beschäftigt sich schon einige Zeit mit diesem Bereich und versteht unter *enhancement* „alle korrigierenden Eingriffe in den menschlichen Körper, durch die nicht eine Krankheit

---

1 Wunschsectio ist die operative Beendigung der Schwangerschaft durch Kaiserschnitt ohne medizinischen Grund auf Wunsch der Mutter, vgl. *Pschyrembel*, Klinisches Wörterbuch, Stichwort „Schnittentbindung".
2 Sog. BIID-Syndrom („*Body Integrity Identity Disorder*"), das zuletzt in der medizinischen Forschung Aufmerksamkeit erregt hat und zum Teil als psychiatrische Krankheit eingeordnet wird. Vgl. die einschlägige Studie von *First*, Psychological Medicine 2005, 919 ff., 926. Ausführlich *Joost*, Das Fehlen der medizinischen Indikation im Arztstrafrecht – Eine Untersuchung am Beispiel der Schönheitsoperation, Dissertation, erscheint demnächst.
3 Im Einzelnen gibt es Unterschiede – die Organlebendspende ist fremdnützige Heilhilfe; Organlebendspende (vgl. *Schroth*, Organ- und Gewebelebendspende, S. 466 ff. in diesem Band) und Schwangerschaftsabbruch (vgl. *Merkel*, Schwangerschaftsabbruch, S. 295 ff. in diesem Band) sind nur eingeschränkt zulässig; ob die Organlebendspende überhaupt in den Bereich der wunscherfüllenden Medizin fällt, ist umstr. – ablehnend *Eberbach*, MedR 2008, 326. Zur Strafbarkeit der PID vgl. *Schroth*, Stammzellenforschung und PID, S. 530 ff. in diesem Band. Zur ganzen Thematik *Schroth*, Einwilligung in eine nicht-indizierte Körperbeeinträchtigung, S. 719 ff. Nicht mehr praktiziert wird heute die früher übliche Kastration von Knaben, um ihnen eine Sopran- oder Altsingstimme zu erhalten; ihre Hochzeit erlebten diese sog. Kastraten in der großen Zeit der Barockoper um 1800, vgl. FASZ vom 11.10.2009, „Ein tiefer Schnitt für den Wohlklang", Wissenschaft S. 66.
4 *Eberbach*, MedR 2008, 325.

behandelt wird bzw. die nicht medizinisch indiziert sind"[5]. Das Recht befasst sich indes erst neuerdings mit dem Problem des *enhancement* in seiner Gesamtheit; eine systematische Auseinandersetzung hat bisher nicht stattgefunden.[6] Soweit ersichtlich wurden nur einzelne Problembereiche wie Doping, Schwangerschaftsabbruch, Wunschsectio etc. losgelöst und spezifisch diskutiert.

Ein Bereich indikationsloser ärztlicher Eingriffe mit besonderer praktischer Bedeutung ist dabei die kosmetische Chirurgie. Schönheitsoperationen haben weltweit Hochkonjunktur. Brust- und Nasenkorrekturen, subkutane Fettabsaugungen, Hebung von Schlupflidern, Botox-Einspritzungen etc. sind im Zeitalter von Anti-Aging und Wellness Ausdruck des Wunsches nach maßgeschneiderter Schönheit und werden von einem dienstleistenden Sektor der Medizin entsprechend der starken Nachfrage ausgeführt. Auch in Deutschland sind Schönheitsoperationen heute Alltag. Die optische Selbststilisierung begeistert hier zu lande Männer wie Frauen[7] und ist selbst bei Minderjährigen schon eine gängige Option.[8] Mangels bundesweiter einheitlicher Statistiken sind die genauen Zahlen nicht ganz klar; Schätzungen der fachärztlichen Vereinigungen und der Bundesregierung sprechen aber von bis zu einer Million solcher Eingriffe jährlich in Deutschland[9] – Zahlen, die die kosmetische Chirurgie zu einer riesigen Industrie machen. Die Brisanz der Entwicklung und der durch sie bedingten Missbrauchsgefahren zeigt sich schon darin, dass sich nun auch der Deutsche Bundestag mit dem Bereich der Schönheitschirurgie beschäftigt.[10] Die kosmetische Operation ist damit ein stetig wachsendes Phä-

---

5 *Korff/Beck/Mikat*, Lexikon der Bioethik, Stichwort „Enhancement"; *Beck*, MedR 2006, 95.
6 Zur Notwendigkeit einer systematischen Auseinandersetzung mit dem Phänomen des *enhancements* vgl. *Beck*, MedR 2006, 95; *Eberbach*, MedR 2008, 325.
7 Mittlerweile geht man sicher von einer Quote von 1/5 und möglicherweise schon von 1/3 männlicher Patienten aus, vgl. *Eberbach*, MedR 2008, 328; *Lorz*, Schönheitsoperationen, S. 53 m. w. N.
8 Schätzungen gehen davon aus, dass 10–15 % der Patienten unter 18 Jahre und ca. 25 % zwischen 15 und 25 Jahre alt sind. Dazu ausführlich unten E. II.
9 BT-Drs. 15/2154, S. 1. Im Einzelnen gehen die Zahlen auseinander, da die Schätzungen nichtamtlich sind, sondern von unterschiedlichen Stellen wie der DGÄPC und der VDÄPC vorgelegt werden. Auch wird eine hohe Dunkelziffer vermutet.
10 Insg. hat der Bundestag in letzter Zeit zahlreiche Schritte gegen den Schönheitskult unternommen: BT-Drs. 16/6779 vom 24.10.2007, Antrag der Koalitionsfraktionen mit dem Ziel der Verhinderung von Missbräuchen bei Schönheitsoperationen, insb. bei Minderjährigen, und BT-Protokoll Nr. 16/83 vom 23.04.2008, Anhörung des Gesundheitsausschusses zu diesem Thema. BT-Drs. 16/12276 vom 17.03.2009 und BT-Drs. 16/12787 vom 27.04.2009, Gesetzentwurf, § 4 NiSG, zum Nutzungsverbot von Solarien für Minderjährige. Neufassung von § 1 I Nr. 2, § 3, § 14, § 15 II HWG zum 01.04.2006 bzgl. Einbezug eines strafbewehrten Verbots irreführender Werbung für operative plastisch-chirurgi-

nomen unserer Zeit und tritt durch diese Relevanz ganz selbstverständlich in den Bereich des Rechts. Die schnelle Entwicklung der Medizin, insbesondere der kosmetischen Chirurgie, hat nicht nur das Arzt-Patienten-Verhältnis in Teilen grundlegend verändert, sondern wirft völlig neue ethische und rechtliche Fragen auf. In unserer pluralistischen Gesellschaft zeigt sich bei der Frage nach Möglichkeiten und Grenzen der Schönheitschirurgie ein Konsensverlust in der gesellschaftlichen Werteorientierung. In die juristische Erfassung des Bereichs der nicht indizierten Schönheitschirurgie wirken ethische Fragestellungen und die Pluralität gesellschaftlicher Anschauungen hinein. Aus rechtlicher Perspektive ist das Problem weniger die medizinische Erfüllung eines Wunsches mittels einer Körperbeeinträchtigung. Auch die traditionelle kurative Medizin erfüllt einen Wunsch des Patienten, nämlich den nach Heilung. Bei den medizinisch nicht indizierten Eingriffen werden dagegen Wünsche erfüllt, die sich auf die wertbezogenen, beispielsweise körperlich-ästhetischen, altruistischen oder sexuellen Interessen des Patienten beziehen.[11] Der entscheidende normative Unterschied ist vielmehr das Fehlen der medizinischen Indikation. Gerade im Heilzweck wird im traditionellen Medizinrecht aber oft die Legitimation für ärztliches Handeln gesehen. Daraus resultiert die Frage: *Wann ist ein ärztlicher Eingriff ohne medizinische Indikation eine Körperverletzung gemäß § 223 StGB?*

Nach einer kurzen Befassung mit den Grundlagen der Thematik soll dargestellt werden, wie medizinisch nicht indizierte Eingriffe – allgemein, dann konkret am Beispiel der Schönheitsoperation – strafrechtlich bewertet werden. Dazu wird die Rechtslage im Hinblick darauf analysiert, auf welcher Stufe der strafrechtlichen Deliktsystematik die medizinische Indikation thematisiert wird und welche Rechtsfolgen an ihr Fehlen geknüpft werden; das Ergebnis wiederholt sich für die nicht indizierte Schönheitsoperation *de lege lata*. Im Anschluss werden von verschiedener Seite eingebrachte Vorschläge *de lege ferenda* kritisch betrachtet, die bei der Schönheitsoperation die Frage aufwerfen, ob die geltende Rechtslage Ärzte- und Patienteninteressen hinreichend wahrt und angemessen auf das Phänomen der Schönheitsoperation reagiert.

---

sche Eingriffe. Neufassung von § 294a II SGB V i. V. m. § 52 II SGB V zum 01.07.2008 bzgl. Leistungsbeschränkung für die gesetzlichen Krankenkassen bei der Kostenerstattung für kosmetische Eingriffe und diesbzgl. Anzeigepflicht der Ärzte bei den Krankenkassen.

11 *Schroth*, Einwilligung in nicht-indizierte Körperbeeinträchtigung, S. 719 ff.

B. Indizierte und nicht indizierte ärztliche Eingriffe – Grundlagen

I. Begrifflichkeiten

Auch wenn vor allem die Begriffe „medizinische Indikation" und „Schönheitsoperation" auf den ersten Blick als allgemein verständlich erscheinen, kommt es im Bereich des Arztstrafrechts zu erheblichen Definitionsschwierigkeiten. Die enthaltene Orientierung an den Begriffen Gesundheit und Krankheit erleichtert die Definition nicht, denn diese beiden Begriffe sind im Recht ebenfalls nicht trennscharf geklärt.[12] Eine Abgrenzung zwischen medizinisch indizierten und nicht indizierten ärztlichen Eingriffen, zwischen Heilbehandlung und reiner Schönheitsoperation, zwischen Therapie und *enhancement* ist indes von entscheidender Bedeutung für die strafrechtliche Beurteilung ärztlichen Handelns. Denn der Begriff der medizinischen Indikation trennt im Arztstrafrecht den ärztlichen Heileingriff von den nicht indizierten ärztlichen Eingriffen – mit bedeutenden rechtlichen Auswirkungen: Eingriffe ohne Indikation werden von Rechtsprechung und Strafrechtswissenschaft, in divergierenden Ansätzen, anderen Anforderungen unterworfen.

Der Begriff der *Indikation* ist für die Medizin, Ethik und Rechtswissenschaft ein entscheidender Leitbegriff.[13] Er taucht schon in der antiken Medizin bei Hippokrates als *indeixis* auf und leitet sich vom lateinischen Verb *indicare*, anzeigen, ab; synonym für Indikation steht deshalb auch „(Heil-)Anzeige".

Aus *medizinethischer* Sicht wird die Indikation als begründeter Entschluss verstanden, dass für den Arzt eine bestimmte Handlungsnotwendigkeit diagnostischer oder therapeutischer Art zu einem bestimmten Zeitpunkt bezogen auf einen bestimmten Patienten besteht.[14] Die Indikationsstellung ist es, bei der der Arzt ethische, individuell auf den Patienten und seine Lebensumstände bezogene Überlegungen einbringen und auf maßgebliche Normen und Werte rekurrieren soll. *Die Indikationsstellung ist damit das zentrale Ein-*

---

12 Die Übergänge sind fließend und die Interpretation vom jeweiligen rechtlichen Kontext abhängig. Vgl. ausführlich *Lorz*, Schönheitsoperationen, S. 34 ff., *Tag*, Körperverletzungstatbestand, S. 31 ff. und *Jung*, Recht auf Gesundheit, S. 2 ff.
13 Dies zeigt schon der Beitrag zum Stichwort „Indikation" in *Eser/von Lutterotti/Sporken*, Lexikon Medizin, Ethik, Recht, S. 537 ff.
14 *Neitzke*, Indikation, S. 53; *Horn*, JuS 1979, 38.

fallstor für ethische Erwägungen im Arzt-Patienten-Verhältnis.[15] Medizinethisch diente die Indikation deshalb seit jeher vor allem der Implikation des hippokratischen Eides mit seinem Schädigungsverbot, *primum non nocere*, als zentrale Zielsetzung ärztlichen Handelns.[16] Lange Zeit war in der Ethik daher der Krankheitsbegriff als Anknüpfungspunkt für die Orientierung ärztlichen Handelns und für die Ausfüllung des Begriffs der medizinischen Indikation unumstritten. Durch den Strukturwandel der modernen Medizin werden nun aber auch neue ethisch-normative Begriffe wie Lebensqualität oder eben *enhancement* als Regulativ für ärztliches Handeln diskutiert.[17]

Aus *medizinischer* Sicht ist die Indikation klar definiert als Grund zur Anwendung eines bestimmten diagnostischen oder therapeutischen Verfahrens durch den Arzt in einem Krankheitsfall, der die Anwendung hinreichend rechtfertigt,[18] als Konzept ärztlicher Vorgehensweise. Ziel ist dabei das Retten, Heilen, Erhalten, Mindern von Leiden.[19] Dabei wird der Begriff entsprechend den Bedürfnissen der ausgeübten Medizin mit Krankheitsbildern ausgelegt und praxisnah gehandhabt. Die Indikationsstellung ist dann ein in jedem Einzelfall wertender professioneller Entschluss, der dem Arzt individuell überlassen ist.[20] Ob eine hinreichende Begründung und Legitimation für die Vornahme eines ärztlichen Eingriffs besteht, beurteilt der Arzt zunächst auf Grundlage der objektiv-wissenschaftlichen Erkenntnisse, diagnostischer und therapeutischer Behandlungsstandards der Medizin und ärztlicher Erfahrung, orientiert am *state of the art* der Medizinwissenschaften. Zusätzlich erfolgt stets eine subjektiv-konkrete Bewertung, bezogen auf den betroffenen Patienten. Die Indikationsstellung wird damit zu einem komplexen Prozess, der den Forschungsstand über eine Erkrankung, die Bedürfnisse und Lebensumstände des individuellen Patienten und darüber hinaus einen ethischen, gesellschaftlichen und juristischen Zusammenhang in Einklang zu bringen hat.[21]

---

15 *Anschütz*, Klinische Indikation, S. 141 m. w. N.; *Lanzerath*, Indikation, S. 54.
16 Als zentrale Zielsetzung auch im Genfer Ärztegelöbnis (1948 auf der 2. Generalversammlung des Weltärztebundes in Genf als zeitgemäß veränderte Fassung des hippokratischen Eides beschlossen) und im Gelöbnis und § 1 II der MBO-Ä.
17 *Lanzerath*, Indikation, S. 36 f.
18 *Pschyrembel*, Klinisches Wörterbuch, Stichwort „Indikation".
19 Vgl. *Eser/von Lutterotti/Sporken*, Lexikon Medizin, Ethik, Recht, S. 542 ff., Stichwort „Indikation".
20 Vgl. *Damm/Schulte in den Bäumen*, KritV 2005, 105.
21 *Anschütz*, Ärztliches Handeln, S. 257. Denn auch die in einer Gesellschaft bestehenden Wertvorstellungen, Akzeptanzen und Gesetze bestimmen die Ausfüllung des Begriffs der medizinischen Notwendigkeit.

Aus der Perspektive des *Rechts* wird das Vorliegen einer medizinischen Indikation als zentraler Anknüpfungspunkt für die Annahme einer ärztlichen Heilbehandlung betrachtet oder auch schlicht mit ihr gleichgesetzt.[22] Trotz der entscheidenden Bedeutung, die gerade das traditionelle Medizinstrafrecht der Unterscheidung zwischen indizierter Heilbehandlung und nicht indiziertem ärztlichen Eingriff beimisst[23], gibt es aber auch für die ärztliche Heilbehandlung, wie Tag in ihrer grundlegenden Habilitationsschrift[24] und Laufs/Uhlenbruck darstellen[25], noch keine geklärte Definition. Der Begriff der medizinischen Indikation wird zwar weitgehend übereinstimmend umrissen, in den entscheidenden Grenzbereichen bleibt der Begriff jedoch unklar. Fest steht lediglich, dass ärztliche Eingriffe ohne medizinische Indikation keine Heilbehandlungen sind.[26]

Die herkömmliche Arztrechtliteratur beschreibt, auch in Anknüpfung an die Reformvorschläge für das StGB[27], als Kriterium für den *indizierten* und nur dann zulässigen ärztlichen Heileingriff den objektiven Heilzweck und die subjektive Heiltendenz des Arztes. Indizierte Heilbehandlungen sind ärztliche Eingriffe und andere Behandlungen, die am Körper eines Menschen vorgenommen werden und die nach den Erkenntnissen und Erfahrungen der ärztlichen Heilkunde und den Grundsätzen eines gewissenhaften Arztes angezeigt sind und vorgenommen werden, um Krankheiten, Leiden, Körper-

---

22 Vgl. *Tag*, Körperverletzungstatbestand, S. 31 ff.
23 Ausführlich unten C. I.
24 *Tag*, Körperverletzungstatbestand, S. 31 ff., 40.
25 *Laufs/Uhlenbruck*, Handbuch des Arztrechts, § 51 Rn. 4 ff.; § 52 Rn. 2; § 44 Rn. 1.
26 Allgemein anerkannt, vgl. z. B. *Fischer*, StGB, § 223 Rn.11.Ungeklärt ist auch der Begriff der *Kontraindikation*. Aus medizinischer Perspektive ist die Kontraindikation ein klar besetzter Ausdruck und kann von sowohl indizierten als auch nicht indizierten Eingriffen abgegrenzt werden, vgl. *Pschyrembel*, Klinisches Wörterbuch, Stichworte „Indikation" und „Kontraindikation". Anders verhält es sich im Bereich des Rechts. Hier wird der Begriff der Kontraindikation mit differierender und auch im Einzelfall oft nicht eindeutiger Bedeutung verwendet, vgl. z. B. einerseits *Schroth*, Ärztliches Handeln, S. 40 bzw. andererseits *Duttge*, MedR 2005, 706. Ob aus rechtlicher Perspektive neben indizierten ärztlichen Eingriffen und nicht indizierten ärztlichen Eingriffen noch eine dritte Kategorie der „kontraindizierten ärztlichen Eingriffe" unterschieden werden muss, und ob bzw. welche rechtlichen Konsequenzen an diese Kategorie zu knüpfen wären, ist nicht geklärt. Als kontraindiziert könnten solche Eingriffe zu bewerten sein, in denen subjektive Zielsetzung des Patienten und Erreichbarkeit dieses Ziels auseinanderklaffen, also insb. die Fälle, in denen der Patient sich von einem ärztlichen Eingriff Heilung erhofft, dies aber aus medizinischen Gründen nicht möglich ist und der Arzt das auch erkennt. Erwägenswert ist es, die Einwilligung des Patienten in kontraindizierte Eingriffe wegen subjektiver Irrationalität für unwirksam zu erklären. Dazu auch unten C. II. 4.
27 Insb. §§ 161, 162 E 1969, § 161 E 1962, § 229 E 1996. Detaillierte Darstellung aller Reformvorschläge bei *Tag*, Körperverletzungstatbestand, S. 31 ff.

schäden, körperliche Beschwerden oder seelische Störungen zu verhüten, zu erkennen, zu heilen oder zu lindern[28] und damit alle auf die Besserung eines Leidens gerichteten ärztlichen Maßnahmen, gleichgültig ob der ärztliche Eingriff der Behandlung selbst, der Diagnose oder der Prophylaxe dient.[29] In der neueren Literatur sind die Hinweise auf eine Bedeutungsänderung ärztlicher Behandlungsformen jedoch zahlreich; ob das Vorliegen einer medizinischen Indikation und eines Heilzwecks als Vorgaben aufrechterhalten werden soll, wird teilweise bezweifelt.[30]

Die Rechtsprechung im Bereich der §§ 223 ff. StGB bei ärztlichen Eingriffen bietet auch keine ausdifferenzierteren Anhaltspunkte zu Definition und straftatsystematischer Einordnung der medizinischen Indikation. Der BGH hat die Abgrenzung erst jüngst ausdrücklich offengelassen und darauf verwiesen, dass eine solche ohnehin nicht stets mit vertretbarem Aufwand möglich sein wird.[31] Auch, weil die Rechtsprechung im Bereich der Strafbarkeit von Ärzten indizierte und nicht indizierte Eingriffe jedenfalls auf der Ebene des Tatbestands nach den gleichen strafrechtlichen Grundsätzen behandelt, braucht sie hier keine grundlegenden Unterscheidungskriterien.

Rückschlüsse für eine Interpretation des Begriffs der medizinischen Indikation im Bereich ärztlicher Standardeingriffe lassen sich auch nicht aus den speziellen bzw. spezialgesetzlich geregelten Bereichen der §§ 218 ff. StGB bzw. des Arzneimittelgesetzes (AMG) ziehen.[32] Die medizinische Indikation bei ärztlichen Standard-(Heil-)Eingriffen, das Angezeigtsein bei klinischen Arzneimittelprüfungen und die Indikation für einen Schwangerschaftsabbruch

---

28 Diese Formulierung entspricht der Definition in § 161 E-StGB 1962, der i. V. m. § 162 E-StGB 1960/1962 einen Tatbestand zur eigenmächtigen Heilbehandlung vorsah. So heute auch die h. L., vgl. *Laufs/Uhlenbruck*, Handbuch des Arztrechts, § 138 Rn. 6.
29 Schönke/Schröder-*Eser*, StGB, § 223 Rn. 34. Vgl. auch § 1 II HeilPrG.
30 Vgl. *Tag*, Körperverletzungstatbestand, S. 40 ff. m. w. N.
31 BGH, NJW 2006, 1880; zivilrechtliches Urteil im Kontext der GOÄ.
32 Gesetze, die den Begriff der medizinischen Indikation verwenden und nach dem Grundsatz der Einheit der Rechtsordnung und im Interesse eines einheitlich wertenden Medizinrechts als Anhaltspunkt herangezogen werden könnten, sind insb. §§ 40 IV Nr. 1, 41 I 1 Nr. 1, II 1 Nr. 1 AMG, und §§ 218 ff. StGB zum Schwangerschaftsabbruch. Indes ist die Auslegung des Begriffs des Angezeigtseins im Bereich des AMG zum einen nicht abschließend geklärt (weder bei *Rehmann*, AMG, § 41 Rn. 2 f., noch bei *Deutsch/Lippert*, AMG, § 41 Rn. 2 findet sich eine Beschreibung oder Definition des Begriffs), zum anderen lassen sich die vorgeschlagenen Interpretationen nicht ohne weiteres übertragen, vgl. die Auslegung bei *Fateh-Moghadam*, Gentherapie, S. 569 ff. in diesem Band, und *Oswald*, Heilversuch, Humanexperiment und Arzneimittelforschung, S. 669 ff. in diesem Band. Das gilt ausweislich des eindeutigen Wortlauts des § 218a II StGB auch für den Begriff der Indikation des Schwangerschaftsabbruchs, so auch *Neitzke*, Indikation, S. 56.

sind jeweils unterschiedliche Begriffe, was sich daraus erklärt, dass die ursprüngliche Bedeutung des Wortes Indikation, Anzeige, jeweils in Relation zum betreffenden Kontext verstanden wird. Allein das Recht der gesetzlichen Krankenversicherung hat eine relativ ausdifferenzierte Abgrenzung zwischen Heilbehandlung und Schönheitsoperation entwickelt und bietet damit wertvolle Anhaltspunkte. Im Endeffekt hat das Recht bei zweifelhaften Indikationen aber auch dort mit den gleichen Abgrenzungsschwierigkeiten zu kämpfen, wie die Urteile des BSG zeigen, und bietet daher für die umstrittenen Fälle auch kein abschließendes Lösungskonzept.[33]

Auch wenn eine abgeschlossene Begriffsbildung demnach bis heute nicht erfolgt ist und wohl auch kaum zu erzielen sein dürfte, bietet die herkömmlich vorgetragene Definition für medizinisch indizierte Heilbehandlungen dennoch einen wertvollen Leitfaden für die Interpretation des Begriffs. Sie ermöglicht die Erfassung und Einordnung der meisten ärztlichen Eingriffe. Nicht indizierte Schönheitsoperationen sind dann diejenigen Maßnahmen, die auf dem Wunsch des Patienten nach einer Verbesserung seines äußeren Erscheinungsbildes beruhen, ohne dass erlittene Verletzungen oder angeborene Fehlbildungen im medizinischen Sinne vorliegen.[34] Die letzte Entscheidungskompetenz darüber, ob eine indizierte Heilbehandlung oder ein nicht indizierter ärztlicher Eingriff vorliegt, obliegt den Gerichten, die nach den Tatumständen des Einzelfalls entscheiden[35] und sich dabei in aller Regel eng an medizinischen Sachverstand und damit an den oben dargestellten medizinischen Indikationsbegriff anlehnen.

Nicht jede kosmetische Operation ist deshalb automatisch ein Eingriff mit Indikationsmangel. Ein Heilzweck kann weder generell bejaht noch generell ausgeschlossen werden. Für die gestaltverändernden Eingriffe der plastischen Chirurgie kommt es vielmehr entscheidend auf die medizinische bzw. subjektive Zielsetzung des Eingriffs an. Eingriffe, die der Rekonstruktion oder der Beseitigung von Defekten dienen, also etwa darauf zielen, Unfallverletzungen oder angeborene Missbildungen zu beseitigen, werden daher nach den strafrechtlichen Grundsätzen über den ärztlichen Heileingriff bewertet, deren

---

33 § 27 I SGB V definiert die erstattungspflichtige Krankenbehandlung, § 52 II SGB V normiert dagegen eine Leistungsbeschränkung bzgl. der Kostentragungspflicht der Kassen bei Selbstverschulden des Patienten infolge medizinisch nicht indizierter ästhetischen Operation, Piercings und Tätowierungen. Zur im Recht der gesetzlichen Krankenversicherung vorgenommenen Abgrenzung ausführlich *Lorz*, Schönheitsoperationen, S. 38 ff.; *Wenzel*, Handbuch Medizinrecht, Kapitel 4. A. Rn. 96 ff.
34 Wie hier definiert auch der Deutsche Bundestag die Schönheitsoperation, BT-Drs. 16/6779, S. 1.
35 Vgl. *Tag*, Körperverletzungstatbestand, S. 40.

rechtlicher Rahmen in Rechtsprechung und Rechtswissenschaft hinreichend abgesteckt worden ist.

II. Ethische Grundpositionen

Gerade im Medizinrecht sind Bezüge zur Ethik offensichtlich, man spricht von einer Ethisierung des Medizinrechts. „Wie kaum ein anderes Gebiet ist das Recht der Medizin daher offen für ethische Erwägungen, ohne die es gar nicht auskommen kann. Die Konflikte und Aporien der ärztlichen Tätigkeit kann der Jurist ohne Rückgriff auf den Sinn des ärztlichen Berufes und damit dessen Ethos nicht entscheiden. So wird in Gerichtsentscheidungen und Abhandlungen – wenn man genauer hinsieht – auch ständig ethisch argumentiert."[36]

Auch bei der Frage der Legitimation des Arztes, der nicht indizierte medizinische Eingriffe vornimmt, fließen ethische Erwägungen in die rechtlichen Lösungskonstrukte ein. Vor allem die gesetzlichen Generalklauseln wie der Begriff der guten Sitten des § 228 StGB sind ein Einfallstor für ethische Erwägungen.[37] Ein Konsens über Funktion und Inhalt ärztlicher Ethik, gerade im Hinblick auf die Vornahme nicht notwendiger ärztlicher Eingriffe, ist indes nicht erzielt worden, und einen solchen kann es im Hinblick auf die Pluralität der Auffassungen in Gesellschaft und Ärztestand wohl auch nicht geben.[38] In der langen Geschichte der Medizinethik[39] haben sich aber eine Hand voll zentraler Grundsätze ärztlichen Handelns herauskristallisiert, die in allen medizinethischen Theorien und Lösungsmodellen von Bedeutung sind.[40] Zwei dieser zentralen Prinzipien treffen bei nicht indizierten ärztlichen Eingriffen und so auch bei Schönheitsoperation aufeinander: das ärztliche Schädigungsverbot und das Prinzip der autonomen Selbstbestimmung des Patienten.

Das ärztliche *Schadensvermeidungsprinzip* resultiert aus einem berufsständischen Selbstverständnis, das schon vom hippokratischen Eid[41] geprägt ist. Der althergebrachte Grundsatz des *primum non nocere* hat über Jahrhunderte

---

36 *Schreiber*, Recht und Ethik, S. 643.
37 *Schreiber*, Recht und Ethik, S. 636f., 641.
38 *Laufs*, Recht und Gewissen des Arztes, S. 4.
39 Darstellung der historischen Entwicklung der Medizinethik bei *Schöne-Seifert*, Medizinethik, S. 556ff.
40 Vgl. *Beauchamp/Childress*, Principles, S. 12 m. w. N.; *Schroth*, Medizin-, Bioethik und Recht, S. 461; *Schöne-Seifert*, Medizinethik, S. 567ff.
41 Der Eid des Hippokrates als traditionelles Gelöbnis des Arztes stammt aus der Zeit um 400 vor Christus, vgl. *Laufs/Uhlenbruck*, Handbuch des Arztrechts, § 3 Rn. 11, § 4 Rn. 13ff.

die ärztliche Standesethik bestimmt.[42] Der Arzt soll stets im Dienste der Gesundheit des Patienten tätig werden, nicht zu dessen Schaden. Das *Prinzip der Patientenautonomie* ist eine Ausnahme in der ansonsten bemerkenswert beständigen Geschichte der Medizinethik von Hippokrates bis zur heutigen Zeit. In Erscheinung trat es im Zuge der Veränderungen der modernen Gesellschaft und der Weiterentwicklung der Medizinwissenschaften erst in der zweiten Hälfte des 20. Jahrhunderts und findet sich daher auch nur in der zeitgenössischen ethischen Literatur. Heute ist es ein allgemein anerkanntes und hoch eingestuftes ethisches Grundprinzip.[43] Es gesteht dem Patienten das Recht zu, seine Ansichten, Entscheidungen, und Handlungen frei gemäß seines eigenen Wertesystems zu gestalten.[44]

Eine der zentralen Fragestellungen der Medizinethik ist heute nun die *Bewertung der Patientenautonomie vor dem Hintergrund des ärztlichen Schädigungsverbots*. Diese Frage ist entscheidend für den Bereich nicht indizierter Eingriffe, insbesondere Schönheitsoperationen. Die moderne Diskussion in Ethik und Recht zeichnet sich nun dadurch aus, dass die Notwendigkeit des Respekts vor der Entscheidung des Patienten immer weiter in den Vordergrund rückt. Heute geht man in sehr weitem Maße davon aus, dass das Prinzip der Selbstbestimmung des Patienten die vorrangige ethische Begründung zur Legitimation ärztlichen Handelns ist.[45] Letztlich ist das Verhältnis dieser Prinzipien aber nicht abschließend geklärt, auch wenn für die Lösung moralischer Dilemmata im medizinischen Bereich zahlreiche Ansätze vorgeschlagen worden sind.

Gerade nach dem bekanntesten *integrativen Ansatz der Medizinethik von Beauchamp* und *Childress*.[46] ist das Autonomieprinzip indes nicht von prin-

---

42 Vgl. *Deutsch/Spickhoff*, Medizinrecht, Rn. 11 ff.
43 *Vossenkuhl*, Ethische Grundlagen ärztlichen Handelns, S. 4; *Beauchamp/Childress*, Principles, S. 1, 57 ff.
44 *Schroth*, Medizin-, Bioethik und Recht, S. 461, 481.
45 So etwa *Vossenkuhl*, Ethische Grundlagen ärztlichen Handelns, S. 5 f., 14 f.: „Die Patientenautonomie hat z. B. Vorrang vor dem Prinzip des Schädigungsverbots oder dem Prinzip des Patientenwohls". Aus rechtlicher Perspektive *Schroth*, Medizin-, Bioethik und Recht, S. 467, 481: „Klar ist, dass das Schadensvermeidungsprinzip gegenüber dem Selbstbestimmungsprinzip des Patienten im Regelfall nachrangig ist.". Vgl. zum Ganzen auch die Darstellung in BT-Drs. 14/9020, S. 201 f. zum „Querschnittsthema Arzt-Patienten-Verhältnis".
46 Der Ansatz von *Beauchamp/Childress* hat in der Medizinethik inzwischen weltweit Beachtung gefunden. Die Stärke des Ansatzes liegt v. a. darin, dass er sich der Erkenntnis beugt, dass eine alleinige, umfassende ethische Theorie für den Bereich ärztlichen Handelns in der Klinik nicht zu formulieren ist und moralphilosophische Grundlagenfragen teilweise ungelöst bleiben.

zipiell höchstem Rang.[47] Mit ihrem sog. Kohärenzmodell, einem rekonstruktiven Begründungsansatz[48], präsentieren Beauchamp und Childress für die Beurteilung moralischer Probleme im medizinischen Alltag und in der Bioethik vier Prinzipien mittlerer Reichweite: Prinzip des Respekts der Patientenautonomie (*respect for autonomy*), Prinzip der Schadensvermeidung (*nonmaleficence*), Prinzip der Fürsorge (*beneficence*) und Gerechtigkeitsprinzip (*justice*).[49] Sie geben keine Hierarchie ihrer Prinzipien vor, sondern betrachten diese als im Ausgangspunkt gleichwertig und als Optimierungsgebote. Die Prinzipien sind mittlerer Reichweite, das heißt *prima facie* gültig, aber nicht zwingend, sondern nur dann verpflichtend, wenn sie nicht mit einer gleichwertigen oder stärkeren Verpflichtung kollidieren.[50] Anders als Regeln, die immer befolgt werden müssen, enthalten Prinzipien das Gebot, sie in höchstmöglichem Maß zu erfüllen.[51] Für die Anwendung im Einzelfall müssen diese Prinzipien deshalb konkretisiert und gegeneinander abgewogen werden. Im Konfliktfall kann dann ein Prinzip hinter ein anderes zurücktreten, verliert aber nie ganz seine Geltung.

Bei der Durchführung medizinisch nicht notwendiger, gesundheitlich riskanter Schönheitsoperationen liegt für den handelnden Arzt das moralische Dilemma in der Kollision von ärztlichem Schadensvermeidungsprinzip – dem Unterlassen von Operationen ohne gesundheitlichen Nutzen – und Prinzip der Patientenautonomie – der Patient wünscht den kosmetischen Eingriff, um schöner zu werden. Auch wenn die vier Prinzipien von Beauchamp und Childress keine fertigen Antworten für den Einzelfall nicht indizierter ärztlicher Eingriffe präsentieren, bieten sie eine Suchmatrix bei der Identifizierung ethischer Vorgaben im ärztlichen Bereich und eine Strukturierung bei der Konfliktlösung. Auch in den Fällen kosmetischer Eingriffe, bei denen die Patientenautonomie als stärkeres Prinzip gilt, tritt das ärztliche Schädigungsverbot aber nicht ganz außer Kraft: Für das Handeln des Arztes ist es insoweit maßgeblich, als der Arzt die Gefahren und Schäden für den Patienten bei der Durchführung des Eingriffs so gering als möglich halten muss.

---

47 *Beauchamp/Childress*, Principles, S. 57, 104, stellen ausdrücklich klar, dass das Prinzip der Autonomie keine höhere Wertigkeit gegenüber den anderen drei Prinzipien zukommt. "*A misguided criticism of our account is that the principle of autonomy overrides all other moral considerations. This we firmly deny.*"
48 "*An integrated model: coherence theory*". *Beauchamp/Childress*, Principles, S. 1 ff., 397 ff.
49 *Beauchamp/Childress*, Principles, S. 57 ff.
50 *Beauchamp/Childress*, Principles, S. 15 ff.
51 Zur Unterscheidung und Wirkweise von Regeln und Prinzipien *Alexy*, Theorie der Grundrechte, S. 71 ff.

Im darzustellenden strafrechtlichen Rahmen nicht indizierter Eingriffe wird das kohärentistische Rechtfertigungsmodell von Beauchamp und Childress deshalb im Rahmen einer Einzelfallabwägung an denjenigen rechtlichen Anknüpfungspunkten wieder aufgegriffen, die die Aufnahme ethischer Erwägungen in das Recht zulassen.

III. Verfassungsrecht

Der von Beauchamp und Childress entwickelte *four principles approach* der Medizinethik gibt die ethischen Leitlinien für das Arzt-Patienten-Verhältnis vor. Um *rechtlich* relevant zu sein, muss die Prinzipienethik juristisch als Argument herangezogen werden können und im Recht verankert sein: Die tragenden Prinzipien der Medizinethik – das Selbstbestimmungsrecht des Patienten und das Prinzip der Schadensvermeidung durch den Arzt sind verfassungsrechtlich abgesichert.

Das Recht des Patienten auf freie Selbstbestimmung über seine körperliche Integrität ist zentrales normatives Element für das Verhältnis zwischen Arzt und Patienten. Nach allgemeiner Ansicht kommt der Patientenautonomie Verfassungsrang zu.[52] Unterschiedlich wird jedoch beurteilt, aus welchem Grundrecht sie gewährleistet wird. Soweit es um den Schutz des Lebens und der körperlichen Unversehrtheit des Patienten vor eigenmächtigen ärztlichen (Heil-)Eingriffen gegen oder ohne seinen Willen geht, wird das negative Selbstbestimmungsrecht des Patienten als Abwehrrecht nach der in Verfassungs- und Strafrecht überwiegenden Ansicht in Art. 2 Abs. 2 S. 1 GG verankert.[53] Für die Verankerung des positiven Selbstbestimmungsrechts erstreckt sich das Meinungsspektrum im Wesentlichen auf das Recht auf Leben und körperliche Unversehrtheit aus Art. 2 Abs. 2 S. 1 GG[54], das allgemeine Persönlichkeitsrecht aus Art. 2 Abs. 1 i. V. m. Art. 1 Abs. 1 GG und

---

52 Allgemeine Ansicht, vgl. für viele Maunz/Dürig-*Di Fabio*, GG, Art. 2 Abs. 1 Rn. 204 ff.; *Voll*, Einwilligung, S. 48 f. m. w. N.
53 Minderheitsvotum BVerfGE 52, 131, 173 ff., bestätigt durch BVerfGE 89, 120 ff., 130; BGHSt, NJW 1958, 267; *Murmann*, Selbstverantwortung, S. 226 ff.; *Hermes*, Grundrecht auf Schutz von Leben und Gesundheit, S. 250; *Tag*, Körperverletzungstatbestand, S. 77; *Sternberg-Lieben*, Schranken der Einwilligung, S. 19 ff.; *Voll*, Einwilligung, S. 49 ff. m. w. N. zur Gegenansicht. Vgl. auch LK-*Rönnau*, StGB, Vor § 32 Rn. 146 m. w. N.
54 *Böckenförde*, NJW 1974, 1530 ff., 1537; *Fateh-Moghadam*, Einwilligung, S. 79 ff.; *Antoine*, Aktive Sterbehilfe, S. 251 f., 239 ff., 258.

die allgemeine Handlungsfreiheit, Art. 2 Abs. 1 GG[55]. Zutreffend ist davon auszugehen, dass den Einzelgrundrechten auch ein beliebiger Freiheitsgebrauch über das jeweils geschützte Rechtsgut immanent ist.[56] Die Verfügungsfreiheit über den eigenen Körper ist daher umfassend, unter Einbezug der personalen körperbezogenen Autonomie und des Rechts auf selbstschädigendes Verhalten, unter Art. 2 Abs. 2 S. 1 GG zu subsumieren.[57] Art. 2 Abs. 2 S. 1 GG kann so als spezielleres Einzelgrundrecht und Ausprägung des Art. 2 Abs. 1 GG verstanden werden, das daher auch die körperbezogene Freiheit seiner Nichtausübung schützt, die mit – medizinisch sinnlosen – Veränderungen am eigenen Körper einhergeht.[58] Gerade die nicht indizierte Schönheitsoperation stellt eine solche Entscheidung dar, die das Schutzgut Körper konkret gestaltet. Dabei umfasst dieser Grundrechtsschutz auch gewollte (ärztliche) Fremdgefährdungen und Fremdverletzungen. Bei aktiver Selbstschädigung ist anerkannt, dass die Abwehrfunktion der Grundrechte auf diesen Freiheitsgebrauch erweitert wird. Das Gleiche muss auch für Einwilligungen in Fremdschädigungen gelten, wenn zwar ein Dritter Hand anlegt, aber sich das Ergebnis gleich darstellt.

Auch das Schädigungsverbot des Arztes resultiert aus dem Grundrechtsteil der Verfassung. Das Grundrecht auf Schutz von Leben und körperlicher Unversehrtheit des Art. 2 Abs. 2 S. 1 GG in seiner Abwehrfunktion gebietet dem Staat, ein Eingreifen in diese Rechtsgüter des Einzelnen zu unterlassen und sie gegenüber allen Eingriffen und Gefährdungen von außen aufrechtzuerhalten.[59] Weil der Arzt, sofern er wie hier im Rahmen eines privaten rechtsgeschäftlichen oder sozialen Kontakts handelt, kein gem. Art. 1 Abs. 3 GG verpflichteter Grundrechtsadressat ist, besteht eine unmittelbare Geltung der Grundrechte deshalb nicht.[60] Dennoch hat der Arzt auch im Rahmen einer *privaten* Tätigkeit diesem grundrechtlich untermauerten Schädigungsverbot zu entsprechen, weil das Arzt-Patienten-Verhältnis aus Perspektive der Verfassung eine *Schutzpflichtkonstellation* darstellt. In Erfüllung der staatlichen Schutzpflichten hat das ärztliche Schädigungsverbot durch die

---

55 BVerfGE 47, 239, 248; Maunz/Dürig-*Di Fabio*, GG, Art. 2 Abs. 1, Rn. 204 ff. m. w. N.; *Amelung*, Irrtum und Täuschung, S. 29; *Schroth*, Rechtsgut der Körperverletzungsdelikte, S. 123; *Göbel*, Einwilligung, S. 22. Weitere Nachweise auch bei *Rönnau*, Willensmängel, S. 10 und *Murmann*, Selbstverantwortung, S. 234.
56 Vgl. *Sternberg-Lieben*, Schranken der Einwilligung, S. 18 ff.
57 So auch *Fateh-Moghadam*, Einwilligung, S. 79 ff.
58 *Antoine*, Aktive Sterbehilfe, S. 242.
59 *Jarass*, GG, Vorb. vor Art. 1 Rn. 5.
60 *Hermes*, Grundrecht auf Schutz von Leben und Gesundheit, S. 37.

staatliche Gewalt, also den Gesetzgeber und in Teilen konkretisierend die Rechtsprechung, eine Ausprägung in der einfach-rechtlichen Ausgestaltung des Arzt-Patienten-Verhältnisses erfahren. Ausdruck des ärztlichen Schädigungsverbots sind damit die §§ 223, 211 ff. StGB[61] und die Grundsätze der wirksamen Einwilligung im Strafrecht[62]. Sie verpflichten den Arzt, bei der Behandlung jeden nicht notwendigen Schaden für den Patienten zu vermeiden und dessen Rechtsgüter körperliche Unversehrtheit, Leben und Selbstbestimmungsrecht so weit gehend zu schützen, wie es der Stand der medizinischen Erkenntnisse und die aus der Individualität des Patienten und des menschlichen Organismus resultierenden Schwierigkeiten im Einzelfall zulassen.[63] Über die Reichweite der wirksam erteilten Einwilligung bemisst sich das Ausmaß, innerhalb dessen der Arzt in einem Durchgangsstadium notwendig schädigende Eingriffe vornehmen darf.

IV. Rechtsgut der Körperverletzungsdelikte

Innerhalb der strafrechtlichen Rechtsgutslehre ist Vieles umstritten und das Wenigste konsentiert.[64] Entsprechend der verfassungsrechtlichen Diskussion wird auch beim Rechtsgut der Körperverletzungsdelikte uneinheitlich beurteilt, ob das körperbezogene Selbstbestimmungsrecht umfasst ist. Die Körperverletzungsdelikte sind Bezugspunkt und Maßstab für die strafrechtliche Bewertung medizinisch nicht indizierter Eingriffe. Um die *Reichweite der wirksamen Einwilligung* in nicht indizierte ärztliche Eingriffe und damit die zentrale Frage dieses Beitrags beurteilen zu können, muss deshalb zunächst feststehen, welches Rechtsgut mit ihr preisgegeben wird.

Zur Frage des von den Körperverletzungsdelikten geschützten Rechtsguts lassen sich in der Strafrechtswissenschaft im Wesentlichen zwei Linien aus-

---

61 Einschlägig sind die allgemeinen Körperverletzungsdelikte des StGB, da es ein Sonderstrafrecht für Ärzte im deutschen Recht nicht gibt. Diverse Reformvorschläge, insb. zur Einführung eines eigenen Tatbestands zur eigenmächtigen Heilbehandlung, sind zuletzt im 6. StRG vom Gesetzgeber verworfen worden, weil der Gesetzgeber das Selbstbestimmungsrecht des Patienten über die §§ 223 ff. StGB als hinreichend geschützt ansah, vgl. ausführlich *Tag*, Körperverletzungstatbestand, S. 31 ff.; *Schreiber*, Strafrecht der Medizin, passim.
62 *Hollenbach*, Grundrechtsschutz im Arzt-Patienten-Verhältnis, S. 236 ff.
63 Ausführlich *Hollenbach*, Grundrechtsschutz im Arzt-Patienten-Verhältnis, S. 170 ff., 233 ff.
64 Kontroversen gibt es um die Anerkennung des Rechtsgutskonzepts überhaupt, um den Begriff des Rechtsguts und um die Funktion des Rechtsgüterschutzes. Dieser wird z. T. nur in einem hermeneutischen, systemimmanenten Sinn, insb. als Auslegungshilfe gesehen; nach richtiger Ansicht wird dem Rechtsgut darüber hinaus auch ein kriminalpolitischer, den Gesetzgeber begrenzender, systemkritischer Inhalt zugesprochen.

machen. Die traditionelle, weit verbreitete Ansicht hält (nur) die körperliche Integrität für geschützt,[65] die Gegenansicht aber die körperliche Integrität *und* das darauf bezogenen Selbstbestimmungsrecht.[66] Zwischen letzterer Ansicht und der Feststellung, dass Körperintegrität und auch darauf bezogenes Selbstbestimmungsrecht unter den Grundrechtsschutz des Art. 2 Abs. 2 S. 1 GG fallen, besteht ein enger rechtlicher Zusammenhang. Geht man davon aus, dass die Einwilligung eine strafrechtliche Ausprägung der über Art. 2 Abs. 2 S. 1 GG verfassungsrechtlich geschützten körperbezogenen Verfügungsbefugnis ist, so ist ein liberal-individualistisches Rechtsgutsverständnis die notwendige Konsequenz.

Grundlage des hier vertretenen Rechtsgutsbegriffs ist die liberale Rechtsgutslehre, die auf diesen verfassungsrechtlichen Vorgaben und einem Verständnis des Strafrechts als subsidiärem Schutz personaler Individualrechtsgüter basiert.[67] Rechtsgüter wie die körperliche Integrität sind damit zuvorderst Individualrechtsgüter und dienen der freien Entfaltung des Einzelnen.[68] Der strafrechtliche Schutz der §§ 223 ff. StGB erfolgt vor allem im Interesse des autonomen Menschen;[69] die Körperverletzungsdelikte haben deshalb körperliche Unversehrtheit *und* körperbezogenes Selbstbestimmungsrecht zum Rechtsgut.[70] Denn die Bedeutung des Rechtsguts Gesundheit erschöpft sich in der sozialen Wirklichkeit nicht in einem bloßen statischen Dasein, sondern liegt vielmehr darin, dass die körperliche Integrität

---

65 *Fischer*, StGB, § 223 Rn. 2, 9, 11; *Lackner-Kühl*, StGB, § 223 Rn. 1; LK-*Hirsch*, StGB, § 228 Rn. 14; *Katzenmeier*, Arzthaftung, S. 117. Vgl. zum Ganzen auch LK-*Rönnau*, StGB, Vor § 32 Rn. 149 ff.

66 *Roxin*, AT, § 13 Rn. 12 ff., 26 ff., 38 ff.; *Rudolphi*, ZStW 86 (1974), 82 ff., 87 ff.; *Welzel*, ZStW 58 (1939), 490 ff., 515; *Kargl*, GA 2001, 550 ff.; *Schroth*, Ärztliches Handeln, S. 27; *Tag*, Körperverletzungstatbestand, S. 65 ff.; *Voll*, Einwilligung, S. 47 ff., 50; *Fateh-Moghadam*, Einwilligung, S. 90 ff.; *Stratenwerth*, ZStW 68 (1956), 43. So auch die strafrechtl. Rspr.

67 Vgl. *Schroth*, Rechtsgut der Körperverletzungsdelikte, S. 115; *Kargl*, GA 2001, 552 f.; *Roxin*, AT, § 13 Rn. 12 ff., 26 ff., 38 ff.; *Fateh-Moghadam*, Einwilligung, S. 90 ff., 132.

68 Zur neueren Diskussion um den Schutz von Rechtsgütern der Allgemeinheit durch das Strafrecht und um die Ausweitung des Strafrechts über den Rechtsgüterschutz hinaus vgl. *Roxin*, AT, § 2 Rn. 10, 51 ff. m. w. N.

69 *Tag*, Körperverletzungstatbestand, S. 63 f.

70 Überdies vermag nur ein liberal-individuelles Rechtsgutsverständnis ausreichenden Schutz vor einem eigenmächtigen ärztlichen Heileingriff zu erzielen; nach derzeitiger Rechtslage besteht das kriminalpolitische Bedürfnis, durch die §§ 223 ff. StGB auch das Selbstbestimmungsrecht über die eigene Körperintegrität als mitgeschützt anzusehen, beim Nichtvorliegen der Einwilligung also wegen Körperverletzung bestrafen zu können und nicht auf die insoweit nur schwachen Schutz bietenden §§ 239, 240 StGB rekurrieren zu müssen. Dass er diese Ansicht teilt und zugleich den Schutz der §§ 223 ff. StGB für ausreichend hält, hat der Gesetzgeber erst im 6. StRG klargestellt, in dem er die Einführung eines eigenen Tatbestands für die eigenmächtige Heilbehandlung abgelehnt hat.

bestimmte Herrschaftsmöglichkeiten zur Entfaltung der eigenen Persönlichkeit eröffnet,[71] auch den Gang zum Schönheitschirurgen.

Einen diese Problematik noch veranschaulichenden Ansatz hat Kargl präsentiert. Er bewegt sich auf der Ausgangsposition des hier vertretenen liberal-individualistischen Rechtsgutsverständnisses und spezifiziert dann den Rechtsgutsbegriff der Körperverletzungsdelikte. Essenziell ist für Kargls Rechtsgutsverständnis der Begriff des *Körperinteresses*. Diese Formulierung zeigt zum einen die Personenabhängigkeit von Rechtsgütern. Zum anderen wird der Interessenbegriff zum Fundament der Eingriffslegitimation, denn nur die Existenz und die Berufung auf ein wohlbegründetes Interesse zeigt, dass der Einzelne ein grundlegendes Interesse daran habe, selbst darüber befinden zu können, unter welchen Umständen sein Körper angetastet wird. Rechtsgut der Körperverletzungsdelikte ist daher das *Körperinteresse* als *Interesse an körperlicher Unversehrtheit und körperlicher Unberührtheit*, verstanden als Unantastbarkeit des Körpers.[72]

Diese Rechtsgutsinterpretation, die das körperbezogene Selbstbestimmungsrecht einbezieht, ist nicht zuletzt durch die rasanten Entwicklungen und veränderten Realitäten der modernen Medizin verstärkt worden, denn zuvor wurde der Begriff der körperlichen Unversehrtheit lange als eindeutig eingestuft.[73] Weil jedes Handeln des Arztes ein Handeln unter Risiko ist, muss dem Patient die Entscheidung gemäß seinen wert- und erlebnisbezogenen Interessen zustehen.[74] Das gilt insbesondere im Bereich der kosmetischen Chirurgie. Gesundheit und körperliche Unversehrtheit sind individuelle Rechtsgüter des Patienten, mit denen die Befugnis einhergeht, auch darüber zu disponieren. Die körperliche Integrität ist dann nicht beeinträchtigt, wenn der Patient einen Eingriff will, um seinen Interessen nachzukommen. Der Arzt, der mit Einwilligung eine Heilbehandlung, und auch eine nicht indizierte Schönheitsoperation ausführt, verletzt nicht die Körperintegrität seines Patienten, sondern hilft ihm bei dessen körperbezogener Selbstverwirklichung.[75] Nach einem solchen Rechtsgutskonzept ist nicht nur die Bestrafung bewusster Selbstschädigungen oder Selbstgefährdungen nicht legi-

---

71 *Rudolphi*, ZStW 86 (1974), 82 ff., 87 ff.
72 *Kargl*, GA 2001, 550 ff.
73 Vgl. *Schroth*, Rechtsgut der Körperverletzungsdelikte, S. 116.
74 *Schroth*, Ärztliches Handeln, S. 27, 30.
75 *Roxin*, AT, § 13 Rn. 13; *Schroth*, Rechtsgut der Körperverletzungsdelikte, S. 123.

tim⁷⁶; das Gleiche muss dann auch bei konsentierten Fremdschädigungen oder Fremdgefährdungen gelten, wenn der Rechtsgutsträger aus faktischen Gründen nicht selbst Hand an sich legen kann, sondern notwendig der Hilfe eines Dritten, hier seines Arztes, bedarf. „Was **mit** dem Willen des Geschädigten geschieht, ist keine Rechtsgutsverletzung, sondern Bestandteil seiner Selbstverwirklichung und geht den Staat nichts an."⁷⁷ Der Patient hat deshalb das Recht, mit seiner Einwilligung die körperbezogenen Schutzvorschriften gegenüber seinem behandelnden Arzt außer Kraft zu setzen.

Die Einwilligung in nicht indizierte Eingriffe wie Schönheitsoperationen – Fremdschädigung nach dem Willen des Rechtsgutsträgers – ist damit *grundsätzlich wirksam*, es sei denn, eine gesetzlich normierte Ausnahme schließt das ausdrücklich aus. Dafür kommen allein § 216 und § 228 StGB in Betracht. Aus einer so verstandenen liberal-individualistischen Rechtsgutstheorie ergibt sich weiter die zentrale Konsequenz, dass die wirksame Einwilligung in eine Körperverletzung schon die Tatbestandsverwirklichung ausschließt, weil die Zustimmung des Rechtsgutsinhabers Ausdruck des Gebrauchs seiner durch das Strafrecht garantierten freien persönlichen Entfaltung ist, zu der er sich eines Dritten (des Arztes) bedient.

C. Die Bedeutung des Merkmals der medizinischen Indikation in der arztstrafrechtlichen Deliktsystematik

Merkmal der wunscherfüllenden schönheitsoperativen Eingriffe ist deren Indikationsmangel. Über die straftatsystematische Bedeutung des Vorliegens oder Fehlens einer medizinischen Indikation besteht in Strafrechtswissenschaft und Rechtspraxis aber keine Einigkeit. Die traditionelle arztstrafrechtliche Literatur geht davon aus, dass ein ärztlicher Eingriff bei medizinischer Indikation und Durchführung *lege artis* schon den Tatbestand der Körperverletzungsdelikte nicht erfüllt. Nach Ansicht vor allem der Rechtsprechung spielt sich die Problematik der arztstrafrechtlichen Bewertung nicht indizierter ärztlicher Eingriffe erst auf der Stufe der Rechtswidrigkeit bei den Voraussetzungen der wirksamen Einwilligung des Patienten in den gewünschten

---

76 Dass reine Selbstverletzungen und Selbstgefährdungen prinzipiell straflos sind, zeigt sich schon aus der Fassung der Straftatbestände durch den Gesetzgeber – z. B. „fremde" Sache bei § 303 StGB oder „andere Person" bei § 223 StGB – aber Grenzen in §§ 216, 228 StGB.
77 Ausführliche, grundlegende Darstellung bei *Roxin*, AT, § 2.

Eingriff ab. In allen Ansätzen zeigt sich ein mehr oder weniger ausgeprägtes Bestreben, die Vornahme nicht indizierter Eingriffe durch den Arzt mit dem Risiko eines Schadens für den Patienten nicht uneingeschränkt für zulässig zu erklären und die Legitimation des Arztes nicht allein der Entscheidung des Patienten zu überlassen. Ob und inwieweit eine Rechtsordnung allein der Einwilligung des Patienten in einen ärztlichen Eingriff strafbefreiende Wirkung zukommen lässt, ist eine strukturell grundlegende Entscheidung zwischen Patientenautonomie, Paternalismus, ärztlichem Berufsethos und staatlicher Strafgewalt.[78]

I. Medizinische Indikation als selbstständige Zurechnungskategorie im Strafrecht?

In der traditionellen Medizinstrafrechtsliteratur wird dem Vorliegen einer medizinischen Indikation hohe Bedeutung zugeschrieben. So heißt es im Standardwerk zum Arztrecht von Laufs/Uhlenbruck: „Das ärztliche Handeln muss, wenn es sowohl standesrechtlich legitim sein als auch vor dem Recht bestehen soll, drei Grundvoraussetzungen genügen. Erstens erfordert der ärztliche Eingriff *eine medizinische Indikation*; dem beruflichen Heilauftrag muss Genüge getan sein, *salus aegroti suprema lex*. Zweitens bedarf der Arzt der Einwilligung seines aufgeklärten Patienten, sog. *informed consent*. Und drittens schließlich hat der Eingriff *lege artis* zu erfolgen, der Arzt muss fachliche und berufsständische Regeln befolgen und dem Standard der medizinischen Wissenschaft genügen."[79]

Auch neuere Beiträge betonen die Bedeutung des Indikationskonzepts und messen ihm als Voraussetzung ärztlichen Handelns eigenständige Bedeutung zu.[80] Die medizinische Indikation wird als eines der drei „Kernstücke ärztlicher Legitimation"[81], als medizinrechtlich „wichtige Basisgröße der normativen Verfasstheit des Arzt-Patienten-Verhältnisses"[82] oder als Grundvoraussetzung bezeichnet, der ärztliches Handeln immer entsprechen muss, um

---

[78] *Fateh-Moghadam*, Einwilligung, S. 73.
[79] *Laufs/Uhlenbruck*, Handbuch des Arztrechts, § 6 Rn. 1. Ebenso *Katzenmeier*, Arzthaftung, S. 272; *Seelmann*, Paternalismus und Solidarität, S. 854.
[80] *Damm/Schulte in den Bäumen*, KritV 2005, 101 hat die medizinische Indikation zuletzt als eine der „drei zusammenhängenden, nebeneinander erforderlichen Elemente rechtmäßigen ärztlichen Eingreifens" bezeichnet.
[81] *Laufs*, Arztrecht, Rn. 690.
[82] *Damm/Schulte in den Bäumen*, KritV 2005, 101.

legitimierbar zu sein.[83] Systematisch wirkt sich das Vorliegen einer medizinischen Indikation nach diesen Auffassungen dann unmittelbar entweder auf der Stufe des objektiven Tatbestands des § 223 StGB oder auf der Ebene der Rechtfertigung aus.

1. Objektiver Tatbestand des § 223 StGB

Eine eigenständige Bedeutung für die strafrechtliche Legitimation ärztlichen Handelns hat das Vorliegen der medizinischen Indikation für diejenigen als Tatbestandslösungen bezeichneten Auffassungen, die bei der Vornahme eines ärztlichen *Heileingriffs* schon den Tatbestand der Körperverletzungsdelikte ausschließen. Die Vertreter dieser in der Literatur herrschenden Ansicht nehmen den ärztlichen Heileingriff – unabhängig von der Einwilligung des Patienten – dann vom Tatbestand des § 223 StGB aus, wenn er *lege artis* bzw. erfolgreich und subjektiv zu Heilzwecken durchgeführt wurde *und medizinisch indiziert* war. Alle Strömungen innerhalb der Tatbestandslösungen, also *lege artis*-Theorie – wie auch Erfolgstheorie, fordern gleichermaßen eine medizinische Notwendigkeit für den Eingriff. Das Handeln des Arztes soll dann *schon von der Tatbestandsebene der Körperverletzungsdelikte ausgenommen* sein und eine unter den genannten Voraussetzungen vorgenommene medizinisch angezeigte Maßnahme *rechtmäßig* sein.[84]

Zur Begründung wird auf die Sinnhaftigkeit ärztlichen Handelns verwiesen, welches gerade das Gegenteil einer Körperverletzung sei.[85] Damit wird gesagt, die notwendige ärztliche Heilbehandlung, mithin ein medizinisch indiziertes Tätigwerden des Arztes, sei nicht unter den Wortlaut des objektiven Tatbestands der §§ 223 ff. StGB subsumierbar. Die zitierte Auffassung knüpft daran an, dass die Körperverletzungsdelikte als Erfolgsdelikte auf der Ebene des objektiven Tatbestands eine körperliche Misshandlung oder Gesundheitsschädigung[86] verlangen. Bei der medizinisch notwendigen und erfolgreichen bzw. kunstgerecht durchgeführten Behandlung eines Patienten fehle dieser Erfolgsunwert; es könne schon begrifflich nicht von einer Miss-

---

83 *Laufs/Uhlenbruck*, Handbuch des Arztrechts, § 6 Rn. 1; *Katzenmeier*, Arzthaftung, S. 272.
84 So Schönke/Schröder-*Eser*, StGB, § 223 Rn. 30 ff.; *Lackner-Kühl*, StGB, § 223 Rn. 8; LK-*Lilie*, StGB, Vor § 223 Rn. 3 m. w. N., *Bockelmann*, Strafrecht des Arztes, S. 66 ff.; *Engisch*, ZStW 58 (1939), 5 ff.; *Otto*, BT, § 15 Rn. 11; *Damm/Schulte in den Bäumen*, KritV 2005, 101. Vgl. auch *Fischer*, StGB, § 223 Rn. 11; *Rengier*, BT II, § 13 Rn. 17 und *Wessels/Hettinger*, BT 1, S. 325.
85 *Laufs/Uhlenbruck*, Handbuch des Arztrechts, § 138 Rn. 5; Schönke/Schröder-*Eser*, StGB, § 223 Rn. 32; *Bockelmann*, NJW 1961, 946 f.
86 Die Tatbestandsalternativen überschneiden sich häufig, *Fischer*, StGB, § 223 Rn. 3.

handlung oder Gesundheitsschädigung gesprochen werden.[87] Abgestellt wird dabei auf eine saldierende Betrachtungsweise des gesamten ärztlichen Handelns (Heilung, Linderung) und nicht auf dessen Teilakte (Injektion, Schnitt, Amputation etc.).[88] Diese Auffassung erklärt sich damit aus ihrer zu Grunde liegenden Annahme, Rechtsgut der Körperverletzungsdelikte sei (lediglich) die körperliche Integrität und in einem gelungen Heileingriff *lege artis* liege keine Körperinteressenverletzung.[89]

Das Vorliegen einer medizinischen Indikation führt damit zu einer *strafrechtlichen Privilegierung* des Arztes. Für die Tatbestandslösungen ist die Differenzierung zwischen Vorliegen und Fehlen der medizinischen Indikation gerade das entscheidende Kriterium für die Strafbarkeit eines ärztlichen Eingriffs. Die Befugnis zu einem invasiven Eingriff beim Patienten liegt nach diesen Auffassungen daher letztendlich in der medizinischen Notwendigkeit. Nur wenn eine medizinische Indikation vorliegt, darf der Arzt einen Eingriff ausführen. Die medizinische Indikation gewinnt die entscheidende Bedeutung bei der Strafbarkeitsprüfung und wird zu einer *eigenständigen strafrechtlichen Zurechnungskategorie auf der Ebene des objektiven Tatbestands.*

Gegen die Tatbestandslösungen lassen sich allerdings gute Argumente ins Feld führen. Vor allem ist gegen diese paternalistisch vorgehende Auffassung einzuwenden, dass sie das Selbstbestimmungsrecht des Patienten nicht angemessen achtet, da der Einwilligung des Patienten für die Entscheidung über die Strafbarkeit des Arztes keinerlei Bedeutung zugemessen wird und damit selbst eigenmächtige Heilbehandlungen straflos bleiben.[90] Auch spricht hiergegen die Schwierigkeit, aus dem sich wandelnden und selbst kaum konturierbaren ärztlichen Standesrecht klare Vorgaben für das Strafrecht zu finden. Eindeutige Grenzen für das Vorliegen oder Fehlen einer medizinischen Indikation lassen sich nicht allgemein gültig festlegen.[91] Selbst gesetzte Standards des ärztlichen Berufsstands würden so eine zu erhebliche normative Kraft entfalten.[92]

Die strafrechtliche Privilegierung durch die Tatbestandslösungen bei Vorliegen einer medizinischen Indikation bezieht sich ausdrücklich nur auf Heil-

---

87 *Laufs/Uhlenbruck*, Handbuch des Arztrechts, § 138 Rn. 5; Schönke/Schröder-*Eser*, StGB, § 223 Rn. 32; *Bockelmann*, NJW 1961, 946 f.
88 Vgl. *Fischer*, StGB, § 223 Rn. 11 m. w. N.
89 Schönke/Schröder-*Eser*, StGB, § 223 Rn. 30 f.
90 So aber für viele Schönke/Schröder-*Eser*, StGB, § 223 Rn. 32.
91 *Tag*, Körperverletzungstatbestand, S. 39 f.
92 *Sternberg-Lieben*, Schranken der Einwilligung, S. 194.

eingriffe. Festzustellen bleibt allerdings, dass trotz aller Bedeutungszumessung für das Konzept der medizinischen Indikation auch diese Autoren im Hinblick auf eine Fülle nicht indizierter, aber heute üblicher ärztlicher Maßnahmen wie der Organspende oder der Schönheitsoperation nicht ernstlich bestreiten wollen, dass diese nicht indizierten, aber anerkannten Formen medizinischer Tätigkeit ebenfalls strafrechtlich gerechtfertigt sein können.[93] Hier stößt diese Sichtweise also an ihre Grenze, und wie für die Rechtsprechung ist auch für sie am Ende die Frage entscheidend, ob der Patient einwilligungsfähig und ordnungsgemäß aufgeklärt worden ist und sich die Einwilligung innerhalb der Grenzen des § 228 StGB bewegt.[94] Die oben genannten Autoren sagen damit nicht, dass alle nicht indizierten Maßnahmen stets strafbar seien, sondern dass ein ärztlicher Heileingriff, der aufgrund einer medizinischen Indikation erfolgt, (nur dann ohne Weiteres) rechtmäßig ist.

2. Rechtswidrigkeit

Auch auf der deliktsystematischen Ebene der Rechtswidrigkeit ärztlichen Handelns finden sich Stimmen in der strafrechtlichen Literatur, die der medizinischen Indikation unmittelbare Auswirkungen auf die Strafbarkeit des Arztes beimessen wollen. Ausgehend von den Anforderungen des ärztlichen Berufsrechts, wonach die Vornahme nicht indizierter Eingriffe standeswidrig sei, wird die medizinische Indikation als eigenständige strafrechtliche Zurechnungskategorie verstanden, die die Rechtfertigungsmöglichkeit ärztlichen Handelns einschränkt. Die Indikation wird zur objektiven Schranke der Einwilligung auf der strafrechtsdogmatischen Ebene der Rechtswidrigkeit.

Ansatzpunkt für diese Auffassungen sind wieder die im Schrifttum vertretenen Tatbestandslösungen, die für die Straflosstellung von Ärzten bei der Vornahme von Eingriffen eine medizinische Indikation verlangen. Fehlt diese aber, so stimmen alle Argumentationslinien innerhalb der Tatbestandslösungen darin überein, dass kein Anlass besteht, die Annahme einer tatbestandsmäßigen Körperverletzung abzulehnen. Auf der folgenden Stufe der Rechtfertigung geht aber dann ein Teil der Autoren davon aus, dass die tatbestandsmäßige Handlung trotz Fehlens der Indikation über die Einwilligung

---

93 Vgl. *Laufs/Uhlenbruck*, Handbuch des Arztrechts, § 6 Rn. 1 einerseits und § 139 Rn. 39, 40, 42 andererseits; *Laufs*, Arztrecht, Rn. 29, Rn. 690 einerseits und Rn. 198 ff. andererseits; *Kern/Laufs*, Aufklärungspflicht, S. 9 einerseits und S. 68 andererseits; *Damm/Schulte in den Bäumen*, KritV 2005, 101 einerseits und S. 107, 110 ff. andererseits.
94 Für viele *Laufs/Uhlenbruck*, Handbuch des Arztrechts, § 68 Rn. 12, § 65 Rn. 12; § 139 Rn. 39 ff.

des Patienten in den Grenzen des § 228 StGB gerechtfertigt werden kann[95]. Zum Teil wird jedoch vertreten, dass sich die wirksame Einwilligung nur auf indizierte Eingriffe beziehen können soll. Rechtfertigungsgrund für den handelnden Arzt sei *allein* die medizinische Notwendigkeit. *Die Indikation ist nach dieser Auffassung Rechtfertigungsgrund und die Einwilligung hat nur die Bedeutung einer Rechtfertigungsschranke.*[96] Das Bestehen einer medizinischen Indikation wird damit zu einer notwendigen Voraussetzung für eine Straflosigkeit des Arztes, womit ihr strafrechtsdogmatisch eigenständige Wirkung zugesprochen wird, indem sie zur objektiven Schranke einer wirksamen Einwilligung wird.

Vertreten werden, sofern überhaupt Argumente angegeben werden, im Wesentlichen zwei (hart) paternalistische Begründungsstrategien. Zum einen wird von den Vertretern der sog. Abwägungs- bzw. Kollisionsmodelle der Einwilligung im Rahmen einer objektiven Abwägung das Vorliegen der medizinischen Indikation als weitere Voraussetzung neben der Einwilligung für eine Rechtfertigung verlangt.[97] Zum anderen wird darauf abgestellt, dass das Fehlen der Indikation eine Standeswidrigkeit sei, die den Eingriff in jedem Fall sittenwidrig im Sinne des § 228 StGB mache.[98]

Den genannten Ansätzen ist gemein, dass aus standesethischen Anforderungen an den Arzt, mithin aus einem anderen, nicht strafrechtlichen Teil der Rechtsordnung, objektive Schranken für die Einwilligung im Strafrecht

---

95 Schönke/Schröder-*Eser*, StGB, § 223, Rn. 50ff. m. w. N.
96 *Geilen*, Einwilligung, S. 29, 89f., 113; *Kern/Laufs*, Aufklärungspflicht, S. 9; *Laufs*, Arztrecht, Rn. 29, 690; *Laufs/Uhlenbruck*, Handbuch des Arztrechts, § 6 Rn. 1; *Damm/Schulte in den Bäumen*, KritV 2005, 101; *Günther*, Voluntas aegroti suprema lex, S. 128; *Ehlers*, Aufklärung, S. 43f. In 2. Auflage auch noch *Ulsenheimer*, Arztstrafrecht, Rn. 57 a. E.: „Die Einwilligung allein verleiht dem Arzt jedoch keine Befugnis zum Eingriff, dieser muss vielmehr aus ärztlicher Sicht geboten sein. Jedes therapeutisch nicht gerechtfertigte ärztliche Vorgehen ist deshalb ‚grundsätzlich verboten'." Anders jetzt in den Folgeauflagen, vgl. nunmehr *Ulsenheimer*, Arztstrafrecht, Rn. 57b: „Aus der fehlenden Indikation darf also nicht ohne weiteres auf die Rechtswidrigkeit des ärztlichen Eingriffs geschlossen werden". Vgl. zum Ganzen auch *Schroth*, Ärztliches Handeln, S. 39, und *Sternberg-Lieben*, Schranken der Einwilligung, S. 192ff.
97 Für die Abwägungs- bzw. Kollisionsmodelle der Einwilligung werden unterschiedliche Begründungen angeführt: zum Teil wird auf der Grundlage einer „etatistischen Rechtsgutsauffassung" der Schutz von Gemeinschaftsinteressen in den Vordergrund gestellt, zum Teil wird der Sozial- bzw. Eigenwert des betreffenden Rechtsguts betont. Zum Prinzip des überwiegenden Interesses bei der strafrechtlichen Rechtfertigung grundlegend *Noll*, Übergesetzliche Rechtfertigungsgründe, S. 59ff. Ausführlich zum Ganzen *Rönnau*, Willensmängel, S. 32ff. und im Anschluss *Fateh-Moghadam*, Einwilligung, S. 97ff.
98 *Geilen*, Einwilligung, S. 135; *Laufs*, Arztrecht, Rn. 488. Vgl. hierzu auch *Sternberg-Lieben*, Schranken der Einwilligung, S. 193 Fn. 110.

konstruiert werden.⁹⁹ Beide Ansätze zur Beschränkung der Wirksamkeit der Einwilligung auf Rechtfertigungsebene weisen aber Probleme auf. Das Abwägungs- bzw. Kollisionsmodell der Einwilligung verkennt, dass das deutsche Strafrecht mit seiner Einwilligungsregelung strukturell antipaternalistisch ist. Der Grundsatz *volenti non fit iniuria* beansprucht auch im medizinstrafrechtlichen Kontext Geltung, sodass die Einwilligung des Patienten im Rahmen der §§ 223 ff. StGB grundsätzlich wirksam ist und keinen immanenten objektiven Schranken unterliegt.¹⁰⁰ Die medizinische Indikation erlangt deshalb keine eigenständige Bedeutung als objektive Schranke der Einwilligung. Eine Beschränkung der Einwilligung bei der strafrechtlichen Beurteilung ärztlichen Handelns kann sich nach der Struktur des deutschen Strafrechts daher – neben den aus dargelegten Gründen abzulehnenden Tatbestandslösungen – allein aus § 228 StGB ergeben.¹⁰¹ Nur die zweite Ansicht, die das Fehlen einer Indikation als Sittenwidrigkeitsurteil begreift, kann vom dogmatischen Begründungsansatz her, nicht jedoch inhaltlich überzeugen. Rechtsprechung und ganz überwiegende Literatur verstehen den § 228 StGB als eng auszulegenden Rechtsbegriff.¹⁰² Ein Sittenverstoß kann deshalb nur angenommen werden, wenn durch den nicht indizierten ärztlichen Eingriff, in Fortführung des § 216 StGB, eine konkrete Todesgefahr oder eine schwerste körperliche Beeinträchtigung ohne plausiblen Grund gegeben ist.¹⁰³ Das Standesrecht der Ärzte, das dieser Auffassung nach dem Sittenwidrigkeitsurteil zu Grunde gelegt wird, ist in seiner Rechtsqualität als Selbstbindung eines Berufsstandes von maßgeblich anderer Natur als das formell-gesetzliche Strafrecht und verfolgt einen anderen Zweck. Solche Verbotsentscheidungen aus anderen Teilbereichen der Rechtsordnung können zwar sicherlich ein Indiz für anzunehmende Schranken der Einwilligung sein. Eine automatische Entscheidung über die Strafbarkeit sind sie aber nicht.¹⁰⁴ Zudem ergeben sich Schwierigkeiten für das dem verfassungsrechtlichen Bestimmtheitsgebot des Art. 103 Abs. 2 GG unterliegende Strafrecht daraus, dass das zu fällende Urteil über eine Indikation somit nach objektiv medizinwissenschaftlicher Kriterienbil-

---

99 Vgl. zum Ganzen auch *Sternberg-Lieben*, Schranken der Einwilligung, S. 171 ff.
100 Umfassende Analyse und Nachweise bei *Fateh-Moghadam*, Einwilligung, S. 90 ff.
101 So auch *Niedermair*, Körperverletzung, S. 192.
102 Geltung und Verständnismöglichkeiten des § 228 StGB sind in der Strafrechtswissenschaft lebhaft umstr., ausführlich die Monografie von *Niedermair*, Körperverletzung mit Einwilligung und die guten Sitten.
103 BGH, NJW 2004, 1054 ff. und 2458 ff. *Roxin*, AT, § 13 Rn. 41 ff.; vgl. unten D. II. 3.
104 *Sternberg-Lieben*, Schranken der Einwilligung, S. 170 ff., 191; *Niedermair*, Körperverletzung, S. 192 ff.; *Roxin*, AT, § 13 Rn. 38 ff., 48.

dung erfolgt, was einen Transfer der Entscheidung über eine Strafbarkeit in das ärztliche Standesrecht bedeuten würde, das wiederum schnellem Wandel und Entwicklungen unterliegt. In der heutigen pluralistischen Gesellschaft ist kein Konsens bzgl. der Grundsätze einer privaten Moral zu erzielen. Die einschneidenden Sanktionen des Strafrechts unmittelbar auf „dem Treibsand des sich wandelnden ärztlichen Standesrechts zu verankern"[105], genügt nicht den Anforderungen des Rechts.

Zuguterletzt bleibt noch ein entscheidender Hinweis. Die Ansichten, wonach die Einwilligung lediglich Rechtfertigungsschranke, die medizinische Indikation aber der eigentliche Rechtfertigungsgrund sei, stoßen bei denjenigen anerkannten ärztlichen Eingriffen an Grenzen, die heute trotz Indikationsmangel routinemäßig durchgeführt werden.[106] In Abkehr zu ihrer Indikationsrhetorik bestreiten auch die Vertreter dieser vorgestellten Ansätze wiederum nicht die Zulässigkeit beispielsweise schönheitsoperativer Eingriffe oder einer Lebendorganspende.[107]

3. Ergebnis

Dem Vorliegen oder Fehlen einer medizinischen Indikation kommt damit im Ergebnis *keine objektive, selbstständige strafrechtsdogmatische Bedeutung* für die strafrechtliche Bewertung ärztlichen Handelns zu. „Das Vorliegen der Indikation bewirkt, für sich gesehen, rechtlich noch überhaupt nichts."[108] Fehlt es bei einem ärztlichen Eingriff an einer medizinischen Indikation, so hat dies nach der hier vertretenen Ansicht also weder zur Folge, dass keine Rechtfertigung durch Einwilligung möglich wäre, noch dass eine Einwilligung in jedem Fall unwirksam wäre. Dies erkennt trotz aller Bedeutungszumessung für das Indikationsmerkmal auch der überwiegende Teil der Autoren des klassischen Medizinstrafrechts an.[109] Anders sehen dies nur die Vertreter der Tatbestandslösungen, für die das Merkmal der Indikation direkte normative Wirkung erlangt und im Wege einer Privilegierung zum Tatbestandsausschluss führt. Dieser Ansicht wird hier aber aus den oben dargelegten Gründen nicht gefolgt.

---

105 *Sternberg-Lieben*, Schranken der Einwilligung, S. 194.
106 So auch *Fateh-Moghadam*, Einwilligung, S. 101 f.
107 *Laufs/Uhlenbruck*, Handbuch des Arztrechts, § 139 Rn. 26.
108 *Voll*, Einwilligung, S. 45.
109 *Ulsenheimer*, Arztstrafrecht, Rn. 57b.

Ausgehend von einem liberalen Modell der Einwilligung, nach dem das Rechtsgut der Körperverletzungsdelikte neben der körperlichen Integrität auch die körperbezogene Verfügungsbefugnis ist, sichert nur die Lösung, nach der ein ärztlicher Eingriff *tatbestandsmäßig* ist und nur die wirksame Einwilligung des Patienten tatbestandsausschließende[110] bzw. rechtfertigende[111] Wirkung entfaltet, das Selbstbestimmungsrecht des Patienten hinreichend ab. Der Indikationsmangel eines ärztlichen Eingriffs führt nicht zu einer objektiven Begrenzung der Einwilligung des Patienten.

II. Medizinische Indikation als unselbstständige Zurechnungskategorie im Strafrecht

Entgegen der traditionellen arztstrafrechtlichen Literatur wirkt sich ein Indikationsmangel also nicht unmittelbar in der strafrechtlichen Deliktsystematik aus. *Mittelbare* Bedeutung erlangt die medizinische Notwendigkeit indes im Rahmen der subjektiven Wirksamkeitsvoraussetzungen der Einwilligung des Patienten, insbesondere bei der ärztlichen Aufklärung. Der Grund liegt in der verfassungsrechtlichen Dimension der strafrechtlichen Einwilligung. Diese ist das Rechtsinstrument, das das Selbstbestimmungsrecht des Einwilligenden durchsetzt. Aus dieser grundrechtlichen Verankerung folgt der Grundsatz der Wirksamkeit der Einwilligung. Aus einem solchen Verständnis der Einwilligung folgen gleichzeitig Anforderungen an deren Wirksamkeit. Der Patient muss subjektiv wissen, dass es sich um einen nicht indizierten Eingriff handelt, über die notwendige Einsichts- und Urteilsfähigkeit bzgl. des Eingriffs verfügen, keinen relevanten Willensmängeln unterliegen und den Eingriff als solchen autonom wollen. Mit diesen (weich) paternalistischen Anforderungen an die wirksame Einwilligung wird die autonome Entscheidung des einwilligenden Patienten abgesichert.

1. Indikation als Gegenstand der Einwilligung

Das Merkmal der medizinischen Indikation kommt in der strafrechtlichen Bewertung ärztlichen Handelns regelmäßig dort ins Spiel, wo es um die Reichweite der Einwilligung des Patienten geht. Ausgangspunkt ist dabei der Grundsatz, dass sich eine Einwilligung im Rahmen einer ärztlichen Behandlung, sofern nichts anderes vereinbart ist, stets nur auf *lege artis* durchgeführte

---

110 *Roxin*, AT, § 13 Rn. 11 ff., 545 ff.; SK-*Horn/Wolters*, StGB, § 228 Rn. 2; *Schroth*, BT, S. 90 f.
111 So die st. Rspr. und die ganz h. M. seit RGSt 25, 375 ff.; BGHSt 11, 111.

medizinisch indizierte Eingriffe bezieht.[112] Willigt der Patient in eine ärztliche Behandlung ein, ist daher im Zweifel davon auszugehen, dass er den Eingriff als medizinisch notwendig verstanden und sein Einverständnis in die Durchführung durch den Arzt erteilt hat, weil er sich hiervon Heilung oder Linderung verspricht. Die Einwilligung in ärztliche Eingriffe ist daher in der Regel konkludent beschränkt auf indizierte Maßnahmen. Die Indikation wird so zum Gegenstand der Einwilligung.

Dies gilt aber nicht für Eingriffe, die von vornherein keine therapeutischen sind, bei denen also keine Heilbehandlung gewollt ist.[113] Eine Einwilligung in einen solchen Eingriff – etwa eine Schönheitsoperation zur Verbesserung des Aussehens – ist durchaus möglich. Der Indikationsmangel ist dann bei der ärztlichen Aufklärung zu thematisieren, indem der Arzt dem Patienten deutlich auseinandersetzt, dass es an einer medizinischen Notwendigkeit für den Eingriff fehlt. Von Bedeutung ist das Vorliegen der medizinischen Indikation deshalb im Ergebnis nur insoweit, als bei Abweichungen vom Grundsatz eine besondere Aufklärung über die mangelnde Indikationslage erfolgen muss.

2. Indikation und Einwilligungsfähigkeit

Die Einwilligungsfähigkeit des Patienten richtet sich auch im Kontext (spezialgesetzlich nicht geregelter[114]) nicht indizierter ärztlicher Eingriffe nach den allgemeinen strafrechtlichen Grundsätzen der Einwilligung. Nach der Rechtsprechung des BGH ist einwilligungsfähig, wer die konkrete Einsichts- und Urteilsfähigkeit hinsichtlich des in Aussicht genommenen Eingriffs besitzt.[115] Der Patient muss nach seiner geistigen und sittlichen Reife, nach seinen Kenntnissen und Fähigkeiten in der Lage sein, Art, Bedeutung und Tragweite des (nicht indizierten) ärztlichen Eingriffs zu erkennen und sachgerecht zu beurteilen.[116] Die Beurteilung der Einwilligungsfähigkeit unterliegt demnach keinen festen Altersgrenzen und richtet sich nach den jeweiligen Umständen

---

112 St. Rspr., vgl. BGH, StV 2008, 190; LK-*Hirsch*, StGB, § 228 Rn. 32; *Schroth*, Ärztliches Handeln, S. 39.
113 Anders lag die Konstellation bei der viel zitierten Zahnextraktionsentscheidung, in der die Patientin Heilung vom Ziehen aller Zähne erhoffte, vgl. BGH, NJW 1978, 1206.
114 Besondere Regelungen für die Einwilligungsfähigkeit finden sich in § 8 I 1 Nr. 1a TPG, §§ 40 I 3 Nr. 3a AMG und § 2 I Nr. 3 KastrG.
115 BGHZ 29, 33, 36 ff.
116 St. Rspr. und ganz h. M., vgl. BGHSt 5, 362; 23, 1; 29, 33; *Fischer*, StGB, Vor § 32 Rn. 3c. Vgl. zum Ganzen *Reipschläger*, Einwilligung Minderjähriger, S. 57 ff.

des Einzelfalls,[117] ist aber bei Erwachsenen mangels entgegenstehender Anhaltspunkte die Regel.[118] Maßgeblich ist daher lediglich, ob eine nach diesen Maßstäben autonome Entscheidung des einsichts- und urteilsfähigen Patienten erfolgt ist, nicht deren objektive Rationalität. Auch unvernünftige Entscheidungen werden über die Einwilligung geschützt. Dass der Patient in einen medizinisch nicht notwendigen ärztlichen Eingriff einwilligt, der nach objektiven Maßstäben nicht vernünftig oder sinnvoll sein mag, wirkt sich daher nicht auf die konkrete Einwilligungsfähigkeit aus.[119]

Bei Minderjährigen ist die Einwilligungsfähigkeit nicht in der Regel anzunehmen, sondern für den konkreten Fall positiv festzustellen. Grundsätzlich gelten auch hier die oben genannten Maßstäbe. Da die Einwilligung in ihrer Rechtsnatur keine Willenserklärung, sondern eine natürliche Willensbetätigung des Rechtsgutsinhabers ist, gelten keine festen Altersgrenzen.[120] Einig ist man sich bei nicht indizierten ärztlichen Eingriffen im Sinne einer Faustformel darüber, dass bis zum Alter von etwa 14 Jahren die Einwilligungsfähigkeit eines Minderjährigen stets abzulehnen ist, und dass sie ab dem Erreichen der Volljährigkeit in einem Regel-Ausnahme-Verhältnis anzunehmen ist.[121] Schwierig ist die Beurteilung der Rechtslage im dazwischenliegenden Zeitraum.

Die Rechtsprechung geht hier je nach Schwere des Eingriffs an sich davon aus, dass die Einwilligungsfähigkeit auch für nicht indizierte Eingriffe bei einem konkret einsichtsfähigen Minderjährigen an sich gegeben sein *kann*. Nach der h. M. sollen im Bereich medizinisch nicht notwendiger Eingriffe wegen deren fehlender Dringlichkeit aber *strengere* bzw. *höhere* Anforderungen an die Einwilligungsfähigkeit zu stellen sein.[122] Tatsächlich wird die Einwilligungsfähigkeit in eine medizinisch nicht notwendige Operation von Rechtsprechung und Literatur im Ergebnis bei älteren Jugendlichen kurz vor der Volljährigkeit, in der Regel wohl aber erst mit Eintritt derselben angenommen.[123] Gerade bei aufschiebbaren, nicht ungefährlichen Eingriffen ist

---

117 BGHZ 29, 33, 36 ff.; zum Ganzen *Amelung*, ZStW 104 (1992), 535 ff.
118 *Roxin*, AT, § 13 Rn. 86.
119 *Fischer*, StGB, § 228 Rn. 5. Zu Recht wurde deshalb das Urteil des BGH im Zahnextraktionsfalls, BGH NJW 1978, 1206, vom Schrifttum heftig kritisiert, vgl. *Amelung*, ZStW 104 (1992), 553; *Roxin*, AT, § 13 Rn. 87 m. w. N.
120 *Amelung*, ZStW 104 (1992), 526 ff.
121 *Laufs/Uhlenbruck*, Handbuch des Arztrechts, § 139 Rn. 29; *Roxin*, AT, § 13 Rn. 85.
122 Ganz h. M., vgl. nur BGHSt 12, 379, 382 f.; LK-*Rönnau*, StGB, Vor § 32 Rn. 195; *Roxin*, AT, § 13 Rn. 85; *Neyen*, Einwilligungsfähigkeit, S. 59; *Odenwald*, Einwilligungsfähigkeit, S. 268 f.
123 Ganz h. M.; LK-*Rönnau*, StGB, Vor § 32 Rn. 195.

eine Einwilligungsfähigkeit bei unter 18-Jährigen verneint worden.[124] Dem Indikationsmangel wird damit also insoweit Bedeutung zugesprochen, als er sich auf die Anforderungen an die Feststellung der Einwilligungsfähigkeit auswirken soll.

Diese Ansicht wird hier nicht geteilt. Im Lichte des Selbstbestimmungsrechts des Minderjährigen muss sich die Feststellung seiner Einwilligungsfähigkeit nach allgemeinen Maßstäben bemessen. Erweist sich ein Jugendlicher demnach als konkret einsichts- und urteilsfähig, darf sein Selbstbestimmungsrecht nicht wieder unter Verweis auf den Indikationsmangel ausgehebelt werden.

Fehlt es an der Einwilligungsfähigkeit des minderjährigen Rechtsgutsinhabers, so handelt der Arzt dennoch gerechtfertigt und bleibt straflos, wenn eine Einwilligung des gesetzlichen Vertreters des Minderjährigen vorliegt. Das Gesetz sieht über das Personensorgerecht der Eltern in §§ 1626, 1629 BGB den Übergang der Einwilligungsbefugnis auf die Eltern und damit eine Fremdbestimmung vor, solange der Jugendliche noch nicht selbst im konkreten Fall einsichts- und urteilsfähig ist. Die Eltern erteilen dann in gesetzlicher Stellvertretung für ihr Kind eine eigene Einwilligung.[125] Dabei entscheidet das Kindeswohl gem. § 1627 BGB darüber, ob die Eltern im konkreten Fall eine stellvertretende Einwilligung in einen nicht indizierten Eingriff erteilen dürfen.

3. Indikation und ärztliche Aufklärung

Das geltende Recht legt dem Arzt eine Aufklärungspflicht vor jedem Eingriff auf.[126] Der Patient „muss"[127] das Aufklärungsgespräch auch führen, denn eine fehlende Aufklärung führt grundsätzlich zur Unwirksamkeit seiner Einwilligung.

---

124 BGH, NJW 1972, 335, 336; BGHSt 12, 379, 382 ff.; BGH, NJW 1991, 2344.
125 LK-*Rönnau*, StGB, Vor § 32 Rn. 179.
126 St. Rspr., vgl. *Fischer*, StGB, § 223 Rn. 13 ff.; *Schöch*, Aufklärungspflicht des Arztes, S. 51 ff. in diesem Band.
127 Es sei denn, es liegt eine der drei Ausnahmekonstellationen des Entfallens der Aufklärungspflicht vor. Zu berücksichtigen ist auch, dass nach der Rechtsprechung vielfach ein Aufklärungsverzicht durch den Patienten möglich ist. Der Arzt muss dann immer noch eine Art „Grundaufklärung" durchführen, denn einen Blankoverzicht gibt es nicht. Der Patient muss jedenfalls in wesentlichen Grundzügen über Art, Erforderlichkeit und schwerste Risiken des Eingriffs informiert sein. Dennoch scheint es fraglich, ob in diesen Fällen einer reinen Basisaufklärung nach wirksamem Aufklärungsverzicht von einer paternalistischen Maßnahme gesprochen werden kann, die die Erheblichkeitsschwelle eines Grundrechtseingriffs übertritt. In ihrer Wirkung und Zielsetzung bleibt die Aufklärungsdogmatik jedoch auch im Bereich des Verzichts zunächst einmal paternalistisch.

Bei der ärztlichen Aufklärungspflicht handelt es sich daher um eine paternalistische Regelung, und zwar nach den auf Feinberg[128] zurückgehenden Begrifflichkeiten um eine weich paternalistische Regelung. Weicher Paternalismus orientiert sich an der Gewährleistung von Autonomie und beschränkt die Dispositionsfreiheit bei Entscheidungen nur, um die Selbstbestimmungskompetenz des Entscheidenden zu sichern.[129] Im Gegensatz zum harten Paternalismus, der keine Entscheidungsalternativen lässt, auch wenn die Entscheidung für eine Selbstgefährdung völlig freiwillig getroffen wurde, bleibt für den Patienten mit der weich paternalistischen Konzeption der Aufklärung die Wahlmöglichkeit bezüglich des Ob und Wie einer Behandlung bestehen. Durch die Aufklärung soll dem Patienten in Gewährleistung seines Selbstbestimmungsrechts eine umfassende Entscheidungsgrundlage an die Hand gegeben werden, auf deren Basis er dann autonom, entsprechend seiner Präferenzen entscheiden kann. Indirekt ist der Paternalismus des Medizinstrafrechts im Bereich der Aufklärung, weil er sich in Verboten und Zwängen äußert, die sich an eine andere Person als den betroffenen Patienten, nämlich unmittelbar an den Arzt richten.[130] Die Strafandrohung bei der Aufklärungspflichtverletzung gilt dem Arzt, nicht dem Patienten; die Freiheit des Arztes wird eingeschränkt, um den Patienten zu schützen.

Einmütig werden nun im Zusammenspiel von ärztlicher Aufklärungspflicht[131] und Fehlen der medizinischen Indikation Besonderheiten gegenüber den ärztlichen Heileingriffen angenommen. Rechtsprechung und Strafrechtswissenschaft gehen davon aus, dass die ärztlichen Aufklärungspflichten bei Eingriffen, die medizinisch nicht notwendig sind, *erhöht* sind.

---

128 *Feinberg*, Harm to self, S. 12.
129 Harter Paternalismus liegt vor, wenn autonome, entscheidungs- bzw. einwilligungsfähige, erwachsene Personen vor sich selbst bzw. den Folgen ihrer Entscheidung geschützt werden sollen. Harter, also „echter" Paternalismus ist eine Implikation der ethischen Position des hippokratischen Eids mit seinem Schädigungsverbot, *primum non nocere*. Vgl. zum Ganzen *Möller*, Paternalismus, S. 15; *Gutmann*, Kritik des Rechtspaternalismus, S. 190.
130 Vgl. *Möller*, Paternalismus, S. 15 f.
131 Die Geltung des Selbstbestimmungsrechts des Patienten im Verhältnis zum Arzt und die Begründung dieser Geltung durch das Verfassungsrecht sind heute allgemein anerkannt. Die Einwilligung des Patienten nach Aufklärung ist daher ein grundgesetzliches Erfordernis. Damit ein ärztlicher Eingriff nach der Aufklärungsdogmatik der Rechtsprechung durch eine wirksame Einwilligung gerechtfertigt bzw. der Tatbestand ausgeschlossen ist, muss der Einwilligende über Art, Tragweite und solche Folgen der Behandlung aufgeklärt worden sein, die für seine Entscheidung ins Gewicht fallen können. Ausgehend von ihrer rechtlichen Grundlage spricht man üblicherweise von der sog. Selbstbestimmungsaufklärung, die eine Diagnose-, Verlaufs- und Risikoaufklärung umfasst und deren Maßstab der Empfängerhorizont des konkreten Patienten ist. Vgl. *Fischer*, StGB, § 228 Rn. 13.

Kallfelz formulierte als Erster, abweichend von der damaligen Literatur und Rechtsprechung, folgende These: „Die Aufklärungspflicht nimmt in dem Maße zu, in dem die unbedingte und lebensnotwendige Indikation des beabsichtigten Eingriffs abnimmt."[132] Die ständige und gefestigte Rechtsprechung hat in der Folge im Bereich der spezialgesetzlich nicht normierten[133], nicht indizierten ärztlichen Eingriffen die heute vom Schrifttum allgemein geteilte[134] sog. *Reziprozitätsthese* herausgearbeitet.[135] Der BGH fordert bzgl. Aufklärungsumfang und Inhalt, dass der Patient „je weniger ein ärztlicher Eingriff medizinisch geboten ist, umso ausführlicher und eindrücklicher [...] über dessen Erfolgsaussichten und etwaige schädliche Folgen zu informieren"[136] ist. Genauigkeit und Ausführlichkeit der ärztlichen Aufklärung verhalten sich umgekehrt proportional zur Dringlichkeit des Eingriffs. Der Arzt muss auf die Gefahren, d. h. auf die möglichen Folgen einer geplanten nicht notwendigen Behandlung hinweisen, die ein verständiger Patient in seiner konkreten Situation für seine Entscheidung über die Einwilligung in die Behandlung als bedeutsam ansehen würde. Der Arzt muss dem Patienten in einem angemessenen zeitlichen Abstand vor dem nicht indizierten Eingriff Gründe und Einwände „in besonders eindringlicher Weise" auseinandersetzen und ihn im Rahmen der Risikoaufklärung auch auf ungewöhnliche, seltene Risiken und Misserfolgsquoten hinweisen.[137]

Im Ergebnis ist dieser allgemein geteilten Auffassung sicherlich zuzustimmen. Die Formulierung, die Aufklärungspflichten seien „höher/strenger", ist indes missverständlich, und die Begründung nicht überzeugend.[138] Denn in beiden Fällen, bei der ärztlichen Heilbehandlung wie beim nicht indizierten Eingriff, geht es in letzter Konsequenz um die Wahrung der Patientenautonomie. Die Aufklärungspflichten des Arztes wurzeln im Selbstbestimmungs-

---

132 *Kallfelz*, JW 1937, 928.
133 Besondere Regelungen für die Aufklärungspflicht bestehen bei der Lebendorganspende, § 8 I 1 Nr. 1b, II TPG, der Arzneimittelprüfung, § 40 I 3 Nr. 3b, II 1 IV Nr. 3, § 41 III Nr. 2 AMG und der Kastration, § 3 I KastrG.
134 Für viele LK-*Hirsch*, StGB, § 228 Rn. 20, 44 m. w. N.; *Ulsenheimer*, Arztstrafrecht, Rn. 71; kritisch *Fateh-Moghadam*, Einwilligung, S. 192f.
135 St. Rspr. seit RG 66, 181. Vgl. BGHSt 11, 111; BGHZ 29, 46; BGH, VersR 2006, 838f.; BVerfGE 52, 167.
136 BGHSt 12, 379, 382.
137 Vgl. OLG Celle, NJW 1987, 2304.
138 Allenfalls aufgrund praktischer Erwägungen bei medizinischen Notfällen kann der von der h. M. formulierte Zusammenhang geteilt werden. Wie hier *Schroth*, Einwilligung in nicht-indizierte Körperbeeinträchtigung, S. 738f.

recht des Patienten, für dessen Ausübung der Patient eine abschließende Informations- und Entscheidungsgrundlage benötigt. Diese vermittelt ihm der Arzt, der insoweit über überlegenes Wissen verfügt, im Aufklärungsgespräch. Die Aufklärung soll damit gerade einer selbstbestimmten, autonomen Entscheidung des Patienten dienen. Eine beispielsweise abschreckend gestaltete Aufklärung ist deshalb ein paternalistischer Eingriff in die Patientenautonomie.

Um eine selbstbestimmte Entscheidung zu ermöglichen, muss der Arzt bei Eingriffen, die medizinisch nicht notwendig sind, deshalb gerade auf diese Tatsache des Indikationsmangels und die damit verbundenen Gefahren und Risiken hinweisen, damit der Patient die Vorteile des erlässlichen Eingriffs mit den vermeidbaren gesundheitlichen Nachteilen sorgfältig abwägen kann. Zutreffend erscheint es daher, bei medizinisch nicht indizierten Eingriffen von „entsprechenden" bzw. dem Indikationsmangel „entsprechend anderen" Anforderungen an die Aufklärungspflicht zu sprechen.

Bei der ärztlichen Aufklärung gewinnt das Fehlen der medizinischen Indikation daher mittelbare Bedeutung als modifizierendes Element für diese Wirksamkeitsvoraussetzung der Einwilligung.

Für bedeutende nicht indizierte Eingriffe, konkret für den Fall einer Wunschsectio[139], ist in der arztrechtlichen Literatur eine ausdrücklich verlautbarte Einwilligung des Patienten gefordert worden[140] – entgegen dem allgemeinen Grundsatz, wonach die Einwilligung auch konkludent erteilt werden kann.[141] Richtig ist an dieser Auffassung sicherlich, dass ein Patient, an dem ein ärztlicher Eingriff vorgenommen werden soll, der medizinisch gar nicht erfolgen müsste, besonders schutzwürdig ist. Die hieraus gezogene Schlussfolgerung, dass eine konkludente Einwilligung nicht genügen soll, wird hier aber nicht geteilt. Stattdessen ist zu fordern, dass der Arzt vor der Durchführung eines solchen nicht indizierten Eingriffs über die Umstände der Operation, insbesondere deren Indikationsmangel, im Rahmen der *Aufklärung* informieren muss.

4. Indikation und Willensmängel im Übrigen

Um rechtswirksam zu sein, muss die Einwilligung nach geltenden Grundsätzen frei von beachtlichen Willensmängeln sein. Heute geht man überwiegend

---

139 Fn. 2.
140 *Ulsenheimer*, Geburtshilfe und Frauenheilkunde 2000, M63.
141 *Fischer*, StGB, Vor § 32 Rn. 3c.

davon aus, dass Täuschung, Zwang und rechtsgutsbezogene Irrtümer die Einwilligung unwirksam machen; zunehmend wird auch vertreten, dass alle Irrtümer zur Unwirksamkeit führen sollen.[142] Ob ein ärztlicher Eingriff in den Körper notwendig, mithin medizinisch indiziert ist, ist rechtsgutsbezogenes Wissen und muss dem Patienten als Information zur Verfügung stehen; sonst liegt ein rechtsgutsbezogener Irrtum vor, der zur Unwirksamkeit der Einwilligung führt.

Schwierig und umstritten ist die Beurteilung der Fälle, in denen der (erkrankte) Patient die Heilung eines Leidens wünscht, aber aufgrund eigener Überlegungen in einen medizinisch nicht anerkannten oder gar dem medizinischen Standard widersprechenden, mithin nicht indizierten ärztlichen Eingriff einwilligt, der objektiv aber gar nicht zur Erreichung des gewünschten Ziels „Heilung" führen kann.[143] Teilweise wird vertreten, dass eine wirksame Einwilligung nicht möglich sei, da eine Einwilligung in einen solchen „Behandlungsfehler" prinzipiell ausscheiden müsse.[144] Andere Stimmen gehen davon aus, dass eine Einwilligung vom Patienten in einen solchen „kontraindizierten"[145] Eingriff prinzipiell wirksam erteilt werden könne, soweit der Arzt nur umfassend über den Indikationsmangel informiert hat. Über einen Vergleich mit der Rechtslage bei der kosmetischen Operation, in die ebenfalls wirksam eingewilligt werden könne, und mit dem Argument, dass das Strafrecht auch das Recht auf unvernünftige Entscheidungen schützt, soll der Arzt nach dieser Auffassung daher gerechtfertigt handeln.[146] Diese letztere Ansicht weist m. E. aber Probleme auf. Die Behandlung, in die der Patient eingewilligt hat, ist zur Erreichung des verfolgten Zwecks – der Gesundung – objektiv sicher ungeeignet, was der Arzt auch weiß. Im Unterschied dazu ist bei der Schönheitsoperation das Mittel des plastisch-chirurgischen Eingriffs zur Erreichung des Ziels, „schöner" zu werden, subjektiv wie auch objektiv rational. Die Einwilligung in einen nicht indizierten Eingriff mit dem Ziel der Heilung ist dagegen subjektiv irrational. Da das Instrument der strafrechtlichen Einwilligung die autonome Entscheidung des Patienten absichern soll, und

---

142 Ausführlich bei *Roxin*, AT, § 13 Rn. 97 ff.
143 So die Konstellation in der Zahnextraktions-Entscheidung des BGH, NJW 1978, 1206.
144 BGH, NJW 1978, 1206; *Duttge*, MedR 2005, 706 ff.
145 Die Konstellationen, in denen die Patientenentscheidung als subjektiv irrational zu bewerten ist, und die damit der im Zahnextraktionsfall vergleichbar sind, werden nach der hier vorgeschlagenen Abgrenzung als kontraindiziert bezeichnet, vgl. Fn. 26.
146 *Roxin*, AT, § 13 Rn. 86 f., 112; *Schroth*, Ärztliches Handeln, S. 21 ff. in diesem Band.

dabei zwar nicht eine völlig rationale Entscheidung fordert, eine Mindestrationalität aber absichern will[147], muss die Einwilligung vielmehr als unwirksam beurteilt werden. Ansatzpunkt dafür ist die Heranziehung des § 228 StGB, interpretiert als autonomieschützende Norm.

Anzumerken bleibt, dass in solchen Fällen in der Praxis vielfach schon ein Aufklärungsmangel vorliegen wird. Sollte dies nicht der Fall sein, ist der Arzt nach standesethischen Grundsätzen keinesfalls zur Durchführung der Behandlung verpflichtet, sondern kann und sollte diese vielmehr ablehnen.

5. Ergebnis

Nach dem Systemverständnis des deutschen Medizinrechts gilt der Grundsatz, dass zunächst einmal jeder Eingriff erlaubt ist, solange er nicht gegen § 228 StGB verstößt. Dort findet der Grundsatz des römischen Rechts *volenti non fit iniuria*[148] seine Grenzen. Die Tatsache aber, dass auch eine Einwilligung des Patienten ärztliches Handeln nicht schrankenlos zu rechtfertigen vermag, findet ihre Begründung für alle Auffassungen im Ergebnis in der oben dargestellten Sittenwidrigkeitsschranke, nicht in einem konsequent durchgehaltenen objektiven Erfordernis einer medizinischen Indikation.

Zusammenfassend bleibt daher die Feststellung, dass nicht indizierte ärztliche Behandlungen unter bestimmten Voraussetzungen legitimiert sind. Nahezu einstimmig wird zunächst von der Tatbestandsmäßigkeit nicht indizierter ärztlicher Maßnahmen ausgegangen. Eine medizinisch nicht notwendige Behandlung, die allein auf den Wunsch des Patienten erfolgt, erfüllt damit immer den Tatbestand der Körperverletzung. Erforderlich für die Rechtfertigung des Arztes ist dann die Einwilligung des einwilligungsfähigen Patienten nach umfassender Aufklärung, insbesondere auch über den Indikationsmangel des Eingriffs.

D. Schönheitsoperation *de lege lata*

Die Rechtslage bei der strafrechtlichen Bewertung von Schönheitsoperationen kann als geklärt bezeichnet werden. Im Folgenden wird die in gefestigter Rechtsprechung praktizierte und im Schrifttum ganz herrschend vertretene

---

147 *Amelung*, ZStW 104 (1992), 544 ff.
148 Abgeleitet von *Ulpians* „Nulla iniuria est, quae in volentem fiat" im 47. Buch der Digesten, D. 47. 10. 1. 5.

Rechtslage bei Schönheitsoperationen dargestellt. Als in Teilen unklar bzw. offen muss jedoch die Beurteilung der Einwilligungsfähigkeit Minderjähriger bei Schönheitsoperationen bezeichnet werden. So gibt es auch kritische Auseinandersetzungen mit der Schönheitsoperation *de lege lata*. Die eingebrachten Änderungsvorschläge werden im Anschluss (unten E.) vorgestellt.

I. Tatbestandsmäßigkeit der Schönheitsoperation

Kosmetische Eingriffe erfordern in aller Regel einen invasiven, unter die Haut gehenden Eingriff beim Patienten. Die meisten Behandlungsmethoden der kosmetischen Chirurgie sind operativ. Bei der subkutanen Fettabsaugung[149] nach der sog. Tumeszenztechnik werden etwa einige Liter Kochsalzlösung in das betreffende Gewebe gepumpt, das die Fettzellen aufquellen lässt, sodass der Chirurg sie im Anschluss mit einer dünnen, kraftvoll bewegten Kanüle absaugen kann. Selbst die sog. nicht operativen kosmetischen Eingriffe im Bereich der Schönheitschirurgie wie etwa Faltenbehandlungen durch Unterspritzung mit Botox oder Laserbehandlungen sind „minimalinvasiv".[150]

Ständige Rechtsprechung und ganz herrschende Ansicht in der Literatur gehen daher bei nicht indizierten Schönheitsoperationen von einem Eingriff in die körperliche Unversehrtheit und von der Verwirklichung des objektiven Tatbestands des § 223 StGB aus.[151] Die Rechtsprechung bewertet ohnehin jeden invasiven ärztlichen Eingriff als tatbestandsmäßig i. S. d. §§ 223 ff. StGB und muss daher nicht zwischen Eingriffen mit und ohne Indikation unterscheiden.[152] Auch im Schrifttum besteht aber Einmütigkeit bezüglich rein kosmetischer Schönheitsoperationen. Diese Maßnahmen sind nach allen Spielarten der Tatbestandslösungen tatbestandsmäßige Körperverletzungen, weil sie aufgrund ihres Indikationsmangels nicht zu Heilzwecken dienen und der Privilegierungsgrund daher entfällt.[153] Eine Ausnahme in dieser Übereinstimmung bilden nur vereinzelte Stimmen innerhalb der Tatbestandslösungen, die (konsequent, weil sich Heileingriff und Schönheitsoperation in den meisten Fällen äußerlich und normativ nicht unterscheiden) Heileingriff

---

149 Sog. Liposuktion oder Body-Contouring/Lipoaspiration, bebilderte Darstellung bei *Taschen*, Schönheitschirurgie, S. 365.
150 Darstellung der Techniken mit Bildern bei *Taschen*, Schönheitschirurgie, S. 320 ff.
151 Für viele LK-*Hirsch*, StGB, § 228 Rn. 44; *Fischer*, StGB, § 223 Rn. 9 m. w. N.
152 St. und gefestigte Rspr. seit RGSt 25, 375; *Fischer*, StGB, § 223 Rn. 9 m. w. N.
153 So die ganz gefestigte Rspr., vgl. nur BGH NJW 1978, 1206; LK-*Hirsch*, StGB, § 228 Rn. 44; Schönke/Schröder-*Eser*, StGB, § 223 Rn. 34, 50, 50b; MK-*Joecks*, StGB, § 223 Rn. 68, 85; NK-*Paeffgen*, StGB, § 228 Rn. 60, 61, 87.

und nicht indizierten kosmetischen Eingriff gleich bewerten und deshalb bei kunstgerechter erfolgreicher Vornahme schon eine Tatbestandslosigkeit der nicht indizierten Schönheitsoperation annehmen wollen.[154]

Auch ein Vorsatz des Arztes (§ 223 Abs. 1, § 15 StGB) ist stets gegeben. Denn der Arzt weiß, dass er einen Menschen invasiv behandelt (intellektuelles Element) und will dies gerade (voluntatives Element). Dass er dabei das Fernziel verfolgt, eine vom Patienten gewünschte Behandlung nach dem Stand der medizinischen Wissenschaft vorzunehmen, bleibt als unbeachtliches Motiv außer Betracht.

II. Rechtfertigung: *informed consent*

Die Rechtfertigung für den Arzt bei der Durchführung einer nicht indizierten Schönheitsoperation erfolgt aus dem *informed consent*, der wirksamen Einwilligung des Patienten.[155] Die Wirksamkeitsvoraussetzungen der Einwilligung bei einer Schönheitsoperation richten sich nach allgemeinen Grundsätzen.

Bei der Einwilligung in eine Schönheitsoperation zeigen sich gegenüber ärztlichen Heileingriffen jedoch einige Besonderheiten. Nach ganz herrschender Ansicht in Rechtsprechung und Lehre sollen „erhöhte" Anforderungen an die Feststellung der Einwilligungsfähigkeit des Patienten, insbesondere bei Minderjährigen, und bei der ärztlichen Aufklärung zu stellen sein.

1. Schönheitsoperation und Einwilligungsfähigkeit

Voraussetzungen und Feststellung der Einwilligungsfähigkeit des Patienten bei einer Schönheitsoperation richten sich nach den strafrechtlichen Grundsätzen der Einwilligung, die oben für nicht indizierte Eingriffe allgemein dargestellt worden sind. Ein Patient, der sich einem kosmetischen Eingriff unterziehen möchte, muss nach seiner geistigen und sittlichen Reife Bedeutung und Tragweite des konsentierten nicht indizierten Eingriffs verstehen, mithin konkret einsichts- und urteilsfähig sein.[156] Erwachsene sind damit im Hinblick

---

154 Anders nur in der Rechtswissenschaft *Barnikel*, NJW 1963, 2374, *Engisch*, Ärztliche Operation, S. 6, die kosmetischen Eingriff und Heilbehandlung gleich behandeln und deshalb bei Durchführung gemäß der lex artis schon eine Tatbestandsmäßigkeit verneinen, vgl. LK-*Hirsch*, StGB, § 228, Rn. 44.
155 Ganz h. M., vgl. *Fischer,* StGB, § 223 Rn. 9; und st. Rspr., vgl. BGH NJW 1972, 335; NJW 1991, 2349.
156 St. Rspr. und ganz h. M., vgl. LK-*Rönnau*, StGB, Vor § 32, Rn. 193 f. m. w. N.; vgl. oben C. II. 2.

auf Schönheitsoperationen im Regelfall und mangels entgegenstehender konkreter Anhaltspunkte als einwilligungsfähig zu betrachten.
Anders ist die Lage bei der Einwilligung Minderjähriger. Bei einer Schönheitsoperation werden aus zivilrechtlicher Perspektive bis zur Vollendung des 18. Lebensjahrs gem. §§ 104 ff. BGB immer die Eltern Vertragspartner des Behandlungsvertrags mit dem behandelnden Chirurgen. Aus strafrechtlicher Perspektive kann dagegen der Minderjährige selbst einwilligungsfähig sein. Voraussetzung für die strafrechtliche Legitimation des operierenden Arztes ist so das Vorliegen der Einwilligung des einsichtsfähigen Minderjährigen bzw. im Falle dessen Einwilligungsunfähigkeit der Einwilligungserklärung der gesetzlichen Vertreter.[157] Nach Rechtsprechung und Literatur *kann* die Einwilligungsfähigkeit auch für nicht indizierte Schönheitsoperationen bei einem konkret einsichtsfähigen Minderjährigen an sich gegeben sein. Starre Altersgrenzen gibt es also nicht. Tatsächlich sind Rechtsprechung und Literatur hier aber im Ergebnis äußerst restriktiv. Die herrschende Ansicht postuliert bei Schönheitsoperationen pauschal, dass „strengere Anforderungen" an die *Einwilligungsfähigkeit Minderjähriger* zu stellen seien.[158] Die Einwilligungsfähigkeit in eine medizinisch nicht notwendige Schönheitsoperation wird, je nach Schwere des Eingriffs, so auch allenfalls bei älteren Jugendlichen kurz vor der Volljährigkeit, in der Regel aber überhaupt erst mit Eintritt derselben angenommen.[159] Dennoch schließt das Recht gerade nicht aus, dass ein Minderjähriger im Einzelfall doch selbst in eine Schönheitsoperation einwilligen kann. Diese Rechtslage ist zu kritisieren. Bei nicht indizierten Eingriffen allgemein gewährt die altersunabhängige Bestimmung der Einwilligungsfähigkeit im Einzelfall die Flexibilität, auf unterschiedliche Umstände und Schwere des Eingriffs zu reagieren und garantiert damit die Gewährleistung des Selbstbestimmungsrechts des Minderjährigen. Schönheitsoperationen sind dagegen stets folgenschwer und u. U. gesundheitlich riskant; eine klare Rechtslage ist in diesem speziellen Bereich nicht indizierter Eingriffe daher unabdinglich. Auf die Initiativen de lege ferenda wird daher einzugehen sein.
In den Fällen mangelnder Einsichtsfähigkeit des Jugendlichen[160] ist nun umstritten, ob sein gesetzlicher Vertreter, seine Eltern, §§ 1626 Abs. 1, 1627

---

157 Feste Altersgrenzen gibt es hierfür nicht; problematisch ist die Frage, ob bei einem einwilligungsfähigen Minderjährigen zusätzlich die Einwilligung der gesetzlichen Vertreter eingeholt werden muss.
158 Ganz h. M.; für viele *Roxin*, AT, § 13 Rn. 85.
159 Ganz h. M.; LK-*Rönnau*, StGB, Vor § 32 Rn. 195.
160 Ausführlich zur Einwilligung der gesetzlichen Vertreter für Minderjährige oben C. II. 2.

BGB, oder sein Vormund, §§ 1773, 1793 BGB, stellvertretend die Einwilligung in einen nicht indizierten kosmetischen Eingriff erteilen kann. Denn der Begriff des Kindeswohls, an dem sich die Entscheidung der gesetzlichen Vertreter auszulegen hat, wird unterschiedlich interpretiert: Weite Teile der Literatur halten die Einwilligung der Eltern in nicht indizierte Schönheitsoperationen für stets ausgeschlossen[161] Zum Teil wird der Begriff des Kindeswohls aber über einen rein gesundheitlichen Nutzen hinaus ausgedehnt, da Eltern auch das psychische, geistige und seelische Wohl des Kindes zu gewährleisten haben; eine Einwilligung der Eltern in eine Schönheitsoperation für ihr Kind wird dann für möglich erachtet.[162]

Als Ergebnis dieser Auslegungsschwierigkeiten und Meinungsunterschiede innerhalb von Rechtsprechung und Literatur ist daher an dieser Stelle eine Rechtslage festzuhalten, die als offen und unbefriedigend bezeichnet werden muss.

2. Schönheitsoperation und Aufklärung

Bei der strafrechtlichen Legitimation des Arztes ist es diese Wirksamkeitsvoraussetzung der Einwilligung, bei der Rechtsprechung und Wissenschaft weitgehende und strenge Anforderungen aufstellen. Einmütig wird von Rechtsprechung und Lehre gefordert, in Fällen rein kosmetischer Eingriffe seien im Hinblick auf Inhalt, Umfang und Zeitpunkt der ärztlichen Aufklärung „strengere Anforderungen" an den Arzt zu stellen als bei Heileingriffen. Die *Reziprozitätsthese*[163] wird bei Schönheitsoperationen damit begründet, dass der Patient im Bereich rein kosmetischer Eingriffe die Möglichkeit haben muss, Vorteile gegenüber Nachteilen und Risiken der Maßnahme besonders sorgfältig und umfassend abzuwägen, weil der Eingriff für die Erhaltung von Gesundheit und Leben gerade nicht erforderlich ist.[164] Der Arzt müsse auf alle denkbaren Folgen, auch auf ganz seltene, ungewöhnliche Risiken und bloße Unannehmlichkeiten eindringlich hinweisen und dem Patienten das Für und Wider der Schönheitsoperation mit allen Konsequenzen und „in besonders

---

161 *Odenwald*, Einwilligungsfähigkeit, S. 269; *Reipschläger*, Einwilligung Minderjähriger, S. 113 f.; kategorisch *Kern*, NJW 1994, 756; eingeschränkt *Lorz*, Schönheitsoperationen, S. 143 ff.
162 *Lorz*, Schönheitsoperationen, S. 143 ff.
163 Vgl. oben C. II. 3.
164 *Ulsenheimer*, Arztstrafrecht, Rn. 72.

eindringlicher Weise" vor Augen führen.[165] Zum Teil hat die Rechtsprechung hier eine drastische, schonungslose und abschreckende Aufklärung[166] oder sogar eine „Totalaufklärung"[167] gefordert. Eine gesunde Person, die nur ihr äußeres Erscheinungsbild als unbefriedigend empfindet, soll durch eine vollumfängliche Aufklärung vor die Frage gestellt werden, ob sie das durch den Eingriff erzielbare Ergebnis dem jetzigen Zustand vorzieht, da sie „vor unüberlegten Schritten gewarnt" und unter Umständen „geschützt werden muss".[168] Die Relation zwischen erhöhten Aufklärungsanforderungen bei der Schönheitsoperation und bezweckter Warnfunktion wirkt sich nach der Rechtsprechung auch auf den Zeitpunkt des Aufklärungsgesprächs aus. Der Arzt muss die Aufklärung des Patienten zeitlich *vor* dem Eingriff vornehmen und die Risiken des Eingriffs rechtzeitig, also in angemessenem Zeitraum vor der Vornahme des Eingriffs auseinandersetzen, um ihm so die notwendige Bedenkzeit für die Abwägung der Vorteile und gesundheitlichen Risiken zu ermöglichen.[169]

Wie dies oben für nicht indizierte Eingriffe allgemein dargestellt worden ist, ist diesen Forderungen auch im Bereich von Schönheitsoperationen zwar im Ergebnis zuzustimmen, jedoch auf der Basis einer anderen Begründung. Entscheidend für Umfang und Inhalt der ärztlichen Aufklärungspflicht bei der Schönheitsoperation ist allein das Selbstbestimmungsrecht des Patienten. Soweit gefordert wird, dass mit der Aufklärung eine überaus warnende oder gar abschreckende Wirkung erzielt werden soll, ist dies ein paternalistischer Eingriff in die verfassungsrechtlich gewährleistete Patientenautonomie. Die Aufklärungspflichten des Arztes sind bei der Schönheitsoperation dementsprechend nicht höher oder strenger, sondern „entsprechend" bzw. „entsprechend anders".

Die mangelnde medizinischen Notwendigkeit des Eingriffs, verbunden mit den oft gravierenden Gesundheitsrisiken und der ästhetischen Zielsetzung, „schöner werden" zu wollen, fordern unter Beachtung der Patientenautono-

---

165 Grundsatzurteil des BGH zur ärztlichen Aufklärungspflicht bei nicht indizierter Schönheitsoperation, BGH MedR 1991, 85 f. Vgl. auch OLG Hamm, VersR 2006, 151; BB ObLG vom 28.02.2008, Az.: 12 U 157/07. So auch die h. L.; für viele LK-*Hirsch*, StGB, § 228 Rn. 44 m. w. N.
166 OLG Düsseldorf, VersR 2004, 286; OLG Düsseldorf, VersR 2001, 1380; OLG Düsseldorf, VersR 1999, 61; OLG Köln, VersR 1992, 754; OLG München, MedR 1988, 188.
167 LG Flensburg vom. 21.02.2006, Az.: 1 S 116/05.
168 *Ulsenheimer*, Arztstrafrecht, Rn. 72.
169 Vgl. AG Bremen vom 23.04.2008, Az. 23 C 296/06/23 C 0296/06; LG Köln, NJW-RR 2006, 1614 ff.; OLG Frankfurt, MedR 2006, 294 ff.

mie eine entsprechende Risikoaufklärung durch den Arzt. Denn der Patient muss genau wissen, welchen Gefahren er sich aussetzt, um eine gefestigte autonome Entscheidung fällen zu können. Der Arzt muss seinen Patienten deshalb über die mangelnde medizinische Indikation des kosmetischen Eingriffs, detailliert über sämtliche Risiken und dabei insbesondere darüber aufklären, ob die Zielsetzung des Eingriffs, „schöner zu werden" auch erreichbar ist. Letzeres ist im Hinblick auf das Selbstbestimmungsrecht des Patienten bei der nicht indizierten Schönheitsoperation ein entscheidender Faktor für die ärztliche Aufklärung. Sollte zu erwarten sein, dass etwa nach einer Fettabsaugung Dellen zurückbleiben, dass eine Brustkorrektur nur mit erheblicher Narbenbildung erreicht werden kann oder dass eine Laseroperation Hautverfärbungen zur Folge haben wird, muss der Arzt den Patienten darauf hinweisen.[170] Auch die Rechtsprechung hat dies kontinuierlich herausgestellt und gefordert.[171]

3. Schönheitsoperation und § 228 StGB

Ein Sittenverstoß ist bei Schönheitsoperationen in aller Regel nicht anzunehmen. Grund für dieses Ergebnis ist die heute angenommene Interpretation der Sittenwidrigkeitsklausel. In Anbetracht der Tatsache, dass § 228 StGB als Beschränkung der Einwilligung, die verfassungsrechtlich auf dem Selbstbestimmungsrecht basiert und umfassend gewährleistet wird, ein Sonderfall ist, und dass zum anderen über eine gemeinhin als gültig anerkannte Moral in unserer pluralistischen Gesellschaft kaum mehr Einigkeit zu erzielen ist, muss § 228 StGB nach rein rechtlichen Grundsätzen ausgelegt werden. Nach der herrschenden Ansicht sind als sittenwidrig daher zum einen nur noch konkret lebensgefährdende Eingriffe zu bewerten,[172] weil dies im Gesetz klar über § 216 StGB zum Ausdruck gebracht und deshalb in die Auslegung des § 228 StGB einzubeziehen ist; und zum anderen solche Eingriffe, die eine schwerste, irreversible körperliche Beeinträchtigung ohne plausiblen Grund darstellen. § 228 StGB steht einer wirksamen Einwilligung in ärztliche Ein-

---

170 So auch *Schroth*, Einwilligung in nicht-indizierte Körperbeeinträchtigung, S. 738 f.; *Ulsenheimer*, Arztstrafrecht, Rn. 72.
171 Vgl. BGH, NJW 1991, 2349, OLG Stuttgart, NJW-RR 2000, 904; AG Bremen vom 23.04.2008, Az. 23 C 296/06/23 C 0296/06; OLG Köln, 30.03.2007, Az.: 82 Ss 17/07; OLG Frankfurt, MedR 2006, 294.
172 BGH, NJW 2004, 2458 ff., und BGH, NJW 2004, 1054 ff.

griffe zu rein kosmetischen Zwecken nach ganz überwiegender und richtiger Auffassung daher nicht entgegen.[173]

Umstritten war lange Zeit der Bereich kosmetischer Operationen zu deliktischen Zwecken, also etwa der gesichtskonturenverändernde Eingriff bei einem gesuchten Verbrecher. Doch auch diese Einschränkung ist nach richtiger Ansicht mittlerweile aufgegeben.[174] Denn entscheidend ist nach § 228 StGB die Sittenwidrigkeit der Körperverletzungs*tat*, nicht der Motive der Einwilligung. Solche Eingriffe sind deshalb u. U. eine Strafvereitelung gem. § 258 StGB, aber keine strafbare Körperverletzung.

E. Diskussion unterbreiteter Vorschläge zur Schönheitsoperation *de lege ferenda*

Die Analyse der geltenden Rechtslage im Bereich schönheitsoperativer Eingriffe hat gezeigt, dass deren Vornahme am entsprechend aufgeklärten Patienten in aller Regel keine strafrechtlichen Konsequenzen für den operierenden Arzt nach sich zieht, denn auf Grundlage des liberalen Einwilligungsmodells ist die Einwilligung des einwilligungsfähigen und aufgeklärten Patienten in eine gewünschte kosmetische Korrektur prinzipiell wirksam. Schönheitsoperative Eingriffe wie Brustvergrößerungen, Fettabsaugungen, Nasenoperationen, Botoxspritzen usw. sind aus strafrechtlichem Blickwinkel deshalb zulässig. Auf der anderen Seite haben die oben vorgestellten Zahlen zu Schönheitsoperationen eine rasante Entwicklung begreiflich gemacht, die Bedenken weckt. Wenn der renommierte Schönheitschirurg Werner Mang mit einer verbreiteten Einschätzung voraussagt, dass Schönheitsoperationen endgültig „Mainstream werden, mit günstigen Preisen und Massenware"[175], dann wirft das Fragen auf. Vor dem Hintergrund, dass der deutsche Gesetzgeber sich aktuell mit den rechtlichen Rahmenbedingungen und Zulässigkeitsvoraussetzungen von Schönheitsoperationen beschäftigt und die Leitentscheidung getroffen hat, einen erhöhten Schutz für Patienten zu gewährleisten,[176] geht es im Kern darum, ob das geltende Recht bei nicht indi-

---

173 Für viele Schönke/Schröder-*Eser*, StGB, § 223 Rn. 50b; LK-*Hirsch*, StGB, § 228 Rn. 44; *Roxin*, AT, § 13 Rn. 48.
174 LK-*Hirsch*, StGB, § 228 Rn. 9, Rn. 44 m. w. N.; *Roxin*, AT, § 13 Rn. 49; *Rengier*, BT II, § 20 Rn. 2; a. A. Schönke/Schröder-*Eser*, StGB, § 223, Rn. 50b und SK-*Horn/Wolters*, StGB, § 228 Rn. 20, 9.
175 Interview mit *Werner Mang* in Taschen, Schönheitschirurgie, S. 194.
176 BT-Drs. 16/6799.

zierten Schönheitsoperationen den Interessen von Patienten und Ärzten gerecht wird. Verschiedentlich wird nun angeregt, der beschriebenen Entwicklung mit den Mitteln des *Strafrechts*, also paternalistischen Normen wie strengeren Voraussetzungen an die Wirksamkeit der Einwilligung oder strafbewehrten Verboten, entgegenzuwirken, um aus fürsorglichen Motiven Patienten besser vor den Risiken von Schönheitsoperationen zu schützen oder die Verbreitung des Phänomens Schönheitsoperation gar einzudämmen. Deshalb sind nun zu den Anforderungen an die ärztlichen Aufklärungspflichten und zur Einwilligung Minderjähriger Änderungsvorschläge *de lege ferenda* unterbreitet worden.

I. Schönheitsoperation und ärztliche Aufklärung – *behavioral law und economics* und das Paternalismusproblem

Der bedeutendste Ansatzpunkt für den Blick des Strafrechts auf kosmetische Operationen ist die Lehre von den ärztlichen Aufklärungspflichten. Die Auseinandersetzung insbesondere mit der Rechtsprechung zur Schönheitsoperation hat gezeigt, dass *de lege lata* für nicht indizierte Eingriffe nach dieser h. M. „erhöhte" bzw. nach der hier vertretenen Ansicht dem Indikationsmangel „entsprechend andere" Anforderungen an den Arzt bei der Aufklärung gestellt werden.

Nun gibt es Stimmen, die auf der Grundlage empirischer Daten aus der Verhaltensökonomie für nicht indizierte ärztliche Eingriffe und vor allem für Schönheitsoperationen eine darüber hinausgehende strengere Normierung der ärztlichen Aufklärungspflicht anregen.[177] Dies ist eine generell im Recht[178] zu beobachtende Tendenz. Im Bereich nicht indizierter ärztlicher Eingriffe wird der Bedeutungsverlust des Indikationskonzepts ausgeglichen, indem innerhalb eines Informationskonzepts die Anforderungen an eine wirksame ärztliche Aufklärung erhöht werden. Vor allem im angelsächsischen Raum gibt es also Versuche, das verhaltensökonomische Konzept der sog. *bounded rationality* als Rechtfertigungsstrategie für weich paternalistische Regelungen anzuführen.[179]

---

177 Vgl. *Sunstein*, Gesetze der Angst. Für den deutschen Rechtsraum *van Aaken*, Begrenzte Rationalität; *van Aaken*, Deliberatives Element; *Englerth*, Vom Wert des Rauchens.
178 So etwa die spezialgesetzlichen Normierungen in § 8 I 1 Nr. 1b, II TPG, § 40 I 3 Nr. 3b, II 1, IV Nr. 3, § 41 III Nr. 2 AMG und § 3 I KastrG. Vgl. zum Ganzen *Damm/Schulte in den Bäumen*, KritV 2005, 101 ff.
179 Fn. 189.

Der verhaltensökonomische Ansatz des *behavioral law and economics*[180] bietet eine neue, deskriptive Theorie des tatsächlichen menschlichen Verhaltens. Forschungen im Bereich der Verhaltensökonomik und besonders der kognitiven Psychologie lassen erkennen, dass die klassische Rationalitätsannahme des ökonomischen Verhaltensmodells *law and economics*[181] empirischer Überprüfung nicht standhält. Durch zahlreiche Untersuchungen hat sich gezeigt, dass sich der Mensch, anders als der von *law und economics* angenommene *homo oeconomicus*, gerade nicht rational verhält, sich also nicht nutzenmaximierend an klaren, stabilen und wohl geordneten Präferenzen orientiert.[182] Stattdessen hängen menschliche Wahlhandlungen vom Kontext und von Rahmenbedingungen wie der konkreten Darstellungsweise von Sachverhalten, den Wahrnehmungsmöglichkeiten und dem Fluss der Informationsgenerierung ab. Individuen werden bei ihren Entscheidungen von Heuristiken, kognitiver Schwäche und begrenzter Willensstärke beeinflusst. Diese von der Verhaltensökonomie aufgedeckten Phänomene[183], sog. Wahr-

---

180 Basierend auf der ökonomischen Analyse des Rechts und dem *rational-choice*-Modell stellten die späteren Nobelpreisträger *Daniel Kahneman* und *Amos Tversky* um 1979 als erste psychologische Experimente an, aus denen sie die Theorie des *behavioral law and economics* entwickelten.
181 Überblick zur ökonomischen Analyse des Rechts bei *van Aaken*, Begrenzte Rationalität, S. 112 ff.; *Englerth*, Behavioral Law and Economics, S. 61 ff. Vgl. auch *Joost*, Begrenzte Rationalität, S. 137 f.
182 Vgl. z. B. die Studie von *Caspi et al.*, Med Decis Making 2004, 24, S. 77: „*Our study shows clearly that patients vary in their expectations, beliefs, experience, appraisal of the situation, affective state, motivation, and goals. Hence, providing patients with just the evidence is not enough since ‚evidence is not make decisions, people do'.*" Nach Auffassung von *Sunstein*, Gesetze der Angst, S. 299, 288 ist es konkret im Fall der ärztlichen Aufklärungspflicht deshalb auch sinnlos, vom Gesetzgeber einfach nur zu fordern, die Präferenzen der Patienten zu berücksichtigen und schlicht die nötige Information durch den Arzt bereitstellen zu lassen. Die Vorstellung perfekter Informationsverarbeitung durch Patienten sei illusorisch.
183 Unter den *kognitiven* Abweichungen sind für das Aufklärungsgespräch v. a. folgende Wahrnehmungsverzerrungen von Bedeutung: der sog. *framing*-Effekt (logisch gleichwertige Darstellungen einer Situation führen aufgrund der konkreten Wortwahl der Beschreibung zu abweichenden Wahlhandlungen, z. B. das Risiko einer Behandlung anhand von Sterberaten oder anhand von Überlebenswahrscheinlichkeiten), der *issue-framing*-Effekt (Menschen erweisen sich als beeinflussbar in ihrem Problembewusstsein, abhängig von der konkreten Art der Darstellung ein- und derselben Situation und der Gewichtung von Details wie etwa Risiken einer Therapieform), der *Sicherheitseffekt* (erwartete Nutzen werden zu hoch eingeschätzt und Risiken dabei vernachlässigt, insb. werden kleinere Wahrscheinlichkeiten, z. B. geringere gesundheitliche Risiken, in irrationaler Weise niedrig eingeschätzt und systematisch vernachlässigt) und der Überoptimismus (Menschen zeigen ein unverhältnismäßig hohes Vertrauen in ihre Situation, ihre Zukunft und ihre Kontrollmöglichkeiten, z. B. bei einem medizinischen Eingriff). Auch zeigen Patienten *motivationale* Abweichungen im Willensbildungsprozess wie etwa *zeitinkonsistentes Verhalten* (vielfach gelingt es Individuen nicht, ihre Kurzzeit- und Langzeitpräferenzen in Einklang zu bringen, z. B. bei nicht indizierten Eingrif-

nehmungsverzerrungen oder *bias*, führen zu Rationalitätsanomalien bei Entscheidungsprozessen.

Auf der Grundlage der Verhaltensökonomie wurde deshalb an der hinreichenden Regelungsqualität des geltenden strafrechtlichen Aufklärungskonzepts gezweifelt. Normierten Gesetzgeber und Rechtsprechung keine Aufklärungspflichten, unterliege der Patient einem Informationsdefizit, das sich nicht mit seinem Selbstbestimmungsrecht und dem modernen Verständnis des Arzt-Patienten-Verhältnisses vereinbaren ließe. Wird aber, wie im deutschen Medizinrecht geschehen, eine Aufklärungsdogmatik geschaffen, würden allein dadurch Rahmenbedingungen für das Entscheidungsverhalten der Patienten bei der Einwilligung gesetzt. Denn man müsse annehmen, dass menschliche Präferenzen durch sich aus der geltenden Rechts- und Verfahrenslage überhaupt erst ergebende Effekte wie *framing-*, *anchoring-* und *issue-framing*-Effekt[184] geformt würden.[185]

Diskutiert wird deshalb nun, ob die verhaltensökonomischen Erkenntnisse der *bounded rationality* auch für die normative Gestaltung der ärztlichen Aufklärungspflichten nutzbar gemacht werden können und sollen, – denn es zeigt sich, dass sich unter den aufgedeckten Rationalitätsanomalien eine beachtliche Anzahl findet, die im Rahmen des ärztlichen Aufklärungsgesprächs von Bedeutung sind. Unter dieser Prämisse geben diese Autoren aus sog. libertär-paternalistischer Perspektive die Empfehlung an den Gesetzgeber ab, die von der Verhaltensökonomie aufgedeckten Verhaltensanomalien zu beachten und gezielt in eine lenkende Funktion für Entscheidungsprozesse bei ärztlichen Eingriffen umzusetzen.[186] Sie fordern, die ärztlichen Aufklärungspflichten dahingehend zu regeln, dass Patienten beim Entscheidungsprozess über die Einwilligung in einen (nicht indizierten) ärztlichen Eingriff noch „effektiver" gelenkt werden. So schlagen Sunstein und Thaler vor, die ärztliche Aufklärung normativ so zu gestalten, dass Patienten sich für die objektiv und eindeutig beste Behandlung entscheiden.[187]

Diese Argumentation müsste dazu führen, Inhalt und Umfang der ärztlichen Aufklärungspflicht vor nicht indizierten Schönheitsoperationen präziser, strenger und mit dem Ziel der Abschreckung gesetzlich zu normieren,

---

fen). Ausführlich zum Ganzen *van Aaken*, Begrenzte Rationalität, S. 112 ff.; *Englerth*, Behavioral Law and Economics, S. 63 ff.
184 Fn. 184.
185 Zum Ganzen *Sunstein*, Gesetze der Angst, S. 261; *van Aaken*, Begrenzte Rationalität, S. 112 ff.
186 *Sunstein*, Gesetze der Angst, S. 261; *van Aaken*, Begrenzte Rationalität, S. 112 ff.
187 Vgl. *Sunstein*, Gesetze der Angst, S. 299, 288.

etwa im Sinne einer drastischen Risikoaufklärung oder gar einer Totalaufklärung über sämtliche Risiken und unerwünschte Folgen bis ins kleinste Detail. Denn auf der Grundlage der Erkenntnisse der Verhaltensökonomie wäre dann zu erwarten, dass durch eine solche Ausgestaltung des Aufklärungsgesprächs verstärkt Einfluss auf den Patienten ausgeübt werden könnte. Die Risikoaufklärung müsste dazu dienlich gemacht werden, die – angenommene – Langzeitpräferenz des Patienten (seine Gesundheit nicht zu gefährden) gezielt stärker zu schützen und einem – angenommenen – zeitinkonsistenten Verhalten (Überbewertung der Kurzzeitpräferenz Aussehen) entgegenzuwirken. Unüberlegte, leichtsinnige Entscheidungen würden etwa durch die Verpflichtung beeinflusst, eine Abkühlungszeit in Form eines gesetzlich verlängerten Zeitraums zwischen Aufklärungsgespräch und Operation abwarten zu müssen.[188] Würde der Arzt entsprechend der schon jetzt zum Teil in der Rechtsprechung[189] auftauchenden Forderung verpflichtet, dem Patienten Fotos zu zeigen, die unerwünschte Nebenfolgen oder unzureichende Erfolge von Schönheitsoperationen optisch und nachdrücklich belegen, beispielsweise verformte Hautstrukturen oder große Narben, oder in drastischer und schonungsloser Weise darüber aufzuklären, dass bei der Liposuktion eine ganz erhebliche Misserfolgsquote und Mortalitätsrate besteht[190], würden Patienten vermutlich beeinflusst und sich im Sinne gesundheitspolitischer Vorstellungen eher gegen eine Einwilligung in den kosmetischen Eingriff entscheiden.

Solche Regelungen stellen indes paternalistische Eingriffe in die Patientenautonomie dar, deren Legitimität abzulehnen ist. Denn weich paternalistische Maßnahmen müssen sich an den verfassungsrechtlichen Maßstäben bei Grundrechtseingriffen messen lassen, insbesondere dem verfassungsrechtlichen Übermaßverbot.[191] Beeinträchtigt ist im Kontext ärztlicher Aufklä-

---

188 *Sunstein*, Gesetze der Angst, S. 293 f.
189 Vgl. OLG München, Urteil vom 19.09.1985, 24 U 117/85.
190 Eine umfassende medizinische Studie zu den Risiken subkutaner Fettabsaugungen hat ergeben, dass in Deutschland im Zeitraum von 1998 bis 2002 66 Patienten, die sich einer Fettabsaugung unterzogen hatten, mit lebensgefährlichen Infektionen und anderen Folgen auf die Intensivstation eingeliefert werden mussten; 16 von ihnen verstarben. Vgl. die Studie von Prof. *Hans Ulrich Steinau* und Dr. *Marcus Lehnhardt*, Universitätsklinik Bochum; zum Ganzen auch Der Spiegel, Heft 24 vom 07.06.2004, S. 143 ff.
191 Bisher gab es in der rechtsphilosophischen und rechtswissenschaftlichen Diskussion im Gegensatz zum harten Paternalismus, der für unzulässig gehalten wird, keine abgeschlossene Theorie zur Begründung und Legitimation weich paternalistischer Normen. Hierzu im Einzelnen das von *Fateh-Moghadam* vorgeschlagene Stufenmodell in *Fateh-Moghadam*, Grenzen des weichen Paternalismus, S. 43. Mit diesem Ergebnis auch *van Aaken*, Begrenzte Rationalität, S. 133, die allerdings vom Ausgangspunkt der Unvermeidlichkeit von Paternalismus ausgeht.

rungspflichten das Grundrecht der Selbstbestimmung des Patienten über den eigenen Körper.[192] Die Verfolgung gesundheitspolitischer Interessen zum Schutz von Patienten vor defizitären Entscheidungen ist zwar legitimer Zweck einer gesetzlichen Regelung, und das Rechtsinstitut der ärztlichen Aufklärung ist geeignetes Mittel. Auf der Ebene der Zumutbarkeit jedoch muss das Selbstbestimmungsrecht des Patienten in die Abwägung eingestellt werden. Bei einer Freiheitsbeschränkung wie der vorliegenden, die ausschließlich dem Schutz des betroffenen Individuums selbst dienen soll, ist dieses Grundrecht zugleich Schranken-Schranke.[193]

Eine ärztliche Aufklärung, die den rechtlich niedergelegten Anforderungen nicht genügt, macht die Einwilligung des Patienten unwirksam. Die Einwilligung ist im Strafrecht das Instrument, das dem Selbstbestimmungsrecht und der Patientenautonomie zur Durchsetzung verhilft. Entscheidender Maßstab für die Wirksamkeit der Einwilligung ist daher die *Autonomie* der Entscheidung. In juristischer Hinsicht bezeichnet der Autonomiebegriff die normative Kompetenz des Einzelnen, im Rahmen der ihm zuerkannten Individualrechtsgüter selbstverantwortlich und selbstbestimmt zu entscheiden.[194] Ein Autonomiedefekt macht die Einwilligung rechtlich unwirksam. Zwar versucht das Recht in Teilbereichen, Autonomie zu optimieren. Doch eine behauptete mangelnde Rationalität einer Entscheidung führt gerade noch nicht zu einer unwirksamen Einwilligung.[195] Nach geltendem Strafrecht ist eine Einwilligung nach ihren subjektiven Voraussetzungen nur bei fehlender Einsichtsfähigkeit und wesentlichen Willensmängeln des Einwilligenden, insbesondere Irrtum und Zwang, unwirksam.[196] Eine Einwilligung ist aber immer noch autonom, wenn sie nur nicht objektiven Rationalitätsmaßstäben entspricht. Auch irrationale Entscheidungen sind nicht zwingend unwirksam, und nach allgemeiner Ansicht hängt die Wirksamkeit der Einwilligung nicht davon ab, ob sie als vernünftig angesehen werden kann. Das Strafrecht als subsidiärer Rechtsgüterschutz erkennt dem Einwilligenden die Befugnis über seine Entscheidungen zu und schützt auch höchst unvernünftige Entscheidungen[197], solange die Handlung, in die eingewilligt wurde, Ausdruck

---

192 Ausführlich oben B. III.
193 *Fateh-Moghadam*, Grenzen des weichen Paternalismus, S. 37 ff., 39.
194 Vgl. hierzu *Schroth*, Absicherung, S. 89 ff.
195 Vgl. *Rönnau*, Willensmängel, S. 215 ff.; *Roxin*, AT, § 13 Rn. 86 ff.
196 Stellvertretend für viele *Roxin*, AT, § 13 Rn. 80 ff., 97 ff.
197 Vgl. *Rönnau*, Willensmängel, S. 215 ff.

der freien Selbstentfaltung ist.[198] Autonomie im Rechtssinn dient lediglich der Absicherung von Mindeststandards für die Freiwilligkeit einer Entscheidung. Weil das Recht eine normative Zuständigkeit zur autonomen Entscheidung über eigene Rechtsgüter einräumt, kann es diese Berechtigung nicht zugleich untergraben, indem es an die Wirksamkeit einer Einwilligungsentscheidung Anforderungen stellt, die das Selbstbestimmungsrecht des Einzelnen infrage stellen.[199]

Die Argumentationsstruktur der Verhaltensökonomie indes verschiebt diesen normativen Anknüpfungspunkt von der Autonomie einer Entscheidung über medizinische Eingriffe in den eigenen Körper, hin zur objektiven Rationalität einer solchen Entscheidung und möchte damit einen Vernunftpaternalismus begründen. Auch wenn sich das Strafrecht in gewisser Weise an einem rationalen Individuum orientiert, ist es dennoch gerade nicht sein Ziel, objektiv völlig rationale Entscheidungen zu fördern. Deshalb stellen die Verhaltensanomalien des *behavioral law and economics* keine den strafrechtlich relevanten Willensmängeln vergleichbaren Autonomiedefizite dar. Die beschriebenen Verhaltensverzerrungen kennzeichnen den Normalfall menschlichen Verhaltens. Eine gleichwertige Gefahr defizitärer Entscheidungen haftet ihnen nicht an.

Vor diesem Hintergrund und wenn man wie hier dem Rechtsgutsbegriff eine kriminalpolitische Begrenzungsfunktion für die Gesetzgebung zuspricht[200], ist eine schärfere und steuernde Normierung der ärztlichen Aufklärungspflichten bei der Schönheitsoperation im Lichte des körperbezogenen Selbstbestimmungsrechts des Patienten *abzulehnen*. Die verhaltensökonomische Argumentationsstruktur bietet keine den Anforderungen des Rechts genügende Begründung und Legitimation für die auch bei der ärztlichen Aufklärung infrage stehenden paternalistischen Normen. Aus dem Blickwinkel des *principlism* von Beauchamp und Childress überwiegt nicht das ärztliche Schädigungsverbot, sondern das ethische Prinzip der Patientenautonomie bei der Normierung des Entscheidungsprozesses des autonomen Patienten. Auch und gerade Einwilligungen in ästhetisch motivierte Eingriffe, die zwar medizinisch nicht angezeigt sein mögen, dennoch aber ohne Weiteres dem Präferenzsystem des Einwilligenden entsprechen können, müssen rechtlich möglich sein. Die Verfügungsfreiheit über den eigenen Körper, die das Recht

---

198 Vgl. *Roxin*, AT, § 2 Rn. 7, 32.
199 So auch *Schroth*, Einwilligung in nicht-indizierte Körperbeeinträchtigung, S. 726.
200 Umstr., z. T. wird der Rechtsgutsbegriff nur hermeneutisch bzw. systemimmanent verstanden; vgl. zum Ganzen oben.

dem Einzelnen als Berechtigung oder Entscheidungskompetenz zuerkennt, umfasst auch objektiv nicht mehr nachvollziehbare Schönheitsvorstellungen.[201] Eine Ausgestaltung[202] der Aufklärung derart, dass einwilligungsfähige, volljährige Patienten von ästhetisch-chirurgischen Eingriffen bewusst abgebracht werden sollen, entspricht diesem Verständnis nicht. Leitbild der Verfassung, das sich auch im Medizinrecht widerspiegelt, ist das Selbstbestimmungsrecht des Patienten, nicht die Optimierung (objektiv) rationaler Entscheidungen.

II. Schönheitsoperation und Einwilligung Minderjähriger: Plädoyer für Altersgrenzen und Ausschluss der Stellvertretung bei der Einwilligung in bedeutende kosmetische Eingriffe

Der Gang zum Schönheitschirurgen ist nicht nur Erwachsenen vorbehalten. Der Trend hat sich längst unter Jugendlichen und sogar Kindern verbreitet.[203] Die Koalitionsfraktionen des Deutschen Bundestags gehen davon aus, dass das Altersspektrum der Patienten bei 12 Jahren beginnt.[204] Weiteren, indes teilweise bestrittenen Schätzungen zufolge sind 10 bis 15 % der Patienten, die sich einer Schönheitsoperation unterziehen, minderjährig, und etwa 25 % der Patienten erst zwischen 15 und 25 Jahre alt.[205] Prekär macht diese

---

201 So auch *Schroth*, Einwilligung in nicht-indizierte Körperbeeinträchtigung, S. 726.
202 Eine solche Normierung ist auch wegen der Einzigartigkeit jedes Arzt-Patienten-Verhältnisses nicht angeraten oder gar unmöglich. Das vielschichtige, stets situationsabhängige, vertrauensbasierte Arzt-Patienten-Verhältnis verbietet eine abstrakt detaillierte Regelung eigentlich von selbst. Hinzuweisen bleibt letztendlich auch auf die faktischen Hürden, denen sich ein so hoch bewertetes und kompensierendes Informationskonzept gegenübersieht. Zeitmangel, Unterbesetzung und Abschichtung von Verantwortungsbereichen bei der ärztlichen Tätigkeit führen in der Praxis leider häufig dazu, dass die ärztliche Aufklärung in der Praxis nicht immer den normativ aufgestellten Anforderungen genügt.
203 BT-Drs. 16/6779, S. 2, greift den medial bekannt gewordenen Fall auf, in dem Eltern ihren Töchtern zum Abitur eine Brustvergrößerung schenkten. Nach einer ebenfalls dort zitierten Umfrage des Kinderbarometers der LBS-Initiative „Junge Familie" wünscht sich jedes fünfte Kind zwischen 9 und 14 Jahren eine schönheitsoperative Behandlung. Auch wenn die deutschen plastisch-chirurgischen Fachärzte, die Schönheitsoperationen durchführen, nach ihren Erfahrungen den derzeit verbreiteten Trend in seinen Ausmaßen für dramatisiert halten, vgl. BT-Protokoll Nr. 16/83, S. 14 und FAZ.net vom 23.04.2008, „Gefährliche Schönheit", zeigt er doch eine gesellschaftliche Tendenz auf. Zudem scheint diese Einschätzung nur in Teilen der Realität zu entsprechen, vgl. Fn. 211.
204 BT-Drs. 16/6779, S. 2.
205 Vgl. *Lorz*, Schönheitsoperationen, S. 53 m. w. N. Bei diesen Schätzungen sind sämtliche plastisch-chirurgische Eingriffe erfasst, also sowohl die eindeutigen Fälle nicht indizierter Schönheitsoperatio-

Zahlen die Annahme, dass die erheblichen gesundheitlichen Risiken und die Tragweite einer Schönheitsoperation von Jugendlichen in vielen Fällen kaum überblickt werden können. Das Heranwachsen ist eine lange Reflexionsphase und ein vielschichtiger Prozess, sodass nicht feststeht, ob eine nicht mehr revidierbare Veränderung von Aussehen und Erscheinung später noch dem Präferenzsystem des jungen Erwachsenen entsprechen wird, denn Werte und Weltbild eines Jugendlichen sind oft einem erheblichen Wandel unterworfen.

Unter diesen Vorzeichen ist es problematisch, dass die oben dargestellte geltende Rechtslage bzgl. der Einwilligungsfähigkeit Minderjähriger bei kosmetischen Eingriffen bzw. der Möglichkeit der Stellvertretung durch die gesetzlichen Vertreter unklar ist. Wie dargestellt wird zum Teil vertreten, dass Minderjährige selbst einwilligungsfähig sein können, bzw. dass eine Einwilligung der gesetzlichen Vertreterin in eine Schönheitsoperation in Stellvertretung des einwilligungsunfähigen Minderjährigen denkbar ist.[206] Auch trifft es offenbar nicht zu, dass in Deutschland keine rein kosmetischen Eingriffe an Minderjährigen durchgeführt werden. Chirurgen orientieren sich teilweise – eben im Rahmen der Möglichkeiten der geltenden Rechtslage – nicht an der Volljährigkeit ihrer Patienten, sondern an deren individuellen Reifegrad und lehnen daher auch Schönheitsoperationen an 16- bis 18-Jährigen nicht generell ab.[207]

Schon bei Heileingriffen ist nun für den Arzt, der sich von der Einwilligungsfähigkeit seines minderjährigen Patienten selbst zu vergewissern hat[208], vielfach nicht eindeutig feststellbar, ob der Minderjährige einwilligungsfähig ist, ob dennoch zusätzlich die Einwilligung der gesetzlichen Vertreter eingeholt werden muss, und in welchem Umfang eine Einwilligung in einen nicht indizierten Eingriff der Eltern bzw. gesetzlichen Vertreter als Stellvertreter im Falle der Einwilligungsunfähigkeit des Kindes zulässig ist. In weit erhöhtem Maße besteht diese Rechtsunsicherheit wie dargestellt bei der Schönheitsoperation. Die altersunabhängige Einzelfallabwägung der Einwilligungsfähigkeit bei kosmetischen Eingriffen und die Orientierung am Begriff des Kindes-

---

nen, als auch medizinisch indizierte und solche Fälle, bei denen man typischerweise speziell bei Kindern eine Indikation annimmt, etwa das Anlegen abstehender Ohren. Vgl. BT-Protokoll Nr. 16/83, S. 14, 25. Diese Zahlen werden insb. von den plastisch-chirurgischen Fachärzten bestritten, vgl. Fn. 206.
206 Vgl. oben C. II. 2, D. II. 1.
207 So nach eigener Aussage die Praxis eines renommierten deutschen Schönheitschirurgen, vgl. www.welt.de/welt_print/article1932953/Zu_jung_fuer_eine_Schoenheits_OP.html, zuletzt aufgerufen am 26.01.2010.
208 *Ulsenheimer*, Arztstrafrecht, Rn. 108.

wohls im Fall der Einwilligung durch die gesetzlichen Vertreter sind *wenig praktikabel.* Angesichts der fehlenden Notwendigkeit, der gesundheitlichen Risiken und der Tragweite schönheitsoperativer Eingriffe ist ein solches flexibles Modell bei kosmetischen Operationen, anders als beim ärztlichen Heileingriff, weitaus weniger im Interesse der minderjährigen Patienten und Ärzte; vielmehr wären klare rechtliche Vorgaben im Dienste der Rechtssicherheit wünschenswert.

Das Potenzial riskanter, folgenschwerer Eingriffe an jungen Patienten wirft deshalb die *Frage nach neuen Norminstrumenten* auf. Die Idee ist nicht neu; der Bedarf wird vor allem in der rechtspolitischen Diskussion schon seit einiger Zeit gesehen. Angesichts der Erfahrungen der letzten Jahre haben sich auch das Europäische Parlament und der Deutsche Bundestag mit dieser Frage auseinandergesetzt. Das Europäische Parlament empfiehlt in einer Entschließung eine gesetzliche Altersgrenze von 18 Jahren bei medizinisch nicht indizierten Brustimplantaten.[209] Die Koalitionsfraktionen des Deutschen Bundestags, die einen entsprechenden Antrag an den Bundestag eingebracht haben, scheinen die Lösung einer Altersgrenze bei reinen Schönheitsoperationen ebenfalls zu favorisieren, machen sie aber derzeit von einer noch vorgeschalteten rechtlichen und rechtspolitischen Überprüfung abhängig.[210] Die Experten, die bei der Anhörung des Gesundheitsausschusses des Deutschen Bundestags zum Thema befragt wurden, haben unterschiedliche Vorschläge unterbreitet. Sie plädierten für die verpflichtende Hinzuziehung einer weiteren beratenden Person, zum Beispiel eines Kinder- und Jugend-Psychiaters, für einen Stufenplan in Form einer Kommissionslösung, für aktive, an Kinder und Jugendliche gerichtete Informationskampagnen in Schulen und über die Medien, oder für ein generelles starres Verbot für Schönheitsoperationen an Minderjährigen.[211]

---

[209] KOM (2001) 666 – C5–0327/2002 – 2002/2171 (COS), Nr. 2: Das Europäischer Parlament empfiehlt, „Implantationen bei Frauen unter 18 Jahren nur aus medizinischen Gründen zu erlauben." Ob und wie der konkreten Umsetzung bleibt indes den Mitgliedsstaaten überlassen.
[210] BT-Drs. 16/6779 vom 24.10.2007, S. 3, 5: „Der Bundestag wolle beschließen: Schönheitsoperationen an Kindern und Jugendlichen sollten deshalb nur dann vorgenommen werden, wenn ein erheblicher Leidensdruck vorliegt oder ein Krankheitswert der Deformierung eingeschätzt werden kann." „Der Deutsche Bundestag fordert die Bundesregierung und die Länder in ihrem jeweiligen Zuständigkeitsbereich auf, berufsrechtliche und sonstige Regelungen für Verbote von nicht medizinisch indizierten Schönheitsoperationen an Minderjährigen zu prüfen." Dazu BT-Protokoll Nr. 16/83 vom 23.04.2008.
[211] BT-Protokoll Nr. 16/83, S. 15, 22, 26, 27.

Viele gute Gründe sprechen für die *Schaffung eines Gesetzes mit einer starren Altersgrenze* für die Einwilligung Minderjähriger in schönheitsoperative Eingriffe.[212] In erster Linie sind hierfür Schwere und Bedeutung nicht indizierter kosmetischer Eingriffe zu nennen. Schönheitsoperationen sind mit ganz erheblichen gesundheitlichen Risiken verbunden und ziehen langfristige, in der Regel irreversible Folgen nach sich. Das geltende Medizinrecht kennt bei anderen besonders riskanten und folgeschweren Eingriffen solche Verbotsregelungen. Vorbild für eine Norm de lege ferenda im Bereich von Schönheitsoperationen sind die Altersgrenzen im Bereich von Lebendorganspende, § 8 Abs. 1 Nr. 1a TPG, Kastration, § 2 Abs. 1 Nr. 3 KastrG, und Arzneimittelprüfung, § 40 Abs. 1 S. 3 Nr. 3a AMG. Diese Spezialgesetze knüpfen die Einwilligungsfähigkeit an ein festes Alter von 18 bzw. 25 Jahren, um zum einen Schutz für den Einwilligenden bei schwerwiegenden medizinischen Eingriffen zu gewährleisten und zum anderen Rechtssicherheit für den Eingreifenden zu schaffen.

Medizinisch nicht indizierte Aussehensveränderungen können aufgeschoben und abgewartet werden. Aus einem Verbot, einen Eingriff vor Erreichen eines bestimmten Alters vorzunehmen, resultiert keine Verschlechterung der Lage des gesunden Minderjährigen. Auch zeigen Minderjährige hinsichtlich ihres Aussehens – mehr als bei heilenden Eingriffen – eine besondere Anfälligkeit für die Beeinflussung und Manipulation durch Medien und persönliches Umfeld, ohne dass ihnen die langfristige Bedeutung einer Schönheitsoperation immer gegenwärtig ist. Dass sich Präferenzen im rasanten Entwicklungsprozess dieser Altersstufe sehr schnell ändern können, spricht ebenfalls für eine „Überlegungsphase".

Starre Altersgrenzen sind indes v. a. in dieser Hinsicht angreifbar. Der Entwicklungs- und Reifeprozess vollzieht sich gerade in jungem Alter sehr unterschiedlich und ganz individuell.[213] In einigen ausländischen Rechtsordnungen ist in letzter Zeit sogar die Tendenz zu erkennen, die Einwilligungsfähigkeit von Jugendlichen schon in einem wesentlich jüngeren Alter anzusetzen. Das

---

212 Auch wenn nach Ansicht der meisten im Gesundheitsausschuss befragten Sachverständigen ein Verbot nicht notwendig ist, weil deutsche Chirurgen keine reinen Schönheitsoperationen an Minderjährigen durchführten (BT-Protokoll Nr. 16/83, S. 17; ebenso *Mohr*, Die Ersatzkasse 2008, 190), ist dies juristisch kein Argument für oder gegen ein gesetzgeberisches Tätigwerden.

213 Aus diesem Grund ist auch im Rahmen der Reformdiskussionen um die Einführung einer Altersgrenze für die Einwilligungsfähigkeit Minderjähriger in *Heil*eingriffe – mit anders gelagerter Problematik als hier – letztendlich von einer Festlegung abgesehen worden. *Reipschläger*, Einwilligung Minderjähriger, S. 75 ff.

korrespondiert mit neueren und allgemein anerkannten entwicklungspsychologischen Studien, die belegen, dass Jugendliche heute oftmals sehr viel früher einen beachtlichen Reifegrad erreichen.[214] Dieser Gesichtspunkt ist für Heileingriffe durchaus erwägenswert. In Anbetracht der besonderen Konstellation bei Schönheitsoperationen, insbesondere deren hoher Risikolastigkeit, gelten hier aber andere Rahmenbedingungen bzgl. des Selbstbestimmungsrechts des Minderjährigen. Anders als bei erwachsenen Patienten, bei denen die autonome Entscheidung unbedingt geachtet wird und der Grundsatz der Wirksamkeit der Einwilligung gilt, überwiegt bei Minderjährigen der notwendige Schutzgedanke. Der Minderjährigenschutz ist ein tragendes Prinzip der deutschen Rechtsordnung. Die Stufe von 18 Jahren ist dabei in zahlreichen Bereichen der Rechtsordnung allgemein konsentiert.[215]

Eine gesetzliche Regelung einer Altersgrenze beschränkte die in Art. 2 Abs. 2 GG gewährleistete Selbstbestimmungsfreiheit des minderjährigen Patienten über seinen Körper. Strafrechtlich werden der wirksamen Einwilligung Grenzen gezogen. Eine Altersgrenze ist damit eine (weich) paternalistische Norm, orientiert an der Autonomie des Minderjährigen, die sie zu gewährleisten sucht, indem sie drohende Autonomiedefizite ausschließt. Ein solches Verbot muss sich an die verfassungsrechtlichen Vorgaben, insbesondere das Übermaßverbot halten. Die in die Diskussion eingebrachten Alternativvorschläge stellen sich gegenüber einem starren Verbot als mildere rechtliche Mittel dar[216] und bedürfen daher der vorrangigen kritischen Beleuchtung.

Eine Beratungslösung, also die verpflichtende Hinzuziehung eines (psychiatrischen) Facharztes, der die Einwilligungsfähigkeit des Minderjährigen oder das Vorliegen einer medizinischen Indikation feststellt, oder eine Kommissionslösung, bei der ein Gremium die konkrete Einsichts- und Urteilsfähigkeit des Minderjährigen bzw. die Gebotenheit eines Eingriffs in jedem Einzelfall überprüft, sind weniger einschneidend als eine starre Altersgrenze. Weil nicht generell ausgeschlossen werden kann, dass Jugendliche in Einzelfällen

---

214 Vgl. *Deutsch/Spickhoff*, Medizinrecht, Rn. 791.
215 Vgl. die Altersgrenze für die Volljährigkeit und für die Geschäftsfähigkeit, § 2, §§ 106, 108 III BGB; für die Einwilligung in die Lebendorganspende und in klinische Arzneimittelversuche, § 8 I 1 Nr. 1 a TPG, § 40 I 3 Nr. 3a AMG; für die vollumfängliche Deliktsfähigkeit, § 828 III BGB; für den erstmöglichen Zeitpunkt der Anwendung des Erwachsenenstrafrechts, §§ 1 II, 105 ff. JGG; für die Genehmigung von Geschäften des Vormunds, § 1829 BGB; für den Erwerb des Führerscheins, § 2 II Nr. 2 StVG i. V. m. §§ 10 I Nr. 3, 6 I FeV etc.
216 Vgl. zur abgestuften Rechtfertigung paternalistischer rechtlicher Mitteln *van Aaken*, Begrenzte Rationalität, S. 124 ff., 133 ff.

über Einsichts- und Urteilsfähigkeit zu Risiken und Trageweite einer Schönheitsoperation verfügen, ist eine gesetzlich definierte Verfahrenslösung denkbar, mit der eben diese Einzelfälle ausgefiltert werden könnten. So würde dem Selbstbestimmungsrecht des Minderjährigen zu optimaler Geltung verholfen. Indes sind bei Verfahrenslösungen Fehlentscheidungen bzgl. der Einwilligungsfähigkeit nicht sicher auszuschließen. Um ein höchstmögliches Maß an Rechtsklarheit zu erzielen, in Anbetracht der genannten hohen gesundheitlichen Risikolage und auch im Interesse einer praktikablen Gestaltung der Rechtslage bei Schönheitsoperationen, ist deshalb eine feste Altersgrenze vorzugswürdig.

Vorgeschlagen wird hier deshalb eine gesetzliche Regelung, die dem Arzt die Vornahme bestimmter, besonders eingriffsintensiver und folgenschwerer (dazu sogleich) medizinisch nicht indizierter kosmetischer Eingriffe an Jugendlichen unter 18 Jahren strafbewehrt verbietet. Spezielle kosmetische Eingriffe wären dann nur zulässig, „wenn die Person *volljährig und einwilligungsfähig ist*". Diese Formulierung untersagt Schönheitsoperationen an Minderjährigen schlechthin, da sie Volljährigkeit und eigene Einwilligungsfähigkeit des Einwilligenden im Zeitpunkt der Erklärung fordert. Die Einwilligung in eine Schönheitsoperation ist dann ein unvertretbarer, höchstpersönlicher Akt, der in der Konsequenz *Stellvertretung* und eine Einwilligung durch den gesetzlichen Vertreter *kategorisch ausschließt*.[217]

Ein generelles Verbot nicht indizierter kosmetischer Eingriffe an unter 18-Jährigen ist dabei allerdings zu weit gegriffen. Zum einen müssen als unerheblich zu beurteilende kosmetische Eingriffe[218] auch für Kinder und Jugendliche aus verfassungsrechtlichen Gesichtspunkten zulässig bleiben. Zum anderen gibt es immer wieder Fälle von Schönheitsoperationen an Minderjährigen, die sich in einem schwer aufzulösenden Graufeld zwischen indiziertem Heileingriff und ästhetisch-kosmetischer Operation ansiedeln, bei denen man sich aber einig ist, dass ihre Vornahme legitim sein muss. Auf einen Bereich haben schon das Europäische Parlament und die Sachverständigen vor dem Gesundheitsausschuss des Deutschen Bundestags hingewiesen.[219] Mitunter sind chirurgische Eingriffe zur Rekonstruktion einer Brust schon in einem jungen

---

217 Eine dementsprechende Regelung findet sich in § 8 I 1 Nr. 1a TPG, vgl. Schroth/König/Gutmann-*Gutmann*, TPG, § 8 Rn. 9.
218 Vgl. etwa den Sachverhalt in BGH, NJW 1972, 335 ff., Entfernung ungefährlicher Warzen.
219 Vgl. KOM (2001) 666 – C5–0327/2002 – 2002/2171 (COS), Nr. 20; und BT-Protokoll Nr. 16/83, S. 15, S. 26, Prof. Dr. Dr. *Heinz Bull* (GÄCD) und Prof. Dr. *Jens-Uwe Blohmer* (DGPW).

Alter notwendig, etwa bei einer kompletten Brustaplasie[220] junger Mädchen. Ein anderer typischer Bereich ist die Anlegung stark abstehender Ohren bei Kindern. Der Ohrmuschelplastik wird eine erhebliche psychoprophylaktische Wirkung für die Entwicklung eines Kindes zugesprochen, da sie psychische Beeinträchtigungen in Kindergarten und Schule erspart; deshalb wird sie vielfach gerade in einem sehr jungen Alter medizinisch angeraten.[221]

Eine strafrechtliche Verbotsnorm de lege ferenda müsste unter anderem diese Fälle berücksichtigen[222] und wäre deshalb auf eindeutige Fälle zu beschränken, bei denen ein Fehlen jedweder psychischer oder physischer Indikation eindeutig und ein Missverhältnis zu den Eingriffsrisiken deutlich ist. Die genaue Bewertung der Frage, welche schönheitsoperative Maßnahmen man als solche „eindeutigen" Fälle bezeichnen kann, bliebe dem medizinischen Sachverstand vorbehalten, doch dürften dies, angesichts von Schwere des Eingriffs und Risiken[223], jedenfalls Liposuktionen bei nicht krankhafter Fettsucht und Brustkorrekturen einer nach medizinischen Kriterien normal ausgebildeten, gesunden weiblichen Brust sein, da der jugendliche Körper im minderjährigen Alter häufig noch nicht ausgereift und das Wachstum der Brust u. U. noch gar nicht abgeschlossen ist.

Das dennoch unweigerlich aufgeworfene große Problem liegt auf der Hand: Die trennscharfe Abgrenzung von indizierten und nicht indizierten (kosmetischen) Eingriffen.[224] Die meisten kosmetischen Eingriffe, insbesondere die hier genannten, sind aber eindeutig in dieses Raster einzuordnen. Den Anforderungen des verfassungsrechtlichen Bestimmtheitsgebots des Art. 103 Abs. 2 GG kann dann im Übrigen bei der Formulierung einer strafbewehrten Norm Rechnung getragen werden. Die Rechtspraxis im Bereich der gesetzlichen Krankenversicherungen zeigt, dass Regelungen, die zwischen indizierten und nicht indizierten Regelungen unterscheiden, trotz Abgrenzungsschwierigkeiten rechtlich sinnvoll und handhabbar sind. Die zweifelhaften Fälle würden wie bisher der Einschätzungsprärogative des Arztes exante und ex-post der Gerichte unterfallen.

---

220 Aplasie ist die angeborene Nichtausbildung eines Gewebes oder einer Organanlage; die Aplasie der Mamma ist eine Nichtausbildung der Brust. Vgl. *Pschyrembel*, Klinisches Wörterbuch, Stichwort „Aplasie".
221 Vgl. BT-Protokoll Nr. 16/83, S. 15, S. 26, Prof. Dr. Dr. *Heinz Bull* (GÄCD), und S. 25, Prof. Dr. Dr. *Ralf Siegert* (Dt. Berufsverband der HNO-Ärzte).
222 So auch das Europäische Parlament, vorläufiger Entwurf 2002/2171(COS), S. 7 Nr. 12.
223 Zur Studie über die Risiken der Liposuktion vgl. Fn. 193.
224 Vgl. oben B. I.

Eine starre Altersgrenze für bestimmte, besonders eingriffsintensive und folgenschwere kosmetische Eingriffe ist für Rechtssicherheit und Rechtsklarheit *summa summarum* die in diesem Bereich vorzugswürdige Lösung. Das ärztliche Schädigungsverbot lebt bei der Durchführung von Schönheitsoperationen an Minderjährigen im Sinne des *principlism* von Beauchamp/Childress wieder auf[225] und wird im konkreten Fall stärker gewichtet als das Selbstbestimmungsrecht des noch nicht volljährigen Patienten. In den Fällen, in denen ein Minderjähriger durch sein Aussehen unter einen psychologisch erfassbaren Leidensdruck gerät oder eine Deformität Krankheitswert erreicht, liegt eine medizinische Indikation vor, sodass der Eingriff nach den allgemeine Grundsätzen des Strafrechts über den ärztlichen Heileingriff durchgeführt und legitimiert werden kann.[226]

F. Fazit

Die Problematik nicht indizierter Eingriffe, im Speziellen von Schönheitsoperationen, liegt im Spannungsfeld zwischen Patientenautonomie, ärztlichem Berufsethos und staatlichem Paternalismus, im Aufeinandertreffen von Selbstbestimmungsrecht des Patienten, ärztlichem Schädigungsverbot und staatlichem Strafanspruch. Das Fehlen der medizinischen Indikation hat nach alledem keine objektive, unmittelbare deliktsystematische Bedeutung im Arztstrafrecht. Indirekt wirkt sich ein Indikationsmangel aber im Wege weich paternalistischer Beschränkungen bei den subjektiven Wirksamkeitsvoraussetzungen der Einwilligung aus, und dort vor allem im Bereich der ärztlichen Aufklärungspflichten, die nach der hier vertretenen Auffassung dem Indikationsmangel und der Zielsetzung des nicht indizierten Eingriffs entsprechend anderen Anforderungen unterliegen. Ausgehend von einem liberalen Einwilligungskonzept und dem medizinstrafrechtlichen Grundsatz der Wirksamkeit der Einwilligung ist die Durchführung einer Schönheitsoperation, die ein volljähriger, einwilligungsfähiger und auf der Basis seines Selbstbestimmungsrechts hinreichend aufgeklärter Patient wünscht, für den Arzt nicht strafbar. Angeregt wird jedoch die Einführung gesetzlicher, strafbewehrter Altersgrenzen für bedeutende, besonders eingriffsintensive und folgenschwere Schönheitsoperationen an Minderjährigen.

---

225 Vgl. oben B. II.
226 Vgl. ebenso BT-Drs. 16/6779, S. 3.

III.3 Die postmortale Organ- und Gewebespende*

Ulrich Schroth

Inhaltsverzeichnis

A. Einleitung _446
B. Der Hirntod als Tod des Menschen _448
C. Die Regelungen des TPG zum Tod des Menschen _451
D. Der Schutz des Persönlichkeitsrechts _452
E. Die Organallokation _458
F. Strafrecht und Transplantationsvoraussetzungen _462
G. Die Organ- und Gewebeentnahme bei toten Embryonen und Föten nach dem geänderten TPG _464

Literaturverzeichnis

Augsberg, Steffen, Die Bundesärztekammer im System der Transplantationsmedizin, in: Höfling, Wolfram (Hrsg.), Die Regulierung der Transplantationsmedizin in Deutschland, 2008, S. 45

Borowy, Oliver, Die postmortale Organentnahme und ihre zivilrechtlichen Folgen, 2000

Fischer, Thomas, Strafgesetzbuch und Nebengesetze, Kommentar, 56. Auflage 2009

Grewel, Hans, Gesellschaftliche und ethische Implikationen der Hirntodkonzeption, in: Hoff, Johannes/In der Schmitten, Jürgen (Hrsg.), Wann ist der Mensch tot? Organverpflanzung und Hirntodkriterium, 2. Auflage 1995, S. 332

Gutmann, Thomas, Allokationsfragen: Aporien und Zweifelsfragen des geltenden Rechts, in: Die Regulierung der Transplantationsmedizin in Deutschland, S. 113

Heun, Werner, Der Hirntod als Kriterium des Todes des Menschen – Verfassungsrechtliche Grundlagen und Konsequenzen, JZ 1996, 213

Höfling, Wolfram, Um Leben und Tod: Transplantationsgesetzgebung und Grundrecht auf Leben, JZ 1995, 26

---

* Für die wertvolle Hilfe bei der Einarbeitung der durch das Gewebegesetz geänderten Rechtslage danke ich meiner wissenschaftlichen Mitarbeiterin Frau Katja Oswald.

Höfling, Wolfram, Kommentar zum Transplantationsgesetz (TPG), 2002
Höfling, Wolfram, 10 Jahre Transplantationsgesetz – eine kritische Zwischenbilanz, in: ders., (Hrsg.), Die Regulierung der Transplantationsmedizin in Deutschland, 2008, S. 3
Holznagel, Bernd/Holznagel, Ina, Rechtslage in der Transplantationsmedizin: Sicherheit, Toleranz und Kontrollierbarkeit, DÄBl 1998, A-1718
Lackner, Karl/Kühl, Kristian, Strafgesetzbuch, Kommentar, 26. Auflage 2007
Laufs, Adolf, Arzt und Recht – Fortschritte und Aufgaben, NJW 1998, 1750
Merkel, Reinhard, Hirntod und kein Ende, Zur notwendigen Fortsetzung einer unerledigten Debatte, Jura 1999, 113
Miserok, Karl/Sasse, Ralf/Krüger, Matthias, Transplantationsrecht des Bundes und der Länder mit Transfusionsgesetz, Loseblatt-Kommentar, Stand 2006
Neumann, Ulfrid, Strafrechtlicher Schutz der Menschenwürde zu Beginn und am Ende des Lebens, in: Prittwitz, Cornelius/Manoledakis, Ioannis (Hrsg.), Strafrecht und Menschenwürde, 1998, S. 51
Nickel, Lars/Schmidt-Preisigke, Angelika/Sengler, Helmut, Transplantationsgesetz (TPG), Kommentar, 2001
Oduncu, Fuat, Hirntod und Organtransplantation, Medizinische, juristische und ethische Fragen, 1998
Oduncu, Fuat, Der „Hirntod" als Todeskriterium – Biologisch-medizinische Fakten, anthropologisch-ethische Fragen, in: Roxin, Claus/Schroth, Ulrich (Hrsg.), Medizinstrafrecht, Im Spannungsfeld von Medizin, Ethik und Strafrecht, 2. Auflage 2001, S. 199
Palandt, Otto, Bürgerliches Gesetzbuch, Kommentar, 68. Auflage 2009
Rixen, Stephan, Todesbegriff, Lebensgrundrecht und Transplantationsgesetz, ZRP 1995, 461
Rixen, Stephan, Lebensschutz am Lebensende. Das Grundrecht auf Leben und die Hirntodkonzeption, 1999
Roxin, Claus, Lehrbuch zum Strafrecht, Allgemeiner Teil, Band 1, 4. Auflage 2006
Sabass, Verena, Die postmortale Organspende, in: Roxin, Claus/Schroth, Ulrich (Hrsg.), Medizinstrafrecht, Im Spannungsfeld von Medizin, Ethik und Strafrecht, 2. Auflage 2001, S. 251
Sachs, Michael, Grundgesetz (GG), Kommentar, 4. Auflage 2007
Savigny, Friedrich C. von, System des heutigen Römischen Rechts, Band 2, 1840
Schönke, Adolf/Schröder, Horst (Hrsg.), Strafgesetzbuch, Kommentar, 27. Auflage 2006

Schreiber, Hans-Ludwig, Rechtliche Aspekte der Organtransplantation, in: Beckmann, Jan P./Kirste, Günter/Schreiber, Hans-Ludwig, Organtransplantation – Medizinische, rechtliche und ethische Aspekte, 2008
Schroth, Ulrich/König, Peter/Gutmann, Thomas/Oduncu, Fuat, Transplantationsgesetz, Kommentar, 2005
Seelmann, Kurt, Organtransplantation – die strafrechtlichen Grundprobleme, in: Brudermüller, Gerd/Seelmann, Kurt (Hrsg.), Organtransplantation, 2000, S. 29
Spittler, Johann F., Gehirn, Tod und Menschenbild, Neuropsychiatrie, Neurophilosophie, Ethik und Metaphysik, 2003
Tröndle, Herbert, Der Hirntod, seine rechtliche Bedeutung und das neue Transplantationsgesetz, in: Weigend, Thomas/Küpper, Georg (Hrsg.), Festschrift für Hans Joachim Hirsch, 1999, S. 779
Viebahn, Richard, 10 Jahre Transplantationsgesetz – Bestandsaufnahme und Würdigung aus Sicht eines Transplantationsmediziners, in: Höfling, Wolfram (Hrsg.), Die Regulierung der Transplantationsmedizin in Deutschland, 2008, S. 9
Walter, Ute, Kritisch zu den strafrechtlichen Tatbeständen, FamRZ 1998, 201
Walter, Ute, Befugnisse der Angehörigen bei der Organentnahme nach dem Transplantationsgesetz, in: Brudermüller, Gerd/Seelmann, Kurt (Hrsg.), Organtransplantation, 2000, S. 181

A. Einleitung

In Deutschland herrscht Organmangel. Die Hoffnung, dass sich dies durch das Transplantationsgesetz (TPG), das im Wesentlichen am 01.12.1997 in Kraft getreten ist[1], ändert, hat sich bisher nicht bewahrheitet. Der Sinn dieses Gesetzes war es, eine klare Rechtslage zu schaffen. Diese sollte einen präzisen Handlungsrahmen für Transplantationen bieten und hierdurch das Organaufkommen vermehren. Dieses Ziel ist nicht erreicht worden. Fakt ist derzeit immer noch, dass Schwerkranke sterben, da nicht hinreichend Organe zur Verfügung stehen.

Der Anwendungsbereich des TPG umfasst nach den Änderungen des TPG durch das Gewebegesetz 2007[2] nunmehr neben Organen auch Gewebe, § 1

---

1 Zum Ganzen vgl. auch *Höfling*, 10 Jahre Transplantationsgesetz, S. 3 ff. Zur Entnahme bei toten Embryonen und Föten unten F.
2 Neufassung des TPG in Umsetzung der Richtlinie 2004/23/EG („Geweberichtlinie") durch Bekanntmachung vom 4.9.2007, BGBl I, S. 2206. Vgl. hierzu Gesetzentwurf der Bundesregierung vom

Abs. 1, § 1a Nr. 1, Nr. 4 TPG. Keine Organe im Sinne des TPG sind Blut und Blutbestandteile, § 1 Abs. 2 Nr. 2 TPG. Die Haut ist ebenfalls vom Organbegriff des TPG ausgenommen, § 1a Nr. 1 TPG, und wird als Gewebe behandelt.

Man unterscheidet die postmortale Transplantation von der Lebendspende. Erstere, normiert in §§ 3 ff. TPG, setzt den Tod eines Menschen voraus. Das Organ oder Gewebe darf dann entnommen werden, wenn das postmortale Persönlichkeitsrecht nicht verletzt ist. Die Lebendspende ist in §§ 8 ff. TPG geregelt. Sie ist zulässig, wenn die Voraussetzungen des § 8 TPG erfüllt sind. Hier darf der Tod des Spenders nicht in Kauf genommen werden. Diese Grenze setzt das allgemeine Strafrecht.[3] Die Lebendspende ist eine Erfolgsgeschichte. Inzwischen resultieren nahezu 20 % aller Nierentransplantationen aus einer Lebendspende. Einigen Schwerkranken kann jedenfalls über die Lebendspende geholfen werden.

In Deutschland sind von 1963 bis 2008 93.350 Organe transplantiert worden (Lebendspende und postmortale Spende), darunter 62.554 Nieren, 9.847 Herzen, 15.290 Lebern, 2.958 Lungen und 2.701 Pankreas.[4] Der Anteil der postmortalen Organspenden war dabei in den letzen drei Jahren relativ konstant: Im Jahr 2008 wurden 3.945 Organe postmortal gespendet.[5] Zu den Spendergeweben zählen Augenhornhäute, Haut, Knochenmaterial (damit insbesondere auch Knochenmark[6]), Bindegewebe und Sehnen sowie Herzklappen und Blutgefäße.

Mit der Transplantation sollen Organe oder Gewebe ersetzt werden. Mit Organen oder Geweben werden Leben gerettet oder die Lebensqualität wie etwa bei dialysepflichtigen Patienten deutlich verbessert.

25.10.2006, BT-Drs. 16/3146; zur Neufassung auch *Schreiber*, Rechtliche Aspekte der Organtransplantation, S. 67 f.
3 Vgl. hierzu *Schroth*, Organ und Gewebelebendspende, S. 466 ff. in diesem Band.
4 So die Daten der Deutschen Stiftung Organspende, http://www.dso.de/grafiken/g27.html, aufgerufen am 18.06.2009.
5 http://www.dso.de: Rubrik Daten und Grafiken/Organspende, aufgerufen am 18.06.2009; weitere Zahlen und Statistiken bei *Viebahn*, 10 Jahre Transplantationsgesetz, S. 9 ff.
6 Vor Inkrafttreten der Änderungen des TPG durch das Gewebegesetz war das TPG wegen der Ausschlussnorm des § 1 Abs. 2 TPG a. F. unanwendbar auf die Knochenmarktransplantation. Der Gesetzgeber verwies insoweit auf ärztliches Berufsrecht und vertragliche Regelungen, Schroth/König/Gutmann/Oduncu-*Oduncu*, TPG, Einl. Rn. 14, 72, § 1 Rn. 4, 19, 20.

B. Der Hirntod als Tod des Menschen

Die postmortale Organ- oder Gewebeentnahme ist nach dem TPG zulässig, wenn der Spender tot *und* der Eingriff in sein postmortales Persönlichkeitsrecht gerechtfertigt ist.

Friedrich-Carl von Savigny sah es nicht als notwendig an, den Todesbegriff näher zu präzisieren. Sterben wurde als plötzliches Naturereignis verstanden, das keiner begrifflichen Bestimmung bedarf.[7] Diese Aussage lässt sich heute nicht mehr sinnvoll behaupten. Der Todeseintritt beim Menschen vollzieht sich nicht abrupt: Sterben ist ein Prozess.

Dieses Phänomen beruht darauf, dass unterschiedliche Körperteile eine unterschiedliche Sauerstoffmangel-Toleranz haben.[8] Je größer die Sauerstoffmangel-Toleranz ist, desto länger dauert das Absterben des betreffenden Teils des Körpers. Das Gehirn hat die geringste Sauerstoffmangel-Toleranz, während diese zunehmend anwächst, von den Organen über das Gewebe bis hin zu den Zellen. Im Regelfall ist zunächst eine Krankheit festzustellen, die dann zur Konsequenz einen Herz-Kreislauf-Stillstand hat. Dieser führt wiederum zum Hirntod, dann folgen der Organtod, der Gewebetod und schließlich der Zelltod. Der Absterbensprozess kann aber auch anders verlaufen und der Hirntod vor dem Herz-Kreislauf-Stillstand eintreten. Diesen Sterbeprozess kann man dann technisch insofern manipulieren, als man trotz Absterbens des Hirns den Kreislauf künstlich stabil hält. Man spricht insoweit vom dissoziierten Hirntod, weil eine deutliche Zeitdifferenz zwischen Hirnfunktionsverlust und Herzstillstand zu konstatieren ist. Allgemein anerkannt ist, dass der irreversible Herz-Kreislauf-Stillstand den Tod des Menschen bedeutet.

Es stellt sich allerdings die Frage, ob der Gesamthirntod beim dissoziierten Hirntod bereits als Tod anzusehen ist.

Hierfür spricht, dass mit dem Gesamthirntod das Ende des zentralen Steuerungssystems des Körpers gekommen ist. Dieses Steuerungssystem ist nicht mehr reparabel, weil die Gehirnzellen dann zerstört sind. Der Körper ist somit als Gesamtheit gestorben. Mit dem Gesamthirntod verliert der Mensch auch völlig irreversibel die Möglichkeit zur Wahrnehmung, zum Ablauf von Bewusstseinsprozessen und zur Empfindung von Schmerzen. Er kann diese Fähigkeiten nicht mehr zurückgewinnen. Der Gesamthirntod bedeutet damit

---

7 *Von Savigny*, System, S. 17.
8 *Oduncu*, Hirntod, S. 146 f.

eine entscheidende Zäsur im Sterbeprozess. Der Mensch ist als gesteuerter Gesamtorganismus nicht mehr existent. Es leben biologisch nur noch Teile des Körpers, die im Absterben begriffen sind. Als Person, d. h. als Mensch, der denkfähig ist oder zumindest die Potenz dazu hat, besteht er jedenfalls absolut und unwiederbringlich nicht mehr.

Gegen den Gesamthirntod werden unterschiedliche Argumente vorgetragen.[9]

Einerseits wird behauptet, dass etwas nicht tot sein kann, was noch rosig aussieht und sich warm anfühlt.[10] Dieses Argument überzeugt nicht, da die Anschaulichkeit des Todes kein Beleg ist, anhand dessen begründet werden kann, warum der Mensch auch nach dem gesamten Tod noch in seiner körperlichen Integrität zu schützen sei. Wird nach dem Gesamthirntod der Herzkreislauf nicht mehr stabil gehalten, folgen zwangsläufig die klassischen Todeszeichen.[11] Anschaulich für den Hirntod ist im Übrigen die EEG-Nulllinie.

Auch die Behauptung, die Steuerungsfunktion des Körpers sei noch nicht endgültig verloren, da eine Schwangerschaft noch zu Ende gebracht werden kann, ist in dieser Form unangebracht.[12] Dieses Argument verkennt, dass die Schwangerschaft bei einem Gesamthirntod nur von der Plazenta gesteuert wird und nicht von der zentralen Steuerungsinstanz.[13]

Die Aussage, es bestünde beim Gesamthirntod noch eine Schmerzempfindlichkeit, ist ebenfalls nicht richtig. Es lässt sich medizinisch genauestens darlegen, dass eine Schmerzempfindlichkeit gerade nicht mehr gegeben ist.[14]

Auch die Behauptung, der Gesamthirntod sei nicht präzise nachzuweisen, ist aus medizinischer Sicht nicht zu halten. Zweifel an der Sicherheit der Hirntoddiagnose sind völlig verfehlt, zumal weltweit kein Fall nachgewiesen ist, in dem sich eine Hirntoddiagnostik als falsch herausgestellt hätte. Die Gesamthirntoddiagnostik ist eine der sichersten Diagnosen, die die Medizin kennt.[15]

---

9 Kritische Stimmen zum Gesamthirntod u. a. bei *Tröndle*, in: FS für Hirsch, S. 779; *Höfling*, JZ 1995, 26 ff.; *Rixen*, ZRP 1995, 461 ff.; *Grewel*, in: Hoff/In der Schmitten (Hrsg.), Wann ist der Mensch tot?, S. 332, 337.
10 Vgl. Schroth/König/Gutmann/Oduncu-*Oduncu*, TPG, Einl. Rn. 99 und –*Schroth*, Vor §§ 3, 4 Rn. 17.
11 Totenflecke, Totenstarre, Fäulnis – hierzu *Oduncu*, in: Roxin/Schroth (Hrsg.), Medizinstrafrecht, 2. Auflage, S. 199, 214.
12 Vgl. Schroth/König/Gutmann/Oduncu-*Oduncu*, TPG, Einl. Rn. 87 ff.
13 *Oduncu*, in: Roxin/Schroth (Hrsg.), Medizinstrafrecht, S. 199, 214.
14 *Oduncu*, in: Roxin/Schroth (Hrsg.), Medizinstrafrecht, S. 199, 215 und Schroth/König/Gutmann/Oduncu-*Schroth*, Vor §§ 3, 4 Rn. 19.
15 Vgl. Schroth/König/Gutmann/Oduncu-*Oduncu*, TPG, Einl. Rn. 85 f., 109.

Weiter wird gegen den Gesamthirntod vorgetragen, der Körper sei über Art. 2 Abs. 2 S. 1 GG auch in seiner biologischen Existenz – und unabhängig vom Eintritt des Gesamthirntodes – noch solange geschützt, als nichtabgestorbene Körperteile vorhanden sind.[16] Hiergegen ist aber einzuwenden, dass der Gesamthirntod den Tod des Organismus als Gesamtheit bedeutet. Der Schutz der körperlichen Unversehrtheit verliert jeglichen Sinn, sobald das Rechtsgut Leben erloschen ist. Einen isolierten Schutz durchbluteter Organe kann und will Art. 2 Abs. 2 S. 1 GG gerade nicht garantieren.

Die These, nach einem Gesamthirntod würden alle Organsysteme – außer dem Hirn – substanzielle Integrationsleistungen erbringen, ist medizinisch nicht richtig. Kein Organ außer dem Hirn erbringt Integrationsleistungen für den Gesamtkörper.

Mit dem Gesamthirntod ist auch der Mensch als *Person* nicht mehr existent, da seine Hirnzellen unwiederbringlich verloren sind und auch nicht mehr wieder erlangt werden können. Sie sind absolut zerstört. Die Behauptung, der Gesamthirntote habe ebenfalls noch den Anspruch auf Lebensschutz, ist synonym mit der These, auch die durchbluteten Organe eines nicht mehr Existenten hätten Anspruch auf grundrechtlichen Lebensschutz. Wenn der Gesamthirntod eingetreten ist, ist der Mensch als körperliche Gesamtheit und als Person nicht mehr vorhanden.[17] Es ist nicht zufällig, dass allgemein anerkannt ist, dass jede medizinische Behandlung mit dem Eintritt des Gesamthirntodes endet. Dies gilt auch für den Fall, dass etwa qua einer Patientenverfügung verlangt wird, den Kreislauf nach dem Eintritt des Gesamthirntodes stabil zu halten. Lebensschutz endet – nichts anderes wurde und wird sowohl in der Strafrechtswissenschaft als auch in der Medizin vertreten – mit dem Eintritt des Gesamthirntodes.

Schließlich wird gegen den Gesamthirntod ins Feld geführt, dass dieses Kriterium des Eintritts des Todes nicht der Pluralität der Auffassungen in der Gesellschaft gerecht werde.[18] Dieser Einwand verkennt jedoch, dass gegen den Gesamthirntod als Tod des Menschen keine durchschlagenden Gegenargumente existieren. Nicht von ungefähr besteht diesbezüglich im Kommunikationssystem Medizin allgemeiner Konsens. Soweit andere Auffassungen innerhalb der Gesellschaft vertreten werden, hat jeder, der dem Gesamthirntod misstraut, die Möglichkeit, der Organ- und Gewebeentnahme

---

16 Vgl. Schroth/König/Gutmann/Oduncu-*Oduncu*, TPG, Einl. Rn. 107, und –*Schroth*, Vor §§ 3, 4 Rn. 34.
17 Schroth/König/Gutmann/Oduncu-*Schroth*, TPG, Vor §§ 3, 4 Rn. 9, 16.
18 Vgl. Schroth/König/Gutmann/Oduncu-*Oduncu*, TPG, Einl. Rn. 92.

zu widersprechen. Er ist dann in seiner individuellen Überzeugung geschützt. Aber auch dies wird nicht dazu führen, dass, soweit der Gesamthirntod eingetreten ist, sein Kreislauf stabil gehalten wird. Eine Vermutungsregel dahingehend, dass der Gesetzgeber beim Vorhandensein unterschiedlicher Todesvorstellungen in der Gesellschaft diejenige zu wählen habe, die den Tod möglichst spät ansetzt, gibt es nicht.[19]

C. Die Regelungen des TPG zum Tod des Menschen

§ 3 TPG enthält zwei Regelungen zum Tod des Menschen im Hinblick auf die Organ- bzw. Gewebeentnahme bei Toten. Er normiert in Abs. 1 S. 1 Nr. 2, dass der Tod des Organ-/Gewebespenders nach Regeln, die dem Stand der Erkenntnisse der medizinischen Wissenschaft entsprechen, festgestellt werden muss. Nur dann ist eine Entnahme von Organen oder Gewebe zulässig. Er enthält weiter in Abs. 2 Nr. 2 die Aussage, dass eine Organ- oder Gewebeentnahme unzulässig ist, wenn nicht vor der Organ-/Gewebeentnahme bei dem Spender der endgültige, nicht behebbare Ausfall der Gesamtfunktion des Großhirns, des Kleinhirns und des Hirnstammes nach Verfahrensregeln festgestellt ist, die dem Stand der Erkenntnisse der medizinischen Wissenschaft entsprechen.[20]

§ 3 Abs. 1 S. 1 Nr. 2 TPG hat Klarstellungsfunktion, indem er festhält, dass abgesehen von der Lebendspende eine Organ- oder Gewebeentnahme nur bei Verstorbenen zulässig ist.

§ 3 Abs. 2 Nr. 2 TPG stellt klar, dass die Feststellung des Gesamthirntodes als endgültiger, nicht behebbarer Ausfall der Gesamtfunktion des Großhirns, des Kleinhirns und des Hirnstammes nach Verfahrensregeln, die dem Stand der Erkenntnisse der medizinischen Wissenschaft entsprechen,[21] eine Mindestvoraussetzung der Organ- oder Gewebeentnahme bei Toten ist. Eine Organ- oder Gewebeentnahme kommt – auch wenn sich die Kriterien für den Hirntod ändern sollten – nicht in Betracht, wenn und soweit **kein** irre-

---

19 Sehr überzeugend *Heun*, JZ 1996, 213 ff.; *Merkel*, Jura 1999, 113 ff.; *Neumann*, in: Prittwitz/Manoledakis (Hrsg.), Menschenwürde, S. 51 ff.; die Gegenposition vertreten *Höfling*, JZ 1995, 26 ff.; dazu auch *Rixen*, Lebensschutz, S. 350 ff.
20 Zu den unterschiedlichen Hirntodkonzepten *Spittler*, Gehirn, S. 77 ff.; zum Großhirntod (Kortikaltod) u. a. *Lackner/Kühl*, StGB, Vor § 211 Rn. 4; *Schönke/Schröder-Eser*, StGB, Vor § 211 Rn. 14; *Oduncu*, in: Roxin/Schroth (Hrsg.), Medizinstrafrecht, S. 199, 214; *Merkel*, Jura 1999, 113 ff.
21 Vgl. hierzu BT-Drs. 13/8027.

versibler Totalausfall aller Funktionen des Gesamthirns nach Kriterien, die die medizinische Wissenschaft festlegt, festgestellt ist. § 3 Abs. 2 Nr. 2 TPG, also die Feststellung des Gesamthirntodes, ist zwingende Voraussetzung für eine Organ- oder Gewebeentnahme. Deshalb gibt es nicht die Möglichkeit der Organ- oder Gewebeentnahme wie in Großbritannien, wenn der Hirnstammtod eingetreten ist.[22] Die Regel des § 3 Abs. 2 Nr. 2 TPG ist angemessen. Die Bedeutung des Hirnstammtodes wird in der Medizin noch nicht als Tod des Menschen akzeptiert, das Wissen über den Hirnstammtod ist noch nicht hinlänglich und die Diagnosefeststellung ist keine sichere Diagnose.

D. Der Schutz des Persönlichkeitsrechts

Der deutsche Gesetzgeber hat sich mit den §§ 3 und 4 TPG für die *erweiterte Zustimmungslösung* entschieden. Das heißt, eine Organ- oder Gewebeentnahme bei Verstorbenen ist in zwei Fällen zulässig: Einmal, wenn die Einwilligung des potenziellen Organ- oder Gewebespenders zu Lebzeiten vorhanden war.[23] Zum anderen, wenn ein nächster Angehöriger als eine dem potenziellen Spender nahestehende Person gem. § 4 TPG der Organ- oder Gewebeentnahme *zugestimmt* hat, ohne dass ein Widerspruch des potenziellen Organ- oder Gewebespenders gegeben ist. Dabei hat der nächste Angehörige den mutmaßlichen Willen des Spenders zu beachten, § 4 Abs. 1 S. 4 TPG. Eine selbstständige Zustimmungsbefugnis hat die zustimmungsbefugte Person nur, wenn ein solcher mutmaßlicher Wille nicht ermittelbar ist. Wer entscheidungskompetent ist, ergibt sich aus § 4 Abs. 3 und § 4 Abs. 1, 2 i. V. m. § 1a Nr. 5 TPG. Hat der potenzielle Organ- oder Gewebespender die Entscheidung über eine Organ- oder Gewebeentnahme einer bestimmten Person übertragen, so ist diese entscheidungsbefugt. Ist dies nicht erfolgt, so gilt als nächster Angehöriger und damit entscheidungsbefugte Person im Sinne des Gesetzes gemäß §§ 4 Abs. 1 S. 1 i. V. m. 1a Nr. 5a–e TPG in der Rangfolge ihrer Aufzählung zunächst der Ehegatte oder der eingetragene Lebenspartner, dann das volljährige Kind, anschließend die Eltern oder, sofern der mögliche Organ- oder Gewebespender zum Todeszeitpunkt minderjährig war und die Sorge für seine Person zu dieser Zeit nur einem Elternteil, einem Vormund

---

22 Dazu *Spittler*, Gehirn, S. 77 ff.
23 In Bulgarien hingegen kann sich nach der Notstandslösung zur Lebensrettung eines Anderen auch über den ausdrücklichen Widerspruch hinweggesetzt werden.

oder einem Pfleger zustand, dieser Sorgeinhaber. Es folgen volljährige Geschwister und schließlich die Großeltern. Ein nächster Angehöriger ist nur dann zu einer Entscheidung befugt, wenn er in den letzten zwei Jahren vor dem Tod des möglichen Spenders zu diesem persönlichen Kontakt hatte, § 4 Abs. 2 S. 1 TPG. Dem nächsten Angehörigen steht eine volljährige Person gleich, die dem möglichen Organ- und Gewebespender bis zu seinem Tod in besonderer persönlicher Verbundenheit offenkundig nahegestanden hat, § 4 Abs. 2 S. 5 Hs. 1 TPG. Diese Person tritt neben den nächsten Angehörigen, § 4 Abs. 2 S. 5 HS. 2 TPG. Dies ist eine Regelung, die insbesondere bei nicht ehelichen Lebensgemeinschaften zur Anwendung kommt.

Die Zustimmungsmöglichkeit ist ausgeschlossen, wenn ein rechtswirksamer Widerspruch des potenziellen Organ- oder Gewebespenders existiert, § 3 Abs. 2 Nr. 1 TPG. Einwilligung, Übertragung der Entscheidungsbefugnis und Widerspruch sind auch auf bestimmte Organe oder Gewebe beschränkbar, § 2 Abs. 2 S. 2 TPG. Ohne Einwilligung des Spenders bzw. ohne Zustimmung der erreichbaren – ranghöchsten – nahestehenden Person ist sowohl die vorsätzliche (versuchte) als auch die fahrlässige Organ- oder Gewebeentnahme gemäß § 19 Abs. 2, Abs. 4, Abs. 5 TPG strafbewehrt verboten.

Mit der Organ- oder Gewebeentnahme wird in das postmortale Persönlichkeitsrecht des Organ- oder Gewebespenders, welches aus Art. 2 Abs. 1 i. V. m. Art. 1 Abs. 1 GG hergeleitet wird, eingegriffen.[24] Die Zustimmung des (potenziellen) postmortalen Spenders zu Lebzeiten legitimiert den Eingriff in das postmortale Persönlichkeitsrecht in gleicher Weise wie die Zustimmung aufgrund mutmaßlicher Einwilligung des potenziellen Organ- oder Gewebespenders durch den zuständigen Angehörigen nach dem Tod des (potenziellen) Spenders. Die selbstständige Entscheidungsberechtigung des Angehörigen, wenn ein mutmaßlicher Wille des Verstorbenen nicht feststellbar ist und dieser der Organ- oder Gewebespende nicht widersprochen hat, resultiert aus dem Totensorgerecht des Angehörigen.[25] Wenn und soweit ein Widerspruch des möglichen Organ- oder Gewebespenders festgestellt werden kann, ist der Eingriff immer unzulässig.

Der deutsche Gesetzgeber hat sich mit seiner Regelung im TPG zum einen gegen die *enge Zustimmungslösung*[26] entschieden, bei der eine Organ- oder Gewebeentnahme nur zulässig ist, wenn der Organ- oder Gewebespender

---

24 Vgl. dazu *Nickel/Schmidt-Preisigke/Sengler*, TPG, § 3 Rn. 3; *Sachs*, GG-Kommentar, Art. 2 Rn. 207.
25 Zum Schutz der Gefühle ganz besonderer Art bei Zurückgebliebenen *Seelmann*, in: Brudermüller/Seelmann (Hrsg.), Organtransplantation. S. 29, 33.
26 Vgl. zum Ganzen Schroth/König/Gutmann/Oduncu-*Schroth*, TPG, Vor §§ 3, 4 Rn. 43 ff.

ihr zu Lebzeiten zugestimmt hat. Die enge Zustimmungslösung gilt in Japan, einem Rechtsgebiet, in dem der Hirntod als Tod des Menschen kulturell nicht allgemein akzeptiert wird. Zum anderen hat er sich auch gegen die *Widerspruchslösung* entschieden, wonach die Organ- oder Gewebeentnahme stets zulässig ist, soweit der potentielle Organ- oder Gewebespender ihr zu Lebzeiten nicht widersprochen hat. Die Widerspruchslösung liegt den gesetzgeberischen Regelungen etwa in Österreich[27] und in Spanien[28] zu Grunde. Gegen sie wird generell eingewandt, dass der nicht erfolgte Widerspruch nicht als Zustimmung gewertet werden dürfe. Ob dieses Argument zwingend ist, ist zumindest fraglich.[29] Die Widerspruchslösung kann auch so ausgestaltet werden, dass es gute Gründe gibt, den Nichtwiderspruch als Zustimmung anzusehen, wenn beispielsweise bei der Erteilung eines Personalausweises nach einem eventuell einzutragenden Widerspruch gefragt würde. Hiergegen wird jedoch eingewandt, dass eine derartige Regelung nicht akzeptabel sei, da niemand gezwungen werden dürfe, sich mit seinem Tod auseinandersetzen zu müssen. Auch eine *erweiterte Widerspruchslösung*, die den Angehörigen einen Widerspruch gegen die Organ- oder Gewebeentnahme erlauben würde, wurde vom deutschen Gesetzgeber abgelehnt.

Länder, die über eine Widerspruchslösung verfügen, haben für ihre Schwerkranken ein höheres Organaufkommen zur Verfügung als Länder mit einer – erweiterten – Zustimmungslösung.[30] Spanien ist derzeit „Weltmeister" im Organspenden. 2008 waren 35 von 1 Million Spanier Organspender bei einer Bevölkerung von gegenwärtig 46 Millionen. Dies bedeutet, dass Spanien doppelt so viele Spender auf eine Million Einwohner hatte als der europäische Durchschnitt (16) oder als Deutschland (15) und deutlich mehr als die zweitplatzierten Vereinigen Staaten, die 26 Spender auf eine Million Einwohner

---

[27] S. hierzu *Bruckmüller/Schumann*, Heilbehandlung im österreichischen Strafrecht, S. 813 ff. in diesem Band.
[28] Vgl. hierzu *Muñoz Conde*, Heileingriff im spanischen Strafrecht, S. 866 ff. in diesem Band.
[29] Hingewiesen muss darauf werden, dass das deutsche Strafverfahrensrecht mit dem allgemeinen Persönlichkeitsrecht wenig sensibel verfährt. Die Obduktion eines Getöteten ist möglich, wenn sie für eine Verbrechensaufklärung geboten ist. Völlig unerheblich ist in diesem Kontext, ob der Getötete dies wollte. Entscheidend ist auch nicht, ob die Angehörigen hier zustimmen. Auch ein Widerspruch des Getöteten ist normativ irrelevant. Es existieren nur zwei Deutungsraster: Entweder man argumentiert, durch eine Obduktion, auch wenn der Getötete seine Organe verliert, würde das allgemeine Persönlichkeitsrecht nicht verletzt. Oder man steht auf dem Standpunkt, die Notwendigkeit, Verbrechen aufzuklären, sei ein wesentlich höher zu bewertendes Interesse als das postmortale Persönlichkeitsrecht.
[30] Höfling-*Lang*, TPG, § 11 Rn. 35.

hatten.[31] Dies dürfte einerseits daran liegen, dass bei Spendern, die keine Angehörigen haben, eine Organentnahme möglich ist, soweit kein Widerspruch gegeben ist. Andererseits dürfte dies seinen Grund darin haben, dass Gespräche mit den Angehörigen leichter zu führen sind. Die Grundlage dieser Gespräche ist, dass der potenzielle Spender der Organentnahme nicht widersprochen hat und dass der Gesetzgeber eine Organentnahme bei Nicht-Widerspruch generell gestattet. Die Basis der Kommunikation mit den Angehörigen bei der erweiterten Zustimmungslösung ist dagegen, dass der Gesetzgeber, soweit keine Einwilligung des Spenders zu Lebzeiten gegeben ist, die Entnahme von Organen verbietet und die Angehörigen sie ausnahmsweise gestatten müssen. Es ist evident, dass ersteres Gespräch einfacher zu führen ist als letzteres.[32]

Das Bundesverfassungsgericht hat einen deutlichen Hinweis gegeben, dass die Widerspruchsregelung mit deutschem Verfassungsrecht durchaus kompatibel ist.[33] Es steht in der politischen Entscheidungskompetenz des Gesetzgebers, eine solche einzuführen.

Nun zu einigen Problemen, die mit der Einwilligung des potenziellen Organ- und Gewebespenders zu seinen Lebzeiten verbunden sind:

Voraussetzung einer wirksamen Einwilligung ist die Einwilligungsfähigkeit. Hierfür ist keine Volljährigkeit erforderlich, es genügt vielmehr die natürliche Einsichtsfähigkeit. Wie sich aus § 2 Abs. 2 S. 3 TPG ergibt, geht der Gesetzgeber davon aus, dass die natürliche Einsichtsfähigkeit im Normalfall ab einem Alter von 16 Jahren angenommen werden kann.[34] Der einwilligende 16-Jährige muss dabei die Einsichtsfähigkeit eines normalen 16-Jährigen haben.[35]

---

31 Vgl. Bericht des Gesundheitsministers Bernat Soria in der FAZ v. 18.01.2009, S. 8.
32 Die Erfolgsgeschichte der Transplantation in Spanien hat aber ihren Grund nicht nur in der Tatsache, dass hier die Widerspruchslösung gilt, sondern auch darin, dass in der spanischen Gesellschaft weniger Skepsis gegenüber dem Gesamthirntod besteht und auch die Kirchen offensiv für Organtransplantation werben. Weiter werden in Spanien sehr viel umfangreicher Gesamthirntode „gemeldet". In Deutschland sind dies nur ca. 40 % (trotz im TPG festgelegter gesetzlicher Verpflichtung). Zu Recht wird darüber diskutiert, wie diese geringe Zahl der Meldungen, die auch auf Überlastung des Klinikpersonals zurückgeht, gesteigert werden kann.
33 Vgl. BVerfG vom 18.2.1999, NJW 1999, 3403; hier hat das BVerfG die Verfassungsbeschwerde gegen die erweiterte Zustimmungslösung mit dem Argument abgelehnt, jeder könne ja Widerspruch gegen die Organentnahme einlegen. Dieses Argument wäre genauso durchschlagend gegen eine eventuelle Verfassungsbeschwerde gegen die Widerspruchslösung.
34 Ab dem 16. Lebensjahr ist auch die Testierfähigkeit erreicht, *Nickel/Schmidt-Preisigke/Sengler*, TPG, § 2 Rn. 7.
35 Vgl. Höfling – *Rixen*, TPG, § 2 Rn. 30.

War das 16. Lebensjahr bei der Einwilligung noch nicht vollendet, so ist die Einwilligung des dann Verstorbenen unwirksam. Die Entscheidung des Einwilligungsunfähigen kann zu seinen Lebzeiten nicht durch die des Sorgeberechtigten ersetzt werden. Das TPG sieht die Einwilligung des Spenders in die postmortale Spende als höchstpersönliche Entscheidung des Organ- und Gewebespenders an.[36] Nach dem Tod des potenziellen Spenders ist dann der nächste Angehörige kraft seines Totensorgerechts zu einer Entscheidung berufen.

Voraussetzung der Wirksamkeit der Einwilligung in die Entnahme eines Organs oder von Gewebe ist auch die Manifestation der Einwilligung nach außen. Üblicherweise wird diese in einem Organspendeausweis dokumentiert.[37]

Wirksamkeitsvoraussetzung ist weiter, dass die Einwilligung vor dem Tod nicht widerrufen worden ist. Die Rücknahme einer Einwilligung in die postmortale Organ- oder Gewebespende kann nicht immer als Widerspruch gewertet werden. Es wird jedoch davon auszugehen sein, dass sie ein Indiz für den Widerspruch gegen eine Organ- oder Gewebespende ist.[38]

Weitere Wirksamkeitsvoraussetzung ist, dass die Einwilligung nicht auf Zwang beruht. Nicht erforderlich hingegen ist für die Wirksamkeit der Einwilligung, dass sie frei ist von Willensmängeln. Dies ergibt sich daraus, dass sie vom Gesetzgeber als Einverständnis gemeint ist und nicht als technische Einwilligung. Diese wird unwirksam, wenn sie auf Täuschung beruht. Nicht so das Einverständnis.

Zulässig ist es insbesondere, den Umfang der Einwilligung in die Organ- oder Gewebeentnahme zu beschränken, § 2 Abs. 2 S. 2 TPG.[39] Der Organ- oder Gewebespender kann beispielsweise sein Herz aus der generellen Spendebereitschaft ausnehmen. Der Spender kann weiter einschränkende Bedingungen aufstellen. Beispielsweise kann er verbieten, Teile seines Organs etwa für Herzklappen zu verwenden und verlangen, dass nur das ganze Organ verwendet werden dürfe. Unzulässig ist aber die Bedingung, dass das Organ nur einem bestimmten Empfängerkreis zugutekommen darf,[40] soweit die Organe vermittlungspflichtige Organe sind. Nach § 1a Nr. 2 TPG sind Herz, Niere, Leber, Lunge, Bauchspeicheldrüse und Darm vermittlungspflichtige Organe.

---

36 So auch zu Recht Palandt-*Diedrichsen*, BGB, § 1896 Rn. 26; LG München, NJW 1999, 1788.
37 Dazu auch *Miserok/Sasse/Krüger*, Transplantationsrecht, § 2 Rn. 7.
38 So schon Schroth/König/Gutmann/Oduncu-*Schroth*, TPG, § 3 Rn. 7f.
39 Höfling – *Rixen*, TPG, § 2 Rn. 26.
40 *Nickel/Schmidt-Preisigke/Sengler*, TPG, § 2 Rn. 9.

Ist eine Einwilligung mit einer rechtsunwirksamen Bedingung verknüpft, so ist zunächst einmal die Bedingung unwirksam.[41] Durch Interpretation des Spenderwillens muss dann herausgefunden werden, ob gleichwohl – das heißt, auch im Falle der Unwirksamkeit der Bedingung – von einer Zustimmung zur Organentnahme und damit von einer wirksamen Einwilligung ausgegangen werden kann oder nicht (Rechtsgedanke des § 139 BGB).[42]

In § 3 Abs. 2 Nr. 1 TPG ist bestimmt, dass bei Personen, die einer Organ- oder Gewebeentnahme widersprochen haben, eine Organ- oder Gewebeentnahme nicht durchgeführt werden darf. Damit ist klar, dass in das postmortale Persönlichkeitsrecht des potenziellen Spenders nicht eingegriffen werden darf, wenn dieser einen Widerspruch eingelegt hat. Der Widerspruch ist formlos möglich. Er kann mündlich erklärt werden oder sich aus dem Organspendeausweis ergeben.[43] Für die Wirksamkeit des Widerspruchs hat der Gesetzgeber eine Mindestaltersgrenze von 14 Jahren festgelegt (§ 2 Abs. 2 S. 3 HS. 2 TPG). Der Widerspruch kann sich wie die Einwilligung auf bestimmte Organe oder Gewebe oder auf alle Organe/Gewebe beziehen. Auch für die Wirksamkeit des Widerspruchs ist eine Täuschung irrelevant. Zwang macht allerdings auch den Widerspruch unwirksam.

§ 4 TPG ist von zentraler Bedeutung. Er macht aus der Zustimmungslösung des § 3 TPG eine *erweiterte* Zustimmungslösung. Neben dem potenziellen Spender werden so bei Fehlen eines Widerspruchs des Spenders weitere Personen zu der Entscheidung über die Organ- oder Gewebeentnahme ermächtigt. Umstritten ist, welchen Charakter diese Entscheidung der ermächtigten Person hat. Einerseits wird die Entscheidung als Folge des Bestimmungsrechts des Angehörigen begriffen.[44] Die Gegenthese geht dahin, die Entscheidung als Verwaltung der Rechte des Verstorbenen zu interpretieren.[45] Wer nächster Angehöriger ist, richtet sich wie dargestellt nach §§ 1a Nr. 5, 4 Abs. 2 S. 4, Abs. 3 TPG. Die Personen, die in § 1a Nr. 5 TPG aufgeführt sind, sind nur dann zur Entscheidung befugt, wenn sie in den letzten zwei Jahren vor dem Tod des möglichen Organ-/Gewebespenders zu diesem persönlichen Kontakt hatten.[46]

---

41 Hierzu *Nickel/Schmidt-Preisigke/Sengler*, TPG, § 2 Rn. 9, der auf § 134 BGB abstellt.
42 *Nickel/Schmidt-Preisigke/Sengler*, TPG, § 2 Rn. 9.
43 *Nickel/Schmidt-Preisigke/Sengler*, TPG, § 2 Rn. 13.
44 Vgl. *Laufs*, NJW 1998, 1750; in die gleiche Richtung *Walter*, FamRZ 1998, 201, 207.
45 *Holznagel/Holznagel*, DÄBl. 1998, 1718.
46 Zur Frist bei länger andauerndem, ununterbrochenem Koma *Miserok/Sasse/Krüger*, Transplantationsrecht, § 4 Rn. 157 f.

Die Angehörigen sind in der Reihenfolge des Gesetzes zur Entscheidung befugt. Zunächst entscheidet der Ehegatte, als Letztes die Großeltern. Ist der nächste Angehörige innerhalb angemessener Zeit nicht erreichbar, genügt die Beteiligung und Entscheidung des rangnächsten Angehörigen. Die angemessene Zeit bemisst sich nach der Dauer der voraussichtlichen Transplantierfähigkeit der Organe.[47] Gibt es mehrere gleichrangige Angehörige, so genügt es für die Organ-/Gewebeentnahme, wenn einer von ihnen beteiligt wird und eine Entscheidung trifft. Gleichrangige Angehörige haben jedoch jeweils ein Vetorecht.[48] Diese deutsche Regelung der erweiterten Zustimmungslösung ist bürokratisch und zur Sicherung des Persönlichkeitsrechts des potenziellen Organ- oder Gewebespenders nicht erforderlich. Es wäre hinreichend gewesen, wenn geregelt worden wäre, dass die Zustimmung des möglichen Spenders die Organ- oder Gewebeentnahme bei Toten erlaubt und, soweit kein Widerspruch gegeben ist, der erkennbare mutmaßliche Wille die Organ- oder Gewebeentnahme legitimiert.

In § 4 Abs. 1 S. 4 TPG ist bestimmt, dass der Angehörige einen existenten mutmaßlichen Willen zu beachten hat.[49]

Liegt keine wirksame Zustimmung vor und ist auch kein nächster Angehöriger auffindbar, so ist die Organ- oder Gewebeentnahme immer unzulässig und stellt eine Verletzung des allgemeinen Persönlichkeitsrechtes dar.[50]

E. Die Organallokation

Die Organallokation kann hier nicht im Einzelnen dargelegt werden. Einige grundsätzliche Erwägungen sollen jedoch vorgestellt werden:

Gemäß § 12 Abs. 3 S. 1 TPG sind die vermittlungspflichtigen Organe (Herz, Leber, Niere, Lunge, Bauchspeicheldrüse und Darm, § 1a Nr. 2 TPG) nach Regeln, die dem Stand der Erkenntnisse der medizinischen Wissenschaft

---

47 *Nickel/Schmidt-Preisigke/Sengler*, TPG, § 4 Rn. 26; *Miserok/Sasse/Krüger*, Transplantationsrecht, § 4 Rn. 183 ff. Bei Gewebe ist dies nicht so problematisch, da Gewebe in der Regel nicht unmittelbar transplantiert werden.
48 Hierzu auch *Walter*, in: Brudermüller/Seelmann (Hrsg.), Organtransplantation. S. 181, 190 f.; *Miserok/Sasse/Krüger*, Transplantationsrecht, § 4 Rn. 190 ff.
49 Zur Pflicht des nächsten Angehörigen, eine ihm bekannte Erklärung mitzuteilen: *Sabass*, in: Roxin/Schroth (Hrsg.), Medizinstrafrecht, S. 251, 264; bezüglich der Bindungswirkung des mutmaßlichen Willens *Sabass*, in: Roxin/Schroth (Hrsg.), Medizinstrafrecht, S. 251, 267 f.; v. a. bei Vorliegen deutlicher Anhaltspunkte: *Miserok/Sasse/Krüger*, Transplantationsrecht, § 4 Rn. 62 ff.
50 Vgl. *Borowy*, Organentnahme, S. 178 f.

entsprechen, insbesondere nach *Erfolgsaussicht und Dringlichkeit* denjenigen, die auf der Warteliste stehen, zu vermitteln. Damit ist keine *bestimmte* Allokationsregel gesetzlich normiert. Problematisch ist ein derartiges unbestimmtes gesetzgeberisches Handeln, weil man fragen muss, ob es nicht den Grundsatz des Vorbehalts des Gesetzes in der Ausprägung, die er durch die Wesentlichkeitsrechtsprechung des Bundesverfassungsgerichts erfahren hat, verletzt.[51] In § 16 Abs. 1 S. 1 Nr. 5 TPG wird die Bundesärztekammer ermächtigt, die Allokationsrichtlinien, die den Stand der Erkenntnisse der medizinischen Wissenschaft dokumentieren, festzustellen. Damit wird die Zuteilung von Lebens- und Gesundheitschancen in die Entscheidungskompetenz der Bundesärztekammer gelegt. Das ist nicht angemessen. Da es bei Verteilung des knappen Gutes Organe um die Zuteilung von Lebens- und Gesundheitschancen und damit um Patientengrundrechte geht, wäre der Gesetzgeber aufgefordert gewesen, die zentralen Bewertungsregeln der Verteilung von Organen – soweit möglich – selbst zu definieren. Diese Aufgabe hat er nicht übernommen. Die Zuteilungsregel, die § 12 Abs. 3 S. 1 TPG enthält, ist zu unbestimmt und enthält gerade keine klare Zuteilungsregel.

Hinzu kommt, dass die Kriterien, die der Gesetzgeber für die Allokation benennt, nämlich Erfolgsaussicht und Dringlichkeit, sich widersprechen. Die Erfolgsaussichten einer Transplantation sind wesentlich höher, wenn sie nicht dringend ist. Bei denjenigen Kranken, die dringlich ein Organ benötigen, sind die Erfolgsaussichten insofern schlechter, als die Organe weniger lang ihre Funktion erfüllen. Der Gesetzgerber hätte damit allen Grund gehabt, das Verhältnis dieser Kriterien genauer zu bestimmen.

Das schweizerische Transplantationsgesetz, in Kraft getreten am 01.07.2007, hat den normativen Auftrag, die Organverteilung bestimmt zu regeln, besser erfüllt. Es regelt in Art. 18 Abs. 1 Schweizerisches TPG, dass bei der Zuteilung von Organen die medizinische Dringlichkeit einer Transplantation, der medizinische Nutzen einer Übertragung des Organs und die Wartezeit zu berücksichtigen sind.[52] Gleichzeitig wird gesetzlich geregelt, dass der Schweizerische Bundesrat die Reihenfolge dieser Kriterien zu präzisieren und zu gewichten hat. Gesetzlich festgelegt ist schließlich, dass bei Zuteilung eines Organs niemand *diskriminiert* werden darf und Personen mit Wohnsitz in

---

51 Vgl. dazu *Gutmann*, Allokationsfragen, S. 113.
52 Die Wartezeit, die auch nach den Richtlinien der Bundesärztekammer eine Rolle spielt, ist sinnvollerweise im schweizerischen Transplantationsgesetz als Allokationskriterium aufgenommen. Sie ist auch weder ein Kriterium von Erfolgsaussicht und Dringlichkeit, noch ein Kriterium der medizinischen Wissenschaft. Sie ist ein sinnvolles Kriterium, allerdings in einem normativen Kontext.

der Schweiz *gleich zu behandeln* sind (Art. 17 Abs. 1 und Abs. 2 Schweizerisches TPG). Schweizerischer Bundesrat und Eidgenössisches Department des Inneren haben mit gesetzlichem Auftrag diese Allokationsrichtlinien präzisiert. Eine derartige Zuteilungsregel überträgt die Lebens- und Gesundheitschancen auf demokratisch legitimierte Institutionen.

Die Mitglieder der Ständigen Kommission Organtransplantation, die von der Bundesärztekammer eingesetzt werden, sind sicherlich zu großen Teilen kompetent, jedoch nicht demokratisch legitimiert.[53] Hinzu kommt, dass sie nicht einmal in einem öffentlich transparenten Verfahren entscheiden, sondern ihre Richtlinien hinter verschlossenen Türen entwickeln. Dieses Verfahren ist für die Zuteilung von Lebens- und Gesundheitschancen wenig angemessen. Legitimiert wird hier über Sachkompetenz, die sich nach Meinung des Gesetzgebers offenbar am besten hinter verschlossenen Türen flexibel entfalten kann.[54] Da Allokationsrichtlinien aber in Grundrechte von Patienten eingreifen, wäre es angesichts der Wesentlichkeitsrechtsprechung notwendig, dass der Gesetzgeber die grundlegenden Wertentscheidungen selbst festlegt. Insbesondere erscheint hier ein Diskriminierungsverbot, die Festschreibung des Gleichbehandlungsgrundsatzes sowie eine Wertentscheidung, wie der Konflikt zwischen Erfolgsaussicht und Dringlichkeit bei der Organallokation gelöst werden soll, sinnvoll. Darüber hinaus wäre ein transparentes Verfahren angemessen, in dem die präzisierenden Allokationsregelungen begründet werden können. Dieses Verfahren sollte öffentlich sein.

Strukturell ist an der deutschen Regelung der Organzuteilung wenig überzeugend, dass bei den vermittlungspflichtigen Organen jedenfalls nach der Struktur des Gesetzes Individualinteressen des Organspenders keine Berücksichtigung finden dürfen. Es sollte etwa möglich sein, dass ein potenzieller Organspender seinem dialysepflichtigen Kind seine Nieren im Falle seines Todes schenkt und im Übrigen seine Organe zur Verfügung stellt.[55] Dies ist aber durch das TPG bisher ausgeschlossen. Wie problematisch Allokations-

---

[53] Die Bundesärztekammer ist keine Körperschaft des öffentlichen Rechts, sondern eine Arbeitsgemeinschaft der Landesärztekammern, an deren öffentlich-rechtlichen Verfasstheit sie selbst nicht teilnimmt. Sie hat keine hoheitlichen Befugnisse (vgl. dazu ausführlich *Augsberg*, Die Bundesärztekammer im System der Transplantationsmedizin, S. 45 ff.).

[54] Hierzu genauer und näher *Gutmann*, Allokationsfragen, S. 113 ff.

[55] In Abweichung von den gesetzlichen Vorgaben wurde schon in der Transplantationspraxis verfahren. Dies ist vom Ergebnis her betrachtet durchaus angemessen, durch das TPG aber eigentlich ausgeschlossen.

regeln sein können, zeigen die aktuellen Richtlinien zur Leberallokation.[56] Hiernach erfolgt bei Patienten mit alkoholinduzierter Zirrhose die Aufnahme in die Warteliste erst dann, wenn der Patient für mindestens sechs Monate völlige Alkoholabstinenz eingehalten hat. Krankheitseinsicht und Kooperationsfähigkeit des Patienten müssen einen längerfristigen Transplantationserfolg sowie eine ausreichende Compliance auch in schwierigen Situationen ermöglichen.[57] Eine derartige hohe Hürde ist überaus problematisch und kann für schwer kranke Alkoholabhängige diskriminierende Auswirkungen haben. Wie lässt sich gesichert und neutral feststellen, dass diese Voraussetzungen gegeben sind? Willkürliche Entscheidungen sind hier möglich. Die Nichtfeststellung dieser Anforderungen für die Aufnahme in die Warteliste bedeutet häufig, dass der Alkoholabhängige versterben wird. Bei ihm besteht konkrete Lebensgefahr, er hat keine Möglichkeit, ein Leichenorgan zu erhalten. Vielfach wird sich auch ein möglicher Lebendspender nicht finden, da das Risiko für die Lebendspende, gerade bei der Leberteiltransplantation, nicht unerheblich ist.

Weiter stellt sich die Frage, warum die Zeitspanne der notwendigen absoluten Alkoholabstinenz – medizinisch – sechs Monate betragen muss, und warum nicht beispielsweise drei Monate ausreichen. Es ist widersprüchlich, in den Fällen der Alkoholabhängigkeit zwar die Aufnahme in die Warteliste zu versagen, umgekehrt aber eine Indikation für eine Lebendtransplantation (Leberzirrhose aufgrund Alkoholintoxikation) anzunehmen. Die Lebendspende ist nach dem gesetzgeberischen Willen subsidiär, um den Lebendspender zu schützen, und setzt auch eine Erfolgsaussicht der Lebendspende voraus,[58] genauso wie die Aufnahme auf die Warteliste. Offensichtlich bewertet man hier die Notwendigkeit der Erfolgsaussicht anders. Ob diese unterschiedliche Bewertung der Erfolgsaussicht in der Intention des Gesetzgebers liegt, der an sich von der Subsidiarität der Lebendspende ausgeht, erscheint fraglich. Der Gesetzgeber will bei der Verteilung von Organen medizinische Kriterien verwendet wissen, insbesondere Dringlichkeit und Erfolgsaussicht. Die Dringlichkeit könnte nicht höher sein. Die Erfolgsaussicht erscheint

---

56 BÄK, Richtlinien zur Organtransplantation gemäß § 16 TPG vom 28.02.2003, Richtlinien für die Warteliste zur Lebertransplantation, S. 16 ff.
57 BÄK, Richtlinien zur Organtransplantation gemäß § 16 TPG vom 28.02.2003, Richtlinien für die Warteliste zur Lebertransplantation, Punkt II.2.1, S. 18.
58 Diese unterschiedliche Indikationsstellung ist angesichts der Geltung des Subsidiaritätsprinzips der Lebendspende absurd. Klar ist doch, dass, wenn der Schwerkranke zu sterben droht, die Angehörigen in Zugzwang kommen werden.

jedenfalls nicht so gering, sonst ließe sich auch eine Indikation für Lebendtransplantation nicht stellen. Offensichtlich geht die Bundesärztekammer davon aus, dass die Wertigkeit einer Leber so hoch ist, dass nur bei großer Erfolgsaussicht der potenzielle Empfänger in den Genuss eines Organs kommen soll. Diese Fallkonstellation zeigt, wie gravierend über bloße Richtlinien in Lebenschancen eingegriffen wird und welche weitreichenden Entscheidungen der Gesetzgeber im Hinblick auf die Rechtsgüter Leben und Körperintegrität aus der Hand gegeben hat. Unbeantwortet bleibt die Frage, ob damit der Lebensschutz von schwer kranken Alkoholabhängigen ausreichend hoch bewertet wird.

F. Strafrecht und Transplantationsvoraussetzungen

Die Einhaltung der Kriterien und Voraussetzungen für die postmortale Organ- und Gewebeentnahme ist durch eine Strafrechtsnorm gesichert. Wer vorsätzlich dagegen verstößt, macht sich nach § 19 Abs. 2 TPG strafbar. Auch der Versuch ist strafbar gem. § 19 Abs. 4 TPG. Wer die Kriterien des § 19 Abs. 2 TPG fahrlässig verletzt, ist nach § 19 Abs. 5 TPG strafbar.

Wird der Gesamthirntod nicht nach den Regeln, die dem Stand der medizinischen Wissenschaft entsprechen, festgestellt und entnimmt der Arzt vorsätzlich trotzdem ein Organ oder Gewebe, so erfüllt er § 19 Abs. 2 i. V. m. § 3 Abs. 2 Nr. 2 TPG.[59] Darauf hinzuweisen bleibt, dass derjenige, der einem nicht hirntoten Organ- oder Gewebespender ein Organ oder Gewebe entnimmt und hierdurch dessen Tod herbeiführt, ein Tötungsdelikt erfüllt. Die Stellung des TPG als lex specialis gegenüber den Körperverletzungstatbeständen des Kernstrafrechts (§§ 223 – 228 StGB),[60] besteht nicht gegenüber den Tötungsdelikten. § 19 Abs. 2 i. V. m. § 3 Abs. 2 Nr. 2 TPG kommt aber zur Anwendung, wenn nicht festgestellt werden kann, ob ein Organ- oder Gewebespender gesamthirntot war und dies deshalb zu Gunsten des entnehmenden Arztes angenommen werden muss.

Ein Verstoß gegen § 5 Abs. 1 TPG, der für die Hirntodfeststellung verlangt, dass diese durch zwei qualifizierte Ärzte getroffen werden muss, ist *nicht*

---

59 Dies ist keine angemessene Regelung, wenn völlig klar ist, dass der Gesamthirntod eingetreten ist. Dies ist etwa der Fall, wenn ein irreversibler Herz-Kreislauf-Stillstand eingetreten ist. Es muss dann trotzdem eine Hirntoddiagnostik erfolgen. Ansonsten macht sich der Arzt strafbar, der ein Gewebe entnimmt.

60 Vgl. hierzu die Ausführungen in *Schroth*, Organ- und Gewebelebendspende, S. 466 ff. in diesem Band.

über § 19 Abs. 2 i. V. m. § 3 Abs. 2 Nr. 2 TPG strafbewehrt. Dies ergibt sich zwangsläufig daraus, dass weder in § 3 Abs. 1 Nr. 2 TPG noch in § 3 Abs. 2 Nr. 2 TPG auf § 5 Abs. 1 TPG verwiesen wird.

Wird ein Organ oder Gewebe entnommen, obwohl der potenzielle Spender widersprochen hat, so ist eine Strafbarkeit nach § 19 Abs. 2 i. V. m. § 3 Abs. 2 Nr. 1 TPG anzunehmen. Diese Regelung dient der Sicherung des postmortalen Persönlichkeitsrechts. Sobald ein Widerspruch erfolgt, kommt auch eine Rechtfertigung über § 34 StGB nicht mehr in Betracht.[61]

Wird ein Organ oder Gewebe entnommen und liegt kein Widerspruch des Organ- oder Gewebespenders, aber auch keine Zustimmung entweder des Spenders oder eines ranghöchsten Angehörigen vor, so macht sich der Arzt ebenfalls nach § 19 Abs. 2 TPG strafbar. Auch die Nichteinhaltung der nach dem Gesetz vorgesehenen Reihenfolge oder die Nichtbeachtung eines legitimen Vetos ist strafbewehrt – § 19 Abs. 2 i. V. m. § 4 Abs. 1 S. 2 TPG. Die Nichtbeachtung des mutmaßlichen Willens durch die Angehörigen ist allerdings nicht unter Strafe gestellt: § 19 Abs. 2 TPG verweist nicht auf § 4 Abs. 1 S. 4 TPG. Gleichwohl ist die Nichtbeachtung des mutmaßlichen Willens rechtswidrig. Eine Strafbarkeit besteht schließlich auch, wenn der Spender zwar eine zustimmende Erklärung abgegeben hat, aber nicht wirksam einwilligen konnte, da er noch nicht das 16. Lebensjahr vollendet hat bzw. nicht einsichtsfähig war.

§ 168 StGB kann in Fällen der Organ- oder Gewebeentnahme anwendbar sein, allerdings nur dann, wenn aus dem Gewahrsam des Berechtigten die Gesamtleiche oder Teile des Körpers weggenommen werden. Geschieht also die Organ- oder Gewebeentnahme mit Billigung der Krankenhausverwaltung, kommt § 168 StGB nicht zur Anwendung.[62] Die gegenteilige Auffassung, die auch in diesen Fällen § 168 StGB heranziehen will, indem sie den Todesorgeberechtigten als Gewahrsamsinhaber ansieht, ist nicht haltbar. Der Gesetzgeber hat nämlich ausdrücklich als Kriterium für die Anwendbarkeit des § 168 StGB formuliert, dass Teile des Körpers aus dem Gewahrsam des Berechtigten weggenommen werden.[63] Der Begriff des Gewahrsams würde funktionslos, wollte man ihn hier auf die Todesorgeberechtigten ausdehnen. § 168 StGB wird auch in der Alternative des beschimpfenden Unfugs

---

61 Vgl. hierzu *Fischer*, StGB, § 34 Rn. 1 ff.; *Roxin*, AT I, § 16 A m. w. N.
62 So auch *Sabass*, in: Roxin/Schroth (Hrsg.), Medizinstrafrecht, S. 251, 254 f.
63 Vgl. hierzu *Fischer*, StGB, § 168 Rn. 8 m. w. N.

nur in Ausnahmefällen einschlägig sein. Die unbefugte Organ- oder Gewebeentnahme allein ist noch kein beschimpfender Unfug.

In Teilen der Literatur werden in den Fällen der unbefugten Organ- oder Gewebeentnahme auch noch Eigentumsdelikte für anwendbar erklärt, soweit an den Organen oder am Gewebe nach der Transplantation Eigentum erworben worden ist. Es wird insoweit vertreten, dass § 956 Abs. 1 BGB analog herangezogen werden könnte. Eine derartige Argumentation[64] ist strafrechtlich indes unvertretbar. Sie verletzt das Analogieverbot (Art. 103 Abs. 2 GG), denn dieses verbietet auch eine analoge Anwendung von Regeln des BGB zur Begründung strafbarkeitskonstituierender Elemente.

Noch weitgehend ungeklärt ist die Frage, ob und inwieweit eine Strafbarkeit in Betracht kommt, wenn die Allokationskriterien der knappen Ressource Organ willkürlich missachtet werden. Naheliegend ist die Prüfung der Körperverletzungsdelikte. Tatopfer sind diejenigen, die das Organ nicht erhalten haben. Anwendbar könnten hier § 229 StGB und sogar § 222 StGB sein, soweit eine fahrlässige Missachtung anzunehmen ist. Vielfach wird sich jedoch der Erfolg nicht zurechnen lassen, da sich zumeist nicht hinreichend klar nachweisen lässt, dass mit der gebotenen Handlung (der richtigen Allokation) der Erfolg mit großer Wahrscheinlichkeit beim Spender nicht eingetreten wäre.

G. Die Organ- und Gewebeentnahme bei toten Embryonen und Föten nach dem geänderten TPG

Durch das Gewebegesetz 2007 ist das TPG in Umsetzung der Richtlinie 2004/23/EG („Geberichtlinie") teilweise geändert worden.[65] Ein wichtiger Aspekt war hierbei die notwendige Erweiterung des Anwendungsbereichs des TPG auf embryonale und fetale Organe und Gewebe, § 1 Abs. 1, Abs. 2 TPG n. F.[66] Bisher war das TPG hierauf wegen der Ausschlussnorm des § 1 Abs. 2 TPG a. F. nicht anwendbar. Die Voraussetzungen der Entnahme bestimmten sich nach der Richtlinie der Bundesärztekammer zur Verwendung fetaler Zellen und fetaler Gewebe.[67] § 4a TPG stellt nun die bisher schon

---

64 Vgl. insoweit Höfling – *Rixen*, TPG, § 19 Rn. 34.
65 Zur Neufassung auch *Schreiber*, Rechtliche Aspekte der Organtransplantation, S. 67 f.
66 Allgemeiner Teil der Begründung des Gesetzentwurfs der Bundesregierung vom 25.10.2006, BT-Drs. 16/3146, S. 21.
67 Schroth/König/Gutmann/Oduncu-*Oduncu*, TPG, Einl. Rn. 72 und -*König*, § 1 Rn. 19, 21.

angenommenen strengen Anforderungen auf eine gesetzliche Grundlage, indem er an die Voraussetzungen der §§ 3 ff. TPG für die postmortale Spende anknüpft. Das Embryonenschutzgesetz und das Stammzellgesetz bleiben von den Änderungen unberührt.[68]

Der Gesetzgeber stellt in § 4a TPG für die Entnahme von Organen und Geweben bei toten Embryonen und Föten die folgenden Voraussetzungen auf:

1. Die Feststellung des Todes des Embryos oder Fötus muss nach den Regeln erfolgen, die dem Stand der medizinischen Wissenschaft entsprechen (vgl. § 16 Abs. 1 S. 1 Nr. 1a TPG), § 4a Abs. 1 S. 1 Nr. 1 TPG.
2. Die Frau, die mit dem Embryo oder Fötus schwanger war, muss ihre Einwilligung in die Organ- oder Gewebeentnahme nach Aufklärung schriftlich erteilt haben, § 4a Abs. 1 S. 1 Nr. 2 TPG (Aufklärung und Einholung der Einwilligung erst nach dem Tod, § 4a Abs. 1 S. 3 TPG).
3. Der Eingriff muss durch einen Arzt vorgenommen werden, § 4a Abs. 1 S. 1 Nr. 3 TPG. Für die Entnahme von Gewebe wird der Arztvorbehalt durch § 4a Abs. 1 S. 2 i. V. m. § 3 Abs. 1 S. 2 TPG gelockert.
4. Die am Schwangerschaftsabbruch oder an der Todesfeststellung Beteiligten dürfen an der Verwendung embryonaler oder fetaler Zellen oder Gewebe weder mitwirken noch daraus einen Nutzen ziehen, § 5 Abs. 3 TPG.
5. Das Organ- und Gewebehandelsverbot gilt auch für diesen Bereich: Im Zusammenhang mit der Entnahme von Organen und Geweben bei toten Embryonen und Föten dürfen keine Vergünstigungen angeboten oder gewährt werden, §§ 17, 18 TPG.[69]

Verstöße gegen § 4a Abs. 1 S. 1 TPG sind strafbewehrt über § 19 Abs. 2 TPG.

Ein Verstoß gegen § 5 Abs. 3 S. 3 TPG ist in § 20 Abs. 1 Nr. 1 2. Alt. TPG als Ordnungswidrigkeit ausgestaltet.

---

68 Begründung zu Nr. 10 des Gesetzentwurfs der Bundesregierung vom 25.10.2006, BT-Drs. 16/3146 S. 26.
69 Begründung zu Nr. 10 des Gesetzentwurfs der Bundesregierung vom 25.10.2006, BT-Drs. 16/3146 S. 26. Vgl. ausführlich zum Organhandelsverbot *König*, Das strafbewehrte Verbot des Organhandels, S. 501 ff. in diesem Band.

III.4 Die strafrechtlichen Grenzen der Organ- und Gewebelebendspende*

Ulrich Schroth

Inhaltsverzeichnis

A. Einleitung _469
B. Zulässigkeitsvoraussetzungen der Organ- und Gewebelebendspende _470
   I. Anwendungsbereich _470
   II. Strafbewehrte Rahmenbedingungen _470
   III. Rahmenbedingungen der Organ- oder Gewebelebendspende, die nicht mit strafrechtlichen Mitteln abgesichert werden _473
   IV. Strafbewehrte Begrenzung des Spenderkreises _478
   V. Legitimation des strafbewehrten Organ- und Gewebehandelsverbots _479
C. Die strafbewehrte Begrenzung des Spenderkreises und ihre verfassungsrechtliche Problematik _483
D. Die Cross-over-Spende _489
E. Der Inhalt des Organ- und Gewebehandelsverbots: Plädoyer für eine teleologische Reduktion _493
   I. Die Cross-over-Spende und das Organhandelsverbot _493
   II. Verbotenes Handeltreiben und Absicherung der Risiken des Organ- oder Gewebespenders _494
   III. Innerer Zusammenhang zwischen Organ- und Gewebespende und Zuwendung _495
   IV. Honorarforderungen des Arztes _496
F. Die Entnahme von Knochenmark beim minderjährigen Spender _497
   I. Gesetzliche Regelung _498
   II. Strafbarkeitsvoraussetzungen bei der Knochenmarkentnahme _498

---

* Für die wertvolle Hilfe bei der Einarbeitung der durch das Gewebegesetz geänderten Rechtslage danke ich meiner wissenschaftlichen Mitarbeiterin Frau Katja Oswald.

Literaturverzeichnis

Arzt, Gunther, Willensmängel bei der Einwilligung, 1970
Deutsch, Erwin, Das Transplantationsgesetz vom 05.11.1997, NJW 1998, 777
Engst, Kathrin, Die Lebendspendekommission – Ein bloßes Alibigremium? – Erfahrungen und Rechtsfragen im Zusammenhang mit der Tätigkeit der Lebendspendekommission, GesR 2002, 79
Fateh-Moghadam, Bijan, Zwischen Beratung und Entscheidung – Einrichtung, Funktion und Legitimation der Verfahren vor den Lebendspendenkommissionen gemäß § 8 Abs. 3 S. 2 TPG im bundesweiten Vergleich, MedR 2003, 245
Fateh-Moghadam, Bijan, Die Einwilligung in die Lebendorganspende, 2008
Feinberg, Joel, The Moral Limits of the Criminal Law, III, Harm to Self, 1989
Gutmann, Thomas, Probleme einer rechtlichen Regelung der Lebendspende von Organen, MedR 1997, 147
Gutmann, Thomas, Gesetzgeberischer Paternalismus ohne Grenzen? Zum Beschluss des Bundesverfassungsgerichts zur Lebendspende von Organen, NJW 1999, 3387
Gutmann, Thomas/Elsässer, Antonellus/Gründel, Johannes et al., Living kidney donation: Safety by procedure, in: Terasaki, Paul I. (Hrsg.), Clinical Transplants, 1994, S. 356
Gutmann, Thomas/Schroth, Ulrich, Organlebendspende in Europa, Rechtliche Regelungsmodelle, ethische Diskussion und praktische Dynamik, 2002
Hart, Herbert L. A., Law, liberty and morality, 1963
Heuer, Stefanie/Conrads, Christoph, Aktueller Stand der Transplantationsgesetzgebung, MedR 1997, 195
Höfling, Wolfram, 10 Jahre Transplantationsgesetz – eine kritische Zwischenbilanz, in: ders. (Hrsg.), Die Regulierung der Transplantationsmedizin in Deutschland, 2008, S. 3
Joecks, Wolfgang/Miebach, Klaus (Hrsg.), Münchner Kommentar Strafgesetzbuch, 2003
Kant, Immanuel, Metaphysik der Sitten. Gesammelte Schriften der Deutschen Akademie der Wissenschaften, Bd. 6 (1907), S. 230
Kindhäuser, Urs/Neumann, Ulfrid/Paeffgen, Hans-Ullrich (Hrsg.), Nomos Kommentar (NK), Strafgesetzbuch, 2. Auflage 2005
König, Peter, Strafbarer Organhandel, 1999
König, Peter, Das strafbewehrte Verbot des Organhandels, in: Roxin, Claus/Schroth, Ulrich (Hrsg.), Medizinstrafrecht. Im Spannungsfeld von Medizin, Ethik und Strafrecht, 3. Auflage 2007, S. 406

Land, Walter, Medizinische Aspekte der Lebendspende: Nutzen/Risiko-Abwägung, Zeitschrift für Transplantationsmedizin 1993, 52

Laufs, Adolf, Arzt und Recht − Fortschritte und Aufgaben, NJW 1998, 1750

Merkel, Reinhard, Teilnahme am Suizid − Tötung auf Verlangen − Euthanasie. Fragen an die Strafrechtsdogmatik, in: Hegselmann, Rainer/Merkel, Reinhard (Hrsg.), Zur Debatte über Euthanasie, 2. Auflage 1992, S. 71

Niedermair, Harald, Körperverletzung mit Einwilligung und die Guten Sitten, 1999

Otto, Harro, Selbstgefährdung und Fremdverantwortung − BGH NJW 1984, 1469, Jura 1984, 536

Paeffgen, Hans-Ullrich, Überlegungen zur „Cross-over"-Lebend-Spende von Nieren, in: Hoyer, Andreas/Müller, Henning E./Pawlik, Michael et al. (Hrsg.), Festschrift für Friedrich-Christian Schroeder, 2006, S. 579

Papageorgiou, Konstantinos A., Schaden und Strafe: Auf dem Weg zu einer Theorie der strafrechtlichen Moralität, 1994

Roxin, Claus, Strafrecht Allgemeiner Teil I, 4. Auflage 2006

Schreiber, Hans-Ludwig, Rechtliche Aspekte der Organtransplantation, in: Beckmann, Jan P./Kirste, Günter/Schreiber, Hans-Ludwig, Organtransplantation − Medizinische, rechtliche und ethische Aspekte, 2008

Schroth, Ulrich, Die strafrechtlichen Tatbestände des Transplantationsgesetzes, JZ 1997, 1149

Schroth, Ulrich, Auf dem Wege zu einem neuen Transplantationsrecht, Vorgänge 138 (1997), 46

Schroth, Ulrich, Vorsatz und Irrtum, 1998

Schroth, Ulrich, Stellungnahme zu dem Artikel von Bernhard Seidenath: „Lebendspende von Organen − Zur Auslegung des § 8 Abs. 1 S. 2 TPG", MedR 1998, 253, MedR 1999, 67

Schroth, Ulrich, Das Organhandelsverbot. Legitimität und Inhalt einer paternalistischen Strafrechtsnorm, in: Schünemann, Bernd/Achenbach, Hans/Bottke, Wilfrid et al. (Hrsg.), Festschrift für Claus Roxin, 2001, S. 869

Schroth, Ulrich, Präzision im Strafrecht, Zur Deutung des Bestimmtheitsgebots, in: Grewendorf, Günther (Hrsg.), Rechtskultur als Sprachkultur, 2002, S. 93

Schroth, Ulrich, Die Begrenzung des Spenderkreises im Transplantationsgesetz als Problem der paternalistischen Einschränkung menschlicher Freiheit, in: Schünemann, Bernd/Müller, Jörg Paul/Philipps, Lothar (Hrsg.), Das Menschenbild im weltweiten Wandel der Grundrechte, 2002, S. 35

Schroth, Ulrich, Die Besprechung eines Urteils des Bundessozialgerichts vom 10.12.2003 zur Cross-Over-Spende, JZ 2004, 464

Schroth, Ulrich, Die Cross-over-Spende, in: Schöch, Heinz/Helgerth, Roland/Dölling, Dieter/König, Peter (Hrsg.), Festschrift für Reinhard Böttcher, 2007, S. 535
Schroth, Ulrich/König, Peter/Gutmann, Thomas/Oduncu, Fuat (Hrsg.), Transplantationsgesetz (TPG), Kommentar, 2005
Schünemann, Bernd, Moderne Tendenzen in der Dogmatik der Fahrlässigkeits- und Gefährdungsdelikte, JA 1975, 715
Seidenath, Bernhard, Lebendspende von Organen – Zur Auslegung des § 8 Abs. 1 S. 2 TPG, MedR 1998, 253
Spital, Aaron, Do U.S. transplant centers encourage emotionally related kidney donation?, Transplantation 61 (1996), 374
Terasaki, Paul I./Cecka, J. Michael/Gjertson, David W., High survival rates of kidney transplants from spousal and living unrelated donors, New England Journal of Medicine 333 (1995), 333
Van de Veer, Donald, Paternalistic interventions, The moral bounds on benevolence, 1986

A. Einleitung

Normen legen den Handlungsspielraum fest, den die Rechtsordnung Individuen gewährt. Das Transplantationsgesetz (TPG), das im Wesentlichen am 1. Dezember 1997 in Kraft getreten ist,[1] will die Grenzen sowohl für die postmortale als auch für die Lebendspende fixieren und damit einen Orientierungsrahmen schaffen. Für die Organ- und Gewebelebendspende begrenzt es den Handlungsspielraum des Spenders, des Empfängers und des Arztes, der Organe bzw. Gewebe (einen wichtigen Anwendungsfall einer Gewebelebendspende stellt die Knochenmarkspende dar) ex- bzw. implantiert. Im Folgenden sollen die umfangreichen Regelungen des TPG[2] zur Lebendspende vorgestellt und kritisch hinterfragt werden. Der Gesetzgeber stand bei der

---

1 Der erweiterte Anwendungsbereich des TPG umfasst nach der Änderung des TPG durch das Gewebegesetz 2007 (Neufassung des TPG durch Bekanntmachung vom 4.9.2007, BGBl I, S. 2206) nunmehr neben Organen auch Gewebe, § 1 Abs. 1, § 1a Nr. 1, Nr. 4 TPG, sowie explizit Knochenmark, embryonale und fötale Organe und menschliche Zellen. Zum Ganzen vgl. auch *Höfling,* 10 Jahre Transplantationsgesetz, S. 3 ff.
2 Zur Lebendspende im TPG grundlegend vgl. *Gutmann,* MedR 1997, 147 ff.; *Schroth,* JZ 1997, 1149 ff.; *Schroth,* Vorgänge 138 (1997), 46 ff.; *König,* Strafbarer Organhandel, 140 ff.; *Heuer/Conrads,* MedR 1997, 195 ff.; *Deutsch,* NJW 1998, 777 ff.; *Laufs,* NJW 1998, 1750 ff.; *Niedermair,* Körperverletzung mit Einwilligung und die Guten Sitten, S. 222 ff.

Lebendspende vor der schwierigen Aufgabe, einerseits den Spender angemessen zu schützen, andererseits die Hilfe für die hilfsbedürftigen Schwerkranken nicht zu weitgehend einzuschränken. Die freie, autonome Entscheidung des Spenders ist immer Voraussetzung dafür, dass eine Entnahme erfolgen darf. Das Problem bei der Lebendspende ist aber, ob über die Garantie der autonomen Entscheidung des Spenders hinaus zu seinem Schutz noch weitere Grenzen erforderlich sind.

B. Zulässigkeitsvoraussetzungen der Organ- und Gewebelebendspende

I. Anwendungsbereich

Der Anwendungsbereich des TPG umfasst neben Organen auch Organteile, §§ 1 I, 1a Nr. 1 TPG, und Gewebe, §§ 1 I, 1a Nr. 4 TPG. Keine Organe im Sinne des TPG sind Blut und Blutbestandteile, § 1 Abs. 2 Nr. 2 TPG. Die Haut ist ebenfalls vom Organbegriff des TPG ausgenommen, § 1a Nr. 1 TPG, und wird als Gewebe behandelt. Es gilt weiterhin nicht für Gewebe, die innerhalb ein- und desselben chirurgischen Eingriffs einer Person entnommen werden, um auf diese rückübertragen zu werden, § 1 Abs. 2 Nr. 1 TPG. Gene, Ei- und Samenzellen sind keine Organe,[3] sind nun aber über den Gewebebegriff vom Anwendungsbereich des TPG erfasst, § 1a Nr. 4 TPG.

II. Strafbewehrte Rahmenbedingungen

Nach § 19 Abs. 1 Nr. 1 i. V. m. § 8 Abs. 1 S. 1 Nr. 1a TPG macht sich der Arzt strafbar, der einem nicht volljährigen oder einem nicht einwilligungsfähigen Spender ein Organ oder Gewebe entnimmt.[4] Der Gesetzgeber will damit die Autonomie des Entscheidungsträgers garantieren. Ob es klug war, bei 17-Jährigen die Organentnahme völlig auszuschließen, ist eine offene Frage. Dies bedeutet nämlich, dass auch ein 17-jähriger, einsichtsfähiger Jugendlicher seinem Zwillingsbruder nicht zur Lebensrettung ein Organ zur Verfügung stellen darf. Immerhin bewirkt diese Regelung aber, dass 17-Jährige keinen Drucksituationen, die sie überfordern könnten, ausgeliefert sind, wenn es wie in der oben geschilderten Situation beispielsweise gilt, ein Geschwisterteil

---
3 Vgl. Schroth/König/Gutmann/Oduncu – *König*, TPG, § 1 Rn. 7.
4 Vgl. Schroth/König/Gutmann/Oduncu – *Gutmann*, TPG, § 8 Rn. 7 und – *Schroth*, § 19 Rn. 43.

zu retten. Eine Sonderregelung für die Knochenmarkspende bei minderjährigen Personen liegt inzwischen über § 8a TPG n. F. vor; eine ausführliche Darstellung erfolgt unter Punkt F.

Weiter ist über § 19 Abs. 1 Nr. 1 i. V. m. § 8 Abs. 1 S. 1 Nr. 1b TPG die Entnahme eines Organs oder Gewebes strafbewehrt, wenn der Spender nicht hinreichend aufgeklärt worden ist.[5] Diese Aufklärungspflicht ist gegenüber der allgemein erforderlichen Aufklärung eines jeden Patienten erheblich erweitert. § 8 Abs. 2 S. 1 und S. 2 TPG präzisieren die Anforderungen an die notwendige Aufklärung:[6] Der Spender ist durch einen Arzt in verständlicher Form aufzuklären über den Zweck und die Art des Eingriffs, die Untersuchungen sowie das Recht, über die Ergebnisse der Untersuchungen unterrichtet zu werden, die Maßnahmen, die dem Schutz des Spenders dienen, sowie den Umfang und mögliche, auch mittelbare Folgen und Spätfolgen der beabsichtigten Organ- oder Gewebeentnahme. Weiterhin ist der Spender aufzuklären über die ärztliche Schweigepflicht, die zu erwartende Erfolgsaussicht der Organ- oder Gewebeübertragung und sonstige Umstände, denen er erkennbar Bedeutung für die Spende beimisst, sowie über die Erhebung und Verwendung personenbezogener Daten und darüber, dass seine Einwilligung Voraussetzung für die Organ- oder Gewebeentnahme ist. Eine Verletzung dieser Aufklärungspflichten ist gem. § 19 Abs. 1 Nr. 1 TPG umfassend unter Strafe gestellt. Diese Regelung entspricht einem sog. weichen Paternalismus und dient indirekt – in sinnvoller Weise – dem Schutz des Lebendspenders.[7] Dieser soll seine Entscheidung vor dem Hintergrund einer umfänglichen Aufklärung fällen. Die erweiterten Aufklärungspflichten sind angemessen, da der Lebendspender sich für eine besonders einschneidende Maßnahme entscheidet. Mindestvoraussetzung jeglicher Organ- oder Gewebeentnahme muss sein, dass der Spender genauestens die Risiken für die eigene Gesundheit sowie die Chancen, dem Empfänger zu helfen, kennt, und dass er über den

---

5 Vgl. Schroth/König/Gutmann/Oduncu – *Gutmann*, TPG, § 8 Rn. 39 und – *Schroth*, § 19 Rn. 44 ff.
6 In Umsetzung der EU-Geweberichtlinie durch das Gewebegesetz konkretisieren § 8 Abs. 2 S. 1 und S. 2 TPG die Aufklärungspflichten nun noch weitergehend. Zum bisherigen genauen Umfang vgl. Schroth/König/Gutmann/Oduncu – *Gutmann*, TPG, § 8 Rn. 39 ff. und Schroth/König/Gutmann/Oduncu – *Schroth*, § 19 Rn. 66 ff.
7 Zum Paternalismusproblem vgl. *Schroth*, JZ 1997, 1149, 1153 f.; grundlegend zum Problem des Paternalismus vgl. *Hart*, Law, liberty and morality; *Feinberg*, The Moral limits of the Criminal Law, III, Harm to Self, S. 3 ff.; *Van De Veer*, Paternalistic interventions. The moral bounds on benevolence; *Gutmann*, MedR 1997, 147, 152 ff.; *Papageorgiou*, Schaden und Strafe, Kapitel B1; *Merkel*, in: Hegselmann/Merkel (Hrsg.), Zur Debatte über Euthanasie, S. 82 ff.; *Niedermair*, Körperverletzung mit Einwilligung und die Guten Sitten, S. 108 ff.

„Wahrheitsgehalt" aller Gründe informiert wird, die für ihn im Hinblick auf die Organ- oder Gewebespende entscheidungsrelevant sind. Wer also etwa glaubt, durch eine Nierenspende für seinen Ehepartner die Ehe retten zu können, muss darüber informiert werden, dass sich dieser Versuch mit allergrößter Wahrscheinlichkeit als untauglich erweisen wird.

Gem. § 19 Abs. 1 Nr. 1 i. V. m. § 8 Abs. 1 S. 1 Nr. 4 TPG macht sich strafbar, wer, ohne approbierter Arzt zu sein, ein Organ oder Gewebe entnimmt.[8] Indem der Gesetzgeber den nicht approbierten Arzt, der ein Organ oder Gewebe entnimmt, mit Strafe bedroht, garantiert er einen spezifischen Ausbildungsstand des Arztes, welcher immerhin einen komplexen körperlichen Eingriff vornimmt.

Gem. 19 Abs. 1 Nr. 2 i. V. m. § 8 Abs. 1 S. 2 TPG ist der Kreis der potenziellen Spender bei Nieren, eines Teils der Leber und anderer nicht regenerierungsfähiger Organe, § 1a Nr. 3 TPG, strafbewehrt eingeschränkt. Zu Inhalt und Legitimität dieser Spenderkreisbeschränkung sogleich ausführlich unter C.

Umstritten war es bis zur Änderung des TPG durch das Gewebegesetz vom 4.9.2007, ob die Regelungen für die Lebendspende bei der sog. Domino-Transplantation Anwendung finden können.[9] Bei der Domino-Transplantation werden bei einem Patienten, der etwa eine Lunge benötigt, aus medizinisch-technischen Gründen Herz und Lunge entnommen. Der Patient erhält dann die Lunge und das Herz eines Verstorbenen. Das (gesunde) Herz des Patienten, das „übrig" ist, kann einem anderen Patienten übertragen werden.[10] Inzwischen hat die Domino-Transplantation in § 8b TPG eine positivrechtliche Regelung erfahren.[11] § 8b TPG regelt die Voraussetzungen für die Übertragung von Organen oder Geweben, die einer Person nicht zur unmittelbaren Übertragung auf eine andere Person entnommen worden sind, sondern die im Rahmen einer medizinischen Behandlung des potenziellen Spenders verfügbar werden, also etwa gewonnene Operationsreste oder die Plazenta nach Geburten.[12] Die Übertragung ist nur zulässig, wenn die Person einwilligungsfähig ist, entsprechend § 8 Abs. 2 S. 1 und S. 2 TPG aufgeklärt wurde und in die Organ- und Gewebeverwendung eingewilligt hat. Die Verletzung dieser Vorschriften ist strafbewehrt über § 19 I Nr. 3 TPG.

---

8 Vgl. Schroth/König/Gutmann/Oduncu – *Gutmann*, TPG, § 8 Rn. 25 und – *Schroth*, § 19 Rn. 43 ff.
9 Vgl. Schroth/König/Gutmann/Oduncu – *Gutmann*, § 8 Rn 6.
10 Vgl. dazu Schroth/König/Gutmann/Oduncu – *Gutmann*, § 8 Rn 3 ff.
11 Vgl. BT-Drs. 16/3146, S. 29 f.
12 BT-Drs. 16/3146, S. 29 f.

Soweit diese Regelungen des TPG eingreifen, daneben aber auch die allgemeinen Tatbestände der Körperverletzung nach §§ 223 ff. StGB in Betracht kommen, sind die strafrechtlichen Tatbestände des TPG als speziellere Regelungen anzusehen.[13] Abgesehen von diesen speziell geregelten Fällen können jedoch auch die Vorschriften des Strafgesetzbuches relevant werden. Diese verbieten insbesondere eine Lebendspende, die zum Tod des Spenders führen würde – §§ 211, 212, 216 StGB –, auch dann, wenn der Organ-/Gewebespender die Vornahme der Explantation verlangt. Diese Wertung des deutschen Strafrechts, wonach eine Aufopferung des Spenders, selbst wenn sie altruistisch und freiwillig geschieht, nicht zugelassen werden soll, führt zur Anwendbarkeit auch des § 227 StGB.[14] Die Einwilligung des Lebendspenders ist (nach dem hier zugrunde gelegten engen Verständnis) wegen Verstoßes gegen § 228 StGB unwirksam, wenn der Spender durch die Lebendspende in eine konkrete Lebensgefahr gebracht würde. Jedenfalls erfährt die allgemeine Gute-Sitten-Klausel des § 228 StGB keine Konkretisierung durch die spezialgesetzlichen Voraussetzungen des Transplantationsrechts. Aus der Verletzung gerade der nicht strafbewehrten gesetzlichen Rahmenbedingungen der Lebendspende folgt nicht die Sittenwidrigkeit der Tat i. S. d. § 228 StGB.

III. Rahmenbedingungen der Organ- oder Gewebelebendspende, die nicht mit strafrechtlichen Mitteln abgesichert werden

Nicht strafbewehrt sind Verletzungen anderer Pflichten, die das TPG dem transplantierenden Arzt bei der Lebendspende auferlegt. Gem. § 8 Abs. 1 S. 1 Nr. 1c TPG ist eine Organ- oder Gewebespende nur möglich, wenn nach ärztlicher Beurteilung der Spender geeignet, voraussichtlich nicht über das Operationsrisiko hinaus gefährdet und nicht durch die unmittelbaren Folgen der Entnahme gesundheitlich schwer beeinträchtigt ist.[15] Verstößt der Arzt hiergegen, hat er aber über die entsprechenden Risiken aufgeklärt, so macht er sich nicht nach dem TPG strafbar. Darüber kann man sicherlich

---

13 Hierzu ausführlich *Niedermair*, Körperverletzung mit Einwilligung und die Guten Sitten, S. 223 ff., 229 ff.; Schroth/König/Gutmann/Oduncu – *Schroth*, TPG, § 19 Rn 163 ff. m. w. N.; *Fateh-Moghadam*, Lebendorganspende, S. 33 f.
14 Schroth/König/Gutmann/Oduncu – *Schroth*, TPG, § 19 Rn 173. Anders aber *Niedermair*, Körperverletzung mit Einwilligung und die Guten Sitten, S. 223 ff., 233 ff.; *Fateh-Moghadam*, Lebendorganspende, S. 274 f.
15 Vgl. Schroth/König/Gutmann/Oduncu – *Gutmann*, TPG, § 8 Rn. 12 ff.

unterschiedlicher Meinung sein. Man kann sich etwa auf den Standpunkt stellen, ein indirekter Paternalismus[16] mit Strafandrohung sei in diesen Konstellationen angemessen, da es nicht hinnehmbar sei, dass ein Lebendspender durch einen Arzt erheblichst gefährdet wird. Für die Nichtsanktionierung dieser Pflichtverletzung spricht hingegen, dass die Gefährdung des Spenders in diesen Fällen ja auf dessen eigener Willensentscheidung beruht. Es liegt zwar keine autonome Selbst-, sondern eine einverständliche Fremdgefährdung vor, Letztere ist aber nach den gleichen Maßstäben zu beurteilen wie die autonome Selbstgefährdung, da beide Konstellationen normativ gleichwertig sind.[17] Bei der autonomen Selbstgefährdung ist allgemein anerkannt, dass sie einem Dritten nicht als strafbares Verhalten zugerechnet werden kann,[18] sodass auch in den Fällen der einverständlichen Fremdgefährdung im Rahmen einer Lebendtransplantation die Straflosigkeit durch das TPG als angemessene Lösung erscheint.

Dies klärt aber noch nicht die Frage, ob der Arzt, der ein Organ oder Gewebe entnimmt und dabei ein erhebliches Risiko für den Spender in Kauf nimmt, über welches er den Spender aufgeklärt hat, trotz dessen Aufklärung und Einwilligung nicht gegen sonstige Strafrechtsnormen verstößt. Für die Annahme eines solchen Verstoßes ließe sich anführen, dass der Arzt sich nicht auf die Einwilligung berufen kann, da diese gegen die guten Sitten verstoße (§ 228 StGB).[19]

Dieses Argument ist allerdings verfehlt. Der Gesetzgeber hat nämlich mit dem TPG eine *lex specialis*[20] geschaffen, die in ihrer Wertung nahezu umfassend ist. Die materiellen Normen des Besonderen Teils des Strafgesetzbuches in Bezug auf den Schutz der körperlichen Unversehrtheit werden deshalb in der Regel verdrängt.[21] Ist dies richtig, so ist die These unangemessen, ein Ver-

---

16 Zum Paternalismus vgl. die Literaturangaben in Fn. 8.
17 *Schünemann*, JA 1975, 715, 722 ff.; *Otto*, Jura 1984, 536 ff.; zum Ganzen umfassend *Roxin*, Strafrecht AT Bd. 1, § 11 m. w. N. Der BGH hat inzwischen entschieden, dass die einverständliche Fremdgefährdung nach den Maßstäben der Einwilligung beurteilt werden muss, vgl. dazu BGHSt 49, 34, 43. Aber auch insoweit wird wohl anzunehmen sein, dass nur die konkret lebensgefährdende Lebendspende ausgeschlossen ist.
18 Hierzu ausführlich *Roxin*, Strafrecht AT Bd. 1, § 11 m. w. N.
19 Zur Interpretation des § 228 StGB grundlegend *Niedermair*, Körperverletzung mit Einwilligung und die Guten Sitten.
20 Grundlegend hierzu *Niedermair*, Körperverletzung mit Einwilligung und die Guten Sitten, S. 229 ff.; Schroth/König/Gutmann/Oduncu – *Schroth*, TPG, § 19 Rn. 43.
21 Eine Ausnahme muss man wohl für § 227 StGB machen. Selbstverständlich bleiben die Lebensschutzdelikte anwendbar.

stoß gegen § 8 Abs. 1 S. 1 Nr. 1c TPG begründe einen Verstoß gegen die guten Sitten i. S. d. § 228 StGB.[22] Diese These hätte nämlich zur Konsequenz, dass ein entsprechender Verstoß über die Körperverletzungstatbestände sanktioniert werden müsste. Die strafbewehrten Regelungen im TPG sind jedoch vom Gesetzgeber als abschließend gedacht. Eine Sanktionierung über den Umweg der Gute-Sitten-Klausel, § 228 StGB, würde diese Entscheidung unterlaufen.[23]

Eine Organ- oder Gewebeentnahme bei Lebenden ist nur dann zulässig, wenn die Übertragung des Organs oder Gewebes auf den vorgesehenen Empfänger nach ärztlicher Beurteilung geeignet ist, das Leben des Empfängers zu erhalten oder bei ihm schwere Krankheiten zu heilen bzw. durch sie veranlasste Beschwerden zu lindern, § 8 Abs. 1 S. 1 Nr. 2 TPG. Verstößt der transplantierende Arzt gegen diese Verpflichtung, macht er sich nicht strafbar, wenn er über die Nutzlosigkeit aufgeklärt hat – anderenfalls greift § 19 Abs. 1 Nr. 1 i. V. m. § 8 Abs. 1 S. 1 Nr. 1b TPG. Auch dieser Verzicht auf Strafbewehrung ist diskussionswürdig. Immerhin handelt es sich in diesen Konstellationen um eine nach ärztlicher Prognose absolut nutzlose Spende. Gegen diese gesetzgeberische Entscheidung ließe sich anführen, dass der Spender vor der nutzlosen Organ- oder Gewebespende, die mit einem erheblichen Eingriff in seine Körpersphäre verbunden ist, geschützt werden muss. Allerdings tritt eine Straflosigkeit ja nur ein, wenn der Organ- oder Gewebespender sich autonom, d. h. insbesondere auch in Kenntnis ihrer Nutzlosigkeit für die Spende entscheidet. Es liegt insoweit wieder eine einverständliche Fremdgefährdung vor, weshalb die Nichtkriminalisierung dieser Pflichtverletzung gut vertretbar ist. Gegen eine Kriminalisierung spricht vor allem, dass man eine Unrechtsbegründung nicht von ärztlichen Prognosen – welche auch falsch sein können – abhängig machen sollte.[24] Ansonsten müsste ein Arzt bestraft werden, wenn er eine seiner Ansicht nach nutzlose Organ- oder Gewebeentnahme durchführt, und dies auch dann, wenn die Transplantation sich im Nachhinein den ärztlichen Prognosen zum Trotz als Erfolg erweisen sollte. Die Unrechtsbegründung von Prognosen abhängig zu machen, ist auch deshalb unangemessen, weil es sich bei der Voraussage, dieses Organ werde

---

22 In diesem Sinne aber Münchner Kommentar – *Hardtung*, StGB, § 228 Rn. 13 f.
23 §§ 216, 227 StGB bleiben aber als allgemeine Grenze anwendbar, vgl. hierzu auch oben unter B.II., S. 473.
24 Anderer Meinung wohl *Niedermair*, Körperverletzung mit Einwilligung und die Guten Sitten, S. 226, bei und in Fn. 880, mit dem Hinweis darauf, dass es solche Unrechtsbegründungen auch im AMG gibt, vgl. § 96 Nr. 10 i. V. m. § 40 Abs. 1 Nr. 1 AMG.

wahrscheinlich abgestoßen, um einen „irrealen" Konditionalsatz handelt, dessen Wahrheitsgehalt nur schwer überprüfbar ist.

Auch ein Verstoß gegen diese Anforderung kann nicht über die Gute-Sitten-Klausel des § 228 StGB zur Annahme einer Strafbarkeit führen.

Die Organentnahme[25] bei Lebenden setzt weiter voraus, dass ein geeignetes Organ aus einer postmortalen Organspende gem. §§ 3, 4 TPG *im Zeitpunkt* der Organentnahme nicht zur Verfügung steht, § 8 Abs. 1 Nr. 3 TPG.[26] Die Verletzung dieser Verpflichtung ist zu Recht nicht strafbewehrt. Diese Einschränkung der Lebendspende ist nämlich insofern völlig unplausibel,[27] als der Gesetzgeber den Organempfänger auf eine schlechtere Behandlungsmethode verweist.[28] Häufig ist es nämlich so, dass Organe von Lebendspendern für den Organempfänger weitaus besser geeignet sind als die Organe eines Toten.

Schließlich ist seit dem 1. Dezember 1999 gemäß § 8 Abs. 3 S. 2 TPG Voraussetzung der Organlebendspende, dass eine Kommission[29] gutachterlich zu der Frage Stellung genommen hat, ob begründete tatsächliche Anhaltspunkte dafür vorliegen, dass die Einwilligung in die Organspende nicht freiwillig erfolgte oder dass das Organ Gegenstand verbotenen Handeltreibens war. Die Stellungnahme der Kommission bindet den Arzt formell nicht,[30] er ist aber verpflichtet, sie vor der Organentnahme abzuwarten. Diese Pflicht hat den Sinn, die Freiwilligkeit des Organspenders zu garantieren und einen Verstoß gegen das Organhandelsverbot auszuschließen. Eine Verletzung der Verpflichtung des Arztes ist nicht strafbewehrt, kann aber strafrechtliche Auswirkungen haben. Stellt nämlich die Kommission begründete Anhaltspunkte für die Unfreiwilligkeit des Spenders bzw. für das Vorliegen von Organhandel fest, so ist der Arzt gem. § 19 Abs. 1 Nr. 1 i. V. m. § 8 Abs. 1 S. 1 Nr. 1b TPG, wenn der Organspender unfreiwillig gehandelt hat, bzw.

---

25 Diese Voraussetzung gilt nur für die Organentnahme.
26 Vgl. Schroth/König/Gutmann/Oduncu – *Gutmann*, TPG, § 8 Rn. 22 ff.
27 Vgl. Schroth/König/Gutmann/Oduncu – *Gutmann*, TPG, § 8 Rn. 22; *Gutmann/Schroth*, Organlebendspende in Europa. Rechtliche Regelungsmodelle, ethische Diskussion und praktische Dynamik, S. 25 ff., 76 ff.; a. A. *Enquete-Kommission*, BT-Drs. 15/5050, S. 49 ff., 75.
28 Vgl. hier *Gutmann*, MedR 1997, 147, 152. Großstudien zeigen, dass jedenfalls bei der Niere der zu erwartende medizinische Erfolg der Transplantation bei Verwendung eines Organs von lebenden Spendern statistisch höher ist als bei Verwendung eines postmortal entnommenen Organs; *Terasaki/Cecka/Gjertson*, New England Journal of Medicine 1995, 333.
29 Zum Kommissionsverfahren siehe *Fateh-Moghadam*, MedR 2003, 245; *Gutmann*, MedR 1997, 147, 151; *Gutmann/Elsässer/Gründel*, in: Terasaki (Hrsg.), Clinical Transplants, S. 356.
30 Anders *Engst*, GesR 2002, 79, 86.

gem. §§ 17, 18 TPG, wenn Organhandel vorgelegen hat, zu bestrafen. Denn der Arzt wird dann zumeist auch vorsätzlich gehandelt haben, da er sich ja über die begründeten Einwände der Kommission bewusst hinweggesetzt hat und damit ein Tatbestands- oder Erlaubnistatbestandsirrtum nicht in Betracht kommt.[31] Der Vorsatzzurechnung kann er nur dadurch entgehen, dass er in begründeter Form darlegt, dass er trotz der Bedenken der Kommission von der Freiwilligkeit des Organspenders bzw. vom Nichtvorliegen strafbaren Organhandels ausgegangen ist. Die Entscheidung der Kommission ist damit zwar formell nicht bindend für den Arzt, entfaltet aber materielle Bindungswirkung.

Nach § 8 Abs. 3 S. 1 TPG muss der transplantierende Arzt sich weiterhin eine Erklärung des Organspenders und des Organempfängers bzw. des Gewebespenders unterschreiben lassen, in der sich dieser zur Nachbetreuung bereit erklärt. Auch ein Verstoß gegen diese Pflicht löst keine unmittelbare Strafbarkeit aus, hat aber eine mittelbare strafrechtliche Folgewirkung. Mit dieser Vorschrift macht der Gesetzgeber nämlich deutlich, dass die Nachbehandlung des Organspenders, des Gewebespenders und des Organempfängers in den Transplantationszentren vorgenommen werden muss. Ärzte, die nicht zu den Transplantationszentren gehören, die aber die Nachsorge eines transplantierten Organempfängers oder eines Organ- oder Gewebespenders unmittelbar nach der Operation übernehmen, können sich daher wegen einer Übernahmefahrlässigkeit strafbar machen. Begeht der nachsorgende Arzt einen Kunstfehler, weil er mit der Nachsorge nicht hinreichend Erfahrung hat und tritt eine erhebliche Gesundheitsgefährdung oder der Tod des Patienten ein, so kann ihn also bereits deshalb ein Schuldvorwurf wegen fahrlässiger Körperverletzung oder fahrlässiger Tötung treffen, weil er schuldhaft die Behandlung übernommen hat. Nicht strafbar ist er nur dann, wenn er einen Rechtfertigungsgrund für sich geltend machen kann; z. B. käme ein rechtfertigender Notstand nach § 34 StGB in Betracht, wenn der Patient sich etwa überhaupt einer Nachbehandlung verweigern würde.

---

31 Zum Tatbestands- und Erlaubnistatbestandsirrtum grundlegend NK – *Puppe*, § 16 m. w. N.; *Schroth*, Vorsatz und Irrtum, Kap. IX m. w. N.

IV. Strafbewehrte Begrenzung des Spenderkreises

Weiter wird bei der Entnahme von Nieren, Leberteilen[32] und anderen nicht regenerierungsfähigen Organen, § 1a Nr. 3 TPG, die Organentnahme gem. § 8 Abs. 1 S. 2 TPG nur dann für zulässig erachtet, wenn der Spender einem spezifischen Spenderkreis angehört.[33] Nur, wenn Organspender und Organempfänger ersten oder zweiten Grades verwandt, Ehegatten, eingetragene Lebenspartner, Verlobte oder Personen sind, die sich in besonderer persönlicher Verbundenheit offenkundig nahe stehen, ist eine Organspende nach § 8 Abs. 1 S. 2 TPG erlaubt.[34] Eine Verletzung der Begrenzung des Spenderkreises durch den transplantierenden Arzt ist strafbar, § 19 Abs. 1 Nr. 2 i. V. m. § 8 Abs. 1 S. 2 TPG.[35] Ungeklärt ist, ob sich auch Organspender und Organempfänger wegen Teilnahme an dieser Tat strafbar machen. Das könnte man bestreiten mit dem Argument, sie seien notwendige Teilnehmer und sollen über diesen Tatbestand gerade geschützt werden. Diese Argumentation überzeugt jedoch nicht. Nach der Intention des Gesetzgebers sollte mit der Vorschrift auch der Gefahr des Organhandels begegnet werden.[36] Beim Organhandel sollen zwar auch Organspender und Organempfänger vor Ausnutzung ihrer Notlagen geschützt werden.[37] Gleichwohl hat der Gesetzgeber beim Organhandel Organspender und Organempfänger unter Strafe gestellt.

---

32 Insoweit hat die Regelung durch die Änderungen durch das Gewebegesetz eine (konsequente) Klarstellung erfahren: Teile der Leber sind nun ausdrücklich erfasst, obwohl die Leber an sich ein Organ ist, das sich wieder bildet. Hierzu Schroth/König/Gutmann/Oduncu – *Schroth*, TPG, § 19 Rn. 176.

33 Zur Geschichte dieser Regelung und zum Zweck vgl. *Gutmann*, MedR 1997, 147, 148; zu Interpretationsmöglichkeiten *Seidenath*, MedR 1998, 253 und *Schroth*, MedR 1999, 67. Dass die Behauptung falsch ist, eine Beschränkung sei notwendig, um die Erfolgsaussichten der Transplantation zu erhöhen (so aber die Begründung des Entwurfs der Fraktion Bündnis 90/Die Grünen, BT-Drs. 13/2926), hat bereits *Land* dargelegt, Zeitschrift für Transplantationsmedizin, 1993, 52 ff.; vgl. hierzu auch *Spital*, Transplantation 61 (1996), 374. Für die Notwendigkeit dieser Regelung wird vom Bundesministerium für Gesundheit weiter angeführt, dass sie erforderlich sei, um die Freiwilligkeit des Organspenders zu garantieren. Dabei bezieht man sich auf Sachverständigenanhörungen. Diese Interpretation ist jedoch völlig unangemessen, da Begrenzung des Spenderkreises und Freiwilligkeit der Organentnahme nichts miteinander zu tun haben. Man kann in Verbundenheit unfreiwillig handeln. Man kann aber auch außerhalb von Verbundenheit völlig freiwillig agieren. Auch die weitere Begründung, diese Regelung sei notwendig, um Organhandel auszuschließen, ist meines Erachtens völlig untauglich. Auch innerhalb von besonderer Verbundenheit kann man mit Organen handeln und dies sogar besonders effektiv, weil man die Möglichkeit hat, den Handel zu verdecken.

34 Vgl. Schroth/König/Gutmann/Oduncu – *Gutmann*, TPG, § 8 Rn. 26 ff.

35 Vgl. Schroth/König/Gutmann/Oduncu – *Gutmann*, TPG, § 8 Rn. 30.

36 BT-Drs. 13/4355, S. 20. Zu den Zweifeln an der Tragfähigkeit dieser Begründung s. unten C.

37 Vgl. hierzu sogleich und *König*, Das strafbewehrte Verbot des Organhandels, S. 501 ff. in diesem Band.

So macht sich der Organspender strafbar, wenn er für sein Organ Geld verlangt, und der Organempfänger, wenn er sich ein Organ, das Gegenstand des Handeltreibens war, übertragen lässt. Angesichts einer derartigen Gesetzgebungssituation ist die Annahme einer Teilnahmestrafbarkeit bzgl. eines Verstoßes des Arztes als Haupttäter gegen § 8 Abs. 1 S. 2 i. V. m. § 19 Abs. 1 Nr. 2 TPG, wenn der Organspender oder -empfänger einen entsprechenden Vorsatz hat, naheliegender. Auf die Problematik dieser Vorschriften wird noch einzugehen sein.

V. Legitimation des strafbewehrten Organ- und Gewebehandelsverbots[38]

Strafbewehrt ist sowohl bei der postmortalen als auch bei der Lebendspende gem. §§ 18 Abs. 1 i. V. m. 17 Abs. 1, Abs. 2 TPG ein Verstoß gegen das Organ- und Gewebehandelsverbot. Gem. § 17 Abs. 1 S. 1 TPG ist es verboten, mit Organen oder Geweben, die einer Heilbehandlung eines anderen zu dienen bestimmt sind, Handel zu treiben.[39] Das generelle Verbot des Organ- und Gewebehandels vermag indes nicht zu überzeugen, da eine vorgeblich beim Verkauf von Körperorganen oder Gewebe eintretende Verletzung der Menschenwürde, mit welcher der Gesetzgeber argumentiert, ein solch generelles Verbot nicht trägt. Mit Menschenwürde ist der soziale Wert- und Achtungsanspruch gemeint, der jedem Menschen wegen seines Menschseins zukommt. Sie verbietet es, den Menschen zum bloßen Objekt staatlichen Handelns zu degradieren bzw. ihn einer Behandlung auszusetzen, die seine Subjektqualität prinzipiell infrage stellt. Versteht man Menschenwürde in diesem Sinne, so lässt sich hieraus nicht ableiten, dass der Organ- und Gewebehandel generell bestraft werden muss. Wenn ein Spender sich nämlich freiwillig nach Aufklärung bereit erklärt, für eine bestimmte Summe eine Niere zu spenden, wird seine Subjektqualität nicht infrage gestellt. Außerdem wird die vorgetragene Argumentation selbst von ihren Vertretern nicht konsequent durchgehalten: Sieht man in jedem Organhandel einen Verstoß gegen die Menschenwürde, so ist nicht einleuchtend, warum ein Handelsverbot dann nur für solche Organe besteht, die einer Heilbehandlung zu dienen bestimmt sind, und nicht vielmehr das Handeln ganz unabhängig von der

---

[38] Ausführlich zum Organ- und Gewebehandelsverbot *König*, Das strafbewehrte Verbot des Organhandels, S. 501 ff. in diesem Band.

[39] Ausgenommen sind gem. § 17 I 2 Nr. 2 TPG bestimmte Arzneimittel, die aus oder unter Verwendung von Organen oder Geweben hergestellt sind.

Zwecksetzung unter Strafe gestellt wird.[40] Zweifelhaft erscheint darüber hinaus, ob man die Würde eines konkreten Spenders als einen höheren Wert ansehen kann als seine Selbstbestimmung.

Schutzgut eines Organ- und Gewebehandelsverbots kann weiter die Verhinderung der Ausnutzung gesundheitlicher Notlagen von potenziellen Empfängern wie auch die Vermeidung der Ausnutzung wirtschaftlicher Notlagen von potenziellen Spendern sein. Ein solches Schutzgut hätte aber einen anderen Organ- und Gewebehandelstatbestand gefordert: Man hätte dann einen wucherähnlichen Tatbestand schaffen bzw. Zwischenhandel verbieten müssen. Auch wäre dann meines Erachtens ein Qualifikationstatbestand zum Nötigungstatbestand mit der Funktion, die Freiwilligkeit der Spenderentscheidung zu garantieren, erforderlich gewesen.[41]

Was bleibt: Gewebe und insbesondere Organe sind ein knappes Gut. Es steht nicht nur zu befürchten, dass dies noch einige Zeit so bleiben wird, sondern sogar, dass die Situation sich weiter dramatisieren wird. Organe oder Teile von Organen werden aber für Transplantationen zu Gunsten Schwerkranker dringend benötigt, denn Organtransplantationen helfen, Leben zu retten. Gewebetransplantationen führen in vielen Fällen zu einer erheblichen Steigerung der Lebensqualität. In einer derartigen Situation einen Organ- oder Gewebehandel zuzulassen, hätte jedoch erhebliche Folgewirkungen. Gerade wenn die Aussicht besteht, den Gesundheitszustand durch eine Organ- oder Gewebetransplantation erheblich zu verbessern, geraten potenzielle Organ- oder Gewebeempfänger in die Gefahr der Bereitschaft, jeden Preis für das benötigte Organ oder Gewebe zu zahlen. Mit anderen Worten: Es bestünde die Gefahr, dass die Organ- oder Gewebeempfänger Entscheidungen treffen, die nicht in ihrer Person wurzeln, sondern in ihrem Leidenszustand.

Potenzielle Spender dagegen erhielten, wenn man einen Markt mit Organen und Geweben zuließe, die Möglichkeit, sich in kurzer Zeit mit relativ geringem Aufwand erhebliche finanzielle Mittel zu beschaffen. Sie könnten nämlich aufgrund der Knappheit des Gutes exorbitante Summen verlangen. Es bestünde somit die Gefahr, dass potenzielle Organ- oder Gewebespender sich aufgrund dieser finanziellen Erwartung für erhebliche Eingriffe in ihren Körper entscheiden.

---

40 Vgl. hierzu *Schroth*, JZ 1997, 1149, 1150; umfänglich *König*, Strafbarer Organhandel, S. 109 ff.
41 Hierzu umfassend *König*, Strafbarer Organhandel, S. 237 ff.

Beide Parteien wären damit in Gefahr, sich selbst zu korrumpieren. Das Organ- und Gewebehandelsverbot bezweckt, dieser abstrakten Gefahr der Selbstkorrumpierung durch Nichtzulassung eines Organ- und Gewebemarktes entgegenzuwirken. Es erteilt damit den Modellen einer marktgerechten Organ- und Gewebegewinnung wegen der damit verbundenen Gefahren für Spender und Empfänger eine klare Absage. Insofern soll das Organ- und Gewebehandelsverbot die notwendigen Rahmenbedingungen für die Möglichkeit autonomer Entscheidungen sicherstellen. Damit wird aber auch klar, dass eine derartige Vorschrift ihren Sinn verliert, wenn man den Gefahren der Selbstkorrumpierung auch anders begegnen kann. Darin liegt letztendlich auch der Sinn der Ausnahmen vom Organ- und Gewebehandelsverbot: Es handelt sich offensichtlich um Konstellationen, in denen derzeit keine Gefahr der Selbstkorrumpierung gesehen wird.

Verboten ist gem. § 18 i. V. m. § 17 TPG als Handeltreiben jede eigennützige Tätigkeit, die auf den Umsatz von Organen gerichtet ist.[42]

Dieses generelle Organhandelsverbot ist insofern über § 17 Abs. 1 S. 2 Nr. 1 TPG eingeschränkt, als die Gewährung oder Annahme eines angemessenen Entgeltes für die zur Erreichung des Ziels der Heilbehandlung gebotenen Maßnahmen nicht strafbar ist.[43] Der Chirurg, der ein angemessenes Entgelt für die Vornahme einer gebotenen Operation verlangt, macht sich also nicht strafbar im Sinne von § 18 Abs. 1 TPG.

In § 18 Abs. 1 i. V. m. § 17 Abs. 2 TPG ist aber auch ein Sondertatbestand für Ärzte enthalten. Strafbewehrt ist danach das Entnehmen und das Übertragen von Organen oder Geweben, die Gegenstand eines Organhandels waren. Dies bedeutet, dass der Arzt, der ein aus einem Organhandel stammendes Organ in Kenntnis seiner Herkunft überträgt, sich nach diesem Tatbestand strafbar macht, selbst wenn er am Organhandel als solchem nicht beteiligt war. Ob ein derartiges Sonderstrafrecht notwendig ist, ist zweifelhaft. Wenn der Arzt nämlich Handel (mit-)treibt, ist er auf jeden Fall strafbar. Wenn er hingegen nicht selbst Handel getrieben hat, sondern nur vorsätzlich ein Organ überträgt, das Gegenstand des Handeltreibens war, wäre er ja „an sich" bloßer Teilnehmer am fremden Unrecht des Organhandels. Warum es

---

42 Zum Begriff des Organhandels grundsätzlich *König*, Strafbarer Organhandel, S. 150 f.; *König*, Das strafbewehrte Verbot des Organhandels, S. 501 ff. in diesem Band; Schroth/König/Gutmann/Oduncu – *König*, TPG, §§ 17, 18 Rn. 18 ff.; zum Rechtsgut des Organhandelsverbots vgl. *Schroth*, JZ 1997, 1149, 1150 sowie *Niedermair*, Körperverletzung mit Einwilligung und die Guten Sitten, S. 224 f.

43 Hierzu *König*, Strafbarer Organhandel, S. 181; Schroth/König/Gutmann/Oduncu – *König*, TPG, §§ 17, 18 Rn. 35.

dann noch notwendig sein soll, ihn darüber hinaus als Täter zu bestrafen, ist nicht ersichtlich. Eine Teilnahmehandlung wird damit ohne rechtlichen Grund zur Täterhandlung aufgewertet.

Ferner macht sich auch der Organ- oder Gewebeempfänger strafbar, wenn er sich ein Organ oder Gewebe, welches Gegenstand eines Organ- oder Gewebehandels war, übertragen lässt, § 18 Abs. 1 i. V. m. § 17 Abs. 2 TPG. Der Organ- oder Gewebeempfänger macht sich also auch dann strafbar, wenn von dritter Seite aus für sein Organ oder Gewebe Geld bezahlt worden ist und er sich dieses Organ oder Gewebe übertragen lässt. Auch diese Regelung erscheint mir mangels strafrechtlicher Legitimation als unangemessene Kriminalisierung. Warum derjenige, der, nachdem das Unrecht bereits geschehen ist, die Früchte des Unrechts ausnutzt, strafbar sein soll, obwohl er sie für seine eigene Gesundheit dringend benötigt, ist zweifelhaft. Die Kriminalisierung des Organ- und Gewebeempfängers bedeutet ja in der praktischen Konsequenz, dass man Organe und Gewebe, die Gegenstand des Handeltreibens waren, „absterben" lassen muss, obwohl sie noch gesundheitsförderlich oder sogar lebensrettend sein könnten. Sinn dieser Strafnorm kann allein die Notwendigkeit des Austrocknens eines Marktes sein. Diese ist aber kein Rechtsgut, das in der Lage ist, einen solchen Straftatbestand zu legitimieren.[44]

Da wohl auch dem Gesetzgeber mit der Strafandrohung gegenüber Spendern und Empfängern etwas unwohl gewesen sein dürfte,[45] hat er folgende Strafbefreiungsmöglichkeit vorgesehen (§ 18 Abs. 4 TPG): „Das Gericht kann bei Organ- und Gewebespendern, deren Organe oder Gewebe Gegenstand verbotenen Handeltreibens waren, und bei Organ- und Gewebeempfängern von einer Bestrafung nach Absatz 1 absehen oder die Strafe nach seinem Ermessen mildern." Diese Regel verstößt allerdings in fundamentaler Weise gegen das strafrechtliche Bestimmtheitsgebot:[46] „Ein unbestimmtes Strafgesetz kann den Bürger nicht vor Willkür des Staates schützen, da es keine Selbstbindung der Strafgewalt beinhaltet, es widerspricht dem Grundsatz der Gewaltenteilung und erlaubt auch dem Einzelnen nicht zu erkennen, was ihm einerseits verboten werden soll und was er andererseits erfährt, wenn

---

44 Zu dem, was Rechtsgut sein kann, umfangreich *Roxin*, Strafrecht AT Bd. 1, § 2 Rn. 11 – 18.
45 Vgl. hierzu *Schroth*, JZ 1997, 1149, 1151; Schroth/König/Gutmann/Oduncu – *König*, TPG, §§ 17, 18 Rn. 66.
46 Hierzu ausführlich *Roxin*, Strafrecht AT Bd. 1, § 5 insbes. Rn. 67 ff. m. w. N.; *Schroth* in: Grewendorf (Hrsg.), Rechtskultur als Sprachkultur, S. 93 m. w. N.; *ders.* in: FS für Roxin, S. 869, 881; Schroth/König/Gutmann/Oduncu – *König*, TPG, §§ 17, 18 Rn. 66.

er gegen dieses Verbot verstößt."[47] Das Bestimmtheitsgebot gilt auch für die Rechtsfolgen.[48] Der Gesetzgeber kann sicherlich eine Regelung schaffen, die es den Gerichten erlaubt, von Strafe abzusehen. Er muss jedoch ein normatives Kriterium hierfür bereitstellen, wann von der Strafe abgesehen werden kann. Sonst stellt er nämlich die Frage, ob Strafe erfolgen soll oder nicht, allein in die Entscheidungskompetenz des Richters. Eine solche Regelung widerspricht dem Grundsatz der Gewaltenteilung, da Richtern bei einer derartigen Gesetzesvorschrift beliebige Normkonkretisierung gestattet ist und nicht mehr der Gesetzgeber selbst die Voraussetzungen der Strafbarkeit festlegt. Damit verstößt § 18 Abs. 4 TPG eindeutig gegen den *„nullum crimen, nulla poena sine lege"*-Grundsatz.[49]

Unangemessen erscheint auch die Versuchsstrafbarkeit gem. § 18 Abs. 3 TPG. Der Begriff des Handeltreibens wird als eigennützige, auf den Umsatz von Organen oder Gewebe gerichtete Tätigkeit umschrieben. Damit ist die Strafbarkeit ohnehin schon so weit nach vorne verlagert, dass eine Versuchsstrafbarkeit völlig überflüssig ist. Es lassen sich kaum mehr Fälle darstellen, die von der Versuchsstrafbarkeit erfasst werden. Wer beispielsweise als Organspender Geld für sein Organ verlangt, ist bereits durch dieses Verlangen wegen vollendetem Organhandel strafbar. Wofür benötigt man also die Versuchsstrafbarkeit?

Auch der Qualifikationstatbestand des § 18 Abs. 2 TPG, der gewerbsmäßigen Handel als Verbrechen ansieht, ist unangemessen weit geraten. Er trifft nämlich nicht nur den skrupellosen Organ- und Gewebehändler, für den er gedacht war, sondern beispielsweise auch den Inhaber einer Gewebebank, der Gewebe verkauft und zu hoch abrechnet.[50]

C. Die strafbewehrte Begrenzung des Spenderkreises und ihre verfassungsrechtliche Problematik

Die Entnahme von Nieren, Leberteilen[51] und anderen Organen, die sich nicht wieder bilden können, ist nach § 8 Abs. 1 S. 2 TPG nur zulässig zum Zwecke

---

47 So *Roxin*, Strafrecht AT Bd. 1, § 5 Rn. 67.
48 *Roxin*, Strafrecht AT Bd. 1, § 5 Rn. 80.
49 Hierzu auch *Schroth*, JZ 1997, 1149, 1151.
50 Hierzu Schroth/König/Gutmann/Oduncu – *König*, TPG, §§ 17, 18 Rn. 65.
51 Der Teil der Leber ist allerdings ein Organ, das sich wieder bilden kann, vgl. Schroth/König/Gutmann/Oduncu – *Schroth*, TPG, § 19 Rn. 176. Der Anwendungsbereich des Tatbestandes wurde klar-

der Übertragung auf Verwandte ersten und zweiten Grades, Ehegatten, eingetragene Lebenspartner, Verlobte oder Personen, die dem Spender in besonderer persönlicher Verbundenheit[52] offenkundig nahestehen. Die vorsätzliche Verletzung der Begrenzung des Spenderkreises ist für den transplantierenden Arzt strafbar, § 19 Abs. 1 Nr. 2 TPG. Der Versuch ist strafbewehrt, § 19 Abs. 4 TPG.

Der Begriff der Verwandtschaft richtet sich nach den Vorschriften des Bürgerlichen Gesetzbuches, § 1589 BGB. Personen, die in gerader Linie oder im Seitengrad verwandt sind, können bis zum zweiten Grad Organe spenden. Bei Ehegatten ist vorausgesetzt, dass die Ehe rechtsgültig ist. Auch Verlobte können einander ein sich nicht wieder bildendes Organ spenden. Ausreichend für die Verlobung ist ein gegenseitiges und ernstlich gemeintes Eheversprechen. Auf die zivilrechtliche Gültigkeit des Versprechens kommt es nicht an.[53] Unklar ist jedoch, wann davon ausgegangen werden muss, dass sich Organspender und Organempfänger in besonderer persönlicher Verbundenheit offenkundig nahestehen.[54] Der Gesetzgeber verlangt einmal eine besondere persönliche Verbundenheit zwischen Organspender und -empfänger, zudem das Nahestehen dieser Personen in eben dieser Beziehung und schließlich deren Offenkundigkeit.

Von einer persönlichen Verbundenheit kann man nur sprechen, wenn Zusammengehörigkeitsgefühle bestehen. Eine persönliche Verbundenheit ist etwas anderes als eine geistige Verbundenheit. Die Zusammengehörigkeitsgefühle machen aus einer Verbundenheit eine persönliche Verbundenheit. Ein Näheverhältnis als solches reicht nicht aus. Zusammengehörigkeitsgefühle sind nicht in jeder Schicksalsgemeinschaft gegeben, sondern müssen jeweils konkret festgestellt werden. Sie müssen auch bei der Organspende zwischen dem jeweiligen Spender und dem Empfänger gegeben sein. Eine besondere persönliche Verbundenheit soll nach Auffassung des Gesetzgebers gegeben sein, wenn es eine gemeinsame Lebensplanung mit innerer Bindung gibt bzw. eine Bindung über einen längeren Zeitraum gewachsen ist. Abgestellt wird damit auf eine biografisch gewachsene persönliche Verbundenheit,

---

stellend und konsequent insoweit durch die Änderung durch das Artikelgesetz „Gewebegesetz" ausgedehnt.

52 Zu dem Begriff der persönlichen Verbundenheit vgl. einerseits *Seidenath*, MedR 1998, 253 und andererseits *Schroth*, MedR 1999, 67 ff. sowie ausführlich Schroth/König/Gutmann/Oduncu – *Schroth*, TPG, § 19 Rn. 178 ff.
53 Vgl. Schroth/König/Gutmann/Oduncu – *Schroth*, TPG, § 19 Rn. 177.
54 Vgl. Schroth/König/Gutmann/Oduncu – *Schroth*, TPG, § 19 Rn. 178.

nicht unbedingt über einen langen, aber immerhin über einen nicht unerheblichen Zeitraum.[55] Die Fragen, die mit dieser Begrifflichkeit auftauchen, sind erheblich. Kann von einer solchen ausgegangen werden, wenn die besondere persönliche Verbundenheit noch nicht langfristig besteht? Meines Erachtens reicht eine nicht langfristige Verbundenheit aus, wenn und soweit die Verbundenheit besonders intensiv und zumindest von einiger Dauer ist.

Selbstverständlich kann eine derartige Verbundenheit auch in einer homosexuellen Gemeinschaft entstehen.[56] Gleiches muss meines Erachtens bei einem heimlichen ehebrecherischen Liebesverhältnis zwischen Organspender und -empfänger gelten. Ob bei einer Schwägerschaft eine besondere persönliche Verbundenheit anzunehmen ist, erscheint fraglich, da ja die Verwandtschaftsverhältnisse an sich schon geregelt sind. Trotzdem wird man eine derartige Verbundenheit annehmen müssen, wenn die Schwägerschaft mit einem intensiven Freundschaftsverhältnis einhergeht. Auch eine rein platonische Freundschaftsbeziehung, die von tiefen Solidaritätsgefühlen getragen ist, kann eine persönliche Verbundenheit begründen.

Persönliche Verbundenheit wird konstituiert durch wechselseitige Solidaritätsgefühle. Eine derartig weite Interpretation ist geboten, da die Vorschrift verfassungsrechtlich problematisch ist und nicht zu tief in die Möglichkeiten der Lebendspende einschneiden darf.

Schließlich ist eine besondere Verbundenheit auch in folgender Konstellation anzunehmen, welche sich so in der Praxis zugetragen hat: Ein verheirateter Mann hatte eine frühere Freundin zu einem Zeitpunkt, als die Freundschaft noch bestand, durch einen Autounfall erheblich verletzt. Als er mehrere Jahre später erfuhr, dass seine frühere Freundin dringend eine Niere benötigte, fühlte er sich verpflichtet, ihr seine Niere zu spenden. Er entschied sich hierfür freiwillig und ohne Druck der früheren Freundin. Auch seine Ehefrau war mit einer derartigen Spende einverstanden. Eine besondere persönliche Verbundenheit ist meines Erachtens anzunehmen aufgrund der intensiven Freundschaftsbeziehung, die Organspender und Empfängerin hatten. Eine Trennung über einige Jahre schließt Verbundenheitsgefühle nicht aus, wenn Solidaritätsgefühle aktuell geblieben sind. Auch hier muss man sagen, dass diese (sicher nicht unproblematisch weite) Interpretation angesichts der verfassungsrechtlichen Fragwürdigkeit der Vorschrift zulässig ist.[57]

---

55 Vgl. Schroth/König/Gutmann/Oduncu – *Schroth*, TPG, § 19 Rn. 179.
56 Eingetragene Lebenspartner sind nun ausdrücklich im Katalog der möglichen Spender aufgenommen.
57 Vgl. Schroth/König/Gutmann/Oduncu – *Schroth*, TPG, § 19 Rn. 186.

Die verfassungsrechtliche Problematik der Spenderkreisbeschränkung ergibt sich aus mehreren Punkten.

Zunächst ist die Beschränkung des Spenderkreises nicht hinreichend bestimmt. Sie setzt Ärzte meines Erachtens einem zu hohen Bestrafungsrisiko aus, denn diese können nicht in verlässlicher Weise wissen, wann eine Verbundenheit zwischen Organspender und Organempfänger den gesetzlichen Anforderungen genügt.[58]

§ 19 Abs. 1 Nr. 2 i. V. m. § 8 Abs. 1 S. 2 TPG verletzt auch den Grundsatz, dass strafrechtliche Normen nur sozialschädliches Verhalten unter Strafe stellen dürfen (Art. 2 Abs. 1 i. V. m. Art. 1 Abs. 1 i. V. m. Art. 2 Abs. 2 GG).[59] Das Strafrecht soll „die Grundlagen eines geordneten Gemeinschaftslebens schützen". Es wird als *ultima ratio* eingesetzt, wenn ein bestimmtes Verhalten über sein Verbotensein hinaus in besonderer Weise sozialschädlich und für das geordnete Zusammenleben der Menschen unerträglich, seine Verhinderung daher besonders dringlich ist.[60] Mit Strafe wird zum Ausdruck gebracht, dass der Täter elementare Werte des Gemeinschaftslebens verletzt hat. Mit der Pönalisierung, die in diesen Tatbeständen vorgenommen wird – sogar der freiwilligen altruistischen Lebendspende für den Fall, dass zwischen Organspender und Organempfänger keine spezifische Verbundenheit im Sinne von § 8 Abs. 1 S. 2 TPG besteht –, verstößt der Gesetzgeber gegen das Prinzip, dass der Einsatz von Strafrecht nur dann erforderlich ist, wenn ein bestimmtes Verhalten in besonderer Weise sozialschädlich und für das geordnete Zusammenleben der Menschen unerträglich ist. Auch bei der Fremdspende, die in altruistischer und freiwilliger Weise vorgenommen wird, liegt nämlich gewiss kein sozialschädliches, sondern ein in hohem Maße fremd- und sozialnützliches Verhalten vor, bei dem der Organspender zudem – nach entsprechender Aufklärung – ausschließlich in seine eigenen Rechtsgüter eingreift. Die bestehende paternalistische Regelung ist daher nicht hinreichend legitimiert.[61] Der Arzt darf nicht für altruistisches und freiwilliges Verhalten des Organspenders – soweit keine spezifische Verbundenheit besteht – be-

---

58 Vgl. *Schroth*, Begrenzung des Spenderkreises im TPG, S. 35. Anderer Ansicht ist das Bundesverfassungsgericht, das die Norm für hinreichend bestimmt hält, *BVerfG* NJW 1999, 3399 ff. mit Anm. *Gutmann*, NJW 1999, 3387 ff.
59 Vgl. *Schroth*, Begrenzung des Spenderkreises im TPG, S. 35. Anderer Meinung ist das Bundesverfassungsgericht, *BVerfG* NJW 1999, 3399 ff.
60 Wie Verfassungsrichter *Sommer* zu Recht (vgl. *BVerfGE* 90, 145, 213) im Anschluss an die verfassungsgerichtliche Entscheidung, *BVerfGE* 88, 203 ausgeführt hat.
61 *Schroth*, Begrenzung des Spenderkreises im TPG, S. 38.

straft werden, wenn dies für den Organempfänger Lebensrettung bedeutet und ihm hilft, einen wesentlich besseren Gesundheitszustand zu erreichen.[62] Die Norm des § 8 Abs. 1 S. 2 i. V. m. § 19 Abs. 1 Nr. 2 TPG lässt sich schließlich nicht unter dem Gesichtspunkt der Vorverlagerung des Strafrechtsschutzes durch Bestrafung abstrakt gefährlichen Handelns in Form des Organhandels legitimieren.[63] Zum einen wird die abstrakte Gefahr eines Organhandels bereits durch normierte Prüfungsverfahren vor den Lebendspendekommissionen, § 8 Abs. 3 S. 2 TPG, ausgeschlossen bzw. weit gehend vermindert, zum anderen ist verbotener Organhandel selbst ein abstraktes Gefährdungsdelikt. Es dient dazu, die Gefahren zu bekämpfen, die durch Organhandel entstehen können, nämlich die der Ausbeutung des Spenders bzw. des Empfängers. Wenn nun der Gesetzgeber durch § 19 Abs. 1 Nr. 2 i. V. m. § 8 Abs. 1 S. 2 TPG die altruistische freiwillige Lebendspende fremder Personen verbietet, um Organhandel auszuschließen, so sanktioniert er damit das „Vorfeld des Vorfeldes des Rechtsgüterschutzes". Eine solche Sanktionierung ist indes nicht begründet. Darüber hinaus ist nach den Gesetzesänderungen durch das Gewebegesetz diese Argumentation noch weniger stichhaltig. Während über die Regelung des möglichen Spenderkreises nur die Spende von bestimmten *Organen* beschränkt ist, §§ 8 Abs. 1 S. 2 i. V. m. §§ 1, 1a Nr. 1, 3 TPG, soll das Organ- und *Gewebe*handelsverbot einen Handel sowohl mit Organen als auch mit Gewebe, §§ 1, 1a Nr. 4 TPG, verhindern. Es ist nicht ersichtlich, warum die Spende von Gewebe (das sich nicht wieder bilden kann, z. B. Knorpel) weniger anfällig für ein Handeltreiben sein sollte als die Spende der von § 8 Abs. 1 S. 2 TPG erfassten Organe.

§ 8 Abs. 1 S. 2 und § 19 Abs. 1 Nr. 2 TPG greifen auch in unverhältnismäßiger Weise in die allgemeine Handlungsfreiheit des Organspenders ein, die über Art. 2 Abs. 1 GG garantiert ist. Mit der Begrenzung des Spenderkreises soll die Freiwilligkeit der Organspende gesichert und der Gefahr des Organhandels begegnet werden. Zur Realisierung beider Zwecke ist die strafbewehrte Begrenzung des Spenderkreises nicht geeignet. Die Freiwilligkeit der Entscheidung der Organspende lässt sich mit einer derartigen Regelung nicht sichern. Aufgrund eines psychischen und physischen Abhängigkeitsverhältnisses ist innerhalb eines familiären Beziehungsgeflechts die Gefahr einer Einflussnahme Dritter auf die Entscheidung eines potenziellen Lebendspenders zur Hingabe eines Organs nicht geringer, sondern sogar größer als zwischen

---

62 *Roxin*, Strafrecht AT Bd. 1, § 2 Rn. 23.
63 Vgl. Schroth/König/Gutmann/Oduncu – *Gutmann*, TPG, § 8 Rn. 26 ff. und – *Schroth*, § 19 Rn. 43 ff.

einander fremden Personen. Es ist daher absurd, wenn man die Freiwilligkeit der Organspende dadurch sichern will, dass der Organspender nur in familiären oder familienähnlichen Beziehungsgeflechten spendet.

Weiter ist die Begrenzung des Organspenderkreises nicht geeignet, den Gefahren eines verdeckten Organhandels zu begegnen. Die Möglichkeiten, sich im Austausch für die Hingabe eines Organs eine Gegenleistung versprechen zu lassen, sind bei realistischer Betrachtungsweise innerhalb von Familienstrukturen vielfältiger, weil die wirtschaftlichen Verhältnisse der Beteiligten für Außenstehende nichttransparent sind und sich die Anreize, die der Gesetzgeber gerade verhindern will, zielgerichteter einsetzen lassen als unter fremden Personen. Zum anderen sind innerhalb familiärer Strukturen auch die Verdeckungsmöglichkeiten größer. Die strafbewehrte Begrenzung des Spenderkreises ist damit ein unverhältnismäßiger Eingriff in Art. 2 Abs. 1 GG.

§ 8 Abs. 1 S. 2 TPG stellt eine paternalistische Norm dar, weil sie die körperliche Verfügungsfreiheit des potenziellen Organspenders einschränkt. Gegen paternalistische Regelungen sind vielfach Einwände vorgebracht worden. In der Tradition der Philosophie Kants wird davon ausgegangen, dass derartige paternalistische Eingriffe nur in Ausnahmefällen zulässig sein können, weil rechtlicher Zwang zulasten eines Individuums, um dessen eigenes Wohl zu fördern, unzulässig ist.[64] Ein derartiger Eingriff in die körperliche Dispositionsfreiheit des Einzelnen erscheint aber in Anbetracht der Tatsache, dass das Eingehen auch ganz erheblicher Risiken im Übrigen von der Rechtsordnung gebilligt wird, nicht angemessen.[65] Zwar werden paternalistische Regelungen in der neueren Diskussion für zulässig gehalten, wenn sie dazu dienen sollen, die Autonomie des Rechtsgutsinhabers zu sichern. Hierzu dient die Begrenzung des Spenderkreises aber gerade nicht. Man kann, wie eben dargestellt, in verwandtschaftlichen Fällen genauso autonom handeln wie bei der Fremdspende. Und umgekehrt muss man sagen, dass auch in verwandtschaftlichen Verhältnissen Unfreiwilligkeit möglich ist, genau wie bei der Fremdspende.[66]

Nachdem das Bundesverfassungsgericht aber nunmehr die Norm als verfassungsgemäß angesehen hat,[67] sollte man den hier artikulierten Bedenken dadurch Rechnung tragen, dass man den Begriff der besonderen persönlichen Verbundenheit, die offenkundig ist, weit interpretiert und damit das Verbot des § 8 Abs. 1 S. 2 TPG in seinem Anwendungsbereich einschränkt. Eine

---

64 *Kant*, Metaphysik der Sitten, S. 230 ff.; vgl. *Schroth*, Begrenzung des Spenderkreises im TPG, S. 37.
65 *Schroth*, Begrenzung des Spenderkreises im TPG, S. 37.
66 *Schroth*, Begrenzung des Spenderkreises im TPG, S. 38.
67 BVerfG, NJW 1999, 3399 ff.

besondere persönliche Verbundenheit zwischen Organspender und Organempfänger als eine Voraussetzung der Lebendspende liegt vor, wenn Verbundenheitsgefühle zwischen diesen bestehen und die Verbindung in der Lebensgeschichte wurzelt. Dies kann man als innere Voraussetzung dieses Begriffes ansehen. Die äußere Seite, die Offenkundigkeit der Verbindung, sollte bereits dann angenommen werden, wenn sie für den Arzt klar erkennbar ist.

In den oben gekennzeichneten Fällen ist dann die Berechtigung zur Lebendspende von Nieren, Leberteilen oder anderen nicht regenerierungsfähigen Organen gegeben.

D. Die Cross-over-Spende

Inzwischen wird immer mehr die Frage nach der Zulässigkeit der Cross-over-Spende diskutiert.[68] Bei der Cross-over-Spende handelt es sich um Fälle, in denen die Lebendspende eines Organs oder von Gewebe zwischen dem potenziellen Spender und dem Patienten, der ein Organ oder Gewebe benötigt, aus medizinischen Gründen – bei Organen meist wegen Blutgruppenunverträglichkeit – nicht infrage kommt. Dann besteht die Möglichkeit, ein solches Paar mit einem geeigneten zweiten Paar mit den gleichen Problemen zusammenzuführen und zwei Lebendspenden so zu gestalten, dass die beiden Empfänger ihre Organe oder Gewebe kreuzweise von den beiden Spendern erhalten.

Diese Konstellation wirft Schwierigkeiten hinsichtlich des strafbewehrten Verbots des Organ- und Gewebehandels auf, welches, wie unten noch ausgeführt,[69] insoweit teleologisch reduziert werden sollte.

Die Cross-over-Spende von Nieren, des Teils einer Leber oder anderer nicht regenerierungsfähiger Organe ist aber auch unter dem Gesichtspunkt der Begrenzung des Spenderkreises problematisch, wonach die Entnahme dieser Organe nur zur Übertragung auf bestimmte Verwandte oder in besonderer persönlicher Verbundenheit offenkundig nahestehende Personen zulässig ist, § 8 I 2 TPG. Kennen sich die Cross-Spender-Empfänger nicht näher, so sind die Voraussetzungen des § 8 Abs. 1 S. 2 TPG im Regelfall nicht gege-

---

68 Vgl. Schroth/König/Gutmann/Oduncu – *Gutmann*, TPG, § 8 Rn. 36; *Paeffgen* in: Hoyer/Müller/Pawlik et al. (Hrsg.), FS für Schroeder, S. 579 ff. Für Gewebespenden beschränkt sich die Diskussion auf die Kollision der Cross-over-Spende mit dem Organhandelsverbot.
69 Vgl. hierzu unten E.I. und Schroth/König/Gutmann/Oduncu – *Schroth*, TPG, § 19 Rn. 191.

ben.⁷⁰ Das Bundessozialgericht hat das gesetzliche Erfordernis einer besonderen persönlichen Verbundenheit dadurch aufgeweicht, dass eine Über-Kreuz-Spende selbst dann möglich sein soll, wenn die Partner sich per Annonce kennen gelernt haben, vorausgesetzt, eine Prognoseentscheidung führt zu dem Ergebnis, dass die Parteien ihre Beziehung über die Transplantation hinaus aufrechterhalten werden.⁷¹ Offensichtlich wird hier davon ausgegangen, dass eine persönliche Beziehung bereits daraus resultieren kann, dass eine Partnerschaft gesucht wird und längerfristig geplant ist. Die Frage ist allerdings, ob man so die besondere persönliche Beziehung, auf die das Gesetz abstellt, tatsächlich erfassen kann. Meines Erachtens sind besondere persönliche Beziehungen nur solche Beziehungen, die ihre Basis in der Lebensgeschichte haben. Auch das Erfordernis einer Prognoseentscheidung ist zweifelhaft, sie gleicht einem Stochern im Nebel auf schmaler Tatsachenbasis. Gleichwohl ist der Weg, den das Bundessozialgericht wählt, ein Schritt in Richtung Vernunft. Es macht keinen Sinn, die Über-Kreuz-Spende über § 8 Abs. 1 S. 2 TPG drastisch einzuschränken. Auf diese Weise würde eine sinnvolle medizinische Therapiemöglichkeit unzumutbar beeinträchtigt. Bezüglich § 8 Abs. 1 S. 2 TPG erscheint daher eine gesetzesüberschreitende Rechtsfortbildung mittels einer teleologischen Reduktion der Vorschrift angemessen.⁷² Die Cross-over-Spende sollte bereits dann zulässig sein, wenn der Spender mit ihr den Zweck verfolgt, einem zugelassenen Empfänger mittelbar eine Niere zukommen zu lassen.

Diese Interpretation überschreitet den Wortlaut des Gesetzes und ist daher nicht mehr Auslegung im Sinne einer deduzierenden Rechtsfindung, sondern eine Rechtsfortbildung, die die Semantik des § 8 Abs. 1 S. 2 TPG überwindet. Hierfür gibt es jedoch zwei gute Gründe: Zum einen geht der Gesetzgeber mit § 8 Abs. 1 S. 2 TPG davon aus, dass bestimmte Personen, die in § 8 Abs. 1 S. 2 TPG aufgeführt sind, Nieren, Leberteile und andere nicht regenerierungsfähige Organe, spenden dürfen. Ist dies aus medizinischen Gründen wie z. B. einer Blutgruppenunverträglichkeit nicht möglich, so muss doch der indirekte Spendeakt angesichts einer Rechtsordnung möglich sein, die

---

70 Hierzu Schroth/König/Gutmann/Oduncu – *Gutmann*, TPG, § 8 Rn. 36 ff. und – *Schroth*, § 19 Rn. 189 ff.; a. A. *Seidenath*, MedR 1998, 253, der bereits das offenkundig gemeinsame Schicksal der Cross-Spender-Paare zur Begründung der besonderen persönlichen Verbundenheit genügen lässt. Diese Interpretation verfehlt die gesetzgeberische Entscheidung und überzeugt deshalb nicht, wie ich in meiner Stellungnahme zu dem Artikel von *Seidenath* dargestellt habe, MedR 1999, 67.
71 Vgl. BSG JZ 2004, 464 mit Anm. *Schroth*.
72 Ausführlich zum Ganzen *Schroth*, Die Cross-over-Spende, S. 544 ff.

prinzipiell von einer Verfügungsbefugnis über den eigenen Körper ausgeht (sofern die Autonomie des Entscheidenden gegeben ist). Zum anderen begründet der Gesetzgeber die Beschränkung in § 8 Abs. 1 S. 2 TPG damit, die Gefahr des Organhandels auszuschließen, und bietet im Hinblick darauf einen Vorfeldschutz. Soll hierin der Hauptsinn liegen und stellt die Über-Kreuz-Spende keinen Organhandel dar, so ist ein umfassender Vorfeldschutz indes überflüssig. Es ist dann hinreichend, dass die Organspende jedenfalls mittelbar dem Empfängerkreis zugutekommt, den der Gesetzgeber als zugelassenen Empfängerkreis definiert hat.

Zuzugeben ist, dass diese teleologische Reduktion die Grenzen des Gesetzeswortlautes verlässt. Meines Erachtens ist sie dennoch legitim.[73] Denn wenngleich Gesetzeswortlaut und Wille des Gesetzgebers gerade bei jüngeren Gesetzen entscheidende Bedeutung haben, erscheint es angemessen und geboten, nach inzwischen beinahe zehn Jahren eine gesetzgeberische Fehlleistung im Wege einer objektivierenden Auslegung zu korrigieren.

Die vorgeschlagene gesetzesüberschreitende Rechtsfortbildung ist schließlich auch keine Rechtsfortbildung contra legem, da sie aus folgenden Gründen legitimiert werden kann: Der vom Gesetzgeber mit der betreffenden Norm verfolgte Zweck der Eingrenzung des Spenderkreises wird beibehalten; zudem kann eine verdeckte Gesetzeslücke festgestellt werden, welche eine solche Reduktion ermöglicht. Denn der Gesetzgeber hatte an die Cross-over-Spende gar nicht gedacht, sondern wollte nur den Spenderkreis bezüglich nicht regenerierungsfähiger Organe einschränken.[74]

Sie ist angemessen, weil das mit dem Gesetz intendierte Ziel nicht mit dessen semantischer Bedeutung korrespondiert. Des Weiteren ist die gesetzesüberschreitende Fortbildung begründet, weil die Ergebnisse, die mit der Anwendung des Gesetzeswortlauts verbunden sind, offensichtlich ungerecht sind. Schließlich macht Art. 2 Abs. 1 GG als höherrangiges Recht diese Rechtsfortbildung erforderlich.[75]

---

73 A. A.: Schroth/König/Gutmann/Oduncu – *Gutmann*, TPG, § 8 Rn. 36. Ich selbst habe bisher eine Rechtsfortbildung nicht für zulässig erachtet, gehe jetzt aber von der Notwendigkeit einer einschränkenden Interpretation aus. Sowohl *Gutmann* als auch ich würden es begrüßen, wenn der Gesetzgeber selbst die strafbewehrte Beschränkung des Spenderkreises aufhebt. Es kann kein Zweifel daran bestehen, dass § 8 Abs. 1 2 TPG wenig sinnvoll ist und als Beispiel einer willkürlichen Strafrechtsnorm angesehen werden muss.
74 *Schroth*, Die Cross-over-Spende, S. 547.
75 Vgl. ausführlich zum Ganzen *Schroth*, Die Cross-over-Spende, S. 547 ff.

Für diese Einschränkung spricht auch folgende Evidenzüberlegung: Man stelle sich vor, eine Über-Kreuz-Lebendspende, für welche sich die Lebendspender autonom entschieden haben, wird durchgeführt und gelingt – es fehlt jedoch an einer persönlichen Verbundenheit von Spender und Empfänger. Wie lässt sich hier legitimieren, dass ein Arzt für dieses Verhalten bestraft werden soll, obwohl kein Zweifel daran besteht, dass beiden Organempfängern sowohl körperlich als auch in ihrer Rolle als Ehepartner autonom geholfen wurde? Selbst die Möglichkeit einer Einstellung des Verfahrens nach den §§ 153 ff. StPO wäre nicht ausreichend.

Die Cross-over-Spende wirft aber, selbst wenn man das Organhandelsverbot und § 8 Abs. 1 S. 2 TPG teleologisch reduziert, noch ein weiteres Problem auf. Denn sie geschieht immer unter der Voraussetzung, dass der andere Teil der Überkreuzspendenden bereit ist, seinerseits sein Organ oder Gewebe hinzugeben. Fraglich ist, wie diese Voraussetzung garantiert werden kann.

Einmal kann man den Eintritt der Bedingung, unter der gespendet wird, dadurch sicherstellen, dass man die Explantation der jeweiligen Spenderorgane zeitgleich vornehmen lässt. Dies wird in kleineren Transplantationszentren aber häufig aus tatsächlichen Gründen nicht möglich sein. Hier muss man die jeweiligen Spender für die Durchführung der Kreuzspende zu einer unbedingten Einwilligung veranlassen, was insbesondere eine Aufklärung darüber voraussetzt, dass ein Widerruf der Einwilligung – auch des Zweitspenders – bis zum Zeitpunkt der Organ-/Gewebeentnahme jederzeit möglich ist. Darin liegt bei der Cross-over-Spende im Falle einer sukzessiven Vornahme der Organ-/Gewebeentnahmen die Gefahr für den Erstspender: Willigt dieser in die Organ-/Gewebeentnahme ein, so muss seine Einwilligung als unbedingt angesehen werden, sodass er es letztlich in Kauf nehmen muss, dass der zweite Spender seine Einwilligung möglicherweise zurückzieht. Bei einem Widerruf des zweiten Spenders liegt insbesondere auch kein rechtsgutsbezogener Irrtum des Erstspenders vor,[76] der dessen Einwilligung nachträglich unwirksam machen würde.

---

76 Vgl. *Roxin*, Strafrecht AT Bd. 1, § 13 insbes. Rn. 86; zu Einzelheiten des rechtsgutbezogenen Problems auch insgesamt *Arzt*, Willensmängel bei der Einwilligung.

E. Der Inhalt des Organ- und Gewebehandelsverbots: Plädoyer für eine teleologische Reduktion

Mit § 18 i. V. m. § 17 TPG bestraft der Gesetzgeber das Handeltreiben mit Organen und Geweben.[77] Im Folgenden soll auf einige zentrale Probleme dieses Tatbestandes bei der Lebendspende eingegangen werden.

I. Die Cross-over-Spende und das Organhandelsverbot

Die sog. Cross-over-Spende[78] ist unter dem Gesichtspunkt des Verbots des Handeltreibens problematisch.[79] Wie oben erläutert betrifft dies Fälle, in denen die Lebendspende eines Organs oder Gewebes zwischen einem potenziellen Spender und einem Patienten, der das Organ oder Gewebe benötigt, aus medizinischen Gründen nicht möglich ist. Deshalb spendet hier bei mindestens zwei Spender-Empfänger-Paaren der gesunde Teil des einen Paares ein Organ oder Gewebe dem kranken Teil des anderen Paares unter der Voraussetzung, dass dies auch umgekehrt geschieht.

Bei strikter Anwendung des Gesetzestextes müsste hier eigentlich ein strafbares, verbotenes Handeltreiben angenommen werden, weil die Spender ein Verhalten zeigen, das auf Umsatz gerichtet und eigennützig ist. Der Begriff des Handeltreibens setzt nicht voraus, dass Leistung bzw. Gegenleistung dem Handeltreibenden selbst zufließt.

Die Cross-over-Spende sollte gleichwohl nicht als Handeltreiben im Sinne von § 17 TPG bewertet werden. Diese Konsequenz ergibt sich, wenn man den Sinn des Organ- und Gewebehandelsverbots darin sieht, dass vor den Gefahren der Ausbeutung geschützt werden soll.[80] Das Gleiche gilt, wenn man den Zweck des Verbots in der Sicherung der Autonomie von Spendern und Empfängern erblickt. Das Organ- und Gewebehandelsverbot hat dann die Aufgabe, zu garantieren, dass der Einzelne Entscheidungen trifft, die in seiner Person angesiedelt sind.[81] Dies kann man im Regelfall für den Cross-over-Spender annehmen.

---

77 Vgl. hierzu ausführlich *König*, Das strafbewehrte Verbot des Organhandels, S. 501 ff. in diesem Band; Schroth/König/Gutmann/Oduncu – *König*, TPG, §§ 17, 18; *König*, Strafbarer Organhandel.
78 Siehe dazu auch oben D.
79 Dazu Schroth/König/Gutmann/Oduncu – *Schroth*, TPG, § 19 Rn. 188 ff.; *Schroth*, MedR 1999, 67 ff.
80 Vgl. BSG, JZ 2004, 464 ff.
81 Vgl. dazu Anm. zum Urteil des BSG: *Schroth*, JZ 2004, 464 ff. m. w. N.

Ausgehend vom Gesetzeszweck, der darin liegt, eine Kommerzialisierung auszuschließen, ist es nicht sinnvoll, einen Austausch von Organen oder Gewebe in dem oben dargestellten Sinne, der medizinisch indiziert ist, unter das Verbot des Handeltreibens zu subsumieren. Der Gesetzeszweck gebietet vielmehr eine teleologische Reduktion.[82] Untersagt man Ehepaaren die Cross-over-Spende als verbotenes Handeltreiben, so entzieht man ihnen, wenn etwa eine Blutgruppenunverträglichkeit gegeben ist, die Möglichkeit, sich gegenseitig bei Gesundheitsbeeinträchtigungen zu helfen. Dies ist wenig sinnvoll, da der Gesetzgeber selbst davon ausgeht, dass Ehepaare sich durch Organ- und Gewebespenden helfen dürfen. Diese Hilfsmöglichkeit generell über das strafbewehrte Organ- und Gewebehandelsverbot auszuschließen, ist unangemessen.

II. Verbotenes Handeltreiben und Absicherung der Risiken des Organ- oder Gewebespenders

Fraglich im Hinblick auf den Inhalt des Organ- und Gewebehandelsverbots ist auch, ob das Streben des Spenders nach Absicherung seiner gesundheitlichen Risiken als verbotenes Handeltreiben anzusehen ist.[83] Liegt also etwa verbotenes Handeltreiben vor, wenn der Spender nur dann zur Organ- oder Gewebespende bereit ist, wenn ihm eine Versicherung gegen Berufsunfähigkeit oder eine Risikolebensversicherung bezahlt wird?[84] Diese Fallkonstellationen sind deshalb problematisch, weil der Organ-/Gewebespender hier etwas erhält, was er vorher nicht hatte, zumal die Berufsunfähigkeitsrente auch dann eintritt, wenn er aus sonstigen Gründen berufsunfähig wird und die Risikolebensversicherung auch dann an die Familie des Lebendspenders ausgeschüttet wird, wenn dieser beispielsweise durch einen Autounfall verstirbt. Verlangt der Spender eine derartige Versicherung für seine Spende, so könnte man argumentieren, er handle eigennützig und auf Umsatz gerichtet.

Meines Erachtens sprechen aber die besseren Gründe dafür, diese Fallkonstellationen nicht dem Organ- und Gewebehandelsverbot zu unterwerfen. Absicherungen bzgl. gesundheitlicher Risiken sollten nicht als Handeltreiben angesehen werden, wenn es das Hauptmotiv des Organspenders ist, für sich

---

82 Vgl. dazu ausführlich *Schroth*, Die Cross-over-Spende, S. 547.
83 Vgl. hierzu ausführlich *König*, Strafbarer Organhandel, S. 152.
84 Es ist davon auszugehen, dass der Ausgleich von materiellen Nachteilen, den der Organspender begehrt, kein Handeltreiben ist. Dies deshalb, da er, wenn er diesen verlangt, nicht eigennützig handelt. Hierzu ausführlich *König*, Strafbarer Organhandel, S. 157.

oder seine Familie Vorsorge zu treffen. Der Hauptgrund für diese Reduktion des Organ- und Gewebehandelsverbots liegt darin, dass eine Gesellschaft, die Interesse daran hat, dass jeder Bürger zunächst einmal für sich selbst verantwortlich ist, private Vorsorge nicht einfach verbieten kann. Weiter spricht hierfür der Wille des historischen Gesetzgebers. Dieser hat, wie sich aus den Gesetzesmaterialien ergibt, mit dem Verbot des Handeltreibens nicht Risikoabsicherungen durch Versicherungen ausschließen wollen.[85] Der Gesetzgeber hat diesem Willen allerdings nicht im Gesetzestext Ausdruck verliehen. Er hätte für diese Konstellationen eine Ausnahmeklausel in § 17 TPG aufnehmen müssen. Auch der Zweck des § 17 TPG, vor Ausbeutungsgefahren des Organempfängers zu schützen, gebietet keine Sanktionierung der Absicherung bzw. des Absicherungsverlangens für gesundheitliche Risiken. Wenn an den Organ- oder Gewebeempfänger das Verlangen herangetragen wird, dass der Organ- oder Gewebespender für seine Hilfsbereitschaft angemessen abgesichert werden will, so ist dies keine Ausnutzung einer gesundheitlichen Notlage. Allerdings gilt dies nur so lange, wie die private Vorsorge Hauptmotiv des Absicherungsverlangens des Organ- oder Gewebespenders ist. Weiter ist in objektiver Hinsicht zu verlangen, dass das, was erstrebt wird, eine Absicherung des Risikos ist, das der Organ- oder Gewebespender eingeht. Beide einschränkenden Bedingungen sind erforderlich, damit kein verdeckter Organ-/Gewebehandel, der sich nur vordergründig auf die Notwendigkeit der Absicherung stützt, stattfindet. Wer beispielsweise 200.000 Euro als Darlehen zur Finanzierung seiner Eigentumswohnung aufgenommen hat, kann zur Absicherung seiner Familie bei einer Lebendspende sicherlich eine Risikolebensversicherung verlangen, die eben diesen Betrag im Todesfall leistet – jedenfalls dann, wenn die Darlehensaufnahme bzw. die Investition nicht allein mit Blick auf eine entsprechend hohe Absicherung bei der Lebendspende gerichtet, also nicht nur „vorgeschoben" war. Umgekehrt ist es Organhandel, wenn ein Lebendnierenspender eine Eigentumswohnung für 200.000 Euro von dem Organempfänger verlangt.

III. Innerer Zusammenhang zwischen Organ- und Gewebespende und Zuwendung

Problematisch ist die Bewertung des Organ- und Gewebehandelsverbots auch, wenn der Organ-/Gewebeempfänger dem Spender nach dessen Organ-

---

85 BT-Drs. 13/587, S. 6.

oder Gewebespende etwa seine Dankbarkeit erweisen will. Es stellt sich die Frage, ob dies als Verstoß gegen das Organ- und Gewebehandelsverbot der §§ 17, 18 TPG aufzufassen ist, ob also mit anderen Worten das Organ- und Gewebehandelsverbot nur dann in Betracht kommt, wenn es einen inneren Zusammenhang zwischen Organ-/Gewebespende und Zuwendung gibt. Meines Erachtens ist das Organ- und Gewebehandelsverbot nicht anzuwenden, wenn eine Dankbarkeitszuwendung erfolgt bzw. erfolgen soll, nachdem der Spender bereits fest zur Spende entschlossen war. Das Organ- und Gewebehandelsverbot hat nur die Aufgabe, einer Beeinflussung bei der Entscheidung zur Organ- oder Gewebespende entgegenzuwirken. Eine solche Beeinflussung ist hier aber gerade ausgeschlossen.

IV. Honorarforderungen des Arztes

Ein Handeltreiben i. S. d. § 17 Abs. 1 S. 1 TPG liegt nach der dargestellten Definition auch dann vor, wenn der Arzt für die Entnahme eines Organs oder Gewebes bzw. für dessen Übertragung ein Honorar verlangt.[86] Denn dieses Verlangen ist eigennützig und auf Umsatz von Organen/Gewebe gerichtet. Der Gesetzgeber hat das erkannt und deshalb in § 17 TPG eine Ausnahme vom Verbot des Organhandels aufgenommen: So sieht es § 17 Abs. 1 S. 2 Nr. 1 TPG nicht als verbotenes Handeltreiben an, wenn der Arzt ein angemessenes Entgelt für gebotene Maßnahmen verlangt. Die Problematik, die mit dieser Ausnahmeregelung verbunden ist, ist einerseits, wann ein Entgelt, das der Arzt verlangt, noch angemessen ist, und andererseits, wann eine ärztliche Maßnahme geboten ist.[87]

Geboten ist ein ärztliches Handeln immer dann, wenn es für Spender und Empfänger medizinisch nützlich ist. Das Handeln muss also nicht etwa dringend erforderlich sein.

Fraglich ist aber, was ein angemessenes Entgelt ist. Zunächst wird man festhalten können, dass eine Abrechnung im Rahmen der Gebührenordnung für Ärzte immer ein angemessenes Entgelt ist. Das gilt auch dann, wenn die

---

86 Zum Ganzen s. auch *König*, Das strafbewehrte Verbot des Organhandels, S. 501 ff. in diesem Band; *König*, Strafbarer Organhandel, S. 180 ff.; Schroth/König/Gutmann/Oduncu – *König*, TPG, §§ 17, 18 Rn. 38 ff.

87 Vgl. hierzu ausführlich *König*, Strafbarer Organhandel, S. 180 f.; vgl. hier auch seine Stellungnahme zu der Frage, ob Festangestellte der Klinik möglicherweise Organhandel betreiben, wenn sie überpflichtgemäß bezahlt werden. Ebenfalls Schroth/König/Gutmann/Oduncu – *König*, TPG, §§ 17, 18 Rn. 39 ff.

Gebühr im Rahmen der Gebührenordnung für Ärzte ermessensfehlerhaft bestimmt wurde. Es kann nicht Aufgabe des strafbaren Organ- und Gewebehandelsverbots sein, jede Art der Preistreiberei als strafbares Verhalten anzusehen. Auch sollten privatrechtliche Vereinbarungen, soweit sie im Rahmen der Transplantationsmedizin bisher üblich waren, nicht als verbotener Organ- oder Gewebehandel interpretiert werden. Als verbotenes Organ- oder Gewebehandeln sollte nur ein solches Honorarverlangen betrachtet werden, das einerseits völlig unüblich ist und bei dem andererseits die konkrete Gefahr der Ausbeutung des Patienten naheliegt. Subjektiv ist Vorsatz erforderlich, der jedenfalls seitens des Arztes die Vorstellung erfordert, dass ein für eine Transplantation nicht mehr übliches Honorar verlangt wird.

Verlangt der Arzt für das Organ oder Gewebe *als solches* ein Entgelt, so ist freilich stets verbotenes Handeltreiben anzunehmen.

F. Die Entnahme von Knochenmark beim minderjährigen Spender

Die Umsetzung der Richtlinie 2004/23/EG („Geweberichtlinie") durch das Gewebegesetz vom 4.9.2007 bringt über §§ 1, 1a Nr. 4 TPG n. F. die Erweiterung des Anwendungsbereichs des TPG auf die Knochenmarkspende mit sich.[88] Die §§ 3, 8, 8a TPG n. F. regeln nun auch die spezifischen Voraussetzungen für die Entnahme von Knochenmark.[89]

Bisher war das TPG wegen der Ausschlussnorm des § 1 Abs. 2 TPG a. F. unanwendbar auf die Knochenmarktransplantation. Der Gesetzgeber verwies insoweit auf ärztliches Berufsrecht und vertragliche Regelungen.[90] Nunmehr gelten die Voraussetzungen der §§ 3, 8 TPG n. F. auch für die Entnahme von Knochenmark. Darüber hinaus wird entsprechend der bisherigen Praxis in § 8a TPG n. F. die Entnahme von Knochenmark zur Übertragung auf nahe Verwandte unter strengen, gesetzlich geregelten Voraussetzungen auch bei Minderjährigen zugelassen.[91]

---

[88] Begründung zu Nr. 4 des Gesetzentwurfs der Bundesregierung vom 25.10.2006, BT-Drs. 16/3146, S. 24; zur Neufassung auch *Schreiber*, Rechtliche Aspekte der Organtransplantation, S. 67 f.
[89] Allgemeiner Teil der Begründung des Gesetzentwurfs der Bundesregierung vom 25.10.2006, BT-Drs. 16/3146, S. 21.
[90] Schroth/König/Gutmann/Oduncu – *Oduncu*, TPG, Einl. Rn. 14, 72 und – *König*, § 1 Rn. 4, 19, 20.
[91] Begründung zu Nr. 4 des Gesetzentwurfs der Bundesregierung vom 25.10.2006, BT-Drs. 16/3146, S. 24.

I. Gesetzliche Regelung

Bei der Entnahme von Knochenmark bei *minderjährigen* Personen hat der Gesetzgeber die Möglichkeit der Lebendtransplantation in § 8a TPG explizit erweitert. Anders als bei den übrigen Fällen der Lebendspende von Organen und Geweben (vgl. § 8 Abs. 1 Satz 1 Nr. 1a TPG) können auch nicht volljährige Personen spenden. Die Entnahme von Knochenmark zum Zweck der Übertragung ist zulässig, wenn

1. das Knochenmark für Verwandte ersten Grades oder Geschwister verwendet werden soll, § 8a S. 1 Nr. 1 TPG,
2. die Übertragung des Knochenmarks auf den Empfänger nach ärztlicher Beurteilung zur Heilung einer lebensbedrohlichen Krankheit geeignet ist, § 8a S. 1 Nr. 2 TPG,
3. ein geeigneter Spender nach § 8 Abs. 1 S. 1 Nr. 1 TPG nicht zur Verfügung steht, § 8a 1 S. 1 Nr. 3 TPG,
4. eine Einwilligung des gesetzlichen Vertreters nach Aufklärung vorliegt und der Minderjährige nicht von seinem Vetorecht Gebrauch gemacht hat, § 8a S. 1 Nr. 4 TPG und
5. die bei entsprechender Einwilligungsfähigkeit des Minderjährigen erforderliche eigene Einwilligung vorliegt, § 8a Nr. 5 TPG.

Soll die Spende des Minderjährigen einem Elternteil zukommen, muss das Familiengericht zur Entscheidung angerufen werden, § 8a S. 2 TPG.

Die Entnahme von Knochenmark bei *nicht einwilligungsfähigen Volljährigen* war zunächst im Gesetzentwurf der Bundesregierung und in den Änderungsanträgen in einem § 8a Abs. 2 TPG parallel zu den Voraussetzungen eines Absatz 1, der nun in § 8a S. 1 und S. 2 TPG normiert ist, geregelt, ist dann aber aus dem Gesetzentwurf wieder herausgenommen worden.[92] Das bedeutet, dass eine Knochenmarkentnahme bei nicht einwilligungsfähigen Volljährigen unzulässig ist.

II. Strafbarkeitsvoraussetzungen bei der Knochenmarkentnahme

Für die Knochenmarkentnahme bei lebenden Spendern ist die Strafbarkeit – wie oben allgemein für die Lebendspende dargestellt – über § 19 Abs. 1

---

[92] Vgl. Begründung zu Nr. 16 zu Abs. II, BT-Drs. 16/5443, S. 96: Eine Regelung sei deshalb entbehrlich, weil im Rahmen der Anhörung vorgetragen worden sei, die Knochenmarkentnahme bei volljährigen nicht einwilligungsfähigen Personen spiele in der Praxis keine Rolle.

TPG geregelt. Dieser sieht einen Strafrahmen von bis zu fünf Jahren Freiheitsstrafe vor. Was strafbewehrt ist, wurde oben angeführt. Für die Zulässigkeit der Lebendspende von Knochenmark bei *Minderjährigen* ist damit eine merkwürdige Situation eingetreten:

Die Verletzung des Erfordernisses der Volljährigkeit ist über § 19 Abs. 1 i. V. m. § 8 Abs. 1 S. 1 Nr. 1a TPG strafbewehrt. Von dem Volljährigkeitserfordernis darf nur abgewichen werden, wenn die Voraussetzungen des § 8a TPG erfüllt sind.[93] Dies bedeutet nach dem Gesetzeswortlaut, dass *sämtliche* Voraussetzungen des § 8a TPG für die Entnahme von Knochenmark bei Minderjährigen strafbewehrt sind.[94] Strafbewehrt sind die Verletzung der Spenderkreisbeschränkung, die Vornahme einer Transplantation ohne prognostizierte Erfolgsaussichten und der Verstoß gegen die Subsidiaritätsklausel. Der Arzt, der Knochenmark bei einem Minderjährigen entnimmt, macht sich also strafbar, wenn andere geeignete volljährige Spender zur Verfügung stehen. Unter Strafe steht zudem die Verletzung des Erfordernisses der Einwilligung des gesetzlichen Vertreters nach Aufklärung bzw. die Verletzung des eventuellen Erfordernisses der Einwilligung des Minderjährigen, soweit dieser einsichtsfähig ist.

Unklar ist, ob der Gesetzgeber diese weit gehende Kriminalisierung im Einzelnen bedacht hat. Die gesetzgeberischen Materialien geben hierüber keinen Aufschluss. Meines Erachtens sollte der Umfang der Strafbarkeit jedoch in zweierlei Hinsicht teleologisch reduziert werden:

Eine Strafbewehrung in dem Fall, dass eine Entnahme von Knochenmark bei Minderjährigen zu Heilzwecken vorgenommen wird, aber nach ärztlicher Prognose zur Heilung einer lebensbedrohlichen Krankheit nicht erfolgswahrscheinlich ist, erscheint nicht sinnvoll. Nimmt man eine derartige Strafbewehrung an, so macht man die Unrechtsbegründung von der Prognose eines Arztes abhängig (konkretes Knochenmark ist zur Heilung geeignet). Unrechtsbegründungen von einer Prognose abhängig zu machen, ist aber unangemessen, da Prognosen immer falsch sein können. Weiter ist eine derartige Kriminalisierung auch reichlich unbestimmt, da unklar ist, an welche prozentuale Wahrscheinlichkeit etwa ein Arzt gebunden sein soll. Dies führt zu Problemen hinsichtlich des Bestimmtheitsgrundsatzes, Art. 103 Abs. 2 GG. Auch erscheint eine derartige Kriminalisierung wertungswidersprüchlich, da die Verletzung des positiven Prognoseerfordernisses bei der Organlebend-

---

93 Vgl. § 8 Abs. 1 S. 1 TPG „... soweit in § 8a nichts Abweichendes bestimmt ist ...".
94 Vgl. aber zu einer anderen Auslegung unten in Fn. 95.

spende, § 8 Abs. 1 S. 1 Nr. 2 TPG, aufgrund der Aufzählung in § 19 Abs. 1 Nr. 1 TPG ersichtlich nicht strafbewehrt ist, obwohl hier gravierendere Eingriffe in den Körper erfolgen als bei der Knochenmarkspende. Das Gegenargument, Minderjährige bedürften eines umfassenden Schutzes, erscheint kaum durchschlagend.[95]

Weiter erscheint es auch nicht sinnvoll, die Verletzung der Subsidiaritätsklausel bei der Entnahme von Knochenmark bei Minderjährigen zu sanktionieren. Auch hier ist eine Kriminalisierung wertungswidersprüchlich, da die Verletzung der Subsidiaritätsklausel bei der Organlebendspende ebenfalls nicht strafbewehrt ist. Zudem verletzt auch diese Strafbewehrung meines Erachtens das Bestimmtheitsgebot aus Art. 103 Abs. 2 GG. Unbestimmt ist nämlich, was ein *geeigneter Spender* ist. Wenn der Minderjährige *ideal* ist als Spender und ein Spender zur Verfügung steht, der *nicht ideal, aber brauchbar* ist, steht dann noch ein *geeigneter Spender* zur Verfügung?

---

95 Zu diesem Ergebnis kommt man auch, wenn man den Wortlaut des § 8a S. 1 HS 1 TPG, der auch auf § 8 Abs. 1 S. 1 Nr. 2 TPG Bezug nimmt, eng auslegt und davon ausgeht, dass § 8a S. 1 Nr. 2 TPG die allgemeine Voraussetzung des § 8 Abs. 1 S. 1 Nr. 2 TPG konkretisiert. Die fehlende Strafbewehrung der allgemeinen Vorschrift des § 8 Abs. 1 S. 1 Nr. 2 TPG schlägt dann auf die spezielle Voraussetzung des § 8a S. 1 Nr. 2 TPG durch.

III.5 Das strafbewehrte Verbot des Organhandels

Peter König

Inhaltsverzeichnis

A. Einleitung _503
B. Zur kriminalpolitischen Legitimation _503
C. Der Regelungsgehalt der Organhandelstatbestände _507
D. Die Objekte des Handelsverbots _508
 I. Organe, Gewebe _508
 II. Die Arzneimittelklausel des § 17 I S. 2 Nr. 2 TPG _509
 III. Der Zweck der Heilbehandlung _512
E. Das Merkmal des Handeltreibens _512
 I. Der Spender als Organhändler _514
 II. Strafbarkeit des Organempfängers _519
 III. Die Absehens-/Milderungsklausel nach § 18 IV TPG _520
 IV. Berufsmäßige Tätigkeiten _521
  1. Berufsmäßige Tätigkeiten und Handeltreiben _521
  2. Die Entgeltklausel nach § 17 I S. 2 Nr. 1 TPG _521
  3. Berufsmäßige Tätigkeiten und Beteiligung an einer kommerzialisierten Transplantation _526
 V. Der skrupellose Organhändler _526
F. Sonderstrafrecht für Ärzte (§ 17 II, § 18 I TPG) _527
G. Sonstiges _528
H. Ausblick _528

Literaturverzeichnis

Baumann, Jürgen, Strafbarkeit von In-vitro-Fertilisation und Embryonentransfer?, in: Günther, Hans-Ludwig/Keller, Rolf (Hrsg.), Fortpflanzungsmedizin und Humangenetik – Strafrechtliche Schranken?, 2. Auflage 1991, S. 177
Fateh-Moghadam, Bijan, Die Einwilligung in die Lebend-Organspende, 2008
Gutmann, Thomas, Gesetzgeberischer Paternalismus ohne Grenzen? Zum Beschluss des Bundesverfassungsgerichts zur Lebendspende von Organen –

Besprechung von BVerfG (1. Kammer des Ersten Senats), 11.08.1999, 1 BvR 2181–83/98, NJW 1999, 3387

Gutmann, Thomas/Schroth, Ulrich, Organlebendspende in Europa, Rechtliche Regelungsmodelle, ethische Diskussion und praktische Dynamik, 2002

Höfling, Wolfram, Kommentar zum Transplantationsgesetz (TPG), 2003

König, Peter, Neues Strafrecht gegen die Korruption, JR 1997, 397

König, Peter, Strafbarer Organhandel, 1999

König, Peter, Biomedizinkonvention des Europarats, EU und deutsches Organhandelsverbot, MedR 2005, 22

Kuhlen, Lothar, Zu den Tathandlungen bei Vorteilsannahme und Bestechlichkeit – Zugleich eine Besprechung von BGH 4 StR 554/87, NStZ 1988, 433

Lackner, Karl/Kühl, Christian, Strafgesetzbuch, Kommentar, 26. Auflage 2007

Liemersdorf, Thilo/Miebach, Klaus, Beihilfe zum „Handeltreiben" nach § 11 Abs. 1 des Betäubungsmittelgesetzes, MDR 1979, 981

Nickel, Lars C./Schmidt-Preisigke, Angelika/Sengler, Helmut, Transplantationsgesetz (TPG), 2001

Roxin, Claus, Handeltreiben mit Betäubungsmitteln ohne zur Verfügung stehende Betäubungsmittel, StV 1992, 517

Schönke, Adolf/Schröder, Horst, Strafgesetzbuch, Kommentar, 27. Auflage 2006

Schroeder, Friedrich-Christian, Gegen die Spendenlösung bei der Organgabe, ZRP 1997, 265

Schroth, Ulrich, Auf dem Wege zu einem neuen Transplantationsrecht, Vorgänge 138 (1997), 46

Schroth, Ulrich, Die strafrechtlichen Tatbestände des Transplantationsgesetzes, JZ 1997, 1149

Schroth, Ulrich, Das Organhandelsverbot – Legitimität und Inhalt einer paternalistischen Strafrechtsnorm, in: Schünemann, Bernd/Achenbach, Hans/Bottke, Wilfried et al. (Hrsg.), Festschrift für Claus Roxin, 2001, S. 869

Schroth, Ulrich, Zulässigkeit einer Überkreuz-Lebendorganspende zwischen Ehepaaren – Begriff „in besonderer persönlicher Verbundenheit" – Organhandelsverbot, JZ 2004, 469

Schroth, Ulrich/König, Peter/Gutmann, Thomas, Transplantationsgesetz (TPG), Kommentar, 2005

Tenckhoff, Jörg, Zum Vorteil im Sinne der StGB §§ 331, 332, JR 1989, 33

Weber, Klaus, Nichts Neues vom Handeltreiben? Zum Beschluss des Großen Senats für Strafsachen des BGH vom 26.10.2005, JR 2006, 139

Weber, Klaus, Der Begriff des Handeltreibens, 2008

Weber, Klaus, BtMG, 3. Aufl. 2009

Wolfslast, Gabriele/Rosenau, Henning, Zur Anwendung des Arzneimittelgesetzes auf die Entnahme von Organ- und Gewebetransplantaten, NJW 1993, 2348

A. Einleitung

Durch das im Wesentlichen am 1.12.1997 in Kraft getretene Transplantationsgesetz[1] wurde auch das strafbewehrte Verbot des Organhandels (§§ 17, 18 TPG) geschaffen. Mit diesen Vorschriften hat sich der Gesetzgeber an ein noch nicht hinreichend durchdrungenes Problemgeflecht herangewagt. Er hat es mit einem scharfen Zugriff aufzulösen versucht. Das Strafrecht gegen den Organhandel enthält in seinem Anwendungsbereich rigide Pönalisierungen. Spendet etwa der Sohn seinem Vater eine Niere und setzt ihn der Vater aus Dankbarkeit zum Erben ein, so müssen beide mit Strafe rechnen, wenn die Erbeinsetzung bereits vor der Organentnahme im Hintergrund gestanden hat. Entsprechendes gilt etwa für den Inhaber einer Gewebebank oder den die Transplantation durchführenden Arzt, der für seine Tätigkeit ein zu hohes Entgelt berechnet. Die Organhandelstatbestände sind gewichtigen kriminalpolitischen, strafrechtlichen und auch verfassungsrechtlichen Bedenken ausgesetzt. Es ist hier kein Raum, die inmitten stehenden Fragen in all ihren Verästelungen auszuleuchten.[2] Im Folgenden soll ein Überblick gegeben werden.

B. Zur kriminalpolitischen Legitimation

Jeder (straf-)rechtlichen Neuregelung ist die Prüfung vorgelagert, ob hinreichender Anlass für ein Tätigwerden des Gesetzgebers gegeben ist. In rechtstatsächlicher Hinsicht bietet sich dabei sowohl für das Inland als auch für das Ausland ein äußerst facettenreiches Bild. So existieren in Drittweltstaaten wie

---

1 Gesetz über die Spende, Entnahme und Übertragung von Organen vom 5.11.1997 (Transplantationsgesetz – TPG – BGBl I, S. 2631) i. d. F. der Bek. vom 4.9.2007(BGBl I, S. 2206). Seit Inkrafttreten des Gewebegesetzes v. 20.7.2007 (BGBl I, S. 1574) gilt für die Terminologie: Das Organhandelsverbot wurde in „Verbot des Organ- und Gewebehandels" umbenannt, wobei auch ansonsten terminologisch zwischen „Organ" und „Gewebe" unterschieden wird. Demgegenüber war das „Gewebe" (freilich ohne Zellen) zuvor im Begriff „Organ" enthalten. Soweit im Folgenden von „Organ" die Rede ist, ist Gewebe mitgemeint, sofern nicht ausdrücklich etwas anderes ausgewiesen wird.

2 Umfänglich *König,* Organhandel, S. 137 ff.; Schroth/König/Gutmann – *König,* TPG, vor und zu §§ 17, 18; *Weber,* Der Begriff des Handeltreibens, S. 108 ff.

Indien, Irak oder Ägypten regelrechte Organmärkte. Sie konnten sich aufgrund der Verelendung breiter Bevölkerungsschichten bilden. Sehr arme Menschen verkaufen Organe, um ihre wirtschaftliche Not zu lindern. Die Käufer – Personen aus den Wohlstandsgesellschaften der alten und neuen Welt – zahlen hohe Entgelte. An die Organspender gelangt das Geld jedoch wohl nur zu einem geringen Teil. Vermutlich streichen professionelle Organhändler (hohe) Gewinne ein.[3] Nach Berichten haben sich auch einige Dutzend deutsche Staatsangehörige Nieren aus Drittweltstaaten im Ausland übertragen lassen).[4] Für Europa wird aus Großbritannien, Frankreich, Estland, Russland und der Türkei über vereinzelte Fälle kommerzialisierter Lebendorgantransplantationen berichtet.[5] Organmärkte gibt es in Deutschland nicht. Auch in Deutschland sind aber Erscheinungen bedenklicher Kommerzialisierung aufgetreten. So hat es singuläre und allseits abgelehnte Aktivitäten (potenzieller) Organhändler gegeben. Etwa das Unterfangen des *Grafen Adelmann zu Adelmannsfelden*, wirtschaftlich Not leidende Adressaten zur Hingabe einer Niere an einen „Krösus" gegen eine „Geldtransfusion" (auf sich selbst) zu veranlassen, hat in der Öffentlichkeit Empörung ausgelöst.[6] Gelegentlich wird auch über Versteigerungsangebote im Internet berichtet; eine solche Tat führte zu einer Verurteilung durch ein deutsches Gericht. Hinsichtlich der Organe Verstorbener ist auf die wiederholt relevant gewordenen Fälle zu verweisen, in denen bei Sektionen entnommene Leichenteile an pharmazeutische Unternehmen verkauft wurden.[7]

Diesen Phänomenen steht die auch in den Gesetzesmaterialien nachdrücklich in den Vordergrund gestellte Tatsache gegenüber, dass Verstöße der deutschen Transplantationszentren gegen die im Transplantationskodex getroffene Eigenbindung, keine „gehandelten" Organe zu übertragen, nicht bekannt geworden sind.[8] Entscheidend kommt hinzu, dass die Palette kommerzieller

---

3 *Gutmann/Schroth*, Organlebendspende, S. 83 ff.; Schroth/König/Gutmann – *König*, TPG, vor §§ 17, 18 Rn. 3.
4 Nickel/Schmidt-Preisigke/Sengler – *Nickel*, TPG, § 17 Rn. 1; der veröffentlichten deutschen Rspr. ist ein einschlägiger Fall zu entnehmen: BSG, NJW 1997, 3114.
5 *Gutmann/Schroth*, Organlebendspende, S. 83.
6 Zum Ganzen *König*, Organhandel, S. 28 ff, s. auch den Fall des LG München I, NJW 2002, 2655.
7 Insbesondere Hirn- und Augenhornhäute, *König*, Organhandel, S. 34 f.
8 U. a. interfraktioneller Entwurf, BT-Drs. 13/4555, S. 15 sowie BT-Drs. 14/4655, S. 15 f. Es gibt freilich andere Stimmen. So weist *Schroeder* unter Berufung auf „Kenner der Szene" darauf hin, „dass auch in Deutschland heute gegen entsprechende Honorierung Organe jederzeit zu erhalten sind" (ZRP 1997, 265, 267). Das ist wenig konkret und verschließt sich einer Verifizierung. Dass, etwa im Zusammenhang mit Vorgängen in den Transplantationszentren Jena (2001) und Essen (2007) Verdachtsgründe

Umgangsformen mit Organen und sonstigen Körpersubstanzen breit ist. Sie reicht von der entgeltlichen Blutspende über den Handel mit Blutkonserven und anderen Arzneimitteln, die aus Körpersubstanzen bestehen oder solche enthalten, den Verkauf von Haaren zur Herstellung von Perücken oder der Plazenta zur Herstellung eines Schönheitsprodukts bis hin zur kommerziellen Ausstellung von plastinierten Leichen. Neben problematischen Formen der Kommerzialisierung existiert dabei eine Fülle ambivalenter oder gänzlich harmloser. Ein Teil der aufgeführten Handelsarten ist für die Allgemeinheit unverzichtbar.

Insgesamt wird man aus den inlandsbezogenen Rechtstatsachen keinen *zwingenden* Handlungsbedarf für strafrechtliche Regelungen ableiten können. Signifikant Verwerfliches ist nur singulär ruchbar geworden. Jedoch sollte dem Gesetzgeber nicht empfohlen werden, sich bei einer ungesicherten empirischen Basis im Zweifel für das Nichtstun zu entscheiden und letztlich abzuwarten, bis sich eine greifbare Gefahrenlage im Eintritt von Schäden realisiert hat. Er tut gut daran, frühzeitig Vorkehrungen zu treffen. Unbestritten besteht (weltweit) ein Mangel an (lebenswichtigen) Organen.[9] Dass es Personen gibt, die eine solche Mangellage in verwerflicher Weise zu missbrauchen versuchen, ist eine schlüssige Annahme. So könnte der Spender des Organs die gesundheitliche Notlage des Empfängers instrumentalisieren, indem er die Hingabe des Organs von ungebührlichen Bedingungen abhängig macht,[10] wie auch umgekehrt der Empfänger des Organs u. U. die wirtschaftliche oder eine sonstige Notlage des Spenders ausbeutet.[11] Entsprechendes gilt naturgemäß für den professionellen Organhändler. Derartige Handlungen im Schnittpunkt zwischen Nötigung und Wucher lassen sich aber, was hier nicht vertieft werden kann, mit dem hergebrachten Strafrecht kaum je erfassen.[12] Der Gesetzgeber konnte demnach berechtigterweise an den Einsatz des Strafrechts denken. Allerdings geht es nicht an, sich bei der Neupönalisierung bestimmter Verhaltensweisen maßgebend an ausländischen Gegebenheiten zu orientieren, die durch konträre gesellschaftliche Voraussetzungen bedingt

---

geäußert worden sind, bleibt davon unberührt. Hinsichtlich Jena erfolgte eine Einstellung nach § 170 II StPO, hinsichtlich Essen ist der in der Öffentlichkeit erhobene Vorwurf des Organhandels nicht Gegenstand des Strafverfahrens gegen den Transplantationsmediziner *Christoph Broelsch*.

9 S. etwa BT-Drs. 15/4542; Schroth/König/Gutmann – *Oduncu*, TPG, Einl. Rn. 17.
10 Etwa die, dass die Nierenspende instrumentalisiert wird, um den am Rande des Todes stehenden Empfänger um seine ganze Habe zu bringen.
11 So könnte der Empfänger für den Fall der Verweigerung der Nierenspende die Einstellung von Zahlungen ankündigen, an denen die wirtschaftliche Existenz des Spenders hängt.
12 Zum Organhandel im Lichte des herkömmlichen Strafrechts *König*, Organhandel, S. 43 ff.

sind. Auch muss der Schwerpunkt von Gegenmaßnahmen nicht im Strafrecht liegen. Die schillernden Formen der Kommerzialisierung verdeutlichen zudem, auf welch glattes Parkett sich ein Gesetzgeber begeben musste, der hier regelnd eingreifen will. Er stand vor einer Situation, die in besonderem Maße Differenzierung und Abwägung nahe legte.

Abwägungsprozess und -ergebnis vermögen indessen nicht zu überzeugen. Nur ein Teil der legislatorischen Zielsetzungen lässt sich auf schlüssig prognostizierte Gefahren für greifbare Rechtsgüter stützen. Berechtigt ist das Anliegen, der wucherischen Ausbeutung lebensgefährlich Erkrankter bzw. der Ausbeutung einer wirtschaftlichen oder sonstigen Notlage potenzieller Spender entgegenzuwirken.[13] Der Gesetzgeber geht jedoch weit darüber hinaus, indem er den gewinnorientierten Umgang mit Organen als solchen verurteilt. Er beruft sich hierfür auf den Fundamentalsatz der (postmortalen) Menschenwürde. „Die Garantie der Menschenwürde wird verletzt, wenn der Mensch bzw. seine sterblichen Reste zum Objekt finanzieller Interessen werden. Sowohl der Verkauf von Organen als auch Organspenden gegen Entgelt sind daher mit der Schutzgarantie des Artikels 1 II GG nicht vereinbar", heißt es in der Gesetzesvorlage.[14] Ein solcher Ansatz liegt zwar auf einer Linie mit inter- und supranationalen Strömungen, die jeglicher Kommerzialisierung von Organen eine Absage erteilen,[15] er ist jedoch keinesfalls haltbar. Beispielsweise erscheint schwer nachvollziehbar, wie Annahme/Gewährung von Dankbarkeitsgaben durch den Spender/Empfänger oder überhöhte Abrechnungen berufsmäßig tätiger Personen Menschenwürde beeinträchtigen könnten, und selbst für den „echten" Organverkauf durch eine in höchster Not befindliche Person oder den Ankauf eines Organs durch einen Todkranken sollte man nicht vorschnell den Stab der Würdelosigkeit und des Strafrechts brechen. Der Einsatz weitläufiger strafrechtlicher Mittel, die sich noch dazu in breitem Umfang gegen den Rechtsgutinhaber selbst richten, kann mit der Menschenwürdegarantie nicht legitimiert werden.[16] Überdies zieht der Gesetzgeber die Konsequenzen aus dem von ihm absolut formulierten Postulat nicht. Das Verbot des Organhandels ist in sich vielfach durchbrochen, weil einzelne Organe sowie bestimmte Arzneimittel und auch Handelsarten außerhalb der Heilbehandlung aus seinem Anwendungsbereich ausgenommen wor-

---

13 Interfraktioneller Entwurf, BT-Drs. 13/4355, S. 15, 29; *Schroth*, JZ 1997, 1149.
14 Interfraktioneller Entwurf, BT-Drs. 13/4355, S. 29.
15 Nachweise zu den inter- und supranationalen Initiativen bei Schroth/König/Gutmann – *König*, TPG, Einl. Rn. 8 ff.
16 *Schroth*, JZ 1997, 1149, 1150 f; *ders.*, in FS für Roxin, S. 869, 878; ebenso *Schroeder*, ZRP 1997, 265.

den sind. Schließlich sind Wertungswidersprüche im Vergleich zur Kommerzialisierung des Menschen und seiner Organe in anderen Bereichen nicht zu verkennen (u. a. sexualbezogene Handlungen gegen Entgelt wie Prostitution oder Pornografie).[17]

C. Der Regelungsgehalt der Organhandelstatbestände

Der Anwendungsbereich des Transplantationsgesetzes wird in § 1 I S. 2 TPG ausdrücklich für den Organhandel eröffnet. Kernstück ist das in § 17 I TPG enthaltene Verbot dessen, was der Gesetzgeber als Organhandel ansieht. § 17 II TPG untersagt dem Arzt, „gehandelte" Organe zu entnehmen oder zu übertragen. Er untersagt ferner dem potenziellen Empfänger, sich ein solches Organ übertragen zu lassen. Verstöße gegen § 17 TPG werden in der gesonderten Vorschrift des § 18 TPG mit Strafe bedroht.[18] Was auf den ersten Blick einfach erscheint, erweist sich im Detail als außerordentlich diffizil. Der Regelungsgehalt des Organhandelsverbots erschließt sich erst nach Durchlaufen mehrerer Stationen, wobei die Interpretation teils beträchtliche Schwierigkeiten bereitet. Die folgende Checkliste mag zur Erleichterung der Rechtsanwendung beitragen[19]:

- **Organ, Organteil oder Gewebe (§ 1 I S. 1, II Nr. 2, § 1a Nr. 1, 4 TPG)?**
  Falls Blut oder Blutbestandteile (§ 1 II Nr. 2) → TPG nicht anwendbar und kein Organhandel.

Falls Organbegriff erfüllt:

- **Vertrieb von Arzneimitteln aus oder unter Verwendung von Organen (§ 17 I S. 2 Nr. 2 TPG)?**
  – Organe i. S. von § 1a Nr. 1 TPG, § 2 III Nr. 8 AMG? Falls ja: → § 17 I S. 2 Nr. 2 TPG nicht anwendbar (und Organhandel denkbar).

---

17 Eingehend zu den durch den Gesetzgeber angeführten Schutzgütern: *König*, Organhandel, S. 109 ff.; Schroth/König/Gutmann – *König*, TPG, vor §§ 17, 18 Rn. 17 ff.; *Weber*, Der Begriff des Handeltreibens, S. 431 ff.
18 Zu den durch Blankettstrafgesetze aufgeworfenen Problemen *Schroth*, Vorgänge 138 (1997), 46, 53 sowie *König*, Organhandel, S. 137 ff.
19 Abdruck der (aktualisierten) Checkliste (s. Schroth/König/Gutmann – *König*, TPG, §§ 17, 18 Rn. 3) mit freundlicher Genehmigung des Verlags C. H. Beck, München.

- Samen-, Eizellen einschließlich Keimzellen oder Embryonen (§ 4 XXX S. 2 AMG)? Falls ja: → § 17 I S. 2 Nr. 2 TPG nicht anwendbar (und Organhandel denkbar).
- Vorgänge im Zusammenhang mit Hingabe/Entnahme des Organs/Gewebes? Falls nur dies: → § 17 I S. 2 Nr. 2 TPG nicht erfüllt (und Organhandel denkbar).
- Nicht im industriellen Verfahren be- oder verarbeitete Gewebezubereitung (§ 21a AMG)? Falls ja: → § 17 I S. 2 Nr. 2 TPG nicht anwendbar (und Organhandel denkbar).

Falls § 17 I S. 2 Nr. 2 TPG gegeben (Zulassungs- [§ 21, auch i. V. m. § 37 AMG] oder Registrierungspflicht [§ 38, § 39a AMG] oder durch VO von Zulassung oder Registrierung freigestellt [§§ 36, 39 III AMG], Wirkstoff i. S. v. § 4 XIX AMG)→ kein Organhandel.

Andernfalls:

- **Soll das Organ oder Gewebe der Heilbehandlung dienen (§ 17 I S. 1 TPG)?**
  Falls zu kosmetischen, industriellen Zwecken, Ausbildungs- oder Forschungszwecken → kein Organhandel.

- **Handeltreiben (§ 17 I S. 1 TPG)?**
  Nach herkömmlicher Rspr.: „alle *eigennützigen* Bemühungen, die *darauf gerichtet sind*, den *Umsatz von Organen oder Geweben* zu *ermöglichen* oder zu *fördern*, selbst wenn es sich nur um eine einmalige oder vermittelnde Tätigkeit handelt".

Falls aber
Gewährung/Annahme *angemessenen* Entgelts für zur Heilbehandlung gebotene Maßnahmen wie Entnahme, Konservierung usw. (**§ 17 I S. 2 Nr. 1 TPG**) → kein Organhandel.

D. Die Objekte des Handelsverbots

I. Organe, Gewebe

Taugliche Tatobjekte der §§ 17, 18 TPG sind *Organe und Gewebe*. Der Organ- und Gewebebegriff ist in § 1 a Nr. 1, 4 TPG legaldefiniert, wobei der

Gesetzgeber im Wesentlichen die Formulierungen von Art. 2 II b, 3 b der EG-Geweberichtlinie übernommen hat.[20] Beispiele für Organe sind Herz, Lunge, Leber, Niere, Bauchspeicheldrüse und Darm (vgl. auch § 1 a Nr. 2 TPG). Die Haut – medizinisch ein Organ – schlägt das Gesetz dem Gewebe zu.[21] Aus dem Anwendungsbereich des Gesetzes ausgenommen und damit auch nicht geeignetes Objekt strafbaren Organhandels sind Blut und Blutbestandteile (§ 1 II TPG).[22] Knochenmark ist seit Inkrafttreten des Gewebegesetzes in den Geltungsbereich des TPG einbezogen. Das Gleiche gilt für embryonale und fetale Organe und Gewebe. Zellen werden durch § 1 a Nr. 4 TPG dem Gewebe gleichgestellt, weswegen das TPG nunmehr auch für Gene und andere DNA-Teile einschließlich der Ei- und Samenzelle gilt.[23]

II. Die Arzneimittelklausel des § 17 I S. 2 Nr. 2 TPG

Eine überaus bedeutsame Einengung erfahren die Tatobjekte durch § 17 I S. 2 Nr. 2 TPG („Arzneimittelklausel"). Die Vorschrift betrifft Arzneimittel, die aus oder unter Verwendung von Organen oder Geweben hergestellt sind. Sie zielt – wie auch ihr in § 17 I S. 2 Nr. 1 TPG geregeltes Pendant („Entgeltklausel")[24] – darauf ab, dass durch das Verbot des kommerziellen Organ- und Gewebetransfers dem für die Versorgung der Bevölkerung weiterhin unabdingbaren gewinnorientierten „Umsatz" von Therapeutika, die Organe oder Gewebe (Zellen) sind oder solche enthalten, nicht die Grundlage entzogen wird. Beispielhaft zu nennen ist der Verkauf von Präparaten aus harter Horn-

---

20 ABl. EU Nr. L 102 vom 7.4.2004 S. 48. § 1 a Nr. 1 TPG: Organe sind „mit Ausnahme der Haut, alle aus verschiedenen Geweben bestehenden Teile des menschlichen Körpers, die in Bezug auf Struktur, Blutgefäßversorgung und Fähigkeit zum Vollzug physiologischer Funktionen eine funktionale Einheit bilden, einschließlich der Organteile und einzelnen Gewebe eines Organs, die zum gleichen Zweck wie das ganze Organ im menschlichen Körper verwendet werden können, mit Ausnahme solcher Gewebe, die zur Herstellung von Arzneimitteln für neuartige Therapien im Sinne des § 4 Absatz 9 des Arzneimittelgesetzes bestimmt sind"; § 1 a Nr. 4 TPG: Gewebe sind „alle aus Zellen bestehenden Bestandteile des menschlichen Körpers, die keine Organe nach Nummer 1 sind, einschließlich einzelner menschlicher Zellen".
21 Zu den Gründen BT-Drs. 16/3146, S. 24.
22 Zu den daraus resultierenden Wertungswidersprüchen Schroth/König/Gutmann – König, TPG, vor §§ 17, 18, Rn. 4.
23 Die Ausführungen in BT-Drs. 16/3146, S. 23 zur Kollision mit dem EschG sind nicht dahin zu verstehen, dass das Organhandelsverbot für embryonale und fetale Organe und Gewebe nicht gilt. Zum früheren Rechtszustand und seinen Verwerfungen König, Organhandel, S. 84 ff., 141 f., sowie Schroth/König/Gutmann – König, TPG, § 1 Rn. 7.
24 Dazu E IV 2.

haut oder von Oberflächenhaut-, Faszien- und Knochenpräparaten,[25] der ohne die Arzneimittelklausel bei Strafdrohung verboten wäre. Bei allem Verständnis für den pragmatischen Standpunkt des Gesetzgebers ist die Regelung mit dem pauschalen Verdikt gegen die Kommerzialisierung schwerlich in Einklang zu bringen. Denn wenn es würdelos (und strafbares Unrecht) sein soll, für Organe und Gewebe im ursprünglichen Zustand Geld zu nehmen, so ist nicht einsichtig, warum man dieselben Organe oder Gewebe soll verkaufen dürfen, sobald sie nach Aufbereitung und Konservierung sauber verpackt zur Abnahme bereitstehen. Organe und Gewebe werden durch die Bearbeitung nicht gleichsam wie „Phönix aus der Asche" zu einem aliud. Dementsprechend hat der Bayerische Verwaltungsgerichtshof nicht in Zweifel gezogen, dass Leichen bzw. Leichenteile auch nach deren aufwendiger Plastination weiterhin als solche dem Bestattungsrecht unterliegen.[26]

In der Sache setzt der Ausschlusstatbestand des § 17 I S. 2 Nr. 2 TPG zunächst voraus, dass ein *Arzneimittel* inmitten steht. Hierzu muss man wissen, dass vom Menschen gewonnene, therapeutischen Zwecken dienende Explantate im Grundsatz den Arzneimittelbegriff erfüllen würden.[27] Sie wären damit im Prinzip allesamt an der Arzneimittelklausel zu messen und könnten in deren Anwendungsbereich (straffrei) gehandelt werden. Die Diskussionen um die Zuordnung von Explantaten zum Regelungsbereich des TPG (kein Handel im eigentlichen Sinne zulässig) oder zum AMG (echter Handel zulässig) hat das Gesetzgebungsverfahren zum Gewebegesetz wesentlich geprägt. Seltsamerweise ist dabei nicht deutlich geworden, dass der Grundkonflikt bereits im „alten" TPG existent gewesen, von den Verantwortlichen aber bewusst in den Hintergrund gedrängt worden ist. Gelegentlich konnte man den Eindruck gewinnen, dass die aus einer Kommerzialisierung resultierenden Gefahren als „Büttel" für das Anliegen eingesetzt wurden, möglichst nicht mit den Regularien des AMG für Gewinnung und Umgang mit Arzneimitteln (auch finanziell) belastet zu werden. Folgende Grundlinien kennzeichnen die neue, im Vergleich zur „alten" wohl noch unübersichtlichere Rechtslage:

§ 2 III Nr. 8 AMG nimmt Organe i. S. des § 1 a Nr. 1 TPG ausdrücklich aus dem Arzneimittelbegriff aus und unterstellt sie dem Transplantationsgesetz; sofern sie zur Übertragung auf menschliche Empfänger bestimmt sind, ist

---

25 Interfraktioneller Entwurf, BT-Drs. 13/4355, S. 30; BT-Drs. 16/3146 S. 37.
26 BayVGH, NJW 2003, 1618.
27 Interfraktioneller Entwurf, BT-Drs. 13/4355, S. 32 [Einzelbegründung zu § 20 Nr. 1 a. E.]. *Wolfslast/Rosenau*, NJW 1993, 2348.

§ 17 I S. 2 Nr. 2 TPG auf sie nicht anwendbar (und Organhandel grundsätzlich denkbar).[28] Hauptbeispiele sind die in § 1 a Nr. 2 TPG genannten vermittlungspflichtigen Organe Herz, Niere, Leber, Lunge, Bauchspeicheldrüse und Darm. Aus dem Arzneimittelbegriff ausgenommen sind durch den im letzten Stadium des Gesetzgebungsverfahrens zum Gewebegesetz eingefügten § 4 XXX S. 2 AMG ferner menschliche Samen- und Eizellen einschließlich Keimzellen sowie Embryonen. Hingegen sind (sonstige) Gewebezubereitungen, die Gewebe i. S. von § 1 a Nr. 4 TPG sind oder aus solchen hergestellt worden sind, Arzneimittel (§ 4 XXX S. 1 AMG). Namentlich in Bezug auf sie ist weiter zu untersuchen, ob sie den Vorschriften über die Zulassung oder die Registrierung unterliegen (§ 21, auch i. V. m. § 37, §§ 38 oder 39a AMG) oder durch Rechtsverordnung nach § 36 oder § 39 III AMG von Zulassung/Registrierung freigestellt sind. Gleichfalls Arzneimittel sind Wirkstoffe (§ 4 XIX AMG), die aus oder unter Verwendung von Zellen hergestellt sind.[29] Sind die genannten Kriterien erfüllt, so scheidet Organhandel unweigerlich aus. Aus dem Handelsverbot ausgegliedert ist damit ein großer Bereich, allerdings nicht auf der Stufe der Hingabe des Organs oder Gewebes durch den Spender bzw. der Entnahme durch den Arzt. „Nur" der Vertrieb ist aus der Strafbarkeit ausgegrenzt, weswegen z. B. der Verkauf einer dura mater durch einen Obduktionsgehilfen an ein Pharmaunternehmen Organhandel ist.[30]

Anders liegt es allerdings für nicht im industriellen Verfahren be- und verarbeitete Gewebezubereitungen; sie unterliegen *nicht* der Zulassung und Registrierung im obigen Sinn, sondern dem Genehmigungsverfahren nach § 21 a AMG.[31] Im Hinblick darauf, dass § 17 I S. 2 Nr. 2 TPG diese Arzneimittel nicht einbezieht (§ 21 a AMG nicht zitiert), gilt für sie – obwohl Arzneimittel – in allen Stadien grundsätzlich das Organhandelsverbot. Betroffen sind insoweit vor allem Herzklappen, Haut, ganze Knochen und Augenhornhäute.

---

28 Der Umgang mit ihnen ist vielmehr an § 17 I S. 2 Nr. 1 TPG zu messen; s. unten E IV 2.
29 Zu den Motiven für diese Regelung BT-Drs. 16/3146, S. 35.
30 Schroth/König/Gutmann – *König*, TPG, §§ 17, 18 Rn. 13. S. hierzu auch BT-Drs. 16/3146, S. 35.
31 Das neuartige vereinfachte Genehmigungsverfahren ist als Konzession an die Kritik namentlich der Ärzteschaft unter dem Aspekt verwerflicher Kommerzialisierung und des mit dem regulären Verfahren verbundenen Aufwands auch in finanzieller Hinsicht aufgenommen worden, dazu schon im Text, sowie *Hüppe*, Bundestags-Plenarprot. vom 24.5.2007, S. 10303.

III. Der Zweck der Heilbehandlung

Die Verbote des § 17 TPG gelten nur für Organe bzw. Gewebe, die einer Heilbehandlung zu dienen bestimmt sind. Die Zweckbestimmung ist nach den Gesetzesmaterialien insbesondere gegeben, wenn das Organ zu Heilzwecken auf einen anderen Menschen übertragen werden soll. Ein direkter Bezug zu Heilzwecken muss dabei nicht gegeben sein. Auch die (entgeltliche) Abgabe von Organen an die pharmazeutische Industrie zum Zweck der Herstellung von Arzneimitteln will der Gesetzgeber erfassen.[32] Er wird insoweit die bereits oben angesprochenen Fälle des Verkaufs von Leichenteilen an pharmazeutische Unternehmen im Auge gehabt haben.

Werden mit dem Organ Zwecke *außerhalb der Heilbehandlung* verfolgt, etwa solche der industriellen oder wissenschaftlichen Forschung oder der Kosmetik, so ist das Handelsverbot des § 17 TPG nicht einschlägig.[33] Das bedeutet, dass man mit *sämtlichen* Organen (auch mit Organen und Geweben von Embryonen und Föten) zu diesen anderen Zwecken weiterhin ungestraft handeln darf. Eine überzeugende Begründung für diese gesetzgeberische Wertung fehlt. Verurteilt man wie der Gesetzgeber die Kommerzialisierung, so leuchtet nicht ein, warum der Organverkauf das Stigma der Würdelosigkeit und der Strafbarkeit nicht verdient, falls er darauf abzielt, den Endabnehmer oder die Endabnehmerin zu verschönern, wohl aber dann, wenn er heilbringend, ggf. sogar lebensrettend wirkt.[34]

E. Das Merkmal des Handeltreibens

Einzige Tathandlung des (zusammengesetzten) Straftatbestandes nach § 17 I S. 1, § 18 I TPG ist das Handeltreiben. Das Merkmal findet außerhalb des Transplantationsgesetzes meist in Rechtssätzen Verwendung, die dem Umgang mit gefährlichen Gegenständen entgegenwirken wollen (insbesondere Betäubungsmittelrecht).[35] Dort herrschen Phänomene vor, die dem Kern-

---

32 Schroth/König/Gutmann – *König*, TPG, §§ 17, 18 Rn. 14.
33 Interfraktioneller Entwurf, BT-Drs. 13/4355, S. 29.
34 Hierzu und zur Würdigung der gesetzgeberischen Motive Schroth/König/Gutmann – *König* TPG, vor §§ 17, 18 Rn. 15; §§ 17, 18 Rn. 15.
35 U. a. § 29 I S. 1 Nr. 1 BtMG, s. aber auch § 19 I Nr. 1, § 20 I Nr. 1 KWKG. Umfassend und grundlegend zum Begriff des Handeltreibens in seiner Ausformung in den verschiedenen Gesetzen *Weber*, Der Begriff des Handeltreibens.

bereich professioneller, vielfach Organisierter Kriminalität zuzurechnen sind. Sie sind durch Arbeitsteilung, Tarnung und das Gewinnstreben auf Kosten des Lebens und der Gesundheit zahlloser Menschen geprägt.[36] Dem trägt die höchstrichterliche Rechtsprechung durch eine weite Interpretation Rechnung.[37] Eine einschränkende Interpretation dieses Begriffs hat der Große Senat für Strafsachen des BGH mit sorgfältiger Begründung abgelehnt.[38] Unter Handeltreiben werden alle eigennützigen Bemühungen gefasst, die darauf gerichtet sind, den Umsatz der gefährlichen Objekte zu ermöglichen oder zu fördern, selbst wenn es nur um eine einmalige oder vermittelnde Tätigkeit geht. Die Materialien nennen beispielhaft den Verkauf und Verkaufsbemühungen, den Ankauf und Ankaufbemühungen in Weiterveräußerungsabsicht sowie Verhandlungen vor Vertragsschluss und bringen so zum Ausdruck, dass vollendetes Handeltreiben bereits zu einem sehr frühen Zeitpunkt gegeben sein kann.[39]

Die Übernahme dieses Konzepts auf den Umgang mit Organen ist schon im Ausgangspunkt problematisch. Strukturelle Unterschiede resultieren daraus, dass mit dem Organ das Objekt der Umsatztätigkeit nicht gefährlich, sondern heilbringend, und mit der Transplantation der Umsatz prinzipiell erwünscht ist. Bereits Vorteilsstreben im weitesten Sinn kann aber die Waage für den an sich erwünschten „Umsatz" des Organs hin zum Verbot und zur Strafbarkeit neigen. Ein derartiger Ansatz ist im geltenden Strafrecht soweit ersichtlich ohne Vorbild. In tatsächlicher Hinsicht existieren zudem keine Anhaltspunkte, dass professionelle Schwerkriminalität beim Umgang mit Organen in Deutschland verbreitet ist. Das Handelsverbot muss daher im Inland hinsichtlich des skrupellosen Organhändlers auf ein Vakuum stoßen. Getroffen werden vor allem der Spender und der Empfänger des Organs sowie die berufsmäßig mit Transplantationen befassten Personen.

Diese Problemlage hat das BSG anlässlich der Beurteilung einer Überkreuzspende zu einer restriktiven, von der Auslegung im BtMG abweichenden Interpretation veranlasst.[40] Das Gericht will die §§ 17, 18 TPG wohl generell auf Handelsgeschäfte beschränken, die die Gefahr der „Ausbeutung im weitesten Sinne" in sich tragen. Hiergegen steht jedoch, dass der Gesetz-

---

36 BT-Drs. 11/5461, S. 5; BT-Drs. 12/989, S. 20.
37 So schon RGSt 51, 379/380; näher *Weber*, BtMG, § 29 Rdn. 153 ff.; kritisch zur Auslegung des Handeltreibens etwa *Roxin*, StV 1992, 517.
38 BGH, NJW 2005, 3790 mit Anm. *Weber*, JR 2006, 139.
39 Interfraktioneller Entwurf, BT-Drs. 13/4355, S. 30.
40 JZ 2004, 464 mit Anm. *Schroth*, JZ 2004, 469.

geber mit der Übernahme des Merkmals des Handeltreibens der Kommerzialisierung von Organen *per se* entgegenwirken wollte und deswegen gerade keinen Tatbestand gegen die Ausbeutung geschaffen hat. Dies wird auch aus der Gesetzessystematik deutlich: Würde das Handelsverbot nur ausbeuterisches Verhalten einbeziehen, so hätte es der Ausschlusstatbestände nach § 17 I S. 2 TPG nicht bedurft; denn die Gefahr der Ausbeutung wohnt dem Arzneimittelvertrieb und der Abrechnung berufsmäßiger Leistungen nicht typischer Weise inne.[41] Der vom BSG beschrittene Weg erscheint damit bei allen in der Sache damit verfolgten berechtigten Zielen letztlich nicht gangbar.[42]

I. Der Spender als Organhändler

Erstrangiger Normadressat des § 17 I S. 1 TPG ist der (potenzielle) Spender des Organs. Der Gesetzgeber will verhindern, dass er seine Gesundheit um des Geldes willen beeinträchtigt. Der intendierte Schutz des Spenders vor sich selbst entspringt einem harten paternalistischen Konzept.[43] Der Staat greift trotz gegebener Entschluss- und Handlungsfreiheit des Rechtsgutsträgers[44] in dessen durch die Menschenwürde vor allem garantierte Selbstbestimmung ein, um vorgeblich würdeloses, jedenfalls aber selbstschädigendes Verhalten zu unterbinden. Er will den Spender zu diesem Zweck zu einer „samariterhaften" Haltung[45] zwingen. Die anderen hingegen profitieren, so der Empfänger, der ggf. geheilt wird und wieder einer geregelten Arbeit nachgehen kann, die Krankenversicherung, die sich im Fall der Nierenspende hohe Kosten für die Dialysebehandlung erspart,[46] oder der privat liquidierende Arzt, der die Übertragung vornimmt. Nur dem Lebendspender, der unver-

---

41 Schroth/König/Gutmann – *König*, TPG, §§ 17, 18 Rn. 17; *König*, MedR 2005, 22, 24.
42 S. auch die Stellungnahme des Bundesrats zum Regierungsentwurf eines Gewebegesetzes, BT-Drs. 16/3146 S. 51 (unter Nr. 25); unklar, aber wohl in Richtung auf den hier vertretenen Standpunkt die Gegenäußerung der Bundesregierung, BT-Drs. 16/3146 S. 62 f.
43 *Schroth*, JZ 1997, 1149, 1153 f.
44 Sie ist Voraussetzung für jede Organentnahme zu Zwecken der Transplantation, § 8 I S. 1 Nr. 1 a und b, II TPG.
45 Begriff nach *Schroeder*, ZRP 1997, 265.
46 Vgl. insbesondere den Interfraktionellen Entwurf, BT-Drs. 13/4355, S. 16: „In der gesetzlichen Krankenversicherung werden keine relevanten Kostenauswirkungen entstehen. Den Ausgaben für die insgesamt 3 283 Transplantationen von Nieren, Lebern, Herzen, Lungen und Bauchspeicheldrüsen im Jahre 1995, die … auf rund 400 Millionen DM geschätzt werden, stehen erhebliche Einsparungen bei den Ausgaben für die ambulante medizinische Versorgung von Nierenpatienten gegenüber." Die Ersparnis beläuft sich auf ca. 150 000 bis 300 000 € pro Patienten, s. *Gutmann/Schroth*, Organlebendspende, S. 89 m. w. N.

zichtbares Element der Transplantation ist und der (irreversible) Opfer erbringt, verbietet der Gesetzgeber jeglichen Vorteil und droht ihm für den Fall des Verstoßes auch noch Strafe an. Dies mutet fast schon radikal an. In der Sache eröffnet sich ein weites Feld. Man nähert sich der Problematik am besten, indem man zunächst die Extreme in den Blick nimmt. Das eine Extrem ist der „echte" Organverkauf. Die Hingabe einer Niere gegen Geld ist fraglos Handeltreiben im Sinne des § 17 I TPG. Der Vorteil muss aber nicht gerade in Geld bestehen. Strebt der Spender nach einem Auto, nach einem Haus oder nach einer Erbschaft, so treibt er gleichfalls Organhandel.[47] Den Gegenpol bildet die „samariterhafte" Spende, also die, von der sich der Spender keine messbare Besserstellung erwartet. Keine Besserstellung tritt auch ein beim bloßen Ersatz finanzieller Nachteile, die im Zusammenhang mit der Explantation entstehen (etwa Fahrtkosten). Es fehlt dann am Eigennutz, der (ungeschriebenes) Element des Handeltreibens ist.[48]

Allerdings können die Grenzen zwischen Nachteilsersatz und Zugewinn verschwimmen. Dies zeigt sich bereits an einem durch den Gesetzgeber selbst herangezogenen Beispiel, nämlich der Absicherung des Spenders durch eine Berufsunfähigkeitsversicherung. Nach den Gesetzesmaterialien soll ein solcher Vorgang „begrifflich" kein Handeltreiben darstellen.[49] Dies wird nicht begründet und ist wohl auch nicht begründbar.[50] Denn die Erstattung bekanntlich hoher Versicherungsprämien erbringt dem Spender unbestreitbar Vorteile. Die Versicherung wird auch dann eintreten, wenn der Spender nicht erweislich gerade aufgrund der Hingabe des Organs berufsunfähig wird. Gleichwohl ist der Gesetzgeber beim Wort zu nehmen. Die Straflosigkeit solchen Vorteilsstrebens ergibt sich jedoch erst aus einer auf dessen Willen abstellenden Reduktion des Organhandelsverbots. Sie muss andere Versicherungsverträge gegen Spätfolgen wie etwa die Risikolebensversicherung umfassen. Genau besehen ist damit freilich ein Tor für die Kommerzialisierung aufgesto-

---

47 S. dazu, dass sich das Streben nach materiellen Vorteilen nach der gesetzgeberischen Konzeption nicht mit der Begründung rechtfertigen lässt, die Vorteile seien Entschädigung für immaterielle Nachteile wie Schmerzen und andere Beschwerlichkeiten und bedeuten damit keine Besserstellung: Schroth/König/Gutmann – *König*, TPG, vor §§ 17, 18 Rn. 8, §§ 17, 18 Rn. 27; *König*, Organhandel, S. 156 f.
48 Die Entwurfsbegründung rechnet den Ersatz von Nachteilen fehlsam dem Anwendungsbereich des § 17 I S. 2 Nr. 1 TPG zu, Schroth/König/Gutmann – *König*, TPG, §§ 17, 18 Rn. 28. Die Konstellationen, in denen im Betäubungsmittelrecht die Vermeidung von Nachteilen als Vorteil anzusehen sind, sind anders gelagert; dazu *Weber*, Der Begriff des Handeltreibens, S. 117.
49 Interfraktioneller Entwurf, BT-Drs. 13/4355, S. 30.
50 A. A. *Weber*, Der Begriff des Handeltreibens, S. 115: Es fehle am Vorteil, weil die Vorsorge der auf andere Weise nicht mögliche Ausgleich für das durch den Spender erbrachte Opfer sei.

ßen. Es bedarf nämlich keines großen Argumentationsaufwandes, um selbst gewichtige Zuwendungen wie die des Hauses oder eine große Erbschaft unter Hinweis auf die Zukunftssicherung des Spenders zu legitimieren. Derartiges soll aber nach den Intentionen des Gesetzgebers dem Verbot und der Strafbarkeit unterfallen.[51] Man wird sich schwer tun, eine klare Scheidelinie zwischen Gut (Zukunftssicherung) und Böse („hässliche Bezahlung")[52] zu finden. Auf der sicheren Seite befinden sich die Beteiligten um so eher, je enger sie sich an das Beispiel der Gesetzesmaterialien halten.

Jeglicher Äußerung enthalten sich die Materialien zu dem Spektrum minder gewichtiger Dankbarkeitsgaben, die im Kontext mit Transplantationen vorstellbar sind. Zu denken ist an die Einladung zum Essen oder das Versprechen eines Erholungsaufenthalt in einem fernen Land, „wenn alles überstanden ist". Solche im Vorhinein gegebenen Zuwendungsversprechen oder vom Spender sonst im Vorhinein erwarteten Vorteile[53] können für Handeltreiben ausreichen.[54] Evident ist dabei, dass zumindest Minima wie die Einladung zum Essen nicht die Strafbarkeit von Spender und Empfänger (und des um einen solchen „Handelspakt" wissenden Transplanteurs) auslösen dürfen. Evident ist gleichfalls, dass die Schutzgüter Gesundheit, Entscheidungsfreiheit oder Vermögen und auch Menschenwürde nicht einmal ansatzweise beeinträchtigt werden. Einschlägige Handlungen sind zur Vermeidung einer unvertretbaren Überdehnung der Strafbarkeit im Wege einer schutzzweckorientierten teleologischen Reduktion aus dem Tatbestand zu eliminieren, die allerdings durch die überzogenen Schutzzwecküberlegungen des Gesetzgebers außerordentlich erschwert wird. Gradmesser kann der Gedanke der Korrumpierung sein. Es ist zu fragen, ob bei typisierender Betrachtung nach der Art der Zuwendung unter Berücksichtigung der Situation des Spenders und des jeweiligen Organs damit zu rechnen ist, dass dieser das Organ gerade

---

51 *König*, Organhandel, S. 158 f.
52 Begriff nach *Baumann*, in: Günther/Keller (Hrsg.), Fortpflanzungsmedizin und Humangenetik – Strafrechtliche Schranken?, S. 177, 189.
53 Unerwartete Überraschungsgaben unterfallen dem Handeltreiben hingegen nicht; dazu *Weber*, Der Begriff des Handeltreibens, S. 118; *König*, Organhandel, S. 155.
54 Gestützt wird dies, wenn man die höchstrichterliche Rechtsprechung zum Betäubungsmittelstrafrecht und zu den Bestechungsdelikten heranzieht (zu den Annehmlichkeiten einer Übernachtungsmöglichkeit in Amsterdam: *Weber*, BtMG, § 29, Rn. 301, zur Erwartung eines Darlehens in Höhe von 500 DM: bei *Liemersdorf/Miebach*, MDR 1979, 981, 982; zu Bagatellzuwendungen im Rahmen der §§ 331 ff. StGB: *Lackner/Kühl*, StGB, § 331, Rn. 5 und *König*, JR 1997, 397, 398 f., mit Beispielen aus den Diskussionen des 61. DJT.

wegen der Zuwendung hingibt.[55] Der Erholungsaufenthalt in einem fernen Land nach einer Nierenspende dürfte nach diesen Maßstäben tatbestandslos sein. Wegen eines Urlaubs gibt man nicht ein essenzielles Organ wie die Niere auf.

Die Lebendspende nicht regenerierbarer Organe hat der Gesetzgeber nur im Rahmen enger Nähebeziehungen zugelassen. Er sieht diese Nähebeziehungen als weniger anfällig für Organhandel an.[56] Womöglich ist aber übersehen worden, dass gerade dort wirtschaftliche Überlegungen nicht selten eine gewichtige Rolle spielen. So könnte der Ehemann die Niere nicht nur aus Liebe und Zuneigung hingeben,[57] sondern auch mit dem Ziel, der im gemeinsamen Betrieb mitarbeitenden Ehefrau zur Wiederherstellung ihrer durch die regelmäßig anfallende Dialysebehandlung beeinträchtigten Arbeitskraft zu verhelfen (und sich zu den damit verbundenen materiellen Vorteilen). Es könnte desgleichen um die Ersparnis der Kosten für die Kinderfrau, um das zweite Gehalt, oder allgemein um den früher gepflogenen Lebensstandard gehen. Vielleicht lässt sich auch mancher von dem Wunsch leiten, eine brüchig gewordene Beziehung durch das mit der Organspende erbrachte Opfer wieder zu festigen und die mit einer Trennung verbundenen wirtschaftlichen Verwerfungen zu vermeiden.

Man wird nicht behaupten können, dass solche Begebenheiten fernab der Realität konstruiert sind. Phänomene wie die genannten dürften im Gegenteil eher die Regel als die Ausnahme sein, wobei der Fantasie bei der Entwicklung kaum Grenzen gesetzt sind. Sie sind nunmehr sämtlich am Organhandelsverbot zu messen, weil von handfestem Vorteilsstreben (mit-)bestimmte Umsatzbemühungen gegeben sind. Bei minder gewichtigen Positionen besteht zwar entsprechend dem zuvor Gesagten Raum für eine einschränkende Auslegung. Auch ist Vorteilsstreben nicht bereits dann anzunehmen, wenn der Spender lediglich eine Verschlechterung des (wirtschaftlichen) *Status quo*

---

55 *König*, Organhandel, S. 162 ff.; Schroth/König/Gutmann – *König*, TPG, §§ 17, 18 Rn. 29; *Weber*, Der Begriff des Handeltreibens, S. 118 f.

56 S. § 8 I S. 2 TPG. Im Hintergrund der Einschränkung des Spenderkreises steht die Befürchtung, dass eine völlige „Freigabe" der Lebendspende „die Gefahr des Organhandels in letztlich nicht mehr kontrollierbarer Weise erhöhen" würde, Interfraktioneller Entwurf, BT-Drs. 13/4355, S. 20. BVerfG, NJW 1999, 3399 (mit Anm. *Gutmann*, NJW 1999, 3387) hat dies nicht beanstandet, hiergegen Schroth/König/Gutmann – *Gutmann*, TPG, § 8 Rn. 27 ff.

57 S. dazu, dass das Streben nach Liebe und Zuneigung mangels Messbarkeit des Vorteils nicht zur Annahme des Handeltreibens führt, Schroth/König/Gutmann – *König*, TPG, §§ 17, 18 Rn. 31; *König*, Organhandel, S. 167 ff.

abwenden will.⁵⁸ Allerdings wird es oftmals Positionen geben, in denen Vermögenszuwachs vorliegt. Mit den angesprochenen Handhaben kann deshalb nur ein Teil der einschlägigen Erscheinungen abgefangen werden. Die Strafjustiz sowie die nach dem Zeitablauf zuerst berufene Ärzteschaft, sind demnach mit einem Problemknäuel konfrontiert. Man sieht nicht, wie die Beteiligten imstande sein sollten, es zu entwirren. Es hilft auch nicht viel, dass aufgrund der § 153 StPO, § 18 IV TPG (§ 153 b StPO) wenigstens nicht gestraft werden muss. Denn der Arzt ist vor die Entscheidung gestellt, ob er eine notwendige, ggf. lebensrettende Operation durchführt. Er wird das Risiko der Verbotsverletzung und der Strafbarkeit nicht gerne eingehen. Die Transplantation wird im Zweifel dann eben unterbleiben. Genauso wenig verschlägt der Hinweis, die Ärzte würden von den hinter einer Organspende stehenden Motiven meist nichts erfahren. Abgesehen davon, dass ein solcher Gedanke eine verfehlte Regelung gewiss nicht zu stützen vermag, muss der Arzt – bei der Transplantation nicht regenerierbarer Organe von einer Kommission unterstützt (§ 8 III S. 2 TPG) – die Motive erforschen. Der Großteil der Betroffenen wird aber auf entsprechende Fragen arglos antworten. Nur wenige würden wohl damit rechnen, dass wirtschaftliche Erwägungen aus einem vielfach gegebenen Motivbündel das Verbot des Organhandels verletzen und so die Transplantation unmöglich machen könnten.

Diffizile Fragen ranken sich schließlich um Konstellationen, in denen der Spender Dritte begünstigen will. Ein Beispiel gäbe der Vater, der, wozu er sonst nicht in der Lage wäre, aus dem Erlös eines Organverkaufs der Tochter ein Studium finanzieren will. Fraglich ist, ob er sich deswegen (eigennützigen) Handel vorwerfen lassen muss. Sofern das Geld Durchlaufposten in seinem Vermögen ist, erscheint eine *materielle* Besserstellung diskutabel. Denn immerhin kann er über das Geld verfügen. Mit dieser Begründung hat der Bundesgerichtshof anderswo Eigennutz und Strafbarkeit bejaht.⁵⁹ Dem steht jedoch zwingend entgegen, dass dem „Täter" nicht einmal das Substrat des Geldes verbleibt, wenn er ausschließlich anderen helfen will. Von einem materiellen Vorteil lässt sich deshalb nicht sprechen.⁶⁰ Allerdings ist Handeltreiben nach ganz herrschender Meinung nicht nur beim Streben nach wirtschaftlichen Vorteilen gegeben. Eigennützig handelt vielmehr auch, wer nach (messbaren) *immateriellen* Vorteilen trachtet. Eine immaterielle Besserstellung

---

58 Mangels Besserstellung und damit Eigennutzes; allerdings verfährt der BGH beim illegalen Drogenhandel und bei den §§ 331 ff. StGB anders, BGH, NStZ 1992, 594; BGH, NStZ 1985, 497, 499.
59 BGHSt 28, 308, 309 (Drogenhandel); BGHSt 15, 286; 35, 128 (Bestechungsdelikte).
60 Z. T. a. A. *Weber*, Der Begriff des Handeltreibens, S. 120.

wegen der kurzzeitigen Möglichkeit, „im Geld wühlen zu können",[61] liegt dabei eher fern. Für einen Fall des Drogenhandels hat der Bundesgerichtshof jedoch eine immaterielle Besserstellung darin gefunden, dass der Täter eine familiäre Pflicht erfüllt habe.[62] Überzeugend ist das nicht. Denn eine etwaige Besserstellung ist nicht objektiv messbar. Solchermaßen gearteter Altruismus unterfällt dem Organhandelsverbot daher insgesamt nicht. Einzuräumen ist, dass das Ergebnis den Intentionen des Gesetzgebers widerstreitet. Wer die Kommerzialisierung von Organen verurteilt, muss auch altruistischen Organverkauf ablehnen. Außerdem sind die Konsequenzen ungereimt. Dies wird augenfällig, wenn man dem Fall des rein selbstlos handelnden Vaters den Fall des Vaters gegenüberstellt, der den Kaufpreis in den Familienhaushalt einfließen lässt und damit selbst begünstigt ist. Er wäre unzweifelhaft „Organhändler". Ungeachtet dessen, dass man Bedenken wohl eher gegen die Strafbarkeit des Letztgenannten als gegen die Straflosigkeit des Erstgenannten haben wird, ist die Einbeziehung des Handelns aus Pflichtgefühl mit dem Wortsinn des Gesetzes nicht vereinbar. Überdies könnte sie das Ende der Lebendspende überhaupt bedeuten. Ethisch empfundene Verpflichtung und deren Erfüllung werden im Rahmen sozialer Nähebeziehungen typischerweise gegeben sein. Diese Einschätzung legt der Gesetzgeber der Beschränkung des Spenderkreises in § 8 I S. 2 TPG gerade zugrunde.[63]

II. Strafbarkeit des Organempfängers

§ 17 II, § 18 I TPG bedrohen denjenigen mit Strafe, der sich ein in einen Organhandel involviertes Organ übertragen lässt. Der Gesetzgeber sieht das Sichübertragenlassen demnach als gleich schweres Unrecht an wie den „Verkauf" durch Spender oder Organhändler. Dahinter steht u. a. der Gedanke, dass die Nachfrage den Markt schafft.[64] Die Pönalisierung des ggf. todkran-

---

61 In Anlehnung an plastische Formulierungen bei *Kuhlen*, NStZ 1988, 433, 437 und *Tenckhoff*, JR 1989, 33, 34 [jeweils zu den Bestechungsdelikten].
62 BGHR BtMG § 29 Abs. 1 Nr. 1 Handeltreiben 48; der Täter hatte sich am Drogenhandel beteiligt, um Schulden seines Vaters zu begleichen; im gleichen Sinn BGH, StraFo 2006, 388.
63 Interfraktioneller Entwurf, BT-Drs. 13/4355, S. 21, vgl. auch S. 14. Näher Schroth/König/Gutmann – *König*, TPG, §§ 17, 18 Rn. 30 sowie *Weber*, Der Begriff des Handeltreibens, S. 121; zur Cross-Lebendspende, die nicht per se Organhandel darstellt, Schroth/König/Gutmann – *König*, TPG, §§ 17, 18 Rn. 31; ebenso *Weber*, Der Begriff des Handeltreibens, S. 121 f. Umfassend zu § 8 I S. 2 *Fateh-Moghadam*, Die Einwilligung in die Lebend-Organspende S. 259 ff.
64 BT-Drs. 13/8017 S. 43/44. Verhindert werden soll auch, dass sich deutsche Staatsangehörige auf den Organmärkten der Dritten Welt „bedienen".

ken Organempfängers ist wie die des Spenders gravierenden Bedenken ausgesetzt.[65] Selbst wenn man dem Gesetzgeber aber im Prinzip folgen wollte, leuchtet nicht ein, warum der Schwerpunkt des Unrechts gerade bei der Übertragung verortet wird, die den letzten und gewissermaßen unvermeidlichen Akt des „Handelspakts" bildet. Das Gesetz gebietet dem potenziellen Empfänger bei Strafdrohung, der Operation zu widersprechen, bei ungewissen Folgen für das ggf. bereits sogar entnommene Organ. Wenn überhaupt, dann wären Unrecht und Strafwürdigkeit bei Anbahnung und Abschluss des Organkaufs anzusiedeln. Insoweit fehlt es jedoch an einer ausdrücklichen Strafdrohung. Wegen des „Handelspakts" kann sich der Empfänger des Organs auch nicht des täterschaftlichen Organhandels nach § 17 I S. 1, § 18 II TPG schuldig machen. Er erstrebt nämlich einen „Umsatz" auf sich selbst. Da weitere Umsatztätigkeit nicht intendiert ist, scheidet Handeltreiben aus.[66] Auch unter dem Blickwinkel der §§ 26, 27 StGB geht er als notwendiger Teilnehmer vielfach straflos aus. Strafbare Teilnahme ist nur bei Überschreitung der Mindestmaßbeteiligung möglich.[67] Das alles erscheint nicht sehr schlüssig.

III. Die Absehens-/Milderungsklausel nach § 18 IV TPG

Nach § 18 IV TPG kann das Gericht bei Spender und Empfänger die Strafe mildern oder ganz von Strafe absehen. Die Vorschrift enthält keinerlei gesetzliche Vorgaben für die Umsetzung und verlagert so die Verantwortlichkeit für das Ob und das Wie der Strafe auf die Praxis. Sie kollidiert deswegen mit dem Bestimmtheitsgebot und dem Grundsatz der Gewaltenteilung.[68] Als grobe Richtschnur für die Handhabung kann gelten, dass ein Absehen von Strafe umso näher liegt, je bedrängender die Schwächesituation aufseiten des Empfängers oder des Spenders ist, wobei in Bezug auf den Spender eine Rolle spielt, ob sein Handeln von Altruismus zu Gunsten des Empfängers oder anderer (etwa Angehöriger) bestimmt ist und inwieweit er selbst durch die Entnahme des Organs geschädigt wird. „Aggressives" Vorgehen des Spen-

---

65 Schroth/König/Gutmann – *König*, TPG, §§ 17, 18 Rn. 58.
66 Interfraktioneller Entwurf, BT-Drs. 13/4355, S. 31; Schroth/König/Gutmann – *König*, TPG, §§ 17, 18 Rn. 32; *König*, Organhandel, S. 177; verfehlt Höfling – *Rixen*, TPG, § 17 Rn. 23.
67 Schroth/König/Gutmann – *König*, TPG, §§ 17, 18 Rn. 33; *Weber*, Der Begriff des Handeltreibens, S. 122.
68 *Schroth*, JZ 1997, 1149, 1151; Schroth/König/Gutmann – *König*, TPG, §§ 17, 18 Rn. 66. S auch Bundesrat in BT-Drs. 16/3146 S. 51 f. (unter Nr. 26) sowie die wenig aufschlussreiche Gegenäußerung der Bundesregierung, BT-Drs. 16/3146 S. 63.

ders/Empfängers kann (nur) zur Strafmilderung führen; zuweilen können die Wohltaten des § 18 IV TPG unter solchen Vorzeichen ganz zu versagen sein.

IV. Berufsmäßige Tätigkeiten

Im Zusammenhang mit der Organentnahme und -übertragung einschließlich deren Vorbereitung gibt es eine ganze Reihe von Tätigkeiten, die insofern gewinnorientiert sind, als die Beteiligten dadurch ihren Lebensunterhalt verdienen. Dazu zählen sämtliche ärztlichen und pflegerischen Leistungen wie auch beispielsweise die entgeltliche Aufbewahrung und Präparierung eines Organs in einer Organbank oder der Organtransport.

1. Berufsmäßige Tätigkeiten und Handeltreiben

Wir erinnern uns an den umfassenden Zugriff des Organhandelsverbots: Der Gesetzgeber verurteilt Umsatzbemühungen, die von Vorteilsstreben geprägt sind. So überrascht es nicht weiter, dass die genannten Tätigkeiten grundsätzlich das Merkmal des Handeltreibens erfüllen. Handeltreiben umfasst eigennützige Umsatzbemühungen und die eigennützige Förderung fremder Umsatzbemühungen. Umsatz ist die einverständliche Übertragung des Organs auf einen anderen. Dass die angesprochenen Tätigkeiten auf solchen „Umsatz" ausgerichtet sind, versteht sich von selbst. Die Umsatzbemühungen erfolgen in Erwartung des regulären Gehalts bzw. einer spezifischen Vergütung für die konkrete Tätigkeit, weswegen auch das Vorteilsstreben nicht zweifelhaft ist. Damit liegt strafbarer Organhandel selbst dann im Bereich des Möglichen, wenn eine ansonsten ordnungsgemäße, nicht kommerzialisierte Transplantation vorliegt.[69]

2. Die Entgeltklausel nach § 17 I S. 2 Nr. 1 TPG

Klar ist, dass die angesprochenen entgeltlichen Leistungen auch unter der Geltung des Organhandelsverbots unverzichtbar sind. Der Gesetzgeber musste deswegen dafür Sorge tragen, dass sie nicht unversehens zum verbotenen und strafbaren Organhandel werden. Er meint, die Lösung in einer Regelung gefunden zu haben, mit der aus dem gewaltigen Spektrum entgeltlicher Umsatzbemühungen ein (nicht anstößiger) Ausschnitt herausgenommen werden soll. Hierzu ist in § 17 I S. 2 Nr. 1 TPG bestimmt, dass das Handelsverbot

---

[69] Schroth/König/Gutmann – *König*, TPG, §§ 17, 18 Rn. 34. Zu Betäubungsmittelhandel und Arbeitsverhältnis *Weber*, BtMG, § 29 Rn. 303 f., 417.

nicht gilt „für die Gewährung oder Annahme eines angemessenen Entgelts für die zur Erreichung des Ziels der Heilbehandlung gebotenen Maßnahmen, insbesondere die Entnahme, die Konservierung, die weitere Aufbereitung einschließlich der Maßnahmen zum Infektionsschutz, die Aufbewahrung und die Beförderung des Organs". Satzungetüme wie das vorstehende, die – noch dazu verschränkt mit einer beispielhaften Auflistung – in einem Straftatbestand ohnehin nichts zu suchen haben, sind nicht selten Indiz dafür, dass das Konstrukt nicht trägt. Der erste Eindruck bestätigt sich bei näherem Hinsehen. Es sind im Grunde zwei Ansätze, mit denen die Intentionen verwirklicht werden sollen. Der erste Eckpfeiler der legislatorischen Überlegungen ist es, dass ein Entgelt *für das Organ schlechthin unzulässig* ist.[70] Vergütet werden dürfen nur die für das Gelingen der Transplantation erbrachten Leistungen. Ungeachtet der aus einer Unterscheidung „echter Kaufpreis" – „Vergütung für erbrachte Leistungen" resultierenden Abgrenzungsprobleme[71] wäre damit abstrakt betrachtet immerhin ein glatter Schnitt vollzogen: Die Reichweite des Organhandelsverbots würde auf Kaufgeschäfte mit Organen zusammenschrumpfen. Eine derart starke Einengung will der Gesetzgeber aber eindeutig nicht vornehmen.[72] Er schneidet vielmehr die Ausnahme sofort wieder zurück, indem er nur die *angemessene* Vergütung erlaubt. Verbot und Strafbarkeit stehen und fallen also damit, ob ein Entgelt angemessen ist. Das ist bereits im gedanklichen Zugriff merkwürdig. Ausgehend von den mit der Pönalisierung des Organhandels angestrebten Zielen kann eigentlich nicht entscheidend sein, ob ein Entgelt angemessen ist, sondern nur, ob überhaupt kommerzieller Umgang mit Organen gepflogen wird, den der Gesetzgeber ja im Grundsatz *per se* verurteilt. Mit dem „angemessenen Entgelt" wird deshalb das Konzept des Organhandelsverbots ein weiteres Mal gesprengt.

---

70 Interfraktioneller Entwurf, BT-Drs. 13/4355, S. 30: „Dies schließt ein Entgelt für das Organ, Organteil oder Gewebe aus." Im Gesetzeswortlaut kommt dies freilich nur unvollkommen zum Ausdruck. So könnte man als eine (sogar die wesentlichste) „zur Erreichung des Ziels der Heilbehandlung gebotene Maßnahme" die *Hingabe* des Organs bezeichnen und wäre mit der Zulassung eines „angemessenen Entgelts" dafür im unmittelbaren Bereich des Organverkaufs. Verbot und Straftatbestand wären dadurch ausgehebelt.

71 Völlig unklar ist, wie die Abgrenzung überzeugend vorgenommen werden sollte. Denn mit reiner Kostendeckung wird es nicht getan sein. Vielmehr müssen in das angemessene Entgelt auch Posten einfließen, die sonst auch bei der Kaufpreiskalkulation eine Rolle spielen. Dass die Strafjustiz ohne Hinzuziehung eines Sachverständigen nicht auskommt, versteht sich ohnehin von selbst.

72 Er hätte dann bereits das Verbot anders formulieren können („Es ist verboten, ein Organ gegen Entgelt zu spenden [abzugeben, hinzugeben o. Ä.]" oder auch „Es ist verboten, für ein Organ ein Entgelt zu gewähren oder anzunehmen").

Angesichts dessen, dass Strafwürdigkeit und Strafbedürftigkeit am zu hohen Entgelt festgemacht werden, denaturiert der Organhandelstatbestand zu einem Delikt gegen die Preistreiberei.

Der *gegenständliche Anwendungsbereich* der Entgeltklausel wird nur deutlich, wenn man sich nochmals das schwer durchschaubare Zusammenspiel mit der Arzneimittelklausel des § 17 I S. 2 Nr. 2 TPG und dem Arzneimittelgesetz vergegenwärtigt.[73] Die Entgeltklausel kommt für den Komplex des gewinnorientierten Organumgangs zum Zuge, der nicht von der Arzneimittelklausel erfasst wird. Ausschließlich an der Entgeltklausel sind demnach Transferbemühungen in Bezug auf die von § 1a Nr. 1 TPG, § 2 III Nr. 8 AMG betroffenen Organe (Herz, Niere, Leber etc.) zu messen. Die Entgeltklausel gilt ferner hinsichtlich der dem Genehmigungsverfahren nach § 21a AMG unterliegenden Gewebezubereitungen. Sie gilt schließlich für Tätigkeiten, die der Herstellung zum Arzneimittel vorgelagert sind. So ist die Vergütung für die Entnahme einer Hirnhornhaut von einem Verstorbenen auch dann § 17 I S. 2 Nr. 1 TPG unterworfen, wenn die dura mater an ein pharmazeutisches Unternehmen zur Herstellung eines Arzneimittels weitergegeben werden soll.[74]

In Bezug auf den *persönlichen Anwendungsbereich* hat der Gesetzgeber keine Beschränkung vorgenommen. Die Entgeltklausel gilt demnach für den skrupellosen Organhändler gleichermaßen wie für den honorigen Transplanteur oder Inhaber einer Organbank. Darauf wird noch zurückzukommen sein.[75]

Nunmehr hat sich der Fokus auf das *angemessene Entgelt* zu richten. Im Deliktsaufbau nimmt das Merkmal die Stellung eines Tatumstands ein, der dementsprechend vom Vorsatz umfasst sein muss.[76] Zur inhaltlichen Ausfüllung verweisen die Gesetzesmaterialien allgemein auf die im Gesundheitswesen geltenden Regularien betreffend die Bemessung der Vergütung (Gebührenordnungen etc.) sowie darauf, dass das Entgelt pauschaliert werden darf.[77] Es steht zu hoffen, dass derartige Regularien überall zur Verfügung stehen. Ansonsten wäre zu befürchten, dass den Anforderungen des Bestimmtheitsgebots nicht genügt ist. Der Hinweis auf die Pauschale beinhaltet des Weiteren, dass im Einzelfall auch mehr als das Angemessene in Kauf

---

73 Oben D II.
74 Schroth/König/Gutmann – *König*, TPG, §§ 17, 18 Rn. 13, 36.
75 Unten E V.
76 Näher Schroth/König/Gutmann – *König*, TPG, §§ 17, 18 Rn. 51.
77 Interfraktioneller Entwurf, BT-Drs. 13/4355, S. 30.

genommen wird. Der ohnehin unscharfe Begriff bröckelt in seinen Randbereichen (sollte er solche haben) mithin nochmals ab. Den Ausführungen zur Pauschale wird man aber jedenfalls entnehmen können, dass Organhandel bei geringfügigen Überhöhungen nicht angenommen werden kann. Vielmehr muss eine Überschreitung von einigem Gewicht gegeben sein.[78] Es wird ggf. Aufgabe der Rechtsprechung sein, konkretere Kriterien herauszubilden. Dass ihr vom Gesetzgeber hierin so wenig Unterstützung gewährt wird, erweckt Befremden.

Greifen wir, um die praktischen Auswirkungen der Entgeltklausel erahnen zu können, für einen Moment voraus: Der Inhaber einer Gewebebank stellt für seine Tätigkeit sehr hohe Beträge in Rechnung. Dem Arzt ist dies bewusst, für eine eingehende Überprüfung bleibt jedoch keine Zeit mehr. Der Arzt führt die Implantation (z. B. einer Herzklappe) durch, wobei er billigend in Kauf nimmt, dass das Entgelt übersetzt ist – er würde sich nach § 17 I, § 18 II TPG strafbar machen, wenn seine Annahme zutrifft. Oder eine Stufe früher: Der Arzt hätte die (notwendige) Implantation unterlassen müssen, um eine Gewebebank zu suchen, die günstigere Tarife bietet. Das Ergebnis liegt nahe an der Grenze zum Unerträglichen, wenn es denn nicht bereits jenseits dieser Grenze anzusiedeln ist.

Im Hinblick auf die Ausgestaltung der Entgeltklausel muss man für eine (große) Personengruppe nochmals zögern. Es handelt sich um die Beteiligten, die nicht spezifisch für den Umgang mit einem Organ entlohnt werden, sondern die ihr Geld von ihrem Arbeitgeber erhalten, also z. B. angestellte oder beamtete Ärzte sowie Pfleger. Subsumiert man deren Leistungen unter § 17 I S. 2 Nr. 1 TPG, so stellt man fest, dass die Vorschrift in mehrfacher Hinsicht nicht passt. Hinsichtlich der Konsequenzen wäre es merkwürdig, wenn die Strafjustiz gezwungen würde, die Verdienste von Ärzten oder Pflegern auf ihre „Angemessenheit" hin zu untersuchen, um dann Organhandel vielleicht anzunehmen, wenn Tarifverträge und Besoldungsordnungen nicht eingehalten sind. Die Strafbarkeit wegen Organhandels kann nicht davon abhängig sein, wie viel ein Arbeitnehmer seinem Arbeitgeber „wert" ist. Zudem ist nach der Wortfassung maßgebend die Vergütung für die zur Erreichung des Heilzwecks gebotenen Maßnahmen. Der Arbeitnehmer wird aber nicht gerade für die *konkrete* Maßnahme entlohnt, sondern auf der Grundlage des Arbeitsvertrags für die Gesamtheit der von ihm ausgeführten Dienste, die sich meist nicht auf die Mitwirkung bei Transplantationen beschränken, und bei

---

[78] Schroth/König/Gutmann – *König*, TPG, §§ 17, 18 Rn. 43 m. w. N.

beamteten Beteiligten richtet sich die Besoldung nach dem Alimentationsprinzip.

Es fällt schwer, einen Ausweg aus dem Dilemma zu finden. Die durch den Wortlaut aufgerichtete Hürde („... Maßnahme") ließe sich dabei noch relativ leicht überwinden. Man müsste den Ausnahmetatbestand nur analog anwenden. Eine Analogie würde allerdings zu dem zuvor abgelehnten Ergebnis führen, dass die Verdienste der Betroffenen im Ernstfall auf ihre Angemessenheit zu überprüfen wären. Schlüssiger könnte es deshalb sein, bereits das Verbot um Leistungen von Arbeitnehmern im Zusammenhang mit einer Transplantation zu reduzieren. Telos des Gesetzgebers ist es jedoch, den professionellen Organhandel nachhaltig zu bekämpfen. Es ist deshalb nicht zweifelhaft, dass den Angestellten eines Unternehmens, das sich z. B. aus der Aufbewahrung oder Beförderung *verkaufter* Organe ein Geschäft macht, die volle Härte des Gesetzes treffen soll. Ihn würde man aber zusammen mit den unbedenklich handelnden Arbeitnehmern aus dem (täterschaftlich erfüllten) Merkmal des Handeltreibens herausreduzieren. Man müsste demgemäß noch weiter ins Detail gehen und nicht nur auf die üblichen, im Rahmen jeder Transplantation anfallenden Leistungen abstellen, sondern zusätzlich darauf, dass der konkreten Transplantation nicht der Ruch verwerflicher Kommerzialisierung anhaftet. Der Gesetzeswortlaut bietet freilich kein rechtes Einfallstor für eine solchermaßen differenzierte, ihrerseits Abgrenzungsprobleme aufwerfende Interpretation. Sie würde wohl zumindest an die Grenzen der Rechtsanwendung stoßen. Überdies müsste sie sich an den Konstellationen messen lassen, in denen die Vergütung spezifisch für den Umgang mit dem Organ gewährt/angenommen wird. Denn auch dort sind unbedenkliche Tätigkeiten grundsätzlich einbezogen, wobei insoweit eine teleologische Reduktion nicht vertretbar sein dürfte.[79] Überzeugend ist weder das eine noch das andere. Es ist aber zu befürchten, dass eine überzeugende Lösung in Anbetracht der Gesetzesfassung nicht gefunden werden kann. Ob man sich mit der Überlegung beruhigen kann, dass in der Regel kein Anlass zu strafrechtlichen Ermittlungen bestehen wird, erscheint zweifelhaft.

Einige weitere Aspekte zu § 17 I S. 2 Nr. 1 TPG sollen nur knapp referiert werden. In erweiternder Auslegung sind das Anbieten, Versprechen, Fordern und das Sichversprechenlassen des Entgelts einzubeziehen, um dem weit in

---

[79] Sie würde u. a. dazu führen, dass zwar der zu viel abrechnende Inhaber einer Organbank tatbestandslos handelt, der zu viel nehmende Spender aber nicht; s. Schroth/König/Gutmann – *König*, TPG, §§ 17, 18 Rn. 38; *König*, Organhandel, S. 180 ff.

das Vorfeld von Annahme und Gewährung eines Vorteils hineinreichenden Merkmal des Handeltreibens Rechnung zu tragen. Das Merkmal des *Gebotenseins* einer Maßnahme zur Heilbehandlung ist weit zu interpretieren. Andernfalls wäre eine zwar sinnvolle, aber nicht *zwingend* indizierte entgeltliche Maßnahme geeignet, die Strafbarkeit wegen Organhandels auszulösen.[80]

3. Berufsmäßige Tätigkeiten und Beteiligung an einer kommerzialisierten Transplantation

Die Transplantation von Organen ist durch das Ineinandergreifen zahlreicher Arbeitsabläufe geprägt. Dementsprechend lassen sich mannigfaltige Konstellationen vorstellen, in denen die Abgrenzung von (Mit-)Täterschaft zur Teilnahme relevant werden kann. Die denkbaren Sachverhaltsgestaltungen können bereits mangels greifbaren Anschauungsmaterials nicht durchlaufen werden. Hinzuweisen ist allerdings darauf, dass die Entgeltklausel das (ungeschriebene) Merkmal des Eigennutzes beschränkt. Es zählt zu den besonderen Merkmalen, die bei jedem einzelnen (Mit-)Täter vorliegen müssen. Allein die Tatsache, dass der Beteiligte an einer kommerzialisierten Organentnahme/-übertragung in Erwartung eines nach der Entgeltklausel ordnungsgemäßen Vorteils handelt, macht ihn demgemäß nicht zum Mittäter. Es ist dann – liegen die weiteren Voraussetzungen vor allem in subjektiver Hinsicht vor – nur Teilnahme gegeben.[81]

V. Der skrupellose Organhändler

Das weit verstandene Merkmal des Handeltreibens hat den Vorzug, dass in der Regel bereits Anbahnungshandlungen skrupelloser Organhändler als vollendeter Organhandel strafrechtlich erfasst werden können. Oben ist allerdings ausgeführt worden, dass die Entgeltklausel keine personellen Einschränkungen vornimmt. Sie kann deshalb auch dem Organhändler zugutekommen. Auch er muss wahrscheinlich Geldmittel für Entnahme, Konservierung, Infektionsschutz oder Beförderung verauslagen. Verlangt er *hierfür* ein Entgelt und entspricht dieses Entgelt dem „Angemessenen", so ist nicht ersichtlich, wie man ihn wegen Organhandels sollte bestrafen können. Zwar ist nicht zu verkennen, dass in den einschlägigen Fällen auch ein

---

80 Näher Schroth/König/Gutmann – *König*, TPG, §§ 17, 18 Rn. 41, 44.
81 Schroth/König/Gutmann – *König*, TPG, §§ 17, 18 Rn. 46. Zum Ganzen teilweise abw. *Weber*, Der Begriff des Handeltreibens, S. 276 ff.

Kaufpreis für das Organ verlangt und bezahlt wird. Zahlungsverlangen und Zahlung gerade in Bezug auf das Organ müssen jedoch mit der im Strafverfahren erforderlichen Sicherheit bewiesen werden. U. U. schwer aufklärbaren Verschleierungspraktiken, gerade bei auslandsbezogenen Vorgängen, ist damit ein Weg bereitet.

F. Sonderstrafrecht für Ärzte (§ 17 II, § 18 I TPG)

Zwar nicht nach dem Gesetzeswortlaut, aber in der Sache enthalten § 17 II, § 18 I TPG ein Sonderstrafrecht für Ärzte. Ärztliches Verhalten, mit dem die Hand zur Verwirklichung des Organhandels gereicht wird, stellt der Gesetzgeber (eigennützigem) Handeltreiben auch dann gleich, wenn der Arzt spezifische persönliche Vorteile nicht zieht, etwa nur einem Kranken helfen will.[82] Die gesonderte Pönalisierung der Entnahme/Übertragung eines gehandelten Organs schießt dabei – wie so vieles beim Organhandel – über das Ziel hinaus. Der uneigennützig handelnde Arzt wäre bei der Teilnahme richtig verortet gewesen und der eigennützig handelnde ist ohnehin Täter des Organhandels. Zudem werfen die Sondertatbestände Konkurrenzprobleme im Verhältnis zu den Körperverletzungsdelikten auf, auf die hier nicht näher eingegangen werden soll.[83]

Inhaltlich setzt die Strafbarkeit der Entnahme/Übertragung (ebenso wie die des Sichübertragenlassens) voraus, dass das betreffende Organ Gegenstand verbotenen Handeltreibens *ist*. Die Vortat muss daher ins Versuchsstadium eingetreten und darf noch nicht beendet sein. In Anbetracht der sehr weiten Spanne, die beim Handeltreiben zwischen Versuchsbeginn und Beendigung der Tat liegen kann, und der nicht wenigen Stationen, die ein Organ womöglich durchläuft, resultiert daraus im Einzelfall eine lange Kette der Strafbarkeit. Im Kontext mit der Beendigung kann auch der Entgeltklausel Bedeutung zukommen. Gesetzt den Fall, der Obduktionsgehilfe verkauft eine Augenhornhaut an eine Gewebebank. Die Hornhaut wird dann gegen ein angemessenes Entgelt an ein Krankenhaus weitergegeben und dort übertragen. Wegen Organhandels strafbar machen sich hier zwar Verkäufer und Käufer, nicht

---

82 Zu den Motiven: Interfraktioneller Entwurf, BT-Drs. 13/4355, S. 30.
83 Im Einzelnen Schroth/König/Gutmann – *Schroth*, TPG, § 19, 104 ff.; sowie Schroth/König/Gutmann – *König* §§ 17, 18 Rn. 72.

aber der (bedingt vorsätzlich handelnde) Arzt. Die Weitergabe zu angemessenen Bedingungen hat die Strafbarkeitskette unterbrochen.[84]

G. Sonstiges[85]

Zu erwähnen ist noch die *Pönalisierung des Versuchs* nicht qualifizierten Organhandels (§ 18 III TPG). Der Versuchsstrafbarkeit kommt jedoch aufgrund des weit in das Vorfeld eines Handelspakts hineinreichenden Merkmals des Handeltreibens kaum selbstständige Bedeutung zu. Der Qualifikationstatbestand für *gewerbsmäßiges Handeln* (§ 18 II TPG) ist für den skrupellosen Organhändler gedacht, kann aber vor allem für berufsmäßig an einer Transplantation Beteiligte relevant werden. Der Begriff der Gewerbsmäßigkeit ist weit auszulegen. Für die gewerbsmäßige Straftat ist die Absicht des Täters kennzeichnend, sich durch wiederholte Begehung von Straftaten eine fortlaufende Einnahmequelle von einiger Dauer und einigem Umfang zu verschaffen.[86] Der Inhaber einer Gewebebank, der ständig zu viel abrechnet, muss vor diesem Hintergrund wohl damit rechnen, als Verbrecher verurteilt zu werden. Dass dies mit Blick auf das Übermaßverbot staatlichen Strafens problematisch ist, muss nicht betont werden.

H. Ausblick

Lässt man das Vorstehende nochmals Revue passieren, so kann das strafbewehrte Verbot des Organhandels eigentlich nur als ziemlich abschreckendes Produkt moderner (Straf-)Gesetzgebung bezeichnet werden. Mit einer Revision des Gesetzes im Sinne einer Einschränkung[87] ist gleichwohl nicht zu rechnen. Dafür liefert der Verlauf des Gesetzgebungsverfahrens zum Gewe-

---

84 Schroth/König/Gutmann – *König*, TPG, §§ 17, 18 Rn. 56; *König*, Organhandel S. 199 ff.
85 Die verwickelten Komplexe der Notstandsrechtfertigung und -entschuldigung (Schroth/König/Gutmann – *König*, TPG, §§ 17, 18 Rn. 60 ff., *König*, Organhandel, S. 203 ff.) sowie der in § 5 Nr. 15 StGB vorgenommenen Auslandserstreckung der deutschen Strafgewalt (Schroth/König/Gutmann – *König*, TPG, §§ 17, 18 Rn. 68 ff., *König*, Organhandel, S. 224 ff.) können im Rahmen dieses Beitrags nicht behandelt werden.
86 Schönke/Schröder – *Stree*, vor § 52 Rn. 95. So auch BT-Drs. 13/8017 S. 44.
87 Etwa i. S. der Alternativvorschläge zu Tatbeständen gegen den Organwucher, hierzu *König*, Organhandel, S. 237 ff.

begesetz beredtes Zeugnis. Für das Organhandelsverbot hat das Gesetz keine Restriktionen erbracht, sondern im Gegenteil Erweiterungen. Dem Verbot sind Knochenmark, embryonale sowie fetale Organe und Gewerbe sowie Zellen zugewachsen. Immerhin wurde hierdurch ein Teil der bislang zu konstatierenden Wertungswidersprüche ausgeräumt. Die grundsätzlichen Probleme bleiben aber bestehen (und erfassen die zuvor nicht einbezogenen Bereiche). Die Bundesregierung hat ihre änderungsresistente Haltung sowohl im Gesetzentwurf als auch in der Gegenäußerung zur Stellungnahme des Bundesrats damit begründet, dass „das Gewebegesetz auf die Umsetzung von Regelungsinhalten der EG-Geweberichtlinien zu beschränken [sei], die zwingend in deutsches Recht umgesetzt werden" müssten[88] und dass „Änderungen des TPG, die über die Umsetzung der EG-Geweberichtlinie hinausgehen, ... im Rahmen einer späteren Novellierung des TPG geprüft" würden.[89] Man muss freilich kein Prophet sein, um voraussagen zu können, dass die Bereitschaft zu einer grundlegenden Überarbeitung des TPG auch in Zukunft eher gering ausgeprägt sein wird. Für das Organhandelsverbot kommt hinzu, dass Regierung und Gesetzgeber international von Gewinnverboten mittlerweile geradezu eingemauert sind.[90] Wir werden nach alledem mit dem Organhandelsverbot und seiner strafrechtlichen Bewehrung weiterhin leben müssen.

---

[88] Was das Organhandelsverbot anbelangt, ist diese Aussage falsch. Denn die EG-Geweberichtlinie zwingt nicht zu einer Erweiterung des Verbots und der Strafbarkeit, s. *König*, MedR 2005, 22.
[89] Z. B. BT-Drs. 16/3146, S. 59 ff., mehrfach. Der fast 800 Seiten starke Bericht der Bundesregierung zur Situation der Transplantationsmedizin in Deutschland zehn Jahre nach Inkrafttreten des Transplantationsgesetzes vom 30.6.2009 (BT-Drs. 16/13740) behandelt einen etwaigen Reformbedarf bei den §§ 17, 18 TPG nicht.
[90] Wenn auch bislang nicht verpflichtend, s. *König*, MedR 2005, 22; Schroth/König/Gutmann – *König*, TPG, Einl. Rn. 8 ff.

III.6 Stammzellenforschung und Präimplantationsdiagnostik aus juristischer und ethischer Sicht

Ulrich Schroth

Inhaltsverzeichnis

A. Realistische Hoffnungen _534
B. Arten von Stammzellen und ihre Gewinnung _535
    I. Gewinnung aus spezifischen adulten Geweben und aus Nabelschnurblut _535
    II. Gewinnung aus Keimzellen abgetriebener Feten _535
    III. Gewinnung aus frühen Embryonen _536
        1. Verwaiste Embryonen _536
        2. Zum Verbrauch für Stammzellen hergestellte Embryonen _537
        3. Embryonen aus therapeutischem Klonen _537
        4. Zellkerntransfer und das Klonverbot des § 6 ESchG _538
        5. Instrumentalisierung und verbrauchende Embryonenforschung _539
C. Import von Stammzellen/Verwendung von Stammzellen _541
D. Strafbarkeit bei der Präimplantationsdiagnostik _543
    I. Missbräuchliche Anwendung von Fortpflanzungstechniken, § 1 Abs. 1 Nr. 2 ESchG _543
        1. „Künstliche" Befruchtung als positives Tatbestandsmerkmal _544
        2. Die Absicht, eine Schwangerschaft herbeizuführen, als negatives Tatbestandsmerkmal _544
        3. Das verfassungsrechtlich zu berücksichtigende Recht auf Information _549
        4. Systematische Auslegung: Die Notwendigkeit der Beachtung der Wertungskonsistenz _550
    II. Klonverbot, § 6 Abs. 1 ESchG, und missbräuchliche Verwendung menschlicher Embryonen § 2 Abs. 1 ESchG _551
        1. Die PID an totipotenten Zellen _551
        2. Die PID an pluripotenten Zellen _552
    III. Analoge Anwendung des Rechtfertigungsgrundes nach § 218a Abs. 2 StGB _557

E. Ethische Argumente „für" und „gegen" Stammzellenforschung und Präimplantationsdiagnostik _558

Literaturverzeichnis

Beckmann, Rainer, Rechtsfragen der Präimplantationsdiagnostik, ZfL 1999, 65
Beckmann, Rainer, Rechtsfragen der Präimplantationsdiagnostik, MedR 2001, 169
Beier, Henning M., Definition und Grenze der Totipotenz: Aspekte für die Präimplantationsdiagnostik, Ethik Med 1999, 23
Birnbacher, Dieter, Habermas ehrgeiziges Beweisziel – erreicht oder verfehlt?, Deutsche Zeitschrift für Philosophie 50 (2002), 121
Böcher, Urs P., Präimplantationsdiagnostik und Embryonenschutz – Zu den Problemen der strafrechtlichen Regelung eines neuen medizinischen Verfahrens, 2004
Böckenförde-Wunderlich, Barbara, Präimplantationsdiagnostik als Rechtsproblem. Ärztliches Standesrecht, Embryonenschutzgesetz, Verfassung, 2002
Deutsche Forschungsgemeinschaft (DFG), Empfehlungen zur Forschung mit menschlichen Stammzellen vom 03.05.2001
Dreier, Horst, Stufungen des vorgeburtlichen Lebensschutzes, ZRP 2002, 377
Duden, Das Herkunftswörterbuch, 4. Auflage 2007
Enquete-Kommission „Recht und Ethik der modernen Medizin", Stammzellforschung und die Debatte des Deutschen Bundestages zum Import von menschlichen embryonalen Stammzellen, 2002
Fischer, Thomas, Strafgesetzbuch und Nebengesetze, 56. Auflage 2009
Frommel, Monika, Taugt das Embryonenschutzgesetz als ethisches Minimum gegen Versuche der Menschenzüchtung?, Kritische Justiz 2000, 341
Göbel, Wolfgang, Der ontologische und moralische Status des Embryo, in: Oduncu, Fuat S./Platzer, Katrin/Henn, Wolfram (Hrsg.), Der Zugriff auf den Embryo, 2005, S. 94
Groebner, Michael/David, Robert/Franz, Wolfgang-Michael, Embryonale Stammzellen – Zukünftige Möglichkeiten, Der Internist 5, 2006, 502
Günther, Hans-Ludwig/Taupitz, Jochen/Kaiser, Peter, Embryonenschutzgesetz – juristischer Kommentar mit medizinisch-naturwissenschaftlichen Einführungen, 2008
Gutmann, Thomas, Auf der Suche nach einem Rechtsgut: Zur Strafbarkeit des Klonens von Menschen, in: Roxin, Claus/Schroth, Ulrich (Hrsg.), Medizinstrafrecht, 2001, S. 353

Habermas, Jürgen, Die Zukunft der menschlichen Natur, Auf dem Weg zu einer liberalen Eugenik?, 2001

Habermas, Jürgen, Die Selbstinstrumentalisierung des Menschen und ihr Schrittmacher, SZ vom 15./16.09.2001

Habermas, Jürgen, Replik auf Einwände, Deutsche Zeitschrift für Philosophie 50 (2002), 283

Haniel, Anja, Gentechnikdiskussion und Diskriminierungsargumente, in: Busch, Roger J./Knoepffler, Nikolaus (Hrsg.), Grenzen überschreiten, Festschrift für Trutz Rendtorff, 2001, S. 29

Hilgendorf, Eric, Klonverbot und Menschenwürde – Vom Homo sapiens zum Homo xerox? Überlegungen zu § 6 Embryonenschutzgesetz, in: Geis, Max-Emanuel/Lorenz, Dieter (Hrsg.), Staat, Kirche, Verwaltung, Festschrift für Hartmut Maurer, 2001, S. 1147

Hufen, Friedhelm, Präimplantationsdiagnostik aus verfassungsrechtlicher Sicht, MedR 2001, 440

Ipsen, Hans P., Der verfassungsrechtliche Status des Embryos in vitro, JZ 2001, 989

Knoepffler, Nikolaus, Forschung an menschlichen Embryonen, 1999

Kreß, Hartmut, Der ontologische und moralische Status des Embryos aus der Sicht protestantischer Ethik, in: Oduncu, Fuat S./Platzer, Katrin/Henn, Wolfram, Der Zugriff auf den Embryo, 2005, S. 75

Lee, S. H./Lumelsky, N./Studer, L. et al., Efficient generation of midbrain and hindbrain neurons from mouse embryonic stem cells, Nat Biotechnol 2000 (18), 675

Lewontin, Richard C., The Dream of the Human Genome, in: ders. (Hrsg.), It ain't necessarily so: The Dream of the Human Genome and other Illusions, 2001, S. 133

Lewontin, Richard C., Die Dreifachhelix, Gen, Organismus und Umwelt, 2002

Lilie, Hans/Albrecht, Dietlinde, Strafbarkeit im Umgang mit Stammzellenlinien aus Embryonen und damit in Zusammenhang stehenden Tätigkeiten nach deutschem Recht, NJW 2001, 2774

Merkel, Reinhard, Grundrechte für frühe Embryonen, in: Britz, Guido/Jung, Heike/Koriath, Heinz et al. (Hrsg.), Grundfragen staatlichen Strafens, Festschrift für Heinz Müller-Dietz, 2001, S. 493

Merkel, Reinhard, Verbrauchende Embryonenforschung? Grundlagen einer Ethik der Präimplantationsdiagnostik und der Forschung an embryonalen Stammzellen, Deutsche Zeitschrift für Philosophie 2002 (Sonderband 3), 151

Middel, Annette, Verfassungsrechtliche Fragen der Präimplantationsdiagnostik und des therapeutischen Klonens, 2006

Müller, M./Fleischmann, B. K./Selbert, S. et al., Selection of ventricular-like cardiomyocytes from ES cells in vitro, FASEB Journal 2000 (14), 2540

Neumann, Ulfrid, Die Tyrannei der Würde, Archiv für Rechts- und Sozialphilosophie (ARSP) 1998, 153

Nüsslein-Vollhard, Christiane, Der Mensch nach Maß – unmöglich, SZ vom 01./02.12.2001

Nüsslein-Vollhard, Christiane, Wann ist ein Tier ein Tier, ein Mensch kein Mensch? FAZ vom 02.10.2001

Oduncu, Fuat S., Moralischer Status von Embryonen, in: Düwel, Markus/Steigleder, Klaus (Hrsg.), Bioethik, Eine Einführung, 2003, S. 213

Oduncu, Fuat S./Platzer, Katrin/Henn, Wolfram (Hrsg.), Der Zugriff auf den Embryo, 2005

Oduncu, Fuat S./Schroth, Ulrich/Vossenkuhl, Wilhelm (Hrsg.), Stammzellenforschung und therapeutisches Klonen, 2002

Rager, Günter, Embryo – Mensch – Person, in: Beckmann, Jan P. (Hrsg.), Fragen und Probleme der medizinischen Ethik, 1996, S. 254

Renzikowski, Joachim, Die strafrechtliche Beurteilung der Präimplantationsdiagnostik, NJW 2001, 2753

Diedrich, Klaus/Felberbaum, Klaus/Griesinger, Georg et al., Reproduktionsmedizin im internationalen Vergleich, Gutachten im Auftrag der Friedrich-Ebert-Stiftung, 2008

Roxin, Claus, Strafrecht Allgemeiner Teil, Band II, 2003

Schneider, Susanne, Auf dem Weg zur gezielten Selektion – Strafrechtliche Aspekte der Präimplantationsdiagnostik, MedR 2000, 360

Schockenhoff, Eberhard, Unredlich – Die Entscheidung des Ethikrates, SZ vom 01./02.12.2001

Scholz, Rupert, Neue Biotechnik und Grundgesetz, in: Büdenbender, Ulrich/Kühne, Gunther (Hrsg.), Das neue Energierecht in der Bewährung – Bestandsaufnahme und Perspektiven, 2002, S. 673

Schroth, Ulrich, Vorsatz und Irrtum, 1998

Schroth, Ulrich, Forschung mit embryonalen Stammzellen und Präimplantationsdiagnostik im Lichte des Rechts, JZ 2002, 170

Schroth, Ulrich, Bemerkungen zum Entwurf des Stammzellgesetzes, in: Oduncu, Fuat S./Schroth, Ulrich/Vossenkuhl, Wilhelm (Hrsg.), Stammzellenforschung und therapeutisches Klonen, 2002, S. 279

Schroth, Ulrich, Das Äußerungsverstehen des historischen Gesetzgebers als Auslegungsgrenze im Strafrecht, in: Conrad, Isabell (Hrsg.), Inseln der Vernunft – Liber Amicorum für Jochen Schneider, 2008, S. 14

Siep, Ludwig, Moral und Gattungsethik, Deutsche Zeitschrift für Philosophie 50 (2002), 111

Spaemann, Robert, Personen: Versuch über den Unterschied zwischen „etwas" und „jemand", 1996

Spaemann, Robert, Symposium zu Jürgen Habermas: Die Zukunft der menschlichen Natur: Habermas über Bioethik, Deutsche Zeitschrift für Philosophie 50 (2002),105

Tag, Brigitte, Reproduktionsmedizin und Präimplantationsdiagnostik im Spiegel des Strafrechts, in: Kämmerer, Anette/Speck, Agnes (Hrsg.), Geschlecht und Moral, 1999, S. 87

Taupitz, Jochen, Der rechtliche Rahmen des Klonens zu reproduktiven Zwecken, NJW 2001, 3433

Ulsenheimer, Klaus, Arztstrafrecht in der Praxis, 4. Auflage 2008

Wolf, Ursula, Reprogrammierung durch Zellkerntransfer, in: Oduncu, Fuat S./ Schroth, Ulrich/Vossenkuhl, Wilhelm (Hrsg.), Stammzellenforschung und therapeutisches Klonen, 2002, S. 36

Die folgenden Ausführungen setzen sich damit auseinander, ob Stammzellenforschung in Deutschland möglich ist, und inwieweit Präimplantationsdiagnostik juristisch und ethisch legitimiert werden kann.

A. Realistische Hoffnungen

Die Zellbiologie hat in den letzten Jahren enorme Fortschritte gemacht. Die Forschung an Stammzellen hat die Möglichkeit eröffnet, die Entwicklung von Zellen, Geweben und Organen zu studieren und die Tür zu neuen Heilungschancen aufzustoßen.[1] So gibt es eine realistische Hoffnung, dass in Zukunft zerstörte Gehirnzellen ersetzt werden können, etwa bei Parkinsonkrankheiten. Möglicherweise können zukünftig auch Leberzellen oder Herzmuskelzellen nach schweren Herzinfarkten erneuert werden. Ob es möglich sein wird, ganze Organe herzustellen, steht allerdings noch in den Sternen.[2]

Die Präimplantationsdiagnostik[3] (PID) hat die Chance eröffnet, Embryonen im Rahmen der In-vitro-Fertilisation zu untersuchen, bevor sie übertra-

---

1 Dazu *Groebner/David/Franz*, Embryonale Stammzellen – Zukünftige Möglichkeiten, Der Internist 5, 2006, 502 ff.
2 *Lee/Lumelsky/Studer et al.*, Nat Biotechnol 2000 (18), 675; *Müller/Fleischmann/Selbert et al.*, FASEB Journal 2000 (14), 2540.
3 Auch PGD (engl. preimplantation genetic diagnosis) genannt.

gen werden. Genetisch kranke Paare haben dann die Möglichkeit zu erfahren, ob der Embryo unter einer erheblichen Erbkrankheit leidet.

B. Arten von Stammzellen und ihre Gewinnung

Es gibt mehrere Möglichkeiten der Gewinnung von Stammzellen: aus *spezifischen adulten Geweben*, aus *Nabelschnurblut*, aus *Keimzellen abgetriebener Feten* sowie aus *frühen Embryonen*.

I. Gewinnung aus spezifischen adulten Geweben und aus Nabelschnurblut

Die Gewinnung von Stammzellen aus adulten Geweben sowie aus Nabelschnurblut ist juristisch unproblematisch. Allerdings müssen die jeweils Betroffenen nach Aufklärung in die Entnahme von Stammzellen einwilligen. Geschieht dies nicht, ist dies eine Körperverletzung. Bei Gewinnung der Stammzellen aus Nabelschnurblut ist die Einwilligung der Mutter erforderlich. Körperverletzungen des Neugeborenen müssen ausgeschlossen werden.

II. Gewinnung aus Keimzellen abgetriebener Feten

Die Gewinnung von Stammzellen aus Keimzellen abgetriebener Feten ist juristisch möglich. Sie setzt die Einwilligung der Mutter nach Aufklärung und standesrechtlich die Genehmigung einer eingesetzten Ethikkommission voraus. Dass der Fetus tot sein muss, versteht sich von selbst.

Ethisch ist die Gewinnung von Stammzellen aus Keimzellen abgetriebener Feten *nicht unproblematisch*. Es besteht überwiegend Einigkeit, dass auch insoweit eine autonome Selbstbestimmung der Mutter gegeben sein muss; aus ethischer Sicht besteht Konsens darüber, dass die Abtreibungsentscheidung **nicht** im Zusammenhang mit der Gewinnung von Stammzellen stehen darf.

Juristisch ist eine derartige Wertentscheidung schwer zu garantieren. Die Abtreibungsentscheidung der Frau wird jedenfalls nicht dadurch strafrechtswidrig – sofern sie sich im Rahmen der §§ 218 ff. StGB hält –, dass sie im Zusammenhang mit der Gewinnung von Stammzellen steht. Die Abtreibungsentscheidung bedarf, um nicht strafbar zu sein, keiner besonderen Intention der handelnden Subjekte. Es reicht aus, dass die Mutter die Abtreibung will und die sonstigen Regeln, die in den §§ 218 ff. StGB aufgeführt sind, eingehalten werden.

Weiter wird aus ethischen Gesichtspunkten gefordert, dass kommerzielle Interessen bei der Gewinnung von Keimzellen aus abgetriebenen Feten keine Rolle spielen dürfen. Das Organhandelverbot, das der Gesetzgeber 1997 geschaffen hat (§§ 17, 18 TPG), bezieht sich allerdings nicht auf Keimzellen, die zu Forschungszwecken gewonnen werden.[4]

III. Gewinnung aus frühen Embryonen

Aus frühen Embryonen dürfen nach deutschem Recht keine Stammzellen (sogenannte embryonale Stammzellen) gewonnen werden.[5] Diese Art der Gewinnung wird von § 2 Abs. 1 Embryonenschutzgesetz (ESchG) untersagt, der das Verbot der missbräuchlichen Verwendung von Embryonen enthält.[6] Eine missbräuchliche Verwendung ist jede Verwendung des Embryos zu einem Zweck, der nicht seiner Erhaltung dient. Da die Gewinnung von embryonalen Stammzellen durch deren Entnahme aus Plastozysten die Vernichtung des Embryos zur Konsequenz hat, greift das Verbot des § 2 Abs. 1 ESchG ein. Die Entnahme ist demgemäß mit dem strafbewehrten Verbot des § 2 Abs. 1 ESchG nicht kompatibel.[7]

1. Verwaiste Embryonen

Dieses Verbot fremdnütziger Verwendung von Embryonen gilt auch für Embryonen, die verwaist sind, d. h. im Rahmen einer künstlichen Befruchtung nicht mehr eingesetzt werden dürfen, da die Eispenderin beispielsweise verstorben ist (Verbot der gespaltenen Mutterschaft).

---

4 Zwar sind nach der Änderung des TPG durch das Gewebegesetz 2007 (Neufassung des TPG durch Bekanntmachung vom 4.9.2007, BGBl I, S. 2206) nunmehr neben Organen auch Gewebe vom Anwendungsbereich des TPG erfasst, § 1 Abs. 1, § 1a Nr. 1, Nr. 4 TPG. Einzelne menschliche Zellen sind dabei explizit vom Gewebebegriff erfasst, § 1a Nr. 4 TPG. Die Entnahme von Organen oder Gewebe bei toten Embryonen und Föten zum Zwecke der Übertragung ist in § 4a TPG geregelt. Der Anwendungsbereich des TPG ist aber nicht eröffnet, wenn keine Übertragung (sondern Forschung) bezweckt ist, § 1 Abs. 1 TPG. So gilt auch das Organhandelsverbot gem. §§ 17, 18 TPG nur für Organe oder Gewebe, die einer Heilbehandlung eines anderen zu dienen bestimmt sind.
5 Vgl. hierzu *Schroth*, JZ 2002, 170 ff.
6 Vgl. Empfehlungen der Deutschen Forschungsgemeinschaft zur Forschung mit menschlichen Stammzellen vom 03.05.2001; jetzt hierzu auch *Lilie/Albrecht*, NJW 2001, 2774.
7 Ausführlich dazu: *Böcher*, Präimplantationsdiagnostik, S. 92 ff.

Derartige Embryonen werden in der Praxis verworfen oder kryokonserviert. Dies verbietet das Embryonenschutzgesetz nicht.[8] § 1 Abs. 1 Nr. 2 ESchG ist, soweit es um das Verbot der gespaltenen Mutterschaft geht, kein Tatbestand, der den Embryo schützt. Ganz im Gegenteil wirkt das Verbot der gespaltenen Mutterschaft dann dem Lebensschutz entgegen, wenn Frauen z. B. aus gesundheitlichen Gründen der eigene Embryo nicht übertragen werden kann. Dann darf er wegen dieses Verbots auch anderen Frauen nicht übertragen werden.

2. Zum Verbrauch für Stammzellen hergestellte Embryonen

Verboten ist weiter – völlig eindeutig – die Herstellung von Embryonen zu *anderen* Zwecken als zur künstlichen Befruchtung, also etwa zu Forschungszwecken (§ 1 Abs. 1 Nr. 2 ESchG). In Bezug auf Handlungen Deutscher, die im Ausland stattfinden, also etwa die Gewinnung embryonaler Stammzellen bzw. die Beteiligung an der Gewinnung, gilt Folgendes: Der räumliche Geltungsbereich des Embryonenschutzgesetzes bestimmt sich nach dem Strafgesetzbuch. Anknüpfungspunkt für eine Bestrafung von verbotenen Verhaltensweisen ist hier der so genannte Gebietsgrundsatz. Der Tatort als solcher ist damit entscheidend. Nicht strafbar ist der Deutsche, der im Ausland handelt, wenn er Stammzellen „herstellt" bzw. hierbei hilft, wenn die Herstellung von Stammzellen im Ausland nicht strafbar ist. Strafbar ist nur der in Deutschland begangene Verstoß nach § 2 Abs. 1 ESchG und nach § 1 Abs. 2 ESchG.

Strafbar ist nach deutschem Recht aber die Teilnahme an Auslandsstraftaten, sofern der Teilnehmer innerhalb Deutschlands handelt. Dies bestimmt § 9 Abs. 2 S. 2 StGB ausdrücklich, in dem es heißt: *„Hat der Teilnehmer an einer Auslandstat im Inland gehandelt, so gilt für die Teilnahme das deutsche Strafrecht, auch wenn die Tat nach dem Recht des Tatorts nicht mit Strafe bedroht ist".* Wird also zu einer Gewinnung von embryonalen Stammzellen von Deutschland aus angestiftet oder beteiligt sich ein Teilnehmer in sonstiger Weise an der Gewinnung von embryonalen Stammzellen, so tritt eine Strafbarkeit nach § 2 Abs. 1 ESchG i. V. m. §§ 26, 27 StGB ein.

3. Embryonen aus therapeutischem Klonen

Eine weitere Möglichkeit der Gewinnung von Stammzellen besteht darin, diese aus *geklonten „Embryonen",* die im Wege der Kerntransfertechnik entstanden sind, zu gewinnen (therapeutisches Klonen; Übersicht I).

---

[8] Ausführlich wiederum: *Böcher,* Präimplantationsdiagnostik, S. 96 ff.

Bei der Kerntransfertechnik wird der Zellkern einer differenzierten Körperzelle in das Zytoplasma einer Eizelle übertragen, aus der vorher die chromosomale DNA durch Absaugen mit einer Mikropipette entfernt wurde.[9] So soll eine totipotente Zelle mit der Fähigkeit entstehen, über die Bildung aller Zelltypen des Körpers (Pluripotenz) hinaus einen wohlstrukturierten, ganzen und damit lebensfähigen Embryo zu bilden.[10]

Beim so genannten therapeutischen Klonen wird die Entwicklung eines vollständigen, lebensfähigen Menschen aber gerade nicht angestrebt. Vielmehr sollen der mittels Zellkerntransfer reprogrammierten (totipotenten) Zelle in einem frühen Stadium pluripotente Stammzellen entnommen werden, um diese zu den bereits genannten Forschungszwecken zu verwenden.

Aus ethischer und rechtsgutsorientierter Perspektive ist das therapeutische Klonen in zweierlei Hinsicht problematisch: Erstens könnte bereits die Kerntransfertechnik gegen das Klonverbot des § 6 EschG verstoßen, und zweitens ist die Entnahme von Stammzellen mit der Vernichtung einer totipotenten Zelle verbunden, die eigens zu diesem Zweck hergestellt wurde (verbrauchende Embryonenforschung/Instrumentalisierung von Embryonen).

4. Zellkerntransfer und das Klonverbot des § 6 EschG

Gemäß § 6 Abs. 1 EschG macht sich strafbar, wer künstlich bewirkt, dass ein menschlicher Embryo mit der gleichen Erbinformation wie ein anderer Embryo, ein Fetus, ein Mensch oder ein Verstorbener entsteht. Damit wird das Embryosplitting strafbewehrt verboten.

Nach den überwiegenden juristischen Stellungnahmen soll auch das Klonen mittels Zellkerntransfertechnik unter das Verbot des § 6 EschG fallen.[11] Diese Auffassung ist jedoch im Hinblick auf das im Strafrecht geltende Analogieverbot (Art. 103 Abs. 2 GG) in zweierlei Hinsicht problematisch.[12] Zum einen ist fraglich, ob die durch Zellkerntransfer reprogrammierte Zelle tatsächlich die *gleiche Erbinformation* (i. S. v. § 6 EschG) wie die Spenderzelle enthält, da wegen des im Zytoplasma der entkernten Eizelle vorhandenen

---

9 Zu den Einzelheiten vgl. *Wolf*, in: Oduncu/Schroth/Vossenkuhl (Hrsg.), Stammzellenforschung, S. 36, 57.
10 Dies soll erstmalig im Fall des Klonschafes „Dolly" 1997 gelungen sein.
11 Vgl. etwa *Taupitz*, NJW 2001, 3433, 3435; vgl. ferner die Empfehlungen der Deutschen Forschungsgemeinschaft zur Forschung mit menschlichen Stammzellen vom 03.05.2001; hierzu auch *Hilgendorf*, in: FS für Maurer, S. 1147 m. w. N.
12 Vgl. dazu die ausführliche und überzeugende Darstellung bei *Gutmann*, in: Roxin/Schroth (Hrsg.), Medizinstrafrecht, 1. Aufl., S. 353, 354 ff.

genetischen Materials lediglich von einer Übereinstimmung zu 99 Prozent ausgegangen werden kann. Zum anderen – und dies scheint ein kaum überwindbares Hindernis zu sein – ist zweifelhaft, ob durch die Zellkerntransfertechnik überhaupt ein Embryo im Sinne des ESchG entsteht.[13] Gemäß § 8 ESchG gilt als Embryo „bereits die befruchtete, entwicklungsfähige menschliche Eizelle vom Zeitpunkt der Kernverschmelzung an". Bei der Reprogrammierung durch Zellkerntransfer findet aber gerade keine Kernverschmelzung statt und es liegt somit auch keine *befruchtete* Eizelle vor. Zu einer Strafbarkeit kommt man nur dann, wenn man *„bereits"* im Sinne von „auch" oder „auf jeden Fall" versteht. Dies ist aber nur schlecht möglich. Es ist üblich, *„bereits"* in einem temporalen Sinne, also im Sinne von „schon" zu interpretieren. Dann ist für diese Technik aber § 6 ESchG hier nicht anwendbar.

Aufgrund dieser nach wie vor ungeklärten Auslegungsfragen ist eine gesetzliche, ausdrückliche Einbeziehung der Zellkerntransfertechnik in das Klonverbot des § 6 ESchG, gegebenenfalls unter Anpassung des § 8 ESchG, dringend zu empfehlen,[14] jedenfalls dann, wenn es dem gesetzgeberischen Willen entspricht, sämtliche Klonierungstechniken zu erfassen.[15]

5. Instrumentalisierung und verbrauchende Embryonenforschung

Weithin wird die Legitimität des therapeutischen Klonens als noch eher diskussionswürdig angesehen als die des reproduktiven Klonens, welches fast allgemein als ethisch unzulässig betrachtet wird.[16] Bei genauerem Hinsehen liegt das eigentliche Problem des therapeutischen Klonens aber gerade darin, dass hier totipotente Zellen nicht zu dem Zweck erzeugt werden, sich zu entwickeln, sondern allein zu dem Zweck der Stammzellengewinnung unter Inkaufnahme der Vernichtung der entwicklungsfähigen menschlichen Organismen. Darin liegt eine ethisch problematische Instrumentalisierung von totipotenten Zellen (bzw. von Embryonen).

---

13 Hierzu *Gutmann*, in: Roxin/Schroth (Hrsg.), Medizinstrafrecht, 1. Aufl., S. 353 ff.
14 So bereits *Schroth*, JZ 2002, 170, 172. Vgl. nunmehr die weiter gefasste Legaldefinition des Embryos in § 3 Nr. 4 StZG: Danach ist Embryo bereits „jede menschliche totipotente Zelle, die sich bei Vorliegen der dafür erforderlichen weiteren Voraussetzungen zu teilen und zu einem Individuum zu entwickeln vermag".
15 Zu allem Unglück ist in § 6 ESchG (indirekt) auch noch eine Tötungspflicht normiert. In einem Schutzgesetz ist dies absurd. Man kann den Embryo nicht dadurch schützen, dass man Ärzte verpflichtet, ihn nicht zu übertragen.
16 Zu den Schwierigkeiten der Legitimation des Verbots des reproduktiven Klonens aus rechtsphilosophischer Sicht: *Gutmann*, in: Roxin/Schroth (Hrsg.), Medizinstrafrecht, 1. Aufl., S. 353, 354 ff.

Ob dieser Vorgang selbstständig und unabhängig vom Klonverbot rechtlich als verbotene verbrauchende Embryonenforschung und missbräuchliche Verwendung von Embryonen im Sinne des § 2 Abs. 1 ESchG einzustufen ist, hängt wiederum davon ab, ob man die durch Zellkerntransfer entstandenen totipotenten Zellen überhaupt als Embryonen im Sinne des § 8 ESchG qualifizieren kann (s. o.).

Die weitergehende Frage, wie weit der Schutzanspruch der mittels Zellkerntransfer reprogrammierten, totipotenten Zellen (bzw. Embryonen) aus ethischer Sicht gehen *sollte,* und ob man das therapeutische Klonen zur Stammzellengewinnung unter bestimmten Bedingungen ethisch und rechtlich vertreten könnte, verweist auf die Frage nach dem moralischen und juristischen Status des Embryos, die unten zu behandeln sein wird.

Inzwischen hat sich herausgestellt, dass die Methode zur Gewinnung von embryonalen Stammzellen aus geklonten Embryonen technisch äußerst schwierig ist. Sie wird derzeit deshalb nur in sehr reduziertem Maße versucht. Die Probleme, die mit embryonaler Stammzellenforschung verbunden sind, entschärfen sich dadurch, dass neue Trends zu verzeichnen sind, die die Forschung mit embryonalen Stammzellen überflüssig machen könnten. Völlig kann auf sie jedoch noch nicht verzichtet werden.

Wissenschaftliche Aufgabe war es, Methoden zu entwickeln, die eine Individualisierung von Stammzellen ermöglichen, also eine Entwicklung von Stammzellen, deren genetisches Material mit dem eines potenziellen Empfängers, etwa eines schwerkranken Patienten, identisch sind. Ziel der Forschung war es, adulte somatische Zellen, insbesondere Hautfibroplasten, in pluripotente Zellen zurückzudifferenzieren. Vor wenigen Jahren ist es erstmals gelungen, IPS-Zellen (induzierbare pluripotente Zellen) zu gewinnen und aus diesen pluripotenten Zellen Knochenmarkszellen für die Therapie schwerer Erkrankungen (z. B. Sichelzellenanämie) zu entwickeln. Inzwischen ist es auch gelungen, aus Humanfibroplasten Stammzellen zu gewinnen und hieraus Nervenzellen zu entwickeln. Von Neurobiologen wird diese Methode als zukunftsträchtiger angesehen als die Gewinnung von pluripotenten Zellen, die durch den Transfer von Zellkernen dem Kern der Eizellen entnommen worden sind.

C. Import von Stammzellen/Verwendung von Stammzellen

Nach dem Stammzellgesetz (StZG)[17] ist der *Import* von embryonalen Stammzellen nach Deutschland strafbar, wenn er ohne Genehmigung erfolgt (Übersicht II). In § 13 Abs. 1 S. 1 Nr. 1 StZG heißt es: *„Mit Freiheitsstrafe bis zu drei Jahren oder mit Geldstrafe wird bestraft, wer ohne Genehmigung nach § 6 Abs. 1 StZG embryonale Stammzellen einführt [...]"* Der Versuch ist strafbar, § 13 Abs. 1 S. 3 StZG. Ohne Genehmigung handelt gem. § 13 Abs. 1 S. 2 StZG auch derjenige, der auf Grund einer durch vorsätzlich falsche Angaben erschlichenen Genehmigung handelt. Die Aussage, die bis zum Inkrafttreten des Stammzellgesetzes ihre Gültigkeit hatte, dass nämlich die Einfuhr von *pluripotenten* Zellen nicht strafbar sei, gilt mithin nicht mehr. Pluripotene Zellen sind zwar kein Schutzobjekt des Embryonenschutzgesetzes; der Embryo wird aber vor Vernichtung *indirekt* durch das Stammzellgesetz geschützt. Die Einfuhr pluripotenter Zellen ist über § 13 Abs. 1 S. 1 Nr. 1 i. V. m. § 6 Abs. 1, 3 Nr. 2 StZG verboten. Strafbewehrt ist auch die Verwendung embryonaler Stammzellen, die sich im Inland befinden, ohne Genehmigung der Genehmigungsbehörde, § 13 Abs. 1 S. 1 Nr. 2 i. V. m. § 6 Abs. 1 StZG. Ebenfalls verboten ist hiernach die Teilnahme an der Einfuhr pluripotenter Stammzellen (ohne Genehmigung); die Teilnehmer sind nach § 13 StZG i. V. m. §§ 26, 27 StGB strafbar.

Strafbewehrt nach dem Stammzellgesetz war nach **bisheriger Rechtslage** *auch die Beteiligung in Deutschland an der Verwendung embryonaler Stammzellen im Ausland ohne Genehmigung der Genehmigungsbehörde.*
Im ursprünglichen Gesetzesentwurf zum Stammzellgesetz war § 9 Abs. 2 S. 2 StGB für das Stammzellgesetz für nicht anwendbar erklärt worden. Diese Einschränkung des Anwendungsbereichs des § 9 Abs. 2 S. 2 StGB wurde durch den Gesetzgeber letztendlich aber gestrichen. Die Anstiftung und Beihilfe zur Verwendung von embryonalen Stammzellen im Ausland von Deutschland aus war daher strafbar, selbst wenn die Verwendung von embryonalen Stammzellen im Ausland nicht strafbewehrt war. Dies hatte zur Folge, dass ein deutscher Wissenschaftler, der von Deutschland aus mit einem Institut wissenschaftlich über Stammzellenforschung kommunizierte, das auf diesem Gebiet im Ausland forschte, sich strafbar machen konnte, und zwar selbst dann, wenn

---

17 Zum Stammzellgesetz vgl. *Schroth*, in: Oduncu/Schroth/Vossenkuhl (Hrsg.), Stammzellenforschung, S. 279 ff.

die Forschung im Ausland völlig legal geschah. Er benötigte, um straffrei zu sein, eine Genehmigung. Eine absurde Regelung, die mit dem völlig unzeitgemäßen § 9 Abs. 2 StGB zusammenhing, und die die deutsche Forschung nicht unerheblich blockierte. Deutsche Wissenschaftler mussten sich, wenn sie an Auslandsforschungen mit embryonalen Stammzellen teilnehmen wollten, eine deutsche Genehmigung besorgen.

Das deutsche Strafrecht gilt nach § 5 Nr. 12 StGB auch für Taten, die ein deutscher Amtsträger oder ein für den öffentlichen Dienst besonders Verpflichteter während eines dienstlichen Aufenthalts oder in Beziehung auf den Dienst im Ausland begeht. Auf die Embryonenforschung bezogen galt das deutsche Strafrecht auch, wenn ein deutscher Amtsträger oder für den öffentlichen Dienst besonders Verpflichteter, während eines dienstlichen Aufenthalts Stammzellenforschung im Ausland betrieb oder an ihr mitwirkte – auch dann, wenn im Ausland die Embryonen- oder auch Stammzellenforschung erlaubt war.

Diese unbefriedigende Rechtslage ist nun geändert worden. Das Gesetz zur Änderung des Stammzellgesetzes (StZGÄndG) vom 14.08.2008 mit Geltung ab 21.08.2008[18] hat die Vorgaben für Einfuhr und Verwendung embryonaler Stammzelllinien in Deutschland konkretisiert und sieht darüber hinaus auch die einmalige Verschiebung des sog. Stichtages für Einfuhr und Verwendung vor.

Gemäß § 2 StZG neue Fassung[19] wird klargestellt, dass die Geltung des Stammzellgesetzes *auf das Inland beschränkt* ist. Das Stammzellgesetz gilt hiernach fortan nur noch für die Verwendung von embryonalen Stammzellen, *die sich im Inland befinden*. Diese Klarstellung wird ausdrücklich in § 13 Abs. 1 S. 1 Nr. 2 StZG aufgenommen, wonach nur die Verwendung sich im Inland befindender embryonaler Stammzellen ohne Genehmigung strafbewehrt ist. Diese tatbestandliche Begrenzung bewirkt sowohl den Ausschluss der Strafbarkeit wegen Teilnahme als auch wegen mittäterschaftlicher Mitwirkung an der Forschung an im Ausland befindlichen Stammzellen. Insbesondere scheidet damit aus, dass dem im Inland Handelnden eine ausländische Handlung als eigene zugerechnet wird. Zudem kommt eine strafrechtliche Verantwortlichkeit des im Ausland handelnden Amtsträgers oder

---

18 BGBl I, S. 1708.
19 § 2 StZG n. F. lautet: „Dieses Gesetz gilt für die Einfuhr von embryonalen Stammzellen und für die Verwendung von embryonalen Stammzellen, die sich im Inland befinden."

des für den öffentlichen Dienst besonders Verpflichteten nach §§ 13, 2 StZG in Verbindung mit § 5 Nr. 12 und Nr. 13 StGB nicht mehr in Betracht.

Neben weiteren Voraussetzungen wurde die erforderliche Genehmigung für die Einfuhr und Verwendung von embryonalen Stammzellen nach alter Rechtslage nur erteilt, wenn die embryonalen Stammzellen in Übereinstimmung mit der Rechtslage im Herkunftsland dort vor dem 1. Januar 2002 gewonnen wurden (sog. Stichtagsregelung). Am 11. April 2008 hat der Bundestag nach einer intensiv geführten Debatte in namentlicher Abstimmung entschieden, den Stichtag für die Forschung an embryonalen Stammzellen einmalig auf den 1. Mai 2007 zu verschieben.[20] Diese Regelung findet sich nunmehr in § 4 Abs. 2 Nr. 1a StZG neue Fassung. Insgesamt lagen vier Gesetzentwürfe zur Änderung des Stammzellgesetzes vor. Die Anträge zur Streichung des Stichtages, zu seiner Beibehaltung und zum Verbot der Forschung mit embryonalen Stammzellen wurden vom Bundestag abgelehnt.[21]

Mit der einmaligen Verschiebung des Stichtags soll die Grundintention des Gesetzes beibehalten werden, eine von Deutschland ausgehende Veranlassung zur Herstellung von menschlichen embryonalen Stammzellen durch Zerstörung von Embryonen zu vermeiden. Mit dieser sehr umstrittenen Regelung sollte das Töten von Embryonen zur Stammzellgewinnung zum Zwecke des Imports nach Deutschland vermieden werden. Darüber hinaus werden aber zugleich die Möglichkeiten zur Grundlagenforschung mit embryonalen Stammzellen in Deutschland verbessert. Seit Geltung des StZGÄndG ab 21.08.2008 erhalten auch deutsche Forscherinnen und Forscher Zugang zu Stammzelllinien, die international seit Verabschiedung des Stammzellgesetzes in der alten Fassung etabliert und inzwischen unter den standardisierten Bedingungen isoliert und kultiviert wurden.

D. Strafbarkeit bei der Präimplantationsdiagnostik

I. Missbräuchliche Anwendung von Fortpflanzungstechniken, § 1 Abs. 1 Nr. 2 ESchG

Nach § 1 Abs. 1 Nr. 2 ESchG wird mit Freiheitsstrafe bis zu drei Jahren oder mit Geldstrafe bestraft, wer es unternimmt, eine Eizelle zu einem anderen

---

20 Vgl. auch BT-Drucks. 16/383; angenommen wurde der Entwurf BT-Drucks. 16/7981.
21 Abgelehnt wurden die Entwürfe BT-Drucks. 16/7982, 16/7983; vgl. weiter BT-Drucks. 16/7984, 16/7985.

Zweck künstlich zu befruchten, als eine Schwangerschaft der Frau herbeizuführen, von der die Eizelle stammt. Der Gesetzgeber verfolgt mit diesem Tatbestand zwei zentrale Ziele: Er will zum einen bereits im Vorfeld eine gespaltene Mutterschaft verhindern; zum anderen sollen, und dies ist wegen des Instrumentalisierungsverbots[22] sinnvoll, keine Embryonen für Forschungszwecke erzeugt werden.[23] Diese Norm richtet sich zentral an Ärzte sowie Biologen und begrenzt deren Handlungsspielraum.

Setzen wir uns mit den Kriterien auseinander, die einen staatlichen Strafanspruch entstehen lassen.

1. „Künstliche" Befruchtung als positives Tatbestandsmerkmal

§ 1 Abs. 1 Nr. 2 ESchG verlangt für die Entstehung eines Strafanspruchs, dass ein Anderer es unternimmt (also mindestens im strafrechtlichen Sinne versucht[24]), eine „künstliche" Befruchtung herbeizuführen. Der Ausdruck „künstliche" Befruchtung ist schief, da es sich bei der In-vitro-Fertilisation im eigentlichen Sinne nicht um eine künstliche Befruchtung handelt, sondern um eine künstlich herbeigeführte natürliche Befruchtung. Die Kernverschmelzung ist – anders als etwa beim Klonen – *natürlich*. Umgangssprachlich ist es jedoch üblich, auch bei der künstlich herbeigeführten natürlichen Befruchtung von einer „künstlichen" Befruchtung zu sprechen.

2. Die Absicht, eine Schwangerschaft herbeizuführen, als negatives Tatbestandsmerkmal

Weitere Voraussetzung des Tatbestandes ist, dass für den Arzt andere Zwecke maßgeblich sind, als eine Schwangerschaft der Frau herbeizuführen, von der die Eizelle stammt. In der Formulierung sind jene anderen Zwecke dem Zweck der Herbeiführung einer Schwangerschaft der Frau, von der die Eizelle stammt, gegenübergestellt. Dies beinhaltet, dass die Absicht, eine Schwangerschaft der Frau herbeizuführen, von der die Eizelle stammt, ein *negatives Tatbestandsmerkmal* darstellt und die Annahme des Tatbestandes ausschließt. Die Formulierung des Tatbestandes beinhaltet nicht, dass irgendein anderer Zweck, der verfolgt wird, die Verwirklichung von § 1 Abs. 1 Nr. 2 ESchG begründen soll. Vielmehr ist § 1 Abs. 1 Nr. 2 ESchG dahingehend zu lesen, dass die ernsthaft verfolgte Zielvorstellung der Herbeiführung einer

---

22 Abgeleitet aus der Menschenwürde, Art. 1 I GG.
23 Günther/Taupitz/Kaiser-*Günther*, ESchG 2008, Vor § 1 Rn 4, § 1 Abs. 1 Nr. 2 Rn 1.
24 Günther/Taupitz/Kaiser-*Günther*, ESchG 2008, Vor § 1 Rn 74, § 1 Abs. 1 Nr. 2 Rn 22.

Schwangerschaft bei der Frau, von der die Eizelle stammt, den Strafanspruch ausschließt. Negative Tatbestandsmerkmale sind – im Gegensatz zu dem, was manchmal behauptet wird[25] – nichts Ungewöhnliches im StGB und den strafrechtlichen Nebengesetzen, und schon gar nichts Wesensfremdes.

Die Frage, die damit zu beantworten ist, lautet, ob in einem Fall wie dem oben geschilderten davon ausgegangen werden muss, dass der Arzt, der eine Eizelle „künstlich" befruchtet, um bei der Frau, von der die Eizelle stammt, eine Schwangerschaft herbeizuführen, auch dann noch von dieser Absicht getragen ist, wenn er vor der Übertragung eine PID vornimmt und im Falle eines auffälligen Befundes den Embryo verwerfen will.

Von der Struktur her betrachtet, liegt in einer derartigen Handlungsmotivation eine Absicht, die unter einer *objektiven Bedingung* steht. Ein Arzt, der eine Schwangerschaft herbeiführen, die befruchtete Eizelle aber nur unter der Voraussetzung übertragen will, dass kein positiver Befund vorliegt, knüpft seine Absicht an eine objektive Bedingung. Ein Dieb, der ein Auto nur unter der Voraussetzung wegnehmen will, dass an diesem Auto das Lenkradschloss nicht eingerastet ist, hat, wenn er sich an diesem Auto zu schaffen macht, die Absicht der rechtswidrigen Zueignung dieses PKWs, auch wenn die Absicht der rechtswidrigen Zueignung mit dem Nicht-Gegebensein eines spezifischen Zustands verknüpft ist. Dies ist sowohl in der BGH-Rechtsprechung als auch in der Strafrechtswissenschaft allgemein anerkannte Lehre.[26] Das Gleiche muss für die Absicht gelten, eine Eizelle zu übertragen, wenn die PID keinen positiven Befund geliefert hat. Die Absicht wird nicht dadurch ausgeschlossen, dass die Verwirklichung der Absicht an eine objektive Bedingung geknüpft ist.[27] Es ist nicht ersichtlich, warum man den Begriff der Absicht unterschiedlich strukturieren sollte. Auch der Sinn und Zweck des § 1 Abs. 1 Nr. 2 ESchG, eine Instrumentalisierung des Embryos zu verbieten, erfordert keinen anderen Begriff der Absicht. Schließlich spricht man auch umgangssprachlich von Absicht, wenn die Absicht mit einer objektiven Bedingung verknüpft ist. Wer einen anderen zu einem bestimmten Zeitpunkt unter der

---

25 *Böcher*, Präimplantationsdiagnostik, S. 74 ff.; so auch *Beckmann*, ZfL 2001, 12, 12 f. Dass diese Auffassung nicht zu überzeugen vermag, zeigt bereits ein Blick in das StGB: Hier existieren eindeutig negative Tatbestandsmerkmale. So etwa „unbefugt" in § 107a StGB, was „ohne Wahlberechtigung" bedeutet. Vgl. auch § 17 Nr. 1 TierSchG: „ohne vernünftigen Grund". Diese Merkmale gehören zum Tatbestand. Auch Rechtfertigungsgründe werden von einem nicht unwesentlichen Teil der Lit. als negative Tatbestandsmerkmale gekennzeichnet. Die hiergegen erhobenen Einwände sind nicht durchschlagend, vgl. hierzu *Schroth*, Vorsatz und Irrtum, S. 114 ff.
26 Vgl. nur *Fischer*, StGB 2009, § 242 Rn 42 m. w. N.
27 Vgl. hierzu auch *Schneider*, MedR 2000, 360, 362; *Renzikowski*, NJW 2001, 2753, 2755 f.

Voraussetzung besuchen will, dass dieser zu Hause ist, hat die Absicht, einen Besuch zu machen. Dies bedeutet, dass die Absicht, eine Schwangerschaft unter der Bedingung herbeizuführen, dass die PID keinen positiven Befund erbringt, als Absicht der Herbeiführung einer Schwangerschaft anzusehen ist.[28] Liegt aber eine Absicht vor, eine Schwangerschaft der Frau herbeizuführen, von der die Eizelle stammt, so ist eine Absicht gegeben, die die Annahme eines staatlichen Strafanspruchs im Sinne von § 1 Abs. 1 Nr. 2 EschG ausschließt.[29]

Es bleibt darauf hinzuweisen, dass mit jeder „künstlichen" Befruchtung das Risiko verbunden ist, dass der Embryo nicht auf jene Frau übertragen wird, von der die Eizelle stammt. Es existiert immer die generelle Möglichkeit, dass die Frau, die die Schwangerschaft wünscht, sich doch noch dagegen entscheidet. Weiter muss berücksichtigt werden, dass befruchtete Eizellen nach gängiger Praxis – zu Recht – nicht übertragen werden, wenn morphologische Auffälligkeiten an dem Embryo vorliegen. Das heißt, dass jede In-vitro-Fertilisation mit der Absicht, eine Schwangerschaft herbeizuführen, unter der objektiven Bedingung steht, dass der Embryo keine morphologischen Auffälligkeiten aufweist. Es macht keinen Sinn, Embryonen zu übertragen, bei denen das Risiko der Abstoßung erheblich ist.

Legt man diesen Ansatz zu Grunde, lassen sich folgende häufig vorgebrachte Argumente entkräften:

Es wird nun argumentiert, dass bei Vornahme einer PID ein Verstoß gegen § 1 Abs. 1 Nr. 2 EschG vorliege, da der Arzt, der die Absicht hat, eine Schwangerschaft nur für den Fall herbeizuführen, dass die PID keinen positiven Befund ergibt, ebenso die Absicht habe, eventuell keine Übertragung der Eizelle vorzunehmen, sondern die Eizelle zu verwerfen, wenn sich eine Pathologie zeigt.[30] Dieses Argument überzeugt nicht. Man sollte an Absichten geknüpfte objektive Bedingungen von zusätzlichen Zwecksetzungen unterscheiden. Die dominante Absicht,[31] eine Schwangerschaft herbeizuführen, führt dazu, dass sich nicht sinnvoll davon sprechen lässt, der Arzt habe

---

28 Günther/Taupitz/Kaiser-*Günther*, EschG 2008, § 1 Abs. 1 Nr. 2, Rn 21; a. A. *Beckmann*, MedR 2001, 169, 170.
29 Zur Behauptung der Strafbarkeit nach § 1 Abs. 1 Nr. 2 EschG vgl. *Beckmann*, ZfL 1999, 65 ff.; *Renzikowski*, NJW 2001, 2753 ff. Andererseits *Tag*, in: Kämmerer/Speck (Hrsg.), Geschlecht und Moral, S. 87 ff.
30 KG, Beschl. v. 9.10.2008, 1 AR 678/06 – 3 Ws 139/08, S. 5 f; *Böckenförde-Wunderlich*, Präimplantationsdiagnostik, S. 126.
31 Günther/Taupitz/Kaiser-*Günther*, EschG 2008, Vor § 1 Rn 38.

auch das Ziel, eine Schwangerschaft nicht herbeizuführen. Eine dominante Absicht mit dem Ziel, die Schwangerschaft herbeizuführen, schließt die genau entgegengesetzte Absicht aus. Die Möglichkeit, die Schwangerschaft eventuell nicht herbeizuführen, ist eine Bedingung der Absicht, und keine parallel bestehende *entgegengesetzte* Absicht.

Das Argument lässt sich nun dahingehend wenden, dass die These aufgestellt wird, immer wenn zusätzlich die Absicht vorliegt, den Embryo bei einer Pathologie zu verwerfen, sei eine Absicht gegeben, die den Strafanspruch begründen könne. Gegen diese These sprechen zwei Gründe: Einmal verkennt sie, dass die Absicht, eine Schwangerschaft herbeizuführen, negatives Tatbestandsmerkmal ist und den staatlichen Strafanspruch ausschließt, auch wenn noch andere Zwecke verfolgt werden. Im Übrigen begründet die Vorstellung des Arztes, dass der Embryo verworfen werden soll, wenn sich ein pathologischer Befund zeigt, noch keine zusätzliche Absicht. Der Arzt strebt nicht an, den Embryo zu verwerfen. Diese Vorstellung des Arztes begründet noch nicht einmal einen dolus eventualis. Dolus eventualis verlangt nach der BGH-Rechtsprechung, dass der Handelnde den Erfolg billigt.[32] Dem Arzt wird die Verwerfung im Regelfall aber sogar höchst unerwünscht sein.

Es lässt sich in diesem Kontext auch nicht sinnvoll damit argumentieren, dass der Arzt, der eine In-vitro-Fertilisation durchführt und zunächst eine PID vornehmen will, auch die Absicht hat, einen anderen Zweck zu verfolgen, nämlich die Durchführung einer PID.[33] Die Absicht, eine PID vor der Herbeiführung einer Schwangerschaft durchzuführen, ist keine selbstständige Absicht die durch § 1 Abs. 1 Nr. 2 EschG ausgeschlossen ist, wenn und soweit der Arzt das eigentliche – dominante – Ziel hat, eine Schwangerschaft herbeizuführen.

Wenn ein Arzt die Absicht hat, eine Schwangerschaft unter der Voraussetzung herbeizuführen, dass die PID durchgeführt wird und diese keinen posi-

---

32 Selbst wenn die Absicht, eine Schwangerschaft herbeizuführen, nicht als negatives Tatbestandsmerkmal gedeutet wird, so setzt die Annahme des § 1 I Nr. 2 EschG jedenfalls die Verfolgung einer anderen Zwecksetzung voraus. Dies ergibt sich aus der Formulierung in § 1 I Nr. 2 EschG „zu einem anderen Zwecke". Dies bedeutet, dolus eventualis reicht gerade nicht aus.
33 KG, Beschl. v. 9.10.2008, 1 AR 678/06 – 3 Ws 139/08, S. 5 f.; Die Absicht, eine Schwangerschaft herbeizuführen, verneint in diesem Fall *Riedel*, Reproduktionsmedizin im internationalen Vergleich, 2008, S. 100, Fn. 160 mit dem Argument, die PID werde in der Regel bei Paaren ohne Fruchtbarkeitsproblemen durchgeführt, sodass eine PID zur Herbeiführung einer Schwangerschaft gar nicht erforderlich sei. Somit sei zumindest bei bezüglich der Fortpflanzung gesunden Paaren die Absicht zu verneinen. Vielmehr erfolge die künstliche Befruchtung zum Zwecke der Untersuchung des Embryos.

tiven Befund ergibt, so ist dies insgesamt als Absicht anzusehen, die unter einer objektiven Bedingung steht und die Anwendung des § 1 Abs. 1 Nr. 2 ESchG ausschließt.[34] Mit dem Argument, der Arzt habe die Absicht der Durchführung einer PID, wird verkannt, dass nach der gesetzlichen Struktur die Absicht eine Schwangerschaft herbeizuführen negatives Tatbestandsmerkmal ist. Schließlich ist zu sagen, dass auch die *kognitive* Seite des Vorsatzes nicht gegen die *Absicht*, die die Strafbarkeit ausschließt, spricht. Das Fürmöglichhalten der Verwerfung des Embryos in den Fällen, in denen sich ein positiver Befund ergibt, schließt nicht die Absicht im Sinne eines zielgerichteten Wollens aus. Es ist hinreichend, dass ein Handelnder davon ausgeht, dass die Zielerreichung möglich ist. Es ist weder erforderlich, dass er von einer gewissen Wahrscheinlichkeit ausgeht, noch, dass er mit großer Sicherheit die Zweckerreichung annimmt. Wichtig ist nur, dass die Befruchtung der Eizelle geschieht, um eine Schwangerschaft herbeizuführen.

Aus der amtlichen Begründung ergibt sich zwar, dass der Gesetzgeber nicht nur die Befruchtung von Eizellen mit dem Ziel, Forschung zu ermöglichen, ausschließen wollte. Er wollte sicherlich auch verbieten, dass embryonale Stammzellen gewonnen werden, oder dass Embryonen für Heilversuche hergestellt werden etc. Es existieren aber keinerlei Hinweise dafür, dass er auch objektive Bedingungen ausschließen wollte, die mit der Herbeiführung einer Schwangerschaft als Zentralmotivation verbunden werden.[35]

Damit kann festgehalten werden, dass soweit eine „Schwangerschaftsherbeiführungsabsicht" vorliegt, auch wenn diese unter einer objektiven Bedin-

---

34 Das Kammergericht Berlin verkennt, dass die Absicht eine Schwangerschaft herbeizuführen, negatives Tatbestandsmerkmal ist. D. h. die Annahme der Absicht schließt dann die Anwendung dieses Tatbestandes aus. Unerheblich ist, dass der Arzt noch andere Handlungsintentionen hatte. Die angeführten Entscheidungen, z. B. BGHSt 18, 246 sowie BGHSt 35, 325, liefern keinerlei die Entscheidung des Kammergerichts bestätigendes Argumentationsmaterial. Diese Entscheidungen haben es mit völlig anderen Kontexten zu tun und beschäftigen sich nicht mit einer Absicht, die offensichtlich als negatives, den Tatbestand ausschließendes Tatbestandsmerkmal konzipiert ist. Das Gleiche gilt für die angegebenen Literaturnachweise.
35 Günther/Taupitz/Kaiser-*Günther*, ESchG 2008, § 1 Abs. 1 Nr. 2 Rn 18. Der Abschlussbericht der Bund-Länder-Arbeitsgruppe „Fortpflanzungsmedizin" empfahl ein Verbot der Abspaltung totipotenter Zellen zum Zwecke der Diagnostik vor dem Embryotransfer. Es wurde hierin die Möglichkeit der Diagnostik an einer pluripotenten Zelle überhaupt nicht für möglich gehalten. Im Abschlussbericht der Bund-Länder-Arbeitsgruppe „Genom-Analyse" ging man von einer späteren Möglichkeit der PID aus. Dieser PID an einer Zelle des Trophoplasten wurde ein ähnlicher Stellenwert eingeräumt wie der Pränataldiagnostik. Man ging wohl nicht von einer Strafbarkeit insoweit aus: Der Wille des historischen Gesetzgebers lässt sich sicherlich nicht für die Strafbarkeit in Anspruch nehmen. So zu Recht auch: *Middel*, Verfassungsrechtliche Fragen der Präimplantationsdiagnostik, S. 42.

gung steht, eine Strafbarkeit nicht mehr in Betracht kommt. Diese Grenze muss vom Interpreten akzeptiert werden.

3. Das verfassungsrechtlich zu berücksichtigende Recht auf Information

§ 1 Abs. 1 Nr. 2 ESchG hat nicht die Aufgabe, einer Frau vor der Übertragung einer im Wege der In-vitro-Fertilisation befruchteten Eizelle Informationen über die genetische Identität des Embryos vorzuenthalten. Die genetische Identität des zu implantierenden Embryos ist zentrale Information für eine menschlich höchst sensible und schwierige Entscheidung. Verfassungsrechtlich haben Eltern eine aus Art. 6 Abs. 1 GG und Art. 2 Abs. 1 i. V. m. Art. 1 Abs. 1 GG garantierte Entscheidungsfreiheit darüber, ob sie bei ihrem Kinderwunsch ein genetisches Risiko eingehen möchten oder nicht.[36] Aus Art. 2 Abs. 1 i. V. m. 1 Abs. 1 GG steht Eltern zu diesem Zweck ein verfassungsrechtlich garantiertes Recht auf Kenntnis wesentlicher Daten und Informationen zur Identität und Gesundheit des Embryos zu.[37] Dieses Wissen ist Teil der elterlichen Grundrechte, in die der Gesetzgeber nur bei Vorliegen schwerwiegender Gründe eingreifen darf.[38] Die Regel des § 1 Abs. 1 Nr. 2 ESchG kann nicht als Entscheidung des Gesetzgebers verstanden werden, das an sich verfassungsrechtlich garantierte Recht der Eltern auf Information zu beeinträchtigen.

Dieses elterliche Recht auf Information ist bei der Pränataldiagnostik anerkannt. Eine Pränataldiagnostik ist nicht nur zulässig, sondern eine Aufklärung über die Möglichkeit ihrer Durchführung ist für den Arzt bei genetisch vorbelasteten Paaren oder bei bestimmtem Alter einer Schwangeren sogar verpflichtend.[39] Es wäre ein Wertungswiderspruch, wenn der Gesetzgeber in die elterliche Informationsmöglichkeit durch Verbot der PID eingreifen würde, wenn umgekehrt die Rechtslage dahingehend bestehen bleibt, dass Pränataldiagnostik legitim ist und darüber unter bestimmten Umständen sogar aufgeklärt werden muss.[40]

---

36 Vgl. *Hufen*, MedR 2001, 440, 442 f.
37 *Hufen*, MedR 2001, 440, 442 f.; vgl. auch *Middel*, Verfassungsrechtliche Fragen der Präimplantationsdiagnostik, S. 60 m. w. N.
38 Zur verfassungsrechtlichen Rechtfertigung vgl. *Middel*, Verfassungsrechtliche Fragen der Präimplantationsdiagnostik S. 82 ff. m. w. N.; *Hufen*, MedR 2001, 440, 445 ff.
39 BGHZ 89, 95 ff.
40 So auch *Hufen*, MedR 2001, 440, 450.

4. Systematische Auslegung: Die Notwendigkeit der Beachtung der Wertungskonsistenz

Für ein enges Verständnis des § 1 Abs. 1 Nr. 2 ESchG spricht schließlich die systematische Auslegung.

§ 218 StGB schützt die befruchtete Eizelle nicht vor Handlungen, deren Wirkung vor Abschluss der Einnistung des befruchteten Eies in der Gebärmutter eintritt. Damit werden die „Pille danach" sowie die Spirale als Verhütungsmittel zugelassen. In-vivo ist der Embryo vor der Einnistung damit überhaupt nicht geschützt, obwohl dieser Schutz möglich wäre. Es ist wenig wertungskonsistent, dann im Embryonenschutzgesetz den Embryo In-vitro *umfassend* zu schützen.

Weiter verhindert § 218 a StGB nicht die Schwangerschaft auf Probe. Jede Frau, die schwanger ist, kann, bevor sie sich entscheidet die Schwangerschaft auszutragen, genetische Informationen über die Pränataldiagnostik erhalten und sich dann für oder gegen einen Schwangerschaftsabbruch nach Beratung entscheiden. Sogar eine Spätabtreibung ist zulässig, wenn eine Pathologie des Embryos diagnostiziert wird und wenn diese für die Frau eine psychisch schwer wiegende Beeinträchtigung darstellt, die nicht in zumutbarer Weise abgewendet werden kann. Es stellt einen Wertungswiderspruch dar, die Befruchtung auf Probe über das Embryonenschutzgesetz zu verhindern, wenn andererseits die Schwangerschaft auf Probe durch das Strafgesetzbuch über §§ 218 ff. StGB nicht ausgeschlossen ist. In beiden Konstellationen liegt für genetisch belastete Eltern ein im höchsten Maße schwieriger, unausweichlicher Konflikt vor, der eine Gefahr für die psychische Gesundheit der (potenziellen) Mutter darstellen kann. Art. 2 Abs. 2 GG und Art. 2 Abs. 2 i. V. m. Art. 1 Abs. 1 GG fordern vom Staat daher in diesen Fallgestaltungen gleichermaßen, einen analogen Rahmen für den Gesundheitsschutz der (potenziellen) Mutter und für die Ausübung des Selbstbestimmungsrechtes der Frau zu setzen.[41] Auch im Falle der PID besteht die Konfliktlage zwischen den Interessen und Rechten der potenziell Schwangeren und der Schutzwürdigkeit des Embryos. Die Konfliktlage ist völlig analog zu jener der Pränataldiagnostik. Es macht keinen normativen Unterschied, ob die Schwangerschaft schon besteht, oder ob sie im Begriff ist, zu entstehen. Sowohl im Rahmen der In-vitro-Fertilisation und einer danach nicht vorgenommenen Übertragung eines bestimmten Embryos als auch im Rahmen einer bei bestehenden Schwanger-

---

[41] So auch *Hufen*, MedR 2001, 440, 450; *Middel*, Verfassungsrechtliche Fragen der Präimplantationsdiagnostik, S. 61 f., 63 m. w. N.

schaft durchgeführter Pränataldiagnostik und daran anschließendem Schwangerschaftsabbruch handelt es sich um die Frage, ob Frauen das Recht haben, sich gegen eine bestimmte Art der Schwangerschaft zu entscheiden.

II. Klonverbot, § 6 Abs. 1 EschG, und missbräuchliche Verwendung menschlicher Embryonen § 2 Abs. 1 EschG

Weiter stellt sich die Frage, ob die Präimplantationsdiagnostik durch § 2 Abs. 1 EschG strafbewehrt verboten ist. Das Kammergericht Berlin hatte sich jüngst in einer Entscheidung mit diesem Problem auseinanderzusetzen.[42] § 2 Abs. 1 EschG verbietet es, einen extrakorporal erzeugten oder einer Frau vor Abschluss seiner Einnistung in der Gebärmutter entnommenen menschlichen Embryo zu veräußern oder zu einem nicht seiner Erhaltung dienenden Zweck abzugeben, zu erwerben oder zu verwenden.

1. Die PID an totipotenten Zellen

Wird die PID unter Entnahme einer totipotenten Zelle[43] durchgeführt, besteht eindeutig eine Strafbarkeit nach § 2 Abs. 1 EschG und § 6 EschG, da totipotente Zellen gem. § 8 Abs. 1 HS. 2 EschG wie Embryonen behandelt werden[44] und es nach dem Embryonenschutzgesetz gem. § 2 Abs. 1 EschG verboten ist (Übersicht III), eine totipotente Zelle zu einem nicht ihrer Erhaltung dienenden Zweck zu verwenden. Die Biopsie an einer totipotenten Zelle zerstört diese. Die Biopsie verstößt auch gegen das Klonverbot des § 6 Abs. 1 EschG, wonach es verboten ist, einen menschlichen Embryo mit gleicher Erbinformation zu schaffen. Genau dies geschieht bei der Abscheidung einer totipotenten Zelle. Zudem wird eindeutig eine geschützte Zelle verwendet, §§ 2 Abs. 1, 8 Abs. 1 EschG.[45] Die Totipotenz geht jedenfalls nach Erreichen des 8-Zell-Stadiums[46], nach derzeitigen Erkenntnissen wahrscheinlich sogar schon früher, verloren.

---

[42] Vgl. KG, Beschl. v. 9.10.2008, 1 AR 678/06 – 3 Ws 139/08, S. 8ff.
[43] Zum Begriff der Totipotenz siehe *Böcher*, Präimplantationsdiagnostik, S. 30f.
[44] Zur Strafbarkeit der PID siehe auch *Ulsenheimer,* Arztstrafrecht in der Praxis, I § 7 Rn. 358cff.
[45] *Schneider*, MedR 2000, 360, 361; Günther/Taupitz/Kaiser-*Günther*, EschG 2008, Einf B Rn. 99.
[46] Die naturwissenschaftliche Frage nach dem Ende der zellulären Totipotenz ist noch nicht abschließend geklärt, vgl. *Schneider*, MedR 2000, 360, 360. Zu dieser Ansicht Richtlinienentwurf der BÄK, DÄBl. 2000, A-525ff. Ziff. 4.2. Vgl. zur Definition *Beier*, Ethik Med (1999) 11, S. 23–37.

2. Die PID an pluripotenten Zellen

Wird vor der Übertragung des Embryos die PID durch Entnahme einer nicht mehr totipotenten Zelle durchgeführt, so ist die Frage der Strafbarkeit umstritten.

Die Verwendung einer pluripotenten Zelle ist jedenfalls kein Verstoß gegen § 6 Abs. 1 ESchG, da nach Definition des § 8 Abs. 1 ESchG die pluripotente Zelle selbst nicht mehr als Embryo gilt.

Nach § 2 Abs. 1 ESchG macht sich strafbar, wer einen Embryo zu einem nicht seiner Erhaltung dienenden Zweck verwenden will. Der staatliche Strafanspruch wird dadurch ausgelöst, dass ein extrakorporal erzeugter menschlicher Embryo zu einem nicht seiner Erhaltung dienenden Zweck verwendet wird. Voraussetzung ist also, nachdem die anderen Handlungsalternativen nicht in Betracht kommen, dass der extrakorporal erzeugte Embryo *verwendet* wird und der Handelnde sich von Zwecken leiten lässt, die nicht der *Erhaltung* des Embryos dienen.[47]

Bei der Durchführung der PID wird der befruchteten Eizelle nach dem *Erreichen* des 8-Zell-Stadiums eine pluripotente Zelle *entnommen*; dann wird diese untersucht und schließlich wird, wenn und soweit die pluripotente Zelle einen auffälligen Befund des Embryos nach dem Erreichen des 8-Zell-Stadiums ergibt, dieser Embryo *stehen gelassen bzw. weggeschüttet*. Schließlich existiert noch die Möglichkeit, den geschädigten Embryo zu *kryokonservieren*.

In der Umgangssprache wird der Begriff „Verwenden" seit dem 16. Jahrhundert in dem Sinne von „Aufwenden", „Gebrauchen", „Nutzen" interpretiert.[48] Nicht unter den Begriff des Verwendens fällt das „Vernichten", es sei denn, mit dem zweckbestimmten Gebrauch ist zwangsläufig ein Vernichten verbunden. Die analogen Fachsprachregeln des Begriffes „Verwenden" finden sich in den Urkundsdelikten. Die Vernichtung einer Urkunde ist eben keine Verwendung derselben und kann nicht unter den Tatbestand des § 267 StGB subsumiert werden.[49] Würde man das Vernichten einer z. B. unechten Urkunde als Verwenden oder Gebrauchen i. S. v. § 267 StGB ansehen, so wäre – eindeutig – das *Analogieverbot* verletzt. *Verwenden* wird üblicherweise als „teleologisches Gebrauchen" bestimmt.[50]

---

47 Günther/Taupitz/Kaiser-*Günther*, ESchG 2008, § 2 Rn. 32, 39 ff.
48 Vgl. *Duden*, Das Herkunftswörterbuch, Stichwort Verwendung, Verwenden, Wenden.
49 Das Vernichten ist in § 274 StGB nicht ohne Grund besonders unter Strafe gestellt.
50 Aber auch nur dann, wenn mit dem teleologischen Gebrauchen gegen den Schutzzweck des jeweiligen Tatbestandes verstoßen wird (z. B. im Rahmen des § 86a StGB).

- Das *Kryokonservieren* eines Embryos lässt sich als Verwenden auffassen. Diese Verwendung geschieht jedoch zur Erhaltung des Embryos und ist damit nicht strafbar.[51]
- Das *Stehenlassen* und *Nicht-weiter-Kultivieren* eines Embryos in der Petrischale sowie das *Wegschütten* sind als *Unterlassen* zu werten. Dies ist eindeutig für das Stehenlassen und Nicht-weiter-Kultivieren, da keinerlei Einsatz von Energie stattfindet. Es liegt insoweit kein aktives Tun vor. Dies gilt aber auch für das Wegschütten des Embryos. Genauso wie es bei einem Patienten im Rahmen der rechtlichen Beurteilung der Sterbehilfe nicht darauf ankommen kann, ob ein Arzt eine Behandlung auf Wunsch des Sterbenden nicht fortführt oder abbricht, ist es gleichgültig, ob ein Embryo in der Petrischale stehen gelassen und nicht weiter versorgt oder weggeschüttet wird. All diese Handlungen sind als Unterlassen bzw. als Unterlassen durch Tun[52] zu qualifizieren. Das Wegschütten steht dem Stehen-Lassen und Nicht-mehr-Versorgen des Embryos in der Petrischale wertungsmäßig gleich.[53] Die normative Qualität dieser Handlungen, der Schwerpunkt der Vorwerfbarkeit, ist in der *Nicht-weiter-Versorgung* zu sehen. Der Energieaufwand, den das Wegschütten des Inhalts einer Petrischale erfordert, erlaubt es nicht, Stehenlassen des Inhalts der Petrischale und Wegschütten unterschiedlich zu bewerten. In beiden Fällen ist zu beurteilen, wie das „Nicht-mehr-Versorgen" des Embryos zu bewerten ist. Nachdem die Nicht-weiter-Kultivierung eindeutig ein Unterlassen ist, muss auch das Wegschütten als Unterlassen gewertet werden. Voraussetzung für die strafrechtliche Zurechenbarkeit ist damit eine Garantenstellung.

Ein Arzt, der eine In-vitro-Fertilisation durchführt, übernimmt gegenüber der Frau, von der die Eizelle stammt, eine Schutzfunktion,[54] nicht aber gegenüber dem Embryo.[55] Auch ein Vertrag, der die In-vitro-Fertilisation und die

---

51 *Riedel*, Reproduktionsmedizin, S. 101 Fn. 163; Günther/Taupitz/Kaiser-*Günther*, EschG 2008, § 2 Rn. 45.
52 Vgl. zu dieser Rechtsfigur *Roxin*, Strafrecht AT II, § 31 VI. 6.
53 Auch *Schneider*, MedR 2000, 360, 363 stellt fest, dass nicht einzusehen ist, warum das aktive „Wegschütten" trotz ansonsten positiver Voraussetzungen für einen Transfer anders zu bewerten sein soll, als das „Stehenlassen" einer Embryonenkultur.
54 Eine Garantenstellung gegenüber der Patientin entsteht hier durch faktische Übernahme der Schutzpflicht. Patientin und Arzt schließen einen ärztlichen Behandlungsvertrag, sodass spätestens mit Beginn der Behandlung eine Garantenpflicht entsteht.
55 Ausführlich hierzu *Böcher*, Präimplantationsdiagnostik, S. 106 ff.; bejahend hingegen *Beckmann*, MedR 2001, 169, 171, der „zweifellos" eine Garantenstellung des Arztes als gegeben ansieht.

PID zum Gegenstand hat, enthält keine Verpflichtung, den Embryo unbedingt zu schützen.[56] Eine Annahme der Garantenstellung hätte zur Konsequenz, dass das Informationsrecht und Recht der Mutter, aufgrund umfänglicher Information zu entscheiden, missachtet würde. Eine Garantenpflicht aus vorangegangenem pflichtwidrigem Tun kommt nicht in Betracht, da die In-vitro-Fertilisation kein *an sich* pflichtwidriges Tun ist. Die Ingerenz verlangt ein pflichtwidriges Vorverhalten. Eine Biopsie des Embryos ist kein pflichtwidriges Verhalten, da die PID nicht gegen § 1 Abs. 1 Nr. 2 ESchG verstößt. Der Arzt handelt ja in Übereinstimmung mit dem Willen der Frau, von der die Eizelle stammt. Im Übrigen wäre, selbst wenn man eine Garantenstellung annehmen würde, noch zu untersuchen, inwieweit dieses einem aktiven Verwenden gleichwertig wäre. Die Gleichwertigkeit ist jedoch nicht gegeben, da in einem Unterlassen noch keine Instrumentalisierung liegt.

Es ist noch das *Stehenlassen* des Embryos, um diesen zu versorgen, bis er das 8-Zell-Stadium erreicht hat, bzw. die *Entnahme* einer pluripotenten Zelle in diesem Stadium zu beurteilen.

- Zunächst ist zu sagen, dass das Stehenlassen des Embryos, bis er sich zu einem 8-Zell-Stadium entwickelt hat, eine Unterlassung ist. Eine Bestrafung des Arztes würde insofern eine Garantenpflicht voraussetzen, die wie dargelegt nicht gegeben ist.

- Das *Entnehmen* der pluripotenten Zelle kann nicht als *Verwenden des Embryos* aufgefasst werden. Auf die Handlung an der Zelle selbst kann nicht abgestellt werden, da diese kein Embryo ist, §§ 8 I i. V. m. 2 I ESchG. Deshalb stellt auch die Untersuchung der Zelle an sich kein *Verwenden* des Embryos dar. Von einem Verwenden eines Embryos im 8-Zell-Stadium zu sprechen, wenn man diesem eine Zelle entnimmt, verstößt gegen den möglichen Wortsinn. Zudem ist die Entnahme einer Zelle zunächst einmal eine neutrale Handlung. Diese ist nur dann in der Lage ein tatbestandsmäßiges Verhalten zu begründen, wenn sie deliktsverstrickt ist. Von einer derartigen Deliktsverstrickung (über § 1 Abs. 1

---

[56] Anders sieht das *Schneider*, MedR 2000, 360, 363, der die vertragliche Schutzpflicht des Arztes auch zu Gunsten Dritter annimmt, soweit der Vertrag dessen Schutz umfasst, und diesen Gedanken auf den Embryo in vitro erstreckt. Doch auch soweit man den Vertrag als Vertrag mit Schutzwirkung zu Gunsten Dritter ansieht, ergibt sich aus diesem keine Garantenstellung, vgl. *Böcher*, Präimplantationsdiagnostik, S. 106. Denn eine solche Argumentation setzt zum einen eine formelle Garantenpflichtlehre voraus, die heute kaum noch vertreten wird, zum anderen ist unklar, ob ein solcher Vertrag mit Schutzwirkung für den Embryo überhaupt vorliegen würde, wenn die Mutter nur eine Übertragung nach vorheriger PID wünscht.

Nr. 2 ESchG) kann nicht ausgegangen werden, da bei der Entnahme der Zelle immer noch die Absicht der Übertragung des Embryos auf die Frau dominant ist. Ziel der Entnahme der pluripotenten Zelle ist es, der Frau, der der Embryo übertragen werden soll, eine Information zukommen zu lassen, die ihr durch die Rechtsordnung gewährt wird, solange sie nicht gesetzlich ausgeschlossen ist. Aus Art. 2 Abs. 1 i. V. m. Art. 1 Abs. 1 GG haben die Eltern unter dem Vorbehalt gesetzlicher Einschränkungen einen Anspruch auf Kenntnis wesentlicher Daten und Informationen zu Identität und Gesundheit des Embryos. Dieses Wissen ist Vorbedingung einer informierten Selbstbestimmung, die Eltern so lange gewährt ist, bis diese Informationserlangung rechtlich explizit ausgeschlossen ist. Ein Eingriff in diese Informationsrechte müsste den Verhältnismäßigkeitsgrundsatz beachten, d. h., er müsste geeignet, erforderlich und im engeren Sinne verhältnismäßig bzw. zumutbar sein.

Die genetische Identität des zu implantierenden Embryos kann für die Eltern eine unerlässliche Information sein, die sie für eine höchst sensible und schwierige Entscheidung benötigen. Die Frau, der eine Eizelle übertragen werden soll, hat ein Recht auf Vermeidung von Gesundheitsrisiken und unzumutbaren Umständen, die im Verlauf einer Schwangerschaft eintreten können.[57] Es ist paradox, Frauen das Recht auf Information während der Schwangerschaft umfassend einzuräumen und Pränataldiagnostik unbeschränkt zuzulassen, gleichzeitig aber nach einer In-vitro-Fertilisation vor der Übertragung des Embryos die Informationsquelle PID auszuschließen.[58] PID und Pränataldiagnostik ermöglichen den Zugang zu den gleichen Informationen. Es ist zumindest unzumutbar, die PID über § 2 Abs. 1 ESchG zu verbieten, wenn andererseits schwangeren Frauen ein umfangreiches Informationsrecht gewährt wird. Für den Lebensschutz des Embryos wird nichts gewonnen und die psychische Gesundheit der Frau wird über derartig beeinträchtigende gesetzliche Rahmenbedingungen erheblich gefährdet.[59] Sieht sie sich nicht in der Lage, ein genetisch geschädigtes Kind großzuziehen und wird ihre Situation nach der Übertragung des Embryos in der Schwangerschaft unzumutbar, darf sie die Schwangerschaft ohne Befristung abbrechen. Ihr Handeln wird über § 218 a Abs. 2 StGB gerechtfertigt.

---

57 Vgl. *Hufen*, MedR 2001, 440, 443.
58 Vgl. oben; zum Ganzen *Hufen*, MedR 2001, 440, 442 f.
59 *Middel*, Verfassungsrechtliche Fragen der Präimplantationsdiagnostik, S. 64.

Darüber hinaus könnte durch die Ungleichbehandlung der im Wesentlichen gleich gelagerten Sachverhalte bei der PID und der Pränataldiagnostik der verfassungsrechtliche Gleichbehandlungsgrundsatz aus Art. 3 Abs. 1 GG verletzt sein.[60]

Sämtliche Auffassungen, die die PID unter § 2 Abs. 1 ESchG subsumieren wollen, stellen die These auf, dass „verwenden" ein Merkmal sei, das eine Auffangfunktion erfülle und weit ausgelegt werden müsse.[61] Diese These wird damit begründet, dass das Embryonenschutzgesetz lebensgerichtet sei und den Embryo umfassend schützen wolle.

Diese These erlaubt es jedoch nicht, den möglichen Sprachsinn zu überschreiten und „verwenden" über den Wortlaut hinaus extensiv auszulegen. Subsumiert man „vernichten" als „verwenden", so ist der Wortlaut verletzt.

Fraglich ist weiter, ob die These, dass das Embryonenschutzgesetz zentral lebensgerichtet ist, plausibel ist. Das Embryonenschutzgesetz enthält nicht nur Tatbestände, die die Weiterentwicklung des Embryos sichern, sondern auch solche, die dies verhindern: § 1 Abs. 1 Nr. 2 ESchG ist, soweit es um das Verbot der gespaltenen Mutterschaft geht, kein Tatbestand, der den Embryo schützt. Ganz im Gegenteil wirkt das Verbot der gespaltenen Mutterschaft dann dem Lebensschutz entgegen, wenn einer Frau, z. B. aus gesundheitlichen Gründen, der eigene Embryo nicht übertragen werden kann. Dann darf er wegen dieses Verbots auch anderen Frauen nicht übertragen werden. § 2 Abs. 2 ESchG ist nicht lebensgerichtet: Hiernach wird bestraft, wer zu einem anderen Zweck als der Herbeiführung einer Schwangerschaft bewirkt, dass sich der menschliche Embryo extrakorporal weiterentwickelt. § 6 Abs. 2 ESchG verbietet das Übertragen geklonter Embryonen und enthält ein Tötungsgebot! Die These, dass das Embryonenschutzgesetz generell lebensgerichtet ist, ist – jedenfalls in dieser Allgemeinheit – nicht haltbar. Der eigentliche Sinn des Embryonenschutzgesetzes ist es, Instrumentalisierungsverbote zu verorten. Soweit bei der Strafbarkeit der PID der Wille des historischen Gesetzgebers in Anspruch genommen wird, ist festzuhalten, dass das angebliche Verbot der PID an pluripotenten Zellen sich nicht auf einen Willen des historischen Gesetzgebers stützen kann.[62] Der Gesetzgeber

---

60 Vgl. hierzu *Middel*, Verfassungsrechtliche Fragen der Präimplantationsdiagnostik, S. 169 ff.
61 Günther/Taupitz/Kaiser-*Günther*, ESchG 2008, § 2 Rn. 7, Rn. 54 ff.
62 Von einem Willen des Gesetzgebers kann man nur dann sprechen, wenn die Entscheidung des Gesetzgebers als Antwort auf ein von ihm gesehenes Problem angesehen werden kann und dies im Wortlaut jedenfalls indirekt zum Ausdruck kommt. Vgl. hierzu *Schroth*, in: Conrad (Hrsg.), Inseln der Vernunft, S. 14 ff. Lediglich die Tatsache, dass der Gesetzgeber mehr verbieten wollte als die Herstellung

hat sich im Entscheidungszeitraum mit der PID, durchgeführt an pluripotenten Zellen, nicht befasst.

III. Analoge Anwendung des Rechtfertigungsgrundes nach § 218 a Abs. 2 StGB

Selbst wenn man die PID unter die §§ 1 Abs. 1 Nr. 2 und 2 Abs. 1 EschG subsumieren würde, wäre es angemessen, den Rechtfertigungsgrund des § 218 a Abs. 2 StGB hier analog anzuwenden.[63] Demnach ist der mit Einwilligung der Schwangeren von einem Arzt durchgeführte Schwangerschaftsabbruch nicht rechtswidrig, wenn der Abbruch der Schwangerschaft unter Berücksichtigung der gegenwärtigen und zukünftigen Lebensverhältnise der Schwangeren nach ärztlicher Erkenntnis angezeigt ist, um die Gefahr einer schwerwiegenden Beeinträchtigung des seelischen Gesundheitszustands der Schwangeren abzuwenden, wenn die Gefahr nicht auf eine andere, für sie zumutbare Weise abgewendet werden kann. Lässt man in diesen Konstellationen einen Schwangerschaftsabbruch zu, so muss erst Recht die Nichtübertragung eines geschädigten Embryos zulässig sein, wenn und soweit ein positiver Befund der PID gegeben ist, um schwerwiegende Beeinträchtigungen der Frau, von der die Eizelle stammt, abzuwenden:

Frauen können, wenn sie von einer Schädigung des Embryos erfahren, psychisch belastet sein, gleichgültig ob dies während der Schwangerschaft geschieht oder bevor diese herbeigeführt wurde.

Es ist nicht plausibel, dass die (potenzielle) Mutter nur eine informierte Entscheidung in der Schwangerschaft treffen darf, nicht aber vor der Herbeiführung einer Schwangerschaft. Eine analoge Anwendung des § 218 a Abs. 2 StGB ist methodisch nicht ausgeschlossen, da das Analogieverbot nur zu Ungunsten des Handelnden greift. Eine Analogie setzt eine planwidrige Gesetzeslücke voraus. Diese ist auch anzunehmen.[64] Im Gesetzgebungsverfahren des Embryonenschutzgesetzes wurde nicht an die Möglichkeit der Durchführung der PID an pluripotenten Zellen, eine Methode die mit der Pränataldiagnostik vergleichbar ist, gedacht. Ein vergleichbarer Rechtfertigungsgrund war deshalb auch nicht Gegenstand des Gesetzgebungsverfah-

---

von Embryonen zu Forschungszwecken, vermag noch keinen spezifischen Willen des Gesetzgebers die PID an pluripotenten Zellen zu verbieten, darzulegen.
63 Zur Problematik der Anwendbarkeit des § 218 a StGB auf das EschG vgl. *Frommel*, KJ 2000, 341, 342 ff.
64 Anders *Böckenförde-Wunderlich*, Präimplantationsdiagnostik, S. 145.

rens. Das Argument, man habe bewusst auf besondere Rechtfertigungsgründe verzichtet, bedeutet nicht, dass die schon bestehenden Rechtfertigungsgründe des Strafrechts nicht in Betracht kommen.

§ 218 a Abs. 2 StGB hat den Sinn, unter dem Gesichtspunkt der Zumutbarkeit informierte Entscheidungen über das Austragen einer Schwangerschaft, die die Belastbarkeit von schwangeren Frauen überschreitet, zuzulassen. Dieser Wertungsgesichtspunkt muss dann aber ebenso eine informierte Entscheidung gestatten, die die Schwangerschaft in solchen Fällen gar nicht erst entstehen lässt.[65] Eine gesetzgeberische Regelung ist sicherlich angezeigt. Diese gesetzgeberische Regelung muss aber PID und Pränataldiagnostik unter den gleichen Voraussetzungen gesetzlich zulassen. Der Gesetzeswortlaut und der Sinn der bisherigen Tatbestände des Embryonenschutzgesetzes erlauben es jedoch nicht, die Durchführung einer PID an einer pluripotenten Zelle unter Strafe zu stellen.

E. Ethische Argumente „für" und „gegen" Stammzellenforschung und Präimplantationsdiagnostik

Zunächst ist gerade im Hinblick auf die embryonale Stammzellenforschung festzuhalten, dass jedes Verbot das Grundrecht der Forschungsfreiheit des Art. 5 Abs. 3 GG gravierend einschränkt. Dieses Grundrecht hat eine Schlüsselfunktion für die Gesellschaft. Der Staat hat nicht die Aufgabe, die Qualität von Forschung zu beurteilen und zu entscheiden, ob diese sinnvoll ist oder nicht. Alleine die Wissenschaft urteilt, welche Forschung durchgeführt werden soll. Dies muss insbesondere für die Grundlagenforschung gelten. Nur wenn zentrale Werte verletzt sind, ist es legitim, Forschungsfreiheit einzuschränken.

Weiter garantiert das Grundgesetz die natürliche Fortpflanzungsmöglichkeit und auch die Möglichkeit einer natürlichen Befruchtung, die künstlich herbeigeführt wird.[66] Bei der künstlich herbeigeführten natürlichen Befruchtung (IVF) müssen den Betroffenen auch die Möglichkeiten eingeräumt wer-

---

65 Der normativ nicht legitimierbare Zustand derzeit ist, dass bei unzumutbaren Embryopathologien die Schwangerschaft bis zum Schluss abgebrochen werden kann.
66 Die IVF wird vielfach als künstliche Befruchtung bezeichnet, ist aber eine natürliche Befruchtung, die künstlich herbeigeführt wird.

den, über die sie bei der natürlichen Befruchtung verfügen. Räumt man den Betroffenen bei der natürlichen Befruchtung eine Informationsmöglichkeit über den Embryo qua Pränataldiagnostik ein und verlangt man vielfach über diese Möglichkeit ärztliche Aufklärung, so ist es willkürlich, die Präimplantationsdiagnostik auszuschließen.

Gegen die PID und die Stammzellenforschung wird nun mit unterschiedlichsten normativen Argumenten gestritten.[67] Einerseits werden gegen PID und Stammzellenforschung Argumente vorgetragen, die sich aus der Notwendigkeit des Schutzes des *Embryos* ableiten. Andererseits werden Argumente angeführt, die darlegen sollen, dass die *Allgemeinheit* schutzbedürftig ist.

Im Hinblick auf den *Embryo* wird argumentiert, dass die Durchführung von PID und Stammzellenforschung Menschenwürdeverletzungen[68] darstelle. Weiter wird die Notwendigkeit eines umfänglichen Schutzes aus der Potenzialität des Embryos,[69] aus der Zugehörigkeit des Embryos zu der Gattung Mensch[70] und ferner aus dem Lebensrecht des Embryos abgeleitet.

Im Hinblick auf die *Allgemeinheit* wird angeführt, dass das Verbot der Stammzellenforschung und der PID notwendig sei, da es ansonsten zu einem Werteverfall käme, insbesondere weil hierdurch die Heiligkeit des Lebens[71] infrage gestellt würde. Wenn man die PID zulasse, werde die Tür zur genetischen Selektion geöffnet.[72] Weiter wird eingewandt, dass die Zulassung von Präimplantationsdiagnostik Behinderte diskriminieren würde. Schließlich bringen gewichtige philosophische Stimmen vor, dass das moralische bzw. gattungsethische Selbstverständnis des Menschen durch PID und Stammzellenforschung beschädigt werden könne.[73]

---

67 Vgl. hierzu *Schroth*, JZ 2002, 170, 175 ff.; *Enquete-Kommission* „Recht und Ethik der modernen Medizin", Stammzellforschung und die Debatte des Deutschen Bundestages zum Import von menschlichen embryonalen Stammzellen, Kap. 2, S. 65 ff. Vgl. auch *Oduncu/Platzer/Henn* (Hrsg.), Zugriff auf den Embryo, insbes. *Göbel*, S. 94 ff.
68 Hierzu *Neumann*, ARSP 1998, 153; *Ipsen*, JZ 2001, 989.
69 Hierzu *Knoepffler*, Forschung.
70 Vgl. hierzu *Spaemann*, Personen; *Schockenhoff*, Unredlich – Die Entscheidung des Ethikrates, SZ vom 01./02.12.2001.
71 Vgl. hierzu *Schockenhoff*, Unredlich – Die Entscheidung des Ethikrates, SZ vom 01./02.12.2001.
72 Vgl. hierzu *Haniel*, in: Busch/Knoepffler (Hrsg.), FS für Rendtorff, S. 29 sowie *Habermas*, „Die Selbstinstrumentalisierung des Menschen und ihr Schrittmacher", SZ vom 15./16.09.2001.
73 *Habermas*, Zukunft; vgl. dazu die Einwände von *Birnbacher/Siep/Spaemann*, Deutsche Zeitschrift für Philosophie 50 (2002), 105 ff. und die Replik von *Habermas*, Deutsche Zeitschrift für Philosophie 50 (2002), 283 ff.

Setzen wir uns mit diesen Gegenargumenten[74] auseinander.

Die These, dass in allen Fällen, in denen embryonale Stammzellen hergestellt werden oder PID durchgeführt wird, *Menschenwürdeverletzungen* vorliegen, ist nicht überzeugend.

Es ist schon fraglich, ob der Embryo vor der Einnistung überhaupt Menschenwürdeschutz genießt. Meines Erachtens erscheint es sinnvoll, den Menschenwürdeschutz erst ab der Nidation eintreten zu lassen.[75]

Hierfür spricht:
- Ab der Nidation ist der Embryo individuelles menschliches Leben, da er sich nicht mehr teilen kann.
- Erst ab der Nidation ist auch das menschliche Programm des Embryos abgeschlossen.
- Ab der Nidation bildet der Embryo eine Einheit mit der Mutter und weist damit soziale Existenz auf.
- Dem Embryo vor der Nidation Menschenwürdeschutz zu Teil werden zu lassen, würde auch bedeuten, dass er einen nicht abweisbaren Anspruch darauf hätte, auf die Mutter übertragen zu werden. Dies erscheint kaum sinnvoll.

Die Bezugnahme auf die Menschenwürde ist ein typisches Gewinnerargument.[76] Wenn einem Objekt Menschenwürde zukommt, ist es umfassend geschützt; eine Abwägung mit anderen Interessen ist nicht mehr möglich. Die Menschenwürde gewährleistet die Unantastbarkeit eben desjenigen Objektes, dem Menschenwürde zugeschrieben wird. Es erscheint wenig sinnvoll, den Embryo im frühen Stadium als unantastbar zu definieren. Behauptet man dies, so muss man den Embryo in vivo ebenso umfassend schützen. Wäre der Embryo vor der Einnistung unantastbar, hätte das zur Folge, dass der Gesetzgeber verpflichtet wäre, die „Pille danach" und die „Spirale" als Mittel zur Empfängnisverhütung zu verbieten. Eine derartige Position dürfte in der Gesellschaft kaum auf Akzeptanz stoßen, zumal die „Spirale" das meist benutzte Mittel der Empfängnisverhütung darstellt. Die These, man könne den Schutz des Embryos in vivo und in vitro nicht miteinander vergleichen, da es bei der Abtreibung um existenzielle Entscheidungen ginge, bei der Verwerfung von Embryonen dagegen nicht, ist völlig unangemessen. In der

---

74 Vgl. hierzu *Schroth*, JZ 2002, 170, 175 ff.; *Merkel*, Deutsche Zeitschrift für Philosophie 2002, 151; *Merkel*, in: FS für Müller-Dietz, S. 493 ff.
75 Hierzu *Scholz*, in: Büdenbender/Kühne (Hrsg.), Das neue Energierecht, S. 663 ff. Vgl. auch *Kreß*, in: Oduncu/Platzer/Henn (Hrsg.), Zugriff auf den Embryo, S. 75, 84 ff.
76 Zur Argumentation mit der Menschenwürde vgl. *Neumann*, ARSP 1998, 153 ff.

sozialen Praxis geht es bei der Abtreibung nur teilweise um existenzielle Entscheidungen. Manchmal geht es auch nur um eine angemessene Lebensplanung. Bei Empfängnisverhütung, bei der die Nidation verhindert wird, geht es selten um existenzielle Entscheidungen. Auch hier werden befruchtete Eizellen vor der Nidation abgetötet. In der Gesellschaft besteht aber ein breiter Konsens, dass Empfängnisverhütung möglich sein muss.

Dies bedeutet nicht, dass der Gesetzgeber den Embryo in einem frühen Stadium in vitro schutzlos lassen sollte. Seine Schutzbedürftigkeit muss aber so begründet werden, dass sein Lebensinteresse mit anderen Interessen abgewogen werden kann – beispielsweise mit dem Interesse der Forschung an der Entwicklung neuartiger Heilungschancen. Angemessener wäre es, dem Embryo vor der Nidation ein *pränatales Persönlichkeitsrecht* zuzugestehen. Dies würde es zulassen, Interessen abzuwägen. Das Bundesverfassungsgericht hat bisher nur entschieden, dass der Embryo ab der Nidation zu schützen sei.[77]

Die *Potenzialitätstheorie*[78] behauptet die Notwendigkeit eines umfassenden Schutzes, da Embryonen die Fähigkeit hätten, sich zu lebenden Menschen zu entwickeln. Mit diesem Argument wird teilweise die Notwendigkeit eines umfassenden Menschenwürdeschutzes dargelegt. Gleichwohl überzeugt dieses Argument nicht. Eine Potenzialität, und zwar eine aktive Potenzialität, hat das weibliche Ei nach Eindringen des Spermiums bereits vor der Kernverschmelzung. Trotzdem wird dieses vielfach verworfen, was zeigt, dass aktive Potenzialität allein noch keinen umfänglichen Schutz begründet. Außerdem müsste man, wenn dieses Argument richtig wäre, den Embryo auch in vivo umfänglicher schützen, also etwa die „Pille danach" und die „Spirale" verbieten. Es ist widersprüchlich, aus der Potenzialität des Embryos in vitro eine umfängliche Schutzwürdigkeit herzuleiten, den Embryo in vivo, obwohl er die gleichen Eigenschaften aufweist, dagegen nicht für schutzwürdig zu erachten.

Für die Notwendigkeit eines umfassenden Schutzes des Embryos wird auch angeführt, dass der frühe Embryo schon zur *Gattung Mensch* gehöre. Dass der frühe Embryo menschliches Leben ist, ist nicht zu bezweifeln. Fraglich ist aber, ob er schon als *Person*, die umfassend zu schützen ist, angesehen werden muss: Dann wären sicherlich auch die bestehenden Regelungen zur Abtreibung völlig unangemessen. Hier wird die Leibesfrucht nämlich erst

---

77 Vgl. BVerfG v. 28.05.1993, NJW 1993, 1751.
78 Vgl. hierzu etwa *Rager*, in: Beckmann (Hrsg.), Fragen und Probleme, S. 254.

mit Einnistung geschützt. Unsere Rechtsordnung schützt offensichtlich den Embryo in unterschiedlichen Entwicklungsstufen auf je andere Weise.[79]

Zur Begründung des moralischen Status des Embryos,[80] der einen umfassenden Schutz garantieren soll, wird angeführt, der Embryo *sei* seinem Wesen nach ein Mensch und *entwickle* sich nicht lediglich zum Menschen. Weiter wird argumentiert, der Embryo sei ein *Mensch im Werden* und nicht etwa nur ein *werdender Mensch*. Gleichzeitig wird auf anthropologische Wesensmerkmale wie die Hilfsbedürftigkeit des Embryos hingewiesen und hieraus gefolgert, dass der Embryo von Anfang an Menschenwürde, das Recht auf Leben und körperliche Unversehrtheit habe, und dass dies aus dem Wesen des Menschen resultiere.

Eine derartige Argumentation überzeugt nicht. Juristen haben sie als begriffsjuristisches Denken bereits zu Beginn des 20. Jahrhunderts kritisiert. Aus einer spezifischen Semantik, die vorgeschlagen wird, lassen sich keine ethischen und juristischen Ansprüche ableiten. Eine derartige Argumentationsform überträgt begriffsjuristisches Denken auf Medizinethik. Auch die Bezugnahme auf angeblich anthropologische Wesenheiten ist für die Begründung von Rechten unangemessen. Man kann natürlich die Wesenheit des Menschen auch anders definieren. Aus der Tatsache, dass bestimmte anthropologische Eigenschaften von Embryo und geborenem Menschen gleich sind, folgt nicht, dass beide die gleichen Rechte haben. Auch lassen sich andere Sprachspiele mit dem Begriff Mensch anstellen. Das Strafgesetzbuch beispielsweise meint, wenn es vom Menschen spricht, den geborenen Menschen. Der Embryo wurde lange Zeit als Leibesfrucht angesehen. In einem derartigen Sprachspiel ist der Embryo dann ein werdender Mensch.

Die Notwendigkeit eines umfassenden Schutzes wird auch daraus abgeleitet, dass der *menschliche Entwicklungsprozess* ein *kontinuierlicher* ist.[81] Auch dieses Argument vermag einen allumfassenden Schutz des Embryos nicht zu legitimieren. Einmal ist zweifelhaft, ob dieses Argument empirisch richtig ist. So gehen auch bedeutende Naturwissenschaftler/-innen davon aus, dass das menschliche Programm erst mit der Nidation[82] abgeschlossen ist. Erst ab der Nidation findet eine kontinuierliche Entwicklung eines mit sich identischen menschlichen Lebens statt.

---

79 Vgl. *Dreier*, ZRP 2002, 377 ff.
80 Hierzu *Oduncu*, in: Düwel/Steigleder (Hrsg.), Bioethik, S. 213 ff.
81 So die *Enquete-Kommission des Deutschen Bundestages „Recht und Ethik der modernen Medizin"*, Teilbericht Stammzellenforschung, S. 45.
82 Vgl. hierzu *Nüsslein-Vollhard*, Der Mensch nach Maß – unmöglich, SZ vom 01./02.12.2001.

Weiter ist die Kontinuitätsargumentation auch kaum kompatibel mit der Tatsache, dass dem Embryo – wie bereits dargestellt – in unterschiedlichen Entwicklungsprozessen ein unterschiedlicher rechtlicher Schutz zuteilwird. Außerdem ist unklar, aus welchem Grund die Kontinuität eines biologischen Entwicklungsprozesses normativ dazu führen muss, dass das Objekt vom Anfang der Entwicklung an bis zum Schluss in umfänglicher Hinsicht geschützt werden muss.

Auch das *Lebensrecht* des Embryos begründet nicht die Notwendigkeit eines umfänglichen und ungestuften Schutzniveaus. Richtig ist an dem Lebensschutz-Argument, dass ein grundsätzliches Interesse des Embryos am Überleben anzuerkennen ist. Dies heißt aber nicht, dass der frühe Embryo umfänglich geschützt werden muss. Die Rechtsordnung selbst schützt ihn nur rudimentär: Dies zeigt sich gerade an den Regelungen der §§ 218 ff. StGB, die den Embryo (in vivo) vor der Einnistung überhaupt nicht schützen. In Bezug auf den Embryo in vitro führt etwa das Verbot der gespaltenen Mutterschaft dazu, dass verwaiste Embryonen sterben müssen. Das Lebensinteresse des Embryos wird damit von der Rechtsordnung insoweit als weniger gravierend angesehen, als das Interesse an einem Verbot der gespaltenen Mutterschaft.[83]

Wenn der Gesetzgeber ein grundsätzliches Interesse des Embryos am Überleben anerkennen will, dann muss er eine Regelung treffen, die die PID und die PND in den gleichen Fällen zulässt bzw. verbietet. Der Schutz des Embryos muss, was Schwangerschaft und In-vitro-Fertilisation angeht, nach den gleichen Maßstäben bemessen werden.

Dass die Gewinnung von Stammzellen und die Präimplantationsdiagnostik einen *Werteverfall* zum Inhalt haben, darf bezweifelt werden. Auch die liberale Regelung des § 218 StGB hat nicht dazu geführt, dass in unserer Gesellschaft „*Leben*" weniger Wertschätzung genießt. Soweit bei diesem Argument unterstellt wird, dass die Rechtsordnung die Heiligkeit des Lebens garantiert, ist diese Unterstellung schlicht falsch. Die Rechtsordnung geht nicht von der Heiligkeit des Lebens aus. Wie sich aus den oben dargestellten Fallkonstellationen zum Embryonenschutz ergibt, ist es ein Irrtum, zu glauben, unser Recht erlaube nur Eingriffe in das Lebensrecht, wenn Leben gegen Leben steht.

---

[83] Auch § 6 Abs. 2 EschG, das strafrechtliche Verbot, einen mittels Klonierungstechniken erzeugten Embryo auf eine Frau zu übertragen, lässt deutlich erkennen, dass das Lebensrecht des Embryos nicht umfassend rechtlich geschützt wird.

Mit der PID wird auch nicht notwendig generell die Stufe zur (verbessernden) *Selektion* eröffnet. Soweit mit diesem Argument unterstellt wird, dass die PID dazu führt, dass Menschen nach Maß geschneidert werden können, ist diese Annahme unrichtig. Es wird auch mithilfe von PID und Pränataldiagnostik nicht möglich sein, Menschen nach einem Wunschbild zu formen.[84] Dies ist auch gut so.

Andererseits muss darauf hingewiesen werden, dass über juristische Regeln eine solche Selektion wirksam bekämpft werden kann.[85] Die PID kann auf Paare mit spezifischen genetischen Vorerkrankungen und auf bestimmte Zielrichtungen der Untersuchung beschränkt werden. Die In-vitro-Fertilisation, bei der alleine die PID zur Anwendung kommt, ist im Übrigen keine Methode, die sich für Fortpflanzung generell eignet. Sie ist nämlich für Frauen physisch und psychisch außerordentlich belastend.

Die PID ist auch nicht notwendig mit einer *Diskriminierung von Behinderten* verbunden.[86] Es wird lediglich dem Gedanken Rechnung getragen, dass Frauen nicht verpflichtet sein sollen, schwerbehinderte Kinder austragen zu müssen, wenn sie sich dazu nicht in der Lage sehen. Frauen wird mit der Zulassung der PID in spezifischen Fällen ein *Recht* eingeräumt, Informationen zu erhalten, die sie in die Lage versetzen, eine höchstpersönliche, kritische Lebensentscheidung zu treffen.[87] Dieses Recht haben sie aber auch, wenn sie im Zusammenhang mit ihrer Schwangerschaft eine Pränataldiagnostik verlangen können. Auch können Frauen in Fällen der Erkrankung eines Embryos in weitestgehendem Umfang den Abbruch der Schwangerschaft aufgrund der *sozial-medizinischen Indikation* des § 218 a Abs. 2 StGB, die die frühere *embryopathische Indikation* de facto sogar erweitert hat, straffrei durchführen lassen. Aus mir unverständlichen Gründen ist der Schwangerschaftsabbruch in diesen Fällen bis zum Beginn der ersten Eröffnungswehe erlaubt.

---

84 Zur Kritik an den gendeterministischen Prämissen derartiger Horrorszenarien, vgl. *Lewontin*, Dreifachhelix sowie *ders.*, in: ders. (Hrsg.), Dream of the Human Genome, S. 133 ff.

85 Erforderlich erscheint insoweit eine vertiefte rechtswissenschaftliche Analyse der Legitimation von Selektionsverboten. Dass die Rechtsordnung bereits wirksam mit Selektionsverboten arbeitet, zeigt etwa das Verbot der Geschlechtswahl des § 3 EschG.

86 Zum Verbot der Benachteiligung bei Behinderung aus Art. 3 III 2 GG ausführlich *Böcher*, Präimplantationsdiagnostik, S. 145.

87 Da diese existenzielle Entscheidungssituation ihrerseits als unzumutbare Belastung empfunden werden kann, muss sichergestellt werden, dass sich die betroffenen Frauen aus freien Stücken für die Durchführung der PID entscheiden.

Die Position von Behinderten, die die Technik der PID als eine Form indirekter Diskriminierung empfinden, ist aber in jedem Fall äußerst ernst zu nehmen. Im Bioethik-Diskurs sollte daher stets hervorgehoben werden, dass derjenige, der glaubt, dass Frauen zur Austragung von Embryos mit genetisch bedingten schweren Krankheiten oder anderen Defekten nicht generell rechtlich verpflichtet werden können, damit nicht Menschen mit Behinderung für weniger schützenswert hält als Menschen ohne Behinderung.[88]

Dem Argument, dass es zum *Selbstverständnis* des Menschen gehöre, nicht einem bestimmten Zweck untergeordnet zu werden und es deshalb nicht zulässig sei, aus verwaisten Embryonen Stammzellen herzustellen, muss – abgesehen von grundsätzlichen Einwänden[89] – entgegengehalten werden, dass Menschen in unserer Gesellschaft nicht vor jeder Form der Instrumentalisierung geschützt werden. Indem unsere Rechtsordnung die gespaltene Mutterschaft verbietet und es untersagt, den verwaisten Embryo auf eine andere Mutter zu übertragen, instrumentalisiert sie den Embryo. Sie hält offensichtlich die Durchsetzung eines Verbots für wichtiger als den Embryo. Es gibt sicherlich ein berechtigtes Interesse daran, zu verhindern, dass Embryonen instrumentalisiert werden. Hierzu existieren aber Gegeninteressen, die eine Abwägung nötig machen. Zum Selbstverständnis des Menschen gehört es, dass er über das Vermögen verfügt, heilen zu können, und dass ihm die Möglichkeit eingeräumt wird, sich neue Heilungschancen zu erschließen. In Ausnahmefällen könnte das Interesse, neue Heilungschancen zu eröffnen, als gewichtiger angesehen werden, als das Interesse des frühen Embryos, der verwaist ist und sowieso sterben muss, nicht instrumentalisiert zu werden. Meines Erachtens kommt ein solches Überwiegen des medizinischen Interesses

---

[88] Dabei soll nicht verkannt werden, dass die modernen biomedizinischen Verfahren zusammen mit anderen gesellschaftlichen Entwicklungen generell geeignet sein könnten, ein *bereits vorhandenes* behindertenfeindliches Klima zu fördern. Solchen Fehlentwicklungen müsste jedoch auf dem Feld der Gesellschaftspolitik begegnet werden. Ein strafrechtliches Verbot der PID kann nicht mit hypothetischen mittelbaren Folgen für ein nicht näher bestimmbares „geistiges Klima" gerechtfertigt werden, welches vor allem durch die bereits vorhandenen, von vielfältigen Faktoren abhängigen gesellschaftlichen Einstellungen geprägt wird.

[89] Auch soweit ein Widerspruch zum Selbstverständnis des Menschen behauptet wird, wird gesagt, die Handlung, die im Widerspruch zum Selbstverständnis des Menschen steht, verletze die Menschenwürde. Menschenwürde schützt dann vor Handlungen, die im Widerspruch zum (angeblichen) Selbstverständnis des Menschen stehen. Problematisch sind derartige Argumentationen vor allen Dingen, weil unklar ist, was zum Selbstverständnis des Menschen gehört und was nicht. Problematisch sind sie ferner, da derartige Kollektivierungen zur Legitimation weit gehender paternalistischer Eingriffe in die Handlungsfreiheit benutzt werden können. Das Konstrukt „Selbstverständnis des Menschen" erscheint somit kaum zur Bestimmung eines strafrechtlichen Rechtsguts geeignet.

bei hochwertiger Forschung in Betracht. Immerhin können ja über hochwertige Forschung an embryonalen Stammzellen möglicherweise *hochwertigste Heilungschancen* für viele entwickelt werden. Diese stehen dem Recht des Embryos auf „nutzloses Sterben" gegenüber. Es erscheint kaum plausibel, das Interesse des noch empfindungsunfähigen Embryos auf nutzloses Sterben als hochwertiger anzusehen, als die Eröffnung neuer Heilungschancen.

Verhindert werden muss aber, dass Embryonen ausschließlich zu Zwecken der Forschung erzeugt und zu Geschäftsobjekten degradiert werden. Hier ist das Instrumentalisierungsverbot, das für menschliche Wesen gilt, durchschlagend. Menschliches Leben darf nicht ausschließlich erzeugt werden, um der Forschung zu dienen, und auch nicht, um mit ihm Geschäfte zu machen.

Übersicht I
Abgrenzung von reproduktivem und therapeutischem Klonen

Art des Klonierungsverfahrens

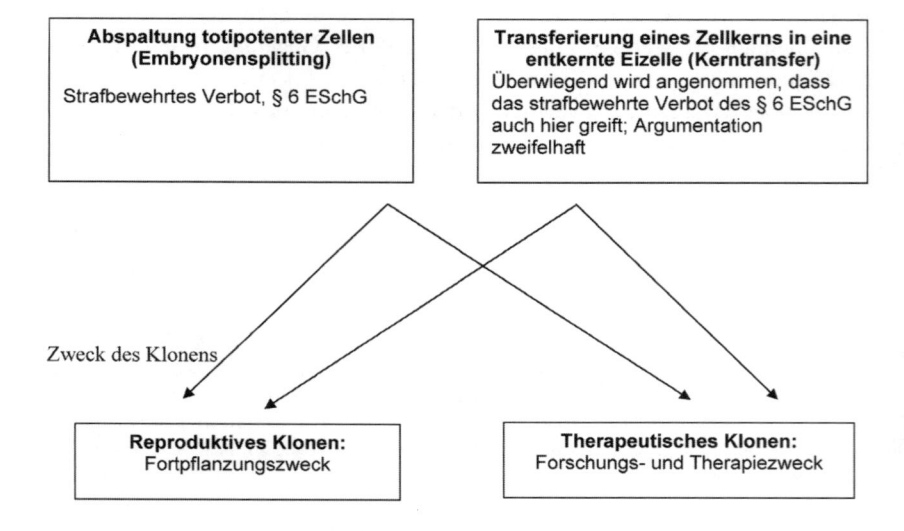

Abspaltung totipotenter Zellen (Embryonensplitting) Strafbewehrtes Verbot, § 6 EschG	**Transferierung eines Zellkerns in eine entkernte Eizelle (Kerntransfer)** Überwiegend wird angenommen, dass das strafbewehrte Verbot des § 6 EschG auch hier greift; Argumentation zweifelhaft

Zweck des Klonens

Reproduktives Klonen: Fortpflanzungszweck	**Therapeutisches Klonen:** Forschungs- und Therapiezweck

Übersicht II
Strafbarkeit von Gewinnung und Verwendung embryonaler Stammzellen

Sachverhalt	Juristische Bewertung
Gewinnung embryonaler Stammzellen in **Deutschland**	Strafbarkeit nach § 2 Abs. I ESchG
Beteiligung Deutscher an Gewinnung embryonaler Stammzellen – Beteiligung erfolgt ausschließlich **im Ausland**.	**keine Strafbarkeit**, soweit Gewinnung embryonaler Stammzellen im Ausland nicht strafbar.
Anstiftung und Beteiligung **vom Inland aus** an Gewinnung embryonaler Stammzellen **im Ausland**	Strafbarkeit nach § 2 Abs. I ESchG i. V. m. §§ 26, 27 StGB, über § 9 Abs. 2 S. 2 StGB
Einfuhr von embryonalen Stammzellen aus dem Ausland	Strafbarkeit nach § 13 Abs. I StZG, wenn Import ohne Genehmigung. Genehmigung ist nach § 6 Abs. 4 StZG zu erteilen, wenn die Voraussetzungen des § 4 Abs. 2 und § 5 StZG vorliegen und die Stellungnahme der Zentralen Ethik-Kommission für Stammzellenforschung (§ 8 StZG) nach Beteiligung durch die zuständige Behörde (§ 7 StZG) vorliegt. Insbesondere ist erforderlich, dass die Stammzellen vor dem 01.05.2007 gewonnen wurden und sie wissenschaftlich hochwertigen Forschungszielen dienen.
Verwendung embryonaler Stammzellen in **Deutschland**	Strafbarkeit nach § 13 Abs. I StZG, wenn Verwendung ohne Genehmigung
Verwendung embryonaler Stammzellen durch Deutsche – Verwendung erfolgt ausschließlich **im Ausland**.	**keine Strafbarkeit**, soweit im Ausland kein Straftatbestand gegeben.
Teilnahme an Verwendung embryonaler Stammzellen **im Ausland** von Deutschland aus (z. B. Kommunikation über Telefon oder Internet)	**keine** Strafbarkeit

Übersicht III
Strafbarkeit der Präimplantationsdiagnostik

Sachverhalt	Juristische Bewertung
PID durch Verwendung einer **totipotenten** Zelle des Embryos	Strafbarkeit nach **§ 2 Abs. I ESchG** und nach **§ 6 ESchG**
PID durch Verwendung einer **pluripotenten** Zelle, und in der Absicht, den Embryo nur bei negativem Befund der Eispenderin zu übertragen	**keine** Strafbarkeit nach **§ I Abs. I Nr. 2 ESchG** (sehr umstr.)
	Zentrales Argument: Die Absicht, einen Zweck unter einer objektiven Bedingungen zu realisieren, ist weiterhin eine Absicht im Sinne des StGB. Die Absicht, den Embryo zu übertragen, wenngleich unter einer Bedingung, ist negatives Tatbestandsmerkmal und schließt die Anwendbarkeit des Tatbestands aus.
	Das von *Merkel* vorgetragene Argument, dass über § I Abs. 2 ESchG jeder weitere Zweck ausgeschlossen sei, auch der Zweck, eine PID durchzuführen, erscheint in zweierlei Hinsicht nicht überzeugend:
	→ Zum einen erscheint es nicht plausibel, dass der Gesetzgeber jeden anderen Zweck ausschließen wollte; vielmehr zielte er nur auf die gespaltene Mutterschaft und die Forschung an Embryonen
	→ Zum anderen muss zwischen objektiver Bedingung und Zweckverfolgung unterschieden werden. Eine objektive Bedingung eines zweckgerichteten Handelns ist keine selbstständige Zielverfolgung. Wer unter der Voraussetzung schwanger werden will, dass sich kein spezifischer medizinischer Befund für den Embryo herausstellt, verfolgt nicht den Zweck einer Untersuchung, sondern knüpft die Absicht, schwanger zu werden, ausschließlich an eine Bedingung.
	keine Strafbarkeit nach **§ 2 Abs. I ESchG**
	Zentrales Argument: Stehenlassen des Embryos kann nicht als zurechenbares Unterlassen gewertet werden.

III.7 Die somatische Gentherapie*

Bijan Fateh-Moghadam

Inhaltsverzeichnis

A. Einleitung _573
B. Somatische Gentherapie am geborenen Menschen _574
  I. Nutzen und Risiken der somatischen Gentherapie aus rechtsgutsorientierter Perspektive _575
  II. Rechtsquellen für die Bewertung der somatischen Gentherapie _579
  III. Generelle Zulässigkeit nach dem Embryonenschutzgesetz (ESchG) _581
  IV. Schutz vor Freisetzungsrisiken in der präklinischen Entwicklung und in der klinischen Anwendung (GenTG/AMG) _582
  V. Zentrales Genehmigungsverfahren für das Inverkehrbringen von Gentherapeutika bei der Europäischen Arzneimittel-Agentur (EMEA) _583
  VI. Allgemeine Anzeigepflicht und Herstellungserlaubnis nach dem Arzneimittelgesetz _586
  VII. Klinische Prüfung und Anwendung von Gentherapeutika nach dem Arzneimittelgesetz _587
    1. Anwendbarkeit der §§ 40, 41 AMG – individueller Heilversuch, heilkundliches und wissenschaftliches Experiment _587
    2. Zweistufiges Zustimmungs- und Genehmigungsverfahren gemäß §§ 40 I 2, 42 AMG i. V. m. §§ 7–11 GCP-Verordnung _589
    3. Materielle Voraussetzungen der §§ 40–42 AMG bei der klinischen Prüfung von Gentherapeutika _591
      a) Rein wissenschaftliches Experiment mit nicht einschlägig erkrankten Probanden gemäß § 40 AMG _591
      b) Heilkundliches Experiment mit einschlägig erkrankten Patienten gemäß §§ 41, 40 AMG _592
      c) Gruppennütziges Experiment mit einschlägig erkrankten Patienten gemäß §§ 41, 40 AMG _595

---

* Der Beitrag greift auf die Ergebnisse eines vom Verfasser gemeinsam mit Prof. Dr. Ulrich Schroth erstellten Rechtsgutachtens für die Berlin-Brandenburgische Akademie der Wissenschaften – Arbeitsgruppe Gentechnologiebericht zurück. Das Gutachten wurde geringfügig gekürzt abgedruckt in: Hucho/Müller-Röber/Domasch et al., Gentherapie in Deutschland, S. 91 ff.

C. Somatische Gentherapie am Ungeborenen _597
D. Gentechnische Eingriffe in die Keimbahn _599

Literaturverzeichnis

Alton, Eric/Ferrari, Stefano/Griesenbach, Uta, Progress and Prospects, Gene Therapy Clinical Trials, Gene Therapy 2007, 14, 1439 (Part 1); Gene Therapy 2007, 14, 1555 (Part 2)

Barbour, Virginia, The balance of risk and benefit in gene-therapy trials, The Lancet 2000, Vol. 355, 384

Beck, Susanne, Enhancement – die fehlende rechtliche Debatte einer gesellschaftlichen Entwicklung, MedR 2006, 95

Bender, Bernd/Sparwasser, Reinhard/Engel, Rüdiger, Umweltrecht, 4. Auflage 2000

Bund-Länder-Arbeitsgruppe: „Somatische Gentherapie", Zusammenfassung, NJW 1998, 2728

Bund-Länder-Arbeitsgruppe: „Somatische Gentherapie", Abschlußbericht der BLAG „SG" 1997, Bundesanzeiger 1998, Jg. 50, Nr. 80a

Deutsch, Erwin, Das neue Bild der Ethikkommission, MedR 2006, 411

Deutsch, Erwin/Lippert, Hans-Dieter (Hrsg.), Kommentar zum Arzneimittelgesetz (AMG), 2. Auflage 2007

Deutsche Forschungsgemeinschaft (DFG), Entwicklung der Gentherapie – Senatskommission für Grundsatzfragen der Genforschung, Mitteilung 5, 2007

Fateh-Moghadam, Bijan, Grenzen des weichen Paternalismus, in: Fateh-Moghadam, Bijan/Sellmaier, Stephan/Vossenkuhl, Wilhelm (Hrsg.), Grenzen des Paternalismus, 2009, S. 24

Fateh-Moghadam, Bijan/Atzeni, Gina, Ethisch vertretbar im Sinne des Gesetzes. Zum Verhältnis von Ethik und Recht am Beispiel der Praxis von Forschungs-Ethikkommissionen, in: Vöneky, Silja/Hagedorn, Cornelia/Clados, Miriam/von Achenbach, Jelena (Hrsg.), Legitimation ethischer Entscheidungen im Recht. Interdisziplinäre Untersuchungen, 2009, S. 115

Fateh-Moghadam, Bijan, Die Einwilligung in die Lebendorganspende, Die Entfaltung des Paternalismusproblems im Horizont differenter Rechtsordnungen am Beispiel Deutschlands und Englands, 2008

Fischer, Thomas, Strafgesetzbuch und Nebengesetze, Kommentar, 56. Auflage 2009

Freier, Friedrich von, Kindes- und Patientenwohl in der Arzneimittelforschung am Menschen – Anmerkungen zur geplanten Novellierung des AMG, MedR 2003, 610

Graumann, Sigrid, Die somatische Gentherapie in der Krise, Kritische Fragen an ein experimentelles Therapiekonzept, in: Rehmann-Sutter, Christoph/Müller, Hansjakob (Hrsg.), Ethik und Gentherapie, Zum praktischen Diskurs um die molekulare Medizin, 2003, S. 117

Gutmann, Thomas, „Gattungsethik" als Grenze der Verfügung des Menschen über sich selbst?, in: van den Daele, Wolfgang (Hrsg.), Biopolitik, Leviathan, Zeitschrift für Sozialwissenschaft, Sonderheft 23/2005

Habermas, Jürgen, Replik auf Einwände, in: Deutsche Zeitschrift für Philosophie 2002, 50 (2), 283

Hacker, Jörg/Rendtorff, Trutz/Cramer, Patrick/Hallek, Michael/Hilpert, Konrad/Kupatt, Christian/Lohse, Martin/Müller, Albrecht/Schroth, Ulrich/Voigt, Friedemann/Zichy, Michael, Biomedizinische Eingriffe am Menschen, Ein Stufenmodell zur ethischen Bewertung von Gen- und Zelltherapie, 2009

Hallek, Michael/Winnacker, Ernst-Ludwig/Bröcker, Eva-Bettina, Gentherapie: welche Chancen und Risiken sind mit den molekularbiologischen Behandlungsverfahren in der Medizin verbunden?, in: Hallek, Michael/Winnacker, Ernst-Ludwig (Hrsg.), Ethische und juristische Aspekte der Gentherapie, 1999, S. 9

Hopkins, John, US faces ethical issues after gene therapy death, in: British Medical Journal 2000, Vol. 320, 602

Hucho, Ferdinand/Müller-Röber, Bernd/Domasch, Silke/Boysen, Mathias, Gentherapie in Deutschland. Eine interdisziplinäre Bestandsaufnahme, Themenband des Gentechnologieberichts, Forschungsberichte der interdisziplinären Arbeitsgruppen der Berlin-Brandenburgischen Akademie der Wissenschaften, 2008

Laufs, Adolf/Uhlenbruck, Wilhelm (Hrsg.), Handbuch des Arztrechts, 3. Auflage 2002

Leonhardt, Heinrich, Die Bedeutung der Epigenetik in der Gen-Medizin, in: Raem, Aronold M./Braun, Rüdiger W./Fenger, Hermann (Hrsg.), Genmedizin, Eine Bestandsaufnahme, 2001, S. 111

Lewontin, Richard C., Die Dreifachhelix: Gen, Organismus und Umwelt, 2002

Von der Leyen, Heiko E./Wendt, Claudia/Dietrich, Hans Armin, Gentherapie und Biotechnologie. Ansätze zu neuen Therapieformen in der Medizin, 2005

Mieth, Dietmar, Zur ethischen Problematik gentherapeutischer Ansätze in der gegenwärtigen Medizin, in: Eberhard-Metzger, Claudia/Mieth, Dietmar/Stollorz, Volker (Hrsg.), Gentherapie: Hoffnungen und Hindernisse, 2003, S. 76

Möller, Johannes, Die rechtliche Zulässigkeit der Gentherapie insbesondere unter dem Aspekt der Menschenwürde, in: Hallek, Michael/Winnacker, Ernst-Ludwig (Hrsg.), Ethische und juristische Aspekte der Gentherapie, 1999, S. 27

Müller-Jung, Joachim, Gen- und Stammzelldoping: Muskulärer Jungbrunnen, in: FAZ.NET vom 25.07.2007 http://www.faz.net/s/RubCBF8402E577F4A618

A28E1C67A632537/Doc~ED5E33C931E0C4CC28317B86C3B80D09F~
ATpl~Ecommon~Scontent.html, zuletzt aufgerufen am 13.08.2009

Müller-Jung, Joachim, Medizin: Gentherapie versagt, in FAZ.NET vom 23.05.2006 http://www.faz.net/s/Rub8E1390D3396F422B869A49268EE3F15C/Doc~EA059A826961B44078624BFF002127027~ATpl~Ecommon~Scontent.html, zuletzt aufgerufen am 13.08.2009

Rehmann-Sutter, Christoph (a), Keimbahnveränderungen in Nebenfolge? Ethische Überlegungen zur Abgrenzbarkeit der somatischen Gentherapie, in: Rehmann-Sutter, Christoph/Müller, Hansjakob (Hrsg.), Ethik und Gentherapie, Zum praktischen Diskurs um die molekulare Medizin, 2003, S. 187

Rehmann-Sutter, Christoph (b), Politik der genetischen Identität, Gute und schlechte Gründe auf die Keimbahntherapie zu verzichten, in: Rehmann-Sutter, Christoph/Müller, Hansjakob (Hrsg.), Ethik und Gentherapie, Zum praktischen Diskurs um die molekulare Medizin, 2003, S. 225

Sander, Axel, Arzneimittelrecht, Kommentar, Band 1, Loseblattausgabe, Stand: 44. Ergänzungslieferung November 2008

Schiwy, Peter, Deutsches Arzneimittelrecht. Kommentar zum Arzneimittelgesetz und Rechtssammlung, Band I, Loseblattausgabe, Stand: 144. Ergänzungslieferung Mai 2009

Schlette, Volker, Ethik und Recht bei der Arzneimittelprüfung – Landesrechtliche Ethik-Kommissionen nach der 12. AMG-Novelle und die unfreiwillige Vorreiterrolle des Landes Berlin, NVwZ 2006, 785

Seelmann, Kurt, Menschenwürde als Würde der Gattung – ein Problem des Paternalismus?, in: Fateh-Moghadam Bijan/Sellmaier, Stephan/Vossenkuhl, Wilhelm (Hrsg.), Grenzen des Paternalismus, 2009, 213

Sisti, Dominic/Caplan, Arthur L., „Back to basics" in der Post-Gelsinger-Ära, Ethik und Aufsicht der Gentherapieforschung seit dem Todesfall von J. Gelsinger, in: Rehmann-Sutter, Christoph/Müller, Hansjakob (Hrsg.), Ethik und Gentherapie, Zum praktischen Diskurs um die molekulare Medizin, 2003, S. 135

Tanne, Janice, US gene therapy trial is to restart, despite patient's death, in: British Medical Journal 2007, Vol. 335, 1172

Vesting, Jan-Wilhelm, Somatische Gentherapie, Regelung und Regelungsbedarf in Deutschland, 1997

Vesting, Jan-Wilhelm, Ärztliches Standesrecht: Instrumentarium zur Regelung der Gentherapie?, NJW 1997, 1605

Vesting, Jan-Wilhelm, Somatische Gentherapie – Regelung und Regulierungsbedarf in Deutschland, ZRP 1997, 21

Voß, Levke, Produktsicherheit bei Erforschung somatischer Gentherapie, 2005

Wagner, Dietrich, Der gentechnische Eingriff in die menschliche Keimbahn, Rechtlich-ethische Bewertung, Nationale und internationale Regelungen im Vergleich, 2007

Wagner, Hellmut/Morsey, Benedikt, Rechtsfragen der somatischen Gentherapie, NJW 1996, 1565

Winnacker, Ernst-Ludwig/Rendtorff, Trutz/Hepp, Hermann/Hofschneider, Peter Hans/ Korff, Wilhelm, Gentechnik: Eingriffe am Menschen – Ein Eskalationsmodell zur ethischen Bewertung, 4. Auflage 2002

Winter, Stefan F., Was ist Genmedizin? – Eine Einführung, in: Winter, Stefan F./ Fenger, Hermann/Schreiber, Hans-Ludwig (Hrsg.), Genmedizin und Recht, 2001, S. 1

A. Einleitung

Die Genmedizin gewinnt zunehmend Einfluss auf die Weiterentwicklung der diagnostischen und therapeutischen Medizin in zahlreichen klinischen Fächern.[1] Der Begriff der Genmedizin bzw. der molekularen Medizin bezeichnet dabei den Teilbereich der Medizin, der die systematische Aufklärung der molekularen Ursachen von Krankheiten auf Gen-Ebene und die Entwicklung darauf basierender Behandlungskonzepte zum Ziel hat.[2] Der vorliegende Beitrag beschränkt sich auf die gentherapeutische Forschung als Teilgebiet der Genmedizin und nimmt dabei vor allem den klinisch bedeutsamen Bereich der *somatischen Gentherapie* in den Blick. Gentherapie wird dabei verstanden als die Einbringung von Genen in Gewebe oder Zellen mit dem Ziel, durch die Expression und Funktion dieser Gene therapeutischen oder präventiven Nutzen zu erlangen.[3] Der Fokus liegt auf der gentechnischen Veränderung von *Körperzellen*, während die so genannte *Keimbahntherapie*, die auf die Korrektur des Genoms eines ganzen Individuums und dessen Nachkommen abzielt, nur summarisch behandelt wird.[4] Die Stamm-

---

1 *Winter*, in: Winter/Fenger/Schreiber (Hrsg.), Genmedizin, S. 1, 15. Detaillierter Überblick bei *von der Leyen/Wendt/Dietrich*, Gentherapie und Biotechnologie, und *Alton/Ferrari/Griesenbach*, Gene Therapy 2007, 1439–1447, 1555–1563.

2 *Winter*, in: Winter/Fenger/Schreiber (Hrsg.), Genmedizin, S. 1, 9. Zur Geschichte der Genmedizin/molekularen Medizin vgl. *Winter*, in: Winter/Fenger/Schreiber (Hrsg.), Genmedizin, S. 1, 13.

3 *DFG*, Entwicklung der Gentherapie, S. 3; *Hallek/Winnacker/Bröcker*, in: Hallek/Winnacker (Hrsg.), Gentherapie, S. 9, 11.

4 Unten D.

zellforschung und damit verbundene Therapieansätze werden ausdrücklich ausgeklammert.[5] Nicht behandelt werden zudem mögliche Anwendungen der Gentherapie, die nichtmedizinisch indiziert sind, sondern auf Leistungssteigerung gerichtet sind (sogenanntes *Enhancement* bzw. *Gendoping*).[6]

B. Somatische Gentherapie am geborenen Menschen

Die somatische Gentherapie ist ein medizinisches Behandlungsverfahren, bei welchem ein direkter Gen- bzw. Nukleinsäuretransfer mit dem Ziel der Modifizierung des Erbguts *somatischer* Zellen vorgenommen wird.[7] Der Begriff „somatisch" bringt zum Ausdruck, dass der hier angestrebte Gentransfer sich auf Körperzellen und nicht auf Keimbahnzellen bezieht, sodass die Effekte des Eingriffs auf den konkret behandelten Patienten beschränkt bleiben und sich nicht auch auf dessen Nachkommen auswirken *sollen*.[8] Für den die Gentherapie kennzeichnenden *Gentransfer* benötigt man ein Vehikel, welches das Gen trägt, das als *Vektor* bezeichnet wird. Bei der Gentherapie handelt es sich also um eine „medizinische Behandlung mit Gentransfer-Arzneimitteln"[9] bzw. mit Gentherapeutika.[10] Der Gentransfer kann je nach ver-

---

5 Zur Problematik der Gewinnung von (embryonalen) Stammzellen vgl. den Beitrag von *Schroth*, Stammzellenforschung und Präimplantationsdiagnostik, S. 530 ff. in diesem Band sowie *Hacker/Rendtorff/Cramer et al.*, Biomedizinische Eingriffe, S. 78 ff.: Die Problematik der Forschung mit humanen embryonalen Stammzellen wird nunmehr im Zusammenhang mit Stufe 3 (Keimbahntherapie und therapeutisches Klonen) des Stufenmodells zur ethischen Bewertung von Gen- und Zelltherapie behandelt.
6 Vgl. dazu den Bericht von *Müller-Jung*, FAZ.NET vom 25.07.2007, N1; *Hucho/Müller-Röber/Domasch et al.*, Gentherapie in Deutschland, S. 125 ff. (Bericht auf der Grundlage eines Gutachtens und Beiträgen von Dr. Christian Lenck (Universität Göttingen); zur normativen Problematik und zu den Abgrenzungsschwierigkeiten des Enhancements allgemein *Beck*, MedR 2006, 95; zur Gentherapie bereits *Vesting*, Somatische Gentherapie, S. 171 f. Die Senatskommission für Grundsatzfragen der Genforschung der DFG sieht für das Gendoping oder den kosmetischen Bereich „keine vertretbare Anwendung" (*DFG*, Entwicklung der Gentherapie, S. 1 f.). Auch *Hacker/Rendtorff/Cramer et al.*, Biomedizinische Eingriffe, S. 102 ff. kommen zu dem Ergebnis, das genomische Enhancement sei ethisch nicht zu rechtfertigen (S. 111).
7 *BLAG*, Bundesanzeiger 1998, Nr. 80a.
8 Zu dem dennoch bestehenden Risiko „akzidenteller" (unbeabsichtigter) Effekte auf die Keimbahn vgl. unten.
9 *DFG*, Entwicklung der Gentherapie, S. 3.
10 Die vorübergehend in § 4 IX AMG enthaltene Legaldefinition von „Gentransfer-Arzneimitteln" wurde durch die 15. AMG-Novelle vom 17.07.2009 wieder aufgehoben. § 4 IX AMG spricht nunmehr von „Gentherapeutika" als Unterfall der „Arzneimittel für neuartige Therapien". Die Legalde-

wendeter Methode im Körper des Patienten (in vivo) oder außerhalb des Körpers (ex vivo) erfolgen.[11]

I. Nutzen und Risiken der somatischen Gentherapie aus rechtsgutsorientierter Perspektive

Der Gentherapie wird ein hohes Innovationspotential im Hinblick auf die Entwicklung neuer Therapieansätze zugeschrieben. In den bisherigen klinischen Gentherapiestudien geht es vor allem um die Behandlung von Krebserkrankungen, monogenen Erbkrankheiten, Infektionen mit dem AIDS-Virus HIV, Erkrankungen der Immunabwehr wie der septischen Granulomatose (CGD), Gelenkrheuma (Rheumatische Arthritis) und kardiovaskulären Erkrankungen.[12] Während ursprünglich die kausale Therapie von (mono-)genetischen Erkrankungen, wie ADA-Mangel oder Mukoviszidose, im Vordergrund standen, machen heute Studien zur (symptomatischen) Behandlung von Krebspatienten den größten Anteil der Gentherapieversuche aus.[13] Die Bewertung der Chancen der Gentherapie in diesen Bereichen ist uneinheitlich. Während anfangs euphorische Erwartungen geweckt wurden, haben die ausbleibenden nachweisbaren Erfolge der Gentherapieversuche zwischenzeitlich zu einer überwiegend zurückhaltenden bis skeptischen Einschätzung des Potenzials der Gentherapie in der medizinischen und juristischen Literatur geführt.[14] Die Senatskommission für Grundsatzfragen der Genforschung der DFG formuliert in ihrer zweiten Stellungnahme zur Gentherapie vom Dezember 2006 aufgrund einer differenzierten Analyse der Erfolge und

---

finition von Gentherapeutika ist dem Anhang I Teil IV der Verordnung (EG) Nr. 1394/2007 des Europäischen Parlaments und des Rates vom 13. November 2007 über Arzneimittel für neuartige Therapien zu entnehmen (dazu unten VI.1.).

11 *DFG*, Entwicklung der Gentherapie, S. 5; *Hacker/Rendtorff/Cramer et al.*, Biomedizinische Eingriffe, S. 63.

12 *DFG*, Entwicklung der Gentherapie, S. 6. Einen aktuellen Überblick über die Anwendungsgebiete von Gentherapiestudien geben *Alton/Ferrari/Griesenbach*, Gene Therapy 2007, 1439–1447, 1555–1563. *Hacker/Rendtorff/Cramer et al.*, Biomedizinische Eingriffe, S. 69 ff.; vgl. auch die Auswertung diverser wissenschaftlicher Gutachten durch die Arbeitsgruppe Gentechnologiebericht, in *Hucho/Müller-Röber/Domasch et al.*, Gentherapie in Deutschland, S. 72 ff.

13 *DFG*, Entwicklung der Gentherapie, S. 6 („über 60 %").

14 Vgl. etwa *Bender/Sparwasser/Engel*, Umweltrecht, Kapitel 10, Rn. 11: „Der medizinisch-therapeutische Einsatz der Gentechnik verlief bisher enttäuschend; einzelnen Todesfällen stehen kaum nachweisbare Heilungserfolge gegenüber." Für eine vollständige Einstellung gentherapeutischer Forschung und Forschungsförderung *Graumann*, in: Rehmann-Sutter/Müller (Hrsg.), Ethik und Gentherapie, S. 117, 133.

Rückschläge in der klinischen Anwendung zumindest vorsichtig optimistisch: Es müsse betont werden, dass die Entwicklung ausgereifter Gentherapie-Verfahren für viele ansonsten nicht behandelbare Krankheiten viele Jahre dauern werde, wenn auch bei einzelnen Gentherapie-Ansätzen der Erfolg mittelfristig absehbar erscheine.[15]

Die laufende Neubewertung der grundlegenden Probleme und Risiken der Gentherapieversuche ist von zentraler Bedeutung für die Risiko-Nutzen-Abwägung als wesentliche Voraussetzung der rechtlichen Zulässigkeit der Klinischen Prüfung von Gentherapeutika. Einige der zentralen Probleme der Gentherapie sind erstens die mangelnde Zielgenauigkeit (Selektivität) der bisher entwickelten – meist viralen – Vektorsysteme, zweitens die mit den verwendeten Vektorsystemen verbundenen Sicherheitsrisiken und drittens die mangelnde Vorhersehbarkeit der Funktion und Expression der eingebrachten Genkonstrukte aufgrund unverstandener epigenetischer Effekte (Wechselwirkungen des Genkonstrukts mit der genetischen und nicht genetischen Zellumgebung).

Aus *rechtsgutsorientierter Perspektive* lassen sich die Risiken der somatischen Gentherapie wie folgt einteilen (Schaubild 1).

- Risiken für Leben, Gesundheit und Autonomie der an Gentherapiestudien beteiligten *Patienten,*
- Risiken für *Dritte* und für die *Umwelt* (Freisetzungsrisiken),
- „moralische Risiken", die sich aus der Möglichkeit akzidenteller Effekte auf die Keimbahn ergeben.

---

15 *DFG*, Entwicklung der Gentherapie, S. 3; vgl. auch *Hacker/Rendtorff/Cramer et al.*, Biomedizinische Eingriffe, S. 73: „Die Gentherapie wird sich vermutlich in den nächsten Jahren einen festen Platz im therapeutischen Arsenal der Medizin erobern."

Schaubild 1: Rechtsgutsorientierte Übersicht der Risiken der somatischen Gentherapie

Risiken für Leben, Gesundheit und Autonomie des Patienten Spezifischer Risikocharakter: Irreversibilität Risikobeurteilung: erfolgt auf der Grundlage unsicherer wissenschaftlicher Annahmen	Reaktivierung und eventuelle Modifizierung (Rekombination) von Viren, die als Vektoren eingesetzt werden (Entstehung von infektiösen, pathogenen Viren) Unerwünschte Genexpression aufgrund des nicht zielgenau steuerbaren Einbaus des Genkonstrukts in der Nähe eines „Wachstumsgens", oder aufgrund anderer epigenetischer Effekte; Risiko der Tumorbildung Unkontrollierte Ausbreitung von Genen und viralen Vektoren im gesamten Körper, insbes. akzidentelle genetische Modifikation von Keimbahnzellen Gefahr einer unkontrollierbaren Autoimmunantwort auf das Einschleusen viraler Vektoren
Unmittelbare Risiken für Dritte bzw. die Umwelt	Unbeabsichtigte Freisetzung von gentechnisch veränderten Organismen in die Umwelt bei Herstellung oder Anwendung des Genkonstrukts Möglichkeit der Übertragung von pathogenen Viren auf Dritte Risiken für die Nachkommen durch unbeabsichtigte Modifizierung der Keimbahnzellen
Mittelbare „moralische" Risiken	„Dammbruch" zur Keimbahntherapie „Dammbruch" zum Enhancement

Mit Blick auf den Schutz der Rechtsgüter der Patienten ist zunächst hervorzuheben, dass sich gentherapeutische Verfahren ganz überwiegend noch im *experimentellen Stadium* befinden und somit Annahmen über Nutzen und Risiken des angewendeten Verfahrens auf *ungesicherten* wissenschaftlichen Grundlagen beruhen.[16] Hieraus resultiert zunächst eine Bedrohung für die *Autonomie* der Patienten. Die häufig an schweren Erkrankungen leidenden Patienten können – insbesondere im Falle mangelhafter Informiertheit – dazu neigen, unrealistische Hoffnungen für die eigenen Heilungschancen an die Beteiligung an Studien mit Gentherapeutika zu knüpfen.

Spezifische Risiken für *Leben und Gesundheit* der Patienten ergeben sich aus der Möglichkeit der Reaktivierung und eventuellen Modifizierung von

---

[16] *DFG*, Entwicklung der Gentherapie, S. 6. Vgl. dort aber auch die Hinweise auf den Nachweis der klinischen Wirksamkeit einer Gentherapie in verschiedenen Studien zur Behandlung schwerer Immundefekte.

Viren, die als Vektoren eingesetzt werden (Entstehung von infektiösen, pathogenen Viren). Zudem können unerwünschte Wirkungen durch den nicht zielgenau steuerbaren Einbau des Genkonstrukts in der Nähe eines „Wachstumsgens" ausgelöst werden. Es besteht hier die Gefahr der Entstehung von bösartigen Tumoren durch *Insertionsmutagenese*.[17] Weiterhin kann das eingeschleuste Genkonstrukt ganz anders wirken als beabsichtigt, weil die Wechselwirkungen des Genkonstrukts mit anderen genetischen und nicht genetischen Bestandteilen der – zufällig vorgefundenen – Zellumgebung weitgehend unverstanden sind. Die herausragende Bedeutung derartiger *epigenetischer Effekte* für die Genexpression ist heute allgemein anerkannt.[18]

Hohe Risiken ergeben sich zudem aus der Beobachtung, dass sich auch gezielt in nur ein Organ eingeschleuste Genkonstrukte im gesamten Körper ausbreiten können. Dies kann einerseits unerwünschte Effekte auf die Keimbahn bewirken. Andererseits kann die massenhafte Ausbreitung viraler Vektoren eine lebensgefährlichen Autoimmunantwort auslösen, wie ein im Jahr 1999 bekannt gewordener Todesfall gezeigt hat, der zu einer weitgehenden Neubewertung der Risiken der Gentherapie geführt hat.[19] Bei einigen weiteren, in jüngerer Zeit berichteten Todesfällen im Zusammenhang mit Gentherapie-Studien konnte ein direkter Zusammenhang mit den verwendeten Vektoren oder den eingeschleusten Gene nicht nachgewiesen werden.[20]

---

17 Etwa drei Jahre nach Durchführung einer erfolgreichen Gentherapiestudie zur Behandlung angeborener kombinierter Immundefekte (X-SCID) des Pariser Necker-Hospitals haben drei von zehn Patienten akute T-Zell-Leukämien als Nebenwirkung der Gentherapie entwickelt, an der einer der Patienten verstorben ist. Nach umfassenden Untersuchungen stellte sich heraus, dass die verwendeten retroviralen Genvektoren durch den Einbau in das Genom der behandelten T-Zellen zelluläre Proto-Onkogene aktiviert hatten und so zur Auslösung dieser Krebserkrankungen beigetragen haben (*DFG*, Entwicklung der Gentherapie, S. 6).
18 Grundlegend *Lewontin*, Dreifachhelix. Vgl. auch *Leonhardt*, in: Raem/Braun/Fenger (Hrsg.), Genmedizin, S. 111–118.
19 Es handelt sich um den Todesfall des 18-jährigen Jesse Gelsinger, der im Rahmen einer Gentherapiestudie unter Verwendung von Adenoviren behandelt wurde, die vermutlich eine Überreaktion des Immunsystems ausgelöst haben. Dazu: *Sisti/Caplan*, in: Rehmann-Sutter/Müller (Hrsg.), Ethik und Gentherapie, S. 135 ff.; *Barbour*, The Lancet 2000, 384; *Hopkins*, British Medical Journal 2000, 602; *Hacker/Rendtorff/Cramer et al.*, Biomedizinische Eingriffe, S. 67.
20 Die DFG berichtet über einen Todesfall im Rahmen einer zunächst erfolgreich verlaufenden Behandlung von erwachsenen Patienten mit CGD mittels retroviraler Vektoren in Frankfurt (*DFG*, Entwicklung der Gentherapie, S. 8; vgl. dazu auch den Bericht von *Müller-Jung*, FAZ.NET vom 23.05.2006). Der jüngst bekannt gewordene Todesfall Jollee Mohr, einer Patientin mit chronischem Gelenkrheuma, die im Rahmen einer gentherapeutischen Studie der Firma *Targeted Genetics* in Chicago behandelt wurde, soll nach den bisherigen Ergebnissen der Untersuchung keine Folge der Gentherapie sein (*Tanne*, British Medical Journal 2007, 1172–1173).

Insgesamt zeigt die Entwicklung der Gentherapie in den letzten 10 Jahren, dass die Aussage der Bund-Länder-Arbeitsgruppe (BLAG) „Somatische Gentherapie" aus dem Jahr 1998, die Risiken für den Patienten seien insgesamt als *gering* einzuschätzen,[21] überholt ist. Das Einschleusen von Genkonstrukten über Vektoren kann lebensgefährliche (Neben-)Wirkungen auslösen. Generalisierende Aussagen über die Wahrscheinlichkeit des Eintretens solcher Wirkungen lassen sich aufgrund des experimentellen Stadiums der Gentherapie und der Vielzahl der eingesetzten Vektoren kaum treffen. Dabei darf jedoch nicht außer Acht gelassen werden, dass die Gentherapie bei tödlich verlaufenden Krankheiten, wie beispielsweise angeborenen monogenen Immunschwächekrankheiten, auch unter Berücksichtigung der genannten Rückschläge und Todesfälle wohl keine höhere Nebenwirkungsrate als vergleichbare konventionelle Therapieformen aufweist.[22] Dies verweist darauf, dass Leben, Gesundheit und Autonomie der Patienten nicht nur durch den Einsatz der Gentherapie bedroht sein können, sondern auch durch deren übermäßige paternalistische Beschränkung. Die Risiko-Nutzen-Abwägung bei der klinischen Prüfung von Gentherapeutika bedarf daher einer differenzierten Betrachtung des Einzelfalls und kann nicht durch ein negatives Pauschalurteil über die Genmedizin als solche ersetzt werden.[23]

II. Rechtsquellen für die Bewertung der somatischen Gentherapie

Den Rahmen für die normative Bewertung der Gentherapie bildet eine Reihe von informellen bzw. nicht unmittelbar rechtsverbindlichen Vorgaben für den Schutz von Patienten im Rahmen der Forschung am Menschen. Hervorzuheben ist im internationalen Bereich die Deklaration von Helsinki in der Fassung vom Oktober 2000 sowie die sogenannte Bioethik-Konvention nebst Entwurf eines Zusatzprotokolls über biomedizinische Forschung.[24] Auf nationaler Ebene sind vor allem die von der Bundesärztekammer erlassenen

---

21 *BLAG*, NJW 1998, 2728.
22 *DFG*, Entwicklung der Gentherapie, S. 8.
23 Zur Struktur dieser Abwägung unten B.VI.4. Um eine solche differenzierte Bewertung unterschiedlicher biomedizinischer Eingriffe am Menschen ist auch das vom Münchener Institut Technik-Theologie-Naturwissenschaften (TTN) entwickelte Stufenmodell zur ethischen Bewertung von Gen- und Zelltherapie bemüht, vgl. *Hacker/Rendtorff/Cramer et al.*, Biomedizinische Eingriffe.
24 Übereinkommen zum Schutz der Menschenrechte und der Menschenwürde im Hinblick auf die Anwendung von Biologie und Medizin: Übereinkommen über Menschenrechte und Biomedizin vom 4. April 1997; Entwurf eines Zusatzprotokolls zum Übereinkommen über Menschenrechte und

Richtlinien zum Gentransfer in menschliche Körperzellen vom 20.01.1995 zu nennen.[25]

Die nachfolgende Untersuchung beschränkt sich auf die wichtigsten für die Gentherapie relevanten formellen, unmittelbar rechtsverbindlichen Regelungen. Dies sind auf nationaler Ebene das Embryonenschutzgesetz (ESchG), das Gentechnikgesetz (GenTG) – für den präklinischen Bereich –, das Arzneimittelgesetz (AMG), die Verordnung über die Anwendung der Guten Klinischen Praxis bei der Durchführung von klinischen Prüfungen mit Arzneimitteln zur Anwendung am Menschen (GCP-Verordnung) und das Kernstrafrecht des StGB. Aus dem europäischen Arzneimittelrecht kommt der Verordnung (EG) Nr. 1394/2007 über Arzneimittel für neuartige Therapien[26] zentrale Bedeutung für die somatische Gentherapie zu.[27] Die Verordnung gilt seit dem 30.12.2008 in der Europäischen Union und damit in der Bundesrepublik Deutschland als unmittelbar geltendes Recht.[28] Mit der 15. AMG-Novelle[29] wurde das deutsche Arzneimittelgesetz an die EG-Verordnung 1394/2007 angepasst. Die rechtliche Regelung der Arzneimittel für neuartige Therapien lässt sich nur durch eine Zusammenschau beider Regelwerke verstehen. Einen Überblick über die für die somatische Gentherapie relevanten formellen und informellen Rechtsquellen gibt das Schaubild 2.

Biomedizin über biomedizinische Forschung vom 18.07.2001 (CDBI/NF (2001) 5). Die Konvention wurde von Deutschland bisher nicht ratifiziert.
25 Zur Regelungskompetenz der Bundesärztekammer kritisch *Vesting*, NJW 1997, 1605.
26 Verordnung (EG) Nr. 1394/2007 des Europäischen Parlaments und des Rates vom 13. November 2007 über Arzneimittel für neuartige Therapien und zur Änderung der Richtlinie 2001/83/EG und der Verordnung (EG) Nr. 726/2004 (ABl. L 324 vom 10.12.2007).
27 Vgl. hierzu auch die Verordnung (EWG) Nr. 2309/93 des Rates vom 22. Juli 1993 zur Festlegung von Gemeinschaftsverfahren für die Genehmigung und Überwachung von Human- und Tierarzneimitteln und zur Schaffung einer Europäischen Agentur für die Beurteilung von Arzneimitteln (ABl. Nr. L 214 vom 24.08.1993, S. 001–0021).
28 Zu den Übergangsvorschriften vgl. Art. 29 der Verordnung (EG) Nr. 1394/2007.
29 Gesetz zur Änderung arzneimittelrechtlicher und anderer Vorschriften vom 17. Juli 2009, BGBl. I, S. 1990.

Schaubild 2: Wichtige Rechtsquellen für die somatische Gentherapie

Deutschland:	EU /International

formell:
• Art. 74 Nr. 19 und 26 GG
• § 5 ESchG (Verbot der Keimbahntherapie)
• §§ 223 ff. (individuelle Heilversuche/Neulandmedizin)
• AMG: insbes.:
   – § 4 IX: Legaldefinition „Arzneimittel für neuartige Therapien"
   – § 4b: Sondervorschriften für Arzneimittel für neuartige Therapien
   – § 13: Herstellungserlaubnis
   – §§ 40, 41, 42: klinische Prüfung
• Verordnung über die Anwendung der Guten Klinischen Praxis bei der Durchführung von klinischen Prüfungen mit Arzneimitteln zur Anwendung am Menschen (GCP-Verordnung) vom 9. August 2004
• GenTG: präklinische Forschung
 	
informell:
 	
• Ärztliches BerufR (MusterBerufsO)
• BÄK, Richtlinien zum Gentransfer in menschliche Körperzellen vom 20.01.1995
	• Verordnung (EG) Nr. 1394/2007 vom 13.11.2007 über Arzneimittel für neuartige Therapien
	• Verordnung (EG) Nr. 726/2004 vom 31.03.2004 zur Festlegung von Gemeinschaftsverfahren für die Genehmigung und Überwachung von Human- und Tierarzneimitteln und zur Errichtung einer Europäischen Arzneimittelagentur
	• Richtlinie 2001/83/EG vom 06.11.2001 zur Schaffung eines Gemeinschaftskodexes für Humanarzneimittel
	• Richtlinie 2001/20/EG vom 04.04.2001 zur Angleichung der Rechts- und Verwaltungsvorschriften der Mitgliedstaaten über die Anwendung der guten klinischen Praxis bei der Durchführung von klinischen Prüfungen mit Humanarzneimitteln
	• Übereinkommen über Menschenrechte und Biomedizin vom 01.01.1997:
	• Art. 13: Zulässigkeit der Intervention in das menschliche Genom zu präventiven, diagnostischen oder therapeutischen Zwecken; Verbot der Keimbahntherapie.
	• Entwurf eines Zusatzprotokolls zum Übereinkommen über Menschenrechte und Biomedizin über biomedizinische Forschung vom 18.07.2001 (CDBI/NF (2001) 5)
	• Deklaration des Weltärztebundes von Helsinki (2000)

III. Generelle Zulässigkeit nach dem Embryonenschutzgesetz (ESchG)

Die Verfahren der somatischen Gentherapie fallen nicht unter das Verbot der Keimbahntherapie des § 5 Embryonenschutzgesetz (ESchG). Danach sind nur *zielgerichtete* Eingriffe in die Keimbahn verboten. § 5 IV Nr. 3 ESchG nimmt therapeutische Behandlungen, bei denen eine Veränderung der Erbinformation von Keimbahnzellen nicht beabsichtigt ist, von dem Verbot der Veränderung von Keimbahnzellen des § 5 I ESchG ausdrücklich aus. Daraus folgt, dass die auch bei der somatischen Gentherapie bestehende Möglichkeit *akzidenteller* Effekte auf die Keimbahn[30] sich nicht auf deren grundsätzliche Zulässigkeit nach dem ESchG auswirkt.[31] Aus ethischer und rechtsphilosophischer Perspektive ist daran bemerkenswert, dass der Gesetzgeber die menschliche Keimbahn nicht absolut vor künstlichen Veränderungen schützen will.[32] Als problematisch wird nicht – wie der Wortlaut der Europäischen Arzneimittelrichtlinie nahelegt – die Tatsache angesehen, *dass* eine genetische Veränderung von Keimbahnzellen erfolgt, sondern allein der Umstand, dass Menschen *intentional* eine Veränderung der Keimbahnzellen mit irreversiblen Auswirkungen für die (potenziellen) Nachkommen herbeiführen.[33]

IV. Schutz vor Freisetzungsrisiken in der präklinischen Entwicklung und in der klinischen Anwendung (GenTG/AMG)

Hinsichtlich des Risikos der Freisetzung von gentechnisch veränderten Organismen (GVO) bei der präklinischen Entwicklung der Gentherapeutika gilt jedenfalls für die In-vitro-Teilschritte das Gentechnikgesetz (GenTG), für die In-vivo-Teilschritte seit der 12. AMG-Novelle § 40 I Nr. 2a AMG. Damit hat der Gesetzgeber auf eine Schutzlücke[34] im GenTG reagiert und in Umsetzung der RL 2001/20/EG den Schutz vor Freisetzungsrisiken als Zweck der §§ 40 ff. AMG aufgenommen, wie dies in der Literatur bereits seit Langem gefordert wurde.[35] Gemäß § 40 I Nr. 2a AMG darf die klinische Prüfung eines Arzneimittels, das aus einem gentechnisch veränderten Organismus besteht oder solche enthält nur durchgeführt werden, wenn nach dem Stand der Wissenschaft im Verhältnis zum Zweck der klinischen Prüfung unvertretbare schädliche Auswirkungen auf die Gesundheit Dritter und die Umwelt nicht

---

30 *Winnacker/Rendtorff/Hepp et al.*, Gentechnik, S. 29.
31 Allg. Meinung, vgl. nur *Wagner/Morsey*, NJW 1996, 1565, 1568 sowie *Vesting*, Somatische Gentherapie, S. 175 f.
32 Zur ethischen Problematik ausführlich *Rehmann-Sutter (a)*, in: Rehmann-Sutter/Müller (Hrsg.), Ethik und Gentherapie, S. 187 ff.
33 Der Wortlaut der Europäischen Arzneimittelrichtlinie scheint demgegenüber jede kausale Einwirkung auf die Keimbahn ausschließen zu wollen: Gemäß Art. 9 VI 2 der RL 2001/20/EG „dürfen keine Gentherapieprüfungen durchgeführt werden, die zu einer Veränderung der genetischen Keimbahnidentität der Prüfungsteilnehmer führen".
34 Vgl. *Möller*, in: Hallek/Winnacker (Hrsg.), Gentherapie, S. 27, 48, 53. A. A. *Voß*, Produktsicherheit, S. 93 (Es bestehe keine Schutzlücke, da das AMG ein hinreichendes Maß an Sicherheit auch für die Herstellung von Arzneimitteln gewährleiste).
35 *Vesting*, ZRP 1997, 21, 26.

zu erwarten sind.[36] Zudem unterliegen Humanarzneimittel, die GVO enthalten, nach der Verordnung (EWG) 2309/93 dem zentralisierten Verfahren der Marktzulassung durch die Europäische Arzneimittelbehörde.

V. Zentrales Genehmigungsverfahren für das Inverkehrbringen von Gentherapeutika bei der Europäischen Arzneimittel-Agentur (EMEA)

Die Bedeutung des europäischen Arzneimittelrechts für die somatische Gentherapie ist durch die Verordnung (EG) 2007/1394 über Arzneimittel für neuartige Therapien[37] noch einmal erheblich gestiegen. Das Zusammenspiel von europäischem und nationalem Arzneimittelrecht wird dabei in den Details immer schwieriger zu durchschauen. Ungeachtet offener Abgrenzungsfragen lässt sich die Grundstruktur des Verhältnisses von europäischem und deutschem Arzneimittelrecht mit Blick auf Gentherapeutika jedoch wie folgt darstellen:

Die Verordnung (EG) 2007/1394 gilt seit dem 30.12.2008 in Deutschland als unmittelbar geltendes Recht. Sie schreibt für das Inverkehrbringen von „Arzneimitteln für neuartige Therapien" ein zentrales Genehmigungsverfahren bei der Europäischen Arzneimittel-Agentur (EMEA[38]) in London vor.[39] Hierdurch soll eine einheitliche wissenschaftliche Beurteilung von Qualität, Unbedenklichkeit und Wirksamkeit dieser neuartigen und komplexen Arzneimittel gewährleistet werden.

Die im Rahmen der somatischen Gentherapie eingesetzten Zubereitungen stellen als Gentherapeutika Arzneimittel für neuartige Therapien im Sinne von Art. 2 I a 1. Alt. der Verordnung 2007/1394 dar und fallen somit in ihren

---

36 Die Vorschrift orientiert sich an den Vorgaben des GenTG für die Freisetzung bzw. das Inverkehrbringen von gentechnisch veränderten Organismen (§ 16 I Nr. 3 und II GenTG). Sie wird durch prozedurale Vorschriften zum Antragsverfahren in der GCP-VO flankiert (dazu unten c).
37 Verordnung (EG) Nr. 1394/2007 des Europäischen Parlaments und des Rates vom 13. November 2007 über Arzneimittel für neuartige Therapien und zur Änderung der Richtlinie 2001/83/EG und der Verordnung (EG) Nr. 726/2004 (ABl. L 324 vom 10.12.2007).
38 European Medicines Agency (EMEA).
39 § 21 AMG stellt durch die EMEA erteilte Genehmigungen für das Inverkehrbringen der Zulassung durch die zuständige Bundesoberbehörde gleich, §§ 21 I, 37 AMG. Um die hierzu erforderlichen häufig ganz speziellen Fachkenntnisse zu gewährleisten, sieht die Verordnung die Einrichtung eines „Ausschusses für neuartige Therapien" bei der Europäischen Arzneimittel-Agentur vor (Kapitel 7, Art. 20 ff. der Verordnung 2007/1394).

Anwendungsbereich. Hinsichtlich der Legaldefinition von Gentherapeutika verweist die Verordnung auf den Anhang I Teil IV der Richtlinie 2001/83/EG: Ein Gentherapeutikum ist

> „ein Arzneimittel, bei dem durch eine Reihe von Verarbeitungsgängen der (in vivo oder ex vivo erfolgende) Transfer eines prophylaktischen, diagnostischen oder therapeutischen Gens (d. h. eines Stücks Nukleinsäure) in menschliche oder tierische Zellen und dessen anschließende Expression in vivo bewirkt werden sollen. Der Gentransfer erfordert ein Expressionssystem, das in einem Darreichungssystem, einem sogenannten Vektor, enthalten ist, der viralen aber auch nicht viralen Ursprungs sein kann."[40]

Einfacher formuliert werden alle Arzneimittel (ohne xenogene Zelltherapeutika) erfasst, deren Wirkprinzip zwingend den Transfer eines Gens oder Genabschnitts einschließt, weshalb das deutsche Arzneimittelgesetz hierfür bis zur 15. AMG-Novelle den Begriff „Gentransfer-Arzneimittel" verwendet hatte.[41]

Für das zentralisierte Genehmigungsverfahren durch die Europäische Arzneimittelagentur gilt gemäß Art. 12 der Verordnung (EG) Nr. 726/2004[42], dass die Genehmigung versagt wird, wenn der Antragsteller die Qualität, die Sicherheit oder die Wirksamkeit des Arzneimittels nicht angemessen oder ausreichend nachgewiesen hat. Art. 26 der Richtlinie 2001/83/EG enthält insoweit den Grundsatz, dass die Genehmigung für das Inverkehrbringen versagt wird, wenn sich nach Prüfung ergibt, dass a) das Nutzen-Risiko-Verhältnis als nicht günstig betrachtet wird oder b) die therapeutische Wirksamkeit des Arzneimittels fehlt oder vom Antragsteller unzureichend begründet ist. Die Einzelheiten des komplexen Beurteilungs- und Genehmigungsverfahren für das Inverkehrbringen von Gentherapeutika ergeben sich aus Kapitel 3 der Verordnung 2007/1394 EG.

Vom Anwendungsbereich der Verordnung 2007/1394 EG – und damit vom zentralisierten Genehmigungsverfahren – ausgenommen sind indes gemäß Art. 28 II und Erwägungsgrund 6) der Verordnung 2007/1394 EG und Art. 3

---

40 Richtlinie 2001/83/EG des Europäischen Parlaments und des Rates vom 6. November 2001 zur Schaffung eines Gemeinschaftskodexes für Humanarzneimittel (ABl. L 311 vom 28.11.2001, S. 67), Anhang I Teil 4.
41 Vgl. § 4 IX AMG a. F., dazu BT-Drs. 15/2109, S. 25.
42 Verordnung (EG) Nr. 726/2004 des Europäischen Parlaments und des Rates vom 31. März 2004 zur Festlegung von Gemeinschaftsverfahren für die Genehmigung und Überwachung von Human- und Tierarzneimitteln und zur Errichtung einer Europäischen Arzneimittel-Agentur, ABl. L 136 vom 30.04.2004, S. 1.

Nr. 7 der insoweit geänderten Richtlinie 2001/83/EG „Arzneimittel für neuartige Therapien, die nicht routinemäßig nach spezifischen Qualitätsnormen hergestellt und in einem Krankenhaus in demselben Mitgliedstaat unter der ausschließlichen fachlichen Verantwortung eines Arztes auf individuelle ärztliche Verschreibung eines eigens für einen einzelnen Patienten angefertigten Arzneimittels verwendet werden. Die hier verwendeten unbestimmten Rechtsbegriffe werfen schwierige Auslegungsfragen auf, die hier nicht im Einzelnen erörtert werden können.[43]

Von grundsätzlicher Bedeutung für die Systematik des Rechts der Gentherapie ist dagegen der Umstand, dass genau diejenigen Arzneimittel für neuartige Therapien, die vom zentralisierten Zulassungsverfahren durch die Europäische Arzneimittel-Agentur ausgenommen werden, nunmehr von § 4b AMG erfasst werden.

Der durch die 15. AMG Novelle eingefügte § 4b AMG trifft eine Sonderregelung für solche Arzneimittel für neuartige Therapien, die
1. als individuelle Zubereitung für einen einzelnen Patienten ärztlich verschrieben,
2. nach spezifischen Qualitätsnormen nicht routinemäßig hergestellt und
3. in einer spezialisierten Einrichtung der Krankenversorgung unter der fachlichen Verantwortung eines Arztes angewendet werden.

Diese Zubereitungen werden gemäß § 4b I AMG zwar vom Vierten und Siebten Abschnitt des Arzneimittelgesetzes (Zulassung und Abgabe) ausgenommen, im Übrigen aber dem Anwendungsbereich des AMG unterworfen, insbesondere bleiben die Vorschriften über die Herstellung von Arzneimitteln (§§ 13 ff. AMG; Dritter Abschnitt) und den Schutz des Menschen bei der klinischen Prüfung (§§ 40 ff. AMG; Sechster Abschnitt) anwendbar. § 4b III AMG sieht zudem ein spezielles Genehmigungsverfahren für den Fall vor, dass diese Arzneimittel für neuartige Therapien im Sinne von § 4b I AMG *an andere abgegeben* werden sollen (§ 4b III i. V. m. § 21a II–VIII AMG). Genehmigungsbehörde ist insoweit das Paul-Ehrlich-Institut als zuständige Bundesoberbehörde (§ 4b III AMG i. V. m. § 77 II AMG). Damit wird sichergestellt, dass auch die in § 4b I AMG genannten Arzneimittel für neuartige Therapien, die nicht in den Anwendungsbereich der EG-Verordnung fallen, gleichwohl den spezifischen Qualitätsnormen, Rückverfolgbarkeits-

---

[43] Vgl. aber die Konkretisierung des unbestimmten Rechtsbegriffs „nicht routinemäßig hergestellt" durch Art. 4b II AMG.

und Pharmakovigilanzanforderungen entsprechen, die auf Gemeinschaftsebene für Arzneimittel für neuartige Therapien gelten.[44]

VI. Allgemeine Anzeigepflicht und Herstellungserlaubnis nach dem Arzneimittelgesetz

Bei den bei der somatischen Gentherapie zum Einsatz kommenden Zubereitungen handelt es sich um Arzneimittel im Sinne von §§ 2 bis 4 AMG, sodass der Anwendungsbereich des AMG eröffnet ist. § 4 IX AMG erfasst ausdrücklich „Gentherapeutika", die im Anhang I Teil 4 der Richtlinie 2001/83/EG legal definiert werden.[45] Sowohl für den Bereich der klinischen Entwicklung als auch für die klinische Prüfung von Gentherapeutika sind daher zunächst die allgemeinen Vorschriften des AMG hinsichtlich Herstellungserlaubnis und Anzeigepflichten zu beachten. Nach der 15. AMG-Novelle ist jede Herstellung von Gentherapeutika zur Anwendung oder zur klinischen Prüfung, unabhängig von einer Abgabe an andere, gemäß § 13 AMG erlaubnispflichtig. Eine Herstellungserlaubnis ist insbesondere auch dann erforderlich, wenn die Person, die das Gentherapeutikum herstellt, keine andere ist als die, die es anwendet, Hersteller und Anwender also personengleich sind. Die bisher in § 13 I 3 AMG (alte Fassung) vorgesehene Voraussetzung eines *Wechsels der Verfügungsgewalt* ist durch die 15. AMG-Novelle beseitigt worden. Durch den Wegfall von § 4a Satz 1 Nr. 3 AMG alte Fassung und die Neufassung von § 13 IIb AMG gilt dies auch dann, wenn das Gentherapeutikum durch die Ärztin oder den Arzt selbst zur Anwendung bei ihren oder seinen eigenen Patienten hergestellt wird.[46] Die in § 13 IIb 1 AMG vorgesehene Ausnahme von der Erlaubnispflicht findet nämlich gemäß § 13 IIb 2 AMG keine Anwendung auf 1. Arzneimittel für neuartige Therapien, zu denen die Gentherapeutika zählen (§ 4 IX AMG) sowie 2. auf Arzneimittel, die zur klinischen Prüfung bestimmt sind, soweit es sich nicht nur um eine Rekonstitution handelt. Der Grund für diese Erweiterung der Erlaubnispflicht besteht in der bisher nur begrenzten Erfahrung in der Herstellung und Anwendung der Arzneimittel für neuartige Therapien und derjenigen Arzneimittel, die in einer klinischen Prüfung getestet werden.[47]

---

44 BT-Drs. 16/12256, zu § 4b, S. 43.
45 Für die Einzelheiten kann daher nach oben V. verwiesen werden.
46 Vgl. auch die Gesetzesbegründung zur 15. AMG-Novelle, BT-Drs. 16/12256, zu Nr. 5 (§ 4a), S. 42 und zu Nr. 13 (§ 13), S. 45 f.
47 BT-Drs. 16/12256, zu Nr. 13 (§ 13), S. 45 f.

Mit Blick auf den für die Herstellungserlaubnis erforderlichen Nachweis der Sachkenntnis sieht § 15 IIIa Nr. 1 AMG besondere Voraussetzungen für die Herstellung von Gentherapeutika vor.

Die Herstellungserlaubnis (§ 13 AMG) für Gentherapeutika ist gemäß § 13 IV AMG bei der zuständigen Landesbehörde zu beantragen und ergeht im Benehmen mit der Bundesoberbehörde, also dem Paul-Ehrlich-Institut (§ 77 II AMG).

Für die Entwicklung, Herstellung und klinische Prüfung von Gentherapeutika gilt darüber hinaus die allgemeine Anzeigepflicht des § 67 I 1 AMG sowie die besonderen Anzeige-, Informations- und Genehmigungspflichten der §§ 40–42 AMG, die noch ausführlich zu erörtern sind.

VII. Klinische Prüfung und Anwendung von Gentherapeutika nach dem Arzneimittelgesetz

Die somatische Gentherapie befindet sich ganz überwiegend in einem frühen experimentellen Stadium: „Die meisten klinischen Gentherapie-Studien befinden sich in sehr frühen klinischen Phasen, nur wenige haben die klinische Prüfung der Phase III erreicht oder den Nachweis einer klinischen Wirksamkeit erbracht."[48] Die Risiken für Leben, Gesundheit und Autonomie von Patientinnen und Patienten im Rahmen von experimentellen Gentherapieversuchen im Anwendungsbereich des Arzneimittelgesetzes[49] werden ganz überwiegend durch die §§ 40–42 AMG reguliert. Die Vorschriften des AMG über die klinische Prüfung am Menschen (§§ 40–42 AMG) sind grundsätzlich auf alle klinischen Prüfungen von Arzneimitteln für neuartige Therapien, also auch auf Gentherapeutika, anwendbar. Die Vorschrift des § 4b AMG (Sondervorschriften für Arzneimittel für neuartige Therapien) hat für die Frage der Zulässigkeit von klinischen Prüfungen von Arzneimitteln für neuartige Therapien keine Bedeutung.

1. Anwendbarkeit der §§ 40, 41 AMG – individueller Heilversuch, heilkundliches und wissenschaftliches Experiment

Die §§ 40 ff. AMG finden Anwendung, wenn es sich um eine *klinische Prüfung* von Arzneimitteln i. S. v. § 4 XXIII AMG handelt. Klinische Prüfung am Menschen ist „jede am Menschen durchgeführte Untersuchung, die dazu

---

48 DFG, Entwicklung der Gentherapie, S. 6.
49 Dazu oben VI.

bestimmt ist, klinische oder pharmakologische Wirkungen von Arzneimitteln zu erforschen oder nachzuweisen oder Nebenwirkungen festzustellen oder die Resorption, die Verteilung, den Stoffwechsel oder die Ausscheidung zu untersuchen, mit dem Ziel, sich von der Unbedenklichkeit oder Wirksamkeit der Arzneimittel zu überzeugen" (§ 40 XXIII 1 AMG). Die §§ 40 ff. AMG erfassen demnach medizinische Versuchsbehandlungen mit Gentherapeutika, bei denen das Forschungsinteresse den dominierenden Handlungszweck bildet.[50] Dies ist bei *rein wissenschaftlichen Experimenten* und bei *heilkundlichen Experimenten* der Fall, nicht aber beim *individuellen Heilversuch*, bei dem das Interesse an der Heilung des oder der individuellen Patienten im Vordergrund steht.

Die Annahme eines individuellen Heilversuchs außerhalb des Anwendungsbereichs der §§ 40, 41 AMG liegt bei der Gentherapie deshalb nahe, weil hier vielfach lebensbedrohlich erkrankte Patienten behandelt werden, für die keine wirksame Standardtherapie zur Verfügung steht. Den behandelnden Ärzten wird es daher zumindest auch um die Heilung dieser Patienten gehen. Gegen die Qualifizierung als individueller Heilversuch spricht jedoch regelmäßig, dass der für die Abgrenzung entscheidende dominierende Handlungszweck objektiv zu bestimmen ist. Ein überwiegendes Forschungsinteresse ist nach zutreffender Auffassung bereits dann anzunehmen, wenn aus Sicht eines objektiven Dritten die Versuchsbehandlung strukturell so angelegt ist, dass der wissenschaftliche Erkenntnisgewinn gewährleistet wird.[51] Zu diesen Strukturen zählen die Ausrichtung auf wissenschaftliche Erkenntnis (*Zielgerichtetheit*), die systematische Planung (*Planmäßigkeit*) und ein festgelegter, prozeduraler Ablauf (*Standardisierung*).[52] Beim gegenwärtigen Stand der Entwicklung der Gentherapie ist eine sinnvolle Weiterentwicklung des Therapieansatzes aber nur dann realistisch, wenn eben solche wissenschaftlichen Strukturen auf hohem Niveau im Rahmen einer systematischen klinischen Prüfung gewährleistet werden.[53] Schon aufgrund des hohen

---

50 Zur Systematik medizinischer Versuchsbehandlung und zu der hier übernommenen Terminologie vgl. *Oswald*, Heilversuch, Humanexperiment und Arzneimittelforschung, S. 669, 677 und speziell zur Systematik der §§ 40 ff. S. 701 ff. sowie die Gesamtübersicht auf S. 728 in diesem Band.
51 Ähnlich *Oswald*, Heilversuch, Humanexperiment und Arzneimittelforschung, S. 669, 682 in diesem Band.
52 *Oswald*, Heilversuch, Humanexperiment und Arzneimittelforschung, S. 669, 682 m. w. N. in diesem Band.
53 *DFG*, Entwicklung der Gentherapie, S. 19, mit dem Hinweis darauf, dass die Kommission Somatische Gentherapie des Wissenschaftlichen Beirats der Bundesärztekammer in mehreren Grundsatzentscheidungen von individuellen Heilversuchen mit Gentherapeutika abgeraten habe.

Aufwandes bei der Herstellung von Gentherapeutika liegt die Entwicklung der Gentherapie daher nach Angaben der DFG weitgehend in den Händen von akademischen Forschungsgruppen und kleinen Biotechnologie-Unternehmen, bei denen der Erkenntnisgewinn als dominierender Handlungszweck zu vermuten ist. Der dominierende wissenschaftliche Charakter geht auch dann nicht verloren, wenn die Erkenntnisse aus der biomedizinischen Grundlagenforschung direkt in die klinische Anwendung übertragen werden sollen (*transnationale Forschung*)[54] und es den behandelnden Ärzten selbstverständlich auch um die Eröffnung von Heilungschancen für individuelle Patienten geht. Vor diesem Hintergrund dürften derzeit praktisch alle Versuchsbehandlungen mit Gentherapeutika als klinische Studien zu qualifizieren sein.[55]

2. Zweistufiges Zustimmungs- und Genehmigungsverfahren gemäß §§ 40 I 2, 42 AMG i. V. m. §§ 7–11 GCP-Verordnung

Die klinische Prüfung von Gentherapeutika darf nur begonnen werden, wenn die nach Landesrecht zuständige Ethik-Kommission diese *zustimmend bewertet* und das Paul-Ehrlich-Institut als zuständige Bundesoberbehörde diese *genehmigt* hat. Das Nähere zu diesem zweistufigen Verfahren ergibt sich aus § 42 AMG i. V. m. §§ 7–11 GCP-Verordnung sowie aus den landesrechtlichen Regelungen zum Verfahren der Ethik-Kommissionen.[56] Ohne die Einzelheiten des Verfahrens hier umfassend darstellen zu können, soll hier auf einige Besonderheiten hingewiesen werden.[57] Seit der 12. AMG-Novelle wird seitens der Ethik-Kommissionen eine *zustimmende Bewertung* verlangt. Die zustimmende Bewertung der Ethik-Kommission wird damit zu einer selbstständigen Zulassungsvoraussetzung der klinischen Prüfung, die über § 96 Nr. 11 AMG sogar strafrechtlich abgesichert wird. Damit steht zugleich

---

54 Dazu *DFG*, Entwicklung der Gentherapie, S. 13.
55 Vgl. bereits *BLAG*, Bundesanzeiger 1998, Nr. 80a, 40; kritisch, aber wohl etwas praxisfern *Voß*, Produktsicherheit, S. 49 f.
56 Vgl. etwa für Berlin: Gesetz zur Errichtung einer Ethik-Kommission des Landes Berlin vom 07. September 2005, GVBl. Nr. 32, 466 und die auf dieses gestützte Verordnung über die Ethik-Kommission des Landes Berlin vom 10. Januar 2006, GVBl. Nr. 2, 26. Dazu *Schlette*, NVwZ 2006, 785. Für Bayern: §§ 29a–g des Gesetzes über den öffentlichen Gesundheits- und Veterinärdienst, die Ernährung und den Verbraucherschutz sowie die Lebensmittelüberwachung (Gesundheitsdienst- und Verbraucherschutzgesetz – GDVG) vom 24. Juli 2003 (GVBl. 2003, 452); zuletzt geändert am 27.07.2009 (GVBl. 2009, 400).
57 Zum Ganzen *Sander*, Arzneimittelrecht, Erl. zu § 42; dort auch zu den verfassungsrechtlichen Bedenken gegen die Einrichtung der Ethik-Kommissionen bei den Landesärztekammern (§ 42 Erl. 8).

außer Frage, dass es sich bei den Entscheidungen der Ethik-Kommissionen um behördliche Verwaltungsakte handelt, die vor den Verwaltungsgerichten angefochten werden können.[58] Die Aufgabe der Ethik-Kommissionen besteht nicht in einer ethischen Bewertung, sondern in der Prüfung abschließend umschriebener rechtlicher Versagungskriterien (§ 42 I 7 AMG), deren Operationalisierung auf die Expertise unabhängiger Sachverständiger aus unterschiedlichen Disziplinen angewiesen ist.[59] Da die „Normalbesetzung" einer Ethik-Kommission in der Regel nicht ausreicht, um die spezifischen Risiken der Gentherapie zu beurteilen, hat die Ethik-Kommission bei einer klinischen Prüfung von Gentherapeutika gemäß § 42 I 6 AMG Sachverständige beizuziehen oder Gutachter anzufordern.[60] Die Frist für die Entscheidung über den Antrag verlängert sich in diesen Fällen gemäß § 42 I 9 AMG i. V. m. § 8 IV GCP-VO auf 180 Tage. Mit Blick auf das Genehmigungsverfahren des Paul-Ehrlich-Instituts als zuständige Bundesoberbehörde ist auf folgende Besonderheiten für die klinische Prüfung von Gentherapeutika hinzuweisen: Die Genehmigungsfiktion des § 42 II 4 AMG gilt nicht (§ 42 II 7 Nr. 2 AMG); die klinische Prüfung darf nur begonnen werden, wenn eine schriftliche Genehmigung erteilt wurde. Für die Entscheidung über die Genehmigung verlängert sich die Frist der Bundesoberbehörde gemäß § 42 II 8 AMG i. V. m. § 9 IV GCP-VO auf 90 Tage; im Falle der Zuziehung von Sachverständigen oder der Anforderung von Gutachtern auf 180 Tage. Soweit das Prüfpräparat gentechnisch veränderte Organismen enthält, ergeht die Entscheidung im Einvernehmen mit dem Bundesamt für gesundheitlichen Verbraucherschutz und Lebensmittelsicherheit; die Genehmigung der klinischen Prüfung umfasst in diesem Fall die Genehmigung der Freisetzung dieser GVOs im Rahmen der klinischen Prüfung (§ 9 IV 3 letzter Hs. GCP-VO).

---

58 *Deutsch*, MedR 2006, 411, 415.
59 Hierzu *Fateh-Moghadam/Atzeni*, in: Vöneky/Hagedorn/Clados et al. (Hrsg.), Legitimation ethischer Entscheidungen im Recht, S. 115, 122 ff.
60 Die früher übliche Beratung durch die Kommission Somatische Gentherapie des wissenschaftlichen Beirats der Bundesärztekammer wurde durch einen Beschluss der Bundesärztekammer vom Oktober 2004 wegen ungeklärter Haftungsfragen nach der 12. AMG-Novelle bis auf Weiteres ausgesetzt. Die nunmehr vom Gesetz vorgeschriebene Beteiligung unabhängiger Sachverständiger bzw. Gutachter im Rahmen der Verfahren der gesetzlich zuständigen Ethik-Kommissionen ist aus rechtsstaatlichen Gründen ohnehin vorzugswürdig.

3. Materielle Voraussetzungen der §§ 40–42 AMG bei der klinischen Prüfung von Gentherapeutika

Die Zulässigkeit einer klinischen Prüfung von Gentherapeutika kann nur unter Berücksichtigung sämtlicher Umstände des Einzelfalls beurteilt werden. Es ist jedoch möglich und geboten die Rahmenbedingungen der §§ 40–42 AMG im Hinblick auf die besondere Risikostruktur von klinischen Gentherapie-Studien zu konkretisieren. Die Prüfung von Gentherapeutika an nicht einschlägig erkrankten Probanden ist aufgrund ihrer Risiken gegenwärtig nicht vertretbar (a). Gentherapeutische Forschung wird daher in der Regel mit Patienten durchgeführt, „die an einer Krankheit leiden, zu deren Behebung das zu prüfende Arzneimittel angewendet werden soll", sodass sich die Zulässigkeit regelmäßig nach den besonderen Voraussetzungen des § 41 AMG richtet, der die allgemeinen Voraussetzungen des § 40 AMG modifiziert. Im Anwendungsbereich des § 41 AMG ist seit der 12. AMG-Novelle danach zu differenzieren, ob es sich um ein heilkundliches Experiment handelt, bei dem die Teilnehmer selbst einen potenziellen therapeutischen Nutzen haben (b) oder um ein gruppennütziges, rein wissenschaftliches Experiment (c).

a) Rein wissenschaftliches Experiment mit nicht einschlägig erkrankten Probanden gemäß § 40 AMG

Es entspricht allgemeiner Auffassung, dass die Anwendung von Gentherapeutika bei gesunden Probanden nicht rechtlich vertretbar im Sinne von § 40 I 3 Nr. 2 AMG ist und auch unter forschungsethischen Gesichtspunkten nicht verantwortet werden kann.[61] Die hart paternalistische[62] Voraussetzung des vertretbaren Risiko-Nutzen-Verhältnisses in § 40 I 3 Nr. 2 AMG beruht im Wesentlichen auf einer Abwägung der objektiven Gesundheitsgefahren für den Probanden mit dem zu erwartenden Fortschritt für die Heilkunde.[63] Ungeachtet der Verhältnisstruktur dieser Abwägung werden der Versuchsbehandlung hierdurch absolute Grenzen gesetzt. Die Heranziehung gesunder Menschen zu Arzneimittelstudien kommt überhaupt nur dann in Betracht, wenn die damit verbundenen Belastungen gering und vorübergehend und

---

[61] *Voß*, Produktsicherheit, S. 60 f.; *DFG*, Entwicklung der Gentherapie, S. 10 f; *Hacker/Rendtorff/Cramer et al.*, Biomedizinische Eingriffe, S. 76.
[62] Zur Unterscheidung von hartem und weichem Paternalismus vgl. *Fateh-Moghadam*, Einwilligung in die Lebendorganspende, S. 26 ff. sowie *Fateh-Moghadam*, in: Fateh-Moghadam/Sellmaier/Vossenkuhl (Hrsg.), Grenzen des Paternalismus, S. 24 ff.
[63] *Deutsch/Lippert*, AMG, § 40 Rn. 8.

nicht mit ernsthaften Gefahren für die Gesundheit verbunden sind.[64] Die beschriebenen Risiken des Einsatzes von Gentherapeutika sind so hoch, dass sie allein durch einen potenziellen Nutzen für die Allgemeinheit nicht aufgewogen werden können. Zum gegenwärtigen Zeitpunkt gilt dies ungeachtet ihres durchaus unterschiedlichen Risikopotenzials für alle Ansätze der somatischen Gentherapie.

b) Heilkundliches Experiment mit einschlägig erkrankten Patienten gemäß §§ 41, 40 AMG

§ 41 AMG modifiziert die allgemeinen Voraussetzungen des § 40 AMG unter der besonderen Berücksichtigung der Situation kranker Menschen.[65] Der besonderen Schutzwürdigkeit kranker Personen trägt § 41 AMG einerseits durch Erleichterungen, andererseits durch Verschärfungen gegenüber den Voraussetzungen des § 40 AMG Rechnung.[66] Die Teilnahme an klinischen Studien wird einschlägig Erkrankten zunächst insofern erleichtert, als sie minderjährigen und nichteinwilligungsfähigen Personen in einem weiteren Umfang ermöglicht wird. Zudem kann der potenzielle individuelle therapeutische Nutzen einschlägig erkrankter Patientinnen und Patienten das Eingehen höherer Risiken rechtfertigen als bei gesunden Probanden. Die zentrale Verschärfung gegenüber § 40 AMG besteht demgegenüber darin, dass ein heilkundliches Experiment mit erkrankten Personen nur dann zulässig ist, wenn es im Sinne von § 41 I 1 Nr. 1 AMG (volljährige Personen) bzw. § 41 II 1 Nr. 1 AMG (minderjährige Personen) medizinisch indiziert ist: Der gentherapeutische Versuch muss *angezeigt* sein, um das Leben des Kranken zu retten, seine Gesundheit wiederherzustellen oder sein Leiden zu erleichtern. Das medizinisch indizierte heilkundliche Experiment bleibt, ungeachtet der Öffnung des § 41 AMG für gruppennützige Experimente über § 41 I 1 Nr. 2 und II 1 Nr. 2 AMG, das Leitbild des § 41 AMG. Unklar ist, welche Anforderungen an das Vorliegen der Indikation zu stellen sind. Einerseits müssen diese Anforderungen geringer sein als diejenigen für die medizinische Indikation bei Standardbehandlungen, andererseits kann es nicht ausreichen, dass das zu prüfende Gentherapeutikum zur Behandlung der Krankheit des

---

64 Vgl. auch *Deutsch/Lippert*, AMG, § 40 Rn. 8.
65 So BayOLG, NJW 1990, 1552, 1553 unter Hinweis auf die amtliche Gesetzesbegründung. Zur Schutzbedürftigkeit auch Laufs/Uhlenbruck – *Laufs*, Handbuch des Arztrechts, § 130 Rn. 9. Dies gilt auch nach der 12. AMG-Novelle, die an der Grundsystematik der §§ 40, 41 AMG festhält (vgl. BT-Drs. 15/2109, S. 29; dazu *Oswald*, Heilversuch, Humanexperiment und Arzneimittelforschung, S. 669, 705 in diesem Band).
66 So auch BayOLG, NJW 1990, 1552, 1553.

Patienten angewendet werden soll. Andernfalls hätte § 41 I 1 Nr. 1 AMG keine eigenständige Bedeutung gegenüber § 41 I 1 AMG. Zudem ist zu beachten, dass die verminderten Schutzstandards des § 41 AMG, insbesondere die Möglichkeit der Behandlung von Minderjährigen und Nicht-Einwilligungsfähigen, nur dann gerechtfertigt sind, wenn mit dem Therapieversuch realistische Heilungschancen verbunden sind.[67] Die Prüfung der Indikationsstellung erfordert daher eine *Risiko-Nutzen-Abwägung* in Bezug auf die Gesundheitschancen des individuellen Patienten (Abwägung der Vor- und Nachteile hinsichtlich desselben Rechtsguts). Es müssen konkrete Anhaltspunkte für die Wirksamkeit des Präparats vorliegen und das Risiko der Anwendung des Prüfpräparats darf nicht außer Verhältnis zum potenziellen Nutzen *für den Patienten* stehen. Das Erfordernis der Indikation im Sinne von § 41 I 1 Nr. 1 AMG modifiziert insoweit die allgemeine Voraussetzung der Risiko-Nutzen-Abwägung im Sinne von § 40 I 3 Nr. 2 AMG.

Hieraus lassen sich folgende Eckpunkte für die rechtliche Prüfung ableiten: Zunächst müssen Anhaltspunkte für die potenzielle Wirksamkeit der Therapie durch bereits durchgeführte klinische Prüfungen am Menschen oder, im Falle von „First-in-man-Studien" (Phase-I-Studien), mindestens durch Tierversuche und sonstige experimentelle Ergebnisse der Grundlagenforschung nachgewiesen sein. In diesem Zusammenhang gewinnen die Standards der so genannten *translationalen Medizin* zunehmend an Bedeutung.[68]

Die konkrete Risiko-Nutzen-Abwägung hinsichtlich der Anwendung des Prüfpräparats hat sich an zwei Parametern zu orientieren: Zum einen ist die konkrete *Gefährlichkeit des Gentherapeutikums* zu ermitteln, die sich je nach verwendetem Vektor erheblich unterscheiden kann. So wird das Risiko nicht viraler Vektoren oder vermehrungsunfähiger viraler Vektoren, die nur eine vorübergehende und lokale Zellmodifizierung, aber keine chromosomale Integration bewirken als eher gering eingeschätzt.[69] Das Risiko gentherapeutischer Verfahren mit inserierenden Vektorsystemen ist dagegen äußerst hoch. Letzteres gilt aufgrund der geschilderten Komplikationen insbesondere für

---

67 So im Ergebnis auch *Schiwy*, Deutsches Arzneimittelrecht, § 41 Rn. 2 f.: Eine Prüfung am kranken Menschen ist nur zulässig, wenn für diesen damit ein Vorteil verbunden ist. (...) Allein das Streben nach wissenschaftlichem Fortschritt (...) vermag Experimente an kranken Menschen nicht zu rechtfertigen.

68 Translationale Medizin bezeichnet die Schnittstelle zwischen präklinischer Forschung und klinischer Entwicklung; sie beschäftigt sich mit der Übertragung von In-vitro- bzw. Tiermodellen zur Anwendung beim Menschen.

69 *DFG*, Entwicklung der Gentherapie; vgl. aber die Differenzierungen hinsichtlich des Gefahrenpotenzials bei *Hacker/Rendtorff/Cramer et al.*, Biomedizinische Eingriffe, S. 67.

den Einsatz von viralen Vektoren, die zu starken Immunantworten nach der Verabreichung sowie zu Tumorbildung führen können. Daneben ist auch zu berücksichtigen, ob ein In-vivo-Gentransfer geplant ist, bei dem die Genvektoren direkt in den Körper des Patienten eingebracht werden (hohes Risiko bei hoher Wirksamkeit) oder ein Ex-vivo-Gentransfer, bei dem Körperzellen des Patienten im Labor mit dem Vektor genetisch verändert werden und anschließend wieder dem Körper verabreicht werden (geringeres Risiko bei geringerer Wirksamkeit).[70]

Der zweite relevante Parameter ist der *potenzielle Nutzen* für die teilnehmenden Patientinnen und Patienten. Der Patientennutzen ist unter Berücksichtigung des gegenwärtigen Allgemeinzustandes und der voraussichtlichen Entwicklung der Grunderkrankung mit und ohne Anwendung des Gentherapeutikums zu ermitteln. Dabei sind etwa zur Verfügung stehende alternative Therapieansätze zu beachten.[71] Setzt man die beiden Parameter zueinander ins Verhältnis, ergeben sich folgende Leitlinien für die Risiko-Nutzen-Abwägung bei Gentherapie-Studien im Rahmen von § 41 I 1 Nr. 1 AMG:

(1) Der Einsatz hochriskanter, inserierender (zumeist viraler) Gentherapeutika kommt grundsätzlich nur bei Patienten mit unbehandelt tödlich verlaufenden Krankheiten in Betracht. Dabei kommt es darauf an, ob das Risiko der unbehandelten oder konventionell behandelten Grunderkrankung dasjenige des therapeutischen Eingriffs deutlich überwiegt.[72] Dies kann etwa bei angeborenen monogenen Immunschwächekrankheiten der Fall sein, wo die Mortalitätsraten bei konventioneller Therapie deutlich höher sein können als bei der ebenfalls hochriskanten Gentherapie.[73] Mit Blick auf das Kriterium des „unbehandelt tödlichen Verlaufs" ist auch zu berücksichtigen, ob der Patient zumindest kurz- oder mittelfristig die Perspektive eines Lebens mit *für ihn* hinreichender Lebensqualität (subjektiver Maßstab) besitzt. Befindet sich der Patient durch die konventionelle Behandlung in einem Zustand, der mit geringen Leiden verbunden und nicht akut lebensbedrohlich ist, wird der Einsatz eines hochriskanten Prüfpräparats vielfach nicht angezeigt sein. Allerdings beginnt hier der Bereich, wo die Kommunikation mit dem Patienten und des-

---

70 Dazu *DFG*, Entwicklung der Gentherapie, S. 14 f.
71 Vgl. allg. *Sander*, Arzneimittelrecht, § 41 Erl. 5 (Vergleich zur Standardbehandlung als Regelvergleichsmaßstab).
72 Zu einer ähnlichen Einschätzung kommen auch *Winnacker/Rendtorff/Hepp et al.*, Gentechnik, S. 37; *DFG*, Entwicklung der Gentherapie, S. 8 f. sowie *Hacker/Rendtorff/Cramer et al.*, Biomedizinische Eingriffe, S. 76 f.
73 *DFG*, Entwicklung der Gentherapie, S. 8 f.

sen Wille in Form seiner eigenen, subjektiven Risiko-Nutzen-Abwägung an Bedeutung gewinnen. Die Möglichkeit der informierten Zustimmung des Patienten sollte in diesen Fällen nicht über eine zu strikte (paternalistische) Auslegung der Indikationsregelung von vornherein ausgeschlossen werden.
(2) Die Anwendung von Gentherapeutika bei nicht tödlich verlaufenden Krankheiten, insbesondere zur Expression von Antigenen als Impfstoff gegen Infektionskrankheiten, kommt allenfalls dann in Betracht, wenn dabei Vektoren und Verfahren eingesetzt werden, die mit sehr geringen Nebenwirkungsrisiken verbunden sind.[74] Dabei ist ein Vergleich mit den Nebenwirkungsrisiken alternativer Impfstoffe anzustellen. Der Einsatz inserierender viraler Vektorsysteme dürfte in diesen Fällen damit bis auf Weiteres ausgeschlossen sein.
Im Ergebnis folgt für klinische Studien mit Gentherapeutika mit erkrankten Patienten, dass das Erfordernis der medizinischen Indikation im Sinne von § 41 I 1 Nr. 1 AMG eine objektive Schranke begründet, die nicht leicht zu überwinden ist und die für jeden einzelnen Forschungsansatz streng zu prüfen ist. Da die objektive Schranke der medizinischen Indikation auch nicht über die aufgeklärte Zustimmung der Studienteilnehmer überwunden werden kann, handelt es sich dabei um eine *hart paternalistische* Regelung des Arzneimittelrechts, die zu einer weitreichenden Beschränkung der Patientenautonomie und der Forschungsfreiheit führt. Mit der 12. AMG-Novelle sieht § 41 I 1 Nr. 2 AMG eine Durchbrechung des paternalistischen Schutzprinzips für gruppennützige klinische Prüfungen vor.[75]

c) *Gruppennütziges Experiment mit einschlägig erkrankten Patienten gemäß §§ 41, 40 AMG*
Sofern die Indikation im Sinne von § 41 I 1 Nr. 1 AMG nicht gegeben ist, scheiden zunächst alle Gentherapieversuche mit nichteinwilligungsfähigen Erwachsenen aus (§ 41 III AMG). Praktisch gilt dies auch für Minderjährige, da gruppennützige Experimente mit dieser Personengruppe gemäß § 41 II Nr. 2d AMG nur dann in Betracht kommen, wenn sie mit einer *minimalen Belastung* und einem *minimalen Risiko* verbunden sind.[76] Gentherapeutische Verfahren mit minimalem Risiko existieren aber derzeit nicht.

---

74 So auch die Einschätzung der *DFG*, Entwicklung der Gentherapie, S. 10.
75 Dazu *Sander*, Arzneimittelrecht, § 41 Erl. 2, 6.
76 § 41 II Nr. 2d AMG lässt insoweit vor allem die Prüfung von Diagnostika und Vorbeugemitteln sowie (unter bestimmten Voraussetzungen) die Verabreichung von Placebo zu; dazu *Sander*, Arzneimittelrecht, § 41 Erl. 10.

Gruppennützige Gentherapieversuche könnten demnach allenfalls für die Gruppe der einschlägig erkrankten Erwachsenen eine Rolle spielen (§ 41 I 1 Nr. 2 AMG). Es ist indes kaum ein Fall denkbar, bei dem die Anwendung von Gentherapeutika trotz Fehlens der medizinischen Indikation über das Merkmal des Gruppennutzens gerechtfertigt werden könnte.[77] § 41 I 1 Nr. 2 AMG eröffnet zunächst einmal die Möglichkeit, einschlägig erkrankte Personen im Kontrollarm einer klinischen Prüfung mit *Placebo* zu behandeln.[78] Die Anwendung von Gentherapeutika ohne medizinische Indikation wird über § 41 I 1 Nr. 2 AMG dagegen schon deshalb nicht gerechtfertigt, weil die auch im Rahmen von gruppennützigen Experimenten erforderliche Risiko-Nutzen-Abwägung im Sinne von § 40 I 1 Nr. 2 AMG negativ ausfällt: Solange die Anwendung von Gentherapeutika bei gesunden Probanden aufgrund des unvertretbar hohen Risikos und unabhängig von dem zu erwartenden Nutzen für die Heilkunde als unzulässig angesehen wird (oben a), muss dies auch für die Anwendung bei einschlägig erkrankten Personen gelten, wenn diese keinen individuellen Nutzen haben. Das Merkmal des Gruppennutzens soll nicht das Niveau rechtlich zulässiger Selbstaufopferung erhöhen. § 41 I 1 Nr. 2 AMG liegt nicht der Gedanke zu Grunde, dass einschlägig erkrankte Personen höhere Risiken zu Gunsten ihrer Patientengruppe eingehen dürfen sollen als gesunde Personen zu Gunsten der Allgemeinheit. § 41 I 1 Nr. 2 AMG lockert lediglich die paternalistische Indikationsregelung indem erkrankten Personen die Möglichkeit der Teilnahme an gruppennütziger klinischer Forschung eröffnet wird. Die Vorschrift trägt dem Gedanken Rechnung, dass gerade diejenigen Personen, die an einer Krankheit leiden zu deren Behandlung das zu prüfende Arzneimittel angewendet werden soll, ein plausibles altruistisches Motiv haben an der Studie auch dann teilzunehmen, wenn sie selbst davon keinen unmittelbaren therapeutischen Nutzen haben. Es ist nachvollziehbar, dass gerade diejenigen, die an einer schweren Krankheit leiden, einen Beitrag zur Erforschung dieser Krankheit und zur Entwicklung neuer Therapieansätze leisten wollen. Zudem können bestimmte Erkenntnisse über die Wirkungsweise von Arzneimitteln überhaupt nur an einschlägig erkrankten Personen getestet werden.

---

77 Generelle Kritik am Kriterium des Gruppennutzens bei *von Freier*, MedR 2003, 610, 613.
78 Dies war vor der 12. AMG-Novelle zweifelhaft, da die reine Placebo-Applikation nach dem Wortlaut von § 41 AMG a. F. (entsprechend § 41 I 1 Nr. 1 AMG) nicht für den individuellen Patienten indiziert sein konnte. Dazu *Oswald*, Heilversuch, Humanexperiment und Arzneimittelforschung, S. 669, 715 in diesem Band.

Diese Tür zur Teilnahme von erkrankten Personen an nur gruppennützigen Experimenten öffnet § 41 I 1 Nr. 2 AMG aber nur in den Grenzen der Risiko-Nutzen-Abwägung des § 40 I 3 Nr. 2 AMG: Die Risiken und Nachteile einer klinischen Prüfung müssen gegenüber dem Nutzen für die Person, bei der sie durchgeführt werden soll (betroffene Person) und der voraussichtlichen Bedeutung des Arzneimittels für die Heilkunde ärztlich vertretbar sein.[79] Der direkte Gruppennutzen im Sinne von § 41 I 1 Nr. 2 AMG ist dabei auf der Seite des Nutzens für die Heilkunde zwar zu berücksichtigen, kann aber die Anwendung von hochriskanten Prüfpräparaten bei Personen, die keinen (potenziellen) eigenen therapeutischen Nutzen davon haben, nicht rechtfertigen.[80]

C. Somatische Gentherapie am Ungeborenen

Theoretisch ist denkbar, dass genetische Eingriffe mit therapeutischer Absicht bereits an Embryonen vorgenommen werden. Hier ist zwischen einer Präimplantationsgentherapie und einer Pränatalgentherapie zu unterscheiden.

Eine *Präimplantationsgentherapie* käme zunächst nur im Rahmen einer künstlichen Befruchtung (In-vitro-Fertilisation) in Betracht. Eine solche Therapieoption setzte die generelle Zulässigkeit der Präimplantationsdiagnostik (PID) voraus und ist insoweit eng mit den Rechtsfragen der PID verknüpft, die an anderer Stelle erörtert werden.[81] Umgekehrt könnte die Möglichkeit einer Präimplantationsgentherapie sich ihrerseits auf die Beurteilung der PID auswirken, da dann die Diagnose eines Gendefekts nicht mehr nur eine Entscheidung über die (Nicht-)Implantation des Embryos ermöglichen würde, sondern eben auch eine Therapie. Im Hinblick auf einen therapeutischen

---

[79] Die Struktur dieser Risiko-Nutzen-Abwägung ist ethisch nicht unproblematisch, weil sie die Gefährdung eines individuellen Rechtsguts gegen einen kollektiven Nutzen abwägt. Wie kann ein hypothetischer Nutzen für die Heilkunde die Bedrohung von Leben und Gesundheit eines Menschen rechtfertigen? Die Legitimation des Humanexperiments ist daher nicht in der Risiko-Nutzen-Bilanz, sondern in der informierten Einwilligung des Probanden zu suchen.
[80] Für gruppennützige Experimente ist allgemein darauf hinzuweisen, dass die Aufklärung einen deutlichen Hinweis auf das Fehlen einer individuellen medizinischen Indikation enthalten muss. Nur so kann der Gefahr begegnet werden, dass sich einschlägig erkrankte Patienten an gruppennützigen Experimenten beteiligen, weil sie sich irrig selbst einen individuellen therapeutischen Vorteil versprechen und die Teilnahme am Experiment gewissermaßen als eine letzte Rettungsmöglichkeit begreifen, die sie objektiv nicht ist.
[81] *Schroth*, Stammzellenforschung und Präimplantationsdiagnostik, S. 530ff. in diesem Band.

Eingriff am Embryo in vitro wäre problematisch, dass dieser Eingriff voraussichtlich nicht auf somatische Zellen begrenzbar wäre, sondern auch Auswirkungen auf die Keimbahn hätte. Das Verbot der Keimbahntherapie würde in diesem Fall aber aufgrund der weiten Ausnahmeregelung des § 5 IV Nr. 3 ESchG nicht eingreifen.

Etwas naheliegender ist die zukünftige Entwicklung einer *Pränatalgentherapie*. Im Anschluss an die vorgeburtliche (pränatale) Diagnostik könnte ein gentherapeutischer Eingriff an dem Embryo vorgenommen werden, der sich im Mutterleib befindet. Diese hypothetische Konstellation wirft besondere Probleme auf, da ein entsprechender experimenteller Versuch zwangsläufig Embryo und Mutter gefährden würde. Der Embryo wird abschließend über die §§ 218 ff. StGB und das ESchG geschützt, die einer Pränatalgentherapie nicht grundsätzlich entgegenstehen. Der Embryo fällt dagegen nicht in den Anwendungsbereich des AMG und wird auch nicht über die §§ 223 ff. StGB vor unsachgemäßer Durchführung pränataler Eingriffe geschützt.[82] Da ein derartiger Eingriff aber notwendig mit einem Eingriff in die körperliche Integrität der Mutter verbunden wäre und Leben und Gesundheit der Mutter durch das Einschleusen von Gentherapeutika gefährdet werden könnten, ist der Schutz der Mutter zu gewährleisten. Dieser Schutz erfolgt zunächst über die §§ 223 ff. StGB, wonach jeder nichtkonsentierte Eingriff in die körperliche Integrität eine strafbare Körperverletzung darstellt,[83] sodass eine gentherapeutische Behandlung des Embryos ohne die informierte Einwilligung der Mutter nicht in Betracht kommt.

Erfolgt die gentherapeutische Behandlung des Embryos in vivo im Rahmen einer klinischen Prüfung, stellt sich zudem die Frage, ob die besonderen Schutzvorschriften des AMG in Bezug auf die Mutter Anwendung finden. Obwohl das Arzneimittel in diesem Fall eigentlich nicht an der Mutter, sondern am Embryo geprüft wird, erschiene die Anwendung der §§ 40 ff. AMG aufgrund der notwendigen Beteiligung der Mutter aus Schutzwürdigkeitsüberlegungen geboten. Die Anwendung der §§ 40 ff. AMG auf eine Pränatalgentherapie lässt sich aber nicht sinnvoll durchführen: Die klinische Prüfung eines Arzneimittels am Embryo in vivo stellt zugleich eine klinische Prüfung beim Menschen im Sinne von § 4 XXIII AMG dar, da sie den Zugriff auf den Körper der Mutter voraussetzt. Da mit Person im Sinne der §§ 40 und 41

---

82 *Fischer*, StGB, § 223 Rn. 2 und vor § 211 Rn. 2. Diskutiert wird insoweit die Notwendigkeit eines Straftatbestandes der *pränatalen Embryonenschädigung*.
83 Dazu *Schroth*, Stammzellenforschung und Präimplantationsdiagnostik, S. 530 ff. in diesem Band.

AMG nur die Mutter gemeint sein kann, müssten sich dann die Voraussetzungen nach § 40 AMG richten, da nicht die Mutter, sondern allein der Embryo an einer Krankheit leidet, zu deren Behebung das Medikament angewendet werden soll. Die besondere Beziehung der Mutter zu dem Embryo bliebe dabei unberücksichtigt. Dies zeigt, dass die Vorschriften des AMG auf eine Pränatalgentherapie nicht passen und diese im Falle ihrer klinischen Anwendung einer gesonderten rechtlichen Regelung bedürfte. Mit Blick auf die Strafvorschriften des AMG verbietet sich eine am Schutzzweck der Vorschriften orientierte, „kreative" Anwendung der §§ 40, 41 AMG auf die Pränatalgentherapie schon aufgrund des strafrechtlichen Analogieverbotes.

D. Gentechnische Eingriffe in die Keimbahn

Alle Formen einer Keimbahntherapie, verstanden als *zielgerichteter* Eingriff in menschliche Keimbahnzellen in therapeutischer Absicht, sind gemäß § 5 I EschG verboten und strafbar.[84] § 5 I EschG kann dabei als Sonderregelung für klinische Prüfungen qualifiziert werden, bei der der Gesetzgeber das Ergebnis der Risiko-Nutzen-Abwägung aufgrund der unabsehbaren Risiken der Keimbahntherapie[85] im Sinne eines Totalverbots antizipiert hat. Das besondere Risiko der Keimbahntherapie resultiert daraus, dass es bisher nicht gelungen ist, das therapeutische Genmaterial zielgenau in das Erbgut zu integrieren. Jeder Therapieversuch trüge damit zugleich das Risiko neuer genetischer Schädigungen mit möglicherweise gravierenden Folgen für Leben und Gesundheit der betroffenen Person und seiner Nachkommen in sich.[86] Geschützt werden nach dieser Lesart die behandelten Patientinnen und Patienten sowie ihre potenziellen Nachkommen, da die Veränderungen des Erbguts bei der Keimbahntherapie auf alle nachfolgenden Generationen übertragen werden. Zudem sind die bisher im Tierversuch angewendeten Verfahren zur Entwicklung der Keimbahntherapie i. d. R. mit verbotener verbrauchender bzw. missbräuchlicher Embryonenforschung i. S. v. §§ 1 und 2 EschG bzw. mit verbotenem Klonen (§ 6 EschG) verbunden.

---

84 Zur Keimbahntherapie aus rechtsvergleichender und ethischer Sicht *Wagner*, Der gentechnische Eingriff; *Hacker/Rendtorff/Cramer et al.*, Biomedizinische Eingriffe, S. 78 ff.
85 Zu diesen Risiken im Einzelnen *Hacker/Rendtorff/Cramer et al.*, Biomedizinische Eingriffe, S. 89 f. und 96 f.
86 *Hacker/Rendtorff/Cramer et al.*, Biomedizinische Eingriffe, S. 89 f. und 96 f.

Für den Fall, dass künftig sichere und medizinisch sinnvolle Techniken der Keimbahntherapie entwickelt werden, die zudem nicht mit verbrauchender Embryonenforschung verbunden sind, stellt sich die Frage, ob Eingriffe in die menschliche Keimbahn aus fundamental-kategorischen Gründen weiterhin verboten werden sollten.[87]

Ein fundamental-kategorisches Verbot könnte sich zunächst auf den *Schutz der Menschenwürde* berufen. Bei genauerer Betrachtung erweist es sich aber als kaum haltbar, dass ein in therapeutischer Absicht vorgenommener Eingriff in die Keimbahnzellen eines Patienten dessen eigene Würde, die seiner potenziellen Nachkommen oder die „Gattungswürde" verletzen könnte.[88] Selbst dann, wenn man für die ethische Beurteilung genmedizinischer Eingriffe mit Habermas an das Konzept eines behaupteten moralischen Selbstverständnisses des Menschen im Sinne einer Gattungsethik anknüpfen wollte, folgte hieraus kein zwingendes Argument gegen die Keimbahntherapie. Denn auch Habermas scheint Eingriffe in die Keimbahn in therapeutischer Absicht zumindest dann für legitimierbar zu halten, wenn diese von einem „mindestens kontrafaktisch zu unterstellenden Konsens der möglicherweise Betroffenen selbst abhängig gemacht werden".[89] Eine Gefährdung des moralischen Selbstverständnisses des Menschen sieht Habermas hier deshalb nicht für gegeben an, da sich der Therapeut – anders als der Designer – zu dem behandelten Lebewesen „auf der Grundlage eines begründet unterstellten Konsenses so verhalten (kann), als sei es schon die zweite Person, die es einmal sein wird".[90]

Zu diskutieren wäre weiterhin, ob die Gefahr der Förderung einer positiven Eugenik durch verbessernde Eingriffe (*enhancement*)[91] ein generelles Verbot

---

87 Starke und schwache ethische Gründe zum Verzicht auf die Keimbahntherapie diskutiert *Rehmann-Sutter (b)*, in: Rehmann-Sutter/Müller (Hrsg.), Ethik und Gentherapie, S. 225 ff.; zur ethischen Problematik auch *Mieth*, in: Eberhard-Metzger/Mieth/Stollorz (Hrsg.), Gentherapie, S. 76, 85 f. sowie die medizinische und ethische Abwägung bei *Hacker/Rendtorff/Cramer et al.*, Biomedizinische Eingriffe, S. 95 ff.

88 Überzeugend bereits *Möller*, in: Hallek/Winnacker (Hrsg.), Gentherapie, S. 27, 30 ff.; *Wagner*, Der gentechnische Eingriff, S. 53 ff., 83; aus ethischer Sicht *Rehmann-Sutter (b)*, in: Rehmann-Sutter/Müller (Hrsg.), Ethik und Gentherapie, S. 231; zum Argument des Schutz der Gattungswürde bzw. Gattungsethik vgl. auch *Gutmann*, in: van den Daele (Hrsg.), Biopolitik, Sonderheft 23/2005 und *Seelmann*, in: Fateh-Moghadam/Sellmaier/Vossenkuhl (Hrsg.), Grenzen des Paternalismus, S. 212.

89 *Habermas*, Deutsche Zeitschrift für Philosophie 2002, 50 (2), 283, 292.

90 *Habermas*, Deutsche Zeitschrift für Philosophie 2002, 50 (2), 283, 296; zur grundsätzlichen Kritik am Ansatz von Habermas, vgl. *Gutmann*, in: van den Daele (Hrsg.), Biopolitik, Sonderheft 23/2005.

91 Vor einer solchen Entwicklung warnt eindringlich *Habermas*, Deutsche Zeitschrift für Philosophie 2002, 50 (2), 283, 296 ff.

der Keimbahnzellentherapie rechtfertigen könnte. Ein diesbezüglicher „Dammbruch" könnte aber auch durch weniger eingreifende gesetzliche Schutzvorkehrungen, etwa durch einen Positivkatalog der Indikationen für einen Keimbahneingriff, verhindert werden.[92]

Die Berufung auf den Schutz des „natürlichen" genetischen Erbes der Menschheit zum Verbot der Keimbahntherapie sieht sich zunächst dem Einwand des naturalistischen Fehlschlusses[93] ausgesetzt: Es fehlt an einem normativen Begründungsschritt, warum die Natürlichkeit des genetischen Erbes als solche zu schützen sei, zumal wenn diese Natürlichkeit für die Betroffenen in der absehbaren Entwicklung schwerer Erkrankungen besteht. Als strafrechtliches Rechtsgut ist der „Schutz des natürlichen genetischen Erbes der Menschheit" schon aufgrund seiner inhaltlichen Unbestimmtheit nicht geeignet.

Ein aus ethischer Sicht bedenkenswerter Einwand gegen die Keimbahntherapie besteht nach Rehmann-Sutter in der Möglichkeit der „Veränderung sozialer Beziehungen" durch die „Technisierung der menschlichen Natur", insbesondere im Hinblick auf die Einstellung gegenüber behinderten Menschen.[94] Ein strafrechtliches Verbot der Keimbahntherapie kann indes durch den Hinweis auf hypothetische Realfolgen für ein nicht näher bestimmbares „gesellschaftliches Klima", das von vielfältigen Faktoren geprägt wird, nicht gerechtfertigt werden. Bei genauerer Betrachtung setzt das Diskriminierungsargument eine behinderten- bzw. krankenfeindliche Einstellung in der Gesellschaft immer schon voraus, da der Schluss von der Möglichkeit der Behandlung oder Prävention genetisch bedingter Krankheiten auf eine Abwertung und Diskriminierung von Personen, die aktuell an einer solchen Krankheit leiden, normativ ganz unplausibel, wenn nicht sogar irrational ist. So führt Rehmann-Sutter selbst aus, dass seine Besorgnis an diesem Punkt nicht so groß wäre, „wenn unsere Gesellschaft nicht schon heute abweichendes Leben diskriminierte".[95] Dies zeigt aber doch nur, dass behindertenfeindlichen Tendenzen auf dem Feld der Gesellschaftspolitik in einer Weise begegnet werden muss, die die Selbstverständlichkeit betont, dass der moralische und verfassungsrechtliche Grundsatz der Lebenswertindifferenz (Art. 2 II 1 i. V. m. Art. 1 I GG) unabhängig von den medizinischen Möglichkeiten der Heilung oder Prävention von Erkrankungen gilt.

---

92 Dazu auch *Rehmann-Sutter (b)*, in: Rehmann-Sutter/Müller (Hrsg.), Ethik und Gentherapie, S. 228f.
93 Unzulässiger Schluss vom Sein auf das Sollen.
94 *Rehmann-Sutter (b)*, in: Rehmann-Sutter/Müller (Hrsg.), Ethik und Gentherapie, S. 230.
95 *Rehmann-Sutter (b)*, in: Rehmann-Sutter/Müller (Hrsg.), Ethik und Gentherapie, S. 230.

Die Begründung eines Verbots der Keimbahntherapie aus fundamental-kategorischen Gründen dürfte also schwerfallen.[96] Es muss jedoch abschließend daran erinnert werden, dass mit der Entwicklung vertretbarer Verfahren der Keimbahntherapie am Menschen aus medizinischer Sicht gegenwärtig nicht zu rechnen ist.[97] Die hier nicht näher darstellbaren medizinisch-technischen Probleme bei der Entwicklung sicherer Verfahren dürften das Verbot der Keimbahntherapie langfristig rechtfertigen.

---

96 I. E. auch *Wagner*, Der gentechnische Eingriff, S. 95 (insbesondere soweit auch Behandlungen zur Verhinderung schwerer Erbkrankheiten ausgeschlossen werden).
97 *Winnacker/Rendtorff/Hepp et al.*, Gentechnik, S. 47 ff; *Hacker/Rendtorff/Cramer et al.*, Biomedizinische Eingriffe, S. 89 f. und S. 96 f. Letztere weisen darauf hin, dass die Präimplantationsdiagnostik (PID) in der Regel die risikoärmere Alternative zur Keimbahntherapie darstellen würde (S. 97 f.): Die Durchführung einer – ebenfalls ethisch und rechtlichen umstrittenen – PID wäre zur Überprüfung des Erfolges einer Keimbahntherapie ohnehin erforderlich, vielfach aber eben auch ausreichend und somit eine Alternative zur Keimbahntherapie.

III.8 An den Grenzen von Medizin, Ethik und Strafrecht: Die chirurgische Trennung so genannter siamesischer Zwillinge*

Reinhard Merkel

Inhaltsverzeichnis

A. Zur klinischen Phänomenologie _605
  I. Allgemeines: Zahlen, Embryologie _605
  II. Klinische Klassifizierung _607
B. Exemplarische Fälle und ihre normativen Probleme _609
  I. Drei Beispiele _609
  II. Grundlegende normative Differenzierungen _612
    1. Trennungsindikationen _612
    2. Normative Analyse: Fall 1 _613
    3. Normative Analyse: Fall 2 _617
    4. Normative Analyse: Fall 3 _620
C. Strafrechtliche Überlegungen _623
  I. Zum Fall 1: Elektive Trennung im Interesse beider Zwillinge _623
    1. Prämissen _623
    2. Dogmatische Konstruktionen: Tatbestandslosigkeit der Trennungsoperation? _625
    3. Rechtfertigungsmöglichkeiten: Notstand oder mutmaßliche Einwilligung? _627
    4. Entscheidung über die Zuteilung des singulären Organs _629
  II. Die Fälle 2 und 3: Einseitig tödliche Trennung der Zwillinge _631
    1. Elektive Trennung unter Opferung eines der Kinder _631
    2. Nottrennungen: Tötung im Defensivnotstand? _637
D. Ausblick _638

---

* Die im nachfolgenden Beitrag zitierte fremdsprachige medizinische Literatur wurde nicht in das Literaturverzeichnis übernommen. Die bibliografischen Daten ergeben sich aus dem Zitierzusammenhang.

Literaturverzeichnis

Annas, George J., Regulatory Models for Human Embryo Cloning: The Free Market, Professional Guidelines, and Government Restrictions, Kennedy Institute of Ethics Journal 4 (1994), 235
Bernsmann, Klaus, „Entschuldigung" durch Notstand, 1989
Bockenheimer-Lucius, Ethik in der Medizin, 2000
Bundesärztekammer, Richtlinien für die Sterbehilfe, Kommentar III.4., in: Eser, Albin/Koch, Hans-Georg (Hrsg.), Materialien zur Sterbehilfe, 1991
Fischer, Thomas, Strafgesetzbuch und Nebengesetze, Kommentar, 57. Auflage 2010
Hruschka, Joachim, Strafrecht nach logisch-analytischer Methode, 1987
Jähnke, Burkhard/Laufhütte, Heinrich W./Odersky, Walter (Hrsg.), Strafgesetzbuch, Leipziger Kommentar (LK), 11. Auflage 2005
Jakobs, Günther, Strafrecht Allgemeiner Teil, 2. Auflage 1991
Joerden, Dürfen siamesische Zwillinge getrennt werden?, in: ders. (Hrsg.), Menschenleben. Ethische Grund- und Grenzfragen des Medizinrechts, 2003, S. 119
Kant, Immanuel, Metaphysik der Sitten, Rechtslehre, AA Bd. VI, 1907
Kindhäuser, Urs/Neumann, Ulfrid/Paeffgen, Hans-Ulrich (Hrsg.), Strafgesetzbuch, Nomos Kommentar (NK), 2. Auflage 2005
Köhler, Michael, Strafrecht Allgemeiner Teil, 1997
Kühl, Kristian, Strafrecht Allgemeiner Teil, 6. Auflage 2008
Küper, Wilfried, Grund- und Grenzfragen der rechtfertigenden Pflichtenkollision im Strafrecht, 1979
Merkel, Reinhard, Zaungäste?, in: Frankfurter Institut für Kriminalwissenschaften (Hrsg.): Vom unmöglichen Zustand des Strafrechts, 1995
Merkel, Reinhard, Tödlicher Behandlungsabbruch und mutmaßliche Einwilligung bei Patienten im apallischen Syndrom, ZStW 107 (1995), S. 545
Merkel, Reinhard, Ärztliche Entscheidungen über Leben und Tod in der Neonatalmedizin, JZ 1996, 1145
Merkel, Reinhard, „Früheuthanasie" – Rechtsethische und strafrechtliche Grundlagen ärztlicher Entscheidungen über Leben und Tod in der Neonatalmedizin, 2001
Merkel, Reinhard, Hirntod und kein Ende, Jura 1999, 113
Merkel, Reinhard, § 14 Abs. 3 Luftsicherheitsgesetz: Wann und warum darf der Staat töten? Juristenzeitung 2007, 373
Merkel, Rudolf, Die Kollision rechtmäßiger Interessen und die Schadensersatzpflicht bei rechtmäßigen Handlungen, 1895
Otte, Lars, Der durch Menschen ausgelöste Defensivnotstand, 1997

Otto, Harro, Grundkurs Strafrecht – AT, 7. Auflage 2004
Roxin, Claus, Strafrecht, Allgemeiner Teil I, 4. Auflage 2006
Schönke, Adolf/Schröder, Horst, Kommentar zum Strafgesetzbuch, 27. Auflage 2006
Ulsenheimer, Klaus, Kompetenzprobleme bei der Entscheidung über die Behandlung oder Nichtbehandlung schwerstgeschädigter Neugeborener, in: Hiersche, Hans-Dieter/Hirsch, Günter/Graf-Baumann, Toni (Hrsg.), Grenzen ärztlicher Behandlungspflicht bei schwerstgeschädigten Neugeborenen, 1987, S. 114
Ulsenheimer, Klaus, Therapieabbruch bei schwerstgeschädigten Neugeborenen, MedR 1994, 425

A. Zur klinischen Phänomenologie

I. Allgemeines: Zahlen, Embryologie

Die Geburt von „siamesischen Zwillingen"[1] („conjoined twins") ist ein sehr seltenes Ereignis. Eine exakte Statistik seiner Inzidenz gibt es allerdings nicht. Die Zählungen bzw. Schätzungen schwanken (auch unter geografischen Gesichtspunkten) erheblich: zwischen einem Zwillingspaar auf 14 000 Geburten in Südostasien und bestimmten Regionen Afrikas und einem auf 80 000 bis 200 000 Geburten in Westeuropa und Nordamerika.[2] Im weltweiten Durchschnitt wird die Inzidenz von den meisten Autoren auf *ein* Zwillingspaar unter 50 000 Geburten geschätzt.[3]

Hinzu kommt, dass die Mehrzahl der siamesischen Zwillinge tot geboren wird oder in den ersten 24 Stunden nach der Geburt stirbt. Eine amerikani-

---

1 Der (sachlich unpassende, aber weltweit geläufige) Ausdruck „siamesische Zwillinge" geht auf die berühmten, im Abdominalbereich miteinander verwachsenen Zwillinge Chang und Eng Bunker zurück, die 1811 in Siam (Thailand) geboren wurden und im Alter von 63 Jahren starben (nach wie vor das höchste von siamesischen Zwillingen jemals erreichte Alter). Sie verdienten ihren Lebensunterhalt durch Selbstausstellungen ihres Geburtsdefekts, die von dem amerikanischen Unternehmer P.T. Barnum organisiert wurden, der den Begriff „siamese twins" geprägt hat; s. *Luckhardt*, Report of the autopsy of the Siamese twins together with other interesting Information covering their life, Surgery, Gynecology & Obstetrics 72 (1941), S. 116 ff.
2 Zu den Zahlen (mit Nachweisen der einzelnen Studien) *Filler*, Conjoined Twins and Their Separation, in: Seminars in Perinatology 10 (1986), S. 82; ähnliche Ergebnisse einer späteren Studie aus Südafrika in *Cywes/Millar/Rode/Brown*, Conjoined twins – the Cape Town experience, in: Pediatric Surgery International 2 (1997), 234–248.
3 *O'Neill et al.*, Surgical Experience with Thirteen Conjoined Twins, Annals of Surgery 208 (1988), 299; *Hoyle*, Surgical Separation of Conjoined Twins, Surgery, Gynecology & Obstetrics 170 (1990), 549, m. w. N.

sche Langzeitstudie über 8 Millionen Geburten mit insgesamt 81 Paaren von
„conjoined twins" ermittelte unter diesen einen Anteil von fast 40 % Totgeburten und in 34 % der weiteren Fälle ein Versterben am ersten Lebenstag.[4]
Daher liegen Expertenschätzungen über die Häufigkeit von Lebendgeburten
siamesischer Zwillinge noch einmal deutlich unter den allgemeinen Inzidenz-
Annahmen: Ein Zwillingspaar auf 200 000 Geburten ist die vorwiegend
genannte Zahl.[5]

Embryologisch sind „conjoined twins" monozygote, also genetisch identische Zwillinge, die sich intrauterin in *einer* Chorionhöhle entwickeln und von einer gemeinsamen Plazenta abhängig sind. Sie sind das Produkt einer relativ späten und deshalb unvollständigen Teilung der Zygote zwischen dem 14. und 20. Tag der embryonalen Entwicklung, nicht etwa das Resultat eines Miteinander-Verwachsens zweier zuvor unabhängiger Embryonen.[6]

Die Seltenheit des „conjoined twinning" mag erklären, warum seine normativen Probleme in Deutschland bislang der Aufmerksamkeit sowohl der Medizinethik als auch des Strafrechts fast vollständig entgangen sind.[7] Die internationale medizinische Literatur wies allerdings bereits 1987 mehr als 600 Publikationen über siamesische Zwillinge aus, davon 167 zu dem speziellen Problem ihrer chirurgischen Trennung.[8] Der erste erfolgreiche Versuch dazu fand bereits 1689 statt; die weit überwiegende Mehrzahl der Trennungsberichte stammt jedoch aus den fünf Jahrzehnten seit 1950. Über 100 dieser

---

4 *Edmonds/Layde*, Conjoined Twins in the United States, 1970–1977, Teratology 25 (1982), 301 ff., 302.
5 *Hoyle*, Surgical Separation of Conjoined Twins, in: Surgery, Gynecology & Obstetrics 170 (1990), 549, m. w. N.; ähnliche Angaben bei *Votteler*, Conjoined Twins, in: Welch/Randolph/Ravitch/O'Neill/ Rowe (Hrsg.), Pediatric Surgery, Bd. 2, 1986, S. 771.
6 Vgl. *Holcomb/O'Neill*, Conjoined Twins, in: *Ashcraft/Holder* (Hrsg.), Pediatric Surgery, 1993, S. 948 f.; ausführlich zur Embryologie aller Einzelformen von siamesischen Zwillingen *Machin*, Conjoined Twins: Implications for Blastogenesis, in: Opitz/Paul (Hrsg.), Blastogenesis: Normal and Abnormal, S. 141 ff.
7 Beispiel: In dem von *Eser et al.* herausgegebenen, immerhin fast 1300-seitigen „Lexikon Medizin – Ethik – Recht" kommen siamesische Zwillinge weder in einem eigenen Artikel noch auch nur mit einer einzigen Erwähnung unter den ca. 3 500 Einträgen des Sachregisters vor. Seit der ersten Auflage des vorliegenden Buchs ist, als löbliche Ausnahme im strafrechtlichen Schrifttum, erschienen: *Joerden*, Dürfen siamesische Zwillinge getrennt werden?, in: ders. (Hrsg.), Menschenleben. Ethische Grund- und Grenzfragen des Medizinrechts, S. 119. Die internationale medizinethische Diskussion ist dagegen durch einen in England im Jahr 2000 juristisch entschiedenen Fall intensiv angeregt worden (dazu unten, S. 635 f.); in Deutschland blieb auch dieser Fall weitgehend ohne Echo; ein Hinweis auf das Problem immerhin, freilich ohne eigenen Lösungsvorschlag, bei *Bockenheimer-Lucius*, Ethik in der Medizin, S. 223.
8 Zu diesen und den nachfolgend genannten Zahlen *Hoyle*, Surgical Separation of Conjoined Twins, Surgery, Gynecology & Obstetrics 170 (1990), 549, 551 ff., m. w. N.

Operationen sind „erfolgreich" gewesen – jedenfalls in gewissem Sinn. Das bedeutet nicht, dass jeweils beide Kinder überlebt hätten. Auf das damit markierte Problem komme ich zurück.

II. Klinische Klassifizierung

Die terminologische Klassifizierung von „conjoined twins" erfolgt üblicherweise nach der medizinischen Bezeichnung für die miteinander fusionierten Körperbereiche der Zwillinge, ergänzt um den griechischen Wortstamm „pagos" („das fest Zusammengefügte"). So unterscheidet man innerhalb der quantitativ überwiegenden Klasse der so genannten symmetrischen Doppelbildungen Fusionsformen im Brustbereich („Thorakopagus"), im Nabel-/Abdominalbereich („Omphalopagus"), im Beckenbereich („Ischiopagus"), im Steiß-/Kreuzbeinbereich („Pygopagus") und am Kopf („Craniopagus").[9]

Von diesen symmetrischen Doppelbildungen, bei denen es sich jeweils um zwei Individuen handelt, wird die Klasse der asymmetrischen Formen („Heteropagen") unterschieden, die in allen Varianten der Verdoppelung einzelner Körperregionen auftreten.[10] Am häufigsten findet sich hier die Erscheinung des sog. „parasitären Zwillings": Dabei ist ein vollständig entwickeltes Kind mit einzelnen Körperteilen seines Zwillings verwachsen, bei dem jedoch regelmäßig der Kopf fehlt.[11] In solchen Fällen kann daher nur von einem Individuum die Rede sein. Anders verhält sich das bei echten Doppelbildungen des Kopfes (den sog. „Dizephali"). Bei ihnen handelt es sich nicht etwa jeweils um ein Kind mit zwei Köpfen, sondern um zwei Kinder mit einem

---

9 *Filler*, Conjoined Twins and Their Separation, in: Seminars in Perinatology, 1986, S. 82 ff.; *O'Neill et al.*, Surgical Experience with Thirteen Conjoined Twins, Annals of Surgery 208 (1988), 290 f.; *Holcomb/O'Neill*, Conjoined Twins, in: Ashcraft/Holder (Hrsg.), Pediatric Surgery, 1993, S. 949 f.; etwas anders *Nichols*, Twins, Conjoined, in: *Buyse* (Hrsg.) Birth Defects Encyclopedia, 1990, S. 1719 ff.

10 Beispiel: der sog. Dipygus („Zweisteißige"), ein Kind mit einem Ober- und zwei Unterkörpern, nämlich zwei Beckengürteln und vier Beinen; vgl. den von *Cywes*, Challenges and Dilemmas for a Pediatric Surgeon, Journal of Pediatric Surgery (künftig: J. Ped. Surg.) 29 (1994), 958, beschriebenen Fall.

11 Zu einigen sehr bizarren Beispielen dieser Form *Soundrarajan/Kalirajan/Subramaniam*, Parasitic twins – new observations, Pediatric Surgery International 9 (1994), 448 ff.; *Nasta/Scibilia/Corrao/Iacono*, Surgical Treatment of an Asymmetric Double Monstrosity, J. Ped. Surg. 21 (1986), 60 ff.; *Surendan/Nainan/Paulose*, An Unusual Case of Caudal Duplication, J. Ped. Surg. 21 (1986), 924 ff.; *Richieri-Costa/Guion-Almeida*, Heteropagus Epignathus: Report on a Brazilian Twin, in: *Opitz/Paul* (Hrsg.), Blastogenesis: Normal and Abnormal, 1993, S. 383 ff.

Körper.¹² Das folgt zwingend aus der heute medizinisch wie rechtlich nahezu weltweit akzeptierten Definition des Todes als „Hirntod". Solange ein menschliches Gehirn (wenigstens in Teilen) funktionsfähig ist, existiert ein lebendes menschliches Individuum.¹³ Anders gewendet: Sterben zwei Gehirne, dann haben zuvor zwei Menschen gelebt, egal wie der Rest ihrer Körper beschaffen ist oder war.

Freilich gibt es in diesem Bereich bizarre Grenzfälle, vor allem wenn die Köpfe der Kinder nahezu oder vollständig miteinander fusioniert sind („Zephalothorakopagus").¹⁴ Eine sehr seltene Variante, die gleichwohl schon vor Jahrtausenden beobachtet worden sein dürfte, da sie im Figurenkreis der römischen Mythologie eine markante Spur hinterlassen hat, ist die des sog. „Januskopfs" („Janiceps"). Dabei trägt ein einzelner Kopf auf einem Körper zwei vollständig ausgebildete Gesichter.¹⁵ Doch mögen die ins Metaphysische spielenden Fragen nach der Identität solcher Menschen und die nach den normativen Konsequenzen möglicher Antworten hier auf sich beruhen, zumal längere Überlebenszeiten in diesen Fällen bislang offenbar nicht beobachtet worden sind. Einer gewissen Relativierung bedarf das immerhin: Wie lange „janusköpfige" Kinder bei Einsatz aller intensivmedizinischen Mittel überleben könnten, ist nicht bekannt. Nicht zweifelhaft ist aber, dass weltweit wohl nirgendwo auch nur der geringste Versuch einer solchen Lebenserhaltung unternommen würde.¹⁶

---

12 Dizephali dürften jedenfalls dann, wenn (wie meist) innerhalb des einheitlichen Rumpfes zwei Wirbelsäulen vorhanden sind, auch den symmetrischen Doppelbildungen zuzuordnen sein; zwingend erscheint das jedoch nicht.
13 Zustimmend *Joerden*, Dürfen siamesische Zwillinge getrennt werden?, in ders. (Hrsg.), Menschenleben, S. 121. Zur Hirntod-Kontroverse (und zur Irrationalität mancher Anti-Hirntod-Argumente vor allem in der deutschen Verfassungsrechtslehre) eingehend *Merkel*, Jura 1998, 113 ff.
14 S. etwa die Beispiele bei *Jones*, Smith's Recognizable Patterns of Human Malformation, 1988, S. 595, sowie bei *Herring/Rowlett*, Anatomy and Embryology in Cephalothoracopagus Twins, Teratology 23 (1981), 159 ff. (mit Hinweis auf 21 weitere Fälle dieser Art): zwei vollständig ausgebildete Körper mit *einem* gemeinsamen Kopf.
15 S. die Beispiele bei *Pavone et al.*, Diprosopus With Associated Malformations, American J. of Medical Genetics 28 (1987), 85 ff.; *Sperber/Machin*, Microscopic Study of Midline Determinants in Janiceps-Twins, Birth Defects: Original Article Series, Vol. 23, 1987, S. 243 ff.; *Sharony et al.*, Diprosopus: A Pregastrulation Defect, in: Opitz/Paul (Hrsg.) Blastogenesis: Normal and Abnormal, 1993, S. 201 ff. – Es gibt plausible Vermutungen, dass die römische Götterfigur des Janus ihren Ursprung in der realistischen Vorlage dieses Typs von „conjoined twins" hat.
16 1982 hat der amerikanische Neonatologe *Barr* von einem Fall in seiner Zuständigkeit berichtet; dabei wurden alle lebenserhaltenden Maßnahmen, offenbar einschließlich der Ernährung, unterlassen; dennoch starb das Kind erst nach mehr als drei Tagen; vgl. *Barr*, Facial Duplication: Case, Review, and Embryology, Teratology 25 (1982), 153 ff.

Im Übrigen gibt es zu jeder der hier nur grob skizzierten Grundformen zahllose klinische Einzelprobleme, die mit dem unterschiedlichen Ausmaß der jeweiligen Fusion zusammenhängen oder aus der großen Zahl möglicher Syndrome in ihrer Folge entstehen können.[17] Auch kennt man vor allem im Bereich der symmetrischen Doppelbildungen vielfältige Kombinationsmöglichkeiten der Grundformen. Die klinischen Bezeichnungen solcher untypischen Fälle in der Literatur werden einfach mittels einer terminologischen Addition der Begriffe für die jeweils fusionierten Körperregionen gebildet. In England wurde 1992 die Trennung eines „Brachio-Thoraco-Omphalo-Ischiopagus-Bipus"-Zwillingspaares unternommen. Die lange Reihe der Klassifizierungstermini zeigt das Ausmaß der Fusion und damit auch die extreme Schwierigkeit der chirurgischen Trennung an. Einer der beiden Zwillinge starb kurz nach der Operation.[18] Auf das normative Problem, das Fälle dieser Art aufwerfen, komme ich zurück.

B. Exemplarische Fälle und ihre normativen Probleme

I. Drei Beispiele

Fall 1: Trennung im Interesse beider Kinder

Im Januar 1992 wurden am „National Taiwan University Hospital" in Taipeh männliche siamesische Zwillinge vom Typ „Ischiopagus Tripus" getrennt. Sie waren vom unteren Ende des Brustbeins bis zum Becken miteinander verwachsen. Von zwei normal entwickelten Beinen war jedem der Zwillinge eines neurologisch zugeordnet; ein drittes, deformiertes, konnte von keinem der Kinder willentlich bewegt werden, jedoch reagierten beide auf Schmerzstimulationen dieser Körperregion. Die inneren Organe waren mit Ausnahme einer fehlenden Niere doppelt vorhanden und entweder voneinander getrennt oder

---

17 Vgl. *O'Neill et al.*, Surgical Experience with Thirteen Conjoined Twins, Annals of Surgery 208 (1988), 306; typische Beispiele bei *Benirschke/Temple/Bloor*, Conjoined Twinning: Nosology and Congenital Malformations, in: Birth Defects: Original Series, Bd. XIV/6 A, 1978, S. 179 ff., sowie bei *Marin-Padilla/Chin/Marin-Padilla*, Cardiovascular Abnormalities in Thoracopagus Twins, Teratology 23 (1991), 101 ff.

18 S. *Spitz et al.*, Separation of Brachio-Thoraco-Omphalo-Ischiopagus Bipus Conjoined Twins, J. Ped. Surg. 29 (1994), 477 ff.; vgl. auch den Fall bei *Spitz/Capps/Kiely*, Xiphoomphaloischiopagus Tripus Conjoined Twins: Successful Separation Following Abdominal Wall Expansion, J. Ped. Surg. 26 (1991), 26 ff.

jedenfalls trennbar. Allerdings hatte das Paar nur ein gemeinsames Sexualorgan.

Bei der Trennung erhielt, dem vorherigen Beschluss entsprechend, der Zwilling B das Sexualorgan. Für Zwilling A blieb die Perspektive einer späteren äußeren Umwandlung des Genitalbereichs zum weiblichen Phänotyp. Jedes der Kinder behielt zunächst ein Bein. Die Haut des ansonsten unbrauchbaren und daher amputierten dritten Beines wurde (neben anderen, künstlichen Materialien) zum Schließen der großflächigen Operationswunde verwendet. Doch traten bei Zwilling A wenige Tage nach der Trennung lebensbedrohliche Komplikationen mit Infektionen und Nekrotisierungen an der nicht verheilenden Wundfläche auf. Daher wurde, wie es im Bericht der zuständigen Ärzte heißt, am zehnten postoperativen Tag „die quälende Entscheidung getroffen, das verbliebene gesunde Bein zu opfern, um mit seiner Haut die infizierte und nekrotisierende Wundfläche abdecken zu können", die danach auch tatsächlich verheilte. Entlassen wurde nach einem Jahr freilich ein Kind ohne Unterleib und ohne Geschlecht.[19]

Fall 2: Trennung unter Opferung eines der Zwillinge

Im Oktober 1977 wurden im „Children's Hospital" in Philadelphia „conjoined twins" vom Typ Thorakopagus, also im Brustbereich miteinander verwachsene monozygote Zwillinge, geboren. Die genauere Untersuchung zeigte eine enge Fusion. Die Kinder hatten ein gemeinsames Brustbein und Zwerchfell und nur ein Herz. Es bestand aus vier normal gebildeten Kammern, die jedoch mit drei weiteren Kammern eines unterentwickelten zweiten Herzens eng und untrennbar kommunizierten. Eine chirurgische Separation erschien grundsätzlich möglich. Doch war dabei das Überleben beider Zwillinge ausgeschlossen. Vielmehr musste für diesen Fall entschieden werden, wer das Herz erhalten und wer sterben sollte. Allerdings gab es dafür eine gewisse klinische Prädisposition der Kinder, nämlich die Normalität des vierkammerigen und den Defekt des unterentwickelten anderen Herzens; beide waren jeweils einem der Zwillinge physiologisch zuzuordnen. Zweifelsfrei war, dass die Herzkammern bei einer Operation nicht getrennt werden konnten. Vielmehr musste dem überlebenden Kind der gesamte missgebildete Organkomplex belassen werden. Damit bedeutete der Beschluss zur Trennung zugleich den

---

[19] Falldarstellung bei *Chen et al.*, Emergency Separation of Ischiopagus Tripus Conjoined Twins in the Newborn Period, J. Ped. Surg. 29 (1994), 1417 ff.

Beschluss zur Tötung eines der beiden Zwillinge. Sie ungetrennt zu lassen, hätte andererseits ihre Lebenserwartung auf wenige Monate bis höchstens ein Jahr begrenzt. Siamesische Zwillinge mit Fusion der Herzkammern können nach allen bisherigen Erfahrungen nicht länger überleben. Als primären Grund vermutet man, dass die Leistung des einen Organs, das durch die Fusion regelmäßig zusätzlich funktionsbehindert ist, für die beiden Körper, die es zu versorgen hat, nicht ausreicht.[20]

Nach ausführlichen Beratungen mit den Eltern beantragte und erhielt die Klinikleitung vom zuständigen Familiengericht die Erlaubnis zur Durchführung der Operation. Die Trennung der Zwillinge gelang so, wie sie geplant war. Der nicht geopferte überlebte zunächst. Jedoch starb auch er drei Monate später aus Gründen, die nicht in direktem Zusammenhang mit der Operation standen.[21]

Fall 3: Tötung des einen zur Rettung des anderen Kindes

Zehn Jahre später wurden dem „Philadelphia Children's Hospital" erneut thorakopage siamesische Zwillinge mit fusionierten Herzkammern überwiesen. Beide Kinder hatten außerdem eine gemeinsame Leber; auch gab es nur *ein* funktionierendes System der äußeren (der sog. „extrahepatischen") Gallengänge. Dreieinhalb Wochen nach der Geburt drohten die Kinder wegen eines nicht behandelbaren Herzversagens desjenigen Zwillings, dem das extrahepatische System physiologisch zugeordnet war, zu sterben. In einer Notoperation wurde dieser Zwilling als der zu rettende ausgewählt. Das gesamte Herz, dessen gesünderer Teil dem geopferten Zwilling zugehörte, wurde vor dessen Abtrennung explantiert und danach dem überlebenden anderen in einer sog. „reversalen Autotransplantation" wieder eingepflanzt

---

[20] S. dazu *Filler*, Conjoined Twins and Their Separation, in: Seminars in Perinatology, 1986, S. 86f.; *O'Neill et al.*, Surgical Experience with Thirteen Conjoined Twins, Annals of Surgery 208 (1988), 308; *Cywes/Millar/Rode/Brown*, Conjoined twins – the Cape Town experience, Pediatric Surgery International 2 (1997), 234, 245. Weitaus bessere Chancen bestehen dagegen, wenn nur das sog. Pericardium (der das Herz umhüllende „Herzbeutel"), nicht aber die Herzkammern (Ventrikel) fusioniert sind; in solchen Fällen hat es bereits relativ häufig erfolgreiche Trennungen gegeben, vgl. *Filler*, Conjoined Twins and Their Separation, in: Seminars in Perinatology, 1986, S. 89. Im Übrigen sind beide Erscheinungen bei Thorakopagen sehr häufig: in 90 % der Fälle ein gemeinsames Pericardium, in 75 % fusionierte Herzkammern; vgl. *Synhorst et al.*, Am. J. of Cardiology 43 (1979), 662, 664.
[21] Fallschilderung bei *Annas*, Siamese Twins: Killing One to Save the Other, in: Hastings Center Rep. 17 (2) (1987), 27ff.; die klinischen Einzelheiten bei *Holcomb/O'Neill*, Conjoined Twins, in: Ashcraft/Holder (Hrsg.), Pediatric Surgery, 1993, S. 953.

Ob auch die umgekehrte Entscheidung möglich gewesen wäre, nämlich die Rettung des geopferten Zwillings und die Autotransplantation des gesamten inneren und äußeren Leber-/Gallensystems (seines Bruders) zu seinen Gunsten, ist dem Bericht der zuständigen Ärzte nicht zu entnehmen. Vermutlich wäre aber eine solche Operation, falls sie überhaupt möglich ist, weitaus schwieriger und riskanter gewesen als die inzwischen zum geläufigen Repertoire gehörende Herztransplantation.

Auch in diesem zweiten Fall starb freilich das zunächst gerettete Kind kurze Zeit nach der Trennung trotz anfänglich guter Fortschritte in seiner Entwicklung an Herzversagen.[22]

II. Grundlegende normative Differenzierungen

1. Trennungsindikationen

Zu den Prämissen der normativen Beurteilung gehört – neben dem klinischen Falltypus selbst – der jeweils unmittelbare Anlass zur Trennungsoperation. Man unterscheidet üblicherweise drei Indikationen.[23]
1. Die Notoperation zur Rettung des Lebens beider Zwillinge: wenn etwa während der Geburt eine akut bedrohliche Läsion der physischen Verbindung zwischen beiden Zwillingen eintritt oder ein sonstiger, speziell aus der Verbindung resultierender pathologischer Zustand das Leben beider Kinder gleichermaßen gefährdet.
2. Die Notoperation zur Rettung eines der beiden Zwillinge unter Aufgabe oder Aufopferung des anderen, v. a. wenn dieser aufgrund weiterer angeborener Defekte im Sterben liegt und dadurch das Überleben seines Geschwisterkindes mitbedroht erscheint.
3. Schließlich: die elektive Trennung nach eingehender Vorbereitung. Dies ist die regelmäßig angestrebte Methode der Wahl. Für optimal wird in der medizinischen Literatur überwiegend eine Trennung zwischen dem neunten und dem zwölften Lebensmonat gehalten: Bis dahin ist eine eingehende Klärung der physiologischen Fusionsverhältnisse möglich; die Operation kann von dem dafür erforderlichen Ärzteteam vielfach und in diversen

---

22 Knappe Fallskizze bei *Annas*, Siamese Twins: Killing One to Save the Other, Hastings Center Rep. 17 (2) (1987); die klinischen und chirurgischen Einzelheiten wieder bei *Holcomb/O'Neill*, Conjoined Twins, in: Ashcraft/Holder (Hrsg.), Pediatric Surgery, 1993, unter deren Verantwortung die Operation durchgeführt wurde.
23 Für eingehende Informationen zum Folgenden danke ich besonders Herrn Prof. Dr. *W. Ch. Hecker*, ehem. Direktor der Universitäts-Kinder-Klinik, München.

Eventualitäten durchgeprobt werden; und schließlich sind die Kinder in diesem Alter physisch hinreichend stabil, um die manchmal mehr als 15 Stunden dauernden Operationen überstehen zu können. Umgekehrt gibt es gewisse Indizien für die Vermutung, dass eine weit über das erste Lebensjahr hinausgezögerte Trennung für die Kinder größere Probleme bei der späteren Entwicklung einer persönlichen Identität schafft.[24]

Die 1. Indikation präsentiert ersichtlich keine für unser Thema spezifischen normativen Probleme. Bei ihr geht es (abstrakt) um ein Standardproblem jeder Operation, nämlich die ausschließlich zu Gunsten des – und hier eben beider – Patienten abwägende Risikobeurteilung zwischen Anlass und prognostizierbarem Erfolg des Eingriffs: Ist das Leben der Kinder gerade wegen ihrer physischen Verbindung akut bedroht, dann sind – als einzig mögliches Rettungsmittel für beide – auch hochriskante Trennungsversuche zulässig.[25]

Dagegen können Operationen in der Folge einer Indikation des Typs 2 oder 3 extrem schwierige Probleme aufwerfen, von denen einige singuläre Besonderheiten des Phänomenbereichs „conjoined twins" darstellen. Das betrifft sowohl die unmittelbaren Risiken der Trennungsoperation selbst als auch deren kalkulierte oder vorausgesehene Konsequenzen. Die folgenden Erwägungen zu den drei Beispielsfällen mögen dies deutlich machen.

2. Normative Analyse: Fall I

Das Beispiel aus Taiwan zeigt, dass schon „normale" Trennungen gravierende normative Probleme schaffen können, auch wenn es dabei nicht um eine Verteilungsentscheidung geht – sei es hinsichtlich eines nur einmal vorhandenen Organs oder sogar des nur einmal zu rettenden Lebens. Wenn die Fusion der Zwillinge eng ist oder große Körperbereiche umfasst, dann hinterlässt die chirurgische Trennung auch im Fall ihres Gelingens bei beiden Kindern regelmäßig schwere Verstümmelungen. Bei dem Ischiopagus-Typ unseres Falles ist zudem eine lebenslange doppelte Inkontinenz eines der Kinder (oder beider) oft eine unvermeidbare Folge der Trennung. Zudem demonstriert der Fall exemplarisch die Gefahr einer nach dem Eingriff stets drohenden Eskalation der klinischen Risiken: Das dem Zwilling A zunächst verbliebene ein-

---

24 Vgl. *O'Neill et al.* Surgical Experience with Thirteen Conjoined Twins, Annals of Surgery 208 (1988), 307; *Filler*, Conjoined Twins and Their Separation, in: Seminars in Perinatology, 1986, S. 87; *Holcomb/ O'Neill*, Conjoined Twins, in: Ashcraft/Holder (Hrsg.), Pediatric Surgery, 1993, S. 952.

25 Die Frage, ob sie – auch für den Fall ihres Scheiterns – strafrechtlich als tatbestandslos oder als gerechtfertigt zu qualifizieren sind, ist umstritten und mag hier offenbleiben; vgl. dazu allgemein Schönke/Schröder – *Eser*, StGB, § 223 Rn. 28 ff. Für andere als Nottrennungen, s. unten, S. 623 ff.

zelne Bein musste schließlich zur Sicherung des bloßen Überlebens des Kindes ebenfalls geopfert und, buchstäblich als Haut-Lieferant, amputiert werden. Damit ist zugleich das gravierendste der unmittelbaren Risiken solcher Operationen angedeutet: Die durch sie geschaffenen großflächigen, oft lebensbedrohlichen Knochen-, Muskel- und Haut-Wunden müssen geschlossen werden, ein Problem, das in komplizierteren Fällen von Kinderchirurgen als extrem schwierig beschrieben wird.[26]

Gleichwohl erscheint in solchen Fällen der Trennungsversuch jedenfalls dann richtig, wenn beide Kinder eine gute Chance haben, ihn zu überleben, und wäre es mit erheblichen Verstümmelungen. Schwer behindert sind und wären sie in jedem Fall, und im ungetrennten Zustand regelmäßig schwerer.[27] Immerhin scheint es bei den zuständigen Ärzten Grenzen der Bereitschaft zur Übernahme der Verantwortung für bestimmte Trennungsfolgen zu geben, auch wenn zu diesen nicht der absehbare Tod eines der Kinder gehört. Der Münchener Kinderchirurg *Hecker*, unter dessen Leitung in Deutschland bisher die meisten Trennungen siamesischer Zwillinge durchgeführt worden sind, berichtet, er habe in einem Fall von zweibeinigen Ischiopagen die Trennung abgelehnt, weil sie auch im Fall ihres optimalen Gelingens einen der Zwillinge ohne Unterleib zurückgelassen hätte.[28] Wie das weitere Leben solcher Kinder in ungetrenntem Zustand aussieht, ist allerdings eine Frage, zu der es offenbar keine eingehenden Untersuchungen gibt.

Normativ wichtig ist das Folgende: Es geht in diesen Fällen bei der Entscheidung für oder gegen eine Trennungsoperation (von der Einschätzung des unmittelbaren Eingriffsrisikos abgesehen) ausschließlich um die Abwägung verschiedener prognostischer Lebensqualitäten: Eine Behinderung wird

---

26 Persönliche Auskunft Professor *Hecker*; vgl. auch *Filler*, Conjoined Twins and Their Separation, in: Seminars in Perinatology, 1986, S. 89. Man versucht heute, dieses Risiko mit Kombinationsstrategien zu beherrschen: Vor der Operation wird durch künstliche Implantate („Haut-Expander") unter freien Hautstellen der Kinder die Bildung zusätzlicher Hautflächen (die dann buchstäblich „geerntet" werden) stimuliert; oft können, wie in unserem Fall, unbrauchbare, amputierte Körperteile als Hautlieferanten verwendet werden; schließlich wird die derart verfügbare Eigenhaut der Kinder meist mit Kunststoff-Präparaten kombiniert; vgl. zum Ganzen *Stringer/Capps*, Conjoined twins, in Freeman et al. (Hrsg.), Surgery of the Newborn, 1994, S. 559 f., sowie *Grantzow et al.*, Trennung eines asymmetrischen Xipho-omphalo-ischiopagus tripus, Langenbecks Archiv für Chirurgie 363 (1985), 195 ff., 199.

27 Andere Aspekte, die zur Operation drängen, mögen hinzukommen. In dem hier dargestellten Fall aus Taiwan etwa standen die Körper-Längsachsen der beiden Kinder in einem 110°-Winkel zueinander, sodass ein späteres selbstständiges Bewegen und Gehen der Zwillinge im verwachsenen Zustand undenkbar war.

28 Persönliche Mitteilung Professor *Hecker*.

mit einer hypothetischen anderen – dem notwendigen Preis für ihre Beseitigung – verglichen. Hält man die Letztere für geringer, dann wird sie als das künftige Schicksal der Kinder gewählt; andernfalls bleibt der durch die Geburt geschaffene Status unverändert. Das zwingt den entscheidenden Arzt in eine extrem problematische Situation: Er befindet über die konkrete Gestalt eines künftigen schwer geschädigten Lebens, dessen körperliche Voraussetzungen, nämlich die Verstümmelungen, er ggf. selbst herzustellen hat. Man muss sich aber klarmachen, dass dieser Zwang zur Exekutivinstanz eines grausamen Schicksals in keinem Fall vermieden werden kann, wenn eine Trennung chirurgisch überhaupt möglich ist. Denn auch für das Belassen des naturgegebenen, aber eben änderbaren Zustands der Zwillinge haben die für das Kindeswohl Zuständigen die Verantwortung zu tragen.

Daher kann der Trennungseingriff nur über eine umfassende Abwägung seiner Folgen mit denen seiner Unterlassung legitimiert werden. Diese Aufgabe mag bis zur Unerträglichkeit schwer sein. Doch darf das nicht zu ihrer Leugnung führen, oder dazu, sie hinter vermeintlich unverfänglicheren, nämlich „medikalisierten" und daher scheinbar objektiven Entscheidungsgründen unkenntlich zu machen. Die Aufgabe, die hier bewältigt werden muss, ist normativer, nicht klinischer Natur.

Noch einmal problematischer wird die Entscheidung zur Trennungsoperation dann, wenn damit zugleich über die Zuteilung nur einzeln vorhandener Organe befunden werden muss, die zwar für ein Überleben nicht notwendig sind, deren Fehlen jedoch mit einer gravierenden zusätzlichen Belastung der künftigen Lebensqualität verbunden ist. Den hauptsächlichen Typus dieses Problems zeigt ebenfalls unser Fall 1 aus Taiwan: Bei männlichen Zwillingen mit nur einem Sexualorgan stellt sich zunächst die rein klinische Frage, ob eine wenigstens phänotypische Geschlechtsumwandlung bei dem Zwilling, der das Organ nicht erhält, gelingen kann; und dann die weitaus schwierigere normative, ob man einen Menschen gänzlich geschlechtslos machen und so ins Leben schicken darf. Bei Trennungen männlicher Ischiopagen-Paare tritt diese Frage übrigens relativ häufig auf.[29] Aufschlussreich ist die Beobachtung,

---

29 Vgl. neben dem hier geschilderten Fall die Darstellung desselben Problems etwa bei *Spitz/Capps/Kiely*, Xiphoomphaloischiopagus Tripus Conjoined Twins: Successful Separation Following Abdominal Wall Expansion, J. Ped. Surg. 26 (1991), 26 ff., 27; *Hung et al.*, Successful Separation of Ischiopagus Tripus Conjoined Twins, J. Ped. Surg. 21 (1986), 920 ff., 921; *O'Neill et al.*, Surgical Experience with Thirteen Conjoined Twins, Annals of Surgery 208 (1988), 303; s. auch *Cywes*, Challenges and Dilemmas for a Pediatric Surgeon, J. Ped. Surg. 29 (1994), 959: Zuteilung von singulärer Blase und Anus (was – zumindest – lebenslange doppelte Inkontinenz des anderen Zwillings bedeutet).

dass die Ärzte hier psychologisch zu Strategien der Selbstentlastung neigen, nämlich dazu, die Schärfe des ethischen Problems hinter dem Schleier diskret euphemistischer Beschreibungen verschwinden zu lassen. Der amerikanische Kinderchirurg *Filler* fügt seiner Schilderung eines solchen Falles die Bemerkung bei: „We had to make one a boy and one a girl, and this raised several questions among many people."[30] „Kein Wunder", möchte man sagen; denn es liegt auf der Hand, dass hier keineswegs „ein Mädchen", dass vielmehr ein geschlechtsloser Mensch „gemacht" worden ist. Andererseits muss selbstverständlich auch in einem solchen Fall bedacht und abgewogen werden, was ein Unterlassen der Trennung für das Leben des Kindes in diesem Punkt bedeuten würde. Auch dann wäre ja eine annähernd normale Sexualentwicklung unvorstellbar, während die sonstige Lebensqualität der ungetrennten Zwillinge vermutlich bei Weitem schlechter wäre.

Bestimmte Varianten dieses Falltyps werfen für die Ärzte zusätzliche Entscheidungsprobleme auf, bei denen jede denkbare Lösungsalternative großes Unbehagen verursacht. In einem international renommierten Lehrbuch der pädiatrischen Chirurgie liest man Folgendes:

> „Die Allokation singulärer Organe muss bei der Trennungsoperation stets individuell entschieden werden, insbesondere dann, wenn es in dieser Hinsicht keine medizinischen Unterschiede zwischen den Zwillingen gibt. Ist jedoch einer der Zwillinge geistig oder körperlich behindert, dann sollten solche Organe dem gesünderen Zwilling zugeteilt werden, um für diesen ein möglichst normales Leben zu gewährleisten."[31]

Und für den anderen? Die vorgeschlagene Maxime ist gewiss ehrenwert motiviert, aber sie liest sich wie eine Regel, wonach die Zumutung einer schweren Behinderung dann weniger schlimm sei, wenn ihr Adressat sowieso schon behindert ist. Das klingt wie ein maliziöser Zynismus. Man mag hier auch an den neu gefassten Art. 3 Abs. 3 Satz 2 des Grundgesetzes denken: „Niemand darf wegen seiner Behinderung benachteiligt werden." Schließt ein solcher Verfassungssatz die zitierte Maxime aus?[32] Andererseits: Man stelle sich diese

---

30 *Filler*, Diskussionsbeitrag, in: O'Neill et al. (Hrsg.), Surgical Experience with Thirteen Conjoined Twins, Annals of Surgery 208, 1988, S. 311.
31 *Holcomb/O'Neill*, Conjoined Twins, in: Ashcraft/Holder (Hrsg.), Pediatric Surgery, 1993, S. 951.
32 Dieser Satz, der als Grundrechtsbestandteil *unmittelbar* nur den Staat bindet, mag auf das Verhalten eines operierenden Arztes nicht direkt anwendbar sein. Sicher ist das freilich nicht: Geht es bei der zitierten Maxime von *Holcomb/O'Neill* um eine Regel, die von der Rechtsordnung ausdrücklich (etwa in Gerichtsurteilen) oder stillschweigend toleriert oder sogar gefördert wird, dann ist der Anwendungsbereich des Art. 3 Abs. 3 GG jedenfalls für eine staatliche *Schutzaufgabe* eröffnet. Diese

umgekehrt vor, ggf. und unter Berufung auf Art. 3 GG sogar als verbindliche Maßgabe: Die Regel, etwa ein singuläres Geschlechtsorgan stets dem – wie schwer auch immer – behinderten Zwilling zu geben und dem ansonsten gesunden zu nehmen, wäre noch weitaus weniger erträglich; sie müsste sich in zahlreichen Fällen als der absurde Zwang darstellen, schweren Schaden vorsätzlich herbeizuführen, der durch keinen äquivalenten (oder ggf. überhaupt keinen) Vorteil auf der anderen Seite kompensiert würde.

3. Normative Analyse: Fall 2

Gänzlich beklemmend wird die Situation des Arztes dann, wenn ihm die „Schicksalsrolle", in die er sich gezwungen sieht, eine Entscheidung über Leben und Tod abverlangt. Unter normativen Gesichtspunkten ist hier zunächst an die vorhin markierte Unterscheidung der Notfallindikation von der elektiven Trennung zu erinnern. Der Grund für die Differenzierung liegt auf der Hand: Denn die durch eine unmittelbare Lebensbedrohung für beide Kinder erzwungene Operation dürfte die dabei unvermeidbare „Opferung" eines von ihnen eher rechtfertigen können als die (relativ) freie Wahl des „Ob" und „Wann" einer Trennung, die für die „Befreiung" des einen Zwillings den anderen mit seinem Leben bezahlen lässt.

Der obige Fall 2 aus dem „Children's Hospital" in Philadelphia präsentiert die letztere Konstellation: die einer elektiven Trennung unter Opferung eines der Kinder; denn keiner der Zwillinge war unmittelbar vom Tod bedroht. Immerhin stimmt das nur mit einer wichtigen Einschränkung. Die Kinder waren zur Zeit der Operation einen Monat alt. Da siamesische Zwillinge mit fusionierten Herzkammern im ungetrennten Zustand erfahrungsgemäß nur wenige Monate überleben können, bestand in gewissem Sinn eine permanente, wenngleich noch nicht akut zugespitzte Todesgefahr. Und da diese unabwendbar war und ein Hinauszögern der Trennung bis zum Zeitpunkt der akuten Zuspitzung zusätzliche Risiken geschaffen hätte, reduzierten sich die Möglichkeiten einer vernünftigen Entscheidung für die Ärzte auf das folgende Dilemma: Entweder beide Kinder (demnächst) sterben zu lassen oder eines von ihnen in einer möglichst baldigen Trennungsoperation zu töten, um wenigstens das andere zu retten. Man entschied sich für die letztere Möglich-

---

grundgesetzliche Neuregelung dürfte übrigens im gesamten Bereich des Medizinrechts eine Vielzahl völlig ungeklärter und noch unbekannter Probleme, ja Paradoxien mit sich bringen. Man denke etwa an das Problem der selektiven „Reduktion" hochgradiger Mehrlingsschwangerschaften mit einzelnen geschädigten Embryonen oder Feten (s. dazu *Merkel*, Schwangerschaftsabbruch, in diesem Band).

keit. Nach dieser Entscheidung waren es nur noch klinische Erwägungen, die die Wahl des zu rettenden und des zu opfernden Kindes bestimmten.

Der Anteil solcher vorher geplanten „Opferungen" an der Gesamtzahl der Trennungsoperationen bei siamesischen Zwillingen ist nicht hoch, aber auch nicht vernachlässigbar gering. Ein umfassender Report aus Amerika über alle in der Literatur bis zum Jahr 1988 beschriebenen Trennungen ermittelt eine Figur von 7,2 %.[33]

Im Wesentlichen sind es drei Konstellationen, in denen vor der Operation feststeht, dass (jedenfalls auf dem gegenwärtigen Stand der Kinderchirurgie) das Leben nur eines der beiden Zwillinge erhalten werden kann:[34]

(1) im Fall thorakopager Zwillinge mit einer Fusion der (oder jedenfalls einzelner) Herzkammern;
(2) im Fall omphalo- oder ischiopager Zwillinge mit nur einem System der extrahepatischen Gallengänge;
(3) schließlich und offensichtlich: bei dizephalen Zwillingen mit einem Körper und zwei Köpfen.[35]

Bei den zuständigen Ärzten scheint die Auffassung vorzuherrschen, man könne die moralische Entscheidung solcher Fälle vollständig auf klinische Determinanten abschieben. James O'Neill vom „Philadelphia Children's Hospital" schreibt:

„Gewöhnlich sind es die Fälle der fusionierten Herzen, in denen die Frage akut wird, ob einer der beiden Zwillinge geopfert werden soll, damit der andere ein potenziell normales Leben führen kann. [...] Gibt es hinreichend genaue und objektive medizinische Kriterien zur Bestimmung signifikant

---

[33] Vgl. die vollständige Liste aller Fälle bei *Hoyle*, Surgical Separation of Conjoined Twins, Surgery, Gynecology & Obstetrics 170 (1990), 552–557. Neu hinzugekommen (oder wohl eher: bekannt geworden) ist der Fall, der im Jahr 2000 den englischen „Court of Appeal Civil Division") beschäftigt hat (dazu unten, S. 635 f.).

[34] Zum folgenden *O'Neill et al.*, Surgical Experience with Thirteen Conjoined Twins, Annals of Surgery 208 (1988), 308.

[35] Daher wird von manchen Kinderchirurgen die Trennung dizephaler siamesischer Zwillinge schlicht für „unmöglich" erklärt – deren Lebenserhaltung freilich ebenfalls, weswegen man sie eben sterben lassen müsse; vgl. *Groner/Teske/Teich*, Dicephalus Dipus Dibrachius: An Unsual Case of Conjoined Twins, J. Ped. Surg. 31 (1996), 1698 ff., 1700. Bei Ärzten, die anderer Meinung sind und solche Operationen zur Rettung eines der Kinder ggf. auch ausführen, ist wiederum die Neigung zur euphemistischen Maskerade des wirklichen Entscheidungsproblems bezeichnend; so sprechen *Golloday et al.*, Dicephalus Dipus Conjoined Twins: A Surgical Separation and Review of Previously Reported Cases, J. Ped. Surg. 17 (1982), 259 ff., mehrfach von einer „Amputation" des einen Zwillings vom anderen – als ginge es um das Abtrennen überflüssiger Gliedmaßen eines der beiden Kinder und nicht um die Tötung des Anderen.

besserer Überlebenschancen eines der Zwillinge, dann dürfte wohl in jeder Perspektive der Trennungsversuch gerechtfertigt sein – zumal da nicht eigentlich die Operation, sondern vielmehr der Zustand der Zwillinge festlegt, welcher von ihnen überleben wird."[36]

Aber das ist ein zweifacher Irrtum. Die schlechtere Überlebensprognose eines der beiden Zwillinge allein kann, bevor sie zur manifesten Bedrohung beider geworden ist, schwerlich seine Tötung zu Gunsten des anderen rechtfertigen. Und an „objektive medizinische Kriterien" lässt sich eine solche Entscheidung keinesfalls delegieren. Denn der „Zustand der Zwillinge" kann die Selektion des eines für ein „potenziell normales Leben" und des anderen für den Tod offensichtlich erst dann festlegen, wenn zuvor die Trennungsoperation beschlossen und damit die Selektionsfrage überhaupt erst gestellt worden ist. Dieser ärztliche Beschluss entscheidet daher, dass einer der Zwillinge sterben muss; deren „Zustand" allenfalls, welcher von ihnen. Daher kann der Beschluss zur Trennung nur zugleich als einer zur Tötung des einen Kindes gerechtfertigt werden – oder eben gar nicht.

Was diesen Befund zum Dilemma ergänzt, ist der bereits erwähnte Umstand, dass langfristige Überlebenszeiten bei ungetrennten Zwillingen mit fusionierten Herzkammern bislang noch nicht beobachtet worden sind.[37] Hierin sehen die Chirurgen regelmäßig den legitimierenden Grund für den Eingriff „Everyone must realize", schreiben die Amerikaner *Holcomb* und *O'Neill*, „that both children would die without the separation. If separated, at least one life may be saved".[38] Einer rein konsequenzialistischen Moralauffassung könnte dies als hinreichender Grund für die Trennung und die dabei in Kauf genommene Tötung eines der Zwillinge erscheinen. Doch ist – noch vor der Frage, ob dies strafrechtlich eine akzeptable Perspektive wäre – nicht einmal das ganz sicher. Auch für strikte Konsequenzialisten ist keineswegs von vornherein klar, wie viel an möglicher Lebenszeit des einen Zwillings zu Gunsten eines „normalen", längerfristigen Überlebens des anderen geopfert

---

36 *O'Neill et al.*, Surgical Experience with Thirteen Conjoined Twins, Annals of Surgery 208 (1988), 308.
37 Ebenso wenig übrigens wie bei echten Dizephalen; s. dazu aber den (ungesicherten) Bericht über das jahrelange Überleben der dizephalen schottischen Brüder des englischen Königs James III, sowie das verbürgte Überleben der dizephalen Schwestern Ira und Galya für 1 Jahr und 22 Tage 1937 in Moskau, bei *Golloday et al.*, Dicephalus Dipus Conjoined Twins: A Surgical Separation and Review of Previously Reported Cases, J. Ped. Surg. 17 (1982), 259.
38 *Holcomb/O'Neill*, Conjoined Twins, in: Ashcraft/Holder (Hrsg.), Pediatric Surgery, 1993, S. 951; ähnlich *O'Neill et al.*, Surgical Experience with Thirteen Conjoined Twins, Annals of Surgery 208 (1988), 308.

werden dürfte.[39] Deontologische Moraltheoretiker dürften die folgenorientierte Argumentation mit dem Ergebnis des „geringeren Übels" schon *a limine* ablehnen. In ihrer Sicht ist es keineswegs offensichtlich, dass das Überleben wenigstens eines der Kinder gegenüber dem Tod beider das „geringere Übel" wäre. Denn im letzteren Fall wäre das Sterben beider Zwillinge ggf. als „Werk der Natur" oder als Schicksal definierbar, das nicht verantwortet werden müsste, während im ersteren Fall der Tod des einen Zwillings eindeutig als Tötung durch andere Menschen in deren Verantwortungsbereich fiele (und dort eventuell nicht zu decken wäre). Man kann aber die vorsätzliche Tötung auch nur eines einzigen Menschen im Vergleich zum schicksalhaften Sterben zweier oder sogar vieler durchaus als „größeres Übel" qualifizieren, nämlich als eines, das eine fundamentale rechtliche und ethische Norm verletzt: das Verbot der aktiven Tötung eines (anderen) Menschen.

Andererseits ist nicht zu übersehen, dass die Beurteilung des Sterbens der ungetrennten Zwillinge als „naturgegeben" und „schicksalhaft" in diesem Fall keineswegs zwingend ist. Sie ist ja – eben durch Tötung eines der Kinder – abwendbar. Daher muss ihre Nichtabwendung grundsätzlich genauso verantwortet werden wie die Alternative der aktiven Tötung.[40] Und die Behauptung, diese Alternative bestehe eben wegen des „absoluten" Verbots der Tötung überhaupt nicht, ist ersichtlich eine petitio principii: Ob das auch in einem solchen Fall zutrifft, darum wird ja gerade gestritten.

4. Normative Analyse: Fall 3

Auch in unserem zweiten Beispielsfall aus dem „Children's Hospital" von Philadelphia (Fall 3) ging es um die bewusste und vor der Operation eingeplante Tötung eines der Zwillinge durch die Trennung. Doch war diese hier unmittelbar veranlasst durch eine akute Notlage: die Lebensbedrohung beider Zwillinge durch das Herzversagen des einen. Für einen deontologischen Ethiker mag sich hierdurch am strikten Verbot der Trennungsoperation nichts ändern: Lebensgefahr und anschließendes Sterben der Kinder sind, da sie nur durch eine schlechterdings verbotene Handlung (die aktive Tötung) abzuwenden wären, nach wie vor als „Schicksal" zu definieren, das zwar beklagt,

---

39 Hinzu kommt, dass die verschiedenen Spielarten des Konsequenzialismus – vor allem die des sog. Akt- und die des Regelutilitarismus – hier wohl zu unterschiedlichen Beurteilungen der Situation kämen.

40 Das gilt jedenfalls, wenn die zur Abwendung, nämlich zur Trennungsoperation, Befähigten grundsätzlich zur Erhaltung des Lebens *beider* Kinder verpflichtet (strafrechtlich: Garanten) sind; das ist hier aber zweifelsfrei der Fall.

aber – anders als die Tötung – nicht getadelt werden kann. Für den strikten Konsequenzialisten dagegen dürfte an der Erlaubnis für die einseitig tödliche Trennung hier kein Zweifel bestehen: Das getötete Kind hätte ja auch ohne die Operation nicht (oder nur ganz unwesentlich länger) überlebt.

In strafrechtlicher Hinsicht gleicht diese Situation auf den ersten Blick einem Problemtypus, den man als „Lebensnotstand in einer Gefahrengemeinschaft" zu bezeichnen pflegt. Knapp und etwas grob: Entweder sterben alle, oder es werden einige (bzw. wird einer) geopfert, damit wenigstens einer überlebt – *tertium non datur*. Die rechtliche Behandlung des Problems ist umstritten. Die Rechtfertigung eines solchen „Opferns" Einzelner wird aber ganz überwiegend abgelehnt.[41] Doch kommt hier ein besonderer Umstand hinzu, der dem Strafrechtler als Kriterium des sog. Defensivnotstands geläufig ist. Stammt die Gefahr von einem der in die Situation Verstrickten, so darf sie grundsätzlich auch dann auf diesen abgewälzt, nämlich zu seinen Lasten beseitigt werden, wenn sie ihm nicht als rechtswidrig, ja nicht einmal als Folge seines Verhaltens zuzurechnen ist, er also schlechterdings „nichts dafür kann", sondern vom Schicksal lediglich zur faktischen Gefahrenquelle gemacht worden ist – z. B. als neugeborener und todkranker siamesischer Zwilling.[42] Darin drückt sich nicht nur ein rechtliches, sondern auch ein grundlegendes moralisches Prinzip aus: eine Regel der fairen Distribution von Risiken. Sie besagt etwa dies: Jeder ist – auch jenseits des Bereichs seiner Verantwortlichkeit – in gewissem Sinne zuständig für die schädlichen Folgen seines schicksalhaften „Soseins", und zwar insofern, als kein anderer vorrangig verpflichtet werden kann, diese Folgen auf sich zu nehmen.[43] Daher dürfen daraus entstehende Konflikte mit Rechten und Interessen anderer zulas-

---

41 Statt vieler *Roxin*, AT I, § 16 Rn. 35 ff. (auch zu abweichenden Meinungen); eingehend *Küper*, Grund- und Grenzfragen, S. 48 ff., 57 ff. Dieser Verneinung einer Rechtfertigung ist grundsätzlich zuzustimmen; über einen Schuld- bzw. Verantwortlichkeitsausschluss mag man streiten; s. *Roxin*, AT I, § 22 Rn. 146 ff. Genauer zu dem Problem im Hinblick auf unsere Fallkonstellationen unten, S. 490 ff., 495 ff.).

42 Im Ergebnis einhellige Meinung; die dogmatische Begründung ist umstritten; teils wird sie direkt der Notstandsnorm des § 34 StGB (unter Modifikation des dort skizzierten Abwägungsschemas) entnommen, teils in Analogie zum zivilrechtlichen Defensivnotstand (der sog. Sachwehr nach § 228 BGB), teils auch (in Orientierung an § 228 BGB) als selbständiger Rechtfertigungsgrund *praeter legem* konstruiert; vgl. einerseits *Roxin*, AT I, § 16 Rn. 73 ff.; *Otte*, Defensivnotstand, S. 102 ff.; andererseits *Hruschka*, Strafrecht, S. 78 ff.; NK – *Neumann*, StGB, § 34 Rn. 86 ff. (alle m. w. N.).

43 Das gilt *sub specie iuris* daher nur so weit, wie solche unbeteiligten Dritten nicht (rechtlich) zur Solidarität mit dem „Gefahrenproduzenten" verpflichtet sind, also außerhalb der Grenzen dessen, was ihnen dieser im aggressiven Notstand (§ 34 StGB) zumuten dürfte oder was sie per allgemeine Hilfspflicht (§ 323 c StGB) von sich aus leisten müssten. Die Schwierigkeit, diese Grenzen im Einzelfall zu

ten des Zuständigen gelöst werden, auch wenn solche Entscheidungen unvermeidlich ein tragisches Element aufweisen.

Betrachtet man vor diesem Hintergrund unseren Fall 3 genauer, so zeigt er allerdings einige verwickelte Besonderheiten. Seine Struktur ist zunächst die des Defensivnotstands; gelöst worden ist er jedoch gerade nicht nach dessen Maximen. Vielmehr hat man hier den Zwilling, dessen Herzversagen Ursprung der akuten Lebensbedrohung für beide gewesen ist, nicht – als den für die Gefahr „Zuständigen" – geopfert, sondern gerettet, und ihm das gesündere Herz des an seiner Stelle geopferten anderen reimplantiert.[44] Willkürlich war diese Wahl freilich nicht; sie hatte triftige klinische Gründe. Das Herz ließ sich ex- und wieder implantieren; das nur einmal vorhandene System der extrahepatischen Gallengänge nicht,[45] eben dieses war jedoch physiologisch dem herzkranken Zwilling zugeordnet.

Damit bestanden hier gewissermaßen „gekreuzte" Lebens- und Sterbensdispositionen bei beiden Kindern: Was Zwilling A zum Überleben fehlte, hatte B und *vice versa*. Getrennt konnte daher jedenfalls nur einer von ihnen überleben. Solange dagegen ihr verbundener Zustand stabil war, stellte jeder für das Überleben des anderen physische Ressourcen bereit. Zusammen mit dem Umstand jedoch, dass sie in fusioniertem Zustand nur wenige Monate überleben konnten, ergab dies eine paradoxe Konstellation: Sie waren wechselseitig füreinander so sehr Todesgefahr wie Lebensbedingung. Die Physiologie der beiden verwachsenen Körper stellte freilich schon vor der akuten Indikation zur Trennung klar, wer den separierenden Eingriff überleben würde: der Zwilling mit dem (nicht transplantierbaren) System der extrahepatischen Gallengänge. Da jedoch genau von diesem die unmittelbare tödliche Bedrohung stammte, musste die Trennungsoperation eine Kollision zweier Handlungsmaximen erzeugen, nämlich einerseits der normativen des Defensivnotstands: Zu opfern ist, wer die Gefahr verursacht; und andererseits der physiologischen des chirurgisch Machbaren: Zu opfern ist einfach, wer nicht

---

bestimmen, mag hier auf sich beruhen, denn die Opferung des eigenen Lebens kann keinesfalls dazu gehören. (Jedenfalls gilt dies auch für moralische Hilfspflichten.)

44 Genauer: Das fusionierte Gesamtherz, einschließlich eben jenes lebensfähigen gesünderen Anteils, der neuronal und vaskulär (den Blutgefäßen nach) dem *anderen* Zwilling zugehörte. Die Methode der Zukunft in solchen Fällen sieht man heute übrigens darin, den missgebildeten Herzkomplex zunächst zu explantieren, dann buchstäblich zurechtzustutzen („refashion") und in einer „Autotransplantation" zurückzuverpflanzen; dazu *O'Neill et al.*, Surgical Experience with Thirteen Conjoined Twins, Annals of Surgery 208 (1988), 308.

45 Ich gehe im Folgenden zum Zweck einer klareren Profilierung der normativen Probleme (und medizinisch wohl einigermaßen realistisch) von dieser chirurgischen Unmöglichkeit aus.

zu retten ist. Da die Letztere als faktischer Zwang auch für eine noch so gewichtige normative Maxime unüberwindlich war, folgten ihr die Ärzte. Eine Tötung des nach Defensivnotstandsregeln „zuständigen" (gleichwohl aber geretteten) Zwillings wäre allerdings auch absurd gewesen: Da der andere gerade dann selber nicht zu retten gewesen wäre, hätte sie keinem geholfen, vielmehr zum Tod beider geführt. Dennoch lag hier nicht etwa eine Situation des *„ultra posse nemo obligatur"* vor. Denn *eine* weitere Entscheidungsmöglichkeit gab es in jedem Fall: gar nicht zu intervenieren und beide Kinder sterben zu lassen. (Womit wir uns ersichtlich auf den oben skizzierten Konflikt zwischen Deontologen und Konsequenzialisten zurückverwiesen sehen.)

C. Strafrechtliche Überlegungen

I. Zum Fall 1: Elektive Trennung im Interesse beider Zwillinge

1. Prämissen

Wir haben gesehen, dass unser Beispielsfall 1 aus Taiwan in seiner normativen Struktur keine für „conjoined twins" spezifischen Besonderheiten aufweist: Es geht – wie auf weniger dramatische Weise bei jeder Operation – um die Abwägung zweier Lebensqualitätszustände (und hier eben jeweils für beide Kinder gleichermaßen), und darum, die im Interesse der Kinder richtige Wahl zu treffen. Die normative Geläufigkeit dieser Situation ändert allerdings nichts daran, dass sie in unserem Fall mit extrem ungewöhnlichen Bewertungsproblemen auf beiden Seiten der Abwägung verbunden ist: Wie ist es, in engster, praktisch zur Immobilität zwingender körperlicher Fusion mit einem anderen Menschen zu leben und mit diesem ein (irgendwie) gemeinsames Sexualorgan zu teilen? Ist es, damit verglichen, besser, schwer verstümmelt und ohne Geschlecht, aber „allein im eigenen Körper" zu leben? Man möchte sagen: Wer könnte und dürfte so etwas für andere entscheiden? Es ist aber unbedingt notwendig, sich klarzumachen, dass diese Entscheidung in keinem Fall vermieden werden kann. Denn auch ein vermeintliches Nichtentscheiden – bei faktisch (chirurgisch) bestehender Alternative – bedeutet die Wahl einer der beiden Möglichkeiten und muss als solche legitimiert werden.

Damit sind auch strafrechtlich die Prämissen formuliert.[46] Die Ärzte sind wie die Eltern als Garanten verpflichtet, das „Wohl" beider Kinder bestmöglich zu wahren. Daher müssen auch schwerste körperliche Verstümmelungen, die während einer Trennungsoperation vorsätzlich herbeigeführt werden, jedenfalls dann legitim sein, wenn die Abwägungsentscheidung zu Gunsten des Eingriffs gleichwohl richtig erscheint. Wegen der extremen Schwierigkeiten der hierfür erforderlichen Wertungen wird man aber Ärzten wie Eltern dabei einen weiten Beurteilungsspielraum zugestehen müssen. Das heißt: Entscheidungen, die nicht eindeutig falsch sind, sollten außerhalb der Sphäre des Strafbaren liegen, und zwar auch dann, wenn sie als Entscheidungen für eine Trennung erhebliche Risiken für das Leben der Kinder mit sich bringen. Das entspricht wohl auch der ethischen Überzeugung der meisten Ärzte. Die Londoner Kinderchirurgen *Stringer* und *Capps* schreiben:

> „Surgical separation is considered to be justified even in high-risk cases because of the physical and mental handicaps associated with development in the conjoined state."[47]

Freilich gilt umgekehrt, dass eindeutig und offensichtlich falsche Entscheidungen der Ärzte auf keiner Seite der Abwägung rechtlich tolerabel sind, und somit selbstverständlich auch nicht als Entscheidung gegen die Trennungsoperation. Daran könnte auch eine Verweigerung der Einwilligung durch die Eltern nichts ändern. Diese sind ja nicht etwa stellvertretende Ausübende der Autonomie ihrer Kinder.[48] Sie haben vielmehr ihre sorgerechtliche Zuständigkeit im Sinne des objektiven Kindeswohls auszuüben, und tun sie dies nicht, sind sie *de iure* ihrer Entscheidungsfunktion zu entheben. Den dafür vorgesehenen rechtlichen Weg (§ 1666 BGB, im Notfall auch § 34 StGB) müssen die Ärzte aufgrund ihrer eigenen Garantenpflicht wählen, wenn die elterliche Einwilligung (objektiv) missbräuchlich, nämlich eindeutig gegen das Kindesinteresse verweigert wird. Es kann keine Ermessensentschei-

---

46 Ich ignoriere hier mögliche *heterogene* Komplikationen, etwa: Verweigerung der elterlichen Einwilligung; extrem hohe Kosten der Operation, die daher als Leistung der Gemeinschaft möglicherweise von niemandem beansprucht werden kann; schließlich alle medizinisch-technischen Probleme, auf die sich eine Ablehnung der Operation ggf. stützen ließe (ihren vielleicht experimentellen Charakter u. Ä.), sowie die oft großen prognostischen Unsicherheiten.
47 *Stringer/Capps*, Conjoined Twins, in: Freeman et al. (Hrsg.), Surgery of the Newborn, 1994, S. 558 f., hier beispielhaft für craniophage Zwillinge (m. w. N.).
48 Irrig daher *Ulsenheimer*, Kompetenzprobleme, S. 114: die „eigenmächtige Heilbehandlung" eines Neugeborenen ohne elterliche Einwilligung verstoße „gegen das Selbstbestimmungsrecht (...) des neugeborenen Kindes".

dung der Eltern über das physisch-existenzielle Wohl und Wehe ihrer Kinder geben. Dass sie in unseren Fällen (wie die Ärzte auch) gleichwohl einen weiteren Beurteilungsspielraum haben müssen, steht auf einem anderen Blatt und deshalb nicht im Widerspruch dazu.[49]

2. Dogmatische Konstruktionen: Tatbestandslosigkeit der Trennungsoperation?

Zu klären bleibt die systematische Einordnung einer solchen Legitimation zur Trennung der Zwillinge für die Ärzte. Zwei konstruktive Möglichkeiten kommen infrage: die mit dem chirurgischen Eingriff verbundenen schweren Körperverletzungen für tatbestandslos zu erklären, oder sie spezifisch zu rechtfertigen. Beide Varianten werden jedenfalls grundsätzlich für indizierte und *lege artis* durchgeführte ärztliche Heilbehandlungen vertreten.[50] Ein genauer Blick auf die Besonderheiten unserer Fälle zeigt jedoch, dass sie auch dann nicht als tatbestandslos beurteilt werden können, wenn die jeweilige Trennungsentscheidung zweifelsfrei richtig erscheint.

Infrage käme das nach den allgemeinen Regeln über die objektive Zurechnung nur dann, wenn sich die trennungsbedingten Verstümmelungen gegenüber der ohne Operation drohenden Lage der Zwillinge als ein minder schwerer Schädigungszustand der gleichen Art darstellen ließe.[51] Nun mag man vielleicht darüber streiten, ob der Körperzustand als eng fusionierter siamesischer Zwilling verglichen mit dem als physisch individualisierter, aber schwer verstümmelter und geschlechtsloser Mensch ein Mehr oder Weniger an körperlichem Defekt im Sinne der §§ 223 ff. StGB darstellt.[52] Aber eine solche

---

[49] Diese Zusammenhänge zwischen Einwilligungskompetenz der Eltern und Garantenpflicht der Ärzte werden im medizinrechtlichen Schrifttum oft verkannt (s. schon *Ulsenheimer*, Kompetenzprobleme, S. 114.), vor allem und regelmäßig, wenn es um *Sterbehilfe*entscheidungen gegenüber Kindern oder Neugeborenen geht. Die gängige Behauptung, Ärzte dürften gegen den elterlichen Willen die Lebenserhaltung eines noch so schwer geschädigten Neugeborenen niemals unterlassen, ist unhaltbar (so aber Ziff. VIII 3. der sog. „Einbecker Empfehlungen" über die „Grenzen ärztlicher Behandlungspflicht bei schwerstgeschädigten Neugeborenen" (revid. Fassg.), MedR 1992, 206; ebenso *Bundesärztekammer*, Richtlinien, in: Eser/Koch (Hrsg.), Materialien, S. 138, sowie *Ulsenheimer*, MedR 1994, 425, 428); sie räumt den Eltern *de iure* eine Ermessensentscheidung über Leben oder Tod ihrer Kinder ein – in unserer Rechtsordnung ganz gewiss ein Unding; vgl. zu diesen Problemen eingehend *Merkel*, „Früheuthanasie", S. 604 ff.

[50] S. zu den verschiedenen Lehren generell Schönke/Schröder – *Eser*, StGB, § 223 Rn. 28 ff., m. w. N.

[51] Prinzip des Ausschlusses der objektiven Erfolgszurechnung bei *Risikoverringerung* durch den Handelnden; s. statt aller *Roxin*, AT I, § 11 Rn. 53 f., m. w. N.

[52] Ein Unterlassen der Trennung schiede als Körperverletzung nicht etwa schon deshalb aus, weil dabei der äußerlich intakte physische Zustand der Zwillinge nicht angetastet würde. Stellt dieser Zustand selbst eine erhebliche Beeinträchtigung des körperlichen Wohls der Zwillinge dar (woran jedenfalls als

Überlegung verfehlte die für unseren Fall erforderliche Abwägung schon im Ansatz. Denn dabei geht es nicht um die abstrakte *Maius/minus*-Quantifizierung zweier körperlicher Defektzustände, sondern um die auf deren Grundlage jeweils prognostizierbare gesamte Lebensqualität der Kinder. Der jeweilige Grad an körperlicher Versehrtheit ist dafür nur ein Indiz neben anderen und kann diesen gegenüber von sekundärem Rang sein. Man mag den ungetrennten – in gewissem Sinne ja intakten – Zustand der fusionierten Zwillinge gegenüber den schweren Verstümmelungen, die ihnen (oder einem von ihnen) durch die Trennung zugefügt werden, durchaus als den geringeren körperlichen Defekt bezeichnen; dennoch kann sich die damit verbundene Lebenssituation als die weitaus Schlimmere darstellen: die umfassende physische Zwangsunion mit einem anderen Menschen, das niemals Bei-sich-alleine-Sein, mit allen destruktiven Konsequenzen für persönliche Identität, Autonomie und Freiheit.

Es geht also bei der Trennungsoperation nicht einfach um die Verringerung eines körperlichen Schadens, sondern um den Austausch zweier künftiger Lebens- und Daseinsweisen. Deren vergleichende Beurteilung erfordert eine umfassendere Abwägung, als die des Ausmaßes der körperlichen Defekte. Eine rationale Wahl zwischen ihnen wird durch wesentlich weiterreichende Erwägungen bestimmt. In strafrechtsdogmatischer Diktion: Die Trennungsoperation verringert nicht ein tatbestandliches Risiko für das geschützte Rechtsgut, sondern ersetzt es durch ein anderes, das im Zusammenhang des gesamten erwartbaren Lebens der Kinder als das geringere Übel erscheint. Eine solche Abwägung ist keine Frage der Zurechnung bzw. Nichtzurechnung bestimmter Handlungsfolgen zum objektiven Deliktstatbestand. Sie präsentiert ein exemplarisches Problem der Rechtfertigung.

Im medizinrechtlichen Schrifttum werden noch andere Kriterien eines Tatbestandsausschlusses für ärztliches Handeln propagiert. Keines davon kommt hier in Betracht. Vor allem kann nicht einfach, wie es manche Äußerungen im Schrifttum nahelegen, die schlichte Deklaration der Trennungsoperation als „Behandlungsmaßnahme *lege artis*" deren Tatbestandsmäßigkeit ausschlie-

---

Prognose für das künftige Leben nicht zu zweifeln ist), dann kann ein garantenpflichtwidriges Unterlassen der Operation selbstverständlich einen der Tatbestände der §§ 223 ff., 13 StGB erfüllen. Nicht ganz klar ist freilich, welchen. Nach der *ratio legis* liegt durchaus § 226 StGB nahe, ggf. in der Variante der erheblichen dauernden Entstellung. Doch mag diese Frage offenbleiben. (Sie ist für das deutsche Strafrecht in der 1. Auflage dieses Buchs wohl zum ersten Mal überhaupt gestellt und seither, soweit ersichtlich, nirgendwo sonst wiederholt, geschweige denn behandelt worden.)

ßen.[53] Eine solche Konstruktion ist nur dort diskutabel, wo nach einer rein medizinisch zu bestimmenden, korrekten Indikation die damit vorgeschlagene Therapiemaßnahme *lege artis* durchgeführt wird.[54] Entscheidungen über die Trennung siamesischer Zwillinge haben normativ wie kompetenziell ganz andere Voraussetzungen und eine andere Logik. Ob hier der Eingriff indiziert ist, ist keine Frage der medizinischen Zuständigkeit. Gerade diese Entscheidung ist es vielmehr, was normativ zweifelhaft und daher legitimationsbedürftig ist.

Gewiss ist die Frage nach der chirurgischen Möglichkeit und die nach den klinischen Folgen der Trennung allein Gegenstand der ärztlichen Kompetenz, und sie muss zunächst beantwortet sein. Nicht aber ist es dann die eigentliche Entscheidung: ob – *rebus sic stantibus* – die Trennung indiziert ist. Das ist vielmehr nur im Wege der oben skizzierten Abwägung, also einer ethischen wie rechtlichen Entscheidung zu klären. Erneut: Das ist kein mögliches Thema des objektiven Tatbestands, sondern ein paradigmatisches der Rechtfertigung.

3. Rechtfertigungsmöglichkeiten: Notstand oder mutmaßliche Einwilligung?

Welche Art von Rechtfertigung? Zwei Möglichkeiten sind denkbar: der rechtfertigende Notstand nach § 34 StGB und die mutmaßliche Einwilligung. Ideal ist keine davon. Gegen die Notstandslösung spricht, dass die Regelung des § 34 StGB (also des typischen Aggressivnotstands) eine andere Konfliktlage als die hier gegebene voraussetzt, nämlich die einer Kollision von Interessen verschiedener Personen, während es bei unserem Problem um die Abwägung verschiedener Interessen jeweils einer und derselben Person geht, nämlich um die Existenzalternativen „getrennt/ungetrennt" für jeden der beiden Zwillinge. Daher passt das der Notstandsregelung zu Grunde liegende Lösungsprinzip – das einer Rechtspflicht auch unbeteiligter Dritter zur Solidarität[55] – nicht auf Fälle, in denen die kollidierenden Interessen demselben Inhaber

---

53 Zu solchen Argumenten im Bereich der medizinischen Sterbehilfe LK – *Jähnke*, StGB, Vor § 211 Rn. 16; *Fischer*, StGB, Vor § 211 Rn. 23; zur Kritik *Merkel*, JZ 1996, 1145, 1148; *ders.*, ZStW 107 (1995), 545, 548; *ders.*, „Früheuthanasie", S. 200 ff.

54 Beispiel: Die Frage, ob bei einem Patienten mit akuter Blinddarmentzündung eine Operation indiziert ist, gehört ebenso ausschließlich in den Bereich der medizinischen Kompetenz wie die vorangegangene Diagnose und die anschließende Durchführung des Eingriffs; erfolgt dies alles *lege artis* (und mit Einwilligung des Patienten), so lässt sich der damit verbundene Operationsschnitt als tatbestandslos und nicht (mehr) rechtfertigungsbedürftig qualifizieren.

55 Zur Kritik abweichender Deutungen des Notstandsprinzips als eines utilitaristischen „Sozialnutzen-Prinzips" siehe *Merkel*, Zaungäste?, S. 171 ff., 179 ff.

zustehen.⁵⁶ Gerade dafür ist grundsätzlich das Autonomie-Surrogat der mutmaßlichen Einwilligung einschlägig.

Andererseits hat der Rückgriff darauf dann keinen Sinn, wenn ein wirklicher Wille des Betroffenen zu der fraglichen Entscheidung nicht bloß im Einzelfall unbekannt, sondern für jede Entscheidung prinzipiell unmöglich ist. Das ist bei neugeborenen siamesischen Zwillingen für die Frage ihrer Trennung offensichtlich der Fall. Anders gewendet: Nicht etwa kennen wir die Präferenz der Kinder in dieser Frage bloß nicht – sie haben keine. Dann ist es aber nicht zulässig zu suggerieren, man ermittle eine solche Präferenz per „Mutmaßung", wiewohl die Entscheidung in Wahrheit offenkundig über eine objektive Interessensabwägung, also im Notstandsmodus, von außen getroffen wird. *Ulfrid Neumann* meint, für den Rückgriff auf die mutmaßliche Einwilligung in solchen Situationen spreche gleichwohl, „dass er den Vorrang der (hier zugegebenermaßen fiktiven) individuellen Präferenzen vor standardisierten und heteronomen Wertungen symbolisch zum Ausdruck bringt".⁵⁷ Ich meine, gerade das spricht dagegen, so richtig in solchen Fragen selbstverständlich der grundsätzliche Vorrang der Autonomie vor dem fremddefinierten Oktroi ist. Doch wo de facto ausschließlich dieser möglich ist, läuft die Suggestion, man orientiere sich an jener, objektiv auf eine Täuschung hinaus: Man maskiert das die Begründung tragende Argument. Das mag als harmlose *falsa demonstratio* hingehen. Entscheidend gegen dieses Verfahren spricht aber, dass es unter der Hand Begründungslasten für die getroffene Entscheidung herabsetzt. Die implizite Behauptung, man ratifiziere sozusagen nur, was der Betroffene selbst (mutmaßlich) will, macht diesen zum primär Zuständigen für den Entscheidungsinhalt. Da hiermit aber der schlechthin fundamentale Legitimationstitel für Eingriffserlaubnisse bezeichnet ist, reklamiert die Einwilligungslösung hier eine normative Grundlage, die sie nicht hat, sondern sich selbst per Fiktion unterschiebt. Solche Rechtfertigungen muten eher erschlichen als beglaubigt an. Anders gewendet: Die Rechtfertigungskonstruktion muss abbilden, was man wirklich tut (nämlich: selbst, von außen und per objektive Interessensabwägung entscheiden), nicht, was man – gewiss zu Recht – lieber täte, wenn es möglich wäre (den Willen des Betroffenen realisieren).

Daher ist die Notstandslösung, die eine Offenlegung aller normativen Entscheidungskriterien einfordert – und das heißt einfach: die Ehrlichkeit der

---

56 Vgl. NK – *Neumann*, StGB, § 34 Rn. 15 f., 19 f., 32 ff.
57 NK – *Neumann*, StGB, § 34 Rn. 20.

Begründung – in unseren Fällen vorzuziehen. Gewiss wird damit eine Rechtsfigur, die ihr Motiv aus einer anderen Konfliktlage bezieht, für *prima facie* normfremde Zwecke utilisiert. Das lässt sich jedoch nach allgemeinen methodischen Regeln per Analogie begründen. Der in § 34 StGB typisierte und der hier reklamierte spezifische Notstand haben einen gemeinsamen Ursprung, der ethischer Provenienz ist. In Situationen auswegloser Not sollen moralisch richtige Handlungen ausnahmsweise im Widerspruch zu den rechtlichen Garantien der Normalität gestattet sein.[58] Dass solche Handlungen dort, wo die Notstandsgefahr als Zwang zum solidarischen Opfer auf einen unbeteiligten Dritten abgewälzt wird (also im typischen Aggressivnotstand), an erheblich restriktivere Kriterien gebunden sein muss als im Fall der Identität von Belastetem und Begünstigtem einer Notstandstat, liegt auf der Hand. § 34 StGB formuliert diese Restriktion als Bedingung eines „wesentlichen" Überwiegens des Rettungsinteresses; in den Identitätsfällen der letzteren Art ist diese Bedingung dagegen funktionslos und daher für die hier vorgeschlagene Analogie zu streichen.[59]

Unser Fall 1 gehört offensichtlich zu dieser letztgenannten Art. Seine Entscheidung für die Trennung reklamiert nicht Solidarität zwischen den Zwillingen, sondern wägt Vorteile und Lasten der Trennung für jeden von ihnen gesondert ab. Zu wählen hatten die Ärzte daher allein die für beide Kinder „bessere" Option, das „einfach", nicht unbedingt „wesentlich" überwiegende Interesse. Nach allem über den Fall Mitgeteilten dürfte das hier trotz der schweren Folgen der Trennung für einen der Zwillinge korrekt geschehen sein.

4. Entscheidung über die Zuteilung des singulären Organs

Freilich erreicht die Logik dieser Legitimation nur das „Ob" der Trennung überhaupt, und zwar auch unter der gegebenen Prämisse, dass einer der Zwil-

---

58 Das kann vollständig und *a limine* nur verwerfen, wer die Trennung von Recht und Moral zum absoluten Dogma erhebt. Dafür gibt es keine guten Gründe. Mit dieser Tendenz für den Notstand aber *Kants* berühmtes Diktum, es *könne* (!) „keine Noth geben, welche, was Unrecht ist, gesetzmäßig machte" (Metaphysik der Sitten, S. 236). Warum nicht? Schon die schlichte Rückfrage zeigt, dass *Kants* Behauptung eine (wenig überzeugende) *petitio principii* ist. Strikt „freiheitsrechtlich" ist die Norm des § 34 StGB nicht zu begründen (insofern ist *Kant* konsequent). Sie ist vielmehr *ethisch* fundiert: Sie verrechtlicht (in engen Grenzen) eine genuin moralische Pflicht zur Solidarität; anders *Köhler*, AT, S. 284 f., der *Kant* und einen (reduzierten) § 34 StGB „freiheitsrechtlich" zu integrieren sucht, was aber nicht gelingt und nicht gelingen kann.

59 Genauer: Da es hier allein darum geht, für den vom „Wohl" wie vom „Weh" des Eingriffs Betroffenen *das Beste* zu tun, wäre sie kontraproduktiv und unsinnig; näher *Merkel*, „Früheuthanasie", S. 532 ff.

linge ohne Sexualorgan bleiben musste.[60] Sie erfasst aber nicht die Entscheidung, welcher von beiden das sein sollte, also das „Wie" der Zuteilung des Organs. Normativ wenig problematisch ist diese Frage in Fällen, in denen das singuläre Organ neurologisch nur einem der Zwillinge zugeordnet werden kann. Geschieht dies dann auch chirurgisch, so wird dem anderen nichts genommen, was ihm im ursprünglichsten Sinn der Leib-Person-Einheit jemals „gehört" hätte.[61] Ob und ggf. wie sich die neurologische Zuordnung eines einzelnen Sexualorgans bei neugeborenen siamesischen Zwillingen klären lässt, entzieht sich meiner Kenntnis. Die Darstellung unseres Falles 1 durch die zuständigen Ärzte schweigt dazu, und auch anderen medizinischen Berichten über Trennungen, in denen das gleiche Problem auftrat, lässt sich nichts darüber entnehmen. Normativ muss jedoch Folgendes gelten: Lassen sich (in der Formulierung von *Holcomb/O'Neill*) „für die Allokation singulärer Organe [...] keine medizinischen Unterschiede zwischen den Zwillingen" feststellen,[62] wobei „medizinisch" im weiten Sinne als biologische Zuordnung wie auch als chirurgische Machbarkeit zu lesen ist, dann gibt es nur ein nicht willkürliches Verfahren, über die Zuteilung des fraglichen Organs zu entscheiden: das Los.[63] Nur dieses Verfahren ist daher in solchen Fällen legitim. Das mag wegen der „Spiel"-Nähe des Los-Begriffes zunächst wie ein Zynismus anmuten. Es hat aber damit nichts, vielmehr ausschließlich damit zu tun, dass dieses Vorgehen *sub specie* Gerechtigkeit und Fairness ohne jede Alternative ist. Auch im Rahmen der rechtlichen Abwägung nach § 34 StGB ist daher in solchen Fällen allein der Losentscheid zulässig. Ob man diese Erwägung direkt in die Interessensabwägung des § 34 StGB einordnet, oder als Frage der „Angemessenheit" der eingesetzten Mittel der Notstandshandlung auffasst,[64] ist nicht von wesentlichem Belang.

---

60 Vgl. noch einmal die obige normative Analyse, S. 472.
61 Da es um die Zuordnung von Körperteilen zu ihren Inhabern geht, ist die physiologische Integration des fraglichen Organs in ein *Funktionssystem* „Körper" – nicht bloß in das äußere Erscheinungsbild einer (Doppel-)Gestalt – das hierfür entscheidende Kriterium.
62 *Holcomb/O'Neill*, Conjoined Twins, in: Ashcraft/Holder (Hrsg.), Pediatric Surgery, 1993, S. 951.
63 Prinzipielle Überlegungen zur Lösung irreduzibler Notstandskonflikte per Los bei *Bernsmann*, Entschuldigung, S. 336 ff.; ebenfalls NK – *Neumann*, StGB, § 34 Rn. 78. Speziell für Trennungen von „conjoined twins" erwogen, aber im Hinblick auf eine befürchtete gesellschaftliche Ablehnung skeptisch beurteilt von *Annas*, Siamese Twins: Killing One to Save the Other, Hastings Center Rep. 17 (2) (1987), S. 29.
64 Alle anderen (willkürlichen!) Entscheidungsverfahren sind angesichts der Tatsache, dass ein nichtwillkürliches – das Los – zur Verfügung steht, unangemessen.

Schwieriger wird das Allokationsproblem, wenn einer der Zwillinge geistig oder (neben der Körperfusion) physisch schwer behindert ist. *Holcomb/ O'Neill* erwägen auch diesen Fall. Aber die etwas robuste Pragmatik, mit der sie hier eine Zuordnung des einzelnen Organs zu dem nicht behinderten Kind vorschlagen,[65] scheint jedenfalls nach deutschem Recht mit dem in Art. 3 Abs. 3 Satz 2 GG normierten Prinzip des Verbots jeder Benachteiligung Behinderter „wegen ihrer Behinderung" zu kollidieren. Allerdings scheint dieses Prinzip in unseren Fällen umgekehrt die Zuordnung des Organs stets und zwingend zu dem behinderten Kind zu gebieten, eine Regel, die gewiss erst recht nicht akzeptabel ist.[66]

Ich lasse das Problem hier offen. Der Versuch einer Lösung müsste zu tief in moralphilosophische Grundlagen-Diskussionen (vor allem zur Frage des grundsätzlichen moralischen Schutzstatus Neugeborener) führen und damit die Grenzen dieses Aufsatzes sprengen.[67]

II. Die Fälle 2 und 3: Einseitig tödliche Trennung der Zwillinge

Damit ist das für alle Trennungsfälle, auch für unsere Beispiele 2 und 3 aus dem „Children's Hospital" in Philadelphia, in Betracht kommende strafrechtliche Instrumentarium durchgemustert. Übrig bleiben die Regeln des Notstands. Doch weisen die Fälle 2 und 3 schon deswegen eine Reihe von Besonderheiten auf, weil es ihnen jeweils um die vorsätzliche Tötung eines der Kinder geht.

1. Elektive Trennung unter Opferung eines der Kinder

Dass niemand, der für eine Notlage nicht zuständig ist, zur Rettung oder im sonstigen Interesse eines Anderen (selbst vieler Anderer) getötet werden darf, ist als grundlegendes rechtliches Prinzip zunächst festzuhalten. Damit ist jedenfalls ein Akt-Utilitarismus, der in Lebensnotstandsfällen die Überzahl der möglicherweise zu Rettenden gegenüber den dafür zu Opfernden als Kriterium der Legitimität des entsprechenden Handelns gelten lässt, *de iure* aus-

---

65 Vgl. *Holcomb/O'Neill*, Conjoined Twins, in: Ashcraft/Holder (Hrsg.), Pediatric Surgery, 1993.
66 Freilich könnte man das Normgebot des Art. 3 Abs. 3 Satz 2 GG auch hier – etwas weniger rigide – eben als Zwang zur Los-Entscheidung interpretieren. Auch damit ließen sich aber sachlich unangemessene oder sogar absurde Entscheidungen in (statistisch) 50 % der Fälle nicht vermeiden.
67 S. dazu *Merkel*, „Früheuthanasie", insbes. Kap. 4, S. 389 ff.

geschlossen.[68] Das liegt freilich nicht, wie in strafrechtlichen Abhandlungen oft zu lesen ist, an der schlechterdings zwingenden „Unabwägbarkeit" und „Unbewertbarkeit" des menschlichen Lebens, oder an dessen „unendlichem" bzw. „Höchstwert" für das Strafrecht. Solche Behauptungen sind in verschiedenen Hinsichten – in manchen sogar ganz offenkundig – falsch.[69] Der Grund jenes Lebensopferungsverbots liegt vielmehr darin, dass unter dem Rechtsprinzip der Freiheit und Gleichheit aller aus der Sicht der (potenziellen) Opfer eine Duldungspflicht zur Existenzaufgabe auch zum Nutzen noch so vieler Anderer nicht legitimiert werden kann.[70]

Das gilt nach ganz herrschender und zutreffender Auffassung auch in Fällen der sog. Gefahrengemeinschaft, in denen das Leben aller verloren ist, wenn nicht Einzelne geopfert werden.[71] Dieser Struktur entspricht unser Fall 2 in gewissem Sinn: Längerfristige, ein Jahr erheblich überdauernde Überlebenszeiten sind bei Zwillingen mit fusionierten Herzkammern bisher nicht beobachtet worden.[72] Daraus leiten die Chirurgen, die solche Trennungen vornehmen, regelmäßig ihre Legitimation für den Eingriff ab.[73] Doch lässt sich strafrechtlich eine Tötungserlaubnis und damit die Legitimation zu einer einseitig tödlichen Trennung (wie in unserem Fall 2) so nicht begründen. Steht im konkreten Fall medizinisch hinreichend sicher fest, dass zur Rettung vor dem sonst beiden drohenden Tod jeder der Zwillinge mit gleich guten Chancen ausgewählt werden könnte, dann darf keiner gewählt, die Trennung nicht unternommen werden. Denn für keinen lässt sich eine Rechtspflicht begründen, die Kehrseite dieser Wahl auf sich zu nehmen: die Rolle des Opfers.

Freilich lag, sieht man genau hin, unser Fall 2 etwas anders. *Neumann* hat für das Problem der „Gefahrengemeinschaft" auf die wichtige Unterschei-

---

68 Freilich dürfte es keinen modernen utilitaristischen Ethiker geben, der dieses Prinzip in einer so groben, unqualifizierten Form vertritt. Die damit zusammenhängenden moralphilosophischen Fragen bleiben hier jedoch außer Betracht.
69 Beispiel: In allen echten Sterbehilfe-Fällen, in denen über die Verkürzung oder Nicht-Verlängerung des Lebens eines anderen *entschieden* wird, müssen Abwägungen zur Quantität und Qualität des an sich noch erhaltbaren Lebens eine zentrale, im Falle eines nicht einwilligungsfähigen Betroffenen sogar die schlechthin entscheidende Rolle spielen.
70 Zutr. *Jakobs*, AT, 13/21 (auch zur Verfehltheit des Topos vom „Höchstwert Leben"); ebenfalls NK – *Neumann*, StGB, § 34 Rn. 73; *Köhler*, AT, S. 283.
71 Nachweise bei *Roxin*, AT I, § 16 Rn. 35 ff., § 22 Rn. 146 ff.; *Küper*, Grund- und Grenzfragen, S. 48 ff., 57 ff. Zur wenig glücklichen Bezeichnung „Gefahrengemeinschaft" s. *Köhler*, AT, S. 281 Fn. 138.
72 Vgl. oben, zu und in *Holcomb/O'Neill*, Conjoined Twins, in: Ashcraft/Holder (Hrsg.), Pediatric Surgery, 1993; *Filler*, Conjoined Twins and Their Separation, in: Seminars in Perinatology, 1986.
73 S. *Holcomb/O'Neill*, Conjoined Twins, in: Ashcraft/Holder (Hrsg.), Pediatric Surgery, 1993.

dung zwischen asymmetrisch und symmetrisch verteilten Rettungschancen hingewiesen: „Im ersten Fall kann von zwei gefährdeten Personen nur die eine, nicht aber die andere gerettet werden [...]. Im zweiten Fall liegt eine symmetrische Chancenverteilung vor; es kann zwar jeder der Gefährdeten auf Kosten des/der anderen, nicht aber können alle zusammen gerettet werden." Für die Konstellation der asymmetrischen Chancenverteilung, also des unter keinen Umständen abwendbaren Todes einer bestimmten Person aus der Gefahrengemeinschaft, hält *Neumann* im Anschluss an *Otto* eine Rechtfertigung der aktiven Tötungs- bzw. Rettungshandlung für möglich, wenn das geopferte Leben jedenfalls nur „um wenige Augenblicke länger erhalten werden könnte".[74] Mir erscheint diese Lösung gegenüber einer starren Unnachgiebigkeit des Grundprinzips, die hier um der minimalen Verlängerung eines unrettbar verlorenen Lebens ein vollständig zu rettendes anderes preisgeben müsste, grundsätzlich vorzugswürdig.[75]

Diese Struktur lässt sich nun ebenfalls in unserem Fall 2 erkennen, freilich erneut nur in gewissem Sinn: In ungetrenntem Zustand waren beide Zwillinge in absehbarer Zeit dem Tod ausgeliefert; wenn man sie dagegen trennte, dann war aus medizinischen Gründen nur derjenige von ihnen zu retten, dem der „gesündere" Anteil des fusionierten Herzkomplexes physiologisch zugehörte. Der Unterschied zur skizzierten Gefahrengemeinschaft mit „asymmetrischen Rettungschancen" liegt aber darin, dass hier der Tod beider Zwillinge keineswegs unmittelbar bevorstand. Wohl wussten die Ärzte um die Unmög-

---

74 NK – *Neumann*, StGB, § 34, Rn. 76 f.; *Otto*, Grundkurs Strafrecht – AT, § 8 Rn. 193. Das hierfür exemplarische Lehrbuchbeispiel ist der sog. Bergsteiger-Fall: Der abgestürzte, mit B durch ein Seil verbundene A droht im nächsten Moment beide in den Tod zu reißen; B durchtrennt das Seil und rettet sich so (erfunden von *Rudolf Merkel*, Kollision rechtmäßiger Interessen, S. 48).
75 Die genaue Begründung mag hier auf sich beruhen. Angedeutet sei nur so viel: Es geht hier im Hinblick auf das verkürzte Leben nicht mehr primär um den konkreten Lebensschutz (für den es einfach keine relevante Chance mehr gibt), sondern um den *Schutz der sozialen Norm*, die gezielte aktive Tötungen verbietet. Das ist ein Schutzgut von hohem Rang, aber es darf unter genau definierten Ausnahmebedingungen (wie der hier fraglichen) in Abwägungen mit dem Überlebensinteresse von Menschen, die gerettet werden können, gezogen werden. Das lässt sich unter verschiedenen Gesichtspunkten auch als rechtliche Regelung rational begründen. Freilich wird man diese Konstellation anders zu beurteilen haben, wenn es nicht (wie in unseren Fällen) um Tötungen durch Private, sondern durch staatliches Handeln geht. Verfassungsdogmatisch gründet dieser Unterschied in der unmittelbar abwehrrechtlichen Funktion der Grundrechte gegen den Staat, die dann einschlägig wäre (Art. 2 II, u. U. sogar Art. I GG), rechtsphilosophisch in der fundamentalen Rolle des Staates als Normgarant, der deshalb den Bruch einer rechtlichen Grundnorm (des Tötungsverbots) eher einer Privatperson gestatten, als ihn selbst begehen darf. Zu diesem durch den ehemaligen § 14 III LuftSiG aktuell gewordenen Problem Merkel, JZ 2007, 373; *Roxin*, AT I, § 22 Rn. 152, m. w. N.

lichkeit eines längerfristigen Überlebens im ungetrennten Zustand; wie kurz die hierfür verbleibende Frist war, ließ sich jedoch nicht sagen. So viel dagegen doch: dass es nicht um „wenige Augenblicke" (*Neumann*), sondern immerhin um Wochen oder Monate ging. Andererseits dürfte in vielen dieser Fälle das Abwarten der unmittelbar akuten Lebensgefahr die Operationschancen deutlich verschlechtern. Auch mag man sich in moralphilosophischer Perspektive durchaus fragen, welches subjektive Interesse ein Neugeborenes, das seine eigene Existenz noch nicht bewusst erlebt, an der Verlängerung dieser Existenz um höchstens einige Monate haben kann, welcher subjektiv erfahrbare Schaden ihm also mit der Verkürzung seines Lebens um eben diese wenigen Monate zugefügt würde, und ob dagegen die zu rettende „normale" Lebenszeit des anderen nicht als der entscheidend höhere Wert beurteilt werden müsse.[76] Gleichwohl steht außer Zweifel, dass eine solche Verrechnung von Lebenszeiten über Personengrenzen hinweg strafrechtlich auch im Falle Neugeborener nicht zulässig ist. Hinzu kommt, dass die Trennung von Zwillingen mit fusionierten Herzkammern nach allen bisherigen Erfahrungen auch dem nicht geopferten Zwilling nur eine geringe Chance eröffnet. Ein über wenige Monate hinausreichendes, langfristiges Überleben ist bislang noch nicht beobachtet worden.[77] Wohl erwarten die zuständigen Mediziner, dass dies in naher Zukunft gelingen wird und diese Art der Trennungsoperation dem derzeitigen Experimentalstadium allmählich entzogen werden kann.[78] Doch schafft die Aussicht auf einen solchen medizinischen Fortschritt keine rechtliche Legitimation für die Opferung Einzelner auf dem Weg dorthin.

---

76 Zu solchen Diskussionen in der Moralphilosophie ausführlich *meine* Habilitationsarbeit „Früheuthanasie", Kap. 4. Hingewiesen sei außerdem darauf, dass die deutsche Diskussion (auch die strafrechtliche) zur sog. „Früheuthanasie" mit dem Etikett „nicht überlebensfähig" für schwerstgeschädigte Neugeborene gänzlich unreflektiert und bei Weitem großzügiger umgeht, als man dies bei Erwachsenen auch nur entfernt für diskutabel halten würde: Todkranke Säuglinge mit monate-, ja jahrelanger Überlebensmöglichkeit werden einfach und ohne Argument dieser Kategorie zugeschlagen; s. auch dazu meine erwähnte Arbeit 3. Kap., C. II. 1.
77 S. *Filler*, Conjoined Twins and Their Separation, in: Seminars in Perinatology, 1986, S. 89. Zum jüngsten Fall dieser Art in den USA (übrigens erneut im „Children's Hospital" von Philadelphia) *Merrick*, Critically III Newborns and the Law, J. of Legal Mediane 16 (1995), 192: Die Zwillinge wurden 1993 getrennt, einer wurde bei der Operation „geopfert", der andere überlebte die Trennung genau ein Jahr, also etwa so lange, wie er im ungetrennten Zustand mit seinem Zwillingsbruder im günstigen Fall auch hätte überleben können.
78 Vgl. *Nichols*, Twins, Conjoined, in: Buyse (Hrsg.), Birth Defects Encyclopedia, 1990, S. 1721; *Holcomb/O'Neill*, Conjoined Twins, in: Ashcraft/Holder (Hrsg.), Pediatric Surgery, 1993, S. 308.

Elektive Trennungen vom Typus unseres Falles 2, also unter vorsätzlicher Tötung eines der Kinder, sind daher strafrechtlich nicht zulässig. Auch eine übergesetzliche Entschuldigung der Ärzte kommt nicht in Betracht. Es ist kein Gesichtspunkt erkennbar, unter dem einem Arzt für die Tötung eines der Zwillinge zu Gunsten des anderen, die er ohne eigenes Risiko oder eine sonstige ungewöhnliche Zumutung an ihn selbst unterlassen kann, eine Freistellung von seiner Verantwortlichkeit gewährt werden könnte. Die Stufe der Schuld im Verbrechensaufbau ist nicht eine Auffangstation für unerledigte ethische Zweifel in Fällen, in denen eine Rechtfertigung sozusagen „fast", aus prinzipiellen Gründen aber nicht ganz gelingt.[79] Dass die Behandlung solcher Fälle als strafbare Tötungsverbrechen weit überzogen erscheinen mag, macht gleichwohl „die Schuld" nicht zum systematisch geeigneten Ort für die Beschwichtigung des Unbehagens. Was immer die Strafwürdigkeit der Trennungsoperation zweifelhaft machen mag: Nichts davon hat mit der persönlichen Lage des handelnden Arztes, vielmehr hat alles mit seiner Handlung für (und gegen) die Zwillinge zu tun. Wird diese, wie hier, als strafrechtliches Unrecht beurteilt, dann scheidet eine übergesetzliche Entschuldigung bzw. Verantwortungsentlastung des Arztes aus.

Das bedeutet, dass solchen Kindern aus ihrer physischen Situation – und damit auch: gegen den Tod – nicht straffrei geholfen werden kann. Eine befriedigende Lösung ist das nicht. Dass es hier eine solche überhaupt geben könnte, ist freilich wenig wahrscheinlich.

Ein Fall (hauptsächlich) dieser Struktur hat im Spätherbst des Jahres 2000 die Öffentlichkeit in England bewegt und die dortige Justiz beschäftigt.[80] Es ging um zwei im unteren Abdominalbereich eng fusionierte weibliche Zwillinge (Ischiopagen), Jodie und Mary. Marys eigene Herz- und Lungentätigkeit kam wegen einer gravierenden Unterentwicklung beider Organe kurz nach der Geburt irreversibel zum Stillstand. Sie hatte außerdem ein erheblich deformiertes und schwer geschädigtes Gehirn. Physiologisch war sie vollständig von der Herz-Lungen-Tätigkeit ihrer Zwillingsschwester abhängig. Dieser Doppelbelastung hielt das allein von Jodies Organen in Gang gehaltene

---

[79] Für unsere Trennungsfälle ebenso *Joerden*, Dürfen siamesische Zwillinge getrennt werden?, in: ders. (Hrsg.), Menschenleben. Ethische Grund- und Grenzfragen des Medizinrechts, S. 119, 126 ff.
[80] The Supreme Court of Judicature /Court of Appeal (Civil Division), On Appeal From Familiy Division /Case No: B1/2000/2969 (www.courtservice.gov.uk/info/news_items/siamese.htm). Ein durchaus ähnlicher Fall hat ein Jahr später den Supreme Court von Queensland (Australien) beschäftigt; s. „Queensland versus Nolan", Chesterman Journal; [2001], Q.S.C. 174; abgedr. in Medical Law Review 2002, 100.

Kreislaufsystem gleichwohl ohne Weiteres stand. Allerdings beobachteten die Ärzte eine zunehmende Unterernährung des gesunden Zwillings (Jodie), die sie auf eine funktional „parasitäre" Beziehung Marys zum Körper ihrer Zwillingsschwester zurückführten. Zudem war eine künftige Überforderung von Herz und Lungen Jodies mit hoher Wahrscheinlichkeit zu erwarten. Dass beide Kinder auf (jahrelange) Dauer überleben könnten, war so gut wie ausgeschlossen.[81] Die Eltern verweigerten aus (katholisch) religiösen Gründen die Einwilligung in eine Trennung. Daraufhin schaltete die Klinikleitung das Familiengericht ein; es ersetzte die verweigerte Einwilligung. Die Trennung wurde im November 2000 durchgeführt. Zwilling Mary starb, wie sicher vorausgesehen, noch während der Operation.

Auch unter den Mitgliedern des erkennenden Appellationsgerichts war die Entscheidung umstritten. Sie wurde von der Mehrheit auf die Erwägung gestützt, es sei besser, wenn eines der Kinder überlebe, als wenn beide stürben.[82] Das ist als Grundsatz freilich mehr als zweifelhaft. Denn die Aufgabe des Rechts besteht hier nicht primär in der Rettung von Menschenleben, sondern in der Garantie der fundamentalen Normen. Allerdings bezog sich das Gericht bei seiner Entscheidung, wenngleich etwas diffus und unklar, auch auf Argumente, die nach unserem Recht dem Titel des defensiven Notstands zuzuordnen wären: auf die (freilich nicht akut) drohende Lebensgefahr für den „gesunden" Zwilling Jodie, die von der organisch parasitären Rolle des kranken anderen ausging. Hinreichend für eine Rechtfertigung nach Defensivnotstandsregeln dürfte die erst künftig drohende Gefahr zum Zeitpunkt der Trennung (Tötung!) noch nicht gewesen sein. Doch hing das auch von klinischen Umständen ab, die schon damals schwer zu klären waren und es heute erst recht sind. Damit gelangen wir zum letzten Typus tödlicher Trennungen.

---

81 Zu sämtlichen klinischen Fakten eingehend Court of Appeal (a. a. O.), S. 7 ff.
82 Das Urteil ist in der englischen und internationalen (nicht aber in der deutschen) bioethischen und medizinrechtlichen Literatur viel und kontrovers erörtert worden; s. exemplarisch nur *Annas*, Conjoined Twins – The Limits of Law at the Limits of Life, New England Journal of Medicine 344 No. 14 (2001), 1104; *Barilan*, One or Two: An Examination of the Recent Case of the Conjoined Twins from Malta, Journal of Medicine and Philosophy 28 (2003), 27; *Gillon*, Imposed Separation – Moral Hubris by the English Courts, Journal of Medical Ethics 27 (2001), 3; *Cowley*, The Conjoined Twins and the Limits of Rationality in Applied Ethics, Bioethics 17 (2003), 69.

2. Nottrennungen: Tötung im Defensivnotstand?

Der normative Konflikt unseres Falles 3 ist der des sog. Defensivnotstands: Die zum Notstandshandeln veranlassende Gefahr stammt im weitesten Sinne aus der Sphäre eines der in die Notstandslage Verstrickten. Die Regel, dass der als (kausaler) Ursprung der Gefahr Identifizierbare für die Lasten ihrer Abwendung auch dann zuständig gemacht werden darf, wenn er selbst „nichts dafür kann", entspricht einem Prinzip der Fairness und damit der distributiven Gerechtigkeit.[83] Der Streit in der Dogmatik um die richtige systematische Einordnung des Defensivnotstands spielt für dessen Konsequenz, die Rechtfertigung der Notstandshandlung, keine Rolle und braucht uns hier nicht zu beschäftigen.[84]

Das Prinzip gilt auch für unsere Trennungsfälle: Wird einer der Zwillinge aufgrund seiner körperlichen Beschaffenheit zur unmittelbar tödlichen Gefahr für den anderen, so darf die zur Gefahrenbeseitigung erforderliche Maßnahme auch dann durchgeführt werden, wenn sie zur Tötung dieses Zwillings führt. Solche Fälle werden in der klinischen Praxis mit siamesischen Zwillingen nicht ganz selten sein. Sie produzieren allerdings ersichtlich ein gewisses Risiko des Missbrauchs ärztlicher Definitionsmacht über die Frage des „Gefahrenursprungs".[85] Grundsätzlich rechtfertigt aber ein echter Defensivnotstand die einseitig tödliche Trennung der Zwillinge.[86] Man muss sich

---

[83] Erklärungen, wie: das Eingriffsopfer habe den Zugriff auf seine Rechtsgüter zu dulden, weil es „erst die Notstandsgefahr *geschaffen* hat" (*Kühl*, AT, 2. Auflage, § 8, Rn. 134, Hervorhebung vom Verfasser), erfassen das Problem nur zur Hälfte. Auch wer nichts „geschaffen" hat, sondern einfach die Gefahr *ist*, kann und muss im obigen Sinne als „zuständig" gelten. (*Kühl* hat seine frühere Formulierung seit der 3. Auflage seines Lehrbuchs um die hier verwendete ergänzt.)

[84] S. noch einmal *Roxin*, AT I, § 16 Rn. 73 ff.

[85] Man vergleiche etwa die Falldarstellung bei *Chen et al.*, Emergency Separation of Omphaloischiopagus Tetrapus Conjoined Twins in the Newborn Period, J. Ped. Surg. 24 (1989), 1221 ff.: Einer der Zwillinge war, *sofern man die Trennung durchführte*, nicht zum unabhängigen Überleben fähig; doch bestand für die ungetrennten Zwillinge noch keine *akute* Lebensgefahr. Man definierte den zum getrennten Oberleben unfähigen Zwilling als „Parasiten" des anderen Kindes und trennte ihn (mit tödlicher Folge) ab. Vor einer akuten Lebensbedrohung für das andere Kind bestand aber noch keine Defensivnotstandslage. (Freilich muss hier auch die mögliche Zunahme des medizinischen Risikos bei weiterem Abwarten bedacht werden; insofern ist der Fall nicht eindeutig zu klären.) Zweifelsfrei dagegen die Defensivnotstands-Trennung bei *Tran Dong*, Successful Separation of Ischiopagus Tripus Conjoined Twins With One Twin Suffering From Brain Damage, in: J. Ped. Surg. 28 (1993), 965 ff.; ebenfalls bei *Messmer/Hörnchen/Kösters*, Surgical separation of conjoined (siamese) twins, in: Surgery 89 (1981), 622 ff.: jeweils akut moribunder Zustand des bei der Trennung getöteten Zwillings.

[86] Anders *Joerden*, Dürfen siamesische Zwillinge getrennt werden?, in ders. (Hrsg.), Menschenleben. Ethische Grund- und Grenzfragen des Medizinrechts, S. 119, 128 f., der wegen der „Ungetrenntheit"

nur klarmachen, worauf genau diese Rechtfertigung hier zielt, nämlich nicht auf die Trennung als solche, sondern auf die Rettung des anderen Kindes. Dass diese gerade und nur in der Trennung (eigentlich: der Abtrennung) des gefährdenden Zwillings besteht, ist für den anderen gewissermaßen eine glückliche Koinzidenz.

Das Problem des Falles 3 besteht ersichtlich darin, dass hier die zweifellos vorliegende Defensivnotstandslage so, wie sie normativ gelöst werden durfte (nämlich zulasten des Zwillings, von dem die akute Lebensbedrohung ausging), klinisch gerade nicht zu lösen war: Sollte wenigstens einer der Zwillinge die Trennung überleben, dann konnte das nur der sein, von dem die Lebensgefahr für den anderen Zwilling ausging. Zwar „gehörte" ihm physiologisch der Gefahrenursprung (der sozusagen moribunde Anteil an dem fusionierten Herzkomplex), andererseits aber auch das einzelne System der extrahepatischen Gallengänge; dessen Fehlen bei dem anderen (dem bedrohten) Kind schloss aber für dieses ein Überleben nach der Trennung aus.

Fall 3 demonstriert schlagend die Grenzen der Leistungsfähigkeit der einschlägigen rechtlichen Prinzipien, wenn man so will: in einer wechselseitigen Blockade der normativen und der klinischen Handlungsmaximen. Moralisch lassen sich für die von den Ärzten in Philadelphia durchgeführte Trennungsoperation zur Rettung wenigstens eines der beiden Zwillinge gewiss Gründe nennen,[87] obwohl gerade dieser für den unmittelbaren Anlass zum tödlichen Eingriff „zuständig" war. Strafrechtlich ist eine Möglichkeit der Rechtfertigung nicht zu sehen. Die Trennung der Kinder war nach deutschem Recht verboten. Für die Schuldfrage gilt das oben zu unserem Fall 2 Dargelegte.

Dass auch dies alles andere als eine befriedigende Lösung ist, braucht nicht unterstrichen zu werden.

D. Ausblick

Das ist ein etwas ratloser Schluss. Aber um Rat zu den Problemen unseres Themas hat sich die deutsche Rechtswissenschaft bislang noch kaum bemüht. Sichtbar geworden ist immerhin eine Aufgabe. Unsere Diskussion hat gezeigt, dass in manchen der hier erörterten Grenzfälle Maximen des konkret indivi-

---

der Körper auch eine Ungetrenntheit der Rechtssphären annimmt, die die Anwendung einer Kollisionsregel wie des defensiven Notstands unplausibel mache.

87 Ablehnen – je nach reklamierter ethischer Grundlagentheorie – natürlich auch.

duellen Lebensschutzes gerade mit solchen Rechtsprinzipien kollidieren, die den Lebensschutz innerhalb der Rechtsordnung abstrakt und allgemein garantieren. Gewiss gehören andere Kollisionen dieser Struktur unter dem Titel „Gefahrengemeinschaft" seit Langem zum Probleminventar der Strafrechtsdogmatik. In unseren Fällen spielen jedoch offenbar weitere und ungeklärte Fragen prinzipieller Natur eine Rolle. Sie haben, grob formuliert, damit zu tun, dass es dabei um Neugeborene geht. Es gibt ersichtlich eine weit verbreitete Intuition, wonach der Lebensschutz Neugeborener enger gefasst werden darf als der Erwachsener. Dass diese Empfindung in der klinischen Praxis Folgen hat, zeigen nicht zuletzt die hier diskutierten ärztlichen Entscheidungen. Denn dass irgendein Chirurg der Welt an eine einseitig tödliche Trennung erwachsener siamesischer Zwillinge auch nur denken würde, ist schwer vorstellbar. Gleichwohl gibt es für diese Intuition ethische Argumente. Sie sind höchst umstritten und liegen als ganze außerhalb unseres Themas. Es ist aber an der Zeit, auch die juristische Diskussion solchen Fragen zu öffnen. Denn in den Kliniken werden sie zunehmend auf dem schwankenden Grund ungeklärter moralischer Gefühle beantwortet, und das heißt erledigt, bevor sie verstanden sind. Ein Vorwurf ist den Ärzten daraus gewiss nicht zu machen. Eher schon, scheint mir, den Juristen, die auf dem gleichen Grund undeutlicher Intuitionen solche Lösungen auch dann tolerieren (und noch lieber ignorieren), wenn diese mit rechtlichen Vorgaben nicht zu vereinbaren sind. Da es aber um Grundprinzipien unserer Rechtsordnung geht, müssen die Kriterien ihrer Beschränkbarkeit in konkreten Ausnahmefällen geklärt und begründet werden. Nicht akzeptabel ist es, die auftretenden Konflikte einer in jedem Sinn allein gelassenen klinischen Praxis zur stillschweigenden Erledigung zuzuschieben. Sie überschreitet im Halbschatten der juristischen Aufmerksamkeit schon heute mehr normative Grenzen, als sich die strafrechtliche Schulweisheit träumen lässt.

III.9 Geschlechtsumwandlung

Friedemann Pfäfflin

Inhaltsverzeichnis

1. Einleitung _645
2. Zur Geschichte medizinischer Geschlechtsumwandlungen _647
   - 2.1 Erste medizinische Geschlechtsumwandlung _647
   - 2.2 Die Erfindung der Transvestiten _648
   - 2.3 Streitfragen bezüglich der Behandlung _648
   - 2.4 Die Sensation _650
   - 2.5 Reaktionen und Konsequenzen: Gender Identity Clinics _651
   - 2.6 Weitere Konzeptualisierungen _653
   - 2.7 Transsexualismus als klinische Diagnose _654
   - 2.8 Neuauflagen von Kritik an der Behandlung _654
   - 2.9 Zur Terminologie: Geschlechtsumwandlung oder Geschlechtsangleichung? _655
2. Häufigkeit _657
3. Rechtliche Aspekte _658
   - 3.1 Strafrechtliche Aspekte _658
   - 3.2 Personenstandsrechtliche Aspekte _659
     - 3.2.1 Transsexuellengesetz (TSG) _659
       - 3.2.1.1 Mindestaltersgrenzen _660
       - 3.2.1.2 Behandlungsrichtlinien und -standards _660
       - 3.2.1.3 Höchstaltersgrenzen _662
       - 3.2.1.4 Internationaler Vergleich und Recht auf Eheschließung _663
     - 3.2.2 Transsexuellenrechtsreformgesetz (TSRRG) _664
   - 3.3 Sozialrechtliche Aspekte _665
     - 3.3.1 Streit um die Leistungspflicht von Krankenversicherungen _665
     - 3.3.2 Zum Stellenwert geschlechtsangleichender Operationen in der Behandlung _666
     - 3.3.3 Behandlungsergebnisse _667
   - 3.4 Begutachtung Transsexueller _667
4. Ausblick _667

Literaturverzeichnis

Abraham, F. (1931). Genitalumwandlung an zwei männlichen Transvestiten. Zeitschrift für Sexualwissenschaft und Sexualpolitik 18: 223–226.
American Psychiatric Association (1980). Diagnostic and statistical manual of mental disorders (DSM III). Washington, D.C: American Psychiatric Association.
American Psychiatric Association (1994). Diagnostic and statistical manual of mental disorders (DSM IV). Washington, D.C: American Psychiatric Association.
Augstein, M.S. (1987). Ein Abgeordneter kämpft für eine Minderheit: Dr. Claus Arndt und das Transsexuellengesetz. In: Renger A., Stern C., Däubler-Gmelin H. (Hrsg.) Festschrift für Claus Arndt. Heidelberg: CF Müller, S 1–11.
Augstein, M.S. (1992). Zur rechtlichen Situation Transsexueller in der Bundesrepublik Deutschland. In: Pfäfflin F., Junge A. (Hrsg.) Geschlechtsumwandlung. Abhandlungen zur Transsexualität. Stuttgart New York: Schattauer, S 103–111.
Augstein, M.S. (1996). Zur Begutachtung der Transsexuellen aus der Sicht der Betroffenen. In: Clement U., Senf W. (Hrsg.) Transsexualität. Behandlung und Begutachtung. Stuttgart New York: Schattauer, S 74–80.
Benjamin, H. (1964 a). Nature and management of transsexualism. With a report on thirty-one operated cases. Western Journal of Surgery 72: 105–111.
Benjamin, H. (1964 b). Transsexualismus, Wesen und Behandlung. Nervenarzt 35: 499–500.
Benjamin, H. (1964 c). Clinical aspects of transsexualism in the male and female. American Journal of Psychotherapy 18: 458–469.
Benjamin, H. (1966). The transsexual phenomenon. New York: Julian Press.
Binder, H. (1933). Das Verlangen nach Geschlechtsumwandlung. Zeitschrift für die gesamte Neurologie und Psychiatrie 143: 85–174.
Boss, B. (1950/51). Erwiderung zum Bericht über mein Referat auf der 66. Wanderversammlung der Südwestdeutschen Psychiater und Neurologen in Badenweiler. Psyche 4: 394–400.
Bürger-Prinz, H., Weigel, H. (1940). Über den Transvestitismus bei Männern. Monatsschrift für Kriminalbiologie 31: 125–143.
Bürger-Prinz, H., Albrecht, H., Giese, H. (1953[1], 1966[2]). Zur Phänomenologie des Transvestitismus bei Männern. Beiträge zur Sexualforschung, Bd. 3. Stuttgart: Enke.
Burchard, J. (1961). Struktur und Soziologie des Transvestitismus und Transsexualismus. Beiträge zur Sexualforschung, Bd. 21. Stuttgart: Enke.
Burchard, J. (1965). Psychopathology of transvestism and transsexualism. Journal of Sex Research 1: 39–43.

Cauldwell, D.C. (1949) Psychopathia Transsexualis. Sexology 16: 274–280.

Cohen-Kettenis, P., Pfäfflin, F. (2003). Transgenderism and intersexuality in childhood and adolescence. Making Choices. Thousand Oaks London New Delhi: Sage Publications.

Cowell, R. (1954). Ich war ein Mann: Die vollständige Autobiographie einer ungewöhnlichen Frau. Wien: Zsolnay.

Dilling, H., Mombour, W., Schmidt, M.H. (2005). Internationale Klassifikation psychischer Störungen: ICD-10. 5. Aufl. Bern Göttingen Toronto Seattle: Huber.

Eicher, W. (1984[1], 1992[2]). Transsexualismus: Möglichkeiten und Grenzen der Geschlechtsumwandlung. Stuttgart Jena New York: G. Fischer.

Ekins, R., King, D. (2006). The transgender phenomenon. Thousand Oaks London New Delhi: Sage Publications.

Elbe, L. (1932). Ein Mensch wechselt sein Geschlecht. Eine Lebensbeichte. Hoyer N (Hrsg.) Dresden: Carl Reissner.

Hamburger, C., Stürüp, G., Dahl-Iversen, E. (1953). Transvestism. Hormonal, psychiatric and surgical treatment. Journal of the American Medical Association 152: 391–396.

Hertoft, P., Sörensen, T. (1979). Transsexuality: Some remarks based on clinical experience. In: Sex, Hormones and Behavior. Ciba Foundation Symposium 62. Amsterdam u. a.: Ciba Foundation, S 165–181.

HBIGDA (2001). The Standards of care for gender identity disorders. 6th version. The International Journal of Transgenderism 5 (1), http://www.symposion.com/ijt/soc_2001/index.htm

Hirschfeld, M. (1910). Die Transvestiten. Leipzig: Verlag „Wahrheit" F. Spohr.

Hirschfeld, M. (1918). Sexuelle Zwischenstufen. Sexualpathologie, 2. Teil. Bonn: Marcus & Weber.

Hirschfeld, M. (1923). Die intersexuelle Konstitution. Jahrbuch für sexuelle Zwischenstufen 23: 3–27.

Jorgensen, C. (1967). A personal autobiography. New York: Paul S. Eriksson.

Kinsey, A. (1963). Das sexuelle Verhalten der Frau. Frankfurt/Main: Fischer.

Kinsey, A. (1965). Das sexuelle Verhalten des Mannes. Frankfurt/Main: Fischer.

Kubie, L.S., Mackie, J.B. (1968). Critical issues raised by operations for gender transmutations. Journal of Nervous and Mental Diseases 147: 431–444.

Langer, D., Hartmann, U. (1997). Psychiatrische Begutachtung nach dem Transsexuellengesetz. Ein erfahrungsgestütztes Plädoyer für Leitlinien und gegen Beliebigkeit. Nervenarzt 68: 862–869.

Mitscherlich, A. (1950/51). Wanderversammlung der Südwestdeutschen Psychiater und Neurologen, Badenweiler, 2./3. Juni 1950. I. Erstes Leitthema: Daseinsanalyse. Psyche 4: 226–234.
Mitscherlich, A. (1994). Zur Geschichte des Konzepts Gender Identity Disorder. Zeitschrift für Sexualforschung 7: 20–34.
Mitscherlich, A., Bally, G., Binder, H. et al. (1950/51 a). Rundfrage über ein Referat auf der 66. Wanderversammlung der Südwestdeutschen Psychiater und Neurologen in Badenweiler. Psyche 4: 448–477.
Mitscherlich, A., Georgi, F., Göppert, H. et al. (1950/51 b). Rundfrage über ein Referat auf der 66. Wanderversammlung der Südwestdeutschen Psychiater und Neurologen in Badenweiler. Psyche 4: 626–640.
Money, J. (1985). Gender: History, theory and usage of the term in sexology and its relationship with nature/nurture. Journal of Sex and Marital Therapy 11: 71–79.
Money, J. (1994). Zur Geschichte des Konzepts Gender Identity Disorder. Zeitschrift für Sexualforschung 7: 20–34.
Money, J., Ehrhardt, A. (1970). Transsexuelle nach dem Geschlechtswechsel. In: Schmidt G., Sigusch V., Schorsch E. (Hrsg.) Tendenzen der Sexualforschung. Beiträge zur Sexualforschung, Bd. 49. Stuttgart: Enke, S. 70–87.
Morris, J. (1974). Conundrum. The astonishing and moving story of a man who was transformed into a woman. New York: Harcourt Brace Jovanovich.
Mühsam, R. (1926). Chirurgische Eingriffe bei Anomalien des Sexuallebens. Therapie der Gegenwart 67: 451–455.
Pfäfflin, F. (1982). Altersgrenze im TSG teilweise nichtig. Sexualmedizin 11: 288–289.
Pfäfflin, F. (1984). Zur Leistungspflicht der Krankenkassen bei Geschlechtsumwandlungsoperationen. Recht & Psychiatrie 2: 95–99.
Pfäfflin, F. (1988). Transsexualität als Krankheit im Sinne der RVO. Zum BSG-Urteil vom 6.8.1987. Recht & Psychiatrie 6: 26–27.
Pfäfflin, F. (1992). Regrets after sex reassignment surgery. Journal of Psychology and Human Sexuality 5: 69–85.
Pfäfflin, F. (1997). Rechtliche Aspekte der Transsexualität aus psychiatrischer Sicht. In: Spehr C. (Hrsg.) Probleme der Transsexualität und ihre medizinische Bewältigung. Schriftenreihe der Juristischen Studiengesellschaft Karlsruhe, Heft 228, Heidelberg: C.F. Müller, S. 17–32.
Pfäfflin, F. (2003). Anmerkungen zum Begriff der Geschlechtsidentität. Psychodynamische Psychotherapie 2: 141–153.
Pfäfflin, F. (2008). Leitlinien oder Leidlinien? Persönlichkeitsstörungen. Theorie und Therapie 12: 46–53.

Pfäfflin, F. (2009). Begutachtung der Transsexualität. In: Foerster K., Dreßing, H. (Hrsg.) Venzlaff/Foerster. Psychiatrische Begutachtung. München: Elsevier, S. 593–607.

Pfäfflin, F., Junge, A. (1992). Geschlechtsumwandlung. Abhandlungen zur Transsexualität. Stuttgart-New York: Schattauer.

Pfäfflin, F., Junge, A. (1998). Sex reassignment. Thirty years of follow-up studies. A comprehensive review 1961–1991. International Journal of Transsgenderism, book section: http://www.symposion.com/ijt/books/index.htm#Sex%20Reassignment

Pokorny-Bondy, M.H. (1933). Rapport sur un transvestite qui demandait une opération cosmétique. Revue neurologique 40: 701–702.

Randell, J. (1959). Transvestism and transsexualism. A study of 50 cases. British Medical Journal 2: 1448–1452.

Randell, J. (1969). Preoperative and postoperative status of male and female transsexuals. In: Green R., Money J. (Hrsg.) Transsexuals and sex reassignment. Baltimore: Johns Hopkins Press, S. 355–381.

Randell, J. (1971). Indicators for sex reassignment surgery. Archives of Sexual Behavior 1: 153–161.

Raymond, J. (1979). The transsexual empire. The making of the she-male. Boston: Beacon Press.

Reiche, R. (1984). Sexualität, Identität, Transsexualität. Beiträge zur Sexualforschung 59: 51–64.

Runte, A. (1996). Biographische Operationen. Diskurse der Transsexualität. München: Fink.

Springer, A. (1981). Pathologie der geschlechtlichen Identität. Transsexualismus und Homosexualität. Theorie, Klinik, Therapie. Wien New York: Springer.

Steinkühler, M. (1992). Geschlechtswechsel in nichtklinischer Zeit: Der Chevalier d'Eon. In: Pfäfflin F., Junge A. (Hrsg.) Geschlechtsumwandlung. Abhandlungen zur Transsexualität. Stuttgart New York: Schattauer, S. 45–54.

Stoller, R. (1968/75). The transsexual experiment. Vol. I and II, London: Hogarth Press.

The Royal College of Psychiatrists (1998). Gender identity disorders in children and adolescents guidance for management. International Journal of Transgenderism 2 (2), http://www.symposion.com/ijt/ijtc0402.htm

Wålinder, J. (1967). Transsexualism. A study of fourty-three cases. Göteborg: Akademieförlaget.

Wallien, M. S., Cohen-Kettenis, P. T. (2008). Psychosexual outcome of gender-dysphoric children. Journal of the American Academy of Chid and Adolescence Psychiatry 47: 1413–1423.
Walter, M. (1972). Zur rechtlichen Problematik der Transsexualität. Juristenzeitschrift 27: 263–267.
Weitze, C., Osburg, S. (1998). Empirical data on epidemiology and application of the german transsexuals' act during its first ten years. International Journal of Transgenderism 1 (3) http://www.symposion.com/ijt/ijtc0303.htm
Will, M.R. (1992) ... ein Leiden mit dem Recht. Zur Namens- und Geschlechtsänderung bei transsexuellen Menschen in Europa. In: Pfäfflin F., Junge A. (Hrsg.) Geschlechtsumwandlung. Abhandlungen zur Transsexualität. Stuttgart New York: Schattauer, S. 113–147.

1. Einleitung

Womöglich ist es ein Anachronismus, dass seit der dritten Auflage dieses Buches erstmals Fragen der Geschlechtsumwandlung unter medizinstrafrechtlichen Gesichtspunkten diskutiert werden.

Die entscheidende strafrechtliche Frage nach der Legitimität geschlechtsangleichender chirurgischer Eingriffe wurde nämlich schon vor langer Zeit durch Beschluss des Bundesgerichtshofs vom 21.9.1971 abschließend gelöst (BGHZ 57, 63; NJW 1972, 330; MDR 1972, 217; StAZ 1972, 137; JZ 1972, 281). Obwohl dies nicht der Hauptgegenstand des Verfahrens war, in dem ein bereits operierter Transsexueller die Berichtigung seines Geschlechtseintrags im Geburtenbuch beantragt hatte, sondern nur einen Nebenaspekt des Beschlusses darstellte, wurden die Ausführungen des Bundesgerichtshofs zu den möglichen strafrechtlichen Aspekten einer Geschlechtsumwandlung allgemein dahingehend verstanden, dass eine geschlechtsangleichende Operation bei eindeutiger medizinischer Indikation weder als schwere Körperverletzung noch als sittenwidrig gewertet werden könne. Weniger aus rechtsdogmatischen als vielmehr aus rechtspolitischen Gründen (Walter 1972) erklärte sich der Bundesgerichtshof damals jedoch außer Stande, dem Hauptanliegen des Klägers nach Berichtigung des Geschlechtseintrags im Geburtenbuch stattzugeben. Diesbezüglich verwies er an den Gesetzgeber, der den Auftrag allerdings erst im Jahr 1980 mit der Verabschiedung des Transsexuellengesetzes erledigte, nachdem er zuvor vom Bundesverfassungsgericht (BVerfG 1978, NJW 79, 595) an den noch unerledigten Auftrag erinnert worden war. Die strafrechtliche Frage lautete, ob es nicht gegen die guten Sitten verstoße, bei einem körperlich gesunden Menschen auf dessen Verlangen hin die üblicherweise hoch bewerteten primären und sekundären Geschlechtsmerkmale, wie die Genitalien und gegebenenfalls die weiblichen Brüste, zu entfernen und an deren Stelle plastisch-chirurgisch, soweit dies möglich ist, phänomenologisch und funktional dem jeweils anderen Geschlecht entsprechende Körperteile zu kreieren.

Verstieße dies gegen die guten Sitten, dann müssten solche Eingriffe als Straftaten gegen die körperliche Unversehrtheit, wie sie im 17. Abschnitt des Strafgesetzbuches definiert sind, bewertet werden. Offensichtlich geschieht dies nicht, wie man schon aus dem Umstand ablesen kann, dass solche Eingriffe nach höchstrichterlicher Rechtsprechung unter bestimmten Voraussetzungen sogar zu den Pflichtleistungen gesetzlicher (BSG, Az 3 RK 15/86, Beschluss vom 6.8.1987, vgl. Augstein 1992, Pfäfflin 1984, 1988) und privater (OLG Köln, Az 5 U 80/93, Urteil vom 11.4.1994; Recht & Psychiatrie 13, 1995, 47 ff.; BGH Az 4 ZR 153/94, Beschluss vom 8.3.1995; Recht & Psychiatrie 13, 1995, 97 f. mit Anm. Augstein; BVerfG Az 1 BvR 785/95, Beschluss vom 24.4.1995) Krankenversicherer zählen. Sind die Eingriffe erfolgt, können die betreffenden Personen in einem rechtsförmigen Verfahren nach Transsexuellengesetz (BGBl I, 1980, 1654) als Angehörige des neuen Geschlechts anerkannt werden; d. h. eine Person, die bis vor dem Eingriff als Mann registriert war, kann nunmehr die Rechtsstellung einer Frau erhalten und *vice versa*.

Derartige geschlechtsangleichende chirurgische Eingriffe beziehungsweise Geschlechtsumwandlungen – auf die Geschichte der Terminologie wird später noch eingegangen – sind indiziert, wenn die Diagnose Transsexualismus (ICD-10, F64.0) entsprechend den Kriterien der von der Weltgesundheitsorganisation herausgegebenen und in Deutschland verbindlichen Internationalen Klassifikation von Krankheiten (Dilling et al. 2005) gesichert und wenn zu erwarten ist, dass das Leiden des Patienten durch einen solchen Eingriff zumindest gelindert werden kann.

Transsexualismus ist die einzige Diagnose aus der Internationalen Klassifikation von Krankheiten, für die es ein eigenes Gesetz gibt, nämlich das „Gesetz über die Änderung der Vornamen und die Feststellung der Geschlechtszugehörigkeit in besonderen Fällen (Transsexuellengesetz – TSG)" vom 10. September 1980 (BGBl I, 1980, 1654). Allein diese Sonderstellung lässt erahnen, dass es damit etwas Besonderes auf sich hat. Laut Vorgaben des BVerfG (Beschluss vom 27.05.2008 – 1 BvL 10/05) muss eine darin enthaltene verfassungswidrige Vorgabe bis zum 01.08.2009 beseitigt werden, was die Bundesregierung veranlasst hat, eine grundlegende Novellierung des Gesetzes in Angriff zu nehmen (vgl. unten Abschn. 3.2.2). Verständlich wird die Sonderstellung erst aus der Geschichte des Transsexualismus, die im Folgenden skizziert werden soll, bevor noch näher auf rechtliche Fragen eingegangen wird.

2 Zur Geschichte medizinischer Geschlechtsumwandlungen

2.1 Erste medizinische Geschlechtsumwandlung

Die erste Geschlechtsumwandlung, die chirurgische Interventionen einschloss, wurde 1912 durchgeführt. Publiziert wurde der Fall aber erst einige Jahre später. Es handelte sich um eine 21-jährige junge Frau, die wegen des Leidens an der Diskrepanz zwischen ihrem männlichen Selbsterleben und ihrer körperlich weiblichen Anlage einen Psychiater konsultiert und für sich interessiert hatte. Er hatte sie an einen Chirurgen überwiesen, der ihr die Brüste abnahm und neun Jahre später auch die Ovarien entfernte. Die beteiligten Ärzte wussten, dass sie Neuland betraten. Ganz wohl scheint ihnen dabei nicht gewesen zu sein. Zumindest kann man dies aus dem Umstand schließen, dass der Sexualforscher Magnus Hirschfeld (1868–1935) erst sechs Jahre später beiläufig über den Fall berichtete (Hirschfeld 1918) und der beteiligte Chirurg erst 14 Jahre nach dem Eingriff die chirurgischen Einzelheiten erläuterte (Mühsam 1926). Heute wäre das in der Medizin sicher anders; der Fall würde sofort an exponierter Stelle, zum Beispiel im Lancet, publiziert. Weitere vereinzelte Operationen erfolgten in den 1920er und 1930er Jahren in Berlin (Mühsam 1926, Abraham 1931), Prag (Pokorny-Bondy 1933) und Dresden (Elbe 1932) (vgl. Binder 1933), ohne dass dies in der medizinischen und juristischen Fachpresse oder in der Öffentlichkeit kontroverse Debatten auslöste. Die Patienten wurden diagnostisch als Sexualneurotiker, als Transvestiten, als Eonisten (so benannt von dem englischen Sexualforscher Havellock Ellis nach dem französischen Diplomaten Chevalier D'Eon [1728–1810], Vorbild für die Gestalt des Cherubin in Figaros Hochzeit, vgl. Steinkühler 1992) bezeichnet oder mit weiteren psychiatrischen Diagnosen wie z. B. monosymptomatischer Wahn etikettiert.

2.2 Die Erfindung der Transvestiten

Hirschfeld wird hier erwähnt als ein Pionier der Sexualforschung. Als junger Arzt hatte er Ende des 19. Jahrhunderts in Berlin eine Vereinigung gegründet, das „Wissenschaftlich-humanitäre Komitee", deren Ziel war, die Strafbarkeit homosexueller Handlungen zwischen Männern abzuschaffen. Mit der Gründung des Deutschen Reiches im Jahr 1871 und der Einführung des Reichsstrafgesetzbuches im Jahr 1871 war es nämlich in manchen Teilstaaten insofern zu einer erheblichen Strafverschärfung gekommen, als für homosexuelle Handlungen zwischen erwachsenen Männern plötzlich Zuchthausstrafen drohten, während solche Handlungen in bestimmten Teilstaaten des Deutschen Reiches zuvor straffrei gewesen waren. Die vom Wissenschaftlich humanitären Komitee dem Reichstag eingereichte Petition zur Abschaffung des § 175 RStGB war unter anderem von August Bebel, von Juristen, Wissenschaftlern, Schauspielern und anderen Personen des öffentlichen Lebens unterzeichnet worden und hatte zunächst Erfolg versprochen, bis um 1907/1908 ein Skandal im Umfeld des Hofes von Kaiser Wilhelm II. entstand, die so genannte Eulenburg-Affäre, in der dem Kaiser sehr nahestehende Personen homosexueller Handlungen bezichtigt wurden. Hatte es schon früher Spaltungen in der Homosexuellen-Emanzipationsbewegung gegeben zwischen den an einem (phantasierten) griechisch antiken Männlichkeitsideal orientierten Gruppen einerseits und andererseits Gruppen, die auch effeminierte Lebensstile einbezogen wissen wollten, so vertiefte sich diese Spaltung jetzt als Reaktion auf den Skandal im Umfeld des Kaiserhofs. Die am Männlichkeitsideal Orientierten sahen die Erfolgsaussichten der Emanzipationsbewegung umso mehr gefährdet, je breiter das Spektrum der unter der Bezeichnung Homosexualität geführten Lebensstile war. Es spricht Vieles dafür, dass Hirschfeld unter anderem in Reaktion auf diese zugespitzte Situation 1910 die eher weiblich auftretende, bisher ebenfalls unter der Überschrift Homosexuelle subsumierte Teilgruppe als eigenständige Kategorie abgrenzte und für sie eine neue Bezeichnung, nämlich „Transvestiten", erfand (Hirschfeld 1910). Er war auch der Erste, der, wenn auch beiläufig, im Zusammenhang mit der Beschreibung des Erlebens von Transvestiten, von Transsexualismus sprach (Hirschfeld 1923).

2.3 Streitfragen bezüglich der Behandlung

Anfang der 1950er Jahre wurde in der deutschen Fachpresse eine große kritische Debatte über Geschlechtsumwandlungen geführt. Auslöser war der Vortrag des Schweizer Daseinsanalytikers Medard Boss bei der Wanderversammlung der Südwestdeutschen Neurologen und Psychiater in Baden-Baden, worin dieser den Fall eines Patienten zur Diskussion stellte, den er 50 Stunden lang ohne nennenswerten Erfolg psychoanalytisch behandelt hatte. Es handelte sich um einen Mann, der gerne Frau sein wollte und den er schließlich an einen Chirurgen überwiesen hatte, der ihn, als ersten Schritt einer Geschlechtsumwandlung, kastriert hatte. Alexander Mitscherlich griff diesen Fall auf und trat in der weit verbreiteten Zeitschrift *Psyche* eine Debatte los, bei der er sehr viele namhafte Psychiater, Theologen und Juristen des Landes und des deutschsprachigen Auslandes aufforderte, dazu Stellung zu nehmen, ob man denn so etwas wirklich machen dürfe (Mitscherlich 1950/1951, Boss 1950/1951, Mitscherlich et al. 1950/1951 a, b). Er selbst war der Meinung, die Aufgabe des Arztes sei nicht, Allmachtsvorstellungen von Patienten zu fördern, sondern den Menschen vielmehr dazu anzuleiten, mit den Beschränkungen seiner Existenz fertig zu werden. Einer der Disputanten brachte die Gegenposition zu Boss schlagwortartig auf den Begriff, indem er erklärte, der Arzt sei kein Gott und dürfe sich nicht als Schöpfer aufführen. Nach dieser Debatte wurde es um Geschlechtsumwandlungen in Deutschland wieder sehr still, sie wurden praktisch nicht mehr durchgeführt, oder es wurde zumindest kaum darüber berichtet. Patienten, die sich als Transsexuelle erlebten, fuhren nach Casablanca in Marokko, wo sie, wenn sie es denn bezahlen konnten, operiert wurden. Im Wesentlichen spielte sich das im Stillen ab.

In Deutschland beschränkte sich die Behandlung weitgehend auf sozialfürsorgliche Maßnahmen. Die wissenschaftliche Beschäftigung mit den – damals noch als Transvestiten bezeichneten – transsexuellen Patienten verharrte in der Tradition Hirschfelds (1910) und Binders (1933) weitgehend auf den Bahnen psychopathologischer Deskription, wobei die Psychiatrische und Nervenklinik des Universitätskrankenhauses Hamburg-Eppendorf die wichtigsten Beiträge beisteuerte (Bürger-Prinz und Weigel 1940, Bürger-Prinz et al. 1951, Burchard 1961, 1965). Nur ausnahmsweise wurden Hormonbehandlungen oder partielle chirurgische Eingriffe (chirurgische Kastration, ggf. Penektomie) gewissermaßen als *Ultima Ratio* empfohlen. Bürger-Prinz und seine Mitarbeiter brachten die Ambivalenz, die sie gegenüber diesen Eingriffen hatten, in ihren Formulierungen deutlich zum Ausdruck: „Unsere Resultate, vor allem dazu die von Benjamin, lassen gleichwohl in der Mehrzahl der Fälle die Tatsache der geglückten Einordnung in irgendein individuelles Sozialfeld, wenn auch *durch schockierende ärztliche Eingriffe*, schlechterdings nicht übersehen" (Bürger-Prinz et al. 1966, S. 69; Hervorhebung durch den Verf.).

2.4 Die Sensation

Bekannter wurden Geschlechtsumwandlungen erst wieder mit der sensationellen Geschichte von Christine Jorgensen, früher George Jorgensen. Es war dies ein amerikanischer Armeeangehöriger, der unter seinem weiblichen Selbsterleben litt und in den USA keine wirksame ärztliche Hilfe fand. Da seine Familie aus Dänemark stammte, wandte er sich Rat suchend an die berühmte Universitätsklinik Kopenhagens, das Rigshospitalet, wo man auf diesem Gebiet auch keine Erfahrung hatte, aber immerhin bereit war, sich seiner anzunehmen. Ein Dreierteam aus Psychiater, Chirurg und Humangenetiker beriet sich und ihn und bot ihm zunächst die Verabreichung männlicher Sexualhormone an, die seit einiger Zeit in Spritzenform verfügbar waren. Ihm war das unheimlich, und er wollte sich deshalb darauf nicht einlassen. Stattdessen verabreichte man ihm unter strenger wissenschaftlicher Kontrolle und in dem Bewusstsein, eine experimentelle Behandlung zu machen, weibliche Hormone in der Erwartung, dadurch seinen Triebdruck und damit auch sein Leiden zu lindern. Als Effekt dieser Behandlung wuchsen dem Patienten Brüste, und er fühlte sich immer weiblicher und dabei auch zunehmend wohler, obwohl dieser Effekt im Kontrast zum ursprünglich vereinbarten Behandlungsziel stand. Nach erneuter Beratung schlug man ihm vor, das zu machen, was man in jener Zeit mit vielen Sexualstraftätern machte, um sie in ihrer sexuellen Angetriebenheit ruhig zu stellen, nämlich ihn chirurgisch zu kastrieren. Nach entsprechendem Eingriff fühlte sich der Patient noch weiblicher und zunehmend zufriedener. Die behandelnden Ärzte waren aber mit dem Ergebnis nicht zufrieden. Immerhin wurde der Patient dort unter der Diagnose „effeminierte Homosexualität" geführt, und homosexuelle Handlungen Erwachsener standen zu jener Zeit unter Strafandrohung, so dass auch aus kriminalpräventiven Gesichtspunkten heraus und zum Schutz der sozialen Existenz des Patienten eine Behandlung indiziert erschien. Im Laufe der Zeit wurde das Wohlbefinden des Patienten beziehungsweise der Patientin immer größer unter der Perspektive, dass sie als Frau auftreten konnte, und schließlich ließ sich das Behandlungsteam dazu überreden, die Indikation für die Entfernung von Hodensack und Penis zu stellen und wenigstens in Ansätzen eine Vulva zu formen. An die chirurgische Konstruktion einer Vagina oder gar an eine Geschlechtsumwandlung dachte damals noch keiner der Beteiligten einschließlich des Patienten.

Zu jener Zeit überquerte man den Nordatlantik noch per Schiff, und die Passagierlisten wurden per Telegraf am Zielort angekündigt. Als Jorgensen in New York eintraf, überschlugen sich Titelmeldungen in den großen Tageszeitungen des Inhalts, dass der frühere Soldat in eine „Schönheit" verwandelt und eine Geschlechtsumwandlung vorgenommen worden sei („*Ex-GI turned into beauty, sex change performed*"). Damit hatte die Presse eine Geschlechtsumwandlung geschaffen, die weder vom Patienten noch von den behandelnden Ärzten ursprünglich intendiert und die auch nicht wirklich durchgeführt worden war. Es war die Zeit, als das Fernsehen aufkam. Die Nachricht verbreitete sich wie ein Lauffeuer um die Welt. Jorgensen reiste von einem amerikanischen College und einer Universität zur anderen, um ihre Geschichte zu erzählen, und so wurde die Geschlechtsumwandlung Realität, bevor sie vollzogen war. Erst einige Jahre später ließ sie sich noch eine Scheide machen. Sie selbst hatte zu diesem Zeitpunkt weder das Wort Transvestit gehört noch das Wort transsexuell. Sie hatte sich immer als effeminierte Homosexuelle verstanden.

Neben der Autobiografie von Jorgensen erschienen weitere Autobiografien bekannter und bis dahin weniger bekannter Personen, die ebenfalls transsexuell waren und eine Geschlechtsumwandlung hinter sich gebracht hatten. Beispielhaft genannt seien hier diejenige von Robert beziehungsweise Roberta Cowell (1954), einem berühmten englischen Rennfahrer und Kampfflieger, und jene des Mount-Everest-Besteigers, Journalisten und Schriftstellers Jan Morris (1974). Die Literaturwissenschaftlerin Annette Runte (1996) hat sich mit einer Arbeit über Autobiografien Transsexueller habilitiert und ihr den wunderschönen Titel „Biographische Operationen" gegeben.

2.5 Reaktionen und Konsequenzen: Gender Identity Clinics

Auf die Verbreitung der Nachricht von Jorgensens *sex change* gab es viele Proteste in den Vereinigten Staaten. Vor allem einige Psychoanalytiker betrachteten das Vorgehen als unangemessenen Eingriff in das Leben eines Menschen. Die Kopenhagener Ärzte sahen sich veranlasst, etwas dagegen zu unternehmen und ihr Vorgehen zu begründen beziehungsweise zu rechtfertigen, womit auch in der Fachliteratur eine weltweite Diskussion eingeleitet wurde (Hamburger et al. 1953). Bemerkenswert war, dass Jorgensen auf die Publikation ihrer Geschichte weit über tausend Zuschriften aus aller Welt bekam von Menschen, die sich in ihrer Geschichte wiederfanden und um Rat fragten, an wen sie sich wenden könnten, um eine entsprechende Behandlung zu bekommen. Da sie der Anfragen nicht mehr Herr wurde, suchte sie Unterstützung bei Ärzten und traf dabei auf den aus Berlin stammenden New

Yorker Arzt Harry Benjamin, der sich mit Hormonen und der Frage hormonell induzierter Lebensverlängerung beschäftigt hatte und dessen Praxis jetzt zu einer bevorzugten Anlaufstelle für Patienten mit Geschlechtsidentitätsstörungen wurde. Er hatte Hirschfeld gekannt und vermutlich bei ihm das Wort Transsexualismus gehört oder gelesen, aber es waren seine ab 1953 publizierten Aufsätze (Benjamin 1953, 1956, 1964 a, b, c) zum Thema, seine Kooperation mit Alfred Kinsey und mit der Johns-Hopkins-Universitätsklinik in Baltimore, Maryland, und schließlich seine Monografie „*The Transsexual Phenomenon*" (Benjamin 1966), die dem Wort „Transsexualismus" in der medizinischen Fachsprache ebenso wie in der Umgangssprache zum Durchbruch verhalfen. Die Erfindung des Wortes Transsexualismus geht auf Hirschfeld zurück, wird aber selbst in der Fachpresse häufig fälschlicherweise dem New Yorker Polizeiarzt David Cauldwell (1949), der Geschlechtsumwandlungen kritisch gegenüberstand, oder auch Benjamin zugeschrieben.

Mitte der 1960er Jahre wurde an der Johns-Hopkins-Universitätsklinik in Baltimore die erste *Gender Identity Clinic* errichtet, wobei es den Medien viel lieber gewesen wäre, die Einrichtung hätte den Namen *Sex Change Clinic* erhalten, so sehr wollte man die Sensation. Außerdem erhoffte man sich, der durch Alfred Kinsey und seine Mitarbeiter (1963, 1965) neu belebten Sexualforschung, die vor allem soziologisch ausgerichtet war, eine neue Säule mit stärkerer Einbindung in die Medizin zu verschaffen. Die dortigen Ärzte und Psychologen wollten die Aufgabe aber breiter fassen, als das Schlagwort *sex change* versprach. Sie wollten nicht nur Transsexuelle untersuchen und behandeln, sondern auch Hermaphroditen, Intersexe und alle anderen Patienten mit Störungen der Geschlechtsidentität, um damit auch grundsätzliche Erkenntnisse über die Entstehung sexueller Identität zu gewinnen. Fast gleichzeitig wurde in Göteborg in Schweden eine vergleichbare Einrichtung geschaffen und die erste prospektive Studie über das weitere Schicksal der Patienten auf den Weg gebracht (Wålinder 1967). In den folgenden zehn Jahren sprossen *Gender Identity Clinics* an US-amerikanischen Universitäten wie Pilze aus dem Boden. Es gab bald 40 Kliniken dieser Art. In den 1960er bis 1980er Jahren wurden die meisten geschlechtsangleichenden Operationen in Casablanca, Marokko, in Hinterhofpraxen in Mexiko und an der University of California in Stanford vorgenommen.

Im Jahr 1969 trug Ehrhardt die ersten Ergebnisse katamnestischer Studien operierter Transsexueller, die an der Johns-Hopkins-Universitätsklinik in Baltimore behandelt worden waren, bei der 10. Wissenschaftlichen Tagung der Deutschen Gesellschaft für Sexualforschung in Berlin vor (Money und

Ehrhardt 1970). Am 16.2.1970 beantragten der damalige Leiter des Instituts für Sexualforschung der Psychiatrischen und Nervenklinik des Universitätskrankenhauses Hamburg-Eppendorf, Hans Giese, und Johann Burchard, Oberarzt dieser Klinik, beim Generalstaatsanwalt in Hamburg die wenig später erteilte Genehmigung für eine im April desselben Jahres durchgeführte „Geschlechtsumwandlungsoperation" eines transsexuellen Patienten. Da es sich zu der Zeit noch um keine allgemein eingeführte Behandlung handelte, entsprang dieser Antrag zweifellos dem Bedürfnis nach Absicherung vor einer eventuellen Anklage wegen schwerer Körperverletzung.

2.6 Weitere Konzeptualisierungen

Die mittlerweile in der Fach- und Umgangssprache gebräuchliche Unterscheidung von *sex* als dem biologischen Geschlecht einerseits und *gender* als dem sozialpsychologischen Geschlecht beziehungsweise der Geschlechtsidentität andererseits geht auf den neuseeländischen Psychologen John Money (1985, 1994, vgl. Pfäfflin 2003) zurück, der die Psychoendokrinologische Forschungsstelle an der Johns-Hopkins-Universitätsklinik in Baltimore leitete und Mitglied der dortigen *Gender Identity Clinic* war. Darüber hinausgehend entwickelte und definierte er eine ganze Reihe weiterer Begriffe, die für die Theoriebildung über Geschlechtsidentitätsstörungen nützlich waren (zum Beispiel führte er das Akronym G-I/R ein, um die enge Verknüpfung zwischen Geschlechtsidentität und der davon wohl theoretisch, praktisch aber kaum abgrenzbaren Geschlechtsrolle zu unterstreichen). Popularisiert wurde die Unterscheidung von *sex* und *gender* durch den US-amerikanischen Psychoanalytiker Robert Stoller (1968, 1975).

Erst ab Anfang der 1970er Jahre setzte man sich in Reaktion auf Benjamins (1966) Monografie und auf die von Ehrhardt 1969 vorgetragenen Nachuntersuchungsergebnisse (Money u. Ehrhardt 1970) in Deutschland wieder mehr mit der Fachdiskussion im angloamerikanischen Raum und in den skandinavischen Ländern auseinander. Dort war im Reflex auf die Behandlung Jorgensens und im Wechselspiel der Anwendung hormoneller und chirurgischer Behandlungsmethoden das Krankheitsbild des Transsexualismus immer schärfer von anderen psychopathologischen Erscheinungen wie Wahn, Perversion, Borderline-Persönlichkeitsstörungen, Neurosen usw. abgegrenzt worden, und hormonelle und chirurgische Eingriffe waren zu den Behandlungsmethoden der Wahl geworden.

2.7 Transsexualismus als klinische Diagnose

Als verbindliche Diagnose mit eigenen Kriterien wurde Transsexualität erstmals im Jahr 1980 in die dritte Ausgabe des Diagnostischen und Statistischen Manuals (DSM-III) der Amerikanischen Psychiatrischen Vereinigung aufgenommen und kam auf diesem Wege auch in die 1991 von der Weltgesundheitsorganisation herausgegebene noch immer gültige 10. Ausgabe der Internationalen Klassifikation von Krankheiten (ICD-10). Das DSM-IV (American Psychiatric Association 1994) ließ die Diagnose bereits wieder fallen beziehungsweise ersetzte sie durch eine breitere, nämlich Geschlechtsidentitätsstörung. Verständlicher wird dieser rasche Wechsel diagnostischer Kategorien, wenn man die in der ICD-10 verwendete Definition von Transsexualismus unter die Lupe nimmt. Sie lautet: „Es besteht der *Wunsch*, als Angehöriger des anderen Geschlechts zu leben. Dieser [*Wunsch*] geht meist mit dem Gefühl des Unbehagens und der Nichtzugehörigkeit zum eigenen Geschlecht einher. Es besteht der *Wunsch* nach hormoneller und chirurgischer Behandlung, um den eigenen Körper dem bevorzugten Geschlecht soweit wie möglich anzugleichen" (Hervorhebung vom Verf.). Es ist etwas ganz Außergewöhnliches und findet sich allein bei Transsexualismus, dass sich eine Diagnose erstens auf Wünsche bezieht und zweitens, dass in der Diagnose gleichzeitig auch die Behandlung (Wunsch nach hormoneller und chirurgischer Behandlung) mit aufgeführt ist. Alternativ könnte man auch an psychiatrische oder psychotherapeutische Interventionen denken, mithilfe derer die genannten Wünsche korrigiert und das Erleben mit der Realität in Einklang gebracht werden könnten. Jedenfalls wollte das DSM-IV den Automatismus zwischen Wunsch und zu wählender Behandlungsmethode nicht fortschreiben. Wie die Diagnose(n) in den für das Jahr 2012 angekündigten Neuauflagen von ICD und DSM, der ICD-11 und dem DSM-V, lauten werden, ist derzeit noch nicht sicher einzuschätzen. Vor allem in der amerikanischen Öffentlichkeit, aber auch in einigen europäischen Ländern gibt es eine starke Bewegung, die sich dafür einsetzt, Geschlechtsidentitätsstörungen bzw. Transsexualismus aus den Regelwerken psychiatrischer Diagnosen herauszunehmen, weil sie diskriminierend seien, ähnlich wie in den 1970er Jahren die Streichung der Diagnose Homosexualität begründet wurde.

2.8 Neuauflagen von Kritik an der Behandlung

Als Reaktion auf Benjamins (1966) Monografie und die mancherorts unkritischen Indikationsstellungen für Geschlechtsumwandlungen regte sich Ende der 1960er Jahre in den USA eine neue Welle von Kritik an solchen Operationen (Kubie und Mackie 1968), in der Vieles von dem wiederholt wurde, was Anfang der 1950er bereits im deutschsprachigen Raum diskutiert worden war. In Abständen wurden immer wieder solche kritischen Debatten in Gang gesetzt, so zum Beispiel durch den Wiener Psychiater Alfred Springer (1981), der transsexuelles Erleben und den Wunsch nach Geschlechtsumwandlung generell auf eine „homosexuelle Notfallreaktion" zurückführen zu können glaubte. Seiner Meinung nach haben Transsexuelle eine panische Angst, sich als Homosexuelle wahrzunehmen und als solche eingeschätzt zu werden, sodass sie sich lieber alles abschneiden lassen und eine Frau werden. Der Frankfurter Psychoanalytiker Reimut Reiche äußerte sogar anlässlich eines Vortrags bei der 14. Tagung der Deutschen Gesellschaft für Sexualforschung, dass die Patienten nach der Operation „Monster" seien (vgl. Reiche 1984), was von Patienten – das kann man sich leicht vorstellen – sehr übel genommen wurde. Von feministischer Seite wurde die Behauptung aufgestellt, Geschlechtsumwandlungsoperationen seien ein hinterhältiger Angriff der Machokultur auf den erstarkenden Feminismus, und es gehe den Protagonisten einzig darum, nun als Männer in Frauengestalt den Feminismus zu unterwandern und dort die Macht zu übernehmen (Raymond 1979).

2.9 Zur Terminologie: Geschlechtsumwandlung oder Geschlechtsangleichung?

Wie viele andere Autoren hielt Walter (1972, vgl. mehr dazu unten in Abschn. 3.1) den Begriff der Geschlechtsumwandlung im Hinblick auf die zur Diskussion stehenden Eingriffe nicht nur für ungeeignet, sondern auch für unzutreffend. Durch die Operationen, so argumentierte er, werde keine Geschlechtsumwandlung bewirkt. Das ist sicher richtig, wenn man sich den theoretischen Fall vor Augen führt, ein nichttranssexueller Mensch würde einer solchen Operation unterzogen. Man kann sich kaum vorstellen, dass er sich danach als „Angehöriger des anderen Geschlechts" fühlen würde, um eine Formulierung aus dem Transsexuellengesetz aufzugreifen. Ebenso wenig fühlten sich jene Männer, die früher gegen ihr Prostatakarzinom mit hohen Dosierungen weiblicher Geschlechtshormone behandelt worden waren und darunter als unerwünschte Nebenwirkung eine Gynäkomastie entwickelt hatten, als Frauen. Bei Personen mit transsexueller Symptomatik erfolgt die Indikation zu derartigen Eingriffen aufgrund der ihrer körperlichen Anlage konträren Geschlechtsidentität; die körperlichen Verhältnisse werden der

Identität angepasst. Insofern trifft die Bezeichnung „geschlechtsangleichende Operation" den Vorgang besser als das Wort Geschlechtsumwandlung. Im Englischen spricht man entsprechend von *sex reassignment surgery*, häufig abgekürzt als *SRS*. Eicher, der die erste deutschsprachige Monografie über Transsexualismus vorlegte, hielt den Begriff „Geschlechtsumwandlung" für „nicht korrekt, da *lediglich* eine Angleichung an das psychologische Geschlecht durchgeführt werden kann. Die Möglichkeit der geschlechtsspezifischen Fortpflanzung kann nie umgewandelt werden" (Eicher 1984, S. 1; Hervorhebung durch den Verf.). Gewichtiger scheint der Einwand von Hertoft u. Sörensen (1979), der Begriff Geschlechtsumwandlung enthalte ein verführerisches Versprechen, das nicht eingelöst werden könne. Operative Eingriffe stellten in diesem Zusammenhang einen verzweifelten Versuch dar, einen tiefen Konflikt zu lösen, wobei die Lösung oft überhaupt keine Lösung sei. Man solle sich nicht einbilden, durch solche Eingriffe Menschen ändern zu können. Die wenigen, die davon profitierten, wüssten tief in ihrem Inneren, dass sie ihr Geschlecht nicht geändert hätten.

Solche Kritik ist ernst zu nehmen, entspringt sie doch der Sorge um den Patienten. Der Begriff der Umwandlung weckt Hoffnungen, nährt möglicherweise Illusionen, erinnert an das Zauberwort *mutabor* aus Tausendundeinenacht. Ich halte ihn dennoch für passend und berufe mich dabei auf dasselbe Argument, die Sorge um Patienten. Wenn sich Psychologie, Medizin und Rechtsprechung schon auf das Verlangen der Patienten einlassen und diesem, mit wie vielen Vorbehalten auch immer, letztlich nachgeben und die Patienten darin unterstützen, entsprechend ihrem Identitätserleben und ihren Vorstellungen, nunmehr als Angehörige des anderen Geschlechts zu leben, dann tragen sie, wie begrenzt auch immer, zu einem Umwandlungsprozess bei, der im Ergebnis dazu führt, dass ein Mensch, der bei seiner Geburt als Junge beziehungsweise Mädchen eingestuft worden war, als Erwachsener schließlich als Frau beziehungsweise als Mann lebt. Es handelt sich dabei um einen schwierigen und konfliktreichen Prozess, an dem die Patienten genug zu tragen haben. Aufgabe der damit befassten Agenten aus Recht, Psychologie und Medizin ist, ihnen dieses Los so erträglich wie möglich zu machen. Die operativen Eingriffe sind bei kunstgerecht vollzogener Behandlung nur wenige von vielen Schritten in einem Wandlungsprozess, der vielfältige innere und äußere Veränderungen erfordert und mit sich bringt. Mit dem Ergebnis werden die Patienten umso besser zurechtkommen können, je mehr ihre Versuche, sich ihren Konflikten zu stellen, Unterstützung finden. Unter retrospektiv-biografischen Gesichtspunkten mag zutreffen, dass sich ein Mensch durch welche Eingriffe auch immer in seinem Wesen nicht grundlegend verändert. Wenn auch kein neuer Mensch entstanden ist, so doch ein gewandelter, durch viele Erfahrungen reicher. Die Patienten jedoch erst psychiatrisch, hormonell und chirurgisch zu behandeln und ihnen dann nachzurufen, wie dies der im England der 1950er und 1960er Jahre in der Transsexuellenbehandlung führende Psychiater John Randell (1959, 1969, 1971) tat, nach einer Operation seien sie nichts anderes als kastrierte Männer oder Frauen, erscheint mir weder angemessen noch unter prospektiven Gesichtspunkten förderlich. Aus psychologischen Gründen und weil mit der Personenstandsänderung nach Transsexuellengesetz tatsächlich eine Umwandlung der Geschlechtszugehörigkeit erfolgt, halte ich es für legitim und auch für sinnvoll, von Geschlechtsumwandlung zu sprechen.

Unangemessen ist es allerdings, geschlechtsangleichende beziehungsweise Geschlechtsumwandlungsoperationen als Verstümmelungsoperationen zu bezeichnen, wie dies Kritiker der Behandlung gelegentlich heute noch tun. Es gibt zwar eine besondere Form der pathologischen Selbstschädigung im Zusammenhang mit oder auch unabhängig von anderen psychiatrischen Störungen, bei der die Verstümmelung ein Ziel in sich ist, und zuweilen gelingt es Patienten mit solchen Störungen, Ärzte dazu zu gewinnen, ihnen zur Erreichung dieses Zieles behilflich zu sein. Beim Transsexualismus liegen die Verhältnisse jedoch insofern ganz anders, als das Ziel kein Defektzustand, sondern ein positives Körperideal mit den zur Geschlechtsidentität passenden körperlichen Geschlechtsmerkmalen ist.

2. Häufigkeit

Transsexualismus ist selten. Anhand von Gerichtsverfahren nach Transsexuellengesetz, die in den ersten zehn Jahren nach Inkrafttreten dieses Gesetzes in den alten Bundesländern und Westberlin durchgeführt worden waren, errechneten Weitze und Osburg (1998) eine Zehnjahresprävalenz von 2,1 Transsexuellen pro 100 000 volljährigen Einwohnern und eine Geschlechterrelation von Männern, die Frauen sein wollen, zu Frauen, die Männer sein wollen, von 2,3:1. Tatsächlich hatten in den ersten zehn Jahren nur knapp 1 200 Personen das Transsexuellengesetz in Anspruch genommen. Die Zahlen aus einer noch unveröffentlichten Studie über die Anwendung des TSG in dessen zweiter Dekade sind offenbar höher, doch ist der von Kritikern des Transsexuellengesetzes im Vorfeld von dessen Verabschiedung befürchtete Ansturm auf dessen Inanspruchnahme nicht eingetreten.

3. Rechtliche Aspekte

Bis zur Entscheidung des Bundesverfassungsgerichts vom 11.10.1978 hatte der Grundsatz der Unwandelbarkeit des Geschlechts einer Person (NJW 79, 595) gegolten. Das Bundesverfassungsgericht entschied, dass es aufgrund von Art. 2 Abs. 1 GG (freie Entfaltung der Persönlichkeit) in Verbindung mit Art. 1. Abs. 1 GG (Würde des Menschen) geboten sei, den Geschlechtseintrag im Geburtenbuch jedenfalls dann zu berichtigen, wenn es sich nach den medizinischen Erkenntnissen um einen irreversiblen Fall von Transsexualismus handele und eine geschlechtsangleichende Operation durchgeführt worden sei.

Mit dieser Grundsatzentscheidung beendete das Bundesverfassungsgericht endlich die Rechtsunsicherheit all jener Transsexuellen, die schon seit Jahren und manchmal schon seit Jahrzehnten in der von ihnen gewünschten Geschlechtsrolle gelebt und auch schon geschlechtsangleichende chirurgische Eingriffe hinter sich gebracht hatten, personenstandsrechtlich aber noch immer unter ihrem alten Geschlecht geführt wurden und auch ihre alten Vornamen beibehalten mussten. Allenfalls war ihnen gestattet worden, zusätzlich zu den amtlichen Vornamen einen so genannten geschlechtsneutralen Vornamen zu wählen und diesen dann als Rufname zu führen. Eheschließung in der gelebten Geschlechtsrolle war ihnen verwehrt. Als Kliniker konnte man unmittelbar miterleben, welche Erleichterung sich unter den früheren Patienten ausbreitete, als der Beschluss veröffentlicht wurde, und selbstverständlich auch unter jenen, die bereits chirurgische Eingriffe planten.

3.1 Strafrechtliche Aspekte

Dass es sich bei einem solchen Eingriff um eine Straftat gegen die körperliche Unversehrtheit handeln könne (§ 226 StGB), stand damals schon nicht mehr zur Debatte, ebenso wenig wie die Frage, ob der Eingriff trotz Einwilligung des Patienten gegen die guten Sitten verstoße (§ 228 StGB). Dazu hatte der Bundesgerichtshof mit seinem bereits eingangs erwähnten Beschluss vom 21.9.1971 (BGHZ 57, 63) abschließend Stellung bezogen, dies lange bevor Transsexualismus als eigenständige Diagnose in das DSM-III (American Psychiatric Association, 1980) und die ICD-10 (Dilling et al., 1991[1], 2005[2]) eingeführt worden war.

Walter (1972) setzte sich kritisch mit diesem BGH-Beschluss auseinander und wies zu Recht darauf hin, dass die Frage nach der strafrechtlichen Bedeutung geschlechtsangleichender Eingriffe wohl deshalb in vorausgegangenen gerichtlichen erst- und zweitinstanzlichen Entscheidungen in Personenstandsfragen meist ausgeklammert geblieben war, weil die geschlechtsangleichenden Operationen im Ausland erfolgt waren und es aktuell nur noch um die Rechtsfolgen, nicht aber um die Zulässigkeit der Eingriffe gegangen war. Zunächst prüfte er, inwiefern der Eingriff einer Geschlechtsumwandlungsoperation von technisch vergleichbaren Eingriffen nach den Spezialvorschriften des KastG vom 15.8.1969 und des ErbgesG vom 14.7.1933, soweit Letzteres noch anwendbar war, abzugrenzen seien. Bezüglich des KastG kam er zu dem Ergebnis, dass sich die dort genannte Zielsetzung des Eingriffs, nämlich die Auswirkungen eines abnormen Geschlechtstriebs zu unterbinden, deutlich von den Zielsetzungen einer geschlechtsangleichenden Operation unterscheide. Dies gelte letztlich auch bezüglich der Regelungen des ErbgesG, soweit sie sich auf Sterilisation beziehen. Anhaltspunkte für eine Sittenwidrigkeit geschlechtsangleichender Eingriffe bei Transsexuellen konnte Walter nicht finden, weil es sich dabei um therapeutische Eingriffe handelte. Vielmehr kritisierte er den BGH nachdrücklich dafür, dass dieser nicht gleich im Zuge der richterlichen Rechtsfortbildung die offenen Fragen und insbesondere die Frage der Berichtigung des Geschlechtseintrags im Geburtenbuch abschließend entschieden, sondern an den Gesetzgeber verwiesen hatte.

Eine ganz andere Frage ist, ob Transsexualismus, der in der ICD-10 im Kapitel V „Persönlichkeits- und Verhaltensstörungen" unter der Ziffer ICD-10, F64.0 aufgeführt ist, zu den Eingangsmerkmalen der §§ 20, 21 StGB zu rechnen ist. So weiträumig gestellt ist die Frage klar zu verneinen. Bei der Beurteilung der Schuldfähigkeit sind die allgemein dafür gültigen Gesichtspunkte zu berücksichtigen, und insofern ist der transsexuellen Entwicklung eines Angeklagten angemessen Rechnung zu tragen. In besonderen Einzelfällen, zum Beispiel beim Wäschediebstahl junger Männer, mag ihr ausnahmsweise besonderes Gewicht zukommen.

3.2 Personenstandsrechtliche Aspekte

3.2.1 Transsexuellengesetz (TSG)

Das TSG wurde im September 1980 verabschiedet und trat am 1.1.1981 in Kraft. Die BRD war damit nach Schweden (1972) das zweite Land, das eine spezifische gesetzliche Regelung für Personen mit transsexueller Symptomatik getroffen hatte. Bald folgte eine Reihe weiterer Länder diesen Beispielen (vgl. Will 1992), während in der Schweiz, in einzelnen Staaten der USA und in einigen asiatischen Staaten wegen anderer (namens-)rechtlicher Voraussetzungen eine spezielle Gesetzgebung nicht erforderlich war.

Das TSG regelt zwei wichtige Bereiche, erstens die Vornamensänderung, d. h. die Möglichkeit, unabhängig von vorausgegangenen Behandlungen bisherige geschlechtsspezifische Vornamen durch Vornamen zu ersetzen, die eindeutig dem gewünschten Geschlecht zuzuordnen sind; zweitens die Personenstandsänderung, d. h. die rechtliche Zuordnung einer Person zum anderen Geschlecht mit allen daran geknüpften Rechten. Die Geschichte des Transsexuellengesetzes, seiner Vorzüge und Aporien und der praktischen Probleme bei seiner Anwendung wurden vielfach dargestellt (z. B. Augstein 1987, 1992, 1996, Langer und Hartmann 1997, Pfäfflin 1997, 2004). In diesem Kontext ist nur wichtig, darauf hinzuweisen, dass mehrere der darin enthaltenen Bestimmungen späteren gerichtlichen Prüfungen nicht standhielten. So wurde die im Gesetz ursprünglich festgelegte Mindestaltersgrenze von 25 Jahren aufgehoben, diejenige für die Personenstandsänderung mit Beschluss des BVerfG vom 16.3.1982 (1 BvR 938/81, StAZ 81, 170ff.; vgl. Pfäfflin 1982), diejenige für die Vornamensänderung mit Beschluss des BVerfG vom 26.1.1993 (1 BvL 38/92).

3.2.1.1 Mindestaltersgrenzen

Solche sind im TSG nicht definiert, doch wird normalerweise Volljährigkeit für die Antragstellung vorausgesetzt. Davon gibt es aber begründete Ausnahmen, zumal Patienten heute durchschnittlich früher einen Arzt aufsuchen, da das Wissen um Transsexualismus insbesondere seit Einführung des Internets sehr viel leichter zugänglich ist und die Hemmungen, sich deswegen fachlichen Rat zu holen, nicht mehr so hoch sind. Je jünger die Patienten beim Erstkontakt sind, desto besser erscheinen noch immer die Aussichten alternativer Behandlungen, obwohl man sie nicht überschätzen soll.

3.2.1.2 Behandlungsrichtlinien und -standards

Die ersten Behandlungsleitlinien wurden in den 1970er Jahren anlässlich eines Kongresses in den USA von Experten formuliert, gedacht primär weniger zum Schutz von Patienten als vielmehr zum Schutz der Chirurgen, die sich vor Strafprozessen und Schadenersatzprozessen von Patienten, die später die Eingriffe vielleicht bereuen sollten, absichern wollten. Dazu war es nützlich, einen Konsens über Indikationsstellungen und kunstgerecht durchzuführende Behandlungsschritte zu erreichen. Selbstverständlich trugen diese Richtlinien langfristig auch zum Schutz der Patienten vor nicht sachgerechter

Behandlung bei. Sie wurden immer wieder novelliert und später offizielles Dokument der internationalen Fachgesellschaft, die sich schon am längsten und auch am intensivsten mit dem Thema Transsexualismus auseinandergesetzt hat, der *Harry Benjamin International Gender Dysphoria Association, Inc. (HBIGDA)*, die sich kürzlich umbenannt hat in *World Professional Association for Transgender Health (WPATH)*. Daneben gibt es Leitlinien und Standards verschiedener nationaler Fachgesellschaften. Alle diese Leitlinien sind weitaus brauchbarer als jene Richtlinien zu „Behandlungsmaßnahmen bei Transsexualität", die sich die Spitzenverbände des Medizinischen Dienstes der gesetzlichen Krankenkassen im April 2001 in einem internen Papier selbst verordnet hatten und die von den Medizinischen Diensten der Krankenkassen (MDKs) vielfach in bürokratischer Weise und ohne Sachverstand angewandt wurden (Pfäfflin 2008). Inzwischen wurden sie aktualisiert (GKV-Spitzenverband und MDS, 29.4.2009: Geschlechtsangleichende Maßnahmen bei Transsexualität. Begutachtungsanleitung. Nicht im Handel erhältlich).

Bezüglich Jugendlicher und Adoleszenter hatte das *Royal College of Psychiatrists* in London im Jahr 1998 Leitlinien herausgebracht, die mit Experten aus verschiedenen Ländern beraten worden waren. Sie wurden in die nächstfolgende Neuauflage der *Standards of Care* der HBIGDA (2001) integriert. Diese Leitlinien nennen keine bestimmte und als verbindlich anzusehende Altersgrenze, empfehlen vielmehr die genaue Prüfung des Einzelfalls. Implizit kann man dem Text jedoch entnehmen, dass mit einer gegengeschlechtlichen Hormonbehandlung nicht vor Ende des 16. Lebensjahrs begonnen und eine chirurgische Geschlechtsumwandlung nicht vor Erreichen der Volljährigkeit vorgenommen werden sollte. Es handelt sich hier um eine im Fluss befindliche Diskussion, in der es sowohl Argumente für einen frühen als auch für einen späteren Behandlungsbeginn gibt. Früher Behandlungsbeginn könnte den Jugendlichen ersparen, ihre geschlechtsspezifischen Körpermerkmale, die Transsexuelle bekanntlich an sich ablehnen, erst voll auszubilden, d. h. insbesondere Stimmbruch, Adamsapfel, Bartwuchs usw., die für einen jungen Mann, der später als Frau leben will, besonders störend sind und nur unter großem Aufwand und meist auch nur inkomplett wieder beseitigt werden können. Bei einem Mädchen, das sich als Junge fühlt und später als Mann leben will, könnte man durch frühen Behandlungsbeginn das Brustwachstum unterbinden und ihr damit die sonst später notwendige Operation zur Brustentfernung ersparen. Andererseits ist die Frage, ab welchem Alter ein Mensch für so konsequenzenreiche Eingriffe reif ist, nicht von der Hand zu weisen, sondern ernst zu nehmen, zumal in der Pubertät und Adoleszenz viele junge

Menschen passager mit ihrem angeborenen Körpergeschlecht hadern und in ihrer Geschlechtsidentität noch unsicher sind. Die Problematik von Kindern und Jugendlichen mit Geschlechtsidentitätsstörungen aufgrund von körperlich hermaphroditischen Bedingungen (Patienten mit intersexuellen Anlagen) oder auch ohne solche Bedingungen (Transsexuelle) wurde ausführlich in einer Monografie diskutiert, die noch im Jahr ihres Erscheinens von der britischen *Gender Identity Research and Education Society (GIRES)* mit dem jährlichen Forschungspreis ausgezeichnet wurde (Cohen-Kettenis u. Pfäfflin 2003). Eine Verlaufsstudie über Kinder, die schon in sehr jungem Alter wegen Geschlechtsidentitätsstörungen in Behandlung gebracht wurden, zeigt, dass bei einigen das gegengeschlechtliche Erleben früh fixiert ist, während andere im Verlauf der Adoleszenz mit ihrer ursprünglichen körperlichen Anlage Frieden schließen können und sich schließlich von geschlechtsangleichenden Schritten Abstand nehmen (Wallien und Cohen-Kettenis 2008).

3.2.1.3 Höchstaltersgrenzen
Auch über eine obere Altersgrenze lässt sich streiten. Im TSG sind keine derartigen Grenzen gesetzt. Hat jemand viele Jahrzehnte als Mann oder als Frau durchgehalten, könnte man von ihr oder von ihm doch erwarten, dass dies auch für den Lebensrest durchzuhalten sein müsste. Mit steigendem Lebensalter werden die Charakteristika einer Person immer ausgeprägter, und ein 50-jähriger Mensch hat es sicher sehr viel schwerer, einen Geschlechtsrollenwechsel so zu vollziehen, dass er weit gehend unauffällig in der neuen, gewünschten Geschlechtsrolle leben kann. Meist hat er schon Familie, die durch einen solchen Schritt ebenfalls sehr irritiert, wenn nicht in Mitleidenschaft gezogen wird, und schließlich steigt mit dem Lebensalter auch das Operationsrisiko, so dass man sich fragen kann, in welchem Alter sich ein solcher Eingriff „noch lohnt". Der Älteste, von dem ich weiß, war bei der in Amsterdam durchgeführten Operation 76 Jahre alt. Der älteste Patient, den ich persönlich kennen gelernt und bei dem ich die Indikation für eine geschlechtsangleichende Operation stellte, war damals um die 60 Jahre alt. Er war noch in der Zeit des Dritten Reiches aufgewachsen, hatte in dieser Zeit um sein Leben gefürchtet und deshalb nichts von seinem Konflikt preisgegeben, sondern war, um den Schein der Normalität zu wahren, eine Ehe eingegangen. Seine Frau erkrankte sehr schwer an der Parkinson-Erkrankung, war menschlich und finanziell von ihm vollkommen abhängig. Beide mochten einander sehr und hätten zusätzliche Belastungen nicht ertragen können. Als es mit der häuslichen Pflege nicht mehr ging, und die Ehefrau ins Pflegeheim

aufgenommen werden musste, wagte er endlich jene Schritte, die er „solange er denken konnte" hatte tun wollen, trat als Frau auf, blühte auf, begann mit einer Behandlung mit weiblichen Geschlechtshormonen und ließ sich schließlich auch noch operieren, fühlte sich danach wie ein neuer Mensch beziehungsweise wie der Mensch, der er schon immer hatte sein wollen. Weil er seine Ehe aufrechterhalten wollte, konnte er damals nur eine Vornamensänderung, dagegen keine Personenstandsänderung in Anspruch nehmen. Erst sehr viel später hat ein anderer Betroffener gegen diese Einschränkung geklagt und vom BVerfG Recht bekommen (Beschluss vom 27.05.2008 – 1 BvL 10/05), was gleichzeitig den Anstoß gab, das TSG generell zu novellieren (vgl. unten Abschn. 3.2.2).

3.2.1.4 Internationaler Vergleich und Recht auf Eheschließung
Nicht alle Länder haben Transsexuellengesetze. Manche Länder, wie zum Beispiel die Schweiz und Österreich, lösten die anstehenden Fragen ohne spezifisches Gesetz entweder mit einer Verwaltungsverordnung (Österreich) oder durch richterliche Entscheidungen (Schweiz). Während das deutsche Gesetz allein die zivilrechtlichen Fragen regelt, aber keinerlei Einfluss auf die Behandlung nimmt, müssen nach italienischem Recht geschlechtsangleichende Operationen vorher vom zuständigen Gericht genehmigt werden, sonst werden auch die Rechtsfolgen nicht anerkannt. Frankreich hatte sich lange geweigert, operierten Transsexuellen den Rechtsstatus eines Mitglieds des anderen Geschlechts zu gewähren, und wurde 1992 deswegen vom Europäischen Gerichtshof für Menschenrechte in Straßburg zu Schadenersatzzahlungen an einen entsprechenden französischen Antragsteller verpflichtet. In England war der soziale und medizinische Geschlechtswechsel über Jahrzehnte hinweg relativ leicht zu vollziehen gewesen, nur wurde operierten Transsexuellen das Recht verweigert, in der neuen Geschlechtsrolle eine Ehe einzugehen. Mehrere, beim Europäischen Gerichtshof für Menschenrechte in Straßburg aus England eingegangene Klagen blieben zunächst erfolglos, weil man dort argumentierte, jedes Land könne die Ehegesetzgebung eigenständig regeln, bis der Gerichtshof im Jahr 2002 in einer weiteren Klage aus England nunmehr für alle 44 Mitgliedsstaaten des Gerichtshofs verbindlich entschied, dass Eheschließung in der neuen Geschlechtsrolle gewährt werden muss. Mit dem *Gender Recognition Act* vom 01.07.2004 hat das Vereinigte Königreich inzwischen Regelungen verabschiedet, die eine Änderung des Geschlechtseintrags weit gehend unabhängig von medizinischen Eingriffen erlaubt.

3.2.2 Transsexuellenrechtsreformgesetz (TSRRG)

Mit Beschluss des BVerfG vom 27.05.2008 (1 BvL 10/05) wurde die Unvereinbarkeit von § 8, Abs. 1. Nr. 2 des TSG mit Art. 2 Abs. 1 i. V. m. Art. 1 Abs. 1 GG und Art. 6 Abs. 1 GG festgestellt, weil er einem verheirateten Transsexuellen, der sich geschlechtsändernden Operationen unterzogen hat, die Möglichkeit zur personenstandsrechtlichen Anerkennung seiner neuen Geschlechtszugehörigkeit nur einräumt, wenn seine Ehe zuvor geschieden wird. Das BVerfG hat dem Gesetzgeber aufgegeben, bis zum 01.08.2009 diesen verfassungswidrigen Zustand zu beseitigen, und es hat drei Wege aufgezeigt, wie dies erfolgen könnte, nämlich (1) durch Überführung der Ehe in eine Eingetragene Lebenspartnerschaft, (2) Schaffung einer abgesicherten Lebensgemeinschaft *sui generis* und (3) Streichung des Erfordernisses der Ehelosigkeit nach § 8 Abs. 1 Nr. 2 TSG. Dieser Auftrag wurde zum Anlass genommen, eine grundsätzliche Novellierung des TSG vorzuschlagen und darin insbesondere von Selbsthilfeorganisationen vorgetragene Kritik am TSG teilweise zu berücksichtigen.

Der jüngste *Entwurf eines Gesetzes zur Reform des Transsexuellenrechts (Transsexuellenrechtsreformgesetz – TSRRG)*, dem Verfasser übermittelt mit Schreiben des Bundesministeriums des Innern vom 09.04.2009, sah vielfältige Änderungen vor, von denen hier nur die wichtigsten im Vergleich zum TSG aus dem Jahr 2008 skizziert werden sollen.

Beabsichtigt war, aus den im vorletzten Absatz genannten drei Alternativen die dritte zu wählen, nämlich die Streichung des Erfordernisses der Ehelosigkeit nach § 8 Abs. 1 Nr. 2 TSG für eine Personenstandsänderung. Eine Vornamensänderung im Rahmen der so genannten kleinen Lösung soll nicht mehr unwirksam werden, wenn der Betroffene eine Ehe eingeht oder innerhalb von 300 Tagen nach Rechtskraft dieser Entscheidung Elternteil eines Kindes wird. Dies ist mit dem Gesetz zur Änderung des Transsexuellengesetzes (TSG-ÄndG vom 17.07.2009, BGBl I, 1978) auch geschehen.

Im Übrigen sollten die Zweiteilung des Verfahrens (Vornamens- und Personenstandsänderung) und die Zuständigkeit der Freiwilligen Gerichtsbarkeit beibehalten werden, nicht dagegen die Beteiligung des Vertreters des öffentlichen Interesses am Verfahren, weil diese bisher regelmäßig nur verfahrensverzögernde Wirkung hatte. Dafür sollten aber Ehegatten bzw. Lebenspartner des Antragstellers Verfahrensbeteiligte werden. Als Voraussetzung für die so genannte große Lösung (Personenstandsänderung) sollten weiterhin dauernde Fortpflanzungsunfähigkeit und geschlechtsangleichende Eingriffe gefordert werden, jedoch nur insoweit, wie die dafür notwendige medizinische Behandlung nicht zu einer Gefahr für das Leben oder zu einer schweren dauerhaften Gesundheitsbeeinträchtigung des Antragstellers führt. Die bisher regelmäßig geforderte Begutachtung durch zwei unabhängig tätige Sachverständige sollte abgeschafft werden. Für die Überzeugungsbildung des Gerichts erforderliche ärztliche Zeugnisse sollten von den Antragstellern selbst beigebracht werden, wobei es den zuständigen Amtsgerichten freistehen sollte, gegebenenfalls doch noch zusätzlich einen Gutachter hinzuzuziehen.

Verschiedene Betroffenenverbände forderten im Vergleich dazu sehr viel weitergehende Änderungen. Sie galten bereits dem Namen des Gesetzes, wofür sie „Gesetz über die Änderung der Vornamen und der Geschlechtszugehörigkeit" vorschlugen, weil sie den Terminus Transsexualismus für nicht mehr zeitgemäß und inhaltlich für zu eng bzw. unzutreffend halten. Weitere Forderungen lehnten sich an die sehr viel liberaleren Regelungen des *Gender Recognition Act* aus dem Vereinigten Königreich an und bezogen sich darauf, dass eine Geschlechtsänderung auch ohne die Erfordernisse der dauernden Fortpflanzungsunfähigkeit und geschlechtsangleichender chirurgischer Eingriffe möglich sein sollte. Im Übrigen sähen sie die Verfahren gerne bei den Standesämtern angesiedelt. Alle zuletzt genannten Vorschläge wurden im TSG-ÄndG vom 17.07.2009 jedoch nicht berücksichtigt.

3.3 Sozialrechtliche Aspekte

3.3.1 Streit um die Leistungspflicht von Krankenversicherungen

Während bei den wenigen, sorgfältig und lange behandelten Patienten in den 1970er Jahren die Behandlungskosten entsprechend der gut begründeten Kostenübernahmeanträge von den Versicherungen meist positiv beschieden wurden, bahnte sich mit der Grundsatzentscheidung des Bundesverfassungsgerichts von 1978 und den daran anknüpfenden Beratungen des TSG diesbezüglich eine Wende an, zumal in jener Zeit auch gleichzeitig stärkere allgemeine Sparzwänge wirksam wurden. Es ist bemerkenswert, dass die Versicherer, die nicht zahlen wollten, nicht etwa mit dem Argument ins Feld zogen, geschlechtsangleichende Operationen verstießen gegen die guten Sitten und seien allenfalls als strafbare schwere Körperverletzungen einzustufen, sondern mit dem Argument, es handele sich um kosmetische Eingriffe, für deren Finanzierung die Versicherer nicht zuständig sind und die daher in des Belieben der Patienten und der sie behandelnden Ärzte zu stellen seien, was nun wirklich eine Bagatellisierung der Eingriffe war. Des Weiteren wurde zur

Begründung der Ablehnung vorgetragen, den Patienten gehe es nach der Geschlechtsumwandlung schlechter als zuvor, und Viele begingen danach sogar Selbstmord. In zahlreichen Verfahren vor Sozialgerichten und Landessozialgerichten wurden diese strittigen Fragen sorgfältig geprüft, bis das Bundessozialgericht 1987 schließlich wie eingangs bereits erwähnt entschied, dass die gesetzlichen Sozialversicherungsträger bei gegebener medizinischer Indikation zur Leistung verpflichtet sind, und einige Jahre später auch für die private Assekuranz eine entsprechende höchstrichterliche Entscheidung erging.

3.3.2 Zum Stellenwert geschlechtsangleichender Operationen in der Behandlung

Wenn hier vor allem auf die geschlechtsangleichenden Operationen eingegangen wird, dann deshalb, weil sowohl Patienten als auch Laien meist vorrangig an all jenen Fragen interessiert sind, die mit „der" Operation zusammenhängen, als sei sie das einzig Wichtige, was bei einer Geschlechtsumwandlung zu beachten ist. Zu bedenken ist aber eine vielleicht paradox klingende Behauptung: Die Operation sollte man machen, wenn man sie nicht mehr braucht, dann geht sie am besten. Viel wichtiger ist die Frage, wie der Betreffende im Alltag in der neuen Geschlechtsrolle zurechtkommt, ganz unabhängig ob er schon oder noch nicht operiert ist. In den Behandlungsrichtlinien nimmt deshalb die Empfehlung beziehungsweise Auflage einen großen Raum ein, dass derjenige, der einen solchen Eingriff vorhat, erst einmal in der gewünschten Geschlechtsrolle leben und ausprobieren soll, wie er damit zurechtkommt. Dazu gehört, die Angehörigen einzuweihen, mit den Nachbarn und Kollegen bei der Arbeit zu sprechen und auch mit eventuellen Vorgesetzten, und sich mit deren Reaktionen auseinanderzusetzen. Es gehören Alltagserfahrungen dazu, denn der Rollenwechsel ist oft nicht leicht, manchmal sogar ein Spießrutenlaufen, das verkraftet werden muss. Gelingt dies und geht es dem Betreffenden dabei besser als zuvor, denkt er seltener als früher an Selbstmord, ist weniger häufig krank, dann sind dies Zeichen dafür, dass er auf einem guten Weg ist. Man bezeichnet diese Phase der Behandlung als den Alltagstest, wobei die englische Bezeichnung dafür besser ist. Dort spricht man von *real life experience*, betont damit mehr die Erfahrung als die Prüfung oder den Test, den man vor anderen ablegen muss. In dieser Phase kann Psychotherapie sehr unterstützend sein und nach hinreichend langer Erfahrung durch eine zusätzliche Behandlung mit gegengeschlechtlichen Hormonen ergänzt werden, um körperliche Veränderungen herbeizuführen. Die meisten Patienten fragen am Anfang aber ausschließlich nach der Operation. Sind sie operiert, urteilen sie rückblickend häufig, die präoperative Phase sei die allerwichtigste für sie gewesen.

3.3.3 Behandlungsergebnisse

Bereits die Übersicht über die zwischen 1961 und 1991 erschienene internationale Fachliteratur über Behandlungsergebnisse nach Geschlechtsumwandlungen (Pfäfflin u. Junge 1992, 1998) zeigte, dass die weit überwiegende Mehrheit der Patienten mit dieser Behandlung eine deutliche Linderung ihres Leidens erreichen konnte. Die meisten fühlen sich hinterher subjektiv sehr erleichtert, oft schon, wenn sie nur den Rollenwechsel gemacht haben, noch mehr, wenn sie dann schließlich auch operiert sind. Bei Vielen ist die Lebensqualität auch bei Fremdbeurteilung objektiv besser. Bei einer kleinen Gruppe veränderte die Behandlung nichts Wesentliches an ihrem Leiden, und bei einer sehr kleinen Restgruppe gab es, häufig infolge von Behandlungsmängeln beziehungsweise Fehlindikationen, Verschlechterungen. Sogenannte Rückumwandlungsbegehren sind relativ selten und meist, wenn auch nicht ausschließlich auf mangelnde vorherige Abklärung zurückzuführen (Pfäfflin 1992).

3.4 Begutachtung Transsexueller

Zur Begutachtung Transsexueller im Rahmen von Verfahren nach Transsexuellengesetz wird auf die einschlägigen Kapitel in Lehrbüchern der Forensischen Psychiatrie verwiesen. Dort finden sich auch Ausführungen zu weiteren Gutachtenfragestellungen, zum Beispiel zur Schuldfähigkeit nach den §§ 20, 21 StGB, in sozialversicherungs-, familien- und anderen rechtlichen Fragen (vgl. z. B. Pfäfflin 2009).

4. Ausblick

Vor hundert Jahren waren es einzelne Patienten, die nach heutigen Kriterien als transsexuell eingestuft würden und deswegen Ärzte um Hilfe ansuchten. Damals kam es allerdings auch vor, dass Personen, die öffentlich in der gegengeschlechtlichen Rolle leben wollten oder diesen Wunsch, soweit es ihnen auch ohne medizinische Behandlung möglich war, in die Tat umsetzten, von der Polizei aufgegriffen und zwangsweise in geschlossene psychiatrische Anstalten eingewiesen wurden, ohne dass ihnen dort wirksame Hilfe zuteilgeworden wäre. In den vergangnen 50 Jahren hat sich im Hinblick auf das Verständnis und die medizinischen und psychologischen Hilfsangebote sehr viel verbessert. Das Leiden der Patienten wurde anerkannt, und es wurden wirksame Behandlungen entwickelt. Vor rund einem Vierteljahrhundert wurde auch ihr Begehren, rechtlich als Angehörige des anderen Geschlechts geführt zu werden, anerkannt.

Transsexuelle haben sich inzwischen auf lokaler, nationaler und internationaler Ebene organisiert. Innerhalb der Szene ist es zu erheblichen Differenzierungen gekommen, was nicht überrascht, wenn es im Kern der Problematik um Identität geht. Neue Varianten von Lebensstilen haben sich etabliert, die heute unter dem Oberbegriff Transgender firmieren (Ekins und King 2006). In manchen Gruppen wird der medizinisch-psychologische Lösungsansatz vehement bekämpft, während wiederum andere Gruppen wenig gesicherte Einzelbefunde der medizinischen Forschung generalisieren, um damit zu begründen, dass es sich beim Transsexualismus um eine körperliche Intersexvariante handele, für die weder eine spezifische Gesetzgebung noch insbesondere psychiatrische Kommentare erforderlich seien. Im Grunde müsse jedem Bürger freistehen, sein amtlich eingetragenes Geschlecht bei der zuständigen Behörde auf Wunsch ändern zu lassen, unabhängig von jeglicher Behandlung. Sofern sie darüber hinaus eine Behandlung wünschten, müsse diese ebenso frei zugänglich sein wie jedwede sonstige hausärztliche oder stationäre Behandlung.

Vor diesem Hintergrund ist zu erwarten, dass sich in Zukunft neue medizinethische Fragen stellen werden. Die medizinstrafrechtliche Frage aber, ob Geschlechtsumwandlungsoperationen bei entsprechend abgesicherter Indikationsstellung legitim sind oder aber strafrechtlich als Verstöße gegen die guten Sitten und als schwere Körperverletzung einzustufen seien, ist obsolet.

III.10 Heilversuch, Humanexperiment und Arzneimittelforschung*
Eine systematische Einordnung humanmedizinischer Versuchsbehandlung aus strafrechtlicher Sicht

Katja Oswald

Inhaltsverzeichnis

A. Einleitung _675
B. Allgemeiner Teil: Systematisierung und strafrechtliche Voraussetzungen der medizinischen Versuchsbehandlung _677
    I. Systematisierung der medizinischen Versuchsbehandlung _678
        1. Standardbehandlung versus medizinische Versuchsbehandlung _678
        2. Systematik der medizinischen Versuchsbehandlung _679
            a) Erste Prüfungsstufe: Dominierender Handlungszweck _679
                aa) Primäres Heilungsinteresse: Der Heilversuch _679
                bb) Primäres Forschungsinteresse: Das Humanexperiment (Humanmedizinische Forschung) _680
                cc) Feststellung der dominierenden Handlungsmotivation _681
            b) Zweite Prüfungsstufe beim Forschungshandeln: Potenzieller gesundheitlicher Nutzen durch das Experiment _684
            c) Verbindung mehrerer Grundformen medizinischer Versuchsbehandlung _685
    II. Strafrechtlich relevante Voraussetzungen nach dem StGB _686
        1. Heilversuche _687
        2. Experimente _695
    III. Zusammenfassung _699
C. Besonderer Teil: Die klinische Prüfung von Arzneimitteln gem. §§ 40 ff. AMG _700
    I. Geschichte, Entwicklung und Reform des AMG _700

---

* Die Verfasserin dankt Herrn Dr. Bijan Fateh-Moghadam für die anregenden Diskussionen und wertvollen Hinweise. Mein Dank gilt auch der Hanns-Seidel-Stiftung, die mich und meine Arbeit durch die Gewährung eines Promotionsstipendiums aus Mitteln des Bundesministeriums für Bildung und Forschung (BMBF) unterstützt.

II. Der Anwendungsbereich der Regelungen über die klinische Prüfung von Arzneimitteln, §§ 40 ff. AMG _701
  1. Der Anwendungsbereich des AMG im Bereich medizinischer Versuchsbehandlung _701
  2. Die Anwendbarkeit der §§ 40 ff. AMG auf medizinische Experimente am Menschen _702
     a) Sachlicher Anwendungsbereich: Die klinische Prüfung von Arzneimitteln _702
     b) Persönlicher, örtlicher und finaler Anwendungsbereich _704
  3. Zwischenergebnis _705
III. Die Abgrenzung der Anwendungsbereiche des § 40 AMG und des § 41 AMG _705
IV. Die Anwendbarkeit der §§ 40 ff. AMG auf die Phasen der klinischen Prüfung und bestimmte Studienkonzepte _709
  1. Die Phasen der klinischen Prüfung _709
  2. Kontrollierte klinische Studien _712
  3. Pilotstudien _719
  4. Optimierungs- und Beobachtungsstudien _720
V. Die Sanktionsvorschriften des AMG und das allgemeine Strafrecht _722
  1. Die speziellen Strafbarkeitsregelungen in § 96 Nr. 10, 11 AMG _722
  2. Die Bußgeldvorschriften in § 97 I, II Nr. 9, Nr. 31 AMG _723
  3. Das Verhältnis zum allgemeinen Strafrecht _724
VI. Fazit _726

Literaturverzeichnis

Bender, Denise, Heilversuch oder klinische Prüfung? Annäherung an eine diffuse Grenze, MedR 2005, 511

Biermann, Elmar, Die Arzneimittelprüfung am Menschen, 1986

Cloidt-Stotz, Julia, Der Schadensausgleich für Probanden der humanmedizinischen Forschung. Rechtslage und Reformdiskussion in den Vereinigten Staaten von Amerika und der Bundesrepublik Deutschland, 1990

Deutsch, Erwin, Das Recht der klinischen Forschung am Menschen, 1979

Deutsch, Erwin, Der Doppelblindversuch – Rechtliche und ethische Zulässigkeit der kontrollierten klinischen Forschung am Menschen –, JZ 1980, 289

Deutsch, Erwin, Verkehrssicherungspflicht bei klinischer Forschung – Aufgabe der universitären Ethik-Kommissionen?, MedR 1995, 483

Deutsch, Erwin, Klinische Forschung International: Die Deklaration von Helsinki des Weltärztebundes in neuem Gewand, NJW 2001, 857

Deutsch, Erwin, Recht und Ethik der klinischen Forschung am Menschen: Entwicklung und gegenwärtiger Stand, in: Bernat, Erwin/Kröll, Wolfgang (Hrsg.), Recht und Ethik der Arzneimittelforschung, 2003, S. 15

Deutsch, Erwin, Deregulierung und Patientenschutz im Arzneimittelrecht, VersR 2004, 937

Deutsch, Erwin, Heilversuche und klinische Prüfungen, VersR 2005, 1009

Deutsch, Erwin/Lippert, Hans-Dieter (Hrsg.), Kommentar zum Arzneimittelgesetz (AMG), 2001

Deutsch, Erwin/Lippert, Hans-Dieter (Hrsg.), Kommentar zum Arzneimittelgesetz (AMG), 2. Auflage 2007

Deutsch, Erwin/Spickhoff, Andreas, Medizinrecht. Arztrecht, Arzneimittelrecht, Medizinprodukterecht und Transfusionsrecht, 6. Auflage 2008

Duttge, Gunnar, Abschied des Strafrechts von den „guten Sitten"?, Zum „Minimum" bei der Auslegung der sittenwidrigen Körperverletzung (§ 228 StGB), in: Duttge, Gunnar/Geilen, Gerd/Meyer-Goßner, Lutz/Warda, Günter, Gedächtnisschrift für Ellen Schlüchter, 2002, S. 775

Eser, Albin, Das Humanexperiment, in: Stree, Walter/Lenckner, Theodor/Cramer, Peter et al. (Hrsg.), Gedächtnisschrift für Horst Schröder, 1978, S. 191

Eser, Albin, Rechtfertigungs- und Entschuldigungsprobleme bei medizinischer Tätigkeit, in: Eser, Albin/Fletcher, George P. (Hrsg.), Rechtfertigung und Entschuldigung. Rechtsvergleichende Perspektiven, 1988, S. 1443

F. A. Brockhaus GmbH (Hrsg.), Der Brockhaus in drei Bänden, 2004

Fateh-Moghadam, Bijan, Die Einwilligung in die Lebendorganspende. Die Entfaltung des Paternalismusproblems im Horizont differenter Rechtsordnungen am Beispiel Deutschlands und Englands, 2008

Fateh-Moghadam, Bijan, Grenzen des weichen Paternalismus I – Blinde Flecken der liberalen Paternalismuskritik, in: Fateh-Moghadam/Sellmaier/Vossenkuhl (Hrsg.), Grenzen des Paternalismus, 2009, S. 21

Fincke, Martin, Arzneimittelprüfung. Strafbare Versuchsmethoden. „Erlaubtes" Risiko bei eingeplantem fatalen Ausgang, 1977

Fischer, Gerfried, Der Einfluss der Europäischen Richtlinie 2001 zur klinischen Prüfung von Arzneimitteln auf Versuche an Kindern und anderen einwilligungsunfähigen Personen, in: Amelung, Knut/Beulke, Werner/Lilie, Hans et al. (Hrsg.), Festschrift für Hans-Ludwig Schreiber, 2003, S. 685

Fischer, Thomas, Strafgesetzbuch und Nebengesetze, Kommentar, 56. Auflage 2009

Freier, Friedrich von, Kindes- und Patientenwohl in der Arzneimittelforschung am Menschen – Anmerkungen zur geplanten Novellierung des AMG, MedR 2003, 610

Freund, Georg/Heubel, Friedrich, Forschung mit einwilligungsunfähigen und beschränkt einwilligungsfähigen Personen, MedR 1997, 347

Fröhlich, Uwe, Forschung wider Willen?, Rechtsprobleme biomedizinischer Forschung mit nichteinwilligungsfähigen Personen, 1999

Habermann, Ernst/Lasch, Hanns/Gödicke, Patrick, Therapeutische Prüfung an Nichteinwilligungsfähigen im Eilfall – ethisch geboten und rechtlich zulässig?, NJW 2000, 3389

Hägele, Ralf H.W., Arzneimittelprüfung am Menschen. Ein strafrechtlicher Vergleich aus deutscher, österreichischer, schweizerischer und internationaler Sicht, 2004

Hart, Dieter, Ärztliche Leitlinien – Definitionen, Funktionen, rechtliche Bewertungen, MedR 1998, 8

Hart, Dieter, Arzthaftung wegen Behandlungs- und Aufklärungsfehlern im Zusammenhang mit einem Heilversuch mit einem neuen, erst im Laufe der Behandlung zugelassenen Arzneimittel, MedR 2007, 631

Helle, Jürgen/Fröhlich, Jürgen/Haindl, Hans, Der Heilversuch in der klinischen Prüfung von Arzneimitteln und Medizinprodukten, NJW 2002, 857

Jakobs, Günther, Einwilligung in die sittenwidrige Körperverletzung, in: Hoyer, Andreas/Müller, Henning Ernst/Pawlik, Michael/Wolter, Jürgen (Hrsg.), Festschrift für Friedrich-Christian Schroeder zum 70. Geburtstag, 2006, S. 507

Joost, Nine, Begrenzte Rationalität und ärztliche Aufklärungspflichten. Soll das Recht defizitären Patientenentscheidungen entgegenwirken?, in: Fateh-Moghadam, Bijan/Sellmaier, Stephan/Vossenkuhl, Wilhelm (Hrsg.), Grenzen des Paternalismus, 2009, S. 126

Katzenmeier, Christian, Aufklärung über neue medizinische Behandlungsmethoden – „Robodoc", NJW 2006, 2738

Katzenmeier, Christian, Anmerkung zu BGH, Urteil vom 27.03.2007 – VI ZR 55/05, JZ 2007, 1108

Koch, Hans-Georg, Der Einsatz von Placebo in der klinischen Prüfung von Arzneimitteln als Rechtsproblem, in: Vollmann, Jochen (Hrsg.), Ethische Probleme des Hirntods in der Transplantationsmedizin, 1999, S. 110

Kollhosser, Helmut/Krefft, Max, Rechtliche Aspekte sogenannter Pilotstudien in der medizinischen Forschung, MedR 1993, 93

Krüger, Heiko, Vorenthaltung von Standardtherapien in klinischen Studien – kein gesetzgeberischer Handlungsbedarf?, MedR 2009, 33

Kühl, Kristian, Die sittenwidrige Körperverletzung, in: Hoyer, Andreas/Müller, Henning Ernst/Pawlik, Michael/Wolter, Jürgen (Hrsg.), Festschrift für Friedrich-Christian Schroeder zum 70. Geburtstag, 2006, S. 521
Laufs, Adolf, Das deutsche Recht der klinischen Arzneimittelprüfung: europakonform oder anpassungsbedürftig?, in: Bernat, Erwin/Kröll, Wolfgang (Hrsg.), Recht und Ethik der Arzneimittelforschung, 2003, S. 51
Laufs, Adolf, Die neue europäische Richtlinie zur Arzneimittelprüfung und das deutsche Recht, MedR 2004, 583
Laufs, Adolf/Katzenmeier, Christian/Lipp, Volker, Arztrecht, 6. Auflage 2009
Laufs, Adolf/Uhlenbruck, Wilhelm (Hrsg.), Handbuch des Arztrechts, 3. Auflage 2002
Lippert, Hans-Dieter, Die Einwilligung in die Teilnahme an klinischen Prüfungen von Arzneimitteln und Medizinprodukten und ihr Widerruf, VersR 2001, 432
Lippert, Hans-Dieter, Die klinische Prüfung von Arzneimitteln nach der 12. Novelle zum AMG – eine erste Bestandsaufnahme, VersR 2005, 48
Lippert, Hans-Dieter, § 30 Arzneimittelrecht, in: Ratzel, Rudolf/Luxenburger, Bernd (Hrsg.), Handbuch Medizinrecht, 2008, S. 1265
LK: *Laufhütte, Heinrich Wilhelm/Rissing-van Saan, Ruth/Tiedemann, Klaus* (Hrsg.), Strafgesetzbuch, Leipziger Kommentar, Band 2, 12. Auflage 2006
Loose, Andrea, Strafrechtliche Grenzen ärztlicher Behandlung und Forschung, 2003
Lüllmann, Heinz/Mohr, Klaus/Hein, Lutz, Pharmakologie und Toxikologie. Arzneimittelwirkungen verstehen – Medikamente gezielt einsetzen, 16. Auflage 2006
Maio, Giovanni, Ethik der Forschung am Menschen. Zur Begründung der Moral in ihrer historischen Bedingtheit, 2002
MüKommStGB: *Joecks, Wolfgang/Miebach, Klaus* (Hrsg.), Münchener Kommentar zum StGB, Band 3, §§ 185 – 262, 2003
MüKommStGB: *Joecks, Wolfgang/Miebach, Klaus* (Hrsg.), Münchener Kommentar zum StGB, Band 5, Nebenstrafrecht I, 2007
Niedermair, Harald, Körperverletzung mit Einwilligung und die guten Sitten. Zum Funktionsverlust einer Generalklausel, 1999
Oswald, Katja, Weicher Paternalismus und das Verbot der Teilnahme untergebrachter Personen an klinischen Arzneimittelprüfungen I, in: Fateh-Moghadam, Bijan/Sellmaier, Stephan/Vossenkuhl, Wilhelm (Hrsg.), Grenzen des Paternalismus, 2009, S. 94
Pestalozza, Christian, Risiken und Nebenwirkungen: Die klinische Prüfung von Arzneimitteln am Menschen nach der 12. AMG-Novelle, NJW 2004, 3374
Pschyrembel, Klinisches Wörterbuch, 261. Auflage 2007
Rehmann, Wolfgang A. (Hrsg.), Arzneimittelgesetz (AMG) mit Erläuterungen, 3. Auflage 2008

Rippe, Klaus Peter, Individuelle Therapieversuche in der Onkologie. Wo liegen die ethischen Probleme?, Ethik Med 1998, 91

Rönnau, Thomas, Willensmängel bei der Einwilligung im Strafrecht, 2001

Rosenau, Henning, Strafrechtliche Probleme bei der klinischen Prüfung von Humanarzneimitteln nach der neuen europäischen Richtlinie, RPG 2002, 94

Roxin, Claus, Strafrecht. Allgemeiner Teil. Band I, 4. Auflage 2006

Roxin, Claus, Zur einverständlichen Fremdgefährdung, Zugleich Besprechung von BGH, Urteil v. 20.11.2008 – 4 StR 328/08, JZ 2009, 399

Sander, Axel, Arzneimittelrecht, Kommentar, Loseblattausgabe, Stand: 46. Ergänzungslieferung Dezember 2008

Schimikowski, Peter, Experiment am Menschen, 1980

Schönke, Adolf/Schröder, Horst (Hrsg.), Strafgesetzbuch, Kommentar, 27. Auflage 2006

Schroth, Ulrich, Die Einwilligung in eine nicht-indizierte Körperbeeinträchtigung zur Selbstverwirklichung – insbesondere die Einwilligung in Lebendspende, Schönheitsoperationen und Piercing, in: Hassemer, Winfried/Kempf, Eberhard/Moccia, Sergio (Hrsg.): In dubio pro libertate. Festschrift für Klaus Volk zum 65. Geburtstag, 2009, S. 653

Seelmann, Kurt, Paternalismus und Solidarität bei der Forschung am Menschen, in: Amelung, Knut/Beulke, Werner/Lilie, Hans et al. (Hrsg.), Festschrift für Hans-Ludwig Schreiber, 2003, S. 853

Spranger, Tade Matthias, Fremdnützige Forschung an Einwilligungsunfähigen, Bioethik und klinische Arzneimittelprüfung, MedR 2001, 238

Stock, Meike, Der Probandenschutz bei der medizinischen Forschung am Menschen. Unter besonderer Berücksichtigung der gesetzlich nicht geregelten Bereiche, 1997

Taupitz, Jochen, Schutzmechanismen zugunsten des Probanden und Patienten in der klinischen Forschung, in: Lippert, Hans-Dieter/Eisenmenger, Wolfgang (Hrsg.), Forschung am Menschen, 1999, S. 13

Taupitz, Jochen, Die Neufassung der Deklaration von Helsinki des Weltärztebundes vom Oktober 2000, MedR 2001, 277

Taupitz, Jochen, Forschung mit Kindern, JZ 2003, 109

Taupitz, Jochen/Fröhlich, Uwe, Medizinische Forschung mit nichteinwilligungsfähigen Personen, VersR 1997, 911

Ulsenheimer, Klaus, Arztstrafrecht in der Praxis, 4. Auflage 2008

Wachenhausen, Heike, Möglichkeiten und Grenzen der biomedizinischen Forschung an Einwilligungsunfähigen, RPG 2000, 81

Walter-Sack, Ingeborg/Haefeli, Walter E., Qualitätssicherung der pädiatrischen Arzneimittel-Therapie durch klinische Studien – ethische und rechtliche Rahmenbedingungen unter Berücksichtigung der spezifischen Bedürfnisse von Kindern, MedR 2000, 454

Weindling, Paul, Die Internationale Wissenschaftskommission für medizinische Kriegsverbrechen 1946/47, in: Ebbinghaus, Angelika/Dörner, Klaus (Hrsg.), Vernichten und Heilen, 2001, S. 439

Wille, Siegfried, Grundsätze des Nürnberger Ärzteprozesses, NJW 1949, 377

Winau, Rolf, Der Menschenversuch in der Medizin, in: Ebbinghaus, Angelika/Dörner, Klaus (Hrsg.), Vernichten und Heilen, 2001, S. 93

Wölk, Florian, Risikovorsorge und Autonomieschutz im Recht des medizinischen Erprobungshandelns, 2003

Wunder, Michael, Der Nürnberger Codex und seine Folgen, in: Ebbinghaus, Angelika/Dörner, Klaus (Hrsg.), Vernichten und Heilen, 2001, S. 476

A. Einleitung

Die medizinische Forschung am Menschen[1] ist ein Bereich, in dem aus rechtlicher Sicht noch immer viele Fragen unklar sind. Schon aus dem 18. Jahrhundert werden kontrollierte Versuche berichtet. Gleichzeitig traten die Gerichte rigoros dem eigenmächtigen ärztlichen Handeln außerhalb der Standardtherapie entgegen.[2]

Inzwischen besteht Einigkeit dahingehend, dass medizinisches Handeln auch außerhalb der anerkannten Standards der medizinischen Wissenschaft notwendig ist und möglich sein muss.[3] Denn hierdurch lassen sich „für das Wohl der Menschheit Ergebnisse erzielen, welche durch andere Methoden oder Studien nicht zu erlangen sind".[4] Nur durch eine Weiterentwicklung von Therapie und Diagnose besteht die Möglichkeit, dass die Behandlung

---

[1] Hier soll es um Forschung mit medizinischer Zwecksetzung gehen. Sog. Kausalitätsstudien, die diesen Zweck nicht verfolgen (vgl. *Deutsch/Spickhoff*, Medizinrecht, S. 604 Rn. 966), bleiben hier unberücksichtigt.

[2] Mit Beispielen und Nachweisen bei *Deutsch*, JZ 1980, 289 und *Winau*, in: Ebbinghaus/Dörner (Hrsg.), Menschenversuch, S. 93.

[3] Vgl. *Deutsch/Spickhoff*, Medizinrecht, S. 580 Rn. 918. Hierauf verweist auch die revidierte Fassung der Deklaration von Helsinki (RDH-2005 in der Fassung nach der letzten Änderung 2005) in Punkt A.4. und zuletzt BGH, NJW 2006, 2477, 2478.

[4] *Wille*, NJW 1949, 377 mit Verweis auf den Beschluss der amerikanischen Ärztevereinigung von 1946.

von heute schwer erkennbaren und unzulänglich therapierbaren Krankheiten in Zukunft möglich sein wird. Ein Fortschritt in der Prophylaxe weckt die Hoffnung, in bestimmten Bereichen eine Erkrankung verhindern oder zumindest verzögern zu können. Die bestehenden spezialgesetzlichen Regelungen erfassen nur Teilbereiche.[5] Außerhalb dieser Normen ist die Frage nach der strafrechtlichen Zulässigkeit von humanmedizinischen Versuchsbehandlungen unklar.[6] Aber auch die besonders gesetzlich geregelten Bereiche können nicht als geklärt gelten. Die Reform des Arzneimittelgesetzes (AMG[7]) durch das AMG-ÄndG vom 30. Juli 2004[8] hat die Diskussion für dieses Teilgebiet der Forschung am Menschen beeinflusst und angeregt. Der aufsehenerregende Zwischenfall in Zusammenhang mit den ersten klinischen Tests eines Antikörperpräparates (TGN1412) 2006 in London[9] und die zahlreichen Todesfälle von indischen Kleinkindern während der Durchführung eines Arzneimitteltests an einem renommierten indischen Universitätskrankenhaus[10] verdeutlichen beispielhaft die Aktualität und Brisanz dieses Themengebietes. In diesem Zusammen-

---

5 Die Prüfung von Arzneimitteln am Menschen ist vor allem sondergesetzlich in den §§ 40 ff. AMG normiert. Daneben sind die Vorschriften über die klinische Prüfung von Medizinprodukten nach §§ 20 ff. MPG und die Vorschriften für die Verwendung radioaktiver Substanzen in der medizinischen Forschung in § 24 StrlschVO sowie die Regelungen zur medizinischen Forschung mit Röntgen-Strahlung in §§ 28 a ff. RöV zu nennen. S. hierzu auch Laufs/Uhlenbruck – *Laufs*, Handbuch des Arztrechts, § 130 Rn. 3 und Laufs/Katzenmeier/Lipp – *Lipp*, Arztrecht, S. 459.

6 Vgl. nur *Deutsch*, NJW 2001, 857 f. und *Taupitz*, JZ 2003, 109, 110. Darüber hinaus werden insbesondere die berufs- und haftungsrechtlichen Voraussetzungen kontrovers diskutiert.

7 Arzneimittelgesetz in der Fassung der Bekanntmachung vom 12. Dezember 2005 (BGBl. 2005, Teil I, 3394), zuletzt geändert durch Art. 1 des Gesetzes vom 17. Juli 2009 (BGBl. 2009, Teil I, 1990).

8 Das AMG-ÄndG vom 30. Juli 2004, in Kraft getreten am 6. August 2004, diente im Hinblick auf die Vorschriften über die klinische Prüfung von Arzneimitteln, §§ 40 ff. AMG, der (verspäteten) Umsetzung der Richtlinie 2001/20/EG des europäischen Parlaments und des Rats vom 4. April 2001 zur Angleichung der Rechts- und Verwaltungsvorschriften der Mitgliedstaaten über die Anwendung der guten klinischen Praxis bei der Durchführung von klinischen Prüfungen mit Humanarzneimitteln (ABlEG Nr. L 121, S. 34).

9 Das Antikörperpräparat war von dem deutschen Pharmaunternehmen TeGenero zur Bekämpfung von Multipler Sklerose, Blutkrebs und Rheuma entwickelt worden. Nach den ohne besondere Vorfälle verlaufenen Tierversuchen führte die erste Anwendung des Wirkstoffes an gesunden Probanden am 13. März 2006 zu einem schockartigen Versagen der inneren Organe, hierzu DIE ZEIT vom 23.03.2006, S. 41; SZ vom 18./19.03.2006, S. 22. S. auch *Deutsch/Spickhoff*, Medizinrecht, S. 750 Rn. 1303.

10 Vgl. hierzu SZ vom 21.08.2008, S. 10 und SZ vom 22.08.2008, S. 2. Ob die (schwerkranken) Kinder infolge des Tests gestorben sind, ist aber nicht geklärt.

hang wurde auch Kritik an der aktuellen deutschen gesetzlichen Regelung und Prüfpraxis geübt.[11]

Im ersten Teil dieses Beitrags werden die Grundlagen der Diskussion um die humanmedizinische Versuchsbehandlung beleuchtet. Zunächst wird eine Systematik vorgestellt, die die Abgrenzung und Definition von verschiedenen Kategorien medizinischer Versuchsbehandlung ermöglicht. Sodann werden die Voraussetzungen der medizinischen Versuchsbehandlung im Anwendungsbereich der allgemeinen Grundsätze des StGB erörtert. Darauf folgt die Entwicklung des Anwendungsbereichs der spezialgesetzlichen Vorschriften über die klinische Prüfung von Arzneimitteln (§§ 40, 41 AMG), ausgehend von der dargestellten Systematik. Abschließend wird das Verhältnis der spezialgesetzlichen Sanktionsvorschriften zu den Körperverletzungs- und Tötungsvorschriften des Kernstrafrechts behandelt.

B. Allgemeiner Teil: Systematisierung und strafrechtliche Voraussetzungen der medizinischen Versuchsbehandlung

Die eingangs erwähnten Unklarheiten auf dem Gebiet der humanmedizinischen Versuchsbehandlung[12] werden schon bei dem Versuch deutlich, diesen Bereich zu systematisieren und die in der juristischen Diskussion kursierenden Begriffe[13] zu definieren. Die begrifflichen Unterscheidungen werden vielfach nicht einheitlich verwendet. Dies ist für eine Diskussion umso hinderlicher, je mehr Folgeprobleme sich an eine Abgrenzung knüpfen. Eine qualifizierte Auseinandersetzung mit Diskussionsergebnissen und Standpunkten ist derzeit ohne genaue Analyse der zu Grunde gelegten Begrifflichkeit nicht möglich.

Deshalb wird im Folgenden ein System entwickelt, das es anhand plausibler und in der Diskussion relevanter Kriterien ermöglicht, unterscheidbare Kategorien der humanmedizinischen Versuchsbehandlung abzugrenzen (I.).

---

11 Insbesondere wurde gefordert, dass neue Wirkstoffe in Zukunft nur noch nacheinander an Menschen verabreicht werden dürfen. Durch eine Registrierungspflicht und obligatorische Veröffentlichung der Prüfprotokolle soll eine größere Transparenz bei der Durchführung klinischer Studien sichergestellt werden. Vgl. SZ vom 18./19.03.2006, S. 22.
12 Zur Definition vgl. sogleich.
13 Anzuführen sind etwa die Begriffe des Heilversuchs, Humanexperiments, rein wissenschaftlichen Versuchs, therapeutischen Versuchs, Therapieversuchs, der fremdnützigen Forschung.

Anschließend werden die generellen strafrechtlich relevanten Voraussetzungen der hier definierten Kategorien der medizinischen Versuchsbehandlung erörtert (II.).

I. Systematisierung der medizinischen Versuchsbehandlung

1. Standardbehandlung versus medizinische Versuchsbehandlung

Die Standardbehandlung zeichnet sich dadurch aus, dass sie dem anerkannten Standard der medizinischen Wissenschaft[14] folgt. Als medizinische Versuchsbehandlung soll hier jedes Handeln charakterisiert werden, das den anerkannten Standard verlässt, sich somit auf medizinischem Neuland bewegt.[15] Dabei vermag aber die Ungewissheit des Erfolges kein taugliches Unterscheidungskriterium zu bieten, da auch den Standardbehandlungen ein Unsicherheitsspektrum in Bezug auf den Erfolg innewohnt.[16] Als medizinischer Standard sind die Grundsätze und Methoden zu verstehen, die auf naturwissenschaftlicher Erkenntnis und ärztlicher Erfahrung beruhen und durch eine Bewährung in der Anwendung innerhalb der Profession anerkannt sind.[17] Dort, wo die empirisch-wissenschaftliche Grundlage für das Erreichen eines angestrebten Behandlungszieles, ausreichende ärztliche Erfahrung oder die professionelle Akzeptanz fehlen, handelt es sich um eine Maßnahme im Bereich der medizinischen Versuchsbehandlung.[18] Teilweise wird diese Einteilung dahingehend modifiziert, dass bestimmte Eingriffe außerhalb des medizinischen Standards nicht als medizinisches Versuchshandeln anzusehen seien.[19] Dem wird hier zur Ermöglichung einer einprägsamen Systematik und Begrifflichkeit nicht gefolgt. Immer dann, wenn die Grundsätze und Methoden der Standardbehandlung verlassen werden, ist die medizinische Behandlung als Versuchsbehandlung einzustufen.

---

14 *Hart*, MedR 1998, 8, 9 f. Dabei ist zu beachten, dass die rechtliche Entscheidung über das Vorliegen einer Standardbehandlung durch die medizinisch-sachverständige Bewertung einer Behandlung bestimmt ist. Ausführlich zu den Kriterien und deren Konkretisierung *Wölk*, Risikovorsorge, S. 57 ff.
15 Vgl. nur bei Laufs/Uhlenbruck – *Laufs*, Handbuch des Arztrechts, § 130 Rn. 3, 4; *Wölk*, Risikovorsorge, S. 41 ff., 56 und *Hart*, MedR 1998, 8, 9.
16 Vgl. Laufs/Uhlenbruck – *Laufs*, Handbuch des Arztrechts, § 130 Rn. 4; *Hägele*, Arzneimittelprüfung, S. 113 und Laufs/Katzenmeier/Lipp – *Lipp*, Arztrecht, S. 459 ff.
17 *Deutsch/Spickhoff*, Medizinrecht, S. 126 Rn. 188, S. 582 Rn. 921.
18 Vgl. zu den offenen Fragen, z. B. inwieweit jedes Element unumgängliche Voraussetzung für die Annahme eines medizinischen Standards ist, *Hart*, MedR 1998, 8, 10.
19 Diese Einschränkung wird mit Blick auf rechtliche Konsequenzen vorgenommen, vgl. *Wachenhausen*, RPG 2000, 81, 82 f. und die Nachweise bei *Wölk*, Risikovorsorge, S. 52 ff. und unten in Fn. 68.

2. Systematik der medizinischen Versuchsbehandlung

Im Bereich außerhalb der Standardbehandlung fallen zwei Gesichtspunkte auf, die als wesentliche Unterscheidungskriterien angesehen werden: Zum einen kann auf die Motivation des Handelnden abgestellt werden, die zur Anwendung einer Behandlung führt.[20] Zum anderen ist bezogen auf das betroffene Individuum eine Abgrenzung danach denkbar, ob ein unmittelbarer gesundheitlicher Nutzen möglich ist oder nicht.[21] Diese Gesichtspunkte, die in der (juristischen) Diskussion zur Beschreibung von Behandlungsformen zu Grunde gelegt werden, bilden in ihrer Kombination eine Grundlage der Systematisierung. Diese soll anhand einer mehrstufigen Prüfung entwickelt werden.

a) Erste Prüfungsstufe: Dominierender Handlungszweck
Zunächst ist die Motivation des Handelnden[22] von Bedeutung.[23] Auf dieser Ebene ist zu unterscheiden, ob das Forschungsinteresse des Arztes der ausschlaggebende Gesichtspunkt für die Vornahme der Behandlung ist oder ob eine primäre Heilabsicht die Behandlung bedingt.[24]

aa) Primäres Heilungsinteresse: Der Heilversuch Der Arzt kann vorrangig zum Zwecke der Förderung der Gesundheit des individuellen Patienten handeln.[25] Damit sind etwa die Fälle gemeint, in denen der Arzt eine neuartige Behandlungsform wählt, weil eine anerkannte Standardbehandlung nicht erfolgreich war oder nicht existiert. Es handelt sich in der Regel um eine letzte

---

20 So bereits die frühen Differenzierungen des Reichsministerium des Innern von 1931 in der „Richtlinie für neuartige Heilbehandlungen und die Vornahme wissenschaftlicher Versuche am Menschen" und des BGH (BGHZ 20, 61, 66, Thorotrast-Entscheidung).
21 Auch darauf verwiesen wird in der oben genannten Richtlinie und in der Entscheidung des BGH Bezug genommen. Vgl. auch Laufs/Uhlenbruck – *Laufs*, Handbuch des Arztrechts, § 130 Rn. 5 ff. und *Deutsch/Spickhoff*, Medizinrecht, S. 582 Rn. 922.
22 Dies wird in der Regel ein Arzt sein. Ausgeschlossen ist aber nichtärztliches Handeln z. B. im Anwendungsbereich des AMG nicht, §§ 40 I 3 Nr. 5, 4 XXV AMG.
23 Ebenso *Hägele*, Arzneimittelprüfung, S. 112 ff. und *Katzenmeier*, JZ 2007, 1108, 1109. Ablehnend *Bender*, MedR 2005, 511, 513, 514 ff., die die Unterscheidung nach dem Forschungsinteresse für unzweckmäßig hält und nur objektive Kriterien heranziehen will. Ablehnend auch *Wölk*, Risikovorsorge, S. 74 f., der individuelles und systematisches medizinisches Erprobungshandeln unterscheidet. Im Ergebnis sind diese Ansichten der hier vertretenen Auffassung ähnlich, vgl. unten B.I.2.a.cc.
24 Zu den Schwierigkeiten der Feststellung vgl. sogleich unten B.I.2.a.cc. Ablehnend *Schimikowski*, Experiment, S. 8. Sein Vorschlag, nach der *Heiltendenz* abzugrenzen (konkrete Heiltendenz=Heilversuch vs. objektive Heiltendenz=Humanexperiment), stößt jedoch auf die gleichen Schwierigkeiten, da letztlich die *therapeutische Zweckrichtung* maßgeblich sein soll.
25 In diesem umfassenden Sinn ist der Begriff des Heilungsinteresses zu verstehen: Es sollen alle Behandlungsstufen erfasst werden, von der Diagnose und Prophylaxe über die Therapie bis zur Nachsorge.

Heilungs-, vielleicht auch Rettungschance, die der Arzt zu nutzen versucht. Für die Zuordnung zu dieser Kategorie ist ein Handeln mit überwiegendem Heilungsinteresse ausreichend.[26] Soweit das ausschließliche Interesse an der Heilung des individuellen Patienten verlangt wird und das Vorliegen einer noch so geringen Motivation der Kenntnissteigerung ausgeschlossen wird,[27] ist dies praxisfern und wird dem Selbstverständnis des Arztes nicht gerecht.[28] Diese Fallgestaltung wird nicht dem Bereich der medizinischen Forschung zugerechnet und wird hier als *Heilversuch* bezeichnet.[29] Ausdrücklich soll dieser Begriff nur für diese Kategorie verwendet werden.[30]

bb) Primäres Forschungsinteresse: Das Humanexperiment (Humanmedizinische Forschung) Steht dagegen das individuelle oder generelle Forschungsinteresse im Vordergrund,[31] erhofft und bezweckt der Arzt mit seiner Behandlung also in erster Linie einen wissenschaftlichen Erkenntnisgewinn, dann handelt es sich um ein *Experiment*.[32] Der Arzt verfolgt in diesem Fall vorrangig das Interesse, über den Einzelfall hinaus gerichtete Erkenntnisse über die Wirksamkeit und Unbedenklichkeit einer Behandlung oder eines Eingriffs zu erlangen. Dieses Kriterium kennzeichnet den Bereich der human-

---

26 So auch *Rehmann*, AMG, Vor §§ 40–42a Rn. 3. Vgl. auch *Loose*, Strafrechtliche Grenzen, S. 9, 12.
27 Vgl. etwa *Kollhosser/Krefft*, MedR 1993, 93, 94 und *Stock*, Probandenschutz, S. 24, die ein Handeln im ausschließlichen Interesse des Patienten ohne Streben nach Erkenntnis über den konkreten Einzelfall hinaus fordern.
28 Zutreffend *Hägele*, Arzneimittelprüfung, S. 113 Fn. 293 m. w. N. und *Rippe*, Ethik Med 1998, 91, 93, die darauf verweisen, dass der Arzt selbst bei der Standardbehandlung die Rolle des Erfahrungswissenschaftlers, der um Erkenntnisgewinn bemüht ist, nicht verlässt.
29 Ebenso *Spranger*, MedR 2001, 238 und *Rehmann*, AMG, Vor §§ 40–42a Rn. 3 sowie die „Marburger Richtlinien", § 3 II, abgedruckt bei *Freund/Heubel*, MedR 1997, 347, 349; vgl. auch *Hägele*, Arzneimittelprüfung, S. 113, der allerdings nur zwischen 3 Kategorien trennt, und im Ergebnis Schönke/Schröder – *Eser*, StGB, § 223 Rn. 50a.
30 Vgl. auch unten C.II.2.a. Hierzu auch *Kollhosser/Krefft*, MedR 1993, 93, 94, die zutreffend auf die missliche Lage hinweisen, dass dieser Begriff auch für Versuche i. S. d. § 41 AMG verwendet wird. Zum Teil wird mit Heilversuch auch die Behandlung außerhalb des Standards bezeichnet, die der Gesundheit des Patienten dienen soll – unabhängig von ihrer Motivation (*Hart*, MedR 1998, 8, 9). Diese weite Definition soll hier ausdrücklich nicht zu Grunde gelegt werden.
31 Darauf stellen auch *Eser*, in: Eser/Fletcher (Hrsg.), Rechtfertigungs- und Entschuldigungsprobleme, S. 1443, 1456 und *Laufs*, MedR 2004, 583, 585 ab. Im Ergebnis auch Schönke/Schröder – *Eser*, StGB, § 223 Rn. 50a.
32 Ein Experiment stellt einen wissenschaftlichen Versuch dar, durch den etwas entdeckt, bestätigt oder gezeigt werden soll (Duden Fremdwörterbuch) i. S. e. methodisch-planmäßigen Herbeiführung von reproduzierbaren, meist variablen Umständen zum Zwecke wiss. Beobachtung (F. A. Brockhaus GmbH (Hrsg.), Brockhaus, „Experiment"). Kritisch zum Begriff *Habermann/Lasch/Gödicke*, NJW 2000, 3389, 3391. Zu den verschiedenen Konzeptionen vgl. Laufs/Uhlenbruck – *Laufs*, Handbuch des Arztrechts, § 130 Rn. 30 ff. und unten C.IV.

medizinischen Forschung. Damit verändert sich die Arzt-Patienten-Beziehung. Während bei der Standardbehandlung und beim Heilversuch in erster Linie die (gesundheitsbezogenen) Interessen des Patienten handlungsleitend sind, sind beim Experiment Motive maßgeblich, die losgelöst von den individuellen Interessen der betroffenen Person sind. Die Allgemeinheit ist an der Entwicklung neuer Behandlungsformen und -methoden interessiert. Der Arzt als Forscher bezweckt an dieser Entwicklung gestaltend mitzuwirken. Denkbar ist außerdem, dass neben wissenschaftliche Ziele auch persönliche Anliegen treten.[33] Zusätzlich kann das Handeln auch von dem Willen motiviert sein, die Gesundheit der Person zu verbessern.[34] Entscheidend ist nur, dass das Forschungsinteresse das Heilungsinteresse überwiegt.

Die Unterscheidung anhand der Motivation des Handelnden ermöglicht die erste grundsätzliche Differenzierung innerhalb des versuchsmedizinischen Handelns: Die Grundkategorien des Heilversuchs und des Experimentes schließen sich gegenseitig aus.[35] Das Experiment kennzeichnet den Bereich der medizinischen Forschung, der Heilversuch ist davon streng zu unterscheiden.

cc) Feststellung der dominierenden Handlungsmotivation Für die Einordnung eines Vorhabens oder einer Behandlung muss die primäre Orientierung des Arztes an den Gesundheitsinteressen des Patienten oder das Vorliegen eines maßgeblichen Forschungsinteresses beurteilt und unterschieden werden.[36] Schwierigkeiten bei der Abgrenzung können dadurch entstehen, dass weder das Heilungsinteresse ein Erkenntnisstreben gänzlich ausschließt noch das Forschungsinteresse das Ziel der Therapie des einschlägig Kranken vollständig verdrängen muss.[37]

---

33 *Wölk*, Risikovorsorge, S. 49f.
34 Der gänzliche Ausschluss der Heilungsmotivation wäre schon gar nicht mit dem ärztlichen Grundsatz „Die Gesundheit des Kranken ist oberstes Gesetz" (salus aegroti suprema lex) vereinbar. Dieser ist auch Teil des (mit dem hippokratischen Eid verwandten) Arztgelöbnisses, wie es in den Berufsordnungen erscheint. Danach soll die Erhaltung und Wiederherstellung der Gesundheit des Patienten oberstes Gebot des ärztlichen Handelns sein, Laufs/Uhlenbruck – *Laufs*, Handbuch des Arztrechts, § 4 Rn. 13ff. und Anhang.
35 Wie hier *Stock*, Probandenschutz, S. 24. Vgl. hierzu auch B.II.1.
36 Die Schwierigkeit der Bestimmung des ärztlichen Motivs stellt sich gerade auch i. R. d. § 4 XXIII i. V. m. §§ 40ff. AMG. Denn wie die Bestimmung und das Ziel der Untersuchung zu bewerten sind, ist nicht geregelt. Vgl. unten C.II.2.a. und *Spranger*, MedR 2001, 238, 244 und dort Fn. 81. Ferner *Kollhosser/Krefft*, MedR 1993, 93, 94, 96 mit Beispielen zur Abgrenzung außerhalb der Arzneimittelprüfung.
37 Vgl. auch oben bei Fn. 26 und 34; s. auch bei MüKommStGB-*Freund*, Bd. 5, §§ 40–42a AMG Rn. 8f.

Um nun diese Einordnung nicht völlig der Willkür anheimzustellen, den Einfluss nicht sachgerechter Erwägungen auszuschließen[38] und nicht zuletzt, um dem behandelnden Arzt selbst einen Maßstab an die Hand zu geben, muss eine Methode gefunden werden, die eine zuverlässige und sachgerechte Beurteilung erlaubt.[39]

Im Rückgriff auf anerkannte Beurteilungsmaßstäbe kann diese Herausforderung am ehesten mit der Maß-Figur des „objektiven[40] Dritten", hier als objektivem fachkundigem „Idealarzt", gelöst werden. Die handlungsleitende und dominierende Motivation muss anhand aller Umstände des Einzelfalles bewertet werden. Das Ergebnis wird dann widerleglich indiziert.[41]

Bei der Frage, welche Indikatoren für die Abgrenzung des Heilversuchs vom Experiment heranzuziehen sind, bietet es sich an, von den konstitutiven Elementen des Experiments[42] auszugehen: Dazu zählen die Ausrichtung auf wissenschaftliche Erkenntnis (*Zielgerichtetheit*), systematische Planung (*Planmäßigkeit*) und ein festgelegter, prozeduraler Ablauf (*Standardisierung*). Nur wenn eine Versuchsbehandlung in diesem Sinne wissenschaftliche Strukturen hat oder bekommt, kann von einem ernsthaften Forschungsbestreben gesprochen werden. Das Ziel der Erkenntnisgewinnung wird dann mit einem solchen Aufwand und einer solchen Methode verfolgt, dass das Heilungsinteresse im Vergleich dazu tendenziell zweitrangig erscheint. Können diese Merkmale des Experiments beim versuchsmedizinischen Handeln festgestellt werden, ist von einem vorrangigen Erkenntnisstreben auszugehen.[43] Dies kann auch schon bei einer einzelnen Behandlung der Fall sein.[44]

---

38 Denkbar ist die Umbenennung eines tatsächlich mittelbaren Nutzens in einen unmittelbaren oder die wahrheitswidrige Angabe des ausschließlichen Heilungsbestrebens, um rechtliche Voraussetzungen zu umgehen. Vgl. *Spranger*, MedR 2001, 238, 244 und *Deutsch*, VersR 2005, 1009, 1012; Beispiele auch bei *Wölk*, Risikovorsorge, S. 79.
39 *Spranger*, MedR 2001, 238, 244 verweist für die Arzneimittelforschung auf die Prüfung durch die Ethikkommissionen. Allerdings sind auch diese auf Bewertungsmaßstäbe angewiesen.
40 Objektiv wird hier als unvoreingenommen verstanden.
41 Allerdings müssen dann an den Gegenbeweis erhöhte Anforderungen gestellt werden. Vgl. auch bei *Cloidt-Stotz*, Schadensausgleich, S. 14 f.
42 Vgl. bei *Hägele*, Arzneimittelprüfung, S. 113 Fn. 298 mit Verweis auf *Maio*, Ethik der Forschung am Menschen, S. 37 ff. S. auch in Fn. 32.
43 In welcher Stärke die Merkmale vorliegen müssen, kann hier nicht abschließend besprochen werden. Eine gewisse Variabilität in dem Sinne, dass die schwächere Ausprägung eines Merkmals, durch die überdurchschnittliche Stärke eines anderen ausgeglichen werden kann, erscheint jedoch tauglich.
44 Richtig führt *Wölk*, Risikovorsorge, S. 55 aus, dass auch eine einzelne Behandlung so sauber geplant und dokumentiert sein kann, dass sie für die medizinische Wissenschaft großen Wert hat und erkennt-

Ein überwiegendes Forschungsinteresse ist somit anzunehmen, wenn aus der Sicht eines objektiven, fachkundigen Dritten die Versuchsbehandlung ausreichende wissenschaftliche Strukturen hat. Diese lassen sich anhand der Zielgerichtetheit, Planmäßigkeit und der Standardisierung des Handelns feststellen.

Dabei können sich die Zielgerichtetheit und die systematische Planung des Handelns etwa aufgrund vorangegangener Labor- (und Tier-)Versuche,[45] einer Vielzahl von Behandlungen,[46] der Aufstellung von Versuchsreihen, der Bildung von Vergleichsgruppen,[47] der planmäßigen Objektivierung der Ergebnisse[48] und der Beteiligung von Pharmafirmen[49] ergeben. Hat der für die Durchführung eines Versuchs Verantwortliche den Ablauf und die Steuerung des Geschehensablaufs in der Hand und können die beteiligten Personen selbst keinen maßgeblichen Einfluss nehmen, so spricht dies für das Kriterium der Zielgerichtetheit.[50] Die Standardisierung zeigt sich beispielsweise in

---

nisfördernd verwendet werden kann. Diesen Fallgestaltungen kann nur eine umfassende Einzelfallbetrachtung gerecht werden. Anders *Bender*, MedR 2005, 511, 515.

45 Vgl. hierzu Punkt B.11 RDH-2005 (Fn. 3) im Umkehrschluss.

46 Aber selbst dieses Kriterium ist einer Bewertung offen. So bezeichnet eine sog. „extended access study" die Zusammenfassung vieler einzelner Heilversuche, die an zahlreichen Individuen vorgenommen werden, ohne dass diese in eine klinisch kontrollierte Studie aufgenommen werden (konnten). Die Behandlung dieser Personen geschieht mit dem vorrangigen Ziel der Heilung, das noch nicht zugelassene Arzneimittel wird aus *compassionate use* angewendet. Vgl. hierzu *Deutsch/Spickhoff*, Medizinrecht, S. 599 f. Rn. 967. Aus humanen Erwägungen lässt § 21 II Nr. 6 AMG eine Ausnahme von der Zulassungspflicht eines Arzneimittels für die Arzneimittel zu, die in Art. 3 der Verordnung (EG) Nr. 726/2004 des Europäischen Parlaments und des Rates vom 31.03.2004 genannt sind und die für eine Anwendung bei Patienten zur Verfügung gestellt werden, die an einer zu einer schweren Behinderung führenden Erkrankung leiden oder deren Krankheit lebensbedrohend ist, und die mit einem zugelassenen Arzneimittel nicht zufriedenstellend behandelt werden können. Dabei muss das Arzneimittel auf dem Weg zur Zulassung sein, d. h. Gegenstand einer klinischen Prüfung oder eines Antrags auf Erteilung der Genehmigung für das Inverkehrbringen sein, Art. 83 Abs. 2, 3 der Verordnung (EG) Nr. 726/2004. Vgl. auch *Rehmann*, Vor § 21 Rn. 35, § 21 Rn. 11.

47 *Deutsch*, VersR 2005, 1009; *Walter-Sack/Haefeli*, MedR 2000, 454, 456; *Sander*, AMG, § 40 Rn. 4a.

48 *Deutsch*, VersR 2005, 1009; *Rehmann*, AMG, Vor §§ 40–42a Rn. 3, *Sander*, AMG, § 40 Rn. 4a.

49 Deren Beteiligung stellt zumindest bei Arzneimittelversuchen ein starkes Indiz dar, vgl. auch *Kollhosser/Krefft*, MedR 1993, 93, 96. Zwar wird diese Annahme von *Bender*, MedR 2005, 511 als nicht praxisgerecht abgelehnt, allerdings weist sie selbst darauf hin, dass die Pharmafirmen „ein großes wirtschaftliches Interesse haben ein völlig neues Arzneimittel *mit zu entwickeln*, und dementsprechend [...] versuchen [werden], dem *forschenden* Arzt die Herstellung des neuen Mittels zu ermöglichen".

50 Von einem Abbruch abgesehen, der für jeden Teilnehmer immer möglich sein muss, *Lippert*, VersR 2001, 432 ff. Vgl. *Schimikowski*, Experiment, S. 8 und *Fincke*, Arzneimittelprüfung, S. 13, der aber auch darauf hinweist, dass trotz einer Beeinflussungsmöglichkeit durch die beteiligten Personen – je nach Versuchskonzeption – verwertbare Ergebnisse möglich sind.

einem vorab festgelegten Versuchsprotokoll[51] bzw. Prüfplan.[52] Ein wissenschaftliches Erkenntnisstreben liegt auch dann nahe und wird genau zu prüfen sein, wenn eine (einzelne) Versuchbehandlung vorgenommen wird, obwohl eine Standardtherapie existiert, oder wenn nicht einmal eine gewisse Wahrscheinlichkeit der Heilung angenommen werden kann.

Damit sind unbestimmte Begriffe nicht eliminiert und eine absolute und einzig richtige Zuordnung wird dennoch nicht immer gewährleistet sein. Die so geschaffenen Bewertungskategorien sind jedoch einer weiteren Konkretisierung zugänglich.

b) Zweite Prüfungsstufe beim Forschungshandeln: Potenzieller gesundheitlicher Nutzen durch das Experiment

Im Bereich der medizinischen Forschung[53] ist weiter danach zu unterscheiden, ob eine Verbesserung der Gesundheit der Person, an der die Behandlung durchgeführt wird, möglich ist oder nicht.[54] Im erstgenannten Fall bietet sich die Bezeichnung *heilkundliches Experiment* an. Gemeint sind in diesem Fall Experimente, die geeignet oder bestimmt sind, der Gesundheit des Patienten unmittelbar zu dienen. Dabei sollen grundsätzlich Maßnahmen jeder Behandlungsstufe erfasst werden, d. h. in den Bereichen der Prophylaxe, Diagnose, Therapie und Nachsorge.[55] Beispielsweise kann auch eine frühzeitige Diagnose wenigstens die Lebensqualität eines Patienten möglichst lange aufrechterhalten, selbst wenn die Therapie der Krankheit (noch) nicht möglich ist. Das Unmittelbarkeitskriterium soll zum Ausdruck bringen, dass nur Behandlungen erfasst sind, die zur Behandlung eines bestimmten Leidens des individuellen Patienten vorgenommen werden und von denen der Patient selbst

---

51 Vgl. Punkt B.13 RDH-2005 (Fn. 3) und § 4 XXIII 3 AMG und *Kollhosser/Krefft*, MedR 1993, 93, 96; *Deutsch/Spickhoff*, Medizinrecht, S. 591 Rn. 938; *Walter-Sack/Haefeli*, MedR 2000, 454, 456.
52 *Deutsch/Spickhoff*, Medizinrecht, S. 754f. Rn. 1313, 1315; *Fröhlich*, Forschung, S. 11, 12.
53 Für den Heilversuch wird eine weitere Untergliederung nicht vorgenommen. Ist ein vorrangiges Heilungsinteresse festgestellt, wird in der Regel die Möglichkeit des gesundheitlichen Nutzens gegeben sein. Ist dieser objektiv (nahezu) unmöglich, so ist die Handlungsmotivation besonders streng zu prüfen. Weiter kann dieses Kriterium im Rahmen der berufs- und haftungsrechtlichen Zulässigkeit und ethischen Vertretbarkeit des Heilversuchs eine Rolle spielen.
54 Ebenso *Deutsch/Spickhoff*, Medizinrecht, S. 582 Rn. 922. Zum Teil wird vorrangig auf den Nutzen für die betroffene Person abgestellt und der einzelne/individuelle Heilversuch erst auf der zweiten Stufe ausgegrenzt, *Spranger*, MedR 2001, 238, ebenso *Taupitz*, in: Lippert/Eisenmenger (Hrsg.), Schutzmechanismen, S. 13, 15.
55 In diesem umfassenden Sinne für die medizinische Forschung am Menschen auch Punkt A.6. RDH-2005 (Fn. 3). Ebenso *Wölk*, Risikovorsorge, S. 72, der deshalb den Begriff des therapeutischen Versuchs wegen dessen sprachlich indizierter Begrenzung auf den Bereich der Therapie ablehnt.

einen Nutzen in Bezug auf dieses Leiden haben kann. Entscheidend ist also die *Einschlägigkeit* der (potenziellen[56]) Erkrankung. Maßgeblicher Zeitpunkt ist der des Versuchs.[57] Die Möglichkeit der Verbesserung muss sich nach dem medizinischen Kenntnis- und Erfahrungsstand begründen lassen. Für die allererste Anwendung einer Behandlung kann diese begründete Verbesserungsmöglichkeit fehlen.[58]

Das *rein wissenschaftliche Experiment* kann der Gesundheit des Probanden jedenfalls im Zeitpunkt der Vornahme nicht unmittelbar dienen. Darunter fallen, beispielsweise bei der Prüfung von Therapeutika, Experimente mit Personen, die gesund oder nicht einschlägig krank sind.[59] Hierunter sind darüber hinaus die Fälle einzuordnen, in denen jegliche Anhaltspunkte fehlen, dass das Experiment eine positive Wirkung auf den Probanden haben wird.[60]

Der potenzielle unmittelbare Nutzen für den Patienten bzw. Probanden ist auf der zweiten Prüfungsebene ausschlaggebend dafür, ob ein heilkundliches oder rein wissenschaftliches Experiment vorliegt.

c) Verbindung mehrerer Grundformen medizinischer Versuchsbehandlung
Zu bedenken sind noch die Fälle, in denen bei der Versuchsbehandlung an einer Person mehrere verschiedene Grundformen vorzuliegen scheinen. So wird vorgetragen, dass auch bei Behandlungen, die dazu bestimmt sind, der Gesundheit des Patienten zu dienen, Methoden eingesetzt würden, die keinen unmittelbaren gesundheitlichen Nutzen brächten.[61] Denkbar ist insbesondere auch, dass sich die Motivation im Laufe der Zeit ändert und sich die Schwerpunkte verschieben.[62]

Doch auch diese Fälle können auf der Grundlage der eingeführten Systematik zugeordnet werden. Werden im Rahmen einer Behandlung sowohl unmittelbar gesundheitsbezogene Methoden angewandt als auch solche, die diesen Effekt nicht haben, so ist bei einer Trennbarkeit der Behandlung jede

---

56 In Bezug auf Prophylaktika und Diagnostika bzw. auf die geheilte Krankheit hinsichtlich der Nachsorgebehandlung.
57 *Deutsch*, JZ 1980, 289 m. w. N.
58 *Biermann*, Arzneimittelprüfung, S. 102.
59 So etwa, wenn eine Behandlungsweise nur *unter den Bedingungen* einer Krankheit getestet werden soll.
60 Vgl. bei *Wölk*, Risikovorsorge, S. 75 f.
61 Beispiele zusammengestellt bei *Wölk*, Risikovorsorge, S. 79; s. auch MüKommStGB-*Freund*, Bd. 5, §§ 40–42a AMG Rn. 8 f.
62 Z. B. wenn der Arzt nach mehreren erfolgreichen Heilversuchen beginnt weitere Ergebnisse planmäßig zu objektivieren und Vergleichsgruppen zu bilden, *Deutsch*, VersR 2005, 1009.

Anwendung für sich zu bewerten – mit den sich daraus ergebenden rechtlichen Konsequenzen. Besteht eine solche Trennbarkeit nicht, etwa weil die Behandlung überhaupt nur in dieser Form durchgeführt werden kann, so ist auf den Schwerpunkt abzustellen. Die Behandlung ist dann als Einheit zu sehen und zu kategorisieren.[63] Ändert sich die Motivation für eine Behandlung mit der Zeit, so muss ab dem Zeitpunkt der Motivationsänderung das Handeln einer anderen Kategorie medizinischer Versuchbehandlung zugeordnet werden. Eine als Heilversuch begonnene Behandlung kann ab einem bestimmten Zeitpunkt als heilkundliches Experiment oder rein wissenschaftliches Experiment einzuordnen sein. Konsequenterweise muss das Handeln an den jeweils maßgeblichen rechtlichen Voraussetzungen gemessen werden. Wird bisher zulässiges Handeln unzulässig, ist es abzubrechen. Diese Wertung trägt der Überlegung Rechnung, dass stets der konkrete Zeitpunkt entscheidend sein muss. Eine rechtlich unterschiedliche Behandlung kann sich nicht daraus rechtfertigen, dass ein Handeln irgendwann einmal zulässig war. Damit wird zugleich Umgehungsversuchen vorgebeugt.[64]

II. Strafrechtlich relevante Voraussetzungen nach dem StGB

Nachdem die unterschiedlichen Kategorien medizinischen Handelns außerhalb der anerkannten Standardbehandlung abgegrenzt wurden, stellt sich die Frage nach der Zulässigkeit der Versuchsbehandlung.

Besondere gesetzliche Regelungen bestehen nur für Teilbereiche.[65] Deshalb werden im Folgenden die strafrechtlich relevanten Anforderungen dargestellt, denen eine medizinische Versuchsbehandlung am Menschen nach allgemeinen Grundsätzen genügen muss.

---

63 Dies kann insbesondere bei sog. Therapieoptimierungsstudien und bei therapiebegleitenden Untersuchungen relevant werden. Erstere erfolgen zum Zwecke einer individualisierten Therapie, wobei die dabei ohnehin anfallenden Daten dokumentiert werden, und Letztere finden begleitend zu einer therapeutisch indizierten Anwendung einer Behandlung (z. B. eines Arzneimittels) statt und haben einen rein wissenschaftlichen Zweck. Vgl. *Walter-Sack/Haefeli*, MedR 2000, 454, 455 f., die diese Erscheinungsformen allerdings generell gleich behandeln wollen. Nach hier vertretener Auffassung kommt es auf eine Einzelfallbeurteilung an. Ebenso *Wölk*, Risikovorsorge, S. 80 f.; Laufs/Katzenmeier/Lipp – *Lipp*, Arztrecht, § 471 ff. fordert dann eine „doppelte Legitimation".

64 Z. B. dass eine Behandlung zulässig als Heilversuch begonnen und nach einiger Zeit (stillschweigend) als heilkundliches Experiment weitergeführt wird. Zustimmend Lauff/Katzenmeier/*Lipp*, Arztrecht, S. 464.

65 Erneut sei auf die spezialgesetzlichen Regelungen in den §§ 40 ff. AMG, 20 ff. MPG, 24 StrlschVO und 28a ff. RöV hingewiesen.

I. Heilversuche

Beim Heilversuch steht das individuelle Heilungsinteresse (die Gesundheit und das Wohl des Patienten) im Vordergrund. Er birgt (in der Regel) die letzte Chance eines Patienten, nachdem Standardmethoden versagt haben. Diese primäre Zweckrichtung teilt der Heilversuch mit der Standardbehandlung.[66] Bei der Frage der Legitimation herrscht Einigkeit dahingehend, dass der Arzt im Rahmen seiner Therapiefreiheit zu solchen Heilversuchen berechtigt sein soll.[67] Die Zulässigkeit des Heilversuchs hat sich an der Dogmatik der ärztlichen Heilbehandlung zu orientieren.[68] Die strafrechtliche Betrachtung richtet sich dann nach den anerkannten strafrechtlichen Grundsätzen.

Für die Frage der Zulässigkeit des Heilversuchs ist zwischen einer vorsätzlichen Körperverletzung und der bloß fahrlässigen Beeinträchtigung der körperlichen Integrität[69] zu unterscheiden.

Ist der Heilversuch mit einem vorsätzlichen Eingriff in die Körperintegrität[70] verbunden, ist zunächst zu prüfen, ob der Heilversuch aufgrund einer wirksamen Einwilligung des Patienten legitimiert ist.[71]

---

66 Vgl. *Hägele*, Arzneimittelprüfung, S. 118.
67 Dafür muss zumindest eine gewisse Möglichkeit des gesundheitlichen Nutzens gegeben sein. Vgl. bei Lauff/Katzenmeier/Lipp – *Lipp*, Arztrecht, S 466. Vgl. auch *Rehmann*, AMG, Vor §§ 40–42a Rn. 3 und *Habermann/Lasch/Gödicke*, NJW 2000, 3389, 3391. Umfassend zur Therapiefreiheit Laufs/Uhlenbruck – *Laufs*, Handbuch des Arztrechts, § 3 Rn. 13 ff.
68 Laufs/Uhlenbruck – *Laufs*, Handbuch des Arztrechts, § 130 Rn. 9 und *Deutsch*, NJW 2001, 857.
69 Fahrlässigkeit kommt insbesondere dann in Betracht, wenn der – vorsätzlich durchgeführte – Heilversuch eine die Körperintegrität nicht beeinträchtigende Maßnahme darstellt, sich aber dann eine darin angelegte Gefährdung der Körperintegrität des Patienten – unvorsätzlich – verwirklicht, vgl. auch *Roxin*, AT I, S. 568 Rn. 69.
70 Zum geschützten Rechtsgut der Körperverletzungsdelikte vgl. *Schroth*, Ärztliches Handeln und strafrechtlicher Maßstab, S. 21 ff. in diesem Band.
71 Die wirksame Einwilligung (bzw. Einverständnis) schließt nach einer Ansicht unter bestimmten Voraussetzungen bereits den Tatbestand aus, nach Ansicht der Rspr. und einem Teil der Lit. wirkt sie rechtfertigend, vgl. ausführlich *Roxin*, AT I, S. 540 ff. Rn. 1 ff. und *Schroth*, Ärztliches Handeln und strafrechtlicher Maßstab, S. 21 ff. in diesem Band. Auch für die Vertreter der hL, die die medizinisch indizierte und lege artis durchgeführte Heilbehandlung als nicht tatbestandsmäßig i. S. d. § 223 StGB ansehen, kann der Heilversuch eine Tatbestandsverwirklichung darstellen und die Rechtfertigung durch Einwilligung zu prüfen sein. Zum Meinungsstand und den entsprechenden Anforderungen ausführlich Schönke/Schröder – *Eser*, StGB, § 223 Rn. 28 ff. und *Schroth*, Ärztliches Handeln und strafrechtlicher Maßstab, S. 21 ff. in diesem Band.

Neben den allgemeinen Wirksamkeitsvoraussetzungen[72] erfordert die wirksame Einwilligung des einwilligungsfähigen Patienten oder seines Vertreters[73] in den Heilversuch, dass sie nach ausreichender Aufklärung erteilt wird.[74] Dabei ist die zur Heilbehandlung entwickelte strafrechtliche Aufklärungsdogmatik zu beachten.[75] Darüber hinaus muss die Aufklärung aber auch dem Versuchscharakter der Behandlung Rechnung tragen. Den Arzt treffen beim Heilversuch deshalb besondere Sorgfalts- und Aufklärungspflichten.[76] Er muss insbesondere darauf hinweisen, dass sich die Behandlung in einem Versuchsstadium befindet und deshalb (noch) nicht dem Stand der medizinischen Wissenschaft entspricht[77] und darauf, dass unbekannte Risiken derzeit nicht auszuschließen sind.[78] Die Notwendigkeit eines Hinweises auf konkrete Gefahren besteht dagegen erst, wenn die Gefahr auf über bloße Vermutungen hinausgehende, begründete und ernstzunehmende Warnungen gestützt werden kann.[79] Die wirksame Einwilligung kann sich nicht auf Ein-

---

72 Zu den Voraussetzungen der Einwilligung (bzw. des Einverständnisses), LK-*Rönnau*, Vor § 32, Rn. 146 ff.; Schönke/Schröder – *Eser*, StGB, Vor §§ 32 Rn. 33 ff., § 223 Rn. 37 ff.; *Roxin*, AT I, S. 569 ff. Rn. 71 ff. und *Schroth*, Verantwortlichkeit des Arztes bei Behandlungsfehlern, S. 125 ff. in diesem Band. Zur Einsichtsfähigkeit, insbes. bei objektiv unvernünftigen Eingriffen, *Roxin*, AT I, S. 574 ff. Rn. 86 ff.

73 Der Betreuer muss dabei dem Willen des Betreuten entsprechen, § 1901 BGB, und hat dabei antezipierte, auf die konkrete Eingriffssituation bezogene Äußerungen (z. B. Patientenverfügung) u. U. verbindlich umzusetzen. Hierzu *Loose*, Strafrechtliche Grenzen, S. 163 ff., die die antezipierte Einwilligung als Sonderfall der ausdrücklichen Einwilligung ansieht. Nach der Rspr. naheliegender erscheint es, die vorab in einer Patientenverfügung niedergelegte Zustimmung bzw. Ablehnung bestimmter Eingriffe als den ggf. verbindlich zu beachtenden Willen i. R. d. stellvertretenden, d. h. Betreuer-Entscheidung, bzw. i. R. d. der Feststellung der mutmaßlichen Einwilligung anzusehen. Eltern, als gesetzliche Vertreter ihrer Kinder, haben die Entscheidung für ihre Kinder an deren Wohl auszurichten, §§ 1627, 1626 BGB.

74 Umfassend zu den Anforderungen, die an die Aufklärung zu stellen sind *Schöch*, Aufklärungspflicht des Arztes, S. 51 ff. in diesem Band; Laufs/Uhlenbruck – *Laufs*, Handbuch des Arztrechts, §§ 61 ff.; Schönke/Schröder – *Eser*, StGB, § 223 Rn. 40 ff.; Laufs/Katzenmeier/Lipp – *Lipp*, Arztrecht, S. 466 ff. m. w. N.; BGH, NJW 2006, 2477, 2478 f. mit Anm. *Katzenmeier*, NJW 2006, 2738 ff.; BGH NJW 2007, 2767 m. Anm. *Katzenmeier*, JZ 2007, 1108. Die wirksame Einwilligung muss frei von rechtsgutsbezogenen Irrtümern sein, die aber bei nicht ausreichender Aufklärung in der Regel vorliegen werden.

75 Zu den zu beachtenden Besonderheiten im Vergleich zum Zivilrecht vgl. bei *Schöch*, Aufklärungspflicht des Arztes, S. 51 ff. in diesem Band.

76 Schönke/Schröder – *Eser*, StGB, § 223 Rn. 50a verlangt etwa eine entsprechend intensive Aufklärung. Ebenso *Deutsch/Spickhoff*, Medizinrecht, S. 599 Rn. 957.

77 Laufs/Uhlenbruck – *Laufs*, Handbuch des Arztrechts, § 130 Rn. 26; *Rehmann*, AMG, § 40 Rn. 5; BGH, NStZ 96, 34, mit Anm. *Ulsenheimer* S. 132. Ist die Möglichkeit des gesundheitlichen Nutzens nach dem Kenntnisstand nicht begründbar, so ist auch darauf hinzuweisen.

78 Vgl. BGH, NJW 2006, 2477, 2478 m. w. N. Vgl. auch *Ulsenheimer*, Arztstrafrecht, S. 130 ff. Rn. 85 ff.

79 BGH, NJW 2006, 2477, 2479.

griffe erstrecken, über die die Person nicht ausreichend aufgeklärt wurde. Soweit sich aber eingriffsbedingte Gefahren verwirklichen, über die ordnungsgemäß aufgeklärt wurde, schließt die ordnungsgemäß erteilte Einwilligung in die Behandlung eine Strafbarkeit nach den Körperverletzungsdelikten grundsätzlich aus.[80]

Die strafrechtlichen Grenzen der Einwilligung und damit des zulässigen Heilversuchs werden durch das Verbot der Tötung auf Verlangen gem. § 216 StGB und die Sittenwidrigkeitsklausel des § 228 StGB gezogen. Aus § 216 StGB ergibt sich, dass die Einwilligung in die eigene Tötung unwirksam ist, sodass der Heilversuch ausgeschlossen ist, wenn er den Tod des Patienten zur Folge haben würde.[81] Ferner darf die Tat nicht gegen die guten Sitten verstoßen, § 228 StGB. Dabei sind sowohl Anknüpfungspunkte als auch Beurteilungsmaßstäbe umstritten.[82] Nach dem BGH ist sittenwidrig, „was nach allgemein gültigen moralischen Maßstäben, die vernünftigerweise nicht infrage gestellt werden können, mit dem eindeutigen Makel der Sittenwidrigkeit behaftet ist".[83] An diesem Zirkelschluss wird deutlich, wie schwierig es ist, dieses Merkmal greifbar zu machen. Empirische Erhebungen über die Moralvorstellung der Bevölkerung können jedenfalls für die Rechtsanwendung nicht herangezogen werden.[84] So wird auch vom BGH auf die Maßstäbe des Rechts zurückgegriffen.[85] Nach neuerer Rechtsprechung ist vorrangig das Gewicht des tatbestandlichen Rechtsgutsangriffs entscheidend. Grundsätzlich sind danach Art und Gewicht des Körperverletzungserfolges und der Grad der möglichen Lebensgefahr als objektive Kriterien maßgeblich.[86] Nur bei schwerwiegenden Verletzungen lassen sich generalpräventiv fürsorgliche Ein-

---

80 Vgl. Schönke/Schröder – *Eser*, StGB, § 223 Rn. 44.
81 Sog. Einwilligungssperre, Schönke/Schröder – *Eser*, StGB, § 216 Rn. 13 und *Roxin*, AT I, S. 558 Rn. 37.
82 BGHSt 49, 166, 170. Einen umfassenden Überblick geben *Fateh-Moghadam*, Einwilligung, S. 108 ff. und *Rönnau*, Willensmängel, S. 165 ff. und LK-*Rönnau*, Vor § 32, Rn. 189 ff. Zudem wird bereits die Verfassungsmäßigkeit der Norm bestritten, vgl. bei *Fischer*, StGB, § 228 Rn. 8 bzw. ihr infolge der Verfeinerung der Einwilligungsdogmatik keine selbstständige Bedeutung mehr zugemessen, *Niedermair*, Körperverletzung, S. 195 ff.
83 Vgl. etwa BGHSt 49, 34, 41 f.
84 Vgl. *Niedermair*, Körperverletzung, S. 72 ff. BGHSt 49, 34, 41 geht allerdings von der Allgemeinkundigkeit dieser Wertvorstellungen aus. Die Moralvorstellungen einzelner gesellschaftlicher Gruppen sind nicht ausreichend, BGHSt 49, 166, 169.
85 BGHSt 49, 166, 169 („Beschränkung auf den rechtlichen Kern"). Zusätzlich ist eine rechtsgutsorientierte Beurteilung erforderlich *Roxin*, AT I, S. 558 f. Rn. 38 f. Gegen eine solche Auslegung des „Verstoßes gegen die guten Sitten" spricht sich *Kühl*, in: FS für Schroeder, S. 521, 528 ff. aus.
86 BGHSt 49, 34, 42; 166, 171 f.

griffe des Staates in das individuelle Selbstbestimmungsrecht legitimieren.[87] Aus dem Rechtsgedanken des § 216 StGB ist abzuleiten, dass das Rechtsgut Leben unter dem besonderen Schutz der Rechtsordnung steht. Daraus ergibt sich, dass eine Tat rechtlich missbilligt wird und damit als sittenwidrig anzusehen ist, wenn bei vorausschauender objektiver[88] „ex-ante"-Betrachtung die konkrete Gefahr lebensgefährlicher Verletzungen des Einwilligenden besteht.[89] Diese Grenze hat den Vorzug, ausreichend bestimmbar und am Rechtsgut der Körperverletzungsdelikte orientiert zu sein. Sie verdient deshalb grundsätzlich Zustimmung.[90] Davon ist aber eine strafbarkeitsbegrenzende Ausnahme zu machen, wenn ein positiv-kompensierender Zweck vorliegt.[91] Besteht bei Durchführung des Heilversuchs die konkrete Todesgefahr, ist der Tod des Patienten bei Unterlassen der Behandlung aber gewiss, kann die Sittenwidrigkeit der Tat und damit die Unwirksamkeit der Einwilligung nicht angenommen werden.[92]

In der Literatur werden verschiedene Ansätze zur Bestimmung der Sittenwidrigkeit vertreten. Nach einer Ansicht in der Literatur soll die Sittenwidrigkeit durch eine (Güter-)Abwägung festzustellen sein.[93] Zum Teil wird vertreten, dass auch der mit der Tat verfolgte (verwerfliche) Zweck maßgeblich in die Betrachtung einbezogen werden müsse.[94] Allerdings führt die (uneingeschränkte) Einbeziehung des Zwecks der Handlung häufig zu unscharfen Abgrenzungen. Die zu konkretisierenden, „allgemein gültigen Wertvorstellungen" bestimmen auch die Bewertung des Handlungszwecks entscheidend

---

87 *Fischer*, StGB, § 228 Rn. 9a.
88 Erkennt der Täter die konkrete Lebensgefährlichkeit seines Handelns nicht, liegt ein (Erlaubnis-)Tatbestandirrtum vor, § 16 I StGB (analog). Anders *Jakobs*, in: FS für Schroeder, S. 507 ff., 513 f., der auf das subjektive Vorstellungsbild des Täters abstellt.
89 BGHSt 49, 34, 44; 166, 173 und *Roxin*, AT I, S. 559 f. Rn. 40 ff.
90 Kritisch aber *Kühl*, in: FS für Schroeder, S. 521 ff.
91 BGHSt 49, 166, 171 m. w. N.
92 Vgl. bei *Roxin*, AT I, S. 560 Rn. 42 und *Jakobs*, in: FS für Schroeder, S. 507, 512, 515. Vorausgesetzt wird eine Möglichkeit des gesundheitlichen Nutzens durch den Heilversuch. Vgl. auch Fn. 67.
93 MüKommStGB-*Hardtung*, Bd. 1, § 228 Rn. 16 ff. Hierzu *Fateh-Moghadam*, Einwilligung, S. 112 ff., *Niedermair*, Körperverletzung, S. 92 ff. und BGHSt 49, 166, 171 m. w. N. Für eine Risiko-Nutzen-Abwägung sprechen sich *Eser*, in: Eser/Fletcher (Hrsg.), Rechtfertigungs- und Entschuldigungsprobleme, S. 1443, 1455 und *Hart*, MedR 1998, 8, 15 aus. Ausführlich dazu auch *Wölk*, Risikovorsorge, S. 449 ff., 467. Eine Abwägung kann nach einigen Einwilligungstheorien auch schon bei der Frage einer wirksamen Einwilligung relevant werden, vgl. bei *Roxin*, AT I, S. 540 f. Rn. 3 und S. 466 f. Rn. 22 f. m. w. N.
94 Nachweise bei Schönke/Schröder – *Stree*, StGB, § 228 Rn. 7 und *Roxin*, AT I, S. 562 ff. Rn. 50 ff., offen gelassen vom BGH in BGHSt 49, 34, 42; 166, 171 f. Zum Teil soll auch nur der positive Zweck Beachtung finden.

mit. Der Konkretisierungsversuch des § 228 StGB über eine (delikts-)akzessorische Bestimmung der Sittenwidrigkeit ist nicht am geschützten Rechtsgut der Körperverletzungsdelikte orientiert[95] und scheidet deshalb aus.[96] Über konkret lebensgefährliche Verletzungen hinausgehend wird – als Weiterentwicklung der Schweretheorie[97] – vertreten, dass die Sittenwidrigkeit bei irreversibel schwersten Körperbeeinträchtigungen dann zu bejahen sei, wenn auch vom Standpunkt des Verletzten ein einsehbarer Grund nicht ersichtlich ist.[98] Auch der Einschränkung der Einwilligungsmöglichkeit mangels eines vernünftigen Grundes haftet jedoch die Gefahr der Unbestimmtheit an.[99] Die Begründung der Sittenwidrigkeit mit dem Vorliegen einer Verletzung der Menschenwürdegarantie aus Art. 1 I GG ist abzulehnen, weil dieser Begründungsansatz die Menschenwürde unabhängig von dem autonomen Willen des Einzelnen definiert.[100]

Überzeugender ist, die Beschränkungen der Selbstverfügungsfreiheit autonomieorientiert und an den subjektiven Voraussetzungen[101] der strafrechtlichen Einwilligung orientiert zu bestimmen. Dann ist darauf abzustellen, ob

---

95 Der vom Gesetzgeber als notwendig erachtete Schutz überindividueller Rechtsgüter ist von der Freiheitsbeschränkung des Einzelnen, über sein Individualrechtsgut zu disponieren, zu trennen. Aus der Unwirksamkeit einer Einwilligung im Hinblick auf Universalrechtsgüter kann nicht generell darauf geschlossen werden, dass die in Bezug auf die Verletzung eines Individualrechtsguts erteilte Einwilligung unwirksam ist (wegen der Sittenwidrigkeit der Tat – insofern ungenau BGHSt 49, 34, 43, der von Sittenwidrigkeit der Einwilligung spricht), BGHSt 49, 34, 43. Vgl. auch *Niedermair*, Körperverletzung, S. 116 ff., 148 ff. Allerdings lässt der BGH die Frage, ob weitergehende (verwerfliche bzw. unlautere) Zwecke relevant sind, an anderer Stelle ausdrücklich offen, BGHSt 49, 34, 42. Dem kann aber mit der gleichen Argumentation entgegengetreten werden.
96 So jetzt *Roxin*, AT I, S. 559 Rn. 39.
97 Vgl. *Roxin*, AT I, S. 559 Rn. 40. Des Selbstwidersprüchlichkeitsarguments bedient sich auch *Seelmann*, in: FS für Schreiber, S. 853, 859, der die Möglichkeit staatlicher Kontrolle bei Eingriffen in den eigenen Körper über die Fälle konkreter Todesgefahr hinaus nur in Fällen sieht, in denen die konkrete Gefahr der Urteilsunfähigkeit besteht. Selbst diese Beschränkungen sollen aber unter dem Vorbehalt der Zumutbarkeit stehen.
98 *Roxin*, AT I, S. 560 ff. Rn. 41, 43 ff.
99 Fraglich scheint schon, ob eine Geschlechtsumwandlung, die nach den sondergesetzlichen Regelungen rechtswidrig ist, auch als sittenwidrig anzusehen wäre, oder ob der Zweck unabhängig davon als „einsehbar" bewertet werden müsste. Generell bleibt zweifelhaft, ob diese Einschränkung der Autonomie des Einzelnen aufgrund der Begründbarkeit und Vernünftigkeit der Verletzung über das – der Frage der Sittenwidrigkeit vorgeschaltete – Kriterium der Einsichtsfähigkeit hinaus gerechtfertigt werden kann; ausführlich auch *Niedermair*, Körperverletzung, S. 108 ff. und 195.
100 *Duttge*, in: Duttge/Geilen/Meyer-Goßner/Warda (Hrsg.), GS Schlüchter, S. 775, 777 ff. Vgl. zur Kritik ausführlich *Fateh-Moghadam*, Einwilligung, S. 113 ff. m. w. N.
101 D. h. die Einwilligungsfähigkeit und das Fehlen beachtlicher Willensmängel, vgl. dazu allgemein LK-*Rönnau*, Vor § 32 Rn. 191.

sich mit der Einwilligung orientiert die konkrete Möglichkeit eines Entscheidungsdefizits des Einwilligenden offenbart. Willigt ein Individuum zu einem bestimmten, subjektiven Zweck in eine schwere, irreversible Beeinträchtigung seiner körperlichen Unversehrtheit ein, kann dieser Zweck mit dem angestrebten Eingriff aber objektiv nicht erreicht werden, so stellt dieses subjektiv irrationale Verhalten ein starkes Indiz für die mangelnde Erfüllung der subjektiven Wirksamkeitsvoraussetzungen der strafrechtlichen Einwilligung dar.[102] Mit dem Maßstab der subjektiven Zweck-Mittel-Relation ist eine objektive Bewertung des verfolgten Ziels ausgeschlossen.[103] In Fällen subjektiver Irrationalität die Unwirksamkeit der Einwilligung über § 228 StGB anzunehmen, stellt eine weich paternalistische Begründung der Unwirksamkeit dar.[104] Die so verstandene weich paternalistische Beschränkung der Selbstverfügungsfreiheit über § 228 StGB kann bei irreversiblen Eingriffen in die körperliche Integrität, die von einigem Gewicht sind,[105] dann legitimiert werden, wenn konkrete Indizien ein Defizit der subjektiven Wirksamkeitsvoraussetzungen der Einwilligung nahelegen.

Ausgehend von diesen Überlegungen ist für den Heilversuch, der in der Regel die letzte Rettungschance eines Patienten darstellt, das Sittenwidrigkeitsurteil auf sein strafrechtliches Minimum zu beschränken. Die autonomiesichernde, weich paternalistisch begründete Beschränkung der Wirksamkeit der Einwilligung kann zur Unwirksamkeit der Einwilligung führen, wenn sich die Einwilligung anhand konkreter Indizien als subjektiv irrational darstellt. Das wäre bei sicherer objektiver Ungeeignetheit des Heilversuchs für den vom Patienten angestrebten Zweck, d. h. der Gesundheitsverbesserung oder -erhaltung, anzunehmen. Zu beachten ist dabei aber, dass dem

---

102 Vgl. hierzu ausführlich *Fateh-Moghadam*, Einwilligung, S. 128 ff.; *Schroth*, Ärztliches Handeln und strafrechtlicher Maßstab, S. 21 ff. in diesem Band, unter Bezugnahme auf den „Zahnextraktionsfall" des BGH, NJW 1978, 1206.
103 *Fateh-Moghadam*, Einwilligung, S. 131 f.
104 Zu den autonomieorientierten Deutungsansätzen ausführlich *Fateh-Moghadam*, Einwilligung, S. 125 ff.; *Schroth*, in: Hassemer/Beukelmann (Hrsg.), Volk-FS, S. 653, 660 ff. Zur Rechtfertigung des weichen Paternalismus ausführlich *Fateh-Moghadam*, in: Fateh-Moghadam/Sellmaier/Vossenkuhl (Hrsg.), Grenzen, S. 21 ff. Vgl. auch *Joost*, in: Fateh-Moghadam/Sellmaier/Vossenkuhl (Hrsg.), Begrenzte Rationalität, S. 126 ff. sowie *Joost*, Schönheitsoperation, S. 383 ff. in diesem Band und *Oswald*, in: Fateh-Moghadam/Sellmaier/Vossenkuhl (Hrsg.), Freiwilligkeit, S. 94 ff.
105 Auch weich paternalistisch begründete Beschränkungen der Selbstverfügungsfreiheit müssen sich verfassungsrechtlich rechtfertigen lassen. Dabei ist insbesondere das verfassungsrechtliche Verhältnismäßigkeitsprinzip zu beachten, sodass die Unwirksamkeit der Einwilligung wegen der indizierten Gefahr eines Autonomiedefizits bei reversiblen oder nur unerheblichen irreversiblen Eingriffen in der Regel nicht verhältnismäßig wäre.

Heil*versuch* in der Regel eine Unsicherheit in Bezug auf den Behandlungserfolg innewohnt, sodass die objektive Ungeeignetheit in der Regel nicht festgestellt werden kann. Die konkrete Todesgefahr stellt grundsätzlich eine objektive Beschränkung der Einwilligung in den Heilversuch dar. Diese Grenze entfaltet aber dann keine Geltung, wenn der Heilversuch zur Lebenserhaltung vorgenommen wird.[106] Eine weitere Einschränkung der Autonomie über das Mindestmaß des Lebensschutzes hinaus ist hier nicht gerechtfertigt.

Dabei darf nicht vergessen werden, dass der Arzt auch berufs-[107] und arzthaftungsrechtlichen Beschränkungen unterliegt.[108] Nur in diesem Rahmen kann eine Nutzen-Risiko-Abwägung stattfinden und ist die Forderung nach dem Votum einer Ethikkommission zu diskutieren.[109] Die im Berufs- und Haftungsrecht statuierten und relevanten Maßstäbe dürfen nicht dazu verleiten, deren Nichtbefolgung generell auch mit strafrechtlichen Folgen zu sanktionieren.

Ist die Aufklärung unzureichend, kann die Figur der hypothetischen Einwilligung zur Straflosigkeit führen.[110] Im Rahmen des Heilversuchs sind daran aber erhöhte Anforderungen zu stellen.[111] Ist der Patient nicht in der Lage, eine wirksame Einwilligung zu erteilen[112], und ist ein gesetzlicher Ver-

---

106 Dies wird im Ergebnis auch den Auffassungen entsprechen, die zusätzlich auf den objektiven Zweck oder Grund des Handelns abstellen. Der Zweck des Heilversuchs – die Rettung des Patienten – ist positiv, zugleich stellt die beabsichtigte Verbesserung der Gesundheit vom Standpunkt des Verletzten einen einsehbaren Grund dar.
107 Der Arzt ist berufsrechtlich verpflichtet, das Vorhaben an ethischen Grundsätzen zu messen. Sowohl sein geleistetes Gelöbnis (vgl. Fn. 34) als auch die Berufsordnungen (BO) der Länder (vgl. für alle § 2 I MusterBO) fordern generell ein Handeln, welches mit den Geboten der ärztlichen Ethik und der Menschlichkeit vereinbar ist.
108 Bei einem Verstoß gegen die BO hat der Arzt mit berufs- und verwaltungsrechtlichen Sanktionen zu rechnen. Dem beeinträchtigten Patienten oder Probanden kann bei Verletzung einer Fürsorge-, Aufsichts- oder Überwachungspflicht ferner ein Schadensersatzanspruch zustehen, Laufs/Uhlenbruck – *Laufs*, Handbuch des Arztrechts, § 130 Rn. 45 ff. Grundsätzlich gilt die Verschuldenshaftung, hierzu *Hart*, MedR 1998, 8, 14 ff.; *Deutsch/Spickhoff*, Medizinrecht, S. 610 f. Rn. 981 mit Beispielen; *Habermann/Lasch/Gödicke*, NJW 2000, 3389, 3391. Eine andere Frage ist, ob der Arzt eine *moralische* Pflicht hat, den Patienten von der Irrationalität seiner Entscheidung zu überzeugen, hierzu *Rippe*, Ethik Med 1998, 91, 99 f.
109 Die Einholung eines Votums der Ethik-Kommission ist auch nach Berufsrecht nicht obligatorisch, § 15 I MusterBO gilt für den Heilversuch nicht. Vgl. auch *Habermann/Lasch/Gödicke*, NJW 2000, 3389, 3391. Ablehnend *Rippe*, Ethik Med 1998, 91, 97 f.
110 Vgl. hierzu *Schroth*, Ärztliches Handeln und strafrechtlicher Maßstab, S. 21 ff. in diesem Band.
111 In der zivilrechtl. Rspr.: BGH, NJW 2007, 2767, 2770 (VI ZR 55/05) m. Anm. *Hart*, MedR 2007, 631, 633.
112 Etwa bei Bewusstlosen oder Komapatienten.

treter nicht vorhanden oder nicht erreichbar,[113] kann der Eingriff auch über das Institut der mutmaßlichen Einwilligung gerechtfertigt werden.[114]

Häufig kommt beim ärztlichen Handeln im Bereich des Heilversuchs nur eine Fahrlässigkeitsstrafbarkeit in Betracht, weil der Arzt nicht vorsätzlich handelt, etwa bei Behandlungsfehlern gegenüber dem Patienten.[115] Dabei ist grundsätzlich strittig, ob der Tatbestand bereits aufgrund der Figur der einverständlichen Fremdgefährdung entfallen kann,[116] oder ob auch hier auf das Vorliegen einer (nach oben genannten Grundsätzen) wirksamen Einwilligung in die Gefährdung abzustellen ist.[117] Da eine einverständliche Fremdgefährdung nur strafbefreiend wirkt, wenn der Gefährdete keine Wissensdefizite hat, ist auch hier eine umfassende Aufklärung erforderlich. Im Rahmen der einverständlichen Fremdgefährdung findet § 228 StGB jedenfalls keine Anwendung.[118] Eine Fahrlässigkeitshaftung des Arztes kann sich auch daraus ergeben, dass er über das Vorliegen einer rechtswirksamen Einwilligung irrte, §§ 229 (bzw. § 222), 16 I 2 StGB.[119]

Die spezialgesetzlichen Regelungen sind für den Bereich der Forschung normiert, setzen also ein primäres Forschungsinteresse voraus.[120] Der Heilversuch *kann* damit nicht in den Anwendungsbereich dieser Regeln fallen. Damit stellt sich beim Vorliegen eines Heilversuchs die Frage nach der

---

113 Hat der einwilligungsunfähige Patient einen gesetzlichen Vertreter, so kann dieser eine wirksame Einwilligung im Rahmen seiner Vertretungsmacht erteilen. Der Betreuer muss sich am Wohl des Betreuten orientieren, § 1901 BGB (*Fischer*, StGB, § 228 Rn. 6). Vgl. auch den Überblick bei Laufs/Katzenmeier/Lipp – *Lipp*, Arztrecht, S. 488 ff.
114 *Deutsch/Spickhoff*, Medizinrecht, S. 600 Rn. 958. Liegt eine antizipierte Äußerung (z. B. Patientenverfügung) des Patienten vor, ist diese mit der ihr zukommenden Verbindlichkeit zu beachten.
115 Zur Fahrlässigkeitsstrafbarkeit, insbesondere zum Vorliegen einer Sorgfaltspflichtverletzung/unerlaubten Handlung *Schroth*, Verantwortlichkeit des Arztes bei Behandlungsfehlern, S. 125 ff. in diesem Band. Vgl. auch *Deutsch/Spickhoff*, Medizinrecht, S. 297 Rn. 479.
116 Diese ist grundsätzlich vorrangig zu prüfen, kommt jedoch zumindest im Bereich der Körperverletzungsdelikte bei vorsätzlichem Handeln nicht in Betracht, um die Umgehung des § 228 StGB zu verhindern, *Roxin*, AT I, S. 568 Rn. 69. A. A. *Niedermair*, Körperverletzung, S. 196 ff. Zur einverständlichen Fremdgefährdung zuletzt *Roxin*, JZ 2009, 399.
117 So die neuere Rspr. und ein Teil der Literatur, Nachweise bei Schönke/Schröder – *Eser*, StGB, Vor §§ 32 Rn. 102.
118 *Roxin*, AT I, S. 568, Rn. 68.
119 Vgl. hierzu *Schroth*, Verantwortlichkeit des Arztes bei Behandlungsfehlern, S. 125 ff. in diesem Band und speziell zur unerlaubten Gefahrschaffung (Sorgfaltspflichtverletzung) bei der Heilbehandlung mit neuartigen Methoden *Loose*, Strafrechtliche Grenzen, S. 48 ff.
120 Für die §§ 40 ff. AMG ist der Forschungszweck nun in § 4 XXIII AMG definiert, vgl. C.II.2.a. Entsprechendes gilt für die den §§ 40 ff. AMG a. F. nachgebildeten §§ 20 f. MPG. Eindeutig auch § 23 I StrlschVO und § 28a I RöV.

Anwendbarkeit spezialgesetzlicher Normen nicht.[121] Der Heilversuch ist generell nach vorstehend genannten allgemeinen strafrechtlichen Grundsätzen zu beurteilen.

2. Experimente

Die Experimente am Menschen sind im hier verstandenen Sinne die medizinischen Versuchbehandlungen, die mit überwiegendem Forschungsinteresse vorgenommen werden.[122] Diese Kategorie lässt sich weiter danach systematisieren, ob der Patient einen potenziellen gesundheitlichen Nutzen hat oder nicht.[123] Die Zulässigkeitsvoraussetzungen des heilkundlichen und des rein wissenschaftlichen Experimentes sind (außerhalb der rechtlich geregelten Bereiche) wenig geklärt.[124]

Dabei konzentriert sich die Diskussion aber zumeist auf die außerstrafrechtlichen Gebiete,[125] wo sich die grundlegende Frage nach der Analogiefähigkeit der Spezialgesetze stellt. In strafrechtlicher Hinsicht ist eine analoge Anwendung der sondergesetzlichen Strafbarkeitsregeln[126] aufgrund des verfassungsrechtlich verankerten Analogieverbots jedenfalls unzulässig.[127]

Damit richtet sich auch beim Humanexperiment außerhalb rechtlich geregelter Bereiche die Beurteilung der Strafbarkeit nur nach den allgemeinen strafrechtlichen Grundsätzen.[128] Zumindest soweit es mit einem vorsätzlichen Eingriff in die körperliche Integrität der Person verbunden ist,[129] kann das Experiment aufgrund wirksamer Einwilligung zulässig sein.[130] Auch hier muss eine selbstbestimmte Entscheidung ermöglicht werden, die frei ist von

---

121 Für die §§ 40 ff. AMG vgl. *Hart*, MedR 1998, 8, 16.
122 Vgl. oben B.I.2.a.
123 Vgl. oben B.I.2.b.
124 Vgl. nur *Deutsch*, NJW 2001, 857 f. und *Taupitz*, JZ 2003, 109, 110. So spricht sich bereits *Eser*, in: Stree/Lenckner/Cramer et al. (Hrsg.), Schröder-GS, S. 191, 205 f. für eine Klarstellung durch gesetzliche Regelungen aus.
125 Vgl. etwa *Deutsch/Spickhoff*, Medizinrecht, S. 588 Rn. 932 in Fn. 34. Allerdings wird dies nicht immer so deutlich zum Ausdruck gebracht.
126 Vgl. § 96 Nr. 10, 11 AMG, § 41 Nr. 4 MPG; OWi-Tatbestände in § 97 I, II Nr. 9, 31 AMG, § 42 I, II Nr. 10 MPG, § 116 I Nr. 1g) StrlSchVO, § 44 Nr. 12 RöV.
127 Vgl. Schönke/Schröder – *Eser*, StGB, § 1 Rn. 1, 24.
128 Ebenso *Taupitz/Fröhlich*, VersR 1997, 911, 912; *Rosenau*, RPG 2002, 94, 99. Zum Verhältnis der speziellen Strafvorschriften des AMG zum Kernstrafrecht vgl. unten C.V.3.
129 Kommt nur eine Fahrlässigkeitsstrafbarkeit in Betracht, ist nach einer Ansicht vorrangig zu prüfen, ob aufgrund einverständlicher Fremdgefährdung die objektive Zurechnung bzw. Sorgfaltswidrigkeit entfällt, vgl. oben B.II.1. bei Fn. 115 ff.
130 Vgl. hierzu B.II.1.

rechtsgutbezogenen Irrtümern. Dies erfordert, dass der teilnehmenden Person der Widerstreit der Interessen aufgezeigt und sie befähigt wird, deren Bedeutung und Wertigkeit, auch im Vergleich zueinander, zu beurteilen. Die Einbettung in den medizinisch-ärztlichen Kontext ermöglicht eine Orientierung an diesbezüglichen strafrechtlichen Grundsätzen. Damit ist auch für diesen Bereich eine entsprechende Aufklärung zu fordern, die der unterschiedlichen Interessenlage, welche bei den am Humanexperiment beteiligten Personen besteht, Rechnung trägt. Deshalb müssen wissenschaftliche Aspekte genauso umfassend dargelegt werden wie alle Informationen, die den Teilnehmer einer Studie betreffen. Dazu gehören etwa die Studienkonzeption, die wissenschaftlichen Ausgangsdaten und die mögliche bzw. fehlende therapeutische Wirksamkeit. Ferner sind die Gesundheitsrisiken genau und umfänglich darzustellen. Insofern ist die Orientierung an den diesbezüglichen Aufklärungspflichten des Heilversuchs geboten. Bei einer Änderung wesentlicher Umstände ist eine wirksame Einwilligung erneut einzuholen.[131] Auch die erklärte Einwilligung in das Humanexperiment kann nur wirksam sein, wenn die strafrechtlichen Einwilligungssperren der §§ 228 und 216 StGB nicht eingreifen.[132]

Unter Berufung auf die einschlägigen medizinethischen Richtlinien zur ärztlichen Forschung[133] und § 40 I 3 Nr. 2 AMG wird vertreten, dass bei der strafrechtlichen Bewertung des Humanexperiments auch im Rahmen von § 228 StGB eine Risiko-Nutzen-Abwägung unter Heranziehung des dort konkretisierten Maßstabs für die Beurteilung der Sittenwidrigkeit heranzuziehen sei.[134] Gegen das Argument, dass dies eine unzulässige Analogie darstelle,[135] wird wiederum eingewandt, dass die Sondergesetze nur all-

---

131 Vgl. Schönke/Schröder – *Eser*, StGB, § 223 Rn. 43 und *Niedermair*, Körperverletzung, S. 205.
132 Vgl. hierzu oben B.II.1.
133 Vgl. die Punkte 3, 5 und 6 des Nürnberger Codex, (abgedruckt bei *Wille*, NJW 1949, 377) und B.16–19 RDH-2005 (Fn. 3). Durch § 15 IV MusterBO (der in den LandesBOen überwiegend übernommen ist) gelten die Grundsätze der RDH-2005 im Berufsrecht unmittelbar. Vgl. auch *Deutsch/ Spickhoff*, Medizinrecht, S. 586f. Rn. 930.
134 Grundsätzlich hierzu *Deutsch*, in: Bernat/Kröll (Hrsg.), Recht und Ethik der klinischen Forschung, S. 15, 20f. In diesem Sinne *Eser*, in: Eser/Fletcher (Hrsg.), Rechtfertigungs- und Entschuldigungsprobleme, S. 1443, 1458f. Nachweise auch bei *Niedermair*, Körperverletzung, S. 203.
135 Vgl. *Niedermair*, Körperverletzung, S. 204 m. w. N. Dem entspricht die Entschließung des XIV. Internationalen Strafrechtskongresses 1989 in Wien u. a. zur Forschung am Menschen und der Arzneimittelerprobung, der die strafrechtliche Absicherung des Schutzes von Probanden verlangt, ZStW 102 (1990), 683, 687ff. Auch hier wird gefordert, dass der Einsatz des Strafrechts als Kontrollmechanismus „ultima ratio" bleiben muss und die strafrechtliche Bekräftigung besonderer Anforderungen, welche über die allgemeinen Grundsätze hinaus gelten sollen, Aufgabe des Gesetzgebers ist.

gemeine Rechtsgrundsätze normieren, die in diesem Umfang bereits anerkannt seien.[136] Welche Grundsätze für das Sittenwidrigkeitsurteil einer Tat i. R. d. § 228 StGB heranzuziehen sind, gilt es aber gerade erst zu belegen. Gegen die maßgebliche strafrechtliche Berücksichtigung der Nutzen-Risiko-Abwägung, wie sie in den ethischen Richtlinien zur medizinischen Forschung Ausdruck gefunden hat, sprechen erhebliche Gründe. Letztlich liefe diese auf eine Sanktionierung standeswidrigen Verhaltens hinaus, welche nicht durch ein formelles Gesetz legitimiert ist. Dem steht das Gesetzlichkeitsprinzip entgegen.[137] Diese Garantie ist auch unter dem Aspekt der Vorhersehbarkeit und Bestimmtheit berührt, als in den gesetzlich nicht geregelten Bereichen oftmals festgelegte positive Forschungszwecke nicht existieren.[138]

Damit muss auch beim Humanexperiment das Sittenwidrigkeitsurteil gem. § 228 StGB auf einen strafrechtlichen Kern beschränkt werden. Wie bereits dargestellt ist grundsätzlich zumindest bei konkreter Lebensgefahr in objektiv vorausschauender Betrachtung von der Sittenwidrigkeit der Tat auszugehen.[139] Eine Durchbrechung dieser Grenze der Sittenwidrigkeit sollte auch bei heilkundlichen Experimenten mit Todkranken möglich sein, soweit der unmittelbare (potenzielle) Nutzen in der Lebensrettung liegt und die Lebensrettung vom Handelnden mit-gewollt ist (wenn sie auch dem Erkenntnisstreben untergeordnet ist[140]). Muss anhand konkreter Indizien, d. h. bei subjektiver Irrationalität der Entscheidung, von einem Defizit bei den subjektiven Einwilligungsvoraussetzungen ausgegangen werden, ist auch diese (weich paternalistische) Einwilligungsgrenze bei schweren irreversiblen Eingriffen gerechtfertigt.[141] Der besonderen Interessenverteilung tragen die umfangreichen und strengen Aufklärungspflichten Rechnung. Liegen die Wirksamkeitsvoraussetzungen der erklärten Einwilligung nach Aufklärung vor und

---

136 *Kollhosser/Krefft*, MedR 1993, 93, 96.
137 Vgl. *Niedermair*, Körperverletzung, S. 193 ff. Ein Widerspruch ergibt sich auch daraus, dass die Landesberufsordnungen nicht einheitlich die gleichen Grundsätze für maßgeblich erklären: Die Berufsordnung der Landesärztekammer Saarland verweist z. B. nicht auf die Maßstäbe und Grundsätze der RDH-2005 (Fn. 3). Vgl. auch *Wölk*, Risikovorsorge, S. 449 ff., 467.
138 *Niedermair*, Körperverletzung, S. 203 f.
139 Vgl. B.II.1.
140 Liegt ein primäres Heilungsinteresse, hier ein primäres Handeln zur Lebensrettung, vor, so handelt es sich um einen Heilversuch.
141 Die subjektive Irrationalität der Entscheidung ist anzunehmen, wenn das vom Einzelnen angestrebte Ziel mit dem körperbezogenen Eingriff im Rahmen des Humanexperiments nicht erreicht werden kann. Entscheidend ist, dass eine objektive Bewertung der Einwilligungsentscheidung dabei nicht stattfindet. Vgl. oben B.II.1.

erscheint diese auch subjektiv rational, ist eine Ausdehnung der Sittenwidrigkeit über die Fälle hinaus, in denen bei vorausschauender Betrachtung eine konkrete Lebensgefahr der beteiligten Person besteht,[142] nicht gerechtfertigt.[143]

Dies führt nicht dazu, dass der Arzt völlig frei in seinem Handeln ist.[144] Soweit die Hinzuziehung einer Ethik-Kommission verpflichtend ist,[145] sollen letztlich der interdisziplinäre Diskurs, eine Gewissensprüfung und eine berufsständische Selbstkontrolle gewährleistet werden.[146] Der Verstoß gegen Berufs- und Standesrecht kann insbesondere haftungsrechtliche Konsequenzen nach sich ziehen.

Bei fahrlässigen Eingriffen in die Körperintegrität sind oben genannte Grundsätze entsprechend anzuwenden.[147]

Inwieweit die in Zusammenhang mit dem Heilversuch angesprochenen weiteren Legitimationsgründe[148] auch für das Humanexperiment herangezo-

---

142 Mit der oben erwähnten Ausnahme: Die Person ist schwer krank und würde ohne die Versuchsbehandlung im Rahmen des Humanexperiments sterben.
143 Hierzu Schönke/Schröder – *Eser*, StGB, § 223 Rn. 50, 50a und *Deutsch/Spickhoff*, Medizinrecht, S. 591 Rn. 939. Vgl. auch oben B.II.1. Die Auffassungen, die zusätzlich den Zweck der Handlung oder die Existenz eines einsehbaren Grundes für die Bewertung heranziehen, werden hier zum gleichen Ergebnis kommen. Als positiver Zweck und einsehbarer Grund für die Teilnahme an einem Experiment ist die Förderung des Fortschritts der medizinischen Wissenschaft durch die Beteiligung jedes einzelnen Versuchsteilnehmers anzusehen. Darüber hinaus besteht bei einem heilkundlichen Experiment ein potenzieller Nutzen für den Patienten (vgl. zu den Ansichten, die i. R. d. Sittenwidrigkeitsurteils auch hierauf abstellen, oben B.II.1.).
144 Vgl. oben B.II.1. Speziell für den Bereich der medizinischen Forschung können die Grundsätze der RDH-2005 (Fn. 3) über die Bezugnahme in § 15 IV (teilweise in § 15 II) der Berufsordnungen der Länder relevant werden (mit Ausnahme der BO-Saarland, die keine Bezugnahme beinhaltet). Zur Pflicht, eine Ethik-Kommission hinzuzuziehen, vgl. sogleich.
145 Vgl. § 15 I MusterBO, der die Pflicht des Arztes normiert, sich vor der Durchführung biomedizinischer Forschung am Menschen durch eine Ethik-Kommission über die mit seinem Vorhaben verbundenen berufsethischen und berufsrechtlichen Fragen beraten zu lassen, und der mit kleineren Abweichungen so von den Landesärztekammern übernommen wurde.
146 Laufs/Uhlenbruck – *Laufs*, Handbuch des Arztrechts, § 130 Rn. 14. Laufs/Katzenmeier/Lipp – *Lipp*, Arztrecht, S. 475, 497 ff. Die Bescheide der Ethikkommissionen haben v. a. im Rahmen des § 276 BGB auch haftungsrechtliche Wirkung, Laufs/Uhlenbruck – *Laufs*, Handbuch des Arztrechts, § 130 Rn. 18.
147 Eine einverständliche Fremdgefährdung kommt nur in Betracht, wenn die Überlegenheit des Handelnden ausgeschlossen werden kann. Somit ist eine ausreichende Aufklärung nach den dargestellten, für die Einwilligung erforderlichen Maßstäben, vorausgesetzt. Wird auch hier die Einwilligung zur Legitimation herangezogen, gelten die aufgestellten Grundsätze: Der Gefährdete kann – nach ausreichender Aufklärung – in ein bestehendes Risiko einwilligen. Vgl. oben B.II.1.
148 Vgl. oben B.II.1., ab Fn. 110.

gen werden können, bedarf genauerer Prüfung, die aber im Rahmen dieses Beitrags nicht geleistet werden kann. Dabei ist zwischen den heilkundlichen und den rein wissenschaftlichen Experimenten zu differenzieren. Jedenfalls beim rein wissenschaftlichen Experiment werden andere Legitimationsgründe als eine Einwilligung in der Regel nicht in Betracht kommen. Bei der Rechtfertigung eines heilkundlichen Experiments ist insbesondere die Gefahr eines Interessenwiderstreits zu berücksichtigen. Die Rechtfertigungsmöglichkeit des Experimentes an Einwilligungsunfähigen ist besonders sorgfältig zu prüfen.[149]

III. Zusammenfassung

Die medizinische Versuchsbehandlung ist grundsätzlich an den allgemeinen strafrechtlichen Regeln zu messen. Die Einwilligung stellt die vorrangige Legitimationsgrundlage dar. Diese ist nur wirksam, wenn eine besonders gründliche und umfassende Aufklärung erfolgt ist. Die Anforderungen sind so zu bestimmen, dass der besonderen Interessenlage – sowohl beim Heilversuch als auch beim Humanexperiment – Rechnung getragen wird. Die Grenze der Wirksamkeit sind die §§ 216, 228 StGB. Dabei ist eine Beschränkung des Sittenwidrigkeitsurteils auf das strafrechtliche Minimum geboten. Weitere Legitimationsgründe sind denkbar und bedürfen der näheren Prüfung. Die unterschiedliche Interessenlage bei Heilversuch und Humanexperiment kann aber zu verschiedenen Ergebnissen führen.

Über die generellen strafrechtlichen Voraussetzungen hinausgehende strafbewehrte Anforderungen bestehen nur im Rahmen spezialgesetzlicher Regelungen. Diese sind auf Heilversuche nicht anwendbar. Strafrechtliche Bedeutung erlangen die spezialgesetzlichen Strafvorschriften nur für Humanexperimente im Anwendungsbereich des jeweiligen Spezialgesetzes.

---

[149] Vgl. schon *Eser*, in: Eser/Fletcher (Hrsg.), Rechtfertigungs- und Entschuldigungsprobleme, S. 1443, 1460 ff.

C. Besonderer Teil: Die klinische Prüfung von Arzneimitteln gem. §§ 40 ff. AMG

I. Geschichte, Entwicklung und Reform des AMG

Obwohl Forschung mit Arzneimitteln schon in den letzten Jahrhunderten stattfand,[150] gab es bis zum Inkrafttreten des AMG-1976 keine verbindliche gesetzliche Regelung über die Durchführung von klinischen Prüfungen von Arzneimitteln.[151] Klare Aussagen zu ethischen Grundsätzen und Prinzipien wurden aber schon zuvor getroffen und veröffentlicht.[152] Der Contergan-Thalidomid-Fall gab den Anlass für den Erlass des AMG-1976, worin insbesondere ein materielles Zulassungsverfahren gesetzlich verankert wurde,[153] um schon vor der Zulassung neuer Wirkstoffe gesundheitliche Risiken für den

---

150 Vgl. in der Einleitung A.
151 Zwar stellte schon das AMG von 1961 einen ersten Schritt dar, die mit der zunehmenden Herstellung von Arzneimitteln durch die pharmazeutische Industrie und der vermehrten Verwendung von chemisch-synthetischen Medikamenten verbundenen Gefahren durch einheitliche gesetzliche Regelungen zu begrenzen, vgl. *Deutsch/Lippert*, AMG, Einleitung, Rn. 4. Allerdings schrieb diese Fassung nur ein formelles Registrierungsverfahren für Fertigarzneimittel vor, §§ 20–22d AMG-1961.
152 Dazu zählen die im Jahr 1900 ergangenen Dienstvorschriften der preußischen Unterrichtsverwaltung, worin erstmalig vorgeschrieben wurde, dass medizinische Eingriffe eine Einwilligung des Patienten nach vorangegangener Belehrung voraussetzen. Vgl. hierzu auch *Winau*, in: Ebbinghaus/Dörner (Hrsg.), Menschenversuch, S. 93, 102 ff. Ebenso die 1931 erlassenen „Richtlinien für neuartige Heilbehandlungen und für die Vornahme wissenschaftlicher Versuche am Menschen" (beide Vorschriften abgedruckt bei *Deutsch*, Klinische Forschung, S. 173 ff.). Wenige Jahre später wurde im Rahmen der Nürnberger Ärzteprozesse aufgrund der medizinischen Experimente in den Konzentrationslagern der NS-Zeit der sog. Nürnberger Codex als allgemeine Richtlinie für die biomedizinische Forschung aufgestellt (abgedruckt bei *Wille*, NJW 1949, 377). Zur Entwicklung des Nürnberger Codex *Weindling*, in: Ebbinghaus/Dörner (Hrsg.), Internationale Wissenschaftskommission, S. 439, 445 ff. und *Wunder*, in: Ebbinghaus/Dörner (Hrsg.), Nürnberger Codex, S. 476, 480 ff. Vgl. auch *Deutsch*, JZ 1980, 289, 291. In den Jahren 1962 und 1964 wurde vom Weltärztebund die Deklaration von Helsinki beschlossen, die als wesentliche internationale Richtlinie für medizinische Humanversuche galt. 1975 wurde die Deklaration von Helsinki in Tokio grundlegend revidiert. Die Revidierte Deklaration von Helsinki wurde im Oktober 2000 in Edinburgh wiederum neu gestaltet (abgedruckt in Laufs/Uhlenbruck – *Laufs*, Handbuch des Arztrechts, Anhang 1 zu § 130). Vgl. zur RDH-1975 *Deutsch*, NJW 2001, 857, 858 f. und zu Inhalt und Kritik an der RDH-2000: *Deutsch*, NJW 2001, 857, 859 f.; *Taupitz*, MedR 2001, 277 und *Taupitz*, JZ 2003, 109, 110 f.
153 Vgl. §§ 20 f. AMG-1976. Im Bewusstsein, dass ein völliger Risikoausschluss nicht möglich sein wird, wurde erstmalig eine Gefährdungshaftung zu Gunsten der durch Arzneimittel Geschädigten konstituiert, §§ 80 ff. AMG-1976. Vgl. auch BT-Drs. 7/3060, S. 43 und *Hägele*, Arzneimittelprüfung, S. 80 ff.

Verbraucher durch neue Arzneimittel erkennen zu können.[154] Seitdem wurde das AMG-1976 durch zahlreiche Novellen geändert.[155] Die Vorschriften über die klinische Prüfung, die §§ 40–42a AMG, wurden zuletzt mit dem 12. AMG-ÄndG vom 30. Juli 2004 wesentlich reformiert.[156] Die letzten Änderungen erfolgten durch Art. 1 des AMG-ÄndG vom 17. Juli 2009 durch Art. 1 der Verordnung vom 28. September 2009.[157]

II. Der Anwendungsbereich der Regelungen über die klinische Prüfung von Arzneimitteln, §§ 40 ff. AMG

Der Anwendungsbereich der Vorschriften über die klinische Prüfung von Arzneimitteln, der §§ 40 ff. AMG, wird im Folgenden anhand der entwickelten Systematik der medizinischen Versuchsbehandlung[158] dargestellt.

1. Der Anwendungsbereich des AMG im Bereich medizinischer Versuchsbehandlung

Zunächst stellt sich die Frage, in welchem Stadium der Erkenntnis des medizinischen Handelns die Vorschriften der §§ 40 ff. AMG anwendbar sind. Der Standardbegriff in der Medizin wird bestimmt durch wissenschaftliche Erkenntnis, ärztliche Erfahrung und professionelle Akzeptanz.[159] Gem. § 1 AMG ist der Zweck des Gesetzes die Sicherheit im Verkehr mit Arzneimitteln, insbesondere deren Qualität, Wirksamkeit und Unbedenklichkeit.

---

154 Ob allerdings die Contergan-Katastrophe hätte verhindert werden können, kann angezweifelt werden. So haben im Vorfeld der Einführung des Medikamentes sowohl Tierversuche als auch klinische Studien stattgefunden, ohne dass sich bedenkliche Nebenwirkungen gezeigt hätten. Vgl. ausführlich hierzu *Hägele*, Arzneimittelprüfung, S. 78 ff. m. w. N. Diese Zweifel nährt auch die Arzneimittelkatastrophe in London (Fn. 9), die ebenso hätte in Deutschland passieren können, weil der Test auch in Deutschland bewilligt worden war, vgl. DIE ZEIT vom 23.03.2006, S. 41.
155 Zuletzt erfolgte eine Änderung durch das Gewebegesetz 2007. Die Änderungen dienten der Verfeinerung der Bestimmungen und vornehmlich der Umsetzung der Richtlinien des Rates der EWG/EG zur Vereinheitlichung arzneimittelrechtlicher Zulassungs- und Überwachungsbestimmungen innerhalb der EWG/EG, vgl. *Hägele*, Arzneimittelprüfung, S. 83 f.
156 S. hierzu Fn. 8. Zweifel an der Gesetzgebungskompetenz für die umfassende Regelung der klinischen Prüfung für Arzneimittel am Menschen äußert *Lippert*, VersR 2005, 48, 50. Das AMG wurde neu gefasst durch Bekanntmachung vom 12. Dezember 2005, BGBl. 2005, Teil I, Nr. 73, 3394.
157 Gesetz zur Änderung arzneimittelrechtlicher und anderer Vorschriften, BGBl. 2009, Teil I, 1990, ber. S. 3578 und Verordnung zur Bestimmung von Dopingmitteln und Festlegung der nicht geringen Mengen (EVDuMV), BGBl. 2009, Teil I, 3172.
158 Vgl. oben B.I.
159 *Hart*, MedR 1998, 8, 10, 15 und *Wölk*, Risikovorsorge, S. 61 ff.

Die Vorschriften sollen eine optimale Arzneimittelsicherheit verwirklichen.[160] Eine klinische Prüfung ist gem. § 4 XXIII AMG jede am Menschen durchgeführte Untersuchung mit dem Ziel, sich von der Unbedenklichkeit oder Wirksamkeit von Arzneimitteln zu überzeugen.[161] Vor Abschluss dieser Überzeugungsbildung ist eine ausreichende medizinische Erkenntnis über die Wirkung des Arzneimittels nicht vorhanden. Die klinische Prüfung soll ausreichende wissenschaftliche Daten über die medizinische Wirksamkeit und die Risiken eines Arzneimittels liefern,[162] welche die Voraussetzung für die Begründung eines medizinischen Standards sind. Die Vorschriften über die klinische Prüfung gem. §§ 40 ff. AMG finden damit nur außerhalb des medizinischen Standards Anwendung, d. h. nur im Bereich der Versuchsbehandlung.

2. Die Anwendbarkeit der §§ 40 ff. AMG auf medizinische Experimente am Menschen

Die §§ 40 ff. AMG finden dann Anwendung, wenn es sich um eine klinische Prüfung von Arzneimitteln i. S. d. § 4 XXIII AMG handelt.

a) Sachlicher Anwendungsbereich: Die klinische Prüfung von Arzneimitteln
Die Vorschriften über die klinische Prüfung setzen die Anwendung eines *Arzneimittels* i. S. d. § 2 AMG voraus.[163] Grundsätzlich können Arzneimittel i. d. S. als Prophylaktika, Diagnostika und Therapeutika und in der Nachsorge in jeder Behandlungsstufe[164] eingesetzt werden.

Gem. § 4 XXIII 1 AMG ist die *klinische Prüfung* am Menschen i. S. d. AMG, „jede am Menschen durchgeführte Untersuchung, die dazu *bestimmt*[165] ist, klinische oder pharmakologische Wirkungen von Arzneimitteln zu *erforschen* oder *nachzuweisen* oder Nebenwirkungen *festzustellen* oder die Resorption, die Verteilung, den Stoffwechsel oder die Ausscheidung zu unter-

---

160 BT-Drs. 7/3060, S. 1; *Sander*, AMG, § 1 Rn. 1.
161 Zum genauen Wortlaut vgl. vor Fn. 165.
162 *Hägele*, Arzneimittelprüfung, S. 101 ff.
163 Nach § 2 I AMG wird grundsätzlich jeder stoffliche (§ 3 AMG) Umgang mit einer Krankheit als Arzneimittel angesehen. Der Arzneimittelbegriff wird durch § 2 II und IV AMG (sog. Fiktivarzneimittel) erweitert und durch Abs. 3 eingeschränkt (Ausgrenzung bestimmter Stoffe und Mittel durch Antidefinitionen), *Deutsch*, VersR 2004, 937, 941 und *Lippert*, in: Ratzel/Luxenburger (Hrsg.), Handbuch Medizinrecht, § 30 Rn. 19 ff.
164 *Deutsch/Spickhoff*, Medizinrecht, S. 695 f. Rn. 1190 ff. m. w. N. und *Lippert*, in: Ratzel/Luxenburger (Hrsg.), Handbuch Medizinrecht, § 30 Rn. 32 ff.
165 Hervorhebungen durch die Verfasserin.

suchen, mit dem *Ziel*, sich von der Unbedenklichkeit oder Wirksamkeit der Arzneimittel zu *überzeugen*".[166] Die klinische Prüfung am Menschen wird in § 4 XXIII 1 AMG also über die *Bestimmung* und das *Ziel* der Untersuchung definiert.

Betrachtet man den Wortlaut der Vorschrift, weisen die verwendeten Verben darauf hin, dass das Streben nach Erkenntnisgewinn das maßgebliche Element der klinischen Prüfung ist. Entscheidend ist, ob das Ziel der Prüfung die Gewinnung einer wissenschaftlichen Erkenntnis über den Einzelfall hinaus ist,[167] ob also das Forschungsinteresse das bestimmende Motiv der Prüfung ist. Dies entspricht auch der arzneimittelsicherheitsrechtlichen Zielsetzung der Vorschriften über die klinische Prüfung. Die Gewinnung von Erkenntnissen sowohl über die Wirksamkeit und Unbedenklichkeit als auch über die Nebenwirkungen und Unverträglichkeiten sind für die Verkehrsfähigkeit eines Arzneimittels unerlässlich.[168] Der medizinische Fortschritt in der (zukünftigen) Behandlung von Krankheiten, der in erster Linie der Allgemeinheit dient, setzt die Prüfung von neuen und damit potenziell gefährlichen Arzneimitteln an einzelnen Personen voraus. Die Vorschriften über die klinische Prüfung sollen den Prüfungsteilnehmern, die sich dem Risiko dieser Prüfung (gleichsam im Dienste der Wissenschaft) aussetzen, den erforderlichen Schutz gewähren.[169] Eine mögliche Heilung ist für die Bestimmung, ob eine klinische Prüfung vorliegt, unerheblich.[170] Dies bedeutet aber nicht, dass ein Heilungsinteresse keine Rolle spielen *darf*. Der mögliche Nutzen des Arzneimittels für die Teilnehmer einer Studie ist bei der Anwendung der §§ 40ff. AMG relevant.[171] Damit ist bei der Frage, ob eine klinische Prüfung gem. § 4 XXIII AMG vorliegt, darauf abzustellen, ob das Forschungsinteresse über-

---

166 Ausgenommen ist gem. § 4 XXIII 2 AMG die sog. nichtinterventionelle Prüfung. Dies ist gem. § 4 XXIII 3 AMG „eine Untersuchung, in deren Rahmen Erkenntnisse aus der Behandlung von Personen mit Arzneimitteln gemäß den in der Zulassung festgelegten Angaben für seine Anwendung anhand epidemiologischer Methoden analysiert werden [...]". Vgl. hierzu C.IV.4. und *Sander*, AMG, § 4 Rn. 28.
167 *Deutsch/Lippert*, AMG, § 40 Rn. 6.
168 BT-Drs. 7/3060, S. 43, 53; *Wölk*, Risikovorsorge, S. 99; *Sander*, AMG, § 4 Rn. 27.
169 BT-Drs. 7/3060, S. 53 und *Wölk*, Risikovorsorge, S. 99, 102. Zum Spannungsverhältnis zwischen therapeutischem Fortschritt und Patientenschutz, auch in den Augen der Bevölkerung, *Deutsch/Spickhoff*, Medizinrecht, S. 746 Rn. 1295.
170 Ebenso *Deutsch*, VersR 2005, 1009, 1010ff.
171 Vgl. C.III. Wie bereits dargestellt würde es der ärztlichen Standesethik widersprechen, wenn das Vorhandensein von Heilungsinteressen gänzlich ausgeschlossen wäre (bei Fn. 26 und 34). Zur Richtlinienkonformität vgl. Fn. 172.

wiegt. Das bedeutet, dass der Schwerpunkt des Interesses maßgeblich ist.[172] Somit unterliegt nach der oben vorgestellten Systematik das heilkundliche Experiment und das rein wissenschaftliche Experiment mit Arzneimitteln (d. h. die humanmedizinische Arzneimittelforschung) den Regeln über die klinische Prüfung gem. §§ 40ff. AMG. Vom Anwendungsbereich ausgeschlossen ist der Heilversuch, der gerade nicht primär zum Zweck der Erkenntnissteigerung vorgenommen wird.[173]

b) Persönlicher, örtlicher und finaler Anwendungsbereich

Aus dem Begriff der klinischen Prüfung lässt sich nicht ableiten, dass die §§ 40ff. AMG nur auf Prüfungen anwendbar sind, die in Kliniken durchgeführt werden.[174] Für die Frage, ob der Anwendungsbereich der Vorschriften über die klinische Prüfung eröffnet ist, ist auch unerheblich, wer die Prüfung durchführt oder hierfür die Verantwortung trägt. Dies ist vielmehr eine Frage der Zulässigkeit der klinischen Prüfung mit Arzneimitteln.[175] Ebenso ist es belanglos, ob die Prüfung mit dem Ziel der Zulassung erfolgt.[176] Zwar ist die klinische Prüfung in der Regel Voraussetzung für die Zulassung.[177] Der Umkehrschluss, dass der Anwendungsbereich der Vorschriften über die klinische Prüfung auf dieses Ziel beschränkt sei, widerspräche aber dem Sinn und Zweck des Gesetzes,[178] der Definition der klinischen Prüfung[179] und nicht zuletzt der systematischen Stellung der Vorschriften.[180]

---

172 Im Ergebnis wie hier *Habermann/Lasch/Gödicke*, NJW 2000, 3389, 3391. Aufgrund der Regelungen in Art. 4 i) und Art. 5 h) RL 2001/20/EG könnten Zweifel an der Europarechtskonformität dieser Auslegung aufkommen, da diese Vorschriften verlangen, dass „die Interessen des Patienten stets über den Interessen der Wissenschaft und der Gesellschaft stehen". Diese Aussage ist so zu verstehen, dass Überlegungen, die das *Wohlergehen* der an der Forschung beteiligten Person betreffen, Vorrang vor den Interessen der Wissenschaft und Gesellschaft haben müssen (vgl. Erwägung (3) und (4) der RL 2001/20/EG und RDH-2005 (Fn. 3, Punkt A.5).
173 *Habermann/Lasch/Gödicke*, NJW 2000, 3389, 3391. Vgl. aber auch *Deutsch*, VersR 2005, 1009ff., der die Definition in § 4 XXIII AMG als in einem weiteren Sinne auslegungsfähig betrachtet und dann eine teleologische Reduktion der Vorschrift vorschlägt. A. A. auch *Walter-Sack/Haefeli*, MedR 2000, 454, 456, insbes. Tab. 2.
174 Vgl. BT-Drs. 7/3060, S. 53 und *Hägele*, Arzneimittelprüfung, S. 253ff.
175 Hierzu ausführlich bei *Wölk*, Risikovorsorge, S. 100ff.
176 Ausführlich *Wölk*, Risikovorsorge, S. 100ff. m. w. N.
177 § 22 I Nr. 3 AMG.
178 Vgl. C.II.1, 2.a.
179 § 4 XXIII AMG, vgl. C.II.2.a.
180 Die Vorschriften stehen in einem eigenen Abschnitt nach den Abschnitten über Zulassung und Registrierung von Arzneimitteln.

3. Zwischenergebnis

In den Anwendungsbereich der §§ 40 ff. AMG fallen alle Prüfungen eines Arzneimittels, die außerhalb der Standardbehandlung mit einem überwiegenden – objektiviert festzustellenden – Forschungsinteresse[181] vorgenommen werden. Nach der hier entwickelten Systematik sind alle Experimente mit Arzneimitteln von der Definition der klinischen Prüfung i. S. v. § 4 XXIII AMG erfasst. Weitere Einschränkungen des Anwendungsbereichs sind nicht gerechtfertigt.[182]

III. Die Abgrenzung der Anwendungsbereiche des § 40 AMG und des § 41 AMG

Im Anwendungsbereich der für die klinische Prüfung von Arzneimitteln einschlägigen Normen des AMG, der §§ 40 ff. AMG, müssen die Regelungsbereiche des § 40 und des § 41 AMG abgegrenzt werden. Generell sind die §§ 40, 41 AMG nach dem Willen des Gesetzgebers so konzipiert, dass § 40 AMG allgemeine Voraussetzungen für die klinische Prüfung enthält und in § 41 AMG besondere Voraussetzungen für die Prüfung von Arzneimitteln an einschlägig erkrankten Personen normiert werden.[183] Daran wurde auch nach der 12. AMG-Novelle festgehalten.[184] Innerhalb des § 40 AMG gelten die Abs. 1–3 und 5 für alle Prüfungsteilnehmer. Abs. 4 modifiziert und ergänzt die Abs. 1–3 für die klinische Prüfung an Minderjährigen. Die Bestimmungen des § 41 AMG ändern zum Teil die in § 40 AMG festgelegten Anforderungen ab.[185] Die Vorschriften stehen zueinander i. S. e. Regel-Ausnahme-Verhältnisses.[186] Der an § 41 AMG a. F. geübten Kritik hinsichtlich

---

181 Vgl. zur Feststellung des Forschungsinteresses B.I.2.a.cc.
182 Die Anwendbarkeit anderer arzneimittelrechtlicher Vorschriften kann selbstverständlich auch bei einer Standardbehandlung oder einem Heilversuch gegeben sein (z. B. Melde- und Anzeigepflichten). Dies entspricht dem Gesetzeszweck, den Verkehr mit Arzneimitteln abzusichern.
183 Die Einschränkung der Anwendbarkeit auf einschlägig Erkrankte ergibt sich aus dem Wortlaut der Vorschrift, wonach das zu prüfende Arzneimittel zur „Behandlung" (§ 41 AMG n. F. bzw. „Behebung" gem. § 41 AMG a. F.) der Krankheit angewendet werden muss, an der die Person leidet. Vgl. auch *Kollhosser/Krefft*, MedR 1993, 93, 94 und *Hägele*, Arzneimittelprüfung, S. 280 ff. Grundsätzlich zu §§ 40, 41 AMG s. bei *Sander*, AMG, Erl. Zu § 40 und § 41.
184 Vgl. BT-Drs. 15/2109, S. 29, zu Nummer 26.
185 *Rehmann*, AMG, § 41 Rn. 1 und *Lippert*, VersR 2005, 48, der § 41 AMG als unvollständige Spezialität klassifiziert.
186 BayObLG, NJW 1990, 1552 f. und *Rosenau*, RPG 2002, 94, 97.

des nicht eindeutigen Verhältnisses zu § 40 AMG wurde mit der differenzierten Regelung in § 41 AMG n. F. entgegengetreten.[187]

Im Anwendungsbereich der speziellen Regeln ist der Rückgriff auf die unmodifizierten allgemeinen Bestimmungen ausgeschlossen. Erfüllt die klinische Prüfung die im konkreten Fall maßgeblichen Voraussetzungen nicht, ist sie unzulässig.

§ 41 AMG gilt für einschlägig *erkrankte* Personen, d. h. für diejenigen, die an einer Krankheit leiden, zu deren *Behandlung*[188] das Arzneimittel angewendet werden soll, § 41 I 1, II 1, III 1 AMG. Entscheidend ist also zunächst nur, ob der Patient an einer bereits erkannten und einschlägigen[189] Erkrankung leidet. Bei bisher unerkannter Krankheit kann eine medizinische Indikation i. S. d. Nr. 1 nicht begründet werden. Diese käme vielmehr einem „Schuss ins Blaue" gleich. Auch der Gruppennutzen nach der Nr. 2 bezieht sich auf Personen, die an der gleichen Krankheit leiden. Darüber kann aber keine Aussage getroffen werden, wenn die Krankheit nicht diagnostiziert ist. Ist die Krankheit dagegen schon erkannt, ist es also gewiss, dass die Person an der Krankheit leidet, fallen alle Arzneimittelprüfungen, die der Behandlung der Krankheit dienen, unter diese Vorschrift. Der Begriff der Behandlung ist umfassend zu verstehen und erfasst die Anwendung von Prophylaktika, Diagnostika[190] und Therapeutika.[191] Die entwickelte Systematik zur Klassifizierung der Kategorien medizinischer Versuchbehandlung ist folglich im An-

---

187 So war nicht klar, ob bei einschlägig kranken Minderjährigen auch § 40 IV AMG Anwendung findet, da in § 41 AMG a. F. nur auf § 40 I–III AMG verwiesen wurde (*Deutsch/Lippert*, AMG 2001, § 40 Rn. 22 m. w. N.). Innerhalb des § 41 AMG n. F. wird nun unterschieden zwischen einwilligungsfähigen Erwachsenen, einwilligungsunfähigen Erwachsenen, Minderjährigen und Minderjährigen, die nach Erreichen der Volljährigkeit einwilligungsunfähig sein werden. Die konkreten Bestimmungen verweisen differenziert auf die jeweils anzuwendenden Vorschriften des § 40 AMG.
Zur umstrittenen Regelung in der Strafvorschrift des § 96 Nr. 10 AMG a. F. vgl. ausführlich *Ulsenheimer*, Arztstrafrecht, S. 475 ff. Rn. 397a ff. § 96 Nr. 10 AMG n. F. verweist nun ausdrücklich auch auf § 41 AMG.
188 In § 41 AMG a. F. war von der *Behebung* der Krankheit die Rede. Zu den sich daraus ergebenden Problemen vgl. *Wölk*, Risikovorsorge, S. 103 ff.
189 Das zu prüfende Arzneimittel muss zur Behandlung *dieser* – erkannten – Krankheit eingesetzt werden. Vgl. mit Beispielen etwa bei *Stock*, Probandenschutz, S. 47.
190 Diese fallen auch in den Anwendungsbereich der §§ 40 ff. AMG, vgl. die Definition in § 2 AMG, insbesondere § 2 I Nr. 1 AMG und oben C.I.2.a.
191 *Pestalozza*, NJW 2004, 3374, 3378; *Deutsch/Spickhoff*, Medizinrecht, S. 763 f. Rn. 1331. Zum gleichen Ergebnis i. R. d. § 41 AMG a. F. kommen auch *Deutsch/Lippert*, AMG 2001, § 41 Rn. 1, wonach § 41 AMG a. F. analog auf die Prüfung von Prophylaktika und Diagnostika Anwendung finden sollte. Anders *Wölk*, Risikovorsorge, S. 103 f. aufgrund einer am Wortlaut orientierten Anwendung des § 41 AMG a. F. Insbesondere zu Diagnoseversuchen an Demenzpatienten *Hägele*,

wendungsbereich des AMG[192] um das Kriterium der *einschlägigen Erkrankung* zu erweitern.

Danach ergibt sich Folgendes: Für (diagnostiziert) einschlägig erkrankte Personen gilt § 41 i. V. m. § 40 AMG im Hinblick auf die Prüfung von Arzneimitteln jeder Behandlungsstufe der konkreten Krankheit.[193] Ist die Person nicht einschlägig erkrankt, so ist § 40 AMG anzuwenden.

Vielfach wird in diesem Zusammenhang festgestellt, dass § 40 IV AMG gerade in oben dargestellter Auslegung eine Durchbrechung des Systems der §§ 40–41 AMG darstelle, weil diese Regelung gesetzessystematisch in § 41 AMG gehöre.[194] Indes ist diese Vorschrift im System der §§ 40, 41 AMG durchaus stimmig: Während es für die Anwendung des § 41 AMG entscheidend ist, dass der Minderjährige an einer einschlägigen und v. a. bereits ausgebrochenen Krankheit leidet, regelt § 40 IV i. V. m. § 40 I–III AMG die Fälle, in denen die einschlägige Krankheit (noch) nicht ausgebrochen ist. Wie bei den Erwachsenen fällt in ersterem Fall die Prüfung von Arzneimitteln jeder Behandlungsstufe der einschlägigen Krankheit in den Anwendungsbereich der § 41 II i. V. m. § 40 I–IV AMG. Ist der Minderjährige aber nicht einschlägig erkrankt, so schränkt § 40 IV AMG die Prüfungsmöglichkeiten von Arzneimitteln auf Diagnostika und Prophylaktika ein.[195]

Für die Entscheidung, ob § 41 i. V. m. § 40 AMG anzuwenden sind oder nur § 40 AMG einschlägig ist, ist der potenzielle Nutzen der Behandlung für den Prüfungsteilnehmer kein Anknüpfungskriterium und damit keine Anwendungsvoraussetzung. Es stellt sich die Frage, ob die diesbezügliche Differenzierung auch im System der §§ 40 ff. AMG seine Berechtigung hat.[196]

Arzneimittelprüfung, S. 283 f. Vgl. auch die dementsprechende Einteilung der Arzneimittel in § 2 I Nr. 1, 2 AMG.

192 Zum Anwendungsbereich vgl. oben C.II. Diese Systematik findet sich auch in §§ 20, 21 MPG. § 24 II StrlschVO stellt dagegen auch auf den potenziellen Nutzen ab.

193 Dabei ist noch zwischen einwilligungsfähigen Erwachsenen (§ 41 I i. V. m. § 40 I–III AMG), einwilligungsunfähigen Erwachsenen (§ 41 III i. V. m. § 40 I–III AMG) und Minderjährigen (§ 41 II i. V. m. § 40 I–IV AMG) zu unterscheiden. Für Minderjährige, die nach Erreichen der Volljährigkeit nicht einwilligungsfähig sein werden, ist die Zulässigkeit klinischer Prüfungen weiter eingeschränkt, § 41 II 2 AMG. Vgl. auch sogleich.

194 Vgl. *Laufs*, in: Bernat/Kröll (Hrsg.), Das deutsche Recht der klinischen Arzneimittelprüfung, S. 51, 57.

195 Der selbständige Anwendungsbereich des § 40 IV AMG außerhalb des § 41 II AMG kann somit durchaus einige Relevanz haben, vgl. *Pestalozza*, NJW 2004, 3374, 3378 Fn. 38. Zum Verhältnis der § 41 II 1 Nr. 2 – § 40 IV Nr. 1 AMG vgl. Fn. 198.

196 Für §§ 40, 41 AMG a. F. wurde zum Teil angenommen, dass das Gesetz nach diesem Kriterium differenziert. § 40 AMG wurde dem rein wissenschaftlichen, § 41 AMG dem therapeutischen Versuch

Der potenzielle Nutzen für den Patienten spielt sowohl in § 41 AMG als auch in § 40 AMG eine Rolle. So setzen § 41 I 1 Nr. 1, II 1 Nr. 1, III Nr. 1 AMG jeweils voraus, dass das zu prüfende Arzneimittel nach den Erkenntnissen der medizinischen Wissenschaft angezeigt sein muss, um das Leben dieser Person zu retten, ihre Gesundheit wiederherzustellen oder ihr Leiden zu erleichtern.[197] In § 40 IV Nr. 1 AMG ist das Kriterium des (potenziellen) individuellen Nutzens für den minderjährigen Prüfungsteilnehmer relevant.[198] Diesbezüglich ist der potenzielle Nutzen für den Prüfungsteilnehmer ein Zulässigkeitskriterium. § 41 I 1 Nr. 2 und II Nr. 2 AMG sehen die Möglichkeit des sog. direkten Gruppennutzens vor.[199] Dies bedeutet, dass sich ein direkter Nutzen für die Gruppe der Patienten feststellen lassen muss, die an der gleichen Krankheit leiden wie der betroffene Patient. Damit wurde die Zulässigkeit einer klinischen Prüfung in bestimmten Fällen des fehlenden unmittelbaren, individuellen Nutzens erweitert. Schließlich geht der individuelle Nutzen für die betroffene Person in die Risiko-Nutzen-Abwägung gem. § 40 I 3 Nr. 2 AMG ein.[200] In Bezug auf die Risiko-Nutzen-Abwägung kann aber nicht vom individuellen Nutzen als Zulässigkeitsvoraussetzung gesprochen werden. Der individuelle Nutzen für den Prüfungsteilnehmer ist nur ein Kriterium unter allen Abwägungsgesichtspunkten, dessen Vorliegen oder Fehlen für sich allein noch keine Aussage über das Ergebnis zulässt.

Der potenzielle Nutzen der Behandlung für die betroffene Person, der darüber entscheidet, ob die Prüfung ein heilkundliches Experiment oder ein rein wissenschaftliches Experiment[201] ist, ist auch i. R. d. Vorschriften über die klinische Prüfung von Arzneimitteln relevant und damit festzustellen.

zugeordnet (so etwa Laufs/Uhlenbruck – *Laufs*, Handbuch des Arztrechts, § 130 Rn. 8 ff. und *Wachenhausen*, RPG 2000, 81, 82).

197 In Abs. 3 Nr. 1 wird dies noch weiter begrenzt, was aber an der generellen Systematik nichts ändert.
198 Diese bis zum 12. AMG-ÄndG hoch umstrittene Frage (vgl. nur *Laufs*, in: Bernat/Kröll (Hrsg.), Das deutsche Recht der klinischen Arzneimittelprüfung, S. 51, 57 und Laufs/Uhlenbruck – *Laufs*, Handbuch des Arztrechts, § 130 Rn. 12) wurde nun in § 40 IV Nr. 1 S. 2 AMG n. F. dahingehend klargestellt, dass es auf die *individuelle* Angezeigtheit bei dem konkreten Minderjährigen ankommt. Vgl. auch *Rehmann*, AMG, § 40 Rn. 18 und *Spranger*, MedR 2001, 238, 245 sowie Laufs/Katzenmeier/Lipp – *Lipp*, Arztrecht, S. 490 mit zahlreichen Nachweisen.
199 Das Regel-Ausnahme-Verhältnis führt hier also dazu, dass bei einschlägig erkrankten Minderjährigen der direkte Gruppennutzen unter bestimmten weiteren Voraussetzungen ausreichen kann, während bei nicht einschlägig erkrankten Minderjährigen ein individueller Nutzen gegeben sein muss.
200 Gegen die Geltung der Nutzen-Risiko-Abwägung des § 40 AMG (in der alten Fassung) neben der Indikation i. S. d. § 41 AMG *Loose*, Strafrechtliche Grenzen, S. 68 f.
201 Zur Systematik vgl. oben B.I.2.

Der individuelle Nutzen der Behandlung ist bei einschlägig erkrankten Prüfungsteilnehmern und nicht einschlägig erkrankten Minderjährigen in erster Linie ein Zulässigkeitskriterium und hat daneben i. R. v. § 40 I 3 Nr. 2 AMG Bedeutung. Bei nicht einschlägig erkrankten Erwachsenen erlangt das Vorhandensein oder Fehlen eines unmittelbaren Nutzens für die teilnehmende Person nur im Rahmen der Nutzen-Risiko-Abwägung i. S. v. § 40 I 3 Nr. 2 AMG Bedeutung und stellt keine strenge Zulässigkeitsvoraussetzung dar.

Im Anwendungsbereich der Vorschriften über die klinische Prüfung von Arzneimitteln ist die entwickelte Grundsystematik um das Kriterium der einschlägigen Erkrankung zu erweitern. Diese stellt eine Anwendungsvoraussetzung für § 41 AMG dar. Nach dem (Nicht-)Vorliegen der einschlägigen Erkrankung entscheidet sich also, welche Vorschriften konkret zu beachten sind. Der potenzielle Nutzen der Behandlung für den Prüfungsteilnehmer ist im Hinblick auf die Eröffnung des Anwendungsbereichs der Vorschriften kein relevantes Kriterium, sondern i. R. d. Zulässigkeit der klinischen Prüfung zu ermitteln. Das rein wissenschaftliche und das heilkundliche Experiment sind grundsätzlich[202] sowohl am einschlägig erkrankten als auch am gesunden Prüfungsteilnehmer denkbar.

IV. Die Anwendbarkeit der §§ 40 ff. AMG auf die Phasen der klinischen Prüfung und bestimmte Studienkonzepte

1. Die Phasen der klinischen Prüfung

Die klinische Prüfung von Arzneimitteln wird in der Praxis üblicherweise in vier Phasen durchgeführt.[203] Dabei stellt sich die Frage, inwieweit die rechtlichen Vorschriften über die klinische Prüfung, §§ 40 ff. AMG, auf die praktische Durchführung der Prüfung eines Arzneimittels in vier Phasen anwendbar sind. In der Phase I wird das neue Arzneimittel an wenigen, meist nicht einschlägig erkrankten Prüfungsteilnehmern angewendet. Dabei wird vor allem geprüft, wie sich geringe Mengen des Arzneimittels im menschlichen Organismus verhalten und wie verträglich es ist. Als Phase II wird der Abschnitt einer Prüfung bezeichnet, in dem das Arzneimittel (erstmals) bei etwa 100 bis 500 einschlägig erkrankten Personen eingesetzt wird. Dabei wird die

---

[202] Einschränkungen ergeben sich aus den speziellen Regelungen im Hinblick auf die gesetzlich bestimmten Personengruppen.
[203] Einen Überblick über die vier Phasen der klinischen Forschung mit Arzneimitteln geben etwa *Wölk*, Risikovorsorge, S. 44 f.; *Hägele*, Arzneimittelprüfung, S. 97 ff. und *Rehmann*, AMG, § 40 Rn. 3.

therapeutische Wirksamkeit geprüft und versucht, Nebenwirkungen zu erkennen. In der Phase III soll die therapeutische Wirksamkeit und Unbedenklichkeit des Arzneimittels durch die Anwendung bei mehreren tausend Prüfungsteilnehmern in Kliniken und freien Praxen bestätigt werden. Mit dem erfolgreichen Abschluss der Phase III hat sich der klinische Nutzen eines neuen Arzneimittels gezeigt und es sind prognostische Aussagen über dessen Sicherheit möglich. Dieser Zeitpunkt wurde als Zulassungszeitpunkt gewählt. Nach dem Abschluss der Phase III der klinischen Prüfung kann die Zulassung eines Arzneimittels beantragt werden.[204]

Daran schließt sich eine neue Phase der Prüfung, die sog. Phase IV, an. Der Zulassungszeitpunkt markiert nicht den Abschluss der Erkenntnisgewinnung über die Wirkungsweise eines Arzneimittels. Die Bewährung in der breiten Anwendung an einer großen Zahl von Patienten unter Routinebedingungen ist erst mit der Verkehrsfähigkeit des Arzneimittels möglich. Die Phase-IV-Prüfung erfolgt nach der Zulassung eines Arzneimittels im Rahmen seiner Zulassung zur weitergehenden Sicherung der Unbedenklichkeit des Arzneimittels. In dieser Phase der Prüfung wird das Arzneimittel an mehreren Tausend Patienten angewendet und seine Brauchbarkeit in der Praxis über einen Zeitraum von regelmäßig mindestens fünf Jahren festgestellt.

Die Phasen I bis III der klinischen Prüfung können für die Frage der Anwendbarkeit der Vorschriften über die klinische Prüfung von Arzneimitteln gemeinsam beurteilt werden. Fertigarzneimittel[205] dürfen nur in den Verkehr gebracht werden, wenn sie zugelassen sind.[206] Die Anwendung eines nicht zugelassenen, aber zulassungspflichtigen Arzneimittels ist dem Bereich der Versuchsbehandlung zuzuordnen.[207] Die Zulassung für einen bestimmten Indikationsbereich, die nach Abschluss der Phase III der Prüfung erfolgt, setzt das Vorliegen von wissenschaftlicher Erkenntnis voraus, aufgrund derer verantwortet werden kann, das Arzneimittel der Allgemeinheit zugänglich zu machen.[208] Vor der Zulassung eines zulassungspflichtigen Arzneimittels muss deshalb angenommen werden, dass es an einer ausreichenden wissenschaftli-

---

204 Vgl. ausführlich *Hägele*, Arzneimittelprüfung, S. 100 ff.
205 Zum Begriff vgl. § 4 I AMG.
206 § 21 I AMG. Keiner Zulassung bedürfen die in § 21 II AMG genannten Arzneimittel.
207 Dies gilt auch für zugelassene Arzneimittel, die außerhalb ihres Indikationsbereichs angewendet werden sollen, vgl. *Hägele*, Arzneimittelprüfung, S. 252; *Wölk*, Risikovorsorge, S. 101 und Laufs/Uhlenbruck – *Ulsenheimer*, Handbuch des Arztrechts, § 148 Rn. 3. Bei nicht zulassungspflichtigen Arzneimitteln ist die Zuordnung im Einzelfall zu betrachten.
208 In der Regel ist deshalb die Durchführung einer klinischen Prüfung bei zulassungspflichtigen Arzneimitteln eine Voraussetzung für eine Zulassung, § 22 II Nr. 3 bzw. III AMG.

chen Grundlage fehlt, welche Voraussetzung für die Begründung eines medizinischen Standards ist. Der Anwendungsbereich der Vorschriften über die klinische Prüfung ist somit für alle Prüfungen eröffnet, die vor der Zulassung eines Arzneimittels mit dem vorrangigen Ziel nach Erkenntnisgewinnung und -steigerung vorgenommen werden.

Die Phase-IV-Prüfungen können nur dann nach den §§ 40 ff. AMG zu beurteilen sein, wenn auch sie noch der Versuchsbehandlung zuzuordnen sind. Denkbar ist aber, die (für die Begründung einer Standardbehandlung) ausreichende wissenschaftliche Grundlage dann anzunehmen, wenn ein Arzneimittel zugelassen ist. Denn dann ist zumindest die für die Zulassung erforderliche Sicherheit und Wirksamkeit des Arzneimittels (für eine konkrete Indikation[209]) festgestellt.[210] Allerdings ist die Zulassung eine prognostische Entscheidung über die therapeutische und klinische Wirksamkeit und die Sicherheit eines Arzneimittels. Die sich anschließende Phase-IV-Prüfung dient dazu, ein umfassendes Profil insbesondere im Hinblick auf Nebenwirkungen und Wechselwirkungen mit anderen Medikamenten zu erstellen.[211] Die Zulassung des Arzneimittels setzt die Durchführung der Phase-IV-Prüfung unbedingt voraus, um die Prognose zum Zeitpunkt der Zulassung bezüglich der Wirksamkeit und Unbedenklichkeit des Arzneimittels zu überprüfen.[212] Erst nach zufriedenstellendem Abschluss der Phase-IV-Prüfung lässt sich die Entscheidung zur Behandlung mit diesem Arzneimittel auf einen gesteigerten und gesicherten wissenschaftlichen Erkenntnisstand stützen.[213] Zudem wird es zum Zeitpunkt der Zulassung an der ärztlichen Erfahrung und an der professionellen Akzeptanz fehlen.[214] Eine medizinische Standardbehandlung kann in dieser Phase nicht angenommen werden.[215] Die Anwen-

---

209 Zur Straffreiheit des Arztes bzw. Strafbarkeit des pharmazeutischen Unternehmers im Zusammenhang mit dem sog. „off-label-use" vgl. *Ulsenheimer*, Arztstrafrecht, S. 480 f. Rn. 402a und *Rosenau*, RPG 2002, 94, 95 f. Interessant ist in diesem Zusammenhang die strafrechtliche Haftung des pharmazeutischen Unternehmers nach §§ 96 Nr. 5, 21 I AMG, vgl. *Rosenau*, RPG 2002, 94, 95 f.
210 §§ 21 I, 22 II Nr. 2, 24 I Nr. 3, 25 II Nr. 2–6 AMG.
211 Vgl. zu Konzeption und Zielsetzung von Phase-IV-Studien *Hägele*, Arzneimittelprüfung, S. 100 ff., insbesondere S. 102 f. Insbesondere zur Abgrenzung zu Anwendungsbeobachtungen *Hägele*, Arzneimittelprüfung, S. 271 ff.
212 *Hägele*, Arzneimittelprüfung, S. 100 ff. Unwirksame oder gefährliche Arzneimittel sollen vom Markt ferngehalten werden. Dazu dienen auch die Dokumentations- und Meldepflichten zum Schutz vor unerkannten Nebenwirkungen nach der Zulassung, § 63 b AMG.
213 *Hägele*, Arzneimittelprüfung, S. 103.
214 Zu den Voraussetzungen eines medizinischen Standards vgl. oben B.I.1. und *Hart*, MedR 1998, 8, 10, 15; *Wölk*, Risikovorsorge, S. 61 ff.
215 *Wölk*, Risikovorsorge, S. 45, 101.

dung des Arzneimittels im konkreten Indikationsbereich ist deshalb auch in der Phase IV grundsätzlich der Versuchsbehandlung zuzuordnen. Zusätzlich setzt die Anwendbarkeit der §§ 40 ff. AMG das Handeln mit vorrangigem Erkenntnisstreben voraus. Somit sind die Vorschriften über die klinische Prüfung auf eine Untersuchung in der Phase IV anwendbar, wenn die Wirksamkeits- und Unbedenklichkeitsprüfung eines Arzneimittels mit vorrangigem Erkenntnisstreben (in Bezug auf ein umfassendes Anwendungs- und Risikoprofil des Arzneimittels) vorgenommen wird.[216]

2. Kontrollierte klinische Studien

Kontrollierte klinische Prüfungen eines Arzneimittels sind Arzneimittelstudien, die ihre Erkenntnisse aus dem systematischen Vergleich zwischen der Prüf- und der Kontrollgruppe[217] oder zwischen der Prüf- und der Kontrollphase[218] und der Objektivierung von Arzneimittelwirkungen durch Verblindung der Durchführung[219] gewinnen.[220] Die Personen der Kontrollgruppe oder -phase erhalten eine Standardbehandlung (evtl. zusätzlich ein Placebo[221]) oder nur ein Placebo, d. h. keine Behandlung. Bei der Frage, ob und inwieweit die Vorschriften über die klinische Prüfung gem. §§ 40 ff. AMG auch auf die Kontrollgruppe oder -phase (sog. Kontrollarm) anzuwenden sind, sind die

---

216 Vor der 12. AMG-Novelle wurde in § 42 AMG a. F. für die letzte Phase der Arzneimittelprüfung ausdrücklich die (geringfügig beschränkte) Anwendbarkeit der §§ 40, 41 AMG festgestellt. Diese eingeschränkte Anwendbarkeit konnte nun im Hinblick auf die Umsetzungsverpflichtung der RL 2001/20/EG nicht mehr aufrechterhalten werden, vgl. BT-Drs. 15/2109, S. 32, zu Nr. 28 und den Hinweis zur Versicherung bei Phase-IV-Studien, BT-Drs. 15/2109, S. 30, zu Nr. 26 und *Deutsch/ Lippert*, AMG 2008, § 40 Rn. 7. Die Einschränkung des § 42 AMG a. F. war nicht unumstritten, vgl. bei *Deutsch/Lippert*, AMG 2001, § 42 Rn. 1.
217 Es werden zwei Gruppen von Prüfungsteilnehmern gebildet, wobei eine das zu prüfende Arzneimittel erhält, die andere dagegen nur die Standardbehandlung oder ein Placebo.
218 Bei einem Prüfungsteilnehmer werden verschiedene Phasen der Behandlung durchgeführt.
219 Die Studie kann blind oder doppelblind durchgeführt werden. Im ersten Fall weiß der Prüfungsteilnehmer nicht, zu welcher Gruppe er gehört oder in welcher Phase er sich befindet. Bei einer doppelblinden Konzeption kennt auch der Prüfer die Zuordnung nicht, *Rehmann*, AMG, Vor §§ 40–42a Rn. 4 und *Pschyrembel*, Klinisches Wörterbuch, „Blindversuch". Vgl. auch *Winau*, in: Ebbinghaus/ Dörner (Hrsg.), Menschenversuch, S. 93, 96 ff.
220 Einen Überblick über den Aufbau kontrollierter Therapie-Studien bei *Walter-Sack/Haefeli*, MedR 2000, 454, 456, v. a. Tab. 3.
221 Scheinmedikament, in, Form, Farbe, Geschmack einem bestimmten Arzneimittel nachgebildetes Präparat ohne Wirkstoff (F. A. Brockhaus GmbH (Hrsg.), Brockhaus, „Placebo"), das als methodisches Hilfsmittel in kontrollierten Studien verwendet wird (*Walter-Sack/Haefeli*, MedR 2000, 454, 462 und *Pschyrembel*, Klinisches Wörterbuch, „Placebo"). Vgl. *Deutsch/Lippert*, AMG 2008, § 41 Rn. 2. Die Placebogabe wurde erstmals mit Einführung des einfachen Blindversuchs relevant.

Besonderheiten dieser Behandlungsgruppe der Studie zu berücksichtigen. Die Zulässigkeit der Durchführung einer Kontrollphase bzw. der Zugehörigkeit einer Person zur Kontrollgruppe ist neben der Zulässigkeitsprüfung für die Prüfgruppe/-phase gesondert zu prüfen. Eine generelle Gleichbehandlung beider Personengruppen oder Therapiephasen der klinischen Prüfung würde dem Schutzgedanken der §§ 40 ff. AMG nicht gerecht.[222] Auch für den Kontrollarm der Prüfung sind die Zulässigkeitsvoraussetzungen anhand der vorgestellten Systematik zu bestimmen.

Ausgehend davon, dass die §§ 40 ff. AMG nur auf Behandlungen außerhalb des medizinischen Standards Anwendung finden, kann der Kontrollarm einer klinischen Prüfung dann nicht in den Anwendungsbereich dieser Vorschriften fallen, wenn die Kontrollgruppe oder der Patient in der Kontrollphase lediglich eine – medizinisch indizierte – Standardbehandlung bekommt. Deren Zulässigkeit ist nach den allgemeinen Regeln zu bestimmen.[223] Die Zuordnung des Patienten zu der Kontrollgruppe der klinischen Prüfung erfordert darüber hinaus eine diesbezügliche wirksame Einwilligung nach ausreichender Aufklärung. Der Patient ist darüber aufzuklären, dass er in die kontrollierte Studie eingeschlossen ist.[224] Ferner ist er über die Konzeption der Studie und die Versuchsbehandlung zu informieren. Bei randomisierter Zuordnung muss auch umfassend über die Möglichkeit der Zugehörigkeit zur Prüfgruppe aufgeklärt und die für die Teilnahme an der klinischen Prüfung in der Prüfgruppe erforderliche Aufklärung erteilt werden.[225] Nur dann ist dem Patienten eine selbstbestimmte Entscheidung in Hinblick auf die Teilnahme an der Studie möglich.

Kann die Behandlung in der Kontrollgruppe/-phase aber nicht mehr als dem medizinischen Standard entsprechend begriffen werden, ist zu prüfen, ob das Forschungsinteresse im konkreten Fall überwiegt. Ein Abweichen vom medizinischen Standard wird bei nicht einschlägig erkrankten Probanden dann anzunehmen sein, wenn auch bei der Anwendung eines Placebos Veränderungen psychischer und physischer Funktionen möglich sind.[226] Bei

---

222 Hierzu s. oben C.II.1. und 2.a.
223 Im Ergebnis ebenso *Stock*, Probandenschutz, S. 48 f. Zu den allgemeinen Voraussetzungen vgl. oben B.II.2.
224 *Deutsch/Spickhoff*, Medizinrecht, S. 592 Rn. 940 und S. 757 Rn. 1318; *Koch*, in : Vollmann (Hrsg.), Ethische Probleme, S. 110, 113 f.
225 Vgl. hierzu unten nach Fn. 240 im Text.
226 Zur Möglichkeit von Nebenwirkungen bei gesunden Versuchspersonen vgl. *Lüllmann/Mohr/Hein*, Pharmakologie, S. 64.

einschlägig erkrankten Patienten handelt es sich zumindest dann um eine Versuchsbehandlung, wenn diese ein Placebo erhalten und ihnen (vorübergehend) die Standardbehandlung versagt wird.[227] Das überwiegende Forschungsinteresse wird dann in der Regel gegeben sein, da die Bildung der Kontrollgruppe und Entscheidung für die Kontrollbehandlung gerade mit dem Ziel geschieht, die Wirksamkeit des zu prüfenden Arzneimittels nachzuweisen.

Die Vorschriften über die klinische Prüfung von Arzneimitteln finden also auf die Kontrollgruppe Anwendung, wenn die Behandlung, die die Kontrollgruppe erhält, vom medizinischen Standard abweicht und aufgrund eines überwiegenden Forschungsinteresses vorgenommen wird. Diese Vorgabe könnte bei der Placebo-Applikation aber deshalb problematisch sein, weil das Placebo kein Arzneimittel i. S. d. § 2 I, II AMG ist. Die Definition der klinischen Prüfung in § 4 XXIII AMG setzt jedoch nicht die Anwendung des zu prüfenden Arzneimittels bei jedem Prüfungsteilnehmer voraus. Vielmehr ist jede Untersuchung erfasst, die dazu dient, die Wirksamkeit und Gefahren eines Arzneimittels zu erforschen, nachzuweisen oder festzustellen. Die Form der Studie zur Erzielung wissenschaftlicher Erkenntnisse ist nicht normiert. Damit ist die kontrollierte Prüfung als mögliche Studienkonzeption einer klinischen Prüfung i. S. d. § 4 XXIII AMG zu sehen, deren Studienarme unabhängig von der Anwendung des zu prüfenden Arzneimittels in den Anwendungsbereich der §§ 40 ff. AMG fallen können.[228] Dafür spricht auch, dass das Placebo ein Prüfpräparat i. S. v. § 3 III GCP-V ist. Der Bundesoberbehörde sind gem. § 7 IV Nr. 1a), VII GCP-V Unterlagen über Qualität und Herstellung des Placebos vorzulegen. Eine solche Regelung setzt die Anwendbarkeit der Vorschriften auf placebokontrollierte Prüfungen voraus.

Weiter ist zu untersuchen, nach welchen konkreten Normen die Prüfung in der Kontrollgruppe/-phase beurteilt werden muss. Auch hier kann sich kein Unterschied zur generellen Systematik ergeben. §§ 40, 41 AMG unterscheiden eindeutig nach der einschlägigen Erkrankung, unabhängig von der Studienkonzeption.[229] Bei einschlägiger Erkrankung des Prüfungsteilnehmers ist

---

227 Die Nichtanwendung der medizinischen Standardbehandlung stellt eine Abweichung vom medizinischen Standard dar. Ebenso *Stock*, Probandenschutz, S. 49. Vgl. zur Vorenthaltung von Standardtherapien in klinischen Studien auch *Krüger*, MedR 2009, 33.
228 Ebenso *Rosenau*, RPG 2002, 94, 98. Anders Laufs/Uhlenbruck – *Ulsenheimer*, Handbuch des Arztrechts, § 148 Rn. 26, der wohl von der Nichtanwendbarkeit der §§ 40 ff. AMG auf die Verwendung von Placebopräparaten ausgeht. Vgl. aber auch *Ulsenheimer*, Arztstrafrecht, S. 479 f. Rn. 401 f.
229 Die Zuordnung erfolgt nicht danach, ob ein therapeutischer Nutzen zu erwarten ist, vgl. oben C.III.

die Zulässigkeit auch der Kontrollgruppe/-phase nach § 41 i. V. m. § 40 AMG zu beurteilen.[230] Bei nicht einschlägig erkrankten Personen ist nur § 40 AMG anzuwenden.[231]

Im Rahmen des § 41 AMG ist fraglich, ob die Norm voraussetzt, dass der Patient das zu prüfende Arzneimittel tatsächlich verabreicht bekommt. So spricht § 41 I 1 Hs. 1, II 1 Hs. 1, III 1 Hs. 1 AMG generell von der klinischen Prüfung des Arzneimittels. Wie oben gezeigt, fällt auch die Placebogabe unter den Begriff der klinischen Prüfung. Die jeweilige Nr. 1 der ersten Sätze der Absätze I bis III sprechen dann von der *Anwendung* des zu prüfenden Arzneimittels, die bei *dieser* Person medizinisch indiziert sein muss. Hier könnte die tatsächliche Anwendung gemeint sein, so dass eine Behandlung außerhalb des medizinischen Standards und die Gabe von Placebos nicht in den Anwendungsbereich der jeweiligen Nr. 1 fallen würden. Allerdings könnte man sich auch hier auf den Standpunkt stellen, dass nur generell die Anwendung medizinisch indiziert sein müsse, dann aber i. R. d. klinischen Prüfung eine Placebogabe nicht ausgeschlossen sei. Zu § 41 AMG a. F. wurde überwiegend die Auffassung vertreten, dass ungeachtet des Wortlauts des § 40 Nr. 1 auch die Kontrollgruppe in den Anwendungsbereich dieser Regelung fällt.[232] Allerdings ist es widersprüchlich, die konkrete medizinische Indikation des *zu prüfenden Arzneimittels* zu fordern, dann aber das Arzneimittel nicht tatsächlich anzuwenden. Nach dem Wortlaut des § 41 I 1 Nr. 1, II 1 Nr. 1, III Nr. 1 AMG n. F. ist der Kontrollarm der kontrollierten Studie nicht erfasst. Dieser Auslegung entspricht nun auch § 41 II 2 Nr. 2a) AMG, wonach die *klinische Prüfung* mit einem direkten Nutzen für die Gruppe der Patienten, die an der gleichen Krankheit leiden wie diese Person, verbunden sein muss. Die Bezugnahme auf die klinische Prüfung (und nicht auf die Anwendung des zu prüfenden Arzneimittels) umfasst auch die Behandlung in der Kontrollgruppe/ -phase. Der dann erforderliche Gruppennutzen liegt bei einer kontrollierten

---

230 Die Phase II der klinischen Prüfung wird in der Regel kontrolliert durchgeführt, in der Phase III sind kontrollierte Studien gängig, vgl. *Deutsch/Spickhoff*, Medizinrecht, S. 751 f. Rn. 1306 f.; *Deutsch*, VersR 2005, 1009, 1010 f. und Laufs/Uhlenbruck – *Laufs*, Handbuch des Arztrechts, § 130 Rn. 38.
231 Die kontrollierte klinische Prüfung an nicht einschlägig kranken Probanden ist in der Praxis die Ausnahme, vgl. *Deutsch/Spickhoff*, Medizinrecht, S. 750 Rn. 1305.
232 Vgl. *Rehmann*, AMG, § 41 Rn. 2 und *Deutsch/Lippert*, AMG 2001, § 41 Rn. 2. Zum differenzierten Meinungsstand und den sich aus dem Wortlaut des § 41 Nr. 1 AMG a. F. ergebenden Problemen *Helle/Fröhlich/Haindl*, NJW 2002, 857, 861 m. w. N.

klinischen Prüfung regelmäßig in der effektiven Wirksamkeitskontrolle durch den direkten Vergleich der Therapiephasen oder Personengruppen.[233]

Ungenau ist Abs. 1 Nr. 2 verfasst, wonach „*sie* [...] mit einem direkten [Gruppen-]Nutzen verbunden sein [muss]". Das Pronomen kann sich sowohl auf „die Anwendung des zu prüfenden Arzneimittels der Nr. 1" als auch auf „die klinische Prüfung" des 1. Halbsatzes des Absatzes beziehen. Eine Auslegung, die die Placebogabe bei einschlägig kranken Minderjährigen ermöglicht, bei einschlägig kranken einwilligungsfähigen Erwachsenen aber ausschließt, wäre nicht sachgerecht und entspräche nicht dem Anliegen, den Minderjährigen umfassenderen Schutz zukommen zu lassen. Deshalb ist auch Abs. 1 Nr. 2 so zu lesen, dass die *klinische Prüfung* einen direkten Gruppennutzen nach sich ziehen muss.

Im Hinblick darauf, dass es möglich ist, den Kontrollarm einer kontrollierten klinischen Studie unter § 41 I 1 Nr. 2, II 1 Nr. 2a) AMG zu fassen, was auch dem Wortlaut der Vorschrift gerecht wird, ist eine weite Auslegung der Regelung des § 41 I 1 Nr. 1, II 1 Nr. 1 AMG unter Berufung auf den Gesetzeszweck nicht (mehr) gerechtfertigt.[234]

Dasselbe gilt auch für § 41 III Nr. 1 AMG: Dessen Satz 1 stellt auf „die Anwendung des zu prüfenden Arzneimittels" ab. Zwar ist anschließend nur noch von der *klinischen Prüfung* und dem *Prüfpräparat* die Rede und diese Begriffe umfassen grundsätzlich auch eine Placebobehandlung.[235] Allerdings muss sich die Prüfung „unmittelbar auf einen lebensbedrohlichen oder sehr geschwächten klinischen Zustand beziehen, in dem sich die betroffene Person befindet" und gleichzeitig „angezeigt sein, um das Leben der betroffenen Person zu retten, ihre Gesundheit wiederherzustellen oder ihr Leiden zu erleichtern". Die reine Placeboapplikation kann diese Anforderungen gar nicht erfüllen. Gerade im Hinblick auf die angenommene besondere Schutzbedürftigkeit von einwilligungsunfähigen Erwachsenen ist eine weite Auslegung auch hier nicht geboten.[236]

---

233 Der Gruppennutzen ist z. B. nicht gegeben, wenn die Wirksamkeit schon ausreichend bewiesen ist oder die Durchführung der Studie nur eine Wiederholung bereits durchgeführter Versuche darstellen würde.
234 So zu § 41 AMG a. F. noch *Stock*, Probandenschutz, S. 51.
235 Vgl. weiter oben im Text.
236 Zum gleichen Ergebnis kommen *Habermann/Lasch/Gödicke*, NJW 2000, 3389, 3392 zu § 41 AMG a. F. Auch bei einwilligungsunfähigen Erwachsenen bleibt die Möglichkeit, eine Kontrollgruppe zu bilden, die die Standardbehandlung erhält. Die Zulässigkeit der Standardbehandlung richtet sich nach den allgemeinen Vorschriften unter Berücksichtigung der besonderen Anforderungen an die Aufklärung.

Sind die Vorschriften über die klinische Prüfung auch auf die Kontrollgruppe/-phase anwendbar,[237] dann ist die Zulässigkeit der Prüfung an erkrankten Prüfungsteilnehmern im Kontrollarm der Studie mangels *Anwendung* des zu prüfenden Arzneimittels im konkreten Fall somit nicht nach § 41 I Nr. 1, II Nr. 1, III Nr. 1 AMG zu prüfen, sondern muss nach §§ 41 I Nr. 2, II Nr. 2 i. V. m. 40 AMG ermittelt werden.[238] Dies bedeutet auch, dass bei nicht einwilligungsfähigen Erwachsenen[239] eine Behandlung, die nicht dem medizinischen Standard entspricht, in der Kontrollgruppe/-phase unzulässig ist.

Entsprechend scheidet eine Behandlung außerhalb des medizinischen Standards in der Kontrollgruppe/-phase bei nicht einschlägig erkrankten Minderjährigen aus. Auch in § 40 IV Nr. 1 AMG ist die individuelle und konkrete medizinische Indikation des Arzneimittels bei dem Minderjährigen vorausgesetzt.[240]

Im Rahmen des § 40 AMG finden die unterschiedlichen Prüfumstände und die Konzeption der klinischen Prüfung bei der Nutzen-Risiko-Abwägung gem. § 40 I 3 Nr. 2 AMG und bei den Anforderungen an die Aufklärung, bevor eine wirksame Einwilligung erteilt werden kann, gem. § 40 I 3 Nr. 3b) AMG Berücksichtigung.

Bei der Risiko-Nutzen-Abwägung müssen der Nutzen und die Risiken der tatsächlich erhaltenen Behandlung, die in den Anwendungsbereich der §§ 40 ff. AMG fällt (also der Nichtbehandlung bzw. der Anwendung des Placebos), gegenüber der voraussehbaren Bedeutung des zu prüfenden Arzneimittels für die Heilkunde, dessen Wirksamkeit durch die kontrollierte Prüfung ja belegt werden soll, ärztlich vertretbar i. S. d. § 40 I 3 Nr. 2 AMG sein. Dies führt bei einer Nichtbehandlung bzw. Anwendung eines Placebos in der Kontrollgruppe aufgrund des (i. d. R.) fehlenden individuellen Nutzens zu umso engeren Grenzen der Zulässigkeit je riskanter die Nichtbehandlung für die betroffene Person ist.[241]

Ferner hat auch hier die gem. § 41 i. V. m. § 40 I 3 Nr. 3 b), II AMG (bei Minderjährigen i. V. m. § 40 IV Nr. 3 S. 3 AMG) erforderliche *Aufklärung*

---

237 Dies ist immer dann der Fall, wenn der Patient in der Kontrollgruppe bzw. -phase eine Behandlung außerhalb des medizinischen Standards erhält und das Forschungsinteresse überwiegt, vgl. oben.
238 Ebenso *von Freier*, MedR 2003, 610, 613 und *Pestalozza*, NJW 2004, 3374, 3378. Vgl. auch *Fischer*, in: FS für Schreiber, S. 685, 687 und 692. Im Ergebnis wohl auch *Rehmann*, AMG, § 41 Rn. 2.
239 Dies gilt auch für Minderjährige, die auch nach Erreichen der Volljährigkeit nicht einwilligungsfähig sein werden, § 41 II 2 AMG.
240 Vgl. oben C.III., insbesondere bei Fn. 198. § 40 IV Nr. 1 AMG entspricht diesbezüglich der Vorgabe in § 41 I 1 Nr. 1, II 1 Nr. 1, III 1 Nr. 1 AMG.
241 Vgl. auch *Koch*, in: Vollmann (Hrsg.), Ethische Probleme, S. 110, 112 f.

grundsätzlich alle Umstände, d. h. insbesondere das Risiko des Kontrollarms zu umfassen.[242]

Die Anforderungen an eine ausreichende juristische Aufklärung können nun mit wissenschaftlichen Verfahrensregeln kollidieren. Je umfassender die Aufklärung ist, desto mehr Einfluss kann das Wissen der Patienten auf die Aussagekraft der Prüfungsergebnisse haben. Juristisch unproblematisch wäre eine Wahlmöglichkeit der Studienteilnehmer im Hinblick auf die Gruppenzugehörigkeit nach vollumfänglicher Aufklärung[243] oder eine vorab stattfindende, offene, d. h. bekannte Zuweisung zu einer der Gruppen. Allerdings wird diese Vorgehensweise nicht den Verfahrensregeln der Wissenschaft gerecht. Der statistisch aussagekräftige Nachweis der Wirksamkeit eines Arzneimittels verlangt die Prüfung an einer großen und zufällig ausgewählten Patientengruppe. Bei *randomisierter Zuordnung*, wenn also die Zuteilung zu den Prüfungsarmen nach Zufallsgesichtspunkten geschieht, steigt die Aussagekraft einer Studie.[244] Die Randomisation bleibt möglich, wenn die potenziellen Teilnehmer der Prüfung eine jeweils umfassende Aufklärung bezüglich der Zugehörigkeit zu beiden Studienarmen und der Konzeption der kontrollierten Prüfung erhalten.[245] Zudem muss die Person auch in die Teilnahme an dem Versuch in der randomisierten Form wirksam eingewilligt haben, sich also der zufälligen Zuteilung zu einer der Prüfungsgruppen unterwerfen.[246] Selbst wenn eine solche Einwilligung vorliegt, hat der Patient ein Recht darauf, nach der Randomisierung und vor der Behandlung zu erfahren, in welche Gruppe er randomisiert worden ist.[247] Die Auskunft kann aber ein Ausscheiden zur Folge haben, wenn dadurch die Aussagekraft der Studie

---

242 *Deutsch/Spickhoff*, Medizinrecht, S. 757 Rn. 1318; *Koch*, in: Vollmann (Hrsg.), Ethische Probleme, S. 110, 113 f.
243 Laufs/Uhlenbruck – *Laufs*, Handbuch des Arztrechts, § 130 Rn. 30.
244 Vgl. Laufs/Uhlenbruck – *Laufs*, Handbuch des Arztrechts, § 130 Rn. 30 ff.
245 Die Aufklärung muss etwa über die (randomisierte) Bildung von Kontrollgruppen und darüber erfolgen, dass bei einer Prüfungsgruppe nur die Standardtherapie oder eine vom Standard abweichende Behandlung, evtl. mit Placebo, angewendet wird, *Deutsch/Lippert*, AMG, § 40 Rn. 9. Auch durch eine diesen Anforderungen genügende Aufklärung kann die Aussagekraft der Ergebnisse gemindert werden. Um dem Selbstbestimmungsrecht des Patienten gerecht zu werden, ist dies in Kauf zu nehmen, so auch Laufs/Uhlenbruck – *Laufs*, Handbuch des Arztrechts, § 130 Rn. 33.
246 Vgl. Laufs/Uhlenbruck – *Laufs*, Handbuch des Arztrechts, § 130 Rn. 31 f. Für die Durchführung der kontrollierten klinischen Studie ist die ärztliche Vertretbarkeit im Hinblick auf beide Studienarme unbedingt erforderlich, vgl. oben. Unklar Laufs/Uhlenbruck – *Laufs*, Handbuch des Arztrechts, § 130 Rn. 32.
247 Auch dies folgt aus seinem allgemeinen Persönlichkeitsrecht aus Art. 1 i. V. m. Art. 2 I GG, *Deutsch*, VersR 2005, 1009, 1013.

gefährdet ist.[248] Diese Grundsätze gelten unabhängig davon, ob beide Prüfungsarme oder nur die Prüfung in der Prüfgruppe/-phase in den Anwendungsbereich der Vorschriften über die klinische Prüfung gem. §§ 40 ff. AMG fallen. Damit lässt sich aber die Randomisation in einer Blind- und Doppelblindstudie nur bei den Prüfungsteilnehmern durchführen, an denen die Prüfung in jedem der Prüfungsarme zulässig wäre.

3. Pilotstudien

Umstritten ist, ob auch eine der eigentlichen Hauptstudie vorangestellte Vorstudie (sog. Pilotstudie oder Pilotprojekt) in den Anwendungsbereich der §§ 40 ff. AMG fällt. Eine Pilotstudie dient dazu, die Erkenntnisse zu gewinnen, die als Grundlage für die Durchführung der Hauptstudie (noch) erforderlich sind.[249] Pilotstudien sind damit den Hauptstudien, welche in den Anwendungsbereich des AMG fallen, unmittelbar vorgeschaltet. Die Anwendung des Arzneimittels ist dem Versuchsbereich zuzuordnen und das Forschungsinteresse steht im Vordergrund, soll doch mit den gewonnenen Erkenntnissen die Hauptstudie ermöglicht und vor allem die Bedingungen geschaffen werden, unter denen sich durch die Hauptstudie tragfähige Ergebnisse erzielen lassen.[250] Nach der entwickelten Systematik sind die §§ 40 ff. AMG somit auch auf Pilotstudien anzuwenden. Dafür spricht auch, dass die Teilnehmer dieser Vorstudien nicht weniger schutzbedürftig sind als die Teilnehmer der Hauptstudien. Wollte der Gesetzgeber mit den §§ 40 ff. AMG die an Experimenten teilnehmenden Personen vor den besonderen Gefahren nicht zugelassener Arzneimittel schützen, so muss dieser Schutz auch in den Vorstudien gewährleistet werden.[251] Der gem. § 42 I 4 i. V. m. S. 7 Nr. 2 und II 2 AMG erforderliche, dem Stand der wissenschaftlichen Erkenntnis entsprechende Prüfplan[252] muss in diesem frühen Stadium

---

[248] Die ausgeschiedenen Patienten erhalten dann eine mögliche und gewünschte Behandlung außerhalb der Studie.
[249] *Kollhosser/Krefft*, MedR 1993, 93, 95, mit Verweis auf relevante Anwendungsfälle in der Praxis (S. 93) und *Hart*, MedR 1998, 8, 15.
[250] *Kollhosser/Krefft*, MedR 1993, 93, 95.
[251] So auch *Kollhosser/Krefft*, MedR 1993, 93, 95; Laufs/Katzenmeier/Lipp – *Lipp*, Arztrecht, S. 482.
[252] Dieser ist auch nach Änderung des § 40 I AMG a. F., der das Erfordernis eines Prüfplans in der Nr. 6 normierte, zwingend erforderlich: Gem. § 40 I 2 AMG darf die klinische Prüfung eines Arzneimittels nur begonnen werden, wenn die zuständige Ethikkommission diese nach Maßgabe des § 42 I AMG zustimmend bewertet und die zuständige Bundesoberbehörde diese nach Maßgabe des § 42 II AMG genehmigt hat. Der Sponsor hat hierbei alle Angaben und Unterlagen vorzulegen, die die Kommission bzw. Behörde zur Bewertung benötigt, u. a. den Prüfplan. Eine Versagung der

nicht die für die sich anschließende Hauptstudie mögliche Genauigkeit und Differenziertheit haben. Vielmehr ist erforderlich, aber auch ausreichend, dass er dem Erkenntnisstand entspricht, den der sorgfältige Forscher in diesem Stadium des Verfahrens schon haben kann.[253] Diese Sicht bestätigt die Regelung bezüglich der einzureichenden Unterlagen in der gem. § 42 III AMG erlassenen Rechtsverordnung (GCP-VO).[254] Einen den Anforderungen des § 7 II Nr. 3 GCP-VO[255] genügender Prüfplan und eine dem § 7 III Nr. 10 GCP-VO[256] entsprechende Beschreibung lässt sich auch für eine Vorstudie fertigen. Diese weit gefasste Formulierung der Anforderungen an die vorzulegenden Unterlagen zur Studienkonzeption legt nahe, dass auch die Pilotstudien, wie die Hauptstudie selbst, in den Anwendungsbereich der §§ 40 ff. AMG fallen.[257]

4. Optimierungs- und Beobachtungsstudien

Soweit Anwendungsbeobachtungen und Therapieoptimierungsstudien im Rahmen einer Versuchsbehandlung stattfinden, ist zu entscheiden, ob die Vorschriften über die klinische Prüfung gem. §§ 40 ff. AMG anwendbar sind.

Anwendungsbeobachtungen sind Beobachtungsstudien, bei denen Erkenntnisse aus der Anwendung verkehrsfähiger, d. h. zugelassener Arzneimittel im Rahmen der Indikation (für die sie zugelassen sind) und Dosierung gesammelt werden.[258] Sie dokumentieren die im Wesentlichen unbeeinflusste ärzt-

---

zustimmenden Bewertung bzw. Genehmigung ist (in Bezug auf den Prüfpan) nur möglich, wenn dieser nicht dem Stand der wissenschaftlichen Erkenntnis entspricht, § 42 I 6 Nr. 2, II 3 Nr. 2 AMG.
253 Die Ausführungen von *Kollhosser/Krefft*, MedR 1993, 93, 95 zur alten Rechlage sind auf die aktuellen Regelungen übertragbar.
254 Verordnung über die Anwendung der guten klinischen Praxis bei der Durchführung der klinischen Prüfungen mit Arzneimitteln zur Anwendung am Menschen vom 9. August 2004 (BGBl. 2004, Teil I, 2081), zuletzt geändert durch Artikel 4 der Verordnung vom 3. November 2006 (BGBl. 2006, Teil I, 2523).
255 Diese Vorschrift bestimmt nur die Formalien des bei der zuständigen Ethikkommission und Bundesoberbehörde einzureichenden Prüfplanes.
256 Danach sind die der Ethikkommission vorzulegende Beschreibung der vorgesehenen Untersuchungsmethoden und die Darlegung von eventuellen Abweichungen von den in der medizinischen Praxis üblichen Untersuchungen geregelt.
257 Wie hier Laufs/Uhlenbruck – *Laufs*, Handbuch des Arztrechts, § 130 Rn. 35. In dieser Hinsicht vage *Deutsch*, VersR 2005, 1009, 1013.
258 Laufs/Uhlenbruck – *Laufs*, Handbuch des Arztrechts, § 130 Rn. 39; *Deutsch/Spickhoff*, Medizinrecht, S. 603 Rn. 963; *Rehmann*, AMG, Vor §§ 40–42a Rn. 3.

liche Therapie.²⁵⁹ Eine umfassende Definition der Anwendungsbeobachtung findet sich auch in Art. 2 c) RL 2001/20/EG.²⁶⁰ Dementsprechend bestimmt § 4 XXIII 3 AMG, dass „eine nichtinterventionelle Prüfung [...] eine Untersuchung [ist], in deren Rahmen Erkenntnisse aus der Behandlung von Personen mit Arzneimitteln gemäß den in der Zulassung festgelegten Angaben für seine Anwendung anhand epidemiologischer Methoden analysiert werden; dabei folgt die Behandlung einschließlich der Diagnose und Überwachung nicht einem vorab festgelegten Prüfplan, sondern ausschließlich der ärztlichen Praxis". Zwar ist das Ziel der Anwendungsbeobachtung wissenschaftlicher Natur, insbesondere sollen sehr seltene Nebenwirkungen erfasst werden. Dazu werden etwa die „ohnehin anfallenden Daten" systematisch dokumentiert.²⁶¹ Allerdings ist wesentliches Merkmal der Anwendungsbeobachtung, dass keine Beeinflussung der diagnostischen und therapeutischen Vorgehensweise der beteiligten Ärzte stattfindet.²⁶² Die *Behandlung* des Patienten orientiert sich deshalb in erster Linie an dessen beabsichtigter Heilung. Handlungsleitend und damit vorrangig ist das Heilungsinteresse. Die Vorschriften über die klinische Prüfung von Arzneimitteln sind somit nicht anwendbar.²⁶³ In diesem Sinne normiert § 4 XXIII 2 AMG nun, dass als klinische Prüfung nicht die nichtinterventionelle Prüfung begriffen werden soll.²⁶⁴ Die der Anwendungsbeobachtung zu Grunde liegende Versuchsbehandlung unterliegt somit den allgemeinen Regeln, die für den Heilversuch gelten.²⁶⁵

Therapieoptimierungsstudien haben die Verbesserung therapeutischer Strategien zum Ziel. Insbesondere sind dies Prüfungen, in denen neue Hochdosisbereiche, neue Anwendungsschemata oder neue Kombinationen von Arzneimitteln untersucht werden.²⁶⁶ Um der Vielfalt der Kategorien gerecht zu

---

259 Vgl. die Definition in § 67 VI 1 Hs. 1 AMG. Ausführlich *Hägele*, Arzneimittelprüfung, S. 265 ff.; zur Abgrenzung zur Phase-IV-Prüfung *Hägele*, Arzneimittelprüfung, S. 271 ff.
260 Vgl. *Hägele*, Arzneimittelprüfung, S. 267 f.
261 *Hägele*, Arzneimittelprüfung, S. 272 und *Walter-Sack/Haefeli*, MedR 2000, 454, 456.
262 *Hägele*, Arzneimittelprüfung, S. 268; Fröhlich, Forschung, S. 98 f. Vgl. auch § 67 VI 3 AMG.
263 Vgl. nur *Hägele*, Arzneimittelprüfung, S. 266; Laufs/Uhlenbruck – *Ulsenheimer*, Handbuch des Arztrechts, § 148 Rn. 3 und *Deutsch/Spickhoff*, Medizinrecht, S. 755 Rn. 1314 und S. 778 Rn. 1364.
264 S. auch *Sander*, AMG, § 40 Rn. 4b.
265 Zu den strafrechtlichen Voraussetzungen des Heilversuchs vgl. B.II.1. Findet die Anwendungsbeobachtung bei einer Standardbehandlung statt, ist die Anwendbarkeit der §§ 40 ff. AMG schon deshalb ausgeschlossen, vgl. B.I.
266 Hierzu mit Beispielen *Walter-Sack/Haefeli*, MedR 2000, 454, 456. Ebenso *Wölk*, Risikovorsorge, S. 102 und *Hägele*, Arzneimittelprüfung, S. 258 ff. Auch Therapieoptimierungsstudien werden vornehmlich in der Phase IV einer Arzneimittelprüfung vorgenommen.

werden, kann keine generelle Aussage über die Anwendbarkeit der §§ 40 ff. AMG getroffen werden. Stellt die Behandlung keine Standardbehandlung dar, ist entscheidend, ob das Forschungsinteresse im konkreten Fall überwiegt.[267] Ist dies der Fall, sind die §§ 40 ff. AMG anzuwenden. Steht das Heilungsinteresse im Vordergrund, gelten die Regeln zum Heilversuch.[268]

V. Die Sanktionsvorschriften des AMG und das allgemeine Strafrecht

1. Die speziellen Strafbarkeitsregelungen in § 96 Nr. 10, 11 AMG

Die nebenstrafrechtlichen Blankettvorschriften der § 96 Nr. 10[269] und Nr. 11[270] AMG bewehren die Verletzung bestimmter (fast aller) Voraussetzungen der klinischen Prüfung mit Strafe.[271] Mangels näherer Bestimmungen finden hierauf die allgemeinen strafrechtlichen Grundsätze Anwendung.[272] So ist nur der vorsätzliche Verstoß gegen die in § 96 Nr. 10, 11 AMG bestimmten Voraussetzungen strafbar, § 15 StGB.[273] § 96 Nr. 10, 11 AMG sind abstrakte Gefährdungsdelikte. Leben und körperliche Unversehrtheit der Teilnehmer der klinischen Studie müssen nicht konkret gefährdet sein. Vielmehr reicht

---

267 Vgl. hierzu und zur Feststellung B.I.2.a.
268 Vgl. B.II.1. Ebenso *Hägele*, Arzneimittelprüfung, S. 259 f.; vgl. auch Laufs/Uhlenbruck – *Laufs*, Handbuch des Arztrechts, § 130 Rn. 41; a. A. aber Laufs/Uhlenbruck – *Ulsenheimer*, Handbuch des Arztrechts, § 148 Rn. 3.
269 Hiernach ist die Durchführung der klinischen Prüfung entgegen den unten genannten Voraussetzungen des § 40 I 3 AMG, auch in Verbindung mit § 40 IV AMG (Voraussetzung für Minderjährige) und § 41 AMG (weitergehende Anforderungen bei einschlägig erkrankten Personen), unter Strafe gestellt. Unter den Voraussetzungen des § 40 I 3 AMG ist die Verletzung der Nr. 2 (Ärztliche Vertretbarkeit nach Risiko-Nutzen-Bewertung), Nr. 2a.a.) (keine Erwartung schädlicher Auswirkungen auf die Gesundheit Dritter von Arzneimitteln, die aus gentechnisch veränderten Organismen bestehen), Nr. 3 (Aufklärung und Einwilligung einer volljährigen einsichtsfähigen Person im Hinblick auf die Prüfung sowie Information und Einwilligung bzgl. der Verwendung personenbezogener Daten), Nr. 4 (keine zwangsweise Unterbringung), Nr. 5 (Anforderungen an Einrichtung und Prüfer), Nr. 6 (erfolgte Durchführung einer pharmakologisch-toxikologischen Prüfung) und der Nr. 8 (Versicherungspflicht) strafbewehrt. Ausgenommen sind somit nur das Erfordernis eines entsprechenden Sponsors (Nr. 1), schädliche Umweltauswirkungen bei Arzneimitteln aus gentechnisch veränderten Organismen (Nr. 2a.b)), die Prüferinformation über die Ergebnisse der pharm.-tox. Prüfung (Nr. 7; Bußgeldbewehrung) und die Verantwortlichkeit eines Arztes für die med. Versorgung (Nr. 9).
270 Strafbewehrt ist der Beginn der klinischen Prüfung ohne zustimmende Bewertung der zuständigen Ethik-Kommission und Genehmigung der zuständigen Bundesoberbehörde.
271 Art. 19 I RL 2001/20/EG lässt die strafrechtliche Haftung ausdrücklich unberührt.
272 Art. 1 I EGStGB. Schönke/Schröder – *Eser*, StGB, Vor § 1 Rn. 18.
273 Fahrlässiges Handeln wird als Ordnungswidrigkeit gem. § 97 I AMG sanktioniert.

die abstrakte Möglichkeit der Schädigung bei Verstoß gegen eine der strafbewehrten Vorschriften.[274] Den Streit um die Anwendbarkeit der Strafbewehrung des § 96 Nr. 10 i. V. m. § 40 I Nr. 2 AMG a. F., wenn die gem. § 41 Nr. 3 AMG a. F. erforderliche Einwilligung des gesetzlichen Vertreters geschäftsunfähiger Patienten nicht vorlag, wurde nun auch vom Gesetzgeber zugunsten der Strafbarkeit eines Verstoßes gegen § 41 AMG n. F. entschieden.[275]

Die Strafvorschrift richtet sich an denjenigen, der die klinische Prüfung durchführt[276] (§ 96 Nr. 10 AMG) oder beginnt[277] (§ 96 Nr. 11 AMG). Entscheidend dafür, wer für das strafrechtlich relevante Fehlverhalten zur Verantwortung gezogen werden darf, ist, wem im Einzelfall die durch das normwidrige Verhalten verletzte Pflicht zuzuordnen ist.[278] Insbesondere ist die strafrechtliche Verantwortlichkeit des Prüfers[279] bzw. bei mehreren Prüfern des Hauptprüfers[280] und des Sponsors[281] relevant. Die mögliche Anstifteroder Beihilfestrafbarkeit richtet sich nach § 96 Nr. 10, 11 AMG i. V. m. §§ 26, 27 StGB.[282]

2. Die Bußgeldvorschriften in § 97 I, II Nr. 9, Nr. 3 I AMG

Als Ordnungswidrigkeit wird gem. § 97 I AMG die fahrlässige Begehung eines Verstoßes nach § 96 AMG geahndet. Ferner ist im Zusammenhang mit

---

274 Vgl. nur *Rosenau*, RPG 2002, 94, 96; *Hägele*, Arzneimittelprüfung, S. 378 und Laufs/Uhlenbruck – *Ulsenheimer*, Handbuch des Arztrechts, § 148 Rn. 17.
275 So schon BayObLG, NJW 1990, 1552 f. Vgl. auch Laufs/Uhlenbruck – *Ulsenheimer*, Handbuch des Arztrechts, § 148 Rn. 21 ff. und *Deutsch/Spickhoff*, Medizinrecht, S. 871 Rn. 1537 f.
276 Der Begriff der Durchführung umfasst den Zeitraum von der ersten Maßnahme an der Versuchsperson bis zur Beendigung der Prüfung, vgl. *Hägele*, Arzneimittelprüfung, S. 387 ff.
277 Die Beschränkung auf den Beginn der klinischen Prüfung heißt, dass bei erneuter Zustimmungs- und/oder Genehmigungspflicht (§ 10 GCP-VO) oder bei einer Rücknahme, einem Widerruf oder der Anordnung des Ruhens der Genehmigung während der Durchführung der Prüfung (mit der Folge des Verbots der Fortsetzung gem. § 42a IV AMG) die Fortsetzung der Prüfung nicht von § 96 Nr. 11 AMG erfasst ist. Zur Bedeutung im allgemeinen Strafrecht vgl. unten C.V.3.
278 Vgl. *Hägele*, Arzneimittelprüfung, S. 392 ff.
279 Zur Definition vgl. § 4 XXV 1 AMG. Vgl. auch *Ulsenheimer*, Arztstrafrecht, S. 478 f. Rn. 399 und ausführlich *Hägele*, Arzneimittelprüfung, S. 394 ff.
280 § 4 XXV 2 AMG. Vgl. auch *Deutsch/Lippert*, AMG, § 40 Rn. 38 und *Hägele*, Arzneimittelprüfung, S. 394 ff.
281 Gem. § 4 XXIV AMG ist Sponsor also nur, wer kumulativ alle Definitionselemente erfüllt. Vgl. *Hägele*, Arzneimittelprüfung, S. 405 ff. Der Sponsor kann auch eine juristische Person sein, sodass hier die Vertretungsberechtigten strafrechtlich verantwortlich gemacht werden können, § 14 I Nr. 1, III StGB.
282 *Ulsenheimer*, Arztstrafrecht, S. 478 f. Rn. 399.

der klinischen Prüfung das gem. § 97 II Nr. 9 AMG[283] und §§ 97 II Nr. 31 i. V. m. 42 III AMG, 16 GCP-VO ordnungswidrige Handeln relevant.[284]

3. Das Verhältnis zum allgemeinen Strafrecht

Im Anwendungsbereich des AMG ist zum Verhältnis der nebenstrafrechtlichen Sanktionsvorschriften des AMG zu den Körperverletzungs- und Tötungsdelikten des Kernstrafrechts Stellung zu nehmen.

Mit den Normen zur klinischen Prüfung von Arzneimitteln war die Schaffung einer abschließenden Regelung der Zulässigkeit bezweckt. Die Prüfungsteilnehmer sollten mit den normierten Anforderungen unter einen rechtlich umfassend abgesicherten Schutz gestellt werden, der notwendig, aber auch ausreichend erschien.[285] Die relativ niedrige Strafbewehrung in § 96 Nr. 10 und 11 AMG[286] bzw. die bloße Sanktionierung als Ordnungswidrigkeit in § 97 I, II Nr. 9 AMG können allein betrachtet eine ausreichende Ahndung aber u. U. nicht gewährleisten. Dies spricht dafür, dass die allgemeinen Körperverletzungs- und Tötungsdelikte grundsätzlich anwendbar bleiben. Auf die Beurteilung einer Strafbarkeit nach den allgemeinen Strafvorschriften zum Schutz des Lebens und der körperlichen Unversehrtheit, §§ 222, 223 ff., 229 StGB, muss die Erfüllung der Voraussetzungen der §§ 40 ff. AMG Einfluß nehmen. Insbesondere liegt dann eine nach § 40 I 3 Nr. 3 AMG wirksame Einwilligung vor und die Nutzen-Risiko-Abwägung gem. § 40 I 3 Nr. 2 AMG führt zur ärztlichen Vertretbarkeit des Experiments. Die diesbezügliche spezialgesetzliche Bewertung führt dazu, dass auch im Rahmen des Kernstrafrechts keine anderen Maßstäbe gelten können.[287] Hinsichtlich der vorsätzlichen Körperverletzungen, die die Prüfungsteilnahme planmäßig mit sich bringt, liegt eine nach dem Kernstrafrecht wirksame Einwilligung vor. Die Bewertung der Tat als sittenwidrig gem. § 228 StGB scheidet jedenfalls aus, wenn die Risiko-Nutzen-Bewertung nach § 40 I 3 Nr. 2

---

283 Bußgeldbewehrt ist die Durchführung der Prüfung entgegen dem Erfordernis der Information der Prüfer über die Ergebnisse der pharmakologisch-toxikologischen Prüfung und die mit der klinischen Prüfung verbundenen Risiken. Normadressat der Nr. 9 ist jeder, der Kenntnis von den Ergebnissen der pharm.-tox. Prüfung hat und den Leiter der klinischen Prüfung hiervon unterrichten muss.

284 Die nach §§ 97 II Nr. 9, 40 I Nr. 6 AMG a. F. bußgeldbewehrte Nichtvorlage der Prüfunterlagen ist nun weggefallen, da die zustimmende Bewertung der Ethik-Kommission und Genehmigung durch die Bundesoberbehörde die Vorlage der Unterlagen voraussetzt. Der Beginn der klinischen Prüfung entgegen § 40 I 2 i. V. m. § 42 AMG ist strafbewehrt, § 96 Nr. 11 AMG.

285 BT-Drs. 7/3060, S. 53.

286 Die Strafdrohung liegt bei Freiheitsstrafe bis zu einem Jahr oder Geldstrafe.

287 Vgl. *Niedermair*, Körperverletzung, S. 201.

AMG positiv ausfällt. Vorsätzliche Körperverletzungen, in die nicht i. R. d. Einwilligung in die Studienteilnahme eingewilligt wurde, bleiben strafbar. Im Rahmen einer möglichen Fahrlässigkeitsstrafbarkeit führt die Einhaltung aller Voraussetzungen der §§ 40 ff. AMG dazu, dass eine objektive Sorgfaltswidrigkeit bzw. unerlaubte Handlung bezogen auf den Beginn und die Durchführung der klinischen Prüfung ausscheidet, soweit die spezialgeschichtlichen Vorgaben reichen. Allerdings bleibt selbst bei Erfüllung der Voraussetzungen der §§ 40 ff. AMG eine Fahrlässigkeitsstrafbarkeit gem. §§ 222, 229 StGB möglich, wenn bei Durchführung der klinischen Prüfung ein außerhalb dieser Vorschriften liegendes unerlaubtes Risiko geschaffen wurde.[288] Damit kann keine absolute Sperrwirkung bei Erfüllung der Voraussetzung der §§ 40 ff. AMG gegenüber der Strafbarkeit nach den §§ 222, 223 ff., 229 StGB konstatiert werden.[289]

Umgekehrt folgt aus dem Fehlen einer Voraussetzung der klinischen Prüfung gem. §§ 40 ff. AMG nicht zwingend eine Strafbarkeit nach den allgemeinen Körperverletzungs- und Tötungsdelikten. Diese ist grundsätzlich nach den dafür geltenden Grundsätzen zu bestimmen.[290] Der Verstoß gegen eine spezialgesetzliche Anforderung ist (vielfach) ohnehin strafbewehrt. Das normwidrige Verhalten hat aber nicht generell eine Strafbarkeit nach den Delikten des Kernstrafrechts zur Folge (wonach höhere Strafdrohungen bestehen). Das bedeutet, dass insbesondere die Beurteilung der Sittenwidrigkeit den allgemeinen Grundsätzen folgt. Die ärztliche Unvertretbarkeit des Experimentes als Ergebnis der Risiko-Nutzen-Abwägung gem. § 40 I 3 Nr. 2 AMG führt nicht zwingend auch zur Sittenwidrigkeit der Tat. Vielmehr ist auch hier in der Regel die konkrete Todesgefahr als Schwelle zur Sittenwidrigkeit anzunehmen.[291] Ebenso führt der vorsätzliche Verstoß gegen ein Rechtmäßigkeitserfordernis der klinischen Prüfung nicht automatisch zum vorsätzlichen Handeln in Bezug auf die allgemeinen Delikte.[292] Soweit die

---

288 Etwa durch Verstoß gegen die Verfahrensvorschriften aus der GCP-VO.
289 Vgl. *Deutsch*, MedR 1995, 483, 484. Zu pauschal noch *Rieger*, in Roxin/Schroth (Hrsg.), Medizinstrafrecht, 3. Auflage, S. 527, 577; s. auch *Rosenau*, RPG 2002, 94, 99; *Ulsenheimer*, Arztstrafrecht, S. 479 Rn. 400; *Niedermair*, Körperverletzung, S. 200. Differenzierend *Hägele*, Arzneimittelprüfung, S. 413 f.
290 Zum kernstrafrechtlichen Schutz vgl. auch *Hägele*, Arzneimittelprüfung, S. 414, 418 ff.
291 Vgl. oben B.II.2.
292 Vgl. ebenso *Deutsch/Spickhoff*, Medizinrecht, S. 873 f. Rn. 1544 ff.

Vorschriften über die klinische Prüfung abschließend sind, dürfen gleichwohl keine darüber hinausgehenden Anforderungen gestellt werden.[293]
Der Verstoß gegen eine Voraussetzung gem. §§ 40 ff. AMG kann im Hinblick auf eine Fahrlässigkeitsstrafbarkeit für die Annahme einer unerlaubten Gefahrschaffung[294] von Bedeutung sein. Welche spezialgesetzlichen Vorschriften hierfür in Betracht kommen, ist nach dem Sinn und Zweck der Vorschrift zu entscheiden. Die spezialgesetzliche Strafbewehrung gibt einen Anhaltspunkt über die Bedeutung der einzelnen Voraussetzungen.[295] In Abweichung zu der Aufzählung in § 96 Nr. 10 AMG kann der Verstoß gegen § 40 I 3 Nr. 3c) und Nr. 8 AMG nicht strafbarkeitsbegründend im Hinblick auf die allgemeinen Körperverletzungs- und Tötungsdelikte sein.[296] Über die strafbewehrten Voraussetzungen hinaus ist die Fortsetzung der klinischen Prüfung entgegen § 42a IV AMG bei Nichteinholung der nachträglichen Genehmigung nach § 10 GCP-V als Sorgfaltspflichtverletzung anzusehen.

Die mögliche Strafbarkeit nach den allgemeinen Körperverletzungs- und Tötungsdelikten steht in Tateinheit zu einer Strafbarkeit nach den § 96 Nr. 10, 11 AMG.[297]

VI. Fazit

Am Beispiel der Vorschriften über die klinische Prüfung am Menschen gem. §§ 40 ff. AMG hat sich die Praktikabilität der im ersten Teil entwickelten Systematik der humanmedizinischen (Versuchs-)Behandlung gezeigt. Der Anwendungsbereich des Spezialgesetzes und das Regelungsfeld der verschiedenen spezialgesetzlichen Vorschriften können damit systematisch erschlossen und bestimmt werden.

---

293 Dies kann etwa über die Transformation des § 228 StGB sichergestellt werden, vgl. *Niedermair*, Körperverletzung, S. 201.
294 Vgl. zur Begrifflichkeit *Roxin*, AT, § 24, Rn. 8 ff., 12.
295 So kann das Verbot der Prüfung an zwangsweise Untergebrachten, § 40 I 3 Nr. 4 AMG, die Fahrlässigkeit begründen, wenn die Einwilligung des Untergebrachten (mangels Freiwilligkeit) unwirksam ist und sich der Prüfer darauf beruft, die Unwirksamkeit nicht gekannt zu haben (§ 16 I 2 StGB). Gleiches gilt für den Beginn der klinischen Prüfung ohne die erforderliche Genehmigung der Bundesoberbehörde und zustimmende Bewertung der Ethik-Kommission, § 96 I Nr. 11 i. V. m. §§ 40 I 2, 42 AMG. Vgl. *Hägele*, Arzneimittelprüfung, S. 413.
296 Vgl. auch *Hägele*, Arzneimittelprüfung, S. 202.
297 Vgl. *Rosenau*, RPG 2002, 94, 99; *Ulsenheimer*, Arztstrafrecht, S. 479 Rn. 400; *Rehmann*, AMG, § 96 Rn. 28. Einer Ordnungswidrigkeit gem. § 97 OWiG geht das Strafgesetz vor, § 20 OWiG.

Nur soweit und solange die Behandlung außerhalb des medizinischen Standards stattfindet, liegt eine Versuchsbehandlung vor. Die primäre Handlungsmotivation, der erste Prüfungspunkt nach der vorgestellten Systematik, entscheidet über die Anwendbarkeit der spezialgesetzlichen Vorschriften. Liegt ein primäres Forschungsinteresse vor, stellt die Behandlung ein Experiment dar. Wird ein Arzneimittel i. S. d. § 2 AMG geprüft, sind auf das Experiment die Vorschriften über die klinische Prüfung von Arzneimitteln anzuwenden. Steht das Heilungsinteresse im Vordergrund, handelt es sich um einen Heilversuch, der nicht spezialgesetzlich geregelt ist und somit nur nach den allgemeinen Vorschriften und Grundsätzen zu beurteilen ist. Das im Bereich der §§ 40 ff. AMG relevante Kriterium der Einschlägigkeit der Erkrankung des Prüfungsteilnehmers bestimmt, ob der Anwendungsbereich des § 41 AMG eröffnet ist, durch den die allgemeinen Voraussetzungen des § 40 AMG modifiziert und ergänzt werden. Auf der folgenden Prüfungsstufe wird nach dem potenziellen unmittelbaren gesundheitlichen Nutzen für die konkrete Person gefragt. Im Anwendungsbereich des § 41 AMG stellt dieses Merkmal eine direkte Zulässigkeitsvoraussetzung dar. Im Rahmen des § 40 AMG ist dieser Umstand zu beachten, ohne dass alleine daraus auf die (Un-)Zulässigkeit des Experimentes geschlossen werden kann.

Das Verhältnis der Strafvorschriften der §§ 96 I Nr. 10, 11 AMG zum Kernstrafrecht konnte hier nicht tiefer gehend behandelt werden. Die entwickelte Systematik bietet eine Grundlage für die intensive Auseinandersetzung mit dem Inhalt und der Bedeutung der spezialgesetzlich normierten Voraussetzungen der klinischen Prüfung von Arzneimitteln. Diese füllen die Blankettstrafvorschriften des AMG aus. Darauf aufbauend wird es möglich zu untersuchen, inwieweit die nebenstrafrechtlichen Vorschriften des AMG im Verhältnis zu den Normen des StGB strafbarkeitserweiternd oder -beschränkend wirken.

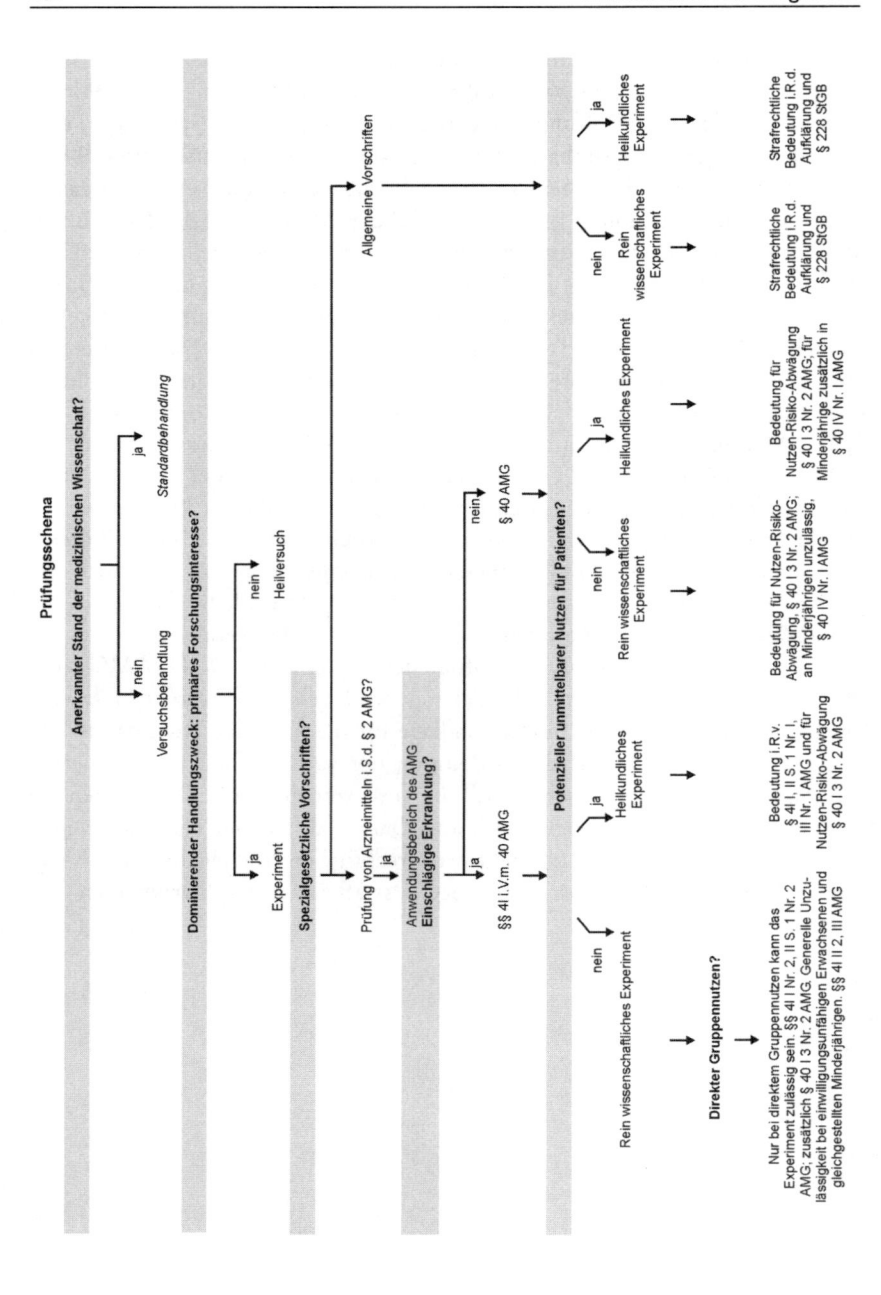

Prüfungsschema

Anerkannter Stand der medizinischen Wissenschaft?
- ja → *Standardbehandlung*
- nein → Versuchsbehandlung

Dominierender Handlungszweck: primäres Forschungsinteresse?
- nein → Heilversuch
- ja → Experiment

Spezialgesetzliche Vorschriften?

Prüfung von Arzneimitteln i.S.d. § 2 AMG?
- ja → Anwendungsbereich des AMG, Einschlägige Erkrankung?
  - ja → §§ 41 i.V.m. 40 AMG
  - nein → § 40 AMG
- nein → Allgemeine Vorschriften

Potenzieller unmittelbarer Nutzen für Patienten?

Über §§ 41 i.V.m. 40 AMG:
- ja → Heilkundliches Experiment
  Bedeutung i.R.v. § 41 I, II S. 1 Nr. 1, III Nr. I AMG und für Nutzen-Risiko-Abwägung § 40 I 3 Nr. 2 AMG
- nein → Rein wissenschaftliches Experiment
  Bedeutung für Nutzen-Risiko-Abwägung, § 40 I 3 Nr. 2 AMG; an Minderjährigen unzulässig, § 40 IV Nr. I AMG

  Direkter Gruppennutzen?
  - nein → Rein wissenschaftliches Experiment
    Nur bei direktem Gruppennutzen kann das Experiment zulässig sein. §§ 41 I Nr. 2, II S. 1 Nr. 2 AMG; zusätzlich § 40 I 3 Nr. 2 AMG. Generelle Unzulässigkeit bei einwilligungsunfähigen Erwachsenen und gleichgestellten Minderjährigen. §§ 41 II 2, III AMG

Über § 40 AMG:
- ja → Heilkundliches Experiment
  Bedeutung für Nutzen-Risiko-Abwägung, § 40 I 3 Nr. 2 AMG; für Minderjährige zusätzlich in § 40 IV Nr. I AMG
- nein → Rein wissenschaftliches Experiment
  Strafrechtliche Bedeutung I.R.d. Aufklärung und § 228 StGB

Über Allgemeine Vorschriften:
- ja → Heilkundliches Experiment
  Strafrechtliche Bedeutung i.R.d. § 228 StGB

III.11 Suchtmittelsubstitution
Klaus Weber

Inhaltsverzeichnis

A. Einleitung _735
B. Die Substitution mit Ersatzstoffen _736
    I. Entwicklung _736
        1. Die professionelle Substitution _736
        2. Die ursprünglich „graue" oder „wilde" Substitution _737
    II. Die Substitution heute _739
        1. Definition _739
        2. Gesetzliche Grundlagen _739
        3. Untersuchung und Abklärung; Minderjährigkeit _740
        4. Grundsätze _741
            a) Wahrung des allgemein anerkannten Standes der medizinischen Wissenschaft _741
            b) Substitutionszwecke _742
                aa) Substitution zur Behandlung einer Opiatabhängigkeit _742
                      (1) Behandlung einer Opiatabhängigkeit _743
                      (2) Das Ziel der Abstinenz _743
                bb) Substitution zur Behandlung von Begleiterkrankungen _745
                cc) Substitution während einer Schwangerschaft und nach der Geburt _745
            c) Die Erfüllung der Zulässigkeitsvoraussetzungen _745
                aa) Eignung zur Substitution _746
                bb) Therapiekonzept _746
                cc) Erfüllung der Meldepflichten des Arztes _747
                dd) Untersuchungen und Erhebungen durch den Arzt _748
                      (1) Doppel- oder Mehrfachsubstitution _748
                      (2) Fehlende Teilnahme an Begleitmaßnahmen _749
                      (3) Beikonsum _749
                      (4) Abzweigung von Substitutionsmitteln _750
                ee) Regelmäßige Konsultation _750
                ff) Qualifikation des Arztes _751
            d) Substitutionsmittel _751
            e) Der Umgang mit der Verschreibung _753

f) Der Umgang mit dem Substitutionsmittel _754
g) Die Take-home-Verordnung _755
   aa) Die Wochenendverschreibung _755
   bb) Die traditionelle Take-home-Verschreibung _756
   cc) Die Versorgung bei Auslandsaufenthalten _756
h) Dokumentation _757

III. Substitution und Strafrecht _757
1. Strafbarkeit nach dem Betäubungsmittelrecht _757
   a) Die Strafbarkeit nach § 29 Abs. 1 Satz 1 Nr. 14 BtMG _757
   b) Strafbarkeit nach § 29 Abs. 1 Satz 1 Nr. 1 BtMG (Abgeben, Handeltreiben) _758
   c) Strafbarkeit nach § 29 Abs. 1 Satz 1 Nr. 6 BtMG _759
2. Strafbarkeit nach dem Strafgesetzbuch _762
   a) Körperverletzung (§§ 223, 229 StGB) _762
      aa) Wirkungen _762
      bb) Ausschluss des Tatbestands bei eigenverantwortlicher Selbstgefährdung _763
      cc) Kein Ausschluss des Tatbestands bei einverständlicher Fremdgefährdung _764
      dd) Einwilligung _764
   b) Untreue, Betrug (§§ 266, 263 StGB) _765

IV. Substitution und Verkehrsstrafrecht _766
1. Fahrtüchtigkeit _766
2. Strafrechtliche Verantwortlichkeit des Arztes _767

C. Die Vergabe von Originalpräparaten (Heroin) _768
I. Der Schweizer Versuch _769
II. Der deutsche Modellversuch _770
III. Die gesetzliche Regelung der Heroinvergabe in Deutschland _770
1. Regelung _770
2. Grundsätze _771
   a) Substitutionszwecke, Abstinenzziel _771
   b) Die Erfüllung der Zulässigkeitsvoraussetzungen _771
      aa) Eignung zur Substitution _771
      bb) Therapiekonzept _772
      cc) Qualifikation des Arztes _773
      dd) Anerkannte Einrichtungen _773
   c) Diamorphin als Substitutionsmittel, Verschreibungsfähigkeit _774

d) Der Umgang mit der Verschreibung, Sondervertriebsweg Diamorphin _774
e) Der Umgang mit dem Substitutionsmittel _775
3. Strafvorschriften _775
4. Fazit _776

Literaturverzeichnis

Adams, Michael, Heroin an Süchtige, ZRP 1997, 52
Albrecht, Hans-Jörg, Internationales Betäubungsmittelrecht und internationale Betäubungsmittelkontrolle, in: Kreuzer, Arthur (Hrsg.), Handbuch des Betäubungsmittelstrafrechts, 1998, § 10
Amelung, Knut, Überprüfung der Einwilligungsfähigkeit von Jugendlichen, Anmerkung zu BayObLG, 07.09.1998, 5 St RR 153/98, NStZ 1999, 458
Arzt, Gunther, Zur Abgrenzung der Einwilligung in eine Fremdgefährdung von der Selbstgefährdung, Anmerkung zu BGH, 26.05.2004, 2 StR 505/03, JZ 2005, 100
Bayerische Akademie für Suchtfragen (BAS) (Hrsg.), Leitfaden für Ärzte zur substitutionsgestützten Behandlung Opiatabhängiger, 1999
Bruns, Manfred, Methadon – Letzte Hilfe im Drogenelend?, Anmerkung zu Kühne, ZRP 1989, 1, ZRP 1989, 192
Bühringer, Gerhard, Therapie und Rehabilitation, in: Kreuzer, Arthur (Hrsg.), Handbuch des Betäubungsmittelstrafrechts, 1998, § 5
Dannecker, Gerhard/Stoffers, Kristian F., Vorsätzliche – und nicht nur bewusst fahrlässige – Körperverletzung durch einen Arzt, der einem Suchtkranken ohne medizinische Indikation ein Suchtmittel verschreibt?, Anmerkung zu BayObLG, 30.12.1992, 4 St RR 170/92, StV 1993, 642
Dannhorn, R., Zur Frage, ob bei Substitution mit Methadon ein Suchtmittelkonsum im Sinne von § 64 StGB vorliegt, NStZ 2003, 484
Dole, Vincent P./Nyswander, Mary, A Medical Treatment for Diacethylmorphine (Heroin) Addiction, JAMA (Journal of the American Medical Association) 1939 (1965), 646
Drogenbeauftragte der Bundesregierung (Hrsg.), Drogen- und Suchtbericht 2009, 2009
Duttge, Gunnar, Anmerkung zu BGH, 07.02.2001, 5 StR 474/00, NStZ 2001, 546
Erbs, Georg/Kohlhaas, Max (Hrsg.), Strafrechtliche Nebengesetze, Loseblattausgabe, Stand März 2008
Fischer, Thomas, Strafgesetzbuch und Nebengesetze, Kommentar, 56. Auflage 2009

Freund, Georg/Klapp, Sarah, Kausalität und Abgrenzung zwischen bewusster Fahrlässigkeit und bedingtem Vorsatz bei Herbeiführung einer Sucht infolge einer Substitutionsbehandlung, Anmerkung zu BayObLG, 28.08.2002, 5 St RR 179/2002, JR 2003, 431

Gebhardt, Christoph, Drogenpolitik, in: Kreuzer, Arthur (Hrsg.), Handbuch des Betäubungsmittelstrafrechts, 1998, § 9

Geschwinde, Thomas, Rauschdrogen, Marktformen und Wirkungsweise, 6. Auflage 2007

Hardtung, Bernhard, Fahrlässige Tötung durch die Abgabe von Heroin, Anmerkung zu BGH, 11.04.2000, 1 StR 638/99, NStZ 2001, 206

Hauptmann, Walter, Strafrechtliche Sozialkontrolle, Rechtspolitische Betrachtungen zum Szenarium Drogenkriminalität, Kriminalistik 1999, 17

Helgerth, Roland, Verschreiben von Ersatzdrogen, Anmerkung zu BGH, 17.05.1991, 3 StR 8/91, JR 1992, 170

Helgerth, Roland/Weber, Klaus, Das Gesetz zur Bekämpfung des illegalen Rauschgifthandels und anderer Erscheinungsformen der Organisierten Kriminalität (OrgKG) – Entstehung und Auswirkungen, in: Heinz Schöch, Roland Helgerth, Dieter Dölling, Peter König [Hrsg.], Recht gestalten – dem Recht dienen, Festschrift für Reinhard Böttcher zum 70. Geburtstag am 29. Juli 2007, 2007, 488

Hellebrand, Johannes, Einsatz der Staatsanwaltschaft im Glaubenskrieg? § 13 BtMG und das Methadon-Modellvorhaben in Nordrhein-Westfalen, ZRP 1989, 161

Hellebrand, Johannes, Polamidonbehandlung Opiatabhängiger durch niedergelassene Ärzte?, Gedanken zu OVG Münster, 06.06.1988, 5 B 309/88, MedR 1989, 44, MedR 1989, 222

Hellebrand, Johannes, Wende im Methadon-Glaubenskrieg?, Zur Entscheidung des BGH, 17.05.1991, 3 StR 8/91, NStZ 1992, 13

Herzberg, Rolf D., Vorsätzliche und fahrlässige Tötung bei ernstlichem Sterbebegehren des Opfers, NStZ 2004, 1

Hippel, Eike von, Drogen- und Aids-Bekämpfung durch Methadon-Programme, ZRP 1988, 289

Hirsch, Hans Joachim, Zur Strafbarkeit der Beihilfe zur Selbsttötung, Anmerkung zu BGH, 18.07.1978, 1 StR 209/78, JR 1979, 429

Horn, Eckhard, Das „Inverkehrbringen" als Zentralbegriff des Nebenstrafrechts, NJW 1977, 2329

Horn, Eckhard, Zur Verantwortung des Arztes in Bezug auf die Vermeidung von Selbstgefährdungen seiner Patienten durch Medikamentenmissbrauch, Anmerkung zu OLG Zweibrücken, 24.10.1994, 1 Ss 110/94, JR 1995, 304

Hügel, Herbert/Junge, Wilfried K./Lander, Carola et. al., Deutsches Betäubungsmittelrecht, Kommentar 2009

Joachimski, Jupp/Haumer, Christine, Betäubungsmittelgesetz (BtMG), 7. Auflage 2002

Joecks, Wolfgang/Miebach, Klaus (Hrsg.) Münchener Kommentar zum Strafgesetzbuch (MK), Band V, Nebenstrafrecht I, 2007

Kagerer, Sabine, Zwischenergebnisse einer laufenden Studie zu Buprenorphin und Fahrtauglichkeit, in: Bayerische Akademie für Suchtfragen (BAS) (Hrsg.), Substitution und Fahrerlaubnis, München 2002, S. 33

Kaiser, Günther, Kriminologie, 3. Auflage 1996

Killias, Martin, Dichtung und Wahrheit zur schweizerischen Drogenpolitik, Zugleich eine Replik auf den Beitrag von Prof. Dr. Walter Hauptmann „Strafrechtliche Sozialkontrolle", Kriminalistik 1999, 311

Koch, Michael G., Dichtung und Wahrheit zur schweizerischen Drogenpolitik. Kommentar und Richtigstellungen zu den Ausführungen von Killias, Kriminalistik 1999, 543

Köhler, Michael, Selbstbestimmung und ärztliche Therapiepflicht im Betäubungsmittelstrafrecht, Entscheidungsbesprechung zu BGH, 17.05.1991, 3 StR 8/91, NJW 1993, 762

Körner, Harald H., Anmerkung zu OLG Zweibrücken, 24.10.1994, 1 Ss 110/94, MedR 1995, 331

Körner, Harald H., Betäubungsmittelgesetz (BtMG), Kommentar, 6. Auflage 2007

Kreuzer, Arthur, Voraussetzungen der ärztlichen Begründetheit der Verschreibung von Betäubungsmitteln. Anmerkung zu BGH, 08.05.1979, 1 StR 118/79, NJW 1979, 2357

Kreuzer, Arthur (Hrsg.), Handbuch des Betäubungsmittelstrafrechts, 1998

Kubink, Michael, Substitution von Strafgefangenen, StV 2002, 266

Kühne, Hans-Heiner, Methadon – Letzte Hilfe im Drogenhandel?, ZRP 1989, 1

Kühne, Hans-Heiner, Kein Ende der Methadon-Debatte!, Entscheidungsbesprechung zu BGH, 17.05.1991, 3 StR 8/91, NJW 1992, 1547

Lackner, Karl/Kühl, Kristian, Strafgesetzbuch, Kommentar, 26. Auflage 2007

Laufhütte, Heinrich Wilhelm/Rissing-van Saan, Ruth/Tiedemann, Klaus, (Hrsg.), Leipziger Kommentar (LK) Strafgesetzbuch, 12. Auflage 2006

Laufs, Adolf/Reiling, Emil, Die Therapiefreiheit des Arztes, Anmerkung zu BGH, 17.05.1991, 3 StR 8/91, JZ 1992, 105

Moll, Stephan, Das Ende der (juristischen) Methadon-Debatte?, Entscheidungsbesprechung zu BGH, 17.05.1991, 3 StR 8/91, NJW 1991, 2334

Musshoff, Frank/Banaschak, Sybille/Madea, Burkhard, Verkehrsteilnehmer unter dem Einfluss von Methadon – Ein aktueller Zustandsbericht, BA 2001, 325

Naber, Dieter/Haasen, Christian, Das bundesdeutsche Modellprojekt zur heroingestützten Behandlung Opiatabhängiger – eine multizentrische, randomisierte, kontrollierte Therapiestudie, Abschlussbericht der klinischen Vergleichsstudie zum Heroin- und Methadonprogramm, Januar 2006, 2006

Naber, Dieter/Haasen, Christian, Das bundesdeutsche Modellprojekt zur heroingestützten Behandlung Opiatabhängiger – eine multizentrische, randomisierte, kontrollierte Therapiestudie, Klinischer Studienbericht zum Abschluss der 2. Studienphase, September 2006, Universität Hamburg 2006

Naber, Dieter/Haasen, Christian, Das bundesdeutsche Modellprojekt zur heroingestützten Behandlung Opiatabhängiger – eine multizentrische, randomisierte, kontrollierte Therapiestudie, Klinischer Studienbericht zur Follow-Up Phase, 2008, Universität Hamburg 2008

Radloff, H., Zur strafrechtlichen Arzthaftung, Anmerkung zu OLG Frankfurt, 30.11.1990, 1 Ss 466/89, NStZ 1991, 236

Renzikowski, Joachim, Zur strafrechtlichen Verantwortlichkeit bei Abgabe von Heroin und Tod des Rauschgiftkonsumenten, Anmerkung zu BGH, 11.04.2000, 1 StR 638/99, JR 2001, 248

Rigizahn, Ernest F. Anmerkung zu BGH, 07.02.2001, 5 StR 474/00, JR 2002, 430

Roxin, Claus, Zur Strafbarkeit der Unterstützung fremder Selbstgefährdung, Anmerkung zu BGH, 14.02.1984, 1 StR 808/83, NStZ 1984, 411

Roxin, Claus, Zur Strafbarkeit beim Tod eines sich selbst überlassenen Rauschgiftsüchtigen, der nach dem Konsum des vom Angeklagten übergebenen Rauschgiftes eintritt, Anmerkung zu BGH, 09.11.1984, 2 StR 257/84, NStZ 1985, 320

Schöch, Heinz, Probleme der Fahrsicherheit und Fahreignung bei Substitutionspatienten, BA 2005, 354

Schroth, Ulrich, Strafbares Verhalten bei der ärztlichen Abrechnung, in diesem Band

Springer, Alfred, Expertise zur ärztlichen Heroinversorgung, Ludwig Boltzmann-Institut für Suchtforschung, Wien, 2003

Sternberg-Lieben, Detlev, Fremdtötungs-Verbot, Anmerkung zu BGH, 07.02.2001, 5 StR 474/00, JZ 2002, 153

Sternberg-Lieben, Detlev, Strafbare Körperverletzung bei einverständlichem Verabreichen illegaler Betäubungsmittel, Anmerkung zu BGH, 11.12.2003, 3 StR 120/03, JuS 2004, 954

Traub, Fritz, Anmerkung zu BGH, 06.07.1956, NJW 1957, 431

Uchtenhagen, Ambros, Versuche für eine ärztliche Verschreibung von Betäubungsmitteln, Syntheseberichte, 1997

Ullmann, Rainer, Zur Bedeutung der Substitutionsbehandlung eines Strafgefangenen, Überblick über die historische Entwicklung in der medizinischen Behandlung der Opiatabhängigkeit, Anmerkung zu HansOLG Hamburg Beschluss 3 Vollz (WS) 75/01, 13.09.2001, StV 2003, 293

Ullmann, R., Das ärztliche Dilemma bei der Behandlung Opiatabhängiger: wissenschaftlich begründete Behandlung versus Strafrecht, Patientenwohl versus Kontrolle des Betäubungsmittelverkehrs, Suchttherapie 2008, 161

Ulsenheimer, Klaus, Arztstrafrecht in der Praxis, 4. Auflage 2007

Weber, Klaus, Betäubungsmittelgesetz (BtMG). Kommentar, 3. Auflage 2009

Winkler, Karl-Rudolf, Drogen- und Aids-Bekämpfung durch Methadon-Programme?, Anmerkung zu Von Hippel, ZRP 1988, 289, ZRP 1989, 112

A. Einleitung

Die Suchtmittelsubstitution wird in der Ärzteschaft als mit einem hohen strafrechtlichen Risiko behaftet angesehen. Die sich daraus ergebende Unsicherheit mag dazu beitragen, dass von den 6.919 Ärzten mit suchttherapeutischer Qualifikation, die dem Substitutionsregister im Jahre 2008 gemeldet waren, nur 2.773 tatsächlich als substituierende Ärzte tätig waren.[1] Spätestens seit der ausdrücklichen Regelung der Substitution im Betäubungsmittelgesetz (BtMG)[2] und der Betäubungsmittel-Verschreibungsverordnung (BtMVV)[3] haben die Ängste vor einer strafrechtlichen Verantwortlichkeit jedoch keine Grundlage (mehr). Die Substitution hat durch diese Regelungen, die noch durch die Richtlinien der Bundesärztekammer[4] ergänzt werden, deutliche rechtliche Konturen erhalten, die es erlauben, auch den strafrechtlichen Rahmen klar abzustecken. Die Grauzone, die früher bestanden haben mag, ist damit beseitigt. Der Arzt, der sich an die Regeln hält, hat nicht zu befürchten, dass er ein strafrechtliches Risiko eingeht.

Die Substitution gehört zur vierten Säule[5] der deutschen und internationalen Drogenpolitik, mit der die Not der Süchtigen gelindert und ihr Überleben bis in eine etwaige Phase der Abstinenz gesichert werden soll (Überlebens-

---

1 *Drogenbeauftragte der Bundesregierung* (Hrsg.), Drogen- und Suchtbericht 2009, S. 76.
2 In der Fassung der Bekanntmachung vom 01.03.1994 (BGBl. I S. 358), zuletzt geändert durch Gesetz vom 15.07.2009 (BGBl. I S. 1801).
3 Vom 20.01.1998 (BGBl. I S. 74), zuletzt geändert durch Gesetz vom 15.07.2009 (BGBl. I S. 1801).
4 Vgl. dazu unten Fn. 39.
5 Die drei anderen Säulen sind die Prävention, die Repression und die Therapie (*Weber,* BtMG, Einl. 105 bis 107).

hilfe, harm reduction, Sekundärprävention).[6] Zunehmend tritt als weitere Maßnahme der Überlebenshilfe die Vergabe von Originalpräparaten, insbesondere von Heroin, ins Blickfeld. Sie ist mittlerweile Gesetz geworden.[7] Auch darauf soll eingegangen werden.

B. Die Substitution mit Ersatzstoffen

I. Entwicklung

1. Die professionelle Substitution

Seit das Drogenproblem in den 60er Jahren des letzten Jahrhunderts den Bereich des klassischen, sozial eingeordneten Morphinisten und Cocainisten verlassen hatte, wurde in Fachwelt und Öffentlichkeit darüber diskutiert, ob Abhängigen Ersatzstoffe gegeben werden können, um sie gesundheitlich zu stabilisieren, aus der Drogenszene herauszulösen, einem geregelten Leben zuzuführen und als Fernziel zur völligen Drogenfreiheit zu bringen. In den 60er Jahren kamen *Dole* und *Nyswander*[8] in den USA auf den Gedanken, Heroinabhängige mithilfe von Methadon auf diesen Weg zu führen.

Methadon[9] ist ein morphinähnliches synthetisches Präparat, das während des Zweiten Weltkrieges als Schmerzmittel entwickelt wurde. Da es biochemisch ähnlich wie die anderen Opiate wirkt, blockiert es das körperliche Verlangen nach einem Opiumprodukt, insbesondere Heroin. Auch die Entzugserscheinungen werden unterdrückt. Es hat zudem den Vorteil, dass es bis zu fünfmal länger als Heroin wirkt und den Opiathunger mit einer einmaligen Dosis bis zu 24 Stunden stillen kann.[10] Methadon befreit nicht von der Sucht,

---

6 Ein wesentlicher Gesichtspunkt ist dabei das Phänomen des maturing out, wonach ein gewisser Anteil der Konsumenten vornehmlich zwischen dem 35. und 45. Lebensjahr aus der Sucht herauswächst (*Weber*, BtMG, § 1 Rn. 375 m. w. N.).
7 Gesetz vom 15.07.2009 (BGBl. I S. 1801).
8 *Dole/Nyswander*, JAMA 1939 [1965] S. 646.
9 Es gehört zu den optischen Isomeren (*Weber*, BtMG, § 2 Rn. 16), die bei der Synthese in einem Gemisch (Razemat) aus einer linksdrehenden (Levomethadon) und einer rechtsdrehenden Form (Dextromethadon) anfallen. Während die rechtsdrehende Form analgetisch weitestgehend unwirksam ist, hat die linksdrehende die vierfache analgetische Wirkung des Morphins. Sie wird seit 1965 unter dem Handelsnamen Polamidon (L-Polamidon) als verschreibungsfähiges Medikament zur Behandlung schwerster Schmerzen vertrieben. Seit 1994 ist auch das wesentlich preiswertere Razemat zur Verschreibung zugelassen. Zum Ganzen *Weber*, BtMG, § 1 Rn. 515 bis 527.
10 LSG Schleswig-Holstein MedR, 1993, 152; *Dannhorn*, NStZ 2003, 484.

sondern führt zu einer Suchtverlagerung, die wegen der etwas positiveren Eigenschaften des Betäubungsmittels allerdings zur gesundheitlichen Stabilisierung und zur Verbesserung der sozialen Lage des Abhängigen genutzt werden kann.[11] Dies machten sich *Dole* und *Nyswander* zunutze.

In der Folge entwickelte sich in den USA und in Europa eine lebhafte Methadondiskussion. Während im Ausland mit einer Vielzahl von Modellen (sehr unterschiedliche) Erfahrungen gemacht wurden,[12] wurde die Methadonsubstitution in Deutschland als ein Abgehen vom Ziel der Abstinenz mit großer Zurückhaltung betrachtet.[13] Mit dem Auftreten der HIV-Infektion, bei der intravenös Abhängige wegen des verbreiteten Needle-Sharing eine besondere Risikogruppe bilden, wurde die Auseinandersetzung heftiger und nahm zeitweise Formen an, die mit guten Gründen als „Glaubenskrieg" bezeichnet werden konnten.[14] Mittlerweile hat sich die Diskussion beruhigt. Aufgrund eines Gesetzentwurfs des Bundesrates,[15] den dieser im Rahmen eines von den Ländern verabredeten Gesetzespakets zur Bekämpfung der Organisierten Kriminalität[16] beschlossen hatte, hat die Substitution in § 13 Abs. 1 Satz 1, Abs. 3 Nr. 2, 3 BtMG eine gesetzliche Grundlage gefunden.

2. Die ursprünglich „graue" oder „wilde" Substitution

Parallel zur Substitution mit (Levo-)Methadon hatte sich in Deutschland ein breiter Markt der „grauen" oder „wilden" Substitution entwickelt. Die relativ strengen Kautelen, die nach den Regeln der ärztlichen Kunst für die Aufnahme und Durchführung der Substitution mit Methadon bestanden, führten dazu, dass manche Ärzte zu Substanzen griffen, die dem BtMG, meist als

---

11 *Weber*, BtMG, § 13 Rn. 61, 62, und § 5 BtMVV Rn. 17 bis 20.
12 *Körner*, BtMG, § 13 Rn. 110 bis 117.
13 Auch war ein von der *Therapiekette Niedersachsen* in den Jahren 1972 bis 1975 durchgeführter Versuch zunächst als wenig zufriedenstellend angesehen worden (*von Hippel*, ZRP 1988, 289, 291).
14 *Körner*, BtMG, § 13 Rn. 93; *von Hippel*, ZRP 1988, 289; *Winkler*, ZRP 1989, 112; *Kühne*, ZRP 1989, 1; *Bruns*, ZRP 1989, 192; *Hellebrand*, ZRP 1989, 161. Die Literatur ist nahezu unübersehbar. Eine umfassende Übersicht auch zu den ausländischen Erfahrungen findet sich bei *Hügel/Junge/Lander/Winkler*, BtMG, § 29 Rn. 15.3.
15 BT-Drs. 12/934 S. 4, 5.
16 Dazu gehörten auch die ebenfalls Gesetz gewordenen Regelungen zur Bekämpfung der Organisierten Kriminalität – OrgKG (Gesetz vom 15.07.1992 [BGBl. I S. 1302]), die Erleichterung der Einstellung bei konsumorientierten Delikten, Verbesserungen bei der Zurückstellung der Strafverfolgung und Strafvollstreckung, Erleichterungen im Rahmen der Therapie (Gesetz vom 03.09.1992 [BGBl. I S. 1593]) und ein Zeugnisverweigerungsrecht für Drogenberater (Gesetz vom 23.07.1992 [BGBl. I S. 1366]); zur Entstehungsgeschichte s *Helgerth/Weber*, in: Böttcher-FS, S. 489 [492, 493].

ausgenommene Zubereitungen,[17] nicht unterlagen. Häufiges Motiv dieser Medikation war es, die Regeln einer professionellen Substitution, die sich in einer Allgemeinpraxis nur mit viel Idealismus einhalten lassen, nicht zuletzt aus wirtschaftlichen Gründen zu unterlaufen.

Als Mittel der grauen Substitution dienten meist Codein- oder Dihydrocodein-Präparate. Codein und Dihydrocodein sind verschreibungsfähige Betäubungsmittel der Anlage III zum BtMG. Codein[18] ist eine Ableitung des Morphins, die bereits im Jahr 1832 dargestellt wurde und seither Bestandteil zahlreicher Hustenmittel ist. Auch Dihydrocodein[19] dient als Hustenmittel, wird aber auch als Schmerzmittel eingesetzt. Es wurde im Jahr 1911 erstmals chemisch dargestellt. Bei beiden Stoffen sind die analgetischen und euphorisierenden Wirkungen schwächer ausgeprägt als bei Morphin. Um eine psychotrope Wirkung zu erzeugen, muss daher eine große Dosis konsumiert werden, die wegen der hohen Toleranzwirkung immer mehr gesteigert werden muss. Die beiden Stoffe fluten rascher an als Methadon, sodass es zu einer stärkeren Rauschwirkung kommt. Auf der anderen Seite ist auch die Abflutung erheblich schneller; die Halbwertszeit entspricht mit drei bis vier Stunden der des Heroins, sodass die Präparate wie dieses mindestens dreimal täglich eingenommen werden müssen. Das Abhängigkeitspotenzial ist zwar geringer als bei Morphin, jedoch ist der Entzug wesentlich unangenehmer und medizinisch schwerer beherrschbar als ein Heroinentzug.

Als ausgenommene Zubereitungen von Codein und Dihydrocodein waren (und sind) vor allem DHC-Mundipharma, Remedacen und Codein- oder DHC-Saft auf dem Markt. Sie werden in großen Mengen verschrieben und nicht nur zum Eigenbedarf genutzt, sondern auch in der Szene gehandelt.

Mittlerweile sind Codein und Dihydrocodein als Substitutionsmittel zugelassen,[20] allerdings nur in begründeten Ausnahmefällen.[21] Auch die Substitution mit Codein und Dihydrocodein kann daher heute als eine anerkannte, „professionelle" Methode angesehen werden, muss dann allerdings auch die

---

17 Ausgenommene Zubereitungen sind Stoffgemische oder Lösungen, die Betäubungsmittel enthalten, aber von der Geltung des BtMG, meist wegen der geringen Konzentration des Wirkstoffs, ausgenommen sind (§ 2 Abs. 1 Nr. 3 BtMG).
18 Dazu *Weber*, BtMG, § 1 Rn. 487 bis 493.
19 Dazu *Weber*, BtMG, § 1 Rn. 494 bis 499.
20 § 5 Abs. 4 Satz 2 BtMVV.
21 Siehe dazu unten Abschn. B II 2e.

Standards erfüllen, die für eine solche Substitution gelten. Dies ist aber meist nicht der Fall.[22]

II. Die Substitution heute

1. Definition

Unter Substitution ist die Anwendung eines ärztlich verschriebenen Betäubungsmittels bei einem opiatabhängigen Patienten zu verstehen zur
- Behandlung der Opiatabhängigkeit mit dem Ziel der schrittweisen Wiederherstellung der Betäubungsmittelabstinenz einschließlich der Besserung und Stabilisierung des Gesundheitszustandes,
- Unterstützung der Behandlung einer neben der Opiatabhängigkeit bestehenden schweren Erkrankung oder
- Verringerung der Risiken einer Opiatabhängigkeit während einer Schwangerschaft und nach der Geburt.[23]

2. Gesetzliche Grundlagen

Ausgangspunkt ist § 13 Abs. 1 BtMG, wonach Betäubungsmittel[24] auch zur Behandlung einer Betäubungsmittelabhängigkeit verschrieben oder im Rahmen einer ärztlichen Behandlung verabreicht oder einem anderen zum unmittelbaren Verbrauch überlassen werden dürfen, wenn ihre Anwendung im menschlichen Körper begründet ist (Satz 1) und der Zweck auf andere Weise nicht erreicht werden kann (Satz 2).

Unter einer Verschreibung ist ein ausgefertigtes Betäubungsmittelrezept zu verstehen.[25] Ein Rezept ist die persönlich von einem Arzt, Zahnarzt oder Tierarzt ausgestellte schriftliche Anweisung an einen Apotheker auf Verabfolgung eines bestimmten Mittels.[26] Verabreichen ist die unmittelbare Anwendung des Betäubungsmittels am Körper des Patienten ohne dessen aktive Mitwirkung.[27] Das Verabreichen ist keine Abgabe, da bei ihm keine neue Verfügungsgewalt begründet wird. Auch bei der dritten Alternative des § 13 Abs. 1 Satz 1 BtMG, dem Überlassen zum unmittelbaren Verbrauch, erwirbt

---

22 Schöch, BA 2005, 354.
23 § 5 Abs. 1 Nr. 1 bis 3 BtMVV.
24 Der Anlage III zum BtMG (§ 13 Abs. 1 Satz 3 BtMG).
25 Siehe die Definition in § 1 Abs. 2 BtMVV.
26 RGSt 62, 284.
27 BGHSt 1, 130; Weber, BtMG, § 13 Rn. 10, § 29 Rn. 1338.

der Patient keine Sachherrschaft. Das Betäubungsmittel wird ihm zum sofortigen Gebrauch zugeführt, ohne dass er daran Verfügungsgewalt erlangt.[28] Der Patient appliziert sich den Stoff zwar selbst, jedoch muss dies unmittelbar in den Praxisräumen geschehen.[29]

Zur Regelung der Einzelheiten enthält § 13 Abs. 3 BtMG eine Verordnungsermächtigung, von der die Bundesregierung in der Betäubungsmittel-Verschreibungsverordnung (BtMVV) Gebrauch gemacht hat. In ihrer geltenden Fassung sind die Vorschriften für die Substitution in den §§ 5, 5a enthalten, wobei § 5 die Aufnahme und Durchführung der Substitution regelt, während § 5 a das so genannte Substitutionsregister regelt, das vor allem Mehrfachsubstitutionen verhindern soll.

3. Untersuchung und Abklärung; Minderjährigkeit

Jede ärztliche Behandlung setzt voraus, dass sich der Arzt durch eine Untersuchung selbst von dem Bestehen, der Art und der Schwere des behaupteten Krankheitszustandes überzeugt und dann aufgrund seiner Diagnose entscheidet, ob und welches Mittel zur Heilung oder Linderung gerade dieses Krankeitszustandes notwendig ist. Auf die Angaben des Patienten darf er sich nicht verlassen, zumal wenn er ihn nicht kennt. Die eigene Untersuchung ist eine unverzichtbare Voraussetzung der Indikation.[30] Sie darf auch nicht deswegen unterbleiben, weil die Untersuchungsmöglichkeiten beschränkt sind.

Nur durch eine eigene eingehende Untersuchung kann auch geklärt werden, ob andere (ungefährlichere) Mittel ausreichen oder ob ein süchtiger Patient durch Vortäuschen von Krankheitssymptomen versucht, die Verschreibung von Betäubungsmitteln zu erschleichen.[31] Dabei muss der Arzt berücksichtigen, dass Abhängigen im Zustand des Entzuges nahezu jedes Mittel recht ist, um an das begehrte Betäubungsmittel zu gelangen. Er muss daher das ihm Mögliche tun, um sich eine eigene Überzeugung von der Notwendigkeit der Verschreibung zu verschaffen.

---

28 *Weber*, BtMG, § 13 Rn. 11, § 29 Rn. 1341, 1342.
29 BT-Drs. 8/3551 S. 32.
30 BGHSt 9, 370 [= NJW 1957, 29; mit Anm. *Traub*, NJW 1957, 431]; BayObLGSt 1969, 148 [= NJW 1970, 529]; BayObLG, NJW 2003, 371 [= JR 2003, 428 mit Anm. *Freund/Klapp*, JR 2003, 431]; *Weber* § 13 Rn. 18, 19; § 5 BtMVV Rn. 38 bis 40.
31 *Kreuzer*, NJW 1979, 2357.

Die Notwendigkeit einer eigenen Untersuchung und gründlichen diagnostischen Abklärung[32] ist eine selbstverständliche Bedingung jeglichen ärztlichen Handelns und daher weder in den anderen Verschreibungsvorschriften noch in den besonderen Vorschriften über die Substitution erwähnt. Fehlt es an der Untersuchung, liegt ein Kunstfehler vor, der die Substitution nicht mehr als ärztlich begründet (§ 13 Abs. 1 BtMG) erscheinen lässt.[33]

Die Substitution bei Minderjährigen ist ein erheblicher Eingriff in das Sorgerecht der Erziehungsberechtigten. Sie darf daher nicht ohne deren Zustimmung erfolgen. Der Arzt darf sich auch insoweit nicht auf die Angaben des Patienten verlassen, sondern muss sich selbst vergewissern, dass sie vorliegt.

4. Grundsätze

Im Übrigen haben die Grundsätze, die bei der Aufnahme und Durchführung einer Substitution zu beachten sind, im Wesentlichen in § 5 BtMVV ihren Niederschlag gefunden:

a) Wahrung des allgemein anerkannten Standes der medizinischen Wissenschaft

Die detaillierte Regelung, die die Substitution in § 5 BtMVV erfahren hat, darf allerdings nicht zu der Annahme verleiten, § 13 Abs. 1 BtMG habe für die Substitution keine Bedeutung (mehr). Vielmehr enthält die Vorschrift die Grundregel für ihre Aufnahme und Durchführung.[34] Substitutionsmittel dürfen nur verschrieben werden, wenn die Voraussetzungen des § 13 Abs. 1 BtMG gegeben sind.[35] Die Substitution ist daher nur zulässig, wenn und solange sie ärztlich begründet ist. Dies ist dann gegeben, wenn sie dem allgemein anerkannten Stand der medizinischen Wissenschaft entspricht. Dazu gehört auch die Beachtung der Ultima-Ratio-Regel des § 13 Abs. 1 Satz 2 BtMG.[36] Die Substitution darf nur die letzte mögliche Maßnahme sein, die zur Behandlung in Betracht kommt.

---

32 Zu den hierbei vorzunehmenden Einzelmaßnahmen s. Nr. 5 BÄK-Richtlinien (zu diesen siehe unten Abschn. 3a); *Bayerische Akademie für Suchtfragen (BAS)*, Leitfaden, S. 25 bis 37; VG Augsburg Au 4 K 02.1693.
33 *Weber*, BtMG, § 13 Rn. 18; § 29 Rn. 1311; § 5 BtMVV Rn. 38, 40; *Körner*, BtMG, § 29 Rn. 1544.
34 So zutreffend LG Regensburg in der im Übrigen überholten Entscheidung vom 09.12.1997 [DRsp-ROM Nr. 1999/5083]).
35 § 5 Abs. 2 Satz 1 BtMVV.
36 BR-Drs. 881/97 S. 49.

Bei der Beurteilung, ob die Substitution den Regeln der ärztlichen Kunst entspricht, muss sie in ihrer konkreten Gestalt betrachtet werden[37]; dabei ist weniger ein Programm von Bedeutung als die tatsächliche Umsetzung in der Praxis.

Für die Indikationsstellung, die Durchführung und den Abschluss der Substitution kann die Bundesärztekammer den allgemein anerkannten Stand der medizinischen Wissenschaft in Richtlinien feststellen.[38] Dies hat die Kammer mit den Richtlinien zur Durchführung der substitutionsgestützten Behandlung Opiatabhängiger vom 22.03.2002[39] getan. Hat der Arzt die Richtlinien hinsichtlich des § 5 Abs. 2 Satz 1 Nr. 1, 2, 4 Buchst. c, Abs. 4 Satz 4, Abs. 8 Satz 1 BtMVV beachtet, so wird vermutet, dass er den allgemein anerkannten Stand der medizinischen Wissenschaft eingehalten hat.[40] Im Übrigen sind sie für den Richter eine Hilfe bei der Entscheidungsfindung, wobei er medizinisch vertretbare andere Auffassungen akzeptieren muss.[41]

b) Substitutionszwecke
Das Verschreiben von Substitutionsmitteln kommt in drei Fällen in Betracht:

aa) Substitution zur Behandlung einer Opiatabhängigkeit. An erster Stelle steht die Substitution zur Behandlung einer Opiatabhängigkeit. Dieser Zweck ist der häufigste Bestimmungszweck.[42] Jedenfalls in der Vergangenheit war er auch der am meisten umstrittene. Inzwischen besteht Übereinstimmung, dass das Ziel der Behandlung in der Wiederherstellung der Betäubungsmittelabstinenz bestehen muss, wenn dies auch schrittweise und über eine Besserung und Stabilisierung des Gesundheitszustandes erreicht werden kann, mit denen

---

37 *Hellebrand* ZRP 1989, 161 [162].
38 § 5 Abs. 2 Satz 2, Abs. 4 Satz 4, Abs. 8 Satz 4, Abs. 10 Satz 1, Abs. 11 BtMVV.
39 Deutsches Ärzteblatt Jg. 99 Heft 21; (abgedruckt in *Weber*, BtMG, Anh. F 2). Die BÄK-Richtlinien dürfen nicht mit den so genannten BUB-Richtlinien verwechselt werden, die den Ärzten zeigen, unter welchen Voraussetzungen die Substitution eine von den Krankenkassen zu finanzierende Krankenbehandlung darstellt. Die BUB-Richtlinien wurden zuletzt am 28.10.2002 vom Bundesausschuss der Ärzte und Krankenkassen beschlossen und in die Anlage A seiner „Richtlinien über die Bewertung ärztlicher Untersuchungs- und Behandlungsmethoden gemäß § 135 Abs. 1 SGB V" aufgenommen (abgedruckt in *Weber*, BtMG, Anh. F 3).
40 § 5 Abs. 11 Satz 2 BtMVV.
41 BGHSt 37, 383 [= NJW 1991, 2359 m Bspr *Moll* NJW 1991, 2334 und *Kühne* NJW 1992, 1547 = NStZ 1991, 429; 1992, 13 m. Anm. *Hellebrand* = StV 1991, 352 = JR 1992, 168 m. Anm. *Helgerth* = JZ 1992, 103 m. Anm. *Laufs/Reiling*].
42 *Bühringer*, in: *Kreuzer* (Hrsg.), Handbuch, § 5 Rn. 171, 172.

dem Patienten die verlorene Entscheidungsfreiheit für ein Leben ohne Betäubungsmittel wiedergegeben wird.

(1) Behandlung einer Opiatabhängigkeit. Die Substitution darf nur der Behandlung einer Opiatabhängigkeit[43] dienen. Für die Abhängigkeit von anderen Betäubungsmitteln, etwa Cocain oder Cannabis, oder von Medikamenten gilt die Regelung nicht.[44] Ausreichend ist allerdings, wenn die Opiatabhängigkeit, namentlich in Fällen der Polytoxikomanie, neben der Abhängigkeit von anderen Betäubungsmitteln besteht. Eine andere Frage ist, ob sich die Ziele der Substitution in den Fällen der Mehrfachabhängigkeit überhaupt erreichen lassen. Ausgeschlossen ist dies nicht, sofern eine begründete Chance besteht, auch den Konsum der anderen Betäubungsmittel in den Griff zu bekommen, um ihn allmählich ausschließen zu können. Etwas Anderes muss gelten, wenn der Beikonsum wegen der Art des Stoffes zu einem besonders riskanten Zusammenwirken mit dem Substitutionsmittel führt[45] oder wenn die Abhängigkeit von den anderen Stoffen „primär/hauptsächlich" ist.[46]

Der den Regeln der ärztlichen Kunst entsprechende Grundsatz, dass der Arzt sich durch eine eigene Untersuchung von den Voraussetzungen einer Substitution überzeugen muss, gilt auch für die Feststellung der Abhängigkeit von Opiaten (und nicht von anderen Betäubungsmitteln oder von Medikamenten). Der Arzt muss daher bei der Untersuchung namentlich darauf achten, ob Einstichstellen, Entzugserscheinungen oder Anzeichen für eine bevorstehende Entzugssymptomatik vorhanden sind. Vor der Aufnahme der Substitution ist ferner ein Drogenscreening zur Feststellung des Opiatgebrauchs und des Gebrauchs weiterer Substanzen notwendig.[47]

(2) Das Ziel der Abstinenz. Die Substitution muss die Wiederherstellung der Betäubungsmittelabstinenz zum Ziele haben. Dabei kann es zwar ausreichen, dass dieses Ziel als Fernziel angesteuert wird,[48] es muss jedoch stets sichergestellt sein, dass die Drogensucht nicht auf Dauer unterstützt wird. Eine bloße Verschreibung von Substitutionsmitteln ohne greifbare Perspektive der

---

43 Zur Indikation siehe Nr. 2 der BÄK-Richtlinien.
44 § 5 Abs. 1 BtMVV; BGHR BtMG § 29 Abs. 1 Nr. 6 Verabreichen 1 [= NStZ 1998, 414 = StV 1998, 593].
45 *Körner*, BtMG, § 29 Rn. 897; *Weber*, BtMG, § 5 BtMVV Rn. 48.
46 Nr. 2 BÄK-Richtlinien.
47 Nr. 5 BÄK-Richtlinien.
48 § 5 Abs. 1 Nr. 1 BtMVV.

Suchtbehandlung ist danach ärztlich nicht begründet. Eine Therapie, die darauf beschränkt ist, ist unzulässig.[49]

Das Endziel der Abstinenz gilt nicht nur für staatliche oder andere öffentliche Programme, sondern ist auch für den einzelnen Arzt verbindlich, gleichgültig welche wahren Motive ihn leiten. Eine „großzügige" Verschreibungspraxis aus wirtschaftlichen Gründen („Dealer in Weiß") oder weil er sich der Forderungen seiner Patienten sonst nicht zu erwehren weiß, ist damit nicht vereinbar und medizinisch nicht indiziert. Dies gilt besonders dann, wenn die Verschreibung zu einer bloßen zusätzlichen Versorgungsquelle für den Drogenabhängigen entartet oder sogar die Entstehung eines neuen Zweigs des illegalen Drogenmarktes fördert.[50]

Zu den Zwischenzielen, die im Rahmen der Substitution angestrebt werden können, gehören vor allem die Besserung und Stabilisierung des Gesundheitszustandes des Abhängigen,[51] etwa durch den Wegfall des intravenösen Konsums, die soziale Wiedereingliederung, insbesondere durch Herausnahme aus der Drogenszene und Wegfall von Beschaffungskriminalität und Prostitution, die berufliche und schulische Integration sowie das Wecken der Bereitschaft für medizinische, psychotherapeutische oder psychosoziale Maßnahmen. Sofern diese unmittelbaren Ziele erreicht werden, genügt es zur Erfüllung des übergeordneten Behandlungsziels, wenn bei dem Drogenabhängigen eine Behandlungsfähigkeit mit der begründeten Chance besteht, über die Substitution einschließlich der damit verbundenen psychiatrischen, psychotherapeutischen oder psychosozialen Behandlung und Betreuung die Abstinenz von Betäubungsmitteln zu erreichen. Ob dies gegeben ist, liegt in der Entscheidung des behandelnden Arztes.[52]

Dasselbe gilt für die Dauer der Substitution. Der Arzt hat stets zu beachten, dass die Substitution immer das letztmögliche Mittel bleiben muss und dass sie nur so lange durchgeführt werden darf, wie ihre Ziele noch erreicht werden können. Ob dies noch möglich ist, kann nur der behandelnde Arzt entscheiden.[53]

Das Verhältnis der Zwischenziele zu dem übergeordneten Behandlungsziel der Abstinenz ist nach der Art der Substitutionsbehandlung unterschiedlich, wobei sich die Gewichte im Verlauf der Behandlung immer mehr zu Gunsten

---

49 BR-Drs. 881/97 S. 50.
50 Nach den derzeitigen Erkenntnissen ist dies weitgehend der Fall (BR-Drs. 252/01 S. 40).
51 So ausdrücklich § 5 Abs. 1 Nr. 1 BtMVV.
52 BR-Drs. 881/97 S. 50; *MK-Rahlf*, BtMG, § 29 Rn. 1453.
53 BR-Drs. 881/97 S. 50; *MK-Rahlf*, BtMG, § 29 Rn. 1454.

des Abstinenzzieles verschieben sollten. Wesentliche Substitutionstypen sind[54]: die ausschleichende Entziehung,[55] die ambulante Überbrückungstherapie[56] und die langfristige Entziehung.[57]

Mangels Abstinenzziel mit dem geltenden Recht nicht vereinbar sind dagegen reine Suchterhaltungsprogramme, die sich darauf beschränken, gesundheitliche Störungen zu behandeln, ohne die Abstinenz zu fördern.[58] Dies würde auch bei einer dauerhaften Umstellung der Abhängigkeit auf Methadon (Methadone-maintenance-program) gelten.[59]

bb) Substitution zur Behandlung von Begleiterkrankungen. Ein weiterer Bestimmungszweck der Substitution ist die Behandlung von Begleiterkrankungen. Diese müssen so schwer sein, dass die Behandlung der Drogenabhängigkeit im Hinblick auf die Belastung durch die andere Erkrankung als zweitrangig erscheint.[60]

cc) Substitution während einer Schwangerschaft und nach der Geburt. Schließlich darf ein Substitutionsmittel verschrieben werden, um die Risiken einer Opiatabhängigkeit während einer Schwangerschaft und nach der Geburt für Mutter und Kind zu verringern.

c) Die Erfüllung der Zulässigkeitsvoraussetzungen
Die Substitution darf nur begonnen und durchgeführt werden, wenn und solange bestimmte Voraussetzungen erfüllt sind. Sind sie nach ärztlicher Entscheidung nicht oder nicht mehr gegeben, so ist das Verschreiben von Substi-

---

54 *Kreuzer*, NJW 1979, 2357, 2358; *Köhler*, NJW 1993, 762, 765; *Weber*, BtMG, § 5 BtMVV Rn. 21 bis 25.
55 Sie dient vor allem der Unterstützung der Entgiftung (Methadone-detoxification-program). Sie beginnt mit einer Dosierung, die Entzugserscheinungen sicher verhindert. Die Dosis wird dann allmählich bis auf null herabgesetzt. Sie ist nach § 5 Abs. 1 Nr. 1 BtMVV zulässig (BR-Drs. 881/97 S. 50).
56 Sie soll die Zeit bis zum Beginn einer stationären drogenfreien Langzeittherapie überbrücken (BGHSt 37, 383 [Fn. 41]). Sie ist seit jeher anerkannt (RGSt 62, 369, 386; zw *Hellebrand*, MedR 1989, 222, 224) und nach § 5 Abs. 1 Nr. 1 zulässig (BR-Drs. 881/97 S. 50).
57 Sie ist mittlerweile der häufigste Fall der Substitution (maintenance to abstinence). Bei ihr wird über längere Zeit eine Erhaltungsdosis gegeben, die auf der einen Seite möglichst niedrig, auf der anderen Seite wegen der Gefahr des Beigebrauchs aber so hoch sein muss, dass Entzugserscheinungen sicher verhindert werden. Da auch sie das Endziel der Betäubungsmittelabstinenz verfolgt, ist sie ebenfalls nach § 5 Abs. 1 Nr. 1 BtMVV zulässig.
58 BR-Drs. 881/97 S. 50.
59 MK – *Rahlf*, BtMG, § 29 Rn. 1446; *Weber*, BtMG, § 5 BtMVV Rn. 25.
60 MK – *Rahlf*, BtMG, § 29 Rn. 1455, 1456; *Joachimski/Haumer*, BtMG, § 13 Rn. 27.

tutionsmitteln nicht oder nicht mehr zulässig. Voraussetzungen der Substitution sind[61]:

aa) **Eignung zur Substitution.** An erster Stelle steht die Eignung des Drogenabhängigen zur Substitution.[62] Daran fehlt es, wenn ihr medizinisch allgemein anerkannte Ausschlussgründe entgegenstehen. Solche Gründe ergeben sich insbesondere aus den Gegenanzeigen und Anwendungsbeschränkungen, Nebenwirkungen und Wechselwirkungen der verwendeten Substitutionsmittel.[63] Maßgeblich ist der allgemein anerkannte Stand der medizinischen Wissenschaft, der von der Bundesärztekammer in einer Richtlinie festgestellt werden kann.[64] Abzuklären sind auch etwaige Risikofaktoren, etwa Schwangerschaft, junges Alter, Zuckerkrankheit, Alkoholabhängigkeit, Leberzirrhose, Epilepsie. Ob die Eignung gegeben ist, kann nur der behandelnde Arzt entscheiden.[65] Voraussetzung ist eine gründliche diagnostische Abklärung, die ihrerseits eine eingehende Untersuchung erfordert.[66] Fehlt es daran, liegt ein Kunstfehler vor, der die Substitution nicht mehr als ärztlich begründet erscheinen lässt.

bb) **Therapiekonzept.** Im Hinblick auf die Defizite, die als Ursachen der Drogenabhängigkeit in Betracht zu ziehen sind,[67] ist wesentlicher Bestandteil einer ordnungsgemäß durchgeführten Substitution die Gewährleistung der erforderlichen psychiatrischen, psychotherapeutischen oder psychosozialen Begleitung.[68] Die Substitution darf daher nicht isoliert erfolgen, sondern muss im Rahmen eines umfassenden Therapiekonzeptes stehen, das im notwendigen Umfang auch diese begleitenden Behandlungs- und Betreuungsmaßnahmen umfassen muss.[69] Für die Einbeziehung dieser Maßnahmen ist

---

61 § 5 Abs. 2 Satz 1 BtMVV.
62 § 5 Abs. 2 Satz 1 Nr. 1 BtMVV.
63 BR-Drs. 252/01 S. 48; dazu ausführlich: *Bayerische Akademie für Suchtfragen*, Leitfaden für Ärzte.
64 § 5 Abs. 2 Satz 2, Abs. 11 BtMVV. Die BÄK hat davon in Nr. 2 ihrer Richtlinien vom 23.02.2002 Gebrauch gemacht.
65 BR-Drs. 881/97 S. 51.
66 S. oben Abschnitt 3.
67 Dazu *Weber*, BtMG, § 1 Rn. 57 bis 75 m. w. N.
68 § 5 Abs. 2 Satz 1 Nr. 2 BtMVV. Die klassische Psychotherapie kann die psychosoziale Betreuung, deren Gegenstand die mögliche Veränderung der Lebensumstände des Patienten ist, in der Regel nicht ersetzen. Zu den Einzelheiten siehe Nr. 3 BÄK-Richtlinien.
69 Nr. 3 BÄK-Richtlinien.

der allgemein anerkannte Stand der medizinischen Wissenschaft maßgebend, der von der Bundesärztekammer in einer Richtlinie festgestellt werden kann.[70] Welche Maßnahmen im Einzelfall erforderlich sind, entscheidet der Arzt.[71] Dieser muss darauf hinwirken, dass die Angebote von dem Abhängigen kontinuierlich wahrgenommen werden.[72] Die Hinwirkung muss mit dem notwendigen Ernst und Nachdruck erfolgen; andernfalls kann die Behandlung mit Betäubungsmitteln nicht (mehr) als indiziert angesehen werden.[73] Nimmt der Abhängige die therapeutische Begleitung trotz intensiver Einwirkung des Arztes dauerhaft nicht an, so fehlt es an einer Zulässigkeitsvoraussetzung der Substitution,[74] so dass die Behandlung wegen der unzureichenden Kooperationsbereitschaft des Patienten letztlich abzubrechen ist.[75]

Die Einbeziehung in ein Therapiekonzept setzt voraus, dass die notwendigen Strukturen zur Leistung dieser Maßnahmen bestehen. Ihre Schaffung ist grundsätzlich Aufgabe der Länder und Kommunen[76], die dazu im Rahmen ihrer Leistungsfähigkeit beizutragen haben. Ob beim Fehlen der entsprechenden Angebote die Substitution unzulässig wird[77], kann nicht generell festgestellt werden, sondern ist eine Frage der ärztlichen Entscheidung im Einzelfall. Die Aufnahme der Substitution, ohne dass der Arzt sich nicht wenigstens um die Schaffung der notwendigen Strukturen bemüht, würde aber nicht dem allgemein anerkannten Stand der medizinischen Wissenschaft entsprechen.[78]

cc) Erfüllung der Meldepflichten des Arztes. Vor allem zur Vermeidung von Mehrfachsubstitutionen ist beim Bundesinstitut für Arzneimittel und Medizinprodukte ein Substitutionsregister eingerichtet, dem der Arzt das Ver-

---

70 § 5 Abs. 2 Satz 2, Abs. 11 BtMVV. Die BÄK hat davon in Nr. 3 ihrer Richtlinien vom 23.02.2002 Gebrauch gemacht. Die Entscheidung des LG Regensburg vom 09.12.1997 (DRsp-ROM Nr. 1999/5083, zustimmend *Joachimski/Haumer*, BtMG, § 13 Rn. 28]) ist daher insoweit überholt.
71 BR-Drs. 881/97 S. 51.
72 Nr. 3 BÄK-Richtlinien.
73 VG Augsburg Au 4 K 02.1693; *Weber*, BtMG, § 5 BtMVV Rn. 43.
74 § 5 Abs. 2 Satz 1 Nr. 4 Buchstabe b BtMVV.
75 Nr. 12 BÄK-Richtlinien.
76 BR-Drs. 881/97 S. 51; nach Nr. 3 BÄK-Richtlinien müssen Praxen oder spezielle Einrichtungen, die mehr als 50 Opiatabhängige substituieren, die psychosozialen Betreuungsmaßnahmen integrieren.
77 So BR-Drs. 881/97 S. 51.
78 Siehe Nr. 3 BÄK-Richtlinien.

schreiben eines Substitutionsmittels zu melden hat.[79] Die Erfüllung dieser Meldepflicht ist eine Voraussetzung für die Zulässigkeit der Substitution.[80]

dd) Untersuchungen und Erhebungen durch den Arzt. Vor und während der Substitution muss der Arzt bestimmte Untersuchungen und Erhebungen durchführen. Während die Untersuchungen in den gebotenen ärztlichen Maßnahmen, z. B. Blut- oder Urintests, bestehen müssen, muss sich der Arzt bei den Erhebungen nicht als Detektiv betätigen[81]; in der Regel wird es genügen, wenn er den Patienten befragt und dessen Angaben mit der notwendigen Vorsicht[82] würdigt. Die Substitution ist nur zulässig, wenn und solange diese Untersuchungen und Erhebungen keine Erkenntnisse über die in der Vorschrift näher beschriebenen Sachverhalte erbringen. Andernfalls ist die Substitution nach ärztlicher Entscheidung nicht zu beginnen oder zu beenden.[83]

(1) Doppel- oder Mehrfachsubstitution. Vor Aufnahme der Substitution hat der Arzt zu untersuchen, ob der Patient bereits von einem anderen Arzt Substitutionsmittel verschrieben erhält.[84] Er darf dann eine eigene Substitution nicht aufnehmen.[85] Ist es gleichwohl zu einer parallelen Substitution gekommen, so haben sich die Ärzte nach den Regeln der ärztlichen Kunst darauf zu verständigen, welcher von ihnen die Maßnahme zu beenden hat.[86] Geschieht dies nicht, so unterrichtet das Bundesinstitut für Arzneimittel und Medizinprodukte die zuständigen Überwachungsbehörden, um die Mehrfachsubstitution zu unterbinden.[87]

---

79 § 5 a Abs. 2 BtMVV. Nach dem Stand vom 01.07.2008 waren 72200 Substitutionspatienten aktuell in Behandlung (*Drogenbeauftragte der Bundesregierung* [Hrsg.], Drogen- und Suchtbericht 2009, S. 76). Im Jahr 2008 wurden 50 800 Anmeldungen, aber auch 47 700 Abmeldungen erfasst. Diese hohe Fluktuation ist die Folge davon, dass dieselben Patienten innerhalb weniger Monate durch denselben Arzt oder durch verschiedene Ärzte mehrfach ab- und wieder angemeldet werden.
80 § 5 Abs. 1 Satz 1 Nr. 3 BtMVV. Die Nichterfüllung dieser Pflicht ist allerdings lediglich eine Ordnungswidrigkeit nach § 17 Nr. 1 BtMVV, § 32 Abs. 1 Nr. 6 BtMG.
81 *Joachimski/Haumer*, BtMG, § 13 Rn. 28.
82 Siehe oben Abschn. 3.
83 BR-Drs. 881/97 S. 51.
84 § 5 Abs. 2 Satz 1 Nr. 4 Buchst. a BtMVV; *Bayerische Akademie für Suchtfragen (BAS)*, Leitfaden, S. 27, 30.
85 Nr. 5 BÄK-Richtlinien. Sie wäre ärztlich nicht begründet.
86 S. dazu § 5 a Abs. 4 BtMVV. Im Jahr 2008 wurden auf Grund der Meldepflicht 220 Fälle von Mehrfachsubstitutionen erkannt, die dann beendet werden konnten (*Drogenbeauftragte der Bundesregierung* (Hrsg.), Drogen- und Suchtbericht 2009, S. 78).
87 § 5 a Abs. 4 Satz 8 BtMVV.

(2) Fehlende Teilnahme an Begleitmaßnahmen. Der Arzt hat auch zu erheben, ob und inwieweit der Abhängige die begleitenden Behandlungs- und Betreuungsmaßnahmen der Substitution in Anspruch nimmt.[88] Ergibt sich, dass der Patient die erforderlichen Maßnahmen dauerhaft nicht in Anspruch nimmt, so fehlt es an einer Zulässigkeitsvoraussetzung der Substitution, so dass die Behandlung wegen der unzureichenden Kooperation des Substituierten nach ärztlicher Entscheidung letztlich abzubrechen ist.[89]

(3) Beikonsum. Eine weitere Zulässigkeitsvoraussetzung der Substitution ist, dass die Untersuchungen und Erhebungen des Arztes keine Erkenntnisse ergeben haben, dass der Patient Stoffe gebraucht, deren Konsum nach Art und Menge den Zweck der Substitution gefährdet.[90] Der Beigebrauch anderer Stoffe (Beikonsum) ist ein Hauptproblem der Substitution. Vor allem Schwerabhängige, auf die die Verschreibung von Substitutionsmitteln vor allem abzielt, sind überwiegend von mehreren Betäubungsmitteln abhängig, so dass auch dann, wenn das Bedürfnis nach Heroin durch Methadon gestillt ist, das Verlangen nach anderen Betäubungsmitteln bleibt. Ein weiterer Grund für den Beikonsum ist die schwächere Wirkung der Substitutionsmittel oder eine zu schwache Dosierung.[91] Auf der Suche nach dem ursprünglichen Drogenerlebnis, insbesondere dem „Kick", greifen die Abhängigen trotz der Substitution weiterhin zu Heroin oder versuchen auf andere Drogen auszuweichen.[92]

Für die Erfüllung dieser Zulässigkeitsvoraussetzung ist der allgemein anerkannte Stand der medizinischen Wissenschaft maßgebend, der von der Bundesärztekammer in einer Richtlinie festgestellt werden kann.[93] Auf welche Weise sich der Arzt Erkenntnisse über einen Beikonsum verschafft, ist im Einzelnen nicht vorgeschrieben. Mindestanforderungen ergeben sich aber aus den Richtlinien der Bundesärztekammer. Erlangt der Arzt Erkenntnisse über einen Beikonsum, so darf er dies nicht gleichgültig hinnehmen, sondern muss die Ursachen erforschen und nach Möglichkeiten der Beseitigung

---

88 § 5 Abs. 2 Satz 1 Nr. 4 Buchst. b BtMVV.
89 Nr. 12 BÄK-Richtlinien.
90 § 5 Abs. 2 Satz 1 Nr. 4 Buchst. c BtMVV.
91 In Betracht kommen auch psychische Erkrankungen (*Ullmann*, StV 2003, 293, 294).
92 Sogar dann, wenn die Originalpräparate, z. B. Heroin, im Rahmen der Substitution verabreicht werden, greift, wie der Schweizer und der Deutsche Modellversuch ergeben haben, eine große Zahl Abhängiger noch zu den illegalen Mitteln (*Weber*, BtMG, Einl Rn. 197, 198).
93 § 5 Abs. 2 Satz 2, Abs. 11 BtMVV. Die BÄK hat davon in Nr. 5, 11, 12 ihrer Richtlinien Gebrauch gemacht.

suchen.[94] Gegebenenfalls sollte der Arzt einen fraktionierten Beigebrauchsentzug, notfalls unter klinischen Bedingungen, einleiten.[95] Setzt der Abhängige den Beikonsum hartnäckig fort oder verweigert er die Kontrollen, so muss sich der Arzt entscheiden, ob er die Substitution abbricht.[96] Dies kommt vor allem in Betracht, wenn die Weiterführung der Substitution trotz Beikonsum zu einer selbstgefälligen und bequemen Haltung des Abhängigen führt, der sich zwischen medizinischer Fürsorge und fortbestehender Nähe zur Drogen-Subkultur sein Leben einzurichten vermag.[97]

Der Arzt, der die gebotene Kontrolle nicht sicherstellt, nimmt auch in Kauf, dass die Substitution von dem Abhängigen zu einer zusätzlichen Drogenquelle missbraucht wird. Er wird damit der Pflicht, bei seinem gesamten Handeln Gefährdungen seiner Patienten möglichst zu vermeiden[98], nicht gerecht, sodass die Substitution nicht (mehr) als indiziert angesehen werden kann.[99] Dasselbe gilt, wenn er einen erkannten Beigebrauch gleichgültig hinnimmt und darauf nicht oder nicht mit dem gebotenen Nachdruck reagiert.

(4) Abzweigung von Substitutionsmitteln. Schließlich muss der Arzt auch Untersuchungen darüber anstellen, ob der Abhängige das ihm verschriebene Substitutionsmittel bestimmungsgemäß verwendet.[100] Bei einer professionell durchgeführten Substitution kann dies eigentlich nur in den Fällen einer Take-home-Verordnung[101] vorkommen. Ergeben die Untersuchungen des Arztes entsprechende Hinweise, so ist diese Verschreibungsform sofort zu beenden.[102] Ihre Fortführung wäre nicht (mehr) ärztlich indiziert. Ob auch die Substitution abzubrechen ist, ist eine Frage der ärztlichen Entscheidung.[103]

ee) Regelmäßige Konsultation. Voraussetzung einer ordnungsgemäß durchgeführten Substitution ist schließlich, dass der Arzt das Substitutionsmittel im

---

94 Nr. 11 BÄK-Richtlinien. Kein zulässiger Weg ist der Abbruch „pro forma" und die Neuaufnahme der Substitution; eine Neuaufnahme kommt nur in Betracht, wenn sich die Verhältnisse nachhaltig geändert haben (*Joachimski/Haumer*, BtMG, § 13 Rn. 28).
95 Nr. 11 BÄK-Richtlinien.
96 Nr. 11, 12 BÄK-Richtlinien; siehe auch *Kubink*, StV 2002, 266; *Ullmann*, StV 2003, 293.
97 Kubink StV 2002, 265.
98 BGHSt 29, 6 [= NJW 1979, 1943; 2357 mit Anm. *Kreuzer*, NJW 1979, 2357].
99 Siehe auch Nr. 12 BÄK-Richtlinien.
100 § 5 Abs. 2 Satz 1 Nr. 4 Buchst. d BtMVV; Nr. 11 BÄK-Richtlinien.
101 Diese ist in § 5 Abs. 8 BtMVV geregelt; siehe dazu unten Abschn. g.
102 § 5 Abs. 8 Satz 1 BtMVV.
103 S. auch Nr. 12 BÄK-Richtlinien.

Rahmen einer regelmäßigen Konsultation verschreibt.[104] Namentlich im Interesse des Substitutionszwecks kann auf einen solchen Kontakt nicht verzichtet werden.[105] Hält sich der Abhängige nicht daran, so ist die Substitution nach ärztlicher Entscheidung zu beenden.

ff) Qualifikation des Arztes. Die Substitution erfordert eine spezifische ärztliche Qualifikation.[106] Nur ein entsprechend ausgebildeter Arzt ist in der Lage, Substitutionsmittel gesetzeskonform zu verschreiben, den Missbrauch und eine Suchtverlängerung zu vermeiden und das Behandlungsziel der Drogenabstinenz konsequent zu verfolgen.[107] Notwendig sind auch besondere Kenntnisse in der Pharmakologie der Opioide, da bei der Substitution Wirkstoffmengen verschrieben werden müssen, die sonst tödlich sind.[108] Die Substitution ist danach nur zulässig[109], wenn der substituierende Arzt über eine besondere suchttherapeutische Qualifikation verfügt.[110] Dies gilt auch bei der Substitution mit Codein und Dihydrocodein. Welch großes Gewicht der suchttherapeutischen Qualifikation des Arztes zukommt, zeigt sich an der detaillierten Regelung der Vertretung eines substituierenden Arztes.[111] In einem gewissen Widerspruch dazu steht allerdings die Einordnung eines Verstoßes gegen die betreffenden Regelungen lediglich als Ordnungswidrigkeit.[112]

d) Substitutionsmittel

Zur Substitution dürfen nur hierfür zugelassene Mittel verwendet werden. Generell nicht zugelassen sind Betäubungsmittel, die nicht verschreibungsfähig sind[113], insbesondere Betäubungsmittel der Anlagen I und II zum

---

104 § 5 Abs. 2 Satz 1 Nr. 5 BtMVV. Die Konsultation soll in der Regel wöchentlich erfolgen.
105 BR-Drs. 881/97 S. 52.
106 BR-Drs. 881/97 S. 52; Nr. 16 BÄK-Richtlinien.
107 BR-Drs. 881/97 S. 52.
108 BT-Drs. 14/1515 S. 7; 14/1830 S. 7.
109 § 5 Abs. 2 Satz 1 Nr. 6 BtMVV; hiervon kann nur unter den Voraussetzungen des § 5 Abs. 3 BtMVV abgewichen werden (Beschränkung auf drei Patienten, Abstimmung der Behandlung mit einem Konsiliarius, Vorstellung des Patienten bei einem Konsiliarius mindestens einmal im Quartal).
110 Die Ausgestaltung dieser Qualifikation obliegt der ärztlichen Selbstverwaltung (§ 5 Abs. 2 Satz 1 Nr. 6 BtMVV, Nr. 16 BÄK-Richtlinien). Die Substitution trotz Nichterfüllung dieser Voraussetzung ist lediglich eine Ordnungswidrigkeit nach § 17 Nr. 10 BtMVV, § 32 Abs. 1 Nr. 6 BtMG.
111 § 5 Abs. 3 Sätze 2 bis 9 BtMVV.
112 § 17 Nr. 10 BtMVV, § 32 Abs. 1 Nr. 6 BtMG.
113 § 13 Abs. 1 Satz 3 BtMG, §§ 1, 2 BtMVV.

BtMG. Ohne Einschränkung[114] dürfen als Substitutionsmittel verschrieben werden Levomethadon, Methadon, Buprenorphin[115] oder ein zur Substitution zugelassenes Arzneimittel.[116] Nicht mehr zugelassen ist Levacetylmethadol.[117] Neu hinzugekommen ist Diamorphin, allerdings nur in bestimmten zugelassenen Einrichtungen.[118]

Einschränkungen gelten für Codein und Dihydrocodein. Sie sind wegen ihrer deutlich geringeren Eignung[119] nur in begründeten Ausnahmefällen[120] zur Substitution zugelassen. Ein solcher Ausnahmefall ist gegeben, wenn eine Unverträglichkeit gegenüber Methadon oder anderen Substitutionsmitteln vorliegt, wenn die substitutionsgestützte Behandlung unter Codein oder Dihydrocodein deutlich besser verläuft oder wenn nach mehrjähriger Substitution mit Codein oder Dihydrocodein der Abhängige zur Umstellung auf Methadon oder ein anderes Substitutionsmittel nicht motiviert werden kann.[121]

Das Substitutionsmittel darf zur parenteralen Anwendung weder bestimmt noch geeignet sein.[122] Damit soll vermieden werden, dass eine zur intravenösen Applikation geeignete Betäubungsmittel-Lösung in die Hände des Patienten gerät. Verschreibt der Arzt, etwa auf Bitten des Patienten wegen der raschen Anflutung und des „Kicks", eine für die intravenöse Anwendung geeignete Methadonlösung, so fehlt es an der ärztlichen Indikation.[123]

Welches der zugelassenen Mittel im konkreten Fall einzusetzen ist, bestimmt sich nicht nach dem Belieben des Arztes, sondern nach dem all-

---

114 Es gelten natürlich die Höchstmengen des § 2 BtMVV.
115 Buprenorphin (dazu *Weber*, BtMG, § 1 Rn. 454 bis 457) ist ein Thebainderivat, das von der Pharmaindustrie Ende der 70er Jahre zur Behandlung von schweren akuten und chronischen Schmerzen und der Parkinsonkrankheit entwickelt und unter dem Namen Temgesic eingeführt wurde. Zu seinen günstigen pharmakologischen Eigenschaften zählen bei einer vergleichbaren Wirksamkeit wie Methadon die relativ große therapeutische Breite, ein geringeres Missbrauchs- und Abhängigkeitspotenzial, ein geringerer Opiatbeigebrauch, sowie die Möglichkeit einer Applikation im Abstand von zwei bis drei Tagen (*Kagerer*, in: Bayerische Akademie für Suchtfragen (BAS), Substitution und Fahrerlaubnis, S. 33).
116 § 5 Abs. 4 Satz 2 BtMVV.
117 Art. 1 Nr. 4 Buchst. b der 23. BtMÄndV vom 19. 03.2009 (BGBl. I S. 560).
118 Zur Substitution mit Diamorphin s. im Einzelnen unten Abschn. C III.
119 Halbwertszeit nicht länger als die von Heroin, schwere Dosierung aufgrund der benötigten großen Mengen, schwieriger Entzug (siehe oben Abschnitt B I 2).
120 § 5 Abs. 4 Satz 3 BtMVV.
121 BR-Drs. 252/01 S. 50.
122 § 5 Abs. 4 Satz 3 BtMVV.
123 *Körner*, BtMG, § 29 Rn. 1525.

gemein anerkannten Stand der medizinischen Wissenschaft, der von der Bundesärztekammer in einer Richtlinie festgestellt werden kann.[124] Von den dem Substitutionsregister gemeldeten Substitutionsmitteln bezogen sich im Jahr 2008 auf Methadon 59,7 %, auf Levomethadon 20,6 %, auf Buprenorphin 18,9 %, auf Dihydrocodein 0,4 %, auf Codein 0,1 % und auf Diamorphin 0,3 %.[125] Danach muss davon ausgegangen werden, dass die grundsätzlich abzulehnende[126] und in vielen Fällen strafbare[127] Verschreibung ausgenommener Zubereitungen von Codein und Dihydrocodein in großem Umfang weiter fortgesetzt wird, ohne dass dies gemeldet wird.[128]

e) Der Umgang mit der Verschreibung
Der Arzt, der ein Substitutionsmittel verschreibt, darf das Rezept dem Patienten nicht aushändigen, es sei denn, dass ein Fall der so genannten Take-home-Verordnung vorliegt.[129] Andernfalls ist die Aushändigung an den Patienten oder eine andere Person, die für ihn tätig wird, ein ärztlicher Kunstfehler[130], weil der Arzt nicht die notwendigen Vorkehrungen gegen einen Missbrauch getroffen hat.

Die Verschreibung darf von dem Arzt selbst, seinem ärztlichen Vertreter oder durch das von ihm angewiesene oder beauftragte, eingewiesene und kontrollierte medizinische, pharmazeutische oder in staatlich anerkannten Einrichtungen der Suchtkrankenhilfe tätige und dafür ausgebildete Personal (Substitutionsgehilfen) der Apotheke vorgelegt werden. Das Rezept darf der Apotheke auch übersandt werden, sofern sichergestellt ist, dass es nicht in falsche Hände gerät.

---

124 § 5 Abs. 4 Satz 4, Abs. 11 BtMVV. Die BÄK hat davon in Nr. 6 ihrer Richtlinien Gebrauch gemacht.
125 *Drogenbeauftragte der Bundesregierung* (Hrsg.), Drogen- und Suchtbericht 2008, S. 88.
126 *Schöch*, BA 2005, 354.
127 Strafbarkeit kommt insbesondere in Betracht, wenn kein begründeter Ausnahmefall vorliegt (siehe unten Abschnitt III 1a) oder wenn keine ordnungsgemäße Untersuchung – auch zu diesem Gesichtspunkt – vorliegt (unten Abschnitt III 1b).
128 Obwohl sie, wenn sie für Betäubungsmittel- oder Alkoholabhängige erfolgt, ebenfalls dem betäubungsmittelrechtlichen Regime unterliegt (Anlage III zum BtMG, Positionen Codein und Dihydrocodein).
129 § 5 Abs. 5 BtMVV.
130 *Weber*, BtMG, § 29 Rn. 1311; § 5 BtMVV Rn. 77.

f) Der Umgang mit dem Substitutionsmittel
Grundsätzlich ist das Substitutionsmittel dem Abhängigen zum unmittelbaren Verbrauch zu überlassen.[131] Danach darf der Patient keine eigene Verfügungsgewalt über das Betäubungsmittel erlangen; insbesondere darf er es nicht mitnehmen, sondern hat es unter den Augen des Arztes, seines ärztlichen Vertreters oder seiner Substitutionsgehilfen (oben Abschn. e) einzunehmen.[132] Geschieht dies nicht, so ist dies ein ärztlicher Kunstfehler, entweder weil der Arzt sich selbst über diese Regel hinweggesetzt hat oder es an der notwendigen Kontrolle hat fehlen lassen. Strafrechtlich liegt eine Abgabe vor[133], im Falle der Eigennützigkeit Handeltreiben mit Betäubungsmitteln.[134]

Um die substitutionsgestützte Behandlung praktikabler gestalten zu können und die soziale Integration des Abhängigen zu fördern, kann der Arzt bei der Verschreibung von Codein und Dihydrocodein dem Patienten nach der ersten Einnahme am Tag die für diesen Tag zusätzlich benötigten Mengen zur eigenverantwortlichen Einnahme mitgeben, wenn ihm keine Anhaltspunkte für eine nicht bestimmungsgemäße Verwendung vorliegen.[135]

Die Einnahme muss in der Arztpraxis, in einem Krankenhaus, in einer Apotheke oder in einer hierfür staatlich anerkannten anderen geeigneten Einrichtung erfolgen, im Falle einer ärztlich bescheinigten Pflegebedürftigkeit auch bei einem Hausbesuch.[136]

Ein Poolen von Substitutionsmitteln für mehrere Patienten ist nicht zulässig; vielmehr müssen die Einzelmengen dem jeweiligen Patienten zuzuordnen sein.[137] Nicht benötigte Restmengen dürfen nicht für andere Patienten verwendet werden, sondern sind der Apotheke zurückzugeben. Der Bedarf an Substitutionsmitteln (ohne Take-home-Mengen) darf zum Praxisbedarf verschrieben und geliefert[138] und in der Praxis des Arztes, etwa mit einem Dosierautomaten, dosiert werden.[139]

---

131 § 5 Abs. 6 Satz 1 BtMVV; meist als Trinklösung, gemischt mit Mineralwasser oder Fruchtsaft (*Servais*, Kriminalistik 1999, 124).
132 Dazu *Bayerische Akademie für Suchtfragen (BAS)*, Leitfaden, S. 58 bis 60.
133 BGHSt 52, 271 [= NJW 2008, 2596 = NStZ 2008, 574 = StV 2008, 471], Anm. *Nestler* MedR 2009, 211.
134 *Weber*, BtMG, § 29 Rn. 1312.
135 § 5 Abs. 6 Satz 3 BtMVV.
136 § 5 Abs. 7 Satz 1 BtMVV; zur Lagerung siehe § 5 Abs. 7 Satz 2 BtMVV.
137 *Körner*, BtMG, § 13 Rn. 72; *Weber*, BtMG, § 5 BtMVV Rn. 88.
138 Bis zum durchschnittlichen Zweiwochenbedarf; Vorratshaltung bis zu einem Monatsbedarf (§ 2 Abs. 3 BtMVV).
139 *Körner*, BtMG, § 13 Rn. 78, 79; *Weber*, BtMG, § 5 BtMVV Rn. 89.

g) Die Take-home-Verordnung

Eine Ausnahme von dem Verbot der Aushändigung des Rezepts ist die so genannte Take-home-Verordnung. Sie findet sich nunmehr in dreierlei Form:

aa) Die Wochenendverschreibung. Eine wesentliche Erleichterung der Substitutionsbehandlung und in ihrer praktischen Bedeutung kaum zu überschätzen ist die durch die 23. BtMÄndV vom 19.03.2009[140] eingeführte so genannte Wochenendverschreibung.[141] Sie entspricht einer von der ärztlichen Praxis seit langem erhobenen Forderung[142] und soll an Wochenenden und Feiertagen oder bei unaufschiebbaren Terminen an Werktagen die kontinuierliche Fortführung der Therapie ermöglichen. Der Arzt kann danach einem Patienten, dem an sich das Substitutionsmittel nicht ausgehändigt werden darf, das Mittel in der bis zu zwei Tagen benötigten Menge verschreiben und die eigenverantwortliche Einnahme gestatten, wenn die Kontinuität der Substitutionsbehandlung nicht anderweitig gewährleistet werden kann, wenn der Verlauf der Behandlung dies zulässt, Risiken der Selbst- oder Fremdgefährdung[143] soweit wie möglich ausgeschlossen sind und die Sicherheit und Kontrolle des Betäubungsmittelverkehrs nicht beeinträchtigt werden.

Anders als die traditionelle Take-home-Verordnung setzt die Wochenendverschreibung keine Stabilisierung des Patienten voraus und ist damit mit erheblichen Risiken verbunden. Auf der anderen Seite ist sie nicht in das Belieben des Arztes gestellt und darf nicht nur seiner Bequemlichkeit dienen. Die mit der Wochenendverschreibung verbundene Lockerung ist nur zu vertreten, wenn der Arzt seine Verantwortung ernst nimmt und die Voraussetzungen hierfür sorgfältig prüft und beachtet. Unverantwortlich wäre etwa eine Wochenendverschreibung trotz Beikonsums oder Missbrauchs von Substitutionsmitteln.

Für die Bewertung des Verlaufs der Behandlung ist der allgemein anerkannte Stand der medizinischen Wissenschaft maßgebend, der von der Bundesärztekammer in Richtlinien festgestellt werden kann.[144] Die Verschreibung darf nur im Rahmen einer persönlichen ärztlichen Konsultation ausgehändigt

---

140 BGBl. I S. 560.
141 § 5 Abs. 8 Sätze 1 bis 3 BtMVV.
142 Dazu zuletzt *Ullmann* Suchttherapie 2008, 163.
143 Nicht unproblematisch ist die Vorschrift, soweit sie auch auf das Risiko der Selbstgefährdung abstellt. Allerdings gehört auch die Gesundheit des Einzelnen zu den durch das BtMG geschützten Rechtsgütern (str.; dazu *Weber*, BtMG § 1 Rn. 3 bis 6 m. w. N.), so dass sich die Vorschrift letztlich im Rahmen der Ermächtigung des § 13 Abs. 3 Satz 1 BtMG halten dürfte.
144 § 5 Abs. 8 Satz 6; Abs. 11 Satz 1 Nr. 3 BtMVV.

werden.¹⁴⁵ Auch dies gehört zum allgemein anerkannten Stand der medizinischen Wissenschaft.

bb) Die traditionelle Take-home-Verschreibung. Hat sich der Zustand des Patienten stabilisiert und ist eine Überlassung des Substitutionsmittels zum unmittelbaren Verbrauch nicht mehr erforderlich, so darf der Arzt dem Patienten eine Verschreibung über die für bis zu sieben Tagen benötigte Menge des Substitutionsmittels aushändigen und dessen eigenverantwortliche Einnahme erlauben.¹⁴⁶ Damit soll die soziale Integration des Patienten unterstützt und die Erreichung des Behandlungsziels gefördert werden.

Die Take-home-Verordnung setzt voraus, dass der Verlauf der Behandlung des Patienten so weit fortgeschritten ist, dass er in der Lage ist, mit dem Substitutionsmittel eigenverantwortlich umzugehen und es bestimmungsgemäß zu verwenden. Sie ist ausgeschlossen, wenn der Patient Stoffe konsumiert, die ihn zusammen mit der Einnahme des Substitutionsmittels gefährden[147], wenn er nicht auf eine stabile Dosis eingestellt worden ist[148] oder wenn er Stoffe missbräuchlich konsumiert.[149]

cc) Die Versorgung bei Auslandsaufenthalten. Patienten, denen bereits nach Abschn. bb Substitutionsmittel verschrieben werden, kann der Arzt zur Sicherstellung der Versorgung bei Auslandsaufenthalten die Substitutionsmittel für einen längeren Zeitraum als sieben Tage, allerdings nur bis zu einer Reichdauer von 30 Tagen im Jahr verschreiben.[150] Ob und unter welchen Voraussetzungen die Betäubungsmittel ins Ausland mitgeführt werden dürfen, richtet sich nach § 15 der Betäubungsmittel-Außenhandelsverordnung (BtMAHV)[151], gegebenenfalls in Verbindung mit Art. 75 des Schengener Durchführungsübereinkommens[152] und der Bekanntmachung über das Mitführen von Betäubungsmitteln in die Vertragsparteien des Schengener Abkommens.[153]

---

145 § 5 Abs. 8 Satz 10 BtMVV.
146 § 5 Abs. 8 Sätze 4 bis 6 BtMVV.
147 § 5 Abs. 8 Satz 5 Nr. 1 BtMVV.
148 § 5 Abs. 8 Satz 5 Nr. 2 BtMVV.
149 § 5 Abs. 8 Satz 5 Nr. 3 BtMVV.
150 § 5 Abs. 8 Satz 7, 8 BtMVV.
151 Vom 16.12.1981 (BGBl. I S. 1420), zuletzt geändert durch Verordnung vom 19.06.2001 (BGBl. I S. 1180), abgedruckt bei *Weber*, BtMG, S. 1111 ff.
152 Vom 19.06.1990 (BGBl. 1993 II S. 1010), abgedruckt bei *Weber*, BtMG, Anh. B 5.1.
153 Vom 27.03.1995 (BAnz. S. 4349), geändert durch Bekanntmachung vom 01.06.1995 (BAnz. S. 6567), abgedruckt bei *Weber*, BtMG, Anh. F 4.

h) Dokumentation

Ohne zuverlässige Dokumentation ist eine professionelle Substitution nicht möglich. Der Arzt hat daher die Erfüllung seiner Verpflichtungen im Rahmen der Substitution im erforderlichen Umfang und nach dem allgemein anerkannten Stand der medizinischen Wissenschaft zu dokumentieren.[154] Die Bundesärztekammer kann hierzu Richtlinien erlassen.[155] Die Dokumentation ist auf Verlangen der zuständigen Landesbehörde zur Einsicht und Auswertung vorzulegen oder einzusenden.

III. Substitution und Strafrecht

Der substituierende Arzt, der sich an die Regeln der §§ 13 BtMG, 5 BtMVV und der BÄK-Richtlinien hält, bewegt sich auch strafrechtlich auf der sicheren Seite. Werden diese Regeln dagegen nicht eingehalten, so kommt eine strafrechtliche Verantwortlichkeit in Betracht.[156] Dabei kann sich die Strafbarkeit sowohl aus den Vorschriften des Betäubungsmittelrechts als auch aus denjenigen des Strafgesetzbuchs ergeben.

I. Strafbarkeit nach dem Betäubungsmittelrecht

Im Betäubungsmittelrecht kommen im Wesentlichen drei Strafvorschriften in Betracht:

a) Die Strafbarkeit nach § 29 Abs. 1 Satz 1 Nr. 14 BtMG

Nach dieser Vorschrift macht sich strafbar, wer einer aufgrund des § 13 Abs. 3 Satz 2 Nr. 1 oder 5 BtMG erlassenen Rechtsverordnung zuwiderhandelt, wenn diese für einen bestimmten Tatbestand auf die Strafvorschrift verweist. Dies ist in § 16 Nr. 2 Buchst. a BtMVV für die Fälle geschehen, in denen der Arzt entgegen § 5 Abs. 1 oder Abs. 4 Satz 2 BtMVV andere als die dort bezeichneten Betäubungsmittel, Betäubungsmittel[157] über die festgesetzte Höchstmenge hinaus oder unter Nichteinhaltung der vorgegebenen Bestimmungszwecke oder sonstiger Beschränkungen verschreibt.

---

154 § 5 Abs. 10 BtMVV.
155 Sie hat in Nr. 14 ihrer Richtlinien vom 23.02.2002 von der Ermächtigung Gebrauch gemacht.
156 Unabhängig hiervon kann die zuständige Behörde (dazu Weber, BtMG, § 19 Rn. 14) dem Arzt gemäß § 22 Abs. 1 Nr. 4 BtMG vorläufig oder endgültig die Durchführung von Substitutionsbehandlungen untersagen (Bayerischer Verwaltungsgerichtshof, Beschluss vom 14.04.2005, 25 Cs 05.102; Beschluss vom 01.08.2006, 25 Cs 06/151).
157 Dazu Weber, BtMG, § 16 BtMVV Rn. 2 bis 4.

Die Vorschrift gilt danach für die Verschreibung
- von Substitutionsmitteln unter Nichteinhaltung der in § 5 Abs. 1 BtMVV vorgegebenen Bestimmungszwecke, insbesondere des Zieles der Abstinenz (§ 5 Abs. 1 Nr. 1 BtMVV),
- von anderen als den in § 5 Abs. 4 Satz 2 BtMVV zugelassenen Betäubungsmitteln[158],
- auch von zugelassenen Substitutionsmitteln über die Höchstmengen[159] hinaus,
- von Substitutionsmitteln unter Nichteinhaltung der in § 5 Abs. 4 Satz 2 BtMVV vorgegebenen Beschränkungen, insbesondere der Verschreibung von Codein und Dihydrocodein unter Nichteinhaltung der Beschränkung auf begründete Ausnahmefälle.[160] Dies gilt auch bei der Verschreibung in Form ausgenommener Zubereitungen, da auch diese dem betäubungsmittelrechtlichen Regime unterstehen, wenn sie für betäubungsmittel- oder alkoholabhängige Personen erfolgt.[161]

Die Strafbarkeit setzt Vorsatz voraus. Bedingter Vorsatz genügt. Dieser ist gegeben, wenn der Arzt damit rechnet und es billigt, zumindest um des erstrebten Zieles willen sich damit abfindet[162], dass er gegen die genannten Regeln verstößt. Entsprechendes gilt für den Fall der Gleichgültigkeit.[163]

b) Strafbarkeit nach § 29 Abs. 1 Satz 1 Nr. 1 BtMG (Abgeben, Handeltreiben)

Überlässt der Arzt dem Patienten die tatsächliche Verfügungsgewalt über das Substitutionsmittel, indem er es ihm, Freunden oder Angehörigen mitgibt, kommt eine Abgabe oder bei Eigennützigkeit Handeltreiben (§ 29 Abs. 1 Satz 1 Nr. 1 BtMG) in Betracht (s oben Abschn. II 4f). Diese können auch

---

158 Möchte der Arzt andere Betäubungsmittel zur Substitution erproben, so muss er nach § 3 BtMG beim Bundesinstitut für Arzneimittel und Medizinprodukte eine Erlaubnis für den Erwerb dieser Betäubungsmittel und ihre Abgabe an die Patienten beantragen. Die Abgabe würde die an sich gebotene Überlassung zum unmittelbaren Verbrauch mit einschließen.
159 § 2 Abs. 1 BtMVV; § 2 Abs. 2 BtMVV kommt in den Fällen der Substitution nicht in Betracht (Erbs/Kohlhaas-*Pelchen/Bruns*, Strafrechtliche Nebengesetze, BtMVV § 2 Rn. 3; *Weber*, BtMG, BtMVV § 2 Rn. 12).
160 MK – *Rahlf* § 29 Rn. 1423; *Weber*, BtMG, § 5 BtMVV Rn. 73; *Joachimski/Haumer*, BtMG, § 13 Rn. 30.
161 Anlage III zum BtMG Positionen Codein und Dihydrocodein.
162 Mag ihm dies auch unerwünscht sein (BayObLG, NJW 2003, 371 [= JR 2003, 428 mit Anm. *Freund/Klapp*, JR 2003, 431 m. w. N.]).
163 BGHSt 40, 304 [= NJW 1995, 974 = NStZ 1995, 121 = StV 1995, 296]; BGH 2 StR 289/02.

fahrlässig begangen werden (§ 29 Abs. 4 BtMG). Ist der Patient minderjährig, ist bei vorsätzlichem Handeln der Verbrechenstatbestand des § 29 a Abs. 1 Nr. 1 BtMG einschlägig.

Kommt der Patient zu Schaden, etwa weil er intravenös appliziert, so kann auch fahrlässige Körperverletzung (§ 229 StGB) oder fahrlässige Tötung (§ 222 StGB) vorliegen[164], sofern nicht der Grundsatz der eigenverantwortlichen Selbstgefährdung eingreift.[165] Im Falle des Todes des Patienten kann auch § 30 Abs. 1 Nr. 3 BtMG in Betracht kommen, wenn der Arzt hinsichtlich der unzulässigen Abgabe vorsätzlich und hinsichtlich des Todes leichtfertig[166] gehandelt hat. Der Grundsatz der eigenverantwortlichen Selbstgefährdung gilt hier nicht.

c) *Strafbarkeit nach § 29 Abs. 1 Satz 1 Nr. 6 BtMG*
Die besondere Strafbewehrung des § 5 Abs. 1, 4 Satz 2 BtMVV bedeutet nicht, dass Verstöße gegen die sonst in § 5 BtMVV aufgestellten Regeln straffrei wären. Vielmehr ist Strafbarkeit nach § 13 Abs. 1, § 29 Abs. 1 Satz 1 Nr. 6 BtMG[167] möglich, wenn der Verstoß zugleich eine Verletzung des § 13 Abs. 1 BtMG darstellt.[168] Dies kommt vor allem in Betracht bei
– fehlender oder oberflächlicher Untersuchung (oben Abschn. II 3)[169],
– fehlender Opiatabhängigkeit (oben Abschn. II 4 b aa (a))[170],
– sonst bei der Nichteinhaltung des allgemein anerkannten Standes der medizinischen Wissenschaft, namentlich bei

---

164 BGHSt 29, 6 [= NJW 1979, 1943 mit Anm. *Kreuzer*, NJW 1979, 2357].
165 Dazu unten Abschnitt 2b.
166 Leichtfertig handelt, wer die sich aufdrängende Möglichkeit eines tödlichen Verlaufs aus besonderem Leichtsinn oder aus besonderer Gleichgültigkeit außer Acht lässt (BGHSt 33, 66 [= NJW 1985, 690 = NStZ 1985, 319 mit Anm. *Roxin*, 1985, 320]; 46, 279 [= BGHR BtMG § 30 Abs. 3 Nr. 3 = NJW 2001, 1802 = NStZ 2001, 324, mit Anm. *Duttge*, NStZ 2001, 546 = StV 2001, 684 = JZ 2002, 150 mit Anm. *Sternberg-Lieben*, JZ 2002, 153 = JR 2002, 426 mit Anm. *Rigizahn*, JR 2002, 430]; MK – *Rahlf*, BtMG, § 30 Rn 147; *Fischer*, StGB, Rn 20.
167 In den Fällen des Verabreichens und des Überlassens zum unmittelbaren Verbrauch kommen Verbrechenstatbestände in Betracht, wenn der Patient minderjährig ist (§ 29 a Abs. 1 Nr. 1 BtMG) oder wenn er zu Tode kommt (§ 30 Abs. 1 Nr. 3 BtMG; s dazu oben Abschn. b).
168 BR-Drs. 252/01 S. 41.
169 BGHSt 9, 370 [= NJW 1957, 29, mit Anm. *Traub*, NJW 1957, 431]; BayObLGSt 1969, 148 [= NJW 1970, 529]; BayObLG, NJW 2003, 371 [= JR 2003, 428 mit Anm. *Freund/Klapp*, JR 2003, 431]; OLG Frankfurt a.M. NJW 1991, 763 [= NStZ 1991, 235].
170 BGHR BtMG § 29 Abs. 1 Nr. 6 Verabreichen 1 [= NStZ 1998, 414 = StV 1998, 593]; *Ulsenheimer*, Arztstrafrecht in der Praxis, Rn. 392a.

- fehlender Eignung des Patienten zur Substitution, insbesondere beim Vorliegen von Kontraindikationen (oben Abschn. II 4c aa)[171],
- einem fehlenden Therapiekonzept oder der Fortsetzung der Substitution trotz dauerhafter Nichtwahrnehmung der Behandlungs- und Betreuungsmaßnahmen durch den Patienten (oben Abschn. II 4c bb, dd (b))[172],
- einer Doppel- oder Mehrfachsubstitution (Abschn. II 4c dd (a))[173],
- Gleichgültigkeit gegenüber einem Beikonsum oder der Abzweigung von Substitutionsmitteln (oben Abschn. II 4c dd (c), (d))[174],
- einer Verschreibung in einer zur parenteralen Anwendung geeigneten Form (oben Abschn. II 4d)[175]
- einer Aushändigung des Rezepts (oben Abschn. II 4e)[176] oder bei
- Mängeln bei der Take-home-Verordnung (oben Abschn. II g).[177]

Die Strafbarkeit nach § 29 Abs. 1 Satz 1 Nr. 6 Buchst. a BtMG (Verschreiben) setzt Vorsatz[178] voraus. In den Fällen des Verabreichens und des Überlassens zum unmittelbaren Gebrauch (§ 29 Abs. 1 Satz 1 Nr. 6 Buchst. b BtMG) ist auch das fahrlässige Verhalten strafbar (§ 29 Abs. 4 BtMG).

Irrt der Arzt über die tatsächlichen Voraussetzungen für das erlaubte Verschreiben (§ 29 Abs. 1 Satz 1 Nr. 6 Buchst. a BtMG), etwa weil er eine falsche Diagnose stellt, so liegt ein Tatbestandsirrtum vor[179], und der Arzt bleibt straffrei (§ 16 Abs. 1 Satz 1 StGB). In den Fällen des Verabreichens und des Überlassens zum unmittelbaren Gebrauch (§ 29 Abs. 1 Satz 1 Nr. 6 Buchst. b BtMG) kommt dann die fahrlässige Begehung in Betracht (§ 29 Abs. 4 BtMG, § 16 Abs. 1 Satz 2 StGB).

Irrt der Arzt dagegen darüber, dass seine Verschreibung ärztlich begründet sein muss, insbesondere über seine Pflichten im Rahmen der Verschreibung eines Substitutionsmittels, so kommt ein Verbotsirrtum (§ 17 StGB) in Betracht.[180] Namentlich im Hinblick auf die erforderliche suchttherapeuti-

---

171 *Weber*, BtMG, § 29 Rn. 1311; § 5 BtMVV Rn. 57.
172 *Körner*, BtMG, § 29 Rn. 1550; *Weber*, BtMG, § 29 Rn. 1311; § 5 BtMVV Rn. 42 bis 45; 49.
173 *Weber*, BtMG, § 29 Rn. 1311; § 5 BtMVV Rn. 48.
174 *Körner*, BtMG, § 29 Rn. 1554, 1555; *Weber*, BtMG, § 29 Rn. 1311; § 5 BtMVV Rn. 50 bis 53; *Joachimski/Haumer*, BtMG, § 13 Rn. 28.
175 *Körner*, BtMG, § 29 Rn. 1525, 1553; *Weber*, BtMG, § 29 Rn. 1311; § 5 BtMVV Rn. 74.
176 *Körner*, BtMG, § 29 Rn. 1551; *Weber*, BtMG, § 29 Rn. 1311; § 5 BtMVV Rn. 76 bis 78.
177 *Körner*, BtMG, § 29 Rn. 1528, 1553; *Weber*, BtMG, § 29 Rn. 1311; § 5 BtMVV Rn. 90 bis 95.
178 Bedingter Vorsatz genügt (siehe dazu oben Abschn. a).
179 BGHSt 37, 383 (Fn. 41); *Joachimski/Haumer*, BtMG, § 29 Rn. 184.
180 BGHSt 29, 6 (Fn. 98); *Joachimski/Haumer*, BtMG, § 29 Rn. 184.

sche Qualifikation des Arztes[181] wird dieser immer vermeidbar sein, so dass es bei der Strafbarkeit[182] verbleibt. Dasselbe gilt für die Fälle des Verabreichens und des Überlassens zum unmittelbaren Gebrauch (§ 29 Abs. 1 Satz 1 Nr. 6 Buchst. b BtMG).

In den Fällen des § 29 Abs. 1 Satz 1 Nr. 6 Buchst. a BtMG (Verschreiben) ist der Versuch nicht strafbar. Vollendet ist die unzulässige Verschreibung mit der Aushändigung des Rezepts an den Apotheker oder den Patienten[183]; die Beendigung tritt mit der Belieferung des Rezeptes ein.[184] In den Fällen des Verabreichens und des Überlassens zum unmittelbaren Verbrauch (§ 29 Abs. 1 Satz 1 Nr. 6 Buchst. b BtMG) ist der Versuch strafbar (§ 29 Abs. 2 BtMG). Er beginnt mit dem Bereitstellen des Substitutionsmittels für den Patienten oder vergleichbaren Maßnahmen.[185]

Verlegt der substituierende Arzt seine Praxis ins Ausland, gelten die allgemeinen Regeln.[186]

Die Spezialvorschrift des § 29 Abs. 1 Satz 1 Nr. 6 BtMG geht dem § 29 Abs. 1 Satz 1 Nr. 1 BtMG in der Form des Inverkehrbringens vor.[187] Der Arzt, der vorsätzlich oder aus Nachlässigkeit entgegen § 13 Abs. 1 BtMG ein Substitutionsmittel verschreibt, solche verabreicht oder zum unmittelbaren Verbrauch überlässt, kann daher nicht wegen vorsätzlichen oder fahrlässigen Inverkehrbringens von Betäubungsmitteln bestraft werden. Für sonstiges nachlässiges Inverkehrbringen, etwa wenn er die Substitutionsmittel nicht ordnungsgemäß gegen unbefugte Entnahme sichert, haftet der Arzt nach § 29 Abs. 1 Satz 1 Nr. 1, Abs. 4 BtMG wie jeder andere auch.

Weiß der Arzt, dass der Patient ein ärztlich nicht begründet verschriebenes Substitutionsmittel unerlaubt weitergibt, so liegt schon im Hinblick auf die fehlende tatsächliche Verfügungsmacht des Arztes kein Inverkehrbringen vor.[188] Im Übrigen würden die besonderen Vorschriften über die Verschreibung (§ 29 Abs. 1 Satz 1 Nr. 6 Buchst. a BtMG) im Sinne einer privilegieren-

---

181 § 13 Abs. 3 Satz 2 Nr. 2 BtMG, § 5 Abs. 2 Satz 1 Nr. 6 BtMVV.
182 Mit der Möglichkeit der Strafmilderung nach § 17 Satz 2, § 49 Abs. 1 StGB.
183 Sofern dies unzulässigerweise erfolgt.
184 *Körner*, BtMG, § 29 Rn. 1301; MK – *Kotz*, BtMG, § 29 Rn. 1037; *Weber*, BtMG, § 29 Rn. 1301.
185 *Weber*, BtMG, § 29 Rn. 1353 m. w. N.
186 *Weber*, BtMG, § 29 Rn. 1305, 1306, 1358, 1359.
187 MK – *Kotz*, BtMG, § 29 Rn 769; *Weber*, BtMG, § 29 Rn. 1011, 1036, 1323; a. A. *Hügel/Junge/Lander/Winkler*, BtMG, § 29 Rn. 9.4.2.
188 *Horn*, NJW 1977, 2329, 2334; *Körner*, BtMG, § 29 Rn. 1270; Weber, BtMG, § 29 Rn. 1011.

den Spezialität vorgehen. Gegenteilige Entscheidungen[189] sind mit Rücksicht auf diese Vorschrift überholt.[190]

2. Strafbarkeit nach dem Strafgesetzbuch

a) Körperverletzung (§§ 223, 229 StGB)
In dem Verschreiben, Verabreichen oder Überlassen von Substitutionsmitteln zum unmittelbaren Gebrauch kann auch eine vorsätzliche oder fahrlässige Körperverletzung zu sehen sein.

aa) Wirkungen. Beim Konsumenten können Betäubungsmittel Wirkungen hervorrufen, die eine Gesundheitsschädigung im Sinne des § 223 Abs. 1 StGB darstellen. Dies gilt insbesondere, wenn sie zu Rauschzuständen, körperlichem Unwohlsein – insbesondere nach Abklingen der Rauschwirkungen –, zur Suchtbildung oder zu Entzugserscheinungen führen.[191] Für die als Substitutionsmittel verwendeten Betäubungsmittel gilt grundsätzlich nichts Anderes. Allerdings wird ihre akute Wirkung in aller Regel in einer Verbesserung des körperlichen Wohlbefindens bestehen, so dass bei ihnen die mögliche Perpetuierung der Sucht und die Zerstörung oder Erschwerung von Therapiemöglichkeiten im Vordergrund stehen.[192] Aber auch dies wird kaum in Betracht kommen, wenn der substituierende Arzt sich an die Regeln der § 13 Abs. 1 BtMG, § 5 BtMVV und der BÄK-Richtlinien hält. In der Praxis dürfte sich eine mögliche Körperverletzung daher meist auf Fälle beschränken, in denen aufgrund einer fehlenden oder oberflächlichen Untersuchung eine fehlerhafte Diagnose gestellt wird oder in denen zusätzliche Präparate verschrieben werden.[193]

---

189 RGSt 62, 389; BayObLGSt 1960, 182.
190 *Horn*, NJW 1977, 2329, 2334; *Joachimski/Haumer*, BtMG, § 29 Rn. 109, 110; *Weber*, BtMG, § 29 Rn. 1011; a. A. *Körner*, BtMG, § 29 Rn. 1265.
191 BGHSt 49, 34 [= NJW 2004, 1054 = NStZ 2004, 204 = JuS 2004, 350 mit Bspr. *Sternberg-Lieben*, JuS 2004, 954]. Jedoch ist nicht jeder Betäubungsmittelkonsum mit einer Gesundheitsschädigung verbunden (BGHSt 49, 34). Die Delikte gegen die körperliche Unversehrtheit stehen daher mit den in Betracht kommenden Betäubungsmittelstraftaten in Tateinheit (*Weber*, BtMG, § 13 Rn. 80; § 29 Rn. 961, 995, 1035, 1394).
192 RGSt 77, 17; BGH, NJW 1970, 519; OLG Frankfurt/M, NJW 1988, 2965 [= NStZ 1988, 25]; NJW 1991, 763 [= NStZ 1991, 235 mit Anm. *Radloff* NStZ 1991, 236]; BayObLG, StV 1993, 642 mit Anm. *Dannecker/Stoffers*, StV 1993, 642; BayObLG, NJW 2003, 371 [= JR 2003, 428 mit Anm. *Freund/Klapp*, JR 2003, 431].
193 S. dazu BayObLG, NJW 2003, 371 [= JR 2003, 428 mit Anm. *Freund/Klapp*, JR 2003, 431]; *Körner*, BtMG, § 13 Rn. 92; *Weber*, BtMG, § 13 Rn. 81.

bb) **Ausschluss des Tatbestands bei eigenverantwortlicher Selbstgefährdung.** An der Tatbestandsmäßigkeit eines Körperverletzungsdelikts kann es fehlen, wenn der Gesichtspunkt der eigenverantwortlichen Selbstgefährdung eingreift. Danach unterfällt eine eigenverantwortlich gewollte und verwirklichte Selbstgefährdung grundsätzlich nicht dem Tatbestand eines Körperverletzungs- oder Tötungsdelikts, wenn sich das vom Opfer mit der Gefährdung bewusst eingegangene Risiko realisiert; wer eine solche Gefährdung veranlasst, ermöglicht oder fördert, nimmt an einem Geschehen teil, das kein tatbestandsmäßiger Vorgang ist und ist deswegen straflos.[194] Dies kann auch in Betracht kommen, wenn der Arzt im Rahmen einer Substitutionsbehandlung Substitutionsmittel verschreibt.[195]

Der Gesichtspunkt der eigenverantwortlichen Selbstgefährdung wird nicht generell dadurch ausgeschlossen, dass der Arzt eine Garantenstellung gegenüber dem Konsumenten innehat.[196] Allerdings greift der Grundsatz dann nicht ein, wenn der Handelnde kraft überlegenen Sachwissens das Risiko besser als der Konsument erfasst[197], wenn er erkennt, dass der Konsument die Tragweite seines Entschlusses nicht überblickt, oder dass er zwar über die Gefahren Bescheid weiß, diese aber nicht ernst nimmt, bagatellisiert oder verdrängt, wobei es gleichgültig ist, ob dies auf einem Irrtum des Konsumenten beruht oder darauf, dass er infolge seiner psychischen Situation zu einer

---

194 StRspr; BGHSt 53, 55 [= NJW 2009, 1155 = NStZ 2009, 148 m. Anm. *Roxin* JZ 2009, 399]; BGHSt 46, 279 [= BGHR BtMG § 30 Abs. 3 Nr. 3 = NJW 2001, 1802 = NStZ 2001, 324, mit Anm. *Duttge*, NStZ 2001, 546 = StV 2001, 684 = JZ 2002, 150 mit Anm. *Sternberg-Lieben*, JZ 2002, 153 = JR 2002, 426 mit Anm. *Rigizahn*, JR 2002, 430].; BGHSt 49, 34 [= NJW 2004, 1054 = NStZ 2004, 204 = JuS 2004, 350 mit Bspr. *Sternberg-Lieben*, JuS 2004, 954]. Im Hinblick darauf, dass das Betäubungsmittelrecht auch das universale Rechtsgut der Volksgesundheit schützt, kommt dies für die Straftaten des Betäubungsmittelrechts nicht in Betracht (stRspr.).
195 OLG Zweibrücken, NStZ 1995, 89 [= JR 1995, 304 mit Anm. *Horn*, JR 1995, 304 = MedR 1995, 331 mit Anm. *Körner*, MedR 1995, 332 für codeinhaltige Präparate]; BayObLGSt 1994, 231; BayObLG, NJW 2003, 371 [= JR 2003, 428 mit Anm. *Freund/Klapp*, JR 2003, 431].
196 OLG Zweibrücken, NStZ 1995, 89 [siehe vorhergehende Fn.]; *Hirsch*, JR 1979, 429, 430; *Roxin*, NStZ 1984, 411, 412; anscheinend auch BayObLG NJW 2003, 371 [siehe vorhergehende Fn.]; a. A. BGH JR 1979, 429; später offengelassen (BGH, NStZ 1985, 25; BGHR StGB § 222 Zurechenbarkeit 2 [= NJW 2000, 2286 = NStZ 2001, 205 mit kritischer Anm. *Hardtung*, NStZ 2001, 206 = StV 2000, 617 = JR 2001, 246 mit Anm. *Renzikowski*, JR 2001, 248]; *Weber*, BtMG, § 13 Rn. 86; § 30 Rn. 192 bis 197). Etwas Anderes kann dann gelten, wenn die Garantenpflicht nach den Umständen des Einzelfalls auch die Pflicht zur Verhütung von Selbstgefährdungen einschließt, etwa wenn der Patient den Arzt aufgesucht hat, um von seiner Drogensucht geheilt zu werden (*Lackner/Kühl*, StGB, Vorb 14 vor § 211 m. w. N.).
197 Das wird beim Arzt nicht selten gegeben sein (*Weber*, BtMG, § 13 Rn. 87 bis 92; siehe auch BayObLG, NJW 2003, 371 [= JR 2003, 428 mit Anm. *Freund/Klapp*, JR 2003, 431]).

Abwägung der Risiken nicht mehr hinreichend in der Lage ist.[198] Im Verhältnis des Arztes zu einem drogenabhängigen Patienten dürfte dies nicht ganz selten sein.[199]

cc) Kein Ausschluss des Tatbestands bei einverständlicher Fremdgefährdung. Die Grundsätze, die für die Teilnahme an einer eigenverantwortlichen Selbstgefährdung maßgeblich sind, gelten nicht für die einverständliche Fremdgefährdung. Maßgebliches Abgrenzungskriterium ist die Trennungslinie zwischen Täterschaft und Teilnahme.[200] Kommt dem Arzt die Tat- oder Gefährdungsherrschaft zu, etwa weil der Patient nicht mehr in Lage war, das Substitutionsmittel selbst zu sich zu nehmen, so scheidet eine eigenverantwortliche Selbstgefährdung aus. Liegt danach Täterschaft vor, so stellt sich die Frage der Einwilligung.[201]

dd) Einwilligung. Liegt eine wirksame Einwilligung des Konsumenten vor, so ist die Körperverletzung gerechtfertigt und der Arzt bleibt straflos. Für die Wirksamkeit der Einwilligung ist die natürliche Einsichts- und Urteilsfähigkeit des Konsumenten maßgeblich;[202] er muss die notwendige Gemütsruhe und Urteilskraft besitzen, um Tragweite und Bedeutung seiner Erklärung zu erkennen, das Für und Wider verständig abzuwägen und seinen Willen danach zu bestimmen.[203] Bei Suchtkranken kann dies nicht ohne Weiteres angenommen werden.[204] Wesentliche Gesichtspunkte sind die Dauer der Abhängigkeit, das Ausmaß von Persönlichkeitsveränderungen, Entzugserscheinungen und Beschaffungsdruck.[205]

Die Einsichts- und Urteilsfähigkeit muss gegebenenfalls durch eine Aufklärung herbeigeführt werden. Aufgabe der Aufklärung ist es, dem Patienten

---

198 *Freund/Klapp*, JR 2003, 431, 434.
199 S. dazu im Einzelnen *Weber*, BtMG, § 13 Rn. 87 bis 93.
200 BGHSt 49, 34 [= NJW 2004, 1054 = NStZ 2004, 204 = JuS 2004, 350 mit Bspr. *Sternberg-Lieben*, JuS 2004, 954]; BGHR StGB § 222 Zurechenbarkeit 3 [= NJW 2003, 2326 = NStZ 2003, 537 mit Bspr. *Herzberg*, NStZ 2004, 1]; BGH, NJW 2004, 2458 [= JZ 2005, 100 mit Anm. *Arzt*, JZ 2005, 100]; 2009, 1155 [= NStZ 2009, 148]; *Fischer*, StGB, Vorb. 37 vor § 13; *Weber*, BtMG, § 30 Rn. 148, 200, 201.
201 BGHSt 49, 34 [siehe vorhergehende Fn.]; BGH NJW 2009, 1155 [= NStZ 2009, 148]; sie kommt auch bei der fahrlässigen Körperverletzung in Betracht (*Fischer*, StGB, § 228 Rn. 10a).
202 BGHSt 12, 379 [= NJW 1959, 825]; *Fischer*, StGB, Vorb 3c vor § 32; *Weber*, BtMG, § 13 Rn. 96.
203 BGH, NStZ 2000, 87; BayObLG, NJW 1999, 372 [= NStZ 1999, 458 mit Anm. *Amelung*, NStZ 1999, 458].
204 Siehe BGHSt 49, 34 [= NJW 2004, 1054 = NStZ 2004, 204 = JuS 2004, 350 mit Bspr. *Sternberg-Lieben*, JuS 2004, 954]; *Weber*, BtMG, § 13 Rn. 97.
205 OLG Frankfurt a.M., NJW 1991, 763; *Weber*, BtMG, § 13 Rn. 97.

Art, Bedeutung und Tragweite der Behandlung jedenfalls in den Grundzügen erkennbar zu machen, um ihm eine Abschätzung der Chancen und Risiken zu ermöglichen. Zur Strafbarkeit führt die unterlassene Aufklärung allerdings nur dann, wenn die Einwilligung sonst nicht erteilt worden wäre.[206]

Trotz der Einwilligung bleibt die Körperverletzung rechtswidrig, wenn die Tat gegen die guten Sitten verstößt (§ 228 StGB). Ein solcher Verstoß liegt nicht schon deswegen vor, weil sich der Arzt gemäß § 29 Abs. 1 Satz 1 Nr. 6 Buchst. b BtMG strafbar macht. Die Grenze der Sittenwidrigkeit ist aber dann überschritten, wenn der Patient durch das Verabreichen des Betäubungsmittels bei vorausschauender objektiver Betrachtung in konkrete Todesgefahr gebracht wird.[207] Erkennt der Arzt die eintretende Lebensgefahr nicht, so irrt er über die tatsächlichen Voraussetzungen eines Rechtfertigungsgrundes, so dass der Vorsatz entsprechend § 16 Abs. 1 Satz 1 StGB ausgeschlossen ist.[208] Es kommt dann fahrlässige Körperverletzung in Betracht.

b) Untreue, Betrug (§§ 266, 263 StGB)

Bei der Ausstellung von Kassenrezepten ohne ärztliche Begründetheit kommt Tateinheit mit Untreue (Missbrauchstatbestand) in Betracht, da der Kassenarzt gegenüber den gesetzlichen Krankenkassen eine Vermögensbetreuungspflicht hat (BGHSt 49, 17 [= NJW 2004, 454 = NStZ 2004, 266 = StV 2004, 422 mit Anm. *Teschke* 2005, 406]; *Hügel/Junge/Lander/Winkler* Rn. 15.3.12; *Schroth* in diesem Band). Der Patient begeht Anstiftung oder Beihilfe zur Untreue (BGH a. a. O.).

Bei Privatversicherten kommt dagegen Beihilfe zum Betrug zum Nachteil der Versicherung (und gegebenfalls der Beihilfestelle) in Betracht, wenn der Patient, der die ärztliche Unbegründetheit kennt, das Rezept zur Erstattung einreicht (*Hügel/Junge/Lander/Winkler* Rn. 15.3.12; *Schroth* in diesem Band). Wird sie auch dem Patienten vorgespiegelt, liegt Betrug zu Lasten desjenigen vor, der den Schaden trägt; soweit die Versicherung (und gegebenenfalls die Beihilfestelle) Kostenträger sind, liegt mittlerweile Täterschaft vor (*Schroth* a. a. O.).

---

206 BGH, NStZ 1996, 34; NStZ-RR 2004, 16; 2007, 340 [= StV 2008, 189 mit Anm. *Sternberg-Lieben*]. Dies ist dem Arzt nachzuweisen; Zweifel gehen zu seinen Gunsten (BGH, NStZ-RR 2004, 16).
207 BGHSt 49, 34 [= NJW 2004, 1054 = NStZ 2004, 204 = JuS 2004, 350 mit Bspr. *Sternberg-Lieben*, JuS 2004, 954]; BGH NJW 2009, 1155 [= NStZ 2009, 148]; *Weber*, BtMG, § 13 Rn. 102, 103.
208 BGHSt 49, 34 [siehe vorhergehende Fn.].

IV. Substitution und Verkehrsstrafrecht

Nach § 316 StGB macht sich wegen Trunkenheit im Verkehr strafbar, wer vorsätzlich oder fahrlässig im Verkehr[209] ein Fahrzeug führt, obwohl er infolge des Genusses alkoholischer Getränke oder anderer berauschender Mittel nicht in der Lage ist, das Fahrzeug sicher zu führen. Kommt es dabei zu einer konkreten Gefährdung von Leib und Leben eines anderen Menschen oder einer fremden Sache von bedeutendem Wert, so tritt eine erhöhte Strafbarkeit nach §§ 315a, 315c StGB ein. Zu den anderen berauschenden Mitteln gehören auch die Substitutionsmittel.[210] An sich ist die Möglichkeit, ein Kraftfahrzeug führen zu können, ein wesentliches Mittel der beruflichen und sozialen Reintegration. Allerdings darf dies nicht zulasten hoher Rechtsgüter anderer Verkehrsteilnehmer gehen.

1. Fahrtüchtigkeit

Wer als Opiatabhängiger mit Methadon oder einem anderen Betäubungsmittel substituiert wird, ist grundsätzlich nicht in der Lage, ein Kraftfahrzeug sicher zu führen.[211] Nur in seltenen Ausnahmefällen ist eine andere Beurteilung möglich, wenn eine mehr als einjährige, regelmäßige Methadonsubstitution vorliegt und sowohl eine stabile psychosoziale Integration als auch Freiheit vom Beigebrauch anderer psychoaktiver Substanzen (auch von Alkohol) seit mindestens einem Jahr[212] gegeben sind.[213] Bei Codein und Dihydrocodein kommt es in der hohen Dosis, in der sie bei der Substitution konsumiert werden, zu schweren Rauschzuständen, die die Fahrsicherheit wesentlich beeinträchtigen.[214] Die Fahrsicherheit dürfte hier insgesamt erheblich ungünstiger zu beurteilen sein als bei Methadon.[215]

Fälle ohne Beikonsum sind in der Praxis sehr selten.[216] Vorherrschend ist ein Mischkonsum mit bis zu fünf Drogen, wobei Benzodiazepine an erster Stelle stehen, gefolgt von Morphin, Alkohol, Cannabinoiden und Cocain.

---

209 Dazu gehören neben dem Straßenverkehr der Schienenbahn-, Schwebebahn-, Schiffs- und Luftverkehr (§ 316 StGB).
210 LK – *König*, StGB, § 315c Rn. 63; § 316 Rn. 146a; *Weber*, BtMG, Vorb. 1399 vor § 29.
211 OVG Hamburg, NJW 1997, 3111 [= NZV 1997, 247]; OVG Saarlouis NJW 2006, 2651.
212 Nachgewiesen durch geeignete, regelmäßige, zufällige Kontrollen (z. B. Urin, Haar). *Schöch*, BA 2005, 354, 357 hält im Einzelfall auch eine kürzere Zeit für ausreichend.
213 OVG Hamburg, NJW 1997, 3111 [= NZV 1997, 247]; LK – *König*, StGB, § 315c Rn. 63.
214 LK – *König*, StGB, § 316 Rn. 146a m. w. N.
215 *Schöch*, BA 2005, 354, 355.
216 *Musshoff/Banaschak/Madea*, BA 2001, 325 in vier von 98 untersuchten Fällen.

Die Wechselwirkungen, namentlich die Wirkungsverstärkungen, die durch die Kombination von Betäubungsmitteln mit Alkohol oder anderen Drogen entstehen, sind noch weitgehend ungeklärt und wegen der Komplexität der Materie in absehbarer Zeit auch nicht abschließend zu klären. Generell kann gesagt werden, dass Heroin und andere Opiate/Opioide (z. B. Morphin, [Levo-]Methadon, Codein, Dihydrocodein) sowie Cannabis die Wirkung des Alkohols verstärken, Amfetamin (Speed), Designer-Amfetamine (Ecstasy) und Cocain zwar die sedierende Wirkung des Alkohols mildern, aber zu einer erhöhten Zahl von Fehlreaktionen führen.[217]

2. Strafrechtliche Verantwortlichkeit des Arztes

Der Arzt ist verpflichtet, den Patienten über die Beeinträchtigung der Fahrsicherheit[218] zu belehren, die sich aufgrund der Substitution ergibt.[219] Unterlässt er dies, und kommt es zu einem Unfall, so kann er wegen fahrlässiger Körperverletzung oder Tötung strafrechtlich verantwortlich sein, wenn festgestellt werden kann, dass die Unterlassung der Belehrung für den Unfall ursächlich war.[220] Beihilfe zu einer Trunkenheitsfahrt, die an sich denkbar wäre,[221] scheidet in aller Regel aus, da weder die fahrlässige Beihilfe noch die vorsätzliche Beihilfe zu einer fahrlässigen Haupttat[222] strafbar sind (§ 27 StGB).

Hat er den Patienten ordnungsgemäß belehrt, so richten sich die Pflichten des substituierenden Arztes danach, ob der Patient offenkundig fahruntüchtig war und nicht mehr eigenverantwortlich handeln konnte.[223] Solange der Arzt verständigerweise annehmen darf, der Patient sei noch fähig, selbstverantwortlich zu handeln, braucht er sich in dessen Tun oder Lassen in aller Regel nicht einzumischen. Auch wenn der Patient dann einen Unfall mit Personenschaden verursacht, kommt eine strafrechtliche Verantwortung des Arztes nicht in Betracht. Auch hier scheidet die Beihilfe in aller Regel schon deswe-

---

217 LK – *König*, StGB, § 316 Rn. 133, 147 m. w. N; *Weber*, BtMG, Vorb. 1403, 1404 vor § 29.
218 Dasselbe gilt für die (Un-)Tauglichkeit zur Bedienung von Maschinen (*Bayerische Akademie für Suchtfragen* Leitfaden, S. 48).
219 Nr. 4 BÄK-Richtlinien.
220 *Schöch*, BA 2005, 354, 357.
221 Durch Unterlassen (dazu *Lackner/Kühl*, StGB, § 27 Rn. 5).
222 Zu der Problematik der Feststellung von Vorsatz siehe LK – *König*, StGB, § 316 Rn. 207.
223 *Schöch*, BA 2005, 354, 357; ebenso BGHSt 19, 152 [= NJW 1964, 412]; OLG Saarbrücken, NJW-RR 1995, 986; LK – *König*, StGB, § 316 Rn. 232 für den Gastwirt.

gen aus, weil eine Vorsatztat des Haupttäters in der Verfahrenswirklichkeit nur sehr selten in Betracht kommen wird.[224]

Ist der Patient erkennbar fahruntüchtig und nicht mehr in der Lage, eigenverantwortlich zu handeln, muss der Arzt alle ihm möglichen und zumutbaren Maßnahmen ergreifen, um das Wegfahren des Patienten am Steuer eines Fahrzeugs zu verhindern, notfalls durch Unterrichtung der Polizei. Unterlässt er dies und kommt es zu einem Unfall, so kann der Arzt wegen fahrlässiger Körperverletzung oder Tötung strafbar sein.[225] In einem solchen Fall erscheint auch eine Beihilfe durch Unterlassen[226] zu einem Vergehen nach § 316 StGB nicht ausgeschlossen, wenn die Haupttat vorsätzlich begangen wurde.[227]

Die Substitution unterliegt der ärztlichen Schweigepflicht. Der Arzt darf daher grundsätzlich weder die Straßenverkehrsbehörde noch die Polizei davon unterrichten.[228] Etwas Anderes gilt dann, wenn, etwa aufgrund eines regelmäßigen Beikonsums, Leben und Gesundheit anderer Verkehrsteilnehmer gefährdet sind. Eine Verpflichtung zur Unterrichtung der zuständigen Behörden, namentlich der Polizei, besteht dann, wenn der Patient erkennbar fahruntüchtig ist und nicht mehr eigenverantwortlich handeln kann.[229]

C. Die Vergabe von Originalpräparaten (Heroin)

Ähnlich kontrovers wie früher bei der Substitution mit Ersatzstoffen ist heute die Diskussion über die Vergabe von Heroin an Schwerstabhängige. Ausgangspunkt ist ein Modellversuch in der Schweiz.[230] Der in den Medien erheblich überinterpretierte Versuch hat auch in Deutschland eine heftige Debatte darüber ausgelöst, ob in der ärztlich verordneten Verabreichung von Heroin an Schwerstabhängige ein verantwortbarer drogenpolitischer Weg

---

224 LK – *König*, StGB, § 316 Rn. 207, 208, 232.
225 *Schöch*, BA 2005, 354, 357.
226 Insbesondere wäre sie zumutbar.
227 Dass der Gehilfe den Erfolg der Haupttat nicht wünscht und ihn lieber vermeiden würde, schließt die Beihilfe nicht aus (BGHSt 46, 107).
228 *Schöch*, BA 2005, 354, 357.
229 Siehe *Schöch*, BA 2005, 354, 357.
230 Siehe dazu *Uchtenhagen*, Synthesebericht; *Kaiser*, Kriminologie, § 55 Rn. 17, 18; *Albrecht*, in: Kreuzer, (Hrsg.), Handbuch, § 23C Rn. 268; *Adams*, ZRP 1997, 52; *Hauptmann*, Kriminalistik 1999, 17, 23, dazu *Killias*, Kriminalistik 1999, 311 und *Koch*, Kriminalistik 1999, 543 sowie *Hauptmann*, Kriminalistik 1999, 519.

gesehen werden kann. Dabei ist der Grundgedanke der Überlebenshilfe nicht umstritten. Die Frage ist nur, wie er im Verhältnis zu den anderen Säulen der internationalen Drogenpolitik, insbesondere zur Prävention und zur Therapie zu gewichten ist.

Dabei kann wohl davon ausgegangen werden, dass die Vergabe von Heroin jedenfalls kein Schritt hin zu einer Ächtung der Drogen ist. Die damit verbundene Signalwirkung ist eher geeignet, die Präventionsbemühungen zu unterlaufen und die Prävention insgesamt zu schwächen. Eine Möglichkeit, dies durch die Vergabekriterien zu vermeiden, ist nicht erkennbar. Dagegen könnten negative Auswirkungen auf die Therapiebereitschaft durch strenge Aufnahme- und Haltebedingungen jedenfalls in der Theorie verhindert werden. Die Erfahrung mit anderen Programmen, auch solchen der Substitution, lehrt jedoch, dass dies in der Praxis nur schwer gelingt, so dass am Ende letztlich nur ein zwar preiswertes, gesundheits- und drogenpolitisch aber nicht zu verantwortendes Programm der Suchtverlängerung steht.

I. Der Schweizer Versuch

Ob und inwieweit dies bei dem Schweizer Versuch vermieden werden konnte, war namentlich nach einer Stellungnahme der Bundesärztekammer Gegenstand auch der öffentlichen Diskussion in Deutschland.[231] Der Synthesebericht zu dem Vorhaben selbst kommt zu dem Ergebnis, dass
- eine restriktiv gehandhabte,
- auf die Zielgruppe von Erwachsenen mit einer langjährigen, chronifizierten Heroinabhängigkeit, gescheiterten Therapieversuchen und deutlichen gesundheitlichen und sozialen Schäden ausgerichtete
- Weiterführung der heroinunterstützten Behandlung in entsprechend ausgerüsteten und kontrollierten Polikliniken,
- die auch eine umfassende Abklärung, Betreuung und Überwachung (Injektionen unter Kontrolle, keine Mitgabe injizierbarer Stoffe, kontrollierte Aufbewahrung der Betäubungsmittel, zentrale Bewilligungserteilung, Registrierung der Patienten, Überwachung des Nebenkonsums) gewährleisten,

empfohlen werden kann.[232]

---

231 *Sauer*, FAZ vom 11.08.1997; *Flenker*, DER SPIEGEL vom 09.03.1998; *Deckers*, FAZ vom 12.03.1998; siehe auch *Kreuzer*, NStZ 1998, 217, 220 sowie in FAZ vom 02.09.1999; *Gebhardt*, in: Kreuzer (Hrsg.), Handbuch, § 9 Rn. 103.
232 *Uchtenhagen* Synthesebericht, S. 139, 141.

Aber auch diese gegenüber der medialen Darstellung sehr vorsichtige Aussage beruht auf einer brüchigen Basis. Dazu muss nicht auf die manchmal polemische Auseinandersetzung der Befürworter und Gegner des Versuchs[233] zurückgegriffen werden. Vielmehr ergibt sich dies bereits aus dem Synthesebericht selbst.[234]

II. Der deutsche Modellversuch

Mittlerweile wurde auch in Deutschland ein entsprechender Modellversuch durchgeführt.[235] Grundlage war eine Ausnahmegenehmigung des Bundesinstituts für Arzneimittel und Medizinprodukte gemäß § 3 Abs. 2 BtMG. Beteiligt waren die Bundesregierung, die Länder Hamburg, Hessen, Niedersachsen und Nordrhein-Westfalen und die Städte Bonn, Frankfurt a. M., Hannover, Karlsruhe, Köln und München.

Der Versuch ist inzwischen ausgelaufen. Ob seine Ergebnisse eine gesetzliche Zulassung der Heroinvergabe rechtfertigen, erscheint zweifelhaft.[236] Auch ist die Einführung der „Substitution" mit einer Originalsubstanz, die von den Süchtigen gewünscht wird und die ihnen auch in der gewünschten Konsumform kostenlos geboten wird, ein Quantensprung in der Drogenpolitik. Ein Vergleich mit anderen Substitutionsmitteln, namentlich Buprenorphin, hat überhaupt nicht stattgefunden. Gleichwohl hat sich der Gesetzgeber dazu entschlossen.[237]

III. Die gesetzliche Regelung der Heroinvergabe in Deutschland

1. Regelung

Das Gesetz bezeichnet sich als „Gesetz zur diamorphingestützten Substitutionsbehandlung" und fügt die neuen Regelungen in die Vorschriften über die Substitution ein. Diamorphin ist eine in einem Klammerzusatz in Spalte 2 der Anlage I zum BtMG enthaltene weitere Bezeichnung für Heroin. Da somit ein Originalstoff vergeben wird, erscheint die Bezeichnung als Substitutions-

---

233 Siehe dazu etwa die Kontroverse von *Killias*, Kriminalistik 1999, 311 und *Koch*, Kriminalistik 1999, 543.
234 Wegen der Einzelheiten kann auf *Weber*, BtMG, 2. Aufl., Einl. Rn. 160 bis 168 verwiesen werden.
235 BAnz 1999 [Nr. 183] S. 16.753; s. auch BT-Drs. 14/1940.
236 *Springer*, Expertise zur ärztlichen Heroinversorgung; *Weber*, BtMG, Einl. Rn. 178 bis 208. *Hügel/Junge/Lander/Winkler*, BtMG, § 3 Rn. 17.2.
237 Gesetz zur diamorphingestützten Substitutionsbehandlung vom 15.07.2009 (BGBl. I S 1801).

behandlung nicht ganz zweifelsfrei. Im Hinblick auf die Sachnähe zur Substitution ist die vom Gesetz vorgenommene Einfügung in deren Regeln allerdings zweckdienlich.

2. Grundsätze

a) Substitutionszwecke, Abstinenzziel
Das Gesetz hat an den Substitutionszwecken nichts geändert. Es gelten daher die allgemeinen Regeln.[238] Dies gilt insbesondere von dem Abstinenzziel. Auch die diamorphingestützte Substitutionsbehandlung muss daher die Wiederherstellung der Betäubungsmittelabstinenz zum Ziel haben, wobei es auch hier ausreichen kann, dass dieses Zeil als Fernziel angesteuert wird, sofern sichergestellt ist, dass die Drogensucht nicht auf Dauer unterstützt wird.[239] In dem deutschen Modellprojekt war ein Abstinenzziel nicht ausdrücklich formuliert worden. Dass der Gesetzgeber gleichwohl nicht darauf verzichtet hat, entspricht dem deutschen Betäubungsmittelrecht und ist sachgerecht.

Welche Bedeutung das Gesetz der Einhaltung der Substitutionszwecke beimisst, wird auch daraus erkennbar, dass nach einer Behandlungsdauer von spätestens zwei Jahren durch einen qualifizierten externen Arzt zu überprüfen ist, ob die Voraussetzungen für die Behandlung noch gegeben sind und ob diese fortzusetzen ist; sind die Voraussetzungen nicht mehr gegeben, ist die Behandlung mit Diamorphin zu beenden.[240]

b) Die Erfüllung der Zulässigkeitsvoraussetzungen
Auch für die diamorphingestützte Substitutionsbehandlung gelten zunächst die allgemeinen Grundsätze.[241] Zusätzlich stellt das Gesetz weitere Anforderungen:

aa) Eignung zur Substitution. Zusätzlich zu den sonstigen Voraussetzungen[242] ist für die diamorphingestützte Substitutionsbehandlung erforderlich, dass

---

[238] S. oben Abschn. B II 4b.
[239] § 5 Abs. 1 Nr. 1 BtMVV.
[240] § 5 Abs. 9d BMVV.
[241] Oben Abschn. B II 4c.
[242] § 5 Abs. 2 Satz 1 Nr. 1 BtMVV.

– bei dem Patienten eine seit mindestens fünf Jahren bestehende Opiatabhängigkeit, verbunden mit schwerwiegenden somatischen und psychischen Störungen bei derzeit überwiegend intravenösem Konsum vorliegt,[243]
– zwei erfolglos beendete Behandlungen der Opiatabhängigkeit, davon eine mindestens sechsmonatige Behandlung mit anderen Substitutionsmitteln einschließlich psychosozialer Betreuungsmaßnahmen nachgewiesen werden und
– der Patient das 23. Lebensjahr vollendet hat.

Diese Voraussetzungen stehen gleichrangig neben dem allgemein anerkannten Stand der medizinischen Wissenschaft.[244] Sie dürfen daher nicht unter Berufung auf einen solchen Stand überspielt werden, sondern müssen gleichzeitig gegeben sein.[245]

Mit der Einführung dieser Kriterien verbindet die Gesetzesbegründung[246] die Hoffnung, dass die Diamorphinbehandlung nur auf Schwerstopiatabhängige angewendet wird. Nur wenn sich diese Hoffnung erfüllt, wird die Vergabe dieses gefährlichen Originalstoffs als ein verantwortbarer Weg angesehen werden können. Es ist bedauerlich, dass eine entsprechende Evaluation nicht vorgesehen ist.

bb) Therapiekonzept. Dass auch der diamorphingestützten Substitutionsbehandlung ein Therapiekonzept zu Grunde liegen muss, ergibt sich bereits aus den insoweit unverändert gebliebenen Regelungen.[247] Das Gesetz schreibt darüber hinaus vor, dass in den ersten sechs Monaten der Behandlung zwingend Maßnahmen der psychosozialen Betreuung stattzufinden haben.[248] Diese Frist ist keine Höchstfrist. Vielmehr müssen diese Maßnahmen durchgeführt werden, solange sie erforderlich sind.[249] Dies gilt umso mehr, als in der dem Gesetz zu Grunde liegenden Studie nur die Auswirkung des Gesamtprogramms (Heroinvergabe verbunden mit einer intensiven psychosozialen Betreuung), nicht aber die Bedeutung der Einzelkomponente „Heroinvergabe" gemessen werden konnte.[250]

---

243 § 5 Abs. 9a Nr. 2 BtMVV.
244 § 5 Abs. 4 Satz 4 BtMVV.
245 S. BT-Drs. 16/11515 S. 11.
246 BT-Drs. 16/515 S. 9.
247 Namentlich § 5 Abs. 2 Nr. 2 BtMVV; dazu oben Abschn. B II 4c bb.
248 § 5 Abs. 9c Satz 2 BtMVV.
249 § 5 Abs. 2 Nr. 2 BtMVV.
250 Dazu *Springer*, Expertise zur ärztlichen Heroinversorgung, S. 183; *Hügel/Junge/Lander/Winkler*, BtMG, § 3 Rn. 17.2; *Weber*, BtMG, Einl Rn. 188.

cc) **Qualifikation des Arztes.** Die suchtspezifische ärztliche Qualifikation ist ein Schlüssel zu einer erfolgreichen Substitution.[251] Für die diamorphingestützte Substitutionsbehandlung wird zusätzlich vorgeschrieben, dass sich diese Qualifikation auf die Behandlung mit Diamorphin erstrecken muss.[252] Sie ist eine Zulässigkeitsvoraussetzung, für die auch die Konsiliar- und Vertretungsregelung des § 5 Abs. 3 BtMVV[253] nicht gilt.[254] Allerdings kann auch der Verstoß gegen die Regeln über die notwendige auf Diamorphin bezügliche Qualifikation lediglich als Ordnungswidrigkeit geahndet werden kann.[255]

Zur Verschreibung von Diamorphin generell nicht befugt sind Zahnärzte und Tierärzte.[256]

dd) **Anerkannte Einrichtungen.** Anders als die Substitution mit anderen Substitutionsmitteln darf die Behandlung mit Diamorphin nur in besonderen Einrichtungen erfolgen, denen eine Erlaubnis durch die zuständige Landesbehörde erteilt wurde.[257] Die Erteilung der Erlaubnis setzt voraus, dass die Einrichtung in das örtliche Suchthilfesystem eingebunden ist.[258] Dies ist nicht nur im Hinblick auf die Abstimmung der verschiedenen Maßnahmen, sondern auch auf die Finanzierung von Bedeutung. Auch muss gewährleistet sein, dass die Einrichtung über eine zweckdienliche personelle und sachliche Ausstattung sowie über eine sachkundige Person verfügt, die für die Einhaltung der notwendigen Anforderungen und Anordnungen verantwortlich ist.[259] Die sachliche Ausstattung schließt auch geeignete Sicherheitsvorkehrungen mit ein, die der besonderen Gefährlichkeit des Stoffs Rechnung tragen. Diese sollen (möglichst einheitlich) in Richtlinien der Länder geregelt werden.[260] Auch sollen die Sicherheitsvorkehrungen auf einem Sicherheitskonzept beruhen, das zwischen den örtlich zuständigen Behörden abzustimmen ist und den örtlichen Gegebenheiten Rechnung tragen muss.[261]

---

251 Dazu oben Abschn. B II 4c ff.
252 § 5 Abs. 9a Nr. 1 BtMVV; ausreichend ist auch eine sechsmonatige ärztliche Tätigkeit im Rahmen des Modellprojekts „Heroingestützte Behandlung Opiatabhängiger".
253 Dazu oben Abschn. B II 4c ff.
254 § 5 Abs. 3 Satz 10 BtMVV; BT-Drs. 16/13021 S. 15.
255 § 17 Nr. 10 BtMVV; § 32 Abs. 1 Nr. 6 BtMG.
256 § 3 Abs. 1 Buchst. b, § 4 Abs. 1 Buchst. b BtMVV.
257 § 13 Abs. 3 BtMG, § 5 Abs. 9b, 9c BtMVV.
258 § 5 Abs. 9b Satz 2 Nr. 1 BtMVV.
259 § 5 Abs. 9b Satz 2 Nr. 2, 3 BtMVV.
260 BT-Drs. 16/11515 S. 11.
261 BT-Drs. 16/11515 S. 11.

c) Diamorphin als Substitutionsmittel, Verschreibungsfähigkeit
Die Zulassung von Diamorphin als Substitutionsmittel wird in § 5 Abs. 4 Satz 2 Buchst. c BtMVV geregelt. Da Heroin in der Vergangenheit kein verschreibungsfähiges Betäubungsmittel war, mussten zusätzliche Regelungen getroffen werden. Das Gesetz hat an der grundsätzlichen Verschreibungsunfähigkeit von Heroin nichts geändert, sondern lediglich eine differenzierte Umstufung vorgenommen:[262]
- Mit der Aufnahme von Diamorphin in die Anlage III wird die Verschreibungsfähigkeit des Stoffs hergestellt, jedoch nur für zugelassene Zubereitungen und nur zum Zweck der Substitution. Für individuelle Rezepturen ist danach keine Verschreibungsfähigkeit gegeben. Auch darf Diamorphin für andere Indikationen, etwa zur Schmerzbehandlung, nicht verschrieben werden.[263]
- Mit einer Aufnahme in Anlage II wird die Verkehrsfähigkeit begründet, jedoch ausschließlich zur Herstellung von Zubereitungen zu medizinischen Gründen.
- Schließlich wird in Anlage I Position Heroin für die genannten Zwecke eine Ausnahmeregelung vorgenommen.

d) Der Umgang mit der Verschreibung, Sondervertriebsweg Diamorphin
Das Diamorphin darf nur durch einen in einer anerkannten Einrichtung tätigen Arzt verschrieben werden.[264] Dieser darf die Verschreibung nur einem pharmazeutischen Unternehmer vorlegen.[265]

Anders als die anderen Substitutionsmittel soll Diamorphin nicht auf dem vom Arzneimittelgesetz üblicherweise vorgesehenen Vertriebsweg vom Hersteller über den pharmazeutischen Großhändler und die Apotheke geliefert werden, sondern unmittelbar vom pharmazeutischen Unternehmer an die behandelnde Einrichtung („Sondervertriebsweg Diamorphin").[266] Die Abgabe von Diamorphin über die Apotheke oder als Muster ist damit ausgeschlossen. Mit dieser Regelung soll der Erwartung Rechnung getragen werden, dass Heroinbestände, auch in Form von Arzneimittelzubereitungen, in

---

262 Art. 1 Nr. 5 bis 7 des Gesetzes.
263 BT-Drs. 16/11515 S. 9, 10.
264 § 5 Abs. 9c BtMVV; § 47b Abs. 1 Satz 1 AMG.
265 § 5 Abs. 5 Satz 3 BtMVV.
266 § 47b AMG. Anders als sonst ersetzt die Verschreibung hier nicht die Erlaubnis (§ 4 BtMG); der pharmazeutische Unternehmer bedarf zur Herstellung und zur Abgabe (Handeltreiben) daher einer Erlaubnis nach § 3 Abs. 1 Nr. 1 BtMG. Zum Begriff des pharmazeutischen Unternehmens s. § 4 Abs. 18 Satz 1 AMG.

hohem Maße gefährdet sind, weil eine erhebliche kriminelle Energie auf die Beschaffung dieses Stoffes gerichtet ist. Das macht Sicherheitsvorkehrungen erforderlich, die von Apotheken nicht erwartet werden können. Auch müssen die Transporte möglichst eingeschränkt werden.

e) Der Umgang mit dem Substitutionsmittel
Das Diamorphin darf nur innerhalb der Einrichtung und dort nur unter Aufsicht des Arztes oder des sachkundigen Personals verbraucht werden.[267] Eine Wochenendverschreibung, sonstige Take-home-Verordnung[268] oder auch Verschreibung für die Versorgung bei Auslandsaufenthalten ist ausgeschlossen.[269]

Anders als die anderen Substitutionsmittel darf das Diamorphin zur parenteralen Anwendung bestimmt sein; es darf also injiziert werden.[270] Die Injektion wird von dem Patienten selbst vorgenommen, dem das Heroin zuvor zum unmittelbaren Verbrauch überlassen wurde. Der Stoff wird also nicht verabreicht (Fremdapplikation ohne aktive Mitwirkung des Patienten).[271] Dies war im ursprünglichen Entwurf deutlich geregelt.[272] Der Ausschuss für Gesundheit des Deutschen Bundestags hat aus Gründen der Klarstellung und um einen Anknüpfungspunkt für die in § 16 Nr. 5 BtMVV neu vorgesehene Strafvorschrift zu haben,[273] auch das Verschreiben und Verabreichen in § 5 Abs. 9c BtMVV aufgenommen. Das Heroin dürfte danach anders als im bisherigen Modellprojekt auch fremdappliziert werden. Es ist anzunehmen, dass die Praxis hiervon keinen Gebrauch machen wird.

3. Strafvorschriften

Nach § 29 Abs. 1 Satz 1 Nr. 14 BtMG wird bestraft, wer entgegen § 5 Abs. 9c Satz 1 BtMVV Diamorphin verschreibt, verabreicht oder überlässt.[274] Damit soll sichergestellt werden, dass die betreffenden Handlungen nur innerhalb einer anerkannten Einrichtung vorgenommen werden. Daneben gelten die allgemeinen Regeln, also insbesondere das Verbot der Verschreibung von

---

267 § 5 Abs. 9c BtMVV.
268 Dazu oben Abschn. B II 4g.
269 § 5 Abs. 4 Satz 5 BtMVV.
270 § 5 Abs. 4 Satz 3 BtMVV.
271 Zum Begriff des Verabreichens s. *Weber*, BtMG, § 13 Rn. 10, § 29 Rn. 1338.
272 § 5 Abs. 9c BtMVV in der Fassung des Entwurfs (BT-Drs. 16/11515).
273 BT-Drs. 16/13021 S. 15.
274 § 16 Nr. 5 BtMVV.

Substitutionsmitteln unter Nichteinhaltung der in § 5 Abs. 1 BtMVV vorgegebenen Bestimmungszwecke, namentlich des Zieles der Abstinenz (§ 5 Abs. 1 Nr. 1 BtMVV), oder der Verschreibung von Diamorphin über die in § 2 Abs. 1 Nr. 3a, Abs. 3 BtMVV genannten Höchstmengen[275] hinaus.[276] § 29 Abs. 1 Satz 1 Nr. 14 BtMG, § 5 BtMVV bezieht sich nur auf das Verschreiben, Verabreichen oder Überlassung zum unmittelbaren Verbrauch von Diamorphin als Substitutionsmittel. Werden diese Handlungen zu anderen Zwecken vorgenommen, so gelten die allgemeinen Regeln.

Überlässt der Arzt dem Patienten die tatsächliche Verfügungsgewalt über das Diamorphin, indem er es ihm, Freunden oder Angehörigen mitgibt, kommt wie bei anderen Substitutionsmitteln eine Abgabe oder bei Eigennützigkeit Handeltreiben (§ 29 Abs. 1 Satz 1 Nr. 1 BtMG) in Betracht.[277] Diese Delikte können auch fahrlässig begangen werden.[278]

Wie bei anderen Substitutionsmitteln bedeutet die besondere Strafbewehrung des § 5 Abs. 1, 4 Satz 2 BtMVV nicht, dass Verstöße gegen die sonst in § 5 BtMVV aufgestellten Regeln straffrei wären. Vielmehr ist Strafbarkeit nach § 13 Abs. 1, § 29 Abs. 1 Satz 1 Nr. 6 BtMG[279] möglich, wenn der Verstoß zugleich eine Verletzung des § 13 Abs. 1 BtMG darstellt.[280]

4. Fazit

Es ist anzuerkennen, dass der Gesetzgeber mit einigen Regeln den Bedenken gegen die Vergabe der gewünschten Originalsubstanz an Süchtige Rechnung getragen hat. Dazu gehören vor allem die Nichtaufgabe des Zieles der Abstinenz, die Behandlung in besonderen, von den Landesregierungen anzuerkennenden und in das örtliche Suchthilfesystem eingebundenen Einrichtungen, die diamorphinspezifische Qualifikation der Ärzte, das zwingende Erfordernis einer psychosozialen Betreuung (leider nur für sechs Monate)

---

275 Der Arzt darf für einen Patienten innerhalb von 30 Tagen 30.000 mg Diamorphin verschreiben (§ 2 Abs. 1 Nr. 3a BtMVV); für seinen Praxisbedarf darf die Verschreibung bis zur Menge seines durchschnittlichen Monatsbedarfs betragen (§ 5 Abs. 3 Satz 3 BtMVV). § 5 Abs. 2 BtMVV, der eine Erhöhung der Höchstmenge für einen Patienten ermöglicht, ist auch im Falle der Verschreibung von Diamorphin nicht anwendbar (s. Fn. 158).
276 § 16 Nr. 2 BtMVV.
277 Oben Abschn. B III 1b.
278 § 29 Abs. 4 BtMG.
279 In den Fällen des Verabreichens und des Überlassens zum unmittelbaren Verbrauch kommen Verbrechenstatbestände in Betracht, wenn der Patient minderjährig ist (§ 29 a Abs. 1 Nr. 1 BtMG) oder wenn er zu Tode kommt (§ 30 Abs. 1 Nr. 3 BtMG).
280 BR-Drs. 252/01 S. 41. Im Einzelnen s. dazu oben Abschn. B III 1c.

und die Überprüfung der Wirksamkeit der Behandlung durch einen externen Arzt nach zwei Jahren. Gleichwohl wäre eine breitere Basis, namentlich der Vergleich mit anderen Substitutionsmitteln, etwa Buprenorphin, wünschenswert gewesen. Vermisst wird auch eine Evaluation. Das Gesetz hat nunmehr die Chance, sich zu bewähren. Dies kann nur dann gelingen, wenn seine Kriterien strikt eingehalten werden.

III.12 Gesundheitsfürsorge im Straf- und Maßregelvollzug

Heinz Schöch

Inhaltsverzeichnis

A. Strafvollzug _782
   I. Allgemeine Fragen _782
      1. Die Rolle des Arztes im Strafvollzug _782
      2. Ärztliche Versorgung nach dem Äquivalenzprinzip _783
         a) Allgemeines _783
         b) Einzelfragen _784
      3. Einwilligung und Aufklärung _786
      4. Das Arztgeheimnis im Strafvollzug _787
      5. Auskunfts- und Akteneinsichtsrecht des Gefangenen _791
      6. Unterstützungspflicht des Gefangenen _792
   II. Besondere Problemfelder _793
      1. Psychisch Kranke _793
      2. Suchtprobleme und Infektionskrankheiten _795
      3. Zwangsbehandlung _798
      4. Strafrechtliche Risiken des Anstaltsarztes _801
B. Maßregelvollzug _803
   I. Sicherungsverwahrung _803
   II. Unterbringung in einem psychiatrischen Krankenhaus und in einer Entziehungsanstalt _804
   III. Zwangsbehandlung im Maßregelvollzug _806
   IV. Strafrechtliche Risiken des Arztes im Maßregelvollzug _808

Literaturverzeichnis

Amelung, Knut, Die Einwilligung des Unfreien, ZStW 95 (1983), 1

Arloth, Frank, Statement, in: Hillenkamp, Thomas/Tag, Brigitte (Hrsg.), Intramurale Medizin – Gesundheitsfürsorge zwischen Heilauftrag und Strafvollzug, 2005, S. 239

Arloth, Frank, Strafvollzugsgesetz, Kommentar, 2. Auflage 2008

Babatz, H./Bischof, H.L./Böcker F. et al., Thesen zur Behandlung und Rehabilitation psychisch Kranker im Maßregelvollzug, Strafverteidiger 1985, 478

Bochnik, Hans-Jürgen et al., Thesen zum Problem von Suiciden während klinisch-psychiatrischer Therapie, NStZ 1984, 108

Böhm, Alexander, Strafvollzug, 3. Auflage 2003

Boetticher, Axel, Einwilligung und Aufklärung in der Strafvollzugsmedizin, in: Hillenkamp, Thomas/Tag, Brigitte (Hrsg.), Intramurale Medizin – Gesundheitsfürsorge zwischen Heilauftrag und Strafvollzug, 2005, S. 61

Calliess, Rolf-Peter/Müller-Dietz, Heinz, Strafvollzugsgesetz, 11. Auflage 2008

Dolde, Gabriele, Therapie in Untersuchungs- und Strafhaft, 2002, in: Deutsche Hauptstelle gegen die Suchtgefahren e. V., Gassmann, R. (Hrsg.), Suchtprobleme hinter Mauern, 2002, 131–143

Feest, Johannes, Kommentar zum Strafvollzugsgesetz (AK-StVollzG), 5. Auflage 2006

Fichte, Günter, Strafvollzug an älteren Menschen – ein Plädoyer für eine eigene Vollzugsform, KrimPäd 2007, 33

Fischer, Thomas, Strafgesetzbuch und Nebengesetze, Kommentar, 56. Auflage 2009

Foerster, Klaus, Psychisch Kranke im Strafvollzug, in: Hillenkamp, Thomas/Tag, Brigitte (Hrsg.), Intramurale Medizin – Gesundheitsfürsorge zwischen Heilauftrag und Strafvollzug, 2005, S. 143

Frey, Jessica/Bachmann, Dirk/Wetzels, Peter/Heinemann, Axel/Püschel, Klaus, Infektionsausbreitung (HIV, Hepatitis) und Spritzentausch im Strafvollzug, Kriminalistik 2008, S. 294

Görgen, Thomas, Ältere und hochaltrige Gefangene. Herausforderung (und Entwicklungschance) für den Strafvollzug, KrimPäd 2007, 5

Geppert, Klaus, Die ärztliche Schweigepflicht im Strafvollzug: Vortrag gehalten vor der Juristischen Gesellschaft zu Berlin am 4. Mai 1983, 1983

Hartmann, Annegret, Umfang und Grenzen ärztlicher Zwangsbehandlung im psychiatrischen Maßregelvollzug, 1997

Hillenkamp, Thomas, Der Arzt im Strafvollzug – Rechtliche Stellung und medizinischer Auftrag, in: Hillenkamp, Thomas/Tag, Brigitte (Hrsg.), Intramurale Medizin – Gesundheitsfürsorge zwischen Heilauftrag und Strafvollzug, 2005, S. 12

Hillenkamp, Thomas/Tag, Brigitte (Hrsg.), Intramurale Medizin – Gesundheitsfürsorge zwischen Heilauftrag und Strafvollzug, 2005

Höffler, Katrin, Freie Therapiewahl im Strafvollzug?, ZfStrVo 2006, 9

Höffler, Katrin/Schöch, Heinz, Die rechtliche Stellung des Psychologen im Strafvollzug nach dem Psychotherapeutengesetz, Heilpraktikergesetz und Strafvollzugsgesetz, R&P 2006, 3

Hoffmann, Klaus/Kreutzer, Arthur/Suleck, Tanja, Spritzenvergabe im Strafvollzug. Rechtliche und tatsächliche Probleme eines umstrittenen Modells zur Infektionsprophylaxe, 2002

Ingelfinger, Ralph, Strafrechtliche Risiken des Anstaltsarztes, in: Hillenkamp, Thomas/Tag, Brigitte (Hrsg.), Intramurale Medizin – Gesundheitsfürsorge zwischen Heilauftrag und Strafvollzug, 2005, S. 247

Kaiser, Günther/Schöch, Heinz (Hrsg.), Strafvollzug, 5. Auflage 2002

Laubenthal, Klaus, Sucht- und Infektionsgefahren im Strafvollzug, in: Hillenkamp, Thomas/Tag, Brigitte (Hrsg.), Intramurale Medizin – Gesundheitsfürsorge zwischen Heilauftrag und Strafvollzug, 2005, S. 195

Laubenthal, Klaus, Strafvollzug, 5. Auflage 2008

Laue, Christian, Zwangsbehandlung im Strafvollzug, in: Hillenkamp, Thomas/Tag, Brigitte (Hrsg.), Intramurale Medizin – Gesundheitsfürsorge zwischen Heilauftrag und Strafvollzug, 2005, S. 217

Maikemper, Rudolf, Gedanken über die Tätigkeit eines Arztes im Strafvollzug, ZfStrVo 1968, 271

Meier, Bernd-Dieter, Ärztliche Versorgung im Strafvollzug: Äquivalenzprinzip und Ressourcenknappheit, in: Hillenkamp, Thomas/Tag, Brigitte (Hrsg.), Intramurale Medizin – Gesundheitsfürsorge zwischen Heilauftrag und Strafvollzug, 2005, S. 35

Müller-Dietz, Heinz, Einsichtsrecht des Verteidigers in Krankenunterlagen des Strafgefangenen, Anmerkung zu OLG Celle, Beschluss vom 02.12.1985 – 3 Ws 558/85, NStZ 1986, 285

Müller-Isberner, Rüdiger/Eucker, Sabine, Unterbringung im Maßregelvollzug gemäß § 63 StGB, in: Foerster, Klaus/Dreßing, Harald (Hrsg.), Psychiatrische Begutachtung, 5. Auflage 2009, S. 411

Neumann, Kirsten, Strafrechtliche Risiken des Anstaltsarztes – Eine praxisorientierte Untersuchung strafrechtlich relevanter Bereiche der ärztlichen Betätigung im Strafvollzug, 2004

Rennhak, Peter, Alte Menschen im Justizvollzug. Erfahrungen aus Baden-Württemberg, KrimPäd 2007, 19

Schöch, Heinz, Zur Offenbarungspflicht der Therapeuten im Justizvollzug gemäß § 182 II StVollzG, ZfStrVo 1999, 259

Schöch, Heinz, Personelle Organisation des Strafvollzugs, in: Kaiser, Günther/Schöch, Heinz (Hrsg.), Strafvollzug, 5. Auflage 2002, S. 447

Schöch, Heinz, Sicherheit und Ordnung, in: Kaiser, Günther/Schöch, Heinz (Hrsg.), Strafvollzug, 5. Auflage 2002, S. 347

Schöch, Heinz, Spezielle Rechte und Pflichten im Vollzug, in: Kaiser, Günther/ Schöch, Heinz (Hrsg.), Strafvollzug, 5. Auflage 2002, S. 230

Schöch, Heinz, Juristische Aspekte des Maßregelvollzugs, in: Foerster, Klaus, (Hrsg.), Psychiatrische Begutachtung, 4. Auflage 2004, S. 385

Schöch, Heinz, Die Verantwortlichkeit des Klinikpersonals aus strafrechtlicher Sicht, in: Schmidt, Kurt/Wolfslast, Gabriele (Hrsg.), Suizid und Suizidversuch. Ethische und rechtliche Herausforderung im klinischen Alltag, 2005, S. 163

Schöch, Heinz, Schlussbemerkung, in: Hillenkamp, Thomas/Tag, Brigitte (Hrsg.), Intramurale Medizin – Gesundheitsfürsorge zwischen Heilauftrag und Strafvollzug, 2005, S. 273

Schöch, Heinz, Strafrechtliche Haftung von Ärzten beim Lockerungsmissbrauch in psychiatrischen Krankenhäusern, in: Duncker, Heinfried/Koller, Manfred/Foerster Klaus (Hrsg.), Forensische Psychiatrie – Entwicklungen und Perspektiven, Ulrich Venzlaff zum 85. Geburtstag, 2006, S. 317

Schöch, Heinz, Ärztliche Schweigepflicht und Akteneinsichtsrecht des Patienten im Maßregelvollzug, in: Görgen, Thomas/Hoffmann-Holland, Klaus/Schneider, Hans/Stock, Jürgen (Hrsg.), Interdisziplinäre Kriminologie. Festschrift für Arthur Kreuzer zum 70. Geburtstag. Zweiter Band, 2008, S. 731

Schöch, Heinz, Psychisch kranke Gefangene im Strafvollzug, WsFPP 2008, S. 5

Schwind, Hans-Dieter/Böhm, Alexander/Jehle, Jörg-Martin, Strafvollzugsgesetz, 4. Auflage 2005

Stöver, Heino, Drogen, HIV und Hepatitis im Strafvollzug, in: Jacob, Jutta/Keppler, Karlheinz/Stöver, Heino (Hrsg.), LebHaft: Gesundheitsförderung für Drogen Gebrauchende im Strafvollzug. Teil 1, 2001, S. 13

Tag, Brigitte, Das Arztgeheimnis im Strafvollzug, in: Hillenkamp, Thomas/Tag, Brigitte (Hrsg.), Intramurale Medizin – Gesundheitsfürsorge zwischen Heilauftrag und Strafvollzug, 2005, S. 89

Verrel, Torsten, Strafrechtliche Haftung für falsche Prognosen im Maßregelvollzug?, R & P 2001, 182

Volckart, Bernd/Grünebaum, Rolf, Maßregelvollzug, 6. Auflage 2003

Voss, Hermann, Gedanken über das Aufgabengebiet des Arztes im Strafvollzug, ZfStrVo 1968, 266

Wagner, Bernd, Behandlung, in: Kammeier, Heinz (Hrsg.), Maßregelvollzugsrecht, 2. Auflage 2002, S. 90

A. Strafvollzug

I. Allgemeine Fragen

1. Die Rolle des Arztes im Strafvollzug

Die ärztliche Versorgung in den Justizvollzugsanstalten ist nach § 158 Strafvollzugsgesetz (StVollzG) durch hauptamtliche Ärzte sicherzustellen. Sie kann aus besonderen Gründen nebenamtlichen oder vertraglich verpflichteten Ärzten übertragen werden. Tatsächlich sind von den insgesamt 305 Planstellen für Ärzte in deutschen Justizvollzugsanstalten viele nur mit nebenamtlichen oder vertraglich verpflichteten Ärzten besetzt.[1] Das dürfte nur teilweise an den geringeren Verdienstmöglichkeiten gegenüber Krankenhausärzten oder niedergelassenen Ärzten liegen, die teilweise durch Einnahmen aus Gutachtentätigkeiten ausgeglichen werden können. Hauptsächlich sind es die schwierigen Bedingungen der ärztlichen Versorgung im Strafvollzug, die dem Arzt „draußen nicht erwerbbares Erfahrungswissen, Geduld, Frustrationstoleranz und nervliche Belastbarkeit abverlangen und seine Sprechstunde zeitweise in eine Abwehrschlacht gegen Vergünstigungen anstrebende Instrumentalisierungsversuche umwandelt".[2] Zu den Schwierigkeiten gehört auch die Beteiligung des Anstaltsarztes an vielen juristisch absichernden Maßnahmen wie zum Beispiel Beurteilungen der Vollzugstauglichkeit, Suizidgefährdung, Mitwirkung an Zwangsmaßnahmen sowie Offenbarungspflichten und Offenbarungsbefugnisse.[3]

Auftretende Spannungen können auch nicht durch freie Arztwahl gelöst werden, da das Strafvollzugsgesetz auf die noch im Regierungsentwurf vorgesehene Möglichkeit der privaten Arzt- oder Zahnarztwahl verzichtet hat. Maßgebend hierfür war die nach bisherigen Erfahrungen begründete Befürchtung, die mit den Besonderheiten des Vollzugs nicht vertrauten freien Ärzte könnten leichter als Anstaltsärzte geneigt sein, Haft- oder Arbeitsunfähigkeit zu bescheinigen und bestimmte Medikamente oder verbesserte Kost zu verordnen.[4] Die alleinige Zuständigkeit des Anstaltsarztes kann deshalb auch nicht durch einen Privatarzt umgangen werden, den sich der Gefangene

---

1 *Meier*, Ärztliche Versorgung im Strafvollzug, S. 35, 52 ff.
2 *Hillenkamp*, Der Arzt im Strafvollzug, S. 14 m. w. N.
3 *Schöch*, in: Kaiser/Schöch (Hrsg.), Strafvollzug, § 11 Rn. 22.
4 Sonderausschuss des Deutschen Bundestages, BT-Drs. 7/3998, 25 f.

auf eigene Kosten wählt, selbst wenn er erklärt, er habe zu dem Anstaltsarzt kein Vertrauen mehr.

Die Schwierigkeiten der ärztlichen Versorgung im Strafvollzug werden noch gesteigert wegen der in den letzten Jahren deutlich gestiegenen Belastungen des Strafvollzugs durch schwierigere Gefangenengruppen wie HIV-Infizierte, Hepatitis- und Tuberkuloseträger, Alkohol-, Drogen- und Medikamentenabhängige, Sexual- und Gewalttäter, psychisch auffällige Gefangene sowie viele Ausländer ohne deutsche Sprachkenntnisse.[5] Auch die steigende Anzahl älterer Strafgefangener gerät zunehmend zum Problem.[6] Schließlich ist auch die Ausstattung mit medizinischen Geräten und Medikamenten oft nicht so gut wie in Freiheit.

Trotz aller Schwierigkeiten gibt es aber nicht wenige Ärzte, die diesen Beruf mit humanitärem Engagement und innerer Befriedigung ausfüllen und denen es gelingt, mit den Gefangenen menschliche Beziehungen herzustellen und eine Atmosphäre des Vertrauens, der Aufgeschlossenheit und der Offenheit zu erreichen.[7]

2. Ärztliche Versorgung nach dem Äquivalenzprinzip

a) Allgemeines

Das Strafvollzugsgesetz hat in den §§ 56–66 eine detaillierte Regelung der ärztlichen und zahnärztlichen Behandlung getroffen mit dem Ziel, die Leistungen an diejenigen der gesetzlichen Krankenversicherung anzugleichen, „soweit nicht Besonderheiten des Vollzugs eine andere Regelung erfordern".[8] Einzelne Maßnahmen der Gesundheitsfürsorge folgen aus der allgemeinen Fürsorgepflicht der Anstalt für die körperliche und geistige Gesundheit des Gefangenen (§ 56 Abs. 1 Satz 1 StVollzG). Die Fürsorgepflicht der Anstalt wird ergänzt durch die Pflicht des Gefangenen, die notwendigen Maßnahmen zum Gesundheitsschutz und zur Hygiene zu unterstützen (§ 56 Abs. 2 StVollzG).

Das im Strafvollzugsgesetz angestrebte Äquivalenzprinzip soll dazu beitragen, den gesetzlichen Auftrag zu verwirklichen, das Leben im Vollzug den

---

5 *Hillenkamp*, Der Arzt im Strafvollzug, S. 12 m. w. N.
6 Hierzu insbesondere *Görgen*, Ältere und hochaltrige Gefangene, S. 5 ff.; *Fichte*, Strafvollzug an älteren Menschen, S. 33 ff.; *Rennhak*, Alte Menschen im Justizvollzug, S. 19 ff.
7 Vgl. *Maikemper*, ZfStrVo 1968, 271; *Voss*, ZfStrVo 1968, 266 ff. sowie die Diskussionsbemerkungen einiger Anstaltsärzte beim Symposium „Intramurale Medizin – Gesundheitsfürsorge zwischen Heilauftrag und Strafvollzug", Tagungsband hrsg. von *Hillenkamp/Tag*.
8 Sonderausschuss, BT-Drs. 7/3998, 25.

allgemeinen Lebensverhältnissen so weit als möglich anzugleichen und den schädlichen Folgen des Freiheitsentzugs entgegenzuwirken (§ 3 Abs. 1, 2 StVollzG). Es soll die Vergleichbarkeit intra- und extramuraler medizinischer Versorgung gewährleisten.[9]

Eine im Jahr 2004 von *Meier* durchgeführte Umfrage bei den Landesjustizverwaltungen hat ergeben, dass ein Arzt im Strafvollzug in Deutschland durchschnittlich 261 Gefangene zu versorgen hat (allerdings mit erheblichen Unterschieden in den Bundesländern von 1:159 in Berlin bis zu 1:931 im Saarland), während sich für die Gesamtbevölkerung aus der Ärzte-Statistik eine Versorgungsdichte von 1:271 Patienten ergibt.[10] Das Arzt-Patienten-Verhältnis ist also intramural nicht schlechter als in Freiheit, in manchen Bundesländern sogar etwas besser. Allerdings ist der Gesundheitsstatus vieler Gefangener schlechter als der vergleichbarer Altersgruppen in Freiheit. Hinzu kommen die zusätzlichen Verwaltungsaufgaben der Ärzte im Strafvollzug. Andererseits ist zu berücksichtigen, dass alte und chronisch kranke Patienten im Strafvollzug seltener sind als in Freiheit. Auch hinsichtlich der Qualität der ärztlichen Versorgung entspricht die Gesundheitsfürsorge im Strafvollzug im Wesentlichen derjenigen in der gesetzlichen Krankenversicherung für die Allgemeinbevölkerung.[11]

b) Einzelfragen

Die §§ 57–63 StVollzG regeln Einzelheiten der Krankenbehandlung und der Maßnahmen zur Früherkennung von Krankheiten. VV Nr. 1 zu § 58 StVollzG stellt klar, dass dabei körperliche und psychische Erkrankungen in Betracht kommen. Die einzelnen ärztlichen und zahnärztlichen Leistungen sowie Rehabilitationsmaßnahmen sind in § 58 Abs. 1 Satz 2 StVollzG exemplarisch genannt.

Sämtliche Erkrankungen begründen einen Rechtsanspruch auf fachgerechte Therapie bzw. die notwendigen Leistungen hierzu.[12] Die Hinzuziehung eines Facharztes ist nur möglich, wenn es der Anstaltsarzt nach Art und Schwere des Falles für erforderlich hält, wobei die Kosten dann von der Vollzugsbehörde zu tragen sind.[13] Bei dieser Entscheidung steht der Anstaltsarzt oft

---

9 AK – *Boetticher/Stöver*, StVollzG, Vor § 56 Rn. 3.
10 *Meier*, Ärztliche Versorgung im Strafvollzug, S. 44, 46.
11 *Meier*, Ärztliche Versorgung im Strafvollzug, S. 50 f.
12 OLG Karlsruhe, NJW 2001, 3422; *Meier*, Ärztliche Versorgung im Strafvollzug, S. 37.
13 VV Nr. 2 Abs. 2 zu § 58 StVollzG; *Schöch*, in: Kaiser/Schöch (Hrsg.), Strafvollzug, § 7 Rn. 177.

im „Spannungsverhältnis zwischen Behandlungs- und Sicherungsauftrag".[14] Der Kosten- und der Personalaufwand sowie das damit verbundene Sicherheitsrisiko drängen den Arzt, der intramuralen Versorgung mehr abzuverlangen oder zuzutrauen, als sie zu leisten vermag.[15] Umgekehrt kann das Bedürfnis eines Anstaltsarztes nach „juristischer Rundumabsicherung" zu einer „Defensivmedizin" führen, die zu uferlosen externen Untersuchungen, überflüssigen Kosten und möglicherweise unnötigen gesundheitlichen Risiken führt.[16]

§ 65 Abs. 2 StVollzG schreibt die Verlegung eines kranken Gefangenen in ein Krankenhaus außerhalb des Vollzugs vor, sofern die Verlegung in ein Anstaltskrankenhaus oder in eine für die Behandlung seiner Krankheit geeignete Vollzugsanstalt nicht ausreicht. Im Hinblick auf den hohen Kosten- und Personalaufwand bei Aufrechterhaltung der Strafvollstreckung in einem allgemeinen Krankenhaus haben alle Bundesländer relativ gut eingerichtete Anstaltskrankenhäuser oder Krankenabteilungen eingerichtet, in denen Routineoperationen oder Behandlungen bei Selbstbeschädigungen der Gefangenen sachgerecht durchgeführt werden können. Bei schweren und länger andauernden Erkrankungen, bei denen vom Gefangenen keine Flucht oder keine neuen Straftaten zu erwarten sind, kann die Strafe allerdings nach § 455 Abs. 4 StPO unterbrochen werden.[17]

Die Verlegung in ein externes Krankenhaus ist also nur in den restlichen Fällen bei schwerer Erkrankung und Flucht- oder Missbrauchsgefahr erforderlich. Über ihre Notwendigkeit entscheidet der Anstaltsarzt nach den Regeln der medizinischen Wissenschaft; das ärztliche Ermessen ist nur dahingehend überprüfbar, ob dessen Grenzen eingehalten wurden.[18]

Arbeitet ein Gefangener nicht im Freien, so ist ihm nach § 64 StVollzG täglich mindestens eine Stunde Aufenthalt im Freien zu ermöglichen, wenn die Witterung dies zu der festgesetzten Zeit zulässt. Diese tägliche Freistunde ist eine Mindestgarantie und folgt aus der Pflicht der Anstalt zur Gesundheitsfürsorge. Deshalb besteht ein Anspruch auf Nachgewährung des entzogenen Teils einer Freistunde.[19]

---

14 Bericht der 68. Justizministerkonferenz, ZfStrVo 1997, 296, 297.
15 *Hillenkamp*, Der Arzt im Strafvollzug, S. 13 m. w. N.
16 *Hillenkamp*, Der Arzt im Strafvollzug, S. 13 m. w. N.
17 Näher zu den strengen Voraussetzungen der Strafunterbrechung nach § 455 Abs. 4 StPO *Schöch*, Psychisch kranke Gefangene im Strafvollzug, S. 13 ff. .
18 OLG Hamm, Blätter für Strafvollzugskunde 1994, Nr. 1, 4.
19 OLG Koblenz, NStZ 1997, 426.

3. Einwilligung und Aufklärung

Die hoheitliche Stellung des Anstaltsarztes ändert nichts daran, dass auch im Strafvollzug eine Heilbehandlung und medizinische Eingriffe nur mit Einwilligung des Gefangenen gerechtfertigt sind. Dieser kann also eine lebensrettende Operation ebenso verweigern wie die Einnahme von Medikamenten, wobei die Grundrechte auf körperliche Unversehrtheit und Selbstbestimmung des Patienten (Art. 2 Abs. 1, 2 GG) auch im Strafvollzug im Regelfall nicht eingeschränkt sind. Ausnahmen gibt es nur in engen Grenzen für die nach § 101 StVollzG zulässigen Zwangsmaßnahmen auf dem Gebiet der Gesundheitsfürsorge (s. u. II.6).

Problematisch kann allerdings in manchen Vollzugssituationen die Einwilligungsfähigkeit sein, z. B. beim Haftschock am Beginn der Untersuchungshaft oder beim sog. Haftkoller, der zu Selbstbeschädigungen führt.[20] Die haftpsychologisch bedingte Krisensituation und die Abhängigkeit vom Anstaltsarzt in allen medizinischen Fragen kann den Gefangenen zu Einwilligungen bewegen, die er in Freiheit nicht geben würde wie zum Beispiel das Einlassen auf die Behandlung mit Antiandrogenen oder gar die Einwilligung zur Kastration gemäß § 3 Abs. 2 Kastrationsgesetz.[21] Zutreffend hat *Amelung* herausgearbeitet, dass derartige eingriffsmildernde Wirkungen der Einwilligung dem Erfordernis der Freiwilligkeit genügen, wenn sie dem Gefangenen dazu dienen, sein Los zu mildern.[22] Bei solchen – unter rechtmäßigem Zwang zu Stande gekommenen – Einwilligungen trifft den Arzt allerdings eine erhöhte Mitverantwortung dafür, dass keine sinnlosen Maßnahmen zugelassen werden, die letztlich das Los des Gefangenen nicht mildern.[23] Besonders problematisch sind insoweit Kastrationen oder stereotaktische Hirnoperationen zur Dämpfung eines Sexualtriebes.

Auch in anderen Fällen kann es Zweifel an der Freiwilligkeit der Einwilligung in eine ärztliche Behandlung geben, die der Arzt überprüfen muss, etwa wenn für den Fall der Nichtbehandlung verdeckte Sanktionen wie Besuchssperre, Lockerungsentzug, Erschwernisse bei der Entlassungsvorbereitung oder gar Drohung mit Gewalt durch Zellennachbarn oder ein Rollkommando im Raum stehen.[24]

---

20 *Amelung*, ZStW 1995 (1983), 1 ff.
21 *Boetticher*, Einwilligung und Aufklärung, S. 75.
22 *Amelung*, ZStW 1995 (1983), 9, 11.
23 *Boetticher*, Einwilligung und Aufklärung, S. 75.
24 *Boetticher*, Einwilligung und Aufklärung, S. 75.

Auch die – selten vorkommende – psychotherapeutische Behandlung eines Gefangenen im Strafvollzug bedarf seiner Einwilligung, ebenso wie die Verlegung in eine sozialtherapeutische Anstalt (§ 9 Abs. 2 StVollzG). Seit 1.1.2003 gilt allerdings für Sexualstraftäter mit einer Freiheitsstrafe von mehr als zwei Jahren die durch das Sexualdeliktsbekämpfungsgesetz vom 26.1.1998 geschaffene obligatorische Sozialtherapie, die ebenso wie die durch dasselbe Gesetz geregelte obligatorische ambulante Psychotherapie nach § 56 c Abs. 3 StGB nicht unproblematisch ist. Sie wird damit gerechtfertigt, dass es sinnvoll sei, einen Gefangenen auf diese Weise wenigstens an das therapeutische Angebot heranzuführen, das ihm aber langfristig nicht aufgezwungen werden kann.

Hinsichtlich der Aufklärungspflicht des Anstaltsarztes gelten die allgemeinen Regeln.[25] Für die Diagnose-, Verlaufs-, Eingriffs- und Risikoaufklärung ergeben sich keine Besonderheiten. Schwieriger als in Freiheit kann sich aber die Therapieaufklärung gestalten.[26] Viele der Krankheits- und Störungsbilder der Gefangenen sind verfestigt und überdauern die Zeit des Strafvollzugs, weshalb die therapeutische Aufklärung auch die notwendigen Anschlussmaßnahmen nach einer Entlassung im Auge haben muss. Im Gegensatz zum Maßregelvollzug gibt es im Strafvollzug praktisch keine Verbindung zur extramuralen medizinischen Versorgung.

Schwierig ist auch die therapeutische Aufklärung bei Sexualstraftätern und deren Heranführung an eine sinnvolle Behandlung, teilweise durch Behebung sexueller Funktionsstörungen, teilweise durch die Behandlung mit Antiandrogenen oder Androcur.[27] Hier kann der Anstaltsarzt ohne sexualmedizinische Fortbildung an die Grenzen seiner Kompetenz stoßen.

4. Das Arztgeheimnis im Strafvollzug

Grundsätzlich gilt die ärztliche Schweigepflicht auch im Strafvollzug.[28] Der Anstaltsarzt macht sich gemäß § 203 StGB strafbar, wenn er unbefugt personenbezogene Daten, die anlässlich einer ärztlichen Untersuchung anvertraut oder sonst bekannt geworden sind, anderen offenbart. § 182 Abs. 2 Satz 1 StVollzG stellt klar, dass diese Schweigepflicht auch gegenüber der

---

25 Siehe dazu *Schöch*, in diesem Band S. 47 ff.
26 *Boetticher*, Einwilligung und Aufklärung, S. 63 ff.
27 *Boetticher*, Einwilligung und Aufklärung, S. 66.
28 *Tag*, Das Arztgeheimnis im Strafvollzug, S. 90 f.

Vollzugsbehörde und ihren Bediensteten gilt (so genannte innerbehördliche Schweigepflicht).[29]

Die frühere Auffassung in Rechtsprechung und Literatur, die aus der Gesamtverantwortung der Vollzugsbehörde für die gesundheitliche Betreuung der Strafgefangenen (§§ 56 ff., 158 StVollzG) im Einzelfall ein Recht des Arztes zur Offenbarung von Geheimnissen ableitete[30], ist im 4. Strafvollzugsänderungsgesetz vom 26.8.1998 durch die präzisere Regelung in § 182 Abs. 2 Satz 2, 3 StVollzG abgelöst worden. Das Gesetz unterscheidet dabei zwischen der Tätigkeit der Ärzte im Bereich der allgemeinen Gesundheitsfürsorge und sonstiger ärztlicher Tätigkeit im Rahmen vollzuglicher Entscheidungsabläufe oder therapeutischer Gespräche, die nicht zur Gesundheitsfürsorge im engeren Sinne gehören. Nur im erstgenannten Kernbereich ärztlicher Tätigkeit begnügt sich das Gesetz mit der bloßen Befugnis des Arztes, sich gegenüber dem Anstaltsleiter zu offenbaren, soweit dies für die Aufgabenerfüllung der Vollzugsbehörde unerlässlich oder zur Abwehr von Gefahren für Leib oder Leben der Gefangenen oder Dritter erforderlich ist. In den anderen Bereichen ist der Arzt – wie Psychologen und Sozialarbeiter – unter diesen Voraussetzungen zur Offenbarung gegenüber dem Anstaltsleiter verpflichtet. Die Privilegierung der klassischen ärztlichen Tätigkeit trägt der Tatsache Rechnung, dass der Gefangene sich den Arzt nicht auswählen kann und für die Erhaltung seiner Gesundheit existenziell auf den Anstaltsarzt angewiesen sein kann.[31] Allerdings wird die Befugnis des Arztes zur Offenbarung oft aufgrund von spezialgesetzlichen Regelungen zu einer Pflicht, z. B. durch Meldepflichten nach dem Infektionsschutzgesetz oder durch Beteiligung an Zwangsmaßnahmen auf dem Gebiet der Gesundheitsfürsorge.

Beispiele für die offenbarungspflichtigen Bereiche gemäß § 182 Abs. 2 Satz 2 StVollzG sind die Beteiligung des Arztes bei der Behandlungsuntersuchung und der Aufstellung des Vollzugsplans (§§ 6, 7 StVollzG), bei der Unterbringung im offenen Vollzug und der Gewährung von Vollzugslockerungen und Urlaub (§§ 10–13 StVollzG), bei der Zuweisung von Arbeit, Ausbildung und Beschäftigungsmaßnahmen (§§ 37–39, 41 StVollzG) sowie die Teilnahme an den Anstaltskonferenzen (§ 159 StVollzG).

Unproblematisch ist die Offenbarungspflicht zur Abwehr erheblicher Gefahren für Leib oder Leben des Gefangenen oder Dritter. Die Erheblichkeits-

---

29 *Schöch*, in: Kaiser/Schöch (Hrsg.), Strafvollzug, § 7 Rn. 223; *Schöch*, Ärztliche Schweigepflicht und Akteneinsichtsrecht des Patienten im Maßregelvollzug, S. 676 f.
30 OLG Karlsruhe, NStZ 1953, 405 f.; *Geppert*, Die ärztliche Schweigepflicht im Strafvollzug, S. 24 ff.
31 *Schöch*, in: Kaiser/Schöch (Hrsg.), Strafvollzug, § 7 Rn. 226.

und die Erforderlichkeitsschwelle garantieren in diesen Fällen, dass nicht jede denkbar leichte Gefahr zur Offenbarung verpflichtet, sondern nur eine solche, deren Gewicht das Persönlichkeitsrecht des Gefangenen und sein Recht auf informationelle Selbstbestimmung überwiegt.[32] Die Gefahr leichterer Verletzungen oder Bedrohungen würde also nicht ausreichen, ebenso wenig die Verfolgung bereits begangener Delikte, sofern sich daraus nicht ausnahmsweise eine konkrete Wiederholungsgefahr ergibt.

Beispiele:
Eine *Offenbarungsbefugnis* des Arztes besteht zum Beispiel, wenn er bei einer ärztlichen Untersuchung feststellt, dass ein Gefangener Hämatome und einen Rippenbruch von Schlägen durch Mitgefangene aufweist, und der Gefangene erklärt, dass die Mitgefangenen ihm weitere Prügel angekündigt hätten; denn weitere Prügel stellen eine Gefahr für die Gesundheit des Gefangenen dar.

Eine *Offenbarungspflicht* hat der Arzt auch, wenn er bei einem Gefangenen die ansteckende Infektion mit Hepatitis B feststellt, welche die Gesundheit Dritter erheblich gefährdet. Bei dieser Krankheit handelt es sich sogar um eine nach dem Infektionsschutzgesetz mitteilungspflichtige Erkrankung, so dass ein Ermessensspielraum, der zum Beispiel bei Aids besteht,[33] hier ausscheidet.

Keine Offenbarungspflicht hat der Anstaltsarzt, wenn er von einem Gefangenen erfährt, dass dieser vor einigen Tagen von einem Mitgefangenen geschlagen worden ist, ohne dass konkrete Wiederholungsgefahr droht. Denn der Arzt hat – anders als ein Polizeibeamter – keine Strafverfolgungspflicht bezüglich früherer Straftaten. Dasselbe gilt auch, wenn der Arzt von früheren Straftaten des Gefangenen aus der Zeit vor seiner Inhaftierung erfährt.[34]

Problematischer ist in der Anwendung die erste Alternative des § 182 Abs. 2 Satz 2 StVollzG, die „Aufgabenerfüllung der Vollzugsbehörde", zumal hier die Offenbarungspflicht nicht durch eine Erheblichkeitsschwelle oder eine Ultima-Ratio-Klausel eingeschränkt ist. Es ist aber zu berücksichtigen, dass der Gesetzgeber auch hier keinen umfassenden Zugriff des Anstaltsleiters auf alle Inhalte der ärztlichen Behandlung oder Untersuchung eröffnet hat. Deshalb ist eine verfassungskonforme Auslegung geboten, die dem informatio-

---

32 BVerfG, NStZ 2000, 55.
33 Vgl. *Calliess/Müller-Dietz*, StVollzG, § 56 Rn. 8, 14; s. u. S. 598 f.
34 Vgl. zu diesen und anderen Beispielen *Schöch*, ZfStrVo, 1999, 259, 263 ff.

nellen Selbstbestimmungsrecht hinreichend Rechnung trägt.[35] Eine Offenbarungspflicht wegen Erforderlichkeit für die Aufgabenerfüllung der Vollzugsbehörde besteht danach nur bei vollzugsplanrelevanten Gefahren für die Resozialisierung oder hinsichtlich der Begehung weiterer Straftaten.

Beispiele:[36]
Ein Gefangener wird auf seinen Antrag gemäß § 9 Abs. 2 StVollzG in eine sozialtherapeutische Anstalt verlegt. Der für seine Behandlung zuständige Facharzt für Psychiatrie und Psychotherapie stellt fest, dass der Gefangene nach anfänglicher Behandlungsbereitschaft seit drei Monaten jede Mitwirkung an der Gruppen- und Einzeltherapie verweigert und nur noch zum Schein daran teilnimmt. Eine solche Therapieverweigerung führt in der Regel zu einer Rückverlegung in den Normalvollzug und ist daher vollzugsplanrelevant (§ 7 Abs. 2 Nr. 2 StVollzG). Sie muss deshalb dem Anstaltsleiter mitgeteilt werden.

Ein mehrfach verurteilter aggressiver und pädophiler Sexualstraftäter, der im Alter von 30 Jahren eine Gesamtfreiheitsstrafe von neun Jahren wegen Vergewaltigung und sexuellen Missbrauchs von Kindern verbüßt, teilt dem externen Psychotherapeuten (Facharzt für Psychiatrie und Neurologie) im Rahmen einer psychoanalytisch orientieren Therapie mit, dass er noch immer unter aggressiven Sexualphantasien mit sadistischem Einschlag gegenüber 10- bis 14-jährigen Mädchen leide. Obwohl es sich um einen therapeutisch sehr sensiblen Bereich handelt, kommt man nicht umhin, diese Information bei einem Sexualstraftäter mit einschlägigen Vorstrafen für vollzugsplanrelevant zu halten, da sie eine erhebliche Rückfallgefahr – auch bei Vollzugslockerungen – indiziert. Dennoch ist hier eine detaillierte Offenbarung nicht erforderlich, weil normalerweise die Mitteilung genügt, dass der Gefangene seine Tatproblematik noch nicht verarbeitet hat.

Ein früher heroinabhängiger 25-jähriger Gefangener verbüßt eine Freiheitsstrafe von vier Jahren wegen unerlaubten Handeltreibens und Besitzes von Betäubungsmitteln in nicht geringer Menge. Er teilt nach einer Verlegung dem Anstaltsarzt der neuen Anstalt bei der Aufnahmeuntersuchung mit, dass er es im Strafvollzug nur aushalte, weil ihm seine Freundin bei Besuchen gelegentlich einige Gramm Heroin mitbringe. Die Heroinversorgung durch die Freundin eines Betäubungsmitteltäters verstößt gegen die zentrale Aufgabe der Straftatenverhinderung während des Vollzugs, weshalb auch hier der

---

35 *Schöch*, in: Kaiser/Schöch (Hrsg.), Strafvollzug, § 7 Rn. 229, 232 ff.; *Calliess/Müller-Dietz*, StVollzG, § 182 Rn. 6.
36 *Schöch*, in: Kaiser/Schöch (Hrsg.), Strafvollzug, § 7 Rn. 237; *ders.*, ZfStrVo 1999, 259, 264 f.

Arzt im Rahmen seiner Einbindung in vollzugliche Entscheidungsabläufe offenbarungspflichtig ist.
Im Strafverfahren gegen einen Gefangenen hat der Arzt gemäß § 53 Abs. 1 Nr. 3 StPO ein Zeugnisverweigerungsrecht. Selbst wenn der Anstaltsarzt sich zur Aussage entschließt, darf er als Angehöriger des öffentlichen Dienstes nur aussagen, wenn eine Aussagegenehmigung des Dienstvorgesetzten gemäß § 54 StPO vorliegt. Es besteht jedoch nur ein Zeugnisverweigerungsrecht und keine prozessuale Schweigepflicht; der Arzt hat die Abwägungskompetenz zwischen prozessualer Aussagepflicht und materieller Geheimhaltungspflicht.[37] Der Arzt darf aber das Zeugnis nicht verweigern, wenn er von der Verpflichtung zur Verschwiegenheit entbunden ist (§ 53 Abs. 2 Satz 1 StPO).

5. Auskunfts- und Akteneinsichtsrecht des Gefangenen

§ 185 StVollzG gewährt dem Gefangenen – als Ausfluss des Rechts auf informationelle Selbstbestimmung gemäß Art. 2 Abs. 1 i. V. m. Art. 1 Abs. 1 GG[38] – einen Anspruch auf Auskunft über die zu seiner Person gespeicherten Daten, zu denen nicht nur die Gefangenenpersonalakten, sondern auch die Therapieakten gehören.[39] Soweit die Auskunft für die Wahrnehmung seiner rechtlichen Interessen nicht ausreicht und er hierfür auf die Einsichtnahme angewiesen ist, hat der Gefangene ein Recht auf Akteneinsicht (§ 185 Satz 1, 2. HS StVollzG). Die Frage, ob der Gefangene auf volle Akteneinsicht angewiesen ist, unterliegt der gerichtlichen Nachprüfung.[40]

Das Auskunfts- und Einsichtsrecht bezieht sich nach bisheriger Rechtsprechung in der Regel nur auf objektivierbare naturwissenschaftliche Befunde und Behandlungsfakten, nicht dagegen auf die schriftlich niedergelegten persönlichen Eindrücke des Arztes,[41] da ansonsten die Gefahr bestünde, dass diese bei einer Offenlegungspflicht von vornherein unterblieben, obwohl sie im Interesse des Patienten erwünscht sind.[42] In Ausnahmefällen kann sich das Einsichtsrecht jedoch auch auf den sensiblen Bereich nicht objektivierbarer Befunde erstrecken, wenn dies für das vom Gefangenen darzulegende Inte-

---

37 *Tag*, Das Arztgeheimnis im Strafvollzug, S. 103.
38 BVerfGE 65, 1, 43.
39 *Schmid*, in: Schwind/Böhm/Jehle (Hrsg.), StVollzG, § 185 Rn. 3.
40 OLG Dresden, ZfStrVo 2000, 124: kein Beurteilungs- oder Ermessensspielraum.
41 OLG Celle, NStZ 1986, 284 mit Anm. *Müller-Dietz*, NStZ 1986, 285; OLG Frankfurt, NStZ 1989, 198; *Schmid*, in: Schwind/Böhm/Jehle (Hrsg.), StVollzG, § 185 Rn. 10; *Arloth*, StVollzG, § 185 Rn. 6; a. A. AK – *Weichert*, StVollzG, § 185 Rn. 12.
42 OLG Nürnberg, ZfStrVo 1986, 61, 63; LG Berlin, StV 1984, 384 f.

resse unabdingbar ist.[43] Die Einschränkung des Auskunfts- und Einsichtsrechts auf objektivierbare Fakten und deren Gewährung nur bei dargelegtem Interesse stellen also bisher zwei sachliche Schranken dar, die einer Ausuferung – insbesondere im Hinblick auf querulatorische Anträge, Verdächtigungen oder Beschwerden – entgegenwirken sollen.[44]

Nach einer Entscheidung des Bundesverfassungsgerichts vom 9.1.2006, die den Maßregelvollzug betrifft,[45] gilt diese – aus dem privatrechtlichen Behandlungsverhältnis stammende – Beschränkung des Einsichtsrechts auf objektivierbare Befunde für das öffentlich-rechtliche Arzt-Patienten-Verhältnis nicht mehr uneingeschränkt.[46] Die wichtigsten der dort genannten Gesichtspunkte gelten ebenso für den Strafvollzug, da auch der Strafgefangene den Arzt nicht frei wählen kann und einem besonders hohen Machtgefälle ausgesetzt ist. Im Hinblick auf das Grundrecht des Gefangenen auf – auch informationsbezogene – Selbstbestimmung und personale Würde (Art. 2 Abs. 1 GG i. V. m. Art. 1 Abs. 1 GG) muss diesem in der Regel volle Akteneinsicht gewährt werden, soweit nicht ausnahmsweise das Persönlichkeitsrecht des Arztes/Therapeuten, sein Interesse an der Vertraulichkeit der Einträge, die Berücksichtigung ungünstiger Auswirkungen auf das Dokumentationsverhalten des Therapeuten sowie die Auswirkungen der Einsicht auf den Gefangenen selbst Einschränkungen gebieten, die sich aber nicht auf alle Aufzeichnungen beziehen dürfen, sondern z. B. durch Kopien mit abgedeckten oder herausgenommenen Bestandteilen der Krankenakten bewirkt werden können.

6. Unterstützungspflicht des Gefangenen

Die Fürsorgepflicht der Justizvollzugsanstalt für die körperliche und geistige Gesundheit des Gefangenen wird ergänzt durch dessen Pflicht, die notwendigen Maßnahmen zum Gesundheitsschutz und zur Hygiene zu unterstützen (§ 56 Abs. 2 StVollzG), also zum Beispiel erforderliche Untersuchungen zu dulden oder die verordnete Bettruhe zu beachten. Bei schuldhaftem Pflichtverstoß besteht die Möglichkeit einer Disziplinarmaßnahme.[47] Die Verpflichtung zur Duldung von Untersuchungen oder anderen Maßnahmen kann

---

43 OLG Frankfurt, NStZ 1989, 198; vgl. auch BVerfG, NJW 1999, 1777f. (nicht speziell zum Vollzug).
44 Vgl. *Müller-Dietz*, NStZ 1986, 285f.
45 Siehe dazu unten B. II.
46 BVerfG, NJW 2006, 1116ff. Näher zu diesem Urteil des BVerfG *Schöch*, Ärztliche Schweigepflicht und Akteneinsichtsrecht des Patienten im Maßregelvollzug, S. 731, 742ff.
47 *Böhm*, Strafvollzug, Rn. 243.

durch Einzelanweisung oder generell durch die Hausordnung gemäß § 161 StVollzG erfolgen. Die Anordnung einer Urinprobe kann auf § 56 Abs. 2 StVollzG allerdings nur bei Vorliegen eines auf Tatsachen beruhenden konkreten Verdachts von Rauschmittelmissbrauch gestützt werden; die bloße Verurteilung wegen eines Drogendelikts reicht hierfür nicht aus.[48] Eine Disziplinarmaßnahme wegen Verweigerung einer Urinprobe kann wegen des aus Art. 1 GG abgeleiteten Grundsatzes „nemo tenetur se ipsum accusare" nicht verhängt werden.[49]

II. Besondere Problemfelder

1. Psychisch Kranke

Eines der größten Probleme des Strafvollzugs in den letzten Jahren ist die beträchtliche Zahl von psychisch Kranken und gestörten Straftätern. Über deren Zahl gibt es zwar in Deutschland keine exakten Erhebungen, jedoch zeigen internationale Studien, dass die Prävalenz psychischer Störungen im Justizvollzug im Vergleich zur Allgemeinbevölkerung deutlich erhöht ist.[50] In einer Studie aus zwölf westlichen Ländern ergab sich, dass 3,7 % der Gefangenen an einer psychotischen Störung erkrankt sind, 10 % hatten eine schwere depressive Störung und bei 65 % wurde eine Persönlichkeitsstörung diagnostiziert. Für weibliche Gefangene waren die entsprechenden Quoten etwas niedriger.[51] Der hohe Anteil der Persönlichkeitsgestörten wird auch in zwei deutschen Untersuchungen bestätigt.[52] Daneben gibt es noch eine beträchtliche Anzahl sonstiger psychisch auffälliger Gefangener, also insbesondere solche mit Belastungs- und Anpassungsstörungen als Reaktion auf die psychosoziale Situation der Inhaftierung, sowie eine überdurchschnittlich hohe Zahl von Psychotikern, darunter sogar drei bis fünf Prozent mit paranoider Schizophrenie. Teilweise handelt es sich um Störungen, die sich erst im Verlauf des Vollzugs entwickelt haben, teilweise um solche, die schon früher vorlagen, aber in der Hauptverhandlung nicht erkannt wurden oder nicht zu einer Ex- oder Dekulpation nach den §§ 20, 21 StGB führten. Diese kranken

---

48 OLG Dresden, NStZ 2005, 588 f.
49 OLG Dresden, NStZ 2005, 589; OLG Saarbrücken, ZfStrVo 1994, 121; *Calliess/Müller-Dietz*, StVollzG, § 56 Rn. 5 m. w. N.; a. A. OLG Koblenz, NStZ 1989, 550; LG Augsburg, ZfStrVo 1998, 113.
50 *Foerster*, Psychisch Kranke im Strafvollzug, S. 143.
51 *Foerster*, Psychisch Kranke im Strafvollzug, S. 146 m. w. N.
52 *Schöch*, Schlussbemerkung, S. 273.

Menschen gehören eigentlich nicht in den Strafvollzug und bereiten den Anstaltsärzten größte Schwierigkeiten.

Das Bundesverfassungsgericht hat in einer Entscheidung vom 14.8.1996 die unterbliebene Anordnung der Unterbringung eines psychisch kranken Gefangenen in einem externen psychiatrischen Krankenhaus gemäß § 65 Abs. 2 StVollzG für verfassungswidrig erklärt, obwohl dieser zu lebenslanger Freiheitsstrafe verurteilt war, von der er schon 30 Jahre verbüßt hatte. Die paranoid halluzinatorische psychische Symptomatik, bei der sogar die Haft als „Herd der Erkrankung" angesehen wurde, könne im Strafvollzug nicht angemessen behandelt werden. Um gleichwohl das Recht des langzeitig Inhaftierten auf Wiedererlangung seiner Freiheit zu realisieren, müsse – ohne Rücksicht auf die hohen Kosten – eine vollzugsexterne psychiatrische Langzeittherapie erfolgen.

Auf die hohen Kosten einer derartigen externen Krankenhausbehandlung gemäß § 65 Abs. 2 StVollzG wurde bereits hingewiesen. Deshalb muss dringend an alle Bundesländer appelliert werden, zumindest in zentralen Vollzugskrankenhäusern psychiatrische Abteilungen einzurichten, wie dies zum Beispiel in Bayern, Baden-Württemberg, Nordrhein-Westfalen, Berlin und Sachsen inzwischen geschehen ist.

Ein weiteres Problem stellt die große Zahl von Suchtkranken, insbesondere Drogenabhängigen, im Justizvollzug dar, die sich überwiegend im Strafvollzug und nicht – wie an sich gesetzlich vorgesehen – im Maßregelvollzug befinden. Obwohl nahezu 50 % der drogenabhängigen Straftäter zu Beginn der Haft als therapiemotiviert angesehen werden, konnten die vollzugsinternen, geschlossenen Therapieeinrichtungen in einigen Anstalten nicht ausreichend belegt werden.[53]

Die vorhandenen stationären Plätze für psychisch Kranke reichen kaum aus, den gestiegenen Bedarf zu befriedigen. Deshalb spielt auch die ambulante psychiatrisch-psychotherapeutische Betreuung im Strafvollzug eine erhebliche Rolle. Im Rahmen eines Modellprojekts in der JVA Werl wurde vor wenigen Jahren festgestellt, dass 9,2 % der im Jahresdurchschnitt untergebrachten Häftlinge psychiatrischen Behandlungsbedarf hatten, der nur zu etwa einem Drittel erfüllt werden konnte. Deshalb sollte vor allem auch die ambulante psychiatrisch-psychotherapeutische Behandlung ausgebaut werden.

---

53 *Dolde*, Therapie in Untersuchungs- und Strafhaft, S. 131 ff.

Allerdings gibt es bisher nur unter sehr engen Voraussetzungen einen Anspruch auf Behandlung durch externe Therapeuten.[54] Die vollzugsinterne Behandlung durch Sozialarbeiter, Psychologen oder Ärzte fällt nicht unter das Psychotherapeutengesetz, da das Strafvollzugsgesetz spezielle Vorschriften für den Behandlungsauftrag und die Gesundheitsfürsorge enthält und sich die tatsächlichen Gegebenheiten und Anforderungen im Strafvollzug stark von denen in Freiheit unterscheiden. Im vollzugsrechtlichen Kontext bleibt daher nur ein sehr kleiner Anwendungsbereich für heilkundliche Psychotherapie im Sinne des Psychotherapeutengesetzes.[55]

2. Suchtprobleme und Infektionskrankheiten

Zu den besonderen Schwierigkeiten der Anstaltsmedizin gehört auch die überproportionale Suchtproblematik. Der Anteil der alkoholkranken Gefangenen wird auf 20 bis 25 %, derjenige der Drogenabhängigen auf ca. 30 % geschätzt.[56] Die in den Hausordnungen vorgesehenen generellen Verbote von Alkohol und Drogen im Strafvollzug lassen sich nicht lückenlos durchsetzen. Während die mit Alkoholmissbrauch – insbesondere durch selbst angesetzten Alkohol – verbundenen gesundheitlichen Beeinträchtigungen meist kurzfristig mit Methoden der herkömmlichen Medizin behandelt werden können, führt der illegale Drogenkonsum, insbesondere bei Heroinabhängigen, wegen der gemeinschaftlichen Benutzung von Injektionsspritzen zu erheblichen Infektionsgefahren für die Übertragung von HIV und Hepatitis.[57]

Man geht davon aus, dass in deutschen Vollzugsanstalten ca. 1 % der Gefangenen HIV-infiziert ist.[58] Nach einer unveröffentlichten Studie im Auftrag des Bayerischen Justizministeriums waren im bayerischen Justizvollzug im Jahr 1997 nur noch 0,47 % der Gefangenen HIV-positiv.[59]

Deutlich größer ist das Risiko einer Infektion mit dem Hepatitis-C-Virus (HCV), für den in Bayern eine Infektionsrate von 12 bis 20 % festgestellt

---

54 *Höffler*, ZfStrVo 2006, 9 ff.
55 *Höffler/Schöch*, R & P 2006, 3 ff.
56 *Laubenthal*, Sucht- und Infektionsgefahren im Strafvollzug, S. 196, 198 m. w. N.
57 *Frey/Bachmann/Wetzels/Heinemann/Püschel*, Kriminalistik 2008, 294 f.; *Laubenthal*, Sucht- und Infektionsgefahren im Strafvollzug, S. 198 f.
58 *Frey/Bachmann/Wetzels/Heinemann/Püschel*, Kriminalistik 2008, 295; *Stöver*, Drogen, HIV und Hepatitis im Strafvollzug, S. 13. ff.
59 *Arloth*, StVollzG, § 56 Rn. 4; kritisch zur Aussagekraft dieser Untersuchung *Boetticher*, Einwilligung und Aufklärung, S. 70.

wurde.[60] Nach bisheriger Rechtslage ist eine zwangsweise Testung aller Inhaftierten zur Erkennung von HIV- und Hepatitisinfektionen aufgrund des Strafvollzugsgesetzes nicht möglich.[61] Dagegen sieht die seit 1.1.2001 geltende Neuregelung in § 36 Abs. 4 Satz 7 IfSG vor, dass Personen, die in eine Justizvollzugsanstalt aufgenommen werden, verpflichtet sind, eine ärztliche Untersuchung auf übertragbare Krankheiten einschließlich einer Röntgenaufnahme der Lunge zu dulden. Es ist nicht unzweifelhaft, ob auch Blutuntersuchungen darunter fallen, da diese – im Gegensatz zur Röntgenuntersuchung – nicht ausdrücklich im Gesetz genannt sind.[62] Allerdings empfehlen auch die Befürworter der weiteren Auslegung, dass nach einer Güterabwägung von einer zwangsweisen Blutentnahme abgesehen werden sollte, um das Vertrauensverhältnis zwischen Anstaltsarzt und Gefangenem nicht von Anfang an zu vereiteln. Es dürfte daher bei der in vielen Anstalten verbreiteten freiwilligen Testung bleiben,[63] an der sich fast alle Gefangenen beteiligen, zumal Verweigerer – jedenfalls aus den Risikogruppen – so behandelt werden, als seien sie HIV-positiv.[64]

Noch nicht abschließend geklärt war bis 1998 die Frage, ob der Anstaltsarzt eine Offenbarungsbefugnis oder gar Offenbarungspflicht gegenüber dem Anstaltsleiter oder Dritten bei einer festgestellten HIV- oder Hepatitisinfektion hat. Die frühere Heranziehung der Prinzipien des rechtfertigenden Notstandes gemäß § 34 StGB ist jetzt nicht mehr sachgerecht, da das Problem der innerbehördlichen Schweigepflicht durch das 4. Strafvollzugsänderungsgesetz vom 26.8.1998 ausdrücklich in § 182 Abs. 2 StVollzG geregelt wurde (s. o. I.4.). Danach ist der Anstaltsarzt befugt, aber nicht verpflichtet, die ihm im Rahmen der Gesundheitsfürsorge bekannt gewordenen Geheimnisse dem Anstaltsleiter zu offenbaren, sofern dies zur Aufgabenerfüllung der Vollzugsbehörde oder zur Abwehr erheblicher Gefahren für Leib oder Leben des Gefangenen oder Dritter erforderlich ist. Dies gilt auch für die HIV-Infektion eines Gefangenen, da deren Kenntnis für die Aufgabenerfüllung der Vollzugsbehörde nach Maßgabe des Vollzugsplanes relevant ist, z. B. für die Art des

---

60 *Arloth*, StVollzG, § 56 Rn. 4.
61 *Schöch*, in: Kaiser/Schöch (Hrsg.), Strafvollzug, § 7 Rn. 171 m. w. N.
62 Bejahend *Arloth*, StVollzG, § 56 Rn. 3; *Laubenthal*, Sucht- und Infektionsgefahren im Strafvollzug, S. 202; *Laubenthal*, Strafvollzug, Rn. 727 m. w. N.; dagegen *Boetticher*, Einwilligung und Aufklärung, S. 78.
63 *Calliess/Müller-Dietz*, StVollzG, § 56 Rn. 10 unter ausdrücklicher Aufgabe der noch in der Vorauflage vertretenen anderen Auffassung.
64 *Calliess/Müller-Dietz*, StVollzG, § 56 Rn. 8.

Arbeitseinsatzes oder die Unterbringung gemäß § 7 Abs. 2 Nr. 1, 4 StVollzG. Bei aggressiven Gefangenen ist die Offenbarung auch unter dem Aspekt des Schutzes von Bediensteten und Mitgefangenen vor erheblichen Gefahren für Leib oder Leben zulässig.[65] Eine Offenbarungspflicht hat der Anstaltsarzt, wenn er bei einem Gefangenen die ansteckende Infektion mit Hepatitisviren (A bis E) feststellt, denn hierbei handelt es sich um meldepflichtige Nachweise von Krankheitserregern gemäß § 7 Abs. 1 Nr. 19–23 IfSG.

Bezüglich der vom Arzt mit zu gestaltenden Schutzmaßnahmen ist darauf zu achten, dass unnötiger Diskriminierung und Ausgrenzung entgegengewirkt wird.[66] Sachgerecht ist zum Beispiel die Praxis, die – im Gesetz ohnehin nur als Ausnahme vorgesehene – gemeinsame Unterbringung von Gefangenen während der Ruhezeit (§ 18 Abs. 1 Satz 2 StVollzG) bei einem infizierten Gefangenen von der Zustimmung des Anstaltsleiters und einer schriftlichen Einverständniserklärung des über die Situation aufgeklärten Mitgefangenen abhängig zu machen. Beschränkungen bezüglich Vollzugslockerungen und Urlaub sind nur ausnahmsweise gerechtfertigt, wenn aufgrund konkreter Tatsachen angenommen werden kann, der HIV-positive Gefangene werde andere Personen mit dem Virus infizieren.[67] Im Hinblick auf die noch nicht abschließend geklärten Übertragungswerte des HI-Virus und die damit verbundenen Ängste vieler Gefangener, die sich zu einer Gefahr für die Sicherheit und Ordnung der Anstalt verdichten können, ist es auch zulässig, HIV-Infizierte von Arbeiten im Sanitätsbereich oder in der Küche auszuschließen, während dies für die Schlosserei und Schreinerei bloß wegen der Gefahr blutender Verletzungen zu verneinen ist.[68]

Einen Rechtsanspruch auf kostenlose Aushändigung von Kondomen und sterilen Einwegspritzen kann es im Vollzug nicht geben, solange auch Bürger in Freiheit diese Mittel zur Aids-Prophylaxe selbst beschaffen müssen.[69] Jedoch ist interessierten Gefangenen wie in Freiheit Gelegenheit zu geben, im Rahmen des Einkaufs in der Anstalt Kondome und Einwegspritzen auf eigene Kosten zu erwerben.[70]

---

65 Vgl. zum Ganzen *Schöch*, in: Kaiser/Schöch (Hrsg.), Strafvollzug, § 7 Rn. 173 f. m. w. N.
66 *Schöch*, in: Kaiser/Schöch (Hrsg.), Strafvollzug, § 7 Rn. 175 m. w. N.
67 OLG Frankfurt, NStZ-RR 1997, 30.
68 *Schöch*, in: Kaiser/Schöch (Hrsg.), Strafvollzug, § 7 Rn. 175 m. w. N.
69 OLG Koblenz, NStZ 1997, 360; als rechtspolitisch wünschenswert bezeichnen dies AK – *Boetticher/ Stöver*, StVollzG, Vor § 56 Rn. 61 ff. mit zahlreichen Nachweisen, auch aus verschiedenen Modellversuchen; vgl. auch *Hoffmann/Kreutzer/Suleck*, Spritzenvergabe im Strafvollzug.
70 OLG Koblenz, NStZ 1997, 360; *Schöch* in: Kaiser/Schöch (Hrsg.), Strafvollzug, § 7 Rn. 176 m. w. N.

Aus medizinischer Sicht sind Reihenimpfungen zum Schutz gegen Hepatitis B und C sinnvoll und wünschenswert.[71] Allerdings sind die Kosten hierfür sehr hoch und im Rahmen der budgetierten Haushalte von den Anstalten nicht immer aufzubringen, weshalb der verbreiteten mangelnden Impfbereitschaft nicht nachhaltig entgegengewirkt wird.[72]

3. Zwangsbehandlung

Zwangsbehandlung ist die ärztliche oder medizinische Heilbehandlung gegen oder ohne den Willen des Betroffenen.[73] § 56 Abs. 1 Satz 2 StVollzG lässt mit dem Verweis auf § 101 StVollzG eine Zwangsbehandlung im Rahmen der Gesundheitsfürsorge im Strafvollzug ausdrücklich zu. Sie wurde in den ersten Jahren nach Inkrafttreten des Strafvollzugsgesetzes – hauptsächlich wegen der RAF-Gefangenen – vor allem im Zusammenhang mit der Zwangsernährung beim Hungerstreik erörtert, betrifft aber auch sonstige Suizidgefährdungen, Selbstverletzungen, Infektionskrankheiten oder Aggressivität infolge von Geisteskrankheiten oder psychischen Störungen.

Seit der weit gehenden Bewältigung der Hungerstreikproblematik, zu der auch die Ersetzung der Zwangsernährung durch Bereitstellung eines nährstoffreichen Getränkes anstelle von Trinkwasser beigetragen hat,[74] ist die Zwangsbehandlung nach § 101 StVollzG nahezu ohne praktische Bedeutung. Bei Lebensgefahr oder schwer wiegender Gesundheitsgefahr erfolgt in der Regel die Verlegung in ein Krankenhaus außerhalb des Vollzugs nach § 65 Abs. 2 StVollzG, bei der zwar wegen Aufrechterhaltung des Gefangenenstatus § 101 StVollzG ebenfalls Anwendung fände, jedoch geht die nach den Regeln der medizinischen Wissenschaft und Ethik getroffene Behandlungsentscheidung der Krankenhausärzte den möglichen vollzugsrechtlichen Entscheidungen vor, zumal die für Allgemeinärzte gültige Rechtsprechung zur Hilfspflicht bei Lebensgefahr der Regelung des § 101 Abs. 1 Satz 2 StVollzG entspricht.[75] Im Übrigen gelingt es bei individuellen Hungerstreiks den betei-

---

71 *Laubenthal*, Sucht und Infektionsgefahren im Strafvollzug, S. 210; *Boetticher*, Einwilligung und Aufklärung, S. 70.
72 Kritisch hierzu *Boetticher*, Einwilligung und Aufklärung, S. 70 f.
73 *Laue*, Zwangsbehandlung im Strafvollzug, S. 217 m. w. N.
74 *Schöch*, in: Kaiser/Schöch (Hrsg.), Strafvollzug, § 8 Rn. 22 m. w. N.; *Arloth*, Statement, S. 240 m. w. N.; *Calliess/Müller-Dietz*, StVollzG, § 101 Rn. 7; *Arloth*, StVollzG, § 101 Rn. 3.
75 *Arloth*, Statement, S. 240. Die Verlegung in ein allgemeinpsychiatrisches Krankenhaus ist überdies sehr kostspielig und mit zusätzlichem Sicherheitsaufwand verbunden, den viele psychiatrische Krankenhäuser nicht leisten können, sodass bei gefährlichen Gefangenen notfalls vom Strafvollzug Bewa-

ligten Ärzten, Psychiatern und Psychologen meist, den Gefangenen zum Abbruch seines Vorhabens zu bewegen, bevor eine Zwangsernährung erforderlich wird. Gleichwohl ist die grundsätzliche Möglichkeit der Zwangsbehandlung und Zwangsernährung für den Strafvollzug unverzichtbar; sie muss aber wegen der gravierenden Eingriffe in Grundrechte der Gefangenen eng begrenzt bleiben.

Die einfacheren Fälle regelt § 101 Abs. 2 StVollzG, wonach die körperliche Untersuchung immer dann zulässig ist, wenn sie nicht mit einem körperlichen Eingriff verbunden ist, also zum Beispiel die Aufnahmeuntersuchung oder die ärztliche Überwachung bei besonderen Sicherungsmaßnahmen (§§ 5 Abs. 3, 92 StVollzG). Schwieriger sind die in § 101 Abs. 1 StVollzG geregelten Fälle, bei denen die zwangsweise medizinische Untersuchung und Behandlung oder die Ernährung mit einem körperlichen Eingriff verbunden ist, der in manchen Fällen auch gesundheits- oder lebensgefährlich sein kann. Solche Zwangsmaßnahmen sind nur zulässig bei schwerwiegender Gefahr für die Gesundheit des Gefangenen oder bei Gefahr für die Gesundheit anderer Personen (§ 101 Abs. 1 Satz 1 StVollzG).

Voraussetzung für die schweren Eingriffe nach § 101 Abs. 1 StVollzG ist ferner, dass die Maßnahmen für die Beteiligten zumutbar sind und nicht mit erheblicher Gefahr für Leben oder Gesundheit des Gefangenen verbunden sind. Zu den Beteiligten gehören auch die behandelnden Ärzte und das medizinische Hilfspersonal, bei denen im Rahmen der Zumutbarkeit standesrechtliche Gebote, Gewissens- und Glaubensgründe sowie die Rücksichtnahme auf die eigene Gesundheit bestimmte Behandlungen unzumutbar machen können.[76] Außerdem verbietet diese Vorschrift als besondere Ausprägung des Verhältnismäßigkeitsgrundsatzes zwangsweise Risikoeingriffe, die eine ebenso schwere Lebens- oder Gesundheitsgefahr mit sich bringen wie diejenige Krankheit, die sie beheben sollen, also zum Beispiel Liquorentnahmen aus dem Rückenmark oder besonders riskante Operationen.[77] Auch wenn diese Voraussetzungen erfüllt sind, ergibt sich hieraus zunächst nur ein Recht der Vollzugsbehörden zur Durchführung ärztlicher Zwangsmaßnahmen und keine Pflicht.

---

chungspersonal gestellt werden muss. Hierdurch können die Behandlungsabläufe in psychiatrischen Krankenhäusern erheblich gestört werden. Näher hierzu *Schöch*, Psychisch kranke Gefangene im Strafvollzug, S. 12 f.

76 *Calliess/Müller-Dietz*, StVollzG, § 101 Rn. 10.
77 *Arloth*, Statement, S. 243.

Eine Verpflichtung zur Zwangsbehandlung oder Zwangsernährung besteht nur noch ausnahmsweise (§ 101 Abs. 1 Satz 2, 2. HS), nämlich wenn von einer freien Willensbestimmung des Gefangenen nicht ausgegangen werden kann, also zum Beispiel bei Geisteskrankheit des Gefangenen oder nach Eintritt der Bewusstlosigkeit. Die herrschende Meinung bezeichnet allerdings die Behandlung eines Bewusstlosen nicht als Zwangsbehandlung, wendet also § 101 StVollzG beim Hungerstreik nur für das Zwischenstadium kurz vor dem Eintritt der Bewusstlosigkeit an.[78] Im Gesetzgebungsverfahren wurden darüber hinaus Fälle eines so genannten Gruppenzwangs oder Gruppenterrors innerhalb der Anstalten als mögliche Gründe für fehlende freie Willensbestimmung bezeichnet.[79]

Die vollzugsrechtliche Pflicht zur Zwangsbehandlung und Zwangsernährung reicht also nicht mehr weiter als die strafrechtliche Pflicht, da nach ganz überwiegender Meinung in der Literatur bei frei verantwortlicher Selbsttötung das Unterlassen der Suizidverhinderung nicht strafbar ist.[80] Auch aus der strengeren Rechtsprechung des Bundesgerichtshofs zur strafrechtlichen Rettungspflicht beim Suizid[81] lässt sich keine Ausweitung der vollzugsrechtlichen Behandlungspflicht ableiten, da § 101 StVollzG als gesetzliche Spezialregelung vorgeht.

Kritisiert wird an § 101 StVollzG das nach wie vor bestehende Recht der Vollzugsbehörde zur Zwangsernährung, auch wenn sie hierzu nicht verpflichtet ist.[82] Teilweise wird die Zwangsbehandlung wegen Verstoßes gegen die Menschenwürde und das Grundrecht auf körperliche Unversehrtheit (Art. 1 Abs. 1, 2 Abs. 2 Satz 2 GG) für verfassungswidrig gehalten, sofern eine Zwangsbehandlung des zur freien Willensbestimmung fähigen Gefangenen nicht nur zum Schutz der Gesundheit Dritter, sondern auch zum Schutz des Gefangenen selbst zulässig ist.[83] Aber auch in diesen Fällen wird das Recht zur Zwangsbehandlung nicht nur durch die Fürsorgepflicht der Anstalt (§ 56 StVollzG) und die Sicherungsaufgabe der Suizidverhinderung (§ 88 Abs. 1 StVollzG), sondern auch durch den Schutz der staatlichen Autorität und des Strafvollzugs vor Diskreditierung und Erpressung sowie durch die Pflicht zur

---

78 *Calliess/Müller-Dietz*, StVollzG, § 101 Rn. 3.
79 *Arloth*, Statement, S. 244 m. w. N.
80 Vgl. Schönke/Schröder – *Eser*, Vor § 211 ff. Rn. 41 ff.; *Fischer*, StGB, Vor § 211 Rn. 12.
81 BGHSt 32, 367 ff.
82 *Calliess/Müller-Dietz*, StVollzG, § 101 Rn. 2 m. w. N.
83 *Laue*, Zwangsbehandlung im Strafvollzug, S. 217, 219, 238 m. w. N.

Hilfeleistung und das ärztliche Gebot der Lebenserhaltung legitimiert.[84] Hierbei handelt es sich nicht nur um politische Argumente, sondern um schützenswerte Rechtsgüter, nämlich die § 323 c StGB zu Grunde liegende mitmenschliche Solidarität und der verfassungsrechtlich geschützte Resozialisierungsauftrag des Strafvollzugs. Demgegenüber ist zu berücksichtigen, dass der Gefangene in der Vollzugssituation nur in eingeschränkter Freiheit handelt, in manchen Fällen durch den Solidaritätsdruck Gleichgesinnter sogar am Rande der Unfreiheit. Eine partiell unfreie Entscheidung des Gefangenen verdient keinen Vorrang vor den genannten Interessen der Allgemeinheit und der Vollzugsbehörden, Selbsttötungen im Strafvollzug zu verhindern. Diesem Gedanken trägt auch die Mitwirkungspflicht des Gefangenen an der Erhaltung seiner Gesundheit gemäß § 56 Abs. 2 StVollzG Rechnung, die nicht verfassungswidrig ist.

4. Strafrechtliche Risiken des Anstaltsarztes

Die schwierige Klientel und die begrenzten Handlungsmöglichkeiten im Strafvollzug bedingen für den Anstaltsarzt auch ein höheres Strafbarkeitsrisiko als in der allgemeinen ärztlichen Praxis[85] und – wie eine Umfrage bei baden-württembergischen Anstaltsärzten ergeben hat – auch ein beträchtlich erhöhtes Anzeigerisiko wegen unterlassener Hilfeleistung, vorsätzlicher oder fahrlässiger Körperverletzung, fahrlässiger Tötung sowie Nötigung bzw. Freiheitsberaubung.[86] Die Strafbarkeitsrisiken erhöhen sich insbesondere durch die gehäuften gesundheitlichen Probleme der Gefangenen und die damit verbundenen Schutzmaßnahmen zur Infektionsprophylaxe und Suizidverhütung.[87]

Bei Drogenabhängigen können sich Risiken durch die betäubungsmittelrechtlichen Grenzen der Substitutionsbehandlung von Heroinabhängigen ergeben, außerdem erhöhte Sorgfaltspflichten bei Patienten, die von Alkohol, Medikamenten oder Drogen abhängig waren oder sind. Besondere Sorgfaltspflichten ergeben sich auch bei der ärztlichen Überwachung besonderer Sicherungsmaßnahmen (§ 92 StVollzG) oder des Arrestes (§ 107 StVollzG) sowie bei der Einleitung einer Zwangsbehandlung gemäß § 101 StVollzG. Unzureichende ärztliche Überwachung bei solchen Maßnahmen kann bei

---

84 *Schöch*, in: Kaiser/Schöch (Hrsg.) Strafvollzug, § 8 Rn. 21; *Arloth*, Statement, S. 239 f.
85 *Ingelfinger*, Strafrechtliche Risiken des Anstaltsarztes, S. 248.
86 *Walter*, Statement, S. 262 f.
87 Hierzu und zum Folgenden *Ingelfinger*, Strafrechtliche Risiken des Anstaltsarztes, S. 248 f.

gesundheitlichen Schäden oder beim Tod eines Gefangenen zur Verantwortlichkeit wegen vorsätzlicher Körperverletzung im Amt oder wegen fahrlässiger Körperverletzung oder fahrlässiger Tötung führen. Bei maßgeblicher Mitwirkung an Vollzugslockerungen können schwere Straftaten des gelockerten Gefangenen gegen das Leben oder die körperliche Unversehrtheit zur strafrechtlichen Verantwortlichkeit des Anstaltsarztes wegen fahrlässiger Tötung oder fahrlässiger Körperverletzung führen, wenn er auf unvollständiger Tatsachengrundlage oder unter unrichtiger Bewertung der prognoserelevanten Faktoren die Missbrauchsgefahr verneint hat.[88]

Auch aus der Schweigepflicht des Anstaltsarztes können sich Strafbarkeitsrisiken ergeben, z. B. wenn er ihm anvertraute oder sonst bekannt gewordene Informationen zu Krankheiten des Gefangenen unbefugt offenbart oder – entgegen einer Offenbarungsbefugnis oder Offenbarungspflicht – sorgfaltswidrig nicht weitergibt und dadurch ein anderer Gefangener angesteckt wird.[89]

Im Mittelpunkt der Strafanzeigen, denen sich die Anstaltsärzte häufiger als freie Ärzte ausgesetzt sehen,[90] stehen behauptete Behandlungsfehler oder – falls sich diese nicht beweisen lassen – Mängel bei der ärztlichen Aufklärung.[91] Ein strafrechtlich relevanter Behandlungsfehler liegt vor, wenn der Arzt bei seiner Tätigkeit die erforderliche Sorgfalt nicht beachtet, wobei auf den medizinischen Standard abzustellen ist. Einen besonderen vollzugsärztlichen Standard gibt es nicht.[92] Kann der Anstaltsarzt wegen der begrenzt personellen und apparativen Ausstattung oder seiner nicht ausreichenden Fachkompetenz die im konkreten Fall medizinisch gebotene Behandlungsmöglichkeit nicht garantieren, so muss er einen externen Facharzt hinzuziehen, wenn er es „nach Art und Schwere des Falles für erforderlich hält" (VV Nr. 2 I zu § 58 StVollzG). Unterlässt der Anstaltsarzt die gebotene Beiziehung eines externen Arztes oder die gebotene Verlegung in ein Vollzugskrankenhaus oder eine besser geeignete Vollzugsanstalt nach § 65 StVollzG, so kann ein Fall des so genannten Übernahmeverschuldens vorliegen, das die

---

88 Vgl. BGH, NJW 2004, 237 ff. = NStZ 2004, 554 ff.; kritisch zur konkreten Beurteilung der Sorgfaltspflichtverletzung in weiteren Verfahren *Schöch*, in: FS für Venzlaff, S. 317, 336 ff.; allgemein zum Strafbarkeitsrisiko des Anstaltspersonals bei Vollzugslockerungen *Schöch*, in: Kaiser/Schöch (Hrsg.), Strafvollzug, § 7 Rn. 60 ff.
89 *Ingelfinger*, Strafrechtliche Risiken des Anstaltsarztes, S. 249 f.; umfassend *Neumann*, Strafrechtliche Risiken des Anstaltsarztes, S. 58 ff.
90 *Walter*, Statement, S. 259 ff.
91 Zur Verletzung der Aufklärungspflicht bei ärztlichen Heileingriffen *Schöch*, in diesem Band S. 47 ff.
92 *Ingelfinger*, Strafrechtliche Risiken des Anstaltsarztes, S. 253.

Strafbarkeit wegen fahrlässiger Tötung oder fahrlässiger Körperverletzung begründet.[93]

Aufklärungsfehler kommen vor allem bei ausländischen Gefangenen mit schlechten Deutschkenntnissen sowie bei der Aufklärungspflicht bezüglich alternativer extramuraler Therapiemöglichkeiten in Betracht.[94] Die von der Rechtsprechung in solchen Fällen verlangte Hinzuziehung einer sprachkundigen Person wird im Strafvollzug meist nicht durch Beiziehung professioneller Dolmetscher gelöst, sondern – mit Zustimmung des Patienten – durch sprachkundige Mitgefangene.[95] Eine Aufklärung über alternative extramurale Therapiemöglichkeiten ist nicht erforderlich, so lange sich der Anstaltsarzt im Rahmen des medizinischen Standards hält, da der Gefangene keinen Rechtsanspruch auf eine bestimmte, vom ihm gewünschte Behandlung hat, sondern nur das Recht auf eine im Rahmen sachgerechter Erwägungen liegende Gesundheitsfürsorge.[96] Eine Strafbarkeit des Arztes kommt nicht in Betracht, wenn „sich der Aufklärungsmangel lediglich aus dem unterlassenen Hinweis auf Behandlungsalternativen ergibt, der Patient eine Grundaufklärung über die Art sowie den Schweregrad des Eingriffs erhalten hat und auch über die schwerstmögliche Beeinträchtigung informiert ist".[97]

B. Maßregelvollzug

I. Sicherungsverwahrung

Für die Sicherungsverwahrung gelten kraft Verweises in § 130 StVollzG die Vorschriften über den Vollzug der Freiheitsstrafe, also auch diejenigen für die Gesundheitsfürsorge im Strafvollzug gemäß §§ 56 ff. StVollzG. Nach § 129 Satz 1 StVollzG ist der Sicherungsverwahrte in erster Linie zum Schutz der Allgemeinheit sicher unterzubringen. Daneben soll ihm nach § 129 Satz 2 StVollzG aber auch geholfen werden, sich in das Leben in Freiheit einzugliedern. Mit diesem Bekenntnis zur positiven Spezialprävention bringt der Gesetzgeber zum Ausdruck, dass es auch im Vollzug der Sicherungsverwah-

---

[93] Vgl. BGH, NJW 1989, 2321 f.; *Ulsenheimer*, Arztstrafrecht in der Praxis, Rn. 22 ff.
[94] *Ingelfinger*, Strafrechtliche Risiken des Anstaltsarztes, S. 256 ff.
[95] *Ingelfinger*, Strafrechtliche Risiken des Anstaltsarztes, S. 256 ff.
[96] OLG Frankfurt, NJW 1978, 2351 f.; OLG Hamm, NStZ 1981, 240.
[97] BGH, NStZ 1996, 34 f.; Einzelheiten bei *Ingelfinger*, Strafrechtliche Risiken des Anstaltsarztes, S. 257 f.

rung für geeignete Gefangene Sozialisationsangebote und Erprobungsmöglichkeiten geben soll. Daraus kann aber kein Anspruch auf Durchführung externer therapeutischer Maßnahmen abgeleitet werden.[98]

II. Unterbringung in einem psychiatrischen Krankenhaus und in einer Entziehungsanstalt

Der Begriff des Maßregelvollzugs i. e. S. bezieht sich auf diese beiden so genannten *Behandlungsmaßregeln*, für die § 138 auf die entsprechenden Landesgesetze verweist, soweit die Bundesgesetze nichts Anderes bestimmen. Lediglich für die Behandlungsziele enthalten die §§ 136, 137 Leitlinien, die sich an den materiell-rechtlichen Vorgaben in den §§ 63, 64 StGB orientieren: möglichst Heilung oder Besserung bis zur Ungefährlichkeit im psychiatrischen Krankenhaus gem. § 136 StVollzG, Heilung und Behebung der zu Grunde liegenden Fehlhaltung in der Entziehungsanstalt gem. § 137 StVollzG.[99] Da die Unterbringung in einer Entziehungsanstalt bei Aussichtslosigkeit entfällt (§§ 64 Abs. 2, 67d Abs. 5 StGB), fehlt in § 137 StVollzG eine Regelung, wie sie § 136 Satz 3 StVollzG für den nicht therapiefähigen Patienten geschaffen hat: „Ihm wird die nötige Aufsicht, Betreuung und Pflege zuteil." Mit diesem Prinzip der humanen Verwahrung versucht das Gesetz, die Härten der zeitlich unbefristeten Unterbringung in einem psychiatrischen Krankenhaus auszugleichen, wenn die Entlassungsprognose ungünstig bleibt und eine Erledigung wegen Unverhältnismäßigkeit nicht oder noch nicht in Betracht kommt.

Die Ausrichtung der Behandlung nach ärztlichen Gesichtspunkten (§ 136 Satz 1 StVollzG) gilt für beide Maßregeln und muss sich am allgemeinen Standard der psychiatrischen Krankenhäuser orientieren.[100] Grundsätzlich beruht auch die Behandlung im Maßregelvollzug auf Aufklärung und Einwilligung. Hierauf hat der Patient nach den Maßregelvollzugsgesetzen einen Anspruch. Einsichtsunfähigen Patienten ist ein Betreuer gemäß § 1896 BGB zu bestellen, der die Einwilligung erteilen kann.[101] Die Einwilligung des Betreuers bedarf der Genehmigung des Vormundschaftsgerichts, wenn die begründete Gefahr besteht, dass der Betreute aufgrund einer Maßnahme stirbt oder einen schweren bzw. länger dauernden gesundheitlichen Schaden erleidet (§ 1904 Abs. 1

---

98 OLG Hamm, BlStVK 1994, Nr. 1, 3–4; *Arloth*, StVollzG, § 129 Rn. 2.
99 *Schöch*, Juristische Aspekte des Maßregelvollzugs, S. 390.
100 BT-Drs. 7/918, 90.
101 *Hartmann*, Umfang und Grenzen, S. 90.

BGB). Dies wurde z. B. bei einer mehr als 6-monatigen Behandlung mit Neuroleptika wegen der Gefahr von Spätdyskinesien bejaht,[102] während in der Literatur eine Beschränkung der Genehmigungsbedürftigkeit auf Langzeitbehandlung mit Neuroleptika vorgeschlagen wird.[103] Nur in Ausnahmefällen stellt sich die Frage, ob Ärzte zur Zwangsbehandlung berechtigt und verpflichtet sind (dazu unten III.).

Das Verhältnis Arzt-Patient ist auch im Maßregelvollzug nicht privatrechtlicher Natur, vielmehr sind die Handlungen des Arztes „behördliche Realhandlungen hoheitlicher Art".[104] Der Patient hat einen Anspruch auf ärztliche Behandlung. Der Arzt hat bei Art und Auswahl der Maßnahmen einen ärztlichen Ermessensspielraum, soweit nicht nach den Regeln der medizinischen Wissenschaft nur ein konkretes Vorgehen in Betracht kommt. Eine Behandlungsverweigerung wäre rechtswidrig. Wer wegen einer Störung im Sinne der §§ 20, 21 StGB untergebracht ist, hat Anspruch auf Behandlung wegen ebendieser Behandlung, die oft zunächst Motivationsarbeit sein wird.[105]

Aus diesem öffentlich-rechtlich ausgestalteten Arzt-Patienten-Verhältnis ergibt sich auch ein weitergehendes *Auskunfts- und Akteneinsichtsrecht des Maßregelvollzugspatienten* als bei einem privatrechtlichen Arztvertrag. Nach einer Entscheidung des Bundesverfassungsgerichts vom 9.1.2006 gilt die in der zivilrechtlichen Rechtsprechung entwickelte Beschränkung des Einsichtsrechts auf rein objektivierbare Befunde im Maßregelvollzug so jedenfalls nicht mehr.[106] Nach Auffassung des Bundesverfassungsgerichts unterscheidet sich das Arzt-Patienten-Verhältnis im Maßregelvollzug ganz wesentlich von einem privatrechtlichen Behandlungsverhältnis, da der Untergebrachte den Arzt/Therapeuten zum einen nicht frei wählen könne, zum anderen einem besonders hohen Machtgefälle ausgesetzt sei. Aus diesem Grund seien seine Grundrechte auf – auch informationsbezogene – Selbstbestimmung und personale Würde (Art. 2 Abs. 1 GG i. V. m. Art. 1 Abs. 1 GG) einer besonderen Gefährdung ausgesetzt, was auch in Bezug auf die Akten und deren Führung gelte; dies resultiere daraus, dass die Akteneinträge ein wesentlicher Teil der Tatsachengrundlage für künftige Vollzugs- und Vollstreckungsentscheidungen seien. Zu berücksichtigen sei ebenfalls, dass der Zugang zu den in den Krankenakten festgehaltenen Informationen auch Bedeutung für die Effektivität des

---

102 AG Bremen, R & P 1997, 84.
103 *Hartmann*, Umfang und Grenzen, S. 211 ff. m. w. N.
104 *Volckart/Grünebaum*, Maßregelvollzug, S. 159.
105 *Volckart/Grünebaum*, Maßregelvollzug, S. 160.
106 BVerfG, NJW 2006, 1116 ff.

Rechtsschutzes in ebendiesen Angelegenheiten habe. Dieser Besonderheit der erhöhten grundrechtlichen Gefährdungslage im Maßregelvollzug müsse bei der vorzunehmenden Interessenabwägung, die das Bundesverfassungsgericht nicht abschließend entschieden hat, hinreichend Rechnung getragen werden. In die Abwägung seien des Weiteren das Persönlichkeitsrecht des Therapeuten, sein Interesse an der Vertraulichkeit der Einträge, die Berücksichtigung ungünstiger Auswirkungen auf das Dokumentationsverhalten des Therapeuten sowie die Auswirkungen der Einsicht auf den Untergebrachten selbst einzustellen. Abschließend stellt das Bundesverfassungsgericht klar, dass die zu berücksichtigenden Belange sorgfältig und substanziiert zu ermitteln seien; erforderlich sei zudem die Klärung, welche spezifischen Zwecke der Führung der Krankenakte im Maßregelvollzug zukämen und inwieweit sich daraus welche Dokumentationspflichten ergeben. Soweit rechtliche Gesichtspunkte einer vollständigen Akteneinsicht entgegenstünden, sei an Kopien mit abgedeckten oder herausgenommenen Aktenteilen zu denken.

III. Zwangsbehandlung im Maßregelvollzug

Zur sachgerechten Lösung der Problematik wird zwischen Anlasskrankheit und sonstiger Erkrankung unterschieden. Anlasskrankheit ist diejenige Erkrankung oder Persönlichkeitsstörung, derentwegen der Patient untergebracht worden ist.[107] Bei ihr darf nach den Maßregelvollzugsgesetzen eine Behandlung unter Zwang – heute praktisch nur noch durch Verabreichung von Psychopharmaka[108] – durchgeführt werden, wenn sie unaufschiebbar ist, d. h. wenn ohne sie Lebensgefahr oder erhebliche Gefahr für die Gesundheit des Patienten oder anderer Personen bestünde. Da sich die Rechtmäßigkeit der Zwangsbehandlung beim Erreichen einer gewissen Gefahrenschwelle auch aus übergeordnetem Bundesrecht ergibt, kommt es auf Einzelheiten oder auf den Verzicht einzelner Länder, die Eingriffsschwelle zu regeln, letztlich nicht an.[109]

Die bundesrechtlichen Zwangsbehandlungsgrundsätze werden teils aus § 323 c StGB, teils aus § 34 StGB, am überzeugendsten wohl aus einer systematischen und teleologischen Auslegung der §§ 63 StGB, 136 StVollzG

---

107 *Schöch*, Juristische Aspekte des Maßregelvollzugs, S. 402; *Müller-Isberner/Eucker*, Unterbringung im Maßregelvollzug gemäß § 63 StGB, S. 417.
108 *Volckart/Grünebaum*, Maßregelvollzug, S. 162.
109 *Schöch*, Juristische Aspekte des Maßregelvollzugs, S. 403 mit Nachweisen zum Streitstand.

abgeleitet.[110] Allerdings können die Landesgesetze weitere einschränkende Voraussetzungen für die Zwangsbehandlung normieren (§ 138 Abs. 1 StVollzG).[111] Demgemäß hat das Kammergericht eine zwangsweise Injektion von Depotneuroleptika für rechtswidrig erklärt, weil das Berliner PsychKG (§ 30) dies nur bei Unaufschiebbarkeit, d. h. bei akuter Selbst- und Fremdgefährdung, zulasse.[112] Die erforderliche Zustimmung des Untergebrachten zu einer psychopharmakologischen Behandlung kann aber insoweit nach § 30 Abs. 2 Satz 1 BerlPsychKG durch die Zustimmung des Betreuers als des gesetzlichen Vertreters ersetzt werden. Dessen Entscheidung stellt für die behandelnden Ärzte eine hinreichende Rechtsgrundlage dar. Die Rechtmäßigkeit der Zustimmung des Betreuers unterliegt dabei nicht der Nachprüfung des Vollzugsgerichts, sondern nur derjenigen des Vormundschaftsgerichts.[113]

Bei sonstigen Erkrankungen, die nicht Anlass für die Anordnung der Maßregeln waren, ist die Schwelle für eine zwangsweise Behandlung deutlich höher, weil hier nicht die spezifischen Rechtfertigungsgründe des Maßregelrechts eingreifen. Soweit einige Länder hierzu Regelungen getroffen haben, dürften diese unverbindlich sein, da die Gesetzgebungskompetenz der Länder sich nur auf die Behandlung der Anlasskrankheiten bezieht.[114] Nach Bundesrecht kommt eine zwangsweise Behandlung nur bei alters- oder krankheitsbedingter Entscheidungsunfähigkeit in Betracht, wenn ein Betreuer einwilligt, der hierfür die Genehmigung des Vormundschaftsgerichts benötigt (§§ 1896, 1904 BGB), sofern nicht mit dem Aufschub Gefahr verbunden ist. Im Übrigen ist die Rechtslage noch weit gehend ungeklärt. Empfohlen wird die analoge Anwendung des § 101 StVollzG, der die ärztliche Zwangsbehandlung und -ernährung im Sinne einer umfassenden Güter- und Interessenabwägung für die Situation des Freiheitsentzugs regelt.[115] Für die Anwendung dieser Norm gelten dieselben Regeln wie im Strafvollzug (s. o. A.II.3.).

---

110 OLG Hamm, NStZ 1987, 144; a. A. *Hartmann*, Umfang und Grenzen, 1997, S. 121 ff.; *Volckart/Grünebaum*, Maßregelvollzug, S. 167, 203 die eine Zwangsbehandlung nur nach § 34 StGB zur Gefahrenabwehr, nicht zur Behandlungsmotivation zulassen wollen.
111 BVerfG, Beschluss v. 12.11.2007 – 2 BvR 9/06 m. w. N.
112 KG, NStZ-RR 1997, 351 f.
113 KG, NStZ-RR 2008, 92 ff.
114 *Volckart/Grünebaum*, Maßregelvollzug, S. 168 f.; *Kammeier/Wagner*, Maßregelvollzugsrecht, S. 134.
115 *Schöch*, Juristische Aspekte des Maßregelvollzugs, S. 403; *Hartmann*, Umfang und Grenzen, S. 99 ff.

IV. Strafrechtliche Risiken des Arztes im Maßregelvollzug

Die strafrechtlichen Risiken des Arztes im Maßregelvollzug sind teilweise ähnlich wie im Strafvollzug, jedoch haben die *Suizidverhinderungspflicht* bei psychisch kranken Patienten und die Begehung von Straftaten bei Lockerungsmissbrauch hier noch größere Bedeutung.

Fehlt die freie Verantwortlichkeit eines Suizidenten, so kommt bei unvorsätzlichem Kausalbeitrag eines Arztes eine Strafbarkeit wegen fahrlässiger Tötung oder – bei versuchtem Suizid – wegen fahrlässiger Körperverletzung in Betracht, wenn der Tod oder die Verletzung aufgrund einer Suizidhandlung vorhersehbar war und bei Anwendung der erforderlichen Sorgfalt hätte vermieden werden können.[116] In der Regel wird lediglich ein pflichtwidriges Unterlassen in Betracht kommen, z. B. unterlassene Überwachung oder unterlassene mechanische Sicherung gegen jederzeitiges Weglaufen bei Patienten mit hohem Suizidrisiko oder die unterlassene Durchsuchung der mitgebrachten Kleidung des Patienten. Die für die Unterlassungsstrafbarkeit erforderliche Garantenstellung der Ärzte ergibt sich bei untergebrachten Patienten aus der gesetzlichen Verpflichtung zur Gesundheitsfürsorge, die auch den Schutz der Patienten vor sich selbst bei fehlender Freiverantwortlichkeit umfasst.[117]

Allerdings ist auch bei psychisch kranken Patienten die Freiverantwortlichkeit nicht notwendig ausgeschlossen; außerdem kann sie im Verlaufe des Behandlungsprozesses wiederhergestellt sein. In Zweifelsfällen gilt aber nicht der Grundsatz in dubio pro reo zu Gunsten des Hilfspflichtigen, sondern zu Gunsten des Suizidgefährdeten der Grundsatz „in dubio pro vita".[118] Die in der Rechtsprechung entwickelten Maßstäbe für die Verantwortlichkeit der Ärzte in der Allgemeinpsychiatrie sind auch auf den Maßregelvollzug übertragbar.[119] Dabei ist darauf zu achten, dass die Sorgfaltspflichten nicht maßlos überdehnt werden und dass es auch für Ärzte im Maßregelvollzug ein erlaubtes Behandlungsrisiko gibt. Eine totale Überwachung und Sicherung durch Zwangsmaßnahmen, die bei gegenwärtiger Gefahr für Leib oder Leben eines Patienten u. U. ganz kurzfristig unter dem Aspekt des rechtfertigenden Notstands gerechtfertigt sein kann, verstößt bei längerem Einsatz zur Abwehr einer möglichen Suizidgefahr gegen die Menschenwürde, die Freiheit der Per-

---

116 *Schöch*, Die Verantwortlichkeit des Klinikpersonals, S. 167 m. w. N.
117 *Schöch*, Die Verantwortlichkeit des Klinikpersonals, S. 168.
118 *Schöch*, Die Verantwortlichkeit des Klinikpersonals, S. 169.
119 Vgl. dazu *Schöch*, Die Verantwortlichkeit des Klinikpersonals, S. 170 ff. m. w. N.

son und die allgemeine Handlungsfreiheit (Art. 1 Abs. 1, 2 Abs. 2 Satz 2 und 2 Abs. 1 GG). Das Sicherungsgebot ist stets abzuwägen gegen die Gesichtspunkte der Therapiegefährdung durch allzu strikte Verwahrung.[120] In den ausgewogenen Thesen von zehn Psychiatern aus dem Jahr 1984 wird zutreffend auf die Gefahr einer Fixierung von Suizidideen und einer Steigerung des Suizidrisikos hingewiesen, wenn dem Patienten in einer Situation, in der er Verständnis und Zuwendung brauche, mit Einschließung, Überwachung und Misstrauen begegnet werde. Nur „unter ungünstigen Umständen und bei schweren Suizidtendenzen kann dem Patienten die Unterbringung auf einer geschlossenen und entsprechend überwachten Station nicht erspart werden, auch wenn diese nur teilweise und zeitweise Sicherheit verspricht".[121]

Das schwierigere Problemfeld für den Maßregelvollzug stellt die strafrechtliche Verantwortlichkeit des Entscheidungsträgers bei *Lockerungsmissbrauch* dar. Begeht der Patient im Rahmen eines Lockerungsmissbrauchs Straftaten, so besteht die Möglichkeit einer Verurteilung wegen eines Fahrlässigkeitsdeliktes (fahrlässige Tötung, Körperverletzung, Brandstiftung). Zwar ist das Risiko einer Verurteilung letztlich relativ gering; allerdings werden Ärzte und Therapeuten durch die Androhung eines Ermittlungsverfahrens nicht selten verunsichert und in ihrem Entscheidungsverhalten beeinflusst. Dabei sollte aber bedacht werden, dass eine allzu restriktive Handhabung der Vollzugslockerungen das Risiko in verstärkter Form auf den Entlassungszeitpunkt verlagert, da der Untergebrachte dann nicht angemessen auf das Leben in Freiheit vorbereitet ist.[122]

Bisher sind vier Verurteilungen von Entscheidungsträgern aus dem Maßregelvollzug bekannt, bei denen es sich um schwere Rückfalltaten mehrfach verurteilter Sexualstraftäter im Rahmen eines Lockerungsmissbrauchs handelt.[123] Insgesamt ist das Risiko der Maßregelvollzugstherapeuten, bei fehlgeschlagenen Lockerungen selbst bestraft zu werden, gering. Ärzte und Therapeuten, die bei Lockerungsentscheidungen bisherige Erfahrungen nicht ignorieren, müssen so gut wie kein Strafbarkeitsrisiko befürchten. Eine Orientierung an den so genannten Waldliesborner Thesen, die von einem forensisch-psychiatrischen Expertenkreis am 10.12.1984 erarbeitet worden sind, ist

---

120 BGH, NJW 2000, 3425.
121 *Bochnik et al.*, NStZ 1984, 108 f.
122 *Verrel*, R & P 2001, 182.
123 Dokumentation bei *Schöch*, Juristische Aspekte des Maßregelvollzugs, S. 411 ff.; der 4. Fall liegt dem unten zitierten Urteil des BGH vom 13.11.2003 zu Grunde.

jedem verantwortungsbewussten Entscheidungsträger, aber auch jedem beteiligten Richter und Staatsanwalt zu empfehlen.[124]

In dem oben erwähnten Urteil des Bundesgerichtshofs vom 13.11.2003, in dem auf die Möglichkeit einer Sorgfaltspflichtverletzung wegen fehlerhafter Beurteilung der Missbrauchsgefahr bei einer Vollzugslockerung hingewiesen wurde,[125] kam es letztlich zu einer Verurteilung von zwei Klinikpsychiatern zu einer Geldstrafe durch das LG Potsdam, weil der beurlaubte Patient untertauchte und später mehrere Morde beging. Allerdings wurden dabei fehlerhaft die Sorgfaltsmaßstäbe für den geschlossenen Maßregelvollzug zu Grunde gelegt, obwohl der Proband wegen der Besonderheiten des DDR-Übergangsrechts nur in einer allgemein-psychiatrischen Klinik untergebracht war.[126]

---

[124] *Babatz/Bischof/Böcker*, Strafverteidiger 1985, 478 f.
[125] BGH, NJW 2004, 237 ff. = NStZ 2004, 554 ff.
[126] Dokumentation und Kritik bei *Schöch*, Strafrechtliche Haftung von Ärzten, S. 317, 323 ff.

IV. Der ärztliche Heileingriff in der Beurteilung anderer Rechtskulturen

IV.1 Die Heilbehandlung im österreichischen Strafrecht*

Karin Bruckmüller/Stefan Schumann

Inhaltsverzeichnis

A. Einleitung _818
B. Die Heilbehandlung zwischen den Rechtsgütern körperliche Integrität und Selbstbestimmung _819
C. Eigenmächtige Heilbehandlung, § 110 öStGB _820
  I. Fehlen einer Einwilligung als Tatbestandsvoraussetzung _823
    1. Einwilligungserklärung, Einwilligungsfähigkeit und Einwilligungsberechtigter _823
    2. Aufklärung als Einwilligungsvoraussetzung _826
    3. Irrtum über das Vorliegen einer Einwilligung _829
  II. Rechtfertigung und Fahrlässigkeitsstrafbarkeit, § 110 Abs. 2 öStGB _829
    1. Rechtfertigung bei Gefahr im Verzuge _829
    2. Begrenzung der Rechtfertigung insbesondere durch entgegenstehende Patientenverfügung _831
    3. Exkurs: „Therapeutisches Privileg" _834
    4. Rechtfertigung einer Zwangsbehandlung im Strafvollzug, § 69 StVG _835
    5. Strafbarkeit eines Handelns aufgrund einer fahrlässig fehlerhaften Annahme von Gefahr im Verzuge _835
  III. Eigenmächtige Heilbehandlung als Privatanklagedelikt _836
D. Körperverletzungsdelikte, §§ 83 ff., 88 öStGB _837
  I. Tatbestandsmäßigkeit _837
  II. Rechtfertigende Einwilligung, § 90 öStGB _838
    1. Einwilligungsgegenstand und allgemeine Voraussetzungen _839
    2. Sittenwidrigkeitskorrektiv _840
    3. Sonderregelung für die Einwilligung in eine Sterilisation, § 90 Abs. 2 öStGB _841

---

* Die Verfasser danken o.Univ.-Professor Frank Höpfel (Universität Wien), Professor Ulrich Schroth (LMU München) und Dr. Bijan Fateh-Moghadam (Universität Münster) für wertvolle Anregungen und Hinweise sowie Christian Mahler (Universität Wien) für die Unterstützung bei der Überarbeitung.

4. Ausschluss der rechtfertigenden Einwilligung in eine Genitalverstümmelung, § 90 Abs. 3 öStGB _842
E. Transplantation von Organen, Zellen und Gewebe _843
   I. Organspende vom Lebenden zwischen Heilbehandlung und Körperverletzung _844
   II. Organentnahme vom Toten _847
   III. Entnahme von Zellen und Geweben _851
F. Fahrlässigkeitsstrafbarkeit bei Behandlungsfehlern _852
G. Sonderfälle einer Heilbehandlung _856
   I. Schwangerschaftsabbruch _856
   II. Sterbehilfe _856
H. Résumé _859

Literaturverzeichnis

Aigner, Gerhard, Risiko und Recht der Gesundheitsberufe, Referat bei den 8. Medizinrechtstagen, Linz 4.12.2003, RdM 2004, 35

Aigner, Gerhard, Das österreichische Patientenverfügungs-Gesetz (PatVG), in: Kierein, Michael/Lanske, Paula/Wenda, Sandra (Hrsg.), Gesundheitsrecht. Jahrbuch 2007, 2007, S. 111

Aigner, Gerhard, Organersatz – Ökonomie und Allokation, RdM 2008, 100

Barta, Heinz/Kalchschmid, Gertrud, Entwurf eines Transplantationsgesetzes (TPG), in: Barta, Heinz/Weber, Karl (Hrsg.), Rechtsfragen der Transplantationsmedizin in Europa. Organtransplantation zwischen rechtlicher Bindung und gesellschaftlichem Konsens, S. 43

Barth, Peter, Checkliste: Medizinische Behandlung Minderjähriger, RdM 2005, 4

Barth, Peter, Checkliste: Medizinische Behandlung von Personen unter Sachwalterschaft, RdM 2006, 100

Barth, Peter, Medizinische Maßnahmen bei Personen unter Sachwalterschaft, ÖJZ 2000, 57

Bernat, Erwin, Das österreichische Recht der Medizin – Eine Bestandsaufnahme, JAP 1999/2000, 105

Bertel, Christian/Schwaighofer, Klaus, Österreichisches Strafrecht, Besonderer Teil I, §§ 75 bis 168a StGB, 10. Auflage 2008

Bertel, Christian/Venier, Andreas, Strafprozessrecht, 3. Auflage 2004

Brandstetter, Wolfgang, Aktuelle Probleme des Rechtfertigungsgrundes der Einwilligung, StPdG 21 (1993), S. 171

Brandstetter, Wolfgang, Die Begrenzung medizinischer Behandlungspflicht durch das Selbstbestimmungsrecht des Patienten, in: Mazal, Wolfgang (Hrsg.), Grenzfragen der Ärztlichen Behandlung, 1998, S. 45

Brandstetter, Wolfgang/Zahrl, Johannes, Die strafrechtliche Haftung des Arztes, RdM 1994, 17

Bruckmüller, Karin, Strafrechtliche Aspekte. Mangelnde Einwilligung, Behandlungsfehler und strafrechtliches Organisationsverschulden in Österreich, in: Landesgruppe Österreich der Internationalen Strafrechtsgesellschaft (AIDP) (Hrsg.), Aufklärungspflicht und Arzthaftung bei der Heilbehandlung und anderen medizinischen Eingriffen. Rechtliche Probleme des Berufsalltags der Ärzte, 2008, S. 23

Bruckmüller, Karin/Schumann, Stefan, „In die Schweiz fahren": Sterbetourismus und Strafbarkeit der Mitwirkung an der Selbsttötung, in: Kierein, Michael/Lanske, Paula/Wenda, Sandra (Hrsg.), Gesundheitsrecht. Jahrbuch 2008, 2008, S. 97

Burgstaller, Manfred, Selbstbestimmtes Sterben und Strafrecht, in: Pfusterschmid-Hardtenstein, Heinrich (Hrsg.), Materie, Geist und Bewusstsein, Europäisches Forum Alpbach 1999, 2000, S. 154

Dujmovits, Elisabeth, Das österreichische Transplantationsrecht und die Menschenrechtskonvention zur Biomedizin, in: Barta, Heinz/Kalchschmid, Gertrud/Kopetzki, Christian (Hrsg.), Rechtspolitische Aspekte des Transplantationsrechts, 1999, S. 55

Dujmovits, Elisabeth, Organtransplantation, in: Aigner, Gerhard/Kletecka, Andrea/Kletecka-Pulker, Maria et al. (Hrsg.), Handbuch Medizinrecht für die Praxis, Loseblattsammlung, Stand Juni 2009, Bd. I/BT, S. 1

Engljähringer, Daniela, Ärztliche Aufklärungspflicht vor medizinischen Eingriffen, 1996

Feichtinger, Barbara/Lindenthaler, Marlene, Medizin und Recht bei unterzubringenden Notfallspatienten, RdM 2005, 10

Fuchs, Helmut, Österreichisches Strafrecht, Allgemeiner Teil I, Grundlage und Lehre von der Straftat, 7. Auflage 2008

Gaisbauer, Georg, Wer stimmt Behandlungen Minderjähriger zu?, RdM 1995, 64

Gesundheit Österreich GMBH Geschäftsbereich ÖBIG, Koordinationsbüro für das Transplantationswesen ÖBIG-Transplant, Jahresbericht 2008, 2009

Gutmann, Thomas/Schroth, Ulrich, Organlebendspende in Europa, Rechtliche Regelungsmodelle, ethische Diskussion und praktische Dynamik, 2002

Haag, Martina, Strafrechtliche Verantwortlichkeit für Aufklärungsfehler?, RdM 2005, 68

Haslinger, Alfred, Probleme der ärztlichen Aufklärung und Patienteneinwilligung, AnwBl 1994, 866
Haslinger, Alfred, Hirntodfeststellung ohne Eingriffszustimmung, RdM 2005, 77
Hinterhofer, Hubert, Die Einwilligung im Strafrecht, 1998
Hochmeister, Manfred/Grassberger, Martin/Stimpfl, Thomas, Forensische Medizin, 2. Auflage 2007
Holzer, Wolfgang, Anmerkung zu OGH, 3 Ob 545/82, JBl 1983, 376
Höpfel, Frank, Strafrechtliche Probleme des HIV-Tests, Referat, in: Szwarc, Andrzej J. (Hrsg.), Aids und Strafrecht, 1996, S. 103
Höpfel, Frank, Schutz der Gesundheit durch Strafrecht, in: Barta, Heinz/Kern, Gerson (Hrsg.), Recht auf Gesundheit, 2002, S. 69
Höpfel, Frank/Ratz, Eckard (Hrsg.), Wiener Kommentar zum Strafgesetzbuch, 2. Auflage, Einzellieferungen, Stand Juni 2009
Joklik, Andreas/Zivny, Thomas, Gewebesicherheitsgesetz – das Wesentliche auf einen Blick, RdM 2008, 17
Kalchschmid, Gertrud, Patientenautonomie aus der Sicht der Patientenvertreter, in: Barta, Heinz/Kern, Gerson (Hrsg.), Recht auf Gesundheit, 2002, S. 85
Kathrein, Georg, Das Patientenverfügungs-Gesetz, ÖJZ 2006, 555
Kern, Gerson, Die limitierte Einwilligung in die ärztliche Heilbehandlung bei Minderjährigen aus strafrechtlicher Sicht, JAP 2000/2001, 14
Kert, Robert, Sterbehilfe – Der rechtliche Rahmen für das Ende des Lebens, JAP 2005/2006, 34
Kienapfel, Diethelm/Höpfel, Frank, Grundriss des österreichischen Strafrechts, Allgemeiner Teil, 13. Auflage 2009
Kienapfel, Diethelm/Schroll, Hans-Valentin, Strafrecht, Besonderer Teil I, Delikte gegen Personenwerte, 6. Auflage 2008
Kletecka, Andreas, Einwilligung, in: Aigner, Gerhard/Kletecka, Andreas/Kletecka-Pulker, Maria et al. (Hrsg.), Handbuch Medizinrecht für die Praxis, Loseblattsammlung, Stand Juni 2009, Bd. I, S. 131
Kletecka-Pulker, Maria, Neue Formen der Einwilligung, RdM 2009, 112
Köck, Elisabeth, Der (straf)rechtliche Schutz des Embryos, ÖJZ 2006, 40
Kopetzki, Christian, Organgewinnung zu Zwecken der Transplantation. Eine systematische Analyse des geltenden Rechts, 1988
Kopetzki, Christian, Hirntod und Schwangerschaft, RdM 1994, 67
Leukauf, Otto/Steininger, Herbert, Kommentar zum Strafgesetzbuch, 3. Auflage 1992
Lewisch, Peter, Strafrecht, Besonderer Teil I, 2. Auflage 1999
Lilie, Hans/Orben, Steffen, Zur Verfahrenswirklichkeit des Arztstrafrechts, ZRP 2002, 154

Maleczky, Oskar, Lösungsskizze (zu einer Diplomarbeit aus Strafrecht und Strafprozessrecht von Helmut Fuchs), JAP 1991/92, 153

Maleczky, Oskar, Unvernünftige Verweigerung der Einwilligung in die Heilbehandlung, ÖJZ 1994, 681

Marzi, Leopold-Michael/Leischner, Aline/Kempf, Rene, Integriertes Risikomanagement im Krankenhaus – eine Notwenigkeit?, RdM 2008, 68

Memmer, Michael, Das Patientenverfügungs-Gesetz, RdM 2006, 163

Memmer, Michael/Kern, Gerson (Hrsg.), Patientenverfügungsgesetz – Stärkung oder Schwächung der Patientenrechte?, 2006

Muzak, Gerhard, Ist die Zwangsernährung in der Schubhaft nach dem FPG zulässig?, RdM 2008, 36

Pilz, Hannelore, Zur strafrechtlichen Verantwortung von Krankenanstalten nach dem neuen Unternehmensstrafrecht, RdM 2006, 102

Pitzl, Eckard/Huber, Gerhard W., Ärztliche Heilbehandlung und Körperverletzungskonstruktion, RdM 2000, 105

Proske, Manfred, Ärztliche Aufklärungsfrist und Einwilligung des Patienten aus strafrechtlicher Sicht, in: Schick, Peter (Hrsg.), Die Haftung des Arztes in zivil- und strafrechtlicher Sicht unter Einschluss des Arzneimittelrechts, 1983, S. 101

Pscheidl, Andreas/Gerstner, Georg J., Die Bedeutung der Geburt im Strafrecht – Strafrechtlicher Schutz des Lebens an der Schwelle zwischen Leibesfrucht und Mensch, RdM 2006, 90

Radner, Alfred/Haslinger, Alfred/Radner, Thomas (Hrsg.), Krankenanstaltenrecht, Kommentar, Bd. I, 84. Lieferung, 2006 (Loseblattsammlung)

Rieder, Maria A., Die strafrechtliche Behandlung von Organtransplantationen de lege lata et ferenda, ÖJZ 1978, 113

Sautner, Lyane-Maria, Die religiös motivierte Verweigerung der ärztlichen Heilbehandlung bei Minderjährigen, JAP 1999/2000, 14

Schick, Peter, Der ärztliche Behandlungsfehler in strafrechtlicher Sicht, in: StPdG 10, 1982, S. 193

Schick, Peter, Die strafrechtliche Verantwortlichkeit des Arztes, in: Holzer, Wolfgang/Posch, Willibald/Schick, Peter (Hrsg.), Arzt- und Arzneimittelhaftung in Österreich, 1992, S. 73

Schick, Peter, Die kriminologische und arztrechtliche Problematik unwissenschaftlicher Heilmethoden, StPdG 24, 1996, S. 301

Schick, Peter, Die Einwilligungsfähigkeit aus strafrechtlicher Sicht, in: Kopetzki, Christian (Hrsg.), Einwilligung und Einwilligungsfähigkeit, 2002, S. 54

Schick, Peter, Rechtliche Aspekte der Schmerzbehandlung. Ein Beitrag zum Dialog zwischen Ärzten und Juristen, in: Pilgermair, Walter (Hrsg.), Festschrift für Herbert Steiniger zum 70. Geburtstag, 2003, S. 203

Schick, Peter, Einleitungsstatement, in: Landesgruppe Österreich der Internationalen Strafrechtsgesellschaft (AIDP) (Hrsg.), Aufklärungspflicht und Arzthaftung bei der Heilbehandlung und anderen medizinischen Eingriffen. Rechtliche Probleme des Berufsalltags der Ärzte, 2008, S. 9

Schmoller, Kurt, Lebensschutz bis zum Ende? Strafrechtliche Reflexion zur internationalen Euthanasiediskussion, ÖJZ 2000, 361

Schmoller, Kurt, Zum Tatbestand der Täuschung, JBl 1989, 10, 87

Schmoller, Kurt, Strafrechtliche Folgen einer unterlassenen oder übermäßigen ärztlichen Aufklärung, in: Mayer-Maly, Theo/Prat, Enrique (Hrsg.), Ärztliche Aufklärung und Haftung, 1998, S. 74

Schönke, Adolf/Schröder, Horst, Strafgesetzbuch, Kommentar, 27. Auflage 2006

Tipold, Alexander, Die strafrechtliche Verantwortung – Rechtsfolgen bei Fehlverhalten von Ärzten und sonstigen Vertretern von Gesundheitsberufen, in: Aigner, Gerhard/Kletecka, Andrea/Kletecka-Pulker, Maria et al. (Hrsg.), Handbuch Medizinrecht für die Praxis, Loseblattsammlung, Stand Juni 2009, Bd. II, S. 33

Triffterer, Otto, Österreichisches Strafrecht, Allgemeiner Teil, 2. Auflage 1994

Triffterer, Otto/Rosbaud, Christian/Hinterhofer, Hubert (Hrsg.), Salzburger Kommentar zum Strafgesetzbuch, Einzellieferungen, Stand Mai 2009

WHO, Female Genital Mutilation: Report of a WHO Technical Working Group, Geneva, 17–19 July 1995 (WHO/FRH/WHD/96.10)

Zankl, Wolfgang, Eigenmächtige Heilbehandlung und Gefährdung des Kindeswohls, ÖJZ 1989, 299

Zipf, Heinz, Die Bedeutung und Behandlung der Einwilligung im Strafrecht, ÖJZ 1977, 379 = StPdG 5 (1977), S. 26

Zipf, Heinz, Die strafrechtliche Haftung des Arztes, StPdG 6 (1978), S. 1

Zipf, Heinz, Probleme eines Straftatbestandes der eigenmächtigen Heilbehandlung (dargestellt an Hand von § 110 öStGB), in: Kaufmann, Arthur/Bemann, Günter/Krauss, Detlef et al. (Hrsg.), Festschrift für Paul Bockelmann zum 70. Geburtstag, 1979, S. 577

A. Einleitung

Das österreichische Strafgesetzbuch (öStGB) erwähnt den Begriff der „Heilbehandlung" ausdrücklich, ohne ihn jedoch gesetzlich zu definieren. Grundsätzlich sind unter „Heilbehandlung" Eingriffe und Behandlungen zu verstehen, die *lege artis* aufgrund einer medizinischen Indikation vorgenommen werden, um Krankheiten, Leiden oder Körperschäden vorzubeugen, zu erkennen, zu heilen und zu lindern.[1]

Den Schwerpunkt dieses Beitrages bildet die detaillierte Erörterung des Tatbestandes der „Eigenmächtigen Heilbehandlung" nach § 110 öStGB – nicht so sehr wegen seiner praktischen, aber wegen seiner konstruktiven Bedeutung für den Schutz des Selbstbestimmungsrechts des Patienten bei medizinischen Behandlungen. Auch in Deutschland wurden ja immer wieder Überlegungen zur Schaffung eines solchen eigenständigen Tatbestandes geäußert.[2]

Darüber hinaus wird die Anwendbarkeit der Körperverletzungsdelikte auf medizinische Behandlungen dargelegt, die der deutschen Rechtslage weitgehend vergleichbar ist. Ausgeklammert bleiben im Hinblick auf ihre sekundäre Rolle die Unterlassene Hilfeleistung ebenso wie das ärztliche Disziplinarrecht und die Regelungen des Verwaltungsstrafrechts (das dem deutschen Ordnungswidrigkeitenrecht entspricht). Eine weitere einschlägige Bestimmung ist die Strafbarkeit wegen Kurpfuscherei. Auch sie bleibt im Folgenden außer Betracht, bezieht sie sich doch gerade auf Behandlungen durch einen Nicht-Arzt, indem sie die gewerbsmäßige Ausübung einer den Ärzten vorbehaltenen Tätigkeit ohne entsprechende Ausbildung in Bezug auf eine größere Zahl von Menschen unter Strafe stellt. Wegen der von der deutschen Rechtslage erheblich abweichenden Beurteilung von Organentnahmen wird diese gesondert dargestellt. Zugleich wird das Gewebesicherheitsgesetz behandelt. Des Weiteren ist auf Fragen des Schwangerschaftsabbruchs, soweit dieser als Heilbehandlung erfolgt, sowie der Sterbehilfe einzugehen.

B. Die Heilbehandlung zwischen den Rechtsgütern körperliche Integrität und Selbstbestimmung

Entscheidendes Kriterium für die Frage der Anwendbarkeit der Körperverletzungsdelikte auf Heilbehandlungen ist, ob die Behandlung medizinisch indiziert ist und nach den Regeln der medizinischen Wissenschaft durchgeführt wurde. *Lege artis* vorgenommene Heilbehandlungen sind – unabhängig von der Zustimmung des Behandelten – nicht als Körperverletzung straf-

---

[1] *Kienapfel/Schroll*, BT I, § 83 Rn. 25 m. w. N.
[2] Vgl. *Lilie/Orben*, ZRP 2003, 154, 155 f. (insb. die dort in Fn. 4 angeführten Gesetzesentwürfe).

bar.³ Dies gilt selbst dann, wenn sie misslingen, sogar wenn der Tod eintritt.⁴ Der Streit, ob der Heileingriff per se aus dem Tatbestand der Körperverletzung herausfällt oder „nur" gerechtfertigt ist, kann hier vorläufig auf sich beruhen.⁵ Heilbehandlungen, auch wenn *lege artis* durchgeführt, können allerdings, erfolgen sie ohne Einwilligung des Behandelten, wegen des Eingriffs in dessen Selbstbestimmungsrecht strafbar sein. Daher findet die Heilbehandlung ausdrückliche Erwähnung nicht innerhalb der Delikte gegen Leib und Leben, sondern in einem eigenständigen Tatbestand im Abschnitt über die Freiheitsdelikte. Lediglich solche Behandlungen, die nicht medizinisch indiziert sind oder/und nicht der *lex artis* entsprechen, können als (vorsätzliche oder fahrlässige) Körperverletzung zu ahnden sein, wenn es an einer wirksamen Einwilligung fehlt.

C. Eigenmächtige Heilbehandlung, § 110 öStGB

Das öStGB kennt, anders als das deutsche, einen Tatbestand der *Eigenmächtigen Heilbehandlung*: § 110 Abs. 1 öStGB stellt die Behandlung⁶ eines anderen ohne dessen Einwilligung unter Strafe, und zwar auch dann, wenn sie nach den Regeln der medizinischen Wissenschaft erfolgt.⁷ Im Mittelpunkt der Vorschrift steht die Selbstbestimmungsfreiheit⁸ des Behandelten. Nach zutreffender herrschender Lehre ist das geschützte Rechtsgut zumindest vorrangig das Selbstbestimmungsrecht des Behandelten im Sinne seiner freien Entscheidung über die Zulassung einer Behandlung.⁹ Eine Mindermeinung stellt demgegenüber die körperliche Unversehrtheit des Behandelten in den Mittelpunkt, die über den Schutz der Selbstbestimmungsfreiheit gewährleistet werden soll.¹⁰

---

3 Voraussetzung ist dabei eine medizinische Indikation, wie der Begriff der *Heil*behandlung impliziert.
4 EBRV 1971, S. 241.
5 Dazu unten S. 838 ff.
6 Näher zum Behandlungsbegriff im Sinne des § 110 öStGB unten S. 821 f.
7 Die Existenz dieses eigenen Tatbestandes wird teils herangezogen zum Beleg dafür, dass eine Heilbehandlung, die medizinisch indiziert ist und *lege artis* durchgeführt wird, nach der Vorstellung des Gesetzgebers nicht als Körperverletzung strafbar ist; siehe etwa *Pitzl/Huber*, RdM 2000, 105.
8 Siehe zu sonstigen Grundlagen der Patientenautonomie *Kalchschmid*, in: Barta/Kern (Hrsg.), Recht auf Gesundheit, S. 85 ff.
9 *Brandstetter/Zahrl*, RdM 1994, 17, 19; *Bertel/Schwaighofer*, BT I, § 110 Rn. 1; *Kienapfel/Schroll*, BT I, § 110 Rn. 3; *Leukauf/Steininger*, StGB, § 110 Rn. 1; *Lewisch*, BT I, S. 115; *Maleczky*, ÖJZ 1994, 681.
10 SbgK – *Schmoller*, StGB, § 110 Rn. 12.

§ 110 öStGB bestimmt:
„*(1) Wer einen anderen ohne dessen Einwilligung, wenn auch nach den Regeln der medizinischen Wissenschaft, behandelt, ist mit Freiheitsstrafe bis zu sechs Monaten oder mit Geldstrafe bis zu 360 Tagessätzen zu bestrafen.*
(2) Hat der Täter die Einwilligung des Behandelten in der Annahme nicht eingeholt, daß durch den Aufschub der Behandlung das Leben oder die Gesundheit des Behandelten ernstlich gefährdet wäre, so ist er nach Abs. 1 nur zu bestrafen, wenn die vermeintliche Gefahr nicht bestanden hat und er sich dessen bei Aufwendung der nötigen Sorgfalt (§ 6) hätte bewußt sein können.
(3) Der Täter ist nur auf Verlangen des eigenmächtig Behandelten zu verfolgen."

Der Kreis möglicher Täter nach § 110 öStGB beschränkt sich nicht auf Ärzte oder sonstige Angehörige medizinischer Berufe. Jedermann kann das Delikt begehen; sogar Angehörige des Behandelten.[11]

Medizinisch indizierte und *lege artis* durchgeführte Behandlungen können nach § 110 Abs. 1 öStGB strafbar sein. Das heißt jedoch nicht, dass im Umkehrschluss diese Vorschrift nur auf Behandlungen nach den Regeln der Schulmedizin beschränkt wäre: Auch unkonventionelle Behandlungsformen sind erfasst.[12] Wenn § 110 Abs. 1 öStGB auf die Regeln der medizinischen Wissenschaft Bezug nimmt, so macht dies lediglich deutlich, dass auch deren Einhaltung einer Strafbarkeit nicht entgegensteht.

Streitig ist allerdings, ob nur medizinisch indizierte Behandlungen § 110 Abs. 1 öStGB unterfallen. Nach der Überschrift des § 110 öStGB zielt er auf *Heil*behandlungen ab. Heilbehandlungen sind, wie eingangs angesprochen, solche Behandlungen, die medizinisch indiziert, also „ein nach den Erkenntnissen der Medizin vertretbares Mittel sind, Krankheiten festzustellen, Krankheiten, Gebrechen, Beschwerden zu heilen oder zu lindern oder die Leistungsfähigkeit des Organismus zu steigern".[13] Dementsprechend sieht der Oberste Gerichtshof die Anwendbarkeit der Vorschrift auf *Heil*behandlungen beschränkt.[14] Allerdings wird der Begriff der Heilbehandlung in

---

11 WK – *Bertel*, StGB, § 110 Rn. 1; *Bertel/Schwaighofer*, BT I, § 110 Rn. 1; SbgK – *Schmoller*, StGB, § 110 Rn. 21; a. A. *Schick*, in: StPdG 24, Fn. 23.
12 Vgl. *Leukauf/Steininger*, StGB, § 110 Rn. 8.
13 WK – *Bertel*, StGB, § 110 Rn. 2.
14 Das ergibt sich aus SSt 55/59 = EvBl 1985/48 = JBl 1985, 304, 306, in dem der OGH experimentelle medizinische Maßnahmen, die nicht im Interesse des Behandelten erfolgen, aus dem Anwendungsbereich des § 110 öStGB ausschließt. Zu dieser Entscheidung *Schmoller*, JBl 1989, 10, 22. Vgl. auch SbgK – *ders.*, StGB, § 110 Rn. 23 ff.

einem weiten Sinne zu verstehen sein, denn die Praxis scheint bei der Annahme einer medizinischen Indikation recht großzügig zu verfahren.[15] Medizinisch indiziert sind somit alle Behandlungen, die im Rahmen des medizinisch Vertretbaren liegen. Nicht nur aktuell zur Heilung oder Linderung notwendige, sondern auch wahrscheinlich einmal notwendig werdende Behandlungen sind umfasst. Es reicht die mehr oder minder große Wahrscheinlichkeit, eine Behandlung könne zur Heilung, Linderung oder Prävention beitragen.[16] Somit sind auch diagnostische und prophylaktische Maßnahmen vom Tatbestand des § 110 öStGB erfasst.

Die Bestimmung selbst spricht hingegen allgemein von einer *Behandlung*. Ein Teil der Lehre[17] vertritt daher die Auffassung, einzubeziehen seien auch Behandlungen, die nicht medizinisch indiziert sind, etwa kosmetische Operationen, die Entnahme einer Eizelle zur In-vitro-Fertilisation, die Verabreichung von Dopingmitteln oder potenzsteigernden Mitteln, Fruchtwasseruntersuchungen, Blutentnahmen, Organentnahmen zu Transplantationszwecken sowie Behandlungen und Eingriffe zu Versuchs- und Forschungszwecken. Dies gilt auch dann, wenn die Behandlungen nicht im Interesse des Behandelten, sondern fremdnützig erfolgen.

Behandlungen, die am Körper des Behandelten nach derzeitigem Kenntnisstand der Medizin keinerlei Wirkung hervorrufen können, werden nahezu einhellig nicht als strafwürdig angesehen.[18] Dies gilt etwa für Geistheilungen durch Pendeln, Handauflegen[19] oder Berühren mit einem Rosenkranz.[20] Im Mindestmaß wird eine Gefährdung der Gesundheit des Behandelten durch die eigenmächtige Behandlung gefordert, damit der Tatbestand des § 110 als erfüllt angesehen werden kann.[21] Diejenige Ansicht, welche die körperliche Integrität als geschütztes Rechtsgut in den Vordergrund stellt, fordert sogar eine Beschränkung auf solche Eingriffe, die die Intensitätsschwelle einer Körperverletzung oder Gesundheitsschädigung erreichen.[22] Dahinter steht der

---

15 So WK – *Bertel*, StGB, § 110 Rn. 6.
16 Vgl. WK – *Bertel*, StGB, § 110 Rn. 6.
17 *Bertel/Schwaighofer*, BT I, § 110 Rn. 2 f.; *Kienapfel/Schroll*, BT I, § 110 Rn. 7 ff.; *Zipf*, in: FS für Bockelmann, S. 577, 580 f.
18 WK – *Bertel*, StGB, § 110 Rn. 4; SbgK – *Schmoller*, StGB, § 110 Rn. 27; *ders.*, in: Mayer-Maly/Prat (Hrsg.), Ärztliche Aufklärung, S. 74, 94; a. A. *Lewisch*, BT I, S. 117 ff.
19 SbgK – *Schmoller*, StGB, § 110 Rn. 27.
20 WK – *Bertel*, StGB, § 110 Rn. 4.
21 WK – *Bertel*, StGB, § 110 Rn. 4.
22 SbgK – *Schmoller*, StGB, § 110 Rn. 26; *ders.*, JBl 1989, 22, Fn. 93; *ders.*, in: Mayer-Maly/Prat (Hrsg.), Ärztliche Aufklärung, S. 74, 94.

Gedanke, dass § 110 die Strafbarkeitslücke schließt, die aus der Unanwendbarkeit der Körperverletzungstatbestände auf *lege artis* durchgeführte Heileingriffe entstehen könnte.[23]

Eine medizinisch nicht indizierte Behandlung ist, unabhängig davon, ob sie *lege artis* durchgeführt wurde, als Körperverletzung zu ahnden, wenn sie ohne Einwilligung des Behandelten erfolgt. Umstritten ist, ob daneben auch § 110 Abs. 1 öStGB Anwendung findet[24] oder ob dieser hinter den vorsätzlichen Körperverletzungsdelikten zurücktritt.[25] Erkennt man die Verschiedenartigkeit der geschützten Rechtsgüter an, so ist an der echten Konkurrenz nicht zu zweifeln.

I. Fehlen einer Einwilligung als Tatbestandsvoraussetzung

Der Tatbestand des § 110 Abs. 1 öStGB verlangt ausdrücklich eine Behandlung ohne Einwilligung des Behandelten als Voraussetzung der Strafbarkeit. Daher schließt eine wirksame Einwilligung bereits den objektiven Tatbestand aus.

1. Einwilligungserklärung, Einwilligungsfähigkeit und Einwilligungsberechtigter

Um wirksam zu sein, muss die Einwilligung[26] zum Zeitpunkt der Behandlung bereits vorliegen und nach außen erkennbar geworden sein. Erfolgt die Behandlung in mehreren Phasen, so wird für jede Phase eine entsprechende Einwilligung verlangt.[27] Sie kann schriftlich oder mündlich und auch konklu-

---

23 Vgl. *Zipf*, in: FS für Bockelmann, S. 577, 578 f.; SbgK – *Schmoller*, StGB, § 110 Rn. 4; vgl. auch EBRV 1971, S. 241.
24 Für echte Gesetzeskonkurrenz *Kienapfel/Schroll*, BT I, § 110 Rn. 7, 41.
25 Dafür etwa WK – *Bertel*, StGB, § 110 Rn. 38. Von einer Subsidiarität ist jedenfalls auszugehen, wenn man entgegen der h. M. über § 110 Abs. 1 öStGB in erster Linie die körperliche Integrität als geschützt sieht, denn der Schutz dieses Rechtsgutes ist bereits über die Strafbarkeit der Körperverletzung gewährleistet; vgl. SbgK – *Schmoller*, StGB, § 110 Rn. 108.
26 Vgl. zur Problematik einer Einwilligung in medizinische Behandlungen ausführlich WK – *Burgstaller/Schütz*, StGB, § 90 Rn. 29–65 und insbes. 94. Grundsätzlich gelten für die Einwilligung nach § 110 öStGB die gleichen Überlegungen wie für diejenige nach § 90 Abs. 1 öStGB. Allerdings unterfällt die Einwilligung nach § 110 öStGB keinem Sittenwidrigkeitskorrektiv. Man kann dies damit erklären, dass § 110 öStGB den Schutz des Selbstbestimmungsrechts in den Vordergrund stellt, das Sittenwidrigkeitskorrektiv hingegen gerade an der Verletzung oder Gefährdung, also am Eingriff in die körperliche Integrität bzw. an der Schädigung der Gesundheit, anknüpft.
27 Jedenfalls reicht eine mitunter in Krankenhäusern vorkommende globale Einwilligung ohne differenzierte Aufklärung nicht aus; vgl. *Leukauf/Steininger*, StGB, § 110 Rn. 11.

dent erteilt werden.[28] Im Grundsatz kann eine konkludente Einwilligung umso eher angenommen werden, je unkomplizierter, risikoloser und routinemäßiger der Eingriff ist. Die Einwilligung muss im Hinblick auf die Behandlung[29] und die behandelnden Personen[30] konkretisiert und grundsätzlich vom Behandelten selbst erteilt worden sein. Um wirksam einwilligen zu können, muss der Patient die tatsächliche Einsichts- und Urteilsfähigkeit besitzen, die es ihm ermöglicht, die Tragweite seiner Entscheidung zu überblicken und richtig einzuschätzen.[31] Grundsätzlich ist bei Personen ab Vollendung des 18. Lebensjahres davon auszugehen, dass sie diese Einwilligungsfähigkeit besitzen.[32] Jugendliches Alter bzw. mangelnde Reife oder psychische Störungen können hingegen der Annahme einer Einwilligungsfähigkeit entgegenstehen. Bei Minderjährigen kommt es daher darauf an, ob sie im konkreten Einzelfall reif genug sind, die Tragweite der Einwilligung zu überblicken. Insbesondere ist darauf zu achten, dass die Konsequenzen einer ablehnenden Entscheidung schwieriger zu erkennen sein könnten als die einer einwilligenden Entscheidung.[33] Verbreitet wird angenommen, dass vor Vollendung des 14. Lebensjahres keine wirksame Einwilligung durch den Behandelten selbst erteilt werden kann.[34] Hingegen nimmt die h. M. für die in § 90 öStGB geregelte Einwilligung bei Körperverletzungstatbeständen an, dass eine solche in Bagatellfällen auch vor Erreichen dieser Altersschwelle erteilt werden könne. Dann erscheint es jedoch konsequent, dies auch für leichteste Behandlungen im Sinne des § 110 Abs. 1 öStGB zuzulassen.[35]

---

28 Auch wenn § 36 Abs. 1 Unterbringungsgesetz für „besondere Heilbehandlungen einschließlich operativer Eingriffe" die Schriftlichkeit der Einwilligung des zwangsweise untergebrachten psychisch Kranken verlangt, hat dies auf die Beurteilung der Wirksamkeit einer mündlichen oder konkludenten Einwilligung aus strafrechtlicher Sicht keine Auswirkungen. Zu unterzubringenden Notfallpatienten siehe *Feichtinger/Lindenthaler*, RdM 2005, 10 ff.

29 Problematisch ist etwa die Durchführung eines heimlichen HIV-Tests, wenn in die Blutabnahme lediglich zu anderen Zwecken eingewilligt wurde; vgl. *Höpfel*, in: Szwarc (Hrsg.), Aids und Strafrecht, S. 101, 108.

30 Bei einer Behandlung im Krankenhaus wird die Einwilligung grundsätzlich für das jeweils Dienst habende medizinische Personal erteilt; vgl. SbgK – *Schmoller*, StGB, § 110 Rn. 40; WK – *Bertel*, StGB, § 110 Rn. 7; *Leukauf/Steininger*, StGB, § 110 Rn. 11.

31 Die rechtliche Geschäftsfähigkeit ist hingegen nicht vorausgesetzt.

32 Siehe dazu auch § 8 Abs. 3 Kranken- und Kuranstaltengesetz (KaKuG).

33 SbgK – *Schmoller*, StGB, § 110 Rn. 49.

34 WK – *Bertel*, StGB, § 110 Rn. 21; *Bertel/Schwaighofer*, BT I, § 110 Rn. 8.

35 *Leukauf/Steininger*, StGB, § 110 Rn. 8; *Engljähringer*, Aufklärungspflicht, S. 153; SbgK – *Schmoller*, StGB, § 110 Rn. 43. Zu denken ist etwa an eine Behandlung von Schürfwunden im Kindergarten.

Im Einzelfall kann die Einwilligungsfähigkeit aufgrund psychischer Krankheit[36] oder geistiger Behinderung ausgeschlossen sein. Auch bewusstseinstrübende Medikamente, ein Schockzustand oder akute starke Schmerzen können die Einwilligungsfähigkeit beeinträchtigen.[37] Für den Fall eines Verlusts der Einsichts-, Urteils- oder Äußerungsfähigkeit kann durch Errichtung einer Vorsorgevollmacht eine Person bevollmächtigt werden, die an Stelle des nunmehr Einwilligungsunfähigen die Einwilligung erteilen kann.[38]

Ist die Einwilligungsfähigkeit des Behandelten selbst ausgeschlossen, stellt sich die Frage, wessen Einwilligung einzuholen ist.[39] Bei Minderjährigen ist dies der Obsorgeberechtigte. Sind mehrere Personen obsorgeberechtigt, regelmäßig beide Eltern, so reicht die wirksame Einwilligung eines von ihnen, solange keine widersprechenden Erklärungen abgegeben werden.[40] Die Obsorgeberechtigung kann nach den zivilrechtlichen Regelungen auch einem Vormund[41] oder Sachwalter[42] obliegen. Zu beachten ist, dass dessen Einwilligung selbst dann tatbestandsausschließend wirkt, wenn eine nach Zivilrecht erforderliche gerichtliche Genehmigung[43] nicht eingeholt wurde.[44] Der Obsorgeberechtigte kann die Einwilligungsbefugnis auch vorübergehend an eine andere Person übertragen.[45] Verweigert der gesetzliche Vertreter nach

---

36 Das Vorliegen einer Sachwalterschaft wegen psychischer Erkrankung ist für sich genommen noch kein Indiz für eine Einwilligungsunfähigkeit.
37 Ausführlicher zu all dem *Engljähringer*, Aufklärungspflicht, S. 151 ff.; SbgK – *Schmoller*, StGB, § 110 Rn. 26. Nach einem Teil der Lehre kann je nach Dringlichkeit der Behandlung dann auf eine mutmaßliche Einwilligung des Behandelten zurückzugreifen sein. Siehe dazu unten S. 829 f. sowie Fn. 70. Diese wirkt jedoch nicht tatbestandsausschließend, sondern rechtfertigend.
38 Zur Vorsorgevollmacht vgl. § 284f Abs. 3 Allgemeines Bürgerliches Gesetzbuch (ABGB). Siehe dazu *Kletecka-Pulker*, RdM 2009, 112, 114 f.
39 Strafrechtlich ist auch dann keine kumulative Einwilligung von Behandeltem und gesetzlichen Vertreter erforderlich, wenn dies zivil- oder verwaltungsrechtlich gefordert ist. Näher dazu *Maleczky*, ÖJZ 1994, 681, 682 m. w. N.
40 *Gaisbauer*, RdM 1995, 64; vgl. auch die Übersicht von *Barth*, RdM 2005, 4 ff.
41 Vgl. §§ 187 f., 216 ABGB. Zu beachten ist zukünftig insbesondere der durch das Sachwalterrechts-Änderungsgesetz 2006, BGBl. I 2006/92, mit Wirkung zum 1.7.2007 eingefügte § 216 Abs. 2 ABGB, der sich auf medizinische Behandlungen bezieht.
42 Vgl. §§ 273 ff. ABGB. Ausführlich zu medizinischen Maßnahmen bei Personen, die unter Sachwalterschaft stehen *Barth*, ÖJZ 2000, 57 ff.; *ders.*, RdM 2006, 100 f., unter Berücksichtigung der Neuerungen durch das Sachwalterrechts-Änderungsgesetz 2006. Zu beachten ist aufgrund dieser Gesetzesreform ab 1.7.2006 insbesondere Art. 283 ABGB, der sich auf medizinische Behandlungen bezieht.
43 Der Vormund oder Sachwalter hat in wichtigen Angelegenheiten die Genehmigung des Gerichts einzuholen. Vgl. §§ 216, 282 ABGB.
44 SbgK – *Schmoller*, StGB, § 110 Rn. 42, 53.
45 SbgK – *Schmoller*, StGB, § 110 Rn. 52, nimmt als Beispiele die Reise des Minderjährigen in Begleitung eines Verwandten oder den Schulschikurs.

Ansicht des Behandelnden grundlos die Einwilligung, so muss der Arzt beim Pflegschaftsgericht um Zustimmung ansuchen; für Jugendliche kann auch der Jugendwohlfahrtsträger vorläufig die Sachwalterschaft übernehmen.[46] Verbleibt dafür aus medizinischen Gründen keine Zeit, so ist ein Eingriff in den Grenzen des § 110 Abs. 2 öStGB gerechtfertigt.[47] Die Verweigerung des psychisch gesunden, volljährigen Patienten – etwa aus religiösen Motiven – ist grundsätzlich auch dann zu respektieren, wenn der Patient mit der Behandlungsverweigerung ein tödliches Risiko eingeht.[48] Das Gericht ist wiederum anzurufen, wenn Eltern aufgrund ihrer religiösen Überzeugung die Einwilligung in eine notwendige Heilbehandlung ihres minderjährigen Kindes versagen; zu denken ist hier etwa an die Ablehnung einer Bluttransfusion durch Mitglieder der Zeugen Jehovas.[49]

2. Aufklärung als Einwilligungsvoraussetzung

Eine Einwilligung kann nur dann wirksam erklärt werden, wenn dies frei von Willensmängeln geschieht. Eine unter Gewaltanwendung oder Drohung erlangte oder an mangelnder Ernsthaftigkeit leidende Willenserklärung ist unwirksam. Bei medizinischen Behandlungen kann ein relevanter Willensmangel auch dadurch begründet werden, dass der Einwilligende die Tragweite der Behandlung aufgrund fehlender medizinischer Kenntnis nicht zu überblicken vermag. Daher setzt die Einwilligung regelmäßig eine hinreichende Aufklärung voraus.[50] Diese muss also gegenüber dem Einwilligungsberechtigten, regelmäßig dem eigenverantwortlichen Patienten, erfolgen. Die in der Praxis mitunter vorgenommene Aufklärung der Angehörigen reicht nicht aus.

Erst eine Aufklärung ermöglicht es dem Patienten, die Tragweite der Behandlung zu erkennen und auf Grundlage dieses Wissens eine selbstbestimmte Entscheidung zu treffen. Daher spricht man von einer „Selbstbestimmungsaufklärung".[51] Hierfür ist grundsätzlich keine vollständige Auf-

---

46 *Maleczky*, ÖJZ 1994, 681, 683.
47 Vgl. näher dazu unten S. 829 ff. Nach Auffassung von *Maleczky*, ÖJZ 1994, 681, 683, ist eine Rechtfertigung des Eingriffs bei Gefahr im Verzuge allgemein gegeben, ohne dass auf die Grenzen des § 110 Abs. 2 öStGB Bezug genommen wird. Dagegen spricht der abschließende Charakter des § 110 Abs. 2 öStGB. Vgl. weiter *Zankl*, ÖJZ 1989, 299, 301.
48 *Bertel/Schwaighofer*, BT I, § 110 Rn. 7.
49 Näher dazu *Sautner*, JAP 1999/2000, 14 ff.; vgl. auch *Kern*, JAP 2000/2001, 14 ff.; OLG Linz, 28.8.1997, 8 Bs 1/96.
50 Siehe zur unterlassenen Aufklärungspflicht auch *Haag*, RdM 2005, 68 ff.
51 Davon zu unterscheiden ist eine therapeutische Aufklärung, die als Teil der Behandlung den Patienten über seine notwendige Mitwirkung aufklären soll. Eine unzureichende therapeutische Aufklärung

klärung über den Krankheitszustand, das heißt deren Schwere und Stadium,[52] notwendig.[53] Welchen Umfang die Aufklärung haben muss, kann nicht generell festgelegt werden.[54] Der erforderliche Umfang der Aufklärung ist vielmehr anhand des konkreten Einzelfalls zu bestimmen. Grundsätzlich muss umso ausführlicher aufgeklärt werden, je gefährlicher eine Behandlung ist. Dies gilt umso mehr, je weniger dringlich die Behandlung aus medizinischer Sicht ist.[55] Je mehr Zeit verbleibt, desto detaillierter ist in der Regel aufzuklären.[56] Sowohl die mit der Behandlung verknüpften als auch die in der Person des Behandelten liegenden Aspekte sind zu berücksichtigen. Jedenfalls ist über Art und Intensität der Behandlung, deren Risiken, Folgen und Nebenwirkungen sowie über Alternativbehandlungen und mögliche Motive gegen die Behandlung aufzuklären.[57] Zu den Folgen, die aufzuzeigen sind, zählen auch die beabsichtigten und möglichen Veränderungen des Körpers. Eine Prozentzahl für die Wahrscheinlichkeit des Eintritts der Folgen und Nebenwirkungen sowie der Realisierung der Risiken, ab der über diese aufzuklären ist, gilt nicht. Über Risiken, die „einen einsichtigen Patienten allenfalls veranlassen könnten, seine Einwilligung in die Behandlung zu verweigern, ganz auf sie zu verzichten oder sie anderswo durchführen zu lassen",[58] ist in jedem

---

kann die Strafbarkeit wegen eines Körperverletzungs- oder Tötungsdelikts auslösen. SbgK – *Schmoller*, StGB, § 110 Rn. 55 m. w. N. Zur Frage eines Unterschreitens der zur Selbstbestimmung erforderlichen Aufklärung zum Schutze des Patienten – sog. therapeutisches Privileg – s. unten S. 834f.

52 Allerdings muss über eine nur noch geringe Lebenserwartung aufgeklärt werden, wenn sie Motiv dafür sein kann, die Mühen einer Behandlung mit unsicherem Erfolg nicht mehr auf sich zu nehmen, sondern die ihm noch verbleibende Zeit möglichst in Ruhe zu verbringen, vgl. SbgK – *Schmoller*, StGB, § 110 Rn. 61. Entschließt sich der Arzt nach sorgfältiger Abwägung, die Behandlung gar nicht mehr vorzuschlagen, so muss der Patient über diese Behandlungsmöglichkeit nicht aufgeklärt werden. Das Schweigen über die tödliche Krankheit kann den Arzt nicht nach § 110 öStGB verantwortlich machen, vgl. WK – *Bertel*, StGB, § 110 Rn. 23.

53 WK – *Bertel*, StGB, § 110 Rn. 18; SbgK – *Schmoller*, StGB, § 110 Rn. 59; *Proske*, in: Schick (Hrsg.), Haftung des Arztes, S. 101, 109; a. A. *Engljähringer*, Aufklärungspflicht, S. 181.

54 *Leukauf/Steininger*, StGB, § 110 Rn.10.Zu den sprachlichen und kulturellen Verständigungsschwierigkeiten bei der Aufklärung siehe *Aigner*, RdM 2004, 35, 36.

55 WK – *Bertel*, StGB, § 110 Rn. 19ff. mit Angaben zur Judikatur.

56 OGH, RdM 1994, 1.

57 WK – *Bertel*, StGB, § 110 Rn. 18; SbgK – *Schmoller*, StGB, § 110 Rn. 58; *Leukauf/Steininger*, StGB, § 110 Rn. 10; *Zipf*, in: StPdG 6, 1, 14; vgl. auch OGH, JBl 1991, 455.

58 OGH, JBl 1990, 459; WK – *Bertel*, StGB, § 110 Rn. 19 m. w. N. und Beispielen.

Fall aufzuklären.[59] Darüber hinausgehende Anforderungen[60] können sich aus der Person des jeweiligen Patienten ergeben. Verlangt der Patient ausdrücklich nach Aufklärung über sonst eventuell Vernachlässigbares, so müssen diese Fragen vom Arzt beantwortet werden. Durch das ausdrückliche Aufklärungsverlangen werden die hinterfragten Aspekte zu möglichen Motiven, sich gegen eine Behandlung zu entscheiden. Daher hängt von ihrer ordnungsgemäßen Beantwortung letztlich die Wirksamkeit der Einwilligung ab.[61]

Eine Aufklärung ist insoweit nicht notwendig, als dem Patienten die Art der Behandlung sowie mögliche Begleit- und Folgeschäden ohnedies bekannt sind.[62] Der Patient kann auf eine Aufklärung auch ganz oder teilweise verzichten.[63] Der Arzt braucht dem Patienten die Aufklärung in diesem Fall nicht aufzuzwingen. Ein Aufklärungsverzicht kann ausdrücklich oder auch konkludent erfolgen. Der konkludente Verzicht setzt ein entsprechendes eindeutiges Verhalten des Patienten voraus. Freilich liegt ein solches nicht schon vor, wenn der Aufzuklärende keine Fragen stellt.[64]

Die Aufklärung kann mündlich oder schriftlich erfolgen. Sie muss jedenfalls verständlich sein.[65] In der Praxis wird häufig eine Basisaufklärung mittels Formblättern angestrebt, die regelmäßig durch mündliche Aufklärung vertieft wird (sogenannte „Stufenaufklärung"). Aus strafrechtlicher Sicht ist für die Wirksamkeit der Einwilligung letztlich ausschlaggebend, ob der Patient tatsächlich ausreichend informiert war, um die Tragweite seiner Entscheidung beurteilen zu können. Dass der Patient irgendwelche Aufklärungsformblätter unterschrieben hat, ist dafür nicht ausreichend.[66] Daher ist es dem Behandelnden zu empfehlen, sich davon zu überzeugen, ob der Patient die Aufklärung verstanden hat.[67] Kommt es zum Strafverfahren, so ist es eine Sachfrage, wenn der Umfang der tatsächlich erfolgten Aufklärung festzustellen ist. Ob die

---

59 Die h. M. fordert diese Aufklärung jedenfalls beim einsichtigen Patienten, scheint hingegen Abstriche bei einem besonders ängstlichen Patienten zuzulassen, wenn dieser bei gleicher Intensität der Aufklärung seine Einwilligung aus rational nicht nachvollziehbaren Gründen zu verweigern droht. Anderes muss jedoch bei einem Aufklärungsverzicht durch den Einwilligungsberechtigten gelten.
60 SbgK – *Schmoller*, StGB, § 110 Rn. 62, stellt, anders als die h. M. und ebenso anders als die hier vertretene Auffassung, allein auf den konkreten Patienten ab.
61 SbgK – *Schmoller*, StGB, § 110 Rn. 67; *Zipf*, in: StPdG 6, 1, 14.
62 *Zipf*, in: StPdG 6, 1, 13; WK – *Bertel*, StGB, § 110 Rn. 12 f.
63 OGH, JBl 1983, 373 mit Anm. von *Holzer*, JBl 1983, 376 f.
64 *Haslinger*, AnwBl 1994, 866, 868.
65 *Leukauf/Steininger*, StGB, § 110 Rn. 10.
66 SbgK – *Schmoller*, StGB, § 110 Rn. 68.
67 *Leukauf/Steininger*, StGB, § 110 Rn. 10, gehen sogar von einer entsprechenden Pflicht aus.

Aufklärung in diesem festgestellten Umfang ausreichend war, ist hingegen eine Rechtsfrage, die das Gericht, u. U. gestützt auf Sachverständigengutachten, selbst beantworten muss.

3. Irrtum über das Vorliegen einer Einwilligung

Da § 110 Abs. 1 öStGB ein Vorsatzdelikt ist, muss der Behandelnde, um strafbar zu sein, es gem. § 5 Abs. 1 öStGB zumindest ernstlich für möglich halten und sich damit abfinden, dass keine wirksame Einwilligung vorliegt. Nimmt der Behandelnde irrtümlich an, dass eine wirksame Einwilligung gegeben ist, so unterliegt er einem Tatbestandsirrtum. Denn das Fehlen der Einwilligung ist bei § 110 Abs. 1 öStGB ein Merkmal des objektiven Tatbestandes. Der Behandelnde ist dann nicht wegen Eigenmächtiger Heilbehandlung strafbar.

II. Rechtfertigung und Fahrlässigkeitsstrafbarkeit, § 110 Abs. 2 öStGB

§ 110 Abs. 2 öStGB sind zwei Regelungsinhalte zu entnehmen. Einerseits umschreibt er die Voraussetzungen der Rechtfertigung einer Behandlung ohne Einwilligung. Andererseits erweitert er die Strafbarkeit wegen Eigenmächtiger Heilbehandlung um Fälle, in denen der Täter fahrlässig einem Irrtum über einen rechtfertigenden Sachverhalt unterliegt, der nach den allgemeinen Regeln die Vorsatzstrafbarkeit ausschließen würde.

1. Rechtfertigung bei Gefahr im Verzuge

Auch wenn § 110 Abs. 2 öStGB nicht ausdrücklich als Rechtfertigungsregelung ausgestaltet ist, so lässt sich ihm doch im Umkehrschluss entnehmen, dass derjenige, der die Entscheidung[68] über die Einwilligung des Behandelten nicht einholt, weil „durch den Aufschub der Behandlung das Leben oder die Gesundheit des Behandelten ernstlich gefährdet wäre", nicht strafbar ist. Bei dieser Regelung handelt es sich um eine Verknüpfung von Elementen des rechtfertigenden Notstandes mit solchen der mutmaßlichen Einwilligung.[69] Liegen ihre Voraussetzungen vor, so ist das Handeln des Täters gerechtfertigt.

---

68 Abzustellen ist auf die Entscheidung, um klarzustellen, dass eine ablehnende Entscheidung des Behandelten nicht mit Hilfe dieser Regelung umgangen werden darf. Näher dazu SbgK – *Schmoller*, StGB, § 110 Rn. 68.
69 Siehe dazu auch die inhaltlich vergleichbaren Rechtfertigungsgründe des § 8 Abs. 3 Kranken- und Kuranstaltengesetz (KaKuG) sowie § 37 Unterbringungsgesetz (UbG).

Dieser eigenständig ausgestaltete Rechtfertigungsgrund ist insoweit abschließend, als dadurch der Rückgriff auf die allgemeinen Regelungen des rechtfertigenden Notstandes oder der mutmaßlichen Einwilligung ausgeschlossen wird.[70]

Die Rechtfertigungsregelung ist relativ eng gehalten. Erforderlich ist, dass wegen des mit der Einholung der Entscheidung verbundenen Aufschubs der Behandlung das Leben oder die Gesundheit des Behandelten ernstlich gefährdet wäre. Zu berücksichtigen ist also die bis zur Entscheidung hypothetisch benötigte Zeitspanne.[71] Entscheidend ist die infolge dieses Zeitverlustes drohende Gesundheits- oder Lebensgefahr. Teils wird gefordert, diese müsse mindestens das Potenzial einer schweren Körperverletzung im Sinne des § 84 Abs. 1 öStGB haben.[72] Dann müsste infolge des Aufschubs eine länger als 24 Tage dauernde Gesundheitsschädigung oder Berufsunfähigkeit bzw. eine an sich schwere Verletzung oder Gesundheitsschädigung zu befürchten sein. Mit dieser eng gefassten Rechtfertigungsmöglichkeit wird die Schutzwirkung des § 110 Abs. 1 öStGB vor eigenmächtiger Behandlung gestärkt. Nach anderer Ansicht kann eine Gesundheitsgefahr auch unterhalb dieser Schwelle genügen. Dem ist im Grundsatz zuzustimmen. Die Schwelle des § 84 Abs. 1 öStGB ist dem Wortlaut des § 110 Abs. 2 öStGB nicht zu entnehmen. Hätte der Gesetzgeber auf diesen Maßstab zurückgreifen wollen, so hätte er, statt von „ernstlich(er)" Gefährdung zu sprechen, auf die Gefahr einer Körperverletzung i. S. d. § 84 Abs. 1 öStGB verwiesen. Diese Schwelle erscheint als zu hoch gegriffen. So kann regelmäßig ein Patient, der mit Knochenbrüchen bewusstlos eingeliefert wird, sofort behandelt werden, auch wenn der Aufschub der Behandlung etwa keine Gesundheitsschädigung in der Dauer von mehr als 24 Tagen Dauer zur Folge hätte, sondern darunter

---

70 *Leukauf/Steininger*, StGB, § 110 Rn. 19; SbgK – *Schmoller*, StGB, § 110 Rn. 78, 96; a. A. *Brandstetter/Zahrl*, RdM 1994, 17, 24; *Maleczky*, ÖJZ 1994, 681, 683, die auf eine mutmaßliche Einwilligung zurückgreifen wollen, wenn bei Minderjährigen die notwendige Einwilligung der gesetzlichen Vertreter nicht rechtzeitig eingeholt werden kann. Diese Auffassung verhilft dem Behandelnden zu mehr Rechtssicherheit im Zeitpunkt der Vornahme der Behandlung, führt allerdings dazu, dass der Schutz des Selbstbestimmungsrechts, den § 110 öStGB vorrangig bezweckt, geschwächt werden könnte. Die Struktur des § 110 öStGB spricht dafür, dass außerhalb des Notfalls des Abs. 2 gerade keine mutmaßliche Einwilligung im Zeitpunkt der Behandlung angenommen werden kann. Die Ausgestaltung als Privatanklagedelikt lässt sich so verstehen, dass das Selbstbestimmungsrecht gewissermaßen nachträglich durch die Entscheidung des Behandelten über ein Strafverlangen ausgeübt wird.
71 SbgK – *Schmoller*, StGB, § 110 Rn. 81.
72 *Proske*, in: Schick (Hrsg.), Haftung des Arztes, S. 101, 111; SbgK – *Schmoller*, StGB, § 110 Rn. 82.

bliebe.[73] Allerdings muss eine Erheblichkeitsschwelle tatsächlich überschritten werden, damit eine „ernstlich(e)" Gefahr angenommen werden kann.
Der Rechtfertigungsgrund des § 110 Abs. 2 öStGB greift insbesondere, wenn der Patient aufgrund Bewusstlosigkeit, akutem Schock oder Schmerzzustand vorübergehend einwilligungsunfähig ist oder der Fall einer sogenannten erweiterten Operation vorliegt. Letzteres ist gegeben, wenn sich während einer Operation ein weitergehender oder zusätzlicher Heileingriff als dringend erforderlich herausstellt.

2. Begrenzung der Rechtfertigung insbesondere durch entgegenstehende Patientenverfügung

§ 110 Abs. 2 öStGB kann keine Behandlung rechtfertigen, zu der der Patient seine Einwilligung bereits verweigert hat. Die Verbindlichkeit der Ablehnung gilt auch bei lebensbedrohlichen Situationen.[74] Ebenso wenig greift der Rechtfertigungsgrund ein, wenn der Behandelnde zwar fragen könnte, dies aber wegen einer zu erwartenden unvernünftigen Ablehnung unterlässt.[75]

Noch nicht abschließend geklärt ist, wie sich eine frühere Gelegenheit zur Befragung auf die jetzige Möglichkeit einer Rechtfertigung nach Abs. 2 auswirkt. Grundsätzlich wird angenommen, dass auch in diesen Fällen eine Rechtfertigung nach Abs. 2 gegeben ist, weil in dem Augenblick der Erweiterung der Operation deren tatsächliche Voraussetzungen vorlägen.[76] Zur Begründung wird angeführt, die Versagung einer Rechtfertigung ginge in der Praxis zu Lasten des Patienten, da der Arzt diesem die benötigte Hilfe nicht zukommen lassen dürfte. Ungeachtet dieser Rechtfertigung der nunmehrigen Behandlung könne jedoch das vorangegangene Fehlverhalten eigenständig strafbar sein.[77] Nach teilweise abweichender Ansicht[78] ist eine Rechtfertigung einer Operationserweiterung nicht möglich, wenn zum Zeitpunkt der früheren Befragungsmöglichkeit eine gewissenhafte Untersuchung schon vor der

---

73 Beispiel entnommen aus WK – *Bertel*, StGB, § 110 Rn. 31.
74 SbgK – *Schmoller*, StGB, § 110 Rn. 76. Zur Problematik der Eigenmächtigen Heilbehandlung bei einem Suizidenten siehe unten S. 858.
75 WK – *Bertel*, StGB, § 110 Rn. 32; SbgK – *Schmoller*, StGB, § 110 Rn. 80. Siehe auch EBRV 1971, S. 242. Siehe zum Umfang der Aufklärungspflicht bei zu erwartender unvernünftiger Verweigerung der Einwilligung oben S. 826ff. und Fn. 59.
76 SbgK – *Schmoller*, StGB, § 110 Rn. 84f.; WK – *Bertel*, StGB, § 110 Rn. 36.
77 Detaillierter zu der möglichen Strafbarkeit des vorangegangenen Verhaltens SbgK – *Schmoller*, StGB, § 110 Rn. 85.
78 *Schick*, in: Holzer/Posch/Schick (Hrsg.), Arzt- und Arzneimittelhaftung, S. 73, 98f.

ersten Operation auf die eventuelle Notwendigkeit dieser Erweiterung hingedeutet hätte. Dann hätte der Arzt zu diesem Zeitpunkt darüber aufklären müssen.

Besonders muss auf die Möglichkeit einer ausdrücklichen Patientenverfügung geachtet werden. Denn durch eine solche Verfügung kann die Rechtfertigung nach Abs. 2 ausgeschlossen sein. Die Patientenverfügung ist in Österreich seit dem 1. Juni 2006 gesetzlich geregelt.[79] Nach § 2 Abs. 1 PatVG ist eine Patientenverfügung „eine Willenserklärung, mit der ein Patient eine medizinische Behandlung ablehnt und die dann wirksam werden soll, wenn er im Zeitpunkt der Behandlung nicht einsichts-, urteils- oder äußerungsfähig ist." Eine solche Patientenverfügung kann „verbindlich" oder für die Ermittlung des Patientenwillens „beachtlich" sein.[80] Um verbindlich zu sein, muss eine Patientenverfügung bestimmten Inhalts- und Formerfordernissen genügen. Es müssen die medizinischen Behandlungen, die Gegenstand der Ablehnung sind, konkret beschrieben sein oder eindeutig aus dem Gesamtzusammenhang der Verfügung hervorgehen. Zudem muss aus ihr ersichtlich sein, dass der Patient die Folgen der Verfügung zutreffend einschätzt.[81] Der Errichtung der Verfügung muss eine umfassende ärztliche Aufklärung einschließlich einer Information über Wesen und Folgen der Patientenverfügung für die medizinische Behandlung vorangehen.[82] Nicht nur die Vornahme der Aufklärung, sondern auch die Einsichts- und Urteilsfähigkeit des Patienten und die tatsächliche Einsicht in die Folgen der Erklärung müssen vom Arzt schriftlich dokumentiert sein. Um verbindlich zu sein, muss die Patientenverfügung vor einem Rechtsanwalt, einem Notar oder einem rechtskundigen Mitarbeiter der Patientenvertretung errichtet werden und aus ihr hervorgehen, dass der Patient über die Folgen der Erklärung sowie die Möglichkeit des jederzeitigen Widerrufs belehrt worden ist.[83] Die Gültigkeit einer diesen Anforderungen genügenden Verfügung ist grundsätzlich auf maximal fünf

---

[79] BGBl. I 2006/55. Siehe zum Ganzen *Kathrein*, ÖJZ 2006, 34 ff.; *Memmer*, RdM 2006, 163 ff.; *Memmer/Kern* (Hrsg.), Patientenverfügungsgesetz. *Aigner*, in: Kierein/Lanske/Wenda (Hrsg.), Gesundheitsrecht. Jahrbuch 2007, 2007, S. 111 Umfangreiche Materialien für die Praxis sind auf der Homepage des österreichischen Bundesministeriums für Gesundheit und Frauen (www.bmgf.gv.at; Stand: 15.06.2009) abrufbar. Zum öPatVG aus deutscher Sicht vgl. *Duttge*, ZfL 2006, 81 ff.
[80] § 2 Abs. 2 PatVG.
[81] § 4 PatVG.
[82] § 5 PatVG.
[83] § 6 PatVG.

Jahre beschränkt.[84] Erfolgt eine Behandlung entgegen einer solchen verbindlichen Patientenverfügung, so macht sich der Behandelnde nach § 110 öStGB strafbar.

Eine Patientenverfügung, die die oben genannten Voraussetzungen nicht erfüllt, ist dennoch für die Ermittlung des Willens des Patienten beachtlich.[85] Sie ist umso schwerer zu gewichten, je weniger sie hinter den Voraussetzungen für eine Verbindlichkeit zurückbleibt. Zu berücksichtigen ist insbesondere, inwieweit der Patient die Krankheitssituation, auf die sich die Verfügung bezieht, sowie deren Folgen im Errichtungszeitraum einschätzen konnte, wie konkret die medizinischen Behandlungen, die Gegenstand der Ablehnung sind, beschrieben sind, wie umfassend eine der Errichtung vorangegangene ärztliche Aufklärung war, inwieweit die Verfügung von den Formvorschriften für eine verbindliche Patientenverfügung abweicht sowie die Häufigkeit der Erneuerung und die seit der letzten Erneuerung verstrichene Zeit.[86]

Eine Patientenverfügung ist nicht nur dann unwirksam, wenn ihr Inhalt strafrechtlich nicht zulässig ist, ihre Errichtung auf Willensmängeln beruht bzw. sie zwischenzeitlich ausdrücklich oder konkludent widerrufen wurde. Sie ist auch unwirksam, wenn sich der Stand der medizinischen Wissenschaft im Hinblick auf den Inhalt der Verfügung seit ihrer Errichtung wesentlich geändert hat.[87]

Die Rechtfertigung einer Eigenmächtigen Heilbehandlung durch § 110 Abs. 2 öStGB bezieht sich auf eine Situation der Gefahr im Verzuge. Daher ist die Regelung des § 12 PatVG von besonderer Bedeutung, die ausdrücklich festlegt, dass dieses Gesetz medizinische Notfallversorgung unberührt lässt, sofern der mit der Suche nach einer Patientenverfügung verbundene Zeitaufwand das Leben oder die Gesundheit des Patienten ernstlich gefährdet.[88] Auch in der Notfallsituation gilt daher, dass eine vorliegende Verfügung nach den oben dargestellten Regeln verbindlich oder für die Abwägungsentscheidung beachtlich ist. Allein das Erfordernis einer Suche nach einer etwaig vorhandenen Verfügung wird eingeschränkt: Sind Leben oder Gesundheit des Patienten aufgrund der für eine Suche erforderlichen Zeit ernstlich gefährdet, so hat die Suche zu unterbleiben.[89] Diese Regelung korrespondiert mit den

---

84 Siehe näher dazu § 7 PatVG.
85 § 8 PatVG.
86 § 9 PatVG.
87 § 10 PatVG.
88 Siehe zu den Anforderungen des Vorliegens einer „ernstlichen Gefahr" oben S. 829 ff.
89 Ansonsten würde sich der Behandelnde der Unterlassenen Hilfeleistung strafbar machen.

Voraussetzungen der Rechtfertigung nach § 110 Abs. 2 öStGB, der gerade darauf abstellt, dass die für die Einholung der Einwilligung hypothetisch erforderliche Zeitspanne mit einer solchen ernstlichen Gefährdung verbunden ist.[90]

Auch ausländische Patientenverfügungen müssen im Inland den Voraussetzungen des Patientenverfügungsgesetzes unterworfen werden. Denn dieses enthält keine Ausnahmeregelung, welche die innerstaatliche Verbindlichkeit solcher Verfügungen unabhängig von den im PatVG geregelten allgemeinen Voraussetzungen anordnet. Dieses Ergebnis entspricht auch dem Gedanken der Rechtssicherheit für den im Inland tätigen Behandelnden, der sich auf die inländischen Regelungen verlassen können muss. Die ausländischen Regelungen können allerdings, soweit sie bekannt sind, das Abwägungsergebnis einer Entscheidung über die Beachtlichkeit der Verfügung beeinflussen, ohne sie aber zu bedingen.

3. Exkurs: „Therapeutisches Privileg"

Nicht abschließend geklärt ist die Frage nach der Anerkennung eines „therapeutischen Privilegs", ob also die mit einer Aufklärung verbundene Gefahr gravierender Belastungen oder gesundheitlicher Schädigungen des Patienten eine Rechtfertigung dafür darstellen kann, dass ausnahmsweise eine Behandlung ohne entsprechende Aufklärung durchgeführt wird. Soweit lediglich keine Aufklärung über den genauen Krankheitszustand erfolgt, ohne die oben dargestellten Anforderungen an die „Selbstbestimmungsaufklärung" zu unterschreiten, bedarf es keines therapeutischen Privilegs, weil die für eine wirksame Einwilligung vorausgesetzte Aufklärung gewahrt bleibt.[91] Teils wird es jedoch, entsprechend der deutschen Diskussion,[92] als zulässig angesehen, dass diese Mindestanforderungen unterschritten werden oder die Aufklärung sogar gänzlich unterbleibt, um den Patienten nicht zu gefährden.[93] Dagegen wird eingewandt, der österreichische Gesetzgeber habe in Kenntnis der Problematik des therapeutischen Privilegs die Regelung des § 110 Abs. 2 öStGB geschaffen, ohne eine von der Aufklärung ausgehende Gefahr für Leib oder Leben des Patienten als rechtfertigendes Element zu verankern. Der in

---

90 Die Regelungen des Patientenverfügungsgesetzes entsprechen im Ergebnis weitgehend der Auffassung von SbgK – *Schmoller*, StGB, § 110 Rn. 88, zur Berücksichtigung von Patientenverfügungen im Recht der Heilbehandlung vor Inkrafttreten des PatVG.
91 Siehe oben S. 826 ff.
92 Vgl. Schönke/Schröder – *Eser*, StGB, § 223 Rn. 42.
93 OGH, JBl 1983, 373.

das Gesetz aufgenommene Fall einer Rechtfertigung eigenmächtiger Heilbehandlung wegen ernstlicher Gefahr für Leib oder Leben des Patienten sei eine abschließende Sonderregelung und gelte eben nur für den Fall der Gefahr im Verzuge. Ein therapeutisches Privileg für sonstige eigenmächtige Heilbehandlungen sei aufgrund dieser gesetzgeberischen Wertung nicht anzuerkennen.[94] Die Aufklärung darf also den Patienten nicht stärker gefährden als die Unterlassung der Behandlung, anderenfalls ist die Behandlung zu unterlassen.[95] Kann die aus der Aufklärung resultierende Gefahr auf anderem Wege gebannt werden, so ist auf diese Möglichkeiten zurückzugreifen.[96]

4. Rechtfertigung einer Zwangsbehandlung im Strafvollzug, § 69 StVG

Eine besondere, die Heilbehandlung gegen den Willen des Behandelten rechtfertigende Regelung findet sich in § 69 Abs. 1 Strafvollzugsgesetz (StVG).[97] Danach ist bei Strafgefangenen eine zwangsweise Heilbehandlungsmaßnahme zulässig, wenn der Strafgefangene die Mitwirkung an der unbedingt erforderlichen ärztlichen Untersuchung und Heilbehandlung verweigert, soweit diese nicht mit Lebensgefahr verbunden und ihm auch sonst zumutbar ist. Eine Unzumutbarkeit liegt nach dem Gesetzeswortlaut vor, wenn die Untersuchung oder Heilbehandlung mit einem Eingriff verbunden ist, der den äußeren Merkmalen einer schweren Körperverletzung i. S. d. § 84 Abs. 1 öStGB entspricht. § 69 Abs. 2 StVG legt fest, dass der Strafgefangene im Falle der Verweigerung der Nahrungsaufnahme ärztlich zu beobachten und erforderlichenfalls nach Anordnung und unter Aufsicht des Arztes zu ernähren ist.

5. Strafbarkeit eines Handelns aufgrund einer fahrlässig fehlerhaften Annahme von Gefahr im Verzuge

§ 110 Abs. 2 öStGB enthält am Ende der Vorschrift eine Regelung, die die fahrlässige Eigenmacht unter Strafe stellt. Er erweitert die Strafbarkeit der Eigenmächtigen Heilbehandlung um Fälle, in denen der Täter fahrlässig einem Irrtum über einen rechtfertigenden Sachverhalt unterliegt. Nach der allgemeinen Regelung des § 8 öStGB über die Putativrechtfertigung kann der-

---

94 Vgl. allerdings § 35 Abs. 2 UbG.
95 Zum Ganzen SbgK – *Schmoller*, StGB, § 110 Rn. 89 ff. m. w. N.
96 So kann, wenn ohne die Behandlung schwerwiegende Nachteile für Leib oder Leben des Patienten zu befürchten sind, auf die Aufklärung nicht etwa wegen einer Selbstmordgefahr verzichtet werden. Vielmehr ist dieser durch entsprechende Begleitmaßnahmen entgegenzuwirken.
97 Zu der Zulässigkeit der Zwangsernährung in Ausnahmefällen während der Schubhaft s. *Muzak*, RdM 2008, 36 ff.

jenige, der irrtümlich annimmt, die tatsächlichen Voraussetzungen eines anerkannten Rechtfertigungsgrundes lägen vor, nicht wegen des Vorsatzdeliktes bestraft werden (Erlaubnistatbestandsirrtum). In Betracht kommt allenfalls eine Strafbarkeit wegen fahrlässiger Tatbegehung, wenn der Irrtum im konkreten Fall auf Fahrlässigkeit beruht und die fahrlässige Begehung mit Strafe bedroht ist. Einen allgemeinen Tatbestand der fahrlässigen Eigenmächtigen Heilbehandlung kennt das österreichische StGB aber nicht.

Auch wer einen Patienten eigenmächtig behandelt, weil er fahrlässig falsch annimmt, ein Aufschub der Behandlung, um die Einwilligung des Patienten einzuholen, werde dessen Leben oder Gesundheit ernstlich gefährden, ist nach § 110 Abs. 1 öStGB zu bestrafen. Der Gesetzgeber hat mit dieser Sonderregelung in Abs. 2 am Ende die allgemeine Regelung für den Erlaubnistatbestandsirrtum (§ 8 öStGB), durchbrochen.[98] Dabei ist es gleichgültig, ob der Behandelnde irrig die ernstliche Gefahr annimmt oder ob er fahrlässig die rechtzeitige Einholbarkeit der Einwilligung verkennt.

III. Eigenmächtige Heilbehandlung als Privatanklagedelikt

Der Täter einer Eigenmächtigen Heilbehandlung ist gem. § 110 Abs. 3 öStGB nur auf Verlangen des eigenmächtig Behandelten zu verfolgen. Es handelt sich demnach um ein Privatanklagedelikt, bei dem das Opfer im Verfahren weitgehend die rechtliche Stellung der Staatsanwaltschaft einnimmt.[99]

Es ist sinnvoll, dass eine Anklage nicht gegen den Willen des Opfers möglich ist. Der Tatbestand einer Eigenmächtigen Heilbehandlung wird häufig allein deswegen verwirklicht sein, weil über einzelne Risiken der Behandlung nicht aufgeklärt wurde und die Einwilligung daher unwirksam war, ohne dass sich aber diese Risiken tatsächlich realisiert haben; es liegen also keine physischen oder psychischen Auswirkungen vor. Auch wenn sich das Risiko realisiert haben sollte, muss der Eingriff aus Sicht des Patienten keine Schlechterstellung bedeuten. Sieht der Behandelte den Eingriff in sein Selbstbestimmungsrecht nicht als strafbedürftig an, so soll das Arzt-Patienten-Verhältnis nicht durch ein wegen des Verfolgungszwangs obligatorisches Strafverfahren beeinträchtigt werden.

Für das in Deutschland diskutierte Konzept einer hypothetischen Einwilligung verbleibt im Rahmen des § 110 öStGB kein Raum. Die hypothetische

---

98 WK – *Höpfel*, StGB, § 8 Rn. 17 deutet diese Konstruktion als Vorsatzdelikt, SbgK – *Schmoller*, StGB, § 110 Rn. 74, 101 ff. und WK – *Bertel*, StGB, § 110 Rn. 34 f. als (Vorsatz-)Fahrlässigkeitsregelung.
99 Vgl. zum Privatankläger *Bertel/Venier*, Strafprozessrecht, Rn. 162 f.

Einwilligung greift den Gedanken einer Art „nachträglicher Genehmigung" oder „Heilung" auf.[100] Diesem Gedanken wird in § 110 öStGB gerade durch das Erfordernis eines Tätigwerdens des Behandelten zur Strafverfolgung Rechnung getragen; bleibt er untätig, kommt dies einer nachträglichen Genehmigung gleich.[101]

Infolge der Ausgestaltung des § 110 öStGB als Privatanklagedelikt ist die strafrechtliche Verfolgung wegen Eigenmächtiger Heilbehandlung äußerst unwahrscheinlich. Im Zeitraum von 1976 bis 2005 ist keine einzige Verurteilung aufgrund des im StGB 1974 neu gefassten Tatbestandes verzeichnet.[102] Dabei wirken sich sicherlich zwei Besonderheiten des Privatanklageverfahrens aus. Zum einen ist das Privatanklagerecht nicht vererbbar. Stirbt der Behandelte daher im Rahmen der Eigenmächtigen Heilbehandlung, so kann die Verletzung des § 110 öStGB nicht mehr verfolgt werden. Zum anderen trifft den Privatankläger das Kostenrisiko. Auch wenn es zu begrüßen ist, dass eine Strafverfolgung nicht gegen den Willen des Verletzten möglich ist, so wäre doch zu überlegen, ob nicht eine Ausgestaltung als Antrags- oder Ermächtigungsdelikt vorzuziehen ist. Dabei müsste in die Regelung aufgenommen werden, auf wen das Antrags- bzw. Ermächtigungsrecht übergeht, wenn der Verletzte stirbt. Obläge die in Übereinstimmung mit dem Willen des Verletzten durchzuführende Strafverfolgung der Staatsanwaltschaft, so träfe den Verletzten bzw. seine Hinterbliebenen kein finanzielles Prozessrisiko.

D. Körperverletzungsdelikte, §§ 83 ff., 88 öStGB

I. Tatbestandsmäßigkeit

Bei einer medizinisch indizierten und *lege artis* durchgeführten Behandlung – also einer *Heil*behandlung i. w. S. einschließlich diagnostischer und prophy-

---

100 Vgl. dazu Schönke/Schröder – *Eser*, StGB, § 223 Rn. 40e m. w. N.
101 Gegen die Anwendbarkeit einer hypothetischen Einwilligung spricht wohl auch der abschließende Charakter des § 110 Abs. 2 öStGB.
102 Die Angabe beruht auf der Auskunft von Mag. Alexander Hanika (Statistik Austria, www.statistik.at; Stand: 15.06.2009). Die gem. § 46 Abs. 1 öStPO a. F. nur sechswöchige Frist zur Stellung eines Verfolgungsantrags mag dazu beigetragen haben. Mit Inkrafttreten des Strafprozessreformgesetzes 2008, BGBl. I 2004/19, ist diese Frist entfallen (vgl. § 71 öStPO); maßgeblich ist allein die einjährige Verjährungsfrist nach § 57 Abs. 3 öStGB.

laktischer Maßnahmen[103] – fehlt es nach heutiger Meinung bereits begrifflich am tatbestandsmäßigen Unrecht eines Körperverletzungsdelikts,[104] weil mit der Heilbehandlung im Gesamtbild eine Verbesserung des Gesundheitszustandes angestrebt wird.[105] Eine Mindermeinung sieht hingegen den Tatbestand als erfüllt, das Handeln jedoch als gerechtfertigt an.[106] Mit der zitierten h. M. können nur medizinische Eingriffe, die außerhalb der Heilbehandlung liegen, die also medizinisch nicht indiziert sind, nicht *lege artis* durchgeführt werden oder mit denen kein Heilzweck verfolgt wird (z. B. reine Schönheitsoperationen), grundsätzlich die Körperverletzungstatbestände des §§ 83 ff., 88 öStGB verwirklichen.[107] Die notwendige Abgrenzung zwischen Heileingriff und sonstigen medizinischen Eingriffen bereitet in der Praxis erhebliche Schwierigkeiten. Dabei ist allein auf den Eingriff beim Behandelten abzustellen. So ist für den Spender eines Organs zu Transplantationszwecken die Entnahme kein Heileingriff, weil die Entnahme nicht zum Zweck seiner Heilung, sondern fremdnützig erfolgt.

Die Transplantation von Organen, Zellen und Geweben sowie die fahrlässigen Körperverletzung werden in den folgenden Kapiteln E. und F. behandelt.

II. Rechtfertigende Einwilligung, § 90 öStGB

Die Strafbarkeit als Körperverletzungsdelikt entfällt allerdings, wenn der Behandelte in den Eingriff wirksam eingewilligt hat. Die eine Körperverletzung und eine Gefährdung[108] der körperlichen Sicherheit rechtfertigende[109]

---

103 *Brandstetter/Zarl*, RdM 1994, 17 ff.
104 Vgl. EBRV 1971, S. 220; *Höpfel*, in: Barta/Kern (Hrsg.), Recht auf Gesundheit, S. 69, 80 f.; *Kienapfel/Schroll*, BT I, § 83 Rn. 25, 35; WK – *Burgstaller/Fabrizy*, StGB, § 83 Rn. 30.
105 Ebenso fehlt es bei letalem Ausgang eines objektiv sorgfaltsgemäß vorgenommenen ärztlichen Heileingriffes am Tatbestand der fahrlässigen Tötung; vgl. *Höpfel*, in: Barta/Kern (Hrsg.), Recht auf Gesundheit, S. 69, 81 m. w. N.
106 *Fuchs*, AT I, S. 145 f.
107 WK – *Burgstaller/Schütz*, StGB, § 90 Rn. 89. Nie umfasst die vorsätzliche Körperverletzung (nach § 83 öStGB) die unterhalb einer Bagatellschwelle liegenden Beeinträchtigungen wie etwa das Abschneiden von Haaren oder die Herbeiführung bloßen körperlichen Unbehagens; vgl. *Leukauf/Steininger*, StGB, § 83 Rn. 7 f.
108 § 89 öStGB stellt bereits die fahrlässige Gefährdung von Leben, Gesundheit oder körperlicher Sicherheit eines Anderen unter den in § 81 Abs. 1 Ziff. 1 bis 3 öStGB beschriebenen besonders gefährlichen Verhältnissen unter Strafe.
109 A. A. *Zipf*, ÖJZ 1977, 379, 380, der bei einer rechtswirksamen Einwilligung bereits den Tatbestand einer Körperverletzung oder Gefährdung als nicht verwirklicht ansieht.

Einwilligung ist in § 90 öStGB ausdrücklich geregelt.[110] Die Regelung des § 90 Abs. 1 öStGB ist § 228 dStGB nachgebildet und stimmt mit diesem in den Kernaussagen überein. Allerdings ist der Ausschluss der rechtfertigenden Wirkung wegen Verstoßes der Einwilligung gegen die guten Sitten im Wortlaut des § 90 Abs. 1 öStGB etwas präziser als in der entsprechenden deutschen Regelung gefasst. Ein solcher Ausschluss kommt danach nur in Betracht, wenn „die Verletzung oder Gefährdung als solche" gegen die guten Sitten verstößt. In § 90 Abs. 2 und 3 öStGB finden sich klarstellende bzw. einschränkende Regelungen im Hinblick auf die Möglichkeit, in eine Sterilisation oder einen genitalverletzenden Eingriff einzuwilligen. Zunächst zum Grundsätzlichen:

1. Einwilligungsgegenstand und allgemeine Voraussetzungen

Eingewilligt werden kann grundsätzlich in alle vorsätzlichen und fahrlässigen Körperverletzungen[111] einschließlich der zugehörigen Qualifikationen. Nach h. M. ist Gegenstand der Einwilligung der Verletzungs- bzw. Gefährdungs*erfolg*. Die Verletzungs- oder Gefährdungs*handlung* ist danach aber doch mittelbar Einwilligungsgegenstand, da die Einwilligung nicht jede Möglichkeit der Herbeiführung des Erfolges erfasst, sondern an die konkreten Umstände geknüpft ist, angesichts derer eingewilligt wird.[112] Nach einer anderen Auffassung ist die Verletzungs- oder Gefährdungshandlung das primäre Thema der Einwilligung; führt diese Handlung zum Verletzungs- oder Gefährdungserfolg, so ändert dies nichts an der Straflosigkeit der zum Erfolg führenden Handlung.[113] Diese abweichende Ansicht erlaubt sogar die Annahme einer Rechtfertigung bei tödlichem Ausgang. Dies widerspricht der eindeutigen gesetzlichen Wertung, dass in den Tod nicht eingewilligt werden kann (Strafbarkeit der Mitwirkung am Selbstmord, § 78 öStGB). Realisiert sich allerdings bei einem medizinischen Eingriff nicht das besondere, dem konkreten Eingriff anhaftende Risiko, sondern ein allgemeines Lebensrisiko, das bei medizinischen Eingriffen gegeben ist – etwa der Tod aufgrund eines

---

110 Anders als bei der Eigenmächtigen Heilbehandlung (siehe dazu oben S. 821 f.) ist bei den Körperverletzungsdelikten die Anwendung des Modells der hypothetischen Einwilligung denkbar; dieses scheint in Österreich jedoch bislang nicht diskutiert.
111 EBRV 1971, S. 220.
112 *Kienapfel/Höpfel*, AT, E 1 Rn. 61; *Hinterhofer*, Einwilligung, S. 53 ff.; WK – *Burgstaller/Schütz*, StGB, § 90 Rn. 20 ff.; SSt 52/55.
113 *Bertel/Schwaighofer*, BT I, § 90 Rn. 1 f.; *Brandstetter*, in: StPdG 21, S. 194 ff. Vermittelnd *Fuchs*, AT I, S. 138 ff.

nicht vorhersehbaren Narkosezwischenfalls –, so bleibt der mit Einwilligung vorgenommene Eingriff nach beiden Ansichten straffrei.[114]

Hinsichtlich der allgemeinen Voraussetzungen einer wirksamen Einwilligung kann auf die Ausführungen zu § 110 Abs. 1 öStGB verwiesen werden.[115] Allerdings ist dabei zu berücksichtigen, dass die Aufklärungsanforderungen für medizinische Behandlungen, die keine Heilbehandlungen und daher nur über § 90 Abs. 2 öStGB zu rechtfertigen sind, generell einem strengeren Maßstab unterliegen. Ebenso ist bei der Annahme der Einwilligungsfähigkeit Minderjähriger bei medizinischen Eingriffen zu anderen als zu Heilzwecken größere Zurückhaltung geboten.[116] Anders als bei medizinisch indizierten Behandlungen[117] kann hier gerade die Tragweite einer Zustimmung für den Minderjährigen schwieriger zu überblicken sein als die einer Ablehnung. Zu bedenken ist dies etwa bei kosmetischen Eingriffen, die medizinisch – auch psychotherapeutisch – nicht indiziert sind.

2. Sittenwidrigkeitskorrektiv

Im Unterschied zur tatbestandsausschließenden Einwilligung im Rahmen des § 110 Abs. 1 öStGB unterliegt die rechtfertigende Einwilligung in eine Körperverletzung oder -gefährdung gem. § 90 Abs. 1 öStGB einem Sittenwidrigkeitskorrektiv.[118] Gegen die guten Sitten verstößt, „was dem Anstandsgefühl aller billig und gerecht Denkenden widerspricht".[119] Hier wird eine restriktive Betrachtung gefordert; Zweifel oder kontroverse Beurteilungen wirken sich zu Gunsten des Täters aus.[120] Nach dem insoweit klaren Wortlaut der Regelung kommt es nicht auf eine Sittenwidrigkeit der Einwilligung, sondern allein auf die Sittenwidrigkeit der „Gefährdung" oder „Verletzung" an, in die eingewilligt werden soll. Umstritten ist allerdings, was unter diese Begriffe zu fassen ist. Nach restriktivster Auffassung ist allein der Verletzungs- oder

---

114 Ausführlicher dazu WK – *Burgstaller/Schütz*, StGB, § 90 Rn. 94 f.
115 Siehe oben S. 820 ff.
116 WK – *Burgstaller/Schütz*, StGB, § 90 Rn. 34, 92 f.
117 Vgl. oben S. 823 ff.
118 SbgK – *Schmoller*, StGB, § 110 Rn. 68. Das Sittenwidrigkeitskorrektiv in § 90 Abs. 1 öStGB knüpft an die Verletzung oder Gefährdung an, das geschützte Rechtsgut des § 110 ist hingegen in erster Linie das Selbstbestimmungsrecht des Patienten.
119 EBRV 1971, S. 221. Diese Umschreibung wird in der Literatur zum Teil infrage gestellt. *Bertel/ Schwaighofer*, BT I, § 90 Rn. 4 gehen etwa davon aus, dass eine Handlung den guten Sitten widerspricht, wenn dem vorbildlichen Menschen die Sorge um die Gesundheit des Opfers wichtiger wäre als die Rücksicht auf dessen Wünsche.
120 WK – *Burgstaller/Schütz*, StGB, § 90 Rn. 69 f.

Gefährdungserfolg maßgeblich. Die Ziele und Beweggründe sowohl des Handelnden als auch des Einwilligenden bleiben völlig außer Betracht.[121] Während zumindest die frühere Judikatur alle Motive und Begleitumstände sogleich einbezogen hat, vertritt die h. L. eine vermittelnde Auffassung: Wenn der Verletzungs- oder Gefährdungserfolg für sich allein betrachtet gegen die guten Sitten verstößt, so kann sich dennoch aus dem mit der Verletzungs- oder Gefährdungshandlung verfolgten Ziel ergeben, dass die Einwilligung rechtfertigt. Indem damit auf einer zweiten Stufe der Beurteilung die Zweck-Mittel-Relation einfließt, können inakzeptable Ergebnisse der Sittenwidrigkeitsprüfung vermieden werden.[122]

Verletzungserfolge, die das Ausmaß einer schweren Körperverletzung (§ 84 Abs. 1 öStGB) oder einer Körperverletzung mit schweren Dauerfolgen (§ 85 öStGB) erreichen, werden auf der ersten Ebene stets als sittenwidrig angesehen.[123] Grundsätzlich vergleichbar sind auch entsprechende Gefährdungserfolge einzuordnen,[124] allerdings muss es sich um eine konkrete Gefahr des Erfolgseintritts handeln. Im zweiten Prüfungsschritt kann das grundsätzliche Sittenwidrigkeitsurteil nach der dargelegten h. L. durch einen rechtlich positiv zu bewertenden Zweck revidiert werden. Praktische Relevanz hat dies bei medizinischen Eingriffen zum Zweck der Organspende, weil mit der Explantation grundsätzlich ein schwerer Körperverletzungserfolg eintritt, der für sich gesehen als sittenwidrig einzustufen ist.[125]

3. Sonderregelung für die Einwilligung in eine Sterilisation, § 90 Abs. 2 öStGB

Eine *medizinisch indizierte* Sterilisation ist eine Heilbehandlung und daher, wenn *lege artis* durchgeführt, bereits nicht als Körperverletzung anzusehen. Für sonstige Sterilisationen – die dann den Gesetzestatbestand einer Körperverletzung erfüllen – enthält § 90 Abs. 2 öStGB hinsichtlich der Einwilligung eine Sonderregelung.[126] Die von einem Arzt mit Einwilligung der behandelten Frau oder des behandelten Mannes vorgenommene Sterilisation ist nicht rechtswidrig, wenn der Behandelte bereits das 25. Lebensjahr vollendet hat

---

121 *Leukauf/Steiniger*, StGB, § 90 Rn. 13 f.
122 *Kienapfel/Schroll*, BT I, § 90 Rn. 55 ff.; WK – *Burgstaller/Schütz*, StGB, § 90 Rn. 75 f.; *Fuchs*, AT I, S. 139 ff.
123 *Kienapfel/Schroll*, BT I, § 90 Rn. 57; WK – *Burgstaller/Schütz*, StGB, § 90 Rn. 77 f.; *Fuchs*, AT I, S. 139; *Triffterer*, AT I, S. 243.
124 WK – *Burgstaller/Schütz*, StGB, § 90 Rn. 79.
125 Siehe zur Organspende näher unten S. 843 ff.
126 Eine Kastration hingegen ist von § 90 Abs. 2 nicht umfasst; siehe dazu anschließend.

oder der Eingriff aus anderen Gründen nicht gegen die guten Sitten verstößt. Die ausdrückliche Voraussetzung der Vornahme durch einen Arzt als formales Kriterium bedingt inhaltlich, dass die Sterilisation nach den Regeln der ärztlichen Kunst vorgenommen wird.

Eine Sterilisation, die nach Vollendung des 25. Lebensjahres mit Einwilligung vorgenommen wird, verstößt also wegen der unwiderleglichen gesetzlichen Vermutung niemals gegen die guten Sitten. Sie ist unabhängig vom Grund, aus dem sie durchgeführt wird, rechtmäßig und damit straffrei. Soll die Sterilisation an einer Person vorgenommen werden, die diese Altersgrenze noch nicht erreicht hat, so findet das allgemeine Sittenwidrigkeitskorrektiv Anwendung. Aufgrund der Folgenschwere des Eingriffs ist ein entsprechend positiver Zweck des Eingriffs notwendig, etwa das Vorliegen einer medizinisch-sozialen Indikation; eine bloß soziale Indikation ist nicht ausreichend.[127] Bei volljährigen, aber einwilligungsunfähigen Personen kann nur ausnahmsweise eine Zustimmung durch den Sachwalter erfolgen, die jedoch strengen Anforderungen unterliegt.[128] Bei minderjährigen Personen unter 18 Jahren ist eine Sterilisation generell ausgeschlossen.[129]

4. Ausschluss der rechtfertigenden Einwilligung in eine Genitalverstümmelung, § 90 Abs. 3 öStGB

Ein gesetzlicher Ausschluss der rechtfertigenden Einwilligung ist in § 90 Abs. 3 öStGB festgelegt für eine Verstümmelung oder sonstige Verletzung der Genitalien, die geeignet ist, eine nachhaltige Beeinträchtigung des sexuellen Empfindens herbeizuführen.[130] Da die Regelung auf substanzverletzende Handlungen beschränkt ist, sind bloße Gefährdungen der sexuellen Gesundheit nicht umfasst. Die Regelung ist geschlechtsneutral formuliert. Sie erfasst alle nicht medizinisch indizierten Eingriffe, die zu teilweiser oder gänzlicher Entfernung der äußeren weiblichen Genitalien oder jeglicher anderen Verletzung der weiblichen Genitalien etwa aus kulturellen Gründen führen[131] und geeignet sind, das sexuelle Empfinden nachhaltig zu beeinträchtigen. Unter den gleichen Voraussetzungen sind auch die Verletzungen der männlichen

---

127 Zum Gesamten WK – *Burgstaller/Schütz*, StGB, § 90 Rn. 184 ff. m. w. N.
128 § 284 ABGB.
129 § 146 d ABGB.
130 Eingefügt wurde diese Regelung durch das StRÄG 2001, BGBl. I 2001/130.
131 Die Regierungsvorlage, 754 BlgNR, 21. GP 13, nimmt Bezug auf die Definitionen und Klassifikationen in: Female Genital Mutilation: Report of a WHO Technical Working Group, Geneva, 17–19 July 1995.

Genitalien, etwa durch eine medizinisch nicht indizierte Kastration, erfasst. Bloße Beschneidungen der Penisvorhaut[132] unterfallen nicht § 90 Abs. 3 öStGB.[133]

§ 90 Abs. 3 öStGB ist eine Konkretisierung des Sittenwidrigkeitskorrektivs. Die Ausdehnung seiner Wertung auf andere Formen von Körperveränderungen, wie sie aus den unterschiedlichen Regionen der Welt bekannt sind, scheint möglich, da es sich um keine Tatbestandserweiterung handelt.[134]

E. Transplantation von Organen, Zellen und Gewebe

Für die Organtransplantation ist nicht nur das Strafgesetzbuch, sondern auch das Kranken- und Kuranstaltengesetz (KaKuG)[135] heranzuziehen. Die Gewinnung, Verarbeitung, Lagerung und Verteilung von menschlichen Zellen und Geweben zur Verwendung beim Menschen ist zudem seit 2008 im Gewebesicherheitsgesetz (GSG)[136] eigenständig geregelt.

Der Organbegriff war bislang nicht ausdrücklich gesetzlich definiert. Weder das KaKuG noch das öStGB enthalten eine Legaldefinition; er wurde jedoch immer schon in einem medizinischen Sinne verstanden und als Oberbegriff auf ganze Organe, also aus Zellen und Gewebe zusammengesetzte Teile des Körpers, die eine Einheit mit bestimmter Funktion bilden, und auf Organteile sowie Gewebe und Zellen erstreckt.[137] Das GSG enthält nunmehr Legaldefinitionen für Zellen, Gewebe und Organe. Danach sind als „Zellen" „einzelne menschliche Zellen oder Zellansammlungen, die durch keine Art von Bindegewebe zusammengehalten werden"[138], zu verstehen. „Gewebe" sind „alle aus Zellen bestehenden Bestandteile des menschlichen Körpers"[139].

---

132 Regierungsvorlage, 754 BlgNR, 21. GP 12.
133 Zum Gesamten WK – *Burgstaller/Schütz*, StGB, § 90 Rn. 197 ff.
134 Zu den Bereichen der zulässigen Rechtsfortbildung vgl. WK – *Höpfel*, StGB, § 1 Rn. 59.
135 BGBl. 1957/1, zuletzt geändert durch BGBl. I 2002/65.
136 BGBl. I 2008/49. Das GSG wurde zur innerstaatlichen Umsetzung der sog. Geweberichtlinie, RL 2004/23/EG, und zweier zu ihrer Umsetzung ergangenen Richtlinien, RL 2006/17/EG und RL 2006/86/EG, erlassen.
137 Nach der Stellungnahme der Österreichischen Gesellschaft für Medizinrecht umfasst der Organbegriff im Sinne des § 62a KaKuG auch eine zu transplantierende Hand. Vgl. *Radner/Haslinger/Radner*, Krankenanstaltenrecht, Bd. I, § 62a KaKuG, Anm. 4. Zur Regelung des § 62a KaKuG siehe unten die Ausführungen zur Organentnahme bei Verstorbenen, S. 848 ff.
138 § 2 Ziff. 1 GSG.
139 § 2 Ziff. 2 GSG.

Unter „Organen" werden „alle – mit Ausnahme der Haut – aus verschiedenen Geweben bestehende und lebende Teile des menschlichen Körpers, die in Bezug auf Struktur, Blutgefäßversorgung und Fähigkeit zum Vollzug physiologischer Funktionen eine funktionale Einheit bilden"[140] subsumiert.

Auch wenn diese Begriffsbestimmungen direkt nur für das GSG selbst gelten, so wirken sie sich doch auch auf die Anwendung der Regelungen des KaKuG und des öStGB aus, weil diese nicht nur die Entnahme von Organen und Organteilen, sondern auch von Geweben und Zellen erfasst haben. Nunmehr richtet sich die Entnahme und Verwendung von menschlichen Zellen und Geweben sowohl von einem lebenden Spender als auch von einem Toten zur Verwendung beim Menschen nach den Anforderungen des GSG.[141] Dieses Gesetz gilt jedoch ausdrücklich nicht für „menschliche Organe und Teile von Organen, wenn sie zum selben Zweck wie das Organ im menschlichen Körper verwendet werden sollen."[142] Die zum Zwecke der Transplantation erfolgte Organentnahme beim Toten ist daher weiterhin nach den Regelungen des KaKuG zu beurteilen;[143] die Lebendorganspende nach den Bestimmungen des öStGB.[144]

I. Organspende vom Lebenden zwischen Heilbehandlung und Körperverletzung

Anders als im deutschen Recht findet sich in Österreich keine ausdrückliche gesetzliche Regelung zur Lebendorganspende.[145] Der Eingriff beim Organspender ist für diesen nicht medizinisch indiziert und dient nicht zur Erhaltung oder Verbesserung dessen gesundheitlichen Zustandes; er geschieht vielmehr fremdnützig und ist somit nicht als Heileingriff zu qualifizieren. Der Tatbestand einer Körperverletzung ist daher erfüllt[146] und bedarf der recht-

---

140 § 2 Ziff. 5 GSG.
141 Vgl. § 4 i. V. m. § 2 Ziff. 3 GSG. Näher dazu unten S. 851 ff.
142 § 1 Abs. 3 Ziff. 3 GSG, durch den Organ(teil)transplantationen vom Anwendungsbereich des GSG ausgenommen werden sollen; vgl. Erläuterungen zur Regierungsvorlage (261 der Beilagen XXIII. GP); http://www.parlament.gv.at/PG/DE/XXIII/I/I_00261/pmh.shtml (Stand: 15.06.2009). Darüber hinaus gilt das GSG nicht für Zellen und Gewebe, die innerhalb ein und desselben medizinischen Eingriffs als autologes Transplant verwendet werden, sowie für Blut- und Blutbestandteile gem. § 3 Blutsicherheitsgesetz 1999; vgl. § 1 Abs. 3 Ziff. 1, 2 GSG.
143 §§ 62a ff. KaKuG. Näher dazu unten S. 845 ff.
144 Siehe dazu die nachfolgenden Ausführungen S. 848 ff.
145 Vgl. jedoch den Vorschlag zu einem Transplantationsgesetz von *Barta/Kalchschmid*, in: Barta (Hrsg.), Rechtsfragen der Transplantationsmedizin, S. 43 ff.
146 Zur Frage einer möglichen Strafbarkeit als eigenmächtige Heilbehandlung siehe oben S. 822.

fertigenden Einwilligung nach § 90 Abs. 1 öStGB. Beim Organempfänger liegt hingegen eine Heilbehandlung vor, die, wenn *lege artis* durchgeführt, nicht als Körperverletzung strafbar sein, jedoch bei fehlender Einwilligung eine eigenmächtige Heilbehandlung (§ 110 öStGB) darstellen kann.

Die Möglichkeit einer Einwilligung des Organspenders besteht nur, wenn das zu entnehmende Organ für den Spender nicht lebenswichtig ist.[147] Somit ist die Einwilligung aufgrund der Unmöglichkeit, in den Todeserfolg einzuwilligen, nach h. M. unzulässig, nach a. A. jedenfalls sittenwidrig und somit nicht rechtfertigend.[148]

An die Aufklärung werden – wie bei der Einwilligung hinsichtlich eines nicht medizinisch indizierten Eingriffes bereits angesprochen – besonders hohe Anforderungen gestellt. Der Spender muss nicht nur über alle möglichen Folgen für seine Gesundheit aufgeklärt werden, die Aufklärung muss auch die Erfolgsaussichten der Transplantation beim Empfänger mit umfassen.[149]

Ebenso werden an die Einwilligungsfähigkeit des Spenders wegen der Schwere des Eingriffs und der Fremdnützigkeit erhöhte Anforderungen gestellt. Eine Einwilligung in die Organspende eines Einwilligungsunfähigen kann nicht durch dessen Vertreter, etwa einen Sachwalter, erteilt werden. Die Eltern können nicht in eine Organspende ihres unmündigen minderjährigen Kindes rechtswirksam einwilligen – selbst dann nicht, wenn sie mit einer derartigen Spende das Leben ihres anderen Kindes retten könnten. Eine Lebendorganspende durch einen Einwilligungsunfähigen ist in der Konsequenz nicht möglich.[150]

Grundsätzlich wäre die Explantation wegen der Schwere der Körperverletzung und der Gefährdung der Gesundheit als sittenwidrig einzustufen, die Beweggründe des Spenders können jedoch die Sittenwidrigkeit aufheben.[151] Im Ergebnis wird in der Lehre eine liberale Haltung für die Sittengemäßheit gefordert, und zwar „wegen des potenziell sehr hohen rechtlichen wie moralischen Wert von Organspenden".[152]

---

147 *Kopetzki*, Organgewinnung, S. 251 ff.; a. A. *Maleczky*, in einer Falllösungsskizze für Studenten, JAP 1991/92, 153, 157.
148 Siehe näher zu diesen Auffassungen oben S. 839 f.
149 *Kopetzki*, Organgewinnung, S. 254.
150 WK – *Burgstaller/Schütz*, StGB, § 90 Rn. 130. Bei lediglich partiell Einwilligungsunfähigen sind Ausnahmen denkbar.
151 Vgl. dazu oben S. 840 f.
152 WK – *Burgstaller/Schütz*, StGB, § 90 Rn. 133.

Auch bei der Abwägung der Mittel-Zweck-Relation im Rahmen des Sittenwidrigkeitskorrektivs werden sowohl die Schwere der Körperverletzung und die möglichen Spätfolgen für den Spender als auch die voraussichtlichen Heilungserfolge und Zukunftchancen herangezogen, die durch die Organeinpflanzung beim Empfänger zu erwarten sind. Überwiegend wird gefordert, dass die zu erwartenden Vorteile beim Empfänger die Nachteile für den Spender überwiegen müssen.[153] Nach anderer Ansicht wird ein angemessenes Verhältnis zwischen den Vor- und Nachteilen als ausreichend für ein sittengemäßes Verhalten angesehen.[154] Diese Auffassung betont zu Recht, dass bei der Abwägung insbesondere auch der Wert des Selbstbestimmungsrechts des Organspenders ins Gewicht zu fallen hat.[155]

Die Zulässigkeit der Lebendorganspende setzt kein Angehörigkeits- oder Näheverhältnis zwischen Spender und Empfänger voraus. Dies gilt, anders als nach § 8 dTPG, auch für die Spende nicht regenerierungsfähiger Organe. Die rechtliche Problematik der Cross-over-Spende, wie sie in Deutschland diskutiert wird,[156] stellt sich nach der österreichischen Rechtslage daher nicht. Allerdings kann ein persönliches Näheverhältnis zwischen Spender und Empfänger als möglicher Beweggrund in die Beurteilung der Zweck-Mittel-Relation einfließen. Die Sittengemäßheit einer für sich genommen sittenwidrigen Verletzung oder Gefährdung[157] könnte dann leichter zu bejahen sein. Dies ist aber nicht zwingend: Gerade aus einem Näheverhältnis kann auch eine Drucksituation für den Spender entstehen, in die Spende und den Eingriff einzuwilligen.

Finanzielle Motive des Spenders führen nicht automatisch zur Sittenwidrigkeit der Einwilligung. Auch hier ist zunächst festzustellen, ob der Verletzungs- oder Gefährdungserfolg an sich sittenwidrig ist. Bejaht man dies, insbesondere weil der Eingriff eine schwere Körperverletzung oder eine solche mit schweren Dauerfolgen darstellt, so sind die Motive des Spenders bei der Beurteilung der Zweck-Mittel-Relation zu berücksichtigen.[158] Hier ist nach

---

153 So etwa *Dujmovits*, in: Barta/Kalchschmid/Kopetzki (Hrsg.), Rechtspolitische Aspekte, S. 55, 69.
154 *Kienapfel/Schroll*, BT I, § 90 Rn. 63; WK – *Burgstaller/Schütz*, StGB, § 90 Rn. 131, wobei die zuletzt Genannten auf § 8 dTPG und die Ausführungen von *Gutmann/Schroth*, Lebendorganspende, S. 31 ff. und 33 ff. verweisen.
155 WK – *Burgstaller/Schütz*, StGB, § 90 Rn. 131.
156 Siehe dazu *Schroth*, Die strafrechtlichen Grenzen der Organ- und Gewebelebendspende, S. 466 ff. in diesem Band.
157 Vgl. zu dieser zweistufigen Prüfung des Sittenwidrigkeitskorrektivs oben S. 841.
158 Da nach dem Wortlaut des § 90 öStGB allein die Sittenwidrigkeit der Verletzung und nicht die der Einwilligung zu beurteilen ist (s. oben S. 841), wird vertreten, dass finanzielle Motive bei der Beur-

der Beurteilung des Einzelfalls, gemessen am Anstandsgefühl aller billig und gerecht Denkenden, zu fragen. In der Lehre wird vorgeschlagen, dass eine Anerkennungssumme die Sittengemäßheit nicht infrage stellt.[159] Die Grenzziehung zu einem sittenwidrigen Organhandel unter Ausnutzung sozialer Schwierigkeiten ist aber im Blick zu behalten.[160] Liegt ein Gewinnstreben des Spenders vor, so soll die Sittenwidrigkeit des Verletzungs- oder Gefährdungserfolgs regelmäßig nicht mehr durch die Zweck-Mittel-Relation der Organspende ausgeglichen werden können.[161] In Bezug auf die Lebendorganspende kennt die österreichische Rechtsordnung aber kein ausdrückliches Organhandelsverbot, wie es §§ 17, 18 dTPG normieren.[162] Umgekehrt kann gerade der auf das Fehlen einer angemessenen Entschädigung für eine Organentnahme gerichtete Vorsatz bei Vorliegen der sonstigen Voraussetzungen im Rahmen des Straftatbestandes des Menschenhandels, § 104a StGB, von Bedeutung sein.

II. Organentnahme vom Toten

Die rechtlichen Rahmenbedingungen einer Organentnahme bei Verstorbenen sind in § 62a Kranken- und Kuranstaltengesetz (KaKuG) festgelegt. Der österreichische Gesetzgeber hat im Unterschied zum deutschen Recht eine Widerspruchslösung kodifiziert.[163] Die Regelung des § 62a KaKuG gilt unab-

---

teilung der Sittenwidrigkeit per se außer Betracht bleiben müssen; vgl. *Eder-Rieder*, ÖJZ 1978, 113, 116. Diese Auffassung scheint zugleich die Begrenzung der Sittengemäßheit der Verletzung später anzusetzen. Offensichtliche Sittenwidrigkeit sei jedoch gegeben, wenn eine Organentnahme eine Persönlichkeitsveränderung verursacht oder für den Spender zu einer schweren Verstümmelung o. Ä. führt.

159 WK – *Burgstaller/Schütz*, StGB, § 90 Rn. 132. Vgl. auch *Kopetzki*, Organgewinnung, S. 256.
160 Näher dazu WK-*Schwaighofer*, StGB, § 104a Rn. 10.
161 Im Ergebnis so *Kletecka*, in: Aigner/Kletecka/Kletecka-Pulker *et al.* (Hrsg.), Handbuch, I, S. 131, 148; vgl. weiter *Dujmovits*, Organtransplantation, in: Aigner/Kletecka/Kletecka-Pulker *et al.* (Hrsg.), Handbuch, I/BT, S. 1, 14. Zur Diskussion vgl. weiter *Aigner*, RdM 2008, 100, 103 f.
162 Mit Verwaltungsstrafandrohung bewehrte Gewinnerzielungsverbote finden sich für die Spende von Blut in § 8 Abs. 4 i. V. m. § 22 Abs. 2 Ziff. 6 Blutsicherheitsgesetz und für die Spende von Zellen und Gewebe in § 3 Abs. 9, § 4 Abs. 6 i. V. m. § 35 Abs. 2 Ziff. 2 und 7 GSG.
163 § 62a Abs. 1 S. 2 KaKuG. Aufgrund zahlreicher Berichterstattung in den österreichischen Medien zu diesem Thema kann davon ausgegangen werden, dass die Widerspruchslösung in der österreichischen Bevölkerung bekannt ist (so Hon.-Prof. MR Dr. Gerhard Aigner, Österreichisches Bundesministerium für Gesundheit, Familie und Jugend, im Gespräch vom 06.08.2009). Ebenso haben in der EU Belgien, Bulgarien, Estland, Finnland, Frankreich, Italien, Lettland, Litauen, Luxemburg, Polen, Portugal, Schweden, die Slowakei, Slowenien, Spanien, die Tschechische Republik und Ungarn eine Widerspruchslösung gesetzlich verankert, während Dänemark, Deutschland, Griechen-

hängig von der Nationalität oder dem Wohnsitz des in Österreich verstorbenen potenziellen Organspenders.[164]

Grundsätzlich zulässig ist danach, Verstorbenen einzelne Organe oder Organteile zu entnehmen, um durch deren Transplantation das Leben eines anderen Menschen zu retten oder dessen Gesundheit wiederherzustellen.[165] Eine Explantation zu Forschungszwecken ist auf Basis des § 62a KaKuG nicht zulässig.[166] Die Entnahme darf nicht zu einer die Pietät verletzenden Verunstaltung der Leiche führen.[167] Ziel dieser Regelungen ist es, die einander gegenüberstehenden Güter der Rettung des menschlichen Lebens bzw. der Wiederherstellung der Gesundheit auf der einen und der Pietät auf der anderen Seite in Ausgleich zu bringen, wobei letztlich die Höherwertigkeit des Lebens und der Gesundheit festgeschrieben wurde. Zulässige Explantationen sollen aber aus Pietätsgründen auf einzelne Organe oder Organteile beschränkt bleiben.[168] Ausdrücklich wird festgelegt, dass die Entnahme von Organen und Organteilen Vorrang vor der Entnahme von Zellen und Gewebe hat.[169]

Die Entnahme ist unzulässig, wenn eine Erklärung vorliegt, mit der der Verstorbene oder, vor dessen Tod, sein gesetzlicher Vertreter eine Organspende ausdrücklich abgelehnt, also der grundsätzlich zulässigen Organentnahme widersprochen hat. Die Erklärung muss dem Arzt vorliegen. Es

---

land, Großbritannien, Irland, Malta, die Niederlande und Rumänien die Zustimmungsregelung und Zypern eine Informationsregelung haben (Stand: 2008). Durch die Widerspruchslösung ist in Österreich ein relativ hohes Spenderaufkommen zu verzeichnen. Quelle: *Gesundheit Österreich GMBH Geschäftsbereich ÖBIG, Koordinationsbüro für das Transplantationswesen ÖBIG-Transplant*, Jahresbericht 2008, S. 29, 35 (mit näheren Angaben zum Spenderaufkommen).

164 Dies ergibt sich aus Art. 49 B-VG, der das gesamte Bundesgebiet als räumlichen Geltungsbereich der österreichischen Gesetze festlegt. Beachte aber insbesondere zur Organentnahme bei Ausländern auch die nachfolgenden Ausführungen zur Ermittlung des Willens des potenziellen Organspenders.

165 § 62a Abs. 1 KaKuG.

166 Vgl. dazu jedoch § 25 KaKuG über die Obduktion, die auch eine Entnahme zur Wahrung wissenschaftlicher Interessen zulässt, siehe *Hochmeister/Grassberger/Stimpfl*, Forensische Medizin, S. 110 f.

167 § 62a Abs. 1 Ziff. 4 KaKuG. Die Abnahme der Hände etwa wurde nicht als eine solche die Pietät verletzende Verunstaltung bewertet. Vgl. die Stellungnahme der Österreichischen Gesellschaft für Medizinrecht, abgedruckt in: *Radner/Haslinger/Radner*, Krankenanstaltenrecht, I, § 62a KaKuG, Anm. 4.

168 Vorblatt der Erläuterungen zur Regierungsvorlage zum Transplantationsgesetz, BGBl. 1982/273. Im Jahr 2008 wurden jedem Organspender durchschnittlich etwa 3,6 Organe entnommen und transplantiert; Quelle: *Gesundheit Österreich GMBH Geschäftsbereich ÖBIG, Koordinationsbüro für das Transplantationswesen ÖBIG-Transplant*, Jahresbericht 2008, S. 23.

169 § 62a Abs. 5 KaKuG. Zur Abgrenzung von Organen, Zellen und Gewebe s. oben S. 843 f.

obliegt grundsätzlich dem Patienten bzw. seinem gesetzlichen Vertreter, dafür zu sorgen, dass die Erklärung dem Arzt zur Kenntnis gelangt. Den Arzt trifft keine umfassende Nachforschungspflicht. Allerdings wird von ihm wohl zu verlangen sein, nachzuforschen bzw. nachforschen zu lassen, ob eine solche Erklärung im Bereich der Krankenanstalt vorliegt.[170] Das Gesetz legt fest, dass eine Erklärung auch dann vorliegt, wenn sie in dem beim Österreichischen Bundesinstitut für Gesundheitswesen geführten Widerspruchsregister[171] eingetragen ist.[172] Zum Stichtag 31.12.2008 waren in diesem Register 18 481 Personen registriert, davon 16 802 mit einem Wohnsitz in Österreich. Dies entspricht knapp 0,21 % der Wohnbevölkerung. Von den übrigen 1 646 Personen stammen 1 534 aus Deutschland.[173] Abfragepflichtig sind die jeweiligen österreichischen Spenderkrankenanstalten.[174] In der Praxis erfolgt, wenn nicht ohnehin ein Widerspruch dokumentiert ist, eine Explantation nach Möglichkeit erst nach Rücksprache mit den Angehörigen des Verstorbenen. War der Verstorbene deutscher Staatsangehöriger und ist kein Widerspruch im Register des ÖBIG registriert, so sind die Transplantationszentren gehalten, vor einer möglichen Organentnahme auch beim deutschen Widerspruchsregister zur Verhinderung einer ungewollten Organ- bzw. Gewebeentnahme im Ausland nachzufragen.[175]

---

170 Dafür auch *Radner/Haslinger/Radner*, Krankenanstaltenrecht, § 62a KaKuG, Anm. 5. Zu denken ist nach Meinung der Verfasser an die Kontrolle der persönlichen Gegenstände, insbesondere der Kleidung und Brieftasche, sowie ggf. des Patientenzimmers.
171 § 62d KaKuG regelt nunmehr detailliert den Inhalt und die Führung, die Zugriffsberechtigung und den Datenschutz im Hinblick auf das Widerspruchsregister. S. auch www.goeg.at/de/Widerspruchregister.html (Stand: 15.06.2009). Die Verfasser danken Mag. Dr. Barbara Schleicher (ÖBIG, Wien) für wertvolle Informationen.
172 § 62a Abs. 1 S. 3 KaKuG.
173 Weitere 49 stammen aus der Schweiz, 29 aus den Niederlanden, neun aus Spanien, sieben aus Frankreich, sechs aus Liechtenstein, jeweils drei aus Italien, Großbritannien und Australien sowie jeweils eine aus Rumänien, Südafrika und Thailand. Quelle: *Gesundheit Österreich GMBH Geschäftsbereich ÖBIG, Koordinationsbüro für das Transplantationswesen ÖBIG-Transplant*, Jahresbericht 2008, S. 30 f.
174 § 62e i. V. m. §§ 62a Abs. 3, 16 Abs. 1 lit. a und c–g KaKuG. Näher zur Eintragung und Abfrage *Gesundheit Österreich GMBH Geschäftsbereich ÖBIG, Koordinationsbüro für das Transplantationswesen ÖBIG-Transplant*, Jahresbericht 2008, S. 28 ff.
175 Das Widerspruchsregister ist bei der DVZ – Deutsche Verfügungszentrale AG, Dresden, angesiedelt. Es ist durch die Transplantationszentren direkt über www.verfuegungszentrale.org (Stand: 15.06.2009) abrufbar. Eine rechtliche Verpflichtung zur Abfrage besteht nicht. Für die wertvollen Hinweise danken die Verfasser dem Ersten Botschaftssekretär Konsul Peter Steilen (Deutsche Botschaft Wien, 2007).

Die Entnahme darf erst durchgeführt werden, wenn ein zur selbstständigen Berufsausübung berechtigter Arzt den eingetretenen Tod festgestellt hat.[176] Dieser Arzt darf weder die Entnahme noch die Transplantation durchführen und auch sonst in keiner Weise daran beteiligt oder durch sie betroffen sein.[177] Damit sollen Interessenkonflikte vermieden werden, die die volle Objektivität des feststellenden Arztes bei der Beurteilung des Todes des Patienten beeinträchtigen könnten. Solche könnten sich nicht allein aus einer Beteiligung an der Transplantation, sondern etwa auch aus einem persönlichen Näheverhältnis zu Spender oder Empfänger ergeben. Auch ein Über- oder Unterordnungsverhältnis zu an der Transplantation beteiligten Ärzten birgt die Möglichkeit eines Interessenkonfliktes und führt zu einer Betroffenheit im Sinne des Gesetzes.[178]

Die Feststellung des Todes hat nach dem jeweiligen Stand der medizinischen Erkenntnisse und Methoden zu erfolgen. Maßgeblich ist der Hirntod, also das irreversible Erlöschen der Gesamtfunktion von Großhirn, Kleinhirn und Hirnstamm. Der Hirntod ist identisch mit dem Individualtod des Menschen.[179]

Die Explantation darf nur in Krankenanstalten vorgenommen werden, die bestimmte Voraussetzungen des KaKuG erfüllen.[180] Sie ist schriftlich zu dokumentieren. Die Niederschriften haben Angaben zu Art und Zeitpunkt der Todesfeststellung sowie zur Organentnahme zu enthalten. Die Durchführung der Transplantation soll in der Krankengeschichte des Empfängers aufscheinen. Dabei soll auf die Niederschrift zur Entnahme verwiesen werden.[181]

Organe und Organteile Verstorbener dürfen nicht Gegenstand von Rechtsgeschäften sein, die auf Gewinn gerichtet sind.[182] Die Entlohnung der beteiligten Personen wird dadurch nicht betroffen.

---

176 In manchen Fällen werden mobile Hirntod-Diagnostik-Teams oder ein Konsiliar-Neurologe hinzugezogen. Vgl. *Gesundheit Österreich GMBH Geschäftsbereich ÖBIG, Koordinationsbüro für das Transplantationswesen ÖBIG-Transplant,* Jahresbericht 2008, S. 26.
177 Vgl. § 62a Abs. 2 KaKuG.
178 *Radner/Haslinger/Radner,* Krankenanstaltenrecht, I, § 62a KaKuG, Anm. 6.
179 Siehe näher zum Hirntod die vom Obersten Sanitätsrat mit Beschluss vom 17.12.2005 empfohlenen Richtlinien zur Hirntoddiagnostik (www.austrotransplant.at/download/Hirntod_2005.pdf; Stand: 15.06.2009); *Haslinger,* RdM 2005, 77 ff.; *Hochmeister/Grassberger/Stimpfl,* Forensische Medizin, S. 14 f.; sowie *Schroth,* Die strafrechtlichen Grenzen der Organ- und Gewebelebendspende, S. 466 ff. in diesem Band. Zum Hirntod bei einer Schwangeren siehe *Kopetzki,* RdM 1994, 67 ff.
180 §§ 62 a Abs. 3, 16 Abs. 1 lit. a und c–g KaKuG.
181 Zu den Dokumentationserfordernissen vgl. § 10 Abs. 1 KaKuG. § 62b KaKuG regelt die zur Wahrung der Anonymität erforderliche Beschränkung des Einsichtsrechts in die Krankenakten.
182 § 62a Abs. 4 KaKuG.

Wird gegen die dargelegten Anforderungen an eine Organentnahme bei Verstorbenen verstoßen, so ist dies, sofern nicht eine gerichtliche Straftat vorliegt – in Betracht kommt insbesondere § 190 öStGB über die Störung der Totenruhe –, als Verwaltungsübertretung mit Geldstrafe bis zu 36 430 Euro zu bestrafen. Bereits der Versuch einer solchen Tat ist strafbar.[183]

III. Entnahme von Zellen und Geweben

Die Voraussetzungen und der Vorgang der Entnahme von Zellen und Geweben sowie deren Weiterverwendung sind seit 2008 ausdrücklich im Gewebesicherheitsgesetz (GSG) geregelt.[184] Nicht von dieser Regelung erfasst sind ganze Organe und Organteile zum Zwecke der Transplantation.[185]

Voraussetzungen für die Spende vom Lebenden sind die Durchführung der erforderlichen Untersuchungen, so dass die physischen und psychischen Risiken für die Gesundheit des Spenders beurteilt werden können. Eine Entnahme ist in jedem Fall ausgeschlossen, wenn ein ernstes Risiko für das Leben oder die Gesundheit des Spenders besteht.[186]

Das GSG regelt ausdrücklich die durch einen Arzt vorzunehmende erforderliche umfassende Aufklärung gegenüber dem Lebendspender.[187] Aufzuklären ist zunächst über die geplante Entnahme, deren Zweck, die damit verbundenen Risiken und Folgen. Zu Letzteren gehören insbesondere eventuell notwendige weitere Untersuchungen nach der Entnahme, die durchzuführenden analytischen Tests und Folgen anomaler Befunde. Darüber hinaus ist auch über den therapeutischen Zweck der entnommenen Zellen oder Gewebe sowie den potenziellen Nutzen für den Empfänger aufzuklären. Der Spender muss zudem auch über die zu seinem und zum Schutz seiner Daten bestehenden Maßnahmen sowie Verschwiegenheitspflichten[188] der in einer Entnahmeeinrichtung[189] oder Gewebebank[190] tätigen Personen informiert werden. Die

---

183 Vgl. § 62c KaKuG.
184 Vgl. detaillierter dazu *Joklik/Zivny*, RdM 2008, 17 ff.
185 S. oben S. 843 f.
186 § 4 Abs. 2 GSG. Die Beurteilung und Auswahl der Spender hat entsprechend dem Stand der Wissenschaft zu erfolgen; § 4 Abs. 1 GSG.
187 § 4 Abs. 3 GSG. Sollen Zellen oder Gewebe, die bei einer lebenden Person im Rahmen einer medizinischen Behandlung entnommen wurden, weiter verwendet werden, besteht eine weitgehend vergleichbare Aufklärungspflicht; vgl. im Detail dazu § 4 Abs. 4 GSG.
188 § 18 GSG.
189 Zur Begriffbestimmung vgl. § 2 Ziff. 14 GSG.
190 Zur Begriffsbestimmung vgl. § 2 Ziff. 15 GSG.

Einwilligung hat schriftlich zu erfolgen und muss sich über die Entnahme hinaus auch auf die Testung und Verwendung beziehen.[191]

Eine Entnahme von Zellen und Geweben von Verstorbenen ist zulässig, um das Leben von Menschen zu retten oder deren Gesundheit wiederherzustellen, sofern diese Zellen oder Gewebe innerhalb des Anwendungsbereichs des GSG oder als Arzneimittel für neuartige Therapien zur Verwendung beim Menschen bestimmt und die sonstigen Voraussetzungen des § 62a KaKuG erfüllt sind.[192] Mit dieser Regelung werden nicht nur die bisher nach dem KaKuG zulässigen Entnahme von Zellen und Gewebe beim Toten zum Zwecke der Transplantation[193] gestattet, vielmehr erlaubt das GSG nunmehr auch die Entnahme für sonstige Therapieformen.

Anders als bei der Lebendorganspende findet sich für den Anwendungsbereich des GSG, also die Zell- oder Gewebespende vom Lebenden oder Toten, ein ausdrückliches, mit Verwaltungsstrafe bis zu 36 340 Euro bewehrtes Verbot, dem Spender oder einer dritten Person für die Spende einen finanziellen Gewinn oder vergleichbaren Vorteil zukommen zu lassen oder zu versprechen.[194] Dieses Verbot steht jedoch der Gewährung einer angemessenen Entschädigung an einen Lebendspender für einen entgangenen Verdienst und andere angemessene Ausgaben, die durch die Entnahme und die damit verbundenen medizinischen Maßnahmen verursacht werden, ausdrücklich nicht entgegen. Auch die Gewährung von Schadenersatz im Falle des Eintritts eines Schadens in Folge der Entnahme und der sonstigen damit in Zusammenhang stehenden medizinischen Maßnahmen wird dadurch nicht untersagt.[195]

F. Fahrlässigkeitsstrafbarkeit bei Behandlungsfehlern

Zu einer strafrechtlichen Haftung wegen fahrlässiger Körperverletzung nach § 88 öStGB oder einer fahrlässigen Tötung nach § 80 öStGB kann es kommen, wenn ein unvorsätzlicher Behandlungsfehler[196] vorliegt.

---

191 § 4 Abs. 3 GSG. Vgl. auch die Dokumentationspflicht gem. § 5 GSG.
192 § 4 Abs. 5 GSG.
193 S. oben S. 848 ff.
194 § 4 Abs. 6 i. V. m. § 35 Abs. 2 Ziff. 7 GSG.
195 § 4 Abs. 7 GSG.
196 Eine Typologie der Behandlungsfehler gibt *Schick*, in: Landesgruppe Österreich der Internationalen Strafrechtsgesellschaft (AIDP) (Hrsg.), Aufklärungspflicht und Arzthaftung, 2008, 9, 11 ff.

Um eine Strafbarkeit nach einem dieser Fahrlässigkeitsdelikte[197] zu begründen, muss der Behandelnde sowohl objektiv als auch subjektiv sorgfaltswidrig einen Körperverletzungserfolg herbeigeführt haben, der objektiv sowie für den Behandelnden selbst nach seinen Fähigkeiten voraussehbar war.[198]

Zentraler Punkt der Prüfung ist die objektive Sorgfaltswidrigkeit, die für den Einzelfall *ex ante* zu beurteilen ist. Maßstab der einzuhaltenden objektiven Sorgfalt ist das Verhalten eines einsichtigen und besonnenen Menschen aus dem Verkehrskreis des Täters und ausgestattet mit dessen Sonderwissen.[199] Für den Bereich der medizinischen Behandlungen ist dieser Sorgfaltsmaßstab vielfach durch gesetzliche Normen oder Verkehrsnormen spezifiziert und modifiziert. Gesetzlich verankert finden sich Sorgfaltsanforderungen etwa im ÄrzteG, im KaKuG und im KrankenpflegeG. In der Praxis helfen diese Normen jedoch vielfach nicht weiter, da sie in allgemeiner Form auf die Einhaltung der Regeln der ärztlichen Wissenschaft und Erfahrung verweisen. Damit werden die Verkehrsnormen der *lex artis* in Bezug genommen, d. h. der in der medizinischen Wissenschaft gesicherte Bestand an grundlegenden Verhaltensweisen, die unter keinen Umständen verletzt werden dürfen.[200]

Soweit diese gesetzlichen und Verkehrsnormen keinen Maßstab für den konkreten Einzelfall beinhalten, ist auf die angesprochene Maßfigur zurückzugreifen. Da auf die Lage und den Verkehrskreis des Täters abgestellt werden muss, ist Vergleichsperson nicht der Arzt schlechthin, sondern etwa der einsichtige und besonnene Gehirnchirurg. Es ist also eine Differenzierung nach dem jeweiligen Spezialgebiet vorzunehmen, dem der Täter selbst angehört. Ein Sonderwissen des Behandelnden ist nach überwiegender Lehre in den Maßstab einzubeziehen.[201] Ein individuelles Sonderkönnen wirkt sich hingegen nicht erhöhend auf den Sorgfaltsmaßstab aus.[202]

Bei arbeitsteiligem Zusammenwirken werden ebenso wie nach der deutschen Rechtslage die objektiven Sorgfaltspflichten durch den Vertrauensgrundsatz begrenzt.[203] Wer sich selbst objektiv sorgfaltsgemäß verhält, darf

---

197 Siehe zum Ganzen auch *Tipold*, in: Aigner/Kletecka/Kletecka-Pulker et al. (Hrsg.), Handbuch, II, S. 33, 34 ff.; *Schick*, in: Holzer/Posch/Schick (Hrsg.), Arzt- und Arzneimittelhaftung, S. 73, 99 ff.
198 Das öStGB definiert die Fahrlässigkeit in § 6; siehe dazu allgemein und in Bezug auf ärztliches Handeln ausführlich WK – *Burgstaller*, StGB, § 6 Rn. 42 ff., § 80 Rn. 52 ff.
199 *Kienapfel/Höpfel*, AT, Z 25 Rn. 7 f.
200 *Brandstetter/Zahrl*, RdM 1994, 17, 20.
201 Ein Minderwissen des Täters ist hingegen für die Bestimmung der objektiven Sorgfaltswidrigkeit irrelevant.
202 Vgl. *Fuchs*, AT I, S. 98.
203 *Brandstetter/Zahrl*, RdM 1994, 17, 20.

grundsätzlich auch auf das sorgfaltsgemäße Verhalten eines anderen vertrauen, es sei denn, dass dessen sorgfaltswidriges Verhalten eindeutig erkennbar ist oder doch auf Grund konkreter Umstände naheliegt.[204] Bei Teamarbeit darf grundsätzlich darauf vertraut werden, dass jeder der Beteiligten in seinem Bereich sorgfaltsgemäß handelt. Der Grundsatz greift insbesondere, aber nicht ausschließlich bei horizontaler Arbeitsteilung. Auf verschiedenen Ebenen arbeitende Personen haften grundsätzlich nur für die ihnen jeweils obliegende Sorgfaltspflicht. Daher dürfen die untergeordneten den Anweisungen der ihnen übergeordneten Personen vertrauen, soweit diese nicht klar erkennbar falsch sind. Den Übergeordneten hingegen obliegt nicht allein die Verantwortung für eigenes Handeln, sie treffen auch Anordnungs- und Überwachungspflichten gegenüber den Untergeordneten.[205]

Die Voraussetzungen von Kausalität und objektiver Zurechnung, also Adäquanz- und Risikozusammenhang sowie Risikoerhöhung gegenüber rechtmäßigem Alternativverhalten, sind grundsätzlich wie im deutschen Recht zu beurteilen.[206] Sie werden jedoch von den österreichischen Gerichten tendenziell öfter aufgegriffen als in der deutschen Judikatur.

Auf der Ebene der Schuld spielen die Anforderungen an die subjektive Sorgfaltswidrigkeit eine zentrale Rolle. Subjektiv sorgfaltswidrig handelt der Täter, der aufgrund seiner geistigen und körperlichen Verhältnisse die objektiven Sorgfaltsanforderungen hätte wahren können, aber trotzdem ihnen zuwider gehandelt hat. Die subjektive Sorgfaltswidrigkeit kann etwa entfallen, wenn ein noch in Ausbildung befindlicher Mediziner mit geringer praktischer Erfahrung mit einer Aufgabe konfrontiert wird, die sein individuelles Wissen oder Können überschreitet.[207] Sie kann ebenso zu verneinen sein, wenn der Behandelnde infolge langer Dienstzeiten stark übermüdet ist und daher den objektiven Sorgfaltsanforderungen nicht mehr Folge zu leisten vermag. Allerdings kann in solchen Fällen eine Strafbarkeit an die Übernahme der Behandlung geknüpft werden.[208]

---

[204] Der Vertrauensgrundsatz wurde im Verkehrsrecht herausgearbeitet und in § 3 öStVO kodifiziert. Als Ausdruck eines allgemeinen Rechtsgedanken lässt er sich auch auf das Medizinstrafrecht übertragen.
[205] Vgl. § 22 Ärztegesetz. Zum Gesamten auch *Brandstetter/Zahrl*, RdM 1994, 17, 21.
[206] Siehe dazu *Schroth*, Die strafrechtliche Verantwortlichkeit des Arztes bei Behandlungsfehlern, S. 125 ff. in diesem Band.
[207] *Brandstetter/Zahrl*, RdM 1994, 17, 23.
[208] Dazu auch *Schroth*, Die strafrechtliche Verantwortlichkeit des Arztes bei Behandlungsfehlern, S. 125 ff. in diesem Band.

Wenn jedoch der übermüdete und unter starkem Stress stehende Arzt mangels personeller Alternativen[209] etwa eine Notoperation durchführen muss, so würde jeder rechtstreue Mensch in dieser Situation ebenso handeln. Für einen Behandlungsfehler, der dem Arzt dabei unterläuft, wird er nicht strafrechtlich zu haften haben, da ihm ein rechtmäßiges Verhalten nicht zumutbar war und er so entschuldigt ist.

§ 88 Abs. 2 öStGB ordnet die Straflosigkeit bestimmter Fälle fahrlässiger Körperverletzung an, sofern den Täter kein schweres Verschulden trifft. Eine solche Regelung ist aus Gründen der Strafwürdigkeit und Strafbedürftigkeit notwendig, weil die fahrlässige Körperverletzung im österreichischen Recht ein Offizialdelikt ist und es keines Strafantrags des Verletzten oder der Bejahung eines besonderen öffentlichen Interesses an der Strafverfolgung bedarf. In Ziff. 2 der Vorschrift werden „Angehörige eines gesetzlich geregelten Gesundheitsberufes" straflos gestellt, die in Ausübung ihres Berufes ohne schweres Verschulden einen anderen fahrlässig am Körper verletzt oder an der Gesundheit geschädigt haben, wenn die Tat keine Gesundheitsschädigung oder Berufsunfähigkeit von mehr als 14-tätiger Dauer zur Folge hat.[210] Diese Regelung privilegiert die im Gesundheitswesen Tätigen gegenüber der allgemeinen Bagatellgrenze in Ziff. 3 (nicht mehr als dreitägige Dauer der Gesundheitsschädigung oder Berufsunfähigkeit). Die Besserstellung trägt der Gefahrengeneigtheit in medizinischen Berufen Rechnung.

Ein die Privilegierung ausschließendes „schweres Verschulden" liegt vor, wenn der Täter qualifiziert fahrlässig handelt, also mit einer krassen Sorglosigkeit, vor allem auch im Lichte der Wahrscheinlichkeit und der Schwere des drohenden Erfolgs. Die Beurteilung bedarf im Einzelfall einer übergreifenden Gesamtbewertung.[211]

---

209 Hat die Krankenanstalt nicht alle Möglichkeiten ausgeschöpft und alles Zumutbare getan, um die Tat zu verhindern, droht dem Verband für dieses Organisationsverschulden eine Geldbuße nach dem Verbandsverantwortlichkeitsgesetz. Vgl. *Pilz*, RdM 2006, 102 ff.; *Bruckmüller*, in Landesgruppe Österreich der Internationalen Strafrechtsgesellschaft (AIDP) (Hrsg.), Aufklärungspflicht und Arzthaftung, 2008, 23, 40 f. Siehe auch *Marzi/Leischner/Kemp*, RdM 2008, 68 ff.
210 Eine zusätzliche Schranke des Strafausschließungsgrundes ergibt sich daraus, dass keine „besonders gefährlichen Verhältnisse" i. S. d. § 81 öStGB vorliegen (inbes. Trunkenheit) vgl. § 88 Abs. 3 öStGB.
211 *Leukauf/Steininger*, StGB, § 88 Rn. 11; WK – *Burgstaller*, StGB, § 88 Rn. 18 ff.

G. Sonderfälle einer Heilbehandlung

I. Schwangerschaftsabbruch

Ein Heileingriff kann auch in einem Schwangerschaftsabbruch liegen.

Grundsätzlich ist ein Schwangerschaftsabbruch mit Einwilligung der Schwangeren nach § 96 öStGB zu bestrafen. § 97 öStGB enthält jedoch ein Mischmodell aus Fristen- und Indikationsregelung für die Straflosigkeit des Eingriffs. Nach dem auf die Mutter bezogenen Fall der medizinischen Indikation ist der durch einen Arzt mit Einwilligung der Schwangeren vorgenommene Schwangerschaftsabbruch nicht strafbar (§ 97 Abs. 1 Ziff. 2 erster HS. öStGB), wenn er „zur Abwendung einer nicht anders abwendbaren ernsten Gefahr für das Leben oder eines schweren Schadens für die körperliche oder seelische Gesundheit der Schwangeren erforderlich ist".[212]

Erfolgt ein Schwangerschaftsabbruch ohne Einwilligung der Schwangeren, so ist der Täter nach § 98 Abs. 1 öStGB zu bestrafen. Dies gilt nach Abs. 2 der Vorschrift jedoch nicht, wenn der Schwangerschaftsabbruch zur Rettung der Schwangeren aus einer unmittelbaren, nicht anders abwendbaren Lebensgefahr und unter Umständen vorgenommen wird, unter denen die Einwilligung der Schwangeren nicht rechtzeitig zu erlangen ist.[213]

II. Sterbehilfe

Die Zulässigkeit einer Sterbehilfe[214] kommt nur dann in Betracht, wenn das Sterben nach ärztlicher Erfahrung unabwendbar erscheint. Eine ausdrückliche gesetzliche Regelung der Sterbehilfe kennt das österreichische Recht nicht. Mit Rücksicht auf die weitgehende Ähnlichkeit der Problemlage mit dem deutschen Recht darf hier der Standpunkt des österreichischen Rechts verkürzt dargestellt werden.

---

212 Der Schwangerschaftsabbruch durch einen Nicht-Arzt ist nach Ziff. 3 dieser Vorschrift straflos, wenn er zur Abwendung einer Lebensgefahr der Schwangeren dient.

213 Zum Schwangerschaftsabbruch allgemein WK – *Eder-Rieder*, StGB, §§ 96–98. Vgl. auch *Köck*, ÖJZ 2006, 40 ff. und die praxisnahen und differenzierten Überlegungen von *Pscheidl/Gerstner*, RdM 2006, 90 ff.

214 Ausführlich dazu WK – *Moos*, StGB, Vor §§ 75–79 Rn. 17 ff. m. w. N.; siehe auch *Kert*, JAP 2005/2006, 34 ff. Vgl auch *Schmoller*, ÖJZ 2000, 361 ff.

Die Verabreichung schmerzlindernder Mittel[215] im Rahmen einer Heilbehandlung kann nach h. M.[216] mit lebensverkürzenden Nebenwirkungen verbunden sein. Nimmt der Behandelnde einen früheren Eintritt des Todes zumindest bedingt vorsätzlich in Kauf, so verwirklicht er eine indirekte aktive Sterbehilfe. Er verwirklicht jedoch damit nach in Österreich einhelliger Auffassung weder den Tatbestand des Mordes gem. § 75 öStGB[217] noch denjenigen einer Tötung auf Verlangen gem. § 77 öStGB. Dass Behandlungen im Rahmen der Palliativmedizin auch lebensverkürzende Nebenwirkungen haben können, ist als sozialadäquat anerkannt. Damit ist die Behandlung zwar ein kausaler Faktor für den Tod in seiner konkreten Gestalt, der Todeserfolg ist dem Behandelnden jedoch objektiv nicht zuzurechnen und somit straflos.[218] Dies gilt jedoch nur, soweit die Medikamentengabe nach den Regeln der medizinischen Wissenschaft und in der medizinisch indizierten Dosierung verabreicht wird.

Straflos ist auch die „passive Sterbehilfe", also das Unterlassen lebenserhaltender Maßnahmen, wenn etwa eine künstliche Beatmung unterlassen oder abgebrochen wird.[219] Die Garantenstellung der Beteiligten ändert daran nichts. Denn die Nutzung aller apparativ-technischen und medikamentösen Möglichkeiten, das Leben eines Sterbenden künstlich zu verlängern, ist inhaltlich von der Garantenpflicht des Arztes oder der Angehörigen nicht umfasst.[220]

Darüber hinaus ist eine Ablehnung des Patienten, behandelt zu werden, stets beachtlich.[221] Dies gilt sowohl dann, wenn die Behandlung der indirekten aktiven Sterbehilfe dienen würde, als auch für die todbringende Ablehnung einer Behandlung. Das ergibt sich aus § 110 Abs. 1 öStGB, der die Patientenautonomie ausdrücklich absichert.[222] Zu beachten sind hier insbesondere die Patientenverfügungen nach dem 2006 in Kraft getretenen

---

215 Vgl dazu *Schick*, in: FS für Steiniger, S. 203, 210.
216 Vgl. aber die gegenteilige Ansicht von *Borasio*, LMU München Ringvorlesung WS 2006/2007, Thesenblatt, These 5 (unveröffentlicht).
217 Der Mordtatbestand im öStGB entspricht dem Tatbestand des Totschlags in § 212 dStGB.
218 Vgl. WK – *Moos*, StGB, Vor §§ 75–79 Rn. 25 ff. mit weiteren hierzu vertretenen Begründungsansätzen. Zur objektiven Zurechnung insbes. ab Rn. 29 f.
219 Es handelt sich beim Abbrechen einer Intubation trotz des gegenteiligen äußeren Erscheinungsbildes nicht um ein aktives Tun. Der soziale Sinn liegt im Unterlassen der weiteren Beatmung.
220 *Kienapfel/Schroll*, BT I, Vor §§ 75 ff. Rn. 20.
221 *Brandstetter*, in: Mazal (Hrsg.), Grenzfragen, S. 45, 47.
222 Siehe ausführlich dazu oben S. 820 ff.

PatVG.²²³ Mit der Patientenverfügung kann sich der Patient jedoch nicht über rechtliche Schranken hinwegsetzen. Insbesondere kann er nicht den Arzt zu einer verbotenen aktiven direkten Sterbehilfe verpflichten.

Eine Besonderheit des österreichischen Strafrechts tritt hinzu: Beim Selbstbestimmungsrecht folgt es einem zweigleisigen System. Während dieses beim Heileingriff durch § 110 öStGB abgesichert ist, gilt beim Suizid ein paternalistisches Prinzip, nach dem die Beihilfe zum Selbstmord mit Strafe bedroht ist (§ 78 öStGB).²²⁴ Ist jemand infolge eines Suizidversuchs Patient, so bestünde für den Arzt daher eine Lebensrettungspflicht. Befolgt er diese Pflicht nicht, könnte § 78 öStGB qua Unterlassen²²⁵ verwirklicht werden. Eine passive Euthanasie wäre hier strafbar.²²⁶

Nach der überwiegenden Meinung wird jedoch ein Patient nach einem Suizidversuch als „normaler" Patient angesehen, dessen autonome Entscheidung über die Einwilligung in eine Behandlung verbindlich ist, sodass auch auf ihn § 110 öStGB Anwendung findet. Insofern ist auch hier die passive Sterbehilfe straflos, können also die §§ 77 und 78 öStGB nicht durch Unterlassen verwirklicht werden.²²⁷

Stets strafbar bleibt jedoch die direkte aktive Sterbehilfe. Darunter wird die vorsätzliche Tötung eines unheilbaren Kranken durch ein positives Tun verstanden, die zum Ziel hat, ihn mit oder ohne sein Verlangen von seinen unerträglichen Leiden zu befreien.²²⁸ Dies ist etwa durch Verabreichen eines direkt zum Tod führenden Mittels gegeben. Anders als bei der indirekten aktiven Sterbehilfe wird hier der Tod des Behandelten angestrebt, also nicht lediglich als mögliche Folge der palliativen Behandlung in Kauf genommen. Selbst wenn der Patient seine zielgerichtete Tötung verlangt, ist eine direkte aktive Sterbehilfe unzulässig und als Tötung auf Verlangen (§ 77 öStGB) mit Strafe bewehrt oder, wenn der Patient das vom Behandelnden gereichte Mittel selbst

---

223 Zur Patientenverfügung siehe ausführlich oben S. 831 ff.
224 Vgl. dazu *Bruckmüller/Schumann*, in: Kierein/Lanske/Wenda (Hrsg.), Jahrbuch Gesundheitsrecht 2008, S. 97 ff.
225 Zum Vorrang der Patientenautonomie vor der Garantenpflicht vgl. *Schick*, in: Kopetzki (Hrsg.), Einwilligung, S. 54, 76 f.; *ders.*, in: Pilgermair (Hrsg.), FS für Steininger, S. 203, 212 f.; *Bruckmüller/Schumann*, in: Kierein/Lanske/Wenda (Hrsg.), Jahrbuch Gesundheitsrecht 2008, S. 97, 104.
226 WK – *Moos*, StGB, Vor §§ 75–79 Rn. 46 ff. *Moos* erwägt jedoch die Möglichkeit einer Entschuldigung (§ 10 öStGB) (Rn. 47 a. E.) oder in bestimmten Fällen die Zulässigkeit der passiven Euthanasie aus Gründen der Menschenwürde (Rn. 51).
227 SbgK – *Schmoller*, StGB, § 110 Rn. 77; *Burgstaller*, in: Pfustersschmid-Hardenstein (Hrsg.), Europäisches Forum Alpbach 1999, 2000, S. 154, 156.
228 WK – *Moos*, StGB, Vor §§ 75–79 Rn. 20.

einnimmt, um Suizid zu begehen, als Mithilfe am Selbstmord (§ 78 öStGB) strafbar.

H. Résumé

Erfolgt eine medizinisch indizierte und *lege artis* durchgeführte Behandlung mit wirksamer Einwilligung des Behandelten, so ist sie strafrechtlich irrelevant.

Die Existenz eines eigenständigen Tatbestandes der „Eigenmächtigen Heilbehandlung" stellt zu Recht das Selbstbestimmungsrecht des Patienten heraus und hat somit für den Arzt eine klarstellende und für den Behandelten eine Schutzfunktion. Die für die wirksame Ausübung des Selbstbestimmungsrechts erforderliche Aufklärung des Patienten gewinnt an Bedeutung. Konzeptionell schließt er Strafbarkeitslücken, die entstehen, wenn der lege artis durchgeführte Heileingriff nicht als Körperverletzung strafbar sein soll. Als problematisch hat sich jedoch der Behandlungsbegriff im Sinne des § 110 Abs. 1 öStGB gezeigt. Die teilweise vertretene Ausdehnung auf Behandlungen, die außerhalb einer Heilbehandlung liegen, führt zu Abgrenzungs- und Konkurrenzproblemen im Verhältnis zu den Körperverletzungsdelikten. Zwar unterstreicht auch die Regelung von Rechtfertigung und Erlaubnistatbestandsirrtum in § 110 Abs. 2 öStGB den Vorrang der Patientenautonomie, sie birgt jedoch Unsicherheiten für den Arzt, der sein Verhalten an diesen komplexen Normen ausrichten soll. In der Ausgestaltung als Privatanklagedelikt liegt die geringe praktische Bedeutung der Vorschrift begründet; dem könnte durch eine Ausgestaltung als Antrags- oder Ermächtigungsdelikt begegnet werden.

Die österreichische Rechtslage hinsichtlich der Organtransplantation unterscheidet sich deutlich von der deutschen. Die für die Organentnahme von Toten geltende Widerspruchsregelung führt zu einem höheren Aufkommen an transplantationsfähigen Organen, ohne zugleich eine autonome Entscheidung zu ignorieren. Die Einrichtung des zentralen Widerspruchsregisters, verbunden mit einer Abfragepflicht vor Explantation, stellt eine zusätzliche Absicherung dar. Die gesetzlich nicht ausdrücklich geregelte Organspende von Lebenden ist durch die allgemeinen Regelungen zur Einwilligung in eine Körperverletzung, begrenzt durch das Sittenwidrigkeitskorrektiv, erfasst. Die Problematik einer gesetzlichen Beschränkung auf nahe Angehörige oder dem Spender sonst in besonderer persönlicher Verbundenheit offenkundig Nahestehende stellt sich daher, im Unterschied zur deutschen Rechtslage, nicht.

Anhang
Systematik Eigenmächtige Heilbehandlung – Körperverletzung im öStGB

Behandlungsart	Eigenmächtige Heilbehandlung (§ 110 öStGB)	Körperverletzungsdelikte (§§ 83 ff., 88 öStGB)
med. indiziert lege artis mit Einwilligung	–	–
med. indiziert lege artis ohne Einwilligung	+	–
med. indiziert nicht lege artis mit Einwilligung*	–	+ bedeutsam als fahrlässige Körperverletzung bei Behandlungsfehlern
med. indiziert nicht lege artis ohne Einwilligung	(+) je nach Konkurrenz	+
nicht med. indiziert lege artis mit Einwilligung	–	– soweit Einwilligung gem. § 90 öStGB
nicht med. indiziert lege artis ohne Einwilligung	– / + je nach Auslegung des TB	+
nicht med. indiziert nicht lege artis mit Einwilligung*	–	+ bedeutsam als fahrlässige Körperverletzung bei Behandlungsfehlern
nicht med. indiziert nicht lege artis ohne Einwilligung	– / + je nach Auslegung des TB	+

* Vorausgesetzt, dass die Einwilligung nicht den Behandlungsfehler mit umfasst.

Auszug der wichtigsten erörterten Normen aus dem öStGB und KaKuG

öStGB

§ 83: Körperverletzung
(1) Wer einen anderen am Körper verletzt oder an der Gesundheit schädigt, ist mit Freiheitsstrafe bis zu einem Jahr oder mit Geldstrafe bis zu 360 Tagessätzen zu bestrafen.
(2) Ebenso ist zu bestrafen, wer einen anderen am Körper misshandelt und dadurch fahrlässig verletzt oder an der Gesundheit schädigt.

§ 88: Fahrlässige Körperverletzung
(1) Wer fahrlässig einen anderen am Körper verletzt oder an der Gesundheit schädigt, ist mit Freiheitsstrafe bis zu drei Monaten oder mit Geldstrafe bis zu 180 Tagessätzen zu bestrafen.
(2) Trifft den Täter kein schweres Verschulden und ist entweder
1. die verletzte Person mit dem Täter in auf- oder absteigender Linie verwandt oder verschwägert oder sein Ehegatte, sein Bruder oder seine Schwester oder nach § 72 Abs. 2 wie ein Angehöriger des Täters zu behandeln,
2. der Täter ein Angehöriger eines gesetzlich geregelten Gesundheitsberufes, die Körperverletzung oder Gesundheitsschädigung in Ausübung seines Berufes zugefügt worden und aus der Tat keine Gesundheitsschädigung oder Berufsunfähigkeit von mehr als vierzehntägiger Dauer erfolgt oder
3. aus der Tat keine Gesundheitsschädigung oder Berufsunfähigkeit einer anderen Person von mehr als dreitägiger Dauer erfolgt, so ist der Täter nach Abs. 1 nicht zu bestrafen.
(3) In den im § 81 Abs. 1 Z 1 bis 3 bezeichneten Fällen ist der Täter mit Freiheitsstrafe bis zu sechs Monaten oder mit Geldstrafe bis zu 360 Tagessätzen zu bestrafen.
(4) Hat die Tat eine schwere Körperverletzung (§ 84 Abs. 1) zur Folge, so ist der Täter mit Freiheitsstrafe bis zu sechs Monaten oder mit Geldstrafe bis zu 360 Tagessätzen, in den im § 81 Z 1 bis 3 bezeichneten Fällen aber mit Freiheitsstrafe bis zu zwei Jahren zu bestrafen.

§ 90: Einwilligung des Verletzten
(1) Eine Körperverletzung oder Gefährdung der körperlichen Sicherheit ist nicht rechtswidrig, wenn der Verletzte oder Gefährdete in sie einwilligt und die Verletzung oder Gefährdung als solche nicht gegen die guten Sitten verstößt.
(2) Die von einem Arzt an einer Person mit deren Einwilligung vorgenommene Sterilisation ist nicht rechtswidrig, wenn entweder die Person bereits das fünfundzwanzigste Lebensjahr vollendet hat oder der Eingriff aus anderen Gründen nicht gegen die guten Sitten verstößt.

(3) In eine Verstümmelung oder sonstige Verletzung der Genitalien, die geeignet ist, eine nachhaltige Beeinträchtigung des sexuellen Empfindens herbeizuführen, kann nicht eingewilligt werden.

§ 110: Eigenmächtige Heilbehandlung
(1) Wer einen anderen ohne dessen Einwilligung, wenn auch nach den Regeln der medizinischen Wissenschaft, behandelt, ist mit Freiheitsstrafe bis zu sechs Monaten oder mit Geldstrafe bis zu 360 Tagessätzen zu bestrafen.
(2) Hat der Täter die Einwilligung des Behandelten in der Annahme nicht eingeholt, daß durch den Aufschub der Behandlung das Leben oder die Gesundheit des Behandelten ernstlich gefährdet wäre, so ist er nach Abs. 1 nur zu bestrafen, wenn die vermeintliche Gefahr nicht bestanden hat und er sich dessen bei Aufwendung der nötigen Sorgfalt (§ 6) hätte bewußt sein können.
(3) Der Täter ist nur auf Verlangen des eigenmächtig Behandelten zu verfolgen.

KaKuG
Entnahme von Organen oder Organteilen Verstorbener zum Zwecke der Transplantation

§ 62a. (1) Es ist zulässig, Verstorbenen einzelne Organe oder Organteile zu entnehmen, um durch deren Transplantation das Leben eines anderen Menschen zu retten oder dessen Gesundheit wiederherzustellen. Die Entnahme ist unzulässig, wenn den Ärzten eine Erklärung vorliegt, mit der der Verstorbene oder, vor dessen Tod, sein gesetzlicher Vertreter eine Organspende ausdrücklich abgelehnt hat. Eine Erklärung liegt auch vor, wenn sie in dem bei der Gesundheit Österreich GesmbH, Geschäftsbereich ÖBIG, geführten Widerspruchsregister eingetragen ist. Die Entnahme darf nicht zu einer die Pietät verletzenden Verunstaltung der Leiche führen.
(2) Die Entnahme darf erst durchgeführt werden, wenn ein zur selbständigen Berufsausübung berechtigter Arzt den eingetretenen Tod festgestellt hat. Dieser Arzt darf weder die Entnahme noch die Transplantation durchführen. Er darf an diesen Eingriffen auch sonst nicht beteiligt oder durch sie betroffen sein.
(3) Die Entnahme darf nur in Krankenanstalten vorgenommen werden, die die Voraussetzungen des § 16 Abs. 1 lit. a und c bis g erfüllen.
(4) Organe oder Organteile Verstorbener dürfen nicht Gegenstand von Rechtsgeschäften sein, die auf Gewinn gerichtet sind.
(5) Die Entnahme von Organen und Organteilen Verstorbener zum Zwecke der Transplantation hat Vorrang vor der Entnahme von Zellen und Gewebe zur Anwendung beim Menschen. Der Bedarf an Organen und Organteilen

Verstorbener zum Zwecke der Transplantation darf nicht durch eine Entnahme von Zellen und Gewebe zur Anwendung beim Menschen beeinträchtigt werden.

§ 62b. Angaben über die Person von Spender bzw. Empfänger sind vom Auskunftsrecht gemäß § 26 Datenschutzgesetz 2000, BGBl. I Nr. 165/1999, ausgenommen.

§ 62c. (1) Wer dem § 62a zuwiderhandelt, begeht, sofern die Tat nicht den Tatbestand einer in die Zuständigkeit der Gerichte fallenden strafbaren Handlung erfüllt, eine Verwaltungsübertretung und ist mit Geldstrafe bis zu 36.340 Euro zu bestrafen.
(2) Der Versuch ist strafbar.

Widerspruchsregister
§ 62d. (1) Das Widerspruchsregister (§ 62a Abs. 1) dient dem Zweck, auf Verlangen von Personen, die eine Organspende ausdrücklich ablehnen, den Widerspruch gesichert zu dokumentieren, um eine Organentnahme in Österreich wirksam zu verhindern.
(2) Die Verarbeitung personenbezogener Daten im Widerspruchsregister hat auf Verlangen der Person, die eine Organspende ausdrücklich ablehnen will, zu erfolgen. Dieses muss die Unterschrift der Person tragen. Mit dem Verlangen erfolgt die Zustimmung zur Verarbeitung der Daten.
(3) Im Widerspruchsregister können folgende Daten der Person, die einen Widerspruch erklärt hat oder für die ein Widerspruch erklärt wurde, verarbeitet werden: Name, Geburtsdatum, Geschlecht, Sozialversicherungsnummer, Adresse, gegebenenfalls Name des gesetzlichen Vertreters.
(4) Über die erfolgte Eintragung wird durch die Gesundheit Österreich GesmbH eine Eintragungsbestätigung ausgestellt. Der Widerspruch gegen eine Organentnahme und die damit verbundene Zustimmung zur Verarbeitung der Daten im Widerspruchsregister kann jederzeit schriftlich widerrufen werden. In diesem Fall ist die Eintragung unverzüglich zu löschen.
(5) Die Gesundheit Österreich GesmbH hat für den Betrieb des Widerspruchsregisters Datensicherheitsmaßnahmen gemäß §§ 14f Datenschutzgesetz 2000 zu ergreifen. Es ist eine Datensicherheitsvorschrift, in der sämtliche für den Betrieb des Widerspruchsregisters erforderliche Datensicherheitsmaßnahmen anzuordnen sind, zu erlassen.
(6) Die Zugriffsberechtigungen sind für die zugriffsberechtigten Mitarbeiter der Gesundheit Österreich GesmbH individuell zuzuweisen. Eine Zugriffsberechtigung auf das Widerspruchsregister darf nur eingeräumt werden, wenn die Zugriffsberechtigten über die Bestimmungen gemäß § 15 Daten-

schutzgesetz 2000, BGBl. I Nr. 165/1999, und die Datensicherheitsvorschrift nach Abs. 5 belehrt wurden.

(7) Zugriffsberechtigte sind von der weiteren Ausübung ihrer Zugriffsberechtigung auszuschließen, wenn sie diese zur weiteren Erfüllung der ihnen übertragenen Aufgaben nicht mehr benötigen oder sie die Daten nicht entsprechend ihrer Zweckbestimmung verwenden.

(8) Es ist sicherzustellen, dass Identität und Rolle der Zugriffsberechtigten bei jedem Zugriff dem Stand der Technik entsprechend nachgewiesen und dokumentiert wird.

(9) Es ist sicherzustellen, dass geeignete, dem jeweiligen Stand der Technik entsprechende, Wirtschaftlichkeitsüberlegungen berücksichtigende Vorkehrungen getroffen werden, um eine Vernichtung oder Veränderung der Daten durch Programmstörungen (Viren) zu verhindern.

(10) Alle im Bereich des Widerspruchsregisters durchgeführten Datenverwendungsvorgänge, wie Eintragungen, Änderungen, Abfragen und Übermittlungen sind zu protokollieren.

Verpflichtung der Krankenanstalten
§ 62e. Jede nach § 62a Abs. 3 zur Entnahme berechtigte Krankenanstalt ist verpflichtet, vor einer Entnahme von Organen, Organteilen oder Zellen und Gewebe bei Verstorbenen durch eine Anfrage bei der Gesundheit Österreich GesmbH sicherzustellen, dass keine Eintragung eines Widerspruchs im Widerspruchsregister vorliegt.

GSG
Spender
§ 4. (1) Die Beurteilung und Auswahl der Spender hat entsprechend dem Stand der Wissenschaften zu erfolgen.

(2) Vor der Entnahme von Zellen oder Geweben ist der Lebendspender den erforderlichen Untersuchungen zu unterziehen, um die physischen und psychischen Risiken für seine Gesundheit zu beurteilen. Eine Entnahme darf nicht durchgeführt werden, wenn dadurch ein ernstes Risiko für das Leben oder die Gesundheit des Spenders besteht. Sofern dies nach dem Stand der medizinischen Wissenschaft entsprechend der Art der Spende zum Schutz der Spender angezeigt ist, sind diese nach der Spende regelmäßigen medizinischen Kontrollen zu unterziehen.

(3) Die Entnahme darf nur durchgeführt werden, wenn der Lebendspender vor der Entnahme durch einen Arzt umfassend über die geplante Entnahme, deren Zweck, die damit verbundenen Risiken und Folgen, insbesondere eventuell notwendige weitere Untersuchungen nach der Entnahme, die durchzuführenden analytischen Tests und Folgen anomaler Befunde, den therapeutischen Zweck der entnommenen Zellen oder Gewebe und den potenziellen

Nutzen für den Empfänger sowie über Schutzmaßnahmen zum Schutz des Spenders und seiner Daten sowie bestehende Verschwiegenheitspflichten aufgeklärt wurde und der Spender seine Einwilligung zur Entnahme und Testung sowie zur weiteren Verwendung der Zellen oder Gewebe erteilt hat. Die Einwilligung kann jederzeit widerrufen werden. Die Einwilligung muss in schriftlicher Form festgehalten werden und ist gemäß § 5 zu dokumentieren. Die Einwilligung muss datiert sein und vom Spender unterschrieben werden. Sofern der Spender zur Unterschriftsleistung nicht in der Lage ist, muss die Einwilligung vor einem Zeugen abgegeben werden, der die Einwilligung durch seine Unterschrift zu bestätigen hat.

(4) Sind Zellen oder Gewebe bei einer lebenden Person im Rahmen einer medizinischen Behandlung entnommen worden, ist ihre weitere Verwendung zulässig, wenn diese Person über den therapeutischen Zweck der entnommenen Zellen und Gewebe und den potenziellen Nutzen für den Empfänger, eventuell notwendige weitere Untersuchungen nach der Entnahme, die durchzuführenden analytischen Tests und die Folgen anomaler Befunde sowie über Schutzmaßnahmen zum Schutz des Spenders und seiner Daten sowie bestehende Verschwiegenheitspflichten aufgeklärt wurde und in die weitere Verwendung der Zellen und Gewebe zur Verwendung beim Menschen eingewilligt hat. Hinsichtlich der Form der Einwilligung und eines allfälligen Widerrufs gilt Abs. 3.

(5) Um das Leben von Menschen zu retten oder deren Gesundheit wieder herzustellen, ist es zulässig, Verstorbenen Zellen oder Gewebe zu entnehmen, sofern diese Zellen oder Gewebe innerhalb des Anwendungsbereichs dieses Bundesgesetzes oder als Arzneimittel für neuartige Therapien zur Verwendung beim Menschen bestimmt und die sonstigen Voraussetzungen des § 62a des Bundesgesetzes über Krankenanstalten und Kuranstalten, BGBl. Nr. 1/1957, erfüllt sind.

(6) Es ist verboten, Spendern von Zellen oder Geweben oder dritten Personen für eine Spende einen finanziellen Gewinn oder vergleichbaren Vorteil zukommen zu lassen oder zu versprechen. Rechtsgeschäfte die gegen dieses Verbot verstoßen sind nichtig.

(7) Abs. 6 steht der Gewährung einer angemessenen Entschädigung lebender Spender für Verdienstentgang und andere angemessene Ausgaben, die durch die Entnahme und die damit verbundenen medizinischen Maßnahmen verursacht werden, und der Gewährung von Schadenersatz im Falle des Eintritts eines Schadens in Folge der Entnahme und der sonstigen damit in Zusammenhang stehenden medizinischen Maßnahmen nicht entgegen.

IV.2 Einige Fragen des ärztlichen Heileingriffs im spanischen Strafrecht

Francisco Muñoz Conde

Inhaltsverzeichnis

A. Die Einwilligung des Patienten und die Aufklärungspflicht des Arztes _869
   Exkurs: Das Problem des Organhandels. Bann gegen die Kommerzialisierung. Organentnahme von Lebenden _874
   a) Voraussetzungen _874
   b) Das Problem des Organhandels. Bann gegen die Kommerzialisierung. _876
B. Mutmaßliche Einwilligung oder Notstand? Die Zwangsernährung von Hungerstreikenden _883

Literaturverzeichnis

Bacigalupo Zapater, Enrique, Principios de Derecho penal, Parte General, 5. Auflage 1998

Bajo Fernández, Miguel, Agresión médica y consentimiento del paciente, Cuadernos de Política criminal, 1985, 127

Bajo Fernández, Miguel, La nueva Ley de autonomía de paciente, in: Dogmática y Ley Penal, Homenaje a Enrique Bacigalupo, Madrid 2004, S. 931

Berdugo Gómez de la Torre, Ignacio, El delito de lesiones, 1982

Blanco Cordero, Isidoro, Relevancia penal de la omisión o del exceso de información médica o terapéutica, in: Actualidad Penal 1997

Bockelmann, Paul, Strafrecht des Arztes, 1968

Cerezo Mir, José, Curso de Derecho penal, 3. Auflage 2003

Córdoba Roda, Juan/García Arán, Mercedes (Hrsg.), Comentarios al Código penal, Bd. 1, 2005

Cortés Bechiarelli, Emilio, Ejercicio de las profesiones sanitarias y delitos imprudentes, Cuadernos de Derecho judicial, XVI, 2005, S. 24

Cuello Contreras, Joaquín, El Derecho penal español, Parte General, 2002

De la Mata Barranco, Norberto, El consentimiento presunto ante comportamientos realizados en interés propio, in: Homenaje a Roxin, 1997

Díez Ripollés, José Luís, La huelga de hambre en el ámbito penitenciario, Cuadernos de Política Criminal 1986, 621

Díez Ripollés, José Luís/Romeo Casabona, Carlos (Hrsg.), Comentarios al Código penal, Parte Especial, Bd. 1, 2004

Engisch, Karl, Die Strafwürdigkeit der Unfruchtbarmachung mit Einwilligung, in: Beiträge zur gesamten Strafrechtswissenschaft, Geerds, Friedrich/Nauke, Wolfgang (Hrsg.), Festschrift für Hellmuth Mayer, 1966, S. 399

García Álvarez, Pastora, La puesta en peligro de la vida y/o la integridad física asumida voluntariamente por su titular, 1999

Gomez Rivero, Carmen, La responsabilidad penal del médico, 2. Aufl. 2007

Gutmann, Thomas/Schroth, Ulrich, Recht, Ethik und die Lebendspende von Organen – der gegenwärtige Problemstand, Transplantationsmedizin 2000, 12. Jahrgang, 176

Jakobs, Günther, Das Selbstverständnis der Strafrechtswissenschaft vor den Herausforderungen der Gegenwart, in: Eser, Albin/Hassemer, Winfried/Burkhardt, Björn (Hrsg.), Die deutsche Strafrechtswissenschaft vor der Jahrtausendwende. Rückbesinnung und Ausblick, 2000, S. 47

Jeschek, Hans-Heinrich/Weigend, Thomas, Lehrbuch des Strafrechts, Allgemeiner Teil, 5. Auflage 1996

Jorge Barreiro, Agustín, La imprudencia punible en la actividad médico-quirúrgica, 1990

Kaiser, Günther/Schöch, Heinz Strafvollzug, 5. Auflage 2002

Knauer, Christoph, Ärztlicher Heileingriff, Einwilligung und Aufklärung, Überzogene Anforderungen an den Arzt, in: Roxin, Claus/Schroth, Ulrich, Medizinstrafrecht, 2. Auflage 2001, S. 11

Koch, Hans-Georg, Aktuelle Rechtsfragen der Lebend-Organspende, in: Kirste, Günter (Hrsg.), Nieren-Lebendspende – Rechtsfragen und Versicherungs-Regelung für Mediziner (1), 2000, S. 49

König, Peter, Strafbarer Organhandel, 1999

Kühne, Hans-Heiner, Strafrechtliche Aspekte der Suizid-Abwendung in Strafanstalten, NJW 1975, 671

Luzón Peña, Diego, Curso de Derecho penal, Parte General I, 1996

Luzón Peña, Diego, Estado de Necesidad e intervención médica, 1988

Mir Puig, Santiago, Derecho penal, Parte General, 7. Auflage (argentinische Ausgabe) 2004

Muñoz Conde, Francisco, Derecho penal, Parte especial, 2. Auflage 1976

Muñoz Conde, Francisco, Derecho penal, Parte especial, 5. Auflage 1983

Muñoz Conde, Francisco, Sterilisation of the mentally handicapped, Law and the Human Genome Review, No. 2, 1995, S. 175
Muñoz Conde, Francisco, Derecho penal, Parte especial, 17. Auflage 2009
Muñoz Conde, Francisco, Strafrechtliche Probleme der Organtransplantation in Spanien, in Arnold, Jörg/Burkhard, Jörg/Gropp, Walter et al. (Hrsg.), Menschengerechtes Strafrecht, Festschrift für Albin Eser, 2005, S. 1119
Muñoz Conde, Francisco, Esterilización, in: Enciclopedia de Bioderecho y Bioetica, Carlos Romeo Casabona (Hrg.), 2010
Muñoz Conde, Francisco/Garcìa Arán, Mercedes, Derecho penal, Parte General, 7. Auflage 2007
Quintero Olivares, Gonzalo, Manual de Derecho penal, Parte General, 2. Auflage 2000
Romeo Casabona, Carlos, El médico y el Derecho penal, I, 1981
Romeo Casabona, Carlos, ¿Límites de la posición de garante de los padres respecto al hijo menor?, Revista de Derecho penal y Criminología 1998, S. 38
Roxin, Claus, Strafrecht Allgemeiner Teil Band I, 4. Auflage 2006
Schönke, Adolf/Schröder, Horst (Hrsg.), Strafgesetzbuch, Kommentar, 27. Auflage 2006
Schreiber, Hans Ludwig, Recht und Ethik der Lebend-Organtransplantation, in: Kirste, Günther (Hrsg.), Nieren-Lebendspende – Rechtsfragen und Versicherungs-Regelung für Mediziner (I), 2000, S. 33
Schroth, Ulrich, Die strafrechtlichen Tatbestände des Transplantationsgesetzes, JZ 1997, 1149
Zugaldía Espinar, Jose Miguel, Derecho penal, Parte general, 2. Auflage 2004

Die strafrechtliche Verantwortung, die sich aus einem fehlerhaften ärztlichen Heileingriff ergeben kann, bezieht sich normalerweise auf eine fahrlässige Körperverletzung bzw. Tötung. Über diese Frage hinaus tauchen jedoch auch andere Probleme auf, die mit dem ärztlichen Heileingriff eng verbunden sind. Als Voraussetzung der Rechtmäßigkeit des ärztlichen Heileingriffes entsteht z. B. das Problem der Einwilligung des Patienten und der mit ihr einhergehenden Aufklärungspflicht des Arztes (unten A). Aber auch andere Streitfragen sind mit dem ärztlichen Heileingriff verbunden, z. B. das Sonderproblem der ärztlichen Pflicht zur Zwangsernährung von Hungerstreikenden (unten B). Im Folgenden werde ich mich mit diesen beiden Themenkomplexen aus der Sicht des spanischen Strafrechts beschäftigen. Gleichzeitig sollen aus rechtsvergleichendem Blickwinkel die spanischen und deutschen Lösungsansätze dargestellt werden.

A. Die Einwilligung des Patienten und die Aufklärungspflicht des Arztes

I) Im Unterschied zum deutschen Strafrecht[1] spielt die Frage der systematischen Stellung der Einwilligung des Patienten als Tatbestandsauschluss bzw. Rechtfertigungsgrund in der Praxis des spanischen Strafrechts keine Rolle, da es hier vor allem um deren Wirkungen, Grenzen und Voraussetzungen und nicht um die Lösung von systematischen Problemen geht.[2] Nur die Lehre hat sich nach dem Vorbild der deutschen Strafrechtsdogmatik darum bemüht, die Einwilligung systematisch einzuordnen. Die herrschende Lehre ist zu dem Schluss gekommen, dass es sich bei der Einwilligung in eine Körperverletzung um einen Rechtfertigungsgrund handelt, da es hier manche Fälle gibt, in denen der Gesetzgeber über die Einwilligung des Betroffenen hinaus bestimmte Voraussetzungen verlangt, damit die Einwilligung die indizierte Rechtswidrigkeit des Körperverletzungstatbestandes aufheben kann.[3] Das geschieht z. B. bei der Organentnahme von Lebenden und bei vielen anderen sich vor allem auf den ärztlichen Heileingriff beziehenden Fallkonstellationen, in denen die Einwilligung des Patienten nur bei der Erfüllung bestimmter über sie hinausgehender Voraussetzungen strafbefreiend wirken kann.[4]

Unabhängig von dieser systematischen Einordnung der Einwilligung bei den Straftaten gegen die Gesundheit und die körperliche Integrität muss man von Anfang an annehmen, dass ein ärztlicher Heileingriff, der hinsichtlich der Gesundheit oder Körperintegrität eines Patienten erfolgreich und vom Arzt

---

1 Vgl. z. B. *Bockelmann*, Strafrecht des Arztes, S. 50 ff. Zur Problematik der Einwilligung im Allgemeinen und ihrer systematischen Einordnung in die Verbrechenslehre, vgl. *Roxin*, AT I, S. 536 ff.

2 Vgl. auch *Roxin*, AT I, S. 541 f., der die aus der Differenzierung abgeleiteten Unterschiede relativiert und aus der mangelnden Durchführbarkeit der Zweiteilungslehre (Einverständnis als Tatbestandsausschluss, Einwilligung als Rechtfertigungsgrund) die These vertritt, die Einwilligung sei immer als Tatbestandsausschluss zu betrachten (insbesondere S. 551 und 553).

3 Vgl. z. B. *Muñoz Conde/García Arán*, Derecho penal, Parte General, S. 344 ff.; *Luzón Peña*, Curso de Derecho penal, Parte General, I, S. 560 und 567; *Mir Puig*, Derecho penal, Parte General, 7. Auflage (argentinische Ausgabe), S. 503 ff.; *Quintero Olivares*, Manual de Derecho penal, Parte General, 2. Auflage, S. 472 ff; *Cerezo Mir*, Curso de Derecho penal, 3. Auflage. Anderer Meinung sind *Bacigalupo Zapater*, Principios de Derecho penal, Parte General, 5. Auflage, S. 206; *Cuello Contreras*, El Derecho penal español, Parte General, S. 725 ff.; *Zugaldía Espinar*, Derecho penal, Parte general, 2. Auflage, S. 464, die die Einwilligung immer als Tatbestandsausschluss betrachten wollen, sich in der Begründung aber mit dem Zitat der Artikel 143 und 155 des span. Código penal begnügen, wo der Einwilligung bei Tötungs- und Körperverletzungsdelikten nur strafmildernde Wirkung beigemessen wird.

4 Vgl. unten den Exkurs.

lege artis durchgeführt worden ist, schwerlich als tatbestandliche Körperverletzung angesehen und nur durch die Einwilligung gerechtfertigt werden kann. Das würde sowohl objektiv als auch subjektiv eine falsche Auslegung des Tatbestandes der Körperverletzung bedeuten, da hier weder eine „Gesundheitsschädigung" oder „Beeinträchtigung der körperlichen Substanz", noch eine vorsätzliche oder fahrlässige Handlung existiert. Verneint man in diesem Sinne die Tatbestandsmäßigkeit der Körperverletzung bei einem erfolgreichen ärztlichen Heileingriff, so wird die Frage, ob er mit Einwilligung des Patienten durchgeführt worden ist oder nicht, eher ein Problem des strafrechtlichen Schutzes des Selbstbestimmungsrechtes des Patienten sein, als ein Problem der Körperverletzung. Dies entspricht dem Gedanken des Art. 2 des spanischen Gesetzes über das Selbstbestimmungsrecht des Patienten vom 14.11.2002, welches bei jedem ärztlichen Heileingriff eine Einwilligung des Patienten verlangt. Auch Art. 8, 1 des Gesetzes verlangt die freiwillige Einwilligung des Patienten, „vorausgesetzt, dass er die in Art. 4 vorgesehene Information erhalten hat" (dazu unten II.). Das bedeutet also, dass der ohne Einwilligung des Patienten durchgeführte, erfolgreiche Heileingriff höchstens als ein Freiheitsdelikt – nämlich als Nötigung oder illegale Festnahme –, nicht aber als Körperverletzung anzusehen ist. Dass dabei manche Strafbarkeitslücken entstehen können, liegt auf der Hand. Diese können aber nur mit der Schaffung eines Sondertatbestandes ausgefüllt werden, der die sog. „eigenmächtige Heilbehandlung" ausdrücklich unter Strafe stellt.[5]

---

[5] Dieser Meinung sind auch *Gomez Rivero*, La responsabilidad penal del médico, 2.Aufl.2008, S. 126 ff.; *Jorge Barreiro*, La imprudencia punible en la actividad médico-quirúrgica, S. 80 ff.; *Romeo Casabona*, El médico y el Derecho penal, I, S. 357 f.; *Cortés Bechiarelli*, Ejercicio de las profesiones sanitarias y delitos imprudentes, Cuadernos de Derecho judicial, XVI, S. 24 ff. Man muss jedoch berücksichtigen, dass die zwangsweise Einweisung eines psychisch Kranken, der für sich selbst oder für andere gefährlich ist, in akuten Fällen durch Notstand gerechtfertigt sein kann. Im spanischen Zivilrecht muss aber sofort der zuständige Richter benachrichtigt werden, der gegebenenfalls ein Entmündigungsverfahren eröffnen kann, um die Einweisung zu verlängern (Art. 211 ff. span. Código civil). Beim ärztlichen Heileingriff gegenüber Minderjährigen und Entmündigten sind grundsätzlich die Eltern, der Vormund usw. des Minderjährigen bzw. Unmündigen dafür zuständig, in den Eingriff einzuwilligen. Dabei stellt die Bluttransfusion eines minderjährigen Zeugen Jehovas, dessen Eltern sich weigern, dem Arzt die Erlaubnis dazu zu geben, ein Sonderproblem dar. Das spanische Obergericht hat in einer Entscheidung vom 27.06.1997 in einem solchen Fall, in dem der Minderjährige starb, die Eltern wegen vorsätzlicher Tötung durch Unterlassen verurteilt. Das Verfassungsgericht hat dieses Urteil in seiner Entscheidung vom 18.07.2002 aber mit der Begründung aufgehoben, dass die Eltern ein Recht dazu hatten, ihren 13-jährigen Sohn zu bitten, sich nach den Regeln seiner Religion zu verhalten (der Sohn war damit einverstanden und man konnte auch nicht beweisen, dass die Transfusion sein Leben mit Sicherheit gerettet hätte); dazu siehe *Romeo Casabona*, ¿Límites de la posición de garante de los padres respecto

Die Gesundheit des Patienten und der Wille des Patienten, gesund zu bleiben oder gesund zu werden, stehen jedoch in keinem Gegensatz, sondern fördern sich gegenseitig. Das bedeutet also, dass die Einwilligung des Patienten beim ärztlichen Heileingriff nicht einfach und allein als Tatbestandsausschluss bzw. als Rechtfertigungsgrund einer Körperverletzung, sondern als eine Voraussetzung der (nicht nur strafrechtlichen, sondern auch zivilrechtlichen) Rechtmäßigkeit des Heileingriffes selbst zu verstehen ist. Fehlt sie, dann wird der Heileingriff immerhin eine (strafbare oder nicht strafbare) eigenmächtige Heilbehandlung. Ob er gleichzeitig auch eine Körperverletzung sein kann, hängt von anderen Voraussetzungen ab, vor allem davon, ob eine Beeinträchtigung der Körpersubstanz oder eine Gesundheitsschädigung herbeigeführt wird. Nur dann muss geprüft werden, ob der Heileingriff objektiv indiziert, nach der *lex artis* durchgeführt worden und subjektiv auf ein fahrlässiges Verhalten des Arztes zurückzuführen ist.

Ein – mit oder ohne Zustimmung des Patienten – mit gutem Erfolg durchgeführter Heileingriff erfüllt also nicht den Tatbestand der Körperverletzung, aber ein auch mit Zustimmung des Patienten nicht indizierter und nicht *lege artis* durchgeführter Heileingriff kann den Tatbestand einer Körperverletzung erfüllen.

Dabei spielt es keine Rolle, ob der Eingriff einen Heilzweck verfolgt oder nicht. Auch kosmetische – d. h. nur aus ästhetischen Gründen – mit Zustimmung des Patienten durchgeführte Operationen (soweit sie nicht schon Heilzwecken dienen), erfüllen nicht den Tatbestand der Körperverletzung, wenn sie *lege artis* durchgeführt werden. Grundsätzlich kommt es nicht auf den Zweck der Operation an, wenn der Patient zustimmt und seine Entscheidung als Ausübung seines verfassungsrechtlich in Art. 10 der spanischen Verfassung garantierten Rechtes auf die freie Entfaltung der Persönlichkeit angesehen werden kann.[6]

Ein anderes Problem ist es freilich festzustellen, wann ein ärztlicher Eingriff in die Körpersubstanz eines Menschen als Folge einer freien Entfaltung

---

al hijo menor?, Revista de Derecho penal y Criminología 1998, 38 ff.; *Bajo Fernández*, La nueva Ley de autonomía de paciente, in: Homenaje a Bacigalupo, S. 931 ff.

[6] Dieser Meinung sind *Muñoz Conde*, Derecho penal, Parte especial, 15. Auflage, S. 129 (auch 17. Aufl. 2009); *García Álvarez*, La puesta en peligro de la vida y/o la integridad física asumida voluntariamente por su titular, S. 481 ff.; *Gomez Rivero*, La responsabilidad penal del médico, S. 35 ff., 256 ff. Zustimmend *García Arán*, in: *Córdoba Roda, Juan/García Arán, Mercedes*, Comentarios al Código penal, Bd. 1, 2005, S. 129. Vgl. auch *Berdugo Gómez de la Torre*, El delito de lesiones, S. 20 ff., der dieses verfassungsrechtliche Kriterium auch für die Bestimmung des bei der Körperverletzung geschützten Rechtsgutes in die spanische Strafrechtsdogmatik einführte.

der Persönlichkeit des Betroffenen anzusehen ist. Dabei sind wohl eine gewisse „Moralisierung" und die Versuchung, als Grenze des Rechts auf freie Entfaltung der Persönlichkeit einen Verstoß gegen die guten Sitten anzunehmen, nicht zu vermeiden. Das wäre freilich eine falsche Auslegung des Rechts, das Art. 10 der spanischen Verfassung anerkennt, da es hier nicht um Moral, sondern um die Gesundheit und die körperliche Integrität geht. Bei der Beurteilung mancher ärztlicher Interventionen an den Grenzen zwischen Moral und kommerziellen Geschäften sind historisch bedingte kulturelle Weltanschauungen gewiss nicht auszuschließen. So geschah es z. B. in Deutschland mit den ersten Entscheidungen des BGH über freiwillige Sterilisationen in Bezug auf § 226a a. F. StGB (stellten sie damals einen Verstoß gegen die guten Sitten dar?)[7]. Dieselben Probleme tauchten im spanischen Strafrecht auf, weil nicht nur Sterilisationen, sondern auch Kastrationen bei Operationen zur Geschlechtsumwandlung theoretisch unter den entsprechenden Tatbestand des damals geltenden Código penal (Art. 418 und 419) subsumiert werden konnten und dabei mit Freiheitsstrafe von 12 bis zu 20 Jahren Zuchthaus (der gleiche Strafrahmen wie bei der vorsätzlichen Tötung) hätten bestraft werden können.[8] Denn der damalige Art. 428 Código penal sah bei der Einwilligung des Betroffenen in eine Körperverletzung ausdrücklich keine strafbefreiende Wirkung vor. Deswegen musste der spanische Gesetzgeber schon in der demokratischen Zeit einen neuen Absatz in diesen Artikel einführen, der von dem Grundsatz der Unwirksamkeit der Einwilligung eine Ausnahme für den Fall einer Sterilisation, Geschlechtsumwandlung und Organtransplantation statuierte. Bei diesen drei letztgenannten Operationen sollte die gültige, freiwillige, bewusste, ausdrückliche und nicht betrügerisch oder gegen Bezahlung erlangte Einwilligung des Betroffenen die strafrechtliche Verantwortlichkeit immer dann ausschließen, wenn der Betroffene nicht minderjährig oder zivilrechtlich als unmündig erklärt worden war.[9]

Diese Regelung wurde, zusammen mit einem 1989 eingeführten Absatz über die Sterilisation von zivilrechtlich für unmündig erklärten psychisch Behinderten, den das Verfassungsgericht mit knapper Mehrheit für verfas-

---

[7] Vgl. BGH. 20, 81; dazu *Engisch*, in: FS für Mayer, S. 399 ff.
[8] Vgl. dazu *Muñoz Conde*, Derecho penal, Parte especial, 2. Aufl., S. 75. Heute jedoch werden Ärzte zivilrechtlich zu Schadensersatz verurteilt, wenn die Frau nach der Sterilisierung schwanger wird; ein gutes Beispiel des Wandels der Zeiten oder der „guten Sitten"!
[9] Vgl. dazu *Muñoz Conde*, Derecho penal, Parte especial, 5. Auflage, S. 79 ff.

sungsmäßig erklärte[10], schließlich im Art. 156 des gegenwärtig geltenden Código penal aus dem Jahr 1995 übernommen. Aber in Art. 155 Código penalwird der Einwilligung in die Körperverletzung nur eine strafmildernde Wirkung beigemessen. Nun könnte eine wörtliche Auslegung beider Artikel den Eindruck erwecken, dass die Einwilligung *nur* diese Operationen der Sterilisation, Geschlechtsänderung und Organtransplantation rechtfertigen kann, während die anderen ärztlichen Eingriffe den Tatbestand einer Körperverletzung erfüllen und der Einwilligung dort höchstens eine strafmildernde Wirkung zukommt. Um diese absurde Folge einer wörtlichen Auslegung zu vermeiden, muss man wiederum sagen, dass auch andere Eingriffe – sowohl solche, die zu Heilzwecken als auch solche, die nicht zu Heilzwecken gedacht sind – von der strafbefreienden (tatbestandsausschließenden oder rechtfertigenden) Auswirkung der Einwilligung gedeckt werden, wenn sie erfolgreich und *lege artis* durchgeführt worden sind.[11] Meiner Meinung nach ist Art. 155 Código penal, der der Einwilligung nur eine strafmildernde Wirkung beimisst, auf Fälle anzuwenden, bei denen die Körperverletzung als solche vorsätzlich begangen wird (z. B. beim Zweikampf) und die Einwilligung des Verletzten nicht als eine freie Entfaltung seiner Persönlichkeit angesehen werden kann. Wann das der Fall sein kann, ist nicht abstrakt zu entscheiden, sondern hängt von der konkreten Situation ab; manche Indizien dafür sind aber bereits im Gesetz selbst berücksichtigt worden, das z. B. Sterilisation und medizinische Versuche gegen Bezahlung verbietet oder die Kommerzialisierung der Organtransplantation bannt. Im folgenden Exkurs werde ich mich auf den letztgenannten Fall ausdrücklich beziehen, der ein guter Beweis dafür ist, wie die Grenzen der Einwilligung in zweifelhaften, aber sozial wichtigen Fällen vom Gesetzgeber selbst durch den Weg eines direkten oder indirekten Strafrechtspaternalismus entschieden werden müssen.[12]

---

10 Vgl. Entscheidung des spanischen Verfassungsgerichts vom 14. Juli 1994; dazu *Muñoz Conde*, Sterilisation of the mentally handicapped, in Law and the Human Genome Review, No. 2, 1995, 175. Derselbe, Esterilización, in Enciclopedia de Derecho penal, Romeo Casabona (Hrg.), 2009. In Wirklichkeit handelt es sich hier nicht um ein Problem der Einwilligung, sondern um einen Sonderfall eines durch den Weg einer prozeduralen Rechtfertigung gelösten Notstandes.
11 Vgl. *Muñoz Conde*, Derecho penal, Parte especial, 15. Auflage, S. 130 (auch in 17. Auflage).
12 Dazu *Muñoz Conde*, in: FS für Eser, S. 1119, 1123 ff.

Exkurs: Das Problem des Organhandels. Bann gegen die Kommerzialisierung. Organentnahme von Lebenden

a) Voraussetzungen

Art. 9 der spanischen Königlichen Verordnung vom 4.1.2000 regelt die Voraussetzungen für die Organentnahme bei Lebenden zum Zwecke der Organtransplantation. Der Spender muss volljährig und körperlich und psychisch gesund sein. Die Entnahme muss das Weiterleben des Spenders garantieren und darf keine erhebliche Störung der Funktionalität seines Organismus darstellen; sein Leben oder Gesundheitszustand darf also nicht über das Operationsrisiko hinaus gefährdet sein. Der Spender muss bis in alle Einzelheiten über die Folgen seiner Entscheidung aufgeklärt werden. Seine Einwilligung muss freiwillig, ausdrücklich und ohne Gegenleistung erfolgen und als Urkunde beim zuständigen Richter des Zivilregisters einerseits vom Spender, andererseits vom Arzt, der seinen körperlichen und psychischen Zustand untersucht hat, sowie von dem Arzt, der die Entnahme durchführen soll, hinterlegt werden. Ein Rücktritt ist jederzeit möglich.

Die Einwilligung von geistig Behinderten oder Minderjährigen bzw. von deren Eltern, Sorgeberechtigten oder dem Vormund in die Organentnahme ist ausdrücklich verboten. Damit ist die Transplantation zwischen Geschwistern, die besonders bei eineiigen Zwillingen medizinisch aussichtsreich ist, juristisch nicht möglich, wenn der Spender minderjährig oder geistig behindert ist.

Im Unterschied zur deutschen Regelung, nach der lebend gespendete Nieren, Leberteile und andere nicht regenerierungsfähige Organe nur entnommen werden dürfen *„zum Zweck der Übertragung auf Verwandte ersten oder zweiten Grades, Ehegatten, eingetragene Lebenspartner, Verlobte oder andere Personen, die dem Spender in besonderer persönlicher Verbundenheit offenkundig nahestehen"* (so ausdrücklich § 8 Abs. 1 Satz 2 des deutschen Transplantationsgesetzes), verlangt die spanische Regelung keine besondere Verbundenheit zwischen dem Spender und dem Empfänger. Daher gibt es kein Problem mit der sog. *Cross-over*-Lebendspende, also der Lebendspende und Transplantation zwischen zwei Paaren über Kreuz, die in Deutschland zu einer heftigen Kontroverse geführt hat.[13]

---

[13] Dazu ausführlich *Schroth*, Die strafrechtlichen Grenzen der Organ- und Gewebelebendspende, S.466 in diesem Band.

So sagt z. B. *Schreiber*[14]: „Hier handelt es sich etwa um Fälle, in denen ein Ehegatte seiner Frau eine seiner Nieren spenden will, aber eine Blutgruppenunverträglichkeit besteht. Wenn sich nun ein Ehepaar findet, das sich in einer ähnlichen Situation befindet und sich bei einer Spende über Kreuz eine Blutgruppenverträglichkeit ergeben würde, stellt sich die Frage, ob hier eine besondere persönliche Verbundenheit zwischen Spendern und Empfängern besteht." Er vertritt dabei die Meinung, dass die gemeinsame Notlage eine besondere persönliche Verbundenheit begründen kann und hält sie deshalb für zulässig.[15] Dagegen meint *Schroth*, dass die Cross-over-Situation typischerweise durch eine geistige und nicht eine persönliche Verbundenheit gekennzeichnet ist, dass also die vom Gesetz geforderte besondere persönliche Verbundenheit nicht besteht.[16] Noch ausdrücklicher formulieren *Gutmann/Schroth*[17]: „Der Umstand allein, dass Personen, wie dies bei der Überkreuzspende der Fall ist, bestimmte Leidenserfahrungen und eine Lebenssituation teilen, begründet als solcher das Vorliegen einer engen persönlichen Beziehung jedoch noch nicht."

Die Lösung dieses Problems ist nach der deutschen Regelung rechtlich nicht unproblematisch, vor allem wenn man bedenkt, dass § 19 Abs. 1 des deutschen Transplantationsgesetzes den Verstoß gegen die Vorschrift pönalisiert, die den Spenderkreis bei der Lebendspende begrenzt. *Schroth* schlägt eine „teleologische Reduktion" des Verbots des § 8 Abs. 1 S. 2 TPG vor: „Eine besondere persönliche Verbundenheit zwischen Organspender und Organempfänger als eine Voraussetzung der Lebendspende liegt vor, wenn Verbundenheitsgefühle zwischen diesen bestehen und die Verbindung in der Lebensgeschichte wurzelt. Dies kann man als innere Voraussetzung dieses Begriffes ansehen. Die äußere Seite, die Offenkundigkeit der Verbindung, sollte bereits dann angenommen werden, wenn sie für den Arzt klar erkennbar ist."[18]

---

14 *Schreiber*, in: Kirste (Hrsg.), Nieren-Lebenspende, S. 33 ff.
15 *Schreiber*, in: Kirste (Hrsg.), Nieren-Lebenspende, S. 33 ff.
16 Vgl. *Schroth*, JZ 1997, 1149 ff.
17 *Gutmann/Schroth*, Transplantationsmedizin 2000, 12. Jahrg., S. 176.
18 Vgl. auch *Schroth*, Die strafrechtlichen Grenzen der Organ- und Gewebelebendspende, S. 467 ff. in diesem Band, der die Verfassungsmäßigkeit dieser Vorschrift aus mehreren Gründen infrage stellt. Das Bundesverfassungsgericht (Beschluss vom 11.8.1999, in NJW 1999, 3399) hat die angefochtenen Vorschriften jedoch für verfassungskonform erklärt. Zur Problematik vgl. auch *Koch*, in: Kirste (Hrsg.), Nieren-Lebendspende, S. 49, 54 ff.; im Detail dazu *König*, Strafbarer Organhandel; *derselbe*, Das strafbewehrte Verbot des Organhandels, S. 501 in diesem Band.

Da die spanische Rechtslage hinsichtlich dieses Problems anders aussieht, werde ich darauf nicht mehr eingehen. Aber wir können aus dieser Diskussion Folgerungen für die Lösung anderer Probleme ziehen. Wenn man nach dem ideologischen Hintergrund dieses Merkmals der besonderen persönlichen Verbundenheit zwischen Spender und Empfänger fragt, dann ist wahrscheinlich die Antwort, dass es sich ohne diese Verbundenheit um ein finanzielles Geschäft handelt und dass dadurch die Freiwilligkeit der Organspende fragwürdig geworden ist. Beide Folgerungen sind jedoch inkonsistent, denn, wie *Schroth*[19] sagt: „Eine Fremdspende kann freiwillig erfolgen und altruistisch motiviert sein. Eine Verwandtenspende dagegen kann Ausdruck familiären Druckes und unfreiwillig sein. Ob ein Spender freiwillig handelt oder nicht, hängt mit der Frage, ob er zu einem spezifischen Spenderkreis gehört oder nicht, überhaupt nicht zusammen."

Es muss aber zugegeben werden, dass auch das Gegenteil passieren kann, dass ein Spender, ob er nun Verwandter oder auch Fremder ist, der Spende zustimmt, um Geld dafür zu bekommen. Jedoch ist es gerade das, was die meisten Regelungen der Organtransplantation auf die eine oder andere Weise vermeiden wollen. Von diesem Gesichtspunkt her gesehen ist das Problem meiner Meinung nach nicht, ob eine solche Verbundenheit besteht oder ob es wünschenswert ist, sie zu verlangen, denn das kann man bei solchen extremen Fallkonstellationen wohl einfach begründen (oder es kann bei anderen Regelungen, die diese Verbundenheit nicht verlangen, nicht von Wichtigkeit sein); entscheidend ist vielmehr, ob bei einer Organtransplantation jedes finanzielle Interesse auszuschließen ist, um die Freiwilligkeit der Organspende zu gewährleisten. Damit stellt sich das Problem der Kommerzialisierung, das ich im Folgenden erörtern möchte.

b) Das Problem des Organhandels. Bann gegen die Kommerzialisierung.

Nach einer bei den Transplantationsmedizinern, der Weltgesundheitsorganisation und dem Europarat herrschenden Meinung geht die spanische Königliche Verordnung vom 4.1.2000 davon aus, dass der Spender oder ein Dritter keine wirtschaftliche Gegenleistung bekommen darf und der Empfänger für die Spende auch nicht bezahlen muss (Art. 8). Damit ist der Organhandel grundsätzlich verboten. Die spanische Regelung enthält aber im Unterschied z. B. zum deutschen Transplantationsgesetz (§ 18 TPG) keinen Straftat-

---

[19] *Schroth*, JZ 1997, 1149, 1153.

bestand, der dieses Verbot ausdrücklich mit Strafe bewehrt.[19a] Das bedeutet aber nicht, dass Organhandel in Spanien illegal, aber straffrei ist, sondern nur, dass die Strafbarkeit sich nach den allgemeinen strafrechtlichen Grundsätzen zu richten hat, die schon oben unter I beschrieben wurden. Danach würde hier eine Körperverletzung infrage kommen, die nur durch die Einwilligung des Spenders gerechtfertigt sein könnte. Da aber die Verordnung verbietet, dass der Spender Geld oder sonst irgendeine wirtschaftliche, soziale oder psychische Gegenleistung bekommt (Art. 8 und 9, 2 der spanischen Königlichen Verordnung), wird die Einwilligung hier keine strafbefreiende, sondern höchstens nach Art. 155 Código penal eine strafmildernde Wirkung für Dritte haben, die an der Entnahme- bzw. Transplantationsoperation teilnehmen oder Empfänger der Organspende sind. Das heißt, Arzt und Empfänger können als Täter bzw. Teilnehmer wegen des entsprechenden Tatbestands der Körperverletzung (oder im Falle einer Transplantation eines Lebendorgans wegen eines Tötungsdelikts oder wegen Tötung auf Verlangen) bestraft werden. Das Verhalten des einwilligenden Spenders wird dagegen straflos bleiben, da Selbstverletzung und Selbstmord im spanischen Strafrecht straflos sind und es keine besondere Vorschrift gibt, die dieses Verhalten als strafbar ansieht.

Da es sich hier jedoch um verschiedene Fallkonstellationen handelt, möchte ich mich nun mit diesem Thema näher beschäftigen.

Was wäre beim strafrechtlichen Verbot des Organhandels das *geschützte Rechtsgut*? Im spanischen Strafrecht könnte dies bei der Organspende unter Lebenden nur die körperliche Integrität des Spenders sein, da es sich um eine Körperverletzung des Spenders handelt. (Ich sehe hier von der Möglichkeit eines Tötungsdeliktes ab.) Aber im spanischen Strafrecht ist der Organhandel auch bei der postmortalen Spende verboten. In diesen Fällen kann man natürlich nicht von der körperlichen Integrität des Spenders sprechen. Genauso wie im deutschen Strafrecht und in anderen Rechtsordnungen muss auch hier nach einem anderen Rechtsgut gefragt werden. Aber welchem?

Man spricht von *Menschenwürde* und sagt, dass der Mensch bzw. seine sterblichen Überreste beim Organhandel Objekt finanzieller Interessen würden. Das zentrale Argument ist, dass der Mensch nicht als Instrument für andere benutzt werden darf. Das mag in Bezug auf die Organspende unter

---

[19a] Neuerdings will der Entwurf zur Reform des Código penal vom 27.11.2009 einen neuen Artikel (Art. 156 bis) einführen, wonach der Organhandel ausdrücklich mit Freiheitsstrafe bis zu 12 Jahren bestraft werden kann. Immerhin bleibt der Spender – anders als im deutschen Strafrecht – straflos.

Lebenden, wenn der Spender dafür etwa Geld bekommt, vielleicht zutreffen. Dieses Argument ist jedoch überhaupt nicht annehmbar, wenn es sich um eine Spende von jemandem handelt, der zu Lebzeiten erklärt hat, dass er für die Spende selbst Geld für sich selbst oder später nach seinem Tod für seine Familie will. Eine Bestrafung wegen Sachbeschädigung, Störung der Totenruhe oder des Pietätsempfindens nach Art. 526 des Código penal wäre schwer zu begründen, wenn wir davon ausgehen, dass hier nach dem ausdrücklichen Willen des Verstorbenen gehandelt wird.

Danach ist im spanischen Recht das Verbot des Organhandels nur in Bezug auf die Organspende eines Lebenden für Dritte, das heißt, für Empfänger, Ärzte, Vermittler usw. strafbewehrt – und zwar als schwere Körperverletzung zum Nachteil des Spenders selbst, dessen freiwillige Einwilligung nach Art. 155 Código penal nur eine strafmildernde Wirkung haben kann. Gewiss gibt Art. 156 Código penal z. B. im Falle der Organtransplantation der Einwilligung des Verletzten eine strafausschließende Wirkung, allerdings nur in denjenigen Fällen, in denen das Gesetz dies erlaubt; und sowohl das Gesetz vom 6.11.1979 (Art. 2) als auch die Königliche Verordnung vom 4.1.2000 (Art. 2, 9,2) verbieten ausdrücklich jede direkte oder indirekte Form von Organhandel.

Organhandel ist im spanischen Recht zwar auch für den Spender verboten, der keine Gegenleistung (außer den Operationskosten) erhalten darf, doch bleibt ein Verstoß gegen dieses Verbot für ihn ohne strafrechtliche Konsequenzen, sodass es sich letztlich nur um ein symbolisches Verbot handelt. Der spanische Gesetzgeber hat mit Recht angenommen, dass es sich hier um einen Fall der Selbstverletzung oder Selbstgefährdung handelt, für den das Opfer selbst keine Strafe verdient. Das ist nur konsequent angesichts der bei uns seit der Zeit der strafrechtlichen Kodifizierung geltenden „Straflosigkeit des (auch nur versuchten) Selbstmords und der Selbstverletzung". Ein nächster Schritt wäre vielleicht mit der in Deutschland vor allem von *Roxin*[20] entwickelten Lehre der objektiven Zurechnung möglich gewesen, nach der auch die Einwilligung des Opfers in die eigene Gefährdung oder Verletzung die Zurechnung des Verletzungserfolges für einen Dritten ausschließt. Dabei muss aber in Rechnung gestellt werden, dass § 228 des deutschen Strafgesetzbuchs die Einwilligung des Verletzten bei Körperverletzungen für rechtswidrig erklärt, „wenn die Tat trotz der Einwilligung *gegen die guten Sitten* verstößt". Dann taucht freilich die Frage auf, ob die Einwilligung eines Spenders,

---

20 *Roxin*, AT I, S. 536.

der dafür eine wirtschaftliche Gegenleistung bekommt, „gegen die guten Sitten verstößt". Das wäre meiner Meinung nach der Fall, wenn der Spender sich im Notstand oder in einer ähnlichen Notlage befindet, wenn die Spende also als Folge der Ausnutzung einer wirtschaftlichen Notlage des Spenders betrachtet werden kann. Dann ist die Einwilligung des Spenders eine Art *notwendige Teilnahme*, die wie z. B. bei Opfern des Wuchers oder des Kindesmissbrauchs straflos bleibt, aber die die Rechtswidrigkeit der Tat des Dritten nicht ausschließt. In diesem Sinne kann man von einem *indirekten Strafrechtspaternalismus*[21] sprechen, der zum Schutz eines potenziell Selbstgeschädigten besteht, aber nicht an ihn, sondern an einen Dritten adressiert ist.

Nehmen wir nun andere Fälle an, in denen der Spender sich nicht im Notstand befindet, wenn er z. B. einfach das Geld will, um ein besseres Haus oder Auto zu kaufen, oder als Erbe für seine Angehörigen. Dann ist es schwer zu verstehen, warum der Gesetzgeber den Organhandel nicht nur verbietet, sondern dieses Verbot auch strafrechtlich bewehrt. Man muss zugeben, dass das Verbot des Organhandels in den meisten Rechtsordnungen gilt und dass es im Allgemeinen dem Wunsch der betreffenden Institutionen entspricht. Es wird hier oft von Ausbeutung in Notlagen bei Spendern aus der Dritten Welt gesprochen. Das Rechtsgut des strafbewehrten Verbots des Organhandels wäre also ein soziales oder universelles Rechtsgut, der Schutz der Armen, der illegalen Einwanderer und der sich allgemein in Not Befindlichen (und nicht nur derjenigen in der Dritten Welt). Die vom Gesetzgeber angewandte strafrechtliche Technik, um dieses Rechtsgut zu schützen, ist in der deutschen Gesetzgebung eine Art *abstraktes Gefährdungsdelikt*, nach dem auch dann zu bestrafen ist, wenn die abstrakt angenommene Notlage der Spender bzw. der Empfänger nicht existiert. Das ist natürlich theoretisch fraglich, aber in der Praxis schwer zu kritisieren. Die Gefahr, dass es ohne eine strafrechtliche Sanktion zu einer skrupellosen Ausbeutung von Personen insb. in der Dritten Welt kommen könnte, ist schwer zu leugnen. Die Bestrafung des Organhandels wird diese Möglichkeit wenngleich nicht ausschließen, so doch vielleicht eine gewisse Hemmungswirkung haben, vor allem wenn dieses Verbot weltweit strafrechtlich bewehrt wird.

Allerdings müssen dabei dem Strafrecht auch gewisse Grenzen gezogen werden. Der deutsche Gesetzgeber ist zu weit gegangen. In der Terminologie von *Schroth*[22] kann sogar von einem *direkten Strafrechtspaternalismus* gespro-

---

21 So der Ausdruck von *Schroth*, JZ 1997, 1149, 1153.
22 *Schroth*, Die strafrechtlichen Grenzen der Organ- und Gewebelebendspende, S. 466 in diesem Band.

chen werden, der zugleich ein *harter Strafrechtspaternalismus* ist, bei dem derjenige bestraft wird, der sich selbstschädigend verhält oder sich so zu verhalten versucht, um ihn gegen seinen Willen vor sich selbst zu schützen. Die Verfassungsmäßigkeit eines Systems, das es dem Einzelnen (Spender) bei Strafe verbietet, Geld oder andere für ihn nützliche Gegenleistungen anzunehmen, ist natürlich zweifelhaft. Mit der Autonomie und dem Selbstbestimmungsrecht des Einzelnen ist es unvereinbar, dass man ihn (bzw. seine Bestrafung) als Mittel zum Zweck des Schutzes der moralischen Sitten oder der Erziehung Anderer benutzt.[23] Ein allgemeines strafbewehrtes Verbot des Organhandels für andere Personen mit Ausnahme des Spenders ist aber in diesem Moment und in einer Welt, in der die Kluft zwischen armen und reichen Menschen und Ländern noch tiefer geworden ist, unvermeidbar oder sogar empfehlenswert. Allerdings muss man auch das Interesse der sich in gesundheitlicher Notlage befindenden Organempfänger in Rechnung stellen. Die Lösung des deutschen Gesetzes, bei dem sowohl für sie als auch für die Spender von Strafe abzusehen oder diese nach Ermessen des Gerichts zu mildern ist, ist in den Worten von *Schroth*[24] ein Verstoß gegen das Verbot, unbestimmte Strafrechtsnormen zu erlassen und damit ein Verstoß gegen das Gesetzlichkeitsprinzip, das im Strafrecht den Rang eines Grundprinzips hat. Meiner Meinung nach ist es auch eine Form, das schlechte Gewissen gegenüber den sich manchmal in dramatischen Konflikten befindenden Spendern und Empfängern zu beruhigen.

Ich meine daher, dass die spanische Lösung dieses Problems, auch wenn sie in manchen Aspekten bestreitbar sein mag, besser ist als die deutsche.

II) Ein anderes Problem, welches beim ärztlichen Heileingriff parallel zur Problematik der Einwilligung des Patienten verläuft, ist die Aufklärungspflicht des Arztes gegenüber dem Patienten.[25] Die Wirksamkeit der – für den Arzt – tatbestandsausschließenden bzw. rechtfertigenden, auf alle Fälle aber verantwortungsausschließenden Einwilligung des Patienten setzt voraus, dass der Arzt den Patienten über Diagnose, Art und Weise des Eingriffs und

---

23 Zu anderen Argumenten gegen die Verfassungsmäßigkeit der strafrechtlichen Vorschriften des deutschen Transplantationsgesetzes vgl. auch *Schroth*, Die strafrechtlichen Grenzen der Organ- und Gewebelebendspende, S. 466 in diesem Band.
24 *Schroth*, JZ 1997, 1149, 1151.
25 Zu dieser Problematik eingehend *Blanco Cordero*, Relevancia penal de la omisión o del exceso de información médica o terapéutica, Actualidad Penal 1997; *Knauer*, in: Roxin/Schroth (Hrsg.), Medizinstrafrecht, 2. Aufl., S. 11, 12 ff.

Risiken desselben sowie über die möglichen Folgen aufklärt. Es ist selbstverständlich, dass der Einwilligende wissen muss, worin er einwilligt. Aber was muss der Arzt dem Patienten alles sagen?

Die erste Frage lautet, welche Intensität der Aufklärung die Einwilligung erfordert. Eine Aufklärung über Risiken und Folgen, deren statistische Wahrscheinlichkeit kaum messbar ist, wird dem Arzt vernünftigerweise von der spanischen Rechtsprechung nicht abverlangt. Aber auch eine knappe, zu vage Aufklärung ist nach der herrschenden Lehre und Rechtsprechung nicht genug. Das notwendige Niveau der Aufklärung ist von Fall zu Fall unterschiedlich zu beurteilen und muss in jeder Situation geprüft werden. Eine Lokalnarkose des Zahnfleisches bei einer Zahnplombierung verlangt natürlich nicht dasselbe Niveau der Aufklärung wie eine Vollnarkose bei einer Operation wegen eines Nabelbruches. Auch die Art und Weise des Eingriffs spielt dabei eine Rolle. Die gelegentliche Verschreibung einer Tablette (z. B. von Aspirin), um Kopfschmerzen zu lindern, wird routinegemäß täglich von jedem Arzt vorgenommen, ohne dem Patienten sagen zu müssen, dass sie auch schädliche Nebenwirkungen (z. B. Schädigungen der Magenschleimhaut, allergische Reaktionen) haben kann, wenn er den Patienten und seine klinische Biografie gut kennt oder davon ausgehen kann, dass der Patient die durchschnittlichen medizinischen Kenntnisse hat, um das zu wissen, weil er z. B. auch ein Arzt ist. Bei einer schwer wiegenden Operation wie etwa Bauchschnitt, Schädelöffnung, Organtransplantation oder Amputation eines Gliedes muss der Patient dagegen im Detail über Risiken und Folgen des Eingriffs aufgeklärt werden. In spanischen öffentlichen Krankenhäusern wird dem Patienten routinemäßig eine Urkunde vorgelegt, in der auf einer Seite um seine ausdrückliche Einwilligung zur Operation gebeten wird. Auf der Rückseite wird er über Einzelheiten, Techniken, Risiken und mögliche Folgen und Nebenfolgen der entsprechenden Operation aufgeklärt. Eine ähnliche, aber separate Urkunde wird für die Anästhesie verlangt. Dann hängt es von der persönlichen Beziehung zwischen Arzt und Patient, vom Charakter des Arztes bzw. des Patienten, vom kulturellen Niveau des Patienten und natürlich von der Art und Weise der Operation ab, ob eine zusätzliche mündliche Aufklärung stattfinden soll oder sogar notwendig ist. Dass es sich dabei um eine klare, präzise und dem intellektuellen bzw. kulturellen Niveau des Patienten zugängliche Aufklärung handeln muss, ist selbstverständlich.

Wenn die Operation, über die angemessen aufgeklärt wurde, zu riskant oder medizinisch nicht notwendig ist, der Patient aber auf dem Wunsch, operiert zu werden, beharrt, so ist besonders sorgfältig zu prüfen, ob seine Einwilligung auf einer psychischen Störung oder einem intellektuellen Defekt beruht und wegen fehlender Urteilsfähigkeit unwirksam sein könnte. Ist das nicht der Fall, dann ist der Wille des Patienten, auf alle Fälle operiert zu werden, hinreichender Grund, um die Verantwortlichkeit des Arztes auszuschließen. In einem vom BGH behandelten Fall, in dem eine Patientin die Extraktion sämtlicher Zähne in der irrigen, unvernünftigen Annahme, der Zustand der Zähne sei für ihre Kopfschmerzen ursächlich, verlangte, hat der BGH die Einwilligung wegen Fehlens der Urteilsfähigkeit als unwirksam angesehen und den Arzt wegen Körperverletzung verurteilt.[26] Für *Jeschek/Weigend*[27] liegt der Grund dieses Urteils darin, dass die Extraktion sämtlicher Zähne aufgrund eines unsinnigen Verlangens der Patientin wegen der Schwere des Eingriffs „sittenwidrig" ist. Anderer Meinung ist *Roxin*[28], der auch einen ärztlichen Eingriff, der auf einer objektiv unvernünftigen Entscheidung des Patienten beruht, als zulässig und nicht als sittenwidrig im Sinne des § 228 StGB erachtet. In der spanischen Lehre betrachtet *Gomez Rivero* diesen Fall als eine Frage der Auslegung der Tragweite des in Art. 10 der spanischen Verfassung anerkannten Rechts auf freie Entfaltung der Persönlichkeit[29], das ohne moralische Einschränkungen auszulegen ist. Dabei muss aber berücksichtigt werden, dass der Gesetzgeber, wie oben im Exkurs gezeigt worden ist, bei manchen Operationen wie z. B. einer Organtransplantation gewisse Einschränkungen der Verfügungsfreiheit aufstellt, die sowohl für den Einwilligenden als auch für den Arzt verbindlich sind. Auch die Kastration ist mit der Einwilligung des Betroffenen nur unter gewissen Voraussetzungen, die vom Gesetz selbst normiert worden sind, zulässig.[30] Wenn es diese gesetzgeberischen Einschränkungen nicht gibt, dann muss man den freien, auch objektiv unvernünftigen, Entschluss des Patienten respektieren und ihm das

---

26 Vgl. BGH, NJW 1978, 1206.
27 *Jeschek/Weigend*, Lehrbuch des Strafrechts, S. 379.
28 *Roxin*, AT I, S. 575.
29 *Gomez Rivero*, La responsabilidad penal del médico, S. 319 ff.
30 Im Unterschied zum deutschen Strafrecht gibt es im spanischen Strafrecht kein Gesetz, das die freiwillige Kastration ausdrücklich regelt. Man kann aber Art. 156 des Código penal, der Operationen zur freiwilligen Geschlechtsänderung ausdrücklich erlaubt, implizit entnehmen, dass die Kastration, die üblicherweise bei Geschlechtsänderungsoperationen durchgeführt werden muss, auch als direktes Ziel des Betroffenen zulässig ist. Im Strafvollzugsrecht würde die freiwillige Kastration eines Inhaftierten (z. B. eines Sexualverbrechers) als therapeutische Behandlungsmethode im Prinzip zulässig sein, wobei aber die „Freiwilligkeit" in diesem Kontext besonders geprüft und sogar verneint werden müsste, wenn z.B die Kastration als Voraussetzung der bedingten Entlassung verlangt würde. Meines Wissens werden in spanischen Vollzugsanstalten solche Operationen nicht durchgeführt.

Recht geben, seine Wahl zu treffen. Dass seine Entscheidung oder Einwilligung „gegen die guten Sitten verstößt", ist als allgemeines Grenzkriterium kein Argument, das das Recht auf die freie Entfaltung der Persönlichkeit des Einwilligenden einschränken kann. Eine andere Sache ist es, dass bei volljährigen, aber jungen Menschen mit Rücksicht auf die Schwere und Irreversibilität des Eingriffs die Einsichtsfähigkeit besonders zu prüfen und wohl zu verneinen ist[31], vor allem wenn es sich um Sterilisation und Kastration handelt. Aber solche Fallkonstellationen sind nicht mehr ein Problem der Aufklärungspflicht des Arztes, sondern der Fähigkeit des Betroffenen, mit Grund und Wissen über seine Körperintegrität verfügen zu dürfen.

Die spanische Zivilrechtsprechung hat zum Teil die These vertreten, die Aufklärungspflicht des Arztes sei mit der *lex artis* verbunden, sodass ein Mangel an Aufklärung schon eine Schadensersatzpflicht des Arztes begründet.[32] Aber wie gezeigt wurde, haben Einwilligung und Aufklärungspflicht mit der Frage des fahrlässigen Handelns des Arztes im Prinzip nichts zu tun, da es sich dabei um den ärztlichen Eingriff als solchen und nicht um die Frage der Einwilligung des Patienten oder der Aufklärungspflicht des Arztes handelt.

B. Mutmaßliche Einwilligung oder Notstand? Die Zwangsernährung von Hungerstreikenden

Während der ärztliche Heileingriff mit Einwilligung des Patienten den Tatbestand einer Körperverletzung ausschließt bzw. rechtfertigt, ist bei ärztlichen Heileingriffen, vor allem lebensrettenden Operationen an einem zur Äußerung seines Willens gegenwärtig unfähigen Patienten nach anderen Kriterien zu suchen, um den Arzt von einer strafrechtlichen Verantwortung auszuschließen. Dabei muss jedoch zuerst gefragt werden, ob der zur Äußerung

---

31 Schönke/Schröder – *Eser*, § 223 Rn. 38.
32 Entscheidungen des spanischen Obergerichts (Tribunal Supremo) in Zivilsachen vom 2.7.2002 und 22.7.2003. Normalerweise sind die Voraussetzungen der zivilrechtlichen Schadensersatzpflicht vor allem bei der Beweiswürdigung – etwa des Kausalzusammenhangs – nicht so streng wie bei den Strafverfahren. Gleichwohl werden die meisten Fälle im Strafverfahren als strafrechtliche Fälle entschieden, auch im Falle leichter Fahrlässigkeit des Arztes, weil die Kosten des Strafverfahrens nicht so hoch sind, das Verfahren normalerweise schneller läuft und nach dem spanischen Recht die zivilrechtliche Frage der Schadensersatzpflicht auch vom Strafrichter beim Strafurteil entschieden werden kann, wenn das Opfer darauf nicht ausdrücklich verzichtet.

seines Willens gegenwärtig unfähige Patient, bevor er das Bewusstsein verlor, seinen Willen ausgedrückt und die lebensrettende Operation verweigert hat. Wenn die Antwort darauf bejaht wird, muss weiter unterschieden werden, ob der Patient bei klarem Verstand Selbstmord begehen wollte, oder ob er dabei nur das sogar höchstwahrscheinliche Risiko seines Todes in Kauf nimmt, sein Ziel aber, wenn er die Operation (bzw. Ernährung oder lebensrettende Bluttransfusion) verweigert, ein anderes ist als zu sterben, nämlich bei seinem Glauben zu bleiben, mit Gebeten und anderen Mitteln weiterleben zu können, oder bestimmte Rechte durch Hungerstreik zu verlangen.

Bei der Verhinderung eines Suizids gegen den Willen des Selbstmörders wird von der herrschenden Lehre in Deutschland angenommen, dass eine Rechtfertigung durch Notstand infrage kommt, da das menschliche Leben nicht zur freien Verfügung des Einzelnen steht.[33] Im spanischen Strafrecht kann man dazu argumentieren, dass die unterlassene Verhinderung eines Suizids von einem Garanten (z. B. einem Arzt) sogar als eine nach Art. 143,2 Código penal strafbare notwendige Beihilfe zum Suizid angesehen werden kann.[34]

Anders sind meiner Meinung nach jedoch die Fälle zu beurteilen, in denen der Patient, der die Operation, Ernährung oder lebensrettende Bluttransfusion verweigert, in Wirklichkeit nicht sterben will, sondern ein anderes Ziel anstrebt, etwa mit anderen als den nach den ärztlichen Kunstregeln empfohlenen Mitteln weiterzuleben oder durch einen lebensgefährlichen Hungerstreik bestimmte Rechte von den zuständigen Strafvollzugsbehörden zu erlangen. Dass hier dabei zunächst der Wille bzw. die Glaubens- und Meinungsfreiheit des Einzelnen respektiert werden muss, steht meiner Meinung nach außer Zweifel. Das Problem ist jedoch besonders kompliziert, wenn der sich in akuter Todesgefahr befindende Patient oder Hungerstreikende, der bei klarem Verstand den rettenden ärztlichen Heileingriff (Bluttransfusion, Zwangsernährung) verweigert hat, bewusstlos wird. Da der Tod höchst wahrscheinlich eintreten wird und irreversibel ist, handelt es sich hier um eine sog.

---

33 Fall Wittig; dazu *Roxin*, AT I, S. 773.
34 Dazu s. *Muñoz Conde*, Parte especial, 15. Auflage, S. 73; *Luzón Peña*, Estado de Necesidad e intervención médica. Anderer Meinung *Díez Ripollés, José Luís*, La huelga de hambre en el ámbito penitenciario, Cuadernos de Política Criminal 1986, 621 ff., der allerdings den Hungerstreik mit dem versuchten Selbstmord gleichsetzt, vgl. *derselbe*, in: Díez Ripollés/Romeo Casabona, Comentarios al Código penal, Parte Especial, Bd. 1, S. 247 ff.; dagegen *García Álvarez*, La puesta en peligro de la vida y/o la integridad física asumida voluntariamente por su titular, der richtigerweise zwischen Selbstgefährdung und Selbstmord unterscheidet.

„existenzielle Entscheidung" über Leben und Tod, die getroffen werden muss.[35] Die herrschende Meinung stellt in diesen Fällen auf die Befragung der Angehörigen oder irgendwelche Indizien ab, die eine allgemeine Einstellung des Patienten zulassen. Aber wie *Roxin* sagt[36], „kann man nie wissen, wie er (der Patient) sich angesichts des Todes wirklich entscheiden würde". Darüber hinaus ist der Tatsache Rechnung zu tragen, dass auch der Angehörige – aus welchem Grund auch immer – den ursprünglichen Willen des Bluttransfusionsverweigerers oder Hungerstreikenden zu Tode zu kommen, weiter unterstützen kann. Bei einem solchen Fall stellt *Roxin* auf die mutmaßliche Einwilligung ab: „Der Autonomie des Patienten ist daher am besten gedient, wenn man die Lebensrettung zulässt, die ihm die nachträgliche Entscheidung – selbst die für den Tod – offen hält. Die mutmaßliche Einwilligung rechtfertigt auch dann, wenn der Gerettete hernach mit seiner Rettung nicht einverstanden ist."[37]

Die spanische Rechtsprechung hat solche Fälle unterschiedlich beurteilt. In einem Fall, in dem eine Bluttransfusion an einer bewusstlosen Zeugin Jehovas gegen den Willen ihres Ehemannes, aber mit der ausdrücklichen Genehmigung des zuständigen Richters durchgeführt wurde, hat das spanische Obergericht diese Bluttransfusion durch Notstand als gerechtfertigt angesehen. Das ist auf die weite Regelung des Notstandes im spanischen Código penal zurückzuführen.[38]

Problematischer ist jedoch die Lösung bei *Zwangsernährung der Hungerstreikenden im Strafvollzug*. Es ist klar, dass der Hungerstreikende, solange er bei Bewusstsein ist, mit dem Hungerstreik die Behörden des Strafvollzugs und die Öffentlichkeit aufmerksam machen will. Ob er bei seinem Verlangen Recht hat oder nicht, spielt hier keine Rolle, da der Hungerstreik auf alle Fälle Ausdruck seiner Freiheit ist. Das Problem beginnt, wenn er dauerhaft bewusstlos wird und die Gefahr besteht, dass er ums Leben kommen kann. Beide Punkte: – 1. der ständige Verlust des Bewusstseins (wenn von einer

---

35 S. *Roxin*, AT I, S. 831.
36 *Roxin*, AT I, S. 832.
37 *Roxin*, AT I, S. 832.
38 Beschluss des spanischen Obergerichts vom 14. März 1979 und Beschluss vom 22. Dezember 1983, dazu *Bajo Fernández*, Agresión médica y consentimiento del paciente, Cuadernos de Política criminal 1985, S. 127 ff.; *Jorge Barreiro*, La imprudencia punible en la actividad médico-quirúrgica, S. 96. Zur mutmaßlichen Einwilligung in der spanischen Lehre eingehend *De la Mata Barranco*, El consentimiento presunto ante comportamientos realizados en interés propio, in Homenaje a Roxin. Für *Cerezo Mir* Curso de Derecho penal, 3. Auflage, ist die mutmaßliche Einwilligung immer eine Frage des Notstandes.

freien Willensbestimmung des Gefangenen nicht mehr ausgegangen werden kann) und – 2. die drohende Gefahr eines nahe bevorstehenden Todes (wenn eine akute Lebensgefahr besteht) – müssen nach objektiven ärztlichen Kriterien geprüft werden. Sind sie gegeben, dann hat die Verwaltung der Strafvollzugsanstalt nach der Rechtsprechung des spanischen Verfassungsgerichts die Pflicht, den Gefangenen zu ernähren, da sie gegenüber seinem Leben, seiner Gesundheit und seiner körperlichen Integrität eine Garantenstellung hat, die sich aus dem besonderen Rechtsverhältnis zwischen der Verwaltung und den Gefangenen sowie der Gesundheitsfürsorgepflicht der Vollzugsbehörde ergibt. Es handelt sich um eine ärztliche Zwangsmaßnahme, die in jedem Strafvollzugsgesetz vorgesehen ist. Ob es sich hier um einen Fall der mutmaßlichen Einwilligung oder des Notstandes handelt, kann getrost ausgeklammert werden, denn beide Rechtfertigungsgründe sind im Grunde genommen anwendbar, je nachdem welchem Gesichtspunkt (dem vermeintlichen Willen des Betroffenen bzw. der Güterabwägung) der Vorzug gegeben wird. Die Heranziehung des Notstandes bei solchen Fallkonstellationen hat meiner Meinung nach den Vorteil, dass er angewendet werden kann, ohne dass auf die Fiktion einer mutmaßlichen Einwilligung zurückgegriffen werden muss, wenn das Ziel der Heilbehandlung die Rettung des Lebens des Betroffenen ist und nach dem Prinzip der Güterabwägung das Leben als höchstes Rechtsgut betrachtet wird. Die Zwangsernährung wäre mit dieser Begründung auch dann durch Notstand gedeckt, wenn der Streikende nach der Zwangsernährung wieder zu Bewusstsein kommt und ausdrücklich verlangt, den Hungerstreik bis zu seinem Lebensende fortsetzen zu wollen. Dabei muss man auch nicht auf die Befragung von Angehörigen abstellen, da es hier nicht mehr um eine Frage der Einwilligung, sondern um das höhere Ziel der Rettung des Lebens einer sich in akuter Todesgefahr befindenden Person geht, die nicht mehr im Stande ist, ihren Willen auszudrücken, und in Wirklichkeit nicht sterben, sondern nur bestimmte Rechte verlangen wollte. Normalerweise handelt sich also bei solchen Fallkonstellationen nicht um einen Suizid oder versuchten Suizid, sondern um einen sog. „demonstrativen Selbsttötungsversuch"[39], bei dem der Streikende nur demonstrieren, aber nicht sterben will.

Folge dieser Rechtsauffassung ist es, dass die strafrechtliche Verantwortung der Behörde, wenn der Streikende ums Leben kommt, nicht als eine nach Art. 143 des spanischen Código penal strafbare notwendige Beihilfe zum Selbstmord oder als Tötung auf Verlangen, sondern immer als vorsätzliche

---

39 So der Terminus von *Kühne*, NJW 1975, 671.

Tötung zu beurteilen ist, wenn die oben genannten Voraussetzungen dafür erfüllt sind.[40]

Das spanische Verfassungsgericht hat in seiner Entscheidung vom 27.6.1990 diese Meinung vertreten und die Zwangsernährung in solchen Extremfällen legitimiert. Es verbietet im Anschluss an die Entscheidung des europäischen Gerichtshof für Menschenrechte vom 25. 2.1985 eine Demütigung des Gefangenen durch eine Zwangsernährung insoweit, als der Wille des Gefangenen, soweit er im Stande ist, ihn auszudrücken, immer respektiert werden muss, und dass die Zwangsernährung nicht mit erheblicher Gefahr für Leben oder Gesundheit des Gefangenen verbunden sein darf.

Natürlich entsteht bei solchen Hungerstreikenden ein Legitimationskonflikt für den Staat, der durch die „Symbolwirkung" des Streiks in eine moralische bzw. politische Verlegenheit geraten kann.[41] Aber auch der Staat hat die höchsten Werte des Lebens sowie die Würde des Gefangenen zu respektieren und ihn als Person und nicht bloß als einen „Feind" zu behandeln, der nach der berühmten Definition von *Jakobs* als „Unperson" betrachtet werden muss.[42] Das wird durch die Zwangsernährung respektiert, wenn dadurch die Rettung des Lebens bei akuter Lebensgefahr angestrebt und diese ohne Demütigung des Streikenden durchgeführt wird. Eine Unterbrechung des Hungerstreiks mit Zwangsernährung des Streikenden, wenn er noch in keiner akuten Lebensgefahr ist, würde also sein Selbstbestimmungsrecht verletzen; und eine Unterlassung der Zwangsernährung, wenn diese akute Lebensgefahr besteht und der Streikende nicht mehr in der Lage ist, seinen Willen auszudrücken, würde eine durch Unterlassung begangene vorsätzliche Tötung sein, da dabei der Verdacht nicht ausgeschlossen werden kann, dass der Staat sich durch dieses ungerechte Verfahren z. B. von unbequemen politischen Gegnern befreien wollte, indem er diese unmenschlichen Verhältnissen im Strafvollzug aussetzt und nur darauf wartet, dass sie sich selbst töten.

Dass die ärztliche Zwangsernährung in solchen Fallkonstellationen eine Pflicht für den Arzt ist, ist meiner Meinung nach selbstverständlich.

---

40 Dazu *Muñoz Conde*, Parte Especial, 15. Aufl., S. 73.
41 So *Kaiser/Schöch*, Strafvollzug, § 8 Rn. 21.
42 *Jakobs*, in: Eser/Hassemer/Burkhardt (Hrsg.), Strafrechtswissenschaft, S. 47, 53: „Feinde sind aktuell Unpersonen".

IV.3 Grundstrukturen des englischen Arztstrafrechts*

Bijan Fateh-Moghadam

Inhaltsverzeichnis

A. Das ärztliche Handeln im Problemhorizont des Strafrechts _893
B. Die Körperverletzungsdoktrin im englischen Medizinstrafrecht _895
C. Ärztlicher Heileingriff und eigenmächtige Heilbehandlung _899
  I. Die Einwilligung als Rechtfertigungsschranke (Integritätsschutz versus Dispositionsfreiheit) _899
  II. Medical exception: Die Wahrung der Standards der medizinischen Profession als Legitimationsgrund _904
  III. Aufklärung und Einwilligung – Informed consent versus real consent _907
  IV. Exkurs: Aufklärung und lex artis bei der zivilrechtlichen Fahrlässigkeitshaftung _909
D. Die Organentnahme beim Lebenden _912
  I. Legitimationsprobleme im common law _912
  II. Human Tissue Act 2004: Strafrechtliches Verbot mit Erlaubnisvorbehalt _913
E. Sterbehilfe und assistierter Suizid _917
  I. Beenden, Begrenzen oder Unterlassen lebenserhaltender Maßnahmen _917
  II. Tötung auf Verlangen (mercy killing) _922
  III. Lebensverkürzung durch leidensmindernde Maßnahmen (Doctrine of Double Effect) _924
  IV. Selbsttötung und assistierter Suizid _925
F. Fazit _929

---

* Der Verfasser dankt Anthea Kienzerle und Anja Schlichting für die Unterstützung bei der Aktualisierung des Manuskripts.

Literaturverzeichnis

Allen, Michael J., Textbook on Criminal Law, 9th Ed. 2007
Ashworth, Andrew, Criminal liability in a medical Context, in: Simester, A. P./Smith, A.T.H., Harm and Culpability, 1996, S. 173
Ashworth, Andrew, Principles of Criminal Law, 4th Ed. 2003
Barendt, Eric, An Introduction to Constitutional Law, 1998
Bibbings, Lois/Alldrige, Peter, Sexual Expression, Body Alteration, and the Defence of Consent, Journal of Law and Society 20, 3, 1993, 356
Biggs, Hazel M., The Assisted Dying for the Terminally Ill Bill 2004: Will English Law Soon Allow Patients the Choice to Die?, in: European Journal of Health Law 12, 2005, S. 43
Bradley, A. W./Ewing, K. D., Constitutional and Administrative Law, 14th Ed. 2007
Brazier, Margaret/Allen, Neil, Criminalizing Medical Malpractice, in: Erin, Charles/ Ost, Suzanne, The Criminal Justice System and Health Care, New York, 2007, S. 15
Card, Richard, Card, Cross & Jones, Criminal Law, 18th Ed. 2008
Damm, Reinhard, Beratungsrecht und Beratungshandeln in der Medizin, MedR 2006, 1
Deutsch, Erwin, Neues zur ärztlichen Aufklärung im Ausland – Englische und französische Gerichte positionieren sich neu, MedR 2005, 464
Dubber, Markus D., Einführung in das US-amerikanische Strafrecht, 2005
Duttge, Gunnar, Zum Unrechtsgehalt des kontraindizierten ärztlichen „Heileingriffs", MedR 2005, 706
Duttge, Gunnar, Der Alternativ-Entwurf Sterbebegleitung (AE-StB) 2005 – Ziel erreicht oder bloße Etappe auf dem langen Weg zu einer Gesamtregelung? GA 2006, 573
Dweyer, Deirdre M., Rights brought home – Case Comment, in: Law Quarterly Review, 121, 2005, S. 359
Dworkin, Gerald, The Law Relating to Organ Transplantation in England, in: Modern Law Review, Vol. 33, No. 4, 1970, S. 353
Dworkin, Gerald/Kennedy, Ian, Human Tissue: Rights in the Body and its Parts, in: Medical Law Review, No. 1, 1993, S. 291
Dworkin, Ronald, Life's Dominion: An Argument about Abortion and Euthanasia, 1993
Eser, Albin, Zur Regelung der Heilbehandlung in rechtsvergleichender Perspektive, in: Weigend, Thomas/Küpper, Georg (Hrsg.), Festschrift für Hans Joachim Hirsch zum 70. Geburtstag am 11. April 1999, 1999, S. 465

Erin, Charles/Ost, Suzanne, The Criminal Justice System and Health Care, New York, 2007

Fateh-Moghadam, Bijan, Die Einwilligung in die Lebendorganspende – Die Entfaltung des Paternalismusproblems im Horizont differenter Rechtsordnungen am Beispiel Deutschlands und Englands, 2008

Fateh-Moghadam Bijan/Sellmaier Stephan/Vossenkuhl, Wilhelm (Hrsg.), Grenzen des Paternalismus, 2009

Feinberg, Joel, Harm to Self. The Moral Limits Of The Criminal Law, Bd. 3, 1986

Frankenberg, Günter, Critical Comparisons: Re-thinking Comparative Law, in: Harvard International Law Journal, Vol. 26, 1985, S. 411

Frankenberg, Günter, Autorität und Integration – Zur Grammatik von Recht und Verfassung, 2003

Fredman, Sandra, From deference to democracy: The role of equality under the Human Rights Act 1998, in: Law Quarterly Review, 122, 2006, S. 53

Gearty, Conor, Principles of Human Rights Adjudication, 2004

Giesen, Dieter, International Medical Malpractice Law – A Comparative Law Study of Civil Liability Arising from Medical Care, 1988

Gutmann, Thomas, Zur philosophischen Kritik des Rechtspaternalismus, in: Schroth, Ulrich/Schneewind, Klaus/Gutmann, Thomas/Fateh-Moghadam, Bijan, Patientenautonomie am Beispiel der Lebendorganspende, 2006, S. 189

Gutmann, Thomas/Schroth, Ulrich, Organlebendspende in Europa – Rechtliche Regelungsmodelle, ethische Diskussion und praktische Dynamik, 2002

Halliday, Samantha/Wittek, Lars, Nichtaufnahme und Abbruch einer medizinischen Behandlung am Lebensende in Deutschland und England, JZ 2002, 752

Hefendehl, Roland/Hirsch, Andrew von/Wohlers, Wolfgang, Die Rechtsgutstheorie – Legitimationsbasis des Strafrechts oder dogmatisches Glasperlenspiel?, 2003

Heymann, Monika, Die Europäische Menschenrechtskonvention und das Recht auf aktive Sterbehilfe, JuS 2002, 957

Hirsch, Andrew von, Der Rechtsgutsbegriff und das „Harm Principle", in: Hefendehl, Roland/von Hirsch, Andrew/Wohlers, Wolfgang (Hrsg.), Die Rechtsgutstheorie – Legitimationsbasis des Strafrechts oder dogmatisches Glasperlenspiel?, 2003, S. 13

Hyland, Richard, Comparative Law, in: Patterson, Dennis (Ed.), A Companion to Philosophy of Law and Legal Theory, 2000, S. 184

Jefferson, Michael, Criminal Law, 4th Ed. 1999

Jox, Ralf J., Aktuelles zur Sterbehilfe-Debatte in Deutschland, Zeitschrift für medizinische Ethik 52, 2006, 296

Jox, Ralf J./Michalowski, Sabine/Lorenz, Jorn/Schildmann, Jan, Substitute decision making in medicine: Comparative analysis of the ethico-legal discourse in England and Germany, Medicine, Health Care and Philosophy 2008, Heft 11, S. 153–163.
Kennedy, Ian/Grubb, Andrew (Ed.), Medical Law, 2000
Kennedy, Ian/Grubb, Andrew (Ed.), Principles of Medical Law, 2004
Law Commission, Consultation Paper No.139 – Consent In The Criminal Law, 1995
Link, Ihna, Schwangerschaftsabbruch bei Minderjährigen – Eine vergleichende Untersuchung des deutschen und englischen Rechts, 2004
Lord Steyn, 2000 – 2005: Laying the foundations of human rights law in the United Kingdom, E.H.R.L.R. 4, 2005, S. 349
Luhmann, Niklas, Funktionale Methode und Systemtheorie, in: ders. (Hrsg.), Soziologische Aufklärung – Aufsätze zur Theorie sozialer Systeme Bd. 1, 7. Auflage 1970/2005, S. 39
Merton, Robert K., Soziologische Theorie und soziale Struktur, Meja, Volker/Stehr, Nico (Hrsg.), 1995/1949
Michaels, Ralf, The Functional Method of Comparative Law, in: Reimann, Mathias/Zimmermann, Reinhard, The Oxford Handbook of Comparative Law, 2008, S. 339–382.
Mill, John St., Über die Freiheit (1859), 1988
Mill, John St., On Liberty and Utilitarianism, 1992
Nassehi, Armin, Der soziologische Diskurs der Moderne, 2006
Nassehi, Armin, Rethinking Functionalism – Zur Empiriefähigkeit systemtheoretischer Soziologie, in: Kalthoff, Herbert/Hirschauer, Stefan/Lindemann, Gesa, Theoretische Empirie. Zur Relevanz qualitativer Forschung, 2008, S. 79–106
Padfield, Nicola, Criminal Law, 6th Ed. 2008
Pradella, Geoffrey M., Substituting a Judgement of Best Interests: Dignity and the Application of Objective Principles to PVS Cases in the U.K., in: European Journal of Health Law 12, 2005, S. 335
Price, David, Legal and Ethical Aspects of Organ Transplantation, 2000
Price, David, Transplant Clinicans as Moral Gatekeepers: Is his Role Simply one of Respecting the Autonomy of Persons?, in: Gutmann, Thomas/Daar, Abbdallah S./Sells, Robert A. et al. (Ed.), Ethical, Legal and Social Issues in Organ Transplantation, 2004, S. 143
Radbruch, Gustav, Der Geist des englischen Rechts (1947/1999), in: Radbruch, Gustav, Gesamtausgabe, Band 15, Rechtsvergleichende Schriften, 1999, S. 25
Radbruch, Gustav, Gesamtausgabe, Band 15: Rechtsvergleichende Schriften, hrsg. von Arthur Kaufmann, bearbeitet von Heinrich Scholler, 1999

Reimann, Mathias /Zimmermann, Reinhard, The Oxford Handbook of Comparative Law, 2008

Roberts, Paul, Consent and the criminal law: Philosophical foundations, in: Law Commission Consultation Paper No. 139, Appendix C, 1995, S. 248

Roberts, Paul, Consent to Injury: How far can you go?, in: Law Quarterly Review, 113, 1997, S. 27

Roberts, Paul, The Philosophical Foundations of Consent in the Criminal Law, in: Oxford Journal of Legal Studies, Vol. 17, 1997, S. 389

Rosenau, Henning, Begrenzung der Strafbarkeit bei medizinischen Behandlungsfehlern, in: Rosenau, Henning/Hakeri, Hakan (Hrsg.), Der medizinische Behandlungsfehler, Beiträge des 3. Deutsch-Türkischen Symposiums zum Medizin- und Biorecht, Baden-Baden 2008, S. 215

Rosenau, Henning/Hakeri, Hakan, Der medizinische Behandlungsfehler, Beiträge des 3. Deutsch-Türkischen Symposiums zum Medizin- und Biorecht, Baden-Baden 2008

Schöch, Heinz/Verrel, Torsten, Alternativ-Entwurf Sterbebegleitung (AE-StB), GA 2005, 553

Scholler, Heinrich, Editionsbericht zur Verwendung des Begriffs public policy, in: Radbruch, Gustav, Gesamtausgabe, Band 15, Rechtsvergleichende Schriften, 1999, S. 393.

Schroth, Ulrich, Sterbehilfe als strafrechtliches Problem – Selbstbestimmung und Schutzwürdigkeit des tödlich Kranken, GA 2006, 549

Schroth, Ulrich/Schneewind, Klaus/Gutmann, Thomas/Fateh-Moghadam, Bijan, Patientenautonomie am Beispiel der Lebendorganspende, 2006

Seher, Gerhard, Liberalismus und Strafe – Zur Strafrechtsphilosophie von Joel Feinberg, 2000

Simitis, Konstantin, Gute Sitten und Ordre Public – Ein kritischer Beitrag zur Anwendung des § 138 Abs. 1 BGB, 1960

Smith, Sir John, Smith & Hogan – Criminal Law, 10th Ed. 2002

Tolmein, Oliver, Selbstbestimmungsrecht und Einwilligungsfähigkeit – Der Abbruch der künstlichen Ernährung bei Patienten im vegetative state in rechtsvergleichender Sicht – Der Kempfner Fall und die Verfahren Cruzan u. Bland, 2004

Wagner, Elke/Fateh-Moghadam, Bijan, Freiwilligkeit als Verfahren – Zum Verhältnis von Lebendorganspende, medizinischer Praxis und Recht, Soziale Welt 1, 2005, 73

Watzek, Jens, Rechtfertigung und Entschuldigung im englischen Strafrecht – Eine Strukturanalyse der allgemeinen Strafbarkeitsvoraussetzungen aus deutscher Perspektive, 1997

Williams, Glanville, Criminal Law: The General Part, 2nd Ed. 1961
Williams, Glanville, The Sanctity of Life and the Criminal Law, 1968
Williams, Glanville, Textbook of Criminal Law, 2nd Ed. 1983
Zweigert, Konrad/Kötz, Hein, Einführung in die Rechtsvergleichung auf dem Gebiete des Privatrechts, 3. Auflage 1996

A. Das ärztliche Handeln im Problemhorizont des Strafrechts

Den Begriff *Medical Criminal Law* sucht man in der englischen medizinrechtlichen Literatur vergeblich. Obwohl das ärztliche Handeln durchaus auch im englischen Recht strafrechtliche Bedeutung erlangt, wird das Medizinrecht wesentlich stärker vom zivilrechtlichen Arzthaftungsrecht dominiert als im deutschen Recht, wo sich das *Medizinstrafrecht* zu einem prosperierenden, eigenständigen Betätigungsfeld in der Strafrechtswissenschaft und -praxis entwickelt hat.[1] Zu fragen, wie sich der Zugriff des Arztes auf den Körper des Patienten im englischen Recht *als Strafrechtsproblem* entfaltet, verweist auf Vorverständnisse, die durch die Struktur der deutschen Rechtsordnung geprägt sind. In rechtsvergleichend-methodologischer Hinsicht ist das ärztliche Handeln nicht als ein *Lebensproblem* zu betrachten, das sich in allen Rechtsordnungen in gleicher Weise stellt und präsumtiv auf *ähnliche* Weise praktisch gelöst wird, wie dies die traditionelle (struktur-)funktionale Methode in der Rechtsvergleichung nahelegt.[2] Sichtbar wird die medizinische Praxis vielmehr – wenn überhaupt – als je spezifisches *rechtliches* Bezugsproblem, das im Vollzug der Operationen der konkreten Rechtsordnung *rechtsintern* konstruiert wird. Dies ist die Konsequenz der Umstellung der funktionalen Methode auf einen *operativen Funktionalismus* systemtheoretischer Provenienz, der „die operative, die praktische Herstellung von Ordnung als

---

[1] Zur Kritik am Bedeutungszuwachs des Strafrechts auch im englischen Medizinrecht vgl. *Brazier/Allen*, Criminalizing Medical Malpractice, S. 15–27.
[2] Zur traditionellen funktionalen Methode in der Rechtsvergleichung *Zweigert/Kötz*, Rechtsvergleichung, S. 31–47; guter Überblick bei *Michaels*, Functional Method, S. 339–382. Zur Kritik *Hyland*, Comparative Law, S. 189 ff.; *Frankenberg*, Critical Comparisons, S. 434 ff.; *ders.*, Autorität und Integration, S. 332 ff.; *Fateh-Moghadam*, Einwilligung, S. 21–25.

Folge der Praxis und zugleich als Voraussetzung für Praxis"[3] ansieht.[4] Da jede rechtliche Operation *rekursiv* an die Resultate vergangener, eigener Operationen anknüpfen muss, insbesondere an Präjudizien und rechtsdogmatische Strukturen, die in der Rechtswissenschaft entwickelt wurden, besteht eine Vermutung dafür, dass für die rechtliche Bearbeitung medizinischer Eingriffe jeweils unterschiedliche *Anschlussbedingungen* bestehen, die präsumtiv auch differente Lösungsansätze nahe legen: Je nachdem, auf welche rechtsdogmatischen Leitunterscheidungen die medizinische Praxis trifft, entfalten sich bei ihrer rechtlichen Bearbeitung unterschiedliche *Problemhorizonte*, die auch abweichende Lösungsansätze nahelegen, ohne dabei eine bestimmte „einzig richtige" Lösung zu determinieren. Daher ist es zwar richtig, dass jede Rechtsordnung bei der Aufgabe der rechtlichen Regulierung ärztlichen Handelns ähnliche Wert- bzw. Prinzipienkonflikte aufzulösen hat, etwa das Spannungsverhältnis zwischen objektivem Wohl (*salus aegroti*) und subjektivem Willen (*voluntas aegroti*) des Patienten;[5] dieser Auflösungsprozess findet indes in konkreten, historisch gewachsenen Rechtsordnungen statt und ist daher immer schon unterschiedlich vorstrukturiert. Die Konfrontation differenter Rechtsordnungen mit universellen medizinethischen Forderungen, etwa der nach Respektierung der Autonomie des Patienten, hat daher die Übersetzungsschwierigkeiten zu beachten, die sich aus den Konstruktionsbedingungen je spezifisch ausdifferenzierter Rechts- und Verfassungsordnungen ergeben. Ziel des nachfolgenden Überblicks über die Grundstrukturen des englischen Arztstrafrechts ist es, die spezifischen strafrechtlichen Rahmenbedingungen des englischen Rechts zu rekonstruieren, aus denen heraus sich die konkreten rechtlichen Lösungen für ausgewählte Problemfelder – ärztlicher Heileingriff als tatbestandsmäßige Körperverletzung (unten B), ärztlicher Heileingriff und eigenmächtige Heilbehandlung (unten C), Organentnahme beim Lebenden (unten D) sowie Sterbehilfe und ärztlich assistierter Suizid (unten E) – erst angemessen deuten lassen, da diese den Kontext bilden, in denen sich die „Lebensprobleme" der Medizin als rechtliche Probleme entfalten.

---

3 *Nassehi*, Rethinking Functionalism, S. 88; vgl. auch *ders.*, Soziologischer Diskurs der Moderne, S. 452 ff.
4 Zur Methode des operativen Funktionalismus in der Rechtsvergleichung vgl. ausführlich *Fateh-Moghadam*, Einwilligung, S. 6–29. Zu den sozialwissenschaftlichen Grundlagen *Merton*, Soziologische Theorie; *Luhmann*, Funktionale Methode sowie *Nassehi*, Rethinking Functionalism, S. 90 ff.
5 Vgl. dazu aus ethischer Perspektive den Beitrag von *Vossenkuhl*, Ethische Grundlagen, S. 3 ff. in diesem Band; aus rechtsvergleichender Perspektive *Giesen*, International Medical Malpractice, S. 271 f.

B. Die Körperverletzungsdoktrin im englischen Medizinstrafrecht

Der mit dem ärztlichen Handeln notwendig verbundene Zugriff auf den Körper des Patienten konstituiert sich im englischen Strafrecht zunächst als Problem des Körperverletzungsstrafrechts. Die Straftatbestände zum Schutz der Person (*Non fatal Offences against the Person*) repräsentieren das Recht auf körperliche Integrität und bilden den strafrechtlichen Rahmen für die Beurteilung der Rechtmäßigkeit ärztlicher Heileingriffe (*treatment*) oder sonstiger medizinischer Verfahren (*other procedures*).[6] Man unterscheidet drei Körperverletzungsdelikte im englischen Strafrecht, die in ihrem Schweregrad jeweils zunehmen (*Tab. 1*): Auf geringster Stufe *common assault and battery*, dann *assault which occasions actual bodily harm (section 47 Offences against the Person Act 1861*, nachfolgend: *OAP Act 1861*) und als schwerste Form *assault which inflicts grievous bodily harm* beziehungsweise *wounding (sections 20 and 18 OAP Act 1861)*.[7] Diese Systematik ist von besonderer Bedeutung für das Arztstrafrecht, weil – wie noch zu zeigen ist – die Frage der prinzipiellen Einwilligungsmöglichkeit vom Schweregrad der Körperverletzung abhängt.

Tab. 1: Systematik der Körperverletzungstatbestände:

leicht		schwer
common assault and battery	assault occasioning *actual* bodily harm (s 47 OAP Act 1861)	assault inflicting *grievous* bodily harm or *wounding* (s 20 OAP Act 1861 /s 18 OAP Act 1861
assault: Die Handlung erweckt beim Opfer die Befürchtung, dass eine körperliche Einwirkung bevorsteht. *battery:* jede tatsächliche körperliche Berührung	Jede *tatsächliche* Gesundheitsbeschädigung oder Verletzung des körperlichen Wohlempfindens, die mehr als nur flüchtig und vorübergehend ist.	Beibringen einer *Wunde* oder einer *ernsthaften* körperlichen Verletzung.

Geschütztes Rechtsgut der Delikte gegen die Person ist die *körperliche Integrität* im umfassenden Sinne eines Rechts auf *Unberührtheit des Körpers* und auf *Erhaltung des körperlichen Wohlempfindens*. Die einfachste Form der

---

6 *Williams*, Criminal Law, S. 171; Kennedy/Grubb – *Grubb*, Principles, S. 133.
7 Daneben gibt es weitere qualifizierte Formen der Körperverletzung, etwa die rassistisch motivierte Körperverletzung, die aber für den vorliegenden Zusammenhang nicht relevant sind.

Körperverletzung (*common assault*) setzt nicht voraus, dass es überhaupt zu einem körperlichen Kontakt oder einer körperlichen Einwirkung kommt. Es genügt, dass die Handlung des Täters beim Opfer *die Befürchtung erweckt*, dass eine gewaltsame Einwirkung auf seine Person unmittelbar bevorsteht.[8] Kommt es zu einer tatsächlichen körperlichen Einwirkung auf die angegriffene Person, so liegt eine Körperverletzung in Form von *battery* vor.[9] Hierfür genügt jeder unerwünschte körperliche Kontakt, etwa ein leichtes auf-die-Schulter-schlagen oder ein sanfter Stoß mit der Hand (*any unlawful touching of another, however slight*).[10] Es soll noch nicht einmal erforderlich sein, dass das Opfer die Berührung durch die Kleidung hindurch spürt: „Die Berührung der Bekleidung einer Person entspricht der Berührung der Person selbst."[11] Für das Arztrecht folgt hieraus, dass nicht nur invasive, unter die Haut gehende ärztliche Eingriffe aus strafrechtlicher Sicht relevant sind, sondern bereits minimale Einwirkungen, etwa das Abtasten des Körpers, vom Körperverletzungsstrafrecht erfasst werden.[12] Darüber hinaus erfüllen ärztliche Eingriffe in die körperliche Integrität nahezu immer eine der schwereren, im OAP Act 1861 gesetzlich normierten Körperverletzungstatbestände. Dies gilt zunächst für die *tatsächliche Körperverletzung* gemäß section 47 OAP Act, deren objektiver Tatbestand (*actus reus*) erfüllt ist, wenn eine *tatsächliche körperliche Beeinträchtigung* (*actual bodily harm*) bewirkt wird. Für *actual bodily harm* genügt jede Gesundheitsbeschädigung oder Beeinträchtigung des körperlichen Wohlbefindens, die nicht bleibend, aber *mehr als nur flüchtig und vorübergehend* ist.[13] Eine körperliche Beeinträchtigung kann darüber hinaus auch in einer feststellbaren psychischen Verletzung (*psychiatric injury*) liegen.[14] Section 47 OAP Act 1861 entspricht damit im Hinblick auf den

---

8 *Smith & Hogan*, Criminal Law, S. 411; ähnlich *Card, Cross & Jones*, Criminal Law, S. 141: „A person is guilty of an assault if he intentionally or recklessly causes another person to apprehend the application to his body of immediate, unlawful force.".

9 Zu den Einzelheiten *Smith & Hogan*, Criminal Law, S. 411; *Card, Cross & Jones*, Criminal Law, S. 192.

10 *Smith & Hogan*, Criminal Law, S. 411.

11 *Card, Cross & Jones*, Criminal Law, S. 192f. Dieses äußerst weite Verständnis der Körperverletzung nötigt zu der Fiktion einer *impliziten Einwilligung* für unvermeidbare bzw. sozialübliche Körperkontakte im Rahmen des öffentlichen Lebens, etwa in der U-Bahn (*Smith & Hogan*, Criminal Law, S. 416).

12 Vgl. nur die Entscheidung R v. Tabassum [2000] Crim. L.R. 686 (erschlichene Einwilligung zum Abtasten weiblicher Brüste).

13 R v Donovan [1934] 2 KB 498 (509) bestätigt durch Brown [1993] 2 All ER 75 (78) (HL) durch Lord Templeman.

14 *Card, Cross & Jones*, Criminal Law, S. 203f.

Schweregrad eher der einfachen als der schweren Körperverletzung im deutschen Strafrecht (§ 223 StGB).[15] Chirurgische Operationen und andere unter die Haut gehende Eingriffe verwirklichen neben section 47 OAP Act 1861 in der Regel auch eine der schwersten Formen der Körperverletzung gemäß section 20 oder section 18 OAP Act 1861, das Beibringen einer *Wunde* oder einer *schweren bzw. ernsthaften Körperverletzung*: „However, surgical interference will often involve permanent harm to the body (as in the case of an amputation) or a short-term wound or other harm to the body."[16] Das Beibringen einer Wunde erfordert, dass die innere und äußere Hautschicht tatsächlich durchtrennt werden. Eine Verletzung bloß der äußeren Hautschicht (*epidermis /cuticle*) oder eine bloße Schwellung ohne Verletzung der äußeren Hautschicht (Bluterguss) genügen nicht, andererseits muss die Wunde nicht besonders schwer wiegend oder gefährlich sein; ein minimaler Schnitt mit einem Skalpell in beide Hautschichten, aber auch die Punktion der Vene mittels einer Kanüle bei der Blutabnahme genügen.[17]

Erfüllen ärztliche Eingriffe in die körperliche Integrität des Patienten die objektiven Voraussetzungen (*actus reus*) der Körperverletzung, kommt eine tatbestandliche Privilegierung ärztlichen Handelns allenfalls auf der Ebene der subjektiven Voraussetzungen, des mentalen Elements der Straftat, in Betracht. Dieses zweite zentrale Verbrechenselement wird im englischen Strafrecht als *mens rea* (böse Absicht) bezeichnet. Die Strafbarkeit wegen eines Körperverletzungsdelikts setzt in subjektiver Hinsicht voraus, dass der Täter entweder vorsätzlich (*intentionally*) oder rücksichtslos (*reckless*) gehandelt hat. Da der Arzt typischerweise sicher weiß, dass der Behandlungseingriff mit einer äußeren Verletzung des Körpers des Patienten verbunden ist, handelt er vorsätzlich, sofern man nicht als zusätzliches, evaluatives Element eine *feindliche Willensrichtung* (*element of hostility*) fordert. Letzteres wird indes von der ganz überwiegenden Auffassung in der Strafrechtswissenschaft abgelehnt: „An intention to injure is not required, nor need the accused act with any sort of hostile state of mind towards his victim."[18] In *Brown*[19], der aktuellen Leitentscheidung zur Einwilligung, gehen die Lordrichter *Jauncey*

---

15 So auch *Watzek*, Rechtfertigung und Entschuldigung, S. 217.
16 *Card, Cross & Jones*, Criminal Law, S. 179.
17 *Card, Cross & Jones*, Criminal Law, S. 216.
18 *Card, Cross & Jones*, Criminal Law, S. 200 und anschaulich S. 201: „(...) an unwanted kiss, may be a battery (...)".
19 Brown [1993] 2 All ER 75, HL (einverständliche Verletzungshandlungen im Rahmen sado-masochistischer Sexualpraktiken).

und *Lowry* zwar ausdrücklich von dem Erfordernis eines *feindlichen Aktes* aus, sehen diesen aber ohne Weiteres darin, dass der Akt *unlawful*, das heißt rechtswidrig war.[20] Wenn aber selbst eine einvernehmliche, sogar begehrte Berührung im Rahmen sexueller (hier: sadomasochistischer) Handlungen als „feindlich" eingestuft wird, kommt dem Erfordernis der Feindlichkeit der Handlung ersichtlich keine eigenständige Bedeutung zu. In der Literatur wird dieses Ergebnis überwiegend mit dem Argument des effektiven Patientenschutzes, insbesondere des Schutzes vor eigenmächtiger Heilbehandlung begründet:

> „At one time, it was suggested that trespass to the person (here: battery) was irrelevant in the case of medical treatment because a battery could only be committed if the defendant acted with ‚hostility'. If this were so, rarely, if ever, would the medical treatment be caught by battery even if there was no consent because the doctor's motives would usually be bona fide, acting, as he would be, in the best interests of the patient. This view has now been conclusively rejected by the house of Lords in Re F."[21]

Die Gegenansicht, ärztliche Heileingriffe würden von den Körperverletzungstatbeständen nicht erfasst, da sie keinen Schaden bewirken, wenn man sie einer *Gesamtbetrachtung* unterwirft oder im *Lichte der Intentionen des Arztes* betrachtet, wird dagegen ausdrücklich abgelehnt.[22] Im Ergebnis kann daher festgehalten werden, dass das englische Recht hinsichtlich der subjektiven Tatseite der Körperverletzung auch im Kontext medizinischer Eingriffe keine feindliche Willensrichtung (*element of hostility*) erfordert, sodass die *guten Motive* des Arztes nichts an der Erfüllung des Körperverletzungstatbestandes ändern.[23] Anders als im spanischen und österreichischen Recht[24] existiert im englischen Strafrecht kein Sondertatbestand für die eigenmächtige Heilbehandlung. Wie im deutschen Strafrecht, wenn man von den nur in der Literatur vertretenen Tatbestandslösungen einmal absieht, wird der Patien-

---

20 Brown [1993] 2 All ER 75, 90 (Lord Jauncey).
21 Kennedy/Grubb – *Grubb*, Principles, S. 134 mit Hinweis auf die Entscheidung des House of Lords in Re F [1990] 2 AC 1 = [1989] 2 All ER 545, 563, HL.
22 Kennedy/Grubb – *Grubb*, Principles, S. 144.
23 So auch die allgemeine Auffassung in der Literatur, vgl. nur *Card, Cross & Jones*, Criminal Law, S. 200 f.; *Jefferson*, Criminal Law, S. 480; Speziell zur Problematik der *good motives Allen*, Criminal Law, S. 69 ff.
24 Vgl. die Beiträge von *Munoz-Conde*, Einige Fragen des ärztlichen Heileingriffs im spanischen Strafrecht, S. 870 und *Bruckmüller/Schumann*, Die Heilbehandlung im österreichischen Strafrecht, S. 820 ff., beide in diesem Band.

tenschutz über das Körperverletzungsstrafrecht gewährleistet. Die nach der *Körperverletzungsdoktrin* bestehende Prima-facie-Risikozuständigkeit des Arztes wirft die Frage nach der Legitimation des medizinischen Eingriffs auf.

C. Ärztlicher Heileingriff und eigenmächtige Heilbehandlung

Ärztliche Eingriffe in die körperliche Integrität legitimieren sich im englischen Arztstrafrecht zentral über die *Wahrung der Standards der ärztlichen Profession* (unten II), während die *Einwilligung* des Patienten lediglich als Rechtfertigungsschranke rechtliche Bedeutung erlangt (unten I).

I. Die Einwilligung als Rechtfertigungsschranke (Integritätsschutz versus Dispositionsfreiheit)

Die Einwilligung des Verletzten stellt eine spezielle und nur beschränkt geltende Verteidigungseinrede (*limited defence*) im Rahmen der Körperverletzungsdelikte dar.[25] Fragt man nach den normativen Prinzipien, die der Notwendigkeit der Einwilligung des Patienten im englischen Strafrecht zu Grunde liegen, wird in medizinrechtlichen Kontexten auf das Selbstbestimmungsrecht des Patienten und das Prinzip der Unverletzlichkeit der körperlichen Integrität verwiesen:

> „In this particular context, this notion might be better expressed as respect for a person's bodily integrity stemming from a right of self-determination. It is a fundamental principle, now long established, that every person's body is inviolate."[26]

In ihrer *negativen Funktion*, dem Schutz vor eigenmächtiger Heilbehandlung, wird das Prinzip der Patientenautonomie also rechtlich anerkannt. Lord Goff

---

[25] So die Mehrheitsmeinung in Brown [1993] 2 All ER 75; vgl. *Allen*, Criminal Law, S. 358. Die Einwilligung wird in den klassischen Darstellungen des englischen Strafrechts daher nicht im Zusammenhang mit den *general defences* behandelt, sondern im „Besonderen Teil" bei den Körperverletzungsdelikten. Zum Teil wird die Einwilligung auch als negatives Merkmal des actus reus der Körperverletzung angesehen (*Smith & Hogan*, Criminal Law, S. 33 ff.). Die praktische Bedeutung der straftatsystematischen Einordnung der Einwilligung wird als gering eingestuft. Auch im amerikanischen Strafrecht stellt die Verteidigungsmöglichkeit der Einwilligung des Verletzten keinen allgemeinen Rechtfertigungsgrund dar (dazu *Dubber*, Einführung, S. 174 f.).

[26] Kennedy/Grubb – *Grubb*, Principles, S. 132.

beruft sich in der Entscheidung Re F auf J. Cardozos berühmtes Diktum zum Recht auf Selbstbestimmung über den eigenen Körper:

> „Every human being of adult years and sound mind has a right to determine what shall be done with his own body; and a surgeon who performs an operation without his patient's consent commits an assault."[27]

Die englischen Gerichte respektieren die Verweigerung der Einwilligung in einen ärztlichen Eingriff auch dann, wenn sich diese Entscheidung für einen objektiven Betrachter als unvernünftig, irrational oder überhaupt unbegründet darstellt:

> „An adult patient who (...) suffers from no mental incapacity has an absolute right to choose whether to consent to medical treatment, to refuse it or to choose one rather than another of the treatments being offered. (...) This right of choice is not limited to decisions which others might regard as sensible. It exists notwithstanding that the reasons for making the choice are rational, irrational, unknown or even non-existent."[28]

Aus diesen vielfach zitierten Grundsätzen kann indes nicht gefolgert werden, dass das Selbstbestimmungsrecht des Patienten – vermittelt über das Prinzip des *informed consent* – im englischen Recht umfassend anerkannt wäre, da sie ausschließlich die Situation der *Ablehnung* eines ärztlichen Eingriffs, die *Abwehrfunktion* der Patientenautonomie betreffen.[29] Fragt man nach der *positiven Entfaltungsfunktion* der Einwilligung, nach dem Recht des Patienten, körperbezogene Schutznormen mit strafbefreiender Wirkung außer Kraft zu setzen,[30] so wird sichtbar, dass es bei der Einwilligung nach englischem Rechtsverständnis nicht primär um *Dispositionsfreiheit*, sondern um *Integritätsschutz* geht. Die Einwilligung stellt lediglich eine *Rechtfertigungsschranke* für den Arzt dar. Sie ist regelmäßig notwendig, aber nicht hinreichend für die Legitimation eines ärztlichen Eingriffs. Dies folgt aus dem die englische Ein-

---

27 Schloendorff v. Society of New York Hospital [1914] 105 N.E. 92, 93; zur Übernahme in die englische Rechtsprechung: Re F [1990] 2 AC 1, [1989] 2 All ER 545, 563, HL (F v West Berkshire Authority).
28 Re T [1992] 4 All ER 649, 652 f. (per Lord Donaldson MR). Aus der neueren Rechtsprechung zur (gestiegenen) Bedeutung der (negativen) Patientenautonomie vgl. Chester v Afshar [2004] UKHL 41, S. 7, para 18 (per Lord Steyn); vgl. hierzu auch *Deutsch*, MedR 2005, 464–466.
29 Zu undifferenziert daher *Halliday/Wittek*, JZ 2002, 752, 756; *Gutmann/Schroth*, Organlebendspende, S. 44; *Link*, Schwangerschaftsabbruch, S. 73.
30 Zur Entfaltungsfunktion der Einwilligung im deutschen Strafrecht: *Schroth*, in: Schroth/Schneewind et al., Patientenautonomie, S. 79, 86; *ders.*, Ärztliches Handeln, S. 43 f. in diesem Band und ausführlich *Fateh-Moghadam*, Einwilligung, S. 102 ff.

willigungsdogmatik beherrschenden *Grundsatz der Unwirksamkeit der Einwilligung in tatsächliche Körperverletzungen,* den das House of Lords in vier grundlegenden Entscheidungen zur Einwilligung in die Körperverletzung, Coney, Donovan, Attorney – General's Reference (No. 6 of 1980) und Brown[31] entwickelt hat. Das *hart paternalistische* Einwilligungsmodell der Rechtsprechung besagt, dass Verletzungshandlungen, die über den Schweregrad von *common assault* hinausgehen und auf die Bewirkung von *actual bodily harm* im Sinne von section 47 OAP Act 1861 gerichtet sind, grundsätzlich nicht durch die Einwilligung des Verletzten legitimiert werden können:

> „As a general rule, although it is a rule to which there are well established exceptions, it is an unlawful act to beat another person with such a degree of violence that the infliction of bodily harm is a probable consequence, and when such an act is proved, consent is immaterial."[32]

Eine Verletzungshandlung ist ungeachtet der Einwilligung strafbar, es sei denn es liegt eine rechtlich anerkannte *Ausnahmefallgruppe* vor oder die Rechtsprechung entwickelt für den zu entscheidenden Fall im Wege richterlicher Rechtsfortbildung eine neue Ausnahme.[33] Letzteres setzt voraus, dass das Gericht für die Verletzungshandlung einen *guten Grund*, ein *öffentliches Interesse (public interest)* feststellen kann. Maßgebliches normatives Prinzip für die Eröffnung der Einwilligungsmöglichkeit wird das *Gemeinwohl* bzw. die öffentliche Ordnung *(public policy)*[34] und das Konzept der *public policy* zu einem Instrument

---

31 Die Entscheidungen liegen zum Teil über 120 Jahre zurück, repräsentieren aber nichtsdestotrotz in der Gesamtschau das geltende englische Recht: Coney [1882] 8 QBD 534; Donovan [1934] 2 KB 498; Attorney – General's Reference (No. 6 of 1980) [1981] QB 715 und Brown [1993] 2 All ER, 75.
32 Donovan [1934] 2. KB 498, 507, bestätigt durch Brown [1993] 2 All ER, 75.
33 Das englische Regelungsmodell ähnelt daher strukturell dem französischen Modell, das für jeden körperlichen Eingriff eine *autorisation de la loi* verlangt (Eser, Heilbehandlung, S. 472).
34 Der schillernde Begriff der *public policy* kann in juristischen Kontexten sowohl mit *Gemeinwohl* als auch mit *öffentliche Ordnung* bzw. *ordre public* übersetzt werden (während Sittenwidrigkeit eher mit *contrary to public/good morals* zu übersetzen wäre). In der Zivilrechtsvergleichung liegt der Verweis auf den franz. *ordre public* nahe (vgl. Simitis, Gute Sitten und Ordre public, S. 117 und S. 153), da die *public policy* hier auf Einschränkungen der Vertrags- und Verfügungsfreiheit einer Person im Interesse der Allgemeinheit verweist. Im englischen Strafrecht fehlt es dagegen bereits an einer entsprechenden Anerkennung der Dispositionsfreiheit über den eigenen Körper, sodass die *public policy* als Instrument zur Eröffnung der Einwilligungsmöglichkeit im Interesse des *Gemeinwohls* fungiert. Bereits *Gustav Radbruch* übersetzt *public policy* mit Gemeinwohl (Radbruch, Geist des englischen Rechts, S. 57). Zum Ganzen: Scholler, in: Radbruch, Gesamtausgabe Band 15, S. 393.

zur Eröffnung von Freiheitsräumen im Interesse des Gemeinwohls.[35] Da die Abwägung von Gemeinwohlinteressen nach Auffassung des House of Lords aber in der Regel dem Gesetzgeber vorbehalten sein soll,[36] ist die Anerkennung einer neuen Ausnahmefallgruppe durch die Gerichte eher unwahrscheinlich, wie sich nicht zuletzt an der Entscheidung Brown ablesen lässt, in der sich die Mehrheitsmeinung für die Strafbarkeit bereits leichter Körperverletzungshandlungen im Rahmen einverständlicher sadomasochistischer Sexualpraktiken ausgesprochen hat.[37] Es sei Sache des Gesetzgebers, derartige, nicht dem Gemeinwohl förderliche und – aus der Sicht der Lordrichter – moralisch anstößige Praktiken in die Gruppe der anerkannten Ausnahmen vom Grundsatz der Unwirksamkeit der Einwilligung aufzunehmen: „(...) *it is for Parliament with its accumulated wisdom and sources of information to declare them (the sado-masochistic activities) to be lawful*".[38]

Die *paternalistische* und *rechtsmoralistische* Grundstruktur der englischen Einwilligungsdogmatik ist mit Blick auf die Tradition liberaler angelsächsischer Rechtsphilosophie zunächst überraschend.[39] Sie verweist darauf, dass im englischen *common law* weder die körperliche Dispositionsfreiheit noch ein allgemeines Persönlichkeitsrecht (*right of privacy*) als subjektive (Grund-)Rechte des Einzelnen verfassungsrechtlich garantiert sind. Das

---

35 Anders als die Ergebnisse der Zivilrechtsvergleichung nahe legen (*Simitis*, Gute Sitten und Ordre Public, S. 162–167), erfüllt die Public-Policy-Doktrin im englischen Strafrecht mithin auch eine ganz andere Funktion als die Gute-Sitten-Klausel des § 228 StGB: Letztere reduziert, Erstere erweitert Freiheitsgrade in dem jeweils durch die Grundkonzeption der Einwilligung gezogenen Rahmen (näher *Fateh-Moghadam*, Einwilligung, S. 233–240).
36 Brown [1993] 2 All ER, 75 (82), Lord Tempelman.
37 Kritisch *Bibbings/Alldridge*, Journal of Law and Society, 1993, S. 356–369; *Roberts*, Law Quarterly Review, 1997, 113, S. 27–35; *ders.*, Oxford Journal of Legal Studies, 1997, Vol. 17, S. 389–414; *Ashworth*, Principles of Criminal Law, 2003, S. 323 ff.
38 Brown [1993] 2 All ER, 75 (82), Lord Jauncey; zu diesem *judicial restraint* vgl. auch *Gearty*, Human Rights Adjudication, 2004, S. 117 ff. am Beispiel der Diane Pretty Entscheidung des House of Lords.
39 Es sei hier nur auf *John Stuart Mills* „On Liberty" und das gegenwärtig in der deutschen Strafrechtswissenschaft stark rezipierte Werk von *Joel Feinberg*, The Moral Limits of Criminal Law, insbesondere Band 3: Harm to Self, verwiesen (dazu *Seher*, Liberalismus). Das rechtsphilosophische liberale *Harm Principle* kann im Hinblick auf seine systemkritische Funktion zwar als funktionales Äquivalent zur Rechtsgutstheorie im deutschen Strafrecht beschrieben werden (vgl. *von Hirsch*, in: Hefendehl/von Hirsch/Wohlers, Rechtsgutstheorie, S. 13–25.). Es darf indes nicht übersehen werden, dass es sich dabei um ein rechtsphilosophisches Konstrukt handelt, das im geltenden englischen Recht nicht die leiseste Entsprechung findet (*Fateh-Moghadam*, Einwilligung, S. 236 ff.). Zur philosophischen Kritik des Rechtspaternalismus umfassend *Gutmann*, in: Schroth/Schneewind et al., Patientenautonomie, S. 189–277 sowie die Beiträge des Sammelbandes *Fateh-Moghadam/Sellmaier/Vossenkuhl*, Grenzen des Paternalismus.

liberale Grundprinzip des englischen Verfassungsrechts, wonach alles, was nicht ausdrücklich verboten ist, erlaubt sei,[40] schützt den Einzelnen – anders als subjektive Grundrechte – nicht vor ausdrücklichen Verboten (beliebigen Inhalts)[41] und ist zu undifferenziert, um im Strafrecht Freiheit auf der straftatsystematischen Ebene der negativen Tatbestandsmerkmale bzw. der Rechtfertigung zu gewährleisten.

Mit dem Inkrafttreten des Human Rights Act 1998 (HRA) am 2. Oktober 2000, durch den die Grundrechte der Europäischen Menschenrechtskonvention (MRK) in das englische Recht inkorporiert wurden, übernimmt indes Art. 8 MRK (Recht auf Achtung des Privat- und Familienlebens) zunehmend die Funktion eines quasi-grundrechtlichen Selbstbestimmungsrechts über den eigenen Körper.[42] Art. 8 MRK könnte daher auch einen rechtlichen Ansatzpunkt für die Kritik der paternalistischen Einwilligungsrechtsprechung des House of Lords bilden. Der eingeschränkte Status der Grundrechte der Konvention im englischen Recht und die großzügige Rechtsprechung des Europäischen Gerichtshofs für Menschenrechte zu den Schranken der Dispositionsfreiheit gemäß Art. 8 II MRK[43] zeigen jedoch, dass der Einfluss des HRA auf die Konzeption der Einwilligung im materiellen Strafrecht bisher

---

40 „Whatever is not specifically forbidden by law individuals (...) are free to do so" (Reynolds v. Times Newspaper Ltd. [1999] 3 WLR 1010, 1029 per Lord Steyn; vgl. auch *Barendt*, Constitutional Law, S. 46 f; *Bradley/Ewing*, Constitutional Law, S. 420.
41 *Bradley/Ewing*, Constitutional Law, S. 421: „The common law (...) is powerless to prevent new restrictions from being enacted by the legislature. Paradoxically, many restrictions on liberty are imposed by the common law (...).".
42 Dies zeigt deutlich die am 30. Juli 2009 ergangene Entscheidung des House of Lords im Fall Purdy (R (on the application of Purdy) v Director of Public Prosecutions [2009] UKHL 45) zur Frage der Strafbarkeit der Beihilfe zum Suizid (dazu unten E.IV.). Einen Gesamtüberblick zur Entwicklung der Grundlagen eines Human Rights Law im United Kingdom im Zeitraum 2000–2005 aus der Perspektive eines teilnehmenden Beobachters gibt *Lord Steyn*, Foundations of Human Rights Law; monographisch *Gearty*, Human Rights Adjuducation; ferner *Dwyer*, Law Quartely Review, 2005, 121, S. 359–364; *Fredmann*, Law Quartely Review, 2006, 122, S. 53–81; *Bradley/Ewing*, Constitutional Law, S. 419 und S. 432 ff. Zum Einfluss des HRA speziell auf das Strafrecht: *Ashworth*, Principles of Criminal Law, S. 62 ff. sowie *Padfield*, Criminal Law, S. 14 ff.
43 So soll die Strafbarkeit einverständlicher leichter Verletzungshandlungen im Rahmen sadomasochistischer Sexualpraktiken mit Art. 8 MRK vereinbar sein: EGMR, Slg. 1997-I-Laskey, Jaggard und Brown/Vereinigtes Königreich, v. 19.02.1997 = Laskey, Jaggard and Brown v UK (1997) 24 EHRR 39. Vgl. auch EGMR, Case of Pretty v. The United Kingdom (Application no. 2346/02) v. 29.04.2002 = Pretty v UK (2002) 35 EHRR = EGMR, NJW 2002, 2851 ff. (Ausnahmsloses Verbot der Beihilfe zum Suizid).

äußerst gering ist.[44] Insbesondere geht vom Europäischen Gerichtshof für Menschenrechte keinerlei Druck auf die englische Rechtsprechung aus, den Grundsatz der Unwirksamkeit der Einwilligung in die Körperverletzung infrage zu stellen.[45]

Die englische Einwilligungsdogmatik beruht zusammenfassend auf einem paternalistischen Regel-Ausnahme-Modell (*restrictive quantitative rule plus exceptions*)[46], wonach die Einwilligung in tatsächliche Körperverletzungen (*actual bodily harm*) nur in speziellen, rechtlich anerkannten Ausnahmefallgruppen wirksam ist. Zu diesen Ausnahmen gehören etwa riskante Sportarten, das Züchtigungsrecht der Eltern, *rough and undisciplined horseplay* (etwa: grobe Balgereien), religiöse Geißelungen *(religious flagellation)*, rituelle Beschneidungen bei männlichen Minderjährigen und Erwachsenen[47], Tätowierungen, Piercings sowie seit jeher Eingriffe, die im Rahmen vernünftiger und ordnungsgemäßer medizinischer Heilbehandlungen (*reasonable and proper treatment*) erfolgen. Die zuletzt genannte *medical exception* ist allgemein anerkannt und wird von der Rechtsprechung als eigenständige Ausnahmefallgruppe *(a category of its own)*[48] behandelt.

II. Medical exception: Die Wahrung der Standards der medizinischen Profession als Legitimationsgrund

Begründung und Reichweite der Ausnahme vom Grundsatz der Unwirksamkeit der Einwilligung für die ordnungsgemäße medizinische Heilbehandlung

---

44 Vgl. *Fateh-Moghadam*, Einwilligung, S. 224–233; so auch *Padfield*, Criminal Law, S. 17; *Ashworth*, Principles of Criminal Law, S. 65: „The impact of the Human Rights Act on the substantive criminal law (…) has been rather small". Wesentlich größer ist der Einfluss des Human Rights Act im Bereich des Strafverfahrensrechts.

45 Die deutliche Anerkennung von Art. 8 MRK als Grundlage eines Selbstbestimmungsrechts über die Art und Weise der Beendigung des eigenen Lebens durch das House of Lords im Fall Purdy (R (on the application of Purdy) v Director of Public Prosecutions [2009] UKHL 45), könnte jedoch ein Indiz dafür sein, dass das House of Lords auch in anderen Fällen der einverständlichen Fremdschädigung in Zukunft einen liberaleren Ansatz verfolgen würde. Die weitere Rechtsentwicklung bleibt abzuwarten.

46 *Roberts*, Consent and the criminal law: philosophical foundations, in Law Com No 139, Appendix C, S. 248.

47 Card, Cross & Jones, Criminal Law, S. 179 f. mit Fn. 27 und 32. Die Beschneidung von Mädchen ist dagegen nach dem Female Genital Mutilation Act 2003 eigenständig unter Strafe gestellt, ohne dass es hierfür auf die Frage der Einwilligung ankommt.

48 Brown [1993] All ER 75, 110.

(*medical exception*) gelten im englischen Medizinrecht als wenig geklärt.[49] In *Attorney-General's Reference (No 6 of 1980)* vertrat *Lord Lane CJ* die Ansicht, dass vernünftige chirurgische Eingriffe *(reasonable surgical interference)* vom Strafrecht nicht erfasst würden.[50] In *Airedale NHS Trust vs Bland* erläuterte Lord Mustill die *medical exception* wie folgt:

„... proper medical treatment stand(s) completely outside the criminal law. The reason why the consent of the patient is so important is *not that it furnishes a defence in itself, but because it is usually essential to the propriety of medical treatment*. Thus if consent is absent, and is not dispensed with in special circumstances by operation of law, the acts of the doctor lose their immunity."[51]

Die normative Begründung der *medical exception* folgt mithin der Logik der Wahrung der objektiven Standards der medizinischen Profession und nicht derjenigen des Selbstbestimmungsrechts des Patienten, welchem nur eine abgeleitete Bedeutung zugemessen wird. Die Einwilligung des Patienten ist nur insoweit erforderlich als sie zum Standard einer ordnungsgemäßen ärztlichen Heilbehandlung gehört.[52] Für die Bestimmung der Reichweite der *medical exception* bietet die Rechtsprechung wenig Anhaltspunkte. In der medizinrechtlichen Literatur ist weit gehend anerkannt, dass sich die *medical exception* nur auf solche ärztliche Eingriffe bezieht, die einen *therapeutischen Zweck* im besten Interesse des Patienten verfolgen, also auf *medizinisch indizierte* Heileingriffe: „It is suggested that in general, the legitimising criterion for an invasion of bodily integrity must be the doctor's ‚therapeutic purpose' or his ‚intention to benefit' the patient."[53] Mit *benefit* ist ein Nutzen bzw. Vorteil für die physische oder psychische *Gesundheit* gemeint und nicht jeder beliebige Vorteil, etwa finanzieller Art.[54] Ungeachtet der Schwierigkeiten, die mit der Notwendigkeit der Abgrenzung zwischen therapeutischen und sonstigen medizinischen Maßnahmen verbunden sind, besteht doch weitgehender Konsens darüber, dass sogenannte *borderline-procedures* wie Le-

---

49 Kennedy/Grubb – *Grubb*, Principles, S. 145.
50 Attorney – General's Reference (No. 6 of 1980) [1981] QB 715.
51 Airdale NHS Trust v Bland [1993] 1 All ER 821, 889 (Lord Mustill).
52 Ähnlich möchte *Duttge* im deutschen Arztstrafrecht de *lege ferenda* die Missachtung der Patientenautonomie nur dann strafrechtlich geahndet sehen, wenn und soweit sich diese zugleich als *grob pflichtwidriger* Verstoß gegen die *Regeln der ärztlichen Kunst* erweist (*Duttge*, MedR 2005, 706, 709).
53 Kennedy/Grubb – *Grubb*, Principles, S. 145; ähnlich aus der strafrechtlichen Literatur *Card, Cross & Jones*, Criminal Law, S. 179f.
54 Kennedy/Grubb – *Grubb*, Principles, S. 146.

bendorganspenden, kontrazeptive Sterilisationen, Schwangerschaftsabbrüche, Geschlechtsumwandlungen, Humanexperimente und kosmetische Operationen mit der herkömmlichen therapeutischen Lesart der *medical exception* nicht vereinbart werden können.[55] Für das common law ergibt sich somit das Folgeproblem, auf welcher Grundlage all diejenigen nichttherapeutischen medizinischen Eingriffe legitimiert werden können, die nicht in die Kategorie der *medical exception* fallen. Der Grundsatz der Unverfügbarkeit des Körpers führt dazu, dass es notwendig wird, für diese Fallgruppen jeweils selbstständige Ausnahmetatbestände zu konstruieren, ohne dass hierfür immer aussagekräftige Präjudizien oder gesetzliche Spezialregelungen vorhanden sind. Die hierdurch entstehende erhebliche Rechtsunsicherheit[56] könnte nur dann beseitigt werden, wenn man gemäß dem Reformvorschlag der *Law Commission* sämtliche Formen legitimer medizinischer Verfahren gesetzlich festlegen würde.[57] Methodisch schlägt die Law Commission eine gesetzliche Fiktion vor, die ausgewählte nichttherapeutische Eingriffe der vernünftigen und ordnungsgemäßen Heilbehandlung gleichstellt.[58] Das Konzept der medizinischen Indikation wird durch die vorgeschlagene gesetzliche Erweiterung des Indikationenkatalogs vom Erfordernis eines unmittelbaren therapeutischen Nutzens für den Patienten abgekoppelt und gerade dadurch zur allgemein gültigen Legitimationsgrundlage ärztlichen Handelns aufgewertet. Ungeachtet der – eher geringen – Chancen für die Umsetzung dieses Reformvorschlags bestätigt dessen Struktur die starke Orientierung des englischen Medizinrechts an objektivierbaren medizinischen Standards, die den Rahmen

---

55 Kennedy/Grubb – *Grubb*, Principles, S. 146, ebenso Kennedy/Grubb – *Dickens*, Principles, S. 819; *Price*, in: Gutmann/Daar/Sells (Ed.), Ethical, Legal and Social Issues, S. 143 und bereits G. *Dworkin*, Modern Law Review, 1970, Vol. 33, No. 4, S. 357f.
56 *Roberts*, Consent to Injury, S. 32; *Price*, Organ Transplantation, S. 246.
57 Law Commission Consultation Paper No. 139, Consent in the Criminal Law, 1995. Die Vorschläge beziehen sich nicht nur auf medizinische Kontexte, sondern auf sämtliche Lebensbereiche und Fallgruppen, in denen die Einwilligung in die Körperverletzung relevant wird: Beschneidungen, Tätowierungen, Piercing, Branding und Scarification, sadomasochistische Sexualpraktiken, religiöse Geißelungen, Züchtigungen, Sportverletzungen, Mutproben und grobe Balgereien etc. Hier wird erneut sichtbar, dass das liberale Grundprinzip, wonach alles erlaubt ist, was nicht verboten ist, überall dort in sein Gegenteil verkehrt wird, wo der Rechtsgutsträger für die Entfaltung seiner Persönlichkeit körperbezogene Schutznormen außer Kraft setzen muss.
58 Law Commission Consultation Paper No. 139, S. 117, Abschnitt 8.50: „*A person should not be guilty of an offence, notwithstanding that he or she causes injury to another, of whatever degree of seriousness, if such injury is caused during the course of proper medical treatment or care administered with the consent of that other person: In this context „medical treatment or care" – (...) without limiting the meaning of the term, should also include the following (...).*".

bilden, in dem der Einwilligung des Patienten überhaupt normative Relevanz zugestanden wird. Dieser schwache Status der Patientenautonomie bildet den rechtlichen Kontext für die nachfolgend zu untersuchende Frage nach den Voraussetzungen, die das englische Medizinstrafrecht für eine wirksame Einwilligung des Patienten verlangt.

III. Aufklärung und Einwilligung – Informed consent versus real consent

Das englische Arzthaftungsrecht unterscheidet grundlegend zwischen Voraussetzungen, deren Fehlen die Wirksamkeit der Einwilligung – auch im Strafrecht – beseitigt und solchen, deren Fehlen lediglich zu einer zivilrechtlichen *negligence*-Haftung (Haftung aus Fahrlässigkeit) führt, ohne die strafrechtliche Legitimation des Eingriffs entfallen zu lassen (Tab. 2).

Tab. 2: Straf- und zivilrechtliche Haftung für Aufklärungsmängel

	Einwilligung fehlt ganz oder ist unwirksam (Irrtum über die Natur des Eingriffs oder die Identität des Eingreifenden)	**Bloßer Aufklärungsmangel** (insb. Mängel der Risikoaufklärung bei wirksamer Einwilligung)
Strafrecht	Strafrechtliche Körperverletzung (*criminal battery*) gem. OAP Act 1861	In der Regel: keine Strafbarkeit
Zivilrecht	Zivilrechtliche, deliktische Haftung; Anspruchsgrundlage: *tort of battery* (*trespass to the person*)	Zivilrechtliche Fahrlässigkeitshaftung; Anspruchsgrundlage: *negligence (failure to comply with an objective standard of care)*

Um strafrechtlich wirksam zu sein, muss die Einwilligung drei Voraussetzungen erfüllen: Sie muss von einer hinreichend kompetenten, einwilligungsfähigen Person erteilt werden,[59] diese Person muss angemessen über die Natur dessen, worin sie einwilligt informiert worden sein und drittens muss diese Person freiwillig handeln und nicht aufgrund unangemessenen Einflusses Dritter.[60] Kurz: Einwilligungsfähigkeit *(competence)*, Informiertheit *(information)* und Freiwilligkeit *(voluntariness)*. Die Anforderungen an die Informiertheit des Patienten sind dabei aber so gering, dass es irreführend wäre, von

---

[59] Zu den Voraussetzungen der Einwilligungs- und Zurechnungsfähigkeit vgl. nunmehr die gesetzliche Regelung im Mental Capacity Act 2005 vom 7. April 2005, The Stationery Office (TSO), offizielle Druckausgabe, erhältlich über: www.tso.co.uk/bookshop.
[60] Kennedy/Grubb – *Grubb*, Principles, S. 134 und S. 170 ff.

einem strafrechtlichen Prinzip des *informed consent* zu sprechen.[61] Ein Aufklärungsmangel führt nur in Ausnahmefällen zur Unwirksamkeit der Einwilligung, nämlich dann, wenn der Patient noch nicht einmal in *genereller Weise* über die *Natur und den Zweck* des Eingriffs und die *Identität* des Eingreifenden informiert wurde.[62] Die Risiko- bzw. Selbstbestimmungsaufklärung bildet dagegen lediglich einen Teil der objektiven Sorgfaltspflichten eines gewissenhaften Arztes, die sich aus den jeweils geltenden Standards guter klinischer Praxis ergeben. Wie jeder andere objektive Sorgfaltspflichtverstoß bei der Behandlung (*failure to comply with an objective standard of care*) führt ein Aufklärungsmangel daher allenfalls zu *zivilrechtlichen* Haftungsansprüchen aus Fahrlässigkeit (*negligence*).[63] Da die Einwilligung ungeachtet des Aufklärungsmangels auch im zivilrechtlichen Sinne wirksam ist, kann eine Schadensersatzklage dagegen nicht auf einen – prozessual leichter durchsetzbaren – zivilrechtlich-deliktischen Anspruch (*trespass to the person*) gestützt werden:

> „In my judgement once the patient is informed in broad terms of the nature of the procedure which is intended, and gives her consent, that consent is real, and the cause of action on which to base a claim for failure to go into risks and implications is negligence, not trespass."[64]

Das medizinrechtliche Schrifttum[65] und die zivil- und strafrechtliche Rechtsprechung zur Einwilligung grenzen sich dabei explizit von der „nordamerikanischen Doktrin" des *informed consent* ab und ersetzen diese durch das Prinzip des *real consent*, wie die strafrechtliche Entscheidung R v Richardson eindrücklich belegt:

> „The concept of informed consent has no place in the criminal law."[66]

Von der Geltung des Prinzips des *informed consent* wird in der Common-Law-Diskussion nur dann gesprochen, wenn die Rechtsordnung vorsieht, dass Aufklärungsmängel, insbesondere Mängel der Risikoaufklärung, zur

---

61 Kennedy/Grubb – *Grubb*, Principles, S. 171.
62 Kennedy/Grubb – *Grubb*, Principles, S. 171; Rosenau zieht diesen rechtsvergleichenden Befund zur Stützung der von ihm für das deutsche Strafrecht empfohlenen Eingrenzung der Aufklärungspflichten heran (*Rosenau*, Behandlungsfehler, S. 223 f.).
63 Ein Behandlungsfehler wird allenfalls dann strafrechtlich relevant, wenn dieser durch grobe Fahrlässigkeit zum Tod des Patienten geführt hat (*Gross negligence medical manslaughter*, hierzu vergleiche: Brazier/Allen, Criminalizing Medical Malpractice, S. 17 ff.).
64 Chatterton v Gerson [1981] Q.B. 432, 443.
65 Kennedy/Grubb – *Grubb*, Principles, S. 171.
66 R v Richardson [1999] Q.B. 444, 450.

Unwirksamkeit der Einwilligung führen. Lassen diese die Wirksamkeit der Einwilligung dagegen unberührt und genügt es, wie im englischen Recht, dass der Patient in groben Zügen über die Natur des Eingriffs und die Identität des Eingreifenden informiert ist, so spricht man vom Prinzip des *real consent*. Dem *Real-Consent-Concept* des englischen Rechts liegt die Überzeugung zu Grunde, dass das Strafrecht kein angemessenes Mittel zur Durchsetzung ärztlicher Aufklärungspflichten ist und zwar unabhängig davon, ob es sich um einen Heileingriff oder um einen medizinisch nicht indizierten Eingriff handelt:

> „At the same time it would seem to be wrong to use the criminal law to control the amount of disclosure required. Such legal control as is needed can, surely, be provided by the civil law."[67]

Als praktische Folge dieser Konzeption dominiert die zivilrechtliche Fahrlässigkeitshaftung (*negligence*) das englische Arzthaftungsrecht, während dem zivilrechtlichen Deliktsrecht und dem Arztstrafrecht nur eine untergeordnete Bedeutung zukommen. Durch diese Strukturentscheidung des englischen Medizinrechts wird das Haftungsrisiko von Ärzten insgesamt deutlich reduziert, da bei der Durchsetzung der zivilrechtlichen Fahrlässigkeitsklage der Nachweis der Fahrlässigkeit und der Kausalität der Fahrlässigkeit für einen Schaden schwerer zu führen sind, wodurch der verbreiteten Sorge vor einer Flut von Arzthaftungsprozessen, entsprechend der Entwicklung in den USA, Rechnung getragen wird.[68]

IV. Exkurs: Aufklärung und lex artis bei der zivilrechtlichen Fahrlässigkeitshaftung

Folgt die ärztliche Aufklärungspflicht, wie dargestellt, nicht aus einem *Recht* des Patienten, sondern aus den *objektiven Sorgfaltspflichten* des Arztes gemäß den Standards der medizinischen Profession, so wirkt sich dies auch auf die Bestimmung des maßgeblichen Aufklärungshorizonts bei der zivilrechtlichen Fahrlässigkeitshaftung aus.[69] Das englische Recht fragt weder danach, welche Informationen der *individuelle Patient* im konkreten Fall als relevant

---

67 So *Williams*, Criminal Law, S. 570 ausdrücklich auch für nicht therapeutische ärztliche Eingriffe.
68 Vgl. dazu Kennedy/Grubb – *Grubb*, Principles, S. 173.
69 Die instruktivste Systematisierung der Aufklärungsstandards im Medizinrecht findet sich nach wie vor bei *Giesen*, International Medical Malpractice, S. 271 ff.; vgl. im Anschluss *Damm*, MedR 2006, 7 f.

betrachtet hätte (Aufklärungshorizont des individuellen Patienten = *individual patient standard*), noch danach, welche Informationen ein *durchschnittlich vernünftiger Patient* als relevant für seine Entscheidung betrachten durfte (*reasonable patient standard*).[70] Maßgeblich ist nach dem so genannten *Bolam-Test*[71] vielmehr die Frage, ob „ein gewissenhafter Teil der Ärzteschaft" (*a responsible body of medical men*) die gegebenen Informationen als ausreichend betrachten würde (*reasonable professional standard*). Die Aufklärung muss den Sorgfaltsanforderungen entsprechen, die sich aus der jeweils gültigen Definition einer guten klinischen Praxis ergeben (*appropriate practice by contemporary standards of care*), worüber letztlich ein medizinisches Sachverständigengutachten entscheidet. Die Aufklärungspflicht des Arztes wird als integrierter Teil seiner gesamten Behandlungspflicht gesehen, sodass sich ihr Umfang nicht durch das Selbstbestimmungsrecht des Patienten, sondern durch den jeweiligen *medizinischen Standard* bestimmt. Ob der Bolam-Test tatsächlich bedeutet, dass die medizinische Profession selbst das letzte Wort bei der Bestimmung des Umfangs der Aufklärungspflichten hat, wird nach der Entscheidung in Sidaway kontrovers diskutiert. Die Entscheidung wird auch so interpretiert, dass ein Gericht ein Statement eines *responsible body of medical men* nicht in jedem Fall akzeptieren muss. Etwa dann nicht, wenn das Gericht der Ansicht ist, dass bei einem hohen und offensichtlichen Risiko jeder vernünftige und verantwortungsvolle Arzt über das Risiko aufgeklärt hätte. Wohl kaum mehr mit dem geltenden Recht vereinbar sind aber Versuche, über diese richterliche Letztkontrolle nun doch noch den Standard des vernünftigen Patienten einzuführen.[72] In der zivilrechtlichen Entscheidung Chester vs Afshar vom 14. Oktober 2004 scheint das House of Lords dem Selbstbestimmungsrecht des Patienten und dem Prinzip des *informed consent* größere Bedeutung für das englische Arzthaftungsrecht beizumessen.[73] *Deutsch* sieht in dieser Entscheidung eine Neupositionierung der zivilrechtlichen Rechtsprechung zur ärztlichen Aufklärung und eine, wenn auch

---

70 Dazu *Giesen*, International Medical Malpractice, S. 271 ff.; vgl. auch *Damm*, MedR 2006, 7 f.; zum Aufklärungsmaßstab im deutschen Medizinrecht vgl. den Beitrag von *Schöch*, Die Aufklärungspflicht des Arztes, S. 51 ff. in diesem Band.

71 Nach der Entscheidung Bolam v. Friern Hospital Management Committee [1957] 1 W.L.R. 582; bestätigt durch Sidaway [1985] A.C. 871: Die Doktrin des *informed consent* sei dem englischen Medizinrecht geradezu entgegengesetzt, ebenda S. 894 per Lord Diplock.

72 Vgl. dazu *Kennedy/Grubb*, Medical Law, S. 707 f. in Auseinandersetzung mit Pearce v United Bristol Healthcare NHS Trust [1998] 48 BMLR 118 (CA).

73 So *Deutsch*, MedR 2005, 464–466; Vgl. Chester v Afshar [2004] UKHL 41 zitiert nach Online Ressource des House of Lords.

vorsichtige, Distanzierung zu der Entscheidung in Sidaway.[74] Demgegenüber sind jedoch zwei deutliche Einschränkungen zu machen: Zum einen betrifft die Entscheidung ausschließlich die zivilrechtliche Haftung des Arztes für Aufklärungsmängel aus Fahrlässigkeit (*negligence*). An dem Grundsatz, dass die Einwilligung in der Regel trotz Aufklärungsmängeln wirksam ist und daher der Aufklärungsmangel keine zivilrechtlich-deliktische oder strafrechtliche Haftung wegen Verletzung der Person (*trespass to the person /battery*) begründet, ändert die Entscheidung nichts. Zum anderen hatte das House of Lords in der Sache Chester vs Afshar weder über den Inhalt ärztlicher Aufklärungspflichten noch über den maßgeblichen Aufklärungshorizont zu entscheiden, sondern allein über die Anforderungen an den *Beweis der Kausalität* des Aufklärungsmangels für den Schaden. Nach deutscher Rechtsterminologie ging es um die Frage der *hypothetischen Einwilligung*. Dass der für den Aufklärungshorizont geltende Maßstab des Bolam-Tests nicht aufgegeben wurde, folgt schon daraus, dass die Verletzung der – nach dem Bolam-Test ermittelten – Aufklärungspflicht durch den Neurochirurgen Dr. Afshar nach der Ansicht aller fünf an der Entscheidung beteiligten Lordrichter unzweifelhaft bewiesen war und die Frage der Angemessenheit des Bolam-Tests daher von vornherein nicht entscheidungserheblich war. Richtig ist aber, dass das House of Lords bei der Beurteilung der Voraussetzung der Annahme einer hypothetischen Einwilligung nunmehr äußerst restriktiv und damit selbstbestimmungsfreundlicher verfährt.[75]

Zusammenfassend können zivilrechtliche und strafrechtliche Aufklärungspflichten über die Risiken eines ärztlichen Eingriffs als *funktionale Äquivalente* im Hinblick auf die Informiertheit des Patienten beschrieben werden. Funktional äquivalente Lösungen dürfen indes nicht mit *ähnlichen* Lösungen verwechselt werden, wie gerade das Beispiel der ärztlichen Aufklärungspflichten zeigt. Abgesehen davon, dass eine strafrechtliche Haftung für Aufklärungsmängel, wie sie etwa das deutsche Recht vorsieht,[76] und eine rein zivilrechtliche Schadensersatzhaftung aus Fahrlässigkeit schon im Hinblick auf die Rechtsfolgen nicht als ähnliche praktische Lösungen betrachtet werden können, bestehen auch hinsichtlich der materiellen Voraussetzungen der Arzthaftung, insbesondere dem Aufklärungsmaßstab und den sich daraus ableitenden notwendigen Aufklärungsinhalten, erhebliche Unterschiede.

---

74 *Deutsch*, MedR 2005, 464, 464.
75 Dazu im Einzelnen *Deutsch*, MedR 2005, 464, 465.
76 Vgl. den Beitrag von *Schöch*, Die Aufklärungspflicht des Arztes, S. 51 ff. in diesem Band.

D. Die Organentnahme beim Lebenden

Zu welchen rechtsordnungsinternen Folgeproblemen die paternalistische Grundstruktur des englischen Arztstrafrechts bei der rechtlichen Beurteilung von medizinisch nicht indizierten Eingriffen, also den Bereichen der sonstigen, nichttherapeutischen medizinischen Verfahren führt, lässt sich exemplarisch anhand der Praxis der Lebendorganspende beobachten.

I. Legitimationsprobleme im common law

Die Organentnahme beim Lebenden konstituiert sich im englischen *common law* als grundsätzliches Legitimationsproblem.[77] Der nichttherapeutische chirurgische Eingriff beim Spender ist als Körperverletzung im Sinne von sections 47, 20 und 18 OAP Act 1861 zu qualifizieren, die nach dem Grundsatz der Unwirksamkeit der Einwilligung in tatsächliche Körperverletzungen nicht (allein) durch die Einwilligung des Organspenders legitimiert werden kann und auch nicht in die Ausnahmefallgruppe für medizinisch indizierte Heileingriffe (*medical exception*) fällt.[78] Die Organentnahme zu Transplantationszwecken ist, abgesehen von sogenannten Domino-Transplantationen[79], ausschließlich fremdnützig motiviert und für den Organspender nicht mit therapeutischen Vorteilen, sondern vielmehr mit einer Beschädigung seiner körperlichen Integrität und, je nach betroffenem Organ, mit mehr oder weniger großen Kurz- und Langzeitrisiken verbunden.[80] Die *medical exception* greift nicht, denn *medizinische* Gründe, einer gesunden Person ein gesundes Organ zu entnehmen, gibt es im Regelfall einer Lebendorganspende nicht.[81] Eine nur implizite Anerkennung ihrer Legitimität hat die Praxis der Lebend-

---

77 Law Commission Consultation Paper No. 139, Consent in the Criminal Law, 1995, S. 111; *G. Dworkin*, Modern Law Review, 1970, Vol. 33, No. 4, S. 353, 359; vgl. aber auch *Dworkin/Kennedy*, Medical Law Review, 1993, No. 1, S. 291, 300.
78 Kennedy/Grubb – *Grubb*, Principles, S. 146; ebenso Kennedy/Grubb – *Dickens*, Principles, S. 819; *Price*, in Gutmann/Daar/Sells (Ed.), Ethical, Legal and Social Issues, S. 143 und bereits *G. Dworkin*, Modern Law Review, 1970, Vol. 33, No. 4, S. 357f.
79 Die Domino-Transplantation betrifft den Sonderfall, dass einem lebenden Spender ein Organ aus therapeutischen Gründen entnommen wird, das Organ aber dennoch zu Transplantationszwecken verwendet werden soll. Dies kommt etwa dann vor, wenn ein Lungenpatient Herz und Lunge gemeinsam aus einer postmortalen Organspende erhält, sodass dessen an sich gesundes Herz weiter transplantiert werden kann.
80 Vgl. *Schroth*, Die strafrechtlichen Grenzen der Organ- und Gewebelebendspende, S. 466 ff. in diesem Band.
81 *Wagner/Fateh-Moghadam*, Soziale Welt 2005, Heft 1, 73, 87.

organspende durch den Human Tissue Act 2004 (HT Act 2004) und die im September 2006 in Kraft getretene Lebendspendeverordnung (The Human Tissue Act 2004 [Persons who Lack Capacity to Consent and Transplants] Regulations 2006)[82] erfahren. Das Gesetz stellt zwar weder eine abschließende Sonderregelung dar, noch statuiert es eine generelle Ausnahme vom strafrechtlichen Grundsatz der Unwirksamkeit der Einwilligung für die Fallgruppe der Lebendorganspende (siehe sogleich unten II). Da das Gesetz jedoch vorsieht, dass die neu geschaffene Behörde für menschliches Gewebe (*Human Tissue Authority*) Organentnahmen beim Lebenden im Einzelfall genehmigen kann, ist davon auszugehen, dass der Gesetzgeber die Eröffnung der Einwilligungsmöglichkeit bei Lebendorganspenden jedenfalls unter bestimmten Voraussetzungen im Interesse des Gemeinwohls (*public policy*) für vertretbar hält. Die Policy-Entscheidung, von der die Strafbarkeit der Organentnahme beim Lebenden bereits nach den Common-Law-Grundsätzen abhing, wird vom Gesetzgeber damit in die Hände der Gesundheitsverwaltung gelegt und es ist zu erwarten, dass die Strafgerichte Organentnahmen akzeptieren werden, wenn sie unter Beachtung der rechtlichen Vorgaben durchgeführt werden.

II. Human Tissue Act 2004: Strafrechtliches Verbot mit Erlaubnisvorbehalt

Der HT Act 2004 antwortet auf die rechtsinterne Problemstellung der grundsätzlichen Unverfügbarkeit des menschlichen Körpers mit einem generellen strafrechtlichen Verbot der Lebendorganspende, das jedoch Ausnahmen für den Einzelfall im Wege einer behördlichen Erlaubnis vorsieht. Die Strafnorm der section 33 HT ACT 2004 reformuliert zunächst den restriktiven Grundsatz der englischen Einwilligungsdogmatik, indem sie die Organentnahme beim Lebenden sowie die Nutzung eines beim Lebenden entnommenen Organs ungeachtet der Einwilligung des Organspenders strafrechtlich verbietet. Gemäß section 33 (3) i. V. m. section 52 HT Act 2004 kann der Gesundheitsminister jedoch durch Rechtsverordnung bestimmen, dass die Strafbarkeit gemäß section 33 (1) und (2) HT Act 2004 nicht eintritt, sofern die

---

[82] Die Ausführungsverordnung des Gesundheitsministers zu section 33 wurde am 22. Juni 2006 verabschiedet und ist am 1. September 2006 in Kraft getreten: The Human Tissue Act 2004 (Persons who Lack Capacity to Consent and Transplants) Regulations 2006 = Statutory Instrument 2006 No. 1659. Die Regelungen zur Lebendorganspende gelten für England, Wales, Nordirland und Schottland.

Behörde für menschliches Gewebe (*Human Tissue Authority*) zu der Überzeugung gelangt ist, dass kein Fall von Organhandel im Sinne von section 32 HT Act 2004 vorliegt und die übrigen in der Verordnung spezifizierten Voraussetzungen erfüllt sind. Nach der am 1. September 2006 in Kraft getretenen Lebendspendeverordnung (*The Human Tissue Act 2004 [Persons who Lack Capacity to Consent and Transplants] Regulations 2006*)[83] erfolgt das Verfahren zur Zulassung einer Lebendorganspende in vier Stufen. Es beginnt mit der medizinischen Vorbereitung der Lebendorganspende einschließlich der Aufklärung der Beteiligten durch die verantwortlichen Ärzte im Transplantationszentrum (1. Stufe). Nach Abschluss der medizinischen Vorbereitung führt eine *qualifizierte Person* persönliche Gespräche (*interviews*) mit dem Spender, gegebenenfalls mit dessen Stellvertreter, und mit dem Empfänger, in denen spezifische Fragen, unter anderem der Umfang der erteilten medizinischen Aufklärung und das Bestehen von Anhaltspunkten für Zwang oder Organhandel erörtert werden müssen (2. Stufe). Diese Person – eine Art Transplantationsbeauftragter der Transplantationszentren – darf nicht mit der Person identisch sein, die für die medizinische Aufklärung zuständig ist. Die Aufklärung muss also *vor* dem Gespräch mit dem Transplantationsbeauftragten erfolgen; von Letzterem wird lediglich überprüft, welche Informationen die Beteiligten bereits erhalten haben. Über diese Gespräche erstattet der Transplantationsbeauftragte der Behörde für menschliches Gewebe Bericht und legt insbesondere dar, ob Anhaltspunkte für die Unfreiwilligkeit der Organspende oder Organhandel bestehen (3. Stufe). Auf der Basis dieser Berichte entscheidet die Behörde darüber, ob die Zulässigkeitsvoraussetzungen der Organentnahme erfüllt sind (4. Stufe).

Die materiell-inhaltlichen Anforderungen an die Voraussetzungen der Organentnahme bleiben auch in der Lebendspendeverordnung vage. Die Verfahrensvorschriften der Verordnung setzen vielmehr entsprechende inhaltliche Anforderungen des *common law* voraus, ohne diese zu konkretisieren, sodass die im *common law* bestehenden Unsicherheiten – etwa hinsichtlich der Zulässigkeit der Organspende durch Minderjährige[84] – nicht beseitigt werden. Die rechtspolitisch und medizinethisch bedeutendsten Neuerungen des HT Act 2004 in Verbindung mit der Lebendspendeverordnung bestehen in der Aufgabe der im früheren Transplantationsgesetz (Human Organ Transplants Act 1989) angelegten Differenzierung zwischen genetisch verwandten und

---

83 Vgl. die Nachweise in der vorhergehenden Fn.
84 Vgl. *Price*, Organ Transplantation, S. 340ff; *Kennedy/Grubb*, Medical Law, S. 1761.

nichtverwandten Spendern und in der Etablierung eines besonderen Verfahrens für die Zulassung von Überkreuzspenden (*paired donation*), Poolmodellen (*pooled donation*), altruistischen Fremdspenden (*altruistic donation*) sowie für Organspenden von Minderjährigen und Nicht-Einwilligungsfähigen. Auch für diese Sonderformen der Organspende sieht die Verordnung keine besonderen materiellen Anforderungen vor, sondern lediglich eine strengere prozedurale Absicherung, die darin besteht, dass die behördliche Entscheidung über die Zulässigkeit der Organentnahme durch eine Jury von mindestens drei Personen getroffen werden muss. Nach dem *Code of Practice* der HTA sollen die Transplantationszentren in diesen Fällen zudem frühzeitig Kontakt mit der HTA aufnehmen.[85] Die Behörde begleitet dann das Verfahren von Anfang an beratend und kontrollierend. In diesen Fällen wird sich die Behörde also nicht nur auf die Berichte des Transplantationsbeauftragten verlassen, sondern den Sachverhalt selbst erforschen und auf der Basis eigener Erwägungen beurteilen. Charakteristisch für das englische Regelungsmodell ist dabei, dass weder Verordnung noch Gesetz Anhaltspunkte dafür enthalten, nach welchen *inhaltlichen* Gesichtspunkten die Zulässigkeit dieser besonderen Formen der Lebendorganspende beurteilt werden soll. In Bezug auf die Beteiligung Minderjähriger und nicht einwilligungsfähiger Personen muss die Behörde etwa präventiv das Vorliegen der Voraussetzungen für eine wirksame Einwilligung oder eine wirksame Stellvertretung beurteilen. Anders als im deutschen Recht[86] ist dieser Personenkreis im *common law* nicht von vornherein von der Möglichkeit der Organspende ausgeschlossen. Unter welchen Voraussetzungen Organspenden durch Minderjährige oder Nicht-Einwilligungsfähige zulässig sind, ist aber äußerst umstritten,[87] so dass fraglich ist, ob die ganz überwiegend mit juristisch nicht ausgebildeten Mitgliedern besetzte Human Tissue Authority insoweit die notwendige Qualifikation besitzt. Im Hinblick auf Überkreuz-Spende, Poolspende und altruistische Fremdspende dürfte es der Human Tissue Authority vor allem um die besonders intensive Absicherung des Organhandelsverbots und der Freiwilligkeit der Organspende gehen. Für den weiteren Ausbau entsprechender Organspendeprogramme der Transplantationszentren kommt der Verwaltungspra-

---

85 The Human Tissue Authority (2005): Code of Practice – Donations of organs, tissue and cells for transplantation, Code 2, January 2006.
86 *Schroth*, Die strafrechtlichen Grenzen der Organ- und Gewebelebendspende, S. 466 ff. in diesem Band. Dort auch zu der Ausnahme für die Spende von Knochenmark.
87 Vgl. *Price*, Organ Transplantation, S. 340 ff.; *Kennedy/Grubb*, Medical Law, S. 1761; aus rechtsvergleichender Perspektive *Fateh-Moghadam*, Einwilligung, S. 260 ff.

xis der Behörde eine erhebliche Bedeutung zu.[88] Gerade die inhaltliche Unbestimmtheit der materiellen Voraussetzungen der Lebendorganspende im HT Act 2004, die sich auch auf Verordnungsebene fortsetzt, ermöglicht der öffentlichen Gesundheitsverwaltung ein Höchstmaß an *Flexibilität*, um im Einzelfall *pragmatische* Entscheidungen treffen zu können. So hängt die weitere Entwicklung von Überkreuz-Spende-, Ringtausch-, Pool- und Fremdspendemodellen ebenso entschieden von der Verwaltungspraxis der Human Tissue Authority ab wie die Zulassung von Minderjährigen und Nicht-Einwilligungsfähigen als Lebendorganspendern. Dass damit auch die Bestimmung der strafrechtlichen Grenzen der Lebendorganspende letztlich in der Hand des Verordnungsgebers und der Genehmigungsbehörde liegen, die inhaltlich weit gehend ungebunden sind, mag nach kontinentaleuropäischem Rechtsstaatsverständnis überraschen, knüpft aber kohärent an die Anschlussbedingungen des *common law* an: Die Delegation der *Public-Policy*-Entscheidung über die Zulassung von Lebendorganspenden an die öffentliche Gesundheitsverwaltung ist folgerichtig, da es sich bei der Zulassung von einzelnen Lebendorganspenden und spezifischen Modellen der Lebendorganspende aus Sicht des englischen Rechts um *gesundheitspolitische* Entscheidungen handelt, die sich am *Gemeinwohl* orientieren. Die damit einhergehende Kriminalisierung einer (grund-)rechtlich garantierten Form der Freiheitsausübung gerät der englischen Rechtsordnung dagegen nicht als solche in den Blick, da ein entsprechendes Grundrecht der Selbstverfügungsfreiheit über den eigenen Körper schlicht nicht existiert.

---

88 Die Human Tissue Authority berichtet in ihrem Jahresbericht 2008/2009 über einen signifikanten Anstieg von Organspendern, die ein Organ an einen ihnen unbekannten Empfänger gespendet haben. Die Anzahl der altruistischen, nicht gerichteten Organlebendspenden (auch bekannt als „samaritan" donation) ist von 10 im Berichtszeitraum 2007/08 auf 15 gestiegen, was einer Steigerung um 50 % entspricht. Die Anzahl der Überkreuzlebendspenden (paired donation) und der Pool-Spenden ist um 267 % auf 22 gestiegen (http://www.hta.gov.uk/, aufgerufen am 21.9.2009). Die Zahlen belegen, dass die Human Tissue Authority der Praxis der nichtverwandten Lebendorganspende positiv gegenübersteht. Nach dem deutschen Transplantationsgesetz sind diese Formen der Organlebendspende ohne besonderes persönliches Näheverhältnis zwischen Spender und Empfänger verboten und strafbar, §§ 19 I i. V. m. 8 I 2 TPG (dazu kritisch Schroth, Die strafrechtlichen Grenzen der Organ- und Gewebelebendspende, S. 466 ff. in diesem Band).

E. Sterbehilfe und assistierter Suizid

Auch und gerade am Ende des Lebens wird die Möglichkeit der Selbstbestimmung durch den Common-Law-Grundsatz der *Unverfügbarkeit der körperlichen Integrität*, verstärkt durch das Prinzip der *Heiligkeit des Lebens*,[89] immer dann erheblich eingeschränkt, wenn der Patient zur Verwirklichung seiner Vorstellung eines würdigen Sterbens auf die Hilfe Dritter und damit auf die positive Dispositionsfreiheit über den eigenen Körper angewiesen ist. Das englische Regelungsmodell akzeptiert zwar die *(Voraus-)Ablehnung lebensverlängernder medizinischer Maßnahmen* (I.), kriminalisiert aber nicht nur die *Tötung auf Verlangen* (II.), eingeschränkt lediglich durch die *Double-Effect-Rechtsprechung* (III.), sondern auch jede Form der *Beihilfe zur Selbsttötung* (IV.).

I. Beenden, Begrenzen oder Unterlassen lebenserhaltender Maßnahmen

Wie bereits im Zusammenhang mit der Notwendigkeit der Einwilligung in einen ärztlichen Heileingriff dargestellt, wird die Patientenautonomie in ihrer negativen Abwehrfunktion, vermittelt über den Schutz der körperlichen Integrität, im englischen Recht umfassend gewährleistet. Das Recht, eine medizinisch indizierte Behandlung abzulehnen, umfasst nach allgemeiner Auffassung auch das Recht, die Einwilligung in lebenserhaltende Maßnahmen zu verweigern. In der zivilrechtlichen Entscheidung Chester vs Afshar vom 14. Oktober 2004 hat das House of Lords in mehreren *dicta* die gestiegene Bedeutung des negativen Selbstbestimmungsrechts des Patienten für das englische Arzthaftungsrecht betont:[90]

> „We allow someone to choose death over radical amputation or a blood transfusion, if that is his informed wish, because we acknowledge his right to a life structured by his own values."[91]

Lord Steyn hat hier die Situation der *Ablehnung* einer therapeutisch notwendigen Amputation oder einer Bluttransfusion vor Augen, die auch im eng-

---

89 Dazu grundlegend *Williams*, The Sanctity of Life.
90 Chester v Afshar [2004] UKHL 41 zitiert nach Online Ressource des House of Lord; dazu *Deutsch*, MedR 2005, 464.
91 *R. Dworkin*, Life's Dominion, S. 224; zitiert in Chester v Afshar [2004] UKHL 41, S. 7, per Lord Steyn.

lischen Recht vom Selbstbestimmungsrecht des Patienten gedeckt ist. Soweit ein einwilligungsfähiger Patient seine Zustimmung zu einer lebenserhaltenden Maßnahme verweigert, ist das Unterlassen der Lebensverlängerung also nicht nur zulässig, sondern rechtlich geboten, da andernfalls eine als Körperverletzung strafbare Zwangsbehandlung vorläge.

Komplexer wird die rechtliche Beurteilung, wenn es um das Beenden, Begrenzen oder Unterlassen einer lebenserhaltenden medizinischen Maßnahme[92] bei einer nicht (mehr) einwilligungsfähigen Person geht, etwa bei Patienten, die sich im irreversiblen Wachkoma (*Persistent Vegetative State*) befinden. Die damit verbundenen rechtlichen Detailfragen können im Rahmen eines Überblicks nicht im Einzelnen diskutiert werden.[93] Mit Blick auf die anhaltende Diskussion über eine gesetzliche Regelung der Sterbehilfe[94] und die inzwischen gesetzlich geregelte Patientenverfügung[95] in Deutschland soll aber zumindest auf die Essentialia der gesetzlichen Neuregelung der Voraussetzungen für Entscheidungen von Nicht-Einwilligungsfähigen durch den am 1. April 2007 in Kraft getretenen Mental Capacity Act 2005 (MCA 2005) hingewiesen werden.[96]

Durch den MCA 2005 ergeben sich weit reichende Neuerungen für die Frage der *Zuständigkeit* für die Entscheidung von nichteinwilligungsfähigen Erwachsenen am Lebensende.[97] Während das *common law* eine Stellvertretung für nichtkompetente Erwachsene (*surrogate decision making*) – außer für den Bereich der Vermögenssorge – nicht kannte, sieht der MCA 2005 vor, dass Bevollmächtigte (*attorneys*) und gerichtlich bestellte Stellvertreter/Betreuer (*court appointed deputies*) Entscheidungen über Angelegenheiten der

---

92 Terminologisch wird hier dem Vorschlag der Autoren des AE-Sterbebegleitung gefolgt, siehe *Schöch/Verrel*, GA 2005, 553, 560f.; auf die hergebrachte Sterbehilfeterminologie (aktive/passive Sterbehilfe) wird aus den dort genannten Gründen verzichtet.
93 Einen rechtsvergleichenden und kritischen Überblick bietet die Monographie von *Tolmein*, Selbstbestimmungsrecht und Einwilligungsfähigkeit.
94 Vgl. nur den AE-Sterbebegleitung *Schöch/Verrel*, GA 2005, 553. Dazu einerseits *Schroth*, GA 2006, 549, andererseits *Duttge*, GA 2006, 573. Vgl. auch den Beitrag von *Roxin*, Zur strafrechtlichen Beurteilung der Sterbehilfe, S. 75ff. in diesem Band.
95 Drittes Gesetz zur Änderung des Betreuungsrechts vom 29. Juli 2009, BGBl. I, S. 2286 in Kraft seit 1.9.2009. Vgl. insbesondere die neu eingefügten §§ 1901 a, b sowie die Neufassung von § 1904 BGB.
96 Vgl. dazu *Jox*, Zeitschrift für medizinische Ethik 52, 2006, 296ff.; *Jox et al*, Medicine Health Care and Philosophy (2008) 11:153–163; sowie den vom Department for Constitutional Affairs erstellten Code of Practice vom 23. April 2007, abrufbar unter http://www.dca.gov.uk/legal-policy/mental-capacity/mca-cp.pdf.
97 Ausgenommen sind Fragen der Vertretung von Minderjährigen unter 16 Jahren, für die weiterhin die Regelungen des Children Act 1989 gelten, auf die hier aber nicht weiter eingegangen wird.

persönlichen Wohlfahrt und der Gesundheitsfürsorge treffen können. Die Bevollmächtigung erfolgt über das Institut der *lasting power of attorney* (section 9 – 12 MCA 2005), eine Art gesetzlich geregelter *Vorsorgevollmacht*.[98]

Der MCA 2005 etabliert zudem ein neues Gericht, *The Court of Protection*, das für Verfahren im Zusammenhang mit Fragen der Entscheidung für nicht zurechnungsfähige Personen zuständig ist. Neben der bereits bisher bestehenden Möglichkeit der bloß deklaratorischen gerichtlichen Feststellung der Zulässigkeit einer beabsichtigten Maßnahme hat das Gericht die Macht, die Entscheidung für die nichteinwilligungsfähige Person selbst zu treffen oder einen Betreuer zu bestellen, der die Entscheidung für die Person trifft. Section 16 (2) MCA 2005:

> „The court may –
> (a) by making an order, make the decision or decisions on P's behalf in relation to the matter or matters, or
> (b) appoint a person (a ‚deputy') to make decisions on P's behalf in relation to the matter or matters."

Die bisher auf Minderjährige beschränkte *parens-patriae-jurisdiction* wird damit auf nichteinwilligungsfähige Erwachsene ausgedehnt und erstreckt sich auf alle Fragen der *persönlichen Wohlfahrt*.

Von besonderem Interesse ist die gesetzliche Regelung der Patientenverfügung gemäß sections 24–26 MCA 2005 (*advance decisions to refuse treatment*), die bereits im *common law* anerkannt war.[99] Mittels einer Patientenverfügung im Sinne des MCA 2005 können für den Eintritt spezifischer Umstände bestimmte lebensverlängernde Behandlungsmaßnahmen *verbindlich abgelehnt* werden. Positive Anordnungen über zwingend zu ergreifende medizinische Maßnahmen können dagegen nicht Gegenstand einer unmittelbar verbindlichen Patientenverfügung sein, so dass es bei der bisherigen Rechtslage bleibt, wonach lebenserhaltende Maßnahmen medizinisch indiziert sein und dem besten Interesse des Patienten entsprechen müssen.[100] Die *Wirksamkeit* (*validity*) einer Patientenverfügung setzt zunächst voraus, dass sie von einer volljährigen und einwilligungsfähigen Person erstellt und nicht, auch nicht konkludent, widerrufen wurde. Die *Anwendbarkeit* (*applicability*) einer Patientenverfügung setzt allgemein voraus, dass es sich bei der infrage

---

98 In diesem Sinne auch *Jox*, Zeitschrift für medizinische Ethik 52, 2006, 296, 296.
99 *Kennedy/Grubb*, Principles, S. 257–262.
100 Vgl. dazu die viel beachtete Entscheidung des Court of Appeal in Burke [2005] EWCA Civ 1003.

stehenden Behandlung um die in der Verfügung spezifizierte Maßnahme handelt, alle in der Verfügung benannten Voraussetzungen erfüllt sind und kein vernünftiger Anlass zu der Annahme besteht, dass Umstände vorliegen, die der Verfügende nicht vorhergesehen hat, die seine Entscheidung aber beeinflusst hätten, wenn er sie gekannt hätte (section 25 (4) MCA 2005). Geht es um die Ablehnung *lebenserhaltender Maßnahmen* ist eine Patientenverfügung nur dann anwendbar, wenn sie *schriftlich* verfasst und von dem Verfügenden sowie von einem Zeugen im gegenseitigen Beisein persönlich *unterschrieben* wurde. Zudem muss der Verfügung gemäß section 25 (5) MCA 2005 eine schriftliche und gemäß den oben genannten Vorgaben unterschriebene Erklärung darüber beigefügt sein, dass die Verfügung auch dann angewendet werden soll, wenn es um Leben oder Tod geht (*even if life is at risk*). Darüber hinaus sieht das Gesetz weder eine Reichweitenbeschränkung hinsichtlich des Krankheitsstadiums noch eine zeitliche Wirksamkeitsbeschränkung der Verfügung und ebensowenig eine obligatorische medizinische Aufklärung vor.[101]

Die Wirkung (*effect*) einer wirksamen und anwendbaren Patientenverfügung besteht darin, dass der in ihr geäußerte Wille so zu behandeln ist, als hätte der Patient diesen Willen zu dem Zeitpunkt wirksam geäußert, zu dem über die infrage stehende Behandlung zu entscheiden ist (section 26 (1) MCA 2005): Der in der Patientenverfügung geäußerte Wille steht dem aktuell geäußerten Willen gleich. Die Patientenverfügung setzt sich in der Regel auch gegen abweichende Anordnungen eines Bevollmächtigten durch, es sei denn, der Patient hat eine Vorsorgevollmacht (*Lasting Power of Attorney*) erstellt und in dieser zeitlich nach der Patientenverfügung einen Vertreter zur Entscheidung über solche Behandlungsfragen bestimmt, die zugleich Gegenstand der Patientenverfügung sind (section 25 (2) (7) MCA 2005).

Hinsichtlich der praktischen Schwierigkeiten, die mit der Beurteilung der Wirksamkeit und Anwendbarkeit einer Patientenverfügung verbunden sein können, kommt das Gesetz den Ärzten in dreifacher Weise entgegen. Zum einen stellt das Gesetz ausdrücklich klar, dass die Einleitung oder Fortführung lebensverlängernder Maßnahmen nicht zu einer (straf-)rechtlichen Haftung führt, es sei denn, der Arzt ist zu diesem Zeitpunkt überzeugt, dass für diese Maßnahme eine wirksame und anwendbare (ablehnende) Patientenverfügung getroffen wurde (section 26 (2) MCA 2005). Damit wird verdeutlicht, dass Zweifel über die Wirksamkeit und Anwendbarkeit einer Patientenverfügung nicht zu Lasten des behandelnden Arztes und damit letztlich zulasten

---

101 Eine solche wird jedoch im Code of Practice empfohlen.

des Gesundheits- oder Lebensschutzes gehen sollen. Umgekehrt ist die (straf-)rechtliche Haftung des Arztes im Falle der Nichtaufnahme oder Beendigung einer (lebenserhaltenden) medizinischen Maßnahme bereits dann ausgeschlossen, wenn der Arzt vernünftigerweise davon ausgehen konnte, dass eine wirksame und anwendbare ablehnende Verfügung für diesen Fall getroffen wurde (section 26 (3) MCA 2005). Schließlich eröffnet das Gesetz die Möglichkeit, in Zweifelsfällen über die Existenz, Wirksamkeit und Anwendbarkeit einer Patientenverfügung eine deklaratorische Stellungnahme des Court of Protection einzuholen (section 26 (4) MCA 2005). Bis zur Entscheidung des Gerichts steht die Patientenverfügung der Durchführung von lebenserhaltenden und allen sonstigen Maßnahmen, die erforderlich sind um eine ernsthafte Verschlechterung des Gesundheitszustandes des Patienten zu verhindern, nicht entgegen (section 26 (5) MCA 2005).

Der *materiell-inhaltliche Maßstab* für die Entscheidung über eine lebenserhaltende Maßnahme bei einer nichteinwilligungsfähigen Person, die keine wirksame und anwendbare Patientenverfügung getroffen hat, ist nach den überkommenen Grundsätzen des englischen common law, die der MCA 2005 lediglich konkretisiert,[102] das Prinzip des *besten Interesses* des Patienten. Anders als bei dem Konzept des *substituted judgement*, welches das US-amerikanische Recht prägt, wird im englischen Recht nicht danach gefragt, was die betroffene Person wollen würde, wenn sie gefragt werden könnte.[103] Maßgeblich ist vielmehr ein objektives Urteil darüber, was bei einer Gesamtbetrachtung im *besten Interesse* der (konkreten) Person sei.[104]

> „The test of best interest is objective. One does not, therefore, attempt to find a speculative answer to the question, 'What would this patient have chosen if he had the capacity to make a choice?'"[105]

Die mutmaßlichen subjektiven Präferenzen der konkreten Person stellen dabei aber *einen* Faktor dar, der im Rahmen der Gesamtabwägung zu berücksichtigen ist. Section 4 (6) MCA 2005 legt fest, dass bei der Ermittlung des besten Interesses einer Person auch die gegenwärtigen und früheren Wünsche und Gefühle der Person, deren Glaubens- und Wertvorstellungen und alle

---

102 *Pradella*, European Journal of Health Law 12, 2005, S. 335, 340.
103 Explanatory Note to Mental Capacity Act, para 28, S. 7.
104 Explanatory Note to Mental Capacity Act, para 28, S. 7. Eine Verteidigung des englischen Konzepts des besten Interesses gegenüber dem individualistischen amerikanischen Konstrukt des *substituted judgement* vgl. *Pradella*, European Journal of Health Law 12, 2005, S. 335–345.
105 *Kennedy/Grubb*, Principles, S. 277. Vgl. auch section 4 (2) MCA 2005.

sonstigen Umstände, die die Person erwägen würde, wenn sie dazu in der Lage wäre, *zu berücksichtigen* sind. Dies impliziert, dass der objektive Maßstab des besten Interesses nicht auf das beste *medizinische* Interesse beschränkt ist.[106]

Vor diesem rechtlichen Hintergrund hatte das House of Lords in der Grundlagenentscheidung Airedale NHS Trust vs Bland [1993] 2 WLR 316 über die Zulässigkeit der Einstellung der künstlichen Ernährung mittels Nasensonde bei einem 17-jährigen Patienten zu entscheiden, der sich seit mehr als 2 Jahren im *Persistent Vegetative State* (irreversibles Wachkoma) befunden hatte. Gemäß der Entscheidung existiert *keine absolute Pflicht zur Lebensverlängerung* unabhängig von den Umständen des Einzelfalls. Die entscheidende Frage sei vielmehr, ob die Weiterbehandlung des Patienten, die nur noch den Effekt einer künstlichen Verlängerung seines Lebens bedeute, noch seinem *besten Interesse* entspreche. Das Gericht hält es für zulässig, diese Frage zu verneinen, wenn die Weiterbehandlung, zu der auch die künstliche Ernährung gerechnet wird, nach medizinischem Ermessen[107] sinnlos ist, da eine Verbesserung des Gesundheitszustandes nicht mehr erwartet werden kann. Unter dieser Voraussetzung bestehe jedenfalls keine rechtliche Pflicht zur Weiterbehandlung (*duty to care*), sodass die als *Unterlassen* zu qualifizierende Einstellung der künstlichen Ernährung mangels Pflichtverletzung (*breach of duty*) nicht zu einer (straf-)rechtlichen Haftung führe.[108]

II. Tötung auf Verlangen (mercy killing)

Die Strafbarkeit der (aktiven) Tötung auf Verlangen folgt im englischen common law *a minore ad maius* aus dem Grundsatz der Unwirksamkeit der Einwilligung in tatsächliche körperliche Verletzungen: „A person cannot consent to his own death."[109] Ein Arzt, der einem Patienten auf dessen ausdrücklichen Wunsch ein tödliches Mittel verabreicht, macht sich daher wegen Mordes (*murder*) schuldig, mit der Folge einer obligatorischen lebenslangen Freiheits-

---

106 *Kennedy/Grubb*, Principles, S. 279.
107 Maßgeblich ist hier erneut der Bolam-Standard: Es kommt darauf an, ob „a large body of informed and responsible medical opinion was of the view that existence in the Persistent Vegetative State was not to the benefit of the patient" (Memorandum from the Attorney General, Select Committee on the Assisted Dying for the Terminally Ill Bill, Volume II: Evidence, HL Paper 86-II, S. 582).
108 Zum Ganzen *Allen*, Criminal Law, S. 30 f.; *Card, Cross & Jones*, Criminal Law, S. 49 f.; Memorandum from the Attorney General, Select Committee on the Assisted Dying for the Terminally Ill Bill, Volume II: Evidence, HL Paper 86-II, S. 582 f.
109 *Kennedy/Grubb*, Medical Law, S. 1916 m. w. N.

strafe. Ungeachtet zahlreicher rechtspolitischer Reformvorschläge sieht das geltende englische Strafrecht auch keine Privilegierung für so genannte Mitleidstötungen (*mercy killings*) vor, die auf das ausdrückliche Verlangen eines Patienten im Endstadium einer unheilbaren Krankheit erfolgen: „In summary, deliberately taking the life of another person, whether that person is dying or not, constitutes the crime of murder. Accordingly, any doctor who practises mercy killing can be charged with murder if the facts can be clearly established."[110]

Ein spezieller Milderungstatbestand, durch den die obligatorische lebenslange Freiheitsstrafe des Mordtatbestandes vermieden werden soll, besteht lediglich für Tötungshandlungen im Rahmen von so genannten Selbsttötungspakten (*suicide pacts*) gemäß section 4 (1) Homicide Act 1957, die als Totschlag (*manslaughter*) qualifiziert werden:

> „It shall be manslaughter, and shall not be murder, for a person acting in pursuance of a suicide pact between him and another to kill the other or be a party to the other being killed by a third person."

Ein Selbsttötungspakt besteht nach der Legaldefinition von section 4 (3) Homicide Act 1957 in einer gemeinsamen Verabredung zwischen zwei oder mehreren Personen, deren Gegenstand die Herbeiführung des Todes aller Beteiligten bildet und zwar unabhängig davon, ob sich dabei jeder sein Leben selbst nehmen soll oder nicht. Eine Handlung eines Beteiligten gilt nur dann als im Rahmen des Selbsttötungspaktes vollzogen, wenn dieser zum Zeitpunkt der Handlung die ernsthafte Absicht hatte, selbst im Vollzug des Paktes zu sterben.

Im Falle einer geplanten gemeinsamen Selbsttötung muss danach unterschieden werden, ob der Überlebende aktiv bzw. tatherrschaftlich handelnder Täter war oder nur passiver Teilnehmer. Der das Geschehen beherrschende Part, der etwa den Lebenspartner erschießt und anschließend vergeblich versucht sich selbst zu töten, ist gemäß section 4 Homicide Act 1957 nach den Regeln des Selbsttötungspaktes nicht wegen Mordes, sondern wegen Totschlags zu bestrafen. Überlebt der passive Partner, kommt von vornherein nur eine Strafbarkeit wegen Beihilfe zum Selbstmord nach dem Suicide Act 1961 – dazu sogleich – in Betracht, da die Regeln über den Selbsttötungspakt

---

110 Memorandum from the Attorney General, Select Committee on the Assisted Dying for the Terminally Ill Bill, Volume II: Evidence, HL Paper 86-II, S. 579.

ausschließlich als Privilegierung zum Mordtatbestand ausgestaltet sind.[111] Für die strafrechtliche Haftung von Ärzten bei der Behandlung terminal kranker Patienten ist die Sonderregelung über den Selbsttötungspakt praktisch ohne Relevanz. Sie verdient Erwähnung für diejenigen Fallkonstellationen, in denen nahe Angehörige beabsichtigen, gemeinsam mit der unheilbar erkrankten Person aus dem Leben zu scheiden und nur aufgrund dieser Verabredung dem Tötungsverlangen des Kranken nachkommen.

III. Lebensverkürzung durch leidensmindernde Maßnahmen (Doctrine of Double Effect)

Als eine Ausnahme zum Verbot der aktiven Lebensverkürzung kann auch die *Doctrine of Double Effect* angesehen werden, die seit der Entscheidung Adams[112] höchstrichterlich anerkannt ist. Soweit ein Arzt das Ziel einer medizinisch gebotenen Schmerzlinderung nach den Regeln der ärztlichen Kunst verfolgt, ist es unbeachtlich, wenn der Arzt dabei gleichzeitig wissentlich eine Verkürzung des Lebens des Patienten als unerwünschte aber unvermeidbare Nebenfolge in Kauf nimmt.[113] Die dogmatische Begründung für die Straflosigkeit einer solchen *indirekten Sterbehilfe* ist jedoch – nicht anders als im deutschen Strafrecht[114] – nicht einfach zu leisten. Da die Argumentation über das angebliche Fehlen der Kausalität oder des Vorsatzes des Arztes wenig überzeugend ist, wird vorgeschlagen, die Straflosigkeit explizit über eine Güterabwägung im Rahmen der – nicht allgemein anerkannten – Verteidigungseinrede des Notstandes (*necessity*) zu begründen.[115] Eindeutig nicht mehr von der *Doctrine of Double Effect* gedeckt sind Fälle, in denen ein Arzt vorsätzlich eine Dosis verabreicht, die über das zur Schmerzbekämp-

---

111 Nach englischer Rechtsterminologie spricht man hinsichtlich section 4 Homicide Act von einer speziellen Verteidigungseinrede (*special defence*) bei einer Anklage wegen Mordes (Memorandum from the Attorney General, Select Committee on the Assisted Dying for the Terminally Ill Bill, Volume II: Evidence, HL Paper 86-II, S. 579); zum Ganzen auch *Padfield*, Criminal Law, S. 190 ff.
112 Adams [1957] Crim LR 365.
113 Memorandum from the Attorney General, Select Committee on the Assisted Dying for the Terminally Ill Bill, Volume II: Evidence, HL Paper 86-II, S. 579.
114 Vgl. hierzu den Beitrag von *Roxin*, Zur strafrechtlichen Beurteilung der Sterbehilfe, S. 75 ff. in diesem Band.
115 *Williams*, Criminal Law, S. 581; Vgl. auch *Ashworth*, Criminal liability, in: Simester, A. P./Smith, A.T.H. (Ed.), Harm and Culpability, S. 173–193; vgl. dazu auch *Watzek*, Rechtfertigung und Entschuldigung, S. 201 f.

fung medizinisch erforderliche Maß hinausgeht und allein auf die Lebensverkürzung abzielt.

IV. Selbsttötung und assistierter Suizid

Die Diskussion über die Strafbarkeit der Selbsttötung und des assistierten Suizids orientiert sich im englischen *common law* traditionell an den religiös motivierten Konzepten der *Heiligkeit des Lebens* und des *Selbstmordverbots*: „It is a theocratic survival in our predominantly secular law; and religious („transcendental") arguments are still its main support."[116] Während die Strafbarkeit desjenigen, der versucht sich selbst zu töten, durch den Suicide Act 1961 aufgehoben wurde,[117] wird die Teilnahme an der Selbsttötung eines anderen gemäß section 2 Suicide Act 1961 (*Criminal liability for complicity in another's suicide*) nach wie vor selbstständig und umfassend kriminalisiert:

> „A person who aids, abets, counsels or procures the suicide of another, or an attempt by another to commit suicide, shall be liable on conviction on indictment to imprisonment for a term not exceeding fourteen years."

Danach kann nahezu jede Form der Unterstützung eines zur Selbsttötung entschlossenen Menschen mit bis zu 14 Jahren Freiheitsentziehung bestraft werden. Allerdings wird die Tat gemäß section 2 (4) Suicide Act 1961 nur dann verfolgt, wenn der Generalstaatsanwalt (*Director of Public Prosecutions – DPP*) seine Zustimmung erteilt. Bei der insoweit erforderlichen Feststellung eines öffentlichen Interesses an der Verfolgung der Tat kommt der Staatsanwaltschaft ein weiter Ermessensspielraum zu.[118] In der Praxis wird der Straftatbestand offenbar eher zurückhaltend verfolgt, je nachdem ob der Teilnahmehandlung ein eigennütziges Motiv zu Grunde lag oder nicht.[119] Jede

---

116 *Williams*, Criminal Law, S. 580; auch der grundlegende Report des House of Lords zum Entwurf eines Sterbehilfegesetzes vom 4. April 2005 betrachtet das Prinzip der Heiligkeit des Lebens als eines der zwei die Debatte beherrschenden ethischen Prinzipien, Select Committee on the Assisted Dying for the Terminally Ill Bill, Volume I: Report, HL Paper 86-I, S. 20 ff.
117 Section 1 Suicide Act 1961; Zur Entwicklung des Rechts vgl. *Williams*, Textbook Criminal Law, S. 577 f.; sowie *ders.*, The Sanctity of Life and the Criminal Law, 1968.
118 Memorandum from the Attorney General, Select Committee on the Assisted Dying for the Terminally Ill Bill, Volume II: Evidence, HL Paper 86-II, S. 579 sowie die mündlichen Ausführungen des Justizministers Rt Hon Lord Goldsmith, ebenda S. 587. Die Unbestimmtheit und Intransparenz der Kriterien für die Ausübung dieses weiten Ermessens des DPP hat nun die Klägerin im Fall Purdy erfolgreich vor dem House of Lords angegriffen (R (on the application of Purdy) v Director of Public Prosecutions [2009] UKHL 45).
119 *Williams*, Criminal Law, S. 577.

Form der Beihilfe zur Selbsttötung bleibt aber mit einem erheblichen Strafbarkeitsrisiko verbunden. Für den medizinrechtlichen Kontext ergibt sich daraus, dass sich ein Arzt strafbar macht, wenn er einen sterbewilligen Patienten im Hinblick auf die Durchführung der Selbsttötung berät, ihm ein tödliches Medikament zugänglich macht oder sonst einen Mechanismus bereitstellt, mit dessen Hilfe die Selbsttötung vollzogen werden soll. Ärzte wie Privatpersonen können sich zudem bereits dadurch strafbar machen, dass sie in England Maßnahmen ergreifen, um einem Patienten einen legalen assistierten Suizid im Ausland zu ermöglichen. Ein praktisches Beispiel hierfür ist die Organisation eines Krankentransports in die Schweiz, wo die Beihilfe zur Selbsttötung unter bestimmten Voraussetzungen straflos ist.[120]

Dass die ausnahmslose Strafbarkeit jeder Form der Beihilfe zur Selbsttötung in Konflikt mit dem Selbstbestimmungsrecht am Lebensende und der je individuellen Vorstellung eines würdigen Sterbens von terminal kranken und leidenden Patienten gerät, beleuchten die gerichtlichen Auseinandersetzungen in den Fällen „Dianne Pretty"[121] und „Debbie Purdy"[122].

Die 43-jährige *Dianne Pretty* litt an einer unheilbaren degenerativen Nervenerkrankung (*Motor Neurone Disease*), in deren Folge sie vom Hals abwärts gelähmt war und innerhalb weniger Wochen oder Monaten ihr qualvoller Tod zu erwarten war. Da die Patientin zur Selbsttötung ohne fremde Hilfe physisch nicht mehr in der Lage war, begehrte sie von der englischen Staatsanwaltschaft die Zusicherung, dass ihr Ehemann nicht gemäß section 2 Suicide Act 1961 strafrechtlich verfolgt werde, wenn er ihr die Selbsttötung ermögliche, blieb dabei aber ohne Erfolg. Das House of Lords vertrat den Standpunkt, dass die ausnahmslose Strafbarkeit der Beihilfe zur Selbsttötung gemäß section 2 (1) Sucide Act 1961 mit der Europäischen Menschenrechts-

---

120 Vgl. Re Z [2004] EWHC 2817 (Fam) sowie die Grundlagenentscheidung des House of Lords im Fall Purdy vom 30.7.2009 (R (on the application of Purdy) v Director of Public Prosecutions [2009] UKHL 45). Ebenfalls zu dieser Problematik bereits: Memorandum from the Attorney General, Select Committee on the Assisted Dying for the Terminally Ill Bill, Volume II: Evidence, HL Paper 86-II, S. 581. Die Verfolgungspraxis der Staatsanwaltschaft scheint auch hier zurückhaltend, ist aber wenig transparent. Zu aktuellen Fallbeispielen vgl. *Jox*, Zeitschrift für Medizinische Ethik 52, 2006, 298 f.

121 EGMR, Urteil vom 29.4.2002 – 2346/02 (Pretty/Vereinigtes Königreich), NJW 2002, 2851–2856; vgl. auch die Ausgangsentscheidung des House of Lords vom 29.11.2001: The Queen on the Application of Mrs Dianne Pretty (Appellant) v Director of Public Prosecutions (Respondent), [2001] UKHL 61; vgl. dazu auch *Heymann*, JuS 2002, 957–958.

122 Entscheidung des House of Lords im Fall Purdy vom 30. Juli 2009 (R (on the application of Purdy) v Director of Public Prosecutions [2009] UKHL 45.

konvention (MRK) vereinbar sei. Die Patientin habe auch keinen Anspruch darauf, von der Staatsanwaltschaft eine Zusicherung über die Nichtverfolgung einer strafbaren Beihilfe zur Selbsttötung durch ihren Ehemann zu erhalten. Diese Ansicht wurde im Ergebnis durch den Europäischen Gerichtshof für Menschenrechte bestätigt. Zwar sei nicht auszuschließen, dass ein Eingriff in ihr durch Art. 8 I MRK garantiertes Recht auf Privatleben vorliege, da die Beschwerdeführerin durch das Gesetz darin gehindert werde, ihre Wahl zu treffen und das zu vermeiden, was sie als unwürdiges und qualvolles Ende ansehe.[123] Der Eingriff sei indes jedenfalls gemäß Art. 8 II MRK gerechtfertigt, da auch ein ausnahmsloses Verbot der Beihilfe zur Selbsttötung angesichts der „typischerweise vorliegenden Verletzbarkeit" sterbewilliger Patienten nicht unverhältnismäßig sei.[124] Die Entscheidung bestätigt, dass der Gerichtshof bislang kein wirksames menschenrechtliches Instrumentarium für eine Kritik staatlichen Strafrechtspaternalismus entwickelt hat.[125]

In der Entscheidung des House of Lords im Fall „*Purdy*" hat das House of Lords nunmehr in ausdrücklicher Aufgabe seiner Rechtsprechung in der Entscheidung Pretty anerkannt, dass Art. 8 I MRK grundsätzlich ein Selbstbestimmungsrecht garantiert, das auch die Entscheidung über die Art und Weise der Beendigung des Lebens umfasst.[126] Anders als Diane Pretty hatte Debbie Purdy keine Immunitätsgarantie für ihren Ehemann verlangt, sondern lediglich eine Klarstellung darüber, nach welchen Gesichtspunkten der Director of Public Prosecution sein Ermessen bei der Verfolgung der Beihilfe zum Suizid ausübt, wenn jemand einen sterbewilligen, schwer erkrankten Angehörigen zum Zwecke der Durchführung eines assistierten Suizids in ein Land begleitet, in dem dies legal ist. Die Unsicherheit über die Kriterien der Strafverfolgungspraxis führe dazu, so die Argumentation der Klägerin, dass sie gezwungen sei, den assistierten Suizid zu einem Zeitpunkt im Ausland durchzuführen, zu dem ihr die Reise noch ohne fremde Hilfe möglich sei, wirke sich also praktisch lebensverkürzend aus. Das House of Lords folgt dieser Argumentation insofern als es seine Entscheidung im Kern darauf

---

123 Der Gerichtshof anerkennt damit praktisch, dass die Dispositionsfreiheit über den eigenen Körper in den Schutzbereich des Art. 8 I MRK fällt – EGMR, NJW 2002, 2851, 2854.
124 EGMR, NJW 2002, 2851, 2855.
125 Vgl. bereits EGMR, Slg. 1997-I-Laskey, Jaggard und Brown/Vereinigtes Königreich, v. 19.02.1997 = ECHR (1997) 24 E.H.R.R. 39 zur Vereinbarkeit der Strafbarkeit bereits leichter Verletzungshandlungen im Rahmen einverständlicher sadomasochistischer Sexualpraktiken mit der MRK.
126 R (on the application of Purdy) v Director of Public Prosecutions [2009] UKHL 45, Rn. 35 (per Lord Hope of Craighead).

stützt, dass 1. die Klägerin durch das strafrechtliche Verbot der Beihilfe zum Suizid in ihrem Selbstbestimmungsrecht aus Art. 8 I MRK betroffen ist, und 2. die mangelnde Bestimmtheit der Kriterien der Ermessensausübung bei der Entscheidung über die strafrechtliche Verfolgung der Beihilfe zum Suizid, den Anforderungen an die Zugänglichkeit und Vorhersehbarkeit (accessibility and foreseeability) einer freiheitsbeschränkenden Regelung im Sinne von Art. 8 II MRK nicht genüge.[127] Das House of Lords verlangt daher vom Director of Public Prosecutions tatbestandsspezifische Leitlinien zu veröffentlichen, die diejenigen Fakten und Umstände benennen, die er berücksichtigt, wenn er in einem Fall wie demjenigen von Debbie Purdy darüber entscheidet, ob er einer strafrechtlichen Verfolgung wegen Beihilfe zum Suizid nach dem Suicide Act 1961 zustimmt oder nicht.[128] Hieraus erhellt zugleich, dass das House of Lords nicht über die Rechtmäßigkeit des strafrechtlichen Verbots der Beihilfe zum Suizid im Suicide Act 1961 als solche entschieden hat. Lord Hope of Craighead betont in seiner Urteilsbegründung, dass es nicht Aufgabe des Gerichts sei, das Recht zu ändern, um die Beihilfe zum Suizid zu entkriminalisieren, sondern Aufgabe des Parlaments.[129] Ob damit der Druck auf das Parlament zu einer Reform des geltenden Rechts der Beihilfe zum Suizid tatsächlich signifikant erhöht wurde, bleibt abzuwarten.

Nach der Ablehnung des von Lord Joel Joffe initiierten großen Reformentwurfs in Form der „Assisted Dying for the Terminally Ill Bill 2004"[130] im Jahr

---

127 R (on the application of Purdy) v Director of Public Prosecutions [2009] UKHL 45, Rn. 40, 53 ff. (per Lord Hope of Craighead).
128 R (on the application of Purdy) v Director of Public Prosecutions [2009] UKHL 45, Rn. 56 (per Lord Hope of Craighead). Keir Starmer, der gegenwärtige Director of Public Prosecutions, hat in einer Pressemitteilung des Crown Prosecution Service (CPS) vom 30.7.2009 einen vorläufigen Entwurf solcher Leitlinien für Ende September 2009 und eine endgültige Fassung für das Frühjahr 2010 angekündigt.
129 R (on the application of Purdy) v Director of Public Prosecutions [2009] UKHL 45, Rn. 26 (per Lord Hope of Craighead).
130 Abrufbar unter http://www.publications.parliament.uk/pa/ld200304/ldbills/017/04017.iii.html (aufgerufen am 22.9.2009). Vgl. hierzu den Abschlussbericht des Select Committee on the Assisted Dying for the Terminally Ill Bill, einem aus 13 Mitgliedern bestehenden Sonderausschuss des House of Lords: Select Committee on the Assisted Dying for the Terminally Ill Bill, Volume I: Report, HL Paper 86-I vom 4. April 2005; die eingeholten schriftlichen und mündlichen Stellungnahmen von Experten und Interessenvertretern liegen in Form von zwei Ergänzungsbänden mit einem Umfang von insgesamt 860 S. vor (Volume II: Evidence, HL Paper 86-II und Volume III, HL Paper 86-III); alle Dokumente sind im Internet abrufbar unter: http://www.publications.parliament.uk/pa/ld/ldas dy.htm (Aufgerufen: 22.9.2009). Zur Entwicklung der Reformdiskussion nach dem Diane-Pretty-Fall instruktiv *Jox*, Zeitschrift für medizinische Ethik 52, 2006, 299 ff. sowie *Biggs*, European Journal of Health Law 12, 2005, S. 43–56.

2006, ist im Juli 2009 auch der Versuch einer kleinen Reform durch einen Zusatz zur „Coroners and Justice Bill" an einer Mehrheit von 194 zu 141 im britischen Oberhaus gescheitert.[131] Der von Lord Falconer eingebrachte Gesetzentwurf sollte die Möglichkeit eröffnen, eine lebensbedrohlich erkrankte Person straffrei dabei zu unterstützen in ein Land zu reisen, in dem der assistierte Suizid legal ist, betraf also genau die Konstellation, die den Entscheidungen des House of Lords in den Fällen Pretty und Purdy zu Grunde lag.

Mit Blick auf die Grundstrukturen des englischen Arztstrafrechts bewegt sich auch die Reformdiskussion zur Sterbehilfe noch in dem durch den Grundsatz der Unverfügbarkeit der körperlichen Integrität und des Lebens gezogenen paternalistischen und rechtsmoralistischen Regelungsrahmen. Es wird nicht danach gefragt, ob es gute Gründe dafür gibt, eine zunächst rechtlich garantierte Selbstbestimmungsfreiheit am Ende des Lebens einzuschränken, sondern vielmehr, ob es gute Gründe dafür gibt, eng begrenzte Ausnahmen von dem Grundsatz der Strafbarkeit jeder Form der Beihilfe zur Selbsttötung im Interesse des Gemeinwohls zuzulassen.[132]

F. Fazit

Den Ausgangspunkt der strafrechtlichen Rekonstruktion ärztlicher (Heil-)Eingriffe stellen im englischen Recht die Tatbestände zum Schutz der körperlichen Integrität dar. Jeder ärztliche Zugriff auf den Körper des Patienten erfüllt ungeachtet der Motive des Arztes zumindest den Tatbestand einer einfachen Körperverletzung (*common assault and battery*), in der Regel auch einen oder mehrere Körperverletzungstatbestände des Offences Against the Person Act 1861. Die Einwilligung des Patienten stellt lediglich eine *Rechtfertigungsschranke* dar, trägt aber nicht allein die Legitimation des ärztlichen Eingriffs. Jede tatsächliche Verletzung des Körpers ist ungeachtet der Einwilligung des Patienten strafbar, es sei denn es liegt eine rechtlich anerkannte Ausnahmefallgruppe vor, zu denen auch die vernünftige und ordnungsgemäß durchgeführte ärztliche Heilbehandlung (*medical exception*) zählt. Nicht das Selbstbestimmungsrecht des Patienten, sondern die Wahrung der Standards der medizinischen Profession, ein spezifischer Gemeinwohlbelang, bildet

---

131 House of Lords, Parliamentary Debates (Hansard), Vol. 712, No. 103, 7. July 2009, Coroners and Justice Bill, Clause 49, Amendment 173 (by Lord Falconer).

132 Vgl. die Diskussion der ethischen Prinzipien bei Select Committee on the Assisted Dying for the Terminally Ill Bill, Volume I: Report, HL Paper 86-I, S. 20 ff., insb. S. 26 ff.

dabei den Kern der Legitimation des ärztlichen Handelns. Die Patientenautonomie wird in ihrer negativen Abwehrfunktion – vermittelt über den Schutz der körperlichen Integrität – anerkannt, nicht aber in ihrer positiven Entfaltungsfunktion im Sinne eines Rechtes, körperbezogene Schutznormen außer Kraft zu setzen. Integritätsschutz, nicht Dispositionsfreiheit ist das der Notwendigkeit der Einwilligung des Patienten zu Grunde liegende normative Prinzip.

Das Prinzip des *informed consent* ist nicht Bestandteil des englischen Medizinstrafrechts. Ein Aufklärungsmangel führt nur in Ausnahmefällen zur Unwirksamkeit der Einwilligung, nämlich dann, wenn der Patient noch nicht einmal in genereller Weise über die Natur und den Zweck des Eingriffs sowie die Identität des Eingreifenden informiert wurde. Die Risiko- und Selbstbestimmungsaufklärung bildet dagegen lediglich einen Teil der objektiven Sorgfaltspflichten des Arztes, die sich aus den jeweils geltenden Standards guter klinischer Praxis ergeben (*reasonable professional standard*). Ein Mangel der Selbstbestimmungsaufklärung führt daher gemäß den allgemeinen medizinrechtlichen Grundsätzen des englischen *common law* allenfalls zu einer zivilrechtlichen Schadensersatzhaftung aus Fahrlässigkeit (*negligence: failure to comply with an objective standard of care*), nicht aber zu einer zivilrechtlich-deliktischen oder strafrechtlichen Haftung wegen Körperverletzung (*trespass to the person/battery*).

Das paternalistische Grundmodell der Einwilligung in die Körperverletzung im englischen Strafrecht führt zu dem Folgeproblem, dass erhebliche Unsicherheiten darüber bestehen, ob und auf welcher normativen Grundlage all diejenigen medizinischen Eingriffe legitimiert werden können, die nicht im engeren Sinne einen therapeutischen Zweck verfolgen und daher nicht in die Fallgruppe der *medical exception* fallen. Letzteres konnte exemplarisch anhand der Organentnahme beim Lebenden zu Transplantationszwecken gezeigt werden, für die das neue englische Transplantationsgesetz (Human Tissue Act 2004) nunmehr ein generelles strafrechtliches Verbot mit behördlichem Erlaubnisvorbehalt im Einzelfall vorsieht.

Auch die strafrechtlichen Grenzen der Sterbehilfe orientieren sich an den Grundsätzen der Unverfügbarkeit der körperlichen Integrität und der Heiligkeit des Lebens. Nicht nur die Tötung auf Verlangen, sondern auch jede Form der Beihilfe zur Selbsttötung ist im englischen Recht ausnahmslos strafbar. Die aktuelle Reformdiskussion um eine teilweise Entkriminalisierung der ärztlich assistierten Selbsttötung verweist auf Folgeprobleme des paternalistischen Regelungsmodells, stellt dieses bisher aber nicht grundsätzlich infrage.

Stichwortverzeichnis

Die Zahlen verweisen auf die Seitenzahl.

A

Abhängigkeitspotenzial, bei Drogensucht 738
Abortiveier 312
Abrechnung 179
Abrechnungserklärung 193
Abrechnungsforderung 193
Abrechnungsmanipulation 182, 187, 209, 214
– Falschkodierung 209
– unbegründete Leistungen 209
Abrechnungsquartale 199
Abrechnungsstelle 226
abstraktes Gefährdungsdelikt 487, 722
Abtreibung 295, 535, 560, 561
Abtreibungsgegner 358
Acardius 313
Adoleszenz 661
Aggressivnotstand 376, 627
Aids, siehe auch HIV
Aids-Infizierter 234
Aids-Prophylaxe 797
Aids-Test 36
Aidserkrankung 248, 789
Akteneinsichtsrecht 805
– eines Gefangenen 791
Akustiker 204, 205, 207
Alimentationsprinzip 525
Alkoholabhängiger 139, 783, 801
Alkoholmissbrauch 795
Allgemeinchirurgen 151
allgemeine Handlungsfreiheit 402
allgemeines Persönlichkeitsrecht 401
Allgemeinmedizin 134, 136
Allgemeinpraxis 738
Alternativbehandlungen 155, 827
Altersgrenze, bei der Schönheitsoperation 436, 438
ambulante Überbrückungstherapie 745
Amtsärzte 62
Amtshaftungsanspruch 158

Amtspflichtverletzung 62
Amtsträger 204, 265
– Amtsverhältnis, öffentlich-rechtliches 220
– Nebentätigkeit 274
Analogieschluss 99, 525
Analogieverbot 28, 464, 538, 695, 696 f.
Anamnese, fehlende oder unzulängliche 152
Anästhesist 134, 136
Anbahnungszuwendungen 278
Anchoring-Effekt 432
Androcur 787
Anencephalus 313
Angehöriger 64, 92, 96, 99, 246, 452, 458, 520, 821, 846
Angestelltenbestechung 274
Angestelltenverhältnis 195
Angestellter, Arzt als 188
Anlasskrankheit, für Maßregelvollzug 806
Anpassungsstörungen 793
Anstaltsarzt 782, 801
Anstaltskonferenzen 788
Anstaltskrankenhaus 785
Anstaltsleiter 788, 796
Antiandrogene 787
Antikörperpräparat, Test eines 676
Antragsdelikt 226
Anwendungsbeobachtungen 265, 273, 720
apallisches Syndrom, Behandlungsabbruch 98
Apotheke 754
Apotheker 189, 200, 739
Approbation
– Entzug 227
– Verlust 219
Arbeitsteilung 853 f.
– hierarchische 137
– horizontale 134, 157
– strafrechtliche Haftung 133

– vertikale 134
Arbeitsunfähigkeit 782
Arbeitsunfähigkeitsbescheinigung 251, 256
Arrest 801
Arzneimittel 56, 505, 506, 677
– für neuartige Therapien 580, 583, 585
– klinische Prüfung 700
– Nebenwirkungen 702
– pharmakologische Wirkung 702
– zugelassene 710
– zulassungspflichtige 710
Arzneimittelforschung, humanmedizinische 704
Arzneimittelklausel 523
Arzneimittelmissbrauch 201
Arzneimittelprüfung 390
Arzneimittelqualität 701
Arzneimittelrecht
– Anzeigepflicht 586
– Arzneimittelgesetz 56, 266, 273, 396, 523, 676
– Bußgeldvorschriften 723
– europäisches 583
– Genehmigungsverfahren 589
– Herstellungserlaubnis 586
– Inverkehrbringen 583, 584
– klinische Prüfung 582, 587
– medizinische Versuchsbehandlung 701
– Placebo 596, 712
– Risiko-Nutzen-Abwägung 593, 597, 696, 708, 717, 724
– Sanktionsvorschriften 722
– Verhältnis europäisches zum deutschen 583
– zentrales Genehmigungsverfahren 583
– Zustimmungsverfahren 589
Arzneimittelstudien 712
Arzneimittelunbedenklichkeit 701
Arzneimittelunverträglichkeiten 703
Arzneimittelverordnung 201
Arzneimittelvertrieb 514
Arzneimittelwirksamkeit 701

Arzt-Patienten-Verhältnis 25, 36, 65, 191, 224, 236, 248, 392, 407, 681, 784, 792, 805, 836
Arztbrief 229, 238 f.
Arztgeheimnis, im Strafvollzug 787
Arzthaftungsprozess 232
Arzthelferin 230, 240
ärztliche Maßnahmen
– lebensrettende 69
– zwingend notwendige 69
ärztliches Berufsethos 398
Arztpraxen 133, 222
Arztwahl, freie 782
Aspirationspneumonie 136
Assistenzarzt 261
ästhetische Chirurgie 68
Atemnot 89
Aufklärung 51, 132, 157, 192, 414, 414 f., 420, 432, 433, 471, 492, 535, 688, 717, 764, 786, 787, 803, 804
– Diagnoseaufklärung 57, 787
– Formblätter/Merkblatt 60, 64, 828
– Intensität 66 f.
– Nicht-Aufklärung 132
– nichtindizierte Eingriffe 43, 419, 420
– Organ-/Gewebespende bzw. -transplantation 471, 492
– Qualitätsaufklärung 71
– Risikoaufklärung 57, 59, 66, 419, 428, 433, 787, 908
– Schönheitsoperationen 414, 415, 417 f., 426 f., 430 f.
– Selbstbestimmungsaufklärung 54, 57 ff., 826, 787, 908
– -sgespräch 64 f.
– Sicherungsaufklärung, therapeutische Aufklärung 57, 61 ff., 787
– -spflichtiger 54 ff., 63
– -sverzicht 34, 35, 71, 72 f.
– Umfang 66 f.
– Verhältnis Zivilrecht – Strafrecht 53 f.
– Verlaufsaufklärung (Eingriffsaufklärung, Folgenaufklärung, Methodenaufklärung) 57 ff., 63, 787

- Versuchsbehandlung (Heilversuche/
  Experimente) 688, 696, 713, 717f.
- Zeitpunkt 66, 427
Aufklärung, andere Länder
- England 907f.
- Österreich 826, 828, 832, 851
- Spanien 880f.
Aufnahmeuntersuchung, in Vollzugsanstalt 799
Aufwachraum 138
Ausbeutung 110, 505, 514
- des Organempfängers 487
- des Organspenders 487
- des Patienten 497
- Gefahren der 493
Ausbildung, in Vollzugsanstalt 788
Ausbildungszweck 508
Auskunftsrecht 805
- eines Gefangenen 791
Aussagegenehmigung 791
Aussagepflicht, prozessuale 791
Autonomie, siehe auch Selbstbestimmung 116, 416, 434f.

B
bakterielle Kontaminierung 155
BÄO 227, 255
Basedow-Syndrom 73
Basisaufklärung 828
Beamter 270
Beatmung 98
- künstliche 74
- Österreich 857
Beatmungsgerät 95
Beauchamp/Childress 399
Beeinträchtigung
- psychische 26
- seelische 26
Befruchtung, künstliche 536
Befundbericht 239
Befunde 229
- Nichterhebung 152
- unzureichende Erhebung 130
Begleiterkrankung 745
Begleitmaßnahmen, bei Substitution 749
Begleitschäden 828

Behandlung
- Alternative 155
- experimentelle 650
- psychiatrische 744
- psychosoziale 744
- psychotherapeutische 744
- unangemessene 26
Behandlungsabbruch 94, 99
- durch Nichtarzt 95
- durch Unterlassen 95
Behandlungsalternativen 54, 56, 70, 155, 803
Behandlungsauftrag 795
Behandlungsbeginn 142, 163, 215
Behandlungsbegrenzung 95, 100
Behandlungsbereitschaft 790
Behandlungseinstellung, notwendige 100
Behandlungsfehler 55, 61f., 125, 248, 421, 802, 852
- bei Heileingriff 128
- Fallgruppen 152
Behandlungsformen, unkonventionelle 821
Behandlungsmaßregeln 804
Behandlungsmethode 148
- klassische 152
Behandlungsnichtvornahme 143
Behandlungspflicht
- bei Suizidpatient 94
- Grenzen der ärztlichen 96
Behandlungsregel, Standard 148
Behandlungsrisiko 55, 808
Behandlungsstandards 660
Behandlungsübernahme 142, 163, 215
Behandlungsvertrag 62, 142, 186, 214, 218, 237
Behandlungsverweigerung 154, 805
Behandlungsverzicht 163
- erklärter 100
Behandlungsziele 804
behavioral law and economics 430, 431, 435
Behindertendiskriminierung 559, 564
Behörde 254, 258
Behörde für menschliches Gewebe, England 913

Beihilfe zum Selbstmord
- England 923
- Österreich 858
Beihilfe zur Selbsttötung 104
Beihilfeberechtigte 215
Beihilfestelle 214, 217
Beikonsum, bei Suchtmittelsubstitution 749
Beipackzettel 62, 131, 155
Belastungsstörungen 793
Beobachtungsstudien 720
Beratertätigkeiten 276
Beratervertrag 268, 273
Beratungsfehler 157
Bereitschaftsarzt 163 f.
Bereitschaftsdienst 154
Berufsgenossenschaft 252
Berufskrankheit 252
Berufsordnung für die deutschen Ärztinnen und Ärzte 54
Berufsordnungswidrigkeit 195
Berufspflicht, ärztliche 54, 166
Berufsrecht 693, 698
Berufsunfähigkeitsversicherung 494, 515
Beruhigungsspritze 34
Beschaffungsdruck 764
Beschaffungskriminalität 744
Beschäftigungsmaßnahmen, in Vollzugsanstalt 788
Bescheinigungen, ärztliche 256
Besoldungsordnungen 524
Bestechlichkeit 265, 282
- Vorteilsbegriff 271
Bestechlichkeit und Bestechung im geschäftlichen Verkehr 205, 211
Bestechungsdelikte 265, 267
- im vertragsärztlichen Bereich 204
Bestechungsskandal im Klinikbereich 210
Bestimmtheitsgebot 146, 412, 442, 483, 520, 697
Besuchssperre, in Vollzugsanstalt 786
Betäubungsmittel 790, 801
Betäubungsmittelabhängigkeit 739
Betäubungsmittelabstinenz 742

Betäubungsmittelrecht 512, 735
- Strafbarkeit nach 757
Betäubungsmittelrezept 739
Betäubungsverfahren 136 f.
Betreuer 64
- England 918
Betrug 182, 211
- Abrechnungsbetrug 208
- adäquate Gegenleistung 196
- arbeitsteilige Organisation 212
- Beihilfe 217
- Dreiecksbetrug 195
- durch Krankenhäuser 208
- durch Unterlassen 203
- Folgeverfahren 219
- Irrtum 193, 201, 213
- Konsequenzen 218
- mittelbare Täterschaft 203, 213
- Strafverfahren 219, 220
- Strafzumessung 219
- Tatbestand 189, 216
- Tatsachenbehauptung 191
- Täuschung 190, 201, 203, 216
- Vermögensbegriff 196
- Vermögensschaden 190, 198, 213, 221
- Vermögensverfügung 190, 194, 201
- Versuch 217
- Viktimo-Dogmatik 194
- Vollendung 199
bevollmächtigter Vertreter 64
- England 918
- Vorsorgebevollmächtigter, siehe dort
Beweislast 55
Bewusstlosigkeit 63, 74, 168, 175, 245, 800, 831
Bioethik 565
Biopsie 551
Blasenmolen 312
Blindstudie 719
Blut 447, 470
Blutalkoholuntersuchung, gerichtsmedizinische 256
Blutentnahme 796, 822
Blutgruppenunverträglichkeit 489 f.
Blutkonserven 155, 505
Blutspende 53, 68, 505

Stichwortverzeichnis

Bluttransfusion 98, 826
– lebensrettende 93
– religiöse Gründe 163
Bolam-Test 910
Borderline-Persönlichkeitsstörungen 653
Botox 391, 423, 429
bounded rationality 430
Brustoperation 391, 429, 646
Bußgeldvorschriften 723
Bundesgesundheitsamt 56
Bundesinstitut für Gesundheitswesen, österreichisches 849
Bundesmantelvertrag 252
Buprenorphin 752

C

Chefarzt 218
Chirurg 134, 136, 650
Cocain 736
Code of Practice der HTA 915
Codein 752
Codeinpräparat 738
Computertomogramme 256
Contergan-Thalidomid-Fall 700
Craniopagus 607
Cross-over-Spende, siehe auch Über-Kreuz-Spende 489, 493, 846

D

Dankbarkeitsgaben
– bei Organtransplantation 496, 506, 516
Dauerschäden 69
Demenzerkrankung 64, 102
depressive Störung 793
Diagnose 136, 684
– Nichterstellung 153
Diagnoseaufklärung, siehe Aufklärung
Diagnosefehler 153
Diagnoseverfahren 146
Diagnosis Related Groups 209
Diagnostik, Maximaldiagnostik 149
Diagnostika 702, 706, 707
diagnostische Eingriffe 69
Dialysebehandlung 514

Dienstanweisungen 140
Dienstausübung 265, 267
Diensthandlung, pflichtwidrige 265
Dienstrecht 290
Dignitas 110
Dihydrocodein 738, 752
Diskriminierung 559, 797
– von Behinderten 564
Dispositionsbefugnis, des Patienten 44
Dispositionsfreiheit 900, 917
– Schranken 903
Disziplinarmaßnahme 792
Disziplinarrecht 290
Dizephali 607
DNA, chromosomale 538
Doctrine of Double Effect 924
Dolantin 90
Dolmetscher 64, 803
Doping 390, 822
Doppelblindstudie 719
Doppelsubstitution 748
Down-Syndrom 235
Drittgeheimnisse 243
Drittmittel 265
– Anzeigepflicht 288
– Genehmigungspflicht 288
Drittmittel-Richtlinien 290
Drittmitteleinwerbung 262
Drittmittelempfänger 266
Drittmittelgeber 266
Drittmittelgesetz 285
Drittmittelkodizes 288, 290
Drittmittelkonto 268 f., 271
Drittmittelrichtlinien 286
Drittmittelstrafrecht 285
Drogenabhängige 783, 794, 795, 801
Drogenabhängigkeit 736, 801
Drogendelikt 793
Drogenhandel 519
Drogenpolitik 735
Drogenszene 736
Drohung 35, 786, 826

E

EBM 182, 184
– Leistungsziffer 188
EEG-Nulllinie 449

Ehe, rechtsgültige 484
Ehegatte 452, 458, 478, 484
Eheschließung, Recht auf 663
Eheversprechen 484
Eigenbedarf, bei Betäubungsmitteln 738
Eigengeheimnis 242
Eigenmächtige Heilbehandlung 23
– Österreich 819 f., 898
Einnistung 560, 562
Einsichtsfähigkeit 64, 71, 243, 245, 455, 804, 824, 832
Einwegspritzen 797
Einwilligung 32, 53, 71, 407, 421, 434, 492, 535, 658, 687, 694, 695, 724, 764, 786, 804
– Abwägungsmodelle 411
– England 899, 905, 907
– hypothetische 35, 56, 66, 132, 153, 346, 837, 911
– in ärztlichen Heileingriff 407
– in lebensgefährliches Verhalten 44
– in nicht indizierte Eingriffe 403
– in postmortale Organentnahme 455
– informierte 54
– Kollisionsmodelle, siehe dort
– Minderjährigkeit 243 f., 436
– mutmaßliche 25, 40, 69, 73, 74, 100, 153, 254, 627, 694, 829, 883
– Nicht-Einwilligungsfähige 593
– Österreich 823, 838
– postmortale Organentnahme 452
– rechtsunwirksame 23, 36 f., 218
– rechtsverbindliche 44
– und Freiwilligkeit 435
– und rechtsgutsbezogener Irrtum 421
– und Stellvertretung 417
– und Verfassungsrecht 401
– und Willensmängel 420, 435
– unwirksame 23, 36 f., 73, 218
– wirksame 35, 243
– Wirksamkeitsvoraussetzungen 414, 420
– Willensmangel 420
Einwilligungserklärung 260, 823

Einwilligungsfähigkeit 415, 455, 824, 840, 907
– bei der Schönheitsoperation 424
– bei Minderjährigen 416
Einwilligungsunfähiger 64, 168, 470, 699, 717, 831, 845, 915, 918
Einzelleistung, bei Abrechnung 185
Einzeltherapie 790
Eispenderin 536
Eizelle 470, 538 f.
– befruchtete 561
– entkernte 538
Eizellenentnahme 822
Embryologie 605
Embryonen 534, 538, 597
– frühe 535 f.
– geklonte 537
– Lebensrecht 559, 563
– missbräuchliche Verwendung 540
– Schutz 559 f.
– verwaiste 536, 563, 565
Embryonenforschung 539, 599
Embryonenschutzgesetz 536, 541, 551, 581
Embryonentransfer 371
Empfängerhorizont 66
Empfängnisverhütung 560
Enhancement 390, 393, 394, 600
Entlassungsvorbereitung 786
Entscheidungsfreiheit 516
Entwicklungsprozess, menschlicher 562
Entziehungsanstalt 804
Entzugserscheinung 736, 762, 764
Eonisten 647
Erbinformation 538, 551
Erbkrankheit 242, 535
Erkenntnisse, wissenschaftliche 146
Erkundigungspflicht 149
Erlaubnisirrtum 41
Erlaubnistatbestandsirrtum 41, 477, 835 f.
Ernährung, künstliche 74, 98
– England 922
Eröffnungswehen 25, 317, 564
Erpressung 206
– Drohung durch Unterlassen 206

- Drohung mit einem empfindlichen Übel 206
- Drohung mit erlaubtem Verhalten 206

Ersatzstoff, Suchtmittelsubstitution 736
Erschöpfung 173
Erste Hilfe
- fehlerhafte 158

Erstversorgung 159
erweiterte Operation 831
Erziehungsberechtigter 64, 119, 452, 741, 825
Ethik 116, 365, 538, 539, 558, 562, 798
- christliche 89

Ethikkommission 115, 535, 589, 693, 698
Eulenburg-Affäre 648
Europäische Arzneimittelagentur 584
Europäische Menschenrechtskonvention 903, 927
Europäischer Gerichtshof für Menschenrechte in Straßburg 663
Euthanasie, siehe Sterbehilfe
Euthanasieprogramm 120
Experiment 588, 680, 682, 695
- gruppennütziges 591, 592, 595
- heilkundliches 587, 591f., 684, 686, 704, 708
- medizinisches, am Menschen 702
- rein wissenschaftliches 591, 685f., 704, 708
- wissenschaftliches 587, 708

experimentelle Behandlung 650

F

Facharzt 134, 136, 148, 164
Facharztstandard 148
Fachvorträge 269, 273
fahrlässige Körperverletzung, siehe Körperverletzung
fahrlässige Tötung, siehe Tötung
Fahrlässigkeitsdelikt 141
Fahrlässigkeitshaftung 41
Fahrlässigkeitsvorwurf 38
Fahrtüchtigkeit 766

Fallpauschale 185
- Katalog 209

Falschabrechnung 182, 185, 188, 199
Falschbewertung 188
Fangprämie 204, 210f.
Feminismus 655
Ferndiagnosen 169
Fetozid, selektiver 374
Fettabsaugung 391, 423, 428f., 433, 442
Fetus 312, 535, 538
- abgetriebener 535

fingierte Leistungen 187
Fluchtgefahr 785
Folgeschäden 828
Formblätter 828
Forschung 265, 512
- am Menschen 675
- humanmedizinische 680
- im Ausland 542
- industrielle 512
- transnationale 589
- wissenschaftliche 512

Forschungsarbeiten 269, 276
Forschungsaufträge 286
Forschungseinrichtungen 265
- öffentliche 265

Forschungsfreiheit 274, 275, 595
Forschungsinteresse 561, 679f., 695, 703, 713, 719
Forschungsprojekte 269
Forschungszwecke 508, 537, 538, 822
Fortbildung 150, 155
Fortbildungsveranstaltungen 267, 269, 273, 276
Fortpflanzung 564, 656
Fortpflanzungsfähigkeit 41
four principles approach, siehe auch principlism 401
Framing-Effekt 432
Freiheitsberaubung 174, 801
Freiheitsentzug, Folgen des 784
Freitod, siehe Suizid
Fremdanamnese 243
Fremdgefährdung 807
- einverständliche 474, 694, 764

Freundschaftsbeziehung 485

Fristenlösungsurteil 350, 354
Fristenregelung 856
Fruchtwasseruntersuchung 822
Früherkennung 784
Früheuthanasie 119
Fürsorgebedürftigkeit 42
Fürsorgeforderung 42
Fürsorgepflicht 28, 42
– der Vollzusganstalt 783
Fürsorgeprinzip 400

G

Garantenpflicht 159, 162, 164, 192, 322, 324, 325, 381
Garantenstellung 96, 99, 108, 142, 154, 248, 763, 808, 857
Gattungswürde 600
Gebietsgrundsatz 537
Gebot der Bestimmtheit 54
Gebot der Rechtsklarheit 54
Gebühren, überhöhte 215, 216
Gebührenordnung 197, 214 f., 496, 523
Gebührenrecht 216
Gebührenreduzierung 216
Gebührensystem 216
Geburt 39, 139, 143, 235, 251, 315, 318, 739, 745
Geburtenbuch
– Geschlechtseintragung 645, 658
Geburtsvorgang, Beginn des 316
Gefahr 162
Gefährdungsdelikt, abstraktes 279, 487, 722
Gefahrengemeinschaft 374, 632
Gefangene 782
Geheimhaltungsinteresse 230
Geheimhaltungspflicht, materielle 791
Geheimhaltungswille 230
– mutmaßlicher 233
Geheimnis 224, 230
– anvertrauen 233
– Bruch 226
– Fremdheit 234
– Offenbarung 239, 788
– Personenkreis 231

Geheimnissschutz, postmortaler 235
Gehilfen 239, 250
– Verschwiegenheitspflicht 228
– Weisungsgebundenheit 228
Gehirn 448
Gehirnzellen 448, 534
Geisteskranke 168
Geisteskrankheit 798, 800
Geistheilungen 822
geistige Behinderung 825
Geldzuwendungen 269
Gender Identity 652, 653
Gene 470
genetische Veranlagung 235
genetische Vorerkrankungen 564
genetisches Material 539
Genfer Ärztegelöbnis 394
Genitalien 646
– verletzender Eingriff, Österreich 839
– Verstümmelung, Österreich 842
Genmedizin 573
Gentherapie
– Embryonenschutzgesetz 581
– Genehmigungsverfahren 584
– Genkonstrukt 578
– klinische Prüfung 582, 587
– Risiken 576
– somatische 573, 574
– Studie 575
– Therapeutika 583, 586, 588, 591
– Versuch, Risiko-Nutzen-Abwägung 576, 591
Gentransfer 574
– Arzneimittel 584
Gerechtigkeitsprinzip 400
Gerichtssachverständige 238
Gesamthirntod, siehe auch Hirntod 448
– Diagnostik 449
– Schmerzempfindlichkeit bei 449
Gesamtvergütung 188
– pauschalierte 194
Geschäftsfähigkeit 64, 71
– beschränkte 243
Geschäftsunfähigkeit 243
Geschlecht

- biologisches 653
- psychologisches 656
- sozialpsychologisches 653

Geschlechtsangleichung 645, 655
Geschlechtsidentität 653
- Störung 652 f.

Geschlechtsmerkmale 646
Geschlechtsrolle 666
- Wechsel 662

Geschlechtstrieb, abnormer 659
Geschlechtsumwandlung 640, 645, 647, 648, 653, 655, 872, 906
Geschlechtsverkehr, ungeschützter 234
Gesetz zur Änderung des Stammzellgesetzes 542
gesetzlicher Vertreter, siehe Vertreter
Gesetzlichkeitsprinzip 697
Gesundheit 393
Gesundheitsfürsorge 146, 783, 795
- im Strafvollzug 778

Gesundheitsgefährdung 477
Gesundheitsleistung, individuelle 215
Gesundheitsschädigung 24 f., 762
Gesundheitsschutz, in Vollzugsanstalt 792
Gesundheitsverwaltung, England 916
Gesundheitswesen, finanzielle Ressourcen 97
Gesundheitszeugnis
- unrichtiges 253

Gewaltanwendung 826
Gewaltenteilung 483, 520
Gewalttäter 783
Gewebe 448, 470, 507, 534, 843
Gewebebank 483, 503, 524, 528
Gewebetod 448
Gewinnsucht 110
GOÄ 214
Großhirn, Ausfall des 451
Grundaufklärung 56, 803
- erweiterte 67

Grundgesetz 54, 146, 274, 359, 366, 374, 786, 791, 800, 805
Grundrecht auf Selbstbestimmung 434

Grundrechtlicher Lebensschutz 450
Grundrechtsadressat 402
Gruppennutzen 591, 592, 595
Gruppentherapie 790
Gutachten 238, 256
Gynäkologe 39, 327
Gynäkomastie 655

H
Haftkoller 786
Haftpflichtversicherungen 55
Haftpflichtversicherungsunternehmen 258
Haftschock 786
Haftunfähigkeit 782
Haftungsprivileg 158
Haftungsrecht 693
- zivilrechtliche Ansprüche, England 908

harm reduction 736
Hausarzt 63
Hausbesuch 154, 164, 167, 169, 237, 754
Hausordnung, in Vollzugsanstalt 793, 795
Haut 844
Hebamme 139, 255
Heilauftrag 58
Heilbehandlung 512, 687
- ärztliche 395
- eigenmächtige 53
- mit rechtswirksamer Einwilligung 30

Heileingriff, siehe auch medizinischer Eingriff
- ärztlicher 146, 393, 395, 408
- Behandlungsfehler 128
- eigenmächtiger 23, 85
- England 905
- erfolgreicher 24
- kontraindizierter 45
- kunstgerechter 24
- misslungener 29
- mit Einwilligung 30, 38, 42
- ohne Einwilligung 23
- Operationserweiterung 38

heilkundliches Experiment 587, 591, 592, 684, 686, 704, 708
Heilpraktiker 155, 229, 255
HeilprG 255
Heilungsinteresse 703, 721
Heilungswille 58
Heilversuch 587, 669, 679, 686
Heilzweck 524
Hepatitis 783, 795 f.
Hermaphroditen 652
hermaphroditischen Bedingungen 662
Heroinabhängiger 736, 790, 801
Heroinentzug 738
Heroinvergabe 768
Herz-/Kreislaufstillstand
– irreversibler 448
Herzchirurg 151
Herzinfarkt 534
Herzklappenskandal 285
Herzmuskelzellen 534
Herzstillstand 448
hierarchische Arbeitsteilung 137
Hilfeleistung
– unterlassene 86, 143, 161
– Zumutbarkeit 172
Hilfskräfte, mangelnde Überwachung 156
Hilfspersonal
– ärztliches 63
– medizinisches 799
Hippokrates 393
Hippokrateseid 42, 224
hippokratische Tradition 27
Hirn 450
Hirnfunktionsverlust 448
Hirnhornhaut, Entnahme 523
Hirnoperationen, stereoetaktische 786
Hirnstamm, Ausfall des 451
Hirntod, siehe auch Gesamthirntod 448, 850
– Diagnose 449, 462
– dissoziierter 448
HIV, siehe auch Aids 26, 795 f.
HIV-Infektion 63, 737
HIV-Infizierte 783

Hochschulen 265
Hochschulgesetze 285, 287, 289
Hochschulleitung 286
Hodensack, Entfernung 650
Homicide Act 1957 923
homo oeconomicus 431
Homosexualität 648
– effeminierte 650
homosexuelle Gemeinschaft 485
Homosexuellenemanzipationsbewegung 648
Honoraranspruch 194, 248
Honorarforderungen 496
Honorarvereinbarung 215, 216
Honorarverteilungsmaßstab 185
Honorarzahlungen 269
Hormonbehandlung 649
– gegengeschlechtliche 661
Hormone 650, 652
Human Organ Transplants Act 1989 914
Human Rights Act 1998 903
Human Tissue Act 2004 913
Humanexperiment 680, 695, 906
Humangenetiker 650
Humanmedizinische Forschung, siehe Forschung
Hungerstreik 798
– Spanien 883
Hygiene 783, 792
Hygienebestimmungen, Verstoß 131, 155
hypothetische Einwilligung, siehe Einwilligung

I
Impfrisiken 62
Impfscheine 256
Indikation 40
– als selbstständige Zurechnungskategorie 407
– als unselbstständige Zurechnungskategorie 414
– aus medizinethischer Sicht 393
– aus medizinischer Sicht 394
– aus rechtlicher Sicht 395
– Begriff 393, 395

- bei Arzneimittelprüfung 396
- beim Schwangerschaftsabbruch 396
- embryopathische 307, 365
- in der Deliktsystematik 406
- in der Rechtsprechung 396
- Kontraindikation, siehe dort
- kriminologische 307, 375
- medizinisch-soziale 307, 360
- medizinische 407, 592
- und Rechtfertigung 412
- und Rechtswidrigkeit 410

Indikationsmangel 390, 392, 406, 413, 430
- und ärztliche Aufklärung 419
- und Willensmängel 421

Indikationsregelung 856
Individualschutzlehre 225, 232
Infektionsgefahren 795
Infektionskrankheiten 798
- in Vollzugsanstalten 795
Infektionsprophylaxe 801
Infektionsschutzgesetz 250, 788, 789
Informationsaustausch 241, 249
Informationslücken 139
Informationsrecht, gegenüber Eltern 244
informed consent 54, 407, 424, 900, 907, 908
Integritätsschutz 900
Intensivbehandlung 92
Intensivmedizin 176
Intensivstation 92, 138
Intersexe 652
intersexuelle Anlagen 662
Intimsphäre 225
In-vitro-Fertilisation 371, 534, 563, 564, 597, 822
Irrtum 177, 190
- bei Betrug 190
- Erlaubnisirrtum, siehe dort
- Erlaubnistatbestandsirrtum, siehe dort
- rechtsgutsbezogener 54
- Tatbestandsirrtum, siehe dort
Ischiopagus 607

J
Januskopf 608
Justizvollzugsanstalten 782

K
Kaiserschnitt 39, 153, 390
Kassenarzt 192
Kassenärztliche Vereinigung 183, 187, 193, 197, 251
kassenärztliche Zulassung 219
kassenärztliches Versorgungssystem 249
Kassenrezept 200
Kastraten 390
Kastration 649, 786
Kastrationsgesetz 659, 786
Keimbahn, Eingriff 581
Keimbahntherapie 599
Keimbahnzelle 582, 600
Keimzellen 535
Kerntransfer 537
Kernverschmelzung 539, 561
Kernzelltransfer 538
Kickback-Modelle 189, 211
Kinderarzt 143
Kindeswohl 417
- bei Schönheitsoperation 426, 438
Kleinhirn, Ausfall des 451
Kliniken, Universitätsklinik 149
Klinikumsvorstand 286
klinische Prüfung 582, 586, 587
- am Menschen 702
- Phasen der 709
- von Arzneimitteln 700
klinische Studien, kontrollierte 712
Klonen 538
- reproduktives 539, 566
- therapeutisches 539
Klonierungstechniken 539
Klonierungsverfahren 566
Klonverbot 538, 540, 551
Kohärenzmodell 400
Kollisionsmodelle der Einwilligung 411
Kommunikationsmängel 134
Kompetenz-Centrum Psychiatrie und Psychotherapie 661

Komplikation, Nichterkennung 158
Kompressen 131
Kondome 797
Konfliktberatung 308
Kongressreisen 271, 283
– Finanzierung von 276
– Teilnahmen 267
Konsiliarius 134, 156
Kontraindikation, medizinische 395, 421
Kontrollfehler 156
Kontrollgruppe 712
Kontrollpflichten 136
Kontrollphase 712
Kopfgeld-Praxis 204, 210
Kopfpauschale 185
körperliche Integrität 31, 404, 409
körperliche Leiden, unheilbare 115
Körperverletzung und ärztlicher Eingriff 30, 63, 85, 128, 535, 645, 653, 668, 801, 809
– England 895
– fahrlässige 56, 62, 141, 464, 477, 687, 698, 762, 802, 808
– fahrlässige, Österreich 852
– körperliche Misshandlungen 25
– körperliche Unversehrtheit 658
– Rechtsgut 403 ff., 409
– Tatbestand 24, 218, 473, 475, 677
– vorsätzliche 762
Körperverletzungsdelikte 25, 37, 42, 162, 527, 689, 724, 819
– Österreich 837
Korrumpierung 516
Korruption 262
Korruptionsbekämpfungsgesetz 267, 270, 273, 274, 277, 279, 282
Korruptionsdelikte 267
– im Amt 204, 211
Kosmetik 512
kosmetische Operationen 68, 391, 822, 906
Kostenerstattung 215
Kranken- und Kuranstaltengesetz, Österreich 847
Krankenabteilungen, in Vollzugsanstalt 785

Krankenakten 260
– in Vollzugsanstalt 792
Krankenbehandlung, Anspruch auf 200
Krankenblatt 66
Krankenhaus 149, 222, 754
– GmbH 270
– kirchliches 270
– Leistungserbringer 209
– Organisation 226
– privates 270
– psychiatrisches 156, 804
– Schweigepflicht 222
– Spezialkrankenhaus 149
– Universitätsklinik, siehe dort
– Verwaltung 463
– Vollzugskrankenhaus, siehe dort
Krankenkasse 183, 185
– gesetzliche 251, 258
– private 215, 217
Krankenpfleger 255
Krankenscheine 256
Krankenschwester 156
Krankenversicherung 258, 514, 646, 665
– gesetzliche 182, 215, 783
Krankheit 393
Krankheitsbild 136
Küchenpersonal 229
Kunstfehler
– ärztlicher 141, 156, 173, 477, 741, 753 f.
Kurpfuscherei, Österreich 819

L
Laborversuch 683
Lagerungsfehler 158
Landratsämter 258
Langzeitpräferenz 433
Langzeittherapie 794
law and economics 431
Leben, lebensunwertes 83
– Vernichtung 120
Lebendspende, siehe auch Organspende 29, 43, 46, 68, 390, 451, 466, 479, 517, 844, 906
– England 912

- kommerzialistisierte 504
- Spender 514
- Zulässigkeitsvoraussetzungen 470
Lebendspendeverordnung, England 913
Lebenserhaltung, längstmögliche 87
Lebensgefahr 689, 697
Lebensgemeinschaft, nichteheliche 453
Lebensnotstand 374
Lebensopferungspflicht 360
Lebenspartner, eingetragene 452, 484
Lebensrecht des Embryos 563
Lebensschutz, grundrechtlicher 450
Lebensverkürzung 87
- durch leidensmindernde Maßnahmen, England 924
- Nebenwirkungen, Österreich 857
- durch Schmerzbehandlung 90
- Schmerzlinderung ohne 85
lebensverlängernde medizinische Maßnahmen 917
- Nichtvornahme oder Einstellung 92
- Verzicht auf 97
Lebensverlängerung, künstliche 96
Lebensverlängerungspflicht 96
Lebensversicherung 242
Lebensversicherungsunternehmen 258
Leberteiltransplantation 149
Leibesfrucht 25, 311, 561
- lebende 312
Leichenschau 235
Leichenteil 463, 504
- Verkauf 512
Leidensbeseitigung 113
Leidensminderung 88
Leistung
- medizinisch nicht notwendige 189
- persönliche 186
- unwirtschaftliche 189
Levacetylmethadol 752
Levomethadon 752
Liposuktion 433, 442
Literat 84
Lockerungsentzug 786
Lockerungsmissbrauch 809

M
Maßregelvollzug 778, 792, 794, 803
- Patienten 805
- Zwangsbehandlung im 806
Mang, Werner 429
Masseure 255
Maximaldiagnostik 149
Maximaltherapie 149
MBO-Ä 205, 207, 212, 394
Medikamente
- Nebenwirkung 711
- nicht indizierte 200
- Wechselwirkung 711
- Wirkung 61
Medikamentenabhängigkeit 783, 801
Medikamentengabe 27, 156
Medikamentenmissbrauch 200
Medikation, fehlerhafte 131, 155
Medizin, wunscherfüllende 383, 390
Medizinalpersonen, approbierte 255
Medizinethik 42, 398, 562
- Geschichte 398
- Grundsätze ärztlichen Handelns 398
- integrativer Ansatz 399
- medizinethische Richtlinien 696
medizinisch-technische Assistentin 228
Medizinischer Eingriffe, siehe auch Heileingriff
- mit Indikation 23
- ohne Indikation 42
medizinische Fachangestellte 228
medizinische Standards, England 906
Medizinischer Dienst der Krankenkassen 252
medizinischer Standard, siehe Standard
Medizinproduktefirmen 279
Medizinprodukteindustrie 266
Medizinproduktekodex 288
Medizinprodukterecht 266, 273
Medizinstudenten 230
Medizintechnikfirma 268
Mehrfachsubstitution 740, 747, 748
Meldepflichten 249, 747, 788
Melderechte 249
Melderechtsrahmengesetz 251

Menschen nach Maß 564
Menschenwürde 116, 506, 514, 516, 560, 562, 600, 658, 800, 808
- postmortale 506
- Verletzung 479, 559
Mental Capacity Act 2005 918
mercy killing 922
Methadon 736, 752
- Methadone-maintenance-program 745
- Methadonsubstitution 737
Methodenfreiheit des Arztes 148
Mifegyne 339
Minderjährige
- AMG 705, 709, 716 f.
- Einwilligung 243 f., 436
- England 915, 919
- Geheimhaltungswille 233
- heilkundliches Experiment 592
- Minderjährigenschutz 440
- Misshandlungsverdacht 247
- Ohrenkorrektur 436, 442
- Österreich 824 f., 840
- Suchtmittelsubstitution 740 f.
Missbrauch
- Geisteskranke 379
- Kinder 379
Misshandlungen, körperliche 24 f., 86
Misshandlungsverdacht 247
Mitarbeiter 216
- ärztliche 229
- nichtärztliche 186
- unqualifizierte 139
Mitarbeiterauswahl 137
Mitleidstötungen, England 923
Mitwirkung am Selbstmord, Österreich 839
Mord 83, 91, 105
Morphin 736
Morphium, Überdosis 93
Motivationsprämie 204
mutmaßliche Einwilligung, siehe Einwilligung
Mutterschaft, gespaltene 536, 563, 565

N

Nabelschnurblut 535

Nachbehandlung 63
Nachsorge 684
Näheverhältnis 846
Nasciturus 235, 317
Nationaler Ethikrat 108
Nebenkostenerstattungen 269
Nebentätigkeiten 274, 276, 291
- Genehmigung 288
Nebenwirkungen 59, 702, 827
- lebensverkürzende, Österreich 857
- Substitutionsmittel 746
Neugeborene 143, 535
- missgebildete 119
Neurologie 790
Neurosen 653
Nidation 307
Niere 523
Nierenspende 514
Nierentransplantation 478, 503
Nierentransplanteure 151
Notarzt 158, 167, 170
Notfalldienst 381
Notfallversorgung 833
Nothilfe 326, 351
Nothilfepflicht 174
Nötigung 35, 174, 480, 505, 801
Notlagen 162
- Ausnutzung gesundheitlicher 480, 495, 505
- Ausnutzung wirtschaftlicher 480
Notoperation 63, 855
Notstand 627, 883, 924
- Defensivnotstand 319, 376, 621, 637
- rechtfertigender 87, 113, 244, 247, 477, 796, 808, 829
Nüchternheit vor Operation 136
Nutzen-Risiko-Abwägung 693

O

Oberarzt 134, 138, 218
objektive Sorgfaltspflichten, England 908
Obsorgeberechtigte 825
Offenbarungsbefugnis 249, 782, 789, 796, 802
Offenbarungspflicht 172, 192, 249, 782, 788, 789, 802

Offences against the Person Act 1861 895
offener Vollzug 788
Omphalopagus 607
Operation 658
– Erweiterung 38, 74, 154, 831
– geschlechtsangleichende 652, 658
– kosmetische 871
– Methoden 59
– Risiko 68
– Technik, fehlerhafte 157
– Verzicht auf 92
– Zurücklassen von Fremdkörpern 130
Opiatabhängigkeit 739
Opiate 736
Optiker 204, 205, 207
Optimierungsgebot 42
Optimierungsstudie 720
Organbank 521, 523
Organe 448, 507, 534, 629, 843, 848
– durchblutete 450
– lebenswichtige 505
– nicht regenerierbare 484, 490, 517 f.
– Transplantierfähigkeit 458
– vermittlungspflichtige 456
– Verstorbener 504
Organempfänger 29, 469, 519
Organentnahme 451, 471, 503, 822
– Einwilligung 452
– enge Zustimmungslösung 453
– England 912
– erweiterte Zustimmungslösung 454
– postmortale 448, 847
– Spanien 874
– unbefugte 464
– Vetorecht Angehöriger 458
– Widerspruch 454, 457
Organgewinnung, marktgerechte 481
Organhandel 476, 491, 501, 520, 847, 850, 852
– Anbahnungshandlungen 526
– England 914
– gewerbsmäßiger 483, 528
– -markt 481, 504

– Spanien 874, 876
– verdeckter 488, 495
– Versuch 483, 528
– Zwischenhandel 480
Organhandelsverbot 476, 479, 493, 503, 507, 536
– Absehensklausel 520
– Ausnahme 481, 496, 506
– Entgeltklausel 521
– Handeltreiben 512
– Milderungsklausel 520
– Organhändler 504
– Strafbefreiung 482
Organisationsfehler 133, 139
Organisierte Kriminalität 513
Organspende
– Cross-over-Spende, siehe dort
– Dankbarkeitsgaben, siehe dort
– nutzlose 475
– postmortale 444, 455, 469, 479
– Widerspruchslösung, siehe dort
– Zustimmungslösung, siehe dort
Organspendeausweis 456, 457
Organspender 29, 469, 504, 514
– Aufklärung 471
– Freiwilligkeit 476
Organteil 470, 480, 507, 848
Organtod 448
Organtransplantation 53, 872
– Domino-Transplantationen 912
– Honorarforderungen 496
– Nachbehandlung 477
– Österreich 843
– Spenderkreis 478, 483, 489, 517
– Vergütung 522
Organtransport 521
Organverkauf 504, 506, 515
Organversteigerung im Internet 504

P
Pädiater 143
pädophiler Sexualstraftäter 790
Palliativmedizin 109, 857
Parallelnarkosen 138
paranoide Schizophrenie 793
parens-patriae-jurisdiction 919
Parkinsonkrankheiten 534

Paternalismus im Medizinrecht 44, 420, 430, 440, 579, 591, 595, 596, 912
- bei der ärztlichen Aufklärung 418
- harter 418, 514
- indirekter 474
- Strafrechtspaternalismus, siehe dort
- weicher 418, 471, 692
paternalistisches Prinzip 858
pathologischer Zustand 26
Patient
- alkoholabhängiger 247
- entscheidungsunfähiger 97
- Selbstzahler 214
- versicherter 183
Patientenanmeldung 239
Patientenautonomie 24, 28, 30, 42, 46, 54, 419, 427, 577, 595, 857, 899, 907, 917
- im Verfassungsrecht 401
- in der Medizinethik 399, 400
- Schutz der 53
Patientendaten 249
Patientengeheimnis 247
Patienteninteressen 33
Patientenverfügung 74, 100, 831, 918
- ärztliche Aufklärung und Beratung 101
- England 919
- Österreich 857
Patientenwille 43, 163
Penektomie 649
Penis, Entfernung 650
Perforation 318
Perinatalmedizin 318
Personal, nichtärztliches 134, 139
Personensorgerecht 417
Personenstandsänderung 657
Personenstandsgesetz 251
persönliche Verbundenheit 478, 484, 490
persönliche Wertvorstellung 99
Persönlichkeitsautonomie 101
Persönlichkeitsentfaltung 658
Persönlichkeitsrecht 792
- postmortales 448, 457
- pränatales 561

- Schutz des 452
- Verletzung des 458
Persönlichkeitsstörung 793, 806
Persönlichkeitsveränderung 764
Perversion 653
Pflegebedürftigkeit 754
Pflegedienstleitung 98
Pflegschaftsgericht 826
Pharmaindustrie 266
pharmazeutische Unternehmen 279, 504, 512, 523, 683
Piercing 390, 904
Pietät 848
Pille danach 560, 561
Pilotstudien 719
Placebo 596, 712
Placebo-Applikation 714
plastische Chirurgie 68, 397
Plastozysten 536
Plazenta 449, 505
Pluripotenz 538
Polizeiarzt 238
Poolspende 915
Pornografie 507
postoperative Phase 157
postoperative Überwachung 136
Potenzialitätstheorie 561
potenzsteigernde Mittel 822
Präimplantationsdiagnostik 530, 597
- Ethik 558
- Grenzen 563
Präimplantationsgentherapie 597
Prämienzahlungen
- Einweisungsvergütung durch Krankenhäuser 210
- im vertragsärztlichen Bereich 204
Pränataldiagnostik 564
pränatales Leben 307, 311
Pränatalgentherapie 598
präoperative Phase 156
präoperative Versorgung 136
Praxisausstattung 187
Praxisräume 740
primum non nocere 394, 398
Prinzipien mittlerer Reichweite 400
Prinzipien, ethische 400
Privatanklagedelikt 836

Privatgeheimnisse 224
Privatsphäre 225
Privatversicherte 214
Privatversicherung 214
Probanden 685
Prognose, falsche 257
Prophylaktika 702, 706, 707
Prophylaxe 684
Prostitution 507, 744
Prüfgruppe 712
Prüfphase 712
Prüfplan 684
Psychiater 650
Psychiatrie 790
psychiatrisch-psychotherapeutische Betreuung, ambulante 794
psychiatrische Behandlung 744
psychiatrisches Krankenhaus, siehe Krankenhaus
psychisch Kranke 793
psychische Beeinträchtigung 26
psychische Krankheit 825
psychische Störung 94, 798
Psychoendokrinologische Forschungsstelle 653
Psychologe 114, 788, 795
psychopathologische Erscheinungen 653
Psychopharmaka 806
psychosoziale Behandlung 744
Psychotherapeuten 790
psychotherapeutische Behandlung 744
– von Gefangenen 787
Psychotherapie 666, 790
– ambulante 787
Psychotiker 793
psychotische Störung 793
psychotrope Wirkung 738
Pubertät 661
public interest 901
public policy 901, 913
Putativrechtfertigung 835
Pygopagus 607

Q
Qualifikationsmängel 139

Qualitätsaufklärung, siehe Aufklärung
Quartalsende 185

R
Rabatte 197
Randomisation 718
Rationalität 416, 421, 434 f.
Rationalitätsanomalien 432
Rauschmittelmissbrauch 793
Rauschzustand 762
real consent 907, 908
real life experience 666
Reanimationstechnik, fehlerhafte 157
Recht auf Achtung des Privat- und Familienlebens 903, 927
Recht auf Leben und körperliche Unversehrtheit 401, 562
rechtfertigender Notstand, siehe Notstand
Rechtfertigungsgrund 32, 477
Rechtsgeschäftsfähigkeit 243
Rechtsgutslehre 403
Referenzpunkt-Effekt 432
Regelleistungsvolumina 185
Regeln der ärztlichen Kunst 743
Regeln der medizinischen Wissenschaft 91, 798, 819
Rehabilitationsmaßnahmen 784
Reisekostenerstattung 268
religiöse Motive 93, 826
religiöse Überzeugung 99
Reproduktionsmedizin 371
Resozialisierung 790
Resozialisierungsauftrag 801
Ressourcen, fehlende 152
Rettungsdiensteinsatz 158
Rettungszweckverband 158
Rezept 189, 200
– bei Suchtmittelsubstitution 753
– für Betäubungsmittel 739
Reziprozitätsthese 419, 426
Richtlinien 147
right of privacy 902
Risiko 54, 59
Risiko-Nutzen-Abwägung 576, 591, 593, 597, 696, 708, 717, 724
Risikoaufklärung, siehe Aufklärung

Risikolebensversicherung 494, 515
Röntgenbestrahlung 24
Röntgenbilder 231, 256
Röntgenverordnung 250
Rückfallgefahr 790
Rückfalltaten 809
Rufbereitschaft 139

S
Sachkostenabrechnung 187
Sachmittel 265
Sachverständigengutachten 829
– medizinisches 910
Sachverständiger 590
Sachwalter 825, 826, 845
Sadismus 790
– England 898
Samenzellen 470
Sauerstoffmangel-Toleranz 448
Schadensersatzklage 248
– England 908
Schadensvermeidung 42
Schadensvermeidungspflicht 28
Schädigungsverbot, ärztliches
– im Verfassungsrecht 401 f.
– in der Medizinethik 398 f.
Scheinschwangerschaft 303
Schicksalsgemeinschaft 484
Schlaftabletten, Überdosis 93
Schmerzlinderung
– gegen Willen des Patienten 85
– ohne Lebensverkürzung 85
– Pflicht zur 86
Schmerzmittel 24, 738
Schmerztherapie 86, 90 f., 113
Schmerzzustand, schwerer 89
Schockzustand 825, 831
Schönheitsoperation 29, 43, 45, 53,
   383, 397, 422, 429 f., 436, 838
– Begriff 393
– informed consent 424
– Tatbestandsmäßigkeit 423
– Zahlen 391
Schönheitsprodukt 505
Schuldunfähigkeit 105
Schulmedizin 821
– Absehen von 155

Schutzpflichtkonstellation 402
Schwangere
– Gesundheit der Schwangeren 311
– minderjährige 344
– volljährige 344
Schwangerschaft 39, 449, 739, 745
– Bauchhöhlenschwangerschaft 315
– intrauterine 314
– Mehrlingsschwangerschaft 371
– Scheinschwangerschaft 312
Schwangerschaftsabbruch 295, 390,
   396, 564, 906
– Abbruchverlangen 352
– Arztvorbehalt 338, 339
– Beratung 350
– Beratungspflicht 309
– Einwilligung 340
– Einwilligungsfähigkeit 341
– embryopathische Indikation 564
– Fristenregelung 309
– Österreich 856
– Rechtfertigung 337
– sozial medizinische Indikation 564
– Tatbestandsausschluss 337
– Weigerungsrecht des Arztes 380
– Willensmängel 341
Schweigepflicht 222, 787, 796
– ärztliche 171, 768
– Bruch der 239
– Entbinden von 242
– postmortale 242
– prozessuale 791
– Zeitablauf 236
Schwerstgeschädigte 233
seelische Beeinträchtigung 26
Sekundärprävention 736
Selbstbestimmung, siehe auch Autonomie 225, 303, 514, 535, 786, 805
– informationelle 789, 791
Selbstbestimmungsaufklärung, siehe
   Aufklärung
Selbstbestimmungsrecht 27, 54, 58, 62,
   66, 69, 113, 168, 176, 404, 409, 690,
   819, 899, 905, 917
Selbstgefährdung 807
– autonome 474
– eigenverantwortliche 171, 759, 763

Selbstkorrumpierung 481
Selbstschädigungen, krankheitsbedingte 156
Selbsttötung, siehe auch Suizid 800, 925
– ärztlich assisitierte 108
– Beihilfe 104, 917
– England 925
– Selbsttötungspakt 923
– Versuch 168
Selbstverantwortungsprinzip 134
Selbstverletzungen 25, 798
Selektion, genetische 559
Sex Change 652
sex reassignment surgery 656
Sexualdelikte 376
Sexualdeliktsbekämpfungsgesetz 787
Sexualfantasien 790
Sexualforschung 648, 652
Sexualhormone 650
Sexualneurotiker 647
Sexualstraftat 378, 787, 809
– Vergewaltigung, siehe dort
Sexualtäter 783
– pädophile, siehe dort
Sexualtrieb 786
sexuelle Funktionsstörungen 787
sexueller Missbrauch von Kindern 790
Siamesische Zwillinge 603, 605
– Trennung 609
Sicherheitsrisiko 785
Sicherungsaufklärung, siehe Aufklärung
– posttherapeutische 63
Sicherungsgebot 809
Sicherungsverwahrung 803
Sitten, gute
– Verstoß gegen 475, 668
Sittenwidrigkeit 411, 689, 690, 696, 724
Sittenwidrigkeitskorrektiv, Österreich 840
Sitzwache 138
Sonderdelikt 255
– echtes 227
Sorgerecht 741
Sorgfaltspflichtverletzung 141 f.

Sozialarbeiter 114, 788, 795
Sozialgesetzbuch 185
– Offenbarungspflicht 251
sozialtherapeutische Anstalt 787, 790
Sozialtherapie 787
Sozialversicherungsrecht 195 f.
Sozialversicherungsträger 251
Spanien
– Aufklärungspflicht 869
– Einwilligung 869
Spenderkreis 519
Spenderwille 457
Spenderzelle 538
Spermium 561
Spirale 560, 561
Splitting 188
Stammzellen
– adulte 535
– Arten 535
– embryonale 536
– Gewinnung 535
– Import 541
– pluripotente 538
– Verwendung 541
Stammzellenforschung 530
– Ethik 558
– Genehmigung 541
Stammzellgesetz 541
Stand der medizinischen Wissenschaft 741, 747
Standard, medizinischer 146, 678
– England 906, 910
– Facharzt 148
– Verbindlichkeit 148
Standardbehandlung 148, 678, 711, 714
Standardmethoden 687
Standardtherapie 588, 684
Standesbeamter 251
Standesrecht, ärztliches 226, 409, 410, 413, 698
Stationsarzt 138
Stellvertreter, England 918
Stellvertreterbehandlung 218
Sterbebegleitungsgesetz 91
Sterbehilfe 83, 918
– aktive 104
– Belgien 112

- England 917, 924
- im engeren Sinn 83, 99
- im weiteren Sinn 83
- indirekte 86
- Niederlande 112
- Österreich 856 f.
- passive 74, 92, 857
- reine 85

Sterbeprozess 448
Sterbetourismus 110
Sterbevorgang 97
Sterbewille, mutmaßlicher 99
Sterbewilliger 113
Sterbewunsch 114
Sterilisation 39, 153, 659, 839, 872, 906
- Gefälligkeitssterilisation 390
- Österreich 841

Steuerungsfunktion 449
Strafausschließungsgrund 114
Strafrechtspaternalismus 927
- direkter 873
- indirekter 873, 879

Strafvollzug 778, 885
- Äquivalenzprinzip 783

Strahlenbelastung 250
Studie 703
Studienkonzepte 709
Stufenaufklärung 65, 828
Substitution
- graue 737
- wilde 737

Substitutionsbehandlung 801
Substitutionsmittel
- Abzweigung von 750
- Nebenwirkung 746
- zugelassene 751

Substitutionsregister 735, 747
Substitutionszweck 742
Suchterhaltungsprogramm 745
Suchtkranker 735, 794
Suchtkrankenhilfe 753
Suchtmittelsubstitution 729
- deutsches Modellprojekt 770
- Mehrfachsubstitution 740
- Schweizer Versuch 769
- Verkehrsstrafrecht 766
- Wechselwirkung 746

Suchtprobleme in Vollzugsanstalten 795
Suicide Act 1961 925
suicide pact 923
Suizid, siehe auch Selbsttötung 173, 364, 858
- Appellsuizid 168
- assistierter 108 f., 917, 925
- Beihilfe 104
- Bilanzsuizid 168
- Gefährdung 156, 782, 798
- Freitod 94
- Patient 93
- Rettungspflicht 94, 104
- Suizidhandlung 167
- unterlassene Rettung 108
- Verhinderungspflicht 163, 175
- Verhütung 801
- Versuch 163, 168, 808

Suizident 163

T

Take-home-Verordnung 753, 755
Tatbestandsirrtum 37, 241, 259, 477, 760, 829
Tätowierung 390, 904
Teamarbeit 134
The Human Tissue Act 2004 [Persons who Lack Capacity to Consent and Transplants] Regulations 2006 913
Therapeutika 702, 706
- Prüfung von 685

therapeutische Aufklärung, siehe Aufklärung
Therapeutische Kontraindikation 72
therapeutische Lüge 246
therapeutisches Klonen 537, 539, 566
therapeutisches Privileg 54, 72
- Österreich 834

Therapie 217, 684
- Maximaltherapie 149

Therapieakten 791
Therapieformen, verschiedene 27
Therapiefreiheit 148, 152, 687
Therapiegefährdung 809
Therapiekonzept 746
Therapieoptimierungsstudien 720, 721

Therapieverweigerung 790
Thorakopagus 607
Tierversuch 683
Tod 448
– menschenwürdiger 83, 97
Todesgefahr 690
Todessorgeberechtigter 463
Todeswunsch 93, 113
Totenruhe, Störung der 851
Totenschein 256
Totensorgerecht 453
Totschlag 83, 87, 96, 105, 316
– durch Unterlassen 108
– England 923
– versuchter 99
Tötung 801
– auf Verlangen 44, 83, 87, 91, 95, 106, 111, 689, 917
– auf Verlangen, England 922
– auf Verlangen, Österreich 857, 858
– durch Unterlassen 96
– fahrlässige 62, 128, 141, 464, 477, 687, 698, 802, 808, 809
– fahrlässige, Österreich 852
Tötungsabsicht 91
Tötungsdelikt 162, 324, 473, 677, 724
Tötungsvorsatz 128
Transgender 668
Transplantation, siehe Organspende, Organtransplantation
Transplantationsarzt 473, 503, 523
Transplantationsbeauftragter, England 914
Transplantationschirurg 151
Transplantationsgesetz 448, 451, 469, 503
Transplantationskodex 504
Transplantationszentren 477, 492, 504
– England 914
– Österreich 849
Transplantationszweck 822, 838
Transplantierfähigkeit 458
Transsexualismus 646, 648, 652, 658
Transsexuelle 645, 662
Transsexuellengesetz 645, 655, 657, 659
– Personenstandsänderung 657

Transvestiten 647
Traumata 26
Tuberkolose 783
Tumeszenztechnik 423

U
Über-Kreuz-Spende, siehe auch Cross-Over-Spende 490, 513, 915
Überbeatmung 158
Überdosierung 90, 155
Überlebenshilfe 736
Übermaßverbot, verfassungsrechtliches 433
Übermüdung 149, 173, 855
Übernahmefahrlässigkeit 149, 477, 854
Übernahmeverschulden 150, 155
Überwachungsfehler 156
Überwachungspflichten 137, 139
Ultraschallbilder 256
Unfall 166
Unfallopfer 63, 251
Unfallort 158
Ungeborenes, Schutz 303
Unglücksfall 144, 162, 167
Unglücksopfer 169
Unglücksort 158
Universitätsklinik 149
Universitätsverwaltungen 285, 287
Unterbringung
– in einem psychiatrischen Krankenhaus 804
– in einer Entziehungsanstalt 804
Unterlassen
– der Weiterbehandlung 96
– lebenserhaltender Maßnahmen 917
unterlassene Hilfeleistung 86, 96, 108, 143, 144, 161, 801
– Subsidiarität 178
Unterlassungsdelikt
– echtes 162
– unechtes 163
Untersuchungsbefund 231
Untersuchungshaft 786
Untreue 182, 200, 201
– Missbrauch der Vertretungsmacht 202

- Missbrauchstatbestand 203
- Strafverfahren 220
- Vermögensbetreuungspflicht 202
- Vermögensschaden 221

Urinprobe 748, 793

Urkunde
- Gesamturkunde 260
- Gesundheitszeugnis, siehe dort
- Verfälschung 253, 260

Urteilsfähigkeit 64, 71, 243, 245, 824, 832

V

Vektor 574

Vereinigung der Sozialversicherungsärzte 163

Verfassungsrecht 27, 42, 483, 486, 503
- englisches 903

Vergewaltigung 790

Vergleichsgruppen 683

Vergünstigungen 197

Vergütung
- angemessene 522
- ärztliche Leistung 185

Verhaltensökonomie 430, 435

Verlaufsaufklärung, siehe Aufklärung

Vermögensdelikt 198

Verschwiegenheit 224

Verschwiegenheitspflicht, ärztliche 224
- gegenüber Patienten 224
- Laborärzte 227
- Pathologen 227

Versicherung
- gegen Berufsunfähigkeit 494
- Lebensversicherung, siehe dort
- Risikolebensversicherung, siehe dort

Versicherungsgesellschaft 254, 258

Versicherungskarte 184, 215

Versicherungsprämien 515

Versicherungsschutz 59

Verstorbener 538

Versuchsbehandlung 714
- Arzneimittelrecht 701
- humanmedizinische 677
- medizinische 677, 695

Vertragsarzt 182 f.
- abrechnungsberechtigter 186
- Untreue 200
- Vertreter der Krankenkasse 200, 202

Vertrauensgrundsatz 135
- Österreich 853

Vertreter, gesetzlicher 64, 244, 694, 825

Vertretungsvereinbarung, unwirksame 216

Verwaltungsakzessorietät 285

Verwaltungspersonal 229, 240

Volljährigkeit 455, 660

Vollstreckungsentscheidung 805

Vollzugsanstalt
- Abeit in 788

Vollzugsbehörde 788, 796

Vollzugsentscheidung 805

Vollzugskrankenhaus 794

Vollzugslockerungen 788, 790, 797, 802, 809

Vollzugsplan 788, 796

Vollzugstauglichkeit 782

Vormund 452, 825

Vormundschaftsgericht 64, 99, 114, 804

Vornamensänderung 660

Vorsorgebevollmächtigter 64

Vorsorgevollmacht 825
- England 919

Vorteilsannahme 265
- Dienstausübung 276
- Vorteilsbegriff 271

Voruntersuchung, fehlende oder unzulängliche 152

W

Wachkoma 64, 98, 100
- irreversibles 918, 922

Wachkomapatient 102

Wahlarzt 218

Wahrnehmungsverlust 448

Waldliesborner Thesen 809

Weigerungsrecht
- Pflegekräfte 380
- Schwestern 380

- Verwaltungs- bzw. Leitungspersonal 380
Weltgesundheitsorganisation 654
Werteverfall 559, 563
Widerspruchslösung 454
- Österreich 847
Widerspruchsregister
- deutsches 849
- österreichisches 849
Wille, mutmaßlicher 83, 88, 99, 452, 458
- mutmaßlicher Sterbewille 99
- Nichtbeachtung bei postmortaler Organspende 463
Willensbestimmung, freie 800
Willenserklärung 35, 416
Willensmangel 35, 353, 456
- bei der Einwilligung 420
Wirtschaftlichkeitsprüfung 251
Wissenschaftsfreiheit 275
Wissenschaftsministerien 285, 287
Wissenschaftsstandard 146
Wucher 206, 505
wunscherfüllende Medizin 383, 390
Wunschsectio 390, 391, 420
Würde 480, 792, 805

Z
Zahnarzt 739, 783
Zahnextraktionsfall 421
Zellbiologie 534

Zelle 448, 534, 843
- pluripotente 541
- reprogrammierte 538
- totipotente 538, 539, 551
Zellkern 538
Zellkerntransfer 538, 540
Zelltod 448
Zephalothorakopagus 608
Zeugnisverweigerungsrecht 791
Zulassungsstudien 265, 273
- medizinische 275
Zusammenwirken, arbeitsteiliges 245
Zustimmung durch Erziehungsberechtigten 741
Zustimmungslösung
- enge 453
- erweiterte 452, 454, 457
Zwang 421, 456 f.
Zwangsbehandlung 918
- im (Straf-)Vollzug 798
- im Maßregelvollzug 806
- Österreich 835
Zwangsernährung 798
- Österreich 835
- Spanien 883
Zwangslage 110
Zwangsmaßnahmen 782, 786
Zwillinge 470
- monozygote 313
- siamesische Zwillinge, siehe dort
Zytoplasma 538

MIT EMPFEHLUNGEN DER F.A.Z.

Handbuch Arbeitsstrafrecht

Personalverantwortung als Strafbarkeitsrisiko

hrsg. von Professor Dr. Dr. Alexander Ignor, Rechtsanwalt in Berlin, und Professor Dr. Stephan Rixen, Universität Kassel

2008, 2. Auflage, 828 Seiten, € 78,–

ISBN 978-3-415-03834-9

»In dem Handbuch, das nun in zweiter Auflage erschienen ist, liefern die Autoren eine systematische Darstellung der Vorschriften, mit denen der Gesetzgeber ein sozial geordnetes Arbeitsleben sanktionieren will. ...

Die zehn Autoren, größtenteils Richter und Rechtsanwälte, bedienen sich einer klaren, direkten Sprache und nutzen für die Erläuterung der Vorschriften Checklisten, Tabellen und Prüfungsschemata. Sie beschreiben die Entscheidungspraxis verschiedener Ordnungsbehörden, die oft von fiskalischen Interessen geleitet ist, und weisen auf typische Fehler in Bußgeldbescheiden hin.

Für Rechtsanwälte und Strafverteidiger, die sich auf dieses Fachgebiet spezialisiert haben, ist dieses Handbuch ein wichtiges und hilfreiches Instrument, um in der Flut der Vorschriften den Boden unter den Füßen zu behalten.«

Melanie Amann in F.A.Z. vom 10.03.2008, Nr. 59, Seite 12

⊕|BOORBERG

Zu beziehen bei Ihrer Buchhandlung oder beim Ko0310
RICHARD BOORBERG VERLAG GmbH & Co KG
70551 Stuttgart bzw. Postfach 80 03 40, 81603 München
oder Fax an: 07 11/73 85-100 bzw. 089/43 61 564
Internet: www.boorberg.de
E-Mail: bestellung@boorberg.de

FEHLURTEILE VERMEIDEN.

▶▶ Basiswissen der Forensischen Psychiatrie

Eine Anleitung für Juristen, Ärzte, Psychologen, Kriminalbeamte und Sozialarbeiter

von Dr. Lothar Staud

2010, 2. Auflage, 130 Seiten, € 19,80

ISBN 978-3-415-04469-2

Der bewährte Kompaktleitfaden unterscheidet sich grundlegend von den ausführlichen Lehrbüchern zur Forensischen Psychiatrie: Der Autor stellt leicht verständlich und prägnant die für Praktiker wesentlichen Grundkenntnisse dieser Disziplin dar und bezieht dabei die maßgeblichen Rechtsvorschriften mit ein. Teil B enthält u.a. praxisrelevante Normen zur Geschäfts-, Testier- und Prozessfähigkeit sowie zum Betreuungsrecht.

Der Leser erhält in komprimierter Form Zugang zu zielführenden medizinischen Informationen. Das Buch hilft so die medizinische Einschätzung von Straftätern zu verbessern und Fehlbeurteilungen zu vermeiden. Es erleichtert z.B. die Beantwortung von Fragen zur Schuldfähigkeit von Straftätern, zur künftigen Gefährlichkeit von Tätern, zum Erfordernis der Sicherungsverwahrung sowie zu Prognosen hinsichtlich der Einweisung in ein psychiatrisches Krankenhaus oder in eine Entziehungsanstalt.

Zu beziehen bei Ihrer Buchhandlung oder beim Ko0310
RICHARD BOORBERG VERLAG GmbH & Co KG
70551 Stuttgart bzw. Postfach 80 03 40, 81603 München
oder Fax an: 07 11/73 85-100 bzw. 089/43 61 564
Internet: www.boorberg.de
E-Mail: bestellung@boorberg.de